Der große ADAC-Führer zu den schönsten Urlaubszielen

Faszinierende Landschaften in Europa

Autoren: Dr. Magda Antonic, Michael Bengel, Silke Bruns, Vincenzo Delle Donne, Hartmut Eberlein, Ferdy Fischer, Dr. Peter Göbel, Dr. Karl-Heinz Götz, Peter Gsellmann, Peter Hays, Rudolf Herbert, Thomas Hirsch, Dietrich Höllhuber, Arne Johannsen, Reymer Klüver, Berthold Kohler, Christine Kopp, Stefan Leppin, Birgitt von Maltzahn, Christoph Freiherr von Marschall, Michael Neumann, Franz-Josef Oller, Dagmar Ortolf, Widmar Puhl, Dr. Gerda Rob, Jörg Rode, Matthias Rüb, Barbara Schütz-Nikolov, Walter Tauber, Siggi Weidemann

© 1996 ADAC Verlag GmbH, München und Verlagsgruppe Fink-Kümmerly+Frey GmbH, Ostfildern

Projektleitung: Michael Dultz, Werner Waldmann, Sigmund Zipperle

Redaktionsleitung: Andreas Schimkus, Marion Zerbst

Redaktionelle Koordination: Dr. Magda Antonic

Redaktion: Stefan Ade, Thomas Biersack, Heidi Debschütz, Dr. Peter Goebel, Mechtild Goessmann, Angelika Lang, Dagmar Ortolf, Widmar Puhl, Elisabeth Schnober, Ulrike Schöber, Roswitha Wacker

Bildredaktion: Elisabeth Meyer zu Stieghorst-Kastrup
Bildservice: Silvestris Fotoservice, Kastl
Bildnachweis: Seite 544

Korrektur: Karl Beer

Grafisches Konzept: Held & Rieger, Stuttgart
Layout: Andrea Burk, Leutenbach
Titelgestaltung: Graupner & Partner, München
Kartographie: MAP, Bad Soden

DTP-Satz: Bernd Hirschmeier, Claudia Tiffinger
Repro: Litho Studio Lenhard, Stuttgart
Druck und Bindung: Fabrieken Brepols n. v., Turnhout/Belgien

VORWORT

Europa – dieses Wort löst in uns sehr lebhafte und unterschiedliche Gedanken, Gefühle und Vorstellungen aus. In einer Zeit der atemberaubenden Entwicklungen und Veränderungen besinnt sich mancher darauf, was den mehr als 700 Millionen Bewohnern unseres immer mehr zusammenwachsenden Kontinents eigentlich gemeinsam ist, was sie verbindet.

Viele wollen dieses Europa in all seiner Vielfalt noch besser kennenlernen, möchten mehr wissen über seine Menschen, seine Kultur und Geschichte. Vor allem aber über seine herrlichen und so überaus vielfältigen Landschaften. Und viele suchen einfach Anregungen für einen unvergeßlichen Urlaub, Ideen für Reisen zu noch unbekannten Zielen.

Dieses neue ADAC-Buch hilft hier weiter. Es führt den Leser mitten hinein in Europas schönste Regionen – von den schottischen Highlands bis zu den maurischen Gärten Andalusiens, vom rauhen Lappland bis zum heißen Kreta, von den Felsklippen der Bretagne bis zu den herrlichen Stränden der Schwarzmeerküste.

In 50 Kapiteln nehmen erfahrene Autoren den Leser mit auf die Reise durch mehr als 200 großartige Feriengebiete, liefern mit brillanten Farbfotos illustrierte, packende Porträts. Routenvorschläge auf übersichtlichen Karten erschließen jede der Traumlandschaften, aktuell recherchierte Info-Adressen und Hinweise auf Sehenswürdigkeiten, lohnende Feste und Veranstaltungen helfen bei der Planung des nächsten erlebnisreichen Urlaubs.

EUROPA

*Vielfalt der Kulturen
und Gegensätze der Natur*

Man muß schon genauer hinsehen, um auf einem Globus den von drei Himmelsrichtungen her meerumspülten Kontinent auszumachen. Neben Asien, von dem sich Europa durch keinerlei sichtbare Einschnitte abgrenzt, nimmt er sich nicht gerade imponierend aus. Doch welch eine atemberaubende Vielfalt eröffnet sich dem Reisenden in diesem zerklüfteten Gebilde: abwechslungsreiche Hochgebirgswelten, zahllose romantische Mittelgebirge, stille Abgeschiedenheit in den endlosen Wald- und Seenlandschaften des Nordens, südländische Betriebsamkeit im subtropischen Mittelmeerraum. Und nicht zu vergessen die Fülle von Zeugen antiker und neuzeitlicher Kultur, was Europa auch den respektvollen Namen „Alte Welt" eingetragen hat.

Der große ADAC-Führer zu den
schönsten Urlaubszielen

Faszinierende Landschaften in Europa

EIN
ADAC
BUCH

MITTELEUROPA

MITTELEUROPA –
Zwischen Marschen und
Matten: Ein Kontinent
in der Nußschale 12

**Deutsche Nordseeküste –
Wo sich Land
und Meer begegnen** 22
Meerumtostes Helgoland 29

Lüneburger Heide 30

Harz 31

**Deutsche Ostseeküste –
Der Zauber
einer stillen Schönen** 32
Bäderparadies Usedom 37

Mecklenburgische Seenplatte 38

Spreewald 39

**Mittelrhein –
Der Deutschen
liebster Strom** 40
Fachwerkidylle Bacharach 49

Eifel 50

Sauerland 50

Münsterland 51

**Sächsische Schweiz –
Wo sich die Elbe ihren
Grand Canyon schuf** 52
Wildromantisches Kirnitzschtal 57

Thüringer Wald 58

Böhmische Schweiz 58

Erzgebirge 59

**Schwarzwald –
Streifzüge durch Deutschlands
berühmte Waldidylle** 60
Freilichtmuseum Vogtsbauernhof ..67

Schwäbische Alb 68

Bodensee 69

**Bayerische Alpen –
Im Land der
tausend Stimmungen** 70
Die Schlösser des Märchenkönigs ...77

Allgäu 78

Bayerischer Wald 79

Böhmerwald 79

**Masuren –
Land der dunklen Wälder
und silbernen Seen** 80
*Danzig, Hansestadt und Wiege
der Solidarność* 85

Polens Ostseeküste 86

Puszcza Białowieża 87

**Hohe Tatra –
Das Rückgrat der
westlichen Karpaten** 88
Leutschau, Königin der Zips 93

Riesengebirge 94

Slowakisches Paradies 95

**Plattensee –
Das Meer der Magyaren** 96
Ernte im Weingut Balatonboglár 101

Hortobágy-Puszta 102

Matragebirge 103

**Berner Oberland –
Eine Schweizer Landschaft
wie aus dem Bilderbuch** 104
Freilichtmuseum Ballenberg ..111

Genfer See 112

Schweizer Jura 112

Vierwaldstätter See 113

Walliser Alpen 113

**Tessin, Lago Maggiore und
Luganer See –
Die Sonnenstube der
Schweiz** 114
Borromeische Inseln 121

Engadin 122

Comer See 123

**Tiroler Alpen –
Vom Durchreiseland zum
Urlaubsparadies** 124
Unberührtes Kaunertal 131

Montafon und Silvretta 132

Arlberg und Bregenzer Wald 133

Hohe Tauern 133

**Salzkammergut und
Dachstein –
Stilleben in Wiesengrün, See-
blau und Gletscherweiß** 134
Dachstein-Riseneishöhle 141

Niedere Tauern 142

Wachau 143

**Kärntner Seen –
Ein Traum vom Süden
auf österreichisch** 144
*Der Faaker See:
Auf zum Baden in die Berge* 151

Südsteiermark 152

NORDEUROPA

NORDEUROPA –
Wald, Wasser und ewiges Eis:
Die letzten Wildnisse Europas ...154

**Island –
Götterfelsen unterm
Regenbogen** 164
*Vestmannaeyjar:
Vulkan unter Wasser* 169

Färöer 170

**Fjordland und Fjell –
Norwegens majestätischer
Westen** 172
Der Gletscher Jostedalsbre 177

Sørlandet und Telemark 178

Lofoten 179

**Jütland –
Dänemarks kleiner
Kontinent** 180
Erlebnispark Legoland 185

Nordost-Seeland 186

Bornholm 187

**Dalarna und Siljansee –
Natursinfonie
auf schwedisch** 188
Eine Fahrt auf dem Götakanal ...193

Norrland 194

Schwedische Westküste 195

**Finnische Seenplatte –
Einsames
Paradies im Norden** 196
*Imatra,
der gezähmte Wasserfall* 201

Ålandinseln 202

Finnisch Lappland 203

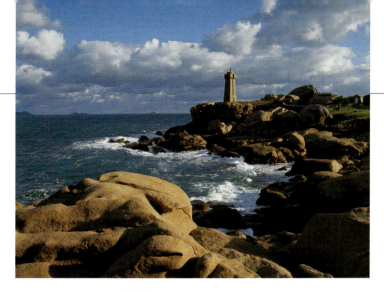

WESTEUROPA

**WESTEUROPA –
Natur und Kultur,
vom Atlantik um-
flossen** 204

**Cork und Kerry –
Ferien an Irlands lieblicher
Golfstromküste** 214
Schippern auf dem Shannon 219

Donegal 220

Connaught 220

Nordirland 221

**Schottisches Hochland –
Karge Klippen, kurze Kilts** ..222
Naturparadies Hebriden 227

Shetlandinseln 228

Orkneyinseln 229

**Lake District –
Wolkenkratzendes Dach
über altenglischer Idylle** 230
*Hadrianswall,
der Schutzwall der Römer* 237

Northumberland 238

Isle of Man 238

Wales 239

**Cornwall und Devonshire –
Wo England seinen Fuß
in den Atlantik streckt** 240
*Gruselkurs im legendären
Dartmoor* 247

Somerset 248

Cotswold Hills 248

Kanalinseln 249

**Bretagne –
Frankreichs keltische
Halbinsel** 250
Gezeitenkraftwerk Saint-Malo 257

Vendée 258

Normandie 259

**Burgund –
Ländliche Idylle, große Ge-
schichte, herrlicher Wein** 260
Die Ausgrabungen von Solutré ..269

Loiretal 270

Auvergne 270

Champagne 271

Zentralmassiv 271

**Montblanc und Savoyen –
Bizarre Gletscherwelt über
reizvollen Seen** 272
*Skivergnügen pur:
Wintersportregion Albertville* 277

Dauphiné und Seealpen 278

Massif des Écrins 279

**Provence und Côte d'Azur –
Wo Frankreich nach Lavendel
und Thymian duftet** 280
Unterwasserparadies Hyères 287

Cevennen 288

Korsika 288

Camargue 289

**Pyrenäen –
Ein französisch-spanisches
Gesamtkunstwerk** 290
*Andorra, der Zwerg
zwischen den Giganten* 297

Roussillon 298

Languedoc 298

Côte d'Argent 299

**Ardennen –
An Belgiens grünen
Hängen** 300
Die Grotten von Remouchamps ...307

Luxemburg 308

Flandern 309

**Holland –
Und immer weht der Wind
von vorne** 310
Keukenhof, das Blumenmeer 317

Westfriesische Inseln 318

Zeeland 319

Inhalt

SÜDEUROPA

SÜDEUROPA –
Sonne, Meer und weiter
Himmel: Wo die Lebensfreude
zu Hause ist 320

**Algarve –
Europas Garten liegt
in Portugal** 330
Tavira, das Venedig Portugals 337

Costa do Sol 338

Costa Verde 339

**Galicien –
Am spanischen Ende
der Welt** 340
*Santiago de Compostela:
Im Zeichen der Muschel* 347

Baskenland 348

Spanische Costa Verde 349

Picos de Europa 349

**Andalusien –
Spaniens Süden,
ein Fest für die Sinne** 350
Gibraltar: Wo Europa endet 357

Sierra de Guadarrama 358

Costa de la Luz 358

Estremadura 359

**Balearen –
Mallorca und seine schönen
Schwestern** 360
Herrliche Bergwelt Mallorcas 367

Costa Dorada 368

Costa Brava 368

Costa Blanca 369

**Südtirol –
Weinterrassen vor
Felsenkulisse** 370
Die Rittener Erdpyramiden 375

Veltlin und Berninagruppe 376

Trentino 376

Gardasee 377

**Italienische Riviera –
Wo ewiger Frühling lockt** 378
Cinque Terre: Wilde Steilküste 385

Nördlicher Apennin 386

Apuanische Alpen 387

**Toskana –
Schätze in Italiens grünen
Hügeln** 388
*Die Schwefelquellen
in Larderello* 397

Elba 398

Umbrien 399

**Italienische Adria –
Weit mehr
als nur der Teutonengrill** 400
Briefmarkenstaat San Marino ...409

Abruzzen 410

Venetien 411

**Golf von Neapel –
Wo Italiens rote Sonne
im Meer versinkt** 412
Romantisches Capri 421

Apulien 422

Sardinien 423

**Sizilien –
Treffpunkt der Völker
und Kulturen** 424
*Faszinierende Vulkanwelt
auf den Äolischen Inseln* 433

Kalabrien 434

Malta 435

**Kroatische Küste –
Idyllisch, dramatisch und
ein wenig melancholisch** 436
Ferienidylle Brioni-Archipel 441

Slowenien 442

**Nordgriechenland –
Wo Mythos und Wirklichkeit
harmonieren** 444
*Meteora: Klöster
zwischen Himmel und Erde* 453

Thrakien 454

Chalkidike 455

**Peloponnes –
Ein kleiner Kosmos
griechischer Mythen** 456
Mykene: Wo die Sage erwacht ...465

Ionische Inseln 466

Golf von Korinth 467

**Ägäische Inselwelt –
Griechenlands
versunkene Brücke** 468
Die Vulkaninsel Santorin 477

Limnos 478

Euböa 479

**Kreta –
Wo Alexis Sorbas tanzt** 480
Naturwunder Samariaschlucht ...487

Rhodos 488

OSTEUROPA

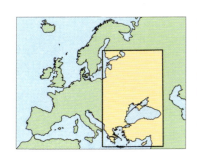

OSTEUROPA –
Zwischen Taiga-Tristesse
und subtropischem Zauber 490

**Baltische Ostseeküste –
Bernstein und
andere Kostbarkeiten** 500
*Kurland: Märchenhafte Pracht
in herrschaftlichen Schlössern* 505

Kurische Nehrung 506

Nationalpark Lahemaa 507

**Sankt Petersburg
und Umgebung –
Vom Zauber
der Zarenschlösser** 508
*Auf der „Straße des Lebens"
zum Ladogasee* 513

Repino 514

Nowgorod 515

**Türkische Ägäis –
Gesegnetes Land, von
Homer besungen** 516
*Ephesus, die Metropole
der großen Mutter* 523

Türkische Schwarzmeerküste 524

Türkische Riviera 524

Zypern 525

**Halbinsel Krim –
Im sonnigen Süden
der Ukraine** 526
*Bachtschisaraj,
der Palast der Khane* 531

**Rumänisch-bulgarische
Schwarzmeerküste –
Dem Licht entgegen** 532
*Das Donaudelta,
ein grünes Rätselreich* 537

Register 538

Bildnachweis 544

MITTELEUROPA

*Zwischen Marschen und Matten –
ein Kontinent in der Nußschale*

Die Mitte – da erwartet niemand spannende Extreme, eher so etwas wie ein gesundes Mittelmaß. Doch Europas Mitte ist beileibe nicht mittelmäßig oder gar eintönig, kein fades Einerlei, vielmehr ein prickelnder Cocktail aus Tiefland, Bergland und Hochgebirge und den vielfältigsten Lebensräumen für Pflanzen und Tiere. Dazu kommen dann noch ein kräftiger Schuß Kultur aus allen Epochen und ein paar bittere, nicht zu kleine Wermutstropfen Zivilisationsschäden. Das Ganze wurde kräftig geschüttelt in einer turbulenten Geschichte.

Berge und Becken,
Wald und Wasser,
Arktis und Arkadien

Ein dicht gewebter Flickenteppich aus Natur- und Kulturlandschaften ist Mitteleuropa, eine Region der Vielfalt und der Gegensätze. So nah beieinander wie bei Lugano im schweizerischen Tessin (Foto links) liegen die Extreme allerdings auch in Mitteleuropa selten. Hier stoßen die italienisch-südliche Welt und die Alpen direkt aufeinander – klimatisch und kulturell.

Weniger kraß, weniger auffällig, weniger aufregend, aber auch weniger anstrengend stellen sich diese Gegensätze in den Mittelgebirgen dar – wie etwa dem Schwarzwald (Foto oben). Über die alten, sanftrunden Buckel, durch die teilweise noch einsamen Mischwälder führt ein dichtes Netz von Wanderwegen. In den Tälern liegen einladende Städtchen mit einer interessanten regionalen Küche und reich gefüllten Schatzkammern einer uralten Kultur. Eingestreut zwischen Stadt und Land: Klöster, Burgen und Schlösser, jedesmal eine Entdeckung, eine Stimmungsvariante, eine Geschichte für sich.

Nach Nordosten hin wird es dann zunehmend einsamer, wenn auch in kleinerem Maßstab als anderswo. Die Ostsee ist ja doch praktisch ein europäisches Binnenmeer. Das Handwerk der Fischer (Foto rechts) mag sich überall gleichen, doch die Küstenlandschaften mit den Kreidefelsen von Rügen, den flachen Sandstränden von Usedom oder den Dünen der Kurischen Nehrung sind formreich und vielfältig.

Mitteleuropa

Mitteleuropa

Nie Mittelmaß, immer ein Mittelpunkt des Geschehens

„Zentrale Lage" (jeder kritische Leser von Reiseprospekten wird dies bestätigen) ist keineswegs ein Prädikat für Ruhe und Ausgeglichenheit, denn die Mitte ist oft auch der Mittelpunkt des Geschehens. Mitteleuropa gehört in dieser Beziehung zu den Musterbeispielen: Schlachtfeld der Eiszeitgletscher, Knautschzone der Krustenplatten, Spielwiese der Kulturen, Schauplatz zahlloser Kriege... Die Landschaften zwischen Alpen und Meer haben eine bewegte Geschichte hinter sich, und beinahe jede Epoche hat ihre Spuren in ihnen hinterlassen. Die Bühne, auf der sich die Ereignisse abspielten, mißt gerade einmal jeweils 1000 Kilometer von Nord nach Süd und von West nach Ost, ein winziger Ausschnitt der Erdoberfläche also – doch einer der dichtestbesiedelten und höchstindustrialisierten, mit allem, was aus diesem Umstand folgt.

Die Eisriesen der Alpen, hier der Dent d'Hérens im Schweizer Wallis, sind Klima- und Kulturgrenzen, die Erholungsuchende zusammenführen.

Mitunter erweckt die Lage eines Erdteils falsche Vorstellungen: Von der Lage Mitteleuropas in der gemäßigten Klimazone unseres Planeten ist hier jedenfalls wenig zu spüren. Gemäßigt ist das Klima allenfalls im statistischen Durchschnitt, und daß man sich auf die gemäßigten Mittelwerte von Temperatur und Niederschlag nicht verlassen darf, lernt der Mitteleuropäer schon im Kindesalter. Beständig sind nur die Unbeständigkeit, der Wechsel von tropischer Hitze und sibirischer Kälte, von Regen und Sonnenschein. Das enge Nebeneinander von Landschaften, in denen es im Jahresdurchschnitt weniger regnet als im angeblich so sonnigen Süden, und von Gegenden, denen feuchte Luftmassen die drei-, vier- oder gar fünffache Regenmenge bescheren. Zahlreiche Wetter- und Klimascheiden zerschneiden den schmalen Landstreifen zwischen Rügen und Monte Rosa, formen so auch in klimatischer Hinsicht das „kleinkarierte" Bild Mitteleuropas, das die an andere Dimensionen gewöhnten Besucher aus Übersee zugleich fasziniert und verwirrt. In Amerika, in Afrika oder auch in Nord- und Osteuropa kann man stunden- oder tagelang durch das Land fahren, ohne daß sich das Landschaftsbild deutlich ändert – hier im Herzen Europas zeigt die

Landschaft beinahe hinter jeder Straßenbiegung ein neues Gesicht. Für Pflanzen und Tiere ist dieses kleingemusterte Mosaik aus unterschiedlichsten Landschaften und Lebensräumen ideal, Arten aus allen möglichen Klimazonen geben sich in ihm ein Stelldichein. Orchideen aus dem südlichen Europa wie das Purpurknabenkraut kommen hier vor, die Smaragdeidechse, die Äskulapnatter und etliche andere mediterrane Tierarten haben nördlich der Alpen ihre Vorposten; der Siebenstern und die Rosmarinheide, die beide heute in Skandinavien beheimatet sind, gehören zur Flora der höheren mitteleuropäischen Gebirge. Die Ringelgans aus der Arktis ist ein regelmäßiger Wintergast an den Küsten, von Nordwesteuropa her hat der Besenginster seinen Weg nach Mitteleuropa gefunden, und aus der Waldsteppe des südöstlichen Europa sind das hellviolette Wunderveilchen und die Großtrappe, der „europäische Strauß", eingewandert. Dazu kommen Hunderte von Tier- und Pflanzenarten, die zum Teil schon vor Jahrtausenden vom Menschen aus nahezu allen Ecken der Welt in Mitteleuropa

Eine alte Kulturlandschaft: Erlebenswertes auf Schritt und Tritt

Wenn man sich einmal vorstellt, daß die gesamte Geschichte der Erde ein Jahr gedauert hätte, dann wären die ersten menschenähnlichen Wesen am 31. Dezember frühestens um 21 Uhr in Mitteleuropa erschienen, und erst etwa 55 Sekunden vor Mitternacht hätte *Homo sapiens* mit der Rodung der Wälder und dem Ackerbau begonnen. In dieser knappen Minute der Erdgeschichte hat der Mensch die ursprünglichen Naturlandschaften nahezu vollständig in Kulturlandschaften umgewandelt. Echte, unverfälschte Natur ist rar geworden zwischen den Marschen an der Nordseeküste und den alpinen Matten im Hochgebirge, um so wertvoller sind die letzten Stückchen.

Der Verlust läßt sich womöglich leichter verschmerzen, wenn man bedenkt, daß gerade durch die intensive Landnutzung in manchen Gebieten so etwas wie „Natur aus zweiter Hand" entstanden ist: die Landschaft der Lüneburger Heide zum Beispiel, die einen ganz eigenen Reiz hat, die Hecken der schleswig-holsteinischen Geest mit ihrer unglaublichen Artenfülle, die durch Eindeichung geschaffenen Feuchtgebiete an der Küste oder die Almen in den Alpen. Diese durch Eingriffe des Menschen in die Natur entstandenen Landschaftsmerkmale prägen den Charakter der Region oft stärker als die sommergrünen Laubwälder, die von Natur aus Mitteleuropa nahezu lückenlos bedecken würden.

Das gibt es nur in Mitteleuropa: ganze Fachwerkstädte, die unter Denkmalschutz stehen, wie Bernkastel-Kues in einem historischen Weinbaugebiet an der Mosel.

Wenn der Herbst den Wald am Prebersee im Salzburger Land goldbraun färbt, entsteht ein viel kopiertes, aber nie erreichtes Original-Landschaftsbild.

eingebürgert oder eingeschleppt wurden und heute zum festen Inventar der mitteleuropäischen Flora und Fauna gehören: die Regenbogenforelle aus Nordamerika, der Jagdfasan aus Asien, Springkräuter aus dem Himalaja, die verschiedensten Nutz- und Zierpflanzen.

Im Detail betrachtet, sind die mitteleuropäischen Landschaftsformen ebenso verwirrend vielgestaltig wie die Pflanzen- und Tierwelt dieser Region, doch im Überblick gesehen, läßt sich ein klarer Bauplan mit drei großen Gürteln erkennen, die ungefähr von West nach Ost durch Mitteleuropa verlaufen: im Norden, an Nord- und Ostsee, ein weites Tiefland, in dem die Einheimischen mangels höherer Erhebungen schon 100 bis 200 Meter hohe Hügel als Berge bezeichnen; im Süden das Hochgebirge, die Alpen und die Karpaten mit schroffen Gipfeln und respektablen Höhen von zum Teil mehr als 4000 Metern; dazwischen das durch Senken und Täler in viele einzelne Massive zerstückelte Mittelgebirge, in dem die höchsten Gipfel die 1500-Meter-Marke fast erreichen oder auch ein wenig überschreiten. Im Vergleich mit den Alpen und Karpaten, jungen Hochgebirgen mit noch ungebändigten Naturgewalten, wirken die Mittelgebirge eher gezähmt, gereift, gealtert. Und in der Tat sind sie auch die ältesten geologischen Bausteine in unserem Teil Europas. Hier hat man schon Minerale gefunden, die fast 4000 Millionen Jahre alt sind.

In den letzten Jahrzehnten sind im Zuge der Flurbereinigung zahllose ökologisch wertvolle Hecken und Feldgehölze gerodet worden. Die politische Landschaft Mitteleuropas hat schon früher eine Art Flurbereinigung über sich ergehen lassen müssen. Allein in Deutschland gab es im 17. und 18. Jahrhundert rund 1700 Herzogtümer, geistliche Fürstentümer, Grafschaften, Reichsstädte und andere Landesherrschaften. Die meist winzigen Staatswesen sind längst von der Landkarte verschwunden, doch in der Kulturlandschaft wird die einstige Kleinteiligkeit noch deutlich. Was wäre zum Beispiel das Münsterland ohne seine trutzigen Wasserburgen, die Holsteinische Schweiz ohne ihre stolzen Herrenhäuser oder der Harz ohne seine ehemals freien Bergstädte? Burgen, Schlösser und Herrensitze, Kirchen, Klöster und Kapellen – die Denkmäler, die sich Kaiser

Symbol deutscher Landnahme im Osten: Als mächtigste gotische Backsteinsiedlung der Geschichte gilt die Marienburg im polnischen Malbork an der Nogat. Die liebevoll restaurierte Anlage stammt aus dem 13. und 14. Jahrhundert und erzählt die bewegte Geschichte der Mission mit Feuer und Schwert durch deutsche Ordensritter.

und Könige, Bischöfe, Äbte, Fürsten und wohlhabende Bürger gesetzt haben, liegen zu Tausenden über ganz Mitteleuropa verstreut. Die Fülle von Kunstschätzen verschiedenster Epochen und das bunte Mosaik der unterschiedlichsten Naturlandschaften sind beeindruckend, für den Urlauber, der eine der Landschaften zwischen dem Wattenmeer und den Walliser Alpen entdecken möchte, freilich nicht unbedingt ein Segen, denn groß ist die Qual der Wahl. In den Himalaja reist man zum Trekking, in die Rocky Mountains, um Naturwunder zu erleben, auf die Malediven zum Tauchen, doch wer gewissermaßen auf der schmalen Spur seiner persönlichen Interessen durch Mitteleuropa reist, wird bald merken, daß ihm dabei viel Sehens- und Erlebenswertes entgeht. In das Reisegepäck für einen Urlaub an der Nordsee zum Beispiel gehören deshalb nicht nur Badehose und Surfbrett: Um die Waterkant voll zu genießen, braucht man wenigstens auch Gummistiefel für Wattwanderungen, einen guten Kunstreiseführer, der zu den schönen alten Friesenhäusern führt, ein Fernglas, um Seevögel zu beobachten, und nicht zuletzt den wind- und wasserfesten Dreß für stürmische Regentage.

„Sollten die nordischen Gletscher wirklich von den skandinavischen Bergen bis an die Wurzener Hügel gereicht haben? Mich friert bei dem Gedanken!" Der Geologe Bernhard von Cotta, der die bange Frage 1844 in einem Zeitschriftenaufsatz stellte, hatte selber als einer der ersten eindeutige Gletscherspuren in den Hügeln östlich von Leipzig entdeckt, offenbar mochte er aber an seine Entdeckung nicht so recht glauben. In der Tat kann man sich nur schwer vorstellen, daß das gesamte Tiefland nördlich der Mittelgebirge, von den Stränden der Ostseeküste bis zum Harz, Erzgebirge, Riesengebirge und zu den westlichen Karpaten, in den kältesten Perioden des Eiszeitalters unter mehrere hundert Meter dickem Gletschereis bedeckt war. Doch das „Eis von gestern" hat sich wirklich erst vor gut 10 000 Jahren völlig aus dem mitteleuropäischen Tiefland zurückgezogen, und als die Eismassen schmolzen und das Schmelzwasser zurück in die Meere floß, schwappte der Ozean über die Küste.

Von Wattenmeer und Badestränden zu beschaulichen Mittelgebirgen

„Gott schuf das Meer, doch der Friese die Küste", sagt man stolz in den Orten der Deutschen Bucht, und das ist nicht übertrieben: Ohne die von den Küstenbewohnern im letzten Jahrtausend in mühsamer Arbeit errichteten Deiche und anderen Bollwerke sähe die Nordseeküste von Ostfriesland bis hinauf nach Nordfriesland völlig anders aus. Den gesamten, bis 30 Kilometer breiten Marschengürtel hat der Mensch in einem zähen, von vielen verheerenden Rückschlägen unterbrochenen Kampf dem Meer abgerungen. Kaum eine andere Gegend hat er so gründlich verändert.

Gleich vor den Deichen liegt jedoch das Wattenmeer, eine nasse Wildnis voller Leben, die zwischen dem Nordkap und der Straße von Gibraltar ihresgleichen sucht. Und dieser extreme Kontrast zwischen der grasgrünen oder weizengelben Marsch mit ihren behäbigen Bauernhöfen auf der einen und den schlickgrauen, im Wechsel von Ebbe und Flut überschwemmten Watten auf der anderen Seite macht den ungeheuren landschaftlichen Reiz der Nordseeküste aus. Die vorgelagerten Inseln, von Borkum über Amrum bis nach Sylt, sind als Reiseziele mindestens ebenso attraktiv, schließlich besitzen sie die schönsten Strände Deutschlands.

So herrliche Strände findet man an der Ostseeküste nur selten – am ehesten noch im Umkreis der Danziger Bucht. Aber das abwechslungsreichere Landschaftsbild – mit schmalen Förden, stillen Strandseen und hohen Steilufern, an denen dichte, wenn auch oft vom Wind bizarr zerzauste Wälder bis ans Meer reichen – macht diesen Mangel mehr als wett. Und welche Stadt an der Nordseeküste, vom weit „drinnen" liegenden Hamburg einmal abgesehen, kann sich schließlich mit Lübeck, Wismar, Danzig und den anderen Schatzkammern der Backsteingotik an der Ostseeküste messen?

Eine „Friesische Schweiz" wird es im flachen Hinterland der Deutschen Bucht kaum irgendwo geben, da hält man sich besser an die Holsteinische, die Mecklenburgische oder auch die Kaschubische Schweiz südwestlich von Danzig. Wie blaue Augen blinken zwischen Schwansen und Masuren zahllose Seen aus der buckligen Welt der mal von Wäldern, mal von Wiesen und Feldern überzogenen Jungmoränenlandschaften. Dies ist aber auch das Land der herrlichen Alleen, der prächtigen Herrensitze, der alten Windmühlen, backsteinroten Kirchen und reetgedeckten Bauernkaten. Stehende Gewässer gibt es in jeder Größe und Gestalt, vom nur wenige Meter messenden runden Tümpel bis hin zu den kilometergroßen, in viele Buchten zerlappten Seen Ostholsteins oder der Mecklenburgischen Seenplatte. Nach Süden hin werden die Seen spärlicher, aber auch dort prägt das nasse Element von der Moorgeest im Westen über das Luchland und den Spreewald im Zentrum bis zu den Pripjetsümpfen im Osten das Bild des Tieflands. Zwischen den breiten Urstromtälern ist der sandige Boden dafür um

Von der Mark Brandenburg bis ins polnische Masuren hinein sind solche alten Alleen entlang vieler Landstraßen ein Merkmal des nordosteuropäischen Tieflandes.

Der Südtiroler Vinschgau im oberen Etschtal ist die Heimat der genügsamen Haflingerpferde. Sanft, ausdauernd und trittsicher, sind sie ideale Reittiere für die Alpen.

so trockener, und wo man die Heidegebiete nördlich der Mittelgebirge nicht in monotone Nadelholzkulturen verwandelt hat, ist in der Lüneburger Heide, in der Schorfheide oder in der Drageheide noch ein Stückchen dieser herrlichen Landschaft erhalten geblieben, die sich jedes Jahr im Herbst in ein rosarotes Blütenmeer verwandelt.

Brocken und Braunschweiger Börde, Bakony und Balaton, Berge und Becken, Wald und Wasser, Arktis und Arkadien – in keiner anderen Region Mitteleuropas sind die Landschaftskontraste größer als in den Bergländern zwischen Saar und San. Nur ein paar hundert Meter Höhenunterschied trennen die Gipfel der Mittelgebirge von den benachbarten Tälern und Niederungen, doch innerhalb dieser schmalen Höhenspanne ändern sich Landschaftsformen, Wetter und Klima, Böden und Gesteine, Pflanzen- und Tierwelt, das Bild der Dörfer und Städte völlig: in den Tälern fachwerkbunte Städtchen, auf den Höhen kleine Dörfer und Weiler mit holzverschindelten Häusern. Drunten fetter Lößlehm, droben vom Frost gespaltener Blockschutt, die Niederungen seit Jahrtausenden entwaldet, die Gebirge noch immer (oder wieder) von Wäldern bedeckt. Auf dem Feldberg im Schwarzwald zu Dutzenden arktische Pflanzenarten, die seit dem Ende der Eiszeit hier überdauert haben, im Kaiserstuhl Orchideen und viele andere wärmeliebende Gewächse aus Südeuropa.

Weinselige Flußlandschaften, Wander- und Kletterparadiese

Zuweilen kann man sich den Aufstieg ersparen, denn der Norden begegnet dem Süden vielerorts auch in derselben Etage, etwa an den Talhängen beiderseits von Mosel und Mittelrhein. Im ständigen Wechsel ziehen bei einer Dampferfahrt dicht bewaldete Schattenhänge und von Rebkulturen oder Obstgärten bestandene Sonnenhänge vorüber. Wie natürliche Sonnenkollektoren fangen die nach Süden gerichteten Hänge die Wärme der Sonne ein und haben so ihr eigenes fast mediterranes Klima. Je weiter man nach Süden kommt und je höher die Sonne mittags am Himmel steht, um so mehr verwischen sich die Klimaunterschiede. Bald werden aus den Weinbergen der nördlichen Breiten Weingärten, die auch in ebenes Gelände vordringen, wie an den Ufern des Balaton oder Plattensees, der sich als „Ungarisches Meer" am Fuß des von lichten Karstwäldern bedeckten Bakonygebirges ausbreitet. Der größte See Mitteleuropas bildet einen riesigen Wärmespeicher, der das winterkalte Klima der Ungarischen Tiefebene mildert und an sonnigen, warmen Herbsttagen die Trauben für einige der besten Weine Ungarns reifen läßt.

Weinbau wird seit Jahrhunderten auch noch am nördlichen Rand der Mittelgebirge betrieben, beispielsweise im Elbtalkessel um Dresden. Bekannter als der Weiße Burgunder oder der Traminer von der Elbe sind freilich die landschaftlichen Leckerbissen, die wenige Kilometer entfernt hoch über dem in der Sonne blinkenden Strom den Besucher erwarten: die majestätischen Tafelberge und atemberaubend engen Schluchten, die zerklüfteten Klippen und finstern Höhlen der Sächsischen Schweiz, eine wildromantische Felsenwelt, die an die großen Nationalparks Amerikas erinnert.

Die Mittelgebirge – von der Eifel mit ihren erloschenen Feuerbergen über den Thüringer Wald, auf dessen schmalem Kamm der berühmte Rennsteig verläuft,

Schwindelerregende Gipfel, Kulturkleinode in den Tälern

Seinen letzten Schliff hat das Hochgebirge von den Eiszeitgletschern erhalten, und die haben auch die Seen innerhalb und am Rand der Alpen geschaffen. Die Eidgenossen allein besitzen davon 13 000, und was wären Kärnten, das Salzkammergut oder die Bayerischen Alpen ohne die kleinen und großen Seen? „Meeraugen" nennt man die stehenden Gewässer in der polnischen und slowakischen Hohen Tatra, die zum alpinen Kettengebirgsgürtel gehört und die Alpen mit den Waldkarpaten verbindet.

Noch eindrucksvoller als die stillen, klaren Bergseen sind die schäumenden Wildbäche, die sich durch enge Schluchten zwängen, an vielen Stellen als Wasserfälle über Felsriegel stürzen und gemeinsam mit den Eiszeitgletschern die großen Täler geschaffen haben, die das Gebirge durchziehen und schon vor Jahrtausenden von Menschen besiedelt wurden. Die historischen Alpenlandschaften decken sich daher auch viel weniger mit den Gebirgsmassiven als mit den Tälern und sind oft nach diesen Tälern oder den darin fließenden Flüssen benannt: das Engadin nach dem Inn, das Tessin nach dem gleichnamigen Fluß, der Vinschgau ist das Val Venosta, und Wallis bedeutet schließlich nichts anderes als Tal. Gebirgskämme, hohe Pässe und Talengen trennen die Täler voneinander und formen so ähnlich wie im Himalaja zahlreiche Landschafts-

bis hin zur wildromantischen Böhmischen Schweiz oder dem von engen Schluchten zerschlitzten Slowakischen Paradies – sind vor allem ein Wanderland. Manches Gebirge hat seinen eigenen Wanderverein, der für Mitglieder und Gäste geführte Wanderungen veranstaltet, mit und ohne Gepäck, Rundwanderungen oder Streckenwanderungen auf den großen Fernwanderwegen, die den Kern Europas nach allen Himmelsrichtungen durchziehen: über 300 Kilometer auf dem Nordrandweg immer an der Kante der Schwäbischen Alb entlang, auf dem Alexander-von-Humboldt-Weg durch den Frankenwald oder dem Bonifatius-Pfad durchs Hessische Bergland.

Ungezählt sind die kürzeren Lehrpfade, auf denen man gewissermaßen en passant viel Interessantes über Land und Leute erfährt, umfangreich ist der Kalender der Fremdenverkehrsämter mit Wandertouren zu bestimmten Themen, zur Geologie, zur Flora, zur Kunstgeschichte oder zur landestypischen Küche. Und wer die Prospekte durchsieht, entdeckt auch neue Varianten dieses uralten Sports wie die Ökowanderung, die Kalorienwanderung, das Sagenwandern oder das Spielwandern.

Das höchste Gebirge der Erde wird von den Einheimischen „die Himalajas" genannt. Für sie ist die mächtige Barriere zwischen Indien und Tibet also kein einzelnes Gebirge, sondern eine vielköpfige Familie von Gebirgsmassiven: dem Khumbu-Himal, Manaslu-Himal, Annapurna-Himal..., jedes mit seinem ureigenen Charakter. Von den Gipfelhöhen her kann sich das höchste Gebirge Europas zwar nicht mit dem Himalaja messen, doch landschaftlich ist es mindestens ebenso vielfältig. Unsere Vorfahren haben deshalb recht daran getan, ihm in der Mehrzahl den Namen „die Alpen" zu geben, und so präsentiert sich das im Landkartenbild kompakte Hochgebirge bei genauerer Betrachtung vom Berner Oberland bis hinüber zum Burgenland als Mosaik von mindestens zwei Dutzend Alpen: den Allgäuer Alpen, Bündner Alpen, Karnischen Alpen, Glarner Alpen, Tessiner Alpen, Rätischen Alpen..., und kein Massiv gleicht dem andern. Auch hier herrscht unendliche Vielfalt... Da gibt es elegante Felspyramiden wie das Matterhorn, Zinnen und Türme wie in den Dolomiten, verkarstete Hochplateaus wie das Steinerne Meer.

Der Sankt Gotthard in der Zentralschweiz ist nicht nur Wetter- und Wasserscheide, sondern auch eine der meistbefahrenen Nord-Süd-Verbindungen Europas.

kammern, in denen sich Sprachen und Kulturen entwickeln und bis heute erhalten konnten. Das Bild der alpinen Kulturlandschaft ist deshalb mindestens ebenso abwechslungsreich wie die Natur, und zu Füßen von Europas höchsten Bergen findet man auch einige Höhepunkte der europäischen Kunst: in den Westalpen etwa die eindrucksvolle Benediktinerabtei im schweizerischen Wallfahrtsort Einsiedeln, ein Kleinod der Barockarchitektur, oder das noch berühmtere Kloster Sankt Gallen mit seiner einzigartigen Stiftsbibliothek. In den Ostalpen gibt es ein gutes Dutzend bedeutender archäologischer Fundstätten, die Überreste der keltisch-römischen Siedlung am Magdalensberg in Kärnten zum Beispiel, und schon lange bevor Ötzi aus seinem eisigen Grab auftauchte, wußte man, daß der Mensch seit Jahrtausenden in den Alpen zu Hause ist.

Deutsche Nordseeküste

Wo sich Land und Meer begegnen

Nordseeküste – allein das Wort weckt Assoziationen, steckt voller lebenspraller Bilder. Wer wird nicht sofort an Strand und Dünen denken, Möwengeschrei und Meeresbrandung im Ohr haben? Nordseeküste, das ist im Sonnenlicht flirrendes Watt, diese merkwürdige Zwitterlandschaft, mal Wasser, mal leicht unter den Fußsohlen quietschendes, nasses Land. Und wer wird nicht die platte, weite grüne Landschaft hinter den Deichen vor seinem inneren Auge aufgehen sehen, die säuberlich abgezäunten Wiesen mit den schwarzweiß gescheckten Kühen und den reetgedeckten Bauernhäusern am flachen Horizont?

Nordseeküste, das ist die mächtige See, der „blanke Hans", das ist Ebbe und Flut, das Gleichmaß der Gezeiten, das sich irgendwie auf diesen bedächtigen Menschenschlag an der Küste übertragen zu haben scheint. Ja, ganz ehrlich, wer wird dann nicht doch skeptisch-liebevoll von den Nordlichtern reden, eben jenen auf den ersten Blick leicht unterkühlt wirkenden Küstenbewohnern? Wer wird schließlich nicht an Krabbenpulen denken, kurz: an Ferien, Urlaub, Erholung?

Zweifellos ist der Landstrich zwischen Dollart und Lister Tief eines der ältesten und noch immer eines der beliebtesten Urlaubsziele der Deutschen. Doch ist die von Wind und Gezeiten geprägte Landschaft auch eine beeindruckende Kulturregion. Beachtenswert nicht nur deshalb, weil die Zeugnisse aus vergangenen Jahrhunderten viel vom ständigen Ringen der Menschen mit der Urgewalt des Meeres künden. Nein, beeindrucken kann auch, daß die Bauersleute und Fischer an der Küste sich nie gerne unterworfen haben – weder einer ungebärdigen Natur noch dem Joch weltlicher Herren hinter den Deichen.

Das Wattenmeer mit seinem Wechsel der Gezeiten hat die ganze Nordseeküste geprägt wie hier auf der ostfriesischen Insel Norderney (Foto links). Die Nationalparks Schleswig-Holsteinisches Wattenmeer, Niedersächsisches Wattenmeer und Hamburgisches Wattenmeer stehen als einmaliger Naturraum inzwischen großflächig unter Naturschutz. Malerische Fischerhäfen, etwa der von Greetsiel in Ostfriesland (Foto rechts oben) ziehen sich wie eine Perlenschnur die ganze Küste entlang. Bei Ausflügen ins Watt sind die „Heuler" (Foto rechts Mitte), wie junge Seehunde genannt werden, eher zu hören als aus der Nähe zu sehen. Und immer wieder steht man vor Prachtexemplaren nordischer Fachwerkarchitektur wie zum Beispiel der Fassade eines Bauernhofes im Alten Land vor den Toren Hamburgs (Foto rechts unten).

Mitteleuropa

Inseln, Möwen, Dünen, Watt – einzigartige Landschaft

Wer im Herbst einmal bei einem steifen Nordwester am Deich entlangspaziert ist, weiß, wovon die Rede ist: der Salzgeschmack auf den Lippen, die prickelnde Frische auf der Haut und, ach, das wohlige Gefühl, wenn man erst wieder in einer warmen Stube sitzt, eine heiße Tasse Tee oder gar einen steifen Grog vor sich. Und wer einmal einen jener stahlblauen Sommertage erlebt hat, wie sie nur am nördlichen Himmel möglich sind, wird auch das kennen: die unendliche innere Ruhe, die eine leise Brandung verbreitet, die entspannenden Augenblicke, in denen man nichts anderes im Sinn hat, als sich den feinen Sand durch die Finger rinnen zu lassen. Nordseeküste – das bedeutet für den Binnenländer erst einmal Urlaub.

Ferienlandschaft ist diese Küste schon seit geraumer Zeit: Bereits vor 200 Jahren wurden die ersten Badegäste auf den Inseln vor der Küste in die Bücher eingetragen. Wer sich ein wenig mit der Geschichte dieses Badebetriebes an der Nordsee beschäftigt, wird rasch auf den eigentlichen Grund für die Beliebtheit der Region bei Erholungsuchenden stoßen: das Klima. Die einzigartige, meist ein wenig rauhe, aber urgesunde Seeluft und die hohe UV-Strahlung, die fein zerstäubten Aerosole aus der Meeresbrandung, schaffen ein unverwechselbares Reizklima, das die Menschen an die Küste lockt.

Allerdings ist das Gebiet nicht nur Urlaubsland, sondern mit seinen – wenigen – größeren Städten auch Industrieregion. Und natürlich sind die Landwirtschaft und die Fischerei, die Häfen und die Schiffahrt weitere Grundpfeiler der Wirtschaft.

Die Ausdehnung der Region ist beachtlich: Wer etwa von Borkum in der Emsmündung hinauf in den Norden nach Sylt möchte und nicht gerade ein

Unser Routenvorschlag

VON DAGEBÜLL NACH GREETSIEL

Sehr reizvoll ist eine Fahrt von Fischerort zu Fischerort entlang der Küste. Dagebüll ① ist Fährbahnhof für Föhr und Amrum. Husum ② besang Theodor Storm als „graue Stadt am Meer". Tönning an der Eidermündung ③ hat einen uralten Hafen. Büsum ④ ist das Zentrum der Krabbenfischerei an Schleswig-Holsteins Westküste. Friedrichskoog ⑤ dagegen ist ein beschaulicher kleiner Krabbenfischerhafen. Auf der anderen Seite der Elbmündung – nur mit einem Umweg über die Fähre bei Glückstadt zu erreichen, wobei ein Abstecher nach Stade und weiter ins malerische Alte Land lockt – liegt Cuxhaven ⑥, Deutschlands größtes Seebad. In dem kleinen Nordseebad Wremen ⑦ an der Wesermündung findet sich ein Museum über die Wattenfischerei. Bremerhaven ⑧ ist das Zentrum der deutschen Hochseefischerei. Mit der Fähre gilt es nun die Weserseite zu wechseln. Ein Geheimtip ist der gemütliche Fischerort Fedderwardersiel ⑨. In Carolinensiel ⑩ läßt der Museumshafen mit Schiffs-Oldtimern erkennen, daß dieser kleine Ort einmal einer der größten Häfen der Küste war. Norderney ⑪, das von Fährschiffen ab Norddeich-Mole gezeitenunabhängig angesteuert wird, zeigt schöne Bäderarchitekturen. Greetsiel ⑫ schließlich gilt als der romantischste Fischereihafen der Küste.

★ Das besondere Reiseziel: Helgoland.

Flugzeug benutzt, der dürfte einen Tag unterwegs sein. Dazwischen liegt nichts als Wasser – und eine Küstenlinie, die alles in allem eine Länge von rund 660 Kilometern hat. Ihr vorgelagert sind die sieben Ostfriesischen Inseln, die fünf Nordfriesischen Inseln und, nicht zu vergessen, die Halligen und menschenleere Eilande wie Scharhörn in der Elbmündung. Zwischen den beiden geographischen Randpfeilern Borkum und Sylt erstreckt sich aber auch ein faszinierender Küstenstreifen, das Watt, halb Land, halb Meer, eine weltweit einmalige Landschaft. Und natürlich liegt zwischen diesen beiden Punkten auch das platte, platte Land: Hinter hohen Deichen zum Schutz gegen die alles zerstörenden Sturmfluten erstreckt sich die Marsch, flaches, dem Meer abgerungenes Acker- und Weideland, mitunter tiefer gelegen als der Meeresspiegel.

Politisch verteilt sich die Region auf nicht weniger als vier Bundesländer: die Stadtstaaten Bremen und Hamburg, die ihre hanseatische Unabhängigkeit als selbständige Länder in die Gegenwart hinübergerettet haben, und die beiden Flächenstaaten Niedersachsen und Schleswig-Holstein.

Im Lexikon wird die Nordsee als flaches Randmeer (Schelfmeer) des Atlantischen Ozeans beschrieben, 47 000 Quadratkilometer groß und mit einem Wasservolumen von 54 000 Kubikkilometern. Doch was sich hinter diesen nüchternen Zahlen verbirgt, wird selbst in den Spalten von Enzyklopädien nur unzureichend erklärt, man muß es schlicht erleben: die enorme Wucht etwa, zu denen sich die Wassermassen unter grauem Sturmhimmel auftürmen können, wenn sie bei Orkan vom Atlantik

Geradezu magisch ziehen Leuchtfeuer an der flachen Küste den Blick auf sich, vor allem so schöne wie der 40 Meter hohe, rot-weiß gestreifte Leuchtturm von Westerhever in Nordfriesland.

DIE DEUTSCHE NORDSEEKÜSTE AUF EINEN BLICK

SEHENSWÜRDIGKEITEN

Bremerhaven: Deutsches Schiffahrtsmuseum, Freilichtmuseum Speckenbüttel, Zoo am Meer; **Friedrichstadt**: holländisches Stadtbild; **Greetsiel**: Dorfbild, Hafen; **Helgoland**: Klippen (Wanderung); **Husum**: Marienkirche, Theodor-Storm-Museum; **Jever**: Schloß; **Kampen**: Rotes Kliff; **Norden**: Ostfriesisches Teemuseum; **Seebüll**: Nolde-Museum; **Spiekeroog**: Inselkirche; **Tönning**: Eidersperrwerk.

FESTE UND VERANSTALTUNGEN

Büsum: Kutterregatta, August; **Cuxhaven**: Marktschreierwettbewerb, Juli; **Glückstadt**: Matjeswochen, Juni; **Hallig Hooge**: Silvester; **Jever**: Brüllmarkt, Oktober; **Leer**: Gallimarkt (traditioneller Herbstmarkt), 2. Oktoberwoche; **Marienhafe**: Störtebeker-Straßenfest, Juni; **Norden**: Hafenfest, August; **Nordfriesische Inseln**: Biiken, Winterfest, 21. Februar; **Wittmund**: Bürgermarkt, Juli.

AUSKUNFT

Fremdenverkehrsverband Nordsee – Niedersachsen, Bremen e. V., Bahnhofstr. 19-20, 26104 Oldenburg, Tel. 04 41/9 21 71-0. Nordseebäderverband Schleswig-Holstein e. V., Parkstr. 7, 25813 Husum, Tel. 0 48 41/8 97 50.

---

in die Deutsche Bucht gedrückt werden, wenn die Schaumkronen der Wellen an die Deichkrone schwappen und „Land unter" droht. Oder die Gezeitenfolge der Nordsee, ein wesentlich ruhigeres Naturschauspiel – garantiert jeden Tag.

Man darf sich durch diese elementaren Naturgewalten aber nicht darüber hinwegtäuschen lassen, daß das vielbefahrene Seegebiet über dem europäischen Festlandssockel ein überaus empfindliches Ökosystem darstellt. Und daß dieses von Natur aus ungemein artenreiche Meer bereits recht angeschlagen ist. Die Algenpest und das Seehundsterben in den Jahren 1988/89 können sicher als ein ernstes Warnzeichen vor einem drohenden Kollaps des Naturkreislaufes an der Nordseeküste gedeutet werden. Bis heute hat dies der Attraktivität der Nordseeküste als Urlaubsgebiet keinen Abbruch getan.

Inseln und Inselchen, wohin das Auge schaut

Zuerst wurden die Inseln als Urlaubsziel entdeckt: Bereits 1797 etwa wurde Norderney zum Seebad, Borkum und Juist folgten bald nach, und Mitte des vergangenen Jahrhunderts kamen auch die ersten Sommerfrischler nach Sylt. Doch so groß die Entfernung zwischen Borkum und Westerland ist, so groß sind auch die Unterschiede zwischen den Inseln im Westen und im Norden. Denn die Nordfriesischen Inseln und die Halligen vor Schleswig-Holsteins Küste sind Festlandsreste, das, was das Meer nach verheerenden Sturmfluten den Küstenbewohnern im Laufe der Jahrhunderte gelassen hat. Die Ostfriesischen Inseln hingegen hat die Nordsee – der „blanke Hans", wie sie in der Seemannssprache genannt wird – freiwillig hergegeben.

Die sieben Inseln im Wattenmeer zwischen den Flußmündungen von Ems und Jade sind nämlich sämtlich auf Sand gebaut, genauer gesagt, auf den Sandmassen, die hier bei jeder Flut von der Meeresströmung angespült wurden. Im Laufe der Zeit entstanden gigantische Sandbänke, die vom normalen Hochwasser nicht mehr überflutet wurden. Strandpflanzen siedelten sich an, sicherten die Dünen vor den rauhen Nordseewinden. An der dem Festland zugewandten Seite der Sandeilande blieb bei Ebbe immer wieder Schlick zurück – die Inseln vergrößerten sich und nahmen etwa ihre heutige Form an. Noch heute würden die Ostfriesischen Inseln erheblich ihre Gestalt verändern, würden sie nicht vor allem an ihren gefährdeten Westspitzen durch Befestigungen vor der Abtragung durch Wind und Wasser geschützt.

Die Nordfriesischen Inseln dagegen sind das Ergebnis zweier fürchterlicher Entladungen der Naturgewalten: Sie entstanden durch zwei mächtige Sturmfluten, die großen „Mandränken" der Jahre

1362 und 1634. Bis dahin hatte sich das Festland von Sylt bis weit vor Eiderstedt, der heutigen Halbinsel, erstreckt. Schon vor 600 Jahren entstanden die Inseln Sylt, Amrum und Föhr. Drei Jahrhunderte später raubte sich die Nordsee dann den Festlandsrest zwischen Föhr und Eiderstedt und zerschlug endgültig die Insel Strand, deren Reste heute die Inseln Pellworm, Nordstrandischmoor und Nordstrand sind. Einige kleinere Flecken ließen die Fluten ebenfalls zurück: die Halligen, teilweise bewohnte Inseln, auf denen die Häuser auf sogenannten Warften – vom Menschen angelegten Erdhügeln – stehen, damit sie vor Sturmfluten sicher sind.

Westlichste und mit 35 Quadratkilometern größte der sieben Ostfriesischen Inseln, die wie an einer Perlenkette aufgereiht vor dem Festland liegen, ist Borkum. Ehe die ersten Fremden zur Erholung auf die Insel kamen, lebten die Bewohner vom Walfang und von der Seefahrt. An diese rauhen Zeiten erinnern noch heute der Inselfriedhof mit seinen Grabsteinen für die Seefahrer und der alte Leuchtturm aus dem 16. Jahrhundert.

Die Nachbarinsel Juist hat die auffälligste Form der sieben Inseln: Sie ist an keiner Stelle breiter als 500 Meter, allerdings stolze 17 Kilometer lang und wohl die ruhigste der Ostfriesischen Inseln. Vor Juist liegt die unbewohnte Sandinsel Memmert, das größte deutsche Vogelschutzgebiet. Die dritte der sieben Schwestern ist Norderney – und, mit Verlaub, auch die umtriebigste. Norderney ist das älteste deutsche Nordseebad. Bereits Ende des 18. Jahrhunderts quartierten sich die ersten Gäste in dem damaligen Fischerdorf an der Westspitze der Insel ein. Später kamen Heinrich Heine und das hannoversche Königshaus, das Norderney gar zu seiner Sommerresidenz erkor. Bismarck zählte ebenso zu den Gästen wie Theodor Fontane. Herrliche Zeiten! Heute sorgen ein Dünengolfplatz und Surfschulen für den Urlaubstrubel der Moderne.

Die kleinste – manche sagen auch: die gemütlichste – der sieben Inseln ist Baltrum. Langeoog wiederum kann mit der höchsten Erhebung ganz Ostfrieslands angeben: Kaum glaubliche 21 Meter mißt die Melkhörn-Düne, schlicht ein riesiger Sandberg. Spiekeroog gilt mit seinen kleinen Wäldchen und Obstgärten als die „grüne Insel". Hier hat sich vielleicht am schönsten der Charakter der früheren Inseldörfer mit ihren reetgedeckten Backsteinhäusern erhalten. Wangerooge schließlich hatte die bewegteste Geschichte: Zeitweise gehörte es gar zum russischen Zarenreich!

Hoch im Norden, der Westküste Schleswig-Holsteins vorgelagert und in der Regel größer als ihre ostfriesischen Schwestern, haben die Nordfriesischen Inseln bis heute nicht den Charakter reiner Badeinseln angenommen. Sylt gilt als die Königin unter den deutschen Nordseeinseln. Zweifellos ist es mit seinen fast 100 Quadratkilometern die größte und die bekannteste, mit Sicherheit aber auch die bedrohteste von ihnen allen. Das liegt an der fragilen natürlichen Form der Insel: Jeden Herbst und Winter wird an der Südspitze bei Hörnum ein Stückchen Sylt abgetragen, und bei einer schweren Sturmflut könnte das zwischen Hörnum und Westerland nur wenige hundert Meter breite Eiland auseinandergerissen werden. In der Mitte der Insel erhebt sich noch ein alter Festlandsrest, das fast 30 Meter hohe Rote Kliff, neben den gigantischen Wanderdünen von List wohl das sehenswerteste Fleckchen Erde auf der Insel.

Etwas im Schatten Sylts liegen heute – sehr zu Unrecht – die anderen Nordfriesischen Inseln. Nordstrand und Pellworm sind alte Marschinseln, deren fruchtbares Land heute fast ganz unter dem Meeresspiegel liegt und deshalb von mächtigen Deichen geschützt werden muß. Föhr und Amrum liegen höher. Föhr mit seinen kleinen Wäldern und Gärten ist noch ein Stück uraltes Bauernland. Ein Gutteil friesischer Tradition hat sich hier erhalten. Die Inselhauptstadt Wyk strahlt wohl nicht zuletzt deswegen behagliche Ruhe aus.

Amrum ist vielleicht die urtümlichste der Nordfriesischen Inseln. Vor einem bis zu 25 Meter hohen Dünenwall erstreckt sich über die gesamte Insellänge ein mitunter kilometerbreiter feiner Sandstrand: der Kniepsand, der die Eigenschaft hat, jedes Jahr 50 Meter nach Norden zu wandern. Auf der Insel selbst finden sich große Heideflächen und wilde Dünenlandschaften.

Südlich von Föhr und Amrum breiten sich die Halligen aus, jene den Sturmfluten fast schutzlos ausgelieferten Inselchen, deren Gebäude daher auf Warften, aufgeschütteten Hügeln, errichtet wurden. Die große Hallig Hooge ist wegen ihrer heimeligen Saalkirche und des Königspesels, eines prächtigen altfriesischen Wohnraumes, lohnendes Ziel vieler Halligfahrten. Viele schwören darauf, daß sich der Reiz des Eilandes im Watt erst so richtig bei einem Besuch im Winter zeigt.

Natur und Mensch vorm und hinterm Deich

Vom Deich aus gesehen, erscheint das Watt bei Sonnenlicht als silbern glänzende Fläche – und unendlich weit. Tatsächlich kann dieser von den Gezeiten geprägte einmalige Küstenstreifen bis zu 20 Kilometer breit sein, ist meistens allerdings deutlich schmaler. Zweimal am Tag wird er bei Flut vom Meer überspült, während er bei Ebbe trockenfällt. Die Priele, die wie Flußarme den Meeresboden durchziehen, dienen den Gezeitenströmen als Zu- und Abflußrinnen. Sinkt die Flut, fallen Scharen von Strand- und Seevögeln über den Schlick her, in dem Unmengen von Kleintieren – Krebse, Muscheln, Schnecken, Würmer – und Fischen leben.

Bei Wattwanderungen kann man mit etwas Glück aus der Ferne kleine Seehundkolonien auf den Sandbänken beobachten. Das Watt, das sich von den Niederlanden bis hinauf ins dänische Esbjerg zieht, dient einem Großteil der arktischen Vogelwelt als Mauser- und Rastplatz, Durchgangsstation und Nahrungsquelle auf dem Zug nach Süden und auf dem Rückweg in den Norden und Osten. Manche Vogelarten überwintern auch hier. Wegen seines einmaligen Charakters und seiner enormen Bedeu-

Der breiteste Sandstrand Deutschlands ist auf der nordfriesischen Insel Amrum zu finden. Bei Ebbe und gutem Wetter kann man von hier aus zu Fuß die Nachbarinseln Föhr und Sylt erreichen.

tung für das ökologische Gleichgewicht vieler Regionen der nördlichen Halbkugel wurde 1985 vor der Küste Schleswig-Holsteins der Nationalpark Schleswig-Holsteinisches Wattenmeer geschaffen. Ihm folgten die entsprechenden Einrichtungen der Länder Niedersachsen (1986) und Hamburg (1990). Seither steht fast das gesamte deutsche Wattenmeer unter Schutz.

Seit rund 1000 Jahren versuchen sich die Menschen der Küstenregion durch Deiche gegen die Gewalt der Sturmfluten zu schützen. Doch immer wieder wurden diese Erdwälle von eindringenden Wassermassen überflutet und zerstört und richteten dabei unermeßliche Verheerungen an.

Hunderttausende fielen diesen Sturmfluten im Laufe der Jahrhunderte zum Opfer. Doch die Menschen gaben nicht auf, sondern verbesserten die Form der Deiche, zogen sie höher und breiter. Aber selbst in unserem Jahrhundert, in dem die Deiche auf Rekordhöhen getrieben wurden, überraschte die Nordsee die Küstenbewohner: 1953 in Holland und 1962 in Hamburg, wo mehr als 300 Menschen ertranken. 1976 wurde die Flut von 1962 sogar noch um 16 Zentimeter übertroffen, doch waren die Deiche an vielen Stellen nochmals erhöht worden, so daß die Auswirkungen nicht so katastrophal waren wie 14 Jahre zuvor. Doch die Menschen nutzten den Deichbau auch zur Landgewinnung. Sie versuchten

Auch ein Naturparadies: Sylt. Das Rote Kliff über dem Strand bei Kampen ist ein beliebter Aussichtspunkt. Hier hat die Brandung rote Gletschermoränen und Sandablagerungen aus dem Pleistozän freigelegt.

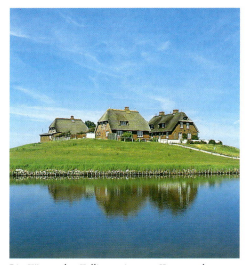

Die Häuser der Halligen wie etwa Hooge stehen zum Schutz vor Sturmfluten auf künstlichen Hügeln.

dem Meer das Land, das es ihnen bei Sturmfluten genommen hatte, durch sogenanntes Vordeichen wieder abzuringen. Dabei wurden vor allem größere, allmählich verlandende Wattflächen eingedeicht und trockengelegt, was in Zukunft allerdings aus Naturschutzgründen nicht mehr möglich sein wird. In Schleswig-Holstein heißen solche eingedeichten Flächen Kooge.

Neben Inseln und Watt lockt auch das Küstenland hinter den Deichen zu einer Entdeckungsreise. Beginnen wollen wir sie im äußersten Nordwesten Deutschlands, in Ostfriesland. Die Ostfriesen gelten als eher ruhiger, zurückhaltender Menschenschlag.

Wer sie jedoch näher kennenlernt, wird bei ihnen viel Herzlichkeit, vor allem aber einen ganz eigenen, trockenen Humor entdecken. Zeitweise waren sie einmal, übrigens zum Segen des Fremdenverkehrs, zu so etwas wie den Witzfiguren der Nation auf- (oder ab-?) gestiegen. Lediglich Emder Söhne wie Karl Dall oder – wer sonst? – Otto Waalkes erinnern noch an diese Tradition.

Die Ostfriesen waren immer ein sehr eigenwilliges, freiheitsliebendes, stolzes Völkchen. Im Mittelalter hatten sich hier unabhängige Bauernrepubliken gebildet, die im 14. Jahrhundert durch die Herrschaft der Häuptlinge abgelöst wurden. Emden war zeitweise Hauptstadt des vereinigten Häuptlingslandes, schon immer aber Handelszentrum der Region. Heute ist es auch ihr wichtigster Industriestandort und mit seiner Kunsthalle eine Topadresse für alle Liebhaber moderner Kunst. Aurich im Herzen des Landes ist eine der alten ostfriesischen Häuptlingsstädte und war zeitweise ebenfalls Hauptstadt der Reichsgrafschaft. Der Upstalsboom bei Aurich ist eine historische Thingstätte der Ostfriesen. Hier trafen sie sich zu Versammlungen. Der Hügel gilt noch heute als Sinnbild für ihr Zusammengehörigkeitsgefühl. Andere historische Häuptlingsorte wie Leer und Jever sind allemal einen Abstecher wert.

Aber Ostfriesland, das sind keineswegs nur die kleinen Städte mit ihrer teils bewegten Vergangenheit. Ostfriesland, das ist vor allem grünes, grünes Land, so weit das Auge reicht. Und das reicht weit in dieser flachen, von Gräben durchzogenen Landschaft, in der sich die wenigen Bäume alle leicht in Richtung Osten neigen – der ständige Nordwester läßt sie gar nicht erst gerade wachsen.

Hafen für Hafen – von West nach Ost

Als würden sie sich vor Wind und Wetter ducken, liegen direkt hinter dem Deich die Sieldörfer von Greetsiel im Westen bei Emden bis nach Hooksiel bei Wilhelmshaven.

Diese kleinen Dörfer – die meisten haben einen malerischen kleinen Hafen für die Krabbenkutter – entstanden an den sogenannten Sielen, den Durchlässen in einem Deich an jenen Stellen, wo durch Entwässerungskanäle das teilweise unter dem Meeresspiegel liegende Marschland trockengehalten wird. Wohl das schönste dieser kleinen Hafendörfer ist Greetsiel mit einer 200 Jahre alten Häuserfront und zwei Windmühlen.

Wer wissen will, warum die Küsten- und Ferienstraße hinter dem ostfriesischen Deich ausgerechnet nach Klaus Störtebeker getauft wurde, wird spätestens in Marienhafe aufgeklärt. Hier hat der berühmte Freibeuter Zuflucht gefunden, ehe er 1401 durch eine Flotte der Hanse vor Helgoland gestellt und in Hamburg enthauptet wurde. Nicht weit entfernt liegt Norden, eine der ältesten Städte Ostfrieslands, mit eindrucksvollem Rathaus und wunderschönen Patrizierhäusern. Im Ostfriesischen Teemuseum kann man sich darüber aufklären lassen, warum die Blätter dieser aromatischen Pflanze aus den Tropen gerade über Ostfriesland ihren Weg nach Deutschland gefunden haben.

Die nächsten Stationen auf unserer Reise von West nach Ost sind Städte: Hafenstädte. Wilhelmshaven ist die jüngste von den dreien, eine Stadt, deren Gründung und Ausbau am Jadebusen nicht gerade friedlichen Zwecken diente: Hier wurde 1856 der Kriegshafen Preußens angelegt, der in Kaiser- und Nazizeit beständig ausgebaut wurde. Zwar ist die Marine noch immer da, heute aber machen rie-

Bei Flut – und erst recht bei Sturmflut – ist vom Watt nichts mehr zu sehen. Dann holt sich die See das Land mit tosender Urgewalt zurück. Ein Spaziergang über die Deiche bei solchem Wetter ist ein Erlebnis.

Auf den Salzwiesen am Deich wie hier bei Westerhever weiden die allgegenwärtigen Nordseeschafe.

sige Tanker, die den Ölhafen der Stadt anlaufen, Wilhelmshaven zu einem der wichtigsten Plätze für die Energieversorgung Deutschlands. Bremerhaven, am Ostufer der Weser gelegen, wurde 1827 als Hafen für tiefgehende Schiffe gegründet. Heute werden die Schiffe binnen Stunden im Containerhafen be- oder entladen, doch etwas vom früheren Flair dieser Hafenstadt läßt sich noch frühmorgens erahnen, wenn man den Fischereihafen und den Fischmarkt besucht, wo der frisch angelandete Hochseefisch meistbietend versteigert wird. An der Columbuskaje, dem Anlegepier für die Überseeschiffe, wird man sich in die Zeiten zurückdenken, als hier die Auswandererschiffe in Richtung Neue Welt ablegten.

Bremen ist sicher nicht mehr Küsten-, wohl aber Hafenstadt – und zwar eine der ältesten Deutschlands. Der Roland vor dem Rathaus ist das zu Stein gewordene Symbol der Freiheit dieser Stadt, die sich ja auch heute noch „Freie Hansestadt Bremen" nennt. Wer am Bremer Marktplatz steht und den Blick über Liebfrauenkirche, Rathaus und Dom

Bei Ebbe fahren Wattwagen mit Ausflüglern von Cuxhaven bis zur Insel Neuwerk hinaus.

schweifen läßt, der wird eine Ahnung bekommen von der großen Vergangenheit der Kaufmanns- und Seefahrerstadt. Zwischen dem Beton der Moderne wird man auch noch weitere Gilde- und Bürgerhäuser entdecken. Vor allem das Schnoorviertel, Bremens ältestes erhaltenes Wohnquartier, läßt noch einiges von der alten Bürgerherrlichkeit der Handelsstadt spüren. Die Böttcherstraße, zwischen Markt und Weser gelegen, ist sicherlich die ungewöhnlichste Straße der Stadt: Sie wurde in den Jahren 1926 bis 1930 als Museumsgasse hergerichtet – und zwar, wie kann es in Bremen anders sein, von einem reichen Kaffeekaufmann.

Das vielleicht unbekannteste Stück der Nordseeküste liegt zwischen Unterweser und Unterelbe. Es ist ein durch und durch bäuerlich geprägter Landstrich, dessen Bewohner sich bis ins 19. Jahrhundert hinein ein gerüttelt Maß an Unabhängigkeit haben bewahren können. Manche sagen, daß man hier im Land Hadeln die den Norddeutschen allgemein nachgesagte Sturheit am besten studieren könne. Sehenswert sind vor allem zwei Orte, die allerdings eher am Rand dieser Landschaft liegen. Cuxhaven, ein Ableger des Hamburger Hafens, ist immerhin Deutschlands größtes Seebad. Als wahres norddeutsches Kleinod aber erweist sich die alte Hansestadt Stade. Die Altstadt mit ihrem Rathaus aus der Barockzeit zieht heute zu Recht viele Besucher an. Wer jetzt nicht den Abstecher durchs Alte Land nach Hamburg macht, der wird bei Wischhafen über die Elbe setzen, hinüber ins nördlichste Bundesland, nach Schleswig-Holstein.

An Schleswig-Holsteins Nordseeküste entlang

Dem Elbverlauf ein Stück folgend, geht es nun weiter nach Büsum, das schon seit über 150 Jahren Nordseeheilbad ist. Auf der anderen Seite der Eider, die die Landesteile Schleswig (im Norden) und Holstein trennt, liegt an der Spitze der Halbinsel Eiderstedt der berühmte Badeort Sankt Peter-Ording. Über ein Dutzend Kilometer erstreckt sich hier der Strand, meistens an die 500 Meter breit. Überhaupt ist Schleswig-Holsteins Westküste mit Sandstränden gesegnet: Rund 520 Kilometer, haben findige Fremdenverkehrsmanager einmal ausgerechnet, sollen alle Strände an der Nordseeküste und den Nordfriesischen Inseln zusammengenommen messen. Bis vor wenigen Jahren war man übrigens zwischen Büsum und Sankt Peter-Ording wesentlich länger unterwegs: Die direkte Straßenverbindung der beiden Badeorte existiert nämlich erst seit 1974, als das Eidersperrwerk fertiggestellt wurde. Durch diesen Damm soll das bis dahin von Hochwasser stark bedrohte Mündungsgebiet des Flusses vor Sturmfluten geschützt werden.

Nimmt man nicht den direkten Weg, sondern benutzt die alte Landverbindung, wird man Friedrichstadt passieren, im Landesteil Schleswig die wohl schönste Stadt an der Nordseeküste.

Als Herzog Friedrich III. von Schleswig-Gottorf sie 1621 gründete, hatte er große Pläne: Der Ort am Zusammenfluß von Treene und Eider sollte einmal ein Welthafen werden. Nun: Friedrichstadt ist das geblieben, was es offenbar von Anfang an war – eine kleine, mit ihren Grachten und Treppengiebelhäusern recht holländisch anmutende Stadt. Holländisch? Das ist kein Zufall. Friedrich III. hatte nämlich niederländische Glaubensflüchtlinge angesiedelt, die die Stadt nach Vorbildern in ihrer Heimat anlegten.

Das noch ein Stückchen weiter oben im Norden gelegene Husum besang der große Erzähler und Lyriker Theodor Storm *(Der Schimmelreiter)* als „graue Stadt am Meer". Allein schon die Krokusblüte im Schloßpark wird den Besucher davon überzeugen, daß die Stadt durchaus nicht grau sein muß! Neben dem Schloß, dem Nordfriesischen Museum Nissenhaus und der klassizistischen Marienkirche ist natürlich Storms Geburtshaus einen Besuch wert. Hier werden noch originale Möbel des Dichters aufbewahrt.

Nördlich von Husum, bis zur dänischen Grenze, erstreckt sich Nordfriesland, benannt nach den Friesen, die im Mittelalter ihr Stammland im heutigen Holland und Ostfriesland verlassen hatten und sich hier, im unbesiedelten dänischen Königsland, niederließen. Es ist ein ruhiger Landstrich, in den nur die kleinen Fährhäfen Dagebüll und Schlüttsiel ein wenig Trubel bringen.

Und noch ein Stückchen weiter geht die Reise. Ganz oben, hart an der dänischen Grenze, liegt der Ort, an dem der herbe Reiz der nordfriesischen Landschaft sich in Kunst verwandelte: In Seebüll lebte und arbeitete der berühmteste Maler Schleswig-Holsteins, der Expressionist Emil Nolde. Sein Haus und Atelier, auf einer alten Werft gelegen, sind heute ein Museum, in dem mehr als 200 Werke des Künstlers gezeigt werden. Von hier aus sollte man direkt zur Küste fahren, sich auf den Deich ins Gras setzen und hinaus aufs Wattenmeer schauen. Oder einfach in den Himmel hinaufstarren und in den weißen Wolkengebirgen versinken. Dann wird man nicht nur die eindrucksvollen Bilder Noldes besser verstehen, man wird auch die Anziehungskraft spüren, die die karge, aber doch unendlich reiche Landschaft an der Nordsee auf so viele Menschen ausübt.

Vor der Sturmflutmauer im Hafen von Greetsiel schaukeln Krabbenkutter in den Wellen.

DAS BESONDERE REISEZIEL: MEERUMTOSTES HELGOLAND

Nach Helgoland kommt man gemeinhin mit dem Schiff: Auf einmal taucht am Horizont eine rötlich schimmernde Silhouette auf, die bizarren Umrisse der Felseninsel. Bald erkennt man, daß es in Wirklichkeit zwei Inseln sind: der in Ober-, Mittel- und Unterland unterteilte Buntsandsteinfelsen und die vorgelagerte Düne. Helgoland, 65 Kilometer nordwestlich von Cuxhaven gelegen, war im Laufe der Geschichte Seeräubernest, Schmuggelhafen, Marinestützpunkt, nationales Symbol und Bombenabwurfplatz. Heute geht es hier friedlicher zu: Helgoland ist eine der beliebtesten deutschen Badeinseln.

Keinem der Dichter, die es je besangen, hat Helgoland mehr zu danken als August Heinrich Hoffmann von Fallersleben. Im Jahre 1841 schrieb der dichtende Patriot hier das *Deutschlandlied* und machte das abgelegene Eiland, das damals noch den Engländern gehörte, zu einem wichtigen Ort der deutschen Geschichte. Doch die Helgoländer zehren noch heute viel mehr von einem Image, das Hoffmann von Fallersleben ihrer Insel mit einem Reim verschafft hatte: „Wer auf festem Land nirgend Heilung fand, wird sie wahrlich finden dort in Helgoland." Das nicht einmal einen Quadratkilometer große Felseiland in der Nordsee (plus 0,7 Quadratkilometer Düne) rühmt sich nämlich Deutschlands reinster Luft – und zitiert dafür gern das Dichterwort.

Das Seebad Helgoland wurde bereits 1826 gegründet – schon damals wußte man um die wohltätige Wirkung der Seeluft und des milden Meeresklimas. Heute ist durch Messungen belegt, daß Helgoland der jod- und sauerstoffreichste und zugleich der staub- und pollenärmste Ort in ganz Deutschland ist, mit zehnmal reinerer Luft als auf der Zugspitze. Zudem ist das Meer hier sauberer als in den anderen Küstenbereichen der Nordsee, die durch Abwässerzuflüsse stärker belastet sind.

Zweifellos ist Helgoland heute keineswegs nur Badeinsel. Nicht zuletzt erhält die Insel so viel Besuch, weil man hier zollfrei einkaufen kann. Und viele Menschen kommen auch zur Vogelbeobachtung: Auf Helgoland finden zahllose Seevögel ihre Nistplätze – etwa auf dem streng unter Naturschutz stehenden Lummenfelsen, Deutschlands einzigem Vogelfelsen in der Nordsee. Und auch eine wichtige Raststelle auf dem großen Vogelzug im Frühjahr und Herbst ist die rote Felseninsel in der rauhen Nordsee.

Die Ausflugsinsel Helgoland aus der Luft: Die Schiffe müssen draußen im tiefen Wasser vor Anker gehen. Bei der Fahrt an Land und zurück in kleinen Booten geht es nicht immer ohne Geschaukel ab.

LÜNEBURGER HEIDE
Ein Naturparadies – durch Raubbau entstanden

Das Paradoxe an diesem wunderschönen, melancholisch-stillen Landstrich zwischen Elbe und Aller ist, daß er als eine der wenigen intakten Rückzugszonen der Natur in Deutschland gilt – und doch nichts anderes ist als das Ergebnis menschlichen Raubbaus an der Natur. Die Lüneburger Heide mit ihren Birken und dem sanftviolett blühenden Heidekraut, den Kiefern und Wacholderhainen, den vielen Mooren, Tümpeln und Wiesen sieht heute nur deshalb so urwüchsig aus, weil im Mittelalter die Wälder rücksichtslos geschlagen wurden. Man brauchte das Holz nämlich in den Salinen, den Anlagen zur Salzgewinnung, denen Lüneburg seinen Reichtum verdankt. Heute ist die Heide ein beliebtes Ausflugs- und Ferienziel, dessen Heidschnuckenromantik freilich durch den Massentourismus so manches Mal empfindlich gestört wird.

Kein Zweifel: Die Lüneburger Heide, so wie sie sich in unseren Köpfen eingeprägt hat, muß man suchen. Wer aufs Geratewohl zwischen Lüneburg und Soltau die Autobahn verläßt oder aus dem Zug steigt, der wird zunächst einmal Felder sehen, auf denen der Raps gelb blüht oder Getreide im Wind hin und her wogt.

Der unvorbereitete Besucher wird durch dunkle Kiefernforste und lichte Laubgehölze streifen. Er wird allerdings kaum noch die Heide entdecken, die „wüste Hochfläche", wie man „Heide" wohl am besten ins Hochdeutsche übersetzen kann. Nein, denn fast überall präsentiert sich heute die Lüneburger Heide als eine Kulturlandschaft, als ein Acker- und Weideland oder als Wald.

Die Heide hat heute nur noch ein Prozent der Ausdehnung, die sie im 18. Jahrhundert hatte. Um die Heide so zu erleben, wie wir sie im Kopf haben – das Violett des Heidekrauts, das sanfte Hügel und Mulden überzieht –, sollten wir uns zunächst einmal nach der Blütezeit der *Calluna vulgaris*, des einfachen Heidekrauts, richten: Von Mitte August bis weit in den September hinein leuchtet die Heide. Und man sollte in der Tat wissen, wo man sie suchen muß: am besten nämlich im Naturschutzpark Lüneburger Heide rund um den Wilseder Berg. Das ist übrigens mit 169 Metern die höchste Erhebung der Region! Hier schlägt das Herz der Lüneburger Heide. Hier kann man mit etwas Glück die Heide als Idylle erleben, in der ein Schäfer die Heidschnucken das tun läßt, was ihr Name schon sagt: Er läßt sie von der Heide naschen. Nur mit Hilfe der Schafe bleibt die Heide kurz und damit in dem Zustand, wie wir sie kennen.

Die Natur ist das Kapital dieser Landschaft: Dazu gehören die Heidequellen wie zum Beispiel die Schwindequelle nordöstlich von Bispingen im Landkreis Soltau-Fallingbostel. Oder kleine Heideflüsse wie die Ilmenau, die südlich von Uelzen entspringt und gemächlich durch Wiesen und Heide bis zur Elbe fließt. Oder die stillen, von Moor umgebenen Heideseen, das Ahlftener Flatt etwa oder der Grundlose See bei Walsrode inmitten von Moor- und Kiefernwäldern. Außer im Naturschutzpark Lüneburger Heide gibt es ausgedehnte Heideflächen noch im Naturpark Südheide im Landkreis Celle, rund um Amelinghausen bei Lüneburg, in der Klein Bünstorfer Heide bei Bad Bevensen und auf dem Brunsberg bei Buchholz in der Nordheide.

Wer die Heide besucht, sollte auch die berühmten Heideklöster wie Ebstorf oder Wienhausen nicht ignorieren, deren frühe Bewohner die Kultur in die Region trugen. Vor allem aber darf er nicht achtlos an den malerischen Städten vorübergehen.

Die Hansestadt Lüneburg, neben dem Fachwerkparadies Celle das absolute Highlight der Heide und

An Markttagen herrscht vor der schönen Renaissancefassade des Lüneburger Rathauses reges Treiben.

die einzige unzerstörte Stadt der norddeutschen Backsteingotik, verdankte ihren Wohlstand dem Salz, das man seit dem frühen Mittelalter aus dem unterhalb der Stadt gelegenen Salzstock gewann. Überall in den Gassen der liebevoll sanierten Altstadt sieht man heute Risse im Mauerwerk der alten Bürgerhäuser – der Grund hat sich wegen des Salzabbaus gesenkt. Das überwiegend gotische Rathaus, die Backsteinkirche Sankt Johannis oder der hölzerne Kran, mit dem die Kähne auf der Ilmenau beladen wurden, sind Hauptanziehungspunkte der Stadt. Das Salinenmuseum dokumentiert die Geschichte der Salzsieder in Lüneburg.

Auskunft: Fremdenverkehrsverband Lüneburger Heide, Pf. 21 60, 21311 Lüneburg, Tel. 0 41 31/ 5 20 63.

„Laß Deine Augen offen sein, geschlossen Deinen Mund, und wandle still, so werden Dir geheime Dinge kund" – so hat der Dichter Hermann Löns (1866–1914) die mit Wacholderbüschen durchwachsene Heide besungen.

HARZ
Nadelwälder und Fachwerkstädtchen

Der Harz, das höchste Mittelgebirge Norddeutschlands, an dem Niedersachsen, Sachsen-Anhalt und Thüringen Anteil haben, steigt wie ein von Riesenhand in die Ebene geschleuderter Gebirgsklotz abrupt aus dem Tiefland auf. Er ist in seinem heutigen Erscheinungsbild eine weitgehend von Menschenhand geschaffene Landschaft: Tausend Jahre Bergbau haben dem Mittelgebirge sein heutiges Aussehen beschert. Denn als man im Jahre 968 auf die erste Silberader stieß, bedeckten Buchenwälder die Höhenzüge. Die Bäume wurden geschlagen, weil man fortan die Stämme für den Stollenbau und zum Betrieb der Erzhütten brauchte. Erst Jahrhunderte später wurden die Bergrücken wieder mit schnell wachsenden Fichten aufgeforstet – so entstand der für den Harz heute so typische dunkle Nadelwald.

Es ist bekanntlich nicht allzu lange her, daß man wieder den Brocken besteigen darf, jenen sagenumwobenen Berg, auf den einst zur Walpurgisnacht die Hexen zum Tanze niederfuhren. Jahrzehntelang hatten die sowjetischen Militärs den mit 1142 Metern höchsten Gipfel des Harzes für ihre gen Westen gerichteten Lauscheinrichtungen okkupiert, und die martialische Technik ließ keinen rechten Platz für die volkstümlichen Phantasien mehr. Nun, die Soldaten sind weg, und vielleicht kommt jetzt wieder etwas von der geheimnisvollen Stimmung auf, die dieser Gegend des Harzes anzuhaften scheint, wenn man im Winter bei Sonnenaufgang aufbricht und von Torfhaus aus den Goetheweg einschlägt, einen der Aufstiege auf den Brocken.

Ja, der Harz ist eine Landschaft, die sich noch immer am besten auf Schusters Rappen erschließt: das wunderschöne Tal der Bode etwa mit der berühmten

Im romantischen Bodetal zwischen Thale und Treseburg ist der Harz vielleicht am schönsten. Rechts und links des tief eingeschnittenen Waldtales liegen die sagenumwobenen Felsen von Hexentanzplatz und Roßtrappe.

Roßtrappe, die Teufelsmauer aus Sandstein bei Blankenburg, die Wasserfälle im Ilsetal, die Iberger Tropfsteinhöhle oder die Rhumequelle. Die engen Gebirgsschluchten und die jähen, weiten Ausblicke, die romantischen Seen und die gewaltigen Talsperren zur Wasserversorgung norddeutscher Großstädte, die karstigen Gebirgshänge – das alles kann man zwar mit dem Auto anfahren; die Vielfalt und den Abwechslungsreichtum der Landschaft, von der Teile in der weiteren Umgebung des Brockens zu Nationalparks erklärt wurden, bekommt man aber so richtig nur als Wanderer mit.

Der Harz – das ist jedoch nicht nur eine wildromantische Gebirgslandschaft, die schon seit Goethes Zeiten die Wanderer angezogen hat: Der Harz ist auch eine der interessantesten Kulturlandschaften Deutschlands. Man könnte jetzt von der Kaiserpfalz in Goslar erzählen oder von Quedlinburg, der wunderschönen Fachwerkstadt, in der noch der Hauch des Mittelalters zu spüren ist. Man könnte die mächtigen gotischen Ruinen des Klosters in Walkenried rühmen, das im Bauernkrieg von dem Haufen Thomas Müntzers niedergebrannt wurde. Man könnte Bad Harzburg nennen, wo bereits zu Beginn des 19. Jahrhunderts Badekuren verabreicht wurden. Oder die Welfenstadt Herzberg mit dem Schloß, das aus einer Burg Barbarossas und Heinrichs des Löwen hervorgegangen ist.

Vielleicht am interessantesten aber ist es, sich dem zu widmen, was diese Landschaft so nachhaltig geprägt hat: dem Bergbau. Seine Geschichte von den Anfängen im Jahre 968 bis zu seinem Ende in unserem Jahrhundert (als letzter wurde 1988 der Traditionsstollen im Rammelsberg dichtgemacht) läßt sich hier in zahlreichen Museen und Stollen nacherleben.

Das Rammelsberger Bergbaumuseum in der Nähe von Goslar beispielsweise wurde so erhalten, wie es sich am Tag seiner Stillegung präsentierte. Das Oberharzer Bergwerk- und Heimatmuseum in Clausthal-Zellerfeld wiederum bietet interessante Einblicke in die historische Seite des Bergbaus. In Netzkater bei Ilfeld ist der Rabensteiner Stollen als einziges ehemaliges Steinkohle-Bergwerk in Deutschland für Besucher zugänglich. Die Grube stammt aus dem 18. Jahrhundert, und man fährt heute mit einer kleinen Grubenbahn über das übertägige Museumsgelände.

Apropos Bahn: Man kann auch mit der Harzquerbahn bequem hierher gelangen, der 1897 bis 1899 gebauten Schmalspurstrecke von Nordhausen nach Wernigerode. Die Fahrt mit der Dampfeisenbahn ist wohl eines der eindrucksvollsten Erlebnisse einer Harzreise.

Auskunft: Harzer Verkehrsverband e.V., Marktstr. 45 (Gildehaus), 38640 Goslar, Tel. 0 53 21/3 40 40.

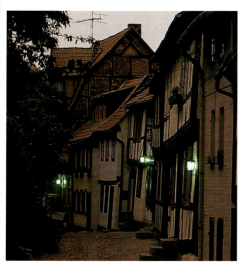

Mittelalterliches Fachwerk und enge Gassen mit Kopfsteinpflaster sind das Markenzeichen von Quedlinburg.

DEUTSCHE OSTSEEKÜSTE

Der Zauber einer stillen Schönen

Ostsee – sofort blitzen Bilder vor dem inneren Auge auf. Unwillkürlich kommen einem die steil abfallenden Kreidefelsen von Rügen in den Sinn, ausgedehnte, weiße Sandstrände mit bunten Strandkörben. Die Ostsee, das heißt aber auch Wind und Wetter, die Kieler Woche mit den unzähligen bunten Spinnakern der Segelboote, die eine kräftige Brise lautlos den Horizont entlang gleiten läßt. Und natürlich gehören idyllische Fischerdörfer oder die Bauernkaten mit ihrem schwarzweißen Fachwerk und den dicken Strohdächern ebenso dazu wie die Hügel, auf denen sich sattgelb der Raps wiegt und hinter denen in der Ferne tiefblau das Meer schimmert.

Es ist eine ziemlich alte Kulturlandschaft, die sich entlang der Küste von Flensburg bis nach Usedom erstreckt. Die Wikinger und die Hansekaufleute beherrschten jeweils zu ihrer Zeit das gewaltige Binnenmeer. Den Handelsplatz Haithabu und enorme Festungsanlagen hinterließen die einen, die Backsteingotik der großen Hafenstädte zeugt noch heute vom Glanz der Epoche der anderen. Caspar David Friedrich, der große romantische Landschaftsmaler aus Greifswald, gehört genauso in den Kulturraum Ostsee wie heutzutage das Schleswig-Holstein Musik Festival, das seit einiger Zeit auch schon Ableger in Mecklenburg-Vorpommern unterhält.

Ostsee – das ist nicht zuletzt Erholung, Entspannung, Urlaub in einer Landschaft abseits der Hauptverkehrsrouten, in der die Uhren langsamer zu ticken scheinen. Die Menschen wirken hier bedächtiger als in den meisten anderen Regionen Deutschlands; sie können vielleicht noch etwas, das in unserer schnellebigen Zeit nur allzugern zur Seite gedrängt wird. Auf Platt heißt es: „Hör mal'n beten to", was sich ins Hochdeutsche vielleicht am besten so übersetzen läßt: „Hör einfach mal wieder hin." Wer das lernt – hingucken und zuhören –, der wird schnell dem stillen Zauber der Ostseeküste erliegen.

Wahrzeichen der Ferieninsel Rügen sind die Kreidefelsen. Stundenlang kann man an dieser abwechslungsreichen Küste durch ursprüngliche Natur wandern wie hier an den Wissower Klinken (Foto links). Das Kapital von Mecklenburg-Vorpommern ist das Meer. Das zeigt sich nicht nur bei den Fischern (Foto rechts oben), deren schmucke, strohgedeckte Katen (zweites Foto von rechts oben), zum Beispiel bei Ahrenshoop, auch immer mehr Künstler und Ferienhauskäufer anlocken. Traditionsbewußten Wohlstand sieht man auch in den größeren Hafenstädten: Die Kieler Woche etwa zieht mit liebevoll gepflegten Großseglern Zehntausende von Besuchern in ihren Bann (zweites Foto von rechts unten). Die prächtige Fassade des Stralsunder Rathauses (Foto rechts unten) ist nur eines von vielen Wunderwerken der Backsteingotik in den alten Hansestädten an dieser Küste.

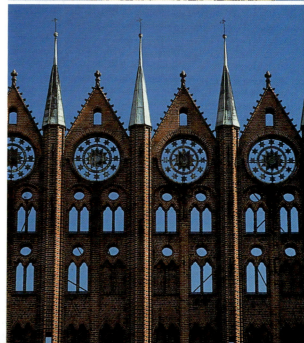

Mitteleuropa

Stur und wortkarg – kein bloßes Klischee

Nun, Sturköppe sind sie schon. Das weiß man. Dickschädel würde man sie anderswo nennen. Und dröge sind sie. Auch das weiß man. Woanders würde man sagen: maulfaul. Eigentlich nicht gerade schmeichelhaft, was einem spontan zu den Bewohnern des Landstrichs in Deutschlands Nordosten einfällt, den Menschen zwischen Flensburger Förde und Pommerscher Bucht. Und doch wird das kaum einer an der Ostseeküste anders denn als Kompliment auffassen – und so sollte es auch gemeint sein: Die Menschen an der Küste wissen in der Regel, was sie wollen. Sie sind eher geradeaus. Viel Wesens, wie es hier heißt, viel Aufhebens um sich macht man hier eben nicht. Und auch nicht viele Worte. „Moin" sagt man hier, egal, ob es nun strahlender Morgen ist oder rabenschwarze Nacht. „Moin" sagt man zur Begrüßung, „moin" kann man sagen, wenn man geht. Unendlich viel können die Norddeutschen in diese eine Silbe legen, Liebe und Zuneigung, aber auch eisige Zurückhaltung oder gar schroffe Zurückweisung. Warum also viele Worte machen, wenn man alles mit einem sagen kann?

Es gibt viele Möglichkeiten, die Ostseeküste zu erkunden: motorisiert, radelnd, zu Fuß oder – ganz profan – einfach liegend. Am Strand nämlich – und ziemlich viel von der gut 700 Kilometer langen deutschen Ostseeküste ist Strand –, im Windschatten einer Sandburg wird man vielleicht etwas von dem Gleichmaß der Natur erahnen, das den Menschen im Norden wohl ihr ruhiges Wesen vermittelt hat. Thomas Mann, der gebürtige Lübecker, hat in den *Buddenbrooks* solch einen wohlig-ausgleichenden Strandtag an der Ostsee beschrieben, einen Tag, der „einen angenehmen Schwindel hervorrief, eine gedämpfte Betäubung, in der das Bewußtsein von Zeit und Raum und allem Begrenzten still und selig unterging..."

Bleiben wir aber in den Grenzen von Raum und Zeit. Treten wir eine Reise an entlang der Küste von Nord nach Ost, vom steinernen Kompagnietor an der Südspitze des Flensburger Hafens bis zur berühmten hölzernen Seebrücke von Ahlbeck auf Usedom, berühmt deshalb, weil das Jugendstilbauwerk, jedenfalls, was die Aufbauten betrifft, der älteste Steg dieser Art an der deutschen Ostseeküste ist.

Die Landschaft in Schleswig-Holsteins nordöstlichster Ecke heißt Angeln. In die Geschichte eingegangen ist dieser Landstrich, weil von hier im fünften Jahrhundert der Volksstamm der Angeln aufbrach, um im Verbund mit den Sachsen die Inseln der Briten zu erobern. Begrenzt wird die Landschaft von der Flensburger Förde und der Schlei. Die ist ebenfalls eine Förde, das heißt, eine tief ins Land eindringende Meeresbucht der Ostsee, die sich auf den ersten Blick allerdings eher wie ein Flußlauf ausnimmt. Eckpunkte der Region sind Flensburg, Schleswig und Kappeln – drei beispielhafte Orte, die für die ganze Küste stehen können, für historische Entwicklungen, die das heutige Gesicht der deutschen Ostseeküste nachhaltig geprägt haben. Da wäre also zunächst Flensburg als Beispiel für eine Handelsstadt. Kaufleute und Seefahrer haben der gesamten Küste von Flensburg bis Ueckermünde einst Wohlstand und Ansehen gebracht. Dann die Herzogstadt Schleswig – Fürsten und Adel waren über Jahrhunderte die Gegenspieler der selbstbewußten Stadtbürger und haben die Bauern unter ihrer Herrschaft erbarmungslos ausgepreßt. Dies ist sicherlich eine der Ursachen für die Ärmlichkeit, in der viele Kleinbauern zumindest in Schleswig-Holstein bis in unsere Tage hinein leben mußten. Schließlich das frühere Fischerdorf Kappeln – eine abgeschiedene Landstadt mit gepflegten Fachwerkhäuschen, vor denen Rosenstöcke blühen; wären die

DIE DEUTSCHE OSTSEEKÜSTE AUF EINEN BLICK

SEHENSWÜRDIGKEITEN

Eutin: Schloß und Schloßpark; **Flensburg**: Marienkirche, Nikolaikirche, Holm; **Glücksburg**: Wasserschloß; **Greifswald**: Wiecker Klappbrücke; **Heiligendamm**: Kurarchitektur; **Hiddensee**: Hauptmann-Gedenkstätte; **Kiel**: Freilichtmuseum Molfsee; **Lübeck**: Dom, Marienkirche, Holstentor, Rathaus, Buddenbrookhaus, Haus der Schiffergesellschaft; **Ribnitz-Damgarten**: Freilichtmuseum Klockenhagen; **Rostock**: Marienkirche; **Rügen**: Stubbenkammer, Kap Arkona, Rasender Roland (Dampfeisenbahn); **Schleswig**: Dom, Landesmuseum Schloß Gottorf; **Stralsund**: Rathaus, Nikolaikirche; **Wismar**: Marktplatz.

FESTE UND VERANSTALTUNGEN

Eutin: Sommerspiele (Oper), Juli bis August; **Fischland-Darß-Zingst**: Tonnenfeste (Reiterfeste in verschiedenen Städten der Region), Sommermonate; **Flensburg**: Rumregatta, Mai; **Kappeln**: Heringstage, um Christi Himmelfahrt; **Kiel**: Kieler Woche, Ende Juni; **Lübeck**: Weihnachtsmarkt, Dezember; **Ralswiek**: Störtebeker-Festspiele, Juli bis August; **Rostock**: Pfingstmarkt; **Stralsund**: Sundschwimmen, August; **Ueckermünde**: Hafftage (Bootskorso), August.

AUSKUNFT

Fremdenverkehrsverband Schleswig-Holstein e.V., Niemannsweg 31, 24105 Kiel, Tel. 04 31/56 00–100. Landesfremdenverkehrsverband Mecklenburg-Vorpommern e.V., Platz der Freundschaft 1, 18059 Rostock, Tel. 03 81/44 84 26; Regionaler Fremdenverkehrsverband Fischland-Darß-Zingst e.V., Klosterstr. 21, 18374 Ostseebad Zingst, Tel. 03 82 32/2 32.

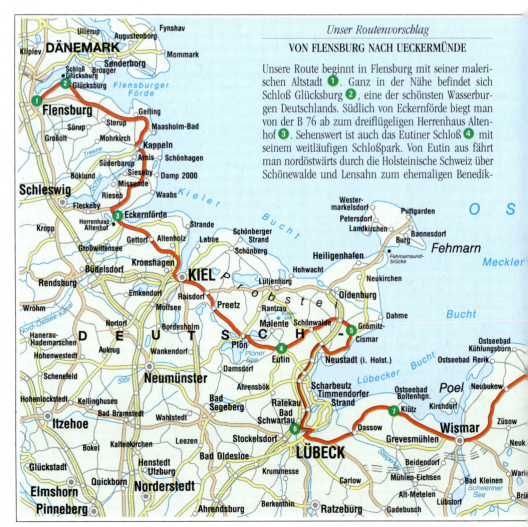

Unser Routenvorschlag
VON FLENSBURG NACH UECKERMÜNDE

Unsere Route beginnt in Flensburg mit seiner malerischen Altstadt ❶. Ganz in der Nähe befindet sich Schloß Glücksburg ❷, eine der schönsten Wasserburgen Deutschlands. Südlich von Eckernförde biegt man von der B 76 ab zum dreiflügeligen Herrenhaus Altenhof ❸. Sehenswert ist auch das Eutiner Schloß ❹ mit seinem weitläufigen Schloßpark. Von Eutin aus fährt man nordöstwärts durch die Holsteinische Schweiz über Schönewalde und Lensahn zum ehemaligen Benedik-

Deutsche Ostseeküste

Die typisch mecklenburgisch-vorpommersche Küstenlandschaft wirkt im Sommer fast wie ein Stück Paradies aus der Südsee, nur ohne Palmen: endlose Strände und kristallklares Wasser.

Fremden nicht: Orte wie dieser – und es gibt viele seiner Art entlang der Küste – würden sich noch heute im Dornröschenschlaf über die Zeiten hinwegträumen.

Flensburg könnte den Auftakt bilden zu einer Reise durch die Backsteinbaukunst von Gotik und Renaissance, die durch alle Ostseestädte führen müßte (vielleicht bis auf Kiel, wo Krieg und Nachkriegszeit wenig alte Substanz übriggelassen haben). Große Hallenkirchen wie die Nikolaikirche am Sudermarkt der Stadt, deren Bau im 14. Jahrhundert begonnen wurde, repräsentative Befestigungsbauten wie das berühmte Nordertor – ein Staffelgiebelbau, der heute das Wahrzeichen der Stadt ist –, ferner die Kaufmannshöfe an Norderstraße und Holm sowie Lagerhäuser wie der liebevoll renovierte Westindienspeicher sind sehenswert.

tinerkloster Cismar ⑤. Dann geht es auf der A1 (Auffahrt Neustadt/H. Nord) nach Lübeck ⑥: Marienkirche, Dom und Holstentor sind hier ein Muß. Von einem Wassergraben und Lindenalleen umgeben ist Schloß Bothmer in Klütz ⑦, dem ersten Halt in Mecklenburg. Weiter geht es über Bad Doberan ⑧ mit seinem berühmten Münster nach Rostock ⑨. Hier ist die Altstadt sehenswert wie ihr Pendant in Stralsund ⑩. Nun fährt man nach Rügen. In Putbus ⑪ ist der wunderschöne Schloßpark erhalten. Ebenfalls auf Deutschlands größter Insel, von Putbus aus nach Osten Richtung Sellin, liegt das neugotische Jagdschloß Granitz ⑫. Am Südzipfel der Insel geht es von Poseritz per Fähre zurück aufs Festland, nach Greifswald. Dort in der Nähe, zwischen Wieck und Eldena, steht die durch Caspar David Friedrich berühmt gemachte Klosterruine von Eldena ⑬. In Ueckermünde ⑭ finden sich noch sehenswerte Reste eines einst prachtvollen Renaissanceschlosses der Pommernherzöge.

★ Das besondere Reiseziel: Usedom.

Überall rechts und links der Schlei stößt man auf schöne alte Bauernhäuser im Fachwerkstil.

Schleswig hingegen wirkt als Stadt viel bescheidener. Typisch sind die geduckten Häuser der beschaulichen Fischersiedlung Holm östlich des mächtigen Doms der Stadt. Die Südspitze der Schlei atmet wie kaum eine andere Gegend Schleswig-Holsteins Geschichte: Unweit der heutigen Stadt Schleswig siedelten die Wikinger. Der Handelsplatz Haithabu war im neunten Jahrhundert weithin bekannt, geblieben sind die mächtigen Wallanlagen. Dann Schloß Gottorf, das größte Fürstenschloß des Landes, jahrhundertelang glanzvolle Residenz der Herzöge von Schleswig-Holstein-Gottorf. Hier wurde die Geschichte des Landes gemacht, hier kann man sie noch heute sehen: Im Schloß ist das Landesmuseum untergebracht, sehenswert nicht nur wegen der berühmten Moorleichen und des nicht minder bekannten Nydamboots aus dem vierten Jahrhundert.

Schleiabwärts geht es dann vorbei an Missunde, wo Kanonenkugeln aus dem Deutsch-Dänischen Krieg von 1864 in Häuserwände eingemauert sind. Vorbei an Sieseby, einem kleinen, malerisch gelegenen Fachwerkdorf am Ostufer der Schlei. Hier lohnt sich ein Blick in die für die Gegend so typische Dorfkirche, eine kleine gotische Feldsteinkirche, in der noch heute die Familie der Gutsherren ihr eige-

Mitteleuropa

Eine Knicklandschaft entsteht, wenn die Bauern ihre Felder zum Schutz vor dem Wind mit rechtwinkeligen Hecken (Knicks) umgeben. In der Holsteinischen Schweiz setzen sanfte Hügel einen zusätzlichen Akzent.

nes Chorgestühl besitzt. Weiter geht's über Arnis. Die kleinste Stadt des Landes besteht praktisch nur aus einem einzigen, freilich sehr sehenswerten Straßenzug und hat eine bemerkenswerte Entstehungsgeschichte: Im Jahre 1667 zogen 65 Familien aus dem nördlich gelegenen Flecken Kappeln auf die Halbinsel in der Schlei, um so der Leibeigenschaft zu entgehen. Das Domizil ihres Gutsherrn, Gut Roest – sicher nicht das prächtigste, aber doch ein charakteristisches Beispiel für die vielen, oft mit einem Wassergraben umgebenen Herrenhäuser des Adels an der Ostseeküste –, ist noch heute zu bewundern.

Wer diese Fahrt die Schlei hinab – mit dem Dampfer, im Auto oder auf dem Rad – hinter sich hat, wird einiges vom Land an der Ostsee erfaßt haben: Er kennt nun den Reiz der sanft gewellten Landschaft mit ihren Knicks, den Hecken, welche die Äcker vor dem Weststurm schützen sollen; er wird die reetgedeckten, ausladenden Bauernhäuser gesehen haben, in denen man unbeschwerte Urlaubstage verbringen kann. Und er wird auch einiges von der bewegten Geschichte des Landstrichs gelernt und Menschen getroffen haben, die freundlich, aber bestimmt nie überschwenglich die Fremden begrüßen.

Auf der Reise von Nord nach Ost wäre Eckernförde der nächste Pflichthalt: eine malerische kleine Hafenstadt an der Spitze einer von Steilufern gesäumten Bucht. Dann Kiel, die Landeshauptstadt. Sie wurde im Krieg schwer gezeichnet, doch die Schleuse des Nord-Ostsee-Kanals in Holtenau, der Fährhafen (der berühmte Oslokai) und der Werftbetrieb lohnen einen Besuch. In der Umgebung sollte man zwei Ausflüge in die Vergangenheit nicht versäumen: Der eine führt nach Laboe, wo das Marine-Ehrenmal und ein Unterseeboot aus dem Zweiten Weltkrieg die Unmenschlichkeit des modernen Seekriegs eindrucksvoll demonstrieren. Der andere führt in beschaulichere Zeiten, nach Molfsee, dem Freilichtmuseum Schleswig-Holsteins, wo Bauernhäuser aus allen Landesteilen originalgetreu in dörflicher Atmosphäre wiederaufgebaut worden sind.

Von der Holsteinischen Schweiz zu Vorpommerns Gestaden

Zwischen Kieler und Lübecker Bucht gilt das Hauptinteresse ausnahmsweise einmal dem Landesinneren: der Holsteinischen Schweiz, dem ältesten Ferienland der Region. Bereits im letzten Jahrhundert verlustierten sich hier Ausflügler und Urlauber aus Hamburg an den waldbestandenen Ufern der Seen.

Wie die gesamte Ostseeküste verdankt auch die Holsteinische Schweiz ihre Entstehung der Wanderung der Gletscher während der letzten Eiszeit. Sie formten diesen in seinem Wechselspiel von verträumten Seen und sanften Hügeln wohl anheimelndsten Landstrich Schleswig-Holsteins. Mit fast 30 Quadratkilometern größtes Gewässer der Seenplatte (und größter Binnensee Schleswig-Holsteins) ist der Große Plöner See, romantischer ist aber wohl der Kellersee.

Zurück zur Küste, genauer gesagt: vor dieselbe. Denn da liegt die grüne Insel Fehmarn – ein überaus ruhiger Landstrich, Bauernland mit fruchtbaren Äckern. Die Leute hier gelten als besonders eigenwillig. Wer auf Fehmarn zu Gast ist, hat gute Chancen, diesen Menschenschlag kennenzulernen: Denn die meisten Urlaubsquartiere finden sich in Privatpensionen und auf Bauernhöfen.

Von Fehmarn geht's dann zur Lübecker Bucht: im Sommer über dichtbefahrene Straßen und vorbei an kaum weniger vollen Stränden – die Lübecker Bucht ist neben Sylt zu *dem* Naherholungsgebiet der Hamburger avanciert. Nach klingenden Namen wie Scharbeutz, Timmendorfer Strand, Travemünde, die Sand und Sonne verheißen, schließlich Lübeck, die stolzeste Stadt an der Ostsee. Königin der Hanse, Kontor des Nordens, Stadt der Buddenbrooks: Lübeck soll hier nicht beschrieben werden, es will erlebt sein!

Gleich hinter der Travestadt wird man begreifen, warum der Badeurlaub an der Ostsee gerade in Mecklenburg-Vorpommern seine eigentliche Tradition hat: Hier reiht sich Seebad an Seebad – insgesamt sind es

In der Rum-Metropole Flensburg geht auch mancher Freizeitkapitän gern vor Anker.

80 Badeorte. Gesichtslose Monumente des einst real existierenden Sozialismus stehen neben den kleinen Baukatastrophen eines sich nach der Wende ungestüm bahnbrechenden Kapitalismus – und doch kann beides den Charme der alten Bäderarchitektur nicht nachhaltig stören. Zwar blättert noch hier und da von den gediegenen Pensionshäusern entlang der Küstenpromenaden die Farbe, aber viele der Küstenorte strahlen schon wieder den Glanz der großen Bädertradition aus – zum Beispiel Warnemünde, das berühmte Seebad von Rostock.

Der (nach Lübeck) zweitgrößte deutsche Ostseehafen hat noch viel vom Glanz der alten Hansestadt. Wie in Lübeck gehört auch in Rostock zumindest das Marktensemble mit dem in seinen Ursprüngen gotischen Rathaus und der Marienkirche zu den Pflichtstationen eines jeden Besuchers.

Hinter Rostock beginnt dann eine Landschaft, die so nur in Mecklenburg-Vorpommern zu finden ist, nämlich die Boddenlandschaft: flache Meeresbuchten mit 80 vorgelagerten Inseln oder Halbinseln wie Fischland-Darß-Zingst. Große Teile des Gebietes sind heute Nationalpark.

Nun aber nach Rügen – dem wohl beliebtesten Ferienziel an der gesamten Küste. Hier kann man an langen Stränden – Sand, so weit das Auge reicht – baden und faulenzen, alte, traditionsreiche Seebäder wie Binz, Sellin und Göhren erkunden oder Ausflüge in eine wunderschöne, äußerst vielfältige Landschaft unternehmen. Von dem beliebten Badeort Saßnitz bietet sich auf den Spuren Caspar David Friedrichs die Wanderung zu den Kreidefelsen der Stubbenkammer an, deren berühmtester (und mit 117 Metern der höchste) der Königsstuhl ist. Weiter geht es dann die Küste entlang zu den Kreidefelsen von Kap Arkona, dem nördlichsten Punkt der Insel.

Zurück auf dem Festland bleiben auf dem Weg zum Stettiner Haff noch die Insel Usedom und die Hanse- und Universitätsstadt Greifswald. Man sollte sich hier ruhig Zeit nehmen, einkehren und versuchen, mit den Einheimischen ins Gespräch zu kommen. Dann wird man sich von der Weisheit des in Pommern geborenen und in Mecklenburg aufgewachsenen Schriftstellers Uwe Johnson überzeugen können, der den ersten „Verfassungsgrundsatz" dieser Region einmal so umschrieb: „Dat bliwt allns so as dat is" – trotz aller Zeitläufte, es bleibt hier alles so, wie es immer war: ruhig und gemütlich.

Wer die Boddenküste wandernd erkundet, entdeckt hier am West-Darßer Strand einen richtigen Urwald. Im Nationalpark Vorpommersche Boddenlandschaft läßt man der Natur freien Lauf.

DAS BESONDERE REISEZIEL: BÄDERPARADIES USEDOM

Die einen sprechen vornehm von Bäderparadies, andere bezeichnen die Insel drastischer als Badewanne Berlins: Usedom, mit sieben Seebädern gesegnet, ist beides. Ein Fünftel des 445 Quadratkilometer großen Eilandes gehört seit 1945 zu Polen. Weite, weiße Strände und Kiefernwälder, Bäderarchitektur und Strandpromenaden bestimmen noch heute das Bild auf Usedom, das sich anschickt, wieder Deutschlands Ferieninsel Nummer eins zu werden.

Wie einsam und still Usedom sein kann, ahnt man zunächst nicht, wenn man sich bei Anklam oder Wolgast, den beiden Landverbindungen zur Insel, in die Schlangen der Autofahrer einreiht. Um so weniger glaubt man es, wenn man weiß, daß alljährlich vier Millionen Übernachtungen hier in die Bücher eingetragen werden. Doch täuschen die Eindrücke und Zahlen. Die Natur konnte sich auf der deutsch-polnischen Ostseeinsel große Refugien erhalten, weil weite Teile der Insel bis 1989 militärisches Sperrgebiet waren. Unter anderem entwickelten die Machthaber des Dritten Reiches hier ihre Raketen, wobei zahlreiche KZ-Häftlinge den Tod fanden. Der größte Teil der Insel ist heute Landschaftsschutzgebiet, und es soll noch mehr werden: Die Menschen auf Usedom haben erkannt, daß die Natur ihr großes Kapital ist.

Von Anklam kommend, passiert man zunächst die Kleinstadt Usedom, eine früher wohlhabende Gemeinde, die aber wenig vom Trubel auf der nach ihr benannten Insel mitbekommen hat. Hier geht noch alles den pommersch geruhsamen Gang. Ganz anders im großen Seebad Ahlbeck mit seiner berühmten Seebrücke. Wer etwas von der Geschichte der Insel mitbekommen will, sollte hier die Heimatstube besuchen, ein reetgedecktes Häuschen im alten Kern des einstigen Fischerdorfes. Noch ein wenig vornehmer ging es zu Kaisers Zeiten im benachbarten Heringsdorf zu – hier verbrachte die erste Familie des Reiches öfters ihre Sommerferien. Die gewaltige Heringsdorfer Seebrücke brannte nach dem Krieg ab, doch wurde 1994 mit dem Bau einer mit 450 Meter Länge recht würdigen Nachfolgerbrücke begonnen.

Bansin – mit vier Seen im Hinterland – wurde erst 1897 zum Seebad, dafür aber recht schnell mondän, wovon noch heute einige wunderschöne Jugendstilhäuser zeugen. Besonders reizvoll ist die Landschaft beim Dörfchen Koserow unterhalb des Streckelsbergs, mit 60 Metern die höchste Erhebung der Insel. Hinter dem Seebad Zinnowitz geht's weiter nach Peenemünde, wo man heute auf dem ehemaligen Versuchsgelände der Wehrmacht ein Museum zur Weltraumfahrt besichtigen kann – und ein großes Vogelschutzgebiet. Doch die vielleicht verträumtesten Ecken finden sich nicht an der seewärtigen Seite der Insel. Sie liegen am schilfgesäumten Achterwasser, dem flachen Gewässer auf der dem Binnenland zugewandten Seite der Insel, in Ückeritz, Neuendorf und Lütow mit einem Großsteingrab aus der Jungsteinzeit oder auf dem Lieper Winkel mit den Fischerdörfern Warthe und Grüssow.

Auskunft: Fremdenverkehrsverband „Insel Usedom" e.V., Bäderstr. 4, 17459 Ückeritz, Tel. 03 83 75/2 16 93.

An der Seebrücke von Ahlbeck weht noch ein Hauch von zeitloser Trägheit. Es ist ein Seebad wie vor 100 Jahren.

MECKLENBURGISCHE SEENPLATTE
Ruhe und Erholung im Land der tausend Seen

Leise glucksend streicht das Wasser unter dem Boot vorbei, fast scheint es so, als würde vom baumbestandenen Ufer nach jedem Platschen des Ruders ein Echo zurückkommen. Es ist still und einsam im Land der tausend Seen. Wer Ruhe sucht, wird hier Erholung finden inmitten der ausgedehnten Buchen- und Kiefernwälder, an den schilfgesäumten Seen dieses Landstrichs. Über gut 150 Kilometer von Schwerin im Westen bis nach Neubrandenburg und Feldberg im Osten erstreckt er sich – eine der bislang noch unberührtesten Urlaubsregionen Deutschlands.

Tatsächlich ist die Mecklenburgische Seenplatte ein Land der stillen Superlative. Mit seinen wirklich über tausend oft miteinander verbundenen Seen ist das Gebiet das größte zusammenhängende Wasserrevier im Herzen Europas, ein Labyrinth von Seen, Flüssen und Kanälen.

Im Wildpark von Ivenack bei Stavenhagen stehen tausend Jahre alte Eichen. Und gleich drei weiträumige Schutzgebiete sollen den Erholungsraum mit einer für europäische Verhältnisse nahezu einmaligen Vielfalt von Pflanzen und Tieren bewahren: der Müritz-Nationalpark – eines der letzten europäischen Rückzugsgebiete für See- und Fischadler und ein letzter Brutplatz für Kraniche auf deutschem Boden –, der Naturpark Feldberg-Lychener Seen-

Im Gebiet der Mecklenburgischen Seenplatte nistet noch der seltene Schwarzstorch.

landschaft und die Nossentiner-Schwinzer Heide. Reden wir von dem, was diese Gegend so anziehend macht, reden wir von der Natur. Gletscherbewegungen der letzten Eiszeit vor 12 000 Jahren prägten die Landschaft: Die Eisriesen schoben die sanften Hügel auf und hobelten die Erdlöcher aus, die sich später mit Wasser füllten. Zwischen Röbel und Waren entstand so die Müritz (nach dem slawischen „morcze", was soviel bedeutet wie kleines Meer), nach dem Bodensee immerhin Deutschlands zweitgrößtes Binnengewässer.

Zwischen den Seen dehnt sich heute eine abwechslungsreiche Wald-, Wiesen- und Moorlandschaft, in der an geschützten Stellen wie beispielsweise auf dem Großen Schwerin bei Röbel wilde Orchideen blühen. Sumpfgebiete, Bruchlandschaften und Auwälder, in denen noch Schwarzstörche nisten, riesige Äcker und Wiesen wechseln sich mit weitläufigen Buchen- und Kiefernbeständen ab.

Um dieses Land zu erkunden, sollte man sich aufs Wasser wagen. Als „Wasserwanderer" kann man mit einem kleinen Motorboot, einer Segeljolle oder gar nur einem Kanu den Reiz dieser Landschaft am besten auskosten. Und vielleicht lernt man so auch am ehesten die Mecklenburger kennen. Denn wer auf dem Wasser unterwegs ist, reist langsam und wird immer auf Menschen am Ufer treffen, die Zeit für einen „Klönschnack" haben.

Natürlich hat diese verträumte Landschaft immer auch Menschen angezogen, bei denen Phantasie sozusagen zum Handwerk gehörte: Fritz Reuter, Mecklenburgs „Nationaldichter", stammt aus Stavenhagen; der Schriftsteller Hans Fallada fühlte sich vom Schmalen Luzin beim Fischerdorf Carwitz angezogen; Ernst Barlach, der expressionistische Dichter und Bildhauer, ließ sich in Güstrow nieder. Es sind freilich nicht allein die Erinnerungsstätten an Künstler, die diese von der Natur begnadete Gegend auch zu einer Kulturlandschaft machen. Vielmehr sollten bei einem Besuch die geschichtsträchtigen Städte mit ihren Burgen, Residenzen und Schlössern, sollten Neubrandenburg und Neustrelitz, Schwerin, Güstrow oder Ludwigslust keinesfalls links liegengelassen werden.

Auskunft: Regionaler Fremdenverkehrsverband „Mecklenburgische Seenplatte" e. V., Postfach 11 30, 17203 Röbel/Müritz, Tel. 03 99 31/5 13 81.

Das auf einer Insel gelegene Schweriner Schloß beherbergt den Landtag von Mecklenburg-Vorpommern.

Die Müritz bei Röbel: Der größte der Mecklenburger Seen macht seinem Namen (der soviel wie „Meer" bedeutet) alle Ehre. Hier kann man mit dem Boot eine weite Welt der Stille erkunden.

SPREEWALD
Kaupen und Gurken, Rudel und Kähne

Die Auenwald- und Wasserlandschaft zwischen Cottbus und Alt Schadow nördlich von Lübben ist in Deutschland einzigartig. Vor allem der Oberspreewald lockt mit malerischem Inselgrün und schattigen Fließen, auf denen an jedem schönen Sommertag Kähne mit sangesfrohen Ausflüglern unterwegs sind.

Flache Holzkähne ohne Kiel, die nicht gerudert, sondern mit Rudeln – bis zu vier Meter langen Stangen – fortbewegt werden, sind das klassische Verkehrsmittel des Spreewalds. Auch Paddler haben hier ihre Reviere. Falls man verträumte Natur ungestört zu zweit erleben will, sollte man sich aber nicht unbedingt ein sommerliches Ferienwochen-

Die zahllosen breiten und schmalen, stets laubüberdachten Wasserläufe machen den Reiz des Spreewaldes aus. Eine Besonderheit dieser Region sind die großen, glockenförmigen Heuschober an vielen Ufern.

Schöne sorbische Trachten kann man während der Spreewaldfestspiele in Lübbenau bewundern.

ende aussuchen, denn da ist im ganzen Spreewald möglicherweise weder Bank noch Bett frei. An anderen Tagen dagegen kann mancher Winkel des Wasserlabyrinths immer noch märchenhaft, ja verwunschen wirken, mit wenigen festen Wegen inmitten von Bruchwald, Schilf und Sumpf und weitab von Motorenlärm.

Ursprünglich war diese Landschaft – rund 50 Kilometer in der Länge, bis zu 15 Kilometer Breitenausdehnung – Teil eines eiszeitlichen Urstromtals. Die Spree und das Flüßchen Malxe durchflossen die sumpffeuchten Niederungen. Über Jahrhunderte hin wurde kultiviert, in der Sumpflandschaft schüttete man Kaupen auf, Erdhügel, auf denen Gehöfte und Gärten entstanden. Land wurde urbar gemacht. Der Spreekahn war Arbeitsfahrzeug, brachte Gemüse nach Berlin. Heute noch kann man frisches Gemüse vom Steg weg kaufen. Eingelegte Spreewaldgurken sind eine Spezialität – ebenso Pellkartoffeln mit Quark und Leinöl. Lübbenau, das Zentrum des

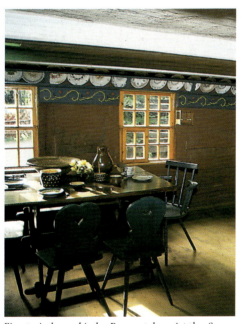

Eine typische sorbische Bauernstube zeigt das Spreewald-Museum in Lehde.

Spreewaldtourismus, strahlt noch heute kleinstädtische Beschaulichkeit aus. Unter den Dörfern rühmte Theodor Fontane, ein Spreewald-Bewunderer mit ironischen Untertönen, vor allem das aus 28 Häusern bestehende Dorf Lehde als „Lagunenstadt im Taschenformat, ein Venedig, wie es vor 1500 Jahren gewesen sein mag, als die ersten Fischerfamilien auf seinen Eilanden Schutz suchten". Heute steht Lehde unter Denkmalschutz, im Spreewald-Museum kann man unter anderem eines der typischen Giebel-Umgebindehäuser betreten.

Reizvoll ist auch das Dörfchen Leipe mit der traditionsalten Gaststätte *Dubkow-Mühle* und dem birkengesäumten Weg nach Lübbenau. Auf seinen sechs Kilometern zwischen Erlen, Schilfdickicht und Hochwaldinseln quert der Weg die Wasser von 13 der 300 Fließe, die man im Spreewald gezählt hat. Ihre Gesamtlänge? Fast 1000 Kilometer.

Dafür, daß die Spreewaldlandschaft in ihrer Eigenart erhalten bleibt, haben sich Umwelt- und Naturschützer schon zu DDR-Zeiten eingesetzt, mit allen ihren Kräften – die freilich weder die vergiftenden Gülleabfälle der Rinderzucht-Großbetriebe noch die Landschaftszerstörung durch den exzessiven Braunkohletagebau bei Lübbenau und Vetschau verhindern konnten. Luftverschmutzung und die großflächigen Eingriffe der Braunkohlenbagger in den Wasserhaushalt wurden zur Bedrohung für das empfindliche Öko-Gleichgewicht des Spreewalds.

Seit dem Wendejahr 1990 ist der Spreewald von der UNESCO als Biosphärenreservat anerkannt, mit Zonen intensiven Naturschutzes und mit Regenerationsprogrammen. Auch Mondlandschaften kann man rekultivieren. Noch lebendig sind die sorbischen Traditionen in der Nieder- und Oberlausitz, und sie werden gepflegt: Einige tausend Sorben, eine westslawische Minderheit, leben hier. An Festtagen holen sie ihre farbigen Trachten hervor, und von der Lebendigkeit ihrer sorbischen Sprachtradition zeugen nicht nur zweisprachige Ortsschilder.

Auskunft: Fremdenverkehrsverband Spreewald e.V., Lindenstr. 1, 03226 Raddusch, Tel. 03 54 33/ 7 74 33.

MITTELRHEIN

Der Deutschen liebster Strom

Wohl keine Landschaft hat die deutsche Seele so in Schwingungen versetzt, hat das nationale Gemüt so in Wallung gebracht wie der Rhein. Damit ist aber gar nicht der gesamte Fluß auf seiner Länge von gut 1300 Kilometern gemeint, nein, es ist der Rhein der Burgen und Ruinen, vor allem also der Mittelrhein zwischen Mainz und Koblenz, der bis heute unser romantisches Bild von diesem Fluß prägt.

Doch seit den Tagen der Ritter und Drachentöter ist schon viel Wasser den Strom hinabgeflossen – und es fließt immer schneller: Der Flußlauf ist mehr und mehr begradigt worden. Heute stampfen dröhnend Schubverbände flußaufwärts, schlängeln sich rumpelnd endlos lange Güterzüge – die modernen Nachkömmlinge der Lindwürmer – durchs enge Flußtal, stauen sich auf den engen Uferpassagen zu beiden Seiten die Gefährte der neuzeitlichen Eroberer, die Autos und Autobusse der Touristen. Hoch oben überqueren den Fluß in kühnem Schwung die knisternden Trossen der Hochspannungsleitungen, und was in dunklen Kanälen unter Wasser in den Strom gelangt, ist längst Stoff für moderne Legenden. Nein, Zweifel wären wirklichkeitsfremd: Der Rhein ist ein Opfer der Zivilisation geworden.

Und doch läßt sich gerade dieser Landstrich, eine der verkehrsreichsten und höchstindustrialisierten Gegenden Europas, als eine ungemein romantische Region erleben. Der Rhein – ein deutsches Paradox.

Längst schon ist er dahin, der nationale Mythos des „Vater Rhein". Vorbei die Zeiten, als rhein- und weinselige Volksliedromantik herhalten mußte für die Abgrenzung gegen den großen Nachbarn im Westen, als Barriere gegen tatsächliche oder vermeintliche territoriale Begehrlichkeit Frankreichs. Heute verbindet der Deutschen liebster Fluß mehr, als daß er trennt, ist er als Strom Europas ein wunderbarer Vermittler nachbarschaftlichen Kulturstrebens, Handels und Wandels.

Sinnbild rheinischer Romantik sind die alten Burgen, wie etwa Burg Rheinstein bei Trechtingshausen (Foto links). Dem Katholizismus am Rhein verdanken wir nicht nur kostbare mittelalterliche Kathedralen, sondern auch gelungene Synthesen des Alten mit moderner Kunst, wie die Glasfenster von Marc Chagall in der Kirche Sankt Stephan in Mainz (Foto rechts oben). Mainz, Köln und Düsseldorf sind Hochburgen des einmaligen rheinischen Straßenkarnevals (zweites Foto von rechts oben). Die alltägliche Rhein-Romantik ist still wie in den steilen Weinbergen (zweites Foto von rechts unten). Aber auch die künstliche hat wie beim „Rhein in Flammen" vor der Marksburg (Foto rechts unten) ihren eigenen Reiz.

Mitteleuropa

Eine Kulturlandschaft seit Menschengedenken

Zwischen den Rebwurzeln steigt ein kräftiger Erdgeruch auf. Vereinzelt schweben noch Nebelfetzen über den sanft ansteigenden Hängen, überzogen vom regelmäßigen Grün der Rebstöcke. Bald werden die ersten wärmenden Strahlen der Sonne auch die Reste der Nacht vertrieben haben, und das Morgenlicht verwandelt den Strom unten im Tal dann in ein gleißendes Band. Rheingold! Im Rheingau zwischen Rüdesheim und Wiesbaden, wo der Fluß sich jäh nach Westen wendet, wird man plötzlich gewahr, was die quasi natürlichen Ursprünge des legendären Schatzes der Nibelungen sein könnten. Vielleicht auch fällt einem im Frühdunst, wenn die Schatten der Nacht verschwinden, die Sage der Winzer ein, die man am Abend zuvor in der Weinwirtschaft aufgeschnappt hat bei einem klaren Riesling und einem guten Essen: daß nämlich noch immer der Geist Karls des Großen durch die Weingärten des Rheingaus schwebe oder unten am Rheinufer umherstreife. In den Stunden zwischen Nacht und Tag mag es vielleicht am ehesten gelingen, sich in die Welt der Mythen und Sagen zu versetzen, die so untrennbar mit diesem Fluß verwoben zu sein scheint. In jene Zeiten, als sich die milchigen Schleier über dem Stromwasser noch zu schemenhaft wahrnehmbaren Nixen verdichteten, als anmutige Mädchengestalten gestandene Fischersleute vom rechten Kurs weg und ins Verderben zu locken verstanden. Dahin, vorbei.

Die Nixen und Wassergeister, die Elfen und Kobolde sind verscheucht, wie die Loreley (auf jene Dame werden wir noch zu sprechen kommen) vertrieben ins Reich der Lieder und Dichtkunst. Die Moderne hat sich des Stroms bemächtigt. Hat zwischen die schroffen Felswände und die reißenden Wasser des Flusses Schienen und Straßen gezwängt. Hat die Siedlungen bis an die einst einsamen Felsennester der Raubritterburgen hinaufgetrieben, hat aus klösterlichen Rebgärten nach den Lehrsätzen der Agronomie perfektionierte Weinanbaugebiete der Winzergenossenschaften gemacht. Wohl nicht einmal mehr vier Prozent der Landschaft entlang des Rheins können heute noch als naturnah gelten – alles andere ist vom Menschen geformt, eben eine Kulturlandschaft. Das aber ist dieses bald enger werdende, bald weiter ausgreifende Tal des Rheins schon seit Menschengedenken – ja, wenn man es genau nimmt, sogar seit der allerfrühesten Steinzeit. Bei Andernach gruben Forscher eine der ältesten menschlichen Siedlungen aus.

Bereits vor 600 000 Jahren lebten Urmenschen an den Ufern des Rheins. Der wiederum ist, Äonen früher, als Abfluß eiszeitlichen Schmelzwassers entstanden. Beim Binger Loch beginnt das teilweise nur 300 Meter breite Durchbruchstal, das der mächtige Strom nach Schätzungen der Geologen vor 34 bis 80 Millionen Jahren ins Rheinische Schiefergebirge gegraben hat. Schon vor der Römerzeit waren Tal und Fluß verkehrsreiche Handelswege. Schon

---

DER MITTELRHEIN AUF EINEN BLICK

SEHENSWÜRDIGKEITEN

Bacharach: evangelische Peterskirche; **Bingen:** Drususbrücke, Rochuskapelle; **Ingelheim:** Pfarrkirche Sankt Remigius, Kaiserpfalz; **Kamp-Bornhofen:** Flößer- und Schiffermuseum; **Kaub:** Zollburg, Blüchermuseum; **Koblenz:** Altstadt; **Lahnstein:** Sankt-Johannis-Kirche; **Mainz:** Dom, Gutenberg-Museum, Römisch-Germanisches Zentralmuseum; **Oberwesel:** Liebfrauenkirche (Rokokoorgel); **Rüdesheim:** Adels- und Bürgerhöfe; **Sankt Goar:** größte Kuckucksuhr der Welt, Puppen-, Bären- und Spielzeugmuseum; **Sankt Goarshausen:** Adler- und Falkenhof auf Burg Maus; **Wiesbaden:** Bäder, Kurhaus.

FESTE UND VERANSTALTUNGEN

Bacharach: Brunnenfest, August; **Bad Ems:** Bartholomäusmarkt mit Blumenkorso, August; **Bingen:** Sankt-Rochus-Fest, August; **Boppard:** Rheinuferfest, Juli, Zwiebelfest, September; **Braubach:** Rosenfest, Juni; **Koblenz:** Altstadtfest, Juni, Rhein in Flammen, August, Schängelmarkt, Oktober; **Lahnstein:** Frühlingsfest, Mai; **Mainz:** Karneval; **Oberwesel:** Aldegundismarkt und Sommernachtsfest, Juli, Nacht der 1000 Feuer, September; **Sankt Goar:** Schützenfest, Juli, Hansefest, August.

AUSKUNFT

Fremdenverkehrs- und Heilbäderverband Rheinland-Pfalz, Löhrstr. 103–105, 56068 Koblenz, Tel. 02 61/91 52 00.

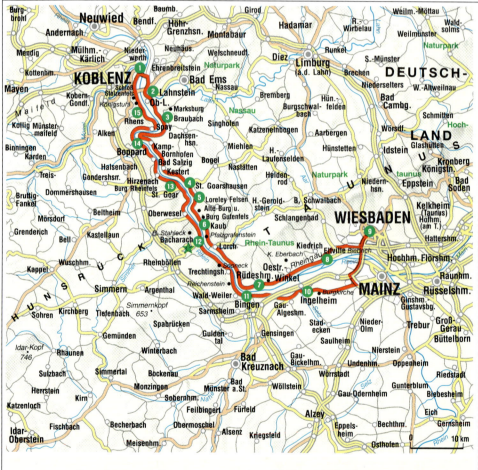

Unser Routenvorschlag

VON KOBLENZ NACH WIESBADEN UND ZURÜCK

Ausgangspunkt ist Koblenz ❶ mit sehenswerten Kirchen und dem Deutschen Eck. Rechtsrheinisch überquert man bei Lahnstein ❷ mit Burg Lahneck die Lahn. Über Braubach ❸ wacht die Marksburg. Dann führt die Route ins malerische Sankt Goarshausen ❹. Darüber thronen die Burgen Katz und Maus, dahinter ragt die Loreley ❺ auf. Bei Kaub ❻ liegt im Strom die Pfalz. Im Rheingau folgen Assmannshausen, das Niederwalddenkmal und Rüdesheim ❼, dann Eltville ❽, wo man die Burgruine und das Weingut Kloster Eberbach besichtigen sollte. Wendepunkt der Rheinreise ist die Kur- und Kongreßstadt Wiesbaden ❾. Zurück über den Rhein kommt zunächst die Weinstadt Ingelheim ❿ mit der Kaiserpfalz. Von dort fährt man durch Bingen ⓫ mit dem Mäuseturm, durch das Siebenburgenland nach Bacharach ⓬, das Fachwerkjuwel (siehe: Das besondere Reiseziel). Gegenüber der Loreley bietet Sankt Goar ⓭ die Ruine Rheinfels. Weiter geht es zum Vierseenblick oberhalb von Boppard ⓮ und über Rhens ⓯ und Schloß Stolzenfels zurück.

An den Hängen des Mittellaufs, wo der Fluß das Rheinische Schiefergebirge durchbricht, wird seit der Römerzeit Wein angebaut. Die steilen Hänge speichern die Sonnenwärme bis in den Herbst hinein.

lange übrigens ist das Rheintal auf seine Weise „multikulti", wie man heute gern ein wenig abwertend die Versuche bezeichnet, die Lebensweisen verschiedener Kulturen unter einen Hut zu bringen.

Der Schriftsteller Carl Zuckmayer, selbst am Mittelrhein geboren, beschrieb die Völkergemeinschaft seiner Heimat so: „Da war ein römischer Feldhauptmann, ein schwarzer Kerl, braun wie 'ne Olive, der hat einem blonden Mädchen Latein beigebracht. Und dann kam ein jüdischer Gewürzhändler in die Familie, das war ein ernster Mensch, der ist noch vor der Heirat Christ geworden und hat die katholische Haustradition begründet. Und dann kam ein griechischer Arzt dazu oder ein keltischer Legionär, ein Graubündener Landsknecht, ein schwedischer Reiter, ein Soldat Napoleons…" Es sammelten sich in den mittelalterlichen Städten entlang des Rheins Baumeister, Steinmetzen und Holzschnitzer, um zur Ehre Gottes Klöster und Kirchen am Fluß zu errichten. Mit dem Handel und Wandel zwischen den Städten am Strom haben auch die anderen himmelstürmenden Bauten zu tun, die etwa zur selben Zeit auf uneinnehmbaren Felsvorsprüngen oberhalb des Flusses entstanden: die Burgen der Raubritter, die sich von den Kaufleuten ihren Wegezoll erpreßten.

Die heutzutage vielfach von wildem Wein oder Efeu überwucherten Ruinen haben sicherlich nicht unwesentlich zu unserem Bild vom romantischen Rhein beigetragen.

Rhein-Romantik ist Wein-Romantik

Mit den Römern nahm nicht nur der Verkehr zu – Caesar ließ zwischen Andernach und Koblenz sogar die erste Rheinbrücke bauen –, sie haben auch das Bild der Rheinlandschaft bis in unsere Tage hinein entscheidend geprägt: Sie waren es nämlich, die den Weinbau ins Rheintal brachten. Das halbe Jahrtausend römischer Präsenz am Rhein hat aber noch mehr hinterlassen: eine städtische Kultur, die seitdem nie ganz abgebrochen ist. Später teilten dann die Erzbischöfe von Köln und Mainz den Mittelrhein unter sich auf, ehe Napoleon Frankreich bis an den Strom ausdehnte und – nur wenige Jahre später – ein Herr aus dem Rheingau, der so berühmte wie umstrittene Fürst Metternich, auch diesen Landstrich auf dem Wiener Kongreß neu ordnete. Die Neugründung des Kaiserreichs im Jahre 1871 schlug sich gerade am urdeutschen Strom deutlich nieder. Der Zweite Weltkrieg hinterließ Ruinen links und rechts des Rheins, die nicht entfernt so romantisch anmuteten wie die Reste der Ritterburgen. Nach einem halben Jahrhundert aber sind die meisten Narben verheilt.

Und der Rheinländer heute? Vorsicht bei Vorurteilen, aber irgend etwas ist ja meist doch an ihnen dran. So sicherlich auch an der Redensart von der rheinischen Frohnatur. Vielleicht gibt es in dieser für deutsche Verhältnisse von der Sonne verwöhnten Gegend ja doch mehr heitere Menschen als im Rest des Landes. Wie will man sonst das jährlich neu aufgelegte närrische Treiben zwischen Mainz und Köln erklären? Der Rhein, wie er singt und lacht.

Mainz. Wie keine zweite Stadt am Rhein verkörpert Mainz die wechselvolle Geschichte dieses Landstrichs. Noch vor Christi Geburt wurde die Stadt als Römerlager gegründet, war später gar Hauptstadt der Provinz Germania Prima. Seit dem frühen Mittelalter kennt man Mainz bereits als Bischofsstadt und wichtigen Handelsplatz mit Verbindungen bis in den Orient, zeitweise gar als Haupt des Rheinischen Städtebundes. Der geniale Gutenberg veränderte mit seiner Revolutionierung des Buchdrucks eine Epoche – von Mainz aus. In Mainz entstand während der Französischen Revolution die erste Republik auf deutschem Boden. Ob Römerreste oder Kirchen, ob Bürgerhäuser oder mittelalterliche Gassennamen oder die Zeugnisse des Wiederaufbaus – in den Mainzer Straßen läßt sich die bewegte Geschichte des Rheintals studieren.

Im Römisch-Germanischen Museum von Mainz zeigt dieses Relief die einstigen Eroberer im Kampf.

Ein idealer Auftakt also für die Reise stromabwärts, denn die Fahrt entlang des Rheins ist auch ein Ausflug in die Vergangenheit. Zum Beispiel bei Wiesbaden-Biebrich, gegenüber von Mainz auf der anderen Rheinseite. Nahe am Ufer erstrecken sich rund um Schloß Biebrich die Anlagen eines alten Parks im Stil eines englischen Landschaftsgartens. Hier residierten einst die Nassauer Herzöge. Vom Schloß aus führt eine kilometerlange Allee bis in die Stadtmitte von Wiesbaden – mitten hinein in die Bäderkultur der Gründerzeit. In der Wilhelmstraße mit ihren Hotels und Villen hat sich noch einiges vom Charme jener wilhelminischen Epoche erhalten, ebenso im Kurpark mit dem Kurhaus und dem Staatstheater im Stil der Dresdner Semperoper.

Das Foyer mit seinen vergoldeten Stukkaturen, der grazile Kursaal – alles strahlt das Flair der Belle Époque aus. Besonders schön ist es, an einem sonnigen Frühlingstag, wenn die Kirschbäume vor dem mächtigen Portikus des Staatstheaters blühen, durch die Anlagen zu promenieren. Übrigens, auch die Römer aus Mainz schätzten die heißen Quellen.

Eine Laune der Natur hat mit der plötzlichen Änderung des Flußlaufes zwischen Mainz und Wiesbaden am rechten Ufer des Stroms die – wie manche sagen – fröhlichste Ecke Deutschlands entstehen lassen: den Rheingau. So tat es jedenfalls Thomas Mann, als er seinen Romanhelden, den Hochstapler Felix Krull, (einmal ehrlich) bekennen ließ, daß „jener Landstrich wohl zu den lieblichsten der bewohnten Erde gehört". Von Wiesbaden bis nach Rüdesheim erstreckt sich der Rheingau sanft ansteigend entlang der Südhänge des dichtbewaldeten Taunus. Er ist die Heimat des Rheingauer Rieslings, der dank der einmaligen klimatischen und geolo-

Bei Kaub steht die ehemalige Zollburg Pfalzgrafenstein, genannt „Pfalz". An dieser Stelle überquerte Marschall Blücher in der Neujahrsnacht 1813/1814 den Rhein.

Bei der Weinprobe im Kloster Eberbach beschwört Kerzenschein die Atmosphäre vergangener Zeiten.

gischen Bedingungen hier am 50. Grad nördlicher Breite bestens gedeiht (wie übrigens, wenn auch in bescheidenem Umfang, Zitronen und Mandeln hier wachsen). Seit rund 500 Jahren halten die Rheingauer Winzer nun schon an den traditionellen Rebsorten Riesling und Blauer Burgunder fest.

Die Bedingungen für den Wein sind ideal: durchweg nach Süden ausgerichtete Hänge, die Temperaturen, die Sonne. Trotz der nördlichen Lage des Rheingaus ist die Reifezeit für die Trauben deshalb nicht zu kurz. Die richtige Regenmenge und vor allem Regen zur rechten Zeit bewirken, daß die Trauben genügend Mineralien aufnehmen, die dem Riesling das feine Bouquet bescheren. Der Rhein, der hier relativ träge dahinfließt und bis zu 1000 Meter in die Breite geht, gibt in kalten Nächten die tagsüber empfangene Wärme an die Rebhänge ab, wirkt tagsüber mit seiner gleißenden Oberfläche als Sonnenreflektor und in Hitzeperioden zudem als Dunstspender. Auch der dunkle Untergrund – der Rheingau liegt am Eingangstor des Rheinischen Schiefergebirges – speichert die Wärme und strahlt

Die Drosselgasse in Rüdesheim ist das Ziel zahlloser Rheinwein-Pilgerzüge aus aller Herren Länder.

sie nachts von unten gegen die Weinstöcke. Und letztlich kommen den edlen Tropfen die kurzen, milden Winter zugute: Die bewaldeten Taunushänge schirmen den Rheingau vor den kalten Winterwinden aus dem Norden ab.

Schon die Römer erkannten diese Vorzüge. Sie bauten hier im ersten bis dritten Jahrhundert nach Christus Wein an; Funde zwischen Wicker und Rüdesheim belegen das. Über Jahrhunderte hinweg leisteten dann Mönche von nicht weniger als zwölf Klöstern Pionierarbeit, die sich auf den 30 Kilometern zwischen Wiesbaden und Rüdesheim niedergelassen hatten. Schon bald kamen freie Bauern hinzu. Die Mainzer Erzbischöfe, stets auf den Wohlstand und die Steuerkraft des Rheingaus bedacht, hatten erkannt, daß Leibeigene nicht den nötigen Fleiß und die erforderliche Sorgfalt für die Arbeit in Weinberg und Keller aufbringen würden.

Auch wenn es an diesem Tag am lebhaftesten zugeht: Es empfiehlt sich, sonntags in den Rheingau zu fahren, zumindest aber nach Kiedrich, eine der schönsten Ortschaften der Gegend. Doch ehe man sich im Kranz liebevoll herausgeputzter Fachwerkhäuser und im Schatten mächtiger Bäume vor der alten Weinschenke am Marktplatz zur Rast niederläßt, lohnt ein Besuch des Kiedricher Gotteshauses, der gotischen Kirche Sankt Valentin. Trotz der geschichtlichen Wirren gerade in dieser Gegend ist ihr gotisches Inventar komplett erhalten geblieben: Die Glocken stammen aus den Jahren 1389 und 1513, und die 500 Jahre alte Orgel ist wohl die älteste bespielbare Orgel Deutschlands. Zum Gottesdienst singen die Kiedricher Chorbuben gregorianische Choräle. Auch dieser Knabenchor gehört zum gotischen Erbe der Kirche: Die Chorgemeinschaft besteht seit 1333! Nach dem Kirchgang stehen noch die Michaelskapelle am Kirchhof und das schöne Renaissance-Rathaus auf dem Programm, ehe man sich am besagten Marktplatz niederläßt und einen Schoppen Wein genießt.

Von Edelfäule und Riesling-Katakomben

Vor allem aber waren es zwei Weingüter, die System in den Weinbau brachten und Anstöße für bahnbrechende Neuerungen gaben: Schloß Johannisberg und Kloster Eberbach. Sie führten beispielsweise eine bessere Auswahl der Rebbestände ein, eine weltweit anerkannte Kellerwirtschaft und einen ausgedehnten Weinhandel – das, was man heute Marketing nennt.

Eine geheimnisvolle Aura umgibt das altehrwürdige Kloster Eberbach. Man steige nur aus dem Kreuzgang in das Dormitorium hinauf, den Schlafsaal der Mönche: ein riesiger Raum, dessen Deckengewölbe auf Pfeilern mit herrlich gestalteten Kapitellen ruht. Was aber diese Mönche im Laufe der Jahrhunderte berühmt gemacht hat, ist in den unterirdisch gelegenen Gemächern des Klosters zu sehen: der Weinkeller. Hier kann man die mächtigen Weinpressen besichtigen, zusammengefügt aus klobigen Balken. Man wird staunend vor den gigantischen, mehr als mannsgroßen Weinfässern stehen und die Raffinesse der einfachen Holzgeräte bewun-

Raubritternester wie Burg Fürstenberg beherrschten im Mittelalter die Fernstraßen am Rhein. Solche Ausblicke hat man vom Rheinhöhenweg an beiden Ufern zwischen Wiesbaden oder Oppenheim und Bonn.

Kostbare Steinmetzarbeiten verzieren das Portal der gotischen Kirche Sankt Valentin in Kiedrich.

dern. Seit mehr als 850 Jahren keltern die Mönche im Kloster Eberbach Wein. Ein besonderes Schauspiel sind übrigens die großen Weinauktionen des Klosters: Wie früher wird Fuder um Fuder versteigert. Modernen Sitten dürfte freilich der meistbietende Verkauf von Raritäten zuzuordnen sein: Sie werden flaschenweise gehandelt.

Nun zur zweiten Bastion des Weinbaus im Rheingau: zum Schloß Johannisberg, dem Familiensitz derer von Metternich. Zum Schloß geht es über den Kiedricher Bach entlang reichbehangener Rebgärten und pfirsichglühender Spaliere. Im Winkel zweigt der Weg zum Johannisberg von der Straße entlang des Rheins ab. Eine lange Allee führt zu einer von gelbem Kiesel bedeckten Terrasse, die von Rosenstöcken und Rhododendren aus der Orangerie eingefaßt ist. Dahinter dann das Schloß. Hier auf dem Bischofsberg errichteten Mainzer Benediktiner um 1100 ein Kloster. Es war das erste im Rheingau. Die Weinwirtschaft der Mönche wurde den Winzern der Umgebung schon früh ein Vorbild. So entstand eine große Weintradition. Rascher Besitzerwechsel ließ Johannisberg jedoch später verkommen, die Weinberge wurden in der Barockzeit sehr vernachlässigt. Erst die Fürstäbte von Fulda, an die das Kloster im 18. Jahrhundert fiel, ließen die Hänge wieder ordentlich bearbeiten, 294 000 Reben pflanzen und einen mächtigen Keller errichten. Und sie ließen die besten Weine auf Flaschen ziehen, auf „Bouteillen", wie es damals hieß.

Ein Zufall hat jedoch zur entscheidenden Verbesserung des Weins geführt. Damals durfte die Weinlese erst nach schriftlicher Erlaubnis des Fürstabtes in Fulda beginnen. Und der Kurier kam und kam nicht! Bei seinem Eintreffen waren die überreifen Trauben bereits geschrumpft und in Fäulnis übergegangen, die Verwaltung verzweifelte. Doch sie wurde für ihr unfreiwilliges Warten reichlich belohnt: Die „Edelfäule" bescherte den Freunden des edlen Tropfens – wenn auch unfreiwillig – die erste Spätlese. Die Auslesen, die Beeren- und Trockenbeerenauslesen, waren geboren, die den Weltruhm des Rheingauer Rieslings begründeten.

Nach vielen erlauchten Besitzern erhielt 1816 der Staatskanzler Klemens Wenzel Nepomuk Lothar Fürst von Metternich-Winneburg das Gut als Dotation von Kaiser Franz I. von Österreich. Übrigens sollte man sich ein besonderes Erlebnis nicht entgehen lassen und im Schloß Johannisberger Gutsausschank die Bestände der sogenannten „Bibliotheca subterranea" verkosten. Seit 1842 werden die Jahrgänge des Rheingaus in diesem Keller gelagert. Die älteren Jahrgänge des Rheingauer Weins werden sogar als Medizin getrunken.

Rüdesheim im Romantik-Rummel

Jetzt sind es nur noch ein paar Kilometer bis zu jenem Ort, über den Otto von Bismarck noch als relativ junger Mann – lange bevor er der Eiserne Kanzler der Kaiserzeit wurde – schrieb: „Ich verspreche mir einen rechten Genuß davon, mit Dir ein paar Tage in Rüdesheim zu sein, der Ort ist still und ländlich, gute Leute und wohlfeil…" Dieses Rüdesheim gibt es nicht mehr. Die Ruhe, so scheint es, ist unwiederbringlich dahin. Heute wird man im Strom der Besucher durch die enge Drosselgasse geschoben, unter lockenden Wirtshausschildern hindurch, entlang der grünen Rebgirlanden und der mit Butzenscheiben verglasten Erkerchen, zwischen den Touristen aus Übersee, die mit großen Augen (und noch größeren Videokameras) eine immer fröhliche, immer laute Weinseligkeit bestaunen. Für sie ist Rüdesheim heute der deutsche Weinort schlechthin – aber eben nicht nur für sie, wie die

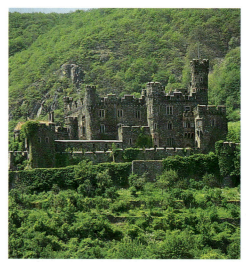

Burg Reichenstein: Der Name des heutigen Schloßhotels kündet vom Prunk versunkener Adelsgeschlechter.

Busladungen der deutschsprachigen Besucher eindrucksvoll beweisen. Doch lassen wir dem kleinen Städtchen Gerechtigkeit widerfahren. Denn Rüdesheim bietet mehr als lärmende Fröhlichkeit: Das Stadthaus mit dem mechanischen Musikkabinett ist eine weltbekannte Touristenattraktion, und das Weinmuseum in der Brömserburg gehört zu den besten. Alte Geräte veranschaulichen die Mühen der Arbeit im Weinberg, so wie sie früher war. Seltene Weingläser und -pokale zeugen vom Genuß als Lohn der Plackerei.

Vom Riesling-Pfad zur Rochus-Wallfahrt

Wer den Rheingau auf den Spuren des Rieslings durchwandern möchte, der folge dem Rheingauer Riesling-Pfad, der in dem uralten Weinort Wicker an der Mainmündung beginnt und durch eine höchst abwechslungsreiche Landschaft führt: Zuerst geht es durch sanft hügeliges Rebland, später – am Taunushang – durch dichte Wälder. Unterwegs trifft man immer wieder auf Probierstände, Straußwirtschaften, Weingüter mit eigener Gutsschenke oder Dorf- und Landgasthäuser, wo man mit deftiger Kost und „en lecker Dröpsche" Hunger und Durst stillen kann. Verirren kann man sich dabei auch nach mehreren Gläschen nicht: Der Weg ist mit Schildern markiert, auf denen ein gelber Römer zu sehen ist – das bauchige Kelchglas, aus dem die Menschen in dieser Gegend ihren Wein trinken.

An der Stelle, wo der Rhein kurz hinter Rüdesheim wieder jäh seine Richtung ändert, sich durch steile Felswände seinen Weg in Richtung Norden zur See gebahnt hat, thront hoch über dem Strom eine bronzene Dame – und hält mit festem Blick aufs andere Ufer des Flusses, aufs linksrheinische Gebiet ihre Wacht. Es ist Germania, die robuste Schwester der eher sanften, romantischen Loreley. In stattlicher Größe von gut zehn Metern steht sie auf einem 25 Meter hohen Sockel – das Niederwalddenkmal, zwischen 1877 und 1883 errichtet als Allegorie der „Wehrhaftigkeit und deutschen Art". Das gigantische Denkmal sollte der Neugründung des deutschen Kaiserreiches 1871 nach dem Krieg gegen Frankreich gedenken. Angeblich schaut Germania wachsam nach Frankreich, doch das liegt ganz woanders, ungefähr da, wohin der Friedensengel am rechten Sockelfuß blickt. Nun, das sind vielleicht Deutungen von uns Nachgeborenen.

Eines sollten wir Germania allerdings hoch anrechnen: Sie erinnert daran, daß wir das linksrheinische Ufer bei unserer Romantiktour nicht vergessen sollten. Am besten, man fährt auf dieser Seite des Stroms über die Ingelheimer Höhe, den Steig entlang. Die schnurgerade Chaussee, die zu Napoleons Zeiten angelegt wurde, führt in die Rotweinstadt Ingelheim (Früh- und Spätburgunder sind ihre Spezialität). Vor allem im Frühsommer faszinieren die verträumten Winkel der Altstadt, die sich ein mittelalterliches Flair erhalten hat. Als eine der wohl malerischsten historischen Stätten Rheinhessens muß die Oberingelheimer Burgkirche gelten, in deren Baustil Romanik und Gotik eine geglückte Verbindung eingegangen sind. Vor allem der Turm und die eigene, zinnengekrönte Wehranlage der Kirche sind beeindruckend.

Nun ist es nicht mehr weit bis nach Bingen, ebenfalls ein uraltes Weinstädtchen, das an der Mündung der Nahe in den Rhein liegt. Auf einem Berg kurz vor der Stadt steht hoch über den Weingärten die zierliche Rochuskapelle. Sie wurde einst nach einer verheerenden Pestepidemie, der 1300 Einwohner der Stadt zum Opfer gefallen waren, von überlebenden Binger Bürgern gestiftet. Ein großes Ereignis, das Rochusfest, erinnert daran. Es bringt alljährlich Mitte August Hunderte – inzwischen sind es sicher Abertausende – von Menschen eine Woche lang in religiösem Traditionsbewußtsein und urwüchsiger Freude am Feiern zusammen. Der Besuch des Rochusberges hat etwas gemessen Zeremonielles an sich. Am Fuß des Hügels, auf dem die

Burg Sooneck bei Trechtingshausen: Zu ihrem Herrschaftsgebiet gehörte früher der Soonwald, in dem der „Jäger aus Kurpfalz" ebenso zu Hause war wie der Hunsrücker Räuberhauptmann „Schinderhannes".

Kapelle liegt, gilt es nämlich zunächst wundersames Quarzgestein zu bewundern. Dann geht es weiter über einen steilen, zickzack über Felsen springenden Steig, den man zusammen mit vielen anderen hundert Pilgern erklimmt. Dazwischen tragen Männer, von Fahnen und Kerzenduft umweht, die große geschnitzte Holzfigur des Pest-Heiligen Sankt Rochus, die in einen Chormantel gehüllt und mit Reben und Trauben reich geschmückt ist. Langsam, öfters rastend, schiebt sich der Zug der Betenden zur Kapelle auf dem Gipfel. Die Massen drücken sich wie Sardinen in der Dose. Ein kurzer Blick auf den Reliquienkasten – und schon ist man zur Seitenpforte wieder hinaus.

Auf die steinerne Kanzel, außen an der Kirchenmauer, steigt nun der Prediger. Die Gemeinde hört auf der weiten Terrasse zu. Später fordern dann die

Buden ihr Recht: zunächst die einen, die Kreuze, Kerzen und Rosenkränze anbieten, für die Seele, dann aber diejenigen fürs leibliche Wohlbefinden. Anregende Düfte durchziehen die sommerliche Luft.

An langen Tischen, auf schmalen Bänken rückt man enger zusammen, findet ein Plätzchen auf Tuchfühlung. Das Gespräch mit dem Nachbarn geht – wie sollte es anders sein – um den Wein, der hier am Rochusberg sehr gut gedeiht. Es ist eine Szene, die sich tief in die Erinnerung eingräbt: Oben der bunte Prozessionszug zum Rochusberg, unten die Stadt Bingen, umgeben von Gärten und Bäumen, weiter hinten ernste und graue Felswände, in die der starke Fluß sich hineindrängt. Der Blick streift über den Lauf des Rheins, die Forste des Hunsrücks im Westen, die geschwungenen Höhenlinien des Taunus jenseits des Stroms.

Von guten und von bösen Burgen

Von Bingen bis Kaub fließen die Rheinwasser durch ein Felsental, das wohl am nachhaltigsten unser Bild einer romantischen Landschaft geprägt hat. Am besten, man steigt auf ein Schiff der „Weißen Flotte" (Köln-Düsseldorfer Schiffahrtsgesellschaft) und läßt diese Bilderbuch-Szenerie vom Rhein aus an sich vorbeigleiten. Starker Wogengang am gefürchteten Binger Loch, jahrhundertelang voller Gefahren! Erst im 19. Jahrhundert wurde die Durchfahrt durch Sprengungen und Vertiefungen reguliert und ausgebaut. Hinter den gefährlichen Felsklippen beginnt mit der malerischen Burg Rheinstein eine lange Kette von Burgen und Ruinen, dazwischen alte, verträumte Städte.

Zum Beispiel Burg Sooneck bei Trechtingshausen. Geisterhaft steht sie im Licht des späten Sommerabends da. Sie stammt aus dem Jahre 1000, ist damit eine der ältesten Burgen des Rheintals. Und natürlich ranken sich Sagen um die alte Feste wie der Efeu ums Gemäuer. So die Geschichte von einem alten Armbrustschützen, dem Fürstenecker, der einst den Vogel in der Luft zu treffen verstand und nun als Geblendeter seinen Peiniger, den Junker von Sooneck, mit einem Schuß in den Mund tötet – den Pfeil ließ er nach Gehör aus seiner Armbrust schnellen. Sooneck und andere Burgen am Strom wie der etwas stromaufwärts gelegene Reichenstein wurden zu Raubritternestern. Rudolf von Habsburg, deutscher König und Begründer des späteren habsburgischen Herrscherruhms, ließ sie zerstören und die räuberischen Ritter aufknüpfen. Deren Nachkommen wiederum sollen zur Rettung der armen Seelen am Ufer des Rheins bei Trechtingshausen die Clemenskapelle erbaut haben.

Weiter stromabwärts bei Kaub liegt dann ein steinernes Schiff mitten im Rhein: Auf starkem Felsenriff steht die malerische Inselburg Pfalzgrafenstein, die „burg uff dem rhyne", wie das malerische Wasserschloß in früheren Zeiten genannt wurde. Wer den Rhein bereist und in der Strombiegung bei Oberwesel oder Bacharach, je nach Fahrtrichtung,

Links oberhalb von Burg Katz über Sankt Goarshausen markiert die Fahne den sagenumwobenen Felsen der Loreley. Der runde Bergfried stammt noch aus dem 14. Jahrhundert.

dieses Felsennest erblickt, dem dürfte schwerlich ein einleuchtender Grund einfallen, warum ausgerechnet an dieser Stelle ein derart achtunggebietendes, königlich wirkendes Kastell erbaut wurde. In einer mondhellen Sommernacht, vom Deck eines Rheindampfers aus gesehen, läßt sich in der kleinen Zwingburg leicht ein Königsschiff sehen, das eindrucksvoll im Strom ankert. Dabei wurde das sechseckige Bauwerk im 14. Jahrhundert schlicht zu Zollzwecken errichtet. In der Mitte ragt steil der Bergfried empor, kleine Türmchen flankieren den Bau. Hier schiebt sich ein Erker, dort eine Pechnase aus dem Hauptwerk vor; zahlreiche Schießscharten schauen aufmerksam auf den Fluß hinaus. Eine vergitterte Einlaßpforte, hoch genug, um den Winter- und Frühjahrshochwassern zu trotzen, ist der einzige Zugang – ein massives und gleichzeitig märchenhaftes Sinnbild mittelalterlicher Wehrhaftigkeit. Dabei mußten die mächtigen Außenmauern aus einem ganz einfachen Grund so dick sein: Sie dienten nicht einmal so sehr der Abwehr der Angriffe etwaiger Feinde, sondern mußten vielmehr dem Aufprall des Treibeises trutzen.

Als Zollburg war die Pfalz eine ausgesprochene Plage für die Bewohner der Flußufer. Und kein Geringerer als ein deutscher König und Kaiser war es, der sie zu diesem Zweck errichten ließ: Ludwig der Bayer, nebenbei auch Pfalzgraf bei Rhein, profitierte somit von einem Geschäft, das viele als Raubrittertum empfanden. Unaufhörlich läutete die Stromwache die Glocke auf dem Turm der Zollwache, um den Schiffern zu signalisieren: „Anhalten und bezahlen!" Und wehe, sie suchten so vorbeizukommen; die Kähne lagen auf beiden Seiten in Schußweite.

Wallfahrtsort und Mythos: Loreley

Kurz vor Sankt Goar tritt der Rhein in ein wundervolles Felsental ein – den Höhepunkt der Rheinromantik. Fast senkrecht steigt aus dem Flußbett ein sagenumwobener Gesteinsberg auf eine Höhe von 132 Metern empor: der Stein der Luren, der bösen Berggeister, die das zwölffache Echo wecken. Ein spärlich bewachsener Fels in kräftigen Erdfarben – Ocker, Braun, Schwarz –, um dessen Fuß sich wie eine Fessel das graue Band der Straße schlingt. Und damit den berühmten Fels auch ja niemand übersieht, ist der Name in großen schwarzen Lettern auf weißem Grund in die Uferböschung eingelassen: LORELEY. Clemens Brentano, der große Lyriker und Erzähler romantischer Märchen, rief die „Lore Lay" ins Leben. Der 24 Jahre junge Dichter schuf 1802 in einer Ballade das Bild der schönen Zauberin aus Bacharach. Heinrich Heine verpflanzte sie auf den Fels, hat mit den Versen die Erinnerung an die alte Sage von dem schönen Mädchen wachgehalten, das sich hoch oben auf dem Berg sein goldenes Haar kämmt: „Ich glaube, die Wellen verschlingen am Ende Schiffer und Kahn; und das hat mit ihrem Singen die Lore-Lei getan."

Die Schiffer kommen heute dank moderner Signaltechnik ohne weiteres über die tückische Stelle hinweg. Die touristischen Rheinfahrer genießen das Schauspiel.

Wenn der Rhein in Flammen steht

Als sich vor gut 1700 Jahren der römische Kaiser Probus auf einer Dienstreise im Norden seines Imperiums befand und den Rhein befuhr, wählte er als Transportmittel ein Treidelschiff: Es wurde von Pferden und Knechten „bergauf" gezogen; zumindest die Fahrgäste auf dem kaiserlichen Nachen werden die Bergkulisse der sich zu beiden Seiten des Tals auftürmenden Rheinuferlandschaft genossen haben.

Weil es ein Kaiser nun einmal eilig hat, wurden bei einbrechender Dunkelheit Fackeln entzündet, das erste überlieferte Spektakel „Rhein in Flammen". Wenn heute zwischen Mai und September diese nächtlichen Lichtspiele stattfinden und die bunten Finger der Lichtstrahlen über die Berge streichen, säumen immerhin bis zu einer halben Million Menschen die Uferpromenaden zwischen Braubach und Koblenz oder rechts und links vor dem steilen Felsen der Loreley. Dann sind die Flußufer mit den Städtchen, die Burgen mit Türmen und Zinnen, die schlanken Kirchtürme in rotes bengalisches Licht getaucht. Unten auf dem Rhein gleitet ein langer Korso von hell erleuchteten Booten, Schiffen und Dampfern den Fluß hinab, über die Toppen mit Lichtern wie glitzernde Perlschnüre geschmückt.

Über Hirzenich, das von der Klosterkirche des heiligen Bartholomäus überragt wird, findet man den Weg linksrheinisch über Bad Salzig nach Boppard. Es lohnt sich, in dem romantischen Rheinuferstädtchen nicht nur die Promenade entlangzuschlendern. In lauer Abendluft, unter schattigen Bäumen kann man einen guten Schoppen genießen oder die alte, zum Teil erhaltene kurtrierische Burg aufsuchen. Nicht versäumen aber sollte man den Ausflug auf die Höhen über der Stadt, zu Fuß oder mit der Seilbahn. Von oben erscheint der Rhein infolge einer mehrmaligen Überschneidung durch bewaldete Berge, als sei er in vier Seen aufgelöst – der berühmte Vierseenblick. Unten führt der Weg den Fluß abwärts über Spay in das 1300 Jahre alte Städtchen Rhens mit dem berühmten Königsstuhl. Er erinnert daran, daß sich im Mittelalter an dieser Stelle die rheinischen Kurfürsten trafen, um über die anstehende Wahl eines deutsch-römischen Königs zu beraten. An der Stelle des ersten, hölzernen Königsstuhls wurde im Baumgarten ein steinerner errichtet, der nach und nach aber verfiel.

Geschichte wird fleißig wiederbelebt

Geschichtsfreunde schufen im 19. Jahrhundert einen neuen Königsstuhl: Auf etwa zwei bis drei Meter hohen Pfeilern ruht ein dachloser Oberbau; elf steinerne Stufen führen hinauf zu einer eisernen Gittertür, durch die man im Inneren ringsum an der Brüstung eine Steinbank mit sieben Sitzen sehen kann. Alles nur schöner Schein! Auf *diesem* Stuhl hat niemals ein König oder Kaiser gesessen.

Gegenüber, auf der rechten Rheinseite, thront auf steilem Schieferfelskegel die Marksburg hoch über dem Städtchen Braubach. Die 1231 erstmals erwähnte Höhenburg wurde als einzige am Mittelrhein niemals zerstört. 140 Meter geht der steile Anstieg empor. Doch der lohnt sich. Denn hier kann man anschaulich sehen, wie es sich in früheren Zeiten auf einer Burg gelebt hat: die Rüstkammer, die Burgküche mit der großen Feuerstelle, die Schmie-

Das Deutsche Eck am Zusammenfluß von Mosel und Rhein: Auch Koblenz entstand aus einem Römerkastell.

de und der Weinkeller, nicht zu vergessen die Folterkammer. Im Kräutergarten des Burggrabens wachsen 170 verschiedene Gewürz- und Heilkräuterarten und jene Pflanzen, die dem Volksglauben nach den Hexen zum Brauen von Zaubertränken dienten.

Schließlich Schloß Stolzenfels. Der Lahnmündung gegenüber liegt es über dem Ort Kapellen. Ein eigenartiger Bau, denn die im Pfälzischen Krieg 1689 zerstörte Burg wurde 150 Jahre später nach dem Willen des Romantikers auf dem Preußenthron, König Friedrich Wilhelm IV., von Karl Friedrich Schinkel historistisch wiederhergestellt – kennzeichnend für die nostalgische Sehnsucht jener Zeit nach dem Mittelalter.

Wir sind jetzt im Tal angelangt, wo Strom und Fluß zusammentreffen: das römische Confluentes ist erreicht, Koblenz, wo die Mosel in den Rhein mündet. Noch heute folgen die gemütlichen Gassen der Altstadt dem Verlauf der Militärstraßen des römischen Kastells. Einen Rundgang durch die Alt-

Die große Rheinschleife bei Boppard: Von den Höhen des Taunus hatten bereits die Römer genau im Blick, was sich unten im Rheintal tat. Heute führt eine Sesselbahn vom Tal hinauf zum Gedeowseck.

stadt sollte man am Florinsmarkt beginnen, wo der Bürresheimer Hof und das Alte Kaufhaus mit seinem berühmten Uhrenturm liegen. Dann geht es natürlich zur Landzunge zwischen Mosel und Rhein, das Deutsche Eck genannt; eine 1216 gegründete Burg der Deutschordensritter gab dem Flecken seinen Namen. Seit einiger Zeit ist es wieder geschmückt mit einer Replik des Reiterstandbilds Kaiser Wilhelms I., das einst, in vaterländisch hochgestimmter Zeit, hier errichtet und mit einer Inschrift versehen worden war: „Nimmer wird das Reich zerstört, wenn ihr einig seid und treu." Als dann das Reich ein paar Jahrzehnte später endgültig in Trümmern lag, zerstörte ein gezielter Schuß eines amerikanischen Kanoniers auch den reitenden Imperator. Der leere Sockel galt fortan jahrzehntelang als Mahnmal der deutschen Einheit.

Gegenüber, 118 Meter über dem Flußtal, liegt der mächtige Ehrenbreitstein. Er galt als eine der mächtigsten deutschen Festungen. Die Gebäude mit den klassizistischen Fassaden wurden zwischen 1817 und 1828 von den Preußen errichtet. Doch schon im zwölften Jahrhundert stand hier eine Festung. Den Besuchern bietet sich eine unvergleichliche Aussicht auf Eifel und Hunsrück.

Unten an der Anlegestelle ertönt eine Schiffssirene. Der Dampfer ruft zur Moselfahrt: Signal zum Aufbruch in eine weitere – wunderschöne – deutsche Kulturlandschaft.

Stolz thront die Marksburg über dem schönen Weinstädtchen Braubach. Sie dient heute der Deutschen Burgenvereinigung als standesgemäßer Sitz und lohnt eine Besichtigung.

DAS BESONDERE REISEZIEL: BACHARACH – FACHWERKIDYLLE AM RHEIN

Victor Hugo, der große französische Schriftsteller und Rheinkenner, nannte Bacharach die „schönste, angenehmste und unbekannteste der alten Städte der Welt". Und Heinrich Heine setzte dem malerischen Weinort mit seinem Erzählfragment *Der Rabbi von Bacharach* ein literarisches Denkmal. Nähern wir uns Bacharach vom Rhein aus. Ein pittoreskes Bild tut sich auf: Am schmalen Ufer und in ein enges Kerbtal betten sich dicht zusammengedrängt rot-weiße Fachwerkhäuser, romantische Kirchen- und Kapellentürme, klettert frisches Grün an Reb- und Waldhängen hoch. Die mächtige Burg Stahleck legt schützend zu beiden Seiten eine alte, efeubehangene Wehrmauer um das Tal und die Stadt.

Im späten Licht des scheidenden Tages liegt das Städtchen mit Torbögen, Mauerresten und graurotem Dächergewirr in den letzten wärmenden Sonnenstrahlen. Vom Turm der Peterskirche hallen die schweren Schläge des Abendgeläuts, in das nach und nach andere Kirchenglocken einstimmen. In allen Schattierungen von Rot blüht es in den Ritzen und Fugen der Schiefermauern, über die der Stadtmauerweg balanciert – bei Hochwasser oft der einzige Weg, um Güter in die Unterstadt zu transportieren. Jenseits der Baumkronen über dem 500 Jahre alten Posthof scheinen die Wände, Pfeiler und Spitzbögen der Wernerkapelle in der Abendsonne zu schweben.

Mit etwas Glück erlebt man vielleicht auch, wie eine bunte Trachtengruppe durch den altersschwarzen Torturm aus Schieferstein kommt, sich vor dem „Alten Haus" gruppiert und zu Akkordeonklängen einen Volkstanz aufführt. Auch das ist Rheinromantik. Windschief die Konturen dieses wahrhaft alten Hauses. Es ruht auf einem massiven Bruchsteinsockel, darüber ein zweistöckiger Erkerturm, der sich behaglich in den Winkel der Giebelfronten lehnt. Unter dem ersten Stockwerk spendet dichtes Grün einer Weinranke den Butzenscheiben schon lange Schatten. Das Haus von 1568 haben die Stürme der Zeit ein wenig aus dem Lot gebracht, aber die Kraft der wuchtigen Balken, das geschwungene Fachwerk aus Andreaskreuzen und gekreuzten Männern, ochsenblutrot gestrichen, halten das Bauwerk wohl noch für Jahrhunderte zusammen. Diese Unerschütterlichkeit hat schon viele Besucher fasziniert.

Nun, Bacharach sei nur stellvertretend genannt für die vielen kleinen, verträumten Bilderbuchstädte entlang des Flusses, für die vielen alten, malerischen, prachtvollen Häuser mit knorrigem Fachwerk und schwarzen Schieferdächern, die Stadtmauern aus Felsgestein, die mal grazilen, mal mächtigwuchtigen Kirchenbauten, die oft wirken wie an die steilen Hänge geklebt. Die Liste der Städte ist lang: Assmannshausen zum Beispiel, Lorch, Oberwesel, Sankt Goar, Boppard und viele andere.

Das „Alte Haus" ist ein Beispiel für liebevoll restauriertes Fachwerk und die „deutsche Gemütlichkeit" im Zeichen des Denkmalschutzes in vielen Orten am Rhein.

EIFEL
Von Maaren und Mönchen

Mit Verlaub: Daß diese Gegend einmal eine Hexenküche war, traut man ihr so recht nicht zu. Dafür steigen die kegelförmigen Hügel zu sanft aus der waldreichen Umgebung, dafür liegen die oft kreisrunden, tiefblauen Seen zu beschaulich da. Und doch zeugen genau diese Kegel und Maare davon, daß es vor gut 10 000 Jahren in der Eifel an jeder Ecke brodelte und kochte, daß die Region zwischen den Ardennen und dem Rhein voller aktiver Vulkane stand. Heute ist die Eifel eines der abgeschiedensten, aber dank ihrer turbulenten Entstehungsgeschichte vielleicht auch aufregendsten Erholungsgebiete Deutschlands.

Es ist still in diesem grünen Land der Wälder und Seen. Streß und Hektik haben hier keinen rechten Platz, die Einheimischen haben noch viel vom dörflichen Leben vergangener Zeiten bewahrt. Es ist ein karges Land, grün, aber nicht von überbordender Fülle. Vielleicht auch deshalb kann hier die Seele einmal tief Luft holen, können Städter den Streß einer arbeitsreichen Woche leicht abschütteln.

Die Eifel ist eine Gegend, die sich wirklich am besten zu Fuß erschließt. Auf schönen Wanderwegen kommt man zu den Maaren und Kraterseen, den natürlichen Wahrzeichen der rauhen Berglandschaft, oder zu den Klöstern und Burgen, den Kulturdenkmälern der Region. In schmalen Kerbtälern kann man hier wandern, über Bäche, durch dunkle Fichtenwälder auf den Schmugglerpfaden, über die einst Grenzbewohner hin und her schlichen, Kaffee und Tabak im Rucksack. Oder durch den Geopark Gerolstein, der einen Blick ins Erdinnere freigibt, wo zwischen Dolomitfelsen das Quell- und Mineralwasser sprudelt. Oder durch die hübschen kleinen Eifelstädtchen mit einem reichen kulturellen Erbe wie etwa Prüm. In dem bescheidenen Städtchen entfalten die ehemalige Benediktinerabtei und die kolossale Salvator-Basilika ungeahnte Pracht. Hier liegt auch ein veritabler Kaiser begraben: Lothar I., ein Enkel Karls des Großen.

Burgen und Klöster sind tatsächlich Wahrzeichen der Region. Bei Manderscheid ragen aus dem tiefen, zerklüfteten Tal der Lieser die kalkgrauen Ruinen zweier Burgen auf: der Nieder- und der Oberburg des Grafen von Manderscheid, deren letzte Reste 1794 versteigert wurden, weil sie nicht mehr bewohnbar waren. Noch heute bewohnt – und zwar von Mönchen – ist das Kloster Himmerod im Salmtal, eine stattliche, 1148 geweihte Abtei, die älteste

Die Dauner Maare sind eingestürzte Magmakammern erloschener Vulkane, die sich mit Wasser gefüllt haben.

Zisterzienserniederlassung in der Eifel. Es ist heute ebenso wie das Benediktinerkloster Maria Laach am Laacher Maarsee ein Ort der Muße und Besinnung.

Auskunft: Vulkaneifel Touristik & Werbung GmbH, Pf. 13 71, 54543 Daun, Tel. 0 65 92/93 32 00.

SAUERLAND
Auf den Spuren der Köhler und Brauerburschen

Das Rheinische Schiefergebirge verbindet die Landstriche diesseits und jenseits des Rheins: Da geht die Wandertour zwischen dem Höhenzug des Haarstrangs im Norden bei Soest und dem Rothaargebirge im Süden bei Winterberg auf und ab über die „Dünen in Grün" des Sauerlandes. Sie führt durch enge Bachtäler oder hoch hinaus in das Hochsauerland auf den Kahlen Asten, der mit seinen 841 Meter Höhe ein beliebtes regionales Skigebiet ist.

Eine Wanderung über den Höhenrücken der Hunau vom Rimberg bei Fredeburg bis nach Altastenberg (Winterberg) ist ein Muß für jeden Besucher des Sauerlandes. Spannende Geschichten gibt's da zu erzählen: über den Wilddieb von Rehsiepen, das Hundegrab des Försters, die Kobolde in den Hochmooren oder den Kohlenmeiler vor Altastenberg. Dort ist schon der größte Teil der Strecke durch lichte Buchenwälder oder finsteren Tann zurückgelegt. Es kann sein, daß man stundenlang keinem Menschen begegnet. Flache Plätze entdeckt man hier und da, wo früher Kohlenmeiler standen. Über ein Sonnenplateau steigt der Weg allmählich auf die Winterberger Hochfläche, erreicht den Kahlen Asten.

In deutlichem Kontrast zum Ostsauerland zeigt sich der Westen der Region. Dort steigt man in die Tiefe: Von weit über 900 entdeckten Höhlen im Massenkalk zwischen den romantischen Felskulissen des Hönnetales und dem sagenumwobenen „Felsenmeer" bei Hemer kann man ein halbes Dutzend bei einer Abenteuerwanderung erleben: zum Beispiel die Dechenhöhle an der B 7 im Ortsteil Letmathe (Iserlohn) oder die Heinrichshöhle in Hemer.

Nach solchen Touren über und unter der Erde locken urgemütliche Gasthöfe hinter ihre schwarzweißen Fachwerkfassaden, wie in Wormbach und Calle. Dort werden nicht nur Speckheringe oder Rinderwürste schmackhaft zubereitet auf den Holztisch gestellt: Im Glas schäumt eines der frischen Pilsener des Landes. Man kann auch von Warstein nach Eslohe „auf den Spuren der Brauerburschen" durch den Naturpark Arnsberger Wald und Homert laufen, um in der Gasthofbrauerei von Eslohe zu rasten.

Auskunft: Fremdenverkehrsverband Sauerland e.V., Le-Puy-Str. 23b, 59872 Meschede, Tel. 02 91/ 14 75.

Im Naturschutzgebiet Felsenmeer und Heinrichshöhle bei Hemer am Rand des Sauerlandes: Hier soll der Sage nach der Palast des Zwergenkönigs Alberich gestanden haben, der den Schatz der Nibelungen hütete.

MÜNSTERLAND
Zwischen Wallhecken und Wasserburgen

Vom Teutoburger Wald, dem „Balkon des Münsterlandes", bis zur Lippe im Süden, vom Naturpark im Westen bis zur Parklandschaft des Kreises Warendorf im Osten reicht dieses Land, dem der alte Bischofssitz Münster vor vielen Jahrhunderten den Namen gab. Die Uhren laufen hier um etliches langsamer als in anderen Gegenden Deutschlands; es geht beschaulich zu.

Weit reicht der Blick im grünen Land der Tieflandsbucht zwischen Lippe und Ems, Teutoburger Wald und Niederrhein – bis an den dünnen Streifen, wo sich Himmel und Erde berühren. Davor eine Farbsinfonie aus gelben, roten und grünen Tönen: weite Kornfelder, gesprenkelt mit knalligen Mohnblumen, saftige Weiden, gerahmt von dunklen Streifen der Eichenwälder oder Wallhecken – eine Parklandschaft, so weit das Auge reicht. In den kleinen Landstädtchen wie Ahlen oder Borken winden sich krumme Gäßchen voller Anmut, rechts und links von gemütlichen kleinen Backsteinhäusern gesäumt. Anheimelnd liegen die runden Marktplätze da, mit Gasthof und Kirche in rotem Stein.

Aus der weiten Landschaft leuchten wie hineingetupft die behäbigen Bauerngehöfte. Ein schmaler Steg führt über den von Kopfweiden gesäumten Wassergraben. Breit ducken sich Wohnhaus, Scheune und Stall unter den Bäumen. Hellgrüne Fensterläden klappern im leichten Wind, der ständig über das Land streicht. Häufig genug lockt dann ein „westfälischer Himmel" in die Deelen und Küchen: Über der gekachelten alten Herdfeuerstelle hängen im Kamin die besten Würste, die leckersten Schinken, die Westfalen zu bieten hat. Da duftet es nach Panhas, einer gebratenen Blutwurst, und Töttchen (einem Ragout-fin-ähnlichen Gericht, bestehend aus Herz, Lunge und Kopf des Kalbes). Neben solch deftigen Speisen werden aber auch andere Köstlichkeiten geboten: Spargel, aus den Sandböden im Mai und Juni frisch gestochen, oder ein delikater Wildschweinbraten.

Am besten, man läßt das Auto stehen und erfährt diesen großen Park mit dem Fahrrad auf den unendlichen *Pättkes*, wie die stillen Wirtschaftswege hier heißen. Man kann im ganzen Münsterland an beliebiger Stelle in die mit dem Schloßsymbol ausgeschilderte „100-Schlösser-Route" einsteigen, die an so vielen Adelshäusern entlangführt. Natürlich kann man sie nicht alle besichtigen, aber hier und da kassiert die Baronin einen „Tacken" (zwei Mark), und der Baron erzählt Geschichten von den Vorfahren. Im Land zwischen Teutoburger Wald und Lippe träumen sie unter mächtigen Eichen oder verstecken sich hinter Wällen und Wassergräben, diese hochherrschaftlichen Harmonien aus roten Ziegeln und gelbem Sandstein: Wasserburgen, kleine Landschlösser, beschauliche Herrenhäuser. Zur einen Seite Residenz, zur anderen bäuerlicher Hof. Sehr schön sind Schloß Westerwinkel bei Herbern nahe der A 1 (Abfahrt Ascheberg), die direkt in Lüdinghausen gelegene Wasserburg Vischering und Wasserschloß Hülshoff bei Münster, der Geburtsort der berühmten Dichterin Annette von Droste-Hülshoff.

Die Krönung aber ist das „Westfälische Versailles": Schloß Nordkirchen, erbaut von Gottfried Laurenz Pictorius und Westfalens großem Barockbaumeister Johann Conrad Schlaun, westfälisch-niederländisch geprägt, französisch beeinflußt, eine Anlage von respektablen Ausmaßen. Von Süden führt eine schnurgerade Achse über die Vorburg auf die Hauptinsel. Locker gruppieren sich die Gebäude zu einer dreiflügeligen Anlage, flankiert von Ecktürmchen. Am schönsten ist die Gartenseite mit der Rosenpracht der Orangerie, der Venusinsel und ihrem reichen Skulpturenschmuck.

Gastfreundlich sind die Münsterländer. Tradition und Brauchtum haben ihren Platz im Leben dieser Menschen – und Naturverbundenheit: Die Pferdezucht hat eine große Bedeutung im Münsterland, und legendäre Leistungen von Rössern und Reitern verzeichnen die Sportannalen in allen Gattungen. Im Merfelder Bruch bei Dülmen leben übrigens die letzten „wilden" Pferde Deutschlands.

Wenn heute irgendwo in einem münsterländischen Gasthaus die Knabbeln – selbstgebackenes und getrocknetes helles Brot – in den Kaffee eingetunkt werden oder herzhafter westfälischer Schinken mit Pumpernickel auf dem Tisch stehen, dann kann nur noch der Stundenschlag der alten Standuhr die beschauliche Stille durchbrechen.

Auskunft: Fremdenverkehrsverband Münsterland Touristik, Hohe Schule 13, 48565 Steinfurt, Tel. 0 25 51/93 92 91.

Im Merfelder Bruch bei Dülmen lebt seit Jahrhunderten Deutschlands einzige Herde von „Wildpferden".

Die Wasserburg Vischering bei Lüdinghausen ist ein typischer Herrensitz aus dem 16. Jahrhundert. Zur Münsterländer Parklandschaft gehört natürlich auch ein alter Baumbestand.

SÄCHSISCHE SCHWEIZ

Wo sich die Elbe ihren Grand Canyon schuf

Als hätten übermütige Riesenkinder mit ihnen gespielt und sie dann liegenlassen, die massigen Felsquader und haushohen Gesteinsbrocken: Wer zum erstenmal in die Sächsische Schweiz kommt, fühlt sich direkt in ein Gemälde des großen Romantikers Caspar David Friedrich versetzt – so imposant und beherrschend wirkt hier die Natur. Angesichts der wuchtigen Tafelberge, die die Hochebenen des Elbsandsteingebirges prägen, der dichten Wälder, freistehender Felsnadeln, tiefer Klüfte und senkrecht emporstrebender Steilwände erscheint der Mensch unbedeutend und klein.

Stein und Wasser haben hier ein Kräftemessen veranstaltet und dabei eine Landschaft geschaffen, die jeden Besucher in ihren Bann zieht. Ein Dorado für große und kleine Kletterer tut sich an den vielgestaltigen Felsgruppen rechts und links der Elbe auf. Der Strom, der dem Gebirge seinen Namen gab, hat sich durchgesetzt gegen den Fels und einen imposanten Cañon hineingegraben. Es ist eine Landschaft, die immer wieder Überraschungen bietet und mit geradezu magischer Anziehungskraft zum tieferen Eindringen animiert.

Heute legt der einst reißende Fluß sein silbernes Band in malerisch-beschauliche Schleifen, und es ergibt sich ein spannungsreicher Kontrast von ruhig dahinströmendem Wasser und dramatisch-imposanter Felsenwelt. Hier ahnt man noch den Schrecken, den das unwegsame Gebiet früher auf die Städter ausübte. Nur ganz mutige Jäger, Wald- und Steinbrucharbeiter trauten sich in diese von dichten Mischwäldern umrahmten, tief eingeschnittenen Schluchten.

Bei der Sächsischen Schweiz denkt man natürlich zuerst an imposante Felslandschaften. Die schönsten dieser bizarren Türme und Nadeln hat die Elbe bei der Bastei (Foto links) in den Sandstein gesägt. Trotz einiger Einschränkungen durch den Naturschutz ist diese Gegend ein beliebtes Revier für viele Freizeitkletterer (Foto rechts oben). Auf dem Weg, den die Elbdampfer (zweites Foto von rechts oben) über Pirna durch das Elbsandsteingebirge nehmen, liegt der Barockgarten von Heidenau-Großsedlitz mit seinen Wasserspielen (zweites Foto von rechts unten). All diese landschaftlichen Kontraste finden sich in der Felsenbühne von Rathen wieder und in der Dramatik des *Freischütz* (Szenenbild *In der Wolfsschlucht*, Foto rechts unten), den Carl Maria von Weber zum Teil hier geschrieben hat.

100 Millionen Jahre Erdgeschichte

Geologisch korrekter, aber weniger anschaulich als der Name Sächsische Schweiz ist die Bezeichnung „Elbsandsteingebirge" für dieses 360 Quadratkilometer große Gebiet; es beginnt knapp 20 Kilometer südöstlich von Dresden beiderseits der Elbe und erstreckt sich bis nach Tschechien hinein an den Stadtrand von Tetschen (Děčín). Im Südwesten flankieren die Kurorte Bad Gottleuba und Berggießhübel das Bergland der Sächsischen Schweiz, in nordöstlicher Richtung reicht es bis Sebnitz. Es ist ein kleines Gebirge, doch die möglichen Falltiefen von mehreren hundert Metern lassen hier und da auch die Knie erfahrener Alpinisten zittern.

Die Felsenlandschaft des Elbsandsteingebirges entstand vor etwa 90 Millionen Jahren, als sich im Bereich der heutigen Sächsischen Schweiz noch ein Meer ausdehnte. Flüsse transportierten Verwitterungsmaterial aus dem Lausitzer Bergland im Nordosten und dem Erzgebirge im Südwesten in die Meeressenke. Der abgetragene Sand setzte sich über dem harten Schiefer- und Granitgestein des uralten Untergrunds ab. Unter dem Druck des eigenen Gewichts und des darüberliegenden Wassers wurde aus dem feinkörnigen Sand im Laufe von Jahrmillionen fester Stein. Noch heute kann man hier und da Muschelabdrücke im Sandstein erkennen, die an diese Geschichte erinnern. Der Begriff Gebirge bezieht sich weniger auf die absolute Höhe (der Große Zschirnstein mit gut 560 Metern ist die höchste Erhebung) als auf die Formenvielfalt von Steilwänden, Felsen und tiefen Taleinschnitten.

Seit rund fünf Millionen Jahren gräbt sich die Elbe in Windungen durch den Sandstein. Die schwächeren Nebenbäche konnten mit der Eintiefung des Hauptstroms nicht Schritt halten; sie stürzen in wilden Schluchten hinab in den Cañon. So wuchtig die Felswände auch erscheinen mögen, so zerbrechlich sind sie doch in Wahrheit. Die fortschreitende Verwitterung durch Wasser, Eis und Frost gibt ihnen etwas Endliches und macht sie dadurch zu etwas besonders Schützenswertem.

Wanderer kommen hier in eine verwunschene Welt mit einer einzigartigen Vegetation, eine der farnreichsten Gegenden Mitteleuropas. In mancher kühlen Klamm wachsen noch nordische Pflanzenarten wie der Sumpfporst, die im Zuge der Eiszeit in diese Region kamen. Auch wenn das Elbsandsteingebirge durch Wander- und Kletterwege gut erschlossen ist, gibt es immer noch schwer zugängliche Winkel, in denen sich Fischotter, Eisvogel, Schwarzstorch und Uhu heimisch fühlen. Ein 93 Quadratkilometer großer Bereich wurde zum Nationalpark erklärt. Hier kann sich die Natur ohne jeglichen Eingriff des Menschen entwickeln, und es entstehen regelrechte Urwaldgebiete. Die natürliche Dynamik des Waldökosystems soll nicht gestört werden, so daß man hier wieder unkultivierte, unmanipulierte Natur erleben kann.

Es waren zwei Maler, die 1766 die Schönheit dieser bis dahin fast unberührten Gegend bekannt machten. Sie hießen Adrian Zingg und Anton Graff, kamen aus der Schweiz und studierten an der Dresdner Kunstakademie. Beide fühlten sich bei ihren Ausflügen so sehr an ihre Heimat erinnert, daß sie der Region den Beinamen Sächsische Schweiz gaben. Auch der große Romantiker Caspar David Friedrich (1774 bis 1840) verbrachte 1813 einige Monate in der Sächsischen Schweiz. Bernardo Bellotto, besser bekannt als Canaletto, hatte schon vorher zum Ruhm der Region beigetragen, allerdings faszinierten den Hofmaler Augusts III. weniger die Landschaften als die Städte. Pirna hatte es ihm, neben Dresden natürlich, besonders angetan. In der Dresdner Semper-Galerie sind seine Pirnaer Stadtansichten aus dem 18. Jahrhundert zu sehen.

Die Bilder der Romantiker und ihrer Vorläufer, etwas später auch schwärmerische literarische Beschreibungen, machten die Landschaft ab dem frühen 19. Jahrhundert plötzlich zu einem begehrten Reiseziel. Es kamen vor allem jene, die sich die aufwendigen Ausflüge mit Pferden, Saumtieren, Sänftenträgern und Reiseführern leisten konnten:

DIE SÄCHSISCHE SCHWEIZ AUF EINEN BLICK

SEHENSWÜRDIGKEITEN

Bastei: Felsenlandschaft; **Hohnstein:** Schloß, Stadtkirche; **Kirnitzschtal** mit Lichtenhainer Wasserfall; **Königstein:** Festung Königstein; **Lilienstein:** Tafelberg; **Lohmen:** Pfarrkirche; **Pfaffenstein** (Tafelberg) mit der Felsnadel Barbarine; **Pirna:** Altstadt, Marienkirche; **Kurort Rathen:** Felsenbühne, Amselsee.

FESTE UND VERANSTALTUNGEN

Hohnstein: Burg- und Stadtfest, Ende Mai, Sonnwendfeier, Juni; **Rathen** (Felsenbühne): Karl-May-Festspiele, Opern- und Theateraufführungen, Anfang Mai bis Anfang September; **Stadt Wehlen:** Schifferfastnacht, 14 Tage nach Faschingsende; Festival „Sandstein und Musik" (13 Konzerte in Kirchen, Museen und Burgen der Sächsischen Schweiz), Sommermonate.

AUSKUNFT

Tourismusverband Sächsische Schweiz e.V., Am Bahnhof 6, 01814 Bad Schandau, Tel. 03 50 22/49 50.

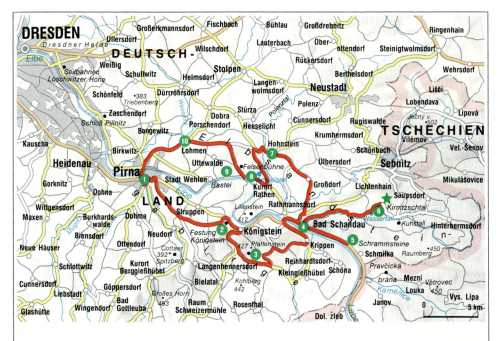

Unser Routenvorschlag
VON PIRNA ZUR BASTEI

Der beste Ausgangspunkt für eine Tour durch die Sächsische Schweiz ist Pirna ❶ an der Elbe, im Mittelalter eine sehr wohlhabende Stadt; eindrucksvoll ist die Stadtkirche Sankt Marien, eine spätgotische Hallenkirche mit verspielter Ausstattung. Nächstes Ziel ist die Festung Königstein ❷. Uneinnehmbar auf dem gleichnamigen Tafelberg gelegen, bietet sie einen imposanten Blick über die Umgebung. Weiter geht es zum Pfaffenstein ❸ mit seiner Felsnadel Barbarine. Über Krippen kommt man zur Elbe und über die Brücke in den Kurort Bad Schandau ❹. Ein Abstecher den Strom entlang zum Massiv der Schrammsteine ❺ lohnt sich. Wieder in Bad Schandau, empfiehlt sich ein zweiter Abstecher ins Kirnitzschtal ❻ (siehe: Das besondere Reiseziel), einen besonders romantischen Winkel Sachsens. Dann geht es zurück nach Bad Schandau und von hier hinauf nach Hohnstein ❼. Die Burg ist heute eine Jugendherberge. Von hier aus führt die Straße zum Kurort Rathen ❽. Dort gelangt man zur Felsenbühne und zum Amselsee. Wer sportlich ist, steigt von der Felsenbühne 477 Stufen hoch zur Bastei ❾, dem meistbesuchten Ausflugsziel der Sächsischen Schweiz. Über die Autostraße geht es von Hohnstein zur Bastei. Vom dortigen Parkplatz kommt man über Lohmen mit seiner sehenswerten Pfarrkirche ❿ wieder nach Pirna.

Für diesen Blick ins Elbtal muß man schon schwindelfrei sein. Hier an der Bastei wird auch verständlich, warum sich Besucher aus der Schweiz an ihre Heimat erinnert fühlen.

wohlhabende Dresdner, die nun ihre neue Leidenschaft für die Natur entdeckten und Abenteuer erleben wollten. Denn noch gab es nur beschwerliche Wege und Pfade. Es zog auch den Märchendichter Hans Christian Andersen und den Dramatiker Heinrich von Kleist in die Natur. Den Komponisten Carl Maria von Weber inspirierten die Sandsteinfelsen zu seinem *Freischütz,* und Richard Wagner schrieb hier einen Teil der Oper *Lohengrin.*

Als dann in Schandau, Berggießhübel und Gottleuba die ersten Mineral- und Heilbäder entstanden, reiste die feine Gesellschaft nunmehr nicht zuletzt zur Erholung in die Sächsische Schweiz. Dem eisenhaltigen Wasser des Gesundheitsbrunnens im heutigen Bad Schandau sagte man wahre Wunderkräfte nach. Das Heilwasser wurde anfangs per Schiff nach Dresden gebracht, bis man um 1800 das erste Badehaus einrichtete. In Berggießhübel wurden bereits 1717 die ersten Heilquellen entdeckt.

Schon lange bevor sich Touristen und Kletterer für die urwüchsige Landschaft der Sächsischen Schweiz begeisterten, war sie ein beliebtes Jagdrevier des Dresdner Hofes gewesen. August der Starke, so wird überliefert, wollte einmal auf dem einzigen Tafelberg rechts der Elbe, dem Lilienstein, ein Picknick veranstalten. Für seine Höflinge bedeutete das, daß sie erst einmal einen Weg auf den über 400 Meter hohen Tafelberg anlegen mußten. Der Aufstieg muß dennoch ungewöhnlich mühsam gewesen sein. Vom Lilienstein hat man wohl den umfassendsten Rundblick über die Sächsische Schweiz; dieser strategisch günstigen Lage wegen gab es hier bereits im 14. Jahrhundert einen militärischen Stützpunkt.

Landschaft erleben mit dem Elbschiff

Wer sich einen Eindruck von der Vielfalt der Natur der Sächsischen Schweiz verschaffen möchte, kann dies im Sommer recht gemütlich auf einem modernen Schiff oder einem der zahlreichen nostalgischen Seitenraddampfer der Sächsischen Dampfschiffahrtsgesellschaft tun. Der erste Touristen-Raddampfer fuhr 1837 von Dresden nach Rathen. Stromaufwärts benötigt man für die Strecke von Dresden nach Schmilka allerdings sechs Stunden; zurück geht es um zwei Stunden schneller. Parallel zur Elbe fährt aber auch die S-Bahn. Wer seine Bootspartie in Pirna beginnt und stromaufwärts bis Königstein fährt, erlebt die Region von ihrer schönsten Seite. Vom Wasser aus wirkt die Felsenwelt noch einmal so imponierend. Hier und dort klaffen Wunden im Fels, Erinnerungen an die Zeit, als der gelbe Sandstein in großem Umfang für den Aufbau der Residenzstadt Dresden abgetragen wurde.

Wer die Sächsische Schweiz nicht nur von unten erleben möchte, sondern tiefer eindringen will in die urwüchsigen Wälder und Schluchten, muß schon etwas Energie mitbringen, denn es geht häufig bergauf und bergab. Die Freeclimber, deren Ehrgeiz es ist, allein mit Muskelkraft und Geschicklichkeit die Steilwände zu bezwingen, können hier zwischen über 1000 freistehenden Felsen und rund 5000 Aufstiegen aller Schwierigkeitsgrade wählen. Als Geburtsstunde des sportlichen Felskletterns gilt die Besteigung des Falkensteins durch fünf Schandauer Turner im Jahre 1864. Allerdings gab es für sie damals noch nicht so strenge Regeln wie heute.

Seit 1890 ist es Ehrensache, ohne künstliche Hilfsmittel auszukommen und das Seil nur zur Sicherung zu gebrauchen. Der Felsen darf in keiner Weise verändert werden, nicht einmal Magnesium dürfen die Kletterer verwenden. Der Sandstein hat

Machtanspruch in Sandstein: das Wappen des Sachsenherzogs Georg am Portal der Festung Königstein.

aber eine griffige Oberfläche und bietet auch ohne Hilfsmittel Halt. Da die Abstürze in der Sächsischen Schweiz halsbrecherisch sein können, ist sogar eine Bergwacht nötig. Und wie es sich gehört, befindet sich auf jedem Kletterfelsen ein Buch, in das sich der Gipfelstürmer eintragen kann.

Einer der imposanten Tafelberge links der Elbe ist der 429 Meter hohe Pfaffenstein. Hier fand man einen 200 Meter langen frühgeschichtlichen Wall und Hinweise auf eine bronzezeitliche Siedlung. Ein abwechslungsreicher Felssteig, aber auch ein bequemer Waldweg führen hinauf zur idyllischen Wirtschaft und zum steinernen Aussichtsturm. Nicht weit von hier wurde aus einer verwunschenen Jungfrau namens Barbara die 43 Meter hohe Barbarine. Die freistehende Felsnadel galt lange als die Kletterherausforderung schlechthin und wurde 1905 erstmals bestiegen. Ein Blitzeinschlag hat 1944 den Gipfelkopf der Barbarine beschädigt. Seit 1975 ist das Naturdenkmal für Kletterer gesperrt.

Basteiblick und beschauliche Städte

Der absolute landschaftliche Höhepunkt der Sächsischen Schweiz ist die Bastei. Diese Felsenplattform bietet den berühmtesten Ausblick über die einzigartige Landschaft bis zu den Höhen des Erzgebirges. Man kann von Stadt Wehlen oder Niederrathen aufsteigen – oder es sich einfach machen und über Lohmen mit dem Auto hinauffahren. Oben steht man plötzlich inmitten silbergrau schimmernder Felsbastionen, deren bizarre Gestalt sich in Namen wie Lokomotive, Mönch und Talwächter widerspiegelt. Dazwischen gähnen schwindelerregende Ab-

Wie vorzeitliche Ungeheuer oder Riesenfäuste strecken sich die Schrammsteine durch eine niedrige Wolkendecke. Es waren unvorstellbare Kräfte der Natur, die solche Formen schufen.

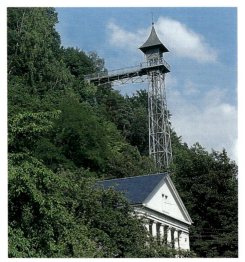

Der elektrische Aufzug zwischen Bad Schandau und Ostrau stammt aus dem Jahre 1904.

gründe. Dieser Ort war im Mittelalter eine Zufluchtsstätte für Raubritter, die hier ihre Burg Neurathen gründeten. Damals führte nur eine hölzerne Zugbrücke dorthin. Heute kann der Besucher über die steinerne Basteibrücke von 1851 wandern und die Überreste der Anlage mit Hilfe kühn angelegter Eisentreppen besichtigen.

Das Tor zur Sächsischen Schweiz ist Pirna. Ein kurzer Rundgang durch die engen Gassen dieses mittelalterlich angehauchten Elbstädtchens lohnt sich. Seit einigen Jahren versucht die Stadt wieder, an ihre Blütezeit im 14. Jahrhundert anzuknüpfen. Dank der Sandsteinbrüche und des Handels mit Bergbauerzeugnissen aus dem Erzgebirge gehörte Pirna damals zu den reichsten Städten Sachsens. Etliche alte Bürgerhäuser erstrahlen wieder in neuem Glanz, auch das Rathaus auf dem Marktplatz. Bemerkenswert ist die Stadtkirche Sankt Marien, eine spätgotische Hallenkirche, deren barocke Ausstattung bereits Goethe begeisterte. In der Schmiedestraße 10 soll um 1465 der berüchtigte Ablaßhändler Johannes Tetzel geboren worden sein. 60 Meter über der Stadt thront die Burg Sonnenstein. Die Anlage aus dem 16. Jahrhundert war Burg, Schloß, Festung und im 19. Jahrhundert eine Heilanstalt für Geisteskranke; im Dritten Reich wurden

Burg Hohnstein war wie Königstein zunächst eine böhmische Grenzfestung und später Staatsgefängnis.

hier rund 14 000 Patienten Opfer von Hitlers Euthanasie-Programm.

Weiter stromaufwärts liegt am nördlichen Elbufer das kleine, noch etwas verschlafene Städtchen Wehlen. Jüngst gelangte der Ausflugsort als Kulisse für die Fernsehserie *Elbflorenz* zu Ehren.

Fährt man weiter mit dem Zug oder Schiff – man kann auch schön am Wasser entlangwandern –, so gelangt man in den Kurort Rathen. Im Sommer herrscht an den Wochenenden hier großer Betrieb, wenn in der Felsenbühne Opernaufführungen, Musikfestivals und die beliebten Karl-May-Festspiele stattfinden. Rüstige wagen von hier aus den steilen, 190 Höhenmeter messenden Aufstieg zur Bastei. Ein kleinerer Spaziergang führt zum idyllischen Amselsee. Oberhalb von Rathen strömt die Elbe in einer Schleife um den Lilienstein. Der nächste größere Ort, am Wendepunkt der Flußschlinge gelegen, ist Königstein. Seit 750 Jahren wacht als imposante Verteidigungsanlage die gleichnamige Festung auf dem Tafelberg hoch über der Stadt. Ursprünglich als Stützpunkt zum Schutz der Grenze zwischen Böhmen und der Mark Meißen errichtet, wurde die Burg Königstein ab 1589 zur stärksten sächsischen Festung ausgebaut.

In erster Linie fungierte Königstein als Staatsgefängnis; der Alchimist Johann Friedrich Böttger (der Porzellanerfinder) wurde 1706 von August dem Starken hier gefangengehalten, aus Sorge, sein „Goldmacher" könnte entführt werden. Später saßen hier unter anderem der Anarchist Michail Bakunin, der Sozialist August Bebel und der Dichter Frank Wedekind ein. In den Jahren 1563 bis 1569 wurde ein 152 Meter tiefer Brunnen in den Fels gemeißelt. Besonders eindrucksvoll ist das lange Torhaus. Von der Befestigungsmauer bietet sich ein grandioser Ausblick über das Elbtal bis zu den Höhenzügen des Osterzgebirges und bis Böhmen.

Das Herz der Sächsischen Schweiz ist Bad Schandau. Schon 1430 wurde die Stadt, die bis ins 19. Jahrhundert ein wichtiger Handelsplatz war, erstmals erwähnt. Alte Hotelbauten zeugen von einer langen Geschichte als Kurort.

Etwas abseits am Nordrand der Sächsischen Schweiz, dafür aber um so malerischer, liegt hoch

Sächsische Schweiz

Von der Festung Königstein blickt man auf die Elbe und auf den markanten rechtselbischen Lilienstein. Der eindrucksvollste Tafelberg der Sächsischen Schweiz ist über 400 Meter hoch.

über dem Polenztal das Städtchen Hohnstein. Die Burg wurde ursprünglich als böhmische Grenzfeste gegen Sachsen errichtet, fiel aber 1443 an Kursachsen. Als Staatsgefängnis war sie berüchtigt: „Wer da kömmt nach Hohnstein, der kömmt selten wieder heim", hieß es im Volksmund. 1924 wurde Hohnstein die größte Jugendherberge Deutschlands, doch die Nazis machten 1933 ein Konzentrationslager aus der Anlage. Heute ist die Burg wieder Jugendherberge. Von hier kommt das berühmte Hohnsteiner Handpuppenspiel mit seinem Kasperletheater.

Die Sächsische Schweiz ist eine Landschaft für Sportler, Wanderer, Naturfreunde und Romantiker. Hier kann man seine Fähigkeiten an den Kletterfelsen erproben oder sich ganz einfach von der Größe der Natur verzaubern lassen. Die ist nirgends gleichförmig oder langweilig; immer wieder gibt es überraschende Ausblicke, neue Perspektiven, abwechslungsreiche Strecken. Auch Kinder kommen hier auf ihre Kosten, werden nicht durch eintönige Anstiege ermüdet. Überall finden sie Gelegenheit, auf kleine, ungefährliche Felsbrocken zu klettern, Höhlen zu erkunden, Gipfel zu erklimmen. Zur Familienfreundlichkeit der Region paßt die bislang moderate Preisgestaltung der Hotels und Gaststätten. Ideal ist auch die Verbindung von Natur und Kultur; mit der S-Bahn fährt man zum Beispiel von Bad Schandau nur eine Dreiviertelstunde bis zum Elbflorenz Dresden.

DAS BESONDERE REISEZIEL: UNBERÜHRTE NATUR IM KIRNITZSCHTAL

Das wildromantische Kirnitzschtal, das sich von der tschechischen Grenze im Osten bis nach Bad Schandau zieht, gehört zum landschaftlich Schönsten und Ursprünglichsten, was die Sächsische Schweiz zu bieten hat. Die Kirnitzsch hüpft hier als klares Bächlein munter und leise rauschend zur Elbe hinab, während rechts und links zahlreiche imposante Felsgebilde und verwunschene urwüchsige Wälder ihren Lauf bewachen.

Bis zum heutigen Tag wird in dem klaren Wasser nach Forellen gefischt; in alten Büchern liest man, daß 1550 von den Anliegern jährlich 1200 Forellen an das Amt Hohnstein abgeliefert werden mußten. Auch die Wasseramseln mit ihrem großen weißen Brustlatz zeugen hier von einer noch weitgehend intakten natürlichen Umwelt.

Kurfürst August begann im 16. Jahrhundert damit, die Holzgewinnung in den Wäldern des Elbsandsteingebirges im großen Stil zu organisieren. Dazu setzte er eigens in Schandau einen kurfürstlichen Floßmeister ein. Das brachte den kärglich lebenden Bauern Verdienstmöglichkeiten als Waldarbeiter und einen allgemeinen Aufschwung. Das Holz wurde nach Dresden geflößt, wo es für die umfangreichen Bauvorhaben des sächsischen Regenten benötigt wurde. Zum Transport der Baumstämme wurde die Obere Schleuse bei Hinterhermsdorf angelegt: Ein gezielter Wasserschwall trieb die Hölzer zur Elbe hinunter. Seit 1879 können Wanderer auf dem 700 Meter langen See Boot fahren und die Urwüchsigkeit der Natur mit ihren bizarr geformten Felswänden und 200- bis 300jährigen, bis zu 50 Meter hohen Baumriesen genießen. Besonders eindrucksvoll ist die Wolfsschlucht — wer denkt bei diesem Namen nicht an Webers *Freischütz?* — mit ihren von Sandsteinblöcken gebildeten Felsentunneln.

Heute ist der markierte Flößersteig entlang der Kirnitzsch ein informativer Wanderlehrpfad, der über die Techniken und Gefahren der Arbeit im Wald unterrichtet und viele interessante Informationen über die Tier- und Pflanzenwelt dieser Gegend bietet.

Mit dem Aufkommen der Romantik kamen auch die Städter in die Gegend und nahmen die Dienste der „Schweizführer", Saumtierhalter und Sesselträger in Anspruch, die sich an den zahlreichen Mühlen bereithielten. Ein beliebtes Ausflugsziel war schon immer der Kuhstall, eine 24 Meter tiefe und 11 Meter hohe Schichthöhle. Ihren Namen verdankt sie den Rindern, die erst von Raubrittern im Mittelalter und dann später, während des Dreißigjährigen Krieges, auch von Bauern hier versteckt wurden.

Von Bad Schandau aus kann man mit einer alten gelben Straßenbahn durch das romantische Tal der Kirnitzsch fahren. Endstation ist der kleine Lichtenhainer Wasserfall, wo sich das Wasser des Lichtenhainer Baches über fünf Meter hohe Sandsteinstufen ergießt.

Eine Kahnfahrt durch die enge und stille Klamm der Kirnitzsch im Herzen des Nationalparks Sächsische Schweiz ist ein ganz besonderes Naturerlebnis.

THÜRINGER WALD
„Über allen Gipfeln ist Ruh'"

Eine Rasthütte steht heute bei Stützerbach auf dem Kickelhahn, wo Johann Wolfgang von Goethe 1780 die berühmten Verse schrieb: „Über allen Gipfeln/Ist Ruh'/In allen Wipfeln/Spürest du/Kaum einen Hauch;/Die Vögelein schweigen im Walde./Warte nur, balde/Ruhest du auch." Tiefe Stille in dunklen Fichtenwäldern, Nebelschwaden über sanft abfallenden Wiesenhängen und im Winter eine dicke Schneedecke – Natur pur umfängt den Wanderer auf dem über 100 Kilometer langen Kammgebirge zwischen Eisenach und Blankenstein an der oberen Saale. Rauh ist das Klima, behäbig und traditionsbewußt sind die Menschen in dieser Gegend.

Die Wartburg aus einer ungewöhnlichen Perspektive: So erlebt den Hort deutscher Geschichte nur, wer sich die Wanderschuhe anzieht und den Burgberg bei Eisenach links liegenläßt.

„Die Gegend ist herrlich, herrlich", schwärmte Goethe in einem Brief an Herder. Das „grüne Herz Deutschlands" hat zwar infolge intensiver Braunkohleverfeuerung etwas gelitten, doch der Rennsteig, Deutschlands wohl schönster Kammwanderweg, ist nach wie vor Touristenmagnet.

Der Name Rennsteig bezieht sich auf die historische Grenze (Rain) zwischen Thüringen und Franken, die schon zuvor die Siedlungsgebiete von Kelten und Germanen trennte. Auf der Wartburg hat Martin Luther das Neue Testament übersetzt. In Schmalkalden schlossen 1531 die protestantischen Fürsten einen Bund gegen die kaiserliche Zentralmacht. Auch in den Bauernkriegen und im 19. Jahrhundert stand die Region immer wieder im Brennpunkt der politischen Ereignisse.

Pullover und Regenjacke dürfen im Wandergepäck nicht fehlen, denn an 150 Tagen im Jahr herrscht auf den Höhen Frost. Den schneereichen Wintern verdankt das Mittelgebirge seinen soliden Ruf als Wintersportgebiet.

Auskunft: Fremdenverkehrsverband Thüringer Wald e.V., August-Bebel-Str. 16, 98527 Suhl, Tel. 0 36 81/2 21 79.

BÖHMISCHE SCHWEIZ
Im Märchenwald Europas

Mächtige Sandsteinquader mit sonnigen Kuppen und kühle, enge Schluchten mit moosbedeckten Wänden – die Böhmische Schweiz (Labské pískovce) ist ein ganz besonderes Stück Wildnis im Herzen Europas. Hier ist die Natur noch so unberührt und urwüchsig wie eh und je.

Eine mahnende Erinnerung an das „Würken der Sintfluth" war für die braven Bürger aus Dresden und Tetschen (Děčín) bis zum 18. Jahrhundert das unwegsame Elbsandsteingebirge. Die schroffen Felsen und die dunklen Schluchten um die Elbe (Labe) und ihren Nebenfluß Kamnitz (Kamenice) flößten ihnen solchen Respekt ein, daß sie die „Böhmischen Wälder" bereitwillig Räubern, Bären und Wölfen überließen. Dieser Teil des Elbsandsteingebirges um Herrnskretschen (Hřensko) im Grenzgebiet zu Sachsen, westlich und östlich von Tetschen, ist auch heute noch verhältnismäßig abgeschieden. Flora und Fauna kennen keine Grenzen, und so konnten sie sich ungestört entwickeln und ausbreiten. Den Wasseramseln und Gebirgsstelzen ist es gleichgültig, ob sie an der Kirnitzsch oder der Kamnitz brüten.

Im böhmischen Teil des Elbsandsteingebirges findet man auch dessen höchste Erhebungen: den Hohen Schneeberg (Děčínsky Sněžník) mit 726 Meter und den Kaltenberg (Studenec) mit 733 Meter Höhe. Beide sind vulkanischen Ursprungs, und ihre Felsformationen gelten als die ursprünglichsten der Region, da der Sandstein hier nie so intensiv abgetragen wurde wie auf deutscher Seite. Was für die Sächsische Schweiz die Bastei, ist für die böhmische Seite das Prebischtor (Pravčická brána) drei Kilometer östlich von Herrnskretschen. Dieser freistehende, 15 Meter hohe, drei Meter dicke und acht Meter breite Sandsteinbogen ist Mitteleuropas größte Felsbrücke und ein beliebtes Fotomotiv.

1889 wurde die Region auf böhmischer Seite erschlossen, als Fürst Edmund Clay-Aldringen den Weg durch die Edmundsklamm (Dolní soutěska) anlegen ließ. Diese Wanderung von Herrnskretschen aus führt romantisch durch eine wilde Felsszenerie an der Kamnitz entlang, durch vier Tunnel und in den Fels gehauene Galerien bis zur Stillen Klamm. Wer sich im Holzkahn durch die Edmundsklamm fahren läßt, wird unter Anleitung des Bootsmanns bizarre Formen wie Krokodile, Affenköpfe und die „Klammfamilie" in den Felsen erkennen.

Auskunft: Tschechische Zentrale für Tourismus, Leipziger Str. 60, 10117 Berlin, Tel. 0 30/2 04 47 70.

Größere Natursteinbogen als das Prebischtor (Pravčicá brána) gibt es in Europa nur an den Steilküsten des Atlantiks. Der imposante Sandsteinbogen ist 15 Meter hoch und acht Meter breit.

ERZGEBIRGE
Silberglanz und Weihnachtsromantik

Erzgebirge – das Wort läßt an Bergbau denken und Wintersport, an Handwerkskunst und Weihnachtsfreuden, aber auch an Uranabbau und Waldsterben. Die Erzgebirgler waren nie auf Rosen gebettet. Mit zäher Arbeit haben sie jedem Zeitenwandel seine guten Seiten abgewonnen. Ihre Heimatverbundenheit, ihr Sinn für Tradition haben aus der industriegeschädigten Region wieder ein Urlaubsgebiet gemacht.

Voller Überraschungen steckt das knapp 140 Kilometer lange und 40 Kilometer breite Erzgebirge. Es erstreckt sich vom oberen Vogtland bis zur Sächsischen Schweiz entlang der tschechischen Grenze. Während es im Osten leicht welligen Hochflächencharakter zeigt und der mittlere Teil von sanften Bergrücken beherrscht wird, wartet der Westteil mit den höchsten Gipfeln Sachsens auf. Der Fichtelberg erreicht 1214, der Keilberg 1244 Meter Höhe. Im zwölften Jahrhundert begann die Besiedelung dieser Gegend. Bauern legten Felder an, indem sie Wälder vom Rand her rodeten. Diese Waldhufendörfer prägen das Landschaftsbild bis zum heutigen Tag. Die Steine, die auf den Äckern gesammelt wurden, bilden typische Wälle um jede genutzte Fläche.

Seine Blütezeit erlebte das Erzgebirge im 15. und 16. Jahrhundert. Das „große Bergkgeschrey" lockte, einem Goldrausch gleich, Bergleute und ihre Familien in Scharen an. Die Silber- und Erzfunde machten Städte wie Schneeberg, Annaberg-Buchholz und Freiberg reich und mächtig. Im 16. Jahrhundert zählte dieses Gebiet zu den wohlhabendsten in ganz Deutschland; der Freiberger Dom und die prächtige Bergkirche Sankt Marien in Annaberg zeugen noch heute von jener Ära. Das Silber füllte auch die Schatzkammern Augusts des Starken. Doch war zu dessen Zeit, im 17./18. Jahrhundert, die Förderung längst viel zu aufwendig geworden, der Silberpreis in den Keller gesunken. So mußten sich die Erzgebirgler nach einem Nebenerwerb umsehen.

Einen natürlichen Klettergarten bieten die vulkanischen Granitklippen der Greifensteine.

Die langen Winterabende und der Waldreichtum lieferten Zeit und Material für eine Volkskunst, die aus der Not geboren war und die Gegend heute so berühmt macht. Während die Männer vor allem die Holzschnitzkunst pflegten und ganz eigene Techniken hervorbrachten, übten sich die Frauen im Klöppeln von Spitze und im Tamburiersticken (mit einer Häkelnadel). Sogenannte Hutzenabende, wo man zum Singen und Basteln beisammensitzt, halten die Tradition lebendig. Die Sehnsucht der unter Tage arbeitenden, in dunklen Wäldern lebenden Menschen nach Licht hat dem Erzgebirge zu einer besonderen Weihnachtsromantik verholfen. Im Advent gibt es kaum ein Fenster ohne Kerzenpyramide. Alle Formen und Motive sind der Tradition der Bergleute entlehnt. Vor allem nach Amerika werden heute Nußknacker, Leuchter in Bergmannstracht und Holzspielzeug exportiert. Die Kunst des Reifendrehens, eine schon recht rationale frühe Methode der Spielzeugherstellung, ist in den Schauwerkstätten von Seiffen und Olbernhau zu bewundern.

Nußknacker und Bergmann-Leuchter sind die bekanntesten Exportartikel der regionalen Volkskunst.

Die Bodenschätze dieses grünen Grenzlandes zu Böhmen haben die Bewohner der Waldberge reich, aber auch arm gemacht. Zu den unterirdischen Schätzen des Erzgebirges gehörten nicht nur Silber und Zinn, sondern auch Uran, das im Gebiet um Aue und Schwarzenberg zu DDR-Zeiten für die sowjetische Atomwaffenproduktion abgebaut wurde. Die intensive Braunkohlefeuerung gigantischer Industrieanlagen setzte den Fichtenwäldern zu. Inzwischen versucht man, durch intensive Aufforstung diese Wunden wenigstens ansatzweise zu heilen.

Dem Urlauber hat das Erzgebirge das ganze Jahr über etwas zu bieten. Da sind im Winter die Ski- und Rodelgebiete; im Sommer locken herrliche Wanderungen – zum Beispiel zu den Greifensteinen. Die „Silberstraße" von Zwickau nach Dresden war die erste Ferienstraße der neuen Bundesländer. Wer ihr folgt, wird zahlreiche Schaubergwerke entdecken.

Auskunft: Regionaler Fremdenverkehrsverband Erzgebirge, Johannisgasse 23, 09456 Annaberg-Buchholz, Tel. 0 37 33/2 35 53.

Wer lieber wandert als klettert, der sucht sich unweit von Seiffen den 787 Meter hohen Schwartenberg als lohnendes Ziel aus. Herrliche Aussichten bieten sich von oben – zum Beispiel auf diese Dorfidylle.

SCHWARZWALD

*Streifzüge durch Deutschlands
berühmte Waldidylle*

Immer wieder zog der Schwarzwald Dichter in seinen Bann, darunter Johann Peter Hebel, Eduard Mörike, Iwan Turgenjew, Mark Twain und Hermann Hesse. Der Maler Hans Thoma gestaltete ihn als Idealbild unberührter Natur. Jene Schwarzwaldromantik hält sich bis heute – nach wie vor ist das langgestreckte, schmale Mittelgebirge, zu dessen werbeträchtigen Markenzeichen Bollenhut, Schinken, Kirschtorte, Kirschwasser und Kuckucksuhr zählen, ein begehrtes Reiseziel.

Tatsächlich bietet die zwischen dem Städteviereck Karlsruhe–Lörrach–Waldshut–Pforzheim gelegene Ferienregion ein großartiges landschaftliches Kontrastprogramm: im Süden vom Wind kahlgefegte Berggipfel, im Norden nebelverhangene Hochflächen mit weiten dunklen Wäldern. Alpin anmutende Felsschluchten gibt es ebenso wie liebliche Wiesentäler; neben klaren Bergseen und schneereichen Hängen lockt die wärmste Gegend Deutschlands, die sonnendurchflutete Oberrheinebene, mit ausgedehnten Wein- und Obstgärten sowie den Rebhügeln des Kaiserstuhls. Heilkräftige Mineralquellen ließen am Gebirgsrand etliche Kur- und Badeorte entstehen.

So abwechslungsreich wie die Landschaft sind auch ihre Kulturdenkmäler. Auf den Höhen thronen mittelalterliche Burgruinen, in die Täler schmiegen sich beschauliche Orte mit schönen Fachwerkhäusern oder romantischen Klöstern, am Schwarzwaldrand sind größere, geschichtsträchtige Städte mit glanzvollen Barockschlössern, alten Kirchen oder Münstern anzutreffen. Alte bäuerliche Kultur repräsentieren die noch zu festlichen Anlässen getragenen farbenprächtigen Trachten, lebendige Vergangenheit spiegelt sich auch in der alemannischen Fasnet mit ihren urtümlichen und vielfältigen Narrengestalten.

Der Schwarzwald hat zwar seinen Namen vom Tannenwald, der ihn großenteils bedeckt; vor allem aber ist er eine Landschaft voller Abwechslung – und auf den Höhen auch voller Licht, wie der überwältigende Fernblick vom Aussichtsberg Belchen auf die Alpen beweist (Foto links). Auf uriges alemannisches Brauchtum weisen zum Beispiel die Villinger Fasnetsmasken hin (Foto rechts oben). Überhaupt: Tradition ist hier ein wichtiges Stichwort. Sie zeigt sich in der Bauweise, besonders bei der Hexenlochmühle (zweites Foto von rechts oben) im Simonswälder Tal. Sie zeigt sich darin, daß auch junge Leute gelegentlich noch gern die Trachten ihrer Vorfahren anziehen wie hier im Hochschwarzwald (zweites Foto von rechts unten). Liebevoll nimmt man sich auch ausgestorbener Künste an. Ein schönes Beispiel ist diese Kalenderuhr im Deutschen Uhrenmuseum in Furtwangen (Foto rechts unten).

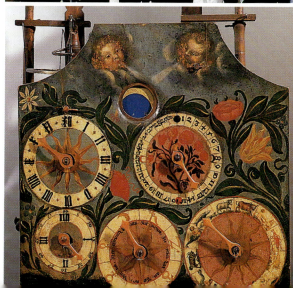

Düster im Norden, sonnig im Süden

„Seltsam schöne Hügelfluchten,/Dunkle Berge, helle Matten,/Rote Felsen, braune Schluchten,/Überflort von Tannenschatten!": Mit diesen Versen beschrieb der aus Calw stammende Dichter Hermann Hesse seine Heimat, den Nordschwarzwald. Das Landschaftsbild bestimmen flache Höhenzüge, auf denen sich nahezu geschlossene Waldgebiete ausdehnen, hie und da unterbrochen von dunklen Hochmoorseen. In die mächtige Buntsandsteindecke des nördlichen Gebirgsteils haben sich die Flüsse Enz, Nagold und Alb schluchtartige Täler gegraben. Höchste Erhebung ist hier am Westrand mit 1164 Metern die Hornisgrinde.

Südlich des Kinzigtals, der Trennlinie zwischen nördlichem und mittlerem Schwarzwald, ändert sich die Landschaft. Der mittlere Gebirgsteil ist hauptsächlich aus Granit und Gneis aufgebaut. Die Buckel werden schon etwas höher. Aber: Ob Elz, Schutter, Kinzig, Wolfach, Gutach, Schiltach – hier dominieren die Wasserläufe, nicht zu vergessen Brigach und Breg, die Quellflüsse der später zum mächtigen Strom anwachsenden Donau.

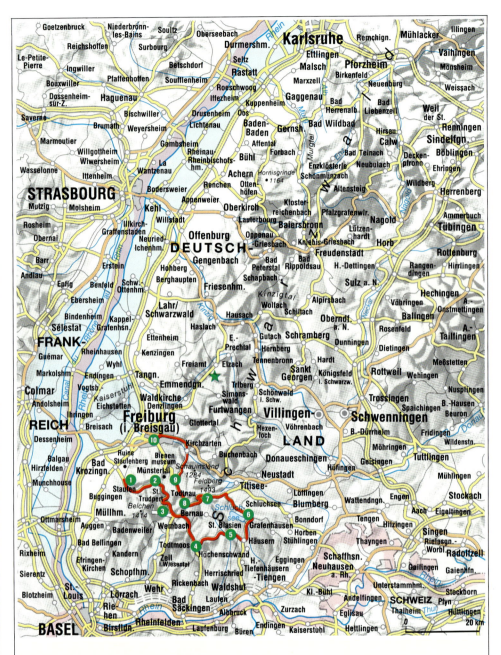

SCHWARZWALD AUF EINEN BLICK

SEHENSWÜRDIGKEITEN

Alpirsbach: Klosterkirche; **Baden-Baden:** Trinkhalle, Thermen, Neues Schloß; **Breisach:** Münster; **Calw:** Hermann-Hesse-Museum; **Ettlingen:** Schloß; **Freiburg:** Münster, Altstadt; **Freudenstadt:** Stadtkern; **Furtwangen:** Uhrenmuseum; **Gutach:** Vogtsbauernhof; **Hirsau:** Kloster; **Münstertal:** Kloster Sankt Trudpert; **Pforzheim:** Schloßkirche, Schmuckmuseum; **Rastatt:** Schloß, Schloß Favorite; **Rottweil:** Heiligkreuzmünster, Stadtmuseum; **Sankt Blasien:** Dom; **Sankt Peter:** Klosterkirche; **Triberg:** Wallfahrtskirche, Wasserfall, Schwarzwaldmuseum; **Villingen-Schwenningen:** Liebfrauenmünster, Altes Rathaus, Franziskanermuseum.

FESTE UND VERANSTALTUNGEN

Alemannische „Fasnet" in vielen Orten; **Alpirsbach:** Klosterkonzerte, April bis September; **Baden-Baden:** Galopprennen in Iffezheim, Mai/Juni, August/September; **Bad Wildbad:** Rossini-Tage, Juli; **Bühlertal:** Hornschlittenrennen, Januar; **Ettlingen:** Schloßfestspiele, Juni bis August; **Feldberg-Altglashütten:** Laurentiusfest (Fest der Hirten und Bergbauern), 10. August; **Ötigheim:** Volksschauspiele; **Rastatt:** Schloßkonzerte, April bis Juni; **Schuttertal:** Alphornbläsertreffen, 2. Augustwochenende; **Villingen-Schwenningen:** Jazzfestival, April, Orgeltage, Oktober.

AUSKUNFT

Fremdenverkehrsverband Schwarzwald e.V., Bertoldstr. 45, 79098 Freiburg i. Br., Tel. 07 61/3 13 17 u. 18; **Kaiserstuhl-Tuniberg-Tourismus,** Marktplatz 2, 79206 Breisach/Rhein, Tel. 0 76 67/8 32 27; **Tourismusgemeinschaft Südlicher Schwarzwald und Verkehrsgemeinschaft Hochschwarzwald,** Stadtstr. 2, 79104 Freiburg i. Br., Tel. 07 61/2 18 73 04.

Unser Routenvorschlag

VON STAUFEN NACH FREIBURG

Diese Reiseroute durch den Südschwarzwald beginnt im mittelalterlichen Städtchen Staufen ❶ am Ausgang des Münstertales mit der Ruine der Staufenburg. Südöstlich davon liegt der Ort Münstertal ❷ mit einem einzigartigen Bienenmuseum, der herrlichen barocken Klosterkirche Sankt Trudpert und dem Schaubergwerk Teufelsgrund. Hinter dem Wiedener Eck windet sich ein schmales Sträßchen hinauf zum 1414 Meter hohen, eine herrliche Aussicht bietenden Belchen ❸. Wieder zurück im Tal geht es über Geschwend auf serpentinenreicher Strecke bergan zum Wintersportort Todtmoos ❹ mit seinen stattlichen alten Bauernhöfen und der barocken Wallfahrtskirche. Nun ist es nicht mehr weit zum Kneippkurort Sankt Blasien ❺, der von seinem kuppelgekrönten Dom beherrscht wird. Über Häusern erreicht man nach Norden, auf der B 500 fahrend, den Schluchsee ❻. Weiter geht es, der B 500 folgend, bis Bärental, hier links und auf der B 317 nach Feldberg. Kurz vor dem Ort zweigt rechts eine Straße ab, die zum Feldberg ❼ führt (Seilbahnstation zum Gipfel). An seiner Westflanke zieht sich die B 317 über Fahl und Brandenberg weiter nach Todtnau ❽ mit schönen alten Schwarzwaldhöfen im Tal der Wiese. Das bedeutende Feriengebiet ist bekannt für seine alpinen Skimeisterschaften. Nun geht die kurvenreiche Fahrt nach Norden zum 1284 Meter hohen Schauinsland ❾, der eine faszinierende Rundsicht zu bieten hat. Vom Gipfel führt die Schauinslandstraße in gut 20 Minuten nach Freiburg ❿, von weitem schon sichtbar das großartige Münster im Zentrum der beschwingt heiteren Altstadt.

★ Das besondere Reiseziel: Vogtsbauernhof.

Am Kaiserstuhl wird bereits seit 1200 Jahren Wein angebaut. Auf den Terrassen des vulkanischen Gebirgsstocks, der sich aus der Rheinebene erhebt, gedeihen berühmte Müller-Thurgau-Reben, Ruländer und Silvaner.

Südlich der Linie Freiburg-Titisee-Neustadt ragen die höchsten Schwarzwaldgipfel mit ihren kahlen, windumtosten Buckeln empor, unumstrittener Herrscher unter ihnen der Feldberg mit stolzen 1493 Meter Höhe. Insgesamt stellt der Südschwarzwald mit seinen nahezu alpinen Bergfürsten, tief eingekerbten Tälern, Rebhängen, Obstgärten sowie eiszeitlichen Gletscherbecken des Schluchsees und des Titisees den landschaftlich vielfältigsten Teil des etwa 160 Kilometer langen und bis zu 60 Kilometer breiten Mittelgebirges dar.

An seinem Westrand ragt der Schwarzwald steil und schroff, begleitet von einer schmalen Vorbergzone, aus der Oberrheinebene, während er sich im Osten sanft gegen das Schwäbisch-Fränkische Schichtstufenland abdacht und im Norden fast unmerklich in den flachwelligen Kraichgau übergeht; jäh zum Hochrhein abfallende Hänge bilden die Südgrenze. Den ganzen Westrand entlang, von Baden-Baden bis Lörrach, ziehen sich Wein- und Obstgärten hin, reiht sich ein bekannter Winzerort an den anderen. Aufgrund des engen Beieinanders von subalpinen und fast mittelmeerländischen Klimaverhältnissen hat im Schwarzwald jede Jahreszeit ihren eigenen Reiz. Wenn im Frühling die Obstkulturen des sonnenverwöhnten Oberrheintals in voller Blütenpracht stehen, liegt auf den nahen Höhen noch der Schnee. Und wenn sich unten an den Hängen das Rebenlaub in der milden Herbstsonne bunt verfärbt und die Weinlese beginnt, bricht oben in den Bergen schon allmählich der Winter an.

Im Nordschwarzwald gibt es einige höchst attraktive Touristikrouten, die zum Kennenlernen dieser vielfältigen Ferienlandschaft einladen. Auf einer Rundstrecke von etwa 250 Kilometern verbindet die kurvenreiche, meist den Flüssen Nagold und Enz folgende Schwarzwald-Bäderstraße die weithin bekannten Heilbäder und Luftkurorte der nordöstlichen Region. Bad Liebenzell, Calw, Bad Teinach, Nagold, Altensteig, Freudenstadt, Baiersbronn, Enzklösterle, Bad Wildbad und Neuenbürg heißen die lohnenden Stationen dieser Entdeckungsreise, die von der quirlig-modernen Gold- und Schmuckstadt Pforzheim aus durch vielverästelte Täler, vorbei an Burgruinen, in schmucke historische Orte mit verträumten Fachwerkhäusern führt.

Im Reich der Klöster und Thermalbäder

Die heilkräftigen Mineral- und Thermalquellen zwischen Nagold und Enz lockten bereits im ausgehenden Mittelalter prominente Gäste an: In Bad Liebenzell kurte einst der süddeutsche Hochadel, Teinach und Wildbad dagegen waren jahrhundertelang traditionsreiche Fürstenbäder der Württemberger. Calw verdankt seine heutige Popularität zweifellos dem Literaturnobelpreisträger Hermann Hesse, der 1877 in dem malerischen Ort geboren wurde, wo ihn nun ein Museum ehrt. Der alte Kaufmannsgeist der einst bedeutenden Handelsstadt Calw spiegelt sich vor allem in dem fachwerkreichen, imposanten Marktplatz und in der von einer gotischen Kapelle gekrönten steinernen Nagoldbrücke wider. Nahe bei Calw befinden sich die eindrucksvollen Überreste der bereits 830 gegründeten, berühmten Benediktinerabtei Hirsau, die im elften und zwölften Jahrhundert die tiefgreifenden Klosterreformen von Cluny in Deutschland ausbreitete und zudem Sitz einer bedeutsamen Bauschule war. Heutzutage dient die idyllische Klosterruine mit der Aureliuskirche und dem sogenannten Eulenturm als Kulisse für sommerliche Festspiele.

Glanzvoller Auftakt der Schwarzwald-Tälerstraße ist die im Jahre 1705 von Markgraf Ludwig Wilhelm zur Residenz erhobene Stadt Rastatt. Aus jener Zeit stammt das mächtige Barockschloß mit rosaleuchtender Fassade, das sich der Markgraf von Baden – auch Türkenlouis genannt – hier im Versailler Stil errichten ließ. Nahe bei Rastatt liegt inmitten eines herrlichen Parks das ebenfalls sehenswerte barocke Lustschlößchen Favorite mit prunkvoller Innenausstattung, das der Markgrafenwitwe Sibylla

In der klassizistischen Trinkhalle von Baden-Baden promenieren die Kurgäste schon seit über 150 Jahren.

Augusta nach dem Tod des Türkenlouis als Sommersitz diente. Durch das romantische, oft schluchtartige Murgtal, dessen Gewässer früher wagemutige Flößer befuhren, schlängelt sich die Route, begleitet von Bergen, Wäldern und zartgrünen Wiesenmatten, nach Freudenstadt. Die auf einer sanft abfallenden Hochebene mühlenbrettartig angelegte Stadt wartet mit einem riesengroßen arkadengesäumten Marktplatz auf und beeindruckt zudem durch ihre traumhaft schöne Lage. Weiter führt die Route ins obere Kinzigtal und endet hier im waldumgebenen Fachwerkstädtchen Alpirsbach. Der ob seiner traditionellen Bierbrauerkunst bekannte Ort besitzt mit der einstigen Benediktinerklosterkirche Sankt Nikolaus ein großartiges romanisches Bauwerk, das nach dem Hirsauer Vorbild entstand und bis heute sehr gut erhalten blieb. Ein akustischer Genuß sind die Sommerkonzerte im spätgotischen Kreuzgang.

Absoluter Favorit unter den Touristikrouten der nördlichen Region ist die hervorragende Aussichtspunkte bietende Schwarzwald-Hochstraße. Sie beginnt in Deutschlands berühmtestem Kurort – in der zauberhaft im waldreichen Talkessel der Oos einge-

Typisch für die Schwarzwaldhäuser sind auch heute noch die tief heruntergezogenen steilen Dächer wie hier in Hofsgrund am 1284 Meter hohen Schauinsland. Von ihnen rutscht der Schnee leichter ab.

Ein Garten Eden der Weine und Schnäpse

In der Bühler Gegend werden Liebhaber edler Schnäpse fündig; hier wachsen die bekannten Bühler Zwetschgen, die in traditionsreichen Hausbrennereien zu Hochprozentigem verarbeitet werden. Einen Besuch lohnen auch die ehemaligen Reichsstädtchen der Ortenau: Offenburg hat eine hübsche Altstadt mit barocken Bauten vorzuweisen, Gengenbach hingegen glänzt mit großartigem Fachwerk und wehrhaften mittelalterlichen Toren.

Westlich von Freiburg erhebt sich das mächtige Vulkanbergland des Kaiserstuhls mit seinem kleineren Trabanten Tuniberg aus der Oberrheinebene. An den sonnendurchglühten Hängen dieser lößbedeckten Wärmeinsel wachsen verschiedene, sonst nur im Mittelmeerraum heimische Pflanzen, und auf den sich schier endlos ziehenden Rebterrassen gedeihen die feinen, vollmundigen Weine, die Deutschlands heißeste Gegend so berühmt gemacht haben. Wie

Das großartige Straßburger Münster: Wahrzeichen einer Stadt, die auch für ihre Küche berühmt ist.

betteten Stadt Baden-Baden. Das majestätisch über der Altstadt thronende Neue Schloß erinnert daran, daß das mondäne Weltbad vom 15. bis ins frühe 18. Jahrhundert Residenz der badischen Markgrafen war. Schon vor 2000 Jahren verstanden es die alten Römer, die hier im Florentinerberg heiß brodelnden Thermalquellen zur Heilung von Rheuma und anderen Beschwerden zu nutzen. Davon zeugen noch heute die beeindruckenden Reste antiker Soldatenbäder am Römerplatz. Zum spektakulär-eleganten Heilbad mit internationalem Flair stieg Baden-Baden erst im 19. Jahrhundert auf.

Von Baden-Baden in die Ortenau

Immer noch ist das prunkvolle Spielcasino im noblen Kurhaus des Baumeisters Friedrich Weinbrenner Mittelpunkt gesellschaftlichen Lebens, nach wie vor zieht die hier rollende Roulettekugel Glücksritter in ihren Bann. Die exklusive Gästeprominenz Baden-Badens gehört jedoch der Vergangenheit an; die große, feine Welt trifft sich heutzutage eher zum Pferderennen im nahen Iffezheim. Eine neuartige Attraktion für jedermann präsentiert die Kurstadt mit dem 1985 eröffneten Rundtempel der Caracalla-Therme, einem supermodernen Badeparadies. Anschließend führt die Panoramastraße auf serpentinenreicher Strecke zum vornehmen Kurhaus Schloß Bühlerhöhe, von wo aus der Blick ungehindert über die Rheinebene bis hin zu den Vogesen schweift. Weiter geht die Fahrt auf dem Gebirgskamm zur Hornisgrinde. Unterhalb des Berges ruht, von Wald umschlossen, der fast kreisrunde, dunkle Mummelsee – leider inzwischen ein allzu beliebtes Ausflugsziel. In dem eiszeitlichen Karsee sollen sich – so erzählen es die Sagen und Mörikes Gedicht – Mummeln genannte Nixen und andere Wassergeister tummeln. Die Höhenzüge des Schliffkopfs und des Kniebis sind weitere Stationen, bevor die Hochstraße schließlich in Freudenstadt endet.

Landschaftliche wie kulinarische Wonnen erwarten den Reisenden, wenn er der Badischen Weinstraße am Westrand des Schwarzwaldes folgt. Von Baden-Baden bis hinunter zur Schweizer Grenze windet sie sich kurvenreich zwischen den sonnenverwöhnten Rebhängen der Vorbergzone. Sanfthügeliges Weinland, so weit das Auge reicht, aber auch ausgedehnte Obstplantagen, burgbekrönte Höhen, hübsche Fachwerkdörfer und historische Städtchen setzen auf dieser Strecke die Akzente. Der Reigen berühmter Winzerorte, deren badische Qualitätsweine zu den Spitzenerzeugnissen Deutschlands zählen, beginnt südlich von Baden-Baden, in der Landschaft Ortenau. Aus Affental, Sasbachwalden, Kappelrodeck und Waldulm kommen die vorzüglichen Spätburgunder, rubinrot die Farbe und samtig-weich der Geschmack. An den Hängen des markgräflichen Schlosses Staufenberg über Durbach wächst der König der badischen Weißweine – *Klingelberger* wird dieser elegante, spritzige Riesling genannt. Ebenfalls empfehlenswert ist der *Clevner*, so heißt der kräftige Traminer der Ortenau.

Musik klingen für den Weinkenner die Namen der hiesigen Winzerorte, sei es Achkarren, Bickensohl, Bischoffingen, Burkheim, Ihringen oder Oberrotweil. Blumig und süffig ist hier der Sylvaner, fein und zurückhaltend der Weißburgunder, frisch und würzig der Müller-Thurgau, fruchtig und gehaltvoll der Ruländer genannte Grauburgunder, anspruchsvoll der trocken ausgebaute Spätburgunder. Ein herb-köstliches Bukett besitzt der altgolden bis hellrot schimmernde Weißherbst, der ebenfalls aus Spätburgundertrauben gekeltert wird.

Breisach, die größte Stadt am Kaiserstuhl, liegt mit seinem imposanten Stephansmünster malerisch auf einer felsigen Anhöhe über dem Rhein. Im Innern birgt das bedeutende romanisch-gotische Gotteshaus kostbare Schätze wie den geschnitzten Hochaltar des Meisters H L und die monumentalen Fresken des Colmarer Malers Martin Schongauer.

Den würdigen Abschluß der Badischen Weinstraße bildet das Markgräfler Land mit seinen namhaften Kurorten Badenweiler, Bad Krotzingen, Bad Bellingen sowie seinen blumengeschmückten Winzerdörfern. Nur in dieser südlich anmutenden Region zwischen Freiburg und dem Rheinknie bei Basel wächst der charaktervolle Gutedel, ein bekömmlicher, leicht nach Mandeln schmeckender Weißwein. Im Frühjahr gleichen die Obstgärten hier einem riesigen Blütenmeer. Hier werden Kirschen, Zwetschgen und Mirabellen zu dem wohlbekannten *Schwarzwälder Wässerli* gebrannt.

Was wäre aber der köstlichste Rebensaft und der erlesenste Schnaps ohne die dazugehörenden Schlemmerfreuden! Keine Sorge, an der Badischen Weinstraße ist man bestens auf Feinschmecker eingestellt. Noble, sternedekorierte Restaurants sind hier ebenso anzutreffen wie gediegene Gasthöfe und einfache Weinstuben, die dem Gast zu den edlen

Der Feldsee, 1113 Meter hoch am Osthang des Feldbergs gelegen, ist ein typischer Karsee. Während der letzten Eiszeit wurde sein Bett vom Feldberggletscher in den Boden geschürft.

Im Gutachtal stoßen Wanderer noch auf Bauernhöfe, an denen die Zeit scheinbar spurlos vorübergegangen ist.

Tropfen der Region die Spezialitäten der allseits gerühmten badischen Küche offerieren – einer Küche, die den Vergleich mit der elsässisch-französischen jenseits des Rheins nicht zu scheuen braucht. Nahezu obligatorisch findet man hier auf den Speisekarten als Vesper – das heißt als kalte Zwischenmahlzeit – tannengeräucherten Schwarzwälder Speck, hausgemachte Würste, Winzerkäs, Ochsenmaulsalat oder den quarkartigen Bibeleskäs, gereicht mit krumigem Holzofenbrot. Lecker ist auch der ofenheiße Zwiebelkuchen, der im Herbst zum neuen Wein serviert wird. Zu den herzhaften warmen Speisen gehört die Schwarzwälder Kartoffelsuppe, das saftige Schäufele – eine gepökelte, gesottene Schweineschulter –, das würzige Ochsenschwanzragout und die deftige Schlachtplatte mit Sauerkraut. Schneckensüpple, Spargel, Rahmschnitzel, frisches Wild, Rehrücken Baden-Baden, Hecht- und Forellengerichte, Fasan, Gänsebraten und Rebhuhn halten den verwöhnten Gaumen von Gourmets bei Laune.

Auf einer Reise entlang der Badischen Weinstraße lohnt ein kleiner Abstecher zum urwüchsigen Naturschutzgebiet Taubergießen. Die sich zwischen Kappel und Rheinhausen ausbreitende Altrhein-

Im Naturschutzgebiet Taubergießen kann man den Rhein erleben, wie er vor der Flußregulierung aussah.

landschaft besitzt herrliche, fast unberührte Auwälder und eine faszinierende, artenreiche Vogelwelt. Jenseits des Rheins verführt Frankreichs beliebte Ferienregion Elsaß wegen ihrer rustikalen Schlemmerwirtschaften, alten Winzerstädtchen, ländlichen Idyllen und berühmten Kunstschätze zu einer Stippvisite. Von Kehl aus führt die Europabrücke über den Rhein nach Straßburg. Die Metropole von internationalem Format hat eine wunderschöne Altstadt mit einer sensationellen Auswahl an Restaurants und Weinstuben zu bieten. Allein schon ihr grandioses mittelalterliches Münster zieht riesige Besucherscharen an. Etwas beschaulicher läßt es sich hier in den malerischen, fachwerkgesäumten Gassen des alten Gerberviertels an der Ill verweilen. Wer der Stadt Colmar am Fuße der Vogesen einen Besuch abstatten möchte, wählt am besten den Grenzübergang Breisach. Die Metropole des elsässischen Weinanbaus wartet nicht nur mit einer zauberhaften Fachwerk-Altstadt, sondern auch mit großartigen Kunstwerken auf. Das Martinsmünster birgt hier Martin Schongauers wertvolles Gemälde *Madonna im Rosenhag* aus dem Jahre 1473, während das bekannte Museum Unterlinden als kostbarstes Ausstellungsstück den zwischen 1512 und 1516 entstandenen Isenheimer Altar von Matthias Grünewald verwahrt.

Im Südschwarzwald: Bollenhut und Kuckucksuhr

Eine Reise in die südlich des Kinzigtals gelegene Kernlandschaft des Schwarzwaldes ist eine Reise in die Heimat der Bollenhüte und Kuckucksuhren sowie der allgemein bewunderten Bilderbuch-Bauernhöfe, die sich mit ihren tief hinuntergezogenen Walmdächern einsam an Berghänge oder in Wiesengründe schmiegen. Von und mit dem Wald lebten hier früher Flößer, Köhler, Glasbläser, Schindelmacher und Löffelschnitzer – alte Gewerbe, die heute verschwunden sind. Schiltach und Wolfach waren die Hauptorte der damals hoch angesehenen Kinzigschifferfahrt, deren mutige Flößer die Riesentannen talab zum Rhein und teilweise sogar bis nach Holland brachten. Als im Schwarzwald die Eisenbahn gebaut und Ende des 19. Jahrhunderts der Holztransport auf die Schiene verlegt wurde, hatte die einst so bedeutende Flößerei an Enz, Nagold, Murg und Kinzig ein Ende.

Das traditionsreiche Gutachtal, dessen gleichnamiger Fluß südlich von Triberg entspringt und bei Hausach in die Kinzig mündet, prägt aufgrund seiner werbewirksamen Vermarktung weithin die Vorstellung, so sähe es überall im Schwarzwald aus. Wer kennt nicht das Schwarzwaldmädel mit dem Bollenhut, den 14 leuchtend rote Wollkugeln zieren! Aber nur einige wissen, daß diese besonderen Festtagen vorbehaltene Tracht lediglich in den drei Gemeinden Gutach, Kirnbach und Reichenbach zu Hause ist und daß dort die verheirateten Frauen im

Der Triberger Wasserfall ist eines der schönsten Naturschauspiele im Schwarzwald. Hier schäumt die Gutach in sieben Stufen 162 Meter tief durch den Bergwald zu Tal. Über Stege ist die Schlucht begehbar.

Das barocke Kloster Sankt Trudpert liegt am Eingang zum Obermünstertal im Südschwarzwald.

Unterschied zu den jungen Mädchen schwarze Wollrosen auf dem Hut tragen.

Folgt man dem Tal weiter südwärts, bietet die Gutach am Ortseingang von Triberg als Deutschlands höchster Wasserfall ein grandioses Naturschauspiel. Zwischen dunklen, hohen Tannen und riesigen Granitblöcken stürzt das hier noch kleine Flüßchen tosend und donnernd in sieben Stufen über 160 Meter tief hinab.

Von Narren, Gelehrten und Gipfeln in Wolken

Wo die Wasser rauschen, ist der Kuckucksruf nicht fern – der Luftkurort Triberg zählt mit Furtwangen, Sankt Georgen und Villingen-Schwenningen zu den wichtigen Zentren der Uhrenfabrikation im mittleren Schwarzwald. Das Triberger Heimatmuseum, das eine historische Uhrmacherwerkstatt sowie eine ansehnliche Uhrensammlung hat, informiert auch über altes Handwerk und Volkstrachten.

Ob Triberg, Elzach, Schramberg, Villingen, Bonndorf oder Wolfach, Haslach, Gengenbach – zur Fastnachtszeit geht es in vielen Orten des Schwarz-

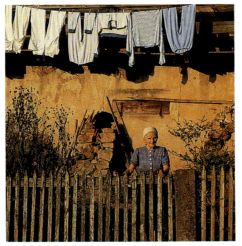

Viele Schwarzwaldbauern – wie hier bei Unterharmersbach – leben noch immer in einfachen Verhältnissen.

waldes hoch her. Unübersehbar vielfältig sind die altüberlieferten Narrengestalten der alemannischen Fasnet mit ihren aus Holz geschnitzten Masken und phantasievollen Kostümen. Quirlige Hansele, gewitzte Narros, häßliche Teufelsgesellen, furchterregende Hexen und zottelige Fabeltiere bestimmen hier in der fünften Jahreszeit das wehmütig-vergnügte Treiben in den Städten und Orten, die jeweils ihre eigene Fasnettradition haben. In Elzach treiben die unheimlichen „Schuttig", in der mittelalterlichen Zähringerstadt Villingen das alte Paar „Surhebel und Morbili", in Bonndorf die „Pflaumenschlucker" ihr närrisches Unwesen.

Dort, wo das Flüßchen Dreisam den Südschwarzwald in Richtung Oberrheinebene verläßt, breitet sie sich sonnenverwöhnt im Tal aus – die altehrwürdige Universitätsstadt Freiburg. Im Mittelalter angelegte Straßenbächle, damals die modernste Form der Kanalisation, durchziehen plätschernd die kopfsteingepflasterten Gassen. Himmelragendes Wahrzeichen und beliebter Treffpunkt zugleich ist das Münster, dieses Meisterwerk der Gotik mit seinem schier unerschöpflichen Figurenschmuck an den Fassaden und dem kunstvollen, filigran durchlichteten Westturmhelm. Buntes, reges Treiben herrscht stets auf dem malerischen Wochenmarkt am Münsterplatz, den prächtige Gebäude aus der Zeit vom Mittelalter bis zum Barock säumen, darunter das herrlich rote, wappenverzierte Kaufhaus aus dem 16. Jahrhundert. Ein paar Schritte weiter westlich beeindruckt das Alte Rathaus mit seinem Renaissancegiebel, am Südrand der Altstadt behaupten zwei mittelalterliche Wehrtürme, das Schwaben- und das Martinstor, immer noch ihren Platz. Ein wunderbares Freiburg-Panorama bietet der nahe, mit einer Kabinenbahn erreichbare Schloßberg.

Der Schauinsland, Freiburgs 1284 Meter hoher Hausberg, macht seinem Namen alle Ehre – oben auf dem sanft geformten Gipfel gleitet der Blick nach Nordwesten über die nahe Schwarzwaldmetropole, den Kaiserstuhl und die Vogesenkette, nach Nordosten über den 1241 Meter hohen Kandel, nach Südosten über das Feldbergmassiv, nach Süden über den Belchen und bei gutem Wetter sogar bis hin zu den Alpen. Auf den südlich von Freiburg gelegenen Aussichtsberg führt eine Seilschwebebahn.

Sprechende Namen: Höllental und Wutach

Von Schönau aus windet sich eine kurvenreiche Straße auf den rundbuckeligen Belchen, der mit seinen stolzen 1414 Metern majestätisch im Münstertal thront. Wer sich den drittgrößten Schwarzwaldberg – mit herrlichem Rundblick – auf Schusters Rappen erobern möchte, kann zwischen zahlreichen Wanderwegen wählen: sei es von Freiburg, Badenweiler oder Münstertal aus.

Die östlich von Freiburg beginnende und dem engen, schluchtenreichen Höllental mit seiner außerordentlich reizvollen Landschaft folgende Bundesstraße 31 führt nördlich am dichtbewaldeten, 1493 Meter hohen Feldbergmassiv vorbei. Von Bärental (wo die B 500 von der B 317 abzweigt) leitet ein Fußweg den Besucher auf den König der Schwarzwaldgipfel; wer es bequemer mag, benutzt ab dem Ort Feldberg den Sessellift. Auf dem kahlen, breiten Pultdach des mächtigen Bergmassivs erheben sich drei sanfte Kuppen.

Am Nordostabhang unterhalb des Seebuckgipfels liegt, von Tannenwald und steilen Felswänden umringt, der fast kreisrunde, dunkle Feldsee – ein stillromantisches Relikt der Eiszeit. Ein Paradies für Wintersportler ist der nahezu alpine Feldberg mit seinen bekannten Skigebieten Fahler Loch und Grafenmatte. Hier bleibt bis weit ins Frühjahr hinein der Schnee liegen, und längst nicht alle Abfahrten sind einfach zu bewältigen.

Vom meist bis in den Mai schneebekrönten Feldberg ist es nicht weit zum idyllischen Luftkurort Bernau. Die Gemeinde, die sich in einem sonnigen Hochtal nahe dem Herzogenhorn ausdehnt, hat dem 1839 hier geborenen Schwarzwaldmaler Hans Thoma mit einem bemerkenswerten Museum ein würdiges Denkmal gesetzt.

An den Ostausläufern des Feldbergs faszinieren inmitten dunkel bewaldeter Höhen der Titisee und der Schluchsee. Doch nur aus der Ferne wirken die beiden Gewässer still und friedlich; vor allem in den Sommermonaten sind sie heiß begehrte Ausflugsziele, nicht zuletzt für Angler, Segler und Surfer. Unweit des Schluchsees schmiegt sich der besuchenswerte Kurort Sankt Blasien in das romantische Albtal. Sein berühmtes Wahrzeichen, der frühklassizistische „Schwarzwälder Dom" des französischen Architekten Michel d'Ixnard, zählt zu den drei größten Kuppelkirchen Europas.

Hinter Titisee-Neustadt hat sich die Wutach ein enges, wildromantisches Tal gegraben, das man am besten vom Luftkurort Bonndorf aus durchwandern kann. Wegen ihrer fast senkrechten Wände, die bis zu 50 Meter emporragen, und wegen ihrer urtümlichen, stets wechselnden Naturbilder wird die Wutachschlucht auch scherzhaft-bewundernd als „Grand Canyon des Schwarzwaldes" tituliert. Die in Mitteleuropa einzigartige Flußlandschaft, von der große Teile unter Naturschutz stehen, birgt ein so seltenes wie vielfältiges Pflanzen- und Tierparadies. Wild wuchern zwischen Wald und Fels Orchideen, vom Eisvogel bis zum Turmfalken sind hier über 100 Vogelarten anzutreffen. Die Wutachschlucht ist auf jeden Fall ein rares Stück Natur in heutiger Zeit, das es weiterhin zu bewahren gilt.

Die traditionsreiche Universitätsstadt Freiburg liegt eingekeilt zwischen Kaiserstuhl und Schwarzwald.

DAS BESONDERE REISEZIEL: FREILICHTMUSEUM VOGTSBAUERNHOF

Wenn amerikanische Fernsehsender einen Dokumentarfilm über den Schwarzwald drehen, verbringt das Team die Hälfte der Drehtage im Schwarzwälder Freilichtmuseum „Vogtsbauernhof" in Gutach. Denn hier findet sich übersichtlich beieinander, was man sich sonst an Informationen über die traditionelle Schwarzwälder Lebensart mühsam zusammensuchen müßte: Architektur, Handwerk, Trachten, Tänze und Musik aus vier Jahrhunderten.

Die Anfahrt über die A 5 aus Richtung Karlsruhe oder Basel ist einfach; bei der Abfahrt Offenburg fährt man auf der B 33 in Richtung Gengenbach, Hausach und Triberg; hinter Hausach führt die Beschilderung direkt auf den Parkplatz im Gutacher Ortsteil Turm. Wie in einem altertümlichen Schwarzwalddorf liegen dort die Häuser aus dem 16. Jahrhundert, andernorts auseinandergenommen und Stein für Stein, Balken für Balken wieder aufgebaut: Höfe und Speicher, Mühle und Backhaus, Sägewerk und Kapelle, Hanfreibe und Hanfdarre, Hammerschmiede und Ölmühle, Leibgedinghaus und Herrenhaus.

Die Vielfalt überrascht: Walmdach, Holzschindeln, gemauerter Sockel und Holzaufbau, typisch für diese schnee- und holzreiche Gegend, werden seit Jahrhunderten ständig variiert. Der Vogtsbauernhof ist ein „belebtes Museum": Man kann sich von Könnern ihres Fachs vorführen lassen, wie Holz zu Dachschindeln verarbeitet, Korn gemahlen, Kohle hergestellt oder Schnaps gebrannt wurde. Der Besucher erlebt den Schmied im Hammerwerk und sieht den berühmten Schwarzwälder Uhrmacher Kuckucksuhren schnitzen, Räderwerke zusammensetzen, Zapfen justieren. Wer sich dafür interessiert, wie ein Schwarzwälder Schinken gemacht wird, muß dazu nur in die Räucherkammern gehen.

Alle Häuser sind stilecht eingerichtet; man wandert durch Innenräume, die zeigen, wie die Menschen auf so einem Hof einst gelebt haben. Und auch da gab es Unterschiede zwischen der guten Stube des reichen Bauern und den einfachen Gesindeunterkünften. Draußen werden Anbau- und Ernteverfahren im vorindustriellen Zeitalter demonstriert, man erfährt, welche Heilkräuter und Gewürze die Menschen verwendeten.

Wer eine Schwarzwälder Trachtenhochzeit, eine alemannische Fasnet oder ein typisches Erntedankfest noch nie „live" in einem Schwarzwalddorf erlebt hat, kann hier im Veranstaltungskalender nachschauen und einen entsprechenden Termin buchen. Im Vogtsbauernhof gibt es das alles noch. Und: Besucher stören nicht. Seminare, Fachvorträge, Sonderausstellungen und Spezialführungen sind ja eigens dafür arrangiert worden. Ein Waldmuseum gibt überdies interessante Auskünfte über die frühere Forstwirtschaft und die heutigen Bemühungen, das Waldsterben durch ökologische Maßnahmen in den Griff zu bekommen.

Unter anderem kann der Besucher im Vogtsbauernhof sehen, wie die „Bollen" für die Trachtenhüte der unverheirateten Frauen im Gutachtal entstehen.

SCHWÄBISCHE ALB
Wo schon viele Dichter zum Wandern gingen

Rund 40 Kilometer breit und 220 Kilometer lang erstreckt sich zwischen Hochrhein und Nördlinger Ries das größte Karstgebiet Mitteleuropas. Die Schwäbische Alb ist mit ihren zerklüfteten Kalkfelsen, kargen Wacholderheiden und Trockenrasen, Laubwäldern, Trockentälern und Höhlen ein Paradies für Wanderer und Kletterer, für Naturfreunde, Segler und Hobbygeologen. Vor 140 Millionen Jahren, während der Jurazeit, lag hier ein warmes Meer voller Tiere und Pflanzen, die als Versteinerungen zutage treten: Wunderwerke der Natur. Bewacht wird die insgesamt eher dünn besiedelte Landschaft von imposanten Burgen und Schlössern.

Die schwäbischen Dichter Hölderlin, Uhland und Hauff haben die Alb besungen, ihre wanderfreudigen Nachfahren Hermann Lenz, Peter Härtling oder Margarete Hannsmann tun es heute auch. Die tief in das Kalkplateau eingeschnittenen Täler, die herrlichen Laubwälder am steil abfallenden, felsbewehrten Albtrauf, die unverwechselbaren Wacholderheiden und weiten, herb wirkenden Hochflächen, die Märchen und Sagen wie die von der schönen Lau im Blautopf bei Blaubeuren haben es Menschen mit offenen Sinnen seit je angetan. Die Bewohner der Alb, stark vom Pietismus, jener schwärmerischen Variante des Protestantismus geprägt, mußten sich von jeher schwer einsetzen, um ihrer kargen Heimat den bescheidenen Lebensunterhalt abzugewinnen. Die kargen, steinigen Böden eignen sich nur bedingt für den Ackerbau, und so entwickelte sich die Wanderschäferei zu einem wichtigen Erwerbszweig. Die Schafe fraßen das magere Gras und sämtliche Baumschößlinge – bis auf die dornigen Wacholdersträucher und Silberdisteln. Mit dem Niedergang der Wanderschäferei wuchsen die Wacholderheiden zu; die wenigen verbliebenen Heideflächen stehen heute ausnahmslos unter Naturschutz. Hier gedeihen noch verschiedene Orchideenarten, Enziane und andere Raritäten.

Weil Regen und Schmelzwasser rasch im zerklüfteten Untergrund versickern, war die Wasserknappheit immer ein zentrales Problem der Älbler. Mit Pferdefuhrwerken wurde einst Trinkwasser aus den Tälern mühselig in die Dörfer heraufgeschafft, und wo möglich wurde Wasser in natürlichen Zisternen gesammelt. Auch klimatisch ist die Alb mit ihren rauhen Winden keineswegs verwöhnt.

Während der Eiszeiten waren die Klüfte im Untergrund überwiegend durch Eis plombiert. Zeitweise an der Oberfläche abströmendes Wasser wusch kleine Täler aus dem Fels, die heute nur noch an der Geländeform erkennen lassen, daß in ihnen einst Wasser floß. Ein besonders reizvolles Trockental ist das von merkwürdigen Felsgebilden gesäumte Wental, das in das Steinheimer Becken mündet.

Nur die Donau hat es geschafft, den harten Kalkriegel der Schwäbischen Alb zu durchbrechen. Zwischen Mühlheim und Sigmaringen hat sie einen grandiosen, von malerischen Felswänden und -zinnen gesäumten, gewundenen Cañon geschaffen. Am eindrucksvollsten erlebt man dieses Naturwunder auf einer vergnüglichen Kanufahrt auf der jungen Donau. Dabei stößt man auf eine erdgeschichtliche Merkwürdigkeit: Unterhalb von Fridingen versickert ein Großteil des Donauwassers im Untergrund. Das „abgezapfte" Donauwasser tritt über zwölf Kilometer weiter südlich in der Aachquelle wieder zutage und strömt dann zum Rhein.

Die mittlere Alb ist vor allem das Land der Höhlen und Fossilien. Das Museum Hauff in Holzmaden am Aichelberg zeigt weltberühmte Versteinerungen aus dem Albvorland: Saurier, Riesenammoniten, Farne und Seelilien, die fast 200 Millionen Jahre alt sind. Viele der Höhlen, wie die Falkensteiner Höhle bei den Thermalquellen von Bad Urach, bleiben erfahrenen Höhlenforschern vorbehalten. Die gut erschlossene Laichinger Tiefenhöhle, die Wimsener Höhle, die man im Boot befahren kann, die Bärenhöhle mit ihren Steinzeitfunden bei Erpfingen und die Nebelhöhle bei Genkingen, wo zu Pfingsten ein Höhlenfest stattfindet, entschädigen dafür. Etliche der alten Burgen und Schlösser sind noch in der ursprünglichen Form erhalten, neugotisch geprägt sind dagegen die Stammburg der Hohenzollern bei Hechingen und die romantischen Schloßanlagen Lichtenstein und Sigmaringen.

Der Donaudurchbruch bei Sigmaringen ist für Wanderer, Kletterer und Geologen gleichermaßen interessant.

Der verkarstete Untergrund der Schwäbischen Alb birgt noch viele Geheimnisse. Sagenumwobene Zugänge zu den verborgenen Labyrinthen der Tiefe sind die kräftig sprudelnden Karstquellen. Neben dem Brenztopf ist es vor allem der Blautopf bei Blaubeuren, jenes blau leuchtende Wasserloch, das die Phantasie der Menschen beflügelt hat. So mancher Höhlenforscher mußte bei dem Versuch, das ausgedehnte Höhlensystem des Blautopfs zu ergründen, sein Leben lassen.

Auskunft: Touristik-Gemeinschaft Schwäbische Alb, Marktplatz 1, 72574 Bad Urach, Tel. 0 71 25/ 94 81 06.

Solche Sonnenuntergänge am Albtrauf haben schon viele Generationen von Poeten inspiriert, vor allem aber die Romantiker. Schönheit und Kargheit, ja Härte liegen hier eng beieinander.

BODENSEE
Schwäbisches Meer im Dreiländereck

Südländisches Flair verströmt Deutschlands größter See, an dem auch Österreich und die Schweiz teilhaben. Die schneebedeckte Alpenkette beherrscht den Horizont, wenn man vom oberschwäbischen Ufer über den See gen Süden blickt. Allerdings halten die felsigen Gipfel respektvoll Abstand, so daß auf der Schweizer Seite die grüne Hügellandschaft des Appenzeller Landes und Thurgaus einen anmutigen Rahmen zaubern. Und der See selbst wirkt sich segensreich auf seine Umgebung aus: Sein gewaltiger Wasserkörper sorgt für ein mildes, ausgeglichenes Klima mit viel Sonnenschein, das eine üppige Flora zur Entfaltung bringt.

Das Freilichtmuseum in Unteruhldingen zeigt, wie die seßhaften Fischer und Ackerbauern um 2000 vor Christus in Pfahlbauten lebten oder zumindest gelebt haben könnten.

Barocke Pracht verbindet der Park des Grafen Bernadotte auf der Insel Mainau mit botanischer Vielfalt.

Blütenpracht in einer geradezu paradiesischen Fülle vom Frühling bis in den Herbst hinein, dazu subtropische Pflanzen, die sonst nur südlich der Alpen gedeihen: damit wartet die Insel Mainau auf, sicherlich das beliebteste Reiseziel am See. Die Mainau liegt im Überlinger See, dem nordwestlichen Zweigbecken des riesigen Gewässers. Die große Inselschwester Reichenau hingegen erstreckt sich zwischen Gnadensee und Untersee, dem südwestlichen, vom Rhein durchflossenen Zweigbecken. Gemüsefelder und Treibhäuser bestimmen das Gesicht der Insel. Begründet wurde die gärtnerische Tradition von Benediktinermönchen, denen die Reichenau außerdem mehrere stilvolle Klosterkirchen – zum Teil mit einzigartigen frühmittelalterlichen Fresken – verdankt. An den Uferhängen bei Meersburg reift der begehrte Seewein. Das verwinkelte Städtchen hatte es im 19. Jahrhundert auch einer berühmten Dichterin aus Westfalen angetan: Annette von Droste-Hülshoff. Angezogen vom milden Klima und der heiteren Lebensart der Menschen, ließ sie sich 1841 im Alten Schloß nieder und blieb.

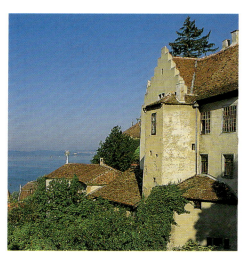

Das Alte Schloß über dem tausendjährigen Meersburg ist seit dem siebten Jahrhundert bewohnt.

Feste, Feiern, Kultur- und Sportveranstaltungen sorgen in der schönen Jahreszeit rund um den See für Unterhaltung und Erbauung. Wenn zum Uferfest im Kurort Langenargen ein großes Feuerwerk den See bei Nacht in leuchtende Farben taucht, sammeln sich die Menschen zum Fischerstechen. Diese Mischung aus Ulk und Sport, bei dem trachtentragende Traditionalisten sich gegenseitig mit langen Lanzen aus schmalen Kähnen zu stürzen versuchen, kennt man auch aus Ulm.

Herrliche Wanderwege mit vielen Ausblicken auf den See ziehen sich über die bewaldeten Randhügel Oberschwabens sowie über den badischen Bodanrück und den Schiener Berg hoch über Untersee und Zeller See. Zum beliebten Volkssport ist die komplette Tour rund um den Bodensee geworden – allerdings mit dem Fahrrad. Es sind immerhin über 270 Kilometer zurückzulegen.

Bürgerlicher Wohlstand, seit dem Mittelalter, zeigt sich in den historischen Städten Überlingen, Meersburg, Radolfzell, Lindau und besonders deutlich in der Konzilsstadt Konstanz. Sicher die interessanteste Lage nimmt die Altstadt von Lindau ein: Häuser und Kirchen drängen sich auf einer Insel, die durch einen Bahndamm und eine Brücke mit dem Festland verbunden ist. Die Einfahrt ins Hafenbecken der bayerischen Stadt wird von einem Leuchtturm und einem steinernen Löwen bewacht.

Auf eine bewegte Geschichte blickt die einstige freie Reichsstadt und historische Handelsstadt Konstanz zurück. In unnachahmlicher Weise vereint die von ihrem gotischen Münster beherrschte Stadt Überschaubarkeit und Weltoffenheit, sei es im Bereich des alten Hafens mit dem einstigen Konzilsgebäude, Kaufhaus genannt, sei es in den von prächtigen Bürgerhäusern gesäumten Altstadtgassen. Ländlich angehaucht wirkt dagegen das kleinere Radolfzell, das sich ebenfalls um einen mittelalterlichen Kern mit Münster schart.

Wenn an einem sonnigen Sommertag unzählige Segel und die Passagierdampfer der Weißen Flotte die Wasserfläche sprenkeln, präsentiert sich der See als vollendete Ferienlandschaft. Auch kulinarisch hat die Region einiges zu bieten. Bodensee-Felchen zum Beispiel mit einem trockenen Weißwein.

Auskunft: Fremdenverkehrsverband Bodensee-Oberschwaben, Schützenstr. 8, 78462 Konstanz, Tel. 0 75 31/9 09 40.

BAYERISCHE ALPEN

Im Land der tausend Stimmungen

Saftiggrüne Wiesen, winzige Dorfkirchen mit entzückenden Zwiebeltürmen, blumengeschmückte Holzhütten. Und natürlich die schneebedeckten Gipfel der Berge: eine treffliche Kulisse für die Alpenörtchen, die – schmucken Puppenstuben gleich – in den weiten Tälern verstreut liegen. Meint man nicht gar, das Bimmeln der Kuhglocken zu hören, das der Wind von den Almen herunterträgt? Die schnulzigen Heimatfilme oder Fernsehserien wie „Der Bergdoktor" – unzählige Male haben wir die Bayerischen Alpen schon vor Augen gehabt, aus der Ferne genossen. Welch liebliche, harmlose Idylle, haben wir vielleicht gedacht. Als wäre dies die ganze Wahrheit!

Eine Reise in die Alpen ist eine Reise ins Land der tausend Stimmungen. Ein echtes Abenteuer. Empfingen uns eben noch sanfte Hügel und sonnendurchflutete Täler, finden wir uns plötzlich inmitten dramatischer Steinriesen wieder. Oder stehen mit einem Male vor einer düsteren Schlucht, über der sich binnen Minuten ein Gewitter zusammengebraut hat. Um dann, nachdem sich die Wolken kurz entladen haben, die Felsen in warmes Sonnenlicht getaucht zu sehen, als hätte der Pinsel eines Malers sie orangerot gefärbt.

Wie viele Gesichter die Alpen haben: die wundersamen Barockkirchen des Pfaffenwinkels und König Ludwigs Märchenschlösser. Die respektheischenden Abgründe der Höllentalklamm vor der übermächtigen Zugspitze. Die verträumten Täler des Chiemgaus neben der Noblesse des Tegernsees. Der unheimliche Watzmann, der aus heiterem Föhnhimmel geradezu arrogant auf die eleganten Fjorde des Königssees blickt. Szenenwechsel im Stakkato: Man kann die vielfältigen Eindrücke gar nicht so schnell in sich aufnehmen. Hier, in der Urlaubsregion der Bayerischen Alpen, spielt die Natur das alte Spiel „Bäumchen, wechsle dich".

Die Bayerischen Alpen bieten eine extreme landschaftliche Vielfalt. Herausragendes Beispiel dafür im wahrhaftigen Sinn des Wortes ist natürlich die 2962 Meter hohe Zugspitze (Foto links). In den Tälern des Werdenfelser Landes lebt auch noch der traditionelle Trachtentanz (Foto rechts oben). Sattgrüne Almen (zweites Foto von rechts oben) bestimmen im Sommer das Landschaftsbild im Berchtesgadener Land. Weltberühmt ist die bayerische Lüftlmalerei (zweites Foto von rechts unten), die – wie hier in Mittenwald vor einem Denkmal des Geigenbauers Matthias Klotz – so manche Fassade schmückt. Ein besonderes Schauspiel zwischen Chiemgau und Allgäu ist der herbstliche Almabtrieb (Foto rechts unten).

Der Alpengarten vor den Toren Münchens

Aus welcher Richtung man auch kommt, die Bayerischen Alpen drängeln sich schon vorwitzig ins Blickfeld, während sich die Straße noch lange zwischen den ersten, noch schmächtigen Hügeln hindurchwindet. Neugierig fast strecken sie ihre Gipfel empor, majestätisch-stolz, steinernen Wächtern gleich, als ob sie Einheimischen und Fremden ihren über alles erhabenen Überblick beweisen wollten.

Rund 200 Kilometer lang ist das Gebirgsband, das Deutschland im Süden gleichsam einen krönenden Abschluß verleiht. Im Westen reicht es ans saftiggrüne Allgäu heran, im Osten flirtet es bereits mit dem österreichischen, lieblichen Salzburg. Zwischen diesen Grenzen allerdings findet der Reisende sechs Schatzkästlein aneinandergereiht, ein jedes mit eigenen Kleinoden, großartigen Naturerlebnissen und unvergeßlichen Eindrücken gefüllt: im Westen der Ammergau zwischen Lech und Loisachtal mit seinen dichten Bergwäldern, unzähligen Kirchen und nicht zuletzt den Märchenschlössern Neuschwanstein und Linderhof; das Werdenfelser Land um Garmisch-Partenkirchen und Mittenwald mit der alles überragenden Zugspitze und dramatischen Schluchten; der Isarwinkel zwischen Mittenwald und Bad Tölz mit seinen stillen Seen und dem gemütlichen Lenggries; die Bayerischen Voralpen zwischen Isar und Inn mit ihren reizvollen Kontrasten von urbayerischer Tradition und mondäner Moderne in den Städtchen Bad Wiessee und Tegernsee; der südliche Chiemgau mit dem Chiemsee, mit Ruhpolding und schmucken, fast nostalgisch anmutenden Dörfern und Berghöfen; und schließlich das geheimnisvolle Berchtesgadener Land im Südosten mit der mächtigen Watzmannfamilie und dem smaragdfarbenen, fast 200 Meter tiefen Königssee an der Grenze zu Österreich.

Die Ursprünglichkeit dieser Landschaft lockt alljährlich Millionen Besucher in die Bayerischen Alpen. Kaum einer vermag die Bergwelt mit kühlem Blick zu betrachten. Selbst auf einer der gut ausgebauten Straßen beschleicht einen manchmal das Gefühl, daß die Natur stärker, wenn nicht gar übermächtig ist. So zum Beispiel auf der Kesselbergstraße im Isarwinkel, die in Urfeld beim Walchensee ihren Anfang nimmt und sich langsam in Richtung Paßhöhe windet, um hernach in 36 schwindelerregenden Kurven und Kehren zum Kochelsee hinabzuführen. Die steilen Felswände, der Blick auf den stillen See, die tiefdunklen Wälder zu Füßen der Berge jagen einem fast ehrfürchtige Schauer über den Rücken. Im Sommer, zumal an heißen Wochenenden, wenn sich Stoßstange an Stoßstange reiht und die Fahrt mit mageren 20 Stundenkilometern vorangeht, hat man erfahrungsgemäß viel Zeit, die grandiosen Ausblicke zu genießen. Immerhin begleitet einen dabei stets ein Stück Geschichte: Im Mittelalter schaffte man auf der Kesselbergstraße allerlei Handelsgut von München nach Mittenwald, das die reichen venezianischen Kaufleute zu ihrem Warenumschlagsort erkoren hatten und von wo die Straßen weiter nach Süden führten.

Die heutige Kesselbergstraße freilich läßt wenig von dem halsbrecherischen Abenteuer erahnen, das eine Alpenüberquerung damals gewöhnlich bedeutete. Aus bloßer Wanderlust begab sich früher nämlich bestimmt niemand in die Bergwildnis. Die Bayerischen Alpen waren Durchgangsstation auf dem Weg in den sonnigen Süden – was sich für so manchen Alpenort als ein wahrer Segen erwies. Dem Werdenfelser Land am nördlichen Rand des Wettersteingebirges beispielsweise brachte seine verkehrsgünstige Lage an den alten römischen Handelsstraßen reichlich Gewinn ein – und den Spitznamen „goldenes Landl".

DIE BAYERISCHEN ALPEN AUF EINEN BLICK

SEHENSWÜRDIGKEITEN

Altenmarkt-Baumberg: Kirche Sankt Margareta; **Bad Reichenhall:** Pfarrkirche Sankt Zeno, Salinenanlagen mit Salzmuseum in der alten Saline; **Bad Tölz:** Heimatmuseum; **Benediktbeuern:** Kloster; **Berchtesgaden:** Salzbergwerk mit Museumsbergwerk, Wallfahrtskirche Maria Gern; **Chiemsee:** Schloß Herrenchiemsee; **Dietramszell:** Pfarrkirche Mariä Himmelfahrt; **Ettal:** Kloster; **Garmisch-Partenkirchen:** Kirche Sankt Martin; **Großweil:** Freilichtmuseum Glentleiten; **Königssee:** Jagdschloß Sankt Bartholomä; **Linderhof:** Schloß Linderhof; **Mittenwald:** Lüftlmalereien am Obermarkt; **Oberammergau:** Heimatmuseum; **Schwangau:** Schloß Neuschwanstein; **Seeon:** Klosterkirche; **Steingaden:** Kloster; **Tegernsee:** Pfarrkirche; **Wies:** Wieskirche.

FESTE UND VERANSTALTUNGEN

Bad Tölz: Leonhardifahrt zum Tölzer Kalvarienberg, 6. November; **Berchtesgaden:** Bergknappenfest, Pfingstmontag; Almabtrieb, September/Oktober; **Eibsee:** Seefest, Juli/August; **Garmisch-Partenkirchen:** Heimatwoche, Ende Juli/Anfang August; **Kreuth:** Trachtenwaldfest, Juli/August; **Oberammergau:** alle zehn Jahre Passionsspiele (die nächsten im Jahr 2000), König-Ludwig-Fest, 24. August; **Ruhpolding:** Sankt-Georgi-Ritt, 1. Sonntag im September; **Tegernsee:** Tegernsee-Woche für Kultur und Brauchtum, September; **Unterwössen:** Wallfahrt nach Raiten, Christi Himmelfahrt; **Wallgau:** internationales Schlittenhunderennen, Februar; **in vielen Orten:** Kirchweihfest, 3. Sonntag im Oktober.

AUSKUNFT

Tourismusverband München-Oberbayern e.V., Bodenseestr. 113, 81243 München, Tel. 0 89/8 29 21 80.

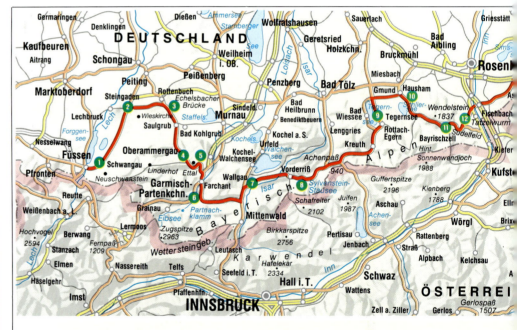

Unser Routenvorschlag
VON SCHWANGAU ZUM KÖNIGSSEE

Unsere Tour beginnt in Schwangau ❶, von wo aus ein Abstecher zum Schloß Neuschwanstein natürlich geradezu Pflicht ist. Von Schwangau aus geht es auf der Romantischen Straße mitten in den Pfaffenwinkel nach Steingaden ❷ mit der romanisch-barocken Klosterkirche Sankt Johannes, anschließend zur nahen, ob ihres grandiosen Rokoko-Innenlebens weltberühmten Wieskirche. Nach Genuß der phantastischen Aussicht von der Echelsbacher Brücke ❸ aus kommt man auf der Deutschen Alpenstraße nach Oberammergau ❹, bekannt wegen seiner Passionsspiele. Tip: Ein Abstecher zu Märchenkönig Ludwigs Lieblingsschloß Linderhof. Bald ist der prachtvolle Rokokobau des Klosters Ettal ❺ erreicht. Fast um die Ecke liegt die ehemalige Olympiastadt Garmisch-Partenkirchen ❻. Von hier aus bieten sich Ausflüge zur Zugspitze und in die Höllental- oder Partnachklamm an. Über das hübsche Örtchen Wallgau ❼ geht es zu den (künstlichen) Fjorden des Sylvenstein-Stausees ❽. Über den Achenpaß und Kreuth führt die Route zum lieblichen Tegernsee ❾, einem Touristenmagneten mit traditionsreichem Kloster im gleichnamigen Ort. Weiter geht es am ruhigeren Schliersee ❿ vorbei zu dem

Bayerische Alpen

Einer der schönsten deutschen Alpenseen ist der 972 Meter hoch gelegene Eibsee vor der Kulisse von Riffelwand und Zugspitze. Er entstand durch einen Felssturz von der Zugspitze, der einen natürlichen Staudamm bildete.

Ein drittes Highlight in dieser Region ist der kleine Eibsee. Der Abstecher dorthin ist einfach ein Muß: das klare Wasser, Felsen, die wie Türme über dem Ufer stehen – romantischer geht's beim besten Willen nicht mehr.

Nun aber hinauf auf die Zugspitze selbst: entweder zu Fuß – anstrengend, aber „aussichtsreich" – oder bequemer mit Zugspitz-Zahnradbahn plus Gipfelseilbahn von Garmisch-Partenkirchen aus. Das Panorama vom Gipfel ist umwerfend. Ein Gutteil Prominenz der schneebedeckten Alpenriesen rückt in Blickweite: der Großglockner, die Hohen Tauern, die Ötztaler und Zillertaler Alpen, die Berninagruppe und der Großvenediger. Manchmal läßt sich sogar in nordöstlicher Richtung, alpenauswärts, die Kammlinie des Böhmerwaldes erschauen. Bei Föhn – jener Wetterlage, bei der sich feuchte Luft von Süden her über dem Alpenhauptkamm in warmen Fallwind verwandelt, der durch die Täler nach Norden tobt – ist der Himmel knallblau und die Fernsicht erstklassig.

Tief unter der Zugspitze wartet schon ein weiteres Naturjuwel, die Höllentalklamm. Noch um die Jahrhundertwende schüttelten viele Bergexperten nur die Köpfe: Diese tiefe, felsige Schlucht begehbar zu machen, würde unmöglich sein. Doch Adolf

Die Hirten oder Bauern, die als Senner die Kühe während des Sommers auf den Hochalmen betreuen – hier ist die Weide besonders nahrhaft –, bilden einen Grundpfeiler klassischer alpenländischer Landwirtschaft.

Trachten-Städtchen Bayrischzell ⑪. Über das Skigebiet Sudelfeld und den legendären Tatzelwurm ⑫ – jenen Berg, von dem die Älpler früher glaubten, er werde von einem Drachen bewacht – kommt man nach Prien ⑬ am Chiemsee (von hier Überfahrt nach Herren- und Frauenchiemsee), bevor man in Richtung Reit im Winkl ⑭ mit der nahen Winklmoosalm weiterfährt. Nachdem das schöne Naturschutzgebiet Chiemgauer Alpen ⑮ passiert ist, lockt der Gletschergarten ⑯, eine Hinterlassenschaft der Eiszeit. Schließlich führt der Weg zum idyllischen Hintersee ⑰ und dann nach Königssee ⑱, dem Tor zum Nationalpark Berchtesgaden.

Wer heute ins Werdenfelser Land fährt, will alles andere als schnell hindurchkommen. Auf der Liste der Publikumsmagneten in den Bayerischen Alpen steht es ganz oben, vereint es doch aufs gelungenste Himmel und Hölle in sich: hier die wolkenstürmende Größe von Deutschlands höchstem Berg, der Zugspitze, da die abgrundtiefen Schluchten der Höllental- und der Partnachklamm. Die Region ist ein Mekka für Skifahrer, Kletterer und Bergwanderer.

Zoeppritz, ein rühriger (und wohl auch ebenso geschäftstüchtiger) Garmischer Alpinist, glaubte an seinen Plan. Und siehe da: Bereits 1904 stapften Tausende von Besuchern über die Stege und Brücken und durch eigens angelegte Tunnel. Gut drei Stunden dauert es heute, das wildromantische Naturphänomen von Grainau-Hammersbach aus, wo die Zugspitz-Zahnradbahn ohnehin Station macht, zu durchwandern.

Mitteleuropa

In der idyllischen Ramsau mit dem gleichnamigen Ort und einer schönen Wallfahrtskirche wurden schon etliche Berg- und Heimatfilme gedreht. Der Südwesten des Berchtesgadener Landes gilt als „typisch" oberbayerisch.

Auf Tuchfühlung mit Naturgewalten

Meist hat die Natur selbst dafür gesorgt, daß wir die großartigen Schönheiten der Alpen überhaupt genießen können. Was vor Millionen Jahren dadurch entstand, daß sich zwei Kontinente gegeneinanderschoben und ihre Gesteinsplatten in gewaltige Höhen drückten, war am Anfang nichts als eine gespenstische, felsige Ödnis. Erst die Verwitterung, dann die Eiszeiten mit ihrem Wechsel von weiträumiger Vergletscherung und milden, vegetationsfördernden Perioden ließen kleine Risse zu Schluchten, Spalten zu weiten Tälern werden.

Dabei entstanden bizarre Gebilde: der 1957 entdeckte Gletscherschliff bei Fischbach oberhalb der Inntal-Autobahn zum Beispiel; Wellen und Strudel aus Stein sind es, die das reißende Naß am Ende der Eiszeit zurückließ. Auch der Gletschergarten im Berchtesgadener Land stammt aus grauer Vorzeit: vom Eis verformte Steinplatten und Höhlen, die im Schmelzwasser umherwirbelnde Gesteinsbrocken in den Fels bohrten. Man findet den Gletschergarten leicht, wenn man der Deutschen Alpenstraße bis zum Engpaß beim Gasthof Zwing (Gemeinde Weißbach, südlich von Inzell) folgt.

Noch immer feilt das Wasser an den Schluchten, arbeitet Frost an neuen Spalten, poltern Gesteinsbrocken aus luftigen Höhen hinab. Die Alpen sind in Bewegung. Manchmal mit geradezu dramatischen Auswirkungen, wie das Massiv des 2608 Meter hohen Hochkalter im Berchtesgadener Land beweist. Ihm fiel 1908 buchstäblich ein Zacken aus der Krone – ein Teil seines Hauptgipfels, so groß wie eine Kathedrale, donnerte mit Getöse zu Tal. 1954 und 1959 brachen weitere Teile von Gipfel, Graten und Wänden in die Tiefe. Es blieb freilich noch reichlich vom Hochkalter übrig, der dem Berchtesgadener Land im Dreigespann mit Watzmann und Königssee zu seiner vielbesungenen Schönheit verhilft. Inzwischen ist aus dem ehemaligen königlich-bayerischen Hofjagdrevier der heutige Nationalpark Berchtesgaden erwachsen. Hier findet man geheimnisvolle Flecken wie den Zauberwald, den man von Ramsau aus auf einem kleinen Weg zum Hintersee erreicht: dichter Urwald, durchbrochen von moosbedeckten Felsstürzen, durchflossen von der kleinen Ramsauer Ache, die sich aufmüpfig-quirlig durch das Dickicht windet.

Und schließlich der Königssee: Elektroboote kurven hinüber, passieren die winzige Christliegerinsel und den idyllischen Malerwinkel, wo einst Meister wie Carl Spitzweg ihre Staffeleien aufbauten, um das smaragdgrüne Wasser, die fjordartig zerklüftete Uferlinie und die steil aufragenden Felsen des Königssees zu verewigen. Die Bootsführer lassen ihre Passagiere einen Blick auf den aus 200 Meter hoher Wand hinabstürzenden Königsbach werfen, halten endlich an der weißgekalkten Kirche Sankt Bartolomä mit ihren putzigen Zwiebeltürmen.

Das Kirchlein hat übrigens fürstliche Nachbarschaft: das einstige Jagdschloß der Wittelsbacher, das heute ein großes Restaurant beherbergt. Die Spezialität des Hauses: frischer Saibling, ein für die Region typischer Lachsfisch.

Am Königssee sollte man sich unbedingt einmal langsam um die eigene Achse drehen und seinen Blick dabei ein paar Grade nach oben richten. Da stehen sie, respekteinflößende, steinerne Riesen: der Hochkalter mit dem kleinen Blaueisgletscher und das Steinerne Meer, in dessen unwegsamem Karst noch Steinadler, Murmeltiere, Steinböcke und Schneehühner zu Hause sind. Und natürlich die Familie des Watzmanns, des zweithöchsten deutschen Berges. An seiner grauen, manchmal vereisten Ostwand scheiterten schon viele.

Aber kann ein Berg wirklich grausam sein? Die Baiern – damals noch mit i geschrieben – müssen das oft so empfunden haben. Das gelobte Land waren die Alpen für die ersten Bergbewohner, die sich vom fünften Jahrhundert an hier niederließen, nicht. Ihnen war ein mühseliges Leben beschieden: Es galt, die Bergwälder zu roden, um Weideland für das Vieh zu gewinnen. Doch auch nachdem der Boden bereitet war, hatten die Menschen hier immer noch ihr Päckchen zu tragen: Die Sommer wärmten

Der Blick ins Innere der außen schlichten Wieskirche enthüllt ein Wunder des Rokoko.

nur kurz, die Winter überzogen die Täler mit klirrender Kälte. Die Almhütten an steilen Hängen mußten – vor allem, wenn man schwer zu schleppen hatte – mühsam erklommen werden, Steinschlag und Lawinen waren an der Tagesordnung. Ja, die Natur war hart. Und unberechenbar. Man mußte ständig auf der Hut sein. Welch ein vortrefflicher Nährboden für Aberglauben! Daß plötzlich Gesteinsbrocken mit Getöse zu Tal krachten, Unwetter aus heiterem Himmel losbrachen, konnte man weder vorhersehen noch ändern. Die Alpenmenschen versuchten sich das Unerklärliche begreifbar zu machen. Mit Poltergeistern, die auf den Gipfeln hausten, Bergdrachen, die durch die Schluchten schlichen, Kobolden, die in den Spalten kauerten. Die Zugspitze, glaubten viele Älpler, sei der Stammsitz böser Geister, die sich hinter den Wolken verbargen. Ein Glaube, der sich in einigen Dörfern hartnäckig bis zur Erstbesteigung im Jahre 1820 hielt, als Leutnant Karl Naus die vermeintliche Geisterhochburg bezwang und ihr damit gleichsam allen Zauber nahm.

Ein Land, in dem der Glaube fest verwurzelt ist

Die Hilflosigkeit, mit der die Alpenbewohner vielen Naturphänomenen gegenüberstanden, erklärt auch ihre tiefe Religiosität. Kaum eine Bergspitze, auf der sich nicht ein weithin sichtbares Gipfelkreuz erhebt – bisweilen wurde gar eine Kapelle errichtet. Wer mit offenen Augen durch die Landschaft fährt, entdeckt sicher auch das eine oder andere Marterl – ein Gedenkkreuz aus Holz, aufgestellt an Orten, an denen einst ein Unglück passierte: für den abgestürzten Bergsteiger, zum Gedenken an den unglücklichen Bauern, den ein Ochse niederrannte, oder auch für den Wilderer, der durch die Kugel eines Försters den Tod fand.

Der Glaube in den Bayerischen Alpen hat aber auch klingende Namen: Da ist das bauernbarocke Kirchlein Maria Gern, das gleich einer Perle in einer Auster mitten im stillen, saftiggrünen Gerntal des Berchtesgadener Landes liegt; oder das Kloster Benediktbeuern in der Nähe des Kochelsees. Doch das Beeindruckendste, was der tiefe Glaube in den Bayerischen Alpen hervorgebracht hat, liegt im Ammergau zwischen Ammer im Osten und Lech im Westen, Vilgertshofen im Norden und Steingaden im Süden: der Pfaffenwinkel – Land der unzähligen Klöster, Kapellen und Kirchen. An einigen Stellen hat man gleich mehrere Gotteshäuschen auf einmal im Visier. Viele stehen wie Zufluchtsstätten mitten in der lieblichen, sanfthügeligen Umgebung. Es sind einfache Bauten, deren prachtvolle Schönheit vor allem in ihrem Innern liegt. Im 18. Jahrhundert, als das Barocke endlich auch in Bayern in Mode kam, überboten sich die Kirchenleute geradezu als Auftraggeber für immer neue, immer schönere Gotteshäuser. Das Geld dazu war da – den geistlichen Herren gehörte damals mehr als die Hälfte der bayerischen Ländereien.

Zwei absolute Höhepunkte im Pfaffenwinkel sind die romanische Klosterkirche Sankt Johannes zu Steingaden, deren Inneres zu überborden scheint vor meisterlichem Schmuckwerk der berühmten Stukkateure aus dem nahen Wessobrunn. Und schließlich natürlich die „Wallfahrtskirche zum Geißelten Heiland", meist zärtlich und kurz „die Wies" genannt. Von der Echelsbacher Brücke her, die einen 76 Meter hoch über die Ammer hinwegträgt und einen phantastischen Ausblick bietet, kommt man nach rund sieben Kilometern Richtung Steingaden an eine Abzweigung nach links, die direkt zu der berühmten Kirche führt. Bescheiden schmucklos steht das Rokoko-Kleinod der Brüder Zimmermann da, verloren fast auf der Weite einer Wiese. Und das soll ein Werk von Weltruf sein? Doch dann tritt man ein – und kann den Blick von

Der 192 Meter tiefe Königssee, aus dem die Steilwände des Watzmanns und, auf der Seite des Betrachters, des Hohen Göll unmittelbar herausragen, ist das Herz des Nationalparks Berchtesgaden.

all dem zauberhaften Stuck, den strahlenden Fresken, den hinreißenden Putten gar nicht mehr abwenden. Licht, Farben und Formen scheinen hier miteinander ein Fest zu feiern.

Ein ganzes Dorf, das Theater spielt

Nicht weit ist es von der Wies nach Oberammergau. Den Namen des Dorfes kennt man sogar in Amerika oder Japan, finden hier doch alle zehn Jahre die weltberühmten Passionsspiele statt, die auf ein Gelübde im Jahre 1633, als die Pest in Oberammergau wütete, zurückgehen – die nächsten wieder im Jahre 2000. Bei der Darstellung der Leidensgeschichte Christi wirken 2500 Einheimische mit. Und rund eine halbe Million Besucher aus aller Welt schauen ihnen dabei zu. Ein Abstecher nach Oberammergau lohnt sich allerdings auch in den restlichen neun Jahren; im Festspielhaus werden Übungsspiele veranstaltet. Außerdem kann man natürlich die schweren Kreuze besichtigen, an denen der Christus-Darsteller und die zwei Schächer während der Originalaufführung immerhin fast eine halbe Stunde lang hängen müssen.

Im übrigen sind es die kleinen Orte wie Oberammergau, die eine besonders eigenwillige Facette bayerischer Alpenkultur in aller Welt bekannt gemacht haben: die Lüftlmalerei, jene volkstümlichen Fresken, die nahezu in jedem schmucken Bergdorf das eine oder andere Haus verschönern. Aus einfachster Architektur machen sie barocke Kunstwerke, schneeweißen Putz verwandeln sie in bunte Bilderbücher. Ein Herr namens Franz Seraph Zwinck, der im späten 18. Jahrhundert das Oberammergauer Haus „Zum Lüftl" bewohnte, begann eines Tages, Säulen, Engel, Wolken und dergleichen mehr auf die Fassaden zu malen. Ein neues Berufsbild war entstanden: der Lüftlmaler. Ein „echter Zwinck" ist zum Beispiel in der Ludwig-Thoma-Straße zu sehen – das Pilatushaus, auf dem der Meister die Auferstehung in prächtigen Farben festgehalten hat. Auch viele Mittenwalder Fassaden, vor allem im Ortsteil Im Gries, präsentieren sich im bunten Kleide. Ein „lebendiges Bilderbuch", befand ein staunender Johann Wolfgang von Goethe, als er 1786 auf seiner Italienreise durch Mittenwald kam.

Manchmal kommt einem die Fahrt durch die Dörfer der Bayerischen Alpen vor wie eine Reise in die Vergangenheit. Fast übertrieben idyllisch erscheint hier manches Fleckchen. Buntbemalte Häuser scharen sich um eine possierliche Dorfkirche mit Zwiebelturm; durch enge Gassen schlendern Bauern mit Gamsbart am Hut; an holzgeschnitzten Balkonen von Bauernhöfen, die nicht selten auch heute noch Vieh, Mensch und Heu unter einem Dach vereinen, wogen Meere aus roten Geranien. Alles nur Staffage? Keineswegs. Tatsächlich wird die Blütenpracht hier mit aller Liebe und Sorgfalt gepflegt. Den Balkon selbst nutzt man hier im Bergland übrigens seit je zum Trocknen von Früchten und Kräutern. Einer der schönsten Orte, die solch zeitverlorene Nostalgie regelrecht zu atmen scheinen, ist Wallgau im Isarwinkel. Hier stimmt auch die Kulisse: saftiggrüne Weiden, im Hintergrund die majestätischen Höhen des Wettersteinmassivs und des Karwendelgebirges.

Schwerer als Wallgau hatten es offenbar manche Gemeinden am Tegernsee, ihre Eigenart zu bewahren. So nahe an der Weltstadt München mit all ihren Mode- und Kunstströmungen, so unmittelbar unter dem Einfluß der dort sehr hohen Immobilienpreise sein Gesicht nicht zu verändern, scheint fast unmöglich. In Rottach-Egern zum Beispiel be-

Auch eine klassische Landschaft der Bayerischen Alpen: das Murnauer Moos. Hier leben noch so rar gewordene Tierarten wie der Flußkrebs, die giftige Kreuzotter, der Wachtelkönig und der Große Brachvogel.

Bei der Trachtenwallfahrt von Marquartstein im Chiemgau zeigt sich eine eindrucksvolle Volksfrömmigkeit.

herrschen Edelboutiquen und Hotelanlagen das Bild des einst so hübschen Uferdorfs. Aber auch dort kann man der städtischen Atmosphäre immer noch sehr rasch entfliehen: eine ein- oder zweistündige Wanderung in die Berge, und schon ist man in einer ganz anderen Welt.

Manchmal haben sich Tradition und Moderne auch zu einem durchaus wohlklingenden Duett zusammengefunden. Aschau im Chiemgau, malerisch an der Kampenwand gelegen, ist so ein Ort. Zu bayerischer Balkonblüten-Idylle gesellt sich Kurkomfort erster Güte. Seine Gemütlichkeit hat Aschau dennoch nicht eingebüßt. Überhaupt verkörpert der Chiemgau für viele Urlauber all das, was man gemeinhin mit den Bayerischen Alpen verbindet: ländliche Gebirgsidylle, Hüttenzauber, Seeromantik – das Ludwig-Schloß Herrenchiemsee inklusive. „Alpenzoo" wird die Region deshalb von einigen Spöttern geheißen. Ihnen kommt der Chiemgau vor wie eine Art gutsortierter Krämerladen der Klischees. Was ungerecht ist, denn die famose Mischung aus bayerischen Alpeneigenheiten ist fast überall im Chiemgau natürlich gewachsen oder gar Natur selbst. Schauen wir uns zunächst am Chiemsee um; „Bayerisches Meer" nennt man es auch, dieses 80 Quadratkilometer große Segler- und Surferparadies, in dessen Uferorten Prien, Gstadt und Seebruck sich im Sommer die Touristen drängeln. Von Prien-Stock aus schippern das ganze Jahr hindurch Linienschiffe zur Insel Herrenchiemsee.

Seen, Berge und lebendiges Brauchtum

Die ehemalige Klosterinsel Herrenchiemsee genießt man ohnehin am besten in aller Herrgottsfrühe; denn das Schloß König Ludwigs II. ist zwar prächtig, aber fast immer hoffnungslos überlaufen. Wie das kleine, unschuldige Schwesterlein nimmt sich dagegen die Nachbarinsel Frauenchiemsee aus: Natürlich kommen auch hierher Touristen, aber die Siedlung mit Nonnenkloster und Klosterläden, in denen man Kräuterschnaps und selbstgemachtes Naschwerk kaufen kann, war nie ein solcher Publikumsmagnet wie die Schloßinsel. Dafür ist es hier ruhiger, beschaulicher.

Den herrlichen Chiemsee-Uferweg sollte man sich unbedingt ein Stück weit erwandern; überall bieten Händler leckere Steckerlfische zum Sofortverzehr feil. Rund um den See drapieren sich erhaben die Chiemgauer Berge, allen voran die 1669 Meter hohe Kampenwand mit ihrem eigentümlich gezackten Gipfel, auf den vom Luftkurort Aschau aus eine Kleinkabinenbahn hinaufführt – ein überaus beliebtes Klettergebiet übrigens.

Über Grabenstätt und die Deutsche Alpenstraße kommt man schließlich ins Ski- und Wandergebiet um Reit im Winkl. Nach der Abzweigung bei Seegatterl führt eine Straße hinauf zur Winklmoosalm – wahrscheinlich die prominenteste Skistation der Bayerischen Alpen, stammt doch die beliebte Skiweltmeisterin Rosi Mittermaier aus einem der Berghöfe hier oben.

Beschauliche Almenromantik sollte man von der Winklmoosalm freilich nicht erwarten – die spürt man in den Bayerischen Alpen nur abseits der Hauptverkehrswege auf. Das Bimmeln der Glocken, die an den Hälsen von braun-weiß gescheckten Rindvieh baumeln; Bauern, die einem mit der holzbeladenen Kraxe auf schmalem Pfad entgegenkommen; Gänse, die fröhlich schnatternd über saftiggrüne Wiesen watscheln: Solche Erlebnisse, auch die Einkehr in einem der idyllischen, hochgelegenen Almgasthöfe, muß man sich erst einmal erarbeiten – beim Bergwandern. Besonders schön in den Chiemgauer Bergen sind die Daffnerwaldalm (ab Samerberg), die Sauermöseralm (ab Oberwössen) und die Staudacher Alm (ab dem Wanderparkplatz südöstlich von Staudach).

Wer im Mai durch die Alpen reist, bekommt vielleicht sogar den alljährlichen Almauftrieb zu sehen: Bauern, die ihr Vieh – das Leittier ist zur Feier des Tages zwischen den Hörnern mit bunten Blumen geschmückt – zur Hochalm treiben. Der Almabtrieb Ende September wird oft sogar noch feierlicher begangen – vor allem dann, wenn die Herde noch komplett und keins der Tiere krank geworden oder gar verlorengegangen ist.

Doch bei weitem nicht alles, was einem als unverfälschter bayerischer Alpencharme angepriesen wird, hat mit solchem auch wirklich etwas zu tun. Es sind durchaus auch einige Mogelpackungen im Angebot. Echtes Brauchtum wie Jodeln, das ursprünglich vor allem eine Art Signalruf von Alm zu Alm war, oder das Tanzen des Schuhplattlers, der einst das Balzen der Birkhähne nachahmte, ist inzwischen an vielen beliebten Urlaubsorten zur bloßen touristischen Darbietung geworden. Selbst Alphörner, einen Import aus der Schweiz, hat man bei solchen Gelegenheiten schon gesichtet.

Die Touristen selbst sind daran natürlich nicht unschuldig, weil sie vielfach mit solchen klischeehaften Erwartungen ins bayerische Alpenland reisen. Man möchte Uriges, „typisch Bayerisches" erleben, möchte eine echte Brotzeit mit Weißwürsten, süßem Senf, Brezen und Weißbier – bei dessen Herstellung

Am Tor zu den bayerischen Alpen liegt der Chiemsee. Im Vordergrund die Insel Frauenchiemsee, dahinter die größere Insel Herrenchiemsee, eingerahmt von den Chiemgauer Bergen.

statt Braugerste Weizen verwendet wird – genießen. Und natürlich will man unbedingt auch einmal ein Älpler-Pärchen in Lederhosen-Outfit und waschechtem Dirndl gesehen haben. Beides zu finden, bedarf nun wirklich keines außerordentlichen Glücksfalls. Aber wer wirklich noch echte, unverfälschte Trachten erleben möchte, der sollte zum Beispiel einen Abstecher nach Bayrischzell im Land um Tegernsee und Schliersee machen. Hier, ganz in der Nähe des herrlichen Aussichtsbergs Wendelstein, nahm 1883 die Trachtenbewegung ihren Anfang, als der erste Gebirgstrachten-Erhaltungsverein gegründet wurde. Vor allem an bestimmten Sonn- oder Feiertagen, wenn die einheimischen Frauen in oft kostbaren Dirndln zur Messe in der Pfarrkirche Sankt Margaretha eintreffen, wird es bunt in Bayrischzell, und kein Mensch denkt mehr daran, daß die Tracht ursprünglich nur das Kleid von Knechten und Mägden war.

DAS BESONDERE REISEZIEL: DIE SCHLÖSSER DES MÄRCHENKÖNIGS

Der „Kini" lebt – zumindest als Souvenir; sein Konterfei grüßt von Plakaten, T-Shirts und Bierkrügen. Schließlich gelang Bayerns „Märchenkönig" Ludwig II., dessen 150. Geburtstag man 1995 feierte, Unerhörtes: Er machte seine kühnsten Träume wahr und schuf aus Luftschlössern wahre Lustschlösser – Neuschwanstein, Linderhof und Herrenchiemsee.

Von weitem blitzend weiß, voller Türmchen und Zinnen, reckt sich Schloß Neuschwanstein vom 965 Meter hohen Felsen bei Füssen dem Himmel entgegen. Sein Innenleben mit dem berühmten Sängersaal und dem Thronsaal erinnert an bombastische Theaterdekorationen. Der schönste Weg hinauf führt über die Pöllatschlucht; der Schloßweg selbst, zu Fuß oder à la Ludwig per Kutsche zu bewältigen, ist weit weniger spektakulär. Neuschwanstein war noch nicht fertig, da plante der baufreudige Ludwig bereits, in „meinem geliebten, traulichen Linderhofe" einen Zweitsitz nach dem Vorbild des Petit Trianon in Versailles zu errichten. 1878 präsentierte sich der neue Bau im Graswangtal in den Ammergauer Alpen als verspieltes Rokokoschlößchen inmitten eines 50 Hektar großen Landschaftsparks – es wurde Ludwigs Lieblingsschloß. Noch

Schloß Neuschwanstein ist wohl das fotogenste und berühmteste der Märchenschlösser, die der bayerische „Märchenkönig" Ludwig II. bauen ließ.

heute empfängt die Besucher eine 32 Meter hohe Fontäne, verzaubern das Paradeschlafzimmer, der Speisesaal, dessen Tafel mittels eines raffinierten Mechanismus direkt in die Schloßküche versenkt werden konnte, und das glanzvolle Spiegelzimmer wohl jedermann.

Ein zweites Versailles zum Andenken an Ludwig XIV., den „Sonnenkönig", sollte schließlich Schloß Herrenchiemsee werden. Doch tatsächlich übertraf Ludwigs Drittschloß sein französisches Vorbild sogar noch an Pracht und Prunk: Die 98 Meter lange Spiegelgalerie, die kostbaren Salons und die ausgeklügelten Wasserspiele im Inselpark sind unvergleichlich. Trotzdem – statt geplanter 70 Räume wurden bis zum Tod des Königs nur 20 teilweise fertiggestellt. Mit dem Dampfer kann man die Insel Herrenchiemsee von Prien-Stock aus erreichen. Die Schiffe fahren das ganze Jahr über, der originelle Schaufelraddampfer *Ludwig Feßler* jedoch nur im Sommer oder bei starkem Verkehrsaufkommen. Wer die Schloßinsel einmal ohne Besuchermassen erleben will, übernachtet am besten im Schloßhotel, dem einzigen Hotel auf der Insel. Allerdings sollte man sich unbedingt vorher telefonisch ein Zimmer reservieren lassen (Tel. 0 80 51/15 09).

ALLGÄU
Das Land der blühenden Felsen

Es war schon immer so: Ins Allgäu fährt, wer seine Ruhe haben will. Das Geheimnis dieses Landstrichs? Vielleicht die über weite Täler zerstreuten Höfe; oder die Wiesen mit Abertausenden von Sommersprossen aus leuchtenden Blumen; die kleinen Bäche, die zwischen den Felsen Versteck spielen. An manchen Stellen – eine Allgäuer Spezialität – wächst das Gras sogar auf steilen Felswänden, hier und da sprießen Blüten aus Steinspalten. Die Landschaft zwischen mildem Bodensee und kernigem Oberbayern scheint so lieblich, als würde sie lächeln. Selbst im Winter bewahrt sie sich ihr heiteres Gesicht.

Geben wir es ruhig zu: Wir denken an Kühe. Ist auch nicht weiter ungewöhnlich, denn dafür ist das Allgäu bekannt – für die halbe Million graubrauner Rinder, die sich auf seinen endlosen Wiesen an fettem Gras weiden. Im letzten Jahrhundert schauten sich die Allgäuer – die übrigens Schwaben und keineswegs Bayern sind – bei ihren Schweizer Nachbarn die Kunst des Käsens ab. Seitdem fließt ein Gutteil der Kuhmilch in den Allgäuer Emmentaler und ähnliche Produkte. Jeder vierte deutsche Käse stammt aus dem Allgäu – freilich kommt nur ein Bruchteil direkt von den Almen, die man hier Alpen nennt; das meiste stellen inzwischen große Molkereien her. Wie ein Teppich liegt das saftige Weideland über den Tälern. An den Grasbergen über dem Oytal bei Oberstdorf, den wohl seltsamsten Gesellen der Allgäuer Alpen, scheint es sogar dem Himmel entgegen zu wachsen. Grüne Büschel überziehen die Höfats und den Schneck noch dort, wo ihre Wände bis weit über 2000 Meter Höhe steil nach oben führen. Das Geheimnis dieser Berge heißt Aptychenkalk – ein famoser Nährboden für alles Pflanzliche. Unter der Grasdecke aber lauern messerscharfe Kanten, die schon manchen Bergsteiger ins Verderben stürzen ließen.

Für viele Touren ist das Kur- und Wintersportmekka Oberstdorf ohnehin der perfekte Ausgangspunkt; sei es für den Ausflug zum Nebelhorngipfel (2224 Meter), auf den die Nebelhornbahn führt, sei es für den Spaziergang durch die unheimliche, von tosenden Wassern durchspülte Breitachklamm oder auch für den Gang über den berühmten Heilbronner Weg, der 1899 feierlich als Wanderroute eingeweiht wurde. Er führt von der Rappenseehütte über den 2615 Meter hohen Steinschartenkopf, dessen Fels es dabei mit einer Leiter zu erklimmen gilt, unter dem Wilden Mann (2578 Meter) hindurch zum Bockkarkopf. Die Rappenseehütte wiederum erreicht man am besten über das zauberhafte Stillach- oder Birgsautal mit dem romantischen Dörfchen Einödsbach – jener Ansammlung von hutzeligen Holzhäusern, die sich vor der Bergwildnis um Trettachspitze und Mädelegabel fast wie ein Überbleibsel aus einer anderen Zeit ausnehmen.

Die Allgäuer Täler haben es in sich. Das Trettachtal südlich von Oberstdorf etwa birgt ein wunderschönes, blaugrün schimmerndes Juwel: den fischreichen Christlesee inmitten hügeliger Wiesenidylle. Und das Kleine Walsertal? Sein Trumpf ist seine sportfreundliche Lage inmitten einer ganzen Kompanie von Bergriesen, sein Ruf der eines nebelfreien, herrlichen Ski- und Wandergebietes. Eigentlich gehört es zum österreichischen Vorarlberg, doch da es von dort aus nur mühsam zu erreichen ist, schloß man es 1891 zumindest dem Zollgebiet Deutschland an – so mußten sich die Walser Bauern nicht von aller Welt verlassen fühlen.

Kaum weniger abgelegen ist Balderschwang, die mit 1044 Metern höchstgelegene Gemeinde Deutschlands. Man erreicht sie über die B 19 in Richtung Oberstdorf, von der man in Fischen (sieben Kilometer vor Oberstdorf) rechts abbiegt. Dann geht es über Deutschlands höchste Paßstraße, den steilen Riedbergpaß, in das wiesenreiche Tal am Fuße waldiger Berge: ideal zum Skilanglauf und -wandern, denn hier liegt oft noch Schnee, wenn sonst nichts mehr geht.

Bei aller Idylle kommen auch Kunstfreunde im Allgäu auf ihre Kosten. In Wertach bei Sonthofen zum Beispiel: Seine Sebastianskapelle von 1763 ist wegen ihres prachtvollen Innendekors sehenswert.

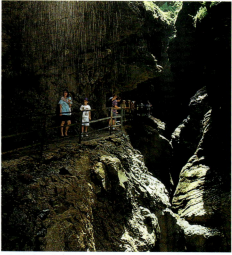

Die Breitachklamm südlich von Oberstdorf ist eine der schönsten Schluchten der Nördlichen Kalkalpen.

Oder in Füssen, wo einmalig restaurierte Giebelhäuser aus der Renaissance die Altstadt zu einem regelrechten Kleinod machen.

In Kempten gab es schon eine Keltensiedlung, und die Römer bauten dann die erste Sauna und das erste öffentliche Schwimmbad. Besonders sehenswert sind das gotische Rathaus mit einem schönen Rathausbrunnen, die barocke Basilika Sankt Lorenz und die ebenfalls barocke Residenz der Fürstäbte. Für Regentage gibt es ein Römisches Museum und ein Alpinmuseum.

Auskunft: Tourismusverband Allgäu/Bayerisch-Schwaben e. V., Fuggerstr. 9, 86150 Augsburg, Tel. 08 21/3 33 35.

Blick vom Auerberg auf den Alpenrand: Wo das grüne schwäbische Allgäu mit seinen eher sanften Hügeln in die Alpen übergeht, wurde einst jedes Ferienparadies einer unwirtlichen und rauhen Natur abgetrotzt.

BAYERISCHER WALD
Märchenwelt zwischen Donau und Böhmerwald

Unter den Gebirgen dieser Welt ist er ein Methusalem. Mit seinen Bergen und Buckeln dürfte er ungefähr sechsmal so alt sein wie die Alpen. Somit konnte der Zahn der Zeit lange an ihm nagen, und deshalb stellen ihn die Alpen heute von der Höhe her auch mit Leichtigkeit in den Schatten. Denn gäbe es keine Verwitterung, wäre der Bayerische Wald zweifellos der Größte. Eine Reise in die Tiefen dieses in Ostbayern gelegenen waldreichen Mittelgebirges ist deshalb immer auch eine Reise in die Vergangenheit – in urige Gesteinswelten und Urwälder.

„Es war einmal..." Vielleicht sollte man wie in einem Märchen beginnen, will man die Welt des Bayerischen Waldes zwischen Donau und tschechischer Grenze beschreiben. Denn so viel Wunderliches ist darin verborgen: der Kleine Arbersee mit seinen schwimmenden Inseln zum Beispiel, tief unterhalb des mit 1456 Metern höchsten Gipfels im Bayerischen Wald, des Großen Arbers, gelegen. Graswachsene Mini-Moore mit seltenen Sumpf- und Moorpflanzen sind es, die der Wind über den See schaukeln läßt. Oder der Pfahl – jene rund 150 Kilometer lange Quarzmauer, die das Erdaltertum uns als fotogenes Andenken hinterließ. Schnurgerade zieht sie sich – großenteils unterirdisch – von Nabburg im unteren Bayerischen Wald bis nach Passau hin. „Teufelsmauer" nennen sie die Einheimischen.

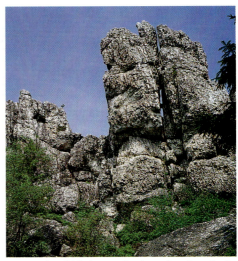

Der „große Pfahl" bei Viechtach ist der überirdische Rest der „Teufelsmauer". Ein Großteil wurde abgebaut.

Sagenumwoben liegt auch der von wildem Urwald umgebene, stille Rachelsee da, mitten im 1970 gegründeten Nationalpark Bayerischer Wald. Der Eingang zur Gehegezone des Parks befindet sich im Ort Neuschönau, wo man auch Informationsmaterial erhält. Selten gewordenes Getier ist in diesen Gehegen zu sehen: Wölfe, Braunbären, Luchse. Im nahen Grenzort Finsterau erzählt ein Freilichtmuseum mit historischen Bauernhäusern vom harten Leben der Menschen, der „Waldler", in dieser oft unwirtlichen Gegend.

Ein Märchenschloß? Auch das gibt es im Bayerischen Wald: die romantische Burg Falkenstein aus dem elften Jahrhundert über dem Luftkurort Falkenstein. Hier finden jeden Sommer beliebte und viel besuchte Burgfestspiele statt. Größere Städte findet man erst wieder in der Donau-Ebene, gleichsam als Pforten zum Bayerischen Wald: die ehrwürdige Dreiflüssestadt Passau zum Beispiel mit ihrer historischen Altstadt, dem berühmten Dom Sankt Stephan und dem interessanten Glasmuseum.

Auskunft: Tourismusverband Ostbayern e.V., Landshuter Str. 13, 93047 Regensburg, Tel. 09 41/ 58 53 90.

BÖHMERWALD
Das Niemandsland von einst wartet auf Entdecker

Eigentlich ist der Böhmerwald der siamesische Zwilling des Bayerischen Walds; Gestein, Flora, Fauna – das „Erbmaterial" ist bei beiden gleich. Getrennt sind sie gleichwohl voneinander: durch die Grenze zu Tschechien. Immerhin erwiesen sich Sperrzonen und Zäune als Naturschützer, ermöglichten sie doch den langen Dornröschenschlaf des urigen Böhmerwalds. Inzwischen sind die Zäune verschwunden, und man kann problemlos von hüben nach drüben wandern.

Für die Tschechen heißt der südöstliche Teil des Böhmerwaldes zwischen Všeruby (Neumark) und Vyšší Brod (Hohenfurth) nur Šumava, der „Rauschende", und wenn man sich ein wenig tiefer ins Dickicht schlägt und zu den Wipfeln emporlauscht, weiß man, warum. 1991 wurden rund 700 Quadratkilometer mit wilden Schluchten, weiten Wäldern und plätschernden Bächen zum Nationalpark gemacht. Still und einsam liegen dort die größten Seen des Böhmerwalds, der Teufelssee und der Schwarze See, über den die 335 Meter hohe Seewand wacht. Der Kern des Nationalparks aber ist das Tal der Widra, die sich schlangengleich an den riesigen Felsblöcken vorbei durch die Wälder windet.

Wer weiterfährt über Vimperk (Winterberg), erspäht bald den 1362 Meter hohen Gipfel des Boubín (Kubany). Er thront über den Wipfeln von 300 bis 400 Jahre alten, knorrigen Buchen, Tannen und Fichten – Urwälder, wie sie der Erzähler Adalbert Stifter (1805 bis 1868) einst auf unvergleichliche Weise beschrieb.

Am Plöckensteinsee hat man dem großen Sohn des Böhmerwalds ein Denkmal gebaut. Nahe dem heutigen Moldau-Stausee, wo Stifter lebte, liegt auch das mittelalterliche Frymburk (Friedberg). Früher wurde ein Teil des böhmischen Waldes vom kämpferischen Volksstamm der Choden bewohnt. Eine ihrer Burgen steht noch in Domažlice (Taus). Das Heimatmuseum informiert über Geschichte und Kunst der Choden.

Auskunft: Tschechische Zentrale für Tourismus, Leipziger Str. 60, 10117 Berlin, Tel. 0 30/2 04 47 70.

Adalbert Stifter schrieb über den Böhmerwald: „Waldwoge steht hinter Waldwoge." In diesem stetigen Grenzgebiet blieb die Ursprünglichkeit der Landschaft auch im Zeitalter des Massentourismus erhalten.

MASUREN

*Land der dunklen Wälder
und silbernen Seen*

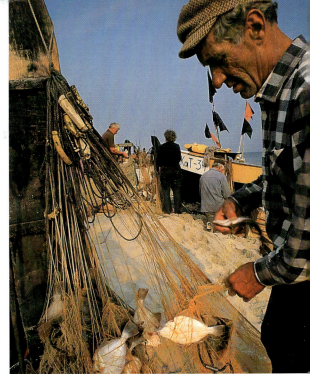

Hügel, Seen und kleine Birkengehölze, so weit das Auge reicht; Getreidefelder, dunkle Kiefernwälder auf sandigem Boden und Kartoffeläcker mit grünem Kraut. Dann ein Dorf: geduckte, einstöckige Häuser mit grauem Verputz und roten Ziegeln, die Dachfirste stets parallel zur Straße ausgerichtet. Gänse laufen über den Weg; vor einem Lebensmittelgeschäft stehen ein paar ältere Leute beim Schwatz; ein Pferdegespann zieht vorbei. Auf der Wiese vor dem Dorf klappert ein Storch. Und wenn der auch hier dichter werdende Autoverkehr die Idylle bisweilen empfindlich trübt, gilt dennoch: Wer, von Warschau, Thorn oder Danzig kommend, nach Masuren fährt, der läßt die hektische Gegenwart allmählich hinter sich, tastet sich in ein Land hinein, in dem die Zeit stehengeblieben zu sein scheint.

Jahrhundertelang haben Deutsche die Geschichte Ostpreußens geprägt. Seit dem Zweiten Weltkrieg ist der südliche Teil polnisch, darunter auch Masuren, das Land der tausend Seen. Über Jahrzehnte nannte kaum einer die alten deutschen Ortsnamen. Das hat sich mit der demokratischen Wende in Polen geändert; der Umgang mit der Geschichte ist offener geworden.

Die Landschaft allerdings ist unverändert. Ob deutsch, ob polnisch, an ihrem Anblick haben sich Generationen erfreut; sie zieht Naturfreunde und Erholungsbedürftige ebenso an wie Menschen, die auf den Spuren der Geschichte wandeln möchten. Tagsüber auf sandigen Forstwegen die von Sonnenlicht durchfluteten Wälder erkunden oder mit einem Boot durch die schimmernden Wellen gleiten; abends an einem der Seen sitzen, über das vom Wind leicht gekräuselte Wasser auf die gegenüberliegende Uferlinie schauen, die sich dunkel vom Himmel abzeichnet – das ist ein Erlebnis unberührter Natur und friedlicher Stille, das man nicht so leicht vergißt. Hier ist man weitab vom Lärm der Zivilisation. Leise singen Masten und Takelage der Segelboote an den Holzstegen; später, wenn es dunkel wird, mischt sich das Zirpen der Grillen hinein.

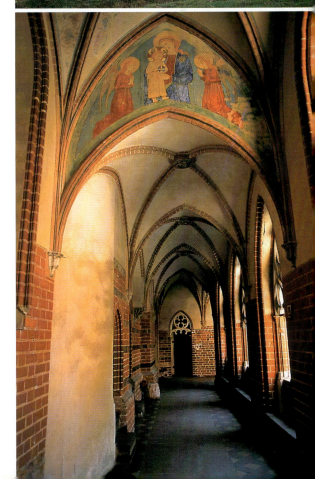

Die Masurische Seenplatte, wie sie im Erzählband *So zärtlich war Suleyken* von Siegfried Lenz lebendig wird, kennt immer einen einsamen Angler am See (Foto links) – Symbol der sprichwörtlichen Stille, die man mit dem Süden des alten Ostpreußen verbindet. Große Teile dieses Gebietes im südlichen Teil des Baltischen Höhenrückens sind durch Flüsse und Kanäle miteinander verbunden und als Reservate zum Schutz der Tier- und Pflanzenwelt ausgewiesen. Ob bei den Fischern in der Danziger Bucht am Frischen Haff (Foto rechts oben) oder bei der Ernte mit dem Pferdegespann (Foto rechts Mitte): Hier bestimmt die Natur den Rhythmus des Lebens. Von der wechselvollen Geschichte dieses Landstrichs zeugen zahlreiche profane und sakrale Bauten, wie etwa die mittelalterliche Deutschordensfestung Marienburg mit ihren wertvollen Fresken im gotischen Kreuzgang (Foto rechts unten).

Mitteleuropa

Wo die Geschichte immer zwei Seiten hat – mindestens

Die Seenplatte, eine Hinterlassenschaft der jüngsten Eiszeit, ist nur eine – wenn auch die landschaftlich reizvollste – der zahlreichen Attraktionen, die den Besucher nach Nordostpolen ziehen. Eine historische Region Masuren hat es nie gegeben. Ginge es nur um das Kernland der Seenplatte, wären die Grenzen leicht festzulegen. Ihre Hauptorte sind Nikolaiken (Mikołajki) und Lötzen (Giżycko), die an den drei größten Seen liegen: dem Spirdingsee (Jezioro Śniardwy), dem Mauersee (Jezioro Mamry) und dem Löwentinsee (Jezioro Niegocin). Als dritter Ort ist Sensburg (Mrągowo) hinzugekommen, das zwar kaum Sehenswürdigkeiten bietet, aber wegen seiner Quartiere zum Anlaufpunkt deutscher Reiseveranstalter wurde. Die äußeren Reviermarken dieser Region bilden Allenstein (Olsztyn) im Westen und Suwałki im Osten, Ortelsburg (Szczytno) und Johannisburg (Pisz) im Süden sowie die Grenze zu Rußland im Norden.

Doch wer andere Interessen in den Vordergrund stellt, wird natürlich auch die Grenzen der Region anders ziehen. Nach Masuren kommen ja nicht nur Wassersportler oder Menschen, die an Seen Erholung suchen. Eine ganze Reihe von Gästen interessiert sich auch für die deutsche Geschichte dieser Gebiete. Die fing mit dem Ordensstaat an. Die Zeugnisse der Kreuzritter lassen sich am besten in der Marienburg (Malbork) besichtigen, etwa 50 Kilometer südöstlich von Danzig und rund 150 Kilometer westlich des masurischen Kernlandes. Die Fahrt von Danzig über die Marienburg zu den Seen führt durch das Ermland (Warmia), das im Unterschied zu den protestantischen Gebieten Preußens vom Barock geprägt ist, weil es bis zu den polnischen Teilungen im 18. Jahrhundert zu Polen gehörte. Es reicht von Frauenburg (Frombork) am Frischen Haff (Zalew Wiślany) im Norden – wo der Astronom Nikolaus Kopernikus 30 Jahre lebte und nachwies, daß die Gestirne sich um die Sonne drehen – bis nach Allenstein (Olsztyn) im Süden und Rößel (Reszel) im Osten. Östlich des Ermlandes, ganz in der Nähe von Rastenburg (Kętrzyn), steht gleichsam das Zeugnis des Endes deutscher Herrschaft in der Region: die Wolfsschanze, Hitlers Hauptquartier im Zweiten Weltkrieg.

Schon geographisch ergibt sich eine deutliche Trennung zwischen Kultur und Natur: Die Kulturdenkmäler liegen überwiegend im westlichen Teil der Region, die Masurische Seenplatte mit ihrer landschaftlichen Schönheit nimmt den Ostteil ein. Man sollte seine Unterkunft also je nach Interessenschwerpunkt wählen. Besonders einladend sind die Ferienhäuser, die man am besten in einem der Reisebüros in Lötzen (Giżycko) mietet.

Trutzig und einschüchternd ragen die roten Backsteinmauern der Marienburg am Nogatufer auf. Der mächtige gotische Bau, Sitz des 1190 im Heiligen Land gegründeten Deutschen Ordens, gehört zu den gewaltigsten Profanbauten des Mittelalters und gilt als größte Wehranlage aus Backstein im Europa jener Epoche. Wie klein und wehrlos müssen sich die Untertanen angesichts dieser Manifestation von Macht seinerzeit gefühlt haben. Der Weg in den von Kreuzgängen umgebenen Innenhof führt durch mehrere Verteidigungsanlagen. Die ehemalige Residenz des an der Ordensspitze stehenden Hochmeisters gliedert sich in das Unterschloß mit Waffenkammern, Glockengießerei und Laurentiuskapelle, das Mittelschloß mit Gästezimmern, Räumen des Großkomturs, Rittersaal und Hochmeisterpalast sowie das Hochschloß mit Kapitelsaal, Schlafräumen, Refektorium und weiteren Kapellen. Ein tiefer Brunnen sicherte bei Belagerungen mo-

---

DIE MASURISCHE SEENPLATTE AUF EINEN BLICK

SEHENSWÜRDIGKEITEN

Allenstein (Olsztyn): Masurenmuseum in der Ordensburg; **Elbing (Elbląg) bis Osterode (Ostróda):** Oberländischer Kanal mit Schleusen und Schiffshebewerken; **Frauenburg (Frombork):** gotischer Backsteindom; **Heilsberg (Lidzbark Warmiński):** Bischofssitz von Ermland, Kreuzgang; **Hohenstein (Olsztynek):** Freilichtmuseum; **Krutinnen (Krutyń):** masurische Holzhäuser; **Lötzen (Giżycko):** Schiffsausflüge auf Mauersee und Löwentinsee; **Marienburg (Malbork):** Burg des Deutschen Ritterordens; **Nikolaiken (Mikołajki) am Spirdingsee:** sehenswertes Stadtbild; **Oliwa:** Zisterzienserabtei, Orgel; **bei Rastenburg (Kętrzyn):** Wolfsschanze (Hitlers Hauptquartier im Zweiten Weltkrieg); **Rößel (Reszel):** gotische Bischofsburg; in der Nähe: Barockkloster Heiligelinde (Święta Lipka).

FESTE UND VERANSTALTUNGEN

Angerburg (Węgorzewo): Frühlingsfest (Brauchtum und Kunstmarkt), Folklore-Festival, Anfang Juni, Tage der Volkskunst, Anfang November; **Elbing (Elbląg):** internationales Festival der Orgelmusik, Juni bis August; **Sensburg (Mrągowo):** internationales Festival der Countrymusik, Juli.

AUSKUNFT

Polnisches Informationszentrum für Touristik, Waidmarkt 24, 50676 Köln, Tel. 02 21/23 05 45.

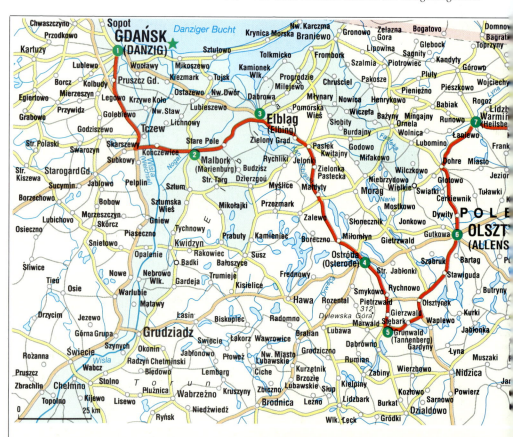

Unser Routenvorschlag

VON DANZIG ÜBER DAS ERMLAND NACH MASUREN

Ausgangspunkt ist die alte Hansestadt Danzig (Gdańsk) ❶ (siehe auch: Das besondere Reiseziel). Über die Marienburg (Malbork) ❷, einst Sitz des Deutschen Ritterordens und eine gigantische mittelalterliche Backsteinfestung, geht es nach Elbing (Elbląg) ❸, von wo aus man eine einzigartige Schiffsfahrt durch den Oberländischen Kanal mit seinen Schleusen und Hebewerken zum nächsten Ziel Osterode (Ostróda) ❹ unternehmen kann. Mit dem Schiff oder Bus geht es dann wieder zurück nach Elbing und weiter nach Grunwald/Tannenberg ❺, wo 1410 das polnisch-litauische Heer über den Deutschen Orden siegte. Dann führt unsere Reise über Hohenstein (Olsztynek), wo es ein interessantes Freilichtmuseum mit alten Bauern-

natelang die Wasserversorgung. Riesige Kreuzgewölbe überspannen die Speisesäle. Heute kann man in den Räumen der Marienburg Waffen, Rüstungen, Gemälde, mittelalterliche Möbel und eine Bernsteinsammlung besichtigen.

Die historische Bewertung des Ordens gehört bis heute zu den heiklen Kapiteln der deutsch-polnischen Geschichte. Der polnische Herrscher Konrad von Masowien hatte die Ritter im Jahre 1226 zur Eroberung des Pruzzenlandes und zur Christianisierung seiner heidnischen Bewohner gerufen, aber dabei Machtverhältnisse angestrebt, die ihm eine gewisse Kontrolle beließen. Der Orden, der seinen Sitz 1309 von Venedig in die Marienburg verlegte, hatte sich jedoch auch bei Papst und Kaiser rückversichert, daß ihm die Herrschaft über die Gebiete zufalle. Hier sah er das Kerngebiet seines autoritären Ordensstaats. So kam es nach der Niederwerfung der Pruzzen schließlich zum Konflikt um die Oberhoheit. Doch erst das vereinte Heer des polnisch-litauischen Jagiellonenreiches war stark genug, den Orden zu besiegen: 1410 in der Schlacht von Grunwald/Tannenberg, etwa 25 Kilometer süd-

Der Spirdingsee, mit 110 Quadratkilometern der größte polnische See, heißt auch „Masurisches Meer" und liegt im Zentrum des Naturparks Mazurski Krajobrazowy.

östlich von Osterode. Historienmaler und Dichter haben diesen „Sieg über die Deutschen" national verklärt. Der erste Thorner Frieden nach der Schlacht von Grunwald beschränkte den Einfluß des Ordens, der zweite beendete 1466 dessen Macht – die Marienburg war bereits 1457 an die polnische Krone gefallen, der Hochmeister verlegte seinen Sitz nach Königsberg.

Aus den Überresten des Ordensstaats wurde eine weltliche Herrschaft, eine der Keimzellen des späteren königlichen Preußen. 1525 wurde das Herzogtum Preußen als Lehensstaat des katholischen Königreichs Polen gegründet; es hatte sich bereits der Reformation angeschlossen und entzog sich mit der Zeit der Abhängigkeit von Polen. 1618 vereinigte es sich mit dem fernen Brandenburg und konnte durch geschicktes Paktieren im Dreißigjährigen Krieg die polnische Lehensoberhoheit abschütteln. 1701 ließ sich der brandenburgische Kurfürst als Friedrich I. zum König in Preußen krönen.

Von der Backsteingotik zum polnischen Barock

Noch heute zeugen überall in Masuren Burgen von der Ordensherrschaft: In Allenstein (Olsztyn) beherbergt der wuchtige Backsteinbau heute ein Masurenmuseum; auch Rastenburg (Kętrzyn) ist aus einer ehemaligen Burg entstanden. Doch keine dieser Burgen wirkt so imposant wie die Marienburg.

Im Ermland haben der polnische Staat und sein katholischer Klerus nach dem Sieg über den Deutschen Orden den Kontrapunkt zum protestantischen Preußen beziehungsweise seinen Vorläufern gesetzt. Katholischer Barock überdeckt die Backsteingotik des Ordens und bildet einen krassen Kontrast zur Architektur in den benachbarten Regionen, in Danzig und Königsberg. Am sinnfälligsten illustrieren

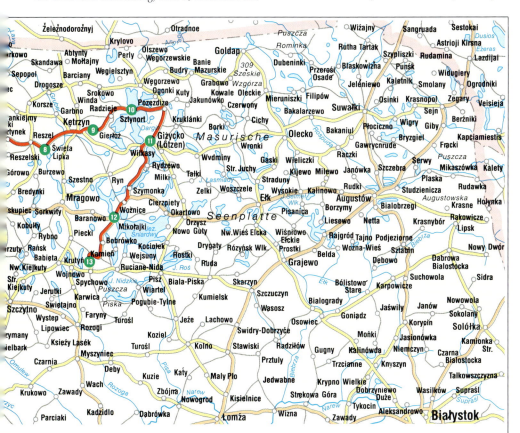

häusern der Region gibt, nach Allenstein (Olsztyn) ❻. Das Masurenmuseum in der ehemaligen Burg des ermländischen Domkapitels lohnt einen Besuch. Über Heilsberg (Lidzbark Warmiński) ❼, den früheren Bischofssitz von Ermland, führt die Route nach Heiligelinde (Święta Lipka) ❽, wo das katholische Polen mit einem Barockkloster in hellem Sandstein im 17. Jh. den Kontrapunkt zur preußischen Backsteingotik setzte. Als nächstes ist nahe Rastenburg (Kętrzyn) Hitlers Hauptquartier, die Wolfsschanze, beim Dorf Gierłoz ❾ zu besichtigen. In Steinort (Sztynort) ❿ lassen das Schloß der Grafen Lehndorff und der Park das Leben auf den großen Gütern vor dem Krieg noch ahnen. Ausgehend von Lötzen (Giżycko) ⓫ und Nikolaiken (Mikołajki) ⓬, kann man mit Schiffen die drei größten Seen und die Verbindungskanäle erkunden. Auch bietet sich eine einsame Wanderung nach Krutinnen (Krutyń) ⓭, einem malerischen Dorf, an.

Mitteleuropa

Von der Alle (Aava) bei Bartenstein (Bartoszyce) kann man auf dem Wasserweg bis nach Königsberg oder Lötzen (Giżycko) fahren.

dies die Wallfahrtskirche und das Jesuitenkloster Heiligelinde (Święta Lipka), ein wahres Barockjuwel, das sich in lichtem Sandstein zeigt. Die Altäre in Heiligelinde sind größtenteils Werke deutscher Künstler aus Königsberg, die Kreuzgänge haben ermländische Meister ausgestattet. Auch in der Kopernikusstadt Frauenburg (Frombork) veränderte der gotische Backsteindom in Renaissance und Barock durch reiche Ausschmückung seinen Charakter. Einen Besuch lohnen auch Heilsberg (Lidzbark Warmiński), bis 1772 Zentrum und Bischofssitz des polnischen Ermlandes, und Rößel (Reszel) mit seiner gotischen Bischofsburg.

Masuren erschließt sich am besten mit dem Boot

Mit den polnischen Teilungen und der Eingliederung in Preußen wurde das im Ermland dominierende polnische Element in die Defensive gedrängt. Als 1918 wieder ein polnischer Staat entstand, blieb das Ermland deutsch. Nach dem Zweiten Weltkrieg fiel das gesamte südliche Ostpreußen an Polen.

Die Wirren der Geschichte haben diese Region zwischen Weichselmündung und litauischer Grenze arg gebeutelt. Aber es scheint, als sei die Landschaft stets stärker gewesen als die gravierenden politischen Umwälzungen. Sie hat die wechselnden Bewohner geprägt, statt sich ihren Charakter von den Menschen aufzwingen zu lassen. Wohl deshalb strahlt sie eine so tiefe Ruhe und unerschütterliche Beständigkeit aus.

Das beherrschende Element, das Masuren sein ganz unverwechselbares Gesicht verleiht, ist nicht von Menschenhand geschaffen worden. Zum Adjek-

Wallfahrtskirche und Kloster Heiligelinde (Święta Lipka) bei Rößel (Reszel) prangen in italienischem Barock.

tiv „masurisch" gehört untrennbar das Hauptwort „Seen" – eine Reise in Polens Nordosten wäre unvollkommen, wenn man nicht mindestens eine Bootsfahrt unternähme. Schon auf der Anfahrt von Danzig kann man am Westrand der Masurenplatte zwischen Elbing (Elbląg) und Osterode (Ostróda) eine in Europa einzigartige Schiffstour erleben. Der Oberländische Kanal zwischen den rund 65 Kilometer auseinanderliegenden Orten wurde zwischen 1845 und 1860 erbaut. Allerdings ist die Bezeichnung „Kanal" etwas irreführend, denn herkömmliche Schleusen und Schiffshebewerke allein genügen nicht, um die Höhenunterschiede auszugleichen. An fünf Stellen müssen die Boote auf Gleitkarren geschoben und auf Schienen über eine Anhöhe gezogen werden. Die Fahrt über die gesamte Strecke dauert elf Stunden, wobei wunderschöne Uferplätze zur Rast einladen.

Im Herzen der Masurischen Seenplatte ist das Angebot an Bootstouren dann noch größer: Segeln, Rudern, Angelausflüge – nur private Motorboote sind nicht zugelassen, was die übrigen Gäste sehr zu schätzen wissen. Zwischen Angerburg (Węgorzewo) am Mauersee im Norden und Eckertsdorf (Wojnowo) am Niedersee im Süden verkehren die Ausflugsschiffe der Weißen Flotte. Und wer nicht auf dem gleichen Weg zurückkehren will und sich dem öffentlichen Nahverkehr auf Polens flachem Land anvertraut, findet auch mit Bus und Bahn wieder an den Ausgangspunkt zurück.

Von einer der zahllosen Anlegestellen aus kann man eine Bootstour mit den typischen Stecherkähnen machen.

Die Bootsfahrt zwischen Lötzen (Giżycko) und Nikolaiken (Mikolajki), die rund 40 Kilometer auseinanderliegen, dauert etwa einen halben Tag; sie führt über den Löwentinsee (Jezioro Niegocin), verschiedene Kanäle und den Nordzipfel des Spirdingsees (Jezioro Śniardwy). Hinter einer Biegung tauchen plötzlich die modernen Silotürme eines großen landwirtschaftlichen Betriebs auf; bei näherem Hinsehen wird die weit ältere Anlage des ehemaligen deutschen Gutshofs sichtbar: Wirtschaftsgebäude und Stallungen bilden drei Seiten eines Vierecks. Ein wenig abgesetzt steht das alte Gutshaus – teils heruntergekommen, teils mit frischem Verputz.

Weiter in Richtung Süden auf den Spirdingsee hinauszufahren ist ebenfalls ein Erlebnis – und zwar schon allein wegen dessen schier unendlich scheinender Größe. Mit 110 Quadratkilometern Wasserfläche war Polens größter See vor dem Krieg Deutschlands drittgrößter Binnensee nach dem Bodensee und der Müritz – und wurde deshalb auch „Masurisches Meer" genannt.

Auf den Schiffen und in den Orten, in denen sie anlegen, herrscht meist geschäftiges Treiben. Wer dem Ferientrubel entfliehen will, kann sich auf Wanderungen oder Radtouren durch Felder und Wälder begeben – und wird dabei nur wenigen Touristen begegnen. Auf diesen Ausflügen läßt sich am besten erkunden, was sich geändert hat, seit Deutschland im Zweiten Weltkrieg die Ostgebiete verlor, und was unverändert geblieben ist.

Wenn man vom Gut Dommelhof (Dybowo) auf der Landzunge, die in den nordwestlichen Zipfel des Spirdingsees hineinragt, ein Stück den Weg nach Nikolaiken zurückwandert, dann die erste Abzweigung nach Norden nimmt und die östlich an die Landzunge angrenzende Bucht umrundet, geht es über sandige Wirtschaftswege durch lichten Wald. Nach etwa drei Kilometern liegt wenige Meter rechter Hand ein altes preußisches Forsthaus. Nach weiteren drei Kilometern trifft man auf eine asphaltierte Straße, der man bis nach Eckersberg (Okartowo) zur Bahnlinie von Nikolaiken (Mikolajki) nach Arys (Orzysz) folgt. Dort gibt es auch ein Gasthaus, wo man einkehren kann.

Landschaftlich sehr reizvoll ist auch der Weg von hier nach Norden, der am Türklesee (Jezioro Tyrklo) und am Martinshagener See (Jezioro Buwelno) entlang zum Ubliksee (Jezioro Ublik) führt. Vom Dorf Seehöhe (Cierzpiety) aus hat man einen schönen Ausblick. Auf der Landstraße auf halber Strecke zwischen Arys (Orzysz) und Lötzen (Giżycko) verkehrt von Zeit zu Zeit ein Bus, der den Wanderer vor Einbruch der Nacht aus der Einsamkeit wieder dorthin bringt, wo er ein Quartier finden kann: In Lötzen gibt es einen Campingplatz und Hotels.

Die Fluß- und Auenlandschaft des Danziger Werders im Norden des Weichseldeltas, hier der Zusammenfluß von Mottlau und Radaune, liegt teilweise unter dem Meeresspiegel der Ostsee.

DAS BESONDERE REISEZIEL: DANZIG, HANSESTADT UND WIEGE DER SOLIDARNOŚĆ

Geht es kontrastreicher? Da ist die idyllische, von Polen liebevoll wiederaufgebaute Altstadt mit den hohen roten Backsteinkirchen, den herrschaftlichen Patrizierhäusern und ihren gemütlichen Vorbauten vor den Eingängen; der Lange Markt mit dem Artushof, Symbol für Reichtum, Kaufmannsstolz und bürgerliches Selbstbewußtsein der Hansestadt. Und da sind wenige Kilometer weiter nördlich in Gdingen (Gdynia) das kalte Stahlgewirr der Kräne der Werft und der nackte Beton ihrer Umgebung mit den häßlichen Wohnblocks für die Arbeiter. Aber auch dieser Teil der „Dreistadt", zu der noch Zoppot (Sopot) zu rechnen ist, gehört ebenso untrennbar zum Mythos der Stadt. Denn hier in der Leninwerft stand die Wiege der Solidarność, der ersten unabhängigen Gewerkschaft im kommunistischen Osteuropa, die mit ihrem Protest gegen die Diktatur die Wende zur Demokratie erzwang.

Nach Gdingen zieht allein die historische Neugier den politisch interessierten Zeitgenossen, zum Verweilen lädt dort nichts ein. Ganz anders Danzig. Die Altstadt verführt zum Bummeln und Schauen. Hier – und fast nur hier – gibt es die Beischläge: Terrassen vor den Bürgerhäusern, umzäunt von kunstvoll gearbeiteten schmiedeeisernen Brüstungen und Geländern; da wandern die Augen staunend an den Backsteinfassaden zu hübschen Giebeln und mächtigen Kirchtürmen empor, die an Amsterdam und Brügge, Lübeck und Kopenhagen denken lassen; und dort schweift der Blick über die Mottlau zu den alten Speichern. Möwen kreischen, es riecht nach Seetang und Meer. Man staunt ebenso, wie es der winzige Oskar Matzerath, der Held des weltberühmten Romans *Die Blechtrommel* von Günter Grass, einst tat.

Was kann man hier nicht alles unternehmen: Auf den Turm der Marienkirche steigen und die Aussicht auf die Stadt genießen; Antiquariate mit alten Büchern und Ansichtskarten durchstöbern; in Antiquitätenläden nach den berühmten Blakern (Wandleuchtern) Ausschau halten, die daheim eine Zimmerwand verzieren könnten, oder in Juweliergeschäften Bernsteinschmuck erstehen. Beim Krantor wird man länger verweilen, das Stadtmuseum hält mehr Informationen über die Geschichte bereit, als der Besucher aufnehmen kann. Buchhandlungen und manche Kioske bieten ein zweisprachiges, deutsch-polnisches Bändchen an für die eigenständige Suche nach den Schauplätzen der Romane von Günter Grass: Langfuhr etwa oder dem Badeort Brösen. Manche Bezeichnungen sind untrennbar mit dem Ausbruch des Zweiten Weltkrieges verbunden: die Westerplatte zum Beispiel oder auch die polnische Post. Vielleicht fährt man einmal hinaus nach Oliwa, wo ausgezeichnete Orgelkonzerte zu hören sind. Oder der Gast sucht nach der Badeortkultur, von der in Zoppot nur das Grandhotel und die Mole übriggeblieben sind.

Das Danziger Krantor an der Mottlau, eines der größten mittelalterlichen Hebewerke überhaupt, ist wohl das bekannteste Wahrzeichen der Stadt.

POLENS OSTSEEKÜSTE
Landschaft mit nordisch-herber Atmosphäre

Berlin hat – touristisch gesehen – seine Badeorte der Vorkriegszeit wieder: Zinnowitz, Bansin, Ahlbeck, Misdroy... Wer es sich früher leisten konnte, schickte die Familie in die Sommerfrische an die Ostsee und fuhr am Wochenende selbst. Seit der demokratischen Wende im Herbst 1989 steht dieser Weg wieder offen. Und am langen Sandstrand im polnischen Misdroy (Międzyzdroje) ist der Berliner dank der Autobahn nach Stettin (Szczecin) und der gut ausgebauten Strecke an die Küste trotz Grenze meist schneller als in den ostdeutschen Bädern der geteilten Insel Usedom. Da sind noch die alten Strandvillen aus Holz zu bewundern, da kann man die salzige Meerluft genießen, ohne sich wie eine Ölsardine zwischen Urlaubermassen zwängen zu müssen.

Auch weiter östlich, um Kolberg (Kołobrzeg) und Stolpmünde (Ustka), erstrecken sich schöne Strände und malerische Molen die Küste entlang. Manchen lockt ein Abstecher ins Landesinnere zur dünnbesiedelten Pommerschen Seenplatte südlich Köslin (Koszalin) oder eine Erkundungsfahrt durch das Agrarland, einst geprägt vom ostelbischen Junkertum. Riesige Güter liegen über das Land verstreut und erzählen von einstiger Macht und einstigem Reichtum der einflußreichen Gutsherren. Helle Wirtschaftswege laden zu einem Spaziergang ein, weit schweift der Blick über das flache Land. In der Kaschubischen Schweiz, schon nahe an der Danziger Bucht, wird die Topographie wellig und auch waldreicher. Im ganzen Gebiet gibt es Sakral- und Profanbauten der Backsteingotik zu besichtigen.

Die Fahrt die polnische Ostseeküste entlang zwischen Swinemünde (Świnoujście) und Danzig ist immer auch eine Reise in die Vergangenheit. Noch haben die Orte den Lockungen des westlichen Massentourismus nicht nachgegeben. Trotz der sich mehrenden bunten Reklameschilder strahlen sie einen eher zurückhaltenden nordisch-herben Charme aus. Kein Wunder: In Pommern haben slawische, deutsche und skandinavische Herrscher einander abgewechselt. Doch allein die Kaschuben haben eine eigenständige Identität bewahren können, während die polnische Bevölkerung, die nach der Vertreibung der Deutschen aus dem Osten zuwanderte, erst allmählich ein neues Gefühl von Heimat entwickeln mußte.

Autofahrer reisen über Stettin (Szczecin) ein. Der Grenzübergang auf Usedom von Ahlbeck nach Swinemünde (Świnoujście) ist, abgesehen von den Inhabern einer Sondergenehmigung, nur für Fußgänger geöffnet. Aus Stettin stammen zahlreiche große Persönlichkeiten, unter anderem die russische Zarin Katharina II., der Schauspieler Heinrich George und der Schriftsteller Alfred Döblin. Die Stadt war im Krieg schwer zerstört und leidet heute unter dem Niedergang des Hafens. Mehr Erbauung verspricht der Bummel durch Kurorte wie Kolberg (Kołobrzeg) mit seinem Segelhafen und seinen Parkanlagen oder Rügenwalde (Darłowo) mit den spätbarocken Markthäusern, dem Brunnen vor dem Rathaus und der gotischen Marienkirche. Auch die aus bis zu 30 Meter hohen Wanderdünen und Küstenseen komponierte Landschaft des Naturparks (Słowiński Park Narodowy) am Meer zwischen Stolp (Słupsk) und Lauenburg (Lębork) lohnt allemal eine ausführliche Begutachtung.

Kaschubien ist ein von Hügeln und kleinen Seen geprägter Landstrich. Bedeutende Schriftsteller – von Werner Bergengruen bis Günter Grass – haben ihm und seinen unverwechselbaren Menschen die Reverenz erwiesen. Man kann diese Idylle sowohl auf der Fahrt nach Danzig durchstreifen als auch auf Ausflügen von dort aus erkunden. So mancher Romanheld ersteht beim Anblick der Landschaft vor dem

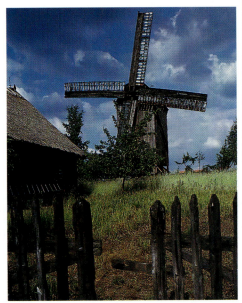

Im kaschubischen Freilichtmuseum von Karthaus (Kartuzy) werden Volkskunst und altes Handwerk lebendig.

inneren Auge des Besuchers und bringt ihm in wechselseitiger Wirkung beides näher: fiktive Gestalten und Handlungen sowie reale Schauplätze und Kulissen. Die kaschubische Sprache ist übrigens eng mit der polnischen verwandt, wird aber härter ausgesprochen – was Deutsche verwundern mag, da doch früher das Deutsch der Kaschuben als besonders weich und reich an Verkleinerungsformen galt. Besuchen kann man das Prämonstratenserinnenkloster im Dorf Zuckau (Zukowo) und das ursprünglich gotische, später barockisierte Kartäuserkloster in Karthaus (Kartuzy), 20 beziehungsweise 30 Kilometer westlich von Danzig gelegen. In dieser Region werden die bekannten kaschubischen Töpferwaren mit hellblauer Glasur und hübschem Tulpenmuster hergestellt.

Auskunft: siehe Seite 82.

Wenn das Wetter mitspielt, kann man sich in den Dünen bei Łeba in Ostpommern wie am Atlantik fühlen: Sand, Licht, ab und zu ein Kiefernwäldchen – und dahinter das Meer.

PUSZCZA BIAŁOWIEŻA
Der letzte Urwald Mitteleuropas

Es scheint wie ein Ausflug ans Ende der Welt: Die letzte Siedlung, die den Namen Stadt verdient, Białystok, liegt mehr als 50 Kilometer nordwestlich; den letzten Ort mit einer fünfstelligen Einwohnerzahl, Hajnówka, passiert man 15 Kilometer vor dem Ziel. Mit der Zeit ist es beiderseits der Strecke immer einsamer geworden. Wäre da nicht ab und zu ein Ausflugsbus, man könnte aus Furcht, den richtigen Weg verfehlt zu haben, glatt wieder umkehren. Aber die Neugier ist stärker, schließlich lockt der letzte Urwald Mitteleuropas – mit Tieren und Pflanzen, die andernorts längst ausgestorben sind.

Beiderseits der polnisch-weißrussischen Grenze erstreckt sich die Puszcza Białowieża, ein riesiges, naturbelassenes Areal von insgesamt 1250 Quadratkilometer Ausdehnung. Auf polnischer Seite liegen – nach der Westverschiebung Polens infolge des Zweiten Weltkrieges – noch 580 Quadratkilometer Wildnis, die 1921 unter Naturschutz gestellt worden war. Knapp ein Zehntel der Fläche, gut 50 Quadratkilometer, hat die polnische Regierung zum Nationalpark erklärt, als dessen größte Attraktion die Wisente gelten. Dieses bullige Wildrind ist in Europa weitgehend ausgestorben – etwa 300 Exemplare leben hier im Nationalpark, Ergebnis erfolgreicher Zuchtbemühungen. Die politischen Verhältnisse der letzten Jahrzehnte haben die Abgeschiedenheit des Gebiets zwangsläufig nur noch verstärkt. In der polnisch-sowjetischen Grenzregion herrschte kein reger Besucherverkehr. Die sozialistischen Bruderstaaten hielten nichts von massenhaften unkontrollierten Begegnungen ihrer Bürger. Nur die Tiere konnten, soweit sie nicht in Gehegen gehalten wurden, im Park ungehindert die Staatsgrenze überqueren.

Der Großteil der Wisente wird in Gehegen gehalten, einige laufen auch frei herum. Der Naturpark beherbergt darüber hinaus Tiere, die der Mitteleuropäer nur noch aus Besuchen im Zoo kennt: Wildpferde, Luchse, Biber, Otter, Wiesel, Wölfe, ferner Wildschweine, Elche, Hirsche und Rehe, dazu

Das Weiße Waldvögelein gehört zu den seltenen Orchideenarten im Białowieża-Naturpark.

mehr als 200 Vogelarten, darunter Auerhuhn, Birkhuhn, Kranich, Schwarzstorch und Seeadler, sowie 8000 verschiedene Insektenarten – wovon bei schwülem Wetter die Mücken durchaus zu einer Plage werden können.

Da der Mensch seit vielen Jahrzehnten dem Wildwuchs keine Grenzen mehr setzte, ist ein zum Teil jahrhundertealter Baumbestand erhalten geblieben. Die Heidelandschaft entstand durch Abholzung in früheren Zeiten. In den Mischwäldern überwiegen Kiefern, Fichten, Erlen, Birken und Eichen. Die Puszcza Białowieża ist ein Dorado für Botaniker.

Alleine kann man sich allerdings nicht in diese paradiesische Wildnis wagen. Man muß sich einen Führer nehmen oder einen Pferdewagen mieten. Im Dorf Białowieża hat die Parkverwaltung ihren Sitz. Dort gibt es alle notwendigen Informationen. Daneben lohnt sich ein Besuch im angeschlossenen Naturkundemuseum, das anschaulich Fauna und Flora der Puszcza erklärt und Informationen zur Waldbienenzucht und Herstellung von Pech und Teer vermittelt.

Die Pirsch hat in diesem Gebiet eine lange Tradition – natürlich nicht jene, die sich auf den Gebrauch der eigenen Augen und des Fotoapparats beschränkt. Das größte mitteleuropäische Urwaldgebiet war einst Jagdrevier der Krone. Hierher fuhren polnische, litauische und russische Herrscher mit Gästen und Hofstaat, um zu jagen.

Im Białowieża-Naturpark werden die „Büffel Europas" – die Wisente – erfolgreich gezüchtet.

Überlaufen ist die Puszcza nicht – dazu liegt sie zu weit abseits der üblichen Touristenrouten. Mit dem Auto sind es von Warschau rund 170 Kilometer, davon muß man einen guten Teil auf Nebenstraßen zurücklegen. Von den Masurischen Seen aus ist es bei ähnlicher Entfernung und ähnlichen Straßenverbindungen auch kein kurzer Abstecher in den Nationalpark. Außerdem ist das Service-Angebot an Übernachtungs- und Verpflegungsmöglichkeiten begrenzt und auch nicht von hoher Qualität. Dafür entschädigt eine der letzten urwüchsigen Landschaften unseres Kontinents.

Auskunft: siehe Seite 82.

Der Flußlauf der Biebrza bildet mit zahlreichen Nebenarmen und Altwassern ein großes, unzugängliches Sumpfgebiet – idealer Lebensraum für viele seltene Pflanzen und Tiere.

HOHE TATRA

Das Rückgrat der westlichen Karpaten

Wenn sich über dem Zipser Becken die Nebel lichten, wachsen am nördlichen Horizont unvermittelt dunkle Wälle und weiß getünchte Zinnen empor – Vorposten eines Gebirges, das jeden Betrachter sofort gefangennimmt. Wie die uneinnehmbare Burg eines Zauberers herrscht die Hohe Tatra über das umliegende Land, Macht und Magie verströmend. Vor ihr ducken sich Dörfer, Städte und jegliches andere Menschenwerk.

Dabei empfängt dieses Gebirge im Grenzgebiet von Polen und der Slowakei seine Besucher durchaus mit Wohlwollen und Freundschaft. Die dunklen Fichtenwälder zu seinen Füßen, im Winter tief verschneit, bieten Schutz und Geborgenheit vor dem Lärm und der Hektik der Welt. Langgezogene Täler mit rauschenden Wildbächen, eiskalten Bergseen und gewaltigen Geröllhalden verwandeln sich im Frühjahr in bunte Blumenwiesen. Erst in den Karseen oberhalb der Baumgrenze spiegelt sich ganzjährig das wilde, schroffe und zerrissene Wesen der Hohen Tatra wider: jäh abstürzende Gipfel, gezackte Grate, öde, an Mondlandschaften erinnernde Talkessel.

Viele Gesichter hat dieses Gebirge, das die Urmutter aller Gebirge sein könnte. Vom Blau des Frühlingsenzians über das Rot und Gold der Vogelbeerbäume und Birken im Herbst bis hin zum Weiß des Winters reicht die Palette, aus der die Tatra ihre Farben wählt. Zu jeder Jahreszeit aber liegt über ihren Gipfeln, Tälern und Seen ein Hauch des Schemen- und Märchenhaften. Wer unberührte Natur sucht, der findet sie hier. Durch die Wälder streifen immer noch Bären, Wölfe und Luchse, die Lüfte gehören dem Steinadler, dem Habicht und der Eule, und in den Felsspalten wächst noch das seltene Edelweiß.

Das kleinste Hochgebirge der Welt wurde stark von der letzten Eiszeit geformt. Davon zeugen über 100 Seen, von denen viele einsam in ehemaligen Gletscherkaren liegen. Unweit von Zakopane sieht das Gebirge aus wie eine Landschaft aus grauer Vorzeit (Foto links). In der Umgebung des Duklapasses, der gegen Ende des Zweiten Weltkriegs heftig umkämpft war, stehen noch alte orthodoxe Holzkirchen (Foto rechts oben). Typische Blockhäuser prägen immer noch abgelegene Weiler wie bei Landeck (Landak) (Foto rechts Mitte). Auf den einsamen Bergstraßen ist der Ochsenkarren auch heute noch ein gängiges Verkehrs- und Transportmittel und nicht etwa ein Museumsstück für Touristen (Foto rechts unten).

Wo man viel Gebirge für wenig Geld bekommt

Die Hohe Tatra ist Teil eines Gebirgszugs, dessen Name einem schon immer leichte Schauer über den Rücken laufen ließ – der Karpaten. In ihren dichten Wäldern, so schrieb Bram Stoker, der Schöpfer des *Dracula*, sei aller Aberglaube der Welt versammelt. Schon der Weg in die Westkarpaten, zu denen die Hohe Tatra gehört, wird im Tal der Waag (Váh) von Burgruinen und den dazugehörigen Legenden gesäumt. Die Hohe Tatra (slowakisch: Vysoké Tatry) liegt im Grenzgebiet Polens und der Slowakei. Mehr als drei Viertel des Gebirges befinden sich auf slowakischer Seite. Der höchste Berg in der Tatra, die Gerlsdorfer Spitze (Gerlachovský štít), stellt mit seinen 2655 Metern gleichzeitig auch den höchsten Gipfel des 1200 Kilometer langen Karpatenbogens dar. Die Slowaken betrachten die Gebirgsmauer im Norden als das Rückgrat ihres Landes. Mit einer Fläche von rund 800 Quadratkilometern und einer Kammlänge von 26 Kilometern gilt die hauptsächlich aus Granit bestehende Hohe Tatra als das kompakteste Hochgebirge der Welt. Im Westen wird sie von den eher rundlichen Formen der Westlichen Tatra (Západné Tatry) begrenzt, im Osten von den Kalksteinwänden der Weißen oder Belaer Tatra (Belanské Tatry). Oft wird diese Dreier-Gebirgskette insgesamt einfach als Tatra bezeichnet. Nur etwa 25 Kilometer südlich verläuft parallel zur Hohen Tatra die Niedere Tatra (Nízke Tatry), die freilich auch noch auf gut 2000 Meter aufsteigt und damit deutlich mehr als nur ein kleines Vorgebirge ist.

Leicht haben es die Menschen in dieser Gebirgsregion noch nie gehabt. Nicht nur die von der Natur bestimmten kargen Lebensbedingungen machten den Bewohnern zu schaffen, nein, die Menschen setzten sich zu allem Überfluß auch noch gegenseitig zu. Im 13. Jahrhundert entvölkerte und verwüstete der Mongolensturm die dünnbesiedelte Gegend. Die ungarischen Könige, die 1000 Jahre lang über das Gebiet der heutigen Slowakei herrschten, warben daraufhin deutsche Bauern, Handwerker und Kaufleute an, um der Zips (Spiš), dem Landstrich zwischen dem Slowakischen Erzgebirge und der Hohen Tatra, wieder Leben einzuhauchen. Die Rechnung ging auf. In der Zips wuchsen reiche Städte heran. Käsmark (Kežmarok) gehört dazu, Leutschau (Levoča) und das „Tor zur Hohen Tatra", Deutschendorf (Poprad). Ende des vergangenen Jahrhunderts drängte allerdings die harte Magyarisierungspolitik Budapests Hunderttausende von Slowaken und auch Zipser Sachsen in die Emigration. Nach dem Zweiten Weltkrieg wurden dann fast alle noch ansässigen Deutschen aus ihrer Heimat unter der Hohen Tatra vertrieben. Zurückgelassen haben sie deutsche Namen für Berg und Tal und vor allem jene immer noch unverkennbar deutschen Siedlungen, deren schmucke Bürgerhäuser vom einst friedlichen und fruchtbaren Zusammenleben mit den Slawen künden.

Die Gebirge selbst füllten sich erst mit Menschen, nachdem die Tatra Mitte des vergangenen Jahrhunderts als Feriengebiet entdeckt worden war. Heute lebt die Hohe Tatra vor allem vom Tourismus. Vor dem Zerfall des Sowjetimperiums war das Gebirge eines der beliebtesten Urlaubsziele des Ostblocks gewesen. Mit der Öffnung zum Westen kam auch für die Hohe Tatra zunächst der große Einbruch; mit den plötzlich offenstehenden Verlockungen der italienischen und spanischen Strände konnten die verträumten Bergseen in diesem Karpatenwinkel nicht konkurrieren. Nach der Auflösung der Tschechoslowakei blieben sogar die treuesten Gäste, die Tschechen, weg; sie fühlten sich vom slowakischen „Separatismus" gekränkt. Inzwischen kehren auch sie zurück, bekommt man doch kaum irgendwo so viel Gebirge für so wenig Geld. Das haben auch viele Westeuropäer erkannt, die den Hoteliers in der Hochsaison volle Häuser bescheren. Sogar bei den

DIE HOHE TATRA AUF EINEN BLICK

SEHENSWÜRDIGKEITEN
Kežmarok (Käsmark): Schloß, Artikularkirche; **Poprad (Deutschendorf):** Handwerkerstädtchen Georgenberg (Spišská Sobota); **Popradské Pleso (Poppersee):** Bergfriedhof; **Poronin:** Lenin-Museum; **Starý Smokovec (Altschmecks):** *Grandhotel*; **Štrbské Pleso (Tschirmer See); Tatranská Kotlina:** Tropfsteinhöhle; **Tatranská Lomnica (Tatra-Lomnitz):** TANAP-Museum; **Ždiar:** Bergdorf, Volkskundemuseum.

FESTE UND VERANSTALTUNGEN
Červený Kláštor: Volkstanz-Festival, Mitte Juni; **Kežmarok (Käsmark):** Historischer Markt, Ende Juli; **Poprad (Deutschendorf):** Bergfilm-Festival, Anfang Oktober; **Východná:** Folklore-Festival, Ende Juli.

AUSKUNFT
Polnisches Informationszentrum für Touristik, Waidmarkt 24, 50676 Köln, Tel. 02 21/23 05 45; **Slowakische Republik: Reisebüro Satur,** Strausberger Platz 8, 10243 Berlin, Tel. 0 30/4 29 41 13 u. 35 u. 75.

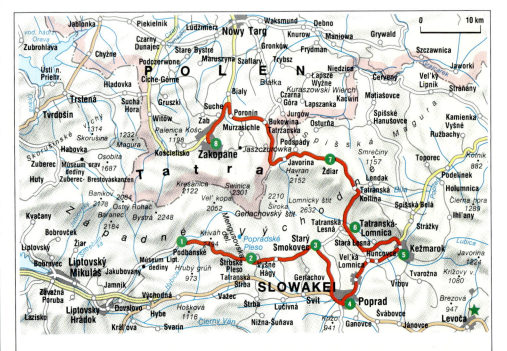

Unser Routenvorschlag
RUND UM DIE HOHE TATRA

Ausgangspunkt ist das romantische Podbanské ❶, zwischen der Westlichen und der Hohen Tatra. Dort beginnt die Cesta Slobody, die „Straße der Freiheit", die um das ganze Gebirge herumführt. Schon der Štrbské Pleso (Tschirmer See) ❷ hat sich ganz dem Fremdenverkehr verschrieben. Von hier führt das Mengusovská dolina (Mengsdorfer Tal) zum malerischen Popradské Pleso (Poppersee) hinauf. Die Straße folgt der Schmalspurbahn bis in den ehemals mondänen Kurort Starý Smokovec (Altschmecks) ❸. Einblicke in die deutsche Vergangenheit bietet das malerische Poprad (Deutschendorf) ❹. Die Industriestadt gilt als das „Tor zur Hohen Tatra"; das eingemeindete Spišská Sobota (Georgenberg) hat sich den Charakter eines mittelalterlichen Handwerkerstädtchens bewahrt. Kežmarok (Käsmark) ❺, ebenfalls von den Zipser Sachsen gegründet, wurde bis 1945 fast zur Hälfte von Deutschen bewohnt und glänzt mit schönen alten Bürgerhäusern. Jetzt geht es in die Berge nach Tatranská Lomnica (Tatra-Lomnitz) ❻, von wo eine Kabinenseilbahn den zweithöchsten Tatragipfel erschließt, die Lomnický štít (Lomnitzer Spitze). Die „Straße der Freiheit" führt weiter nach Norden in das Bergdorf Ždiar ❼ mit seinen bunt bemalten Holzhäusern und den schönen Trachten der Goralen im ethnographischen Museum. 10 km westlich von diesem Wintersportort liegt dann schon die polnische Grenze. Nicht weit dahinter bietet die polnische „Winterhauptstadt" Zakopane ❽ dem Besucher ebenfalls Skivergnügen.

★ Das besondere Reiseziel: Levoča (Leutschau).

neureichen russischen Unternehmern, die gerne mit Hundert-Dollar-Scheinen zahlen, ist die Hohe Tatra mittlerweile wieder populär.

Zu einer weiteren Haltestelle des weltumspannenden Fast-Food-Tourismus wollen die Slowaken ihr einziges Hochgebirge freilich nicht verkommen lassen. Trotz mehrerer Millionen Besucher im Jahr hat man das bisher auch vermeiden können. Zwischen Podbanské und Ždiar geht es noch beschaulich zu. In den abgelegenen Tälern ist das Pferdefuhrwerk nicht Touristenattraktion, sondern durchaus gebräuchliches Verkehrsmittel. Der Winter, der die Berge bis in die Mitte des Jahres hinein im Griff hat, lehrt die Menschen Geduld. Auch der Realsozialismus, der die Slowakei vier Jahrzehnte lang regierte, trug nicht gerade Beschleunigungsmomente in die Bergwelt hinein. In dem einen oder anderen Hotel haben sich noch einige seiner Stilelemente erhalten, bei manchem Besucher rufen sie schon wieder nostalgische Gefühle hervor: giftgrüne Kugellampen, orangefarbene Teppichböden und über die Gäste herrschende, machtbewußte Oberkellner. Doch eine neue Generation von Jungunternehmern ist ins touristische Geschäft eingestiegen, die neuesten Marketingbücher im Aktenkoffer und westliche Werbeslogans im Kopf. „Sanfter Tourismus" lautet das Motto, das der Hohen Tatra ihre Reize auch in Zukunft bewahren soll.

Denn selbst die zu kommunistischer Zeit Verantwortlichen, die sich nicht scheuten, wunderschöne slowakische Landschaften mit Schwerindustriekombinaten und Rüstungsfabriken zu ruinieren, hatten sich nur zögernd an die touristische Ausbeutung des Gebirges herangewagt. In den siebziger Jahren wurden ein paar Hotelburgen gebaut, seither ging man mit dem Beton jedoch sparsam um. Dahinter stand weniger die Ehrfurcht vor der Natur als vielmehr die Einsicht, daß eine verschandelte Devisenquelle bald aufhört zu sprudeln.

Ein Nationalpark zum Wandern

Schon 1949 erklärte die Regierung 510 Quadratkilometer des Kerngebietes auf slowakischer Seite zum Nationalpark. Sechs Jahre später stellte auch Polen 210 Quadratkilometer auf seiner Seite unter Schutz. Seit 1987 gehört das ganze Tatragebiet zum Tatranský Národný Park (TANAP). Um Flora und Fauna der Berge vor dem Touristenansturm zu schützen, hat die TANAP-Verwaltung ein strenges Reglement erlassen. Besucher dürfen sich nur auf den markierten Wegen bewegen. Von November bis Juni ist die Hochgebirgsregion meist für Touristen gesperrt. Für die Kammpartien der Belaer Tatra (Belanské Tatry) gilt diese Sperre ganzjährig. Sorgen, die majestätischen Zirbelkiefern und die malerischen Karpatenbirken an der oberen Waldgrenze nicht zu sehen zu bekommen, braucht sich freilich niemand zu machen. Das Netz der TANAP-Wanderwege zieht sich in einer Länge von fast 600 Kilometern durch diese alpine Traumlandschaft.

Am Tschirmer See (Štrbské Pleso) im Südwesten der Hohen Tatra liegt eines der slowakischen Fremdenverkehrszentren. Von diesem Ort in 1350 Meter Höhe kann man Wanderungen in eine unberührte Natur unternehmen.

Hochsaison ist in der Hohen Tatra von Mitte Dezember bis Ende März und von Ende Juni bis Ende September. Wer es einsamer mag, sollte in den dazwischenliegenden Monaten anreisen. Besonders der späte Frühling, wenn das Eis abtaut, ist zu empfehlen. Touren beginnt man im Winter wie im Sommer am besten von einem der drei Fremdenverkehrsschwerpunkte aus, die am Südfuß der Hohen Tatra liegen. Ihr westlichster ist Štrbské Pleso. Die höchstgelegene slowakische Gemeinde (1350 Meter) hat ihren Namen von dem typischen Moränenbergsee vor ihren Toren, der auf deutsch Tschirmer See heißt, und gilt als *das* Wintersportzentrum auf der slowakischen Seite der Hohen Tatra. Das bezieht sich freilich eher auf die Langlaufloipen. Für den alpinen Skisport bietet Štrbské Pleso gerade drei Lifte. Skizirkus und Liftschaukel sind der Hohen Tatra noch fremd (und sollen es auch bleiben), dafür ist schließlich die eine halbe Autostunde entfernte Niedere Tatra (Nízke Tatry) zuständig. Auf deren zweithöchsten Berg, den Zweitausender Chopok, führen immerhin zwei Dutzend Lifte hinauf.

Die Hohe Tatra will eher erwandert und erstiegen sein, dann geizt sie nicht mit ihren Reizen. Schon in anderthalb Stunden gelangt man vom Tschirmer See (Štrbské Pleso) durch eines der schönsten Täler auf der Südseite, das Mengsdorfer Tal (Mengusovská dolina), zum rund 1500 Meter hoch gelegenen Poppersee (Popradské Pleso) hinauf. Eingebettet in ein beeindruckendes Gebirgspanorama, gehört er winters wie sommers zu den meistbesuchten Plätzen der Hohen Tatra. Wem dieser Fußmarsch zuviel ist, der kann sich vom Tschirmer See aus in aller Ruhe mit dem Sessellift auf den Solisko fahren lassen, wo in der Berghütte 400 Meter unter dem Gipfel eine kräftigende Krautsuppe und heißer Tee warten.

Durch Štrebské Pleso verläuft die „Magistrale". Dieser Hauptwanderweg führt von Podbanské aus quer über den Südhang des Gebirges an Popper- und Steinbachsee vorbei bis an das östliche Ende der Hohen Tatra. Schneller gelangt man durch hohe Fichtenwälder entweder auf der „Straße der Freiheit" oder mit der elektrischen Schmalspurbahn nach Altschmecks (Starý Smokovec), der zentralen der drei größeren Siedlungen im Süden der Tatra.

Schmecks (so der ursprüngliche Name, bevor Neuschmecks gegründet wurde) verdankt Existenz und Namen seinen Sauerbrunnen. Einen Hauch vergangener großer Zeiten verströmt vor allem immer noch das 1905 erbaute *Grandhotel*. Die architektonische Verwandtschaft dieses Prestigebaus mit der Davoser *Schatzalp* kündet von dem ehrgeizigen Traum, aus Altschmecks einen mondänen Wintersportort nach Schweizer Vorbild zu machen.

Mitteleuropa

Andere Zeiten, andere Gäste...

In den Zeiten, als die Slowakei zum ungarischen Reichsteil der Donaumonarchie gehörte, trafen sich im „Grand" die Reichen aus Wien und Budapest. Selbst die Kommunisten wollten den Tempel der Bourgeoisie nicht zu einem gewöhnlichen Übernachtungsort degradieren. Im Gegenteil, sie ließen es sich hier gutgehen: Im „Grand" spielte Fidel Castro temperamentvoll Tischtennis, und Jurij Gagarin trank den Barkeeper unter den Tisch. Die Kellner servieren inzwischen wieder in Livree und auf silbernen Platten, nur die Kundschaft diniert legerer als vor 70 Jahren: in Jeans und Pullover.

Von Osthorn (Osturňa) unweit der polnischen Grenze im Osten der Hohen Tatra blickt man über fruchtbares Bauernland auf waldige Höhen und dahinter die Berge, auf denen oft noch im Sommer Schnee liegt.

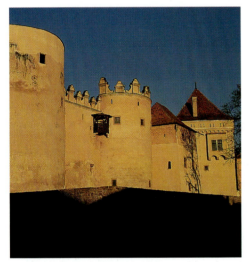

Die Burg von Käsmark (Kežmarok) aus dem 16. und 17. Jahrhundert dient heute als Stadtmuseum.

Das Hotel, das am Fuß der Schlagendorfer Spitze (Slavkovský štít) liegt, ist Ausgangspunkt für eine Vielfalt an Bergtouren. Die einfachste führt mit der Zahnradbahn auf das „Kämmerchen" (Hrebienok), einen mächtigen Moränenwall. Wer eine ordentliche Kondition mitbringt, kann von dort an den Wasserfällen des Kohlbachs vorbei über die Felsenterrassen des Kleinen Kohlbachtals (Malá Studená dolina) zur Téryhütte aufsteigen. Sie ist die höchstgelegene ganzjährig geöffnete Hütte der Hohen Tatra. Am unteren Ende des Tals tost der Riesenwasserfall in die Tiefe, oben spiegeln die Fünf Zipser Seen eine bizarre Mondlandschaft wider.

Wen die deutschen Namen in der Hohen Tatra neugierig auf die Geschichte dieser Region gemacht haben, der sollte wenigstens den nächstgelegenen Hauptort der Oberzips besuchen: Käsmark (Kežmarok), im Mittelalter Mitglied des „Bundes der 24 freien Städte" deutscher Siedler, der vom Ungarnkönig großzügige Privilegien erhalten hatte. Die Residenz des Grafen Thököly – ursprünglich eine Wassersperrburg – beherrscht auch heute noch die Käsmarker Altstadt. Ebenso sehenswert sind die gotische Heiligkreuzkirche, die Redoute, das Alte Rathaus und vor allem die hölzerne Artikularkirche, der

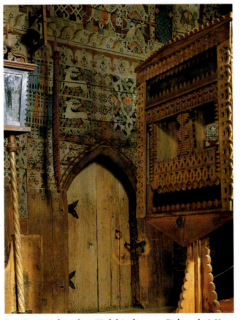

Das Innere der alten Holzkirche von Debno bei Neumarkt (Nowy Targ) ist typisch für die Region.

bedeutendste protestantische Sakralbau dieser Art in der Slowakei.

Von Käsmark aus führt der Weg zurück in die Berge nach Tatra-Lomnitz (Tatranská Lomnica), dem dritten größeren Fremdenverkehrsort an der Südflanke der Hohen Tatra. Von seinen heißen Quellen verspricht der Ort sich eine goldene Zukunft als Bad. Das Grandhotel *Praha* ist weniger bekannt als das in Altschmecks (Starý Smokovec), kann aber leicht mit dessen Atmosphäre konkurrieren.

Hinter dem Grandhotel *Praha* liegt die Talstation der Kabinenseilbahn, die zunächst auf den Lomnitzer Kamm hinaufführt. Hier muß man umsteigen, und dann geht es weiter auf den mit 2634 Metern zweithöchsten Berg der Hohen Tatra, die Lomnitzer Spitze (Lomnický štít).

Von Lomnitz aus geht es hoch hinaus

Nichtbergsteiger finden keinen besseren Aussichtspunkt, um der Tatra direkt ins Gesicht zu schauen. Von hier oben aus offenbart sich die Gewalt, mit der die Gletscher am Profil dieses Gebirges gearbeitet haben. Dieser Anblick eröffnet sich freilich nur Frühaufstehern, denn Fahrkarten für die Seilbahn lassen sich nicht vorbestellen.

In Lomnitz informiert das TANAP-Museum über das Leben im Nationalpark. Die Förster in der benachbarten TANAP-Zentrale geben bereitwillig Auskunft über ihre Arbeit. Von Lomnitz aus kann man eine der schönsten Bergwanderungen der ganzen Tatraregion unternehmen. Der Weg führt zunächst durch dichten Wald im Tal des Weißwassers (Biela voda) in das Tal des Grünen Sees (Zelené Pleso). Dort beherrscht die Nordwand der Kleinen Käsmarker Spitze (Maly Kežmarsky štít) eine phantastische Szenerie. Die mächtige Tatrawand strebt hier 900 Meter in die Höhe, zu Füßen des Betrachters bilden Täler und Kessel ein natürliches Amphitheater.

Vor allem in der polnischen Hohen Tatra sagte man den „Meeraugen" genannten Bergseen einst eine unterirdische Verbindung mit dem Meer nach. Einer der schönsten ist Morskie Oko, unweit von Zakopane.

Weiter geht es nach Norden zum Kopapaß (Kopské sedlo), wo der Granit der Hohen Tatra auf den Kalkstein und Dolomit der Belaer Tatra (Belanské Tatry) trifft. Den Einheimischen gilt diese Region als eine der schönsten des Gebirges. Rund ein Dutzend verschiedener Gebirgsblumen, darunter Kalkglockenenzian und Edelweiß, wachsen dort.

Die Belaer oder Weiße Tatra (Belanské Tatry) türmt sich weniger hoch auf als ihre große Schwester. Wegen ihres botanischen Reichtums – Kalkstein bildet bessere Böden als Granit – wurden ihre Kammpartien 1987 für Touristen gesperrt. Hier liegt das Rückzugsgebiet der seltenen Tatragemse. 1993 öffneten die Parkwächter jedoch zwei Lehrpfade, den einen zum Kopapaß (Kopské sedlo), den anderen zum Široké sedlo. Beide führen zur Nordostseite der Belaer Tatra (Belanské Tatry), hinunter in das Vorzeigebergdorf Ždiar. Gegründet im 17. Jahrhundert, hat sich der Weiler mit schindelgedeckten Blockhäusern ganz der Brauchtumspflege verschrieben. Touristen können sich im Volkskundemuseum in Trachtenkleider stecken und symbolisch vermählen lassen.

Westlich von Ždiar liegen die polnische Grenze und kurz dahinter Zakopane. Wer unbedingt in der Hohen Tatra skischaukeln will, für den ist die polnische „Winterhauptstadt" genau das richtige. Die Dörfer der Umgebung zeigen schöne Holzschnitzereien an den Hausgiebeln.

DAS BESONDERE REISEZIEL: LEUTSCHAU (LEVOČA) – DIE KÖNIGIN DER ZIPS

Im vorigen Jahrhundert gab es in Leutschau (Levoča) ein paar Ratsherren, denen man noch heute für ihren Provinzialismus dankbar sein muß. Die Stadtväter verhinderten den Anschluß an das Eisenbahnnetz. Abgekoppelt von der Industrialisierung, verlor die Stadt an Bedeutung, erhielt sich aber ihr Gesicht. Die „Königin der Zips" mit ihrem Rathaus, den Stadtmauern und den Patrizierhäusern ist die am besten erhaltene mittelalterliche Stadt der Slowakei.

Leutschau wird durchaus zu Recht als das „Rothenburg unter der Hohen Tatra" gerühmt. Ursprünglich eine slawische Siedlung, wurde der schon 1249 zur Stadt erhobene Ort von deutschen Kaufleuten und Handwerkern groß und reich gemacht. Diese waren dem Ruf der ungarischen Könige gefolgt, die das vom Mongolensturm entvölkerte Land wieder beleben wollten. Mit vielfältigen Rechten ausgestattet, wählten die „Zipser Sachsen" Leutschau zur Hauptstadt im „Bund der 24 freien Städte".

Die Kaufmannsstadt erlebte eine Jahrhunderte während wirtschaftliche und kulturelle Blüte. Der Leutschauer Marktplatz sucht seinesgleichen. Das Mitte des 16. Jahrhunderts nach einem Brand wieder aufgebaute Rathaus gilt als eines der schönsten Renaissance-Rathäuser Europas. Aus der gleichen Zeit stammt auch der Schandkäfig vor dem Rathaus, in dem „böse" Frauen an den Pranger gestellt wurden. Der reichste Schatz befindet sich in der Kirche Sankt Jakob. Weit weg von den Zentren gotischer Kunst erwartet den Besucher dort ein spätgotischer Hochaltar, der den Werken Tilman Riemenschneiders oder Veit Stoß' ebenbürtig ist. Schöpfer des mit knapp 19 Metern höchsten gotischen Altars der Welt war Meister Paul aus Leutschau, dessen Arbeiten viele Kirchen in der Slowakei und in Ungarn schmücken.

Eingeschlossen wird der „Platz des Meisters Paul" mit dem Rathaus, der Jakobskirche und der klassizistischen evangelischen Kirche von einem Ring ursprünglich gotischer Bürgerhäuser, die zumeist im Renaissancestil umgebaut wurden. Zu den prächtigsten Renaissancebauten gehört das Haus Nummer 40 am unteren Ende des Platzes, das heute das Zipser Museum beherbergt. Ebenso sehenswert ist das Thurzohaus (Nummer 7), dessen Kratzmalereien im Neorenaissancestil aus der Zeit der Jahrhundertwende stammen. Trotz mehrerer Feuersbrünste blieb auch der größte Teil der Stadtbefestigung erhalten. Von einst drei Stadttoren blieben zwei erhalten.

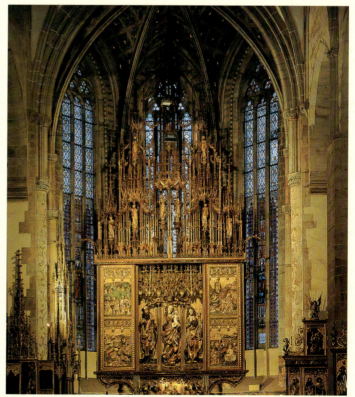

Die ganze spätgotische Pracht der Kirche Sankt Jakob in Leutschau (Levoča) entfaltet sich am Hauptaltar, der zu den großen Schnitzkunstwerken der Dürerzeit zählt.

RIESENGEBIRGE
Das sagenhafte Reich des Rübezahl

Durch wessen Kindheit ist er nicht gestapft: Rübezahl, der knorrige, bärtige Berggeist, der launische Herrscher über die Wiesen und den Wald und das Wetter? Der „Wetterherr" des Riesengebirges soll dafür verantwortlich sein, wenn es aus heiterem Himmel blitzt und donnert, regnet oder schneit. Eigentümliche Felsgebilde, wie sie die Natur im Riesengebirge geschaffen hat, sind nach dem Berggeist benannt, der als rauschender Sturmwind durch die Wipfel seines Gebirges fährt und als altes Männlein einsame Wanderer in die Irre führt. Die Wintersportler und Sommergäste schreckt Rübezahl allerdings nicht.

Über das Riesengebirge, die historische Trennlinie zwischen Böhmen und Schlesien, verläuft heute die Grenze zwischen Polen und der Tschechischen Republik. Zwei Drittel des Mittelgebirges, das auf tschechisch Krkonše und auf polnisch Karkonosze heißt, liegen auf tschechischem Gebiet. Das höchste Gebirge Böhmens ist mit seinen rund 40 Kilometer Länge gleichzeitig auch die ausgedehnteste Bergkette der Sudeten. Im Westen wird Rübezahls Reich vom Isergebirge (Jizerské Hory) begrenzt, im Osten reicht es bis zum Liebauer Sattel (Libavské sedlo). Seinen Namen hat das Riesengebirge von jenen Rutschen (Riesen), auf denen früher die Holzknechte die geschlagenen Bäume aus den Bergwäldern ins Tal beförderten. Höchster Gipfel der Wasserscheide zwischen Oder und Elbe ist die Schneekoppe, deren kahler, mit Geröllhalden bedeckter Kegel 1602 Meter hoch aufragt. Abgerundete Kuppen und Hügel sind geradezu typisch für das Riesengebirge. Große, flache Steinkessel mit kleinen Seen und Hochmooren und Felsformationen wie der zwölf Meter hohe „Mittagsstein" oder der „Pilger" und die „Rübezahlkanzel" erinnern an die eiszeitliche Vergletscherung der Region.

Über endlose Wälder schweift der Blick bei Harrachsdorf (Harrachov) auf den Höhenzug des Reifträgers. Von der schlesischen Seite des Riesengebirges führt ein Sessellift hinauf.

In einer moorigen Kammwiese acht Kilometer nordwestlich des bekannten Luftkurortes Spindlermühle (Špindlerův Mlýn) entspringt einer der großen Ströme Mitteleuropas: die Elbe, tschechisch Labe. Die Quelle ist in einem Brunnen gefaßt (Labská studánka). Von 1384 Meter Höhe plätschert der junge Elbbach munter bergab und stürzt 140 Meter tiefer bereits in einem 40 Meter hohen Wasserfall in den zerklüfteten Elbgrund hinunter, einen der Sieben Gründe (Semidolí). Diese Region zwischen dem Schlesischen Kamm und dem weiter südlich gelegenen Böhmischen Kamm gilt als der schönste Teil des Riesengebirges. Auf Dichter und Maler der Romantik übten die dunklen Täler und Wälder eine magische Anziehungskraft aus.

Fast 200 Jahre nachdem Caspar David Friedrich sich als „Friedrich, Landschaftsmaler aus Greifswald in Schwedisch-Pommern" in das Gipfelbuch der Schneekoppe eintrug, haben die Wälder durch die Abgase der polnischen, sächsischen und nordböhmischen Schwerindustrie schlimmen Schaden davongetragen. Im Westen mußten ganze Gebiete abgeholzt und wieder aufgeforstet werden.

Das Riesengebirge gilt als das schneesicherste Gebirge der Tschechischen Republik. Die ehemalige Bergmannssiedlung Spindlermühle (Špindlerův Mlýn) am Südhang hat sich zu einer Hochburg des Skitourismus entwickelt. Die bedeutendsten Orte auf der polnischen Nordseite sind Schreiberhau (Szklarska Poręba) und Krummhübel (Karpacz).

Auskunft: Polnisches Informationszentrum, siehe Seite 90; Tschechische Zentrale für Tourismus, Leipziger Str. 60, 10117 Berlin, Tel. 0 30/2 04 47 70.

Sankt Peter (Svatý Petr) gehört zu den Wintersport-Paradiesen, die das Waldsterben nicht entstellt hat. Von hier aus führen auch Wanderwege zu Zielen wie Keilbaude, Wiesenbaude, Geiergucke und Schneekoppe.

SLOWAKISCHES PARADIES
Auf schmalen Stegen durch wildzerklüfteten Karst

Einem Karl May hätte das Slowakische Paradies (Slovenský raj) gefallen: Das zerklüftete Karstgebiet zwischen den Flüssen Kundert (Hernád) und Hnilec im Osten der Slowakei bietet eine Szenerie für Abenteuergeschichten. Tiefe Schluchten mit senkrechten Felswänden ziehen sich durch ein ausgedehntes Kalksteinplateau, das von Karsttrichtern und Erdfällen übersät ist. Aus den Wäldern ragen einsame, bizarre Felsgestalten heraus. Der Untergrund ist von unzähligen verzweigten Höhlen durchzogen. Dutzende von Wasserfällen nagen beständig an dem weißen Gestein. Nur in den Wintermonaten tun es die Wasserkaskaden dem Felsen gleich und stehen still: Sie verwandeln sich in verzauberte Dome und Skulpturen aus glitzerndem Eis.

Erkunden läßt sich diese etwa 140 Quadratkilometer große Naturlandschaft, die sich östlich der Niederen Tatra (Nízke Tatry) erstreckt und schon vor Jahren zum Nationalpark erklärt wurde, nur zu Fuß. In den Cañons des verkarsteten Plateaus südwestlich des Provinzstädtchens Spišská Nová Ves ist es das ganze Jahr über naß und rutschig. Nicht nur deswegen ist festes Schuhwerk unerläßlich. So mancher Abschnitt der 320 Kilometer langen Wanderrouten hätte auch als Kulisse für einen Indiana-Jones-Film getaugt. Immer wieder geht es auf engen Stegen, die oft nur aus Baumstämmen bestehen, über tiefe Einschnitte und Geröllhalden hinweg. Hängebrücken überspannen reißendes Wildwasser. Im Frühling versperrt einem manches Mal Bruchholz, vom Hochwasser durcheinandergewirbelt, den Weg. Schmale Eisenleitern führen steile Felswände hinauf, hie und da direkt neben einem Wasserfall. Einige Wege sind von der Parkverwaltung als „Einbahnstraßen" markiert worden: Wer sie gegangen ist, versteht, warum.

Im 13. Jahrhundert haben sich die Bauern aus der Umgebung in diesem Labyrinth vor marodierenden Tatarentrupps versteckt. Als Dank für ihre Rettung errichteten die Einheimischen ein Kloster, das jedoch in den folgenden Jahrhunderten zum Räubernest verkam. Seine Ruinen kann man bei Kláštorisko besichtigen. Der beschauliche Ort am Nordrand des Slowakischen Paradieses ist ein hervorragender Ausgangspunkt für Wandertouren auf gut markierten Wegen, so etwa zur Bärenhöhle oder auf die 1112 Meter hohe Červená skala.

Am wildesten präsentiert sich das Slowakische Paradies im Norden, wo sich die Kundert (Hernád) auf zwölf Kilometer Länge durch das Kalksteinmassiv gefressen hat. Der Durchbruch gilt als der größte und schönste Cañon in der Slowakei. Bis vor wenigen Jahren konnte man ihn nur im Kajak passieren. Inzwischen haben Stahlseile und Hängebrücken die Schlucht auch der breiten Öffentlichkeit zugänglich gemacht. Von Čingov, einem Erholungszentrum am Nordostrand des Slowakischen Paradieses, nach Podlesok an dessen Nordwestrand dauert die Wanderung am Fluß entlang etwa vier Stunden. Zurück bietet sich die Route über das Hochplateau an, die atemberaubende Ausblicke auf den Fluß und seine Umgebung eröffnet. Ein besonders beliebter Aussichtspunkt ist ein Felsenturm namens Thomasblick (Tomášovský výhlad), der 150 Meter hoch über den unruhigen Wassern des Flusses aufragt. Von dort aus hat man an klaren Tagen auch eine schöne Aussicht auf die etwa 40 Kilometer entfernte Hohe Tatra. Mit ihren schneebedeckten Gipfeln und dunkelblau scheinenden Wäldern ragt das Hochgebirge aus dem Dunst der Zips (Spiš) heraus wie ein Ozeanriese mit weißen Schornsteinen aus der See. Als schönste Jahreszeit im Slowakischen Paradies gilt der beginnende Herbst, wenn sich der Mischwald rot und golden färbt.

Die Karsttrichter, die über die leicht gewellten Hochplateaus verstreut sind, weisen auf die weitverzweigte Unterwelt des Slowakischen Paradieses hin. 69 Höhlen wurden bisher entdeckt. Die größte ist das Grottensystem von Stratená. Es steht in Verbindung mit der einzigen öffentlich zugänglichen Höhle des Karstes, der Eishöhle von Dobschau (Dobšina). Rund 150 000 Kubikmeter Eis bedecken dort in einer bis zu 20 Meter dicken Schicht den Boden. Selbst im Hochsommer steigt die Temperatur in der Höhle nicht über den Gefrierpunkt.

Zum Besuch des Slowakischen Paradieses gehört schließlich auch ein Abstecher nach Zipser Neudorf (Spišská Nová Ves), das wie Käsmark (Kežmarok) und Leutschau (Levoča) eine reiche deutsche Vergangenheit hat. 1769 war Neudorf Hauptstadt der damals noch 16 freien Zipser Städte geworden. Rund um den spindelförmigen Marktplatz der Stadt blieben bis heute einige der prächtigen Renaissancehäuser der Gesandten des Bundes erhalten.

Auskunft: Reisebüro Satur, siehe Seite 90.

Am Thomasblick (Tomášovský výhlad) muß man einigermaßen schwindelfrei sein, um die herrliche Aussicht über das tief eingeschnittene Tal der Kundert (Hernád) zu genießen.

Die Dmänovská-Freiheitshöhle ist nur eine von zahlreichen Höhlen im wildromantischen Demänovátal.

PLATTENSEE

Das Meer der Magyaren

Ungarn umschreiben viele mit den fünf großen P: Pußta, Paprika, Pferdehirten, Piroschka und natürlich Plattensee, in der Landessprache Balaton genannt, abgeleitet von dem slawischen Wort *blatno*, das Sumpf bedeutet. Neben der Landeshauptstadt Budapest ist dieser See unbestritten die wichtigste touristische Attraktion in ganz Ungarn.

Mitteleuropas größter Binnensee erstreckt sich südwestlich von Budapest in Transdanubien, dem Landesteil zwischen den Flüssen Drau und Donau, auf einer Fläche von etwa 592 Quadratkilometern. 77 Kilometer mißt er in der Länge, und im Durchschnitt ist er lediglich zwei bis drei Meter tief. Nur bei der Halbinsel Tihany erreicht die Wassertiefe stolze zwölf Meter. An dieser Stelle hat der Plattensee jedoch nur eine Breite von gerade einmal anderthalb Kilometern, während es sonst bis zu 15 Kilometer (im Osten) sind.

In Erdzeitaltern gemessen, ist es ein junger See, der durch einen Grabenbruch vor erst rund 22 000 Jahren entstanden ist. Gespeist wird der Plattensee vom Fluß Zala, von kleineren Bächen, Quellen und Regenwasser. Durch den kanalisierten Sió wird sein Wasser zur Donau abgeleitet. Weil er so flach ist, erwärmt sich das Wasser schnell. Bei 15 Grad Wassertemperatur beginnt für Mutige schon im Mai die Badesaison.

Die unmittelbare Umgebung des Plattensees und seine Uferregion sind voll kultureller und landschaftlicher Besonderheiten: Der See, sein Umland und seine Menschen lassen ein einzigartiges Ambiente entstehen. Naturschutzgebiete wie das Feuchtbiotop des Kis-Balaton, die Halbinsel Tihany und der erloschene Vulkan Badacsony bieten dem Besucher die Eigenarten sehr unterschiedlicher Landschaftstypen.

Ungarns bedeutendste Ferienlandschaft bietet keine Extreme, sie ist zum Abschalten da. Stille Buchten am schilfreichen Ufer des Plattensees – ungarisch: Balaton – (Foto links) sind erfreulicherweise noch leicht zu finden. An Feiertagen und in touristischen Zentren kann man die farbenfrohen ungarischen Trachten sehen; vor allem Bräute werden auf dem Land noch gern traditionell geschmückt (Foto rechts oben). In dem milden und sonnigen Klima am See gedeihen Wein und Gemüse ausgezeichnet, natürlich auch der berühmten scharfen Paprikaschoten (zweites Foto von rechts oben), und so hat diese Region überhaupt nichts dagegen, ländlich zu bleiben. Wenn es etwas zu feiern gibt, liegt Zigeunermusik in der Luft (zweites Foto von rechts unten). In irgendeinem Ort am Balaton ist das zwischen Mai und Oktober immer der Fall. Im Juli kommt unter anderem Tihany an die Reihe; dann ist hier Lavendelernte, und die barocke Abteikirche (Foto rechts unten) füllt sich mit dem betörenden Duft ungezählter violetter Sträuße.

Ein gutes Klima für Natur und Kultur

Im Norden wird der Plattensee vom Bakonygebirge begrenzt, das sich von Südwest nach Nordost erstreckt. Sein Basaltgestein reicht nah an den See heran und ist verantwortlich für das vielgestaltige Landschaftsbild mit den vielen größeren und kleineren Buchten und Halbinseln.

Das Südufer fassen sanftere Hügel der Verwaltungsbezirke Somogy und Zala ein. Am Grund des Sees sprudeln unentwegt Quellen, reinigen das seichte Wasser, das weich, leicht alkalisch und im Sommer rasch auf 20 bis 26 Grad erwärmt ist.

Die Badefreuden können schon im Mai beginnen und sich bis in einen warmen Spätherbst fortsetzen. Die Tiefe des Wassers nimmt am Südufer übrigens sehr langsam zu, anders als am nördlichen Teil des Sees. Das macht das Baden auch für Nichtschwimmer und Kinder geeignet. Je nach der Farbe des Himmels, der Stärke des Windes und dem Zug der Wolken schimmert die Wasseroberfläche von Opalgrau bis zu hellem Grün. Erscheint an schönen Sommertagen das Wasser noch glatt und blau, so können sich bei einfallenden Winden schon in kurzer Zeit Wellen auftürmen, und der sonst so ruhige, ja fast träge plätschernde Balaton wird unberechenbar. Sturmmeldungen sind also auf jeden Fall ernst zu nehmen, denn dann wird es für Schwimmer und Segler gefährlich.

Viele Herren hat die Balaton-Region gesehen in ihrer bewegten Geschichte, darunter jahrhundertelang die Türken. Eine stattliche Anzahl von Gräbern, Ruinen, museal gehüteten Gebrauchsgegenständen jeglicher Art zeugt von der frühen Besiedlung dieser Gegend. Indogermanische Stämme der Steinzeit, Kelten, welche die Bronze- und Eisenverarbeitung beherrschten, die hochzivilisierten Römer lebten hier. Städte wurden auf den Überresten von noch viel älteren Siedlungen gebaut; man kann sich nach Funden versunkener Epochen geradezu bücken, nach Steinäxten zum Beispiel, die Bauern als Schleifsteine verwendeten. In dieser Gegend wird seit je großzügig Obst angebaut. Besonders gut gedeiht das Steinobst: Marillen, Pfirsiche, Pflaumen, Kirschen. Auch zahlreiche Apfelsorten werden angepflanzt, und Mandeln gibt es in großen Mengen. Diese von Menschen gestaltete und von Göttern geliebte Erde brachte große Persönlichkeiten hervor: In der Nähe von Keszthely wurde der Gotenkönig Theoderich der Große geboren, in Szombathely der aus Barmherzigkeit seinen Mantel teilende heilige Martin. Und Emmerich Kálmán, der Operettenkönig, in Siófok. Offenbar ist eine Rundreise um den Balaton nicht nur ein touristisches Unterfangen, sondern der Wunsch aller Ungarn. Am Balaton zu sitzen und auf das Wasser zu sehen, das bedeutet für viele eine kleine Begegnung mit dem Unendlichen.

Beginnen wir die Rundreise um den See über die Hauptverkehrsstraße Nr. 71 in der „Hauptstadt des Balatons", in Keszthely. Der Großgrundbesitzer György Festetics gründete hier 1797 die erste landwirtschaftliche Fachschule Europas, das Georgikon. Im einstigen Stammschloß der Adelsfamilie Festetics mit den stolzen 101 Zimmern sind die kunstvoll geschnitzte Einrichtung und die Bibliothek mit mehreren zehntausend Bänden zu besichtigen, im Park eine Skulpturenpromenade. Der barocke Spiegelsaal bietet den idealen Rahmen für festliche Konzerte, in anderen Räumen finden Ausstellungen statt.

Von Keszthely lohnt ein Abstecher in den sechs Kilometer nordwestlich gelegenen Kurort Hévíz mit dem größten Thermalsee Europas. Er hat eine Fläche von 4,75 Quadratkilometern. Geheimnisvoll schimmert sein Wasser vor den mit zwei spitzen Holztürmen geschmückten Badeanlagen. Hier und da glüht ein Tupfer auf der Oberfläche: die rar gewordenen roten Seerosen. Im Sommer hat der See eine ständige Temperatur von 33 bis 34 Grad, im Winter immer noch 26 bis 28 Grad. Der auf dem

---

DER PLATTENSEE AUF EINEN BLICK

SEHENSWÜRDIGKEITEN

Badacsony: Kelterhaus der Familie Kisfaludy; **Balatonboglár**: Weingut mit Kellerei, Weinbaumuseum; **Balatonfüred**: Horváth-Haus; **Balatonszemes**: Postmuseum, Pfarrkirche; **Balatonudvari**: Herzenfriedhof; **Egregy**: romanische Kirche Maria Magdalena (Turm und Zwillingsfenster); **Hévíz**: größter Thermalsee Europas; **Keszthely**: Schloß Festetics (hufeisenförmiges Gebäude mit 101 Räumen, Museum, Bibliothek); **Szigliget**: denkmalgeschützte schilfgedeckte Häuser, Burgruine (Ausblick), Esterházy-Weinmuseum, Esterházy-Palais; **Tihany**: barocke Abteikirche; **Veszprém**: historisches Burgviertel, Bischofspalais, Giselakapelle, Bakony-Museum zur Regionalgeschichte; **Vörösberény**: ehemalige Wehrkirche.

FESTE UND VERANSTALTUNGEN

Badacsony: Weinlese und Weinfeste mit Umzug, September; **Balatonboglár**: Volksfest (Stephanstag), 20. August, Weinfest und Weinlese mit Umzug, September; **Balatonfüred**: Annenball mit Wahl der Balaton-Schönheitskönigin, Juli; **Balatonkenese**: Weinlese und Weinfeste mit Umzug, September; **Fonyód**: Bauernmärkte, August; **Keszthely**: Pferdeschauen, Mai; **Mata**: Pußta-Reiterspiele, Ende Juni; **Nagyvázsony**: Reiterspiele, Juli, Ungarische Reitertage, August; **Siófok**: Saisoneröffnung am Plattensee, Ende Mai, Folklorefestival, Ende Juni; **Szántódpuszta**: Jakobstag mit Markt, Juli; **Tihany**: Lavendelernte, Juli, Weinfest, September; **Veszprém**: Töpfermarkt, August.

AUSKUNFT

Ungarisches Touristenamt, Berliner Str. 72, 60311 Frankfurt a. M., Tel. 0 69/9 29 11 90.

Unser Routenvorschlag

EINMAL UM DEN BALATON

Ausgangspunkt der Reiseroute über die Straße Nr. 71 ist Keszthely ❶ mit dem neobarocken Schloß Festetics. Vom Dorf Szigliget mit dem malerischen Ortskern ❷ geht ein Abstecher nach Tapolca ❸ im Kranz der zwölf „Zeugenberge". Zahlreiche Weinkellereien prägen das Bild von Badacsony ❹. Der Herzenfriedhof ist die Hauptsehenswürdigkeit von Balatonudvari ❺. Dann führt die Fahrt auf die landschaftlich sehr reizvolle Halbinsel Tihany ❻ mit der barocken Abteikirche und einem Freilichtmuseum im Dorf. In Balatonfüred ❼ erreicht man den ältesten Badeort am See. Über den Weinort Csopak führt ein Abstecher nach Veszprém ❽, der 1000jährigen Stadt mit Bischofspalast und Bakonymuseum. Mit der Straße Nr. 71 erreicht man das Ostufer und erlebt die landestypische Architektur in Balatonkenese ❾. Über die Landstraße Nr. 70 wird Siófok ❿ angesteuert mit seinem Museum zur Plattensee-Schiffahrt. Die Csárda an der Anlegestelle Szántódirév ⓫, Schauplatz einer für Touristen inszenierten Bauernhochzeit, liegt Tihany gegenüber. Auf der Weiterfahrt (jetzt Straße Nr. 7) liegen kleine Dörfer und hübsche Bauernhäuser an der Strecke. In Balatonföldvár ⓬ liegt der größte Segelhafen am See. Über Balatonelle/Balatonboglár erreicht man das Weingut Balatonboglár ⓭ (siehe: Das besondere Reiseziel). Von Fonyód aus kann man mit der Schmalspurbahn zum Thermalbad Csisztapuszta ⓮ fahren. Nach einem Abstecher zum Kis-Balaton ⓯ geht es über die Hauptverkehrsstraße Nr. 71 zum Ausgangspunkt Keszthely zurück.

Besonders fischreich ist der warme und seichte Balaton zwar nicht, aber man weiß hier, daß Angeln ein Sport für die Seele ist, Ausrede fürs Träumen – eigentlich mehr eine Art Selbstzweck.

Seeboden lagernde radioaktive Heilschlamm wird zur Behandlung von verschiedenen Erkrankungen von Magen und Darm genutzt.

Wie ein Kleinod liegt östlich von Keszthely die Bucht von Szigliget vor dem Besucher, eine der schönsten Buchten des Balatons und trotzdem noch nicht allzu überlaufen. Der gleichnamige malerische Ort mit seinen denkmalgeschützten schilfgedeckten Häusern bietet viel Besichtigenswertes: eine Burgruine mit herrlichem Ausblick, das Esterházy-Weinmuseum und das einstige Esterházy-Palais, ein klassizistisches Schloß, das heute Schriftstellern und Journalisten für ihre Arbeitsaufenthalte zur Verfügung gestellt wird.

Der Basaltberg Badacsony ist vor allem wegen des Weinbaus interessant. Hier wird der halbtrockene Graue Mönch an- und ausgebaut, der in seiner eleganten, würzigen Art den Rhein- und Moselweinen sehr nahekommt. Es wird diesem Wein auch nachgesagt, er könne männliche Nachkommen garantieren. Daher sollen früher am Habsburger Hof die Brautleute vor der Hochzeitsnacht ein Glas dieses edlen Tropfens getrunken haben.

Der schönste Abschnitt des Sees, die sogenannte Balatoner Riviera, erstreckt sich am Nordufer zwischen Badacsonyörs und Balatonalmádi. Reizende Siedlungen ziehen sich unterhalb bewaldeter Höhenzüge von 40 Kilometer Länge bis in die Täler, ein gutes Stück am See entlang.

Am schönsten ist es am Nordufer im Frühling

Im Frühjahr, wenn die Mandel- und Obstbäume blühen, mutet die Gegend wie eine mediterrane Märchenlandschaft an. Man kann hier auf herrlich gewachsenen Pferden über bewaldete Bergrücken reiten. Man kann an hundertjährigen Villen, die an das vergangene große Reich der k.u.k. Monarchie erinnern, vorbeispazieren und durch uralte Dörfer mit schmucken Bauernhäusern fahren. Den Hintergrund prägt dabei stets der Anblick blauer Hügelwellen und grüner Weinstöcke mit ihren blauschimmernden Trauben.

Neben lilafarbenen Lavendelfeldern liegt unweit der Gemeinde Balatonudvari (ein kurzes Stück westlich der Halbinsel Tihany) ein von Bäumen und Sträuchern umsäumter kleiner Friedhof, der Herzenfriedhof. Die herzförmigen Grabsteine aus dem ausgehenden 18. Jahrhundert sind einzigartig auf der Welt. Der Steinmetz des Dorfes stellte nach dem Tod der geliebten Braut in seinem Kummer ein steinernes Herz auf ihren Grabhügel. Andere Trauernde verlangten ebenfalls solche Grabsteine, und solange der Meister den Meißel führen konnte, erfüllte er immer neue steinerne Herzenswünsche.

Die unter Naturschutz stehende Halbinsel Tihany ist eine besondere Augenweide für den Reisenden. Die Landzunge reicht weit in den See hinein. Vom sanften Hügel über dem Ort Tihany blickt man auf Lavendelfelder: ein lilafarbenes Blütenmeer neben dem graugrünen „ungarischen Meer". Der aus Frankreich importierte Lavendel gedeiht hier prächtig – und nur hier, in diesem windstillen, sonnigen Landstrich mit seinem kalkigen Boden. Im Juli ist Erntezeit. Die Mädchen schneiden die lila Blüten mit Sicheln und nehmen ein Büschel mit nach Hause, die Blüten werden getrocknet und in den Wäscheschrank gesteckt. Darum duften Frauen und Mädchen aus Tihany und Umgebung das ganze Jahr nach Lavendel, und darum, so heißt es, heiraten auch die jungen Männer meistens Mädchen aus ganz anderen Gegenden: Sie können den Lavendel einfach nicht mehr riechen!

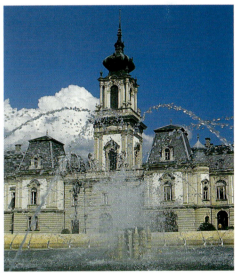

Das neobarocke Schloß Festetics in Keszthely verrät Vorbilder aus Frankreich und Wien.

Das Wahrzeichen von Tihany ist die weithin sichtbare barocke Abtei mit den Doppeltürmen. Das kunstvoll geschnitzte Gestühl der Abteikirche stammt von Sebastian Stulhof. Durch einen tragischen Todesfall verlor dieser seine junge Braut, verbrachte den Rest seines Lebens als Laienbruder in der Abtei und schnitzte die Einrichtungsstücke. Der rechte am Altar kniende Engel soll die Gesichtszüge seiner Braut zeigen.

Der älteste Badeort am Plattensee, noch ganz die Atmosphäre der Belle Époque atmend, ist Balatonfüred mit seinen berühmten Heilquellen. In der ersten Hälfte des 19. Jahrhunderts traf sich hier die ungarische Intelligenz. 1831 wurde das erste Theater gebaut, und im Jahre 1846 lief das erste Dampfschiff des Balatons aus.

Von Weinkellern und Quellen, von Dichtern und Rebellen

Die kohlensäurehaltigen Quellen von Balatonfüred üben eine wohltuende Wirkung bei Herzleiden und Störungen des Blutkreislaufes aus. Trinkkuren helfen bei Leber- und Darmkrankheiten. Im Jahre 1926 pflanzte der weltberühmte indische Dichter Rabindranath Tagore zum Dank für die Heilung seines Herzleidens am Seeufer einen Baum. Seitdem will es ein schöner Brauch, daß prominente Patienten, die geheilt wurden, ebenfalls dort Bäume setzen und die auf diese Weise entstandene Gedenkallee des Kurortes ständig erweitern.

Die schönen schilfgedeckten Bauernhäuser auf der Halbinsel Szigliget stehen unter Denkmalschutz. In dem gleichnamigen malerischen Ort lassen sich noch heute Dichter inspirieren.

In dem malerischen Kurort Héviz nordwestlich von Keszthely kann man in Europas größtem Thermalsee baden.

Der Weg durch die Weingärten des nahen Csopak öffnet den Blick auf Hunderte von weißschimmernden Häuschen am Südhang der Hügel. Sind es kleine Bauerngehöfte? Aber es gibt keine Ställe. Grüfte? Keller? Nun, es sind Kelterhäuser, Weinkeller mit kleinen Stuben davor. Ein Ort zum Nachdenken oder für einen Plausch der Männer, die mit dem Stock in der Hand und dem Leinensack auf der Schulter hinaufsteigen, um Wein zu holen. Kellertrunk – immer schon war das ein Männervergnügen. Die Kelterhäuser von Csopak muß man einfach erleben: Eine Weinprobe mit den besten Balatonweinen wie dem Olaszrizling und dem Furmint kann zu einem unvergeßlichen Erlebnis werden. Allein die Atmosphäre in einem dieser Keller mit alten Holzfässern ist den Besuch wert.

Weiter über die Hauptverkehrsstraße Nr. 71 erreicht man Balatonkenese, einen recht hübschen Ort, der inmitten von Weinbergen gelegen ist. Die reformierte Kirche von 1568/1570, die später im Barockstil umgebaut wurde, und landestypische denkmalgeschützte Häuser geben dem Ort am Ostufer des Sees ein besonderes Gepräge. Das fünf Kilometer entfernte Balatonkarattya ist interessant wegen eines nahe dem Bahnhof stehenden Baumes; es ist eine 400 Jahre alte Ulme, um die sich eine Legende

Der Friedhof von Balatonudvari mit seinen herzförmigen Grabsteinen ist weltweit einmalig.

rankt: Fürst Ferenc II. Rákóczi, der Anführer des Freiheitskampfes im 18. Jahrhundert, soll sein Pferd an genau dieser Ulme angebunden haben, als er den Einwohnern die Abspaltung Ungarns vom Reich der Habsburger verkündete.

Die nächste Station unserer Rundreise und zugleich die größte und meistbesuchte Stadt am Südufer ist Siófok. Sie gilt als Stadt der stillen Eleganz. Hier kann man ausgedehnte Spaziergänge im Park, im Rosengarten am Seeufer und natürlich am Sandstrand entlang machen. Immer wieder bieten sich malerische Ausblicke auf das gegenüberliegende Ufer. In Siófok läßt die Erinnerung an den großen Operettenkomponisten Emmerich Kálmán, der hier geboren wurde, noch einmal die Welt der *Csárdásfürstin* vor dem geistigen Auge und Ohr erstehen. Das Geburtshaus des Musikers wurde zu einem Gedenkmuseum mit vielen persönlichen Gegenständen eingerichtet. Ein anderes Museum, das Beszédes-József-Múzeum, informiert über die Anfänge der Plattensee-Schiffahrt.

Für Gäste gibt's immer eine Hochzeit

Mit etwas Glück erlebt man am Ufer in einer schönen Csárda an der Anlegestelle Szántódirév eine für Touristen inszenierte, aber fröhliche folkloristische Bauernhochzeit: Zigeuner, Gulasch, Paprika, Csárdás, Wein – eben alles, was das Herz erfreut. Feierlichen Schrittes naht der Zug mit Braut und Bräutigam. Die Hände an die Hüften gelegt, drehen und schwenken sie ihre Körper im Takt des feurigen Brautmarsches. Die Mädchen und Frauen nahen in ihren bunten Trachten: weite, rot-grün bedruckte und bestickte, ja auch spitzengesäumte Röcke, darüber plissierte weiße Schürzen. Über dem Mieder ein großes Tuch kreuzweise in den Rockbund gesteckt, die weißen Blusen kostbar in farbfroher Matyó-Stickerei ausgeführt, weit gebauschte Ärmel über den gebräunten Armen. Und auf dem Kopf jene traumhaften Häubchen mit langen, bis an den Rücken reichenden Schleifen! Vier dieser jungen Mädchen tragen das rot-weiß gestreifte Brautober-

Kräftige Farben und schöne Stickereien zeichnen die Festtagstracht der Mädchen und Frauen aus.

bett. Verschmitzt lächelnd folgen junge Burschen und Männer, allerdings nicht so farbenfroh gekleidet: Nur kurze schwarze Westen tragen sie über leichten Hemden mit weiten Ärmeln. Einziger Schmuck sind die blitzblank geputzten Lederstiefel.

Auf einer Holzlade wird dann das Hochzeitsmahl hereingetragen, zum Beispiel Kesselgulasch in schwarzen Eisentöpfen. Und so nimmt das Fest seinen Lauf in der Gartenschenke. Der Sonnenuntergang folgt, der Froschgesang verabschiedet den Tag, erste Sterne leuchten am Himmel auf. Ein Storch segelt lautlos im warmen, nach Staub und Korn schmeckenden Wind. Nun erklingen melancholische Zigeunerweisen mit Geigen, einer Klarinette und dem Cymbal, dem mit Klöppeln geschlagenen Saiteninstrument. Der „Bande", wie so eine Gruppe genannt wird, steht der Primas vor, der erste oder auch der Sologeiger.

Der wegen seines Sandstrandes von Familien bevorzugte Badeort Fonyód liegt an der markantesten Erhebung des Südufers, am zweikuppigen Vár Hegy (Burg-Berg). Man verläßt hier am besten die Straße und wandert nach der roten Markierung auf den Berg. So hat man nicht nur die Überreste einer Wallburg vor sich, sondern auch wieder einmal eine prachtvolle Aussicht auf das Nordufer. Fonyód ist Eisenbahnknotenpunkt für Züge nach Prag, Dresden und Zagreb und – viel romantischer – auch Haltestelle einer schnaufenden Schmalspurbahn, mit der man von Balatonfenyves aus den See verlassen kann, um in das Hinterland zu fahren. Spätestens hier fällt der Name „puszta".

Doch man sollte sich keinen Illusionen hingeben. Meint man auch – angesichts der Berge gelber Paprikaschoten, der schweren braun-weißen Kühe hinter Stangenzäunen, hochgeschichteter Heumieten, weit hingezogener, weiß gekalkter und mit Stroh gedeckter Gebäude, der Frauen mit Kopftüchern und Männer mit weitrandigen Hüten – ein reines Bauernland vor sich zu haben: Dies ist nur eine Facette des sich vehement modernisierenden Industriestaats Ungarn. Und doch gibt es sie weiterhin zuhauf, jene nicht erst seit Hugo Hartungs Roman *Ich denke oft an Piroschka* jedem Deutschen lieb gewordenen ländlichen Ungarnklischees.

Im ruhigen Erholungsort Balatonmáriafürdö, der sich auf zehn Kilometer Länge am Seeufer erstreckt und mit Balatonkeresztúr verschmilzt, liegt das schönste Hotel am Südufer: ein Herrenhaus der bereits genannten Familie Festetics, umgeben von einem Park. Und gleich in der Nähe, am Rande eines riesigen Schilfgürtels bei Balatonbérény, findet sich der schönste Campingplatz weit und breit.

Von hier aus lohnt sich ein Abstecher zum Kleinen Plattensee (Kis-Balaton). Hier werden vor allem Naturfreunde auf ihre Kosten kommen: Im Sumpfgebiet dieses unter Naturschutz stehenden Sees an der Mündung der Zala lebt eine sehr spezifische Flora und Fauna, nisten seltene Vögel – unter anderem die letzten Silberreiher –, bevölkern Hunderte von Gänsen den schmalen Verbindungskanal zum großen Bruder dieses kleinen Sees, dem Balaton. Ein Besuch des Kleinen Plattensees ist ein stiller, beschaulicher Ausklang unseres Balaton-Erlebnisses, fernab von turbulentem Badebetrieb und Touristenrummel.

DAS BESONDERE REISEZIEL: ERNTE IM WEINGUT BALATONBOGLÁR

Wenn es möglich ist, sollte man seinen Besuch in die zweite Augusthälfte legen: Am 20. dieses Monats ist Sankt-Stephans-Tag, der ungarische Nationalfeiertag. Und an diesem Tag beginnt rund um eines der schönsten Weindörfer am Balaton (Plattensee) ein dreitägiges Weinfest, das es in mehrfacher Hinsicht in sich hat. Feurige Zigeunermusik, feuriger Wein und die ausgelassene Fröhlichkeit eines feurigen Menschenschlages sorgen dann dafür, daß sich nicht nur die Einheimischen, sondern auch die Urlauber in Balatonboglár von ihrer besten Seite zeigen.

Was für den Schotten der Whisky und für den Deutschen das Bier, das ist für den Ungarn der Wein. Trinkfreudig waren die Magyaren schon, als sie im neunten Jahrhundert das Karpatenbecken besiedelten. Schon zu Römerzeiten war Wein der wichtigste Exportartikel, der auf den Lößbergen um das heutige Budapest wuchs. Das Weingut Balatonboglár AG ist hier die größte – und seit der Zusammenarbeit mit einem deutschen Großunternehmer auch profitabelste – Weinkellerei. Es verarbeitet die Erträge aus 25 Quadratkilometer Rebfläche und hat erheblich zur Entwicklung der Ortschaft und der Umgebung beigetragen. Rund 800 Angestellte ernten, keltern, bauen aus, füllen ab und verkaufen im Jahr 23 Millionen Flaschen Wein, Sekt und Wermut in die ganze Welt.

Rund um das klassizistische Gutshaus, das die Verwaltung beherbergt, werden ab Mitte August die ersten Trauben von Hand geerntet; die Lese dauert aber bis Ende Oktober. Wer Lust hat, kann hier im Büro Kontakt zu privaten Pächtern bekommen, die für das Weingut arbeiten, und bei der Ernte helfen. Sauvignon, Chardonnay, Welschriesling, Cabernet Sauvignon, Tokaier, Muskat und Traminer heißen die berühmtesten Sorten, die hier wachsen und die es bei besonderen Anlässen im Gutskeller auch zu kosten gibt. Absolventen der „Schule der ungarischen Weinwirtschaft", die hier eine wichtige Zweigstelle hat, liefern dann mehrsprachig sachkundige Kommentare dazu.

Im nahe gelegenen Weinbaumuseum im Schloß von Szölöskislak, wo ebenfalls Weinproben stattfinden, dokumentieren zahlreiche Ausstellungsstücke die Tradition des Weinbaus am Plattensee. Einige der Weine aus Balatonboglár tragen Namen wie Chapel-Hill Chardonnay oder Chapel-Hill Riesling. Das ist eine Verbeugung vor einer kleinen, sehenswerten Kapelle auf einem Hügel vor dem Ort. Auch in der Dorfkirche sollte man einmal hineinschauen. In der Umgebung ist das für seine Trachten und Volkskunst berühmte Heimatmuseum von Buzsák interessant, eine Fahrt zu den Ruinen der Benediktinerabtei Somogyvár aus dem elften Jahrhundert oder ein Schiffsausflug auf die idyllische Halbinsel Tihany am gegenüberliegenden Nordufer des Sees. Wer lieber bleibt, wo er ist, hat in Balatonboglár zahlreiche Möglichkeiten, in einer der vielen gemütlichen Weinstuben zu „versacken". Spätestens da lernt man das in Ungarn so wichtige und für Deutsche fast unaussprechliche Wort für „Prost": Egészégedre!

Auf den vulkanischen Basalthängen des 438 Meter hohen Badacsony wachsen die Trauben für berühmte Weißweine. Charakteristisch sind auch die Kelterhäuschen.

HORTOBÁGY-PUSZTA
Europas größte Grassteppe – Pferde, Gulasch und Csárdás

Die Pußta ist mehr als ein Landstrich oder eine Vegetationsform – sie ist die Charakterlandschaft Ungarns schlechthin. Doch die intensive Landwirtschaft hat das Bild der endlosen Grassteppe tiefgreifend verändert. Nur ihr Herz, die Hortobágy-Pußta, die sich östlich von Budapest zwischen Debrecen und Tiszafüred erstreckt, konnte im Urzustand bewahrt werden.

Vereinzelte Ziehbrunnen und strohgedeckte weiße Katen in einer baumlosen Ebene, deren Horizont sich im flirrenden Dunst verliert, johlende Pferdehirten, die sich am Abend ums lodernde Feuer sammeln, bei Kesselgulasch den Violinen der Zigeunerkapelle lauschen und zu fortgeschrittener Stunde den Csárdás tanzen – wer hat dieses Bild nicht vor Augen, wenn er das Wort Pußta hört?

Es mag überraschen: Die Pußta ist keineswegs von der Natur geschaffen, etwa infolge des trockenen Klimas. Es waren die Mongolen, die im 13. Jahrhundert das feuchte Tiefland der Theiß auf einfache Weise einnahmen: Sie brannten die dichten Laubwälder ab. Die Türkenzeit war gekennzeichnet durch die Zerstörung von Siedlungen und die Ver-

schaft erwies sich die einförmige Ebene als ideales Einsatzfeld. Riesige Getreide-, Mais- und Sonnenblumenfelder erstrecken sich heute dort, wo noch vor wenigen Jahrzehnten Viehherden grasten. Das Ende der Pußtaromantik wäre besiegelt, sieht man einmal von ganz wenigen, meist bescheidenen Restflächen ab, wäre da nicht das Herz der einstmals so weiträumigen Pußta: der Hortobágy.

Benannt ist dieses Naturparadies nach dem Flüßchen, das sich von Norden nach Süden durch die Ebene zwischen der Theiß und der Stadt Debrecen schlängelt. 1973 wurde ein Teil der Hortobágy-Pußta als Nationalpark ausgewiesen; mit einer Fläche von 520 Quadratkilometern ist er Ungarns größtes Naturschutzgebiet. Völlig ursprünglich ist seine ökologische Vielfalt. Sie reicht von Auwaldresten in der Überschwemmungsniederung der Theiß über lichte Eichenwälder bis zu salzigen Sümpfen und natürlich zur eigentlichen Kurzgrassteppe. Dementsprechend artenreich ist die Tier- und Pflanzenwelt. So brüten mehr als 240 Vogelarten im Nationalpark, darunter der Kormoran und

Die Hortobágy-Pußta wurde teilweise zum Nationalpark gemacht; hier sind Reste der alten Steppenlandschaft erhaltengeblieben. Die Salzsümpfe am Flußufer bieten auch vielen Vögeln ein ideales Rückzugsgebiet.

die wohl imposantesten Steppenvögel Europas, die Großtrappen. Am erlebnisreichsten ist es, die Pußta zu durchwandern. Es werden auch Ritte unter kundiger Führung sowie Planwagenfahrten angeboten.

Zur Natur gesellt sich die Kultur. Erster Anlaufpunkt aller Besucher ist bei der Ortschaft Hortobágy die bekannte Neun-Bogen-Brücke. Ursprünglich aus Holz erbaut, wurde sie 1833 durch die jetzige Steinbrücke, mit 74 Metern die längste Ungarns, ersetzt. Am 19. und 20. August wird hier der traditionelle Brückenmarkt abgehalten, zu dem Besucher von nah und fern strömen. Ungarische Gerichte kommen auf den Tisch, und eine Zigeunerkapelle sorgt für gute Laune. Der Star solcher Veranstaltungen ist der Pferdehirt, der *Csikós*. Bei Reiterspielen, zum Beispiel Ende Juni im benachbarten Máta, kann man die Pferdehirten in Aktion erleben, die perfekte Beherrschung ihrer Tiere bewundern.

Auskunft: siehe Seite 98.

Ungarische Pferdehirten in voller Aktion: Bei Reiterspielen zeigen sie ihr Können auch für Touristen.

ödung von Ackerland. Es entstand die baumlose Steppe, die „Pußta" (Ödland). Überschwemmungen der Flüsse machten den Boden teils sauer, teils salzig. Die typischen Graurinder, die ungarischen Schafe mit ihren gewundenen Hörnern, Schweine und natürlich die Pferde – sie und ihre Hüter nahmen das karge Land bald in Besitz. Schon im 19. Jahrhundert, vor allem aber in neuester Zeit setzte der Wandel von der Grassteppe zur Kulturlandschaft ein. Bäume wurden gepflanzt, Entwässerungsgräben angelegt, große Höfe gegründet. Aus Weideland wurde Ackerland. Für die technisierte Landwirt-

Ungarische Graurinder mit ihren charakteristischen geschwungenen Hörnern.

MATRAGEBIRGE
Heilquellen und Höhenluft im Nordosten Ungarns

Ungarn ist mehr als ein Tiefland mit Pußta, Bálaton und Donau. Daß dieses oft verkannte Land sogar ausgedehnte Wälder und Berge hat, wissen die wenigsten ausländischen Touristen. Es sind in erster Linie die Bewohner der Hauptstadt, die das Matragebirge östlich des Donauknies als Sommerfrische und Wintersportgebiet schätzen. Hier oben macht eine frische Brise den heißen ungarischen Sommer erträglich, und die reine Höhenluft tut Lungen und Atemwegen gut.

Als Tor zum Matragebirge gilt das nostalgisch angehauchte Städtchen Gyöngyös. Wein- und Obstgärten staffeln sich an den auslaufenden Südhängen des Gebirgszugs, der die rauhen Winde aus dem Nordosten abhält. Rebland, so weit das Auge reicht, zieht sich von den sonnenüberfluteten Bergflanken hinaus ins hügelige Vorland. Eines der größten Weinbaugebiete Ungarns erstreckt sich hier, bekannt für seine herausragenden Sortenweine. Versuchen und natürlich auch ausgiebig genießen kann man sie besonders stilvoll in den rustikalen Weinkellern der Dörfer am Südsaum des Matragebirges.

Von der historischen Blüte der Stadt Gyöngyös, getragen von wohlhabenden Kaufleuten und Weinhändlern, zeugt die in gotischer und barocker Pracht erstrahlende Bartholomäuskirche. Im Schloß der Grafen Orczy wurde ein interessantes Museum eingerichtet, das umfassend über das Matragebirge informiert. Beispielsweise erfährt man, daß der vulkanische Untergrund des rund 40 Kilometer langen Gebirgsstocks reich an verschiedenen Erzen ist. Kupfer, Blei, Zink und sogar etwas Gold und Silber lockten bereits im 13. Jahrhundert die ersten Siedler in das dicht bewaldete Bergland. Sie führten planmäßige Rodungen durch und teilten das Land in

In der Liebfrauenkirche von Gyöngyöstpata bei Gyöngyös zeigt der Hauptaltar den Stammbaum Christi.

regelmäßige Streifen ein, sogenannte Hufen. Noch heute sind diese Waldhufendörfer an ihrem unverwechselbaren Grundriß – mit den geradlinig aufgereihten Hofstellen – zu erkennen.

Der Bergbau ist – mit Ausnahme von kleineren Zink- und Bleierzgruben bei Gyöngyösoroszi – inzwischen zum Erliegen gekommen. Heute bietet in erster Linie der Fremdenverkehr den Bewohnern Erwerbsmöglichkeiten – dank des Kurbetriebs und des Skisports nahezu während des ganzen Jahres. Sanatorien, neue Sporthotels und Erholungsheime zeugen von der touristischen Blüte in den Zentren des Fremdenverkehrs. Mátraháza, in einem geschützten Talkessel zu Füßen des Kékes gelegen, weist ein beachtliches Pistennetz und sogar eine Sprungschanze auf. In der schönen Jahreszeit ist man hier ganz aufs Wandern eingestellt. Ziele für erholsame Bergtouren gibt es genügend; beispielsweise den 900 Meter hohen Adlerstein (Saskö) oder den Gipfel des Kékes, mit seinen 1015 Metern der höchste Berg Ungarns. Von hier aus kann man bei guten Sichtver-

Im Matragebirge findet man noch viele der originellen Palotzenhäuser, zum Beispiel hier im Dorf Sirok.

hältnissen bis zur Hohen Tatra blicken. Besondere Attraktion dort ist ein Bergschwimmbad in 1000 Meter Höhe. Andere Orte, so etwa Parádfürdö mit seinen eisenhaltigen Heilquellen, stehen ganz im Zeichen des Kurbetriebs. Dort hat man überdies Gelegenheit, ein interessantes Zeugnis der traditionellen Volkskultur des nordungarischen Berglands kennenzulernen: Eines der typischen Palotzenhäuser mit weißgekalkten, lehmverschmierten Bretterwänden und Strohdach wurde als Museum eingerichtet. Bemalte Originalmöbel und bäuerlicher Hausrat von Anno dazumal lassen beim Betrachter Nostalgiegedanken aufkommen.

Die ausgedehnten, zum Teil urwüchsigen Wälder sind für ihren Wildreichtum bekannt – kein Wunder also, daß das Matragebirge auch als Jagdrevier einen Namen hat, der bis über die Grenzen des Landes hinaus gedrungen ist. Vor allem die Mufflons, die von einigen um 1900 ausgesetzten Tieren abstammen, haben es den Jägern angetan.

Auskunft: siehe Seite 98.

Die waldreiche Landschaft um den Berg Kékes ist ein einsames, idyllisches Paradies für Wanderer. Aber auch Jäger kommen in dem ausgedehnten wildreichen Waldgebiet auf ihre Kosten.

BERNER OBERLAND

*Eine Schweizer Landschaft
wie aus dem Bilderbuch*

„Alles Große, Außerordentliche, alles Schöne, Sanfte, Reizende, Heitere, Ruhige und Süßerquickende, was in der ganzen Natur zerstreut ist, scheint sich hier in einem kleinen Raum vereinigt zu haben, wohin alle Anbeter der Natur pilgern." So wurde das Berner Oberland in einem Reiseführer über die Schweiz im Jahre 1793 beschrieben. Tatsächlich ist es die hier beschworene unglaubliche Vielfalt bezaubernder Landschaften, die diese eidgenössische Traumkulisse zum Reiseziel von Menschen aus aller Welt macht. Zu allen Jahreszeiten finden hier Erholungsuchende Ruhe, können Sportler ihren Aktivitäten auf dem Wasser oder im Gebirge nachgehen, bieten sich Naturfreunden beglückende Erlebnisse und Kulturinteressierten Veranstaltungen – von Volkstänzen bis zum Kammerkonzert.

Kaum hatte der Tourismus angefangen, sich zu einer Mode zu entwickeln, stand das Berner Oberland auch schon im Mittelpunkt des Interesses und wurde von so einigen Berühmtheiten gepriesen: Der Universalgelehrte Albrecht von Haller besang die Landschaft in einem Epos *Die Alpen,* und auch Goethe ist natürlich hier gewesen. Sie entfachten die Schwärmerei für die Natur, die bei der Hautevolee Europas im letzten Jahrhundert ein wahres Reisefieber auslöste.

Die touristische Erschließung der Berner Alpen war die logische Folge: Bereits 1830 entstand ein erstes Hotel auf dem 2681 Meter hohen Faulhorn bei Interlaken. Es waren die Briten, die die Anfänge des Alpinismus prägten und den Tourismus in die Hochgebirgstäler brachten. Doch das Berner Oberland beeindruckt nicht nur mit Bergriesen: Auf engstem Raum bietet es heute alle Attribute einer attraktiven Alpenregion, die es zum Herzstück des Schweizer Fremdenverkehrs machen.

Einen Anblick wie aus dem Bilderbuch bietet Schloß Oberhofen am Thuner See vor den mächtigen Eisriesen der Viertausender *Eiger, Mönch* und *Jungfrau* (Foto links). Im Berner Oberland werden die Klischees der Schweiz als Urlaubsland zur Wahrheit: eine Landschaft wie gemalt, sauber, wohlhabend, manchmal teuer, aber immer eine Reise wert. Das gilt auch für die Menschen hier, ihre Sitten und Bräuche bis hin zum zünftigen Alphornblasen (Foto rechts oben). Das gilt für die Volkskunst, zum Beispiel an einem Rokoko-Schrank im Freilichtmuseum Ballenberg (Foto rechts Mitte). Und das gilt bei angenehmen Überraschungen fürs Auge – wie den Weinbergen von Spiez vor der hochalpinen Kulisse des Niesen (Foto rechts unten).

Maler, Dichter und Musiker zog es schon früh hierher

Wenn der Föhn bläst, erblickt man von der Münsterplattform in Bern das berühmteste Dreigestirn der Alpen: *Eiger, Mönch* und *Jungfrau.* Greifbar nahe steht es im Osten am Horizont. Da überkommt einen die Lust, die Schweizer Kapitale und ihre mittelalterliche Altstadt zu verlassen, um sich in Richtung Berner Oberland aufzumachen. Bereits nach einer halben Stunde erreicht man auf der Autobahn N 6 bequem das malerische Städtchen Thun. Am Ausfluß der Aare aus dem Thuner See gelegen, bildet es das Tor zum Berner Oberland. Hier beginnt eine der berühmtesten Ferienlandschaften Europas. Sie umfaßt das Einzugsgebiet der Aare von ihrem Quellgebiet am Grimselpaß bis nach Thun. Den Hauptteil macht die ganze Nordabdachung der Berner Alpen aus, die sich vom Sanetsch- bis zum Grimselpaß erstreckt. Ebenfalls zum Berner Oberland gehören die sich im Westen (Les Diablerets und Gastlosen) und im Osten (ein Teil der Urner Alpen) anschließenden Teile des Alpenkammes. Vom Brienzer und vom Thuner See dringen fünf große Talschaften wie die Finger einer Hand von Osten nach Westen in den Wall der Berner Alpen ein: das Haslital, die zwei Lütschinentäler, das Kandertal und schließlich das Simmental. Dazu gesellt sich das Saanenland, das durch den Paßübergang Saanenmöser mit dem Simmental verbunden ist; das Wasser der Saane fließt als einziges des Berner Oberlandes nicht in den Thuner See. Diese sechs Haupttäler verzweigen sich dann wiederum in zahlreiche Neben- und Seitentäler.

Der Begriff Berner Oberland ist bis heute nicht eindeutig umrissen. Ursprünglich meinte man damit lediglich das Gebiet, das man heute „Engeres Oberland" nennt, nämlich Interlaken und die beiden Lütschinentäler. Später ging man dazu über, den ganzen südlichen Teil des Kantons Bern, vom Oberhasli bis zum Col du Pillon, „Oberland" zu nennen. Auch geschichtlich gesehen bildet das Berner Oberland keine Einheit. Die genannten Talschaften sind zu verschiedenen Zeiten und rechtlichen Voraussetzungen dem bernischen Staatsverband beigetreten. Nur unter der Herrschaft der Franzosen – von 1798 bis 1803 – war das Oberland ein selbständiger Kanton. In den letzten Jahrzehnten hat sich unter den Berner Oberländern allerdings ein stärkeres Zusammengehörigkeitsgefühl entwickelt.

Jedes Tal des Berner Oberlandes hat seine kulturellen Besonderheiten, die auf eine weitgehend unabhängige Entwicklung zurückzuführen sind. So unterscheiden sich die Täler in den Formen des Hausbaus, in Dialekten, Traditionen und Schrifttum. Doch alle Regionen des Berner Oberlandes sind vom Tourismus geprägt. Trotzdem ist es den Einheimischen gelungen, sich ihre Eigenarten weitgehend zu bewahren; und dazu gehören nicht nur Sprache und Bräuche, sondern auch die sprichwörtliche Hartnäckigkeit und der trockene Humor des Oberländers.

Unser Routenvorschlag
VON GSTAAD ZUM GRIMSELPASS

Ausgangspunkt der Reise ist der bekannte Kurort Gstaad ❶. Hier gibt sich die „High Society" in mondänen Hotels und Chalets ein Stelldichein. Über Saanen ❷, dessen Kirche Fresken aus dem 15. Jh. birgt, gelangt man nach Zweisimmen ❸. Seine mit spätgotischen Fresken bemalte Kirche trotzte der Feuersbrunst von 1862. Bei der Weiterfahrt verdienen nicht nur die Simmentaler Kühe Aufmerksamkeit, sondern auch die großartigen Bauernhäuser. Von Spiez ❹ mit seinem uralten Schloß, pittoresk auf einer Halbinsel im Thuner See gelegen, unternimmt man einen Abstecher nach Thun ❺, dem Tor zum Berner Oberland. Am Thuner See entlang geht es weiter nach Osten bis Interlaken ❻ zwischen Brienzer und Thuner See. Hotelpaläste erinnern an die Zeit Ende des 19. Jhs, als sich hier die gehobene Gesellschaft Europas traf. Ein Ausflug ins wildromantische Lauterbrunnental ❼ ist unerläßlich: Mit der Seilbahn gelangt man zum Schilthorn ❽ (2970 m), von dessen Drehrestaurant aus man eine großartige Aussicht genießt. Von Lauterbrunnen und Grindelwald führt seit 1912 eine Bahn zum Jungfraujoch ❾ (3454 m) hinauf in eine arktisch anmutende Hochgebirgslandschaft. Wer lieber im Tal bleibt, besucht die Trümmelbachfälle ❿. Zurück in Interlaken, fährt man am Nordufer des Brienzer Sees entlang in das für seine Holzschnitzereien berühmte Brienz ⓫. Eine Dampferfahrt führt zu den Giessbachfällen ⓬. Zwischen Meiringen und Innertkirchen lohnt sich ein Besuch der Aareschlucht ⓭. Je höher das Tal ansteigt, desto rauher wird die Landschaft; im Kristallmuseum Guttannen ⓮ funkeln die Schätze dieser Hochgebirgswelt um die Wette. Man verläßt das Berner Oberland über den Grimselpaß ⓯ (2165 m).

★ Das besondere Reiseziel: Freilichtmuseum Ballenberg.

Bei Trachten- und Folklorefesten im Berner Oberland treffen sich Tanz- und Musikgruppen aus allen Tälern.

DAS BERNER OBERLAND AUF EINEN BLICK

SEHENSWÜRDIGKEITEN

Brienz: Dorfmuseum, Geigenbau- und Holzschnitzschule, Freilichtmuseum Ballenberg, Giessbachfälle, Zahnradbahn; **Brienzer See und Thuner See:** Raddampfer *Lötschberg* und *Blümlisalp*; **Grindelwald:** Heimatmuseum, Gletscherschlucht; **Haslital:** Kristallmuseum Guttannen, Kraftwerke Oberhasli; **Lauterbrunnental:** Staubbachfälle, Trümmelbachfälle (Ostern bis Ende Oktober), Bahn zum Jungfraujoch oder Schilthorn (Aussicht); **Meiringen:** Aareschlucht, Gletscherschlucht Rosenlaui, Sherlock-Holmes-Museum, Talkirche Sankt Michael; **Schynige Platte:** Alpengarten, Juni bis Mitte Oktober; **Spiez:** Schloß, Rebbau- und Heimatmuseum; **Thun:** Altstadt.

FESTE UND VERANSTALTUNGEN

Gstaad und Umgebung: Alpengala, Menuhin-Festival, August bis September; **Interlaken:** Tell-Freilichtspiele, Juni bis September; **Justistal und Mägisalp:** Chästeilet, Ende September; **Meiringen:** Trychlen (Austreibung der bösen Geister mit Kuhglocken), Jahresende; **Mürren:** internationale Ballonsportwochen, Ende August bis Anfang September; **Thun:** Ausschiesset (zum Ende der Sommerschießsaison), Ende September; **Wengen:** Lauberhornskirennen, Januar.

AUSKUNFT

Schweiz Tourismus, Bellariastr. 38, CH-8027 Zürich, Tel. 00 41/1/2 88 11 11; **Verkehrsverband Berner Oberland Tourismus,** Jungfraustr. 38, CH-3800 Interlaken, Tel. 00 41/36/22 26 21; **Schweiz Tourismus,** Kaiserstr. 23, 60311 Frankfurt a. M., Tel. 0 69/2 56 00 10; **Schweiz Tourismus,** Kasernenstr. 13, 40213 Düsseldorf, Tel. 02 11/3 23 09 13; **Schweiz Tourismus,** Speersort 8, 20095 Hamburg, Tel. 0 40/32 14 69; **Schweiz Tourismus,** Unter den Linden 24, 10117 Berlin, Tel. 0 30/2 01 20 50; **Schweiz Tourismus,** Leopoldstr. 33, 80802 München, Tel. 0 89/33 30 18; **Schweiz Tourismus,** Kärntner Str. 20, A-1010 Wien, Tel. 00 43/1/5 12 74 05.

Neben dem Tourismus bilden Berglandwirtschaft und Kleingewerbe zwei weitere wichtige Eckpfeiler der Wirtschaft. Viele Landwirte ergänzen ihr knappes Einkommen durch eine lukrative Winterarbeit in einem Fremdenverkehrsort. Nicht einmal in den Talböden findet man Großindustrie – nur im Haslital hat die moderne Technologie schon vor längerer Zeit Einzug gehalten. Ein ganzes System von Stauseen und unterirdischen Elektrizitätswerken nutzt hier das Wasser der riesigen Gletscher und der jungen Aare zur Stromversorgung.

Die markante Pyramide des Niesen beherrscht das Südufer des Thuner Sees. Der 2362 Meter hohe Berg trennt den Eingang ins Kandertal vom Tor zum Simmental. Von seinem Gipfel, den man per Bahn oder zu Fuß erreichen kann, bietet sich ein großartiger Blick auf die ganze Region des Thuner Sees und die Alpenkette. An seinem Fuß liegt, direkt am See, Spiez, dessen Schloß mit der dazugehörigen Kirche sich malerisch auf einem schmalen Geländesporn über der Bucht erhebt. Auf der gegenüberliegenden Seite des Sees, am sonnigen Hang

Am Grimselpaß, der Grenze zwischen den Kantonen Bern und Wallis, ist das Haslital zu Ende. Von den Aarequellen – in 2165 Meter Höhe – blickt man auf die Walliser Alpen mit dem Griesgletscher im Hintergrund.

Thun blickt auf eine lange Siedlungsgeschichte zurück, die mit dem keltischen Dunum beginnt. Heute ist es eine reizvolle Kleinstadt mit mittelalterlichem Kern und gut erhaltenen historischen Bauten. Beherrscht wird sein Stadtbild vom Schloß mit den vier runden Ecktürmen, das auf einem steilen Hügel über den Dächern thront und das historische Museum beherbergt. Seit je hat Thun die Künstler angezogen – einheimische Maler wie Johann Ludwig Aberli und Ferdinand Hodler ebenso wie berühmte Nichtschweizer: Ludwig Richter, William Turner, August Macke beispielsweise; aber auch bedeutende Komponisten wie Johannes Brahms schufen hier bedeutende Werke und fanden die richtige Umgebung zum Arbeiten.

Einen Rundgang durch die Altstadt von Thun sollte sich auch der eilige Reisende nicht entgehen lassen – zumindest einen Besuch der Hauptgasse mit ihren stattlichen Laubenhäusern und den erhöhten Gehsteigen über den Kellergeschossen, die früher als Ställe dienten, sollte man einplanen.

des Beatenbergs, verbergen sich die Beatushöhlen. Bis heute sind über acht Kilometer des verzweigten Höhlensystems erforscht, gut ein Kilometer davon ist der Öffentlichkeit zugänglich.

Einen wunderbaren Blick auf das beinahe 50 Quadratkilometer große Wasserbecken bietet auch das kaum bekannte Morgenberghorn (2249 Meter), das man allerdings nur zu Fuß erreichen kann. Der Aufstieg führt durch das wunderschöne, unter Naturschutz stehende Suldtal. Mit reicher Fauna, üppiger Flora und dem Naturschauspiel des Pochtenfalls ist es ein echter Geheimtip.

Erst seit 1714 der Lauf der Kander korrigiert wurde, mündet der Fluß in den Thuner See. Wie wild er heute noch ist, zeigt sein Mündungsdelta, das immer weiter wächst: Rund 300 000 Kubikmeter Schutt und Schlamm befördert der Fluß alljährlich in den See. Das Tal der Kander, das von Spiez direkt nach Süden führt, sowie das Engstligental sind sehr bekannt; schließlich gehören seine wichtigsten Dörfer Kandersteg und Adelboden zu den renommierten

Mitteleuropa

Das obere Simmental ist immer noch ein Land der Bauern und der berühmten Simmentaler Kühe. Viele kleinere Dörfer und Bergbauernhöfe liegen direkt in die Hochweiden eingebettet.

Ferienorten des Berner Oberlandes. Weitgehend unbekannt, doch um so schöner und stiller ist das Kiental, das von der vergletscherten Front der Blümlisalp eindrucksvoll abgeschlossen wird. Die bis zur Griesalp (1408 Meter) führende Straße hat eine Steigung von bis zu 20 Prozent. Wer mit solch alpiner Schräge nicht vertraut ist, sollte lieber das Postauto (Omnibus) wählen, um dann von der Griesalp aus das Naturschutzgebiet zu Füßen der Blümlisalp auf Schusters Rappen erkunden zu können.

Auf dem Weg ins schöne Wallis

1913 wurde der 14,6 Kilometer lange Lötschberg-Eisenbahntunnel eröffnet. Er verbindet den Kanton Bern mit dem Wallis und verhalf Kandersteg alsbald zu einem gehörigen touristischen Aufschwung. Der Wanderer erfreut sich an Ausflugsmöglichkeiten in eine urtümliche Gebirgslandschaft, wie sie zum Beispiel der Oeschinensee zu bieten hat – oder der alte Saumweg des Gemmipasses ins Wallis.

Im obersten Engstligental liegt der beliebte Ferienort Adelboden, der Sommer- und Winterurlaubern ein breites Spektrum an Aktivitäten bietet. Seine typische V-Form verdankt das Engstligental der Wucht der Wildbäche, die sich hier in tiefen „Tobeln" in die weichen Gesteinsschichten der Niesenkette eingefressen haben. Adelboden selbst liegt am Hang über dem weiten Talabschluß. Die Engstligenalp zu Füßen des majestätischen Wildstrubels (3243 Meter) ist eines der größten alpinen Weidegebiete der Schweiz und per Schwebebahn erreichbar.

Beim Stichwort Simmental denken viele sofort an die edle Rasse der braun-weiß gefleckten Simmentaler Kühe. Hinter der Talenge bei Wimmis mit seiner weithin sichtbaren mittelalterlichen Burganlage weitet sich das Tal, das zwischen der Niesen- und der gegen Norden jäh abfallenden Stockhornkette eingebettet ist. Der florierende Viehhandel hatte den Simmentalern einst Wohlstand beschert, der ihnen auch den Bau stolzer Bauernhäuser erlaubte. In fast jedem Dorf trifft man auf solche Holzhäuser mit reich verzierten Fassaden. Berühmt ist das 1756 erbaute Knuttihaus in Därstetten, mit seinem weiß getünchten, gemauerten Unterbau und den darüber errichteten Holzgeschossen ein Simmentaler Haus wie aus dem Bilderbuch. Das Talmuseum in Erlenbach macht den Besucher nicht nur mit der Geschichte des Tales, sondern auch mit seiner Zimmermannskunst vertraut.

In eine noch weitgehend intakte Landschaft schmiegt sich das Dörfchen Diemtigen mit einem besonders malerischen Dorfbild. Hier beginnt das bei Latterbach vom Haupttal abzweigende Diemtigtal, das für seine Scherenschnittkunst ebenso berühmt ist wie für seine schönen Holzhäuser mit reich verzierten Fassaden. Hauptort und Verkehrsknotenpunkt des Oberen Simmentals ist Zweisimmen. Seine Zierde sind ebenfalls die Holzhäuser und die sehenswerte, stattliche Kirche mit prächtiger Holzdecke und Malereien aus dem 15. Jahrhundert. Der Ort am Zusammenfluß von Großer und Kleiner Simme ist ein vielbesuchtes Sommer- und Wintersportgebiet, dessen touristisches Angebot durch die nahen Ferienorte Lenk und Saanenmöser bereichert wird. Die schwefelhaltigen Heilquellen von Lenk gehören zu den stärksten im Alpenraum. Der weite Wiesensattel der Saanenmöser, der sich 1269 Meter hoch inmitten einer parkähnlichen, voralpinen Landschaft erhebt, vermittelt den Übergang vom Simmental ins Saanenland. In Saanen gabelt sich die Straße: Ihr südlicher Ast führt nach Gstaad, Gsteig und über den Col du Pillon, der andere ins waadtländische Pays d'Enhaut.

Das mittelalterliche Schloß Spiez liegt reizvoll auf einer Halbinsel am Südufer des Thuner Sees.

Gstaad, berühmtester Kurort des Berner Oberlandes und für seine Luxushotels und exklusiven Internate bekannt, steht für Prominenz aus aller Welt und ist doch ein dörflicher Ort geblieben, in dem man auch noch preiswerte Unterkünfte finden kann. Nicht zuletzt ist es der Wohnsitz des Geigers Yehudi Menuhin; ihm hat das Dorf zu danken, daß hier alljährlich das *Menuhin-Festival* als Teil des weit über die Schweizer Grenzen hinaus bekannten *Gstaader Musiksommers* stattfindet. Als ob all dies noch nicht genügte, gilt Gstaad auch als das „Wimbledon der Alpen". Seit 1968 wird hier das *Swiss Open Gstaad* ausgetragen. Auch andere Sportmöglichkeiten und ausgesucht schöne Wanderwege ziehen Gäste an, vor allem Wildwasserfahrten auf den Bergflüssen Simme und Saane.

Gar nicht überlaufen ist hingegen der ruhige Ferienort Gsteig mit seinem kleinen anheimelnden Dorfplatz, unweit vom mondänen Gstaad am Fuß zweier Pässe ins Unterwallis gelegen. Und im Lauenental mit seinem idyllischen kleinen See und dem prächtigen Wasserfall Geltenschuss findet man mehr Kuhmist als Souvenirkitsch.

Noch ist das Simmental eine beinahe heile Bauernwelt. Abgasfrei kann man das längste Oberländertal, das sich von der Port bei Wimmis bis zum 2429 Meter hohen Rawilpaß hinaufzieht, mit der Eisenbahn erkunden. In Zweisimmen steigt man von der Bundesbahn um in die Panoramawagen der Montreux-Oberland-Bahn, die das Obere Simmental mit der „Waadtländer Riviera" (dem Uferteil des Genfer Sees, der zum Kanton Waadt gehört) verbindet. Man lehnt sich bequem zurück und läßt den Blick über die Talschaft schweifen: Ein sattes Grün beherrscht das Bild, Wiesen, Wälder und Bauernsiedlungen huschen vorbei, hinter ihnen erheben sich leicht erreichbare Aussichtsgipfel, die den Ruf des Simmentals als Wanderland begründen. Im Winter bieten die Orte Zweisimmen, Lenk, Saanenmöser und Gstaad beste Voraussetzungen für alpinen und nordischen Skilauf.

Interlaken – seit 150 Jahren ein Zentrum des Tourismus

Nach Spiez zurückgekehrt, folgen wir der Uferstraße des Thuner Sees ostwärts nach Interlaken, dem Zentrum des Fremdenverkehrs im Berner Oberland. Es liegt nicht nur „inter lacus", also „zwischen den Seen" auf der Schwemmlandebene Bödeli zwischen Thuner und Brienzer See, sondern auch in unmittelbarer Nähe zum weltberühmten Jungfraugebiet. Jahrhundertelang hat der Ort, der sich aus einem 1133 von Augustinermönchen gegründeten Kloster entwickelte, ein recht unbeachtetes Dasein geführt. Das änderte sich schlagartig, als bergbegeisterte Engländer im 19. Jahrhundert Interlaken als idealen Ausgangspunkt für Exkursionen in die Hochgebirgswelt entdeckten. In kurzer Zeit wuchsen immer größere, immer feinere Pensionen und Hotels aus dem Boden. 1865 wurde das Wahrzeichen Interlakens, das Grandhotel Victoria-Jungfrau, eingeweiht, und seit dieser Zeit prägen auch die offenen Pferdekutschen das Bild der Straßen und Plätze Interlakens. Ob man die Stadt zu Fuß oder in der Kutsche erkundet, einen Besuch des mit Interlaken zusammengewachsenen Städtchens Unterseen sollte man keinesfalls auslassen. Die spätmittelalterliche Anlage der Ansiedlung wird immer noch auf drei Seiten von der alten Stadtmauer, auf der vierten Seite von der Aare begrenzt.

Fast alle Tourenvorschläge von hier aus stehen im Bann des königlich im Süden aufragenden Dreigestirns Eiger, Mönch und Jungfrau. Am Südfuß der Heimwehfluh, deren nostalgisches Standseilbähnchen in zwei bis drei Minuten einen Höhenunterschied von 120 Metern überwindet, liegt die Ruine der Burg Unspunnen. Hier findet seit 1805 in größeren Abständen das *Trachten- und Alphirtenfest Unspunnen* statt. Höhepunkt dieses folkloristischen Spektakels ist neben Musik, Tanz, Alphornblasen, Fahnenschwingen und Jodeln das Stoßen des Unspunnensteins. Der Originalstein wurde 1984 entwendet, doch steht inzwischen ein Ersatz mit dem gleichen Gewicht bereit – 83,5 Kilogramm nämlich! So können die starken Männer wieder ihre Kräfte messen.

Grandioser Alpenblick, tosende Wasserfälle

Eine Zahnradbahn bringt die Ausflügler von Wilderswil bei Interlaken auf die Bergstation Schynige Platte. Hier präsentiert ein Alpengarten die reiche alpine Flora der Region. Der Blick auf die nahen Hochalpen ist geradezu atemberaubend. Die Gipfel von Eiger, Mönch und Jungfrau über den wildromantischen Lütschinentälern haben insbesondere den Kurorten Grindelwald, Wengen und Mürren viel Berühmtheit eingebracht.

Bei Zweilütschinen, wenige Kilometer südlich von Interlaken, trifft der von Lauterbrunnen herkommende Wildbach Weiße Lütschine auf die Schwarze

Die Jungfrau-Region mit den berühmten Spitzen von Jungfrau (4158 Meter), Mönch (4099 Meter) und Eiger (3970 Meter) ist stark vergletschert und übt seit je eine starke Anziehungskraft auf Bergsteiger aus.

Lütschine von Grindelwald; noch etwas weiter südlich davon öffnet sich das Lauterbrunnental. Seine Attraktion sind die Wasserfälle, die über die senkrechten Seitenwände des Trogtals herabstürzen. Der wie ein riesiger Schleier über die 300 Meter hohe Felswand herabwehende Staubbachfall bietet ein besonders schönes Bild. Noch eindrucksvoller sind die Trümmelbachfälle, die weiter taleinwärts durch eine wilde Schlucht tosend in die Tiefe stürzen; auf gut gesicherten Wegen ist dieser atemberaubende Anblick der Öffentlichkeit zugänglich. Über dem tief ausgehobelten Tal liegen die sonnigen Terrassen der autofreien Kurorte Wengen und Mürren.

In vier Teilstrecken führt eine moderne Seilbahn von der Talstation Stechelberg auf das Schilthorn. Vom Drehrestaurant oder von der Terrasse aus hat man einen großartigen Panoramablick auf die Nordwände der Berner Alpen, auf die Voralpen und die in der Ferne aufragenden Walliser und Zentralschweizer Gipfel, aber auch auf Mittelland und Jura.

Von Lauterbrunnen oder Grindelwald aus erreicht man mit der Wengernalpbahn die Umsteigestation Kleine Scheidegg. In unmittelbarer Nähe ragen die gewaltigen Mauern des Eigers (3970 Meter), des Mönchs (4099 Meter) und der Jungfrau (4158 Meter) auf. Links geht der Blick in die berüchtigte Eigernordwand, die erst 1938 nach zahlreichen gescheiterten Versuchen von einer deutsch-österreichischen Seilschaft durchstiegen wurde. Wenigstens einen Blick in die düstere Wand kann man auf der Fahrt zum Jungfraujoch (3454 Meter), der höchstgelegenen Bahnstation Europas, wagen. Den größten Teil der Strecke legt die Bahn im Felsinnern zurück. Auf dem Jungfraujoch wird der Besucher von einem modernen, fünfgeschossigen Bau empfangen, von dessen Aussichtsplattformen aus man einen wunderbaren Blick auf den Großen Aletschgletscher hat. Das „Joch" ist Ausgangspunkt für unzählige klassische Hoch- und Skitouren im Jungfrau-, Finsteraar- und Aletschgebiet.

Ganz hinten im Tal der Schwarzen Lütschine breitet sich der größte Touristenort der Lütschinentäler aus. Das Ortsbild Grindelwalds wird durch Chalets und Hotels vor der Kulisse von Eiger und Wetterhorn bestimmt. Zahlreiche Bergbahnen erschließen ein vielfältiges Wander- und Skigebiet. Sehenswert ist auch das Heimatmuseum im Talhaus.

Bei Lauterbrunnen, wo die Talstation mehrerer Bergbahnen zum Jungfraujoch liegt, fällt das Wasser des Staubbachs 300 Meter tief ins Tal – und regte Goethe zu seinem *Gesang der Geister über den Wassern* an.

Typisch für das Berner Oberland sind solche Bauernhäuser mit verzierten Holzfassaden wie im Simmental.

Vor rund 20 000 Jahren bildeten Thuner und Brienzer See noch ein einziges großes Becken; erst das Geschiebe der Bäche Lütschine und Lombach führte schließlich zur Teilung des Sees. Eine Fahrt auf den Raddampfern *Lötschberg* (Brienzer See) und *Blümlisalp* (Thuner See) ist ein Erlebnis.

Am 14 Kilometer langen, türkisblauen Brienzer See liegen fast alle Siedlungen am sonnigen Nordufer, dem auch die Hauptstraße folgt. Wählt man jedoch die alte, heute nicht mehr überlastete Straße, kommt man durch reizvolle Dörfer nach Brienz, dem größten Ort am See. Es bekam bereits im 18. und 19. Jahrhundert prominenten Besuch; unter anderen waren Goethe, Lord Byron und Ludwig Uhland hier. In Brienz hat die Holzschnitzkunst eine lange Tradition: 1884 wurde die Kantonale Holzschnitzschule gegründet. In den Souvenirshops des Berner Oberlands wird heute oft Dutzendware angeboten – hier aber gibt es noch Qualität. Zum Brienzer Rothorn (2350 Meter), dem Hausberg des Ortes, fährt man mit einer Zahnradbahn hinauf, die mit

Ursprünglich geht es noch beim Chästeilet-Fest im Gebiet um die Mägisalp zu, wenn der Käse verteilt wird.

einer von Diesel oder Dampf angetriebenen Lok zum Aussichtspunkt pustet. Die Fahrt mit der letzten Dampfzahnradbahn in der Schweiz ist ein überaus beliebter Touristenspaß.

Auf der Straße, die das Ende des Sees umrundet – wer es nostalgischer und stilgerechter liebt, benutzt das Schiff und eine altmodische kleine Standseilbahn aus dem Jahre 1879 –, erreicht man von Brienz aus ein seit 200 Jahren bekanntes Naturschauspiel: die Giessbachfälle, die in 14 Stufen über die Felsen stürzen.

Der flache Talboden der Aare zwischen dem Brienzer See und Meiringen war noch im letzten Jahrhundert Sumpfgebiet. Meiringen selbst ist der Geburtsort der weltberühmten „Meringues", eines süßen Eiweißgebäcks, das nirgends in so reichhaltigen, mit so viel „Nidle" (geschlagener Sahne) garnierten Portionen gereicht wird wie hier. Das bedeutendste Bauwerk ist die große Kirche, das erste Gotteshaus im Haslital. Bemerkenswert sind die von hölzernen Rundpfeilern getragene Holzdecke und die Reste von Wandmalereien aus dem 13. und dem 15. Jahrhundert in der älteren Unterkirche.

Die Welt der Hörner, Gletscher und Kristalle

Eine ausgesprochene Ferienregion in der Nähe von Meiringen ist das Gebiet des Haslibergs, der im Winter weiträumige Skipisten bietet. Hier, auf der Mägisalp, findet alljährlich ein besonderes Fest statt: das Chästeilet. Der Käse, der im Sommer auf den Alpen hergestellt wurde, wird im Herbst bei einem Volksfest unter den Bauern verteilt, wobei sich die zugeteilten Käsemengen nach den Milchleistungen der auf die Alp geschickten Kühe richten.

Im Süden von Meiringen öffnet sich das Tal des Reichenbachs, der am Taleingang in einer 100 Meter hohen Stufe abstürzt. Auf einer schmalen, kurvenreichen Straße gelangt man zum Hotel Rosenlaui, das die Gäste bereits seit 1771 inmitten einer einzigartigen Szenerie empfängt. Die wird beherrscht von den wilden, senkrecht aufragenden Kalkzacken der Engelhörner, dem zerklüfteten Rosenlauigletscher und den steilen Well- und Wetterhörnern. In knapp zwei Stunden erreicht man von hier aus zu Fuß die Große Scheidegg, den Übergang nach Grindelwald mit unvergleichlichem Blick auf Eiger und Wetterhorn.

Die Hauptattraktion in der näheren Umgebung von Meiringen ist die Aareschlucht. Zwischen Innertkirchen und Meiringen hat sich der Fluß seinen Weg über 1,4 Kilometer durch einen Felsriegel gebahnt. Der Weg durch die bis zu 200 Meter tiefe und an der engsten Stelle kaum mehr als einen Meter breite Schlucht führt teils über aufgehängte Stege, teils durch in den Fels gehauene Galerien.

Die zwischen 1938 und 1945 erbaute, 46 Kilometer lange Sustenstraße von Innertkirchen ins urnerische Wassen führt den Besucher durch eindrucksvolle Hochgebirgslandschaften: Im Süden liegt die vergletscherte Welt des Sustenhorns (3503 Meter) und seiner Trabanten, die man vom Hotel Steingletscher aus besonders gut einsehen kann. Nördlich der Straße beeindrucken die ungeheuer imposanten, senkrechten Kalkfluchten der Wendenstöcke, ein wahres Dorado für die Freunde des extremen Klettersports. Bei Nessental kurz nach Innertkirchen führt ein kleines Sträßchen nach Nordosten ins Gental und weiter zum malerischen Engstlensee.

Erste Station an der 1894 eröffneten Straße von Innertkirchen zur Grimsel ist Guttannen. Das kleine Dorf markiert das Zentrum eines Gebietes, in dem nach Kristallen gesucht wird. Das nur im Sommer geöffnete Kristallmuseum bietet einzigartige Schaustücke aus dem Haslital und der ganzen Schweiz und zeugt so von den Schätzen, die in der abweisenden Hochgebirgswelt verborgen sind. In der Schweiz nennt man die Kristallsucher „Strahl(n)er"; ihr Beruf hat gerade im Haslital eine lange Tradition. Ein besonders eindrückliches Beispiel der funkelnden Pracht bietet die alpine Mineralienkluft an der Gerstenegg. Als man den Zugangsstollen zu dem unter dem Grimselsee liegenden Umwälzwerk Oberaar-Grimsel ausbrach, stieß man hier 1974 auf eine mächtige Kristallkluft. Heute ist das riesige System für Touristen zugänglich. Man kann dabei nicht nur eine einmalige Schatzkammer der Natur, sondern zugleich auch das technisch interessante Umwälzwerk besichtigen. In dieser Gegend wird die Naturgewalt des Wassers intensiv genutzt. Stauseen und Druckleitungen fassen die Wassermengen und treiben Turbinen und Generatoren an, die große Teile der Schweiz mit Elektrizität versorgen.

Trotz der modernen Technologie hat die Landschaft an der Grimsel sich ihren urtümlichen, rauhen Charakter beibehalten. Das Grimselhospiz bietet einen herrlichen Blick auf die beinahe arktisch anmutende Landschaft des Grimselsees und des im

Der Brienzer See östlich von Interlaken wird bis zu 260 Meter tief. Sein Wasser ist sauber und fischreich.

Hintergrund aufragenden Finsteraarhorns, mit seinen 4274 Metern der höchste Berg des Berner Oberlandes. Wer es nicht eilig hat, wandert am Nordufer des Sees entlang bis zur Zunge des Unteraargletschers. Auch der Oberaarsee nahe der Grimselpaßhöhe bietet einen großartigen Einblick in die Gletscherlandschaft des Aarmassivs. Ein sechs Kilometer langes Sträßchen führt zum See, und am Seeufer entlang verläuft ein Fußweg.

DAS BESONDERE REISEZIEL: FREILICHTMUSEUM BALLENBERG

Zwischen Brienz und Meiringen empfängt das von Mitte April bis Ende Oktober täglich von 10 bis 17 Uhr geöffnete Schweizerische Freilichtmuseum für ländliche Bau- und Wohnkultur Ballenberg Gäste aus dem In- und Ausland. Zwei Eingänge, der eine in Brienzwiler am Brünigpaß, der andere in Hofstetten bei Brienz, führen zum wunderbaren, parkähnlich angelegten Gelände des Museums.

Auf dem ausgedehnten, 80 Hektar umfassenden und durch Wanderwege erschlossenen Gebiet werden rund 80 typische Bauten aus nahezu allen Kantonen der Schweiz präsentiert. Die Gebäude waren an ihren ursprünglichen Standorten – ganz überwiegend durch den Bau von Straßen – gefährdet; man baute sie ab, transportierte sie auf den Ballenberg und baute sie dann dort originalgetreu und mit Liebe zum Detail wieder auf.

Die Grundidee des Museums, das 1978 eröffnet wurde, ist die Konservierung und Wiedererstellung typischer Hausbauten mitsamt ihrer Inneneinrichtung. Die verschiedenen Gebäudetypen – so zum Beispiel ein Strohdachhaus aus dem Mittelland, stattliche Bauernhäuser, ein bescheidenes Taglöhnerhaus und eine sogenannte Trotte (ein Raum, wo Trauben gekeltert wurden) – veranschaulichen das ländliche Alltagsleben in der Schweiz von Anno dazumal.

Der Ballenberg, für dessen Besichtigung man sich mindestens einen halben Tag Zeit gönnen sollte, ist jedoch trotz seines wissenschaftlichen Grundauftrags keineswegs eine Ansammlung verstaubter Gebäude. Im Laufe der Jahre hat er sich zu einem regelrechten Landwirtschafts- und Ökologiemuseum entwickelt, in dem althergebrachte Lebens- und Wirtschaftsweisen nicht nur museal dargestellt, sondern auch praktisch vorgeführt werden. Hier wird aus eigenem Korn Brot gebacken oder Flachs zu Leinenstoff verarbeitet; 19 traditionelle Handwerke und fünf Gewerbe werden demonstriert. Man kann dem Dorfschmied, der Weberin oder dem Schindelmacher bei der Arbeit zuschauen. Das Klöppeln – eine im Berner Oberland verbreitete Technik, Spitzen herzustellen – wird in diesem Museum ebenso demonstriert wie das Filochieren, eine alte Häkeltechnik, oder das Korbflechten. Sehenswerte Ausstellungen – wie beispielsweise die durch einen Heilkräutergarten ergänzte historische Drogerie – geben interessante Einblicke in den Alltag früherer Generationen.

Die Gebäude sind von Bauerngärten, Wiesen, Feldern und Wald umgeben; hier wachsen regionaltypische Blumen neben andernorts längst ausgerotteten Getreidesorten und Unkrautarten. Leben in das Freilichtmuseum bringen auch die seltenen Tierrassen der Stiftung „Pro Spezie Rara", einer schweizerischen Stiftung zur Erhaltung ländlicher Tierarten: Der Besucher lernt also auch Rätisches Grauvieh, alte Schafrassen und wollhaarige Weideschweine kennen. Kein Wunder, daß sich auch die kleinen Gäste, für die extra ein großzügiger Kinderspielplatz eingerichtet wurde, hier wohl fühlen.

Die Bauernhäuser des Freilichtmuseums am Nordufer des Brienzer Sees wirken wie in einem Schweizer Bergdorf vor 100 Jahren.

GENFER SEE
Weltoffenheit in den Städten – Winzeridylle auf dem Land

Seit Jean-Jacques Rousseau und später Lord Byron den Lac Léman, wie der große See der Schweiz auf französisch heißt, schwärmerisch besungen haben, kommt man gern hierher. Viele bleiben sogar ein Leben lang. So haben sich Filmschauspieler und Schriftsteller, Könige und Dollarmagnaten am Genfer See niedergelassen. Sie verleihen seinen von der kosmopolitischen Stadt Genf und vom Weinbau geprägten Ufern einen für die Schweiz ungewöhnlichen Hauch von der großen weiten Welt.

Der größte See am Alpenrand wird von der Rhône durchflossen und liegt in 370 Meter Höhe zwischen den Waadtländer Alpen, dem Schweizer Jura und den Savoyer Alpen auf der französischen Seite. 60 Prozent seiner 581 Quadratkilometer großen Fläche sind schweizerisch. An der sonnigen Schweizer Riviera am Nordufer herrscht reger Schiffsverkehr.

1823 verkehrte erstmals ein Dampfer auf dem an der Grenze zwischen der Schweiz und Frankreich gelegenen Genfer See. Noch heute bringen Schaufelraddampfer Ausflügler an das französische Ufer

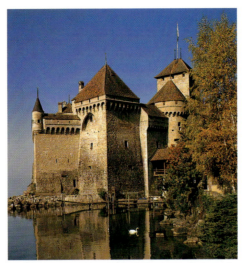

Das imposante Wasserschloß Chillon am südlichen Ufer des Genfer Sees wurde im 13. Jahrhundert erbaut.

des Sees, zum Kasino nach Evian oder in den Kurort Thonon-les-Bains. Die reizvollen Städtchen am schweizerischen Nordufer oder das Wasserschloß Chillon bei Montreux – ein Publikumsmagnet erster Güte – sind ebenfalls eine Ausfahrt wert.

Die herrliche Lage der Stadt Genf am Südwestufer mit Blick auf See und Berge kommt erst vom Schiff aus richtig zur Geltung. Die drittgrößte Schweizer Stadt ist ein bedeutendes kulturelles Zentrum. Hier wirkte im 16. Jahrhundert der gestrenge Reformator Calvin, und Rousseau, der große Philosoph der Aufklärung, ist ihr berühmtester Sproß. Heute ist Genf die kosmopolitischste Stadt der Schweiz – dazu tragen die zahlreichen internationalen Organisationen bei, die hier ihren Sitz haben. Eine Landverbindung zur übrigen Eidgenossenschaft erhielt Genf erst anläßlich des Wiener Kongresses. Ganz wesentlich ist es vom Geist des nahen Frankreich geprägt.

Nordöstlich von Genf reicht die sanfte Reblandschaft der Côte, des sonnenüberfluteten Uferlandes, bis nach Lausanne mit seiner pittoresken hügeligen Altstadt und der alles überragenden Kathedrale. An den steilen Hängen des Lavaux von Lausanne bis Montreux werden spritzige Weißweine angebaut. Die gedrängt angelegten Dörfer und Kleinstädte kleben gleichsam auf Hangterrassen inmitten der Reben oder breiten sich unten am See aus. Weinbergstraßen führen zu den Kellern der Winzer und einladenden ländlichen Gasthöfen.

Am Ostzipfel des Sees empfängt Montreux Gäste aus aller Welt; vor allem die Jazzfreunde reisen alljährlich zum Festival hierher. Von den Rochers de Naye über der Stadt öffnet sich ein herrlicher Rundblick auf die Berge des Wallis bis hin zum Montblanc – und einmal mehr auf die gigantische Wasserfläche des grandiosen Lac Léman.

Auskunft: siehe Seite 107.

SCHWEIZER JURA
Herrliche Parklandschaft an der Grenze zu Frankreich

Den Schweizer Jura, jene langgestreckte, bis zu 1700 Meter hohe Gebirgskette, die von Schaffhausen in einem Bogen südwestwärts über den Genfer See hinaus reicht, sollte man sich erwandern. Hinter den Juraketten verbergen sich faszinierende Hochtäler, geschichtsträchtige Orte, prächtige, weite Hochweiden und Moore. Kurz – ein Ferienziel, das den Ruhe und Beschaulichkeit suchenden Gast besonders anspricht.

Der Jura riegelt mit seinen Höhenzügen das schweizerische Mittelland von den Nachbarn Frankreich und Deutschland ab. Die Jurassier, die sich als Nachkommen des keltischen Stammes der Rauraker bezeichnen, machten sich einst auf die Suche nach einer südlicher gelegenen Wohngegend. Bei Bibracte wurden sie jedoch im Jahre 58 vor Christus von römischen Legionen aufgehalten und geschlagen und waren gezwungen, wieder in ihre Heimat zurückzukehren. Heute ziehen die herben, stillen Landschaften des Jura vor allem Menschen an, die sich nach mehr Lebensqualität sehnen. Aus einem kurzen Urlaub ist für manchen da schon ein Aufenthalt für das ganze Leben geworden. Die Hochflächen bilden eine wunderbare, tannenbestandene Parklandschaft, in der man immer wieder Pferde weiden sieht. Zum Teil begehbare Höhlen und unterirdische Flußläufe zeigen den verkarsteten Kalkuntergrund an, auf dem seltene Pflanzen wie Frauenschuh, Türkenbund und Feuerlilie gedeihen. Beispiel für eine solche Juralandschaft ist das Plateau der Freiberge: Geschlossene Wälder wechseln einander mit bewaldeten Weiden und Moorgebieten, Einzelhöfe mit Weilern und Dörfern ab. Skilangläufer zieht es winters in die nordisch anmutende Landschaft rund um La Brévine, wo die Temperaturen unter minus 30 Grad fallen können. Wanderfreunde lockt der Jura mit Aussichtsbergen, malerischen Talsohlen und rauhen Hochebenen.

Der Jura ist aber auch eine alte Kulturlandschaft: Trutzige Ritterburgen, die Stiftskirche in Saint-Ursanne, die stillgelegten Asphaltminen bei Travers oder der Wallfahrtsort Mariastein zeugen davon. Auch das Uhrmachermuseum in La Chaux-de-Fonds erzählt Geschichte und Geschichten.

Auskunft: siehe Seite 107.

Auf den von Wäldern, Mooren und Heide durchsetzten Hochflächen laden immer wieder einsame kleine Seen zum Baden ein. Das Land ist karg und dünn besiedelt und daher ein Zufluchtsort für viele Naturfreunde.

VIERWALDSTÄTTER SEE
Vielarmiger See im Herzen der historischen Eidgenossenschaft

Der rund 40 Kilometer südlich von Zürich gelegene, verästelte Vierwaldstätter See bildet den Mittelpunkt der Zentralschweiz. An seinem Ufer liegt das Rütli, jene Wiese, auf der im Jahre 1291 die Vertreter der Länder Uri, Schwyz und Unterwalden den Gründungseid der Eidgenossenschaft geleistet haben sollen. Die abwechslungsreiche Szenerie der geschützten Buchten und steil abfallenden Ufer des Vierwaldstätter Sees lernt man am besten vom Dampfer aus kennen.

Das Tor zur Zentralschweiz bildet die Stadt Luzern, die sich um das nördliche Ende des Vierwaldstätter Sees schmiegt. Luzern ist im Sommer Etappenort der Europatouristen aus Übersee – erst im Winter sind die Einheimischen wieder unter sich. Abgesehen von Luzern und seinem Hausberg, dem Pilatus, liegt die Zentralschweiz heute abseits des lärmenden, oft billigen Massentourismus.

Wer der Magie geschichts- und legendenumwobener Stätten nachspüren, eindrucksvolle Landschaften genießen oder ein vielfältiges Freizeitangebot auskosten will, kommt hier auf seine Rechnung.

Den Gründungsmythen und der Schönheit des Vierwaldstätter Sees verdankt die Zentralschweiz ihren touristischen Aufschwung im 19. Jahrhundert: Vom Gipfel des 1798 Meter hohen Rigi aus die Sonne aufgehen zu sehen war für den Reisenden einst ein Muß. Schon ab 1871 beförderten die beiden ersten Zahnradbahnen Europas die Besucher auf den Rigi. Auch heute noch sind die großartige Aussicht auf See und Berge und das dichte Netz von guten Wanderwegen ein wahrer Touristenmagnet.

Daneben geraten die landschaftlichen Schönheiten in der näheren Umgebung des Vierwaldstätter Sees leider nur allzuoft in Vergessenheit. Der Kanton Uri, an der Nord-Süd-Achse durch die Schweiz gelegen, wurde zu einem Transitkorridor Europas degradiert. Früher zogen die Reisenden zu Fuß oder zu Pferd, später mit Kutsche und Wagen von Flüelen am Südufer des Sees in Richtung Gotthardpaß und Italien. Seit 1882 erschließt ein Eisenbahntunnel den Gotthard, rund 100 Jahre später kam der Straßentunnel dazu. Das enge Tal der Reuss ist damit zur Verkehrsachse zwischen Rheinland und Italien geworden. Kaum jemand nimmt sich die Zeit, anzuhalten und den vergessenen Naturschönheiten südlich des Vierwaldstätter Sees einen Besuch abzustatten. Dabei findet man in etlichen hochgelegenen Seitentälern – zum Beispiel Maderaner-, Meien-, Göschenen- und Schächental – noch unberührte und wunderschöne Wander- und Klettergebiete.

Auskunft: siehe Seite 107.

Der Vierwaldstätter See im historischen wie landschaftlichen Herzen der Schweiz zieht viele Wassersportler an.

WALLISER ALPEN
Bergriesen über wilden Seitentälern

Der zweisprachige Kanton Wallis – im Westen spricht man Französisch, im Osten Deutsch – bietet nicht nur alpine Superlative, sondern auch gehaltvolle Weine, die im Haupttal der Rhône heranreifen, daneben manch bedeutendes Kulturgut und eine südlich anmutende Landschaft. Doch seine Beliebtheit bei den Touristen hat er in erster Linie seiner großartigen Bergwelt mit Matterhorn und Monte-Rosa-Gruppe zu verdanken.

Das Tal der Rhône zwischen Brig, dem Hauptort des deutschsprachigen Oberwallis, und dem Genfer See bildet die Siedlungsachse des Wallis. Wer die Einsamkeit sucht, der muß das obere Rhônetal, das Goms, oder die Seitentäler des drittgrößten Kantons der Schweiz erkunden. Im Goms, einem weiten Hochtal und Wander- und Langlaufparadies, reihen sich die malerischen Dörfer mit ihren alten Holzhäusern am südexponierten Talhang aneinander. Zwischen dem Goms und Brig durchbricht die Rhône eine Talenge – der mit Bahnen erschlossene Kamm nördlich davon gewährt beeindruckende Ausblicke auf den mächtigsten Gletscher der Alpen, den Großen Aletschgletscher.

Zwischen Brig und Martigny zweigen vom Haupttal kurze, steile Nordtäler und lange, verzweigte Südtäler ab. Sie alle bieten unerschöpfliche Wandermöglichkeiten, unter anderem entlang den „Bisses"; das sind oft waghalsig an Felswänden aufgehängte Wasserleitungen, die früher von den Gletschern auf die winzigen Wiesen und Äcker führten.

Das Matterhorn bei Zermatt war legendenbildend für den Alpinismus, ja für die Alpen schlechthin.

Bei Visp, acht Kilometer westlich von Brig, trennt sich das Vispertal vom Haupttal, um sich seinerseits bei Stalden in Saas- und Mattertal zu verzweigen. Diese weltberühmte Region ist ein Paradies für Alpinisten – beinahe 30 Viertausender, darunter die höchsten Gipfel der Schweiz, warten hier stumm und majestätisch auf ihre Eroberung. Die beiden renommierten, übrigens autofreien Kurorte Zermatt und Saas Fee wetteifern um die Gunst des Gastes. In Zermatt erschließt die Seilbahn auf das Kleine Matterhorn ein großes Sommer- und Winterskigebiet, in Saas Fee entführt die *Metro Alpin* den Gast in eine eindrucksvolle Gletscherlandschaft, ebenfalls mit Skipisten. Doch Zermatt („zur Matte") hat gegenüber Saas Fee, der „Perle der Alpen", einen ganz entscheidenden Trumpf in der Hand: Es begeistert den Urlauber mit dem Blick auf die berühmteste Pyramide aus Eis und Stein, die es in den Alpen gibt: das 4478 Meter hohe Matterhorn!

Zermatt ist vielleicht der bekannteste Bergsteigerort der Welt. Beeindruckend liegt es am Ende des herrlichen Nikolaitals in einer Höhe von 1820 Metern über dem Meeresspiegel. Im Jahre 1850 begannen britische Sportsmänner den Sturm auf die Gipfel, dem 1855 der Monte Rosa erlag und erst 1865 auch das Matterhorn. 1854 bereits öffnete das traditionsreiche Bergsteigerlokal *Monte Rosa* seine Pforten, und von da an war Prominenz etwas Unvermeidliches geworden. Das alpine Museum und die Bauweise der Häuser, die Bergbahnen und die großen Hotels tragen dem großen Ruf Rechnung.

Auskunft: siehe Seite 107.

Tessin, Lago Maggiore und Luganer See

Die Sonnenstube der Schweiz

Kaum glaubhaft, aber wahr: Einst war da ein armer Kanton, dessen Boden seine Bewohner kaum zu ernähren vermochte. Innerhalb weniger Jahrzehnte hat sich das Tessin zur „Sonnenstube der Schweiz", zum Urlaubsziel von Weltruhm gemausert. Hier verspürt der Besucher beim Espresso auf der Piazza oder beim Promenieren unter Palmen schon südliche Wärme und italienische Lebensart.

Das italienischsprachige Ticino, nach dem gleichnamigen Fluß benannt, ist aber nicht nur eine von *Italianità* geprägte, sonnenbeschienene Landschaft: Die aus Granit und Gneis gefügte, dörfliche Welt des *Ticino granito* bildet einen Kontrast zum *Dolcefarniente* an seinen südlichen Seen, der schärfer nicht sein könnte. Hier wird der Besucher von schroffen, rauhen Tälern empfangen, die er am besten erwandert. Von Bergen, die bis weit hinauf von üppiger südalpiner Vegetation überwuchert sind, von Kastanienwäldern und malerischen kleinen Kirchen in einer rustikalen Umgebung.

Das Tessin lebt vom Tourismus – und gerade auch abseits der Haupttreiseorte bietet der beinahe 3000 Quadratkilometer umfassende Kanton attraktive Ziele. Trotz aller geistigen und klimatischen Verwandtschaft mit seinem italienischen Nachbarn gehört das Tessin zur Schweiz: Alles geschieht hier mit eidgenössischer Präzision – sei es im Weinbau, im Tourismus oder in Finanzgeschäften, die hauptsächlich in Lugano, dem drittwichtigsten Finanzplatz der Schweiz, abgewickelt werden.

Am schönsten ist das Tessin im Frühling, wenn an den Seen Magnolien und Kamelien blühen und auch in den Bergen die Blumen zu sprießen beginnen, oder im Herbst, wenn der lebhafte Trubel der Hauptsaison vorbei ist.

Milde Temperaturen und die abgeschwächten Nordwinde am Lago Maggiore machen's möglich: Die Isola Grande (Foto links), die größte der Brissago-Inseln, ist ein Ort von einzigartiger botanischer Vielfalt. Eine der typischen ländlichen Kirchen am Ufer des Lago Maggiore ist die harmonisch gestaltete romanische Pfarrkirche von Baveno bei Stresa (Foto rechts oben). Beim Durchwandern der faszinierenden Gebirgslandschaft des Verzascatals kann man noch Pflanzen wie die geschützte Feuerlilie entdecken (zweites Foto von rechts oben). Die bizarren Gesteinsformen in Ponte Brolla (zweites Foto von rechts unten) verdeutlichen dem Betrachter, wie die Maggia sich ihren Weg durch eine Felsbarriere aus Granit gebahnt hat. Ebenfalls vom grauen Granit geprägt sind die schlichten ländlichen Häuser im Maggiatal (Foto rechts unten), die vom einst kargen Leben seiner Bewohner zeugen.

Über den Gotthard in den Süden

Der Sankt Gotthardpaß bildet die kürzeste Verbindung von Nord und Süd, verknüpft als Scharnier an der Autobahn N 2 den Oberrhein mit Oberitalien. Der Verkehr über den Paß, der die Zentralschweiz mit dem Tessin verbindet, begann um 1200 – nachdem die Schöllenen, die enge Schlucht der Reuss, durch eine angeblich mit Teufels Hilfe gebaute Brücke überwunden worden war. Um 1830 begann die Postkutschen-Ära, die allerdings nur 50 Jahre dauern sollte: Bereits ab 1872 arbeiteten die Mineure im Berg, um schließlich zehn Jahre später den Schienenweg durch den Sankt Gotthard-Eisenbahntunnel freizugeben. Seit 1980, als der Autotunnel für den Verkehr eröffnet wurde, ist der Gotthard endgültig mit Löchern gespickt wie ein Schweizer Käse: Autotunnel, Eisenbahnlinie und Armeestollen durchbohren das „königliche Gebirge", wie es Goethe nannte. Dreimal ist der große Dichter auf der bereits zum Kanton Tessin gehörenden Paßhöhe (2108 Meter) gestanden, um einen „Scheidblick nach Italien" zu wagen. Wahrlich, das Gotthardmassiv bildet in mehrfacher Hinsicht eine Grenze: Es ist Kultur-, Wasser- und Klimascheide zugleich. Folgt man der gut ausgebauten Paßstraße von den Urner Dörfern Andermatt und Hospental zur Paßhöhe und über die imposanten Kehren wieder hinunter nach Airolo, so ist dies der richtige Einstieg ins Tessin. In der kalten Jahreszeit, wenn der Paß mit der Wintersperre belegt ist, bleibt nur der Weg durch den Auto- oder Eisenbahntunnel. Wenn man dann nach längerer Fahrt wieder ans Tageslicht kommt, wird offensichtlich, wie sehr der Gotthard tatsächlich die Alpenbarriere zwischen Nord und Süd bildet – manchmal steht das Wetter im Süden im krassen Gegensatz zur Nordseite des Massivs, häufig ist es in der „Sonnenstube der Schweiz" wärmer und sonniger.

Wir folgen, von Airolo kommend, der alten Hauptstraße durch die Leventiner Dörfer, die sich oft weit oben an die Berghänge schmiegen – in sicherer Entfernung vom Ticino, dem wilden, für seine Überschwemmungen berüchtigten Fluß. Noch weiter oben an den Hängen, vom Tal aus häufig nicht ein-

DAS TESSIN AUF EINEN BLICK

SEHENSWÜRDIGKEITEN
Bellinzona: Altstadt mit Burganlagen; **Giornico:** Casa Stanga (Museum der Leventina), Bogenbrücken; **Lago Maggiore:** Ascona (altes Zentrum, Casa Serodine, Monte Verità), Borromeische Inseln, Brissago-Inseln, Locarno (Altstadt, Seepromenade, Madonna del Sasso), Stresa; **Lottigna:** Casa dei Landvogti (Museum); **Luganer See:** Bissone (Dorfbild), Gandria (Schweizerisches Zollmuseum), Lugano (Altstadt, Seepromenade, Monte Brè und Monte Salvatore), Melide (Swissminiature), Morcote (Dorfbild).

FESTE UND VERANSTALTUNGEN
Ascona: New Orleans Festival, Juni; **Locarno:** Filmfestival, 3. bis 13. August, Kastanienfest, Ende Oktober; **Lugano:** Karneval mit Risottoessen, Februar, Seenachtsfest, Ende Juli; **Mendrísio:** Gründonnerstags- und Karfreitagsprozessionen.

AUSKUNFT
Schweizerische Verkehrszentrale, Hauptsitz, Bellariastr. 38, CH-8027 Zürich, Tel. 00 41/1/2 88 11 11; **Schweiz Tourismus,** Kaiserstr. 23, 60311 Frankfurt a. M., Tel. 0 69/2 56 00 10; **Schweiz Tourismus,** Unter den Linden 24, 10117 Berlin, Tel. 0 30/2 01 20 50; **Schweiz Tourismus,** Leopoldstr. 33, 80802 München, Tel. 0 89/33 30 18; **ENIT (Ente Nazionale Italiano per il Turismo),** Kaiserstr. 65, 60329 Frankfurt a. M., Tel. 0 69/23 74 30; **ENIT,** Goethestr. 20, 80336 München, Tel. 0 89/53 03 69.

Unser Routenvorschlag
VOM HERBEN NORDTESSIN ZU DEN SEEN IM SÜDEN

Ausgangspunkt ist der Sankt Gotthardpaß ❶. Steile Kehren führen hinunter nach Airolo ❷ mit seinem romanischen Campanile. Giornico ❸ ist ein historisch bedeutsamer Ort. Über Biasca ❹ mit der romanischen Kirche Santi Pietro e Paolo geht es weiter nach Bellinzona ❺; unübersehbar sind die mittelalterlichen Burganlagen. Locarno ❻ ist ein beliebtes Urlaubsziel, der mondäne Ferienort Ascona ❼ eine der ältesten Siedlungen am Lago Maggiore. Mindestens ebenso mondän ist Stresa ❽, von wo aus Abstecher zum Lago di Orta ❾ und den Borromeischen Inseln ❿ (siehe: Das besondere Reiseziel) ein absolutes Muß sind. Um den Südzipfel und am Ostufer des Sees entlang gelangt man nach Luino ⓫. Von hier geht es nach Südosten an den Luganer See; über Riva San Vitale ⓬, das in einer der Buchten des Sees liegt, erreicht man Como ⓭, eine rege Industriestadt. Von Argegno ⓮ aus gelangt man durchs Intelvital ⓯ zurück an den Luganer See und nach Lugano ⓰.

In die Berglandschaft des Sankt Gotthard-Gebiets eingebettet liegt, von einem wehrhaften Turm überragt, das kleine Dorf Hospental, an dessen Hauptstraße anheimelnde Gasthäuser zum Verweilen einladen.

Die drei Tessiner Städte Bellinzona, Locarno und Lugano bilden das Versorgungs- und Einkaufszentrum eines größeren Hinterlandes. Während Bellinzona diese Funktion für die Dörfer und Seitentäler der Leventina erfüllt, ist Lugano der Mittelpunkt des Loganese, das sich vom Monte Céneri an den Lago di Lugano hinunterzieht. Locarno dagegen fungiert als das Dienstleistungszentrum im Westen des Tessins, zu dem die Täler gehören, die sich vom Lago Maggiore hinauf bis zum Sankt Gotthard- und Nufenenpaß erstrecken: Maggia-, Onsernone-, Verzasca- und Vergelettotal, das Centovalli sowie die zahlreichen Seitenarme dieser Täler. Jahrhundertelang mühten sich die Menschen in den kargen Talschaften, um genügend Roggen und Buchweizen zum Überleben zu produzieren, brachten Wein und Ziegenkäse zum Verkauf auf den Markt von Locarno.

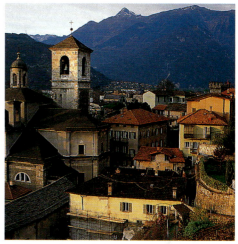

Kastelle, Kirchen und das Tessiner Ambiente machen den Charme Bellinzonas aus.

mal sichtbar, liegen die alpwirtschaftlich geprägten Bauerndörfer, die durch die „Strada alta", einen attraktiven Höhenwanderweg von Airolo nach Biasca, verbunden sind.

Zentrum der Leventina ist, historisch gesehen, Giornico. Hier schlugen 600 Eidgenossen im Jahre 1478 im Zuge ihrer Eroberungspolitik eine fünfzehnfache mailändische Übermacht zurück und begannen damit, ihre Herrschaft über das Tessin auszubauen. Das alte, traditionsreiche Giornico verkörpert heute noch ein typisches Tessiner Dorf mit schlichten Steinhäusern, mittelalterlichen Steinbogenbrücken und drei Kirchen.

Die lebendigen Zentren des Tessin

Biasca schützt den Zugang zum Bleniotal. Im ersten nachchristlichen Jahrtausend hatte dieses die verkehrsstrategische Bedeutung, die später dem Gotthard zukam. Über den Lukmanierpaß, mit seinen 1940 Metern einer der niedrigsten Alpenpässe, zogen einst römische Legionäre, germanische Stämme und Ottonenkaiser. Das Bleniotal selbst ist heller, weiter und freundlicher als die Leventina, sein Fluß Brenno zahmer als der Ticino. Heute ist die Talschaft ein beliebtes Erholungs- und Urlaubsziel. Wer ihre traditionellen Gewerbezweige kennenlernen will – die Kunst der Schokoladenherstellung, Alpwirtschaft, Weinbau und Leinenweberei –, wird die *Casa dei Landvogti* in Lottigna, die das von Ostern bis Oktober offene Talmuseum beherbergt, mit Gewinn besuchen.

Seit 1878 ist Bellinzona die Kantonshauptstadt des Tessins; über Jahrhunderte hinweg war die Stadt, bei der Gotthard- und San-Bernardino-Route zusammenlaufen, ein Machtzentrum von großer strategischer Bedeutung. Diese Tatsache wird deutlich beim Anblick der Altstadt, die zwischen trutzigen Burghügeln mit drei Kastellen recht beengt liegt. Die Burgen wurden auf Granitbuckeln zum Schutz der Zugänge zu den Alpenpässen errichtet. Heute sind diese großartigen Zeugen mittelalterlicher Befestigungsanlagen, die Ende des 15. Jahrhunderts in die Hände der Eidgenossen fielen, Zentren von Kultur und Tourismus: Das von Edelkastanienwäldern umgebene Castello di Sasso Corbaro beherbergt ein volkskundliches Museum. Im Castello di Montebello, einem Vorzeigeobjekt des hochmittelalterlichen Festungsbaus, ist ein archäologisches Museum untergebracht, dessen Sammlung man sich nicht entgehen lassen sollte. Buchstäblich in der Stadtmitte liegt das Castello Grande, von dem aus der Blick mitten in die Häuserschar der Altstadt fällt. Die Burg diente lange Zeit lediglich als Aussichtspunkt; seit dem Umbau durch den Tessiner Stararchitekten Aurelio Galfetti Ende der achtziger Jahre, der sie in ein Kultur- und Begegnungszentrum umwandelte, gehört die Wehranlage zu den beliebten Treffpunkten der sonst eher nüchtern wirkenden Beamtenstadt.

Oft waren es die Früchte der üppig wachsenden Edelkastanienbäume, die den Einheimischen das Überleben ermöglichten. Der Fluß Maggia mit seinem weitgefächerten Einzugsgebiet entschied nicht selten über Leben und Tod – angesichts der mächtigen Kiesbänke im unteren Flußbett kann man sich gut vorstellen, daß seine damals noch ungebändigten Wassermassen alles mit sich fortrissen, was sich ihnen entgegenstellte.

In den Talschaften des Locarnese, die gut ein Drittel des ganzen Kantonsgebietes ausmachen, hört man häufiger Deutsch als Italienisch, und im Sommer sind die Täler beliebtes Ausflugsziel – denn die Gegend hat nichts von ihrem malerischen Aussehen eingebüßt und bietet Raum für vielfältige, auch spektakuläre Freizeitaktivitäten vom Wandern bis zu anspruchsvollen Kletterpartien. Wilde, kristallklare Bergbäche tosen durch die üppig bewachsenen Täler, durch deren kleine Dörfer meist enge, verwinkelte Gassen mit Steinplattenwegen führen.

Ein Sonderfall in den Valli Locarnesi ist Bosco, deutsch Gurin, das einzige deutschsprachige und das höchstgelegene Dorf im Tessin (1504 Meter) am Ende eines Nebentals des Maggiatals. Seine Bewohner stammen ursprünglich aus dem Oberwallis.

Im unteren Dorfteil finden wir heute noch das typische Gotthardhaus. Dank der langen Abgeschiedenheit von Bosco, das erst seit Anfang dieses Jahrhunderts durch eine Straße erschlossen ist, bewahrten seine Bewohner ihren alten Walliser Dialekt. Heute ist das Dorf wegen seiner sehr strengen Winter ein beliebter Wintersportort der Tessiner.

Malerische Täler und mildes Klima

Das wilde und urtümliche Maggiatal mit seinen langgezogenen, engen Seitentälern erkundet man am besten zu Fuß. Es beginnt sieben Kilometer westlich von Locarno bei Ponte Brolla. Der Ort ist für seine gemütlichen Restaurants mit vorzüglich zubereiteten Tessiner Spezialitäten bekannt. Minde-

Verdasio, eines der schönsten Dörfer des Tessins, liegt auf der Sonnenseite des Centovalli, einem fast schon mediterran wirkenden, lichtvollen Tal. Seine üppigen Kastanienwälder verlocken zu herrlichen Wanderungen.

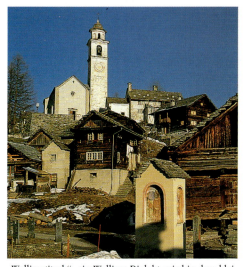

„Wallisertitsch", ein Walliser Dialekt, wird in dem kleinen Dorf Bosco (Gurin) gesprochen.

stens ebenso reizvoll wie das Maggiatal ist das östlich davon gelegene Tal der smaragdgrün schimmernden Verzasca. Die Klarheit seines Wassers, das von der 1960 bis 1965 erbauten, 220 Meter hohen Staumauer gebändigt wird, und die glatten, abgeschliffenen Felsen haben den Fluß bekannt gemacht. Corippo, ein Dorf über dem Stausee, besitzt eines der besterhaltenen historischen Ortsbilder der Schweiz. Auch Sonogno wartet mit einem authentischen alten Dorfkern auf; er wurde von neuzeitlichen Telefondrähten oder Verbotsschildern gänzlich befreit. Die wohl am häufigsten mit der Kamera festgehaltene Sehenswürdigkeit des Verzascatals befindet sich nördlich des Stausees: Es ist die Steinbrücke von Lavertezzo, die sich in zwei eleganten Bögen über den Fluß schwingt.

Zwei weitere reizvolle Täler, zwischen denen die Staatsgrenze verläuft, liegen zwischen Locarno und Domodóssola in Italien: das liebliche italienische Vigezzotal und das romantische Centovalli, das „Tal der hundert Täler". Während ersteres eher touristisch geprägt ist, bildet das Centovalli eine stille Welt mit alten Dörfern und Weilern.

Harmonie von Landschaft und Brückenarchitektur im Maggiatal.

Locarno, Ascona und die kleineren Dörfer am Lago Maggiore beanspruchen für sich, das mildeste Klima des Tessins zu haben; dementsprechend groß ist in der Hauptsaison die Anziehungskraft auf Urlauber – darunter viele Tagestouristen, die dem kälteren und regnerischen Norden entfliehen wollen.

Locarno, die tiefstgelegene Schweizer Stadt (205 Meter über dem Meer), besitzt eine Altstadt mit vielen Winkeln und Plätzen und den typischen Tessiner Lokalen. Der Ort strahlt das Ambiente des nahen Italien aus. Auf der Piazza Grande genießt man nicht nur Eis und Kaffee oder einen Grappa: Der große, von Arkaden gesäumte Platz ist seit Jahren bekannt für das alljährlich vom 3. bis zum 13. August hier stattfindende Filmfestival.

Beliebt ist der Ausflug von Locarno zu den Brissago-Inseln, auf deren Isola Grande, auch Isola di San Pancrazio genannt, ein wunderbarer botanischer Garten mit exotischen Pflanzen begeistert. Von der im Innern mit Stukkaturen und Fresken reich verzierten Wallfahrtskirche Madonna del Sasso (Felsenmadonna) am Hang über Locarno, einem der meistbesuchten Baudenkmäler des Tessins, öffnet sich eine atemberaubende Sicht über Locarno, das Maggiadelta und den See.

Das Mekka für die Aussteiger von damals

Der mondäne Kurort Ascona hat Locarno, mit dem er zusammengewachsen ist, längst den Rang als beliebtes Sommerferienziel abgelaufen und erinnert nur entfernt an das kleine Fischerdorf von einst. Zu internationaler Berühmtheit verhalf dem Dorf der Monte Verità, der Berg der Wahrheit: Hier ließen sich Anfang dieses Jahrhunderts Lebensreformer nieder, die der Zivilisation überdrüssig waren – unter ihnen namhafte bildende Künstler und Schriftsteller wie Jean Arp oder Hermann Hesse, aber auch Sonderlinge und Träumer.

Abseits der bekanntesten Touristenziele in der Stadt bietet Ascona eine wundervolle Umgebung und auch kunstgeschichtliche Delikatessen. Der Blick über die Brissago-Inseln nach Süden ist einmalig, und wenn die untergehende Sonne die Berge in rötliches Licht taucht, dann versteht man die Worte von Hermann Hesse: „Ihr fragt, warum ich denn nicht nach Berlin komme? Ja, es ist eigentlich komisch. Aber es gefällt mir tatsächlich hier besser. Und ich bin so eigensinnig. Nein, ich will nicht nach Berlin und nicht nach München, die Berge sind mir dort am Abend zu wenig rosig, und es würde mir dies und jenes fehlen."

Ähnliche Stimmungen kann man übrigens auch am Luganer See erleben; an seinem Ufer, in Montagnola zwischen Lugano und Morcote, wohnte Hesse von 1919 bis zu seinem Tod im Jahre 1962. Im alten, gut erhaltenen Ortszentrum von Ascona gleich hinter der Seepromenade sind die kunsthistorisch interessantesten Bauten versammelt: Da ist zum Bei-

Geheimnisvoller, tiefer See: der Lago Maggiore

Der größte Teil des Lago Maggiore – deutsch auch Langensee, in Italien Verbano genannt – gehört zu Italien. Landschaftlich und klimatisch ist der Schweizer Zipfel rund um Locarno und das piemontesische Westufer dem lombardischen Ostufer zweifelsohne überlegen. Hier finden sich die prächtigen Villen, die wunderbaren Gärten, die reizvollen Inseln, kurz – die Attraktionen bedeutender Urlaubsziele. Zweifellos das bekannteste unter ihnen ist Stresa, das bereits um die Jahrhundertwende wegen seiner bevorzugten Lage am Eingang des Borromeischen Golfs den Hochadel Europas anzog.

Wie zwei verzauberte Eilande liegen die Brissago-Inseln im Lago Maggiore. Die Inseln, von denen nur die größere, die Isola Grande, zu besichtigen ist, bieten eine faszinierende heimische und exotische Pflanzenwelt.

spiel die Pfarrkirche des Ortes, Santi Pietro e Paolo, mit ihrem hohen Campanile und ausdrucksstarken Altarbildern der einheimischen Malerfamilie Serodine. Gleich nebenan erhebt sich der alte Stadtpalast dieser Familie, die Casa Serodine, deren reich mit Stukkaturen geschmückte Front man in Ruhe betrachten sollte. Die Kirche Santa Maria della Misericordia beherbergt einen monumentalen spätgotischen Freskenzyklus; der stimmungsvolle Innenraum der Kirche wird oft für Konzerte genutzt. Das Museo Comunale d'Arte Moderna zeigt, wie der Name schon sagt, Wechselausstellungen moderner Kunst, in erster Linie aber die bedeutende Sammlung und Stiftung mit Werken der russischen Expressionistin Marianne von Werefkin (1860 bis 1938), die hier lebte und starb.

Westlich von Stresa verleitet der kleine Ortasee zu einem Abstecher. Man erreicht ihn über Gravellona. Auf dem Weg zum See fallen tiefe Risse und Spalten in den bewaldeten Bergen auf. Sie sind die Folgen des Steinabbaus in den Steinbrüchen zwischen Gravellona und Omegna. Von hier stammt zum Beispiel das Baumaterial für den Dom von Mailand. Gleich der erste Blick auf den Ortasee begeistert: Die Ruhe und Heiterkeit, die der kleine See ausstrahlt, bilden einen wohltuenden Kontrast zu den während der Hauptreisezeit von Besuchern geradezu überlaufenen Ufern der größeren Seen Lago Maggiore, Comer oder Luganer See.

Zurück am Lago Maggiore besuchen wir kurz Angera am südlichen Teil des Ostufers. Bereits beim Aufstieg zur Rocca, der zinnengekrönten Burg des Ortes, begegnet man der Geschichte der Siedlung. Wie Fundstücke beweisen, reicht sie bis in die Altsteinzeit, die älteste Epoche der Menschheitsgeschichte, zurück. Die Festungsanlage selbst wurde vom Herrschergeschlecht der Visconti aus Mailand erbaut. An klaren Sonnentagen, von denen es hier viele gibt, besticht der Blick von der Rocca zur Südspitze des Sees. In touristischer und wirtschaftlicher Hinsicht ist das elegante Luino der Hauptort am lombardischen Ostufer des Lago Maggiore. Hier fin-

Tosendes Schmelzwasser bahnt sich seinen Weg durch Sand und Gestein: die wildromantische Verzasca.

det einer der größten Wochenmärkte Europas statt. Über 400 kleine Buden laden jeden Mittwoch entlang dem Seeufer und im Stadtzentrum zum Bummeln ein. Von Luino aus erreicht man Ponte Tresa am Luganer See auf einer von Kastanienwäldern gesäumten Straße. Oder aber man folgt dem Seeufer weiter nach Norden, um zurück in die Gegend von Locarno zu gelangen.

Im Hinterland zwischen Luino und Locarno, bereits wieder auf Tessiner Boden, sollte man den Besuch von Indémini im oberen Veddascatal nicht versäumen, das heute wieder auf Schweizer Gebiet liegt. Von Maccagno – nördlich von Luino – aus führt eine schmale, kurvenreiche Straße dorthin, von der Schweizer Seite fährt man über die Alpe di Néggia. Das kleine Bergnest, das nur noch etwa 60 Einwohner zählt, wirkt mit seinen steinplattengedeckten Häusern und der hübschen Kirche San Bartolomeo aus dem 15. Jahrhundert, 1859 erneuert, unverfälscht und malerisch, zudem ist es ein idealer Ausgangspunkt für Wanderungen.

Nach unserem Abstecher an das italienische Ufer des Lago Maggiore wenden wir uns nun seinem kleineren Nachbarn im Osten, dem Luganer See oder Ceresio, zu.

Die Schiffahrt hat hier Tradition: Noch bis ins letzte Jahrhundert hinein wurden für Mailand bestimmte Waren in Lugano von Pferdewagen auf Lastschiffe umgeladen und auf dem schnelleren Seeweg an das Südende des Sees, nach Capolago, gebracht. Die eigenartige, verwinkelte Form des Sees

Lugano, die Wirtschaftsmetropole der italienischen Schweiz, und der stolz aus dem Luganer See herausragende Monte San Salvatore. Vom Gipfel dieses Berges genießt man die spektakuläre Aussicht auf die Luganer Umgebung.

spiegelt die von Gletschern gebildeten Seebecken wider, die alten Tälern entsprechen. Zu den beliebtesten Ausflugszielen am See gehören Dörfer wie Gandria, Morcote oder Bissone, die es mit ihren gut erhaltenen Häusern in urtümlicher Bauweise durchaus mit Vorzeigedörfern des *Ticino granito* – etwa Corippo im Verzascatal – aufnehmen können.

Bilderbuchdörfer und Wirtschaftszentren

Gandria ist nicht nur per Schiff, sondern auch in einer einstündigen Wanderung von Lugano aus erreichbar. Bis ins 20. Jahrhundert hinein war der Wasserweg die einzige Verbindung zum Rest der Welt, denn das Dorf liegt hoch oben über dem Felsenufer des Sees. Durch die dicht zusammengedrängten Häuser ziehen sich Treppen und schmale Torbögen – für eine Dorfstraße war kein Platz.

Morcote ist ein weiteres Bilderbuchdorf, das sich unmittelbar an den See anschmiegt. Am Südostende des Luganer Sees wiederum lohnt Riva San Vitale einen Besuch: Das um 500 errichtete Baptisterium San Giovanni – neben der Kirche San Vitale – stellt den ältesten noch erhaltenen Sakralbau der Schweiz dar; in seinem achteckigen Taufbecken ruht ein karolingischer Taufstein. In der näheren Umgebung des Dorfes, auf dem Monte San Giorgio, wurden bei Grabungen urweltliche Tierfossilien in den Ölschieferschichten gefunden. Einige Exemplare davon sind im Museo dei Fossili von Melide, dem Nachbardorf von Riva San Vitale, zu besichtigen. Melide

Malerische Boote, einladende Cafés und Boutiquen: Die Seepromenade von Ascona lädt zum Flanieren ein.

wartet zudem mit einem Naturlehrpfad auf, der, vom Dorf ausgehend, mit der Tessiner Flora und Fauna bekannt macht. Beliebt als Vergnügungszentrum am Luganer See ist Campione d'Italia, eine italienische Enklave in der Schweiz, die man ohne Grenzformalitäten besuchen kann.

Auch wenn es nur Kleinstadtformat besitzt, ist Lugano die Wirtschaftsmetropole des Tessins und von urbanerem Charakter als Bellinzona oder Locarno. Sein Publikum wirkt internationaler, seine Geschäfte sind eleganter als sonstwo im Tessin, und der Hauch von *Italianità* weht hier allenthalben – beispielsweise, wenn man an einem Sommerabend auf der Piazza della Riforma einen granatroten Campari genießt und das rege Treiben beobachtet. Von der Piazza della Riforma aus, dem eigentlichen Herzen der Stadt, verzweigt sich das Labyrinth der Altstadtgassen. Geprägt wird Lugano aber auch durch sein Bankenviertel, das es zu einem der wichtigsten Schweizer Finanzplätze macht.

Neben dem Seeufer mit seinen schönen Parkanlagen wartet Lugano mit zwei Hausbergen auf, die mit atemberaubenden Panoramen überraschen: Monte Brè (925 Meter) und Monte San Salvatore (912 Meter). Bei schönem Wetter schweift der Blick bis nach Mailand und in der entgegengesetzten Richtung zum Alpenbogen; die Landschaft der Bucht von Lugano erinnert sogar entfernt an Rio de Janeiro mit seinem Zuckerhut.

Was für andere Tessiner Orte gilt, trifft auch auf Lugano zu: Im Winter ist die Stadt wie verwandelt – der geschäftige, heitere Trubel des warmen Sommers weicht einer Art Winterschlaf.

Geheimnisvoll wirkt die Insel San Giulio im Ortasee, auf der sich eine Basilika und ein Bischofspalast befinden.

Die Region um Lugano geriet später in den Sog der Entwicklung als ihr Pendant, das Locarnese: Der Monte Céneri grenzte den Südzipfel der italienischen Schweiz, das Sottocéneri, vom Rest des Kantons ab. Dessen südlichsten Teil, das Mendrísiotto, rechnete man ohnehin lange eher zu Italien, obwohl sich seine Bewohner 1803 mit dem Slogan „Liberi e Svizzeri" (frei und Schweizer) ausdrücklich der Schweiz anschlossen. Erst der Bau des Eisenbahndammes zwischen Melide und Bissone band das Mendrísiotto enger an den Kanton und die übrige Schweiz. In diesem Teil des Tessins, wo die Bergrücken niedriger werden und bereits in die Po-Ebene auslaufen, das Licht weicher und sanfter ist, hielt im 17. Jahrhundert die Textilindustrie Einzug. Die Seidenspinnerei verlor ihre Bedeutung um die Jahrhundertwende, doch Textilien werden im dicht besiedelten Gebiet um Chiasso und Mendrísio heute noch gefertigt. Einen weiteren wichtigen Erwerbszweig des Mendrísiotto, aber auch der Gegend im Sopraceneri um Locarno und Bellinzona, bildet der Weinbau. Merlot heißt die ursprünglich aus dem französischen Bordelais stammende Traube, die einem großen Teil der Tessiner Weine die dunkelrote Farbe und den fruchtigen Geschmack verleiht und eine ideale Ergänzung zu den ausgezeichneten heimischen Käse- und Fleischspezialitäten bildet.

Das Hügelland zwischen Lugano im Osten und dem Lago Maggiore im Westen heißt Malcantone. Seinen Namen hat das Gebiet vom Flüßchen Magliasina bekommen, das seinerseits nach den *Magli*, den Hammerschmieden, die es einst antrieb, benannt wurde. Das hügelige Malcantone mit seinen einfachen Dörfern gehört heute zu den lohnenden Ausflugszielen abseits des Rummels um Lugano.

Vom Muggiotal aus ist einer der beliebtesten Ausflugsberge des Tessins, der Monte Generoso, in gut dreistündiger Wanderung zu besteigen. Auch mit einer Zahnradbahn – von Capolago aus – kann man hinaufgelangen. Bereits im 19. Jahrhundert war der aus Liaskalk bestehende Berg wegen seines Pflanzenreichtums ein Mekka der Botaniker. Vom 1701 Meter hohen Gipfel aus bietet sich ein großartiger Fernblick bis nach Mailand und natürlich über die Tessiner Gipfel und Seen. Es ist ein Blick, der einem deutlich vor Augen führt, welche beiden Elemente das Tessin, seine Landschaft und seine Menschen prägen: zum einen die über rauhen, üppig bewachsenen Tälern aufragenden Berge und Hügel. Und dann immer wieder das Wasser – tosende Bergbäche und Seen mit südlichem Charme.

Der Monte Generoso ragt am Südende des Luganer Sees 1701 Meter hoch in den Himmel. Von seinem Gipfel aus gewährt dieser imposante Berg einen atemberaubenden Blick auf die Alpen und bis nach Mailand.

DAS BESONDERE REISEZIEL: DIE BORROMEISCHEN INSELN IM LAGO MAGGIORE

Die Borromeischen Inseln im italienischen Teil des Lago Maggiore sind von Baveno, Pallanza oder dem luxuriösen Kurort Stresa aus erreichbar. So dicht die vier Inseln – die kleinste ist die Isola San Giovanni – beieinanderliegen, so unterschiedlich sind sie in ihrem Charakter: Da ist die Isola dei Pescatori, die Fischerinsel, deren Besuch sich wegen ihrer malerischen Winkel und Gassen lohnt; der französische Romancier Gustave Flaubert bezeichnete sie als „ravissante", als entzückend. Die Insel ist auch heute noch pittoresk, doch die Souvenirgeschäfte und die zahlreichen, teuren Restaurants beeinträchtigen die urtümliche Atmosphäre.

Die Isola Madre ist die größte der vier Inseln. Sie wurde 1501 vom Mailänder Grafengeschlecht Borromeo erworben, dessen berühmtester Sproß der Kardinal und Heilige Karl Borromäus (1538 bis 1584) war. Dicht vor Pallanza gelegen, wurde sie im 18. und 19. Jahrhundert zu einem Gartenparadies, das den Besucher auch heute noch verzaubert. Graf Vitaliano Borromeo (1792 bis 1874) veranlaßte ihre Umgestaltung zum botanischen Juwel im englischen Stil; zu diesem Zweck mußten Samen und Spößlinge von Pflanzen aus der ganzen Welt herbeigeschafft werden. Die Terrassen der Insel, jeweils einer besonderen Pflanzenart gewidmet, sind heute überwachsen mit Mimosen, Magnolien, Kamelien und Palmen. Blaugrün schillernde Pfauen und Dutzende von Fasanen stolzieren durch die Idylle. Der Palast, ein beeindruckendes Paradebeispiel aristokratischer Wohnkultur, ist seit 1978 der Öffentlichkeit zugänglich.

Die berühmteste der vier Inseln aber ist die Isola Bella. Schon in der Barockzeit galt sie als eine Art Weltwunder, das man bei einer Italienreise unbedingt besichtigen müßte. Auch heute fasziniert

Isola Bella, die „schöne Insel", ist mit ihren üppigen, prachtvollen Gartenanlagen die meistbesuchte und beliebteste der Borromeischen Inseln im Lago Maggiore.

die barocke Gartenanlage wie eh und je. Die Insel, die noch zu Beginn des 17. Jahrhunderts ein felsiges Fischereiland mit einzelnen Wiesen war, wurde von dem Grafengeschlecht Borromeo in ein wunderbares Refugium verwandelt. Ihre Umgestaltung in ein bizarres, barockes Blumenschiff verlangte einen riesigen Aufwand. So mußte man beispielsweise zur Erstellung der Terrassen, auf denen die Gärten entstehen sollten, große Mengen Erde vom Festland auf die Insel befördern. Von der Anlage selbst bietet sich ein wundervoller Ausblick auf die Ufer des malerisch und geheimnisvoll anmutenden Lago Maggiore. Ein Besuch dieses künstlich geschaffenen Wunderwerks ist abseits des Trubels der Hauptsaison, am ehesten im Herbst, zu empfehlen, wenn die Blumenpracht noch nicht völlig vergangen ist und die Berge sich klarer abzeichnen. Es erstaunt nicht weiter, daß die Isola Bella und ihre Trabanten so viele Besucher anziehen, wenn man bedenkt, daß sich schon der französische Schriftsteller Stendhal (1783 bis 1842) zu den folgenden Worten hinreißen ließ: „Was soll vom Lago Maggiore und den Borromeischen Inseln anders gesagt werden als Worte des Bedauerns für jene Menschen, die dem Zauber dieses Ortes nicht verfallen sind?"

ENGADIN
Zwischen Tourismus pur und Idylle

Das Engadin ist das berühmteste und schönste Tal Graubündens. Ober- und Unterengadin sind nicht durch eine sichtbare Grenze getrennt – und doch bilden sie zwei vollkommen unterschiedliche Welten. Das Oberengadin mit dem Silser und dem Silvaplaner See sowie touristischen Highlights wie dem mondänen Sankt Moritz hat sich ganz auf den Fremdenverkehr eingestellt. Dem Urlauber bieten sich zahlreiche Möglichkeiten des Zeitvertreibs und jede erdenkliche Annehmlichkeit.

Im Unterengadin hüten und pflegen die Bewohner das Erbe ihrer Väter. In den Orten ist die traditionelle Bauweise konserviert. Auf den zahlreichen Wanderwegen erschließt man sich die einzigartige Bergwelt und herb-wilde Täler, an denen der Lauf der Weltgeschichte scheinbar vorbeiging. Bemerkenswert ist auch das Klima. Die Bergmassive schützen die Täler vor dem scharfen Wind; Niederschläge fallen meist als Steigungsregen an den Hängen, so daß die Täler ein mildes, trockenes und staubfreies

Der kleine Weiler Grevasalvas am Lunghin war einst die Kulisse bei der Verfilmung von Johanna Spyris *Heidi*.

Klima bieten. Nicht umsonst gelten Städte wie Bad Scuol als Luftkurorte.

Sankt Moritz ist eines der renommiertesten und exklusivsten Ferienziele der Alpen – der Winterurlaubsort schlechthin. Seinen Aufschwung nahm das Heilbad, als Johannes Badrutt 1859 das *Kulm-Hotel* erbauen ließ. Fünf Jahre später lud er englische Gäste für die kalte Jahreszeit ein und begründete damit den Wintertourismus. Innerhalb weniger Jahrzehnte wurde das Dorf zum Mekka der Wintersportfreunde – Pisten-Arena, Bob- und Skeleton-Runs, Skikjöring, Schneepolo, Pferderennen auf gefrorenen Seen, Winterwanderwege, wunderbare Langlaufloipen und jedes Jahr ausgefallene neue Aktivitäten sind nur ein Teil des Angebots zur weißen Jahreszeit in Sankt Moritz. Erst zum Sommer hin wird es hier, wo sich im Winter die Reichen und Berühmten ein Stelldichein geben, etwas ruhiger. Dann hat man Zeit, das Segantini- oder das Engadiner Museum, dessen Räume Engadiner Wohnkultur vom 16. bis zum 18. Jahrhundert dokumentieren, zu besuchen.

Westlich von Sankt Moritz führt der Malojapaß ins südlich anmutende, italienischsprachige Bergell, ein Kletterer-Dorado. Das Hochtal Engadin ist auf allen Seiten von Pässen umgeben: Julier, Albula und Flüela verbinden es mit dem nördlicheren Teil von Graubünden, Maloja, Bernina und Ofen mit seinen Südtälern. Geprägt ist das Engadin auch vom Inn, der als En aus dem kleinen Lunghinsee oberhalb von Maloja hinausfließt und seinen Lauf durch das ganze Tal nach Österreich nimmt.

Wer dem Touristenrummel und regen Leben und Treiben in Sankt Moritz ausweichen will, besucht von Pontresina aus – zu Fuß oder mit der Pferdekutsche – das Roseg- oder das Morteratschtal. Diese wildromantischen Täler führen zu den Bergen des majestätischen Berninamassivs. Ein anderer Ausflug bringt den Gast per Standseilbahn von Punt Muragl zwischen Pontresina und Samedan nach Muottas Muragl; hier, beim Blick nach Südwesten, versteht man, warum die Oberengadiner Seenlandschaft seit je von Dichtern besungen und von Malern verklärt wird. Wenn das Abendlicht die Seen silbrig schimmern läßt und Berge und Himmel ineinanderfließen, kann man sich der Faszination dieser weiten Landschaft nicht entziehen.

Ehemaliger Hauptort des Oberengadins ist Zuoz: Geprägt wurde es vom einst mächtigen Geschlecht der Planta. Prächtige Engadiner Bauten im ganzen Dorf – allen voran die Herrensitze der Planta, der einst ungekrönten Herrscherfamilie Bündens, am Hauptplatz oder das Haus *Crusch Alva* (Weißes Kreuz), in dem einst Gericht gehalten wurde – lohnen einen Halt.

Im Unterengadin kümmert man sich besonders intensiv um die Erhaltung von Dorfbildern und Kulturgütern. In Ardez steht beispielsweise das Haus *Clalgüna*, eines der am reichsten bemalten Engadiner Gebäude. Vom Ort führt ein Sträßchen hinauf zur Sonnenterrasse von Guarda, dessen renoviertes Erscheinungsbild fast museal anmutet. Die meisten der Häuser sind mit typischen Engadiner Sgraffito-Malereien verziert. Als Talort empfiehlt sich Bad Scuol – Schuls – für einen Urlaub; mit Tarasp und Vulpèra zusammen bildet es das Unterengadiner Bäder- und Kurzentrum mit zahlreichen Heilquellen.

Die Gegend ist ein unerschöpfliches Wandergebiet: Im Süden lockt der Schweizerische Nationalpark, den man am besten von Zernez aus besucht. An den nördlichen Hängen sind die alten Dörfer von Tschlin bis Guarda und die in die Silvrettagruppe hineinreichenden Seitentäler attraktive Ziele. Wer das Unterengadin in seiner Gesamtheit erleben will, begibt sich auf den 60 Kilometer langen Höhenweg von Vinadi an der Grenze zu Österreich nach Lavin im Westen: Er macht nicht nur mit Bilderbuch-Landschaften, einer reichen Alpenflora und interessanten geologischen Formationen vertraut, sondern auch mit der Engadiner Kultur.

Auskunft: siehe Seite 116.

Auf der Fuorcla Surlej (2755 Meter), von Sankt Moritz-Bad aus in einer mehrstündigen Wanderung erreichbar, kann man den phantastischen Blick auf das monumentale Berninamassiv genießen.

COMER SEE
Blütenpracht und Felskulisse

„Ich kenne keine Gegend, die so sichtlich vom Himmel gesegnet ist", schrieb der große Musiker Franz Liszt über den Comer See, den Lacus Larius, wie die Römer ihn nannten. Das 410 Meter tiefe und 50 Kilometer lange Gewässer ist mit 146 Quadratkilometer Ausdehnung der drittgrößte der oberitalienischen Seen, und mit seiner charakteristischen dreizipfeligen Gestalt besitzt er die größte Uferlänge von ihnen allen. Sein nördlicher Arm wirkt auf der Landkarte wie eine genaue, verkleinerte Kopie des Lago Maggiore, der knapp 50 Kilometer weiter westlich liegt. Der östliche Zipfel endet in Lecco und der südwestliche Ausläufer in Como, der Hauptstadt der Provinz, die auch dem See seinen Namen gab.

Blick auf die weite, schimmernde Oberfläche des Comer Sees: Schon vor langer Zeit war dieser Alpensee mit seiner natürlichen Schönheit ein Lieblingsdomizil von Dichtern, Lebenskünstlern und Königen.

In Como, der weitläufigen, schön gelegenen Industriestadt, lädt die Promenade am See zu Spaziergängen ein.

Während steil bis auf über 2000 Meter Höhe aufragende, spärlicher bewaldete Felsen das Ufer des Sees von Lecco – so heißt der Ostausläufer des Comer Sees – bestimmen, verleihen ausgedehnte Gärten mit mediterraner Blütenpracht und dicht bewaldete, bis zu 1000 Meter hohe Berge dem südwestlichen Arm sein reizvolles Gesicht. Dunkelgrüne Edelkastanien und Nußbäume bilden einen wunderschönen Kontrast zu Olivenhainen und exotischer Farbenvielfalt zahlloser Blumen.

Über den östlichen See von Lecco fegen ab und zu scharfe Windböen. Der Comer See im Südwesten genießt bis weit hinauf in den Mittelteil des Sees ein mildes Klima. Hier liegen die Luftkurorte.

Der schönste Teil des Comer Sees sind zweifellos die Landschaft zwischen Cernóbbio und Menággio an seinem Westufer sowie Bellágio, wo die drei Seearme aufeinandertreffen. Zwar hat heute auch der Massentourismus den Comer See entdeckt, doch ist er gleichzeitig seit eh und je Inbegriff für mondäne

Stilvoll und idyllisch präsentiert sich die großzügige Gartenanlage der Villa Melzi südlich von Bellágio.

Ferienorte der gehobenen Klasse. So kamen die römischen Patrizier schon im zweiten Jahrhundert hierher und ließen sich prunkvolle Villen errichten. In späteren Jahrhunderten waren es Musiker, Schriftsteller und Staatsmänner, die es an die Gestade des Lário zog: Bellini, Flaubert, Gide und viele andere suchten hier Inspiration, Churchill und Adenauer hatte es die liebliche Landschaft ebenso angetan. Heute beherbergen die vielen luxuriösen Hotels rund um den See den internationalen Jet-set.

Die Berge schützen den Comer See vor kalten Nord- und Ostwinden, so daß an seinen Ufern Jasmin und Oleander neben Oliven- und Dattelbäumen gedeihen. Como am äußersten Südwestzipfel nahe der Schweiz ist Industrie- und Ferienstadt zugleich, die wichtigste Seiden- und Textilproduktionsstätte der Lombardei.

Folgt man von Como aus dem Westufer des Sees, ist bald Argegno erreicht. Hier beginnt das Intelvital, dessen Künstler vor allem während der Barockzeit die Baukunst ganz Europas maßgeblich beeinflußten. Von Argegno aus erreicht man auch die einzige Insel des Sees, die Isola Comacina.

Eine der berühmtesten Sehenswürdigkeiten am Comer See findet sich zwischen den vielbesuchten Orten Tremezzo und Cadenábbia: Die im 18. Jahrhundert erbaute Villa Carlotta (von März bis Oktober geöffnet) wartet mit einer wertvollen Innenausstattung und einem großartigen Beispiel italienischer Gartenbaukunst auf. Unvergleichlich ist alljährlich im Mai der Anblick der Azaleenblüte. Besten Ruf genießt auch das reizvolle Menággio vier Kilometer nördlich von Cadenábbia. Von Menággio aus erreicht man per Schiff den romantischen Ferienort Varenna am Ostufer oder Bellágio an der Nahtstelle der Seearme. Oft wird Bellágio als die Perle des Comer Sees bezeichnet: Seit Mitte des 19. Jahrhunderts ist es das mondänste Urlaubsziel der Lombardei, eingerahmt von prachtvollen Gärten an der Spitze der Halbinsel, die den See in zwei Arme teilt. Vom See von Lecco, dem östlichen Arm des Comer Sees, war schon die Rede. Die lebhafte Industriestadt Lecco an seiner Südspitze hat eine große Wirtschaftstradition: Ihre Bewohner begannen bereits im Mittelalter mit der Seidenraupenzucht; später kam die Eisen- und Metallindustrie dazu.

Auskunft: siehe Seite 116.

TIROLER ALPEN

Vom Durchreiseland zum Urlaubsparadies

Lange Zeit war Tirol nicht mehr als ein ungastlicher Landstrich, den Reisende zwischen Süden und Norden mühsam zu überwinden hatten: Vor 2000 Jahren quälten sich die römischen Legionen über die Alpen, um Germanien zu erobern. Deutsche Kaiser reisten später in umgekehrter Richtung zur Krönung nach Rom, und vom Mittelalter bis weit ins 19. Jahrhundert hinein waren Brenner und Reschenpaß für Kaufleute wichtige, aber oft verfluchte Handelsrouten. Daß Tirol mehr ist als ein Land zum Durchreisen, hat sich erst später herumgesprochen. Seit der Jahrhundertwende kommen mehr und mehr Urlauber in dieses österreichische Kernland.

Jahrhundertelang war der Inn, der das Land von West nach Ost wie ein blaues Band durchzieht, als Wasserstraße der wichtigste Wirtschaftsfaktor Tirols. Er und sein Tal machten die Blüte der Landeshauptstadt Innsbruck oder der Bergbaustädte Hall und Schwaz im Mittelalter überhaupt erst möglich – als Transportweg für die Erträge des Bergbaus, vor allem Salz und Silber. An die Stelle des Bergbaus sind heute längst Skisaison und Bergtourismus getreten, und Ortsnamen wie Kitzbühel und Obergurgl sagen den meisten Menschen mittlerweile mehr als Schwaz oder Hall. Vom Fremdenverkehr lebt inzwischen die Mehrzahl der Tiroler, direkt oder indirekt.

Ihren Bergen sind die Menschen, die hier wohnen, in tiefer Heimatliebe verbunden. Die mächtigen Gebirgszüge der Tiroler Alpen waren Inspirationsquelle für eine reiche Kunst und Kultur und bieten Lebensraum für viele seltene Tiere und Pflanzen. Die Berge sind der größte Schatz und gleichzeitig das ewige Sorgenkind der Tiroler, und sie ziehen Fremde fast magisch an; ihretwegen ist Tirol zu einer der begehrtesten Urlaubsregionen ganz Europas geworden.

Was im Winter die Skifahrer anzieht, lockt im Sommer Wanderer und Bergsteiger herbei: Die Tiroler Berge – wie hier um Reith bei Kitzbühel (Foto links) – haben so gut wie immer Saison. Die Touristen genießen nicht nur die herrliche, abwechslungsreiche Landschaft, sondern auch die gute Luft und das gute Essen, zum Beispiel beim volkstümlichen Knödelfest in Sankt Johann am Wetterstein (Foto rechts oben). Die Tiroler sind bei aller Fröhlichkeit ein frommes Volk und feiern ihre religiösen Feste mit Inbrunst und Prunk (Foto rechts Mitte). Je abgeschiedener die Bergtäler, desto origineller und farbenfroher sind die Bräuche. Zum Teil stammen sie sogar noch aus vorchristlicher Zeit, wie das Thaurer Mullerlaufen (Foto rechts unten), bei dem die Männer verkleidet und mit Faschingsmasken durchs Dorf laufen.

Ein Bauernkittel mit vielen Falten

„Dieses Land ist ein rauher Bauernkittel mit gar vielen Falten, darin man sich aber baß erwärmen mag." Kein Geringerer als Kaiser Maximilian I. hat Tirol einmal auf diese ebenso eigenwillige wie treffende Weise charakterisiert. In der Tat verleihen zahlreiche markante Täler den Alpenketten Tirols ein faltiges Aussehen, gliedern sie in einzelne Massive, deren Namen sich von den prägenden Bachtälern ableiten. Ihr Wasser schicken die Wildbäche hinab zum Inn, jenem zur Zeit der Schneeschmelze mächtig anschwellenden Alpenfluß, der Tirol von Westen nach Osten durchquert. Nur im Nordwestzipfel des Landes sammelt ein anderer Fluß das Wasser von den Bergeshöhen: der Lech – Tirols ungebärdigstes Gewässer.

Das Inntal mit seinem breiten Talboden bildet eine einschneidende natürliche Grenze: Nördlich davon erheben sich die schroffen Gipfel und Wände der Nordtiroler Kalkalpen, im Süden ragen die grandiosen, teils vergletscherten Massive der Zentralalpen auf. Wie gesagt, nicht als zusammenhängende Bergketten, sondern als in sich geschlossene, durch große Täler voneinander getrennte Einzelmassive. Lechtaler Alpen, Ammer- und Wettersteingebirge sowie Karwendel und Kitzbüheler Alpen fügen sich zu den Nordtiroler Kalkalpen zusammen; Silvretta, Ötztaler und Stubaier sowie Zillertaler Alpen sind die großen Puzzleteile der Tiroler Zentralalpen. Über ihrem Gipfelgrat verläuft die Landesgrenze nach Italien beziehungsweise Südtirol.

Wer an Österreich denkt, denkt an Berge und damit praktisch automatisch an Tirol. Denn Tirol ist der gebirgigste Teil von ganz Österreich. Und doch verdankt die Region ihre frühe Bedeutung als Brücke zwischen Norden und Süden der Tatsache, daß der mächtige Alpenbogen, der sich 1200 Kilometer vom Golf von Genua bis an den Rand der Ungarischen Tiefebene zieht, nirgends durchlässiger ist als in Tirol. Schon seit je sind der Brenner und der Reschenpaß die wichtigsten Nord-Süd-Routen durch die Alpen. Aber was früher eine wesentliche Grundlage für die Entwicklung des ganzen Landstrichs war, empfinden heute viele Tiroler als Fluch. Vor allem in den Sommermonaten quälen sich schier endlose Autokolonnen durch das schmale Inntal und dann hinauf auf den Brenner in Richtung Italien und zurück. Das Transitproblem gilt daher als das derzeit wichtigste politische Dauerthema in Tirol.

Seine unbestreitbare Faszination gewinnt Tirol vor allem aus seinem Kontrastreichtum: Hier die schroffen und zerklüfteten Felsen, die teilweise bedrohlich und einschüchternd wirken; dort, gar nicht

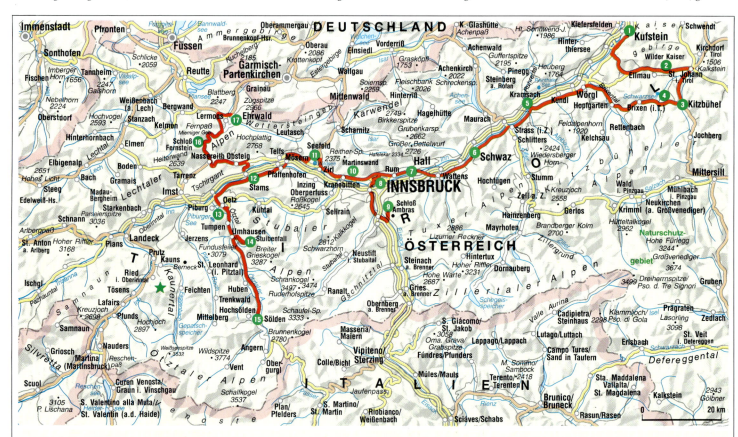

Unser Routenvorschlag
VON KUFSTEIN BIS ZUR ZUGSPITZE

Die Festungsstadt Kufstein ❶ bildet das historische „Tor zu Tirol". Von dort führt die Route vorbei am Kletterparadies Wilder Kaiser ❷ zum Nobel-Skiort Kitzbühel ❸. Bevor man durch das romantische Brixental zurück zur Bundesstraße bei Wörgl fährt, lohnt ein Abstecher zu dem idyllisch gelegenen Schwarzsee ❹. Wenige Kilometer hinter Wörgl bietet das Bauernhöfemuseum in Kramsach ❺ einen Eindruck von der bäuerlichen Lebensweise früherer Epochen. Ebenso eindrucksvoll ist ein Besuch des Schaubergwerks in Schwaz ❻, das den mittelalterlichen Silberabbau dokumentiert. Immer weiter innaufwärts kommt man nach Hall ❼ mit dem schönsten Rathaus Tirols. Nächste Station ist Innsbruck ❽. In einer Parkanlage südöstlich der Stadt liegt das sehenswerte Schloß Ambras ❾. Talaufwärts kurz hinter Innsbruck kommt man auf der Bundesstraße nach Kranebitten. Hier erhebt sich die steile Martinswand ❿. Bei Zirl verläßt man das Inntal für einen Abstecher in das Langlauf- und Wanderparadies Seefeld ⓫. Über Mösern geht es weiter in Richtung Westen. Nachdem in Telfs der Inn überquert ist, erreicht man bald das berühmte Kloster Stams ⓬. Einige Kilometer weiter geht es links ins Ötztal, wo zunächst der Piburger See ⓭ (zu Fuß circa fünf Minuten ab Piburg) und dann der Stuibenfall ⓮ (etwa halbstündiger Fußweg ab Umhausen) eine Unterbrechung der Fahrt lohnen. Am Ende des Tals erheben sich eindrucksvoll die Ötztaler Alpen. Hier liegen international renommierte Skiorte wie Sölden ⓯ mit seinem Sommerskigebiet. Will man das Ötztal auslassen und von Stams aus nach Deutschland weiterfahren, so überquert man wieder den Inn und gelangt über den Fernpaß, vorbei an Schloß Fernstein ⓰, nach Ehrwald ⓱, dem beliebten Ausflugsort zu Füßen der Zugspitze.

★ Das besondere Reiseziel: Kaunertal.

Tiroler Alpen

Etwa 25 Kilometer westlich von St. Anton, im Lechquellgebirge, erhebt sich die Goppelspitze. Sie gehört zur Gruppe von Zweitausendern an der Grenze Tirols zum Bregenzer Wald. Dort, am Formarinsee, entspringt der Lech.

manchen engen Tälern verschwindet die Sonne schon am frühen Nachmittag hinter den Gipfeln. Wer hier bis zum Horizont schauen will, der muß hoch hinaufsteigen. Allerdings wird diese Mühe reichlich belohnt: Wer sich auf schönen Waldwegen, schmalen Pfaden oder steilen Klettersteigen in Richtung Gipfel aufmacht, kann nicht nur den zumeist herrlichen Ausblick auf die umliegenden Gipfel und Täler genießen; er spürt auch, wie er vieles hinter sich läßt. Denn von einer hochgelegenen Alm oder gar von einem Gipfelkreuz aus ist die Welt da unten mit ihren Problemen und Alltagssorgen klein und sehr weit weg. Wer die Tiroler Bergwelt wirklich kennenlernen will, der muß sie erwandern.

Das Gebirge hat auch die Menschen dieser Gegend geprägt. Keine Frage: Die Kargheit der Höhenlagen und ihr rauhes Klima haben sich im Wesen des Tirolers niedergeschlagen. In der Isolation der vielen abgelegenen Täler entwickelten die Menschen eine gehörige Portion Bedächtigkeit, bisweilen sogar Sturheit. Hinzu kommen strenger Katholizismus und eine gute Portion Demut gegenüber den mächtigen Naturgewalten, mit denen sich die Bewohner des Landes tagtäglich konfrontiert sehen. Diese Eigenschaften verbinden sich – zumindest auf den ersten Blick – oft zu einer gewissen Verschlossenheit.

TIROL AUF EINEN BLICK

SEHENSWÜRDIGKEITEN

Axams: Bauernmarkt in der alten Sennerei; **Hall:** Altstadt mit Rathaus, Burg Hasegg; **Innsbruck:** Goldenes Dachl, Hofburg, Schloß Ambras, Stadtteil Hötting; **Kitzbühel:** Liebfrauenkirche, Pfarrkirche St. Andreas; **Kramsach:** Freilichtmuseum mit Tiroler Bauernhäusern; **Kufstein:** Feste Kufstein mit Heldenorgel und Heimatmuseum, Pfarrkirche St. Veit und Dreifaltigkeitskapelle; **Neustift:** Pfarrkirche zum heiligen Georg; **Reutte:** Alpenblumengarten; **Schwaz:** Schaubergwerk, Pfarrkirche Unserer Lieben Frau; **Stams:** Kloster Stams; **Umhausen (Ötztal):** Stuibenfall.

FESTE UND VERANSTALTUNGEN

Fieberbrunn: Fest- und Nostalgiewoche mit altem Handwerk, Anfang September; **Innsbruck:** Festwochen der Alten Musik in Schloß Ambras bei Innsbruck, August, Christkindlmarkt, Dezember; **Kirchberg/Westendorf:** Antlassritt (Reiterprozession), Fronleichnam; **Kitzbühel:** Hahnenkamm-Skirennen, Januar; **St. Johann:** Knödelfest, September/Oktober; **Schwaz:** Klangwolke (Musikfestival), September; **Wörgl:** Almfestwoche, Ende September; **Zell am Ziller:** Gauderfest, Tirols ältestes Volksfest, 1. Sonntag im Mai; **Zirl:** Zachäussingen, 2. Sonntag im Oktober.

AUSKUNFT

Österreich Information, Pf. 12 31, 82019 Taufkirchen, Tel. 0 89/66 67 01 00; Urlaubsinformation Österreich, Margaretenstr. 1, A-1040 Wien, Tel. 00 43/1/5 87 20 00; Österreich Werbung, Zweierstr. 146, CH-8036 Zürich, Tel. 00 41/1/4 51 15 51; Tirol Werbung, Maria-Theresien-Str. 55, A-6010 Innsbruck, Tel. 00 43/512/5 32 00.

Ganz in der Nähe von Kitzbühel liegt in 800 Meter Höhe vor der Kulisse des Wilden Kaisers der romantische Schwarzsee. In diesem Hochmoorgebiet gedeihen zum Teil arktische Pflanzen.

weit entfernt, saftige Almen mit friedlich grasenden Kühen und Wiesenblumen in allen Farben. Das erscheint auf den ersten Blick wie ein unvereinbarer Gegensatz, macht aber gerade den besonderen Reiz dieses Landstrichs aus.

Neben den mächtigen Bergen wirkt der Mensch unbedeutend und klein; er steht in ihrem Schatten, und das ist, wie alle Sonnenanbeter schnell feststellen werden, nicht nur symbolisch gemeint. Denn in

Bis vor wenigen Jahrzehnten war Tirol noch ein klassisches Auswandererland. Tausende von Tirolern verdienten sich ihren Unterhalt fern der Heimat als Fabrikarbeiter oder verdingten sich als Knechte auf fremden Höfen, weil das eigene Land sie nicht ernähren konnte. Denn drei Viertel der Fläche Tirols bestehen aus Bergen, Felsen und Steilhängen. Nur 14 Prozent der Gesamtfläche sind bewohnbar oder intensiv landwirtschaftlich nutzbar.

Die Zittauer Hütte am Unteren Gerlossee (2329 Meter) ist Ausgangspunkt für viele Touren in die herrliche Bergwelt der Zillertaler Alpen.

Von der Armut zum Tourismusboom

Gerade die schwere Zugänglichkeit der Landschaft, die den Menschen jahrhundertelang Armut und Mühsal bescherte, ist heute Quelle des Wohlstands. Als vor 150 Jahren die ersten „Fremden" in die karge Bergwelt reisten, gab es weder Wandersteige noch Alpinhütten. Damals begann man, die einheimischen Gemsenjäger, Hirten und Bauern als professionelle Führer zu engagieren. Fortan wurden die vornehmen Herren aus London, Berlin oder Wien von wortkargen, bärtigen Tirolern mit Gamsbarthüten auf die Gipfel geführt. So entstand die Zunft der Bergführer. Heute bieten Hunderte staatlich geprüfter Bergführer ihre Dienste an. Aus den ärmlichen, abgelegenen Tiroler Bauerndörfern sind Zentren des modernen Tourismus geworden. Tirol erbringt inzwischen fast die Hälfte der österreichischen Gesamteinnahmen aus dem Fremdenverkehr.

Wer bei der Anreise nach Tirol mit der Bahn oder dem Auto die Route über München wählt, kommt als erstes nach Kufstein. Nicht zufällig stellt dieser Ort gewissermaßen den Eingang nach Tirol dar: Genau an dieser Stelle lassen das schroffe Kaisergebirge und die Thierseer Berge eine Lücke. Diese Gelegenheit nutzt nicht nur der Inn, um von den Alpen ins bayerische Voralpenland hinauszuströmen, sondern auch seit je der Verkehr. Die strategisch wichtige Lage Kufsteins offenbart sich dem Reisenden schon von weitem: Hoch über dem Städtchen erhebt sich eine mächtige Festung aus dem zwölften Jahrhundert. Durch ihre Grenzlage war die Stadt im Lauf der Geschichte immer wieder hart umkämpft.

Im Bürgerturm der Festung befindet sich die Heldenorgel, eine beeindruckende Freiorgel mit 4307 Pfeifen, die kilometerweit zu hören ist. Das in der Burg untergebrachte Heimatmuseum dokumentiert Natur- und Kulturgeschichte der Region. Der enge Stadtkern, der oft unter Kriegen und Bränden gelitten hat, vermittelt den Eindruck, als fänden viele Gebäude, etwa die Pfarrkirche Sankt Veit, nur noch mit Mühe überhaupt einen Platz. Für Kulturfreunde interessant ist die fast 500 Jahre alte Dreifaltigkeitskapelle unmittelbar neben der Pfarrkirche. Seinen Beinamen „Perle Tirols" verdient Kufstein aber nicht nur wegen Festung und Altstadt, sondern auch wegen seiner schönen Lage am Fuße des östlich von hier beginnenden Kaisergebirges und am Inn, der mitten durch die Stadt fließt.

Zwischen Kufstein und dem traditionellen Wintersportzentrum Kitzbühel liegt die Marktgemeinde Sankt Johann – direkt an den Ausläufern des Wilden Kaisers. Der Wilde Kaiser ist mit seinem kahlen, zerklüfteten Hauptkamm gleichsam das Dach des Kaisergebirges zwischen den Tälern von Inn und Tiroler Ache. An den zerschundenen, schroffen Felswänden dieses Kalkmassivs versuchen sich die Versiertesten unter den Kletterern. Weniger schroff, weniger dramatisch, insgesamt auch niedriger und sanfter gibt sich der Zahme Kaiser, durch das Kaisertal vom wilden Brudermassiv getrennt. Die niedrigeren Berge des Zahmen Kaisers sind aus Schluchten des Hauptdolomits aufgebaut, der besonders intensiv zerklüftet ist und daher von den Kräften der Verwitterung relativ leicht abgetragen werden kann. Die Felszenerie des Wilden Kaisers besteht dagegen überwiegend aus den helleren, kompakteren Schichten des Wettersteinkalks.

Interessant auch für Nichtkletterer: Im September und Oktober, zur Zeit des Almabtriebs, feiert Sankt Johann ein Wein- und ein Knödelfest. Beim Weinfest werden rund 50 verschiedene Weine aus dem Burgenland angeboten. Uriger geht es beim Knödelfest zu. Dort gibt es dann alle Varianten des Urtiroler Gerichts: Speck-, Brat- oder Leberknödel und die „süße" Alternative dazu – Eis-, Marillen- (Aprikosen-) und Pflaumenknödel.

Mondänes Kitzbühel – Treffpunkt der High-Society

Etwas weiter südlich liegt Kitzbühel, weltbekannt durch seine prominenten Wintergäste. Tatsächlich treffen sich hier im Winter Filmstars, Großindustrielle, alter Adel und „Adabeis" (eine bayerisch-österreichische Wortschöpfung: „die a dabei san").

Mit der Pfarrkirche Sankt Andreas und der Liebfrauenkirche besitzt Kitzbühel zwei kulturelle Kostbarkeiten. Obwohl beide Kirchen barock restauriert wurden, sind noch viele romanische und gotische Stilelemente gut erhalten. Bei einem Spaziergang durch die Altstadt fallen auch die historischen Gebäude der Bezirkshauptmannschaft und des alten Gerichts auf. Wenige Kilometer außerhalb des Zentrums liegt der Schwarzsee, durch dessen moorhaltige Heilwasser Kitzbühel schon lange vor dem Wintersportboom bekannt war.

Westlich von Kitzbühel, im Brixental, kann man sich einen guten Eindruck von der bäuerlichen Tradition Tirols verschaffen. Am schönsten ist es hier beim Almabtrieb im Oktober, wenn die Bauern ihr Vieh mit bunten Blumen, Fichtenzweigen und großen Glocken schmücken und von den Almen zu Tal treiben.

Noch weiter westlich – wenige Kilometer hinter Wörgl – zweigt vom Inntal rechts das kleine Ruhrertal ab. Zwischen seinen von Gletschern ausgeschliffenen Hängen liegt, von Mischwald eingefaßt, der Reinthaler See, der im Sommer zum Baden einlädt. Nur wenige hundert Meter östlich von seinem Ufer kann man sich bei Kramsach in Tirols größtem Bauernhöfemuseum auf die Spuren der Vergangenheit begeben. Der Besucher erhält einen sehr plastischen Eindruck von den verschiedenen Bauformen der Tiroler Bauernhäuser.

Unweit von Kramsach zweigt das berühmte Zillertal ab. Nostalgiker und Naturfreunde können ihr Auto am Taleingang stehenlassen und auf die romantische Zillertal-Eisenbahn umsteigen. Dabei braucht es allerdings ein bißchen Geduld, denn manchmal geht die Fahrt so langsam, daß man währenddessen sogar Blumen pflücken kann.

Knapp 30 Kilometer südwestlich von Wörgl liegt das mittelalterliche Städtchen Schwaz mit seinen vielen alten Kirchen und Bürgerhäusern wie eine Perle mitten in der Bergwelt des Inntals.

Schwaz, Hall und Innsbruck – Wohlstand aus dem Mittelalter

Der historische Stadtkern aus dem 15. Jahrhundert erinnert an die Glanzzeit von Schwaz, das seinen Reichtum dem Silberbergbau verdankte. Zwischen 1470 und 1560 war Schwaz die „Mutter aller Bergwerke" und mit 30 000 Einwohnern die zweitgrößte Stadt Österreichs. 12 000 Bergleute schufteten in den insgesamt 500 Kilometer langen Silberstollen unter Tage. Ein ganz besonderes Erlebnis ist die Fahrt ins Schaubergwerk. Die Grubenbahn bringt den Besucher in das alte Stollensystem, wo man einen guten Einblick in die Arbeitswelt der mittelalterlichen Bergleute bekommt.

Die Pfarrkirche Unserer Lieben Frau im historischen Stadtzentrum ist die größte gotische Hallenkirche Tirols. Ihr Dach wurde mit 15 000 Kupferplatten gedeckt – Ausdruck früheren Reichtums. Auch das gotische Fuggerhaus ist sehenswert. Von diesem Gebäude aus leitete die legendäre Kaufmannsdynastie eine Zeitlang ihre Geschäfte.

Die Gratlspitze (1898 Meter) bei Alpach in den Kitzbüheler Alpen besteht aus Kalk- und Dolomitgestein auf vulkanischem Sockel. Sie ragte über die Gletscher der Eiszeit hinaus, die hier sonst keine schroffen Formen schufen.

Der Innsbrucker Stadtturm bietet einen herrlichen Rundblick über die Stadt.

Nur wenige Kilometer von Innsbruck entfernt, vor der mächtigen Kulisse der Nordtiroler Kalkalpen, liegt die Salzstadt Hall. Sie verdankt ihre Bedeutung den großen Salzvorkommen, mit denen im Mittelalter ein großer Teil des süddeutschen Raums versorgt wurde. Bei einem Bummel durch die engen Gassen der reizvollen Altstadt kann man viele jahrhundertealte Fassaden bewundern, die in mühsamer Kleinarbeit restauriert wurden.

Unter den vielen historischen Gebäuden am Stadtplatz ragt vor allem das Rathaus mit seinem steilen gotischen Dach und der wappenverzierten Fassade heraus. Vom kleinen Kanzelbalkon herab wurden früher die Ratsbeschlüsse verkündet. Innen beeindrucken der prächtige Ratssaal und die schön getäfelte Bürgermeisterstube. Für viele Kunsthistoriker ist das Haller Rathaus das schönste von Tirol.

Tiroler Schützen: Die Vorgänger dieser Bürgerwehr besiegten 1809 am Berg Isel Napoleon.

Innsbruck, die Hauptstadt von Tirol, stand schon zweimal im Rampenlicht internationaler Sportbegeisterung: 1964 und 1976 war Innsbruck Austragungsort der Olympischen Winterspiele. Doch die Stadt ist auch ein Wirtschaftszentrum und eine Kulturstadt mit über 800 Jahren Geschichte.

Von der Glanzzeit als Residenz von Kaisern des Heiligen Römischen Reiches Deutscher Nation aus dem Hause Habsburg erzählt die Altstadt mit ihrer Mischung aus gotischer und barocker Architektur. Markt- und Burggraben fassen den historischen Kern Innsbrucks ein, der heute Fußgängerzone ist. Eine der schönsten alten Gassen, die Herzog-Friedrich-Straße, führt direkt bis vor das berühmte Goldene Dachl, das Wahrzeichen der Stadt. Um einen besseren Ausblick auf die davor veranstalteten Ritterspiele zu haben, ließ Kaiser Maximilian I. im Jahre 1496 den mit vergoldeten Kupferschindeln gedeckten kleinen Erker an das Gebäude des Neuen Hofes anbauen. Kaum weniger berühmt ist der mittelalterliche Gasthof *Goldener Adler*, in dem unter anderem Goethe, Heine, Mozart und der Philosoph Jean-Paul Sartre gewohnt haben. Hier sprach im Jahre 1809 der Tiroler Freiheitskämpfer Andreas Hofer zu den Bürgern. Die Hofburg, Ende des 14. Jahrhunderts von den Landesfürsten errichtet, wurde unter Erzherzog Sigmund und seinem Nachfolger, Kaiser Maximilian I., eine prachtvolle Residenz. Kaiserin Maria Theresia, die sich häufig und gern in Tirol aufhielt, veranlaßte 250 Jahre später eine vollständige Renovierung der Burg.

Unbedingt besuchen sollte man auch den Stadtteil Hötting. Am Nordufer des Inns, aber zentrumsnah gelegen, hat er sich seinen ursprünglichen dörflichen Charakter erhalten. Hier findet man noch alte Bauernhöfe, bei denen der Misthaufen zur Straße zeigt, und spürt das ländliche Flair, das Innsbruck immer gehabt hat, am ausgeprägtesten. Nicht ohne Grund behauptet der Volksmund, daß der Innsbrucker eigentlich ein Höttinger ist.

Über die Höttinger Höhenstraße erreicht man die Talstation der traditionsreichen Nordkettenbahn. Sie wirkt altmodisch, aber gerade das macht ihren Reiz aus. Das langsame Rattern der Zahnradbahn im ersten Streckenabschnitt und dann das Quietschen der Gondelbahnseile erinnern an die Pionierzeiten des Tourismus. Vor allem aber ist es faszinierend, innerhalb von ein paar Minuten von einer Welt in die andere zu wechseln: Eben noch mitten im geschäftigen Treiben Innsbrucks, steht man plötzlich auf dem rund 2300 Meter hohen Hafelekar in der schroffen Nordkette des Karwendelgebirges. Von hier aus hat man bei klarem Wetter einen wunderschönen Blick auf die Gebirgsmauer der Zentralalpen und auf Innsbruck.

Ein herausragendes Denkmal der Habsburger-Monarchie ist Schloß Ambras südöstlich von Innsbruck. Seine Blütezeit erlebte es unter Erzherzog Ferdinand II., der es zu einer überaus prächtigen Renaissanceanlage umbauen ließ. Einen kunsthistorischen Leckerbissen stellt der Spanische Saal zwischen Unterschloß und Hochschloß dar. Hier,

Auf solchen Bergwiesen würde jeder Traktor umkippen. Die Bauern im oberen Lechtal mähen noch wie vor Jahrhunderten mit der Sense. Erste Urlauber durchbrechen die Einsamkeit und bringen etwas Geld in die Kassen.

In urigen Tiroler Berggasthöfen kann man sich nach anstrengender Wanderung erholen.

unter den Freskendarstellungen von 250 Tiroler Landesfürsten, finden jährlich im August die bekannten „Festwochen der Alten Musik" statt.

Ein lohnendes Ausflugsziel von Innsbruck aus ist auch das Stubaital. Die 71 Gipfel der Stubaier Alpen, von denen jeder höher als 3000 Meter ist, bezeichnen Bergfreunde als die „Dolomiten Nordtirols". Die höchste Spitze ist mit 3507 Metern das Zuckerhütl. Von Neustift aus führt eine Gletscherbahn bis auf 3200 Meter Höhe, eine Tour, die sich wegen der herrlichen Aussicht lohnt.

Die Tiroler Bundesstraße führt am Nordufer des Inns hinauf ins Oberinntal. Wenige Kilometer hinter Innsbruck empfiehlt sich schon der erste Halt: Bei Kranebitten erhebt sich steil die Martinswand. Dort, so die Sage, sei Kaiser Maximilian I. bei der Gemsenjagd einmal in Bergnot geraten. Nach zwei eisigen Nächten habe ihn ein Mann in Bauernkleidung gerettet. Ob es nun ein Engel war oder – wie böse Zungen behaupten – ein Wilderer, bleibt dahingestellt. So jedenfalls wurde der Kaiser zum ersten urkundlich erwähnten Alpinisten Österreichs.

Eines der ganz großen Wintersportzentren der Alpen ist der schmucke Ferienort Seefeld mit seinen ausgedehnten Langlaufloipen auf dem Seefelder Sattel. Im Sommer locken hier vielfältige Wandermöglichkeiten auf weiten Almen und kalte, aber romantische Badeseen wie der Wildsee. Besonders schön: der Weg von Seefeld nach Mösern.

Kloster, Kuhglocken und Kletterfelsen

Ein kultureller Höhepunkt auf dem Weg nach Westen ist das Kloster Stams, neben Melk wohl das bekannteste Stift Österreichs. 1273 stiftete Elisabeth von Bayern, die Mutter des letzten Hohenstaufen Konradin, die Zisterzienserabtei. Die ursprünglich romanische Anlage wurde im 17. und 18. Jahrhundert umgebaut und gilt als eindrucksvollste barocke Klosteranlage Tirols. Vor allem die schmiedeeisernen Rosengitter vor der Heiligblutkapelle in der Vorhalle, der reichgeschnitzte, vergoldete Hochaltar, die Kreuzigungsgruppe über der Fürstengruft und die Stuck- und Freskenverzierungen sind sehenswert. Heute ist hier übrigens das Skigymnasium untergebracht, in dem Österreichs Skitalente gleichzeitig auf Skirennen und auf das Abitur vorbereitet werden. Ein Geheimtip nach all der barocken Überfülle: das Sommerhaus der Mönche südlich des Klosters auf der Stamser Alm in fast 1900 Meter Höhe.

Wer dem Inn weiter nach Westen folgt, spürt bald, wie das Flußtal immer schmaler wird, die Berge immer schroffer und die Orte immer kleiner werden. Hier fallen vor allem die urigen Bauernhäuser mit ihren Wandmalereien und geschnitzten Giebeln auf. Im Ötztal oder im Kaunertal spürt man die Einwirkungen der Natur noch stärker und unmittelbarer als im östlichen Landesteil.

Der Einstieg in die hochalpine Felsen- und Gletscherwelt der Ötztaler Alpen ist völlig untypisch für Tirol: Ganz in der Nähe des Ortes Oetz mit der schön bemalten Fassade des Gasthofs *Zum Stern* lockt ein Bad im warmen Wasser des Piburger Sees. Vom nahen Umhausen aus führt ein schöner Waldweg zum größten Wasserfall Tirols, dem Stuibenfall.

Das Ötztal beginnt weitläufig und steigt in mehreren Etappen bis zu den Gletschern an. Sölden und Obergurgl sind im Winter bekannte Skiorte, im Sommer und Herbst kann man von hier aus die schönsten Bergtouren machen.

Wer das Ötztal für dieses Mal noch nicht besuchen will, wählt vom Inn aus die andere, nördliche Richtung. Hier führt eine landschaftlich reizvolle Strecke in Richtung Zugspitze durch die Mieminger Bergkette kurvenreich auf den Fernpaß zu. Davor laden auf einem herrlichen Hochplateau grüne Wiesen und Lärchenwälder zum Wandern ein.

In dieser Region Tirols ist das Brauchtum noch sehr ausgeprägt. Interessant sind vor allem Fastnachtsbräuche wie der Imster Schemenlauf, das Schleicherlaufen in Telfs oder das Schellerlaufen in Nassereith. Mit Hilfe hölzerner Masken, riesiger Kuhglocken oder bunter Kostüme geht es darum, mit Lärm und viel Fröhlichkeit böse Dämonen zu vertreiben. Wer über den Fernpaß weiterfährt, kommt an einer Reihe von Seen vorbei. Mutige, die

Der Wildsee bei Seefeld lockt an heißen Tagen zum Baden in 1185 Meter Höhe. Das Plateau mit dem Kurort im Schatten des Wettersteingebirges bietet ein Netz flacher Wanderwege, die im Winter als Loipen genutzt werden.

keine Angst vor dunklem Wasser haben, können im Blindsee mit seinem warmen, moorhaltigen Naß ein Bad nehmen.

Die südwestlich des Fernpasses beginnenden Lechtaler Kalkalpen zeichnen sich durch den lebhaften Kontrast zwischen schroffen Kletterfelsen und lieblichen runden Kuppen aus. Als einziger Gipfel mit über 3000 Meter Höhe ragt die Parseierspitze aus dieser Kette heraus. Wegen seiner geographischen Abgeschlossenheit war das Lechtal lange Zeit hinter der touristischen Entwicklung im übrigen Tirol zurückgeblieben. Statt großer Parkplätze und modernster Sessellifte gibt es hier idyllische kleine Seitentäler, statt breiter Skipisten überraschen den Wanderer Heilkräuter- und Waldlehrpfade oder Tirols einzige Holzschnitzschule in Elbigenalp, der ältesten Pfarrei des ganzen Lechtals.

Der Lechtaler Hauptort Reutte ist eine freundliche, gemütliche Kleinstadt ohne eigentlich bedeutende Bauwerke, aber mit einer Vielzahl ansprechender Fassaden – mit vorspringenden Schnitzgiebeln, reich verzierten Balkonen und kunstvoll geschmiedeten Fenstergittern. Ein schöner Alpenblumengarten auf dem Hahnenkamm (nicht zu verwechseln mit dem gleichnamigen Kitzbüheler Hausberg) ist mit der Bergbahn oder auf einer Wanderung von etwa zweieinhalb Stunden zu erreichen. Runde 20 Kilometer südöstlich kann man von Ehrwald mit einer Seilbahn auf die Zugspitze fahren.

DAS BESONDERE REISEZIEL: UNBERÜHRTES KAUNERTAL

Das Kaunertal zweigt rechts vom oberen Inntal ab, ist nur 27 Kilometer lang und das engste Tal der Ötztaler Alpen im Westen Tirols. Aber es hat es in sich – als eines der sicherlich schönsten, ursprünglichsten Hochtäler in ganz Österreich. Durchzogen wird das Kaunertal vom Faggenbach, der Schmelzwasser zum Inn führt und sich an manchen Stellen als ein recht wildes, tosendes Gewässer gebärdet.

Um ins Kaunertal zu gelangen, muß man die Bundesstraße 315 von Landeck nach Nauders in Richtung Reschenpaß fahren und bei dem urtümlichen Dorf Prutz nach links abbiegen. Erste sichtbare Wegmarke hinter dem Ort Kauns ist die Ruine der Burg Berneck, von der aus im 13. und 14. Jahrhundert das Tal überwacht und kontrolliert wurde. Zur selben Zeit war die Pfarrkirche Mariä Himmelfahrt talaufwärts bei Kaltenbrunn, die später vollständig barockisiert wurde, auch schon ein bekannter Wallfahrtsort.

Obwohl man hier schon eine Höhenlage von über 1000 Metern erreicht hat, gibt sich die Natur noch relativ sanft. Doch nach jeder Kurve wird die Landschaft wilder. Enge Schluchten, tosende Bergbäche und am Ende, in 2700 Meter Höhe, das ewige Eis des Weißseeferners:

Beherrscht wird diese dramatische Szenerie von der 3532 Meter hohen Weißseespitze, deren mächtiger Gipfel das ganze Jahr unter Schnee und Eis liegt – eine weiße Wand am südlichen Talschluß. Zusammen mit dem acht Kilometer langen Gepatschferner hat sie Anteil an der größten Gletscherfläche Tirols, die sich über die höchsten Gipfel der Ötztaler Alpen ausdehnt.

In diese Landschaft führt die Kaunertaler Gletscherstraße; sie gehört zu den eindrucksvollsten Hochgebirgsstraßen Österreichs und trägt ihren Namen wirklich zu Recht. Nach einer Mautstelle hinter Feichten klettert die Trasse bis auf 2750 Meter Höhe. Dort steht ein Restaurant mit Sessellift ins Sommerskigebiet. Unterwegs kommt man am Gepatsch-Speicher vorbei, einem sechs Kilometer langen Stausee, der das Schmelzwasser der Gletscher für ein Kraftwerk in Prutz auffängt. Von hier aus kann man ausgedehnte Touren unternehmen, etwa zur Nassereialm und von dort aus weiter zum Schwarzsee.

Vor allem im oberen Teil des Kaunertals dominieren die Berge uneingeschränkt, sind die Felsen schroff, ist die Natur karg, führen die Wege oft über nacktes Gestein und Geröll. Aber genau darin liegt der besondere Reiz dieser Gegend, die vom Massentourismus noch nicht erobert worden ist. Hauptsächlich Snowboarder haben das Gletschergebiet in den letzten Jahren für sich entdeckt.

Einen interessanten, anschaulichen Einblick in den Alltag des früher sehr mühsamen und ärmlichen bäuerlichen Lebens gibt das private Talmuseum in Feichten im Kaunertal. Es zeigt die traditionelle Enge und Bescheidenheit der Lebensverhältnisse im Kontrast zur majestätischen Weite der Berge.

Im Kaunertal fährt man nicht einfach mit dem Mähdrescher über die Felder, sondern bindet die Garben vor dem Dreschen zu „Getreidemanderln".

Montafon und Silvretta
Auf der Hochalpenstraße das Meer der Dreitausender erkunden

Es liegt an der durchschnittlichen Höhe der Gipfel in dieser Region, daß es hier noch besonders viele Gletscher gibt. Bei ihrem Anblick fühlt sich der Besucher dem Himmel sehr nah, auch in den Urlaubs- und Luftkurorten im Paznauntal und im rätischen Montafon, die fast alle in Höhen zwischen 1400 und 1600 Metern liegen. Im Herzen der Silvretta, an der 3197 Meter hohen Dreiländerspitze, treffen die beiden Bundesländer Vorarlberg und Tirol sowie der Schweizer Kanton Graubünden aufeinander. Zwischen den eisbedeckten Gipfelfluren der Silvretta und den stillen Höhen der Verwallgruppe erstrecken sich zwei idyllische Hochtäler: das freundlich-grüne Montafon und das insgesamt höhere und dementsprechend herbere Paznauntal. Die Silvretta-Hochalpenstraße zwischen Partenen und Galtür führt an zahlreichen landschaftlichen Höhepunkten vorbei und verbindet das Paznauntal mit dem Montafon.

Am westlichen Rand von Tirol, hinter Landeck, beginnen zur Schweizer Grenze hin die mächtigen Gebirgsgruppen der Silvretta mit dem ewigen Eis des Piz Buin und der Verwallgruppe mit ihren Dreitausendern. Die Silvretta ist mit ihren eisbedeckten Verflachungen ein echtes Gletschergebirge, auch wenn die Gletscher und Firnfelder seit Jahren dahinschmelzen – ein phantastisches Revier für Alpinisten und Bergwanderer. Die Kulisse des Paznauntals (noch Tirol) und des Montafontals (schon Vorarlberg) ist atemberaubend: Hier erheben sich in unmittelbarer Nachbarschaft gut 70 Dreitausender. Manchmal wirkt diese Pracht schon fast einschüchternd. Zwar liegen die Dörfer in grüne Wiesen und Almen eingebettet, doch die Täler werden ganz vom Anblick der Berge beherrscht. Viele hochgelegene Wanderwege führen durch eine karge, steinige, fast vegetationslose Landschaft. Im Sommer kann man sich diese überwältigende Gebirgswelt in relativ kurzer Zeit über die Silvretta-Hochalpenstraße erschließen. Gleich am Beginn des Paznauntals, südwestlich von Landeck, passiert man die eindrucksvolle Trisanna-Brücke. Der größte Ort des Tales ist Ischgl, ein gefragtes Wintersportzentrum. Hier erschließt eine Seilbahn die Welt der Ski-Arena.

In Galtür scheint nicht nur Tirol, sondern auch die Welt zu Ende zu sein. Im Vergleich zu anderen, recht geschäftigen Alpentälern geht es hier ruhiger und leiser zu. So empfindet es jedenfalls der Reisende, der auf einer blühenden Sommerwiese liegt und den Blick über schneebedeckte Gipfel schweifen läßt. In 1584 Meter Höhe liegt Galtür am Ende des Paznauntals, umstellt von steilen Felswänden. Die Natur ist hier schon ganz vom Hochgebirge geprägt und eher karg als üppig. Die alte Kirche von Galtür hat eine lange Tradition als Wallfahrtsort. Gebaut wurde sie schon im 14. Jahrhundert, aber aus dieser Zeit stammt nur noch der Turm. Seine Rokoko-Aus-

Das Paznauntal bei Ischgl: Wo der Bergwald aufhört, schützen Lawinenzäune das Tal.

stattung bekam das 1624 ausgebrannte und wiederaufgebaute Gotteshaus im 18. Jahrhundert.

Fährt man die Silvretta-Hochalpenstraße weiter, so wird bald klar, daß die Welt doch noch nicht ganz zu Ende ist; am höchsten Punkt der Straße, auf der Bielerhöhe (2032 Meter), gelangt man zum schönen Silvrettastausee. Obwohl künstlich im Zuge eines Kraftwerkbaus angelegt, fügt er sich sehr harmonisch in die Landschaft ein.

Von hier aus schlängelt sich die Straße weiter, vorbei an weiteren Hochgebirgsseen wie dem Vermunt-Stausee. In zahlreichen Serpentinen windet sie sich hinab in den grünen Talgrund des Montafons. Dort, am oberen Talschluß, liegt der Luftkurort Partenen, der im Winter ein beliebtes Zentrum für Skifahrer ist. Außerdem dient er als Stützpunkt für Ausflüge in die Bergwelt der Silvretta- und Verwallgruppe rechts und links des Tales. Wo einst die Bauern mit ihren Haflingerpferden ins Engadin oder weiter bis ins Veltlin zogen, erstreckt sich jetzt ein riesiges Wandergebiet, ideal für leichte Spaziergänge, aber auch für Gletscherwanderungen und Klettertouren. Von Bartholomäberg aus, der ältesten Siedlung des Montafons, kann man auf einem geologischen Wanderweg einen Streifzug durch 300 Millionen Jahre Erdgeschichte unternehmen.

Auskunft: siehe Seite 127.

Der Silvrettastausee liegt malerisch zu Füßen des Silvrettahorns (rechts) und des Piz Buin (links), der mit 3312 Metern der höchste Gipfel von Vorarlberg ist.

ARLBERG UND BREGENZER WALD
Vom Ski-Dorado bis zum Bodensee

Oben gibt es die schönste Skiregion Österreichs, unten „Käsknöpfle", urige Bauernhäuser und die Bregenzer Festspiele: Die Rede ist vom österreichischen Bundesland Vorarlberg, das zu einem großen Teil von dem noch sehr ursprünglich gebliebenen Bregenzer Wald eingenommen wird. Der Arlberg in den Lechtaler Alpen bildet die Wasserscheide zwischen Donau und Rhein – und gleichzeitig auch eine Wetterscheide. An dieser Gebirgsmauer stauen sich die wolkenreichen Luftmassen, die mit dem Nordwestwind herangetrieben werden. Dementsprechend viel Schnee fällt hier im Winter. Der Arlberg trennt nicht nur Tirol und Vorarlberg, sondern markiert auch die stammesgeschichtliche Grenze zwischen Baiern und Alemannen.

Im Winter werden die Träger der Galzig-Seilbahn bei Sankt Anton zu Skulpturen aus Eis und Schnee.

Willkommen an der Wiege des Skisports: In Sankt Anton am Arlberg gründete Hannes Schneider 1906 die erste Skischule der Alpen. Noch heute ist der Arlberg die Top-Skiregion Österreichs. Nirgends gibt es schönere Pisten, nirgends mehr Abfahrtsvarianten. Kein Wunder also, daß Lech, Zürs und Sankt Anton zu den beliebtesten Skiorten ganz Europas zählen. Allerdings: Spitze sind hier nicht nur die Pisten, sondern auch die Preise.

Doch auch im Sommer haben die Lechtaler Alpen zwischen Arlberg und Reutte ihre Reize. Herrliche Höhenwege führen in diesen vielseitigen Teil der Nördlichen Kalkalpen. Einen phantastischen Eindruck von dieser Bergregion gewinnt, wer aus dem Osten kommend ab Sankt Anton die alte Paßstraße in Richtung Sankt Christoph wählt. Diese Strecke ist im Winter allerdings oft nicht passierbar.

Der Arlbergpaß, der bis auf 1793 Meter hinaufführt, ist schon seit Jahrhunderten der wichtigste Übergang zwischen Tirol und dem östlichen Vorarlberg. 1884 wurde für die Eisenbahn der Arlbergtunnel gebaut, fast 100 Jahre später kam der 14 Kilometer lange Straßentunnel hinzu.

Lieblicher ist die Strecke von Arlberg aus über Lech und Schoppernau auf der Bregenzer-Wald-Bundesstraße in Richtung Bregenz: Hier bildet der Bregenzer Wald einen harmonischen Übergang vom Bodensee zum Hochgebirge. Blühende Bergwiesen, sanfte Hügel, rauschende Wälder, urige Bauernhäuser und viel Gelassenheit: In Orten wie Bezau oder Sibratsgfäll versteckt sich die Hektik der modernen Welt noch hinter Schnitzereien, langen Bärten und einer dem Fremden schwer verständlichen Sprache. Kultur-Höhepunkte der Region: für Musikfreunde die Bregenzer Festspiele im Juli und August, für Freunde bodenständiger Küche die „Käsknöpfle" mit tropfenförmigen Nudeln und Schmelzkäse.

Auskunft: siehe Seite 127.

HOHE TAUERN
Berge, Seen und Burgen

Nahezu unberührte Natur bewundern, nur noch selten zu sehende Tiere wie Gemse und Steinbock beobachten, sich an raren Pflanzen wie Enzian und Edelweiß freuen: Im Nationalpark Hohe Tauern kann man die Alpen noch in ihrer ursprünglichen Form erleben. Uralte Kirchdörfer mit wertvollen Kunstschätzen wie Heiligenblut am Fuß des Großglockners, Gasthöfe, in denen schon Kaiser und Könige übernachtet haben: Hier scheint die Zeit stehengeblieben zu sein. Das soll so bleiben, und deshalb wurde hier eine ganze Region großflächig geschützt.

Wo grandiose Paßstraßen enden, findet man immer noch seit Jahrtausenden begangene Saumpfade, über die einst trittsichere und schwer bepackte Haflingerpferde Waren durch die Berge transportierten. Sie machten zum Beispiel Station in Matrei, einem seit mindestens 2500 Jahren bedeutenden Marktflecken. Die Gasthöfe *Zum Lamm* und *Zur Krone* sowie die große barocke Pfarrkirche Sankt Alban haben schon viel Geschichte erlebt.

Seit 1984 wächst im Gebiet der Hohen Tauern der Nationalpark, ein Gemeinschaftswerk von Salzburg, Kärnten und Tirol, das inzwischen auf fast 1800 Quadratkilometer kommt und in dem weder neue Lifte noch Kraftwerke gebaut werden dürfen. Das gigantische Wasserkraftwerk Kaprun am Großglockner, wie dieser längst selbst ein Mythos, durfte natürlich bleiben. Auch sonst gelten rund um die „Könige der Ostalpen" strenge Bestimmungen, um die hochalpine Natur zu bewahren. Die Touristenströme werden auf der atemberaubenden Großglockner-Hochalpenstraße oder der Gerlos-Paßstraße sorgfältig kanalisiert. Die Verwaltung des Nationalparks liegt in Neukirchen am Großvenediger.

Die Hauptattraktion der Region ist natürlich der grandios vergletscherte Großglockner selbst, mit 3797 Metern der höchste Berg Österreichs. Aber auch die bekannten Berge der Venedigergruppe, der Riesenferner-, Schober-, Goldberg-, Ankogel- und Hafnergruppe gehören zum Herzen der Alpenrepublik. Das ganze Gebiet besticht durch seine Gegensätzlichkeit: karge Schönheit und satte Almwiesen, herrlich stille Bergseen und tosende Wasserfälle wie beispielsweise in Krimml. In den Hohen Tauern kann man mit etwas Glück sogar wieder wildlebende Bart- und Gänsegeier sowie majestätische Steinadler beobachten.

Auskunft: siehe Seite 127.

Wie kalte Lava ergießt sich ständig ein zäher weißer Strom aus Eis von den Steilflanken des Großglockners hinunter zur Pasterze, dem größten Gletscher der Ostalpen.

Salzkammergut und Dachstein

*Stilleben in Wiesengrün,
Seeblau und Gletscherweiß*

Die Natur hat Vergnügen daran, sich im Salzkammergut selbst zu widersprechen. Das Auge sieht sanfte und wilde, idyllische und überwältigende Bilder. Es sieht Seen wie Himmelsspiegel, opalfarben, türkisfarben, aquamarinfarben. Es sieht den Wellenschlag von Hügeln und Wiesen, die sich ins Endlose buckeln. Wälder, die das Sterben noch nicht üben. Wind, sichtbar gemacht im Wiegen der Blätter, wenn er die Hecken entlangläuft und die weißen Narzissenfelder im Frühsommer zaust. Das Auge sieht Dörfer, aus denen die Gemütlichkeit noch nicht fortging, und es sieht senkrechte Felswände, spitze Zinnen, schartige Kämme, geheimnisvolle Kare in allen Variationen von Licht und Schatten. Salzkammergut, das ist ein ganz besonderes Stück Österreich: Es ist ein mosaikhafter Landstrich aus zahllosen Seen und Bergen, der sich nur mit wenigen großen Sehenswürdigkeiten umbaute, weil er sich immer der Schönheit seiner Landschaft gewiß war.

Im Süden, gleichsam als krönender Abschluß, gleißen die Gipfel des Dachsteins in blendender Helle. Die Sonne schießt Lichtpfeile auf das Gletschereis und beschert dem Firnschnee eine Unzahl glänzender Tautropfenaugen. In der Tiefe des gewaltigen Bergmassivs aber bauen die im Eishauch erstarrten Wassertropfen gespenstische Dome.

Schon die Maler der Romantik haben die Ästhetik des Salzkammergutes entdeckt. Dichter schöpften aus seiner Einfachheit und Stille. Komponisten setzten seine melancholischen Stimmungen in elegische Töne, die heiteren Aspekte in Operetten um. Nun gehen die Urlauber staunend durch die Jahreszeiten. Durch den Frühling mit seinen überschäumend blühenden Wiesen und den gemütlichen Badesommer mit seinem Szenario aus Sonne, Wasser, Segelwind und Licht. Durch die flammenden Farben des Wanderherbstes und durch die weiße, majestätische Pracht der Skiwinter in den Bergen.

Schon in frühgeschichtlicher Zeit wurde am Hallstätter See (Foto links) das Salz abgebaut, von dem das Salzkammergut seinen Namen bekam. Zu dieser Region gehören heute über siebzig Seen in einer reizvollen Berglandschaft mit teilweise hochalpinem, teilweise fast südländischem Charakter. Die Frömmigkeit der Menschen zeigt sich hier auf Schritt und Tritt (Foto rechts oben). Auf den Almwiesen findet man noch seltene Blumen wie den Ungarischen Enzian (zweites Foto von rechts oben). Jedes Jahr pilgern Tausende von Menschen zu den Kulturschätzen von Salzburg, etwa dem berühmten Barockschloß Mirabell mit seiner „Engelsstiege" im Treppenhaus (zweites Foto von rechts unten). Aber auch fernab der großen Festspielmetropole findet man viele verlockende Ausflugsziele, wie zum Beispiel Schloß Hüttenstein bei Sankt Gilgen am Wolfgangsee (Foto rechts unten).

Eine Seenlandschaft, eigenwillig und anmutig

Strenge Sachlichkeit verfehlt das Salzkammergut. Im Grunde ist es nur schwer möglich, seine Umrisse so exakt zu zeichnen, als steckten Grenzpfähle zwischen Wiesengründen, Felsplatten und Gletscherspalten. Die frühen Kartographen dachten hier nicht an Geländeformen, sie dachten an eines der kostbarsten Güter der Menschheit, an das Salz in den Bergen. Ursprünglich galt das Trauntal, vom Ursprung des Flusses im felsumrahmten Kammersee bis zu seinem Ausfluß aus dem Traunsee, als Stammlandschaft. Es zeichnete als Hofkammergut der Kaiser den Weg des „weißen Goldes" von den felsigen Lagerstätten in den Hallstätter und Ausseer Bergen bis ins voralpenländische Gmunden nach.

Der Begriff Salzkammergut wurde jedoch im Laufe der Zeit, touristischen Interessen zuliebe, weit über die Grenzen des Salzbergbaus hinaus erweitert. Man schrieb ihn, in fast barocker Sinnenfreude, quer über die ganze zauberhafte Seenlandschaft, die vom kleinen Fuschlsee bei Salzburg bis zum Almsee an der Nordflanke des Toten Gebirges, vom Alpenvorland im Norden bis ins hochalpine Bergland im Süden ausschwingt. Doch ist der Begriff nicht exakt geographisch, nicht exakt historisch.

Österreich besteht aus neun Bundesländern. Das Salzkammergut ist jedoch keines davon. Es ist weder eine verwaltungsmäßige Einheit noch ein politisches Gebilde. Es hebt lediglich die schönsten Landschaften dreier Bundesländer auf einen eigenen Thron. Den größten Teil – etwas weniger als drei Viertel – steuert Oberösterreich bei; das restliche Viertel teilen sich die Steiermark mit dem Ausseer Land und Salzburg mit dem Fuschlsee, einem Teil des Wolfgangsees und den Südufern von Mondsee und Attersee. Für die ganz Genauen gibt es jedoch keine unanfechtbare Definition. Die mehr gedachte als festgeschriebene Grenzlinie verläuft fast kreisförmig: Sie beginnt östlich von Salzburg beim kleinen Sommerfrischeort Hof, führt nördlich des Mondsees bis an die Nordspitze des Attersees und nach Gmunden am Norufer des Traunsees, weiter durch das Almtal zum Almsee und über den 2515 Meter hohen Großen Priel im verkarsteten Toten Gebirge ins steirische Ennstal. Dort erreicht sie westwärts die gewaltigen Nordfluchten des Dachsteinmassivs und des Tennengebirges und schließt östlich von Salzburg den Kreis. Wählte man das Herzstück aus, läge es im Bereich des Hallstätter Sees und der Oberen Traun.

DAS SALZKAMMERGUT AUF EINEN BLICK

SEHENSWÜRDIGKEITEN

Altaussee: Salzbergwerk, Panoramastraße zum Loser; **Altmünster:** Wildpark Hochkreut; **Bad Aussee:** gotischer Kammerhof, Alpengarten; **Bad Ischl:** Esplanade, Kaiservilla; **Fuschl:** Jagdmuseum; **Gmunden:** Esplanade, Rathaus und Seeschloß Ort; **Gosau:** Gosauseen, Gosaugletscher; **Hallstatt:** prähistorisches Museum, ältestes bekanntestes Salzbergwerk der Welt; **Mondsee:** Stiftskirche, Pfahlbaumuseum, Freilichtmuseum; **Obertraun:** Seilbahn zu den Dachsteinhöhlen; **Salzburg:** Dom, Festung Hohensalzburg, Franziskanerkirche, Getreidegasse, Großes Festspielhaus, Mozarts Geburtshaus; **Sankt Wolfgang:** spätgotische Pfarrkirche, Schafberg; **Traunkirchen:** Pfarrkirche mit Fischerkanzel; **Unterach:** Burggrabenklamm.

FESTE UND VERANSTALTUNGEN

Altaussee: Poesie im Ausseer Land (Theater im Bergwerk), Juli bis August; **Bad Aussee:** Flinserlfasching, Faschingsdienstag, Narzissenfest, Ende Mai, Musikfestwochen, Ende Juni bis Mitte Juli; **Bad Ischl:** Operettenfestspiele, Juli bis August; **Bad Mitterndorf:** Nikolospiel, 5. Dezember; **Ebensee:** Fetzenumzug und Fetzenball, Faschingsdienstag; **Gmunden:** Dreikönigsfahrt auf dem See, 6. Januar; **Grundlsee:** Seefeste, Juli bis August; **Hallstatt:** Seeprozession, Fronleichnam; **Mondsee:** Mondseer Musiktage, Anfang September; **Salzburg:** Festspiele, Juli bis August, Marionettentheater, April bis September; **Traunkirchen:** Antlaßritt, Gründonnerstag.

AUSKUNFT

Österreich Information, Pf. 12 31, 82019 Taufkirchen, Tel. 089/66 67 01 00; Salzburger Land-Tourismus GmbH, Wiener Landstr. 23, A-5300 Hallwang, Tel. 00 43/662/66 88.

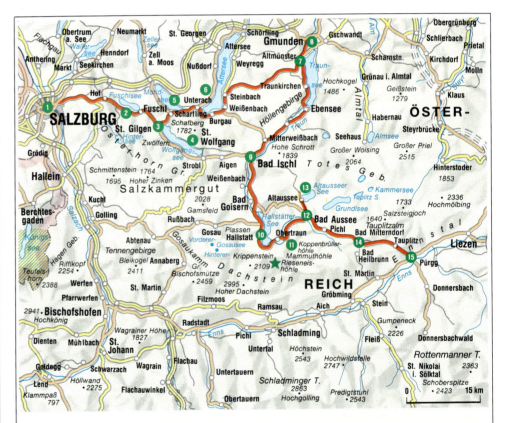

Unser Routenvorschlag
DURCH DAS SALZKAMMERGUT

Ausgangspunkt der Reiseroute ist die barocke Festspielstadt Salzburg ❶, geprägt von tatendurstigen, streitbaren und baufreudigen Erzbischöfen. Über den lieblichen Fuschlsee ❷, wo das alte Jagdschloß den berühmten Sissi-Filmen als Kulisse diente, gelangt man nach Sankt Gilgen ❸ am Wolfgangsee und mit dem Dampfer zum alten Wallfahrtsort Sankt Wolfgang ❹, dem Ralph Benatzkys Operette *Im weißen Rößl* zu weltweiter Popularität verhalf. Nordwärts führt die Route zum warmen Mondsee ❺ unter der großartigen Silhouette des Schafberges und der Drachenwand und an das Südufer des Attersees ❻. Eine Abzweigung in Steinbach leitet nach Altmünster am Traunsee ❼ über, wo schon Römer ihre Villen bauten, und führt ins nahe Gmunden ❽. Hier wendet sich unsere Route südwärts, verläuft am Ufer des Traunsees entlang und durch das Tal der Traun zur kaiserlichen Sommerfrische Bad Ischl ❾ mit ihrem nostalgisch-habsburgischen Charme. Über Bad Goisern erreichen wir Hallstatt ❿ am tiefgrünen Hallstätter See und machen einen Abstecher in die malerische Gosau unter dem wildzerklüfteten Gosaukamm. Am Fuße des Dachsteins ⓫ mit den Dachsteinhöhlen führt eine Straße nach Bad Aussee ⓬, dem Hauptort des steirischen Salzkammerguts, dann weiter zum Altausseer See ⓭ unter der kühn aufragenden Trisselwand und zum Grundlsee, wo sich Abstecher zum romantischen Toplitzsee und zum Kammersee lohnen. Nahe Bad Aussee kehren wir auf die südostwärts führende Hauptstraße zurück, die über Bad Mitterndorf ⓮ mit dem berühmten Höhenskigebiet der Tauplitz auf landschaftlich reizvoller Strecke bei Pürgg ⓯ das Ennstal erreicht.

★ Das besondere Reiseziel: Dachstein-Rieseneishöhle.

Salzkammergut und Dachstein

Die Ufer des Fuschlsees stehen unter Naturschutz. Rechts im Bild ist auf einer Halbinsel am Westufer das kleine Schloß Fuschl zu erkennen, zu dem ein Hotel und ein Jagdmuseum gehören.

Den besonderen Reiz des Salzkammergutes machen seine landschaftlichen Gegensätze aus. Über die gefalteten Schichten uralter zerbrochener Gesteine stießen während der Eiszeit die Gletscher von den Zentralalpen nach Norden vor und schrieben dort, wo die Berge Salzburgs, Oberösterreichs und der Steiermark heute aufeinandertreffen, das unübersichtlichste und unordentlichste Kapitel ihrer Schöpfungsgeschichte. Sie modellierten Berge und Täler, schliffen tiefe und flache Becken aus, schoben gewaltige Mengen Moränenschutt nach Lust und Laune neben und vor sich her. In der Folge ihres Tatendranges führen nun mehr als 70 Seen von unterschiedlicher Größe, zuweilen durch schroffe, scheinbar unzugängliche Bergstöcke voneinander getrennt, das faszinierende Eigenleben von winzigen Königreichen.

In der mosaikhaften Landschaft ist auch das Klima nicht einheitlich. Die nördlichen Vorlande lassen mildere Luft einsickern, die Alpen stauen Regenwolken auf und schicken Kaltluft. Die Berge, die das Klima prägen, stellen sich jedoch gleichzeitig schützend um viele Tallagen und halten die stürmischen Winde, die sich zuweilen im Dachsteinstock und im Höllengebirge nach Herzenslust austoben, auf Distanz. Dennoch ist der Himmel über dem Salzkammergut launisch. Schönwetter über mehrere Tage beschert er am liebsten im Frühling und im Herbst. Im Sommer rücken zuweilen dicke Wolken heran und verschlucken Täler, Gipfel und Wege, hüllen sie in nasses Grau bis Grauschwarz, und der berüchtigte „Salzburger Schnürlregen" färbt die Landschaft trübe und melancholisch. So lange, bis die Sonne wieder durch den Regenvorhang bricht und dem Land die Farben wiedergibt.

Gerade ihre Vielfalt macht die Landschaft zum ganzjährigen Reisegebiet. Sommersport, Bergsport, Wintersport und Kurbetrieb – überall dort, wo Heilwässer aus dem Boden treten – gehen ineinander über. Manchmal scheinen die Jahreszeiten auch nebeneinanderzuliegen: An Sommertagen kann man sich für das Bad im See oder das Skifahren auf dem Dachsteingletscher entscheiden. Für die milde, weiche Luft von Fuschl oder für den würzigen Bergwind im Höllengebirge.

Das weiße Gold –
Salz aus den Bergen

Die gemütlichen Hotels und Gasthöfe, die ländlichen Pensionen, die fein herausgeputzten Bauernhöfe begrüßen ihre Gäste fast rund ums Jahr. Nur im November ruht sich die Region aus. Zu Weihnachten reisen die Skifahrer wieder an, am liebsten nach Grünau, Sankt Gilgen, Bad Ischl, Bad Goisern, Bad Aussee, nach Hallstatt, Obertraun und Bad Mitterndorf. Schon im März blühen im Bergwald die Schneerosen, und auf den Talwiesen erwachen Millionen lila Krokusse. Das Fest der weißen Narzissen leitet Ende Mai einen neuen Badesommer ein. Im Juli liegt Bad Ischl wie in alten Zeiten im Operettenfieber. Und im September beginnt der Wanderherbst mit seinen bunten Farben.

Es wird wohl ein Rätsel bleiben, wie die Jäger der Steinzeit in der wilden und gewalttätigen Natur des Salzberges, hoch über Hallstatt, auf das Vorhandensein von Salz aufmerksam wurden. Vielleicht beobachteten sie ein Tier, das in halbtrockenen Tümpeln Salz leckte. Vielleicht trank einer von ihnen, durstig vom mühsamen Aufstieg, zufällig aus einer bitter schmeckenden Quelle. Gefundene Keile aus der Zeit um 2500 vor Christus lassen jedenfalls darauf schließen, daß schon steinzeitliche Jäger die an die Oberfläche tretende Sole nutzten. Von den Menschen der mittleren Bronzezeit wissen wir, daß sie

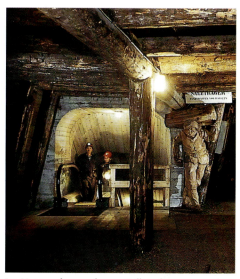

Im Museumsbergwerk von Hallein kann man sehen, wie das „weiße Gold" gewonnen wurde.

die Salzgewinnung durch Sieden der Sole vervollkommneten. Sie saßen in der denkbar besten Startposition: „mitten in dem Salze". So war es nur mehr eine Frage der Zeit, bis sich ihre Nachfahren Gedanken über die Herkunft der Sole machten und schließlich das „weiße Gold" aus der ältesten Salzgrube der Welt ans Tageslicht brachten: mühsam, mit einfachsten Werkzeugen.

Vor 3000 Jahren, in der späteren Bronzezeit, als Rom noch Legende und Wien ein Revier zotteliger Bären war, wurden im Salzberg über Hallstatt bereits die ersten bergmännischen Stollen gegraben. Motiviert durch großartige Funde aus Bronze und Eisen in nahezu 3000 Gräbern des Salzbergtales gaben Historiker dem ersten Abschnitt der europäischen Eisenzeit, der Epoche zwischen dem achten und dem fünften Jahrhundert vor Christus, den Namen „Hallstattzeit".

Die Hallstätter wurden sehr früh durch Salzhandel und Erfindergeist wohlhabend. Ihre Salzschiffe fuhren mit Unterstützung bewundernswerter Anlagen über Berg und Tal und von See zu See. Ab 1260 bildete das Salzland einen hermetisch abgeschlossenen Bezirk, der als Staatsdomäne der Wiener Hofkammer angehörte. Die Gesetze verboten Ab- und Zuwanderung, und Außenstehende durften das

Land nur mit einem Paß des Salzamtes betreten. Die Entdeckung der Heilkraft von Solebädern in der Region setzte zu Beginn des 18. Jahrhunderts in Ischl ein. Der abgelegene und bis dahin uneitle Salzort wurde mit den kurenden kaiserlichen Hoheiten zum Modebad. Mit ihm entwickelte sich das ganze Salzkammergut zu einer einzigen großen Erholungslandschaft. Allenthalben sprudeln Quellen – Glaubersalzquellen, Jodschwefelquellen und Kochsalzquellen –, und die schmucken Orte an der Oberen Traun zwischen Mitterndorf und Ischl nennen sich mittlerweile stolz „Bad".

Salzburg, die Hauptstadt des gleichnamigen Bundeslandes, zählt nicht zum Salzkammergut. Das mag überraschen, läßt sich jedoch mit historischen Kapriolen erklären. Der Erlös des Salzes aus dem Salzburger Salzachtal floß nicht in die Taschen des Kaisers, sondern in jene der Salzburger Erzbischöfe. Es war „feindliches Salz" und hatte mit dem Kam-

Sankt Wolfgang am Wolfgangsee gilt als touristisches Zentrum des Salzkammergutes. Brachte einst ein Bischof aus Regensburg das Christentum in dieses Land, so bringen heute Prominente Ruhm und Urlauber das täglich Brot.

Die Getreidegasse in Salzburg ist die historische Flaniermeile aller Festspielgäste und Mozartfreunde.

mergut keine Gemeinsamkeit. Als das Land Salzburg 1850 österreichisches Kronland wurde, entschloß man sich, aus touristischer Opportunität, die salzlosen Salzburger am Fuschlsee, am Wolfgangsee und an Uferstücken des Mond- und Attersees ab nun „Salzkammerer" zu nennen und in das Salzkammergut aufzunehmen. Salzburg blieb ausgeschlossen. Die Mozartstadt hat diese Zurückweisung natürlich längst überwunden. Da sie jedoch für viele auf dem Anreiseweg liegt, sei ein kurzer Ausblick von der Festung Hohensalzburg auf die sich mit der Salzach krümmende Stadt, auf ihre kupfernen Kuppeln und Türme erlaubt, auf ihre reichen Kirchen und Klöster, die barocken Schlösser und Gärten, auf die Altstadt mit den engen Gäßchen, den intimen Plätzen, den rauschenden Brunnen und dem Domplatz, wo der Tod alljährlich zur Festspielzeit mit abgrundtiefer Stimme nach dem *Jedermann* ruft. Ganz Salzburg ist eine unglaubliche Kulturmetropole, die in ihren Festspielhäusern, in Kirchen, Schlössern und Parks, selbst auf den Straßen, Musik und Kunst vermittelt. In der Sommersaison ist der Blick von oben am schönsten. Die „Stadt der Musik" versinkt dann im Trubel, sie ist laut, hektisch und überfüllt und erleichtert es ihren Bewunderern, sie wieder zu verlassen.

Östlich von Salzburg, im Flachgau, wird die Hügellandschaft weit, das Gebaute erscheint spärlicher, die Bauernwiesen wogen, Kuhglocken läuten, das Geläute verliert sich im Waldsaum. Der kleine Fuschlsee am Fuße bewaldeter Vorberge ist das Tor zum Salzkammergut. Hier ist alles noch en miniature, die Landschaft hat menschliches Maß. Man muß den Kopf nicht tief in den Nacken legen, um zu den Bergen aufzusehen. Man muß die Augen nicht zu weit wandern lassen, um stille Strandabschnitte zu finden. Das ehemals fürsterzbischöfliche Schloß, würfelförmig, breit und behäbig, mit bunten Fensterläden, birgt heute ein luxuriöses Hotel. Man war nie laut hier und ist bis auf den heutigen Tag ziemlich leise geblieben.

Zauber der Kontraste – auf Seen und Höhen

Einige Kilometer weiter, im Südosten, hinter einem flachen Sattel, einem Tälchen, liegt Sankt Gilgen am zehn Kilometer langen Wolfgangsee. Die Idylle im Wiesental, wie sie Rudolf Alt gemalt hat, die alten Mühlen und das Ambiente, in dem Mozarts Mutter und Schwester zu Hause waren, sind Vergangenheit. Vieles prunkt nun pseudodörflich, in Ansätzen städtisch. Hotels, Gasthöfe und Pensionen wurden rustikal aufbereitet; sie ähneln einander im geschäftigen Vorwärtskommen-Wollen und bieten den gewohnten Komfort dieser Ferienlandschaft.

Mit dem Dampfer sollte man über den See nach Sankt Wolfgang fahren. Das seilbahnerschlossene Zwölferhorn – gleichsam die Bergsonnenuhr der frühen Bewohner, an dessen Licht und Schatten sie ihre Tageszeit maßen – bleibt zurück. Man fährt der steil abfallenden Falkensteinwand und dem Schafberg entgegen. Das Land wird rauhhäutiger, grauer Fels mischt sich ins Grün, überall Wärme und eine Spur Kühle darin.

Sankt Wolfgang empfängt mit dem Romantikhotel *Im weissen Rössl*. Aber es ist nicht mehr das alte *Rößl*, das Ralph Benatzky zu seiner zuckersüßen Operette inspirierte. Es ist viel zu groß und gesichtslos geworden – wenn auch sein Mythos wohl kaum gelitten hat. Es lohnt sich sehr, in die alte spätgotische Pfarrkirche einzutreten. Sie ist wie ein schöner Tresor aus dem späten Mittelalter, voll von Kunst, mit Gotik und Barock gefüllt. Ihr wertvollstes Kleinod ist neben Thomas Schwanthalers Doppelaltar der Flügelaltar, den Michael Pacher 1481 nach zehnjähriger Arbeit fertigstellte. Es ist ein doppelter Wandaltar in Schnitzarbeit von unfaßbarer Fülle und glänzender Tafelmalerei, der zu den berühmtesten Werken spätgotischer Kunst in Mitteleuropa zählt.

Oben auf dem 1782 Meter hohen Schafberg, den die alte Zahnradbahn von Sankt Wolfgang aus erklimmt, überblickt man zwölf Salzkammergutseen und 250 Berggipfel bis hin zum Dachstein und zu den Hohen Tauern. Man hat das ganze weite Land vor sich und die drei großen Seen Wolfgangsee, Mondsee und Attersee zu Füßen. Am schönsten ist der Blick frühmorgens, wenn die Sonne erst nur die Gipfel liebkost und dann immer tiefer sinkt, bis ihr

Leuchten, wie verflüssigtes Feuer, langsam die Täler erreicht und die Seen flimmern läßt.

Von Sankt Gilgen gelangt man über eine nordwärts führende Nebenstraße bei Scharfling an den 15 Quadratkilometer großen Mondsee. Anmutig wellen sich Wiesen- und Waldhügel über dem Nordufer und machen die hier entlangführende Autobahn Salzburg–Wien vergessen. Das Seewasser ist im Sommer warm. Bäume strecken ihre Wurzeln ins Wasser aus, da und dort erobern Gräser den See. Libellen tummeln sich zwischen den Halmen, Segel leuchten vor dem Sommerblau. Wie um die Lieblichkeit aufzulösen, bilden im Süden Schafberg und Schober eine prägnante Gebirgskulisse, und die felsige Drachenwand steigt 600 Meter fast senkrecht und scheinbar unzugänglich auf.

Die Menschen der Jungsteinzeit ließen sich von der Herbheit der Berge nicht beeindrucken. Über 5000 Pfähle rammten sie in den Morast, um am

Glück der Segler – ein Spiel mit dem Wind

Es liegt kein Schatten von Melancholie über dem Mondsee, dem wärmsten See des Salzkammerguts. Vom Frühling bis zum Herbst tupfen ihn weiße Segel, die Strandbäder sind gut besucht, Motorboote durchpflügen ihn von Westen nach Osten.

Unsere Route führt durch eine verzauberte Landschaft entlang der Seeache zum Attersee. Die Abstürze des Schafberges und des Höllengebirges lassen den größten ganz auf österreichischem Boden liegenden See zum Alpensee werden. Bei Unterach wirkt das „Oberösterreichische Meer" alpin und ernst. Dieser Eindruck verstärkt sich in der nahen Burggrabenklamm, am südlichen See-Ende bei Burgau. Hier steigt man über Holzleitern und seilgesicherte Wege hoch über einen schäumenden, to-

Palette seiner Farben erstrahlen all die Grüns und Blaugrüns, die sein Verehrer Gustav Klimt einst auf seinen insgesamt 54 Attersee-Landschaftsbildern in allen Variationen verewigt hat.

Es ist ein See der Segler und Surfer. Der älteste Jachtclub, der Union-Yacht-Club Attersee, wurde 1886 gegründet. Er veranstaltet große, internationale Segelregatten, und an Tagen, wenn der „Rosenwind" aus dem Nordosten weht, ist der See gesprenkelt von bunten und weißen Segeln, die das fast

Auf den Schafberg, den „Hausberg" von Sankt Wolfgang, führt eine nostalgische Zahnradbahn.

50 Quadratkilometer große Revier zu schätzen wissen. Es herrschen die kleinen, wendigen Bootsklassen vor, die sich rasch den wechselnden Windverhältnissen anpassen können. Wenn nämlich die Seefläche bei Gewitterregen aufrauht, ein wolkiges Dunkelgrün annimmt, wenn sie weiße Schaumkronen aufsetzt und unsanft über die niedrigen Ufer schwappt, wird der sonst so friedliche See tückisch. Es gibt Tage, an denen sich auch erfahrene Segler vor ihm in acht nehmen müssen.

Ein launisches Gewässer ist die Traun. Heimlich, oft im Untergrund, schlägt sie sich von See zu See durch, kühn springt sie über Geländestufen, ehe sie in die Donau mündet. Kühl tritt der Fluß aus dem schattigen Bergkessel aus, kühl fließt er durch den Hallstätter und Traunsee und erzeugt ein Frösteln bei den Badegästen. Seine längste Seestrecke ist der Traunsee, bei dem man auf unserer Route das alte Kammergut erreicht.

Über den *Lacus felix*, wie die Römer den Traunsee nannten, fuhren die Salztransporte aus dem Gebirgsinneren nach Gmunden und machten das Städtchen wohlhabend. Die Römer sind längst der Sonne nachgezogen, der Name „Glücklicher See" ist geblieben. Warum glücklich? Noch immer gibt es in Gmunden die prächtigen Patrizierhäuser der reichen Salzhändler mit ihren Lauben und Erkern, den hübschen Hinterhöfen und den gotischen Fenstern, klein wie in Puppenstuben. Noch immer läuten die Keramikglocken in der Loggia des alten Rathauses, werden die Schwäne am Ufer gefüttert, und die Möwen fliegen niedrig im Wind. Noch immer knarrt die Holzbrücke zum Seeschloß Ort auf der

Der Hohe Dachstein (2995 Meter) ist die höchste Erhebung der gewaltigen Dachsteingruppe. Die steilen Kalkwände verbergen eine Gletscherlandschaft, die von Obertraun her auch eine Seilbahn erschließt.

Südostende des Sees ihre Hütten wie Nester am Ufer zu bauen. Sie fischten aus langen Einbäumen, gingen auf die Jagd, zogen Gemüse und stellten weiß inkrustierte Keramik her, die als „Mondseekultur" ihren Platz in der Geschichte fand.

3000 Jahre später gründete Bayernherzog Odilo am Nordwestende des Sees ein Kloster. Es steht heute noch, und seine Stiftskirche bewahrt die fünf prächtigen Barockaltäre des Meinrad Guggenbichler. Doch wurde hier Geschichte mehr erlitten als geschrieben. Zornige Äbte zankten sich immer wieder heftig um das Kloster. Die Folge waren ständige Besitzerwechsel.

senden Bach auf, der als Wasserfall aus einem Felsendom stürzt und zwischen glattgeschliffenen Wänden eilends dem See zustrebt. Aber der erste Eindruck täuscht. Im Windschatten der Berge gedeiht ein Edelkastanienwald, der Oleander muß im Winter nicht ins Glashaus, und neben den Bergwegen und Felsenpfaden wachsen pastellfarbene Bergblumen beinahe direkt aus den Steinen. Das Klima ist hier ungewöhnlich mild.

Der Attersee ist nur im Süden alpin, nach Norden zieht er sich 20 Kilometer weit – und zwei bis vier Kilometer breit – ins bäuerliche, hügelige Vorland hinaus, plätschert sanft in Wiesen aus, und auf der

Sanft geschwungene Hänge und grüne Matten bilden im Salzburger Land ständige landschaftliche Gegensätze zu den steilen, kahlen Felswänden und den vielen Seen.

Von sanften Ufern zum rauhen Gebirg

Der zwölf Kilometer lange Traunsee bietet mit seinen weiten, freundlichen Landschaften im Norden und seiner ernsten Felskulisse im Osten und Süden alle Wassersportmöglichkeiten. Doch die zugänglichen Strandabschnitte sind selten. Die Straße führt dicht am Westufer, im Süden oft hoch über dem See, vorüber. Das Ostufer ist felsig, von den Wandfluchten des Traunsteins, des Erlakogels und des Hochkogels geprägt. Den schönsten Ausblick genießt man in Traunkirchen, wo eine weit in den See vorspringende, malerische Halbinsel ein ehemaliges Nonnenkloster und die frühbarocke Pfarrkirche mit ihrer berühmten Fischerkanzel trägt.

Zwischen Traunkirchen und dem gegenüberliegenden Ufer liegt die engste und tiefste Stelle des Sees. Hier ist er, wenn die Stürme über den nahen Feuerkogel jagen, übellaunig und gefährlich – und das Wetter schlägt manchmal sehr plötzlich um.

Am Südufer des Sees, beim Salzort Ebensee, drängt das Höllengebirge, ein langes, schmales Plateau, das Attersee und Traunsee trennt, ungestüm heran. Bergfreunde werden hier die Seilbahn besteigen, die über atemberaubende Abgründe hinweg auf den 1594 Meter hohen Feuerkogel schwebt. Ein grandioses Abenteuer!

Eine merkwürdige, längst vergangene Sommerresidenz ist das waldumgebene Kurstädtchen Bad Ischl traunaufwärts. Es war weltberühmt im vorigen Jahrhundert und in den frühen Jahren dieses Jahrhunderts, als der Kaiser Franz Joseph hier seine Sommer verbrachte, zur Jagd ging, 1853 die bayerische Prinzessin Sissi traf und Gäste aus allen Herrscherhäusern Europas empfing. Dem letzten österreichischen Monarchen ging es um die Sommerfrische, um Bergfreiheit, um Gemsen, Rehe und Hirsche, um die Pirsch und die Passion des Jagens ganz allgemein. Sein Troß, die Künstler, Dichter und Maler schätzten die Lieblichkeit der Landschaft, die Atmosphäre der eleganten Welt, zu deren Sommervergnügen auch die Operette einbrach. Franz Lehár lebte 38 Jahre in seiner Villa am Traunkai. Johann Strauß und Oscar Straus, Karl Millöcker, Carl Michael Ziehrer und Emmerich Kálmán, sie alle schrieben hier Kulturgeschichte.

Mit einem Federstrich in der Ischler Kaiservilla, dem Aufruf „An meine Völker", löste Franz Joseph 1914 offiziell den Ersten Weltkrieg aus, und alle Herrlichkeit war vorbei. Die Monarchie starb. Der Kaiser kehrte nie mehr nach Ischl zurück.

Doch er lebt fort, der Traum vom Gestern, und die Gäste des Sole-Heilbades suchen in den gepflegten Parks noch immer nach den nostalgischen Sternschnuppen einer verglühten Epoche.

„Einsam in seinem feuchten Grün" sah Adalbert Stifter den Hallstätter See liegen. Tatsächlich ist der See dunkel und fjordartig, doch einem Spiegel gleich nimmt er die Häuserfronten, den spitzen Kirchturm und die Berge mit ihren Schneekronen in sich auf. Ängstlich klammert sich der Ort Hallstatt an einen steilen Berghang. Ein Wasserfall ergießt sich rauschend mitten in den Ort, die Bootshäuser ragen weit in den See hinaus.

Mit der Seilbahn könnte man zur Bergstation Rudolfsturm aufbrechen. Der Höhenweg zum ältesten Salzbergwerk der Welt führt an den Gräberfeldern der Salzarbeiter aus der Hallstatt- und La-Tène-Zeit vorbei. Man entdeckte sie um die Mitte des 19. Jahrhunderts. Im Interesse der Wissenschaft hat man die Gräber geöffnet, die Grabbeigaben ans Licht gezerrt: Bronzen aus dem Donauraum, Bernstein der Ostsee, Glas aus Italien, Elfenbein aus Afrika. Die überwältigenden Funde aus den etwa 3000 Gräbern der Eisenzeit, die von einer eigenständigen, blühenden Kultur künden, veranlaßten die Forscher, der

Traunkirchen am flachen Westufer des Traunsees empfängt die Schiffe mit schützenden Buchten.

Epoche von 800 bis 400 vor Christus den Namen „Hallstattzeit" zu geben.

Über Obertraun am Südende des Sees gelangt man mit der Dachsteinseilbahn zu den Dachsteinhöhlen und zur Bergstation Krippenstein. Von hier oben kann man weite Teile des Salzkammergutes überblicken: Berge, immer wieder Berge, plastisch im Licht- und Schattenspiel, Seen wie dunkle Edelsteine, putzige Dörfer an ihren Ufern.

Das Dachsteinmassiv ist die gewaltigste Massenerhebung der Nördlichen Kalkalpen. Nach Süden, gegen das steirische Ennstal, bricht der Stock in einer 1000 Meter hohen, fast senkrechten Wand ab. Im Norden ragen mächtige Hochgipfel, darunter der Hohe Dachstein selbst, fast 3000 Meter in die Höhe. Zwischen ihnen sind mehrere Gletscher von schwindender Größe eingebettet. Das Plateau des Dachsteins wird von einer weiten, welligen Karsthochfläche gebildet, die eines der schönsten Frühjahrsskigebiete Österreichs darstellt. Das Ausseer Land ist eine Welt für sich: lieblich mit archaischen Zügen, voll blühender Narzissenwiesen im Mai und mit purpurrot betupften Almen im Spätsommer. Voll dunkler Waldflecken, über die sich die mächtigen

Karstberge des Toten Gebirges und der Ostteil des Dachsteinmassivs schieben.

Bad Aussee, einst Revier der Höhlenbären, entstand aufgrund eines seit dem zwölften Jahrhundert nachweisbaren Salzbergwerkes am Westhang des Hohen Sandling. Altaussee und Bad Aussee sind dementsprechend vom Salz geprägt. Heute bilden Salz und Schlamm die wichtigsten Kurmittel des Kurortes. Geblieben ist eine gewisse Abgeschlossenheit. Hier wohnen auch heute noch Individualisten, die ihre Tracht und Überzeugung bewahrten.

Einer der schönsten Wanderwege führt siebeneinhalb Kilometer weit rund um den Altausseer See. Hier finden die stillen Träume Platz, die anderswo längst ausgeträumt sind. Saiblinge tummeln sich im See. Vom markanten Gipfel des Loser, auf den eine herrliche Panoramastraße führt, schweben Drachenflieger wie riesige bunte Schmetterlinge herab. Ende Juni blüht der Almrausch am Seeufer auf, man sieht Türkenbund, Sterndolden und wilde Schwertlilien. Hier vereint sich noch einmal alles, was das Salzkammergut ausmacht: Grandioses, Herbes, Ernstes, das sich im Lieblichen auflöst.

Bei Bad Mitterndorf, unterhalb der Mitterndorfer Seenplatte mit dem Skigebiet Tauplitzalm, klingt die Seenlandschaft aus. Der Felsriegel des Hohen Grimming wirkt wie eine letzte Bastion. Die Landschaft wechselt ihr Gesicht.

Die Bischofsmütze ist mit 2459 Meter Höhe einer der herausragenden Gipfel des gewaltigen Dachsteinmassivs, das die südliche Grenze des Salzkammerguts bildet.

DAS BESONDERE REISEZIEL: DIE DACHSTEIN-RIESENEISHÖHLE

Im Kalkstock des Dachsteingebirges ist Leben. Wie pulsierende Adern durchsetzen unendlich lange Gänge und riesige Felsenhallen das Massiv. Unterirdische Flüsse strömen, und in einem Labyrinth von Höhlen verbergen sich bizarre Tropfstein- und Eisformationen. Die Höhlen ziehen mehr als 1000 Meter in die Tiefe des Berges hinein, verzweigen sich, kreuzen sich, bilden verwirrende Cañons und gewaltige Säle. Manche Höhlen atmen ein und aus, und der Besucher fühlt ihren Atem wie einen eiskalten Windstrom aus der unendlichen Tiefe der Zeit.

Von den etwa 500 bisher registrierten Höhlen sind drei für Besucher zugänglich: Die Koppenbrüllerhöhle neben der Straße von Obertraun nach Bad Aussee mit dem brausenden Höhlenbach in der Tiefe, die Mammuthöhle mit ihren mehrere Stockwerke hohen Hallen unweit der Schönbergalm und – die schönste von allen, ein faszinierendes Naturschauspiel – die Rieseneishöhle.

Die Rieseneishöhle liegt in 1350 Meter Höhe und ist über eine kurze Wanderung von der Schönbergalm (erste Sektion der Dachstein-Seilbahn, die Talstation liegt in Obertraun) zum Schönberghaus bequem erreichbar.

Die Erschließungsgeschichte der Eishöhle begann erst in diesem Jahrhundert, als es 1920 gelang, die Schlüsselstelle zwischen der Tropfsteinhöhle und der Eishöhle zu überwinden. Nun werden die Besucher auf gut gesicherten Steigen durch die Tropfsteinhöhle zum Eisteil der Höhle geführt. Hier wird die Luft deutlich kälter; die Temperatur liegt das ganze Jahr über etwa um den Gefrierpunkt. Das ist auch gut für das Eis, das jedes Jahr in den Frühlingsmonaten neue Schichten ansetzt, wenn das einsickernde Schmelzwasser in der gespeicherten Winterkälte friert, aber durch eindringendes warmes Regenwasser im Sommer wieder einen Teil seiner Substanz verliert.

Unter dem Dachstein verbirgt sich eine faszinierende Märchenwelt. Verloren wandert der Besucher über Treppen und Stege durch die eisigen Hallen.

Der Rundgang durch die Wunderwelt der unterirdischen Eisformationen, deren glitzernde Eiskristalle im künstlichen Licht in allen Farbschattierungen von Grün, Blau und Gelb schimmern, dauert ungefähr eine Stunde. Man kommt am „Eisberg" vorbei, am „Montsalvatschgletscher", an der grandiosen „Gralsburg", die trotz der Dicke des Eises beinahe zierlich erscheint. Man bewundert den „Parsifaldom", dessen Ausmaße von 120 auf 60 Metern tatsächlich eines Domes würdig sind, und läßt sich vom gigantischen „Tristandom" und von der „Eiskapelle" beeindrucken. Auch sie ist eine Schöpfung von eindringendem Wasser, das im kalten Hauch des Eises erstarrte, und setzt jedes Jahr wieder neues Eis an.

Als Peter Gamsjäger aus Obertraun um die Jahrhundertwende den Eingang zur Höhle entdeckte, wußte er nichts von den verborgenen Eisdomen, denen eine romantische Phantasie später Namen aus Richard Wagners Repertoire gab. Und auch heute wissen wir noch nicht viel mehr: Die faszinierten Besucher ahnen in der Regel nicht, daß die erschlossene, 2700 Meter lange Rieseneishöhle nur ein kleiner Teil eines eisigen Labyrinths ist, das bisher noch einsam und unzugänglich im Dunkel liegt.

NIEDERE TAUERN
Ein Dorado für Wanderer und Skiläufer

Die Niederen Tauern sind isoliert, still, sie sind unauffällig. Es fehlen die eindrucksvollen Spitzen, die bizarren Formen, die gleißenden Gletscher, die großen Namen. Man verliert sich leicht im schroffen, welligen Gipfelmeer. Erst in jüngerer Zeit entdeckte man den lange verborgenen Reiz der abgelegenen Berge: den Winterschnee, der alle Kuppen und Hänge in ein unendliches Skigebiet verwandelt. Den Frühlingsschnee, der herrliche Touren unter einer bräunenden Sonne möglich macht. Den Wandersommer zu einsamen Hochgebirgsseen, wenn die Alpenrosen die Almen rot färben.

In der Namensgebung hat man den zwischen Enns, Palten-, Liesing- und Murtal gelegenen Niederen Tauern mit ihrem Salzburger Anteil, den Radstädter Tauern, den Stempel einer Taschenbuchausgabe aufgedrückt. Mit der eisstarrenden Pracht der benachbarten Hohen Tauern können sie nämlich nicht mithalten. Die Kämme der Radstädter, Schladminger, Wölzer und Rottenmanner Tauern sind in der Tat niedriger, dennoch ragen viele der Gipfel deutlich über 2000 Meter hinaus. Sie sind auch im Hauptkamm nicht vergletschert, aber die Schneedecke auf den dunklen, von urweltlicher Kraft umwitterten Gipfeln liegt lange, sie wehrt sich bis weit in den späten Frühling hinein dagegen, zu schmelzen, auch wenn die Schneerosen sich schon längst durch die weiße Decke gegraben haben.

Schon vor 3000 Jahren lebten Noriker in den Tälern der Niederen Tauern, und später bauten die Römer wahrhaft erstaunliche Paßstraßen am westlichen und östlichen Gebirgsrand, denen heute noch die neuen Straßen folgen. Besonders eindrucksvoll führt dies der Sölkpaß vor Augen. Aber viele straßenlose Bachtäler zwischen Radstädter Tauern und Pölstal blieben weitgehend einsam. Nur Jäger, Senner, einzelgängerische Bergsteiger, die vergessene Gipfel still eroberten, und Bergknappen drangen tiefer in diese Landschaft ein. Die Weidmänner gaben manchen Bergen Namen wie Gamskogel und Geißstein, Hasenohrenspitze und Geierhaupt, die Bergbauern nannten sie Ameiskopf und Saurüssel, Schafzahn und Hühnerkogel. Kaum jemand konnte die Gipfel wirklich auseinanderhalten. Die Niederen Tauern erwachten erst aus dem behäbigen Traum ihrer Unauffälligkeit, als vor einem halben Jahrhundert Skiurlaube zum ganz großen Glück avancierten.

Plötzlich blickte man interessiert auf das reich durch Taleinschnitte gegliederte Gebirge mit den teils baumlosen Bergwiesen. Die herrlichen Hänge und die schon von den Römern vorgegebene Straße über den Radstädter Tauernpaß begünstigten den Bau einer großen Skistation auf der Paßhöhe. Ober‐

Die Rostrote Alpenrose, ein Heidekrautgewächs mit ledrigen Blättern, liebt Kalkböden und Wärme.

tauern wurde ein bedeutender Wintersportplatz aus der Retorte – in einer riesigen, nach Süden offenen Schneeschüssel, deren Hänge bis unter die teils felsigen, teils buckeligen Gipfel mit den Seilen eines ausgeklügelten Karussells von Aufstiegshilfen erschlossen wurden. Turbulentes Skivergnügen von Dezember, wenn die ersten Frühwinterkurse beginnen, bis weit in den Mai ist garantiert. In der Nähe der Paßhöhe befindet sich ein Friedhof der Namenlosen für unbekannte Katastrophenopfer.

Obertauerns Erfolg beflügelte auch andere Salzburger Tauernorte: Altenmarkt, wo das einsame Zauchental in das Ennstal mündet, Flachau, das acht Kilometer südwestlich gelegene aufstrebende kleine Bergdorf in der Nähe des Enns-Ursprungs und den alten Markt Wagrain in waldreicher Umgebung. Überall gibt es Sonne, Erholung, gastfreundliche Menschen, Skischaukeln, die Täler überbrücken, gute Hotels, Pensionen und behäbige, gemütliche Gästehäuser mit den breitausladenden charakteristischen Pfettendächern.

Berühmt durch die hier veranstalteten Ski-Weltmeisterschaften wurde schließlich das alte steirische Bergstädtchen Schladming im Ennstal, das sich die runden Gipfel der Planai und des benachbarten Hauser Kaiblings als Skidorado erschloß. Im Ort erinnern übrigens die vielen alten Knappenhäuser daran, daß der Ort Schladming teilweise noch aus der Bergbauzeit stammt.

Wer aber die große Stille und Einfachheit, die ländliche Atmosphäre gemütlicher Bauerndörfer, braune Heustadel, alte Mühlen, Bergwege, romantische Hütten und Alpenrosenfelder im Sommer sucht, findet sie im Großsölktal, wo unberührte Bergwälder in weite Almen mit versteckten Bergseen übergehen. Im waldreichen Donnersbachtal, das den größten Wildfütterungsplatz der südlichen Steiermark besitzt, oder in den einsamen Bachtälern der Wölzer Tauern. Schließlich in der Umgebung des Hochgebirgsdorfes Hohentauern, wo die Bergwanderer nur mehr 1000 Meter hoch steigen müssen, um die Gipfel zu erreichen.

Auskunft: siehe Seite 136.

Nicht die ganz große Herausforderung für Bergsteiger, aber dafür im Sommer ein Paradies für Wanderer und im Winter ein Dorado für Skiläufer: die Berge der Niederen Tauern – zum Beispiel der Kraxenkogel.

WACHAU
Das Felsental der Donau – an den Abhängen Weinberge

Die Wachau ist ein Fest für das Auge: Gemütlichkeit in kleinen Orten, die ganz in sich selbst ruhen. Ein Meer blühender Aprikosenbäume im Frühling. Terrassenförmige Rebenlandschaften, die einen bukettreichen Wein hervorbringen. Burgruinen, fast schwebend, zerbrochene Bergfriede, eingefallene Gemäuer aus den Jahrhunderten der Kreuz- und Raubritter. Auf dem Strom fahren Donauschiffe mit bunten Wimpeln. In den malerischen Orten warten behäbige Gasthöfe oder luxuriöse Schloßhotels auf den Gast. Kunstsinnige finden Juwele aus der selbstbewußten Zeit des Barocks, beachtliche Hinterlassenschaften von berühmten Baumeistern, gotische Kirchlein und Kreuzgänge in alten Klöstern.

Der erste Anblick am Eingang zur Wachau: Stift Melk, die grandiose Klosterburg der Benediktiner, liegt auf dem letzten Alpensporn beherrschend über dem Fluß. Alles ist tief verankert hier, Granitfelsen,

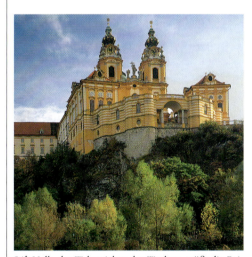

Stift Melk, das Wahrzeichen der Wachau, grüßt die Reisenden schon aus der Ferne.

dicke Mauern, von Jakob Prandtauer und Joseph Munggenast aufgelöst in einem gelben, himmelstürmenden Barock. Das Stift wurde nie erschüttert. Es blieb eine feste Burg, mit einem Jahrtausend Kunst- und Kulturgeschichte gefüllt. Wie es aus den Ufersteinen wächst, halb zur Donau und halb zum Land gewandt, wirkt es fast zu gewaltig für das Flußtal. Die Wachau, jenes 35 Kilometer lange Engtal, in dem sich die Donau einen Durchbruch durch die Gneishochfläche geschaffen hat und das zwischen den Ausläufern des Böhmischen Massivs im Norden und dem Dunkelsteiner Wald im Süden verläuft, schließt sich dem Pomp nicht an. Ihre Höhen ragen beidseits der Ufer etwa 500 Meter über die Talsohle auf und wirken trotz steiler Waldhänge, trotz Felskanzeln, Ruinen und zerbrochener Burgen

nicht schwer. Sie bedrücken nicht. Es ist eine fröhliche, helle, heitere, durchsonnte Landschaft, in der die kleinen Ortschaften angesichts mangelnder Industrie bezaubernd natürlich geblieben sind. Selbst die Ruinen der Burgen, ihre Wehrgänge und Verliese, ihre Türme und Pechnasen, ihre Gewölbe und ihre in eine ungewisse Tiefe führenden Zisternen wirken nun freundlich. Seit die Geschichte von ihnen abgelassen hat, seit die stolzen Wehranlagen endgültig zerstört sind, darf man sich an der malerischen Kulisse erfreuen.

Eine Idylle wie heute war die Wachau nicht immer. Zwar zog mit den Römern Bacchus in das von mildem Klima verwöhnte Land ein, in dem die Reben auf den steilen Hängen so gut gediehen. Doch lag die Wachau vom Limes geschützt an der Grenze, und die Legionäre hatten nicht nur ihren Wein gegen die gierigen Germanen zu verteidigen. Als 830 das seltsame Wort Uuachauua in einer Klosterhandschrift erstmals auftauchte, galt das Land zwar als vornehm und fruchtbar, war aber immer wieder Gefährdungen ausgesetzt. So auch, als das Geschlecht der Kuenringer im 13. Jahrhundert in den Höhenburgen saß, Sperrketten durch die Donau zog und die Schiffe plünderte. Und auch später noch, als Türken und Schweden über das Land herfielen, waren die Zeiten keineswegs ruhig. Aber dies ist längst Vergangenheit.

Bis in eine Höhe von 400 Metern wurde hier der Wald gerodet, die Ufer verwandelte man in Rebterrassen. Heute dienen etwa 20 Kilometer lößüberzogene Hänge dem Weinbau. Vom bürgerlich-rustikalen Spitz unter dem Tausendeimerberg über Weißenkirchen, wo sich romantische Schwibbögen von Winzerhaus zu Winzerhaus spannen, bis Dürnstein und fast bis Krems erstreckt sich diese berühmte Rebenlandschaft.

Besuchermassen aus den Donaudampfern drängen nach Dürnstein. Die malerische Ortschaft, wo einst Englands König Richard Löwenherz in Gefangenschaft schmachtete, ist der meistbesuchte Platz der Wachau. Mit dem leuchtend himmelblauen Turm des barocken Stifts, den turmbewehrten Mauern, den engen, alten Gassen und der hochgelegenen Burgruine ist es dem Ansturm kaum gewachsen. In den Gewölben der Domäne verbirgt es den größten Holzfaßkeller im deutschsprachigen Raum. Abends, wenn die Donauschiffe wieder abgefahren sind, kann man im Klosterkeller in aller Ruhe die Weine kosten. Oder frühmorgens, wenn der Ort noch still ist, der Kunst von Jahrhunderten nachspüren, auf kleinem Raum, wo so vieles zerbrochen und überbaut wurde und dennoch die schönsten, die barocken Stücke überdauerten.

Unterhalb von Dürnstein wird die Wachau zur grünen Aulandschaft, im Wechsel von Bauerngärten, Obstbäumen, Wiesen voll blauer Sternastern, mit Sand- und Schotterbänken, die den Strom begleiten, mit Laubwald, der im Herbst seine Farbenpracht voll ausspielt. Bei Krems verläßt die Donau die Wachau und tritt ins Wiener Becken ein.

Auskunft: siehe Seite 136.

Abends, wenn die Donauschiffe wieder abgefahren sind, kehrt Stille ein im malerischen Dürnstein. Dann kann man in aller Ruhe durch die engen Gäßchen streifen.

Kärntner Seen

Ein Traum vom Süden – auf österreichisch

Das Herz der Landschaft pocht in 1000 Seen, die eingesponnen sind in das Farbnetz der Natur, in ihr Licht, ihre Schatten, ihre Formen. Es pocht leise in weltfernen Bergseen, deren Ufer von Moos und Flechten begrünt sind. Es pocht lebhaft in den großen Badeseen, die, weich und weit und warm und sanft an Waldberge und Wiesenhänge geschmiegt, mit offenen Armen um unsere Beachtung und Zuneigung werben.

Die Träume, die das Seenland Kärntens erfüllt, sind die Träume des Nordländers vom Süden. Jenseits der Hohen Tauern scheint eine ganz andere Sonne. Eine warme, schmeichelnde Sonne, die den Glanz des Mittelmeerländischen mitbringt. Jenseits der Hohen Tauern flutet ein anderes Licht den mächtigen Alpen entgegen. Ein helles, reines Licht, das den Himmel pastell färbt und die Bergsäume gleißen läßt.

Aber Kärntens Herz pocht auch in den hohen Bergketten, die sich wie eine harte Schale um den schönen Kern der Beckenlandschaft legen. Es pocht in den eisgekrönten Gipfeln des Nordens und in den Felstürmen des Südens, die schemenhaft, zuweilen weißlich und fern, wie zartes Gewölk wirken.

Es pocht in weiten grünen Wiesen, wo Schafe und dicke Kühe weiden. In den Tälern, die zu Naturwundern oder einfach nur in die Stille führen. In der mystischen Landschaft der Burgruinen und Schlösser, der Kirchen und Klöster. Es pocht in den Städten, denen das großstädtische Temperament fremd ist. In beschaulichen Dörfern, die von der Vitalität und dem Trubel, von der Leichtigkeit, der Sinnlichkeit und der Lebenslust an den Sommerseen beinahe unberührt bleiben.

Die Kärntner Seen haben zwar den Reiz von Bergseen und die dazugehörige Kulisse, sind aber überdurchschnittlich warm. Die Täler dehnen sich weit, die Höhen halten wie etwa am Millstätter See (Foto links) Distanz und wirken daher nicht erdrückend. Auch in Kärnten stößt man überall auf Bildstöcke (Foto rechts oben), die freundlichen Denkmäler alpiner Volksfrömmigkeit. Ganz selten jedoch ist die Bergblume Wulfenie *(Wulfenia carinthiaca)* (zweites Foto von rechts oben). Sie kommt im Kärntner Naßfeld und sonst nur noch an der Grenze zwischen Kosovo und Albanien vor. Die Städte Kärntens bergen entzückende Kulturdenkmäler wie den Arkadenhof von Schloß Porcia in Spittal an der Drau (zweites Foto von rechts unten). Der Inbegriff österreichischer Sommerfrische ist der Wörther See (Foto rechts unten).

Ein Land zwischen Stille und Trubel

Atlanten vereinfachen, sie zeichnen das Große und verschweigen das Kleine. Straßenkarten täuschen ebenfalls oft. Aug' in Aug' ist Kärnten ganz anders: ein unerhörtes Mosaik, ein großes Rechteck aus Berg- und Tal- und Beckenlandschaften, aus eiligen, glasklaren Wildbächen und Flüssen, die alle der Drau zufließen, aus Seen und Teichen auf 9533 Quadratkilometer Fläche.

Österreichs südlichstes Bundesland, der Adria näher als der Donau, im Klimabereich Südeuropas, Grenzland zu Italien und Slowenien, von wichtigen Nord-Süd-Verbindungen durchzogen, wirkt kompakt. Es ist ein Land in natürlichen Grenzen. Die Grenzen sind aus Stein – aus Schiefer, Gneis und Kalk. Die Hohen Tauern mit dem Großglockner, dem höchsten Gipfel der österreichischen Alpen, und die Gurktaler Alpen im Norden, die hellen Felsfluchten der Karnischen Hauptkette und der Karawanken im Süden, die prägnanten Formen der Lienzer Dolomiten im Westen und die Höhenzüge der Sau- und Koralpe im Osten hüllen das Land ein. Sie sperren es von Innerösterreich, von Osttirol, Salzburg und der Steiermark, sperren es vom Ausland, von Slowenien und Italien, weitgehend ab, geben ihm ein Eigenleben. Kärnten gleicht einer soliden Bergfestung, die sich einer Hundertschaft von Zwei- und Dreitausendern als Wächter bedient. Doch der mobile Mensch hat sich längst den Zugang in die seendurchzogenen inneralpinen Beckenlandschaften und die Durchfahrt nach Süden erzwungen. Nun führen wichtige Straßen aus dem Norden über hohe Pässe, über das in Paßhöhe untertunnelte, 2575 Meter hohe Hochtor im Großglocknergebiet, über die 1783 Meter hohe Turracher Höhe, über den Neumarkter Sattel und den Packsattel, oder sie tauchen tief in den Bergen unter – wie in der Bahn-Autoschleuse aus dem Gasteiner Tal oder wie die Tauernautobahn im Katschbergtunnel. Sie führen weiter durch Täler in die zentrale Beckenlandschaft der Drau, um südwärts wieder die 1000 bis über 1500 Meter hohen Pässe nach Italien und Slowenien zu erklimmen oder in der Dunkelheit des Karawankentunnels zu verschwinden.

Man müßte wie ein Steinadler aus dem Nationalpark Hohe Tauern über dem Land kreisen, um es zu überschauen: über dem gebirgigen, im Nordwesten vergletscherten hochalpinen Oberland, über den weithin unberührten Nockbergen, über den weiten, flachen oder flachhügeligen Landschaften Mittelkärntens, über den zerklüfteten Felswänden Südkärntens. Über all den Seen, den Bergseen, Karseen, Almseen, Waldseen, Wiesenseen, den fjordförmigen Seen und den großen Badeseen. Würde man sie zählen, auch die kleinen, wären es – von den Seen des hochalpinen Gradentales in der einsamen Schobergruppe im Nordwesten bis zum Klopeiner See im Südosten des Landes – weit über 1000. Jeder ein Solitär, unverwechselbar, in einer stark konturierten Landschaft. Jeder ein Relikt der letzten Eiszeit, in der ein riesiger Gletscher ganz Kärnten bedeckte, Täler und Becken ausschliff und bei seinem Rückzug mit Wasser füllte.

Nun wirken die großen Seen – Millstätter See, Ossiacher See, Wörther See und Weißensee – wie ertrunkene Täler. Sie sind langgestreckt und schmal und fallen unter ihrer Wasseroberfläche tief ab, am tiefsten mit 148 Metern der Millstätter See. Nur an den Rändern der Beckenlandschaften sind die Seen rund und flach, an ihren Ufern wachsen Schilf, Binsen und Seerosen, brüten zahlreiche Sumpf- und Wasservögel.

Kärnten ist ein Landstrich zwischen dem Glück der Fülle – im Klagenfurter Becken – und dem kargen, oft melancholischen Charme abgelegener Täler in der Karnischen Region und in den Karawanken. Zwischen überbordendem Sommertrubel an den großen Seen und der Stille in den kleinen unverdorbenen Dörfern. Zwischen einsamen Höhenwegen, die dicht an die Gletscherränder der Hohen Tauern und die schroffen Waldfluchten der Südberge heranführen, manchmal beinahe abenteuerlich und abwechslungsreichen Routen in die Almlandschaften der Nockberge mit ihrer sensiblen Pflanzen- und Tierwelt. Zwischen Städten – wie Klagenfurt, Villach, Spittal an der Drau –, die gemächlich und überschaubar bleiben, weil sie im Umkreis landschaftlicher Glanzpunkte ihre Urbanität nur schwer behaupten können, und weitverstreuten, einsamen, behäbigen Höfen in Hochtälern. Zwischen

Unser Routenvorschlag
VOM MILLSTÄTTER ZUM KLOPEINER SEE

Ausgangspunkt der Reiseroute ist das alte Städtchen Spittal an der Drau ❶ mit Schloß Porcia. Man überquert den Fluß, fährt am Nordufer des Millstätter Sees ❷ entlang, wo ein ehemaliges Benediktinerstift uralte Kulturschätze hütet, und macht einen Abstecher in die Nockberge ❸ mit ihren Fichten-, Lärchen- und Zirbenwäldern und versteckten Seen. Dann geht es zurück über Spittal durch das obere Drautal zum tausendjährigen Markt Greifenburg. Hier ist es ganz nah zum idyllischen Weißensee ❹, Kärntens höchstgelegenem Badesee. Wir setzen unseren Weg über den Kreuzberg und durch das von den Bergen der Gailtaler Alpen begleitete Gitschtal fort und erreichen bei Hermagor das Gailtal und den warmen Pressegger See ❺. Die Straße folgt nun dem breiten Tal der Gail und erreicht den Verkehrsknotenpunkt Villach ❻. Eine kurze Straße leitet zum Ossiacher See ❼ über, der sich im Norden malerisch an die Ossiacher Tauern schmiegt, ehe sich die Route wieder südwärts wendet, einen Abstecher zum Faaker See ❽ (siehe: Das besondere Reiseziel) unter der malerischen Ruine Altfinkenstein macht und den Wörther See ❾ erreicht. Auf einer Nebenstraße am Fuße des Sattnitzrückens geht es in das Keutschacher Seental ❿ und zur Landeshauptstadt Klagenfurt ⓫ mit ihrem mittelalterlichen Zentrum. Von hier machen wir einen Abstecher nach Norden in das historische Zollfeld mit Burg Hochosterwitz ⓬ und zum Längsee ⓭. Von Klagenfurt fährt man ostwärts zum Klopeiner See ⓮ im Jauntal, dem östlichsten der Kärntner Seen.

Kärntner Seen

An den Ufern vieler kleiner, oft namenloser Bergseen in den Nockbergen findet man zahlreiche seltene Alpenpflanzen. Zum Genuß für das Auge gesellt sich auf botanischen Lehrpfaden immer wieder Entdeckerfreude.

DIE KÄRNTNER SEEN AUF EINEN BLICK

SEHENSWÜRDIGKEITEN
Faak: Burgruine Altfinkenstein; **Hermagor:** Gailtaler Heimatmuseum; **Klagenfurt:** Alter Platz, Domkirche, Landesmuseum; **Klopeiner See:** Gračarca-Museum bei Sankt Kanzian, Wehrkirche Stein; **Kraig:** Kraiger Schlösser; **Magdalensberg:** keltisch-römische Ausgrabungen; **Maria Saal:** Dom, Herzogstuhl; **Maria Wörth:** Pfarrkirche und Rosenkranzkapelle; **Millstatt:** Stiftskirche; **Ossiach:** Stift und Stiftskirche; **Pörtschach:** Ruine Leonstein; **Sankt Georgen:** Burg Hochosterwitz; **Spittal a. d. Drau:** Schloß Porcia; **Villach:** Altstadt, Burgruine Landskron.

FESTE UND VERANSTALTUNGEN
Faak: Burgruine Altfinkenstein (Theater, Konzerte), Juli bis August; **Maria Saal:** Kräuterweihe im Dom, 15. August; **Maria Wörth:** Fronleichnamsprozession, Juni; **Millstatt:** Musikalischer Frühling, Mai bis Juni, Musikwochen, Juli bis August, Musikalischer Herbst, September; **Ossiach:** Carinthischer Sommer, Juli bis August; **Spittal a. d. Drau:** Komödienspiele Schloß Porcia, Juli bis August; **Villach:** Carinthischer Sommer, Juli bis August, Villacher Kirchtag, August.

AUSKUNFT
Österreich Information, Pf. 12 31, 82019 Taufkirchen, Tel. 0 89/66 67 01 00; **Urlaubsinformation Österreich,** Margaretenstr. 1, A-1040 Wien, Tel. 00 43/1/5 87 20 00.

sind eigenwillig, widerspenstig, wehrhaft, offenherzig, musisch, musikalisch, sentimental, sympathisch. Es sind nicht zuletzt die Menschen, deren Lebensfreude, Charme und Gastfreundschaft das Land so liebenswert machen.

Jene, die Landschaften mit allen Sinnen in sich aufnehmen, sollten das Seenland, aus dem Norden kommend, bei Spittal an der Drau betreten. Gelassen liegt die Stadt an der Stelle eines uralten Pilgerspitals, sie liegt im heiteren, sprühenden Licht und läßt die Hochgebirgserlebnisse der Anfahrt über die Pässe und durch die Tunnel in den Hohen Tauern sanft ausklingen. Spittal, wo sich das Tal zum Lurnfeld weitet, bedient sich der Berge wie gut gelungener Requisiten. Seinen 2142 Meter hohen Hausberg, das Goldeck, hat es längst durch eine Seilbahn erschlossen. Weit schweift von oben der Panoramablick über das Land. Die Augen können sich zwischen herb und lieblich entscheiden, zwischen Fels und Wald und Almen.

Fast nur in den Hochlagen zwischen Baum- und Schneegrenze weiden die klettergewandten Gemsen.

Spittal liegt schon fast am Millstätter See. Zwölf Kilometer lang und eineinhalb Kilometer breit dehnt sich Kärntens zweitgrößter See zwischen bewaldeten Hügeln im Süden und den Bergen der Millstätter Alpe im Norden aus. Von den Nockbergen streichen lebhaft Winde herunter, die sich in den bunten Segeln der Boote und der Surfbretter fangen.

Der See ist friedfertig, warm, wenn auch eine winzige Spur kühler als die übrigen Kärntner Badeseen. Er ist bis zu 148 Meter tief, und die Fische in ihm sind groß und zahlreich. Am sonnigen West- und Nordufer liegen Seeboden, Millstatt, Dellach und Döbriach, lebhafte, voll erschlossene Ferienorte mit blühenden Wiesen und kleinen Parks.

Das mit dem Schiff erreichbare Südufer ist hingegen still. Wald greift bis an das unverbaute Ufer aus und läßt es schattig, dunkel und geheimnisvoll erscheinen. Nur ein romantischer Steig führt zum kleinen, tiefschwarzen Egelsee.

eleganten Hotels und der Romantik zu vermietender Almhütten.

Unsere Fahrt durch das Seenland vermeidet die im Sommer überlasteten Durchgangsstraßen und streift die bemerkenswertesten Landschaften Kärntens: Bergland im Mölltal, das dem lange vergangenen Goldrausch nachträumt. Almland zum Wandern und Bauernland in den flachen Tallagen des Drautales, wo die Böden ergiebig sind. Bergbauernland schließlich an den Gebirgsrändern, wo die Wiesen oberhalb der Baumgrenzen mit Steigeisen an den Füßen gemäht werden. Zuweilen vernichten dort mächtige Lawinen und gewaltige Muren mit ihren Schlammströmen in Sekundenbruchteilen die Arbeit von Jahren. Talflucht ist die Folge, der Tourismus ein Ausweg, wenn das berühmte stabile Hochdruckwetter und die durch die Bergumrandung geschützte Lage den Badesommer an den Seen bis weit in den Herbst hinein verlängert. Wenn in den schneereichen Wintern die Lifte in der Karnischen Skiregion, in den Nockbergen, hoch über dem Weißensee und Millstätter See und auf der Villacher Alpe in der Sonne surren, während die Täler unter einer beständigen Nebeldecke verschwinden.

In einer Landschaft, die fast zur Hälfte von Wald bedeckt ist und zu einem Viertel von Gebirge und Ödland, in einer in sich geschlossenen Region, entwickeln die Menschen naturgemäß eine eigene Mentalität. Es sind Menschen der besonderen Art, mit slowenischen Minderheiten im Rosen- und Jauntal und in den Hochtälern der Karawanken. Sie

Mitteleuropa

Zeitlose Schätze an alten Römerstraßen

Schon früh war das nördliche Seeufer unter der schützenden, 2091 Meter hohen Millstätter Alpe besiedelt. Kelten und Römer lebten hier, der Sage nach auch ein heidnischer Herzog, der aus Gram über den Ertrinkungstod seines Sohnes 1000 römische Götterstatuen, „mille statue", in den See schleudern ließ und das Christentum annahm. Vor über 900 Jahren entstand an der Stelle des abgelegten Unglaubens das Benediktinerstift Millstatt, die Keimzelle des traditionsreichen Kurortes. Das Stift ist längst bis auf die doppeltürmige Kirche, die das Seebild bis heute so malerisch prägt, säkularisiert, doch noch immer reich an romanischen, gotischen und barocken Kunstwerken. „Mensch halt dich zu got – der welt lon ist nur ein spot", schrieb einer im Jahre 1464 über das Westportal, an dem ein steiner-

Manche Bergbauern wie hier im Lesachtal mahlen ihr Getreide noch mit der wassergetriebenen Hausmühle.

ern erzählen von Gemetzeln. Die Berge der Kreuzeckgruppe im Norden begleiten das Obere Drautal. Nichts deutet darauf hin, daß sich im zentralen Berggebiet unterhalb des Kleinen Hochkreuzes 14 blaugrüne, einsame Seen verbergen. Sie liegen in 2367 Meter Höhe und gehören vor allem geübten Bergsteigern.

Bei Greifenburg zweigen wir nach Südosten ab. Hier liegt, einem tief in die Berge einschneidenden Fjord ähnlich, in 930 Meter Höhe der idyllische, im Sommer warme Weißensee. Ein schmaler Wiesenstreifen rahmt ihn nur teilweise ein, steile Waldhänge beanspruchen drei Viertel des Seeufers als Land-

Zwischen Hermagor und der italienischen Grenze stürzt ein Wildwasser durch die Garnitzenklamm.

Wie ein tiefblauer Fjord liegt zwischen grünen Waldbergen eingebettet der Weißensee. In diesem Landschaftsschutzgebiet abseits der großen Verkehrsströme erreicht man die meisten Ziele nur zu Fuß.

ner Teufel alle Sünden notiert. Es ist ein eher bedrohlicher Eingang, der schließlich zum großen, eindrucksvollen Weltgerichtsfresko aus dem frühen 16. Jahrhundert mit seinen Verklärten und Verdammten überleitet.

Wer über Döbriach weiter nach Osten fährt, gelangt über Radenthein nach Bad Kleinkirchheim und mitten in die grünen Nockberge hinein, in eine stille, weite Almregion, wo windzerzauste Zirben wachsen, der Himmel sich in moorigen Tümpeln spiegelt, wo im Juli Almrausch blüht und im Herbst die Lärchen goldgelb leuchten. Wo dunkle, mit Holzschindeln gedeckte Bergbauernhöfe die Einsamkeit unterbrechen.

Weiter im Süden, unter dem Mirnock, liegen im Oberkärntner Seental Feldsee und Afritzer See: zwei Seen für Genießer, windgeschützt und sonnig. Wald und Wiesen in Mischfarben rundum, in Halb- und Zwischentönen von Grün bis Dunkelgrün, die vage ineinanderlaufen.

Unsere Route kehrt wieder nach Spittal zurück. Westlich der Stadt verengt sich das Drautal zur Sachsenburger Klause. Der Geist früherer Scharmützel liegt in der Luft, zerbrochene Festungsmau-

schaftsschutzgebiet für sich. Das restliche Viertel im Westen besetzen Hotels und Pensionen, teils stilvoll mit viel Holz erbaut, mit tief herabgezogenen hölzernen Giebeln und einem rustikalen Ambiente – genau das richtige für Menschen, die Stille und Beschaulichkeit lieben. Zum Ostufer des Sees führt keine Straße, hier gibt es keine Häuser mehr, nur Schiffe fahren in die stille, ernste, nordisch anmutende Landschaft hinein.

Unsere Route führt nun nach Süden zum Kreuzberg und weiter durch das Gitschtal zwischen Waldhügeln und Wiesen nach Hermagor im Gailtal. Die alte Kleinstadt ist nicht mehr kompakt. An ihren Rändern wächst sie aus, hin zum naturbelassenen kleinen Pressegger See, einem warmen, glasklaren Gewässer im Wiesengrund. Ein seichter, sanfter, teils verlandeter See mit ausgedehntem Schilfbestand leitet zu den Bergen der Karnischen Alpen über.

Von Hermagor nach Villach: Das breite Gailtal nimmt die Straße auf, ehe das gewaltige Massiv der Villacher Alpe herandrängt. Villach, der Verkehrsknotenpunkt im weiten Talbecken der Drau, lag schon immer am Kreuzweg zwischen Nord und Süd. Reisende Kaufleute, reisende Kaiser und Könige machten hier Rast. Dennoch war es nur eine strategische, aber keine glückliche Lage. Erdbeben, Feuer, Pest, Überschwemmungen, Kriege: Villach lag allzuoft am Weg der Katastrophen. Nur mehr am langgezogenen Hauptplatz, der sich quer durch die Altstadt zieht, findet man noch schöne, wiederhergestellte alte Bürgerhäuser. Die Stadt voll fröhlicher Hektik und Unrast hat ihre tragischen Dimensionen jedoch längst bewältigt.

Blaue Augen in einer gezähmten Bergwildnis

Nur auf dem Hausberg von Villach, der Villacher Alpe, sind die alten Narben noch augenfällig. Nach einem schweren Erdbeben im Jahre 1348 zerbarst das Bergmassiv, und die gewaltige Südwand des Dobratsch stürzte in das Gailtal. Nun führt eine Panoramastraße zur Villacher Alpe, aber das Frösteln, das sich bei der Besichtigung des Bergsturzgebietes Rote Wand einstellen müßte, bleibt aus. Hier wurde 1973 einer der schönsten Alpengärten angelegt. Unendlich viele verschiedene Blumen aus der Bergflora

Die Zacken des Gartnerkofels (2195 Meter) erheben sich markant und majestätisch über dem Naßfeld. Kärnten liegt südlich des Alpenhauptkamms, und so ist die Zahl der Sonnentage fast italienisch hoch.

Die vom Barock geprägte Pfarrkirche von Ossiach steht auf 1000 Jahre alten Grundmauern.

der Südalpen blühen von Juni bis August und machen den Katastrophenort freundlich.

Am Dobratschgipfel liegt dem Betrachter gleichsam Kärnten zu Füßen: Vom Alpenhauptkamm zu den Nockbergen, von den Karnischen Alpen zu den Karawanken und weit bis zu den steirischen Grenzbergen Pack- und Koralpe geht der Blick an klaren Tagen. Gegen Süden liegt der Faaker See vor der Kulisse des Mittagskogels.

Umsteigen in Villach, die schnellen Autobahnen verlassen, Nebenstraßen fahren. Burg Landskron, längst eine fotogene, teilweise wiederhergestellte Ruine, blickt aus leeren Fensterhöhlen in eine vergangene Zeit. Nichts Kriegerisches, sondern Blitzschlag und Feuer setzten ihr zu. Sommergewitter sind häufig hier, aber die düsteren Bilder halten nie lange vor. Die Sonne siegt immer, sie siegt auch im Herbst über den Frühnebel, der sich fast täglich wie eine Watteschicht über die Seen legt.

Zuweilen kreisen über Landskron wohlerzogene Adler und Falken. Sie leben frei in der Adlerwarte, kehren aber immer wieder zum zerbrochenen, einst prächtigen Khevenhüllerschloß zurück.

Der nahezu elf Kilometer lange, schmale, nicht allzu tiefe Ossiacher See plätschert im Norden, reich an kleinen Buchten, an die Abhänge der Gerlitzenalpen, im Süden an den Fuß der bewaldeten Kuppen der niedrigen Ossiacher Tauern. Im Frühling konkurriert das Weiß der Baumblüte mit den Schneeresten am Berg.

Die schönsten Flecken suchten die Bischöfe aus

Am südlichen Seeufer liegen behäbig und breit hingefächert das alte Stift Ossiach und seine Kirche. In der schattigen Aue am See, im Schutz von alten Bäumen, gründeten Benediktiner im elften Jahrhundert ein Kloster. Seit nahezu 1000 Jahren blickt es nach Norden, bis zu seiner Auflösung, 1783, wichtig und mächtig für den See, dem es seinen Namen gab. Doch nur die Wurzeln des Stiftes sind romanisch. Der Baubestand wurde gotisiert, er brannte aus, wurde barockisiert. Schließlich löste man das Stift auf, machte es zur Kaserne, zum Domizil eines Gestüts, dann zu einem Haus für Gäste. In den schönen, stilvollen Räumen des Stiftes und in der Stiftskirche, wo sich das Barock hell, durchsonnt und pastellfarben präsentiert, finden heute die Konzerte des Carinthischen Sommers statt.

Während das beschattete Südufer des Sees weithin ruhig blieb, ist sein von Eisenbahn und Fernstraße in Beschlag genommenes Nordufer zwischen Annenheim und Steindorf stark verbaut. Die Ferienorte gehen fast fließend ineinander über.

Ebenfalls östlich von Villach liegt der 16 Kilometer lange und einen bis eineinhalb Kilometer breite Wörther See. Straße, Bahn, Autobahn ziehen an seinem Nordufer entlang, wie um seine Wichtigkeit zu betonen. Der See wurde durch Verkehrswege erschlossen, übererschlossen, aber das Grün der Landschaft mildert die künstlichen Furchen. Nur in den Hauptorten des sommerlichen Badevergnügens, in Pörtschach und Velden, stockt im Sommer der Verkehr. Auto schiebt sich an Auto, Parkplatzsuche trübt den Karawankenblick, man fühlt sich schiffbrüchig auf dem harten Asphalt.

Bereits die Urzelle der Seebesiedlung lag hier, am Südufer. Die frühen Bischöfe, die sich an den Seen ihre weit ausstrahlenden Enklaven schufen, liebten den Blick auf den Nordhimmel, die weißen Fahnenwolken über den grünen, besonnten Rücken. Ihr erstes Kloster bauten sie auf einer winzigen, felsigen Insel, die steinern zum See abfiel, und der Wörther See lag von hier aus überschaubar vor ihnen. Erst später wurde das Inselchen Maria Wörth zur Halbinsel. Die Freisinger Bischöfe wählten den Platz als Stützpunkt der Christianisierung Kärntens. Alte Bäume wachsen um die alten Kirchen, die gotische Pfarrkirche und die romanische Rosenkranzkapelle; die Welt des Glaubens und die Welt der Natur haben sich arrangiert. Maria Wörth ist meist nur vormittags laut, im Ansturm der Ausflügler, die mit Schiffen oder Bussen kommen.

Den Ton am See geben das extravagante Velden, das gepflegte Pörtschach, das etwas ländlichere

Krumpendorf an. Hier wimmelt es im Sommer von Menschen, Autos, Booten, von den bunten Segeln der Surfer, den grellen Gleitschirmen der Paragliding-Fans, die wie exotische Schmetterlinge ohne Flügelschlag ihre Bahnen ziehen.

Die ersten Sommergäste kamen durch die Anbindung des Wörther Sees an die Eisenbahnlinie Klagenfurt–Villach in der zweiten Hälfte des 19. Jahrhunderts. Um die Jahrhundertwende entstanden die ersten Hotels, zierliche Sommervillen streckten ihre Giebel und Türmchen, ihre Erker und Loggien aus einem Geflecht von Birken und Weiden. Die Sommervillen gibt es noch, auch die Häuser, in denen Johannes Brahms, Gustav Mahler und Alban Berg ihre Sommer verbrachten. Doch manche Hotels sind zu groß geraten.

Grüne Waldhügel trennten den Wörther See vom Keutschacher Seental im Süden. Eiszeitgletscher haben die Talfurche ausgefräst, unordentlich mit Moränen und Eis gefüllt, das zu Wasser wurde. Nun tupfen Keutschacher See, Hafnersee, Rauschelesee und der schilfumwachsene Baßgeigensee blaue

Von einem Boot aus hat man den schönsten Blick auf die gotische Pfarrkirche Sankt Primus von Maria Wörth. Wenn sich abends die Sonnenterrassen und Anlegestellen leeren, herrscht hier himmlische Stille.

Pörtschach am Nordufer des Wörther Sees gilt als Mekka für Wassersportler. Wer kann, segelt weit hinaus.

Farbkleckse ins Grün. Die frühen Pfahlbauern zog es nicht an den großen Wörther See. Sie rammten ihre Pfähle in den Grund des Keutschacher Sees. Sie suchten sich den warmen, flachen, nur 15 Meter tiefen See im Waldtal als Domizil aus. Heute ist der unter Landschaftsschutz gestellte Keutschacher See, der größte im Seental, ein beliebtes Ferienziel.

Eine Autostraße führt vom Nordufer des Keutschacher Sees auf den 851 Meter hohen Pyramidenkogel. Von seinem Aussichtsturm bietet sich ein herrlicher Rundblick. Gegen Osten sieht man Klagenfurt im Dunst. Die Landeshauptstadt liegt flach auf Wiesengrund in einem weiten, sonnigen Becken. Im Süden wellen sich die waldigen Höhen der Sattnitz und legen einen Grüngürtel vor die Felsgipfel der Karawanken, deren schroffe, kühne Konturen sich diskret im Hintergrund halten.

Klagenfurt ist als Landeshauptstadt beinahe despektierlich neu. Erst 1518 an Stelle von Sankt Veit

Das Renaissanceschloß Velden am Wörther See ist ein Hotel mit historischem Flair in einem Park am Ufer.

an der Glan zu Ehren gekommen, war die Stadt nie laut, nie herzogliche Residenz, hatte stets Mühe, ihre Urbanität zu beweisen. Noch immer riecht sie an der Peripherie nach Bauerngärten, nach Rosen, nach frisch geschnittenem Gras.

Wer Klagenfurt erkunden möchte, sollte über den Alten Platz gehen, der zuweilen einem italienischen Markt gleichen will, durch die schmalen angrenzenden Gäßchen, durch den Wappensaal des Alten Landhauses, durch die weite, lichte Domkirche Sankt Peter und Paul. Auf das Kreuzbergl, wo ein botanischer Garten all die Pflanzen, Steine und Mineralien Kärntens zeigt. Unsere Route begleitet die Glan nach Norden und erreicht über kurze Stichstraßen die geschichtsträchtigste Landschaft Kärntens. Hier steht die gotische Kirche Maria Saal mit den römischen Reliefsteinen an der Außenwand. Etwas weiter im Norden kommt man am berühmten Herzogstuhl vorüber, und bei Sankt Michael zweigt die Route auf den Magdalensberg ab, wo eine namenlose römisch-keltische Stadt ausgegraben wird.

Die Fluchtpunkte hoch über den Tälern

Östlich von Sankt Veit an der Glan erhebt sich über einem reich begrünten Felshügel Burg Hochosterwitz. Die Burgbesatzung konnte, wenn sie von den Türmen und Zinnen hinunterblickte, grünes Land, Wiesen und Wälder, die Karawanken im Süden und die Dunstschleier über dem Seenland betrachten. Hochosterwitz wurde bereits im Jahre 1200 in einem Lehensverzeichnis als Burg erwähnt. Als am 26. September 1473 eine große türkische Streitmacht an Osterwitz vorbeizog, konnte die Wehranlage der Bevölkerung Schutz bieten. Im Jahre 1571 kaufte Georg Khevenhüller die Burg. Er hat sie nach einem Umbau stark verändert. Einer Gralsburg ähnlich, bezaubert sie jeden Sommer viele Besucher.

Der naturbelassene Längsee, kaum einen Quadratkilometer groß, liegt anmutig in einer hügeligen grünen Landschaft. Auch ihn haben die Benediktiner entdeckt, als sie im beginnenden elften Jahrhundert durch das weite Land wanderten.

Als ob die Zeit hier nicht verginge, als ob Hektik und Lärm nicht von dieser Welt wären, so unberührt – bis auf ein paar hölzerne Badestege – liegt der Keutschacher See im dichten Wald.

Noch idyllischer liegen in 500 Meter Höhe der dunkle Kraiger See und seine romantischen Trabanten – prächtige, einsame, seerosengeschmückte Teiche im Bereich der Kraiger Schlösser. Die Schlösser waren ursprünglich Burgen, in denen die Truchsesse des Herzoghofes von Sankt Veit lebten. Heute sind sie malerische Ruinen in den einsamen, waldbedeckten Wimitzer Bergen.

Unsere Route führt weiter über Sankt Veit an der Glan, die ehemalige Residenz der Kärntner Herzöge mit einem ungemein malerischen Hauptplatz, um bei Brückl das Gurktal zu queren. Auf einer schön angelegten, weit geschwungenen Brücke passieren wir Kärntens drittgrößten See, den zehn Quadratkilometer großen Völkermarkter Stausee. Seltene Vogelarten wie Rotfußfalken und Eisvögel machen hier Rast bei Reihern und Enten, andere nisten auf den schmalen Stegen im Stausee, die den Strömungsverlauf des Flusses regeln. Für Badende ist der See allerdings nicht gedacht. Dazu laden der Klopeiner See und der Turner See ein, auch der Gösselsdorfer See und der Kleinsee.

Die Jauntalseen sind blauäugig, warm und sauber, heitere Farbflecken in einem zarten Licht. Still freilich sind sie nicht mehr. Das Strandleben, vor allem am Ufer des Klopeiner Sees, in Klopein und Sankt Kanzian, ist kunterbunt und turbulent. Rückzugsmöglichkeiten bieten der Klopeiner Hausberg Gračarca und der Hemmaberg in den Karawanken.

DAS BESONDERE REISEZIEL: DER FAAKER SEE – AUF ZUM BADEN IN DIE BERGE

Der Faaker See – von Wiesen, Feldern und Waldstücken voll hoher Fichten und Buchen umgeben – ist Kärntens südlichster Badesee. Und einer der wärmsten: Seine Temperatur steigt im Sommer bis zu 27 Grad an. Jeweils der Farbe des Himmels entsprechend schimmert er in Pastell, in Blau, manchmal auch in zartem Lila. Nur selten bringt er ernsthaftere Wellen zustande; der Wasserspiegel kräuselt sich höchstens, als bekäme er beim geringsten Windhauch schon eine Gänsehaut.

Es ist ein Landstrich für die Liebe auf den ersten Blick: die Hotels gepflegt und gediegen, gemütliche Feriendörfer, sauberes Wasser, ein Stück Sandstrand, den ein Zufluß des Sees, der Woronitzabach, neben den Mooswiesen aufhäufte. Badeanstalten zuhauf, Boote, eine bewaldete, malerische Insel zwölf Meter über dem Wasser, die ein Hotel trägt, Graureiher im Schilf, Teichrosen, ein hoher blauer Himmel, wechselnde Wolkenstimmungen, Bäume wie Patriarchen, eine Golf-Driving-Range, eine Burgruine, die historische Romane erzählt. Und über allem, wenn man vom Dörfchen Egg nach Süden schaut, gleißender Fels.

Der Faaker See in einer flachen, 30 Meter tiefen Mulde, von Quellen gespeist, ist beinahe nur einen Steinwurf von Villach, nur einen Steinwurf von der Dreiländerecke Österreich-Italien-Slowenien entfernt. Wie ein Wächter steht der pyramidenförmige Felsgipfel des Mittagskogels über dem 2,4 Quadratkilometer großen See. Er gibt ihm die unverwechselbare Karawankenkulisse. Der 2143 Meter hohe Berg, scheinbar platt im Gipfelbereich, als hätte ihn ein Riese geköpft, schroff und steil, ist indes weit genug entfernt, um nicht bedrückend zu wirken. Seine sonnenglühenden Felsklippen stecken talwärts in steilen Wäldern, die in sanften, geschwungenen Wiesen enden.

Ob der Hausberg seine Wächterfunktion genügend genützt hat, bleibt dahingestellt. Im Hochsommer überfordert die Begeisterung der Gäste den kleinen See zuweilen. Die Orte Faak, Drobollach, Egg und eine Handvoll anderer, die nicht direkt im Seebereich liegen – winzige Orte mit ein paar hundert Einwohnern –, quellen im Juli und August über. Dann sucht man Distanz und steigt zum 724 Meter hohen Aussichtsberg Tabor oder zur Ruine Altfinkenstein hinauf, die auf einer 840 Meter hohen Felskuppe im Süden über dem See thront.

Nur mehr die hohen Kielbogen von Altfinkenstein, durch die nun der Wind streicht, lassen ahnen, daß die um 1142 erstmals erwähnte Burg einmal den größten und auch prächtigsten spätgotischen Saal in Österreich besaß. Im ausgehenden 15. Jahrhundert verbrachten die Kinder Kaiser Friedrichs III. hier ihren Sommerurlaub. Sie waren wahrscheinlich die ersten Urlaubsgäste, doch mögen auch schon die römischen Legionäre und, lange Zeit danach, die türkischen Krieger im milden und klaren Wasser des Sees manchmal ihre müden Füße gekühlt haben.

Blick vom Tabor auf den Faaker See und auf die Karawanken im Hintergrund. Über ihre Kämme verläuft die Grenze zu Slowenien.

SÜDSTEIERMARK
Weinstraßen ins Himmelreich

Laut war es nie, das Hügelland südlich von Graz, das die Mur in zwei Hälften teilt. Und es ist leise geblieben. Dörfer rekeln sich träge zwischen bunten Sommerwiesen. Verstreute Bauernhäuser tragen rote Ziegeldächer, Reben belagern die Hänge, Edelkastanien, Feigen, Nüsse und riesige knallgelbe Kürbisse reifen. Der Wind spielt in den Klapotezen, den hölzernen Windrädern, die auf langen Stangen hoch in den Himmel stechen und mit ihrem Klappern die Stare vertreiben. Fast jeder Weinbauer betreibt einen eigenen Buschenschank. Manchmal sind es nur zwei Tische unter einer Pergola.

Graz durchstreifen, die mittelalterliche Altstadt zwischen Schloßberg und Mur: Wiedererweckte gotische Häuser, gotische Säulen suchen, über denen sich Renaissance-Arkaden erheben, und verwunschene Innenhöfe entdecken, wo das Grün in die Mauern einwächst. Die zweitgrößte Stadt Österreichs wurde von italienischen Baumeistern und Künstlern geprägt. Das Flair der Gartenstadt gab sie sich selbst.

Südöstlich von Gleinalpe und Fischbacher Alpen weitet sich das sonnige Murtal zum großen Grazer Feld. Diese Ebene geht bei Wildon in das Leibnitzer Feld über, ehe sie bei Schloß Seggau wieder von Hügeln bedrängt wird, die der Landschaft Profil geben. Das Schloß, im Besitz des Bistums Graz-Seckau, liegt etwa einen Kilometer südwestlich von Leibnitz auf dem von der Sulm umflossenen Seggauberg. Es ist ein mächtiger, mehrteiliger Bau, voller Geschichte und Geschichten. In den Fürstenzimmern blicken die Bischöfe ernst und würdevoll aus dem Rahmen ihrer Porträts. Im dreigeschossigen Arkadenhof wurden Steine des alten Flavia Solva, der untergegangenen Römerstadt, vermauert.

Westlich der Mur, von der „Weinhauptstadt" Leibnitz über Seggau und von Silberberg nach Kitzeck, Höch und Demmerkogel verläuft die Sausaler Weinstraße. Die Landschaft des Sausal ist bucklig, macht Sprünge. Kitzeck gilt, obwohl es sich in einer Höhe von nur 564 Metern ausbreitet, als höchstgelegenes Weindorf Europas. Manche Lagen sind so steil, daß die Winzer sich anseilen müssen. Dennoch präsentiert sich die Landschaft weich, ineinanderfließend, kleine Felder liegen im Grün wie gelbe Teppiche.

Vielfältig sind die Ziele im Sausal, die man mit dem Auto ansteuern oder erwandern kann: Von Sankt Nikolai reicht der Rundblick über die Berge der Obersteiermark, auf die hohe Koralpe im Westen und weit über die Grenze südwärts nach Slowenien. In Sankt Andrä-Höch schweift der Blick vom Kleinalmmassiv bis zur Ungarischen Tiefebene. Die Aussichtswarte auf dem 670 Meter hohen Demmerkogel legt dem Spaziergänger die ganze Hügellandschaft der westlichen Südsteiermark zu Füßen. Überall Bäche, Teiche, Bänke für müde Wanderer.

In den kleinen Buschenschenken munden die leichten, auf den Sonnenseiten gereiften Weine. Ebenso die bodenständigen Gerichte, wie zum Beispiel das Verhackert: ein Brotaufstrich aus geselchtem, kleingehacktem Speck, der mit reichlich Gewürzen in einen Verhackertkübel eingestampft und mit darübergegossenem heißem Fett haltbar gemacht wird. Oder landgeräuchertes Schweinefleisch mit Weingartenkren, dem Meerrettich, der in den Weinbergen wächst. Delikat sind auch die Bauernsalate mit aus Kürbissen gewonnenem Kernöl.

Blick auf das Grazer Rathaus vom Schloßberg aus: Die Altstadt atmet südländisches Temperament.

Auch das zweite berühmte Weingebiet der Südsteiermark ist von Leibnitz gut erreichbar. Die Südsteirische Weinstraße erreicht ihren östlichsten Punkt in Spielfeld und führt an 15 Marktflecken und Weinbaudörfern vorüber westwärts nach Arnfels. Man fährt am besten über Gamlitz, die größte steirische Weinbaugemeinde, nach Ehrenhausen, das eine wunderschöne Rokokokirche besitzt. Dann geht es weiter über die Grenzgemeinde Sulztal nach Leutschach, wo Rebhügel mit Edelkastanienwäldern und Hopfenfeldern wechseln. Auch hier wieder eine Straße aus Talböden, ein Auf und Ab zwischen Weinstöcken, die sich jeden Hügel, jede Senke längst erobert haben. Eine stille Straße, von Bäumen beschattet, mohnrot überwuchert – und der linke Fahrbahnrand gehört schon zu Slowenien. Wein wächst grenzüberschreitend.

Der schönste Abstecher dieser Route führt vom idyllischen Marktflecken Ehrenhausen zum Renaissanceschloß auf einem felsigen Hügel. Die einst mächtigen Herren von Eggenburg ließen sich auf der halben Höhe des Berges ein monumentales Mausoleum bauen. Zwei aus Felsblöcken gemeißelte keulenschwingende Grabwächter bewachen den großen, eindrucksvollen Kuppelbau. Dessen Innen-

Die ganze Südsteiermark scheint dieser Blick zusammenzufassen: Schloß Seggau zwischen Hügeln mit Waldkronen und Hängen, an denen überall Wein wächst, ist selbst zu einem Teil der Landschaft geworden.

raum wurde von Johann Bernhard Fischer von Erlach ausgestattet, immerhin dem bedeutendsten österreichischen Barockbaumeister. Der Platz war gut gewählt. Er ist besonnt und hell und verströmt nichts von der Melancholie anderer Mausoleen. Daß der Grabbau dennoch zu monumental über dem schönen alten Marktflecken liegt, entspricht dem Selbstbewußtsein der Eggenburger. „Te numquam timui" – dich (Tod) habe ich nie gefürchtet, hieß ihr Losungswort.

Am schönsten ist die südsteirische Weinlandschaft, die man das „Steirische Himmelreich" nennt, im Herbst, wenn sich das Laub blutrot und golden färbt. Wenn morgens die ersten Nebelschleier übers Land ziehen, dann die Herbstsonne die Hügel überschwemmt und abends die Kastanien in den rußgeschwärzten Pfannen brutzeln.

Untermieter im Himmelreich ist auch die Schilcherstraße, die sich von Ligist über Stainz und Deutschlandsberg nach Eibiswald durch die westliche Südsteiermark zieht. Ruhige Ferienorte wechseln mit Schlössern und Burgen auf den Hügeln. Hier sind die Hügel steiler, die Böden härter, schwieriger zu bearbeiten, und die Klapotze, die es noch immer gibt, klappern exakt vom 25. Juli bis zum Martinitag am 11. November. Hier wächst ein besonderer, ein eigenwilliger Wein, der zu den ältesten Sorten Mitteleuropas zählt: der Schilcher. Der herbe Rosé, der in mehreren Farbnuancen zwischen zwiebelfarben und rotgold aus der blauen Wildbacher Traube gekeltert wird, ist eine Spezialität der west- und südweststeirischen Hügel.

Östlich der Mur ziehen sich die Täler zwischen bewaldeten Höhenrücken exakt von Norden nach

vorwiegend heiße Thermalquellen und Säuerlinge, die schon den Römern bekannt waren, dann aber erst im 16. Jahrhundert wieder entdeckt wurden. Auch die gewaltige Riegersburg, einst als Festung errichtet, ein verläßliches Bollwerk in den Türkenkriegen, thront auf vulkanischem Fels. Von ihrer Bastei aus bietet sie, wenn man sich an ihren grandiosen Prunkräumen, am waffenstrotzenden Zeughaus und am gruseligen Hexenmuseum satt gese-

Die Riegersburg über dem gleichnamigen Ort stammt aus dem zwölften Jahrhundert.

hen hat, den schönsten Ausblick auf das Thermenland. Nach Osten blickt man auf das laute, allen Superlativen des Vergnügens zugewandte Bad Loipersdorf, das seine heiße, sehr mineralhaltige Therme zu einem umtriebigen Erlebnisbad ausgebaut hat. Nach Süden auf das stille Waldtal, in dem Bad Gleichenberg, der älteste Kurort der Steiermark, mit seinem gediegenen biedermeierlichen Ambiente am Fuße der Gleichenberge – dicht bewaldeter vulkanischer Doppelkegel – liegt.

Die Klöcher Weinstraße verläuft von Fehring südwärts durch ursprünglich vulkanisches Gebiet über Kapfenstein und Klöch, wo sich die Buschenschenken am Fuße einer Burgruine drängen, nach Bad Radkersburg. Das Kurstädtchen mit seiner 80 Grad heißen Thermalquelle, die erst 1978 entdeckt wurde, liegt am linken Murufer. Seine Bauwerke und Basteien und die schönen alten Häuser stammen aus den goldenen Jahrhunderten der Stadt, als die einstige Reichsfeste an der Grenze zahlreiche Privilegien genoß. Im 15., 16. und 17. Jahrhundert war Radkersburg ein blühender Handelsplatz. Jetzt ist Bad Radkersburg eine geteilte Grenzstadt. Die ehemalige Burg Oberradkersburg liegt auf slowenischem Gebiet. Hier, an ihrem südöstlichsten Zipfel, verliert sich die Südsteiermark in den stillen Flußauen der Mur.

Auskunft: siehe Seite 147.

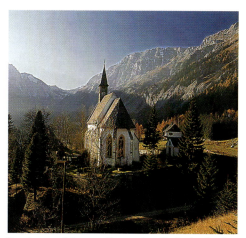

Seewiesen gehört zur Alpenregion Hochschwab, dem beliebtesten Wintersportgebiet der Südsteiermark.

Süden. Kleine Dörfer ducken sich rund um Zwiebeltürme, machen sich nicht wichtig. In Tallagen endlose Maisfelder; auf den Steilhängen, oberhalb der Frostgrenze, reifen an der Klöcher Weinstraße jene Trauben, die erst in der letzten Herbstsonne geerntet werden. Nur am Ostrand der Steiermark, an der Grenze zum Burgenland, wacht die fast melancholische Landschaft auf: Wo vor Urzeiten Vulkane Feuer spien, sprudeln nun warme, heilende Wasser:

Das Wort „Klapotez" für das hölzerne Windrad, das mit lautem Klappern hungrige Vögel aus den Weinbergen vertreibt, ist schon ein lautmalerischer Gruß aus dem nahen Slowenien.

NORDEUROPA

*Wald, Wasser und ewiges Eis –
die letzten Wildnisse Europas*

Tosende Wasserfälle und totenstille Moore, teergeschwärzte Stabkirchen und malerische kleine Fischerhäuser im klassischen Falu-Rot, Jahrmilliarden alte Felsen und buchstäblich brandneue Vulkaninseln, fichtengrüne Wälder und eisblaue Gletscher: Nur mühsam lassen sich so unterschiedlich geformte Mosaiksteine zu einem geschlossenen Bild vom europäischen Norden zusammenfügen. So mancher begeisterte Nordlandreisende bemüht sich ein ganzes Urlaubsleben lang nach Kräften, dieses faszinierende Puzzle zusammenzufügen.

Freies, ungebundenes Reisen im Reich der Fjorde, Inseln, Wälder und Seen

Ein dänischer Vor- oder Außenposten weit draußen im windgepeitschten Atlantik, zwischen Island und den britischen Shetlandinseln – das sind die grünen Faröer (Foto links). Der grüne und baumlose, dünnbesiedelte Archipel der „Schafinseln" ist altes Wikingerland. Und so findet der Reisende inmitten einer großartigen Natur auf Schritt und Tritt kulturelle Spuren dieser rauhbeinigen Gesellen aus dem Mittelalter.

Jenseits des nördlichen Polarkreises, auf der Höhe von Island, liegt das norwegische Inselreich der Lofoten (Foto oben). Ein besonderer Reiz dieser felsigen Eilande, die zackig wie Haifischzähne aus der See ragen, ist außer der Mitternachtssonne im Sommer der Kontrast der vereisten Berge zum eigentlich milden Küstenklima im Winter. Der warme Golfstrom, der wie eine gigantische Zentralheizung wirkt, und starke Gezeitenströme halten die Fischereihäfen dieser weitgehend unberührten Gegend eisfrei.

Von Flüssen, Seen und Wäldern ist die Landschaft der schwedischen Provinz Dalarna geprägt, etwa am vielarmigen Fluß Dalälv (Foto rechts). Die typischen skandinavischen Holzhäuser streicht man hier traditionell mit Falu-Rot, einer mit Abfallprodukten des Kupferbergbaus hergestellten Farbe, die das Holz vor Verwitterung schützt. Die Region ist für schwedische Verhältnisse dicht bevölkert, aber gemessen an Mitteleuropa einsam und leer.

Nordeuropa

Mitternachtssonne, Moore, Moskitos – vom geheimnisvollen Reiz des Nordens

Da sitzt man nun in seinem stickigen Zelt, irgendwo in der finnischen Taiga zwischen Enontekiö und Kittilä, trocknet die noch von der letzten Moorwanderung durchnäßten Socken, nippt an einem Getränk, das eine entfernte Ähnlichkeit mit Bier hat, und lauscht verdrossen dem Surren der Mücken jenseits der dünnen Zeltwand. Draußen scheint die schönste Mitternachtssonne, doch auf den Moment, in dem sich der Zelteingang um einen Zentimeter öffnet, haben die blutrünstigen Plagegeister nur gewartet. In solchen Stunden fragt sich selbst der hartgesottenste Nordlandfahrer, welche rätselhaften Kräfte ihn immer wieder in diese Ecke der Alten Welt treiben. Gewiß, die Natur ist hier großartig, jenseits vom Polarkreis oft noch scheinbar unberührt, die Sportmöglichkeiten sind narätten und wird recht nichtssagend mit „Jedermannsrecht" übersetzt. Gemeint ist das Recht, sich frei in der Natur zu bewegen, und dieses Recht gilt, wie der Name sagt, für jedermann (und -frau), für Einheimische ebenso wie für Gäste. Jenseits von Nord- und Ostsee gibt es keine mit Verbotsschildern gespickten Landschaften, dort darf man (außer auf Privatgrundstücken) überall im Gelände wandern und Ski laufen, mit dem Boot auf Flüssen und Seen fahren, wildwachsende Beeren und Pilze sammeln und sogar, wenn man sich an einige Spielregeln hält, in der freien Natur zelten. Das beflügelt den Entdeckergeist und verleiht dem im Alltagsleben durch eine Unzahl von Gesetzen und Vorschriften gegängelten Urlaubsgast zusammen mit der Weite der nordischen Landschaften ein Gefühl grenzenloser Freiheit.

Selbst die Sonne genießt im hohen Norden Europas Freiheiten, die in unseren Breiten unbekannt sind, geht im Sommerhalbjahr tage-, wochen- und monatelang nicht unter oder verschwindet nachts bloß einmal kurz unter dem

Ein Sommerabend am Pielinensee, einem von Tausenden vergleichbarer Gewässer, aus denen die Finnische Seenplatte besteht: So sieht fast ein Drittel von ganz Finnland aus. Die kräftigste Schattierung in diesem Landschaftsgemälde aus Pastellfarben stellt noch das Grün der Birken, Lärchen und Fichten an den Ufern dar.

hezu grenzenlos, sehenswerte Kunstdenkmäler findet man selbst in den entlegensten Ecken. Doch all dies gibt es auch in anderen Gegenden Europas – und dazu dort noch ein Klima, das eher den gängigen Vorstellungen vom Urlaubswetter entspricht. Warum also in den Norden reisen?

Zwei Wörter aus dem nordischen Sprachschatz, die man nicht oder nur sehr grob ins Deutsche übersetzen kann, erklären die Anziehungskraft der nordeuropäischen Länder vielleicht am besten. Das eine heißt *Reiselivet* und stammt aus dem Norwegischen. Gewöhnlich wird es mit „Fremdenverkehr" oder „Tourismus" übersetzt, aber wer etwas genauer hinschaut, entdeckt dahinter Reiseleben, eine ganz besondere Form des Lebens, fern vom Alltagsleben. Dieses Reiseleben im Norden kennt kein stundenlanges Dösen an heißen Stränden und auch keinen übertriebenen Luxus, es ist eine äußerst lebendige, abwechslungsreiche Urlaubsform, beginnt am Morgen mit Aktivitäten, für die man zu Hause keine Zeit oder Gelegenheit hat, wie Pilze- und Beerensammeln, Angeln oder Bootfahren, und endet am Abend mit der Übernachtung im Zelt oder in einer spartanisch ausgestatteten Berghütte. Das andere Wort kommt in den nordischen Sprachen in mehreren Varianten vor, die schwedische heißt *Allemans* Horizont. Strenggenommen scheint die Mitternachtssonne zwar nur in den Gebieten nördlich vom Polarkreis, doch auch der Süden Skandinaviens kennt die zauberhaften „hellen Nächte", in denen die Menschen nicht müde werden und an allen Orten Feste feiern. Im Winter geht die Sonne dagegen oft schon am frühen Nachmittag unter oder läßt sich tagsüber überhaupt nicht blicken. Die Quecksilbersäule sinkt dann in der Polarnacht auf wahrhaft arktische Minusgrade, im meerfernen nördlichen Lappland gelegentlich unter 50 Grad, die skandinavischen Hochgebirge ersticken förmlich im Schnee, Seen und Meere überziehen sich mit einer dicken Eisschicht. So streng ist der Winter freilich nicht überall in Nordeuropa – im Gegenteil: Der Golfstrom, der mit seinen warmen Wassermassen die Küsten und Inseln umspült, beschert dem europäischen Norden ein erstaunlich mildes Klima, milder als in jeder anderen Region ähnlicher geographischer Breite. Warme Meeresströmungen und milde Luftmassen drängen die Grenzen des ewigen Eises weit in den Norden und in die Hochlagen der Gebirge zurück. Jenseits des Atlantiks, an den Küsten der Hudsonbai, des berühmt-berüchtigten „Eiskellers" Nordamerikas, gibt der Wald schon bei 55 Grad nördlicher Breite den Überlebenskampf gegen Frost, Eis und Schnee auf. In Norwegen dagegen findet man noch Wälder auf 70 Grad nördlicher Breite – ein Weltrekord. Von Natur aus gehört fast ganz Nordeuropa zu dem Waldgürtel, der die baumlose Tundra nach Süden hin begrenzt und sich rund um den Erdball zieht. Der bei weitem größte Teil der nordeuropäischen Länder wird von der Taiga eingenommen, dem dichten, dunklen Nadelwald der nördlichen Breiten, längst kein echter Urwald mehr, doch noch immer eine faszinierende Waldwildnis voller Geheimnisse und Abenteuer. Braunbär, Wolf, Luchs und Vielfraß, die „Großen Vier" des Nordens, streifen durch die Nadelwälder der nordischen Wildmark mit ihrem üppigen Unterwuchs aus Beerensträuchern, Moos- und Flechtenpolstern, und unternehmen Jagdausflüge in kahlen Fjells, die sich oberhalb der Waldgrenze anschließen. Die großen Räuber wird man nur mit viel Geduld in freier Wildbahn beobachten können, häufiger sind hingegen Elch, Waldrentier und eine Vielzahl von Vogelarten, vom Kranich über den Singschwan bis zum Birkhuhn, die in den Wäldern und Mooren und an den Ufern der ungezählten Seen nisten.

Wo Vulkane Feuer speien und Fjorde tief ins Land einschneiden

Island, das eisige Eiland im Nordmeer, hat unter den Ländern Nordeuropas beinahe exotisches Flair. Historisch und kulturell ist die vor gut einem Jahrtausend von Wikingern besiedelte Insel fest mit Europa verbunden, doch ihre Natur macht sie zu einem krassen Außenseiter: grasgrün, von einigen lavagrauen

Stockfisch ist eine norwegische Spezialität. Von Januar bis April finden große Kabeljauschwärme zu den Lofoten – und in die Netze der Fischer.

Gebirgen und weißen Eiskuppeln überragt, kahl bis auf wenige winzige Waldreste und immer wieder durch gewaltige Vulkanausbrüche verwüstet. Nichts an dieser Insel ist romantisch, idyllisch oder gar lieblich; um Island zu beschreiben, braucht man schon ein anderes Vokabular, denn „wo der Gletscher in den Himmel ragt, ist das Land nicht mehr irdisch, und die Erde hat Teil am Himmel...", wie es der isländische Dichter Halldor Laxnes treffend formuliert hat. Der Gedanke an Mondlandschaften liegt nahe, bei der öden „Missetäterwüste" am Fuß des Vatnajökull etwa, der mit rund 8400 Quadratkilometern mehr als doppelt so groß wie alle Alpengletscher zusammen ist, bei den zerborstenen Lavafeldern an den Laikkratern oder beim Askjamassiv, wo die NASA-Astronauten für die ersten Exkursionen auf dem Mond trainierten. Doch die berühmten Vogelberge an der Nordwestküste mit ihren riesigen Seevogelkolonien, die sattgrünen Wiesen im Süden, auf denen Schafe zu Tausenden weiden, oder die nordisch-bunten Fischerdörfer an den Fjorden im Osten gehören ebenso zu Island. Unüberbrückbar groß sind die Landschaftskontraste auf dieser nahezu menschenleeren Insel am Polarkreis.

Island besteht fast ausschließlich aus Lavagestein. Die meisten Feuerberge abseits der bis heute aktiven Vulkanzone sind freilich schon vor vielen Millionen Jahren erloschen. Eiszeitliche Gletscher und Schmelzwasserströme haben ihre Basaltdecken und Aschenschichten zerkerbt und so im Westen und Osten der

Vom Kaiserberg (Keisarinharju) unweit von Tampere in Südfinnland hat man eine herrliche Aussicht über die waldumstandenen Seen Roine und Längelmä. Solche Anhöhen finden sich relativ selten, die rundgeschliffenen Buckel der Höhenzüge im Seengebiet sind meist sehr flach und von dichten Wäldern bedeckt.

Insel eine bewegte Landschaft mit felsigen Graten und Gipfeln, Tafelbergen und Trogtälern, Fjorden und Schluchten geschaffen. Demselben Landschaftstyp begegnet man knapp 500 Kilometer südöstlich von Island wieder: auf den Färöern. Ewiges Eis gibt es dort zwar nicht mehr, aber sonst haben die „Schafsinseln" und Island viel gemeinsam: das rauhe, stürmische Klima, das dürftige Pflanzenkleid, die eng miteinander verwandten Sprachen der Insulaner und nicht zuletzt die Landesgeschichte, die in ähnlichen Bahnen verlief.

Wikinger nahmen die Färöer um die Mitte des neunten Jahrhunderts in Besitz und bald darauf auch Island. Sie kamen aus Norwegen, dem Land am „Weg nach Norden", und dort haben die abenteuerlustigen und kriegerischen Seefahrer, die vor 1000 Jahren die europäischen Küsten unsicher machten, spärliche, doch dafür um so eindrucksvollere Spuren hinterlassen: mit rätselhaften Zeichen geschmückte Runensteine, zahllose Grabhügel, die berühmten Wikingerschiffe, von denen einige restauriert wurden, und nicht zuletzt die Architektur der Stabkirchen, jener einzigartigen „Pagoden des Nordens", deren Bauweise mit den Spanten an die der Wikingerschiffe und den gestuften Dächern an buddhistische Tempel erinnert.

Die Monumente der Wikingerzeit liegen vor allem im Südwesten des Königreichs, fast immer in der Nähe der Küste oder direkt am Meer, und bis heute folgen die Norweger diesem Drang zum Meer: Neun Zehntel aller Einwohner leben weniger als 15 Kilometer von der Küste entfernt. Das Meer kommt ihnen freilich auch weit entgegen; 100 Kilometer und mehr dringt es in den Fjorden ins Landesinnere vor, beschert den Norwegern mit dem Fjordland zwischen Kristiansand und Kristiansund eine der faszinierendsten Landschaften unseres Planeten. Die Fjorde enden landwärts als enge, oft von unüberwindlich steilen Felswänden umrahmte Sackgassen, doch zum Meer öffnen sich die von den Gletschern des

Eiszeitalters ausgehobelten und dann in der Nacheiszeit überfluteten Talfurchen, bieten Platz für Städte wie Stavanger, Bergen oder Ålesund, die seit Menschengedenken von der Fischerei, der Schiffahrt, dem Handel und seit einigen Jahrzehnten auch vom Öl und Gas unter dem Meeresboden leben. Hier schaut man traditionell hinaus aufs Meer, in die Welt.

Jenseits der Hochgebirge, die von den Fjorden zerkerbt werden, fern von der atlantischen, weltoffenen Atmosphäre der Küstenstädte, zeigt Norwegen im Gudbrandsdal, im Hallingdal und in den übrigen von uralter, bodenständiger Bauernkultur geprägten Tälern ein ganz anderes Gesicht – mit behäbigen Bauernhöfen, die in grüne Wiesen und Wälder eingebettet sind. Der Fjell, das kahle, weithin vergletscherte Hochgebirge zwischen diesen beiden so gegensätzlichen Regionen des Königreichs, ist wiederum eine eigene Welt für sich: eine menschenfeindliche, nahezu menschenleere Welt, der Überlieferung nach bevölkert von Trollen, nordischen Dämonen, die mal in Zwergen-, mal in Riesengestalt ihr Unwesen treiben. Trolle gibt es in Norwegen noch heute reichlich, wenigstens in den Souvenirläden. Und Jotunheimen, die „Heimat der Riesen", und deren andere Lieblingsreviere sind für unerfahrene und leichtsinnige Wanderer in der Tat nicht ohne Gefahren, allerdings solchen, mit denen man in der Wildnis überall rechnen muß: Wettersturz, reißendes Wildwasser, Steinschlag...

Meerumschlungen, meerdurchdrungen – eine Halbinsel als Brücke

Wo beginnt eigentlich der europäische Norden, schon diesseits von Ostsee, Kattegat und Skagerrak oder erst am jenseitigen Ufer? Von der Landesnatur her gehört Dänemark strenggenommen noch zu Mitteleuropa, historisch dagegen zählt das kleine Königreich mit der großen Vergangenheit unfraglich zum Kreis der nordischen Länder. Vielleicht sollte man es aber überhaupt in einer ganz anderen Ecke Europas ansiedeln: nämlich im Süden. „Italiener des Nordens" werden die Dänen mit ihrem ausgeprägten Sinn für Kunst und Kultur, gutes Essen und Trinken gern genannt, und wenn man sich die Halbinsel Jütland im Atlas einmal mit der nötigen Phantasie anschaut, dann erinnert sie in der Tat ein wenig an die Apenninhalbinsel. Beide Halbinseln trennen zwei Meere, sie bilden aber zugleich Brücken zwischen den Ländern, und diese Rolle als Landbrücke zwischen Skandinavien und Mitteleuropa ist Dänemark geradezu auf den Leib geschneidert.

Die eine Hälfte der Brücke wird von Jütland gebildet, das sich von der deutsch-dänischen Grenze rund 200 Kilometer nordwärts erstreckt. Auf der Landkarte ein einheitlich hellgrüner Streifen, ist die Halbinsel in Wirklichkeit

„Schwedische Badewanne" mit Sumpfdotterblumen: die Küste von Bohuslän mit ihren von Wind und Meer glattgeschliffenen Schären ist eine beliebte Urlaubsregion.

(und zur richtigen Jahreszeit) ein buntes Mosaik von grasgrünen Marschen, weißen Dünenstränden, purpurfarbenen Heiden, korn- und rapsgelben Feldern und hier und dort auch noch ein paar grünen Wäldern, ausgebreitet auf einem tischebenen, nur im östlichen Drittel sanft gewellten bis kuppigen Landschaftsrelief. Meist liegen die Nord- und die Ostseeküste bloß ein bis zwei Autostunden voneinander entfernt, doch die beiden Küsten der Halbinsel könnten nicht kontrastreicher sein: im Westen eine weitgeschwungene, von Gezeiten und Sturmfluten geformte Küstenlinie, fast ohne natürliche Häfen, dafür aber mit tückischen Sandbänken, die die Jammerbucht mit den Orten Løkken und Blockhus zum größten Schiffsfriedhof Europas machten; auf der anderen Seite die durch zahllose Buchten, Förden und Flußmündungen gegliederte Ostseeküste mit ihren günstigen Ankerplätzen, an denen sich von Ålborg im Norden bis Åbenrå im Süden alte Hafen- und Handelsstädte wie an einer Perlenkette aufreihen.

Inseln, die Kinder aus Bullerbü und Seen ohne Zahl

Zwischen der jütländischen und der schwedischen Ostseeküste liegen die dänischen Inseln im Meer und bilden als Trittsteine den östlichen Zweig der Landbrücke. Rund 100 bewohnte und nahezu 400 unbewohnte Inseln, von Læsø im nördlichen Kattegat über das dichtbesiedelte Seeland bis hinüber zum Graniteiland Bornholm, zählt man in dänischen Gewässern, und dieser Archipel macht Dänemark zu einem echten Inselreich, das seit je durch Fischerei, Schiffbau und Reederei eng mit dem Meer verbunden ist. Das für die Landesgeschichte bedeutendste Gewässer ist der Öresund, eine knapp fünf Kilometer schmale Meeresstraße, die Seeland vom schwedischen Schonen trennt. An diesem Nadelöhr der Ostsee kassierten die dänischen Monarchen bis zur Mitte des vorigen Jahrhunderts von jedem durchfahrenden Schiff erbarmungslos den Sundzoll. Ohne diese kräftig sprudelnde Geldquelle hätte sich Dänemark wohl nie zu der Großmacht entwickeln können, die die anderen Länder Nordeuropas jahrhundertelang beherrschte.

Die Fahrt mit der Fähre über den Öresund, von Helsingør nach Helsingborg, dauert nur eine knappe halbe Stunde, viel zu kurz, um in Muße ein traditio-

Ein typisches Fischerdorf der Lofoten ist Reine auf der Insel Moskenesøy. Die bunten Häuser ergänzen das ständig wechselnde Farb- und Schattenspiel des Himmels.

nelles Smörgåsbord, vom Aal bis zum abschließenden Aquavit, zu genießen. Denn für diese schwedische Festmahlzeit braucht man großen Appetit und noch mehr Zeit. Wörtlich übersetzt bedeutet Smörgåsbord soviel wie „Butterbrottisch", von Butterbroten ist auf den Tischen freilich nichts zu sehen, sie verschwinden unter Lachs, Krabben und Kaviar, den verschiedensten Salaten, Fleischklößchen und Omeletts, Rentierschinken, Roastbeef und... und... und. Die Schweden schätzen die Vielseitigkeit, halten nichts vom Eintopf und wundern sich deshalb wohl auch, wenn die vielen verschiedenen Landschaften ihrer Heimat in Reiseführern quasi in einen Topf geworfen, kräftig durchgerührt und dann den Lesern als „Schweden – Land der Mitternachtssonne" serviert werden. Zugegeben: Nirgendwo in Skandinavien werden die Mittsommerfeste ausgelassener gefeiert als in Schweden, aber die Mitternachtssonne scheint bloß über einem Sechstel des Landes und dort allenfalls wenige Wochen lang. Knäckebrot, Pippi Langstrumpf und Schwedenstahl sind zwar auch nur Klischees, doch sie treffen viel genauer in den historischen und landschaftlichen Kern des Königreichs, und der liegt weit südlich des Polarkreises.

Das Korn, die wichtigste Zutat für knuspriges Knäckebrot, reift am besten in den südlichsten Provinzen Schonen, Blekinge und Halland, die mit ihren üppigen Feldern und Wiesen an das benachbarte Dänemark erinnern und auch in der Kulturlandschaft viele Erbstücke aus der Dänenzeit bewahren. Ganz und gar nicht nordisch, eher mediterran sind Klima und Flora der beiden großen schwedischen Blumeninseln Öland und Gotland. Die schwedische Skagerrak-Küste von Bohuslän mit seinen von den Eiszeitgletschern polierten und in der Bronzezeit von unbekannten Künstlern mit Hunderten von Zeichnungen verzierten Felsbuckeln kommt den gängigen Vorstellungen vom rauhen Norden schon

Fischer und Freizeitkapitäne: Häuschen und Jacht sehen nach Ferien aus; in Bohuslän nimmt die Fischerei ab und der Tourismus zu. Die Schweden passen sich an.

näher, aber der Beiname „Badewanne Schwedens" verrät, daß Polarlicht und Dauerfrost noch weit entfernt sind. Das wald-, wasser- und wildreiche Småland im Landesinnern wirkt dagegen schon fast wie eine Wildnis, hervorragend geeignet als Schauplatz der kleinen und großen Abenteuer, wie sie die *Kinder aus Bullerbü* erlebten. Nördlich von Astrid Lindgrens Kinderwelt erstreckt sich von Göteborg im Westen bis Stockholm, der Hauptstadt, im Osten die eigentliche Kernlandschaft Schwedens: eine breite Senke, in der Vänersee, Vättersee und Mälarsee zusammen mit zahllosen kleineren Gewässern einen natürlichen Wasserweg zwischen Nord- und Ostsee bilden. Ganz allmählich geht das fruchtbare, reiche Kulturland Mittelschwedens polwärts in die „Wildmark" Norrlands über. Im Grenzgebiet, am *Limes norrlandicus* der Botaniker, liegen die altberühmten Bergbau- und Industriegebiete, denen der Schwedenstahl seinen Weltruf verdankt, und wenn man sich mehr nach Nordwesten hält, kommt man in die vielleicht „schwedischste" aller schwedischen Landschaften: nach Dalarna mit dem schönen Siljansee. Wer ahnt schon, daß das stille Gewässer eine vernarbte „Sternenwunde" ist, geschaffen von einem Meteoriten, der hier in grauer Vorzeit auf die Erde stürzte?

Im Südosten Finnlands sieht die Landschaft beinahe so aus, als wenn ein ganzer Meteoritenschauer auf unserem Planeten eingeschlagen hätte: Ungezählte Seen liegen hier dicht zusammen. Eingebettet in die dunklen Fichten- und lichten Kiefernwälder der nordeuropäischen Taiga, bilden sie die amphibische Welt der Finnischen Seenplatte. Der eine oder andere Meteoritenkrater mag darunter sein, doch die allermeisten Seen wurden von irdischen Kräften geschaffen – den Gletschern der Eiszeiten. „Ungezählt" wird gewöhnlich als anderer Ausdruck für „sehr viele" verwendet, doch bei den finnischen Seen ist er durchaus wörtlich zu nehmen. Niemand hat sich bisher die Mühe gemacht, alle stehenden Gewässer in Suomi zu zählen, die kleineren mit einem Durchmesser unter 200 Meter wurden nicht berücksichtigt, und trotzdem kam man auf eine beinahe astronomisch hohe Zahl: 180 000 – also ein Vielfaches der „tausend Seen", von denen im Zusammenhang mit Finnland oft die Rede ist. Von einer anderen Eigenart des nordischen Landes hört man dagegen wenig: seinem Reichtum an Inseln. Allein vor der Südwestküste der Republik liegt ein Schwarm von schätzungsweise 40 000 Inseln und Inselchen in der Ostsee, die meisten freilich winzig und unbewohnt. Die Ålandinseln, eines der beliebtesten Urlaubsziele im Ostseeraum, ragen aus diesem Inselgewirr hervor, denn sie sind größer als die Mehrzahl der übrigen Eilande, und die Insulaner, Finnland-Schweden, sprechen Schwedisch als Muttersprache.

Lappland: Rentierherden und endlose Wildnis

Neben den Schweden sind die Lappen oder Samen – wie die inzwischen seßhaft gewordenen Rentiernomaden, Jäger und Fischer sich selbst nennen – die zweite nichtfinnische Bevölkerungsgruppe in der Republik zwischen Finnischem Meerbusen und Eismeer. Ursprünglich war dies in grauer Vorzeit aus dem Osten eingewanderte Volk wohl in ganz Finnland heimisch, doch dann wurde es durch die später eingewanderten, vom *Sisu* – dem legendären Pioniergeist – beflügelten Finnen nach Norden ins heutige Lappland zurückgedrängt. Einige Tausend Lappen leben noch in dem kargen Land mit seinen schier endlosen, hier und dort von kahlen Bergkuppen, den *Tunturi,* überragten Wäldern; ein paar Hundert ernähren sich noch wie ihre Vorfahren von der Rentierzucht. Lappland reicht über die finnischen Staatsgrenzen bis weit nach Schweden, Norwegen und Rußland hinein und ist trotzdem ein Grenzland. Hier stößt der Wald an seine natürlichen Grenzen und macht der arktischen Tundra Platz. Für die Lappen ist es eine Art Sackgasse, denn der Druck auf ihren Lebens- und Wirtschaftsraum nimmt immer mehr zu: durch gigantische Stauseeprojekte, denen traditionelle Weidegebiete zum Opfer fallen, aber auch durch die fortschreitende Umweltverschmutzung, die Zerstörung der schützenden Ozonschicht oder den radioaktiven Regen nach der Reaktorkatastrophe von Tschernobyl, der Tausende von Quadratkilometern für Jahre verseuchte.

Europas Umwelt-Weste ist also auch im hohen Norden längst nicht mehr makellos weiß. Insgesamt gesehen halten sich die Umweltschäden jedoch in Grenzen, könnten weitaus schlimmer sein, wenn in den nordeuropäischen Ländern nicht schon vor Jahrzehnten weite Gebiete unter Naturschutz gestellt und dadurch bis heute in ihrem ursprünglichen Charakter erhalten worden wären: Im hochindustrialisierten Wohlfahrtsstaat Schweden wurden bereits zu Beginn dieses Jahrhunderts einige der ältesten europäischen Nationalparks gegründet, darunter so berühmte wie Stora Sjöfallet oder Sarek, in Finnland gibt es inzwischen mehr als zwei Dutzend großräumige Schutzgebiete, und Norwegen besitzt sogar von allen Staaten Europas die größte Gesamtfläche international anerkannter Nationalparks. Beeindruckend sind freilich nicht nur die Dimensionen – der Norden unseres Erdteils ist bis heute auch vielfach eine ungezähmte Wildnis geblieben. Und was Wildnis bedeutet, begreift man oft erst, wenn man einmal einen Sandsturm im isländischen Hochland, die wütenden Attacken der Raubmöwen in ihren Brutgebieten an den norwegischen Fjorden oder die surrende Mückenplage in den Moorgebieten Lapplands erlebt hat. Wer weiß schon vor der ersten Reise in den Norden, ob einen die ungezähmte Natur fasziniert oder eher abschreckt – am besten probiert man es einmal aus.

Das Majestätische der Natur zeigt sich sogar im Zerfall: An den Rändern des Vatnajökull auf Island, des größten Plateaugletschers in Europa, brechen im Sommer große Blöcke aus dem ewigen Eis. Der Gletscher „kalbt", und die Stücke stürzen mit Donnergetöse ins Tal. Dort breiten sich dann große Geröllwüsten und Schmelzwasserseen aus.

ISLAND

Götterfelsen unterm Regenbogen

Im Mittelalter vermutete man hier den alles verzehrenden Schlund der Hölle, heute wird die Insel als Götterfelsen unter dem Regenbogen gepriesen. Island, Insel aus Feuer und Eis, hat im Laufe weniger Jahrzehnte eine rasante Entwicklung durchgemacht, von einer heruntergekommenen, ausgehungerten Insel der Fischer und Schafbauern hin zu einem modernen Staat des Industriezeitalters. Die Insel ist längst kein weiträumig zu umschiffendes Ödland voller unberechenbarer Vulkane und sonstiger Erdgeister mehr. Nein, für viele ist das wilde, einsame Land unterm Polarkreis heute einer der wenigen Plätze dieser Erde, an dem sich noch der Atem des Abenteuers einsaugen läßt. Es ist der Reiz einer überwältigend schönen Natur, der die Menschen immer wieder anzieht. Jahr für Jahr kommen über 300 000 Fremde hierher – das sind mehr Urlauber, als die Insel Einwohner hat.

Land aus Feuer und Eis: Natürlich ist wie bei den meisten Klischees etwas Wahres an diesem Bild. Island ist das Land der Geysire und Gletscher – der Vatnajökull ist Europas größter –, es ist das Land grummelnder Vulkane und brodelnder Erdspalten; Erdgeschichte läßt sich hier an der tektonischen Naht zwischen Europa und Amerika live erleben. Island ist ein Land gewaltiger Wasserfälle und erhabener Fjorde, und doch besteht es zu drei Vierteln aus Wüste, Lavafeldern und Eisgebirgen.

Schließlich ist Island auch das einzige Land der Alten Welt, in dem sich Geschichte nicht an Baudenkmälern, sondern an der freien Natur ablesen läßt. Der Welt der Sagas aus der Zeit der Landnahme vor über tausend Jahren begegnet man in den Gebirgen der Halbinsel Snæfellsnes oder auf den windgezausten Weiten des Thingvellir, wo Europas wohl einziges mittelalterliches Parlament – freilich meist etwas ungebärdig – tagte. Die wilden Zeiten der Wikinger sind passé. Der rauhe Charme der Insel und ihrer Bewohner ist geblieben.

Hekla, der bekannteste Vulkan Islands, spuckt immer wieder einmal Asche und Lava (Foto links). Das heiße Herz dieser Insel der Gegensätze verbirgt sich unter einem schroffen, kalten Gesicht. Restaurierte Torfhütten im Heimatmuseum von Skoga (Foto rechts oben) zeigen, wie sich hier die Menschen früher regelrecht in die Erde eingruben, um den Winter überleben zu können. Doch geht die Faszination Islands nicht nur von den gefährlich nach Schwefel riechenden, stets aktiven Formen des Vulkanismus wie diesem brodelnden Schlammkessel (zweites Foto von rechts oben) bei Namaskard aus. Ein Wahrzeichen der Insel sind auch die genügsamen, ausdauernden und freundlichen Islandponys (zweites Foto von rechts unten), in manchen unwegsamen Gegenden bis heute das zuverlässigste Verkehrsmittel. Die schöne Stabkirche von Vík (Foto rechts unten) ist ein Beispiel für die skandinavischen Einflüsse auf das kulturelle Leben der Isländer.

Insel der Vulkane und heißen Quellen

Schwarz, bedrohlich, unendlich. Wüste. Die erste Begegnung mit Islands wilder Landschaft wartet gleich hinter dem Rollfeld von Keflavík, dem internationalen Flughafen des Landes. Von hier bis nach Reykjavík, der Hauptstadt, erstrecken sich 50 Kilometer einer Mondlandschaft: kaum mehr als düstere Lavafelder. Es fällt schwer, diese Strecke, die wohl die meisten Islandreisenden als erste befahren werden, anders denn als abschreckend zu bezeichnen. Und doch: Wer sich Zeit nimmt und anhält, der wird bald entdecken, daß sich überall Leben regt, nicht nur das gräuliche Moos, das sich am Lavagestein festklammert, nein, an geschützten Stellen auch andere Pflanzen, Blumen, mitunter kleine Bäume – man braucht eben Zeit, um den Zauber zu entdecken, der über dieser rauhen Insel liegt. Und wer dann noch erfährt, daß diese Gegend kaum älter ist als ein halbes Jahrtausend, der ist dem Geheimnis, warum dieses spröde, kalte Land so viele Menschen fesselt, schon auf der Spur – hier kann man der Erde beim Entstehen sozusagen über die Schulter blicken.

Island ist ein junges Land, das jüngste Land Europas. Erdgeschichtlich lächerliche 20 bis 30 Millionen Jahre dürfte es her sein, daß die Insel, gespeist durch lavaspeiende Vulkane, aus dem Atlantik auftauchte. Und Island ist noch längst nicht fertig. Unterhalb der Erdoberfläche brodelt es munter weiter: Ausgerechnet zu Beginn des Golfkriegs 1991 regte sich einmal wieder Hekla im Süden der Insel, Islands berühmtester Vulkan, der schon im Mittelalter wegen seiner infernalischen Ausbrüche berüchtigt war und als Ort der Verdammnis galt. Und am malerischen Mývatn-See im Norden kann man den Riß, der durch Island geht, buchstäblich mit Händen greifen: Die Kontinentalplatten Europas und Nordamerikas treiben unterhalb der Insel auseinander und reißen die Erdkruste auf. Ganz nebenbei hat dieser unterirdische Glutofen rund 200 Vulkane entstehen lassen und 800 heiße Quellen – die berühmteste ist wohl Geysir, von dem alle anderen Springquellen der Welt ihren Namen haben.

Heiß und kalt – nirgendwo treffen die Extreme so schroff aufeinander wie auf Island. Ewiges Eis bedeckt noch immer rund elf Prozent Islands. Mit Abstand Europas größter Gletscher, der Vatnajökull (er würde mehr als die Hälfte Schleswig-Holsteins unter sich begraben), liegt auf der Insel. Feuer und Eis, der arktische Wind und der nordische Regen, der mitunter pausenlos vom Himmel zu fallen scheint – die rauhen Elemente Islands haben eine wilde, schöne Natur geformt. Und der Mensch hat sie weitgehend so belassen, wie sie war. Den Godafoss etwa, den mächtigen Wasserfall der Götter im Norden der Insel. Oder die Cañons im Jökulsárgljúfur-Nationalpark, die Attraktion im abgelegenen Nordosten Islands. Oder das einsame Naturreservat Hornstrandir im Nordwesten... Die Liste der Naturschönheiten dieses Landes ließe sich schier unerschöpflich verlängern.

Natürlich hat auch der Mensch in Islands rauher Landschaft tiefe Spuren hinterlassen. Er hat ihr den Wald geraubt, und die Schafe haben viel vom grünen Bewuchs abgeweidet. Der Urgewalt des Landes konnte er freilich nichts anhaben. Island ist ein junges Land, auch was die menschliche Geschichte betrifft: Als letztes Land Europas wurde die Insel zwischen 870 und 930 besiedelt, von Wikingern aus Norwegen – ein paar arme irische Mönche, die schon vorher hier die Einsamkeit gesucht hatten, flohen vor dem Ansturm der Nordmänner. Diese Zeit der Landnahme und der ersten Siedler beschreiben die Sagas, und deren Schauplätze lassen sich noch heute gut ausmachen.

Es gibt im Prinzip zwei Möglichkeiten, Island zu „entdecken". Entweder man sucht die Naturwunder

---

ISLAND AUF EINEN BLICK

SEHENSWÜRDIGKEITEN
Akureyri: Nonnahús; **Dettifoss:** Islands wasserreichster Wasserfall; **Geysir:** berühmteste Wasserfontäne Islands; **Gullfoss:** Wasserfall; **Mývatn:** See; **Reykholt:** Snorris Bad (heiße Quelle); **Reykjavík:** Altstadt, Nationalarchiv; **Strokkur:** Geysir; **Thingvellir:** Almannagjá (Allmännerschlucht, bester Aussichtspunkt über das historische Zentrum Islands); **Vatnajökull:** Gletscher.

FESTE UND VERANSTALTUNGEN
Akureyri: Mittsommernachtsgolf, Ende Juni; **Isafjörður:** Sonnenkaffee (Feier zur Rückkehr der Sonne, 25. Januar); **Reykjavík:** Björdagurinn (Biertag), 1. März; Unabhängigkeitstag mit Paraden, 17. Juni; **Skálholt:** Mittsommernacht, 23./24. Juni; **Thórsmörk:** Verslunarmannarhelgi (Camp-Wochenende), 1. Augustwochenende; **Vestmannaeyjar:** Thjódhátíd (Inselfestwochen), 1. Augustwochenende; **auf ganz Island:** Tag der Seeleute (Ruder- und Schwimmwettkämpfe in vielen Fischerdörfern), 1. Junisonntag; Schaftreiben, September.

AUSKUNFT
Isländisches Fremdenverkehrsamt, Carl-Ullrich-Str. 11/III, City Center, 63263 Neu-Isenburg, Tel. 0 61 02/ 25 44 84.

Unser Routenvorschlag
VON REYKJAVÍK NACH THINGVELLIR

Unsere Tour beginnt in Reykjavík ❶ – nicht nur politisch, sondern auch kulturell und wirtschaftlich Islands Zentrum. Das schlägt sich in einer Reihe von bemerkenswerten Gebäuden nieder, von denen zumindest das Parlamentsgebäude (Althing) und das Nationalmuseum einen Besuch wert sind. Auch einen Blick in den Fischereihafen sollte man riskieren. Zur Entspannung geht's dann nach Grindavík zu der „Blauen Lagune" ❷, einem warmen Badesee neben einem Wasserkraftwerk, das die heißen Quellen dieser Gegend nutzt. Über Strandarkirja ❸, dessen Kirche Seeleute als Dank für ihre Errettung aus Seenot reichlich mit Spenden versehen haben, geht es hinauf in geschichtsträchtiges Gebiet. In Skálholt ❹ residierte Islands erster Bischof, ein Besuch in der Krypta der Kirche lohnt sich. Wer einen Eindruck vom Leben der Bauern zur Zeit der Wikinger erhalten möchte, sollte einen Abstecher nach Stöng ❺ zu Füßen des berüchtigten Vulkans Hekla machen. Hier wurde ein altes Langhaus freigelegt. Die Rekonstruktion eines solchen Bauernhauses kann man in Thjódveldisbærinn ❻ besichtigen. Natürlich ist ein Besuch bei Geysir ❼ unverzichtbar, obwohl nur sein kleinerer Bruder Strokkur verläßlich Wasserfontänen in die Luft jagt. Nicht weit entfernt liegt Gullfoss, Islands bekanntester Wasserfall ❽. Vor allem bei Sonnenschein machen die „Goldenen Fälle" ihrem Namen alle Ehre. Über Laugarvatn ❾ mit seinem kleinen warmen Badesee geht es nach Thingvellir ❿. Hier trat im Jahre 930 zum erstenmal das Althing zusammen, Islands Parlament. Ein Besuch der windumtosten Ebene ist auch heute noch ein beeindruckendes Erlebnis.

Beschauliche Szenerie am Mývatn: In der Umgebung des „Mückensees" im Norden Islands findet man eine ungewöhnliche Vielfalt vulkanischer Landschaftsformen. Der See entstand durch einen Damm aus Lava.

in der weiteren Umgebung Reykjavíks auf – was abenteuerlich genug sein kann. Oder aber man entschließt sich zur großen Expedition in die Einsamkeit. Zu den weltverlorenen Fjorden im Nordwesten, in den verlassenen Nordosten oder gar ins Landesinnere, ins Ódáðahraun. Nur eins sollte man nicht vergessen: Bestenfalls gibt es hier Pisten für Geländefahrzeuge, und oft geht es nur noch zu Fuß weiter. Überhaupt sind Islands Straßen rauh und voller Überraschungen – so wie das Land.

Naturwunder – da kommt man natürlich an Geysir nicht vorbei. Leider mag der mächtigste aller Wasserspeier, rund 75 Kilometer nordöstlich der Hauptstadt gelegen, nicht mehr so recht. Früher half man mit Seife nach; dann schoß die Fontäne bis zu 54 Meter hoch. Doch inzwischen bricht Geysir nur noch zwei- bis dreimal im Jahr aus. Verläßlicher ist da schon der benachbarte, kleinere Geysir Strokkur (übersetzt: „Butterfaß"), der alle fünf bis zehn Minuten kochendheißes Wasser 20 Meter emporschleudert. Nur wenige Kilometer entfernt liegt Islands zweites bekanntes Naturwunder, der Wasserfall von Gullfoss, die „Goldenen Fälle", deren Wassermassen sich tosend über zwei Stufen mehr als 20 Meter tief in eine Schlucht ergießen. Besonders in den Nachmittagsstunden zaubert die Sonne (so sie denn scheint) prächtige Regenbogen in die wirbelnde Gischt über den Fällen.

Auch dem Reiz der einsamen Küstenlandschaften Islands wird sich kaum jemand entziehen können. Im Nordwesten und Osten der Insel schneiden enge Fjorde tief ins Land ein. Als Geheimtip gilt vor allem die Nordwesthalbinsel. Wer das Alleinsein und ein unvergleichliches Naturerlebnis sucht, der ist hier richtig. Hornstrandir heißt das Ziel dieser Expedition (und das ist wörtlich zu verstehen) in die subpolare Wildnis. Doch die Schönheit des Naturreservats im nördlichsten Teil der Halbinsel, das knapp unterhalb des Polarkreises liegt und Nistplatz Abertausender von Seevögeln ist, wird seine Besucher für alle Anstrengungen entschädigen. Einen Besuch auf Hornstrandir verbindet man am besten mit einem Abstecher zum westlichsten Punkt Europas. Der liegt schwindelerregend hoch: Die Klippen des Látrabjarg, auch er ein zu Recht berühmtes Vogelparadies, erheben sich jäh aus dem Meer zu einer Höhe von 440 Metern.

Akureyri – die Riviera unter dem Polarkreis

Ziemlich genau in der Mitte von Islands zerklüfteter Nordküste, an der Spitze des tief ins Land eingeschnittenen Eyjafjörður, liegt Akureyri. Die „Hauptstadt des Nordens" wird das Städtchen mit seinen gut 14 000 Einwohnern, das Besuchern Einblick in Islands wildbewegte Vergangenheit bietet, genannt. Und das Klima wird als so mild gepriesen, daß manche gar von der Küste des Eyjafjörður als der „Riviera unterm Polarkreis" sprechen. Nun, daran ist sicherlich einiges richtig: Die Stadt liegt tatsächlich sehr nah am Polarkreis (es sind nur noch 100 Kilometer), und im Hochsommer klettert das Thermometer hier wegen der geschützten Lage manchmal bis auf die für isländische Verhältnisse tropischen Temperaturen von 20 Grad.

Wie in Islands Metropole ist auch in der Hauptstadt des Nordens die Altstadt das eigentlich Interessante. Und dort wiederum ist wohl am eindrucksvollsten das Nonnahús. Das 1850 erbaute, liebevoll im Originalzustand erhaltene Museum veranschaulicht den städtischen Lebensstil auf der Insel im 19. Jahrhundert.

Wie feucht und unwirtlich sich das Leben auf dem Lande gestalten konnte, zeigt wiederum das Glaumbær-Museumsdorf, ein altisländischer Bauernhof mit Grassodenhäusern. Und dabei zählte

Der Geysir Strokkur schickt alle fünf bis zehn Minuten eine hohe Wasserfontäne gen Himmel.

dieses bis in unser Jahrhundert hinein bewohnte Gehöft westlich von Akureyri zu den wohlhabenderen! Noch werden 4700 Höfe auf der Insel bewirtschaftet, aber nicht einmal mehr fünf Prozent der Isländer sind in der Landwirtschaft beschäftigt. Auch die Bedeutung des Fischfangs geht zurück: Zwar machen Fisch und Fischprodukte immer noch 80 Prozent des Exports der Insel aus, aber die Fischer erwirtschaften damit nur noch etwa ein Viertel des isländischen Bruttosozialprodukts. Wie überall in Europa sind auch in Island immer mehr Menschen im Dienstleistungsgewerbe beschäftigt – eine Entwicklung, an der der Aufschwung des Fremdenverkehrs nicht ganz unschuldig ist.

Einsame, wildzerklüftete Fjordlandschaften prägen auch Islands Ostküste. Die steilen Felsen des Fjords von Seyðisfjörður werden das erste sein, was der Reisende an der Ostspitze der Insel erblickt, wenn er mit der Fähre nach Island kommt. Doch das eigentliche Zentrum des Ostens ist Egilsstaðir, ein Städtchen 25 Kilometer landeinwärts, der ideale

Nordeuropa

Der Tafelberg Herdubreid (1682 Meter) überragt das Ódáðahraun – „die Wüste der Missetäter". Der Aufstieg führt größtenteils über vulkanische Schuttfelder und ist daher ziemlich anstrengend.

Ausgangspunkt für Ausflüge in die malerische Fjordlandschaft, aber auch ins Hinterland, etwa am Ufer des langgestreckten Sees Lögurinn entlang, wo Islands ausgedehntester Wald steht: Hallormsstadarskógur, ein Versuchsgelände zur Wiederaufforstung. Hier gedeihen neben anderen aus Alaska und Sibirien importierten Arten vor allem Birken, die höchsten Bäume auf der ganzen Insel.

Mývatn: träumerische Idylle in düsterer Lavalandschaft

Rund 150 Kilometer von der Ostküste entfernt liegt im unzugänglichen Inselinneren der idyllische Mývatn – zu deutsch Mückensee. Und diesen Namen trägt er nicht ganz zu Unrecht, denn die Plagegeister können hier tatsächlich manchmal recht unangenehm werden. Unterirdische Quellen speisen den mit 38 Quadratkilometern fünftgrößten isländischen See, der nirgendwo tiefer als vier, fünf Meter ist. Im Sommer ist diese Gegend ein geradezu märchenhaft verträumtes Stückchen Erde – so ganz anders als die windumtosten Vogelfelsen im schroffen Nordwesten der Insel.

Doch Mývatn ist eine Oase inmitten einer erbarmungslosen Wüste: Im Süden grenzen karge Landschaften aus Lava und Schotter an den See an. Einen ersten Vorgeschmack mögen die Dimmuborgir geben, seltsame Lavaformationen. Die Dämmerburgen, wie es übersetzt heißt, machen ihrem Namen alle Ehre: Die bizarren Steinsäulen gemahnen an Ruinen, eine – die sogenannte Kirkjan – sogar an die Gewölbe einer gotischen Kirche. Doch die Exkursion ins Innere der Insel hat hier erst begonnen. Weiter geht es nur noch mit dem Allradfahrzeug, am besten in Richtung des 1682 Meter hohen Kegels des Herdubreid, des „Breitschultrigen", der die ihn umgebende Hochebene majestätisch um rund 1000 Meter überragt. Viele halten den sanft ansteigenden Riesen für den schönsten Berg Islands.

Hier liegt das gefürchtete Ódáðahraun, das größte zusammenhängende Lavafeld Islands. Die „Wüste der Missetäter" ist 3500 Quadratkilometer groß. Hierher mußten sich in früheren Jahrhunderten für vogelfrei erklärte Gesetzesbrecher flüchten. Wer die schwer passierbare, grauschwarze, kalte Ödnis durchquert, wird sich leicht vorstellen können, daß es für die Ausgestoßenen kein Entrinnen gab: Nur ein einziger soll es geschafft und jahrelang in einer Art Oase zu Füßen des Herdubreid ausgeharrt haben. Diese großartige schwarze Weite ähnelt einer Mondlandschaft, und tatsächlich haben Astronauten hier für die späteren Spaziergänge auf dem Mond geübt. Immer wieder steigen Krater aus der Ebene empor. Südlich des Ódáðahraun erhebt sich ein riesiger Eisberg: der Vatnajökull. Von Höfn aus kann man seine Flanken per Schneemobil bezwingen, doch der klassische Weg zur Begegnung mit dem kalten Ungeheuer führt nach Skaftafell, in den Nationalpark an der Südküste Islands. Hier läßt sich die urgewaltige Kraft der Gletscher am ehesten erahnen – beim Anblick der meterhohen Eiszungen, die bis auf Meereshöhe herabkommen, und der Schuttberge, die vor ihnen liegen. Man stelle sich allerdings keine klaren, weißblau schimmernden Eisblöcke vor: Am Ende ist der Vatnajökull eine schmutzige, graubraun gefrorene Masse, die allerdings ihrer schieren Ausmaße wegen Respekt einflößt: Bis zu 1000 Meter dick wird die Eiskappe.

An der südlichsten Spitze der Insel liegt Vík, zu Füßen des unberechenbaren Vulkans Katla, der zuletzt im Jahre 1918 ausbrach und einen gewaltigen

Der Vatnajökull ist mit rund 8300 Quadratkilometern der größte Plateaugletscher Europas und bedeckt ein Gebiet von der Größe Korsikas – mehr als alle Alpengletscher zusammen. Das Eis ist stellenweise über 1000 Meter dick.

Gletscherlauf auslöste. Traurige Berühmtheit hat dieser tatsächlich sehr beschauliche Weiler deshalb erlangt, weil er als einer der regenreichsten Plätze ganz Islands gilt! Hier schließlich begegnet man am nachdrücklichsten der einzigen bisher noch kaum erwähnten der elementaren Kräfte, denen Island erbarmungslos ausgeliefert ist: dem unbändigen Meer. In haushohen Brechern entlädt sich der Nordatlantik auf dem schwarzen Strand von Vík. Wer behauptet, er habe den Ozean schon erlebt, der komme nach Vík, am besten bei Regen und Sturm.

Mittelalter und Moderne – Thingvellir und Reykjavík

Doch nicht nur wilde, ungebändigte Natur läßt sich in Island erleben; man kann auch, wie wir bei Akureyri schon sahen, auf den Pfaden der Geschichte wandeln. Der Hauch des Mittelalters weht einen in Thingvellir an, der nicht weit östlich von Reykjavík gelegenen Ebene der Versammlung, auf der am 17. Juni 1944 die Unabhängigkeit Islands von Dänemark proklamiert wurde. Auf dem weiten, von struppigem Grün überwucherten Lavafeld kam bereits im Juni des Jahres 930 zum erstenmal das Althing zusammen, die höchste gesetzgebende Versammlung und das oberste Gericht aller Isländer. Bis ins 18. Jahrhundert fanden hier jährlich turbulente Beratungen und mitunter auch Saufgelage statt, Versammlungen, bei denen Streit keineswegs immer nur friedlich beigelegt wurde. Tausende ließen dabei wohl ihr Leben.

Auch nachdem Island Mitte des 13. Jahrhunderts seine Unabhängigkeit verloren hatte, fanden hier noch Versammlungen statt, freilich in Anwesenheit eines Vertreters zunächst der norwegischen, später der dänischen Krone. Mit ein wenig Phantasie kann man in diesem Nationalpark, in dessen wildzerklüfteter Landschaft mit tiefen Erdspalten sich die Bewegungen der Kontinentalplatten widerspiegeln, eine Reise in die Vergangenheit antreten, in die Welt der Sagas.

Von Reykjavík aus gesehen, erscheint sie so nah, die Snæfellsnes, jene nordwestlich der Hauptstadt ins Meer ragende mythenumwobene Halbinsel. Und doch liegt dieser geschichtsträchtige Schauplatz eines beeindruckenden Naturszenarios immerhin eine (freilich gemächliche) Tagesreise entfernt. An ihrer Spitze liegt der Snæfellsjökull, der rätselhafte Gletscher, heute Wallfahrtsort für die kosmischen Seher des New-Age-Zeitalters. Jules Verne ließ hier seine *Reise zum Mittelpunkt der Erde* beginnen. Zumindest deren Ausgangspunkt wird man auch heute noch finden – am besten mit einem kundigen Führer.

Ausgangs- und Endpunkt jeder Islandreise ist gewöhnlich die Hauptstadt Reykjavík. Hier sollte man sich die Altstadt ansehen, vor allem die Adalstraeti – die Hauptstraße, an der 200 Jahre alte Häuser stehen. Und wer sich für die Sagawelt interessiert, der wird das neugebaute Nationalarchiv aufsuchen, in dem die meisten der historischen isländischen Handschriften zu besichtigen sind.

Doch nicht nur Vergangenheit läßt sich in Reykjavík erleben. Die Stadt schaut durchaus auch in die Zukunft, vor allem in Wirtschaft und Umweltpolitik: Schornsteine wird man auf den Dächern der Häuser vergeblich suchen – über 90 Prozent der Haushalte in Reykjavík werden mit geothermaler Warmwasserheizung versorgt. Die Stadt dankt es ihren Bewohnern mit – im Vergleich zu anderen europäischen Hauptstädten – relativ guter, reiner Luft.

Das saubere Wasser exportiert man bereits, weil es das hier im Gegensatz zum Rest der Welt noch im Überfluß gibt. Und die Wasserkraft will man exportieren. Zum Beispiel von isländischen Wasserkraftwerken per Meereskabel nach Hamburg. Im Land der Sagas hat das 21. Jahrhundert schon längst begonnen.

Blick über Reykjavík: Die nördlichste Hauptstadt der Welt hat rund 100 000 Einwohner.

DAS BESONDERE REISEZIEL: VESTMANNAEYJAR – VULKAN UNTER WASSER

Wohl keine Gegend Islands war so oft und so lange in den Schlagzeilen der Medien, ist so oft fotografiert und gefilmt worden wie die Vestmannaeyjar, die Westmänner-Inseln. 1963 ließ sich hier die spektakuläre Geburt einer Insel beobachten: Surtsey entstieg glühend und dampfend den Wogen des Atlantiks. Und zehn Jahre später hielt die Welt den Atem an, als die Einwohner der Insel Heimaey in einem Wettlauf gegen die Zeit vor den Lavamassen des Vulkans Helgafell übers Meer flohen – und nur Monate später in ihre halbverschüttete Stadt zurückkehrten, um sie unverdrossen wieder aufzubauen. Beide Ereignisse machten deutlich, daß die Welt hier immer noch am Entstehen ist – und daß die Menschen, die dieses landschaftlich so wunderschöne Fleckchen Erde bewohnen, auf sehr unsicherem Boden leben.

Zugegeben: Das Spannendste bleibt den Blicken des Besuchers verborgen. Die kleine, aber immerhin über 170 Meter über den Meeresspiegel ragende Insel Surtsey ist verbotenes Gelände. Nur Wissenschaftler haben Zugang zum innerhalb von dreieinhalb Jahren entstandenen Eiland, dem jüngsten des 15 Inseln zählenden Archipels vor der Südküste Islands. Sie können hier wie in einem gigantischen Freilandlabor die Entstehung

Geburt der Insel Surtsey: 1963 brach unter dem Meer ein Vulkan aus.

Krater Surtur II auf Surtsey 1964: ein Lavasee von 90 Metern Durchmesser.

und Besiedlung der Erde beobachten, sozusagen die Schöpfungsgeschichte im Schnelldurchlauf. Besucher werden nicht zugelassen, weil sie – etwa an ihrer Kleidung – Pflanzensamen einschleppen könnten, die auf natürlichem Wege nicht nach Surtsey gelangt wären. Übrigens wurde die Insel nach dem nordischen Riesen Surt benannt, der bei der Götterdämmerung für die Entzündung des Weltenbrandes zuständig ist.

Doch trotzdem hat die Inselgruppe, Islands beliebtestes Ausflugsziel, genug zu bieten. Gerade die Spuren des jüngsten Vulkanausbruchs auf der Hauptinsel Heimaey, der einzigen ständig bewohnten des Archipels, sind spannend anzuschauen. Innerhalb einer Winternacht Anfang 1973 mußte der Hafenort Vestmannaeyjar evakuiert werden, weil sich aus einem Riß an der Flanke des Vulkans Helgafell eine gigantische Lavawalze auf die über 5000 Einwohner zählende Stadt zuwälzte. Unter Einsatz ungeheurer Mengen von Meerwasser, das man auf das glühende Gestein spritzte, gelang es, die Lavawalze aufzuhalten und den Hafen der Stadt zu retten. Bereits im Juni – noch ehe der Vulkan seine Tätigkeit beendet hatte – kehrten die Menschen zurück, schaufelten ihre Häuser frei – und Island war wieder mal um eine Touristenattraktion reicher.

Heute kann man den Eldfell – die Lavawand von 1973 – besteigen: Auf dem etwa 220 Meter hohen Gipfel belohnt einen der Blick auf das bunte Dächergewimmel von Vestmannaeyjar, und bei klarem Wetter ist sogar der Riesengletscher Vatnajökull drüben auf dem Festland auszumachen. Aber Vorsicht: Nicht zu lange an einer Stelle stehenbleiben! Nur wenige Zentimeter unter der Oberfläche wird der Berg nämlich so heiß, daß man bequem Spiegeleier braten könnte.

Heimaeys Hafen hat von dem Lavafluß übrigens profitiert: Das Lavafeld hat sich als natürlicher Wellenbrecher ins Meer geschoben. So von der Natur begünstigt, ist Vestmannaeyjar zum wichtigsten Fischereihafen Islands geworden. Mehr als 100 Trawler sind hier beheimatet. Eines sollte man sich beim Trip auf die Westmänner auf gar keinen Fall entgehen lassen: eine Bootstour zu den wimmelnden Vogelkolonien in den Felsen an der Inselküste. Vielleicht gelingt dann ja doch ein Blick zur abgelegenen, geheimnisumwitterten Insel Surtsey – jedenfalls von weitem.

FÄRÖER
Karge Felsinseln, von Atlantikwellen umtost

Vogelschreie, dröhnend auf Klippen schlagende Brecher, stahlblau-kalt schimmernder Sommerhimmel – die Natur ist Ereignis auf den Färöern. Und die Menschen auf diesen grünen Felsinseln mitten im tosenden Nordatlantik sind so wie die Natur, die sie in Jahrhunderten geprägt hat: rauh, aber herzerwärmend.

Über eines muß man sich von vornherein klar sein: Wer auf die Färöer fährt und sich dann über das Wetter beklagt, hat sein Reiseziel falsch geplant. Vor allem aber hat er das Wesen dieser 18 Inseln, die sich um den 61. Grad nördlicher Breite im Nordatlantik gruppieren, etwa auf halbem Wege von Island nach Schottland, nicht verstanden. Das Wetter bestimmt hier alles, und es ist nicht immer das erfreulichste Wetter: An 260 Tagen im Jahr regnet es auf den staatlich zu Dänemark gehörenden Färöern mehr oder minder heftig.

Nun kann man aber auch wieder nicht sagen, daß hier das Wetter ständig schlecht ist – es wechselt nur sehr schnell. Hat man gerade den Wollpullover ausgezogen, weil die Sonne den Rücken so wohlig wärmte, können schon wieder die ersten Regentropfen fallen oder Nebelbänke aufziehen. Es gibt bezeichnenderweise wohl kaum eine Sprache auf der Welt, die mehr Wörter für Nebel kennt als das Färöische. Wer sich auf solche klimatische Unbill einstellt, wird die Wetterwechsel als das erleben, was sie sind: ein faszinierendes Naturschauspiel.

Insgesamt aber ist das Klima auf den Färöern weit weniger rauh, als man nach diesen Zeilen vielleicht denken könnte. Denn das Meer, besonders aber der (relativ!) warme Golfstrom sorgen dafür, daß das Thermometer kaum Ausreißer nach oben oder unten kennt. Im Winter liegt die Durchschnittstemperatur bei drei Grad, in den Sommermonaten beträgt sie gut zehn Grad, was nicht ausschließt, daß das Quecksilber an schönen Tagen auch auf 20 Grad emporklettert und besagter Wollpullover getrost im Rucksack verschwinden kann. Nur eines sollte man selbst an diesen Tagen besser nicht versuchen: im Meer zu baden. Denn trotz des Golfstroms erreicht der Atlantik kaum mehr als zehn Grad – und das ist ziemlich kalt!

Die Bucht von Thornovik auf der dänischen Färöer-Insel Streymoy bietet einen geschützten Ankerplatz inmitten eines sturmumtosten Archipels.

Die Färöer sind etwas für Menschen, die unverdorbene Natur und Einsamkeit lieben. Nur fünf Prozent der knapp 1400 Quadratkilometer großen Inselgruppe sind kultiviert. Der Rest besteht aus Felsen und Bergseen, kargen Wildwiesen und abgelegenen Vogelkliffs. Den urtümlichen Reiz dieser Landschaft wird man am ehesten zu Fuß entdecken – auf Pfaden, die seit Jahrhunderten bestehen, als es noch keine Straßen auf den Inseln gab (die erste wurde während des Ersten Weltkrieges gebaut). Von alters her wurden diese Wege mit Steinhaufen markiert, sie bestehen zumeist noch heute und bieten eine gute Orientierung. Vogelfreunde werden diese Touren schätzen, vor allem, wenn sie an einem der jäh ins Meer hinabstürzenden Kliffs entlangführen: 250 Vogelarten hat man auf den Färöern gezählt, die meisten von ihnen Seevögel, die sich zwischen April und September von den fischreichen Gewässern ernähren. Nationalvogel der Färöer ist übrigens der Austernfischer, dessen Rückkehr stets am 12. März als Frühlingsanfang gefeiert wird.

Der Austernfischer: Seine Rückkehr im März wird auf den Färöern als Frühlingsanfang gefeiert.

Natürlich wird man auf diesen Wanderungen durch die Einsamkeit noch einer weiteren Tiergattung recht häufig begegnen: den Schafen, die zu jeder Jahreszeit im Freien leben. Sie bildeten für Jahrhunderte die Lebensgrundlage der Menschen auf den Inseln: Das Fleisch wurde getrocknet, die Wolle zu wetterfester Kleidung verarbeitet, Schafhäute von den Färöern waren im Mittelalter als Pergament in den Klosterschreibstuben begehrt. 70 000 Schafe leben heute auf den Färöern, der Bestand hat sich seit dem Mittelalter kaum verändert. Da wundert es nicht, daß die Inseln dem genügsamen Wollelieferanten sogar den Namen verdanken. Schaf heißt im Altwestnordischen „fær". Das Wappentier der Färöer ist bis heute der Widder.

Besonders schön ist es, wenn man nach einem langen Wandertag aus Natur und Einsamkeit in eine der kleinen Ortschaften kommt und die herzliche Gastfreundschaft der zunächst eher zurückhaltenden Nordmenschen erleben kann, vor allem bei den ausgelassenen Festen während der hellen Sommernächte mit ihren traditionellen Kettentänzen, die sich hier – einst in ganz Skandinavien verbreitet – in ihrer ursprünglichen Form erhalten haben. Überhaupt, so scheint es, war es die eigenständige Volkskultur, die den Menschen geholfen hat, über Jahrhunderte in dieser rauhen Umwelt auszuharren. Und die Färinger, wie die Bewohner der Inseln genannt werden, achten noch heute auf ihre Eigenständigkeit – die kulturelle wie die politische (die Färöer sind zwar autonomer Teil Dänemarks, nicht aber der Europäischen Union). So verweisen Färöer Fremdenverkehrsmanager auf den Volksliedschatz der Inseln, 250 Balladen mit insgesamt 70 000 (!) Versen, und man kann den Stolz förmlich heraushören, wenn sie hinzufügen, daß noch immer neue Lieder hinzukommen.

Eigentlich ist es unfair, wenn man von den 18 Inseln einzelne hervorhebt. Denn auf allen läßt sich der spröde Reiz des Nordlandes erfahren. So seien vielleicht nur die Extreme genannt: die Hauptinsel Streymoy mit der Färöer-Hauptstadt Thorshavn – die geschichtsträchtigste der Inseln – und Mykines, das vielleicht einsamste Eiland der Inselgruppe.

Gut ein Drittel der rund 45 000 Insulaner leben in Thorshavn. Hier befindet sich auf der Landzunge Tinganes das Landesparlament, der Lögting, wo bereits im Jahre 825 die ersten norwegischen Siedler tagten. Im Stadtzentrum liegt die 1788 erbaute bischöfliche Kirche, und oberhalb des Hafens ist das 400 Jahre alte Fort Skansin sehenswert, das die Stadt vor den Überfällen von Piraten schützen sollte. Und ist man schon einmal am kulturellen Mittelpunkt der Färöer, sollte ein Besuch im Boots- und Fischereimuseum nicht versäumt werden, wo vielleicht am meisten über die genügsame Lebensart der Insulaner zu erfahren ist. Noch heute setzen Fischerei und Fischverarbeitung ein Viertel der Färinger in Lohn und Brot, Fischprodukte machen mehr als 90 Prozent des Exports der Inseln aus.

Nur 13 Kilometer von Thorshavn entfernt liegt Kirkjuböur, das alte kulturelle Zentrum der Inseln.

Der Fjord von Tindhólmur zeigt Faszination und Schrecken der Färöer besonders deutlich: unwirtliche Klippen, wie von Gigantenhand in die rauhe See geworfen. Die Inselgruppe ist baumlos, Ackerbau so gut wie unmöglich.

Hier stehen die Olavskirche, die einzige noch heute benutzte mittelalterliche Kirche der Färöer, und die Magnuskathedrale, die im 13. Jahrhundert als Bischofskirche geplant, aber nie vollendet wurde. Die Gotteshäuser sind auf den Färöern gemeinhin so nahe wie möglich ans Wasser gebaut. Das hat einen Grund: Sie sollten das letzte sein, was die fortsegelnden Seefahrer von ihrer Heimat sahen, und das erste, was sie bei ihrer Rückkehr erblickten. In Kirkjuböur befindet sich auch der alte Bischofshof, der noch heute von sogenannten Königsbauern bewohnt wird.

Mykines ist im Vergleich zu Streymoy fast menschenleer, Natur pur. Wer hierhin reist, sollte aufhören, zu planen. Die Natur bestimmt ohnehin, wann man zur Insel kommt; Wind und Wellen legen fest, wann man das sturmumtoste Eiland wieder verlassen kann. Es ist ein erhebender Moment, wenn man am stählernen Leuchtturm von Mykineshólmur steht, dem westlichsten Punkt der Inselgruppe, 113 Meter unter sich den wütenden Ozean gegen die Kliffs anrennen sieht – und über sich nichts als den unendlichen, sturmgezausten Wolkenhimmel des Nordens.

Wer die karge Schönheit dieser Felseninseln erleben möchte, der erreicht sie mit dem Flugzeug von Kopenhagen, Billund, Glasgow oder Reykjavík aus. Außerdem gibt es Autofähren von Bergen und Aberdeen aus.

Auskunft: Dänisches Fremdenverkehrsamt, Glokkengießerwall 2, 20095 Hamburg, Tel. 040/32 78 03.

Abendstimmung über dem Fischereihafen von Soldarfjordur: Die meisten der rund 45 000 Einwohner der Färöer leben vom Fisch (Dorsch, Hering, Makrele, im Bild eine Lachszucht) und von ihren Schafen.

Fjordland und Fjell

Norwegens majestätischer Westen

Zwischen Stavanger im Süden und Trondheim im Norden erstreckt sich die norwegische Landschaft schlechthin: das Fjordland, auch Vestland genannt – ein beeindruckendes Wechselspiel von über 1000 Meter hohen Bergen, steil abfallenden Felswänden und glasklaren Fjorden. Wer entlang der Küste durch das Königreich reist, muß sich täglich auf fünf oder sechs Schiffspassagen einstellen. Hier kann man sich im Hochsommer auf blank polierten Felsen sonnen oder sogar im Meer baden, wobei der Blick an den Schnee- und Eiskappen der umgebenden Berge hängenbleibt.

Wer die Einsamkeit, die Stille, die nahezu unberührte Natur sucht, wird sie hier finden, oft nur wenige hundert Meter abseits der großen Orte und Verkehrsadern. Regendichte Kleidung sollte man freilich dabeihaben, denn vor allem in den Hochsommermonaten regnen sich die vom Atlantik heranziehenden Wolken in dieser imposanten Gebirgslandschaft aus.

Doch das Fjordland ist mehr als ein faszinierendes Mosaik von hohen Bergen und tiefen Wassern. Nach Westen, zur Nordsee hin, geht das Land in ein Labyrinth aus felsigen Inseln und Eilanden über, die durch Brücken und Fähren miteinander verbunden sind. Hier gibt es selbst in der Hauptreisezeit noch Winkel, in die sich kein Wohnmobil verirrt.

Im Osten grenzt das Fjordland an eine Hochgebirgslandschaft, die Fjellheim, die Heimat der Berge, genannt wird. Wer über Oslo durch das Hallingdal, das Gudbrandsdal oder eines der anderen seit Urzeiten besiedelten norwegischen Bauerntäler hinüber ins Fjordland fährt, quert den Fjell an irgendeiner Stelle und lernt dabei gleichzeitig die karge, nahezu menschenleere Bergwelt mit ihren endlos weiten Hochflächen, den vom Frost zermürbten Felsspitzen, den riesigen Gletschern und schäumenden Wasserfällen in einsamen Tälern kennen.

Der Inbegriff norwegischer Landschaft sind die Fjorde. Sie dienen auch als Wasserstraßen in der tief zerklüfteten Küstenregion (Foto links). Zu den Attraktionen in diesem dünnbesiedelten Land gehören die Stabkirchen, zum Beispiel die von Urnes am Lustrafjord mit 850 Jahre alten Holzschnitzereien (Foto rechts oben). Auf den Fjells hat sich das Skilaufen zum Volkssport entwickelt. Bei Lillehammer (zweites Foto von rechts oben) erreicht vor allem der Langlauf olympisches Niveau. Eine kulinarische Spezialität aus den Fischerdörfern dieser Küste ist der getrocknete Stockfisch (zweites Foto von rechts unten). Der warme Golfstrom hält das Meer auch im Winter offen und macht die Küste zum ergiebigen Fanggebiet (Foto rechts unten).

Nordeuropa

Eine Landschaft der Kontraste

Zum Fjordland gehören die vier Provinzen Rogaland, Hordaland, Sogn og Fjordane sowie Møre og Romsdal an den südwestlichen Küsten des Königreichs. Es ist neben Neuseeland und Grönland eine der wenigen Regionen der Erde, in denen die von Eiszeitgletschern ausgehobelten Fjorde als schmale Meeresarme tief in die Küstengebirge einschneiden. Hauptstadt des Fjordlands ist Bergen, doch viel typischer sind die kleinen, malerischen Fischer- oder Bergbauernsiedlungen. Bereits in den Küstenprovinzen erreichen die Berge ansehnliche Höhen. Das eigentliche Dach Norwegens mit den höchsten Gipfeln des Landes liegt jedoch im Binnenland, in den drei zur Fjellregion zählenden Provinzen Buskerud, Opland und Hedmark.

Landschaftlich gliedert sich das südwestliche Norwegen in drei Zonen: Die Nordseeküste wird von der Strandflate, einem felsigen Küstentiefland mit zahllosen Inseln und Schären, gesäumt. Dann folgt landeinwärts die Region der Fjorde, ein Gebiet mit enormen Höhenunterschieden, wo die Berge oft mehr als 1000 Meter bis zum Spiegel der Fjorde und mitunter noch weitere 1000 Meter bis zum Meeresgrund abfallen. Im Osten schließen sich die Fjells an, erschlossen vor allem durch die großen, von Nordwest nach Südost verlaufenden Täler.

Hohe Berge gibt es auch in Mitteleuropa, doch unberührte, nahezu menschenleere Landschaften sind in unseren Breiten rar geworden. Im Land der Fjorde und Fjells findet man sie hingegen noch, im Sommer auf einer der entlegenen Inseln an der Nordseeküste, im Winter auf einer der tief verschneiten Hochflächen im Binnenland. Statt lärmender Motoren hört man hier nur natürliche Laute: das Murmeln eines Baches, Vogelgezwitscher, das Rauschen des Windes in den Baumwipfeln. In den sieben Provinzen der Fjord- und der Fjellregion leben nur 1,7 Millionen Menschen, die meisten in den größeren Städten an der Küste.

Das Klima in Fjord- und Fjellheim ist so unterschiedlich wie die Landschaft. An der Küste sorgt der Golfstrom selbst im tiefsten Winter für ein vergleichsweise mildes Klima. Gleichzeitig führt der Westwind oft Wolken vom Atlantik heran, die sich an den norwegischen Küstengebirgen ausregnen. Die sonnigste und deshalb schönste Reisezeit sind Mai und Anfang Juni. Im Hochgebirge dagegen regiert im Winter die skandinavische Festlandsluft mit Temperaturen bis weit unter minus 20 Grad. Die Luft ist jedoch trocken, und man empfindet die Kälte deshalb nur bei Wind als unangenehm. An warmen Sommertagen steigen die Temperaturen in den Fjelltälern durchaus auf über 25 Grad.

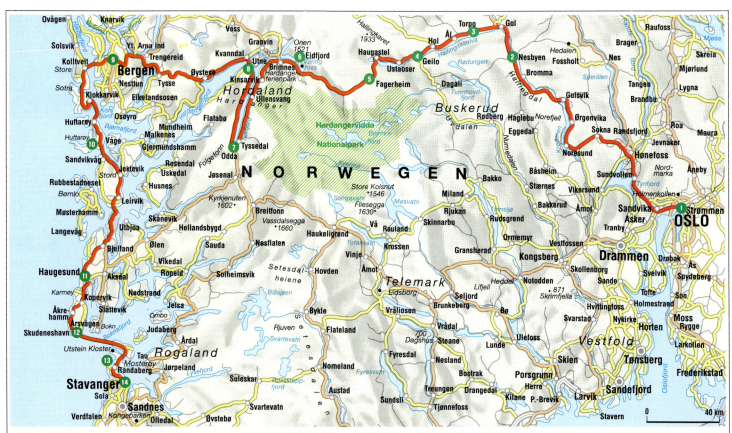

Unser Routenvorschlag

VON OSLO NACH STAVANGER

Von Oslo ❶ aus folgt die Route der E 16 bis Hønefoss und dann der Reichsstraße 7 ins Hallingdal. Immer höher ragen die Berge zu beiden Seiten der breiten Talung auf, tragen bis tief in den Frühling hinein weiße Schneekappen, doch im Sommer kann es in dieser Gegend Norwegens sehr warm werden. Im norwegischen Hitzepol Nesby ❷ wurden schon über 35 Grad gemessen. Die Stabkirche in Torpo ❸ hat schöne Deckengemälde. Hinter dem Wintersportort Geilo ❹ überquert man das Hochplateau der Hardangervidda mit Gletscherblick auf den Hardangerjøkul von der Berghütte Fagerheim ❺ aus. Auf diesem weiten, flach welligen Hochplateau gibt es noch wilde Rentierherden. Jenseits der Paßhöhe lohnt sich ein Abstecher zum Wasserfall Vøringfoss ❻. Kurvenreich windet sich die Straße zwischen Wasser und Fels, Obstgärten und dem Gletscher Folgefonn bis Odda ❼. Auf der Straße 550 am gegenüberliegenden Ufer kommt man nach Utne ❽; mit der Fähre Utne–Kvanndal geht es nun zurück auf die Route Eidfjord–Bergen ❾. Von der alten Hansestadt fährt man auf der Straße 55 auf die Inseln Store und Sotra und mit der Fähre über den Korsfjord zur Insel Huftarøy ❿, dann weiter in einer Art Inselspringen nach Stord, wo man auf die Nordseestraße 1 trifft. Die Hafenstadt Haugesund ⓫ ist durch ihr Sommerfest mit der längsten Heringstafel der Welt bekannt. Weiter geht es auf der Straße 47 über die Insel Karmøy mit ihren vielen archäologischen Stätten bis zum Fischerort Skudeneshavn ⓬ mit vielen weißen Holzhäusern im Empirestil. Von dort setzt man mit der Fähre über den Boknafjord nach Randaberg über. Das Utstein-Kloster auf der nahe gelegenen Insel Mosterøy ⓭ gilt als besterhaltenes mittelalterliches Kloster Norwegens. Jetzt ist im Süden schon der alte Feuermeldturm in Stavanger ⓮ zu sehen.

Fjordland und Fjell

Nur wenige Norweger leben von der Landwirtschaft, vor allem in den breiteren Tälern und Fjorden. Sehr beliebt, vor allem auf dem Land, sind die traditionellen „Norwegerhäuser" aus Holz.

FJORDLAND UND FJELL AUF EINEN BLICK

SEHENSWÜRDIGKEITEN

Ålesund: Jugendstil-Innenstadt; **Bergen:** Hafen, Kaufmannshöfe, Museen; **Galdhøpig:** Norwegens höchster Berg (2468 m); **Hardangervidda:** Hochebene mit wilden Rentierherden und Gletscherblick; **Lillehammer:** Olympia-Anlagen und Skipisten; **Lofthus:** Kirsch- und Apfelblüte im Mai; **Mjøsasee:** Raddampfer *Skibladner*; **Skudeneshavn:** weiße Empire-Holzhäuser; **Stavanger:** Innenstadt, Museum für moderne Kunst; **Trondheim:** Dom, Kaufmannshöfe; **Urnes** (an der E 6): Stabkirche; **Vøringfoss** (an der Reichsstraße 7): Wasserfall.

FESTE UND VERANSTALTUNGEN

Bergen: Festspiele, Ende Mai/Anfang Juni, Kultur- und Markttag, Anfang Juni; **Golå:** Peer-Gynt-Festival, Anfang August; **Haugesund:** längster Heringstisch der Welt (Open-Air-Spezialitäten-Essen), Ende August; **Molde:** Jazzfestival, Mitte Juli; **Skudeneshavn:** Markttage, 1. Juniwochenende; **Stavanger:** internationales Kammermusik-Festival, Mitte August; **Trondheim:** Olavsfest mit historischem Markt, 29. Juli; **Voss:** Jazzfestival, März oder April; **überall in Norwegen:** Mittsommerfeste, 23. Juni.

AUSKUNFT

Norwegisches Fremdenverkehrsamt, Touristik-Information, Mundsburger Damm 45, 22087 Hamburg, Tel. 0 40/22 71 08 10.

Die Gebirge Norwegens sind geologisch sehr alt, viel älter als zum Beispiel die Alpen. Bereits im Erdaltertum erhob sich hier das Kaledonische Gebirge, ein Faltengebirge, das über die Nordsee hinweg bis nach Schottland reichte. Jahrmillionen der Erosion ebneten dieses Urfjell ein, bevor in der Erdneuzeit die Kruste unter der skandinavischen Halbinsel erneut gehoben wurde, sich im Eiszeitalter gewaltige Gletscher auf den Gebirgen auftürmten und die Landschaft ihren letzten Schliff erhielt.

Im Bann der Fjorde und Stabkirchen

Am östlichsten Zipfel des 170 Kilometer langen Hardangerfjords, der hier in den Eidfjord übergeht, liegt inmitten der großartigen Natur die winzige Siedlung Brimnes. Hier wenden die großen Kreuzfahrtschiffe. Vor prächtiger Kulisse: tief unten das dunkel schimmernde Wasser der Fjorde, darüber an den Ufern sattgrüne Wiesen, vom Sommerregen reichlich bewässert, noch höher die bedrohlich steil aufsteigenden graugrünen Felswände. Am nördlichen Ufer fallen die Felsen jäh ab, geben dem Wasser den Weg frei zum trogförmigen Osafjord, um nach wenigen hundert Metern wieder zum 1621 Meter hohen Onengipfel anzusteigen. Zuerst nur ein kleiner, schwarzer Punkt vor den gewaltigen Bergwänden, nähert sich aus dem Osafjord eine Fähre. Das Schiff legt an, und ein Reisebus, ein Fischtransporter und ein Wohnmobil quellen aus dem aufgeklappten Bug. Drei kurze Fährverbindungen führen allein über diesen Abschnitt des Hardangerfjords. Wer hier Urlaub macht, tut gut daran, immer den Fahrplan der *Hardanger Sunnhordalandske Dampskipselkap* dabeizuhaben.

Eine halbe Autostunde weiter westlich liegt abgeschirmt der Südfjord (Sørfjord). Hier, zwischen Kinsarvik und Odda, präsentiert sich das norwegische Fjordland von einer ganz anderen Seite: mit Obstgärten. Die Apfel- und Kirschbauern von Ullensvang und Umgebung wohnen in kleinen Höfen, deren weißgekalkte Steinmauern und rote Holzscheunen einen hübschen Kontrast bilden. Wendet man den Blick von den Obstplantagen nach oben, fällt er auf den Gletscher Folgefonn, eine 34 Kilometer lange und bis zu 16 Kilometer breite Eismasse von über 1500 Meter Höhe.

Das typischste Verkehrsmittel in Norwegen sind die Fjordfähren zur Ergänzung des Straßennetzes.

Östlich von Brimnes, oberhalb der Gemeinde Eidfjord, braust ein imposanter Wasserfall. Der Vøringfoss stürzt in mehreren Armen 182 Meter in die Tiefe, unweit der Reichsstraße 7 zur Hochebene Hardangervidda.

Zwischen dem Lysefjord im Süden und dem Sunndalsfjord im Norden verbreiten alle Fjorde die gleiche, fast ehrfurchtgebietende Stimmung, haben das gleiche markante Gesicht mit steilen Hängen und tiefblauen Wassern. Kunsthistorische Monumente sind in dem dünnbesiedelten Fjord- und Fjellland hingegen selten. Hier war die Natur der größte Baumeister. Berühmt aber sind die Stabkirchen, die man in keinem anderen Land der Erde findet. Diese Holzbauten verdanken ihren Namen den senkrecht stehenden Planken, die direkt das Dach tragen, ohne daß horizontale Balken verwendet werden. Nachweislich gab es die Bauform der Stabkirche bereits im neunten Jahrhundert, also vor der Christianisierung des ehemaligen Wikingerlands. Ob die Bauten damals bereits als Gotteshäuser genutzt wurden, ist nicht bekannt. Im Mittelalter soll es dann weit über 1000 Stabkirchen im ganzen Land gegeben haben.

In Urnes am Ende des Lustrafjords steht die älteste Stabkirche Norwegens. Gletscherflüsse, die hier münden, färben das Wasser milchig-trüb. Dennoch wirkt der warme Golfstrom unmittelbar an der Küste wie eine Zentralheizung.

Rund 30 dieser sakralen Holzbauten stehen heute noch, besonders viele an der westlich von Oslo nach Norden verlaufenden E 16 durch das Valdrestal. Als älteste erhaltene Stabkirche (um 1150 erbaut) gilt die von Urnes am Lustrafjord, dem nordöstlichsten Zipfel des ein gutes Stück nördlich von Bergen verlaufenden Sognefjords.

Hanseatisches Erbe und Dorado des Skisports

Aus Holz sind auch die alten Lager- und Wohnhäuser der Hafenstädte, die den Stadtkernen das unverwechselbar nördliche Flair geben. Bei den prächtigsten der Holzbauten hatten deutsche Hansekaufleute die Hand mit im Spiel: Viele Kaufmannshöfe gehörten Deutschen, etwa die Holzhäuser der berühmten Bryggen in Bergen, die ursprünglich Tyskebryggen (Deutsche Brücke) hieß. Die roten, weißen und gelben Fassaden, die parallelen Linien der Holzverkleidung und die reichen Schnitzereien der Türrahmen beschwören Fischgeruch und Segelflattern vergangener Jahrhunderte herauf.

Bereits 1343 wurde das Hanseatische Kontor in Bergen erstmals urkundlich erwähnt, sicherlich gab es schon vorher ständige deutsche Handelsniederlassungen in der Stadt am Byfjord. Von hier aus kontrollierten die deutschen Kaufleute jahrhundertelang den Handel an Norwegens Küste, importierten vor allem Korn, Salz und Bier nach Norwegen und exportierten von dort hauptsächlich Trockenfisch und Heringe. Im Hanseatischen Museum in einem der alten Höfe von Bryggen kann man eine alte Schreibstube betrachten, sich aber auch über die weiten Reisen der Hanseschiffe informieren. Einen phantastischen Ausblick auf die über viele felsige Eilande und Berge verteilte 220 000-Einwohner-Stadt, die Wasserstraßen zur Nordsee und zahlreiche Schiffe hat man vom 320 Meter hohen Fløyfjell, zu dem eine Drahtseilbahn direkt aus der Innenstadt fährt. Am schönsten ist es hier, wenn abends über Küste und Meer die Sonne untergeht.

Stavanger im äußersten Südwesten der Region lebt heute hauptsächlich von der Erdölindustrie. Trotz des Ölbooms hat die 100 000-Einwohner-Stadt ihre sehenswerte Altstadt bewahrt. Die Wohnhäuser aus Holz, sowohl im eigentlichen historischen Stadtkern westlich des Hafens Vågen als auch innerhalb der Fußgängerzone nördlich der romanischen Domkirche von 1125, sind ausgezeichnet erhalten.

Neben Bergen und Stavanger besitzen die Stadt Ålesund mit ihren Jugendstilbauten, die Viertel an der Nidelvamündung in Trondheim und der kleine Hafenort Skudeneshavn auf der Insel Karmøy die sehenswertesten Holzhäuser der norwegischen Küste. In einigen Küstenorten kann man mehr oder weniger modernisierte Fischerhütten aus Holz *(rorbuer)* als Ferienwohnung mieten.

Neben den schönen alten Holzhäusern der Hanse erinnern mancherorts noch andere Bauten an die nicht immer ungetrübten Beziehungen zwischen Norwegen und Deutschland: nicht zuletzt viele Denkmäler für die Opfer der deutschen Besetzung von 1940 bis 1945. Eine neue deutsche Invasion kommt nicht mit Panzern, sondern mit Wohnmobilen. Fast alle Campingplätze vermieten einfache Holzhütten mit Kochgelegenheit, doch meist ohne Bettzeug. Solche *hytter* sind angesichts der sommerlichen Regengüsse eher zu empfehlen als Zelte.

So zeitraubend es ist, sich über Serpentinen und durch Tunnel von einem Fjord zum nächsten zu schrauben, so aufwendig ist es, am Westrand des Fjordlands von einer Insel zur anderen zu hüpfen. Denn wer der Westküste mit dem Auto folgen will, verbringt eine längere Zeit auf der Fähre als im fahrenden Wagen. Doch dafür wird man durch das sich ständig wandelnde Landschaftsbild und das Erlebnis unberührter Natur entschädigt – Meerestiere wie Robben und (mit viel Glück!) vielleicht gar ein Wal ergänzen das Panorama.

Wer den Atlantik hautnah spüren will, näher als es das Felsen- und Wassermosaik der Schärenküste erlaubt, der sollte die von Fischern bewohnten vorgelagerten Eilande besuchen: Ona bei Ålesund oder Utsira bei Haugesund. Hier tost die Brandung, hier ist der Fisch garantiert frisch, hier fühlt man sich wie am (westlichen) Ende der Welt. Das Landschaftsbild ist hier völlig anders als im eigentlichen

Der Abend taucht die Hafenstadt Bergen mit ihren alten Kaufmannshäusern in ein romantisches Licht.

Fjordland nur 50 bis 100 Kilometer weiter östlich: flach, doch ebenfalls von nackten Felsen geprägt.

Die Schärenküste bietet Tausende von natürlichen Häfen. Immer mehr dieser entlegenen Fischersiedlungen wurden in den letzten Jahrzehnten durch weit geschwungene Brücken mit dem Rest der Welt verbunden. Viele Küstenbewohner arbeiten heute in Stahlwerken oder auch auf den Bohrinseln mitten in der Nordsee. Die bedeutenden norwegischen Erdöl- und Erdgasfelder, wie Ekofisk oder Troll, liegen 200 bis 300 Kilometer entfernt in der See. Im (hier flachen) Boknafjord vor Stavanger ankern häufig neugebaute Bohrinseln.

Im Unterschied zu den Straßen an der Küste sind die Gebirgsstraßen, die von Oslo her überhaupt erst ins Fjordland führen, relativ breit, auf längere Strecken nahezu gerade und großzügig ausgebaut. Sie folgen großen Flußtälern und knicken am Talende dann auf die von den eiszeitlichen Gletschern geformten Hochebenen ab. Im Sommer gleichen diese Täler zwischen den spärlich bewachsenen Plateaus grünen Oasen: das Hallingdal mit der Reichsstraße 7, das Valdrestal oder das Begnatal mit E 16, das einsame Osterdal mit der Reichsstraße 3.

Das „Tal der Täler" ist für die Norweger aber das Gudbrandsdal, das durch die Eisenbahn von Oslo nach Trondheim und die Europastraße E 6 erschlossen wird. Mit rund 200 Kilometer Ausdehnung gehört es zu den längsten und sowohl im Sommer wie im Winter eindrucksvollsten Tälern Norwegens: in der Mitte der Lågen, ein klarer, munterer Gebirgsfluß, der sich häufig zu kleineren Seen ausbreitet. Links und rechts an den Hängen stattliche Bergbauernhöfe und Almen. Darüber ragen kahle Berggipfel 1000 bis 2000 Meter hoch auf.

Am Südende des Gudbrandsdals liegt Norwegens größter Binnensee, der Mjøsa. Auf dem gut 100 Kilometer langen See verkehrt der 1856 gebaute *S/S Skibladner*, der älteste heute noch seetüchtige Schaufelraddampfer der Welt.

Weiter nördlich folgen kleine Wintersportorte, von denen viele bei uns erst anläßlich der Olympischen Winterspiele in Lillehammer 1994 bekannt wurden. Der Fjell zwischen diesen langen Tälern ist ein Wintersportparadies mit nahezu grenzenlosen Möglichkeiten. Früher war Norwegen vor allem wegen seiner Langlaufloipen in einsamer Natur berühmt. Diese Idylle findet man noch immer, doch in den letzten Jahren sind ständig Lifte und Abfahrtpisten dazugekommen, beschleunigt natürlich durch das Spektakel von Lillehammer. Uralte Felszeichnungen beweisen, daß die Norweger seit mindestens 4000 Jahren Ski fahren.

Jenseits des Polarkreises sinkt die Sonne im Sommer auch um Mitternacht nicht unter den Horizont. Die Zahl der Tage beziehungsweise Nächte mit Mitternachtssonne nimmt zu den Polen hin zu.

DAS BESONDERE REISEZIEL: DER GLETSCHER JOSTEDALSBRE

Der Jostedalsbre liegt zwischen dem Sognefjord und dem Nordfjord im Westen Norwegens. Der größte Gletscher auf dem europäischen Festland demonstriert die gewaltigen Kräfte, die Nordeuropa geformt haben. Am eindrucksvollsten ist sicherlich eine Gletscherüberquerung unter Leitung eines örtlichen Führers. Doch geben auch drei Gletscherzentren am Rand des ewigen Eises einen Einblick in Entstehung und stetige Veränderung des Jostedalsbre. Von dort aus gibt es kurze, geführte Touren zum Gletscherriesen. Schließlich kann man als Tourist auch einige Gletscherzungen, also Seitenarme des Jostedalsbre, zu Fuß oder sogar per Pferdekutsche erreichen. Doch eins ist mit Sicherheit lebensgefährlich: eigenhändige Klettertouren über die von tückischen Spalten durchzogenen Eismassen.

Fast das ganze Jahr über fällt Schnee, auf dem Jostedalsbre, an dem sich die atlantischen Luftmassen stauen, wohl mehr als zehn Meter pro Jahr. Der Schnee verdichtet sich im Laufe der Jahre immer mehr. So wird aus Schnee festerer Firn und schließlich Eis, das sich halb gleitend, halb fließend talwärts in Bewegung setzt und dabei an den Rändern oder über Unebenheiten im Felsuntergrund in Schollen zerbricht. Die Gletscherzunge Bøyabre etwa bewegt sich bis zu 50 Zentimeter am Tag talwärts. Der Außenrand der Gletscherzungen verläuft aber mehr oder weniger an derselben Stelle, weil gleichzeitig große Wassermengen schmelzen und verdunsten. Noch im 18. Jahrhundert, während der Kleinen Eiszeit, wuchs der Jostedalsbre erheblich. In den letzten 100 Jahren ist er stark geschrumpft, doch dieser Trend hat sich nach Beobachtungen norwegischer Wissenschaftler neuerdings umgekehrt. Heute umfaßt der Jostedalsbre ohne die Nebengletscher fast 500 Quadratkilometer; an einigen Stellen ist der Eispanzer mindestens 300 Meter dick.

Das Gletschergebiet erreicht man über Stichstraßen von den benachbarten Dörfern aus – oder neuerdings über die Südstrecke von Sogndal über Fjærland nach Lunde im Jølstratal. Die beliebteste Zweitageswanderung mit Führer verläuft von Fjærland nach Stardalen (Jølstra). Übernachtet wird 1000 Meter hoch in der Flatbre-Hütte.

In Fjærland befindet sich auch das Norwegische Gletschermuseum mit einem Modellgletscher. Das zweite Informationszentrum ist das Breheim-Senter im Jostedal östlich der Eismasse. Der nahe Nigardsbre mit seinem „Blau-Eis" gilt als eine der schönsten Gletscherzungen. Im Hochsommer fährt hier ein Touristenboot über den See vor der Stirn der Gletscherzunge. Über den Gletscher informiert auch das Jostedals Nationalpark-Senter in Oppstryn im Nordwesten. Hier gibt es (in der Saison von April bis Oktober) ebenfalls ein Gletschermodell, dazu jeden Tag geführte Wanderungen zum echten Jostedalsbre.

Schmelzwasser aus dem blauen Eistor der Nigardsbre-Gletscherzunge speist einen See, den man über eine Privatstraße vom Jostedal aus erreichen kann.

SØRLANDET UND TELEMARK
Sommers am Strand und winters auf die Loipe

Der äußerste Süden Norwegens vereint die Felsen und Berge des Nordens mit einem erstaunlich milden, beinahe südlichen Klima. Hier gibt es sonnige Strände, urwüchsige Wälder mit klaren Binnenseen und im Norden die ersten Gipfel des Fjells. Das Südland (Sørlandet), wie die Norweger es nennen, reicht von der Mündung des Oslofjords im Osten bis zum Kap Lindesnes im Westen, dem südlichsten Punkt des norwegischen Festlands. Die hohen Gebirge im Binnenland halten die kühlen, regenreichen Nordwestwinde ab, deshalb ist das Regenrisiko hier recht gering (wenigstens im Hochsommer). Kühl und schneereich ist dagegen Telemark, die Wiege des Skisports, im gebirgigen Hinterland der Südküste, das fast allen Segen von oben abfängt.

Die Region umfaßt im wesentlichen die Provinzen Telemark, Aust-Agder und Vest-Agder. Obwohl sie mit über 400 000 Einwohnern für norwegische Verhältnisse dicht besiedelt ist, zeigt sich die Natur vor allem im Binnenland noch als weitgehend intakt. Ein besonders abwechslungsreiches Landschaftsbild bietet die norwegische Skagerrakküste: Riffe, Schären und rundgeschliffene Klippen wechseln hier mit stillen Buchten und kleinen Sandstränden. Bei gutem Wetter lassen sie einen vergessen, daß man sich 60 Breitengrade nördlich des Äquators befindet. An stürmischen Tagen zeigt die Schärenküste freilich ein ganz anderes, eher „nordisches" Gesicht: Meterhoch türmen sich die Wellen auf, branden gegen die Klippen und zerstäuben zu Gischt.

Die größte und interessanteste Stadt des norwegischen Südlandes ist Kristiansand, zugleich für viele Besucher aus dem Süden das Tor nach Norwegen (Fährverbindungen mit den dänischen Häfen Hirtshals und Hanstholm). In der 1641 durch den Dänenkönig Christian IV. gegründeten Stadt vermittelt vor allem das Viertel Posebyen mit seinen alten Holzbauten und Läden noch das Flair alter Zeiten. Eines der malerischsten Küstendörfer ist das 100 Kilometer weiter nordöstlich gelegene Lyngør mit seinen sauber gestrichenen weißen Holzhäusern und dem hübschen Leuchtturm.

Ein bei den Norwegern sehr beliebtes Urlaubsvergnügen ist eine Schiffsfahrt auf dem Telemarkskanal, der sich von Skien am Ostende des Norsjø 105 Kilometer weit ins Landesinnere zieht. Norwegens Gegenstück zum schwedischen Götakanal wurde in der zweiten Hälfte des 19. Jahrhunderts gebaut und läßt durch seine elf Schleusen die Schiffe einen Höhenunterschied von insgesamt 72 Metern überwinden. Nach Westen schließen sich der Kviteseid- und der Bandaksee am Fuß der weiten Hochfläche Hardangervidda an. Drei Passagierschiffe, darunter die über 100 Jahre alte *Viktoria*, verkehren im Sommer zwischen Skien und Dalen am Westende des Bandaksees. Man kann den Kanal, der im Grunde nur langgestreckte Seen miteinander verbindet, auch mit einem eigenen Boot befahren – beziehungsweise ein Paddelboot oder ein Hausboot mieten, um auf Entdeckungstour zu gehen.

Kanus werden ebenfalls an zahlreichen anderen Seen von Telemark verliehen. Die waldgesäumten Flußläufe und Seen sind oft derart unberührt, daß im Sommer in einigen Orten Bibersafaris (Biberbeobachtungen mit Führer) veranstaltet werden, etwa in Tvedestrand und Fyresdal. Von Süden her wird die waldreiche Gebirgslandschaft durch das Setestal und die darin verlaufende Reichsstraße 39 erschlossen. Ein besonders malerischer Abschnitt dieser Route führt am Byglandsfjord entlang.

Berühmt ist Telemark freilich vor allem als Wintersportparadies und Wiege des modernen Skilaufs. Neben dem „Telemark-Schwung" stammen mindestens drei weitere Begriffe, die man in allen Wintersport-Prospekten liest, aus dieser Gegend Norwegens: Ski, Slalom und Loipe. Hier lebte auch Søndre Norheim, ein einfacher Bauer, der eine revolutionäre Neuerung ersann: die Fersenbindung. Zu den modernen Skizentren von Telemark gehören Vrådal, Rauland, Hovden, Kongsberg und das neue Skigebiet von Svarstad, nur 50 Kilometer nördlich von Larvik. Larvik selbst widmet seinem großen Sohn Thor Heyerdahl, dem Erforscher pazifischer Besiedlungsgeschichte, das *Kon-Tiki-Museum*. Wie die weiter im Norden gelegenen norwegischen Wintersportregionen lädt Telemark sowohl zum Langlauf

Der Blick vom Hægefjell nördlich von Kristiansand schweift ungehindert weit über die herrlich einsame, unberührte Wald- und Seenlandschaft von Telemark im Flußtal der Otra.

Gemächlich tuckert das Ausflüglerschiff *Viktoria* bei Lunde durch den Telemarkskanal.

durch einsame Wälder und über weite Hochebenen als auch zu alpinen Abfahrten auf meist neu angelegten Pisten ein. Die Möglichkeiten zum Après-Ski sind nicht gerade mondän, dafür bietet die Natur um so einmaligere Eindrücke.

Hauptort von Telemark ist die Kleinstadt Skien mit 30 000 Einwohnern. Hier kam 1828 der Dramatiker Henrik Ibsen zur Welt, ein bedeutender Wegbereiter des modernen Theaters. An ihn erinnern ein Denkmal unweit der Kirche, ein Hotel und vor allem das Telemark Fylkesmuseum mit einer Sammlung über Ibsens Leben und Werk.

Auskunft: siehe Seite 175.

LOFOTEN
Inseln wie Haifischzähne unter dem Polarlicht

Wie eine Reihe grünlich-schwarzer Haifischzähne ragt die Inselkette der Lofoten vor Norwegens nordwestlicher Küste aus dem Nordatlantik. Fast senkrecht steigen die von Moosen, Algen und Flechten überzogenen Felswände bis zu 1161 Meter aus dem Meer. Ihre Gipfel tragen bis in den Sommer hinein Schneehüte, und am Fuß der gewaltigen Felsen ankert eine ganze Armada von Fischkuttern.

Die Lofoten sind die interessanteste Etappe auf der fünftägigen Fahrt der berühmten Hurtigruten-Schiffe von Bergen nach dem hoch oben an der russischen Grenze liegenden Kirkenes. Die Inselgruppe ist aber auch mit gewöhnlichen Fähren von Bodø und Skutvik, per Tragflügelboot ab Narvik oder Bodø sowie über die Straße E 10 von Narvik über die benachbarten Vesterålinseln erreichbar.

Der Archipel liegt bereits jenseits des Polarkreises, im Reich der Mitternachtssonne. Von Ende Mai bis Mitte Juli versinkt die Sonne hier nie hinter dem Horizont. Umgekehrt sind die Winter arktisch dunkel, ideal, um das Polarlicht zu erleben. Auf der Insel Andøya, der nördlichsten der benachbarten Vesterålinseln, befindet sich ein Polarlicht-Forschungszentrum, denn die farbenprächtigen Lichterscheinungen am Himmel sind hier besonders gut zu beobachten.

Das Klima auf den Lofoten wird weniger von der Lage weit im Norden als vom warmen Golfstrom beeinflußt. Im Meeresniveau gibt es selten Frost. Die mittleren Lufttemperaturen auf den Lofoten liegen um nicht weniger als 20 Grad über dem weltweiten Durchschnittswert dieser Breiten – ein unangefochtener, erstaunlicher Weltrekord.

Der Name der Lofoten ist seit vielen Jahrhunderten unlösbar mit der Fischerei verbunden. Davon können heute Urlauber profitieren, denen die ehemaligen Fischerhütten heute als Ferienwohnungen zur Verfügung gestellt werden.

Grundlage der Fischerei auf den Inseln ist ein riesiger Kabeljaustamm, der alljährlich von Januar bis April zum Laichen aus dem Nördlichen Eismeer zu den Lofoten zieht. Die Fische laichen am liebsten im Vestfjord, wo sich kaltes Küstenwasser und warmes Golfstromwasser mischen. Der Kabeljaustamm ist dort so groß, daß die Norweger ihm einen eigenen Namen gegeben haben: *Skrei*.

Die Saisonfischerei lockte früher pro Saison über 30 000 Fischer auf die einsamen Inseln. Und trotz rückläufiger Fänge ist die Zeit von Januar bis April immer noch die belebteste Zeit auf den Lofoten. Spezialitäten sind seit Jahrhunderten der durch Wind und Sonne getrocknete Stockfisch *(torrfisk)* und leicht gesalzener Klippfisch. Heute wird ein größerer Teil der Fänge gefroren exportiert.

Die Fischerei ist, gefolgt vom Fremdenverkehr, immer noch die Wirtschaftsgrundlage der Lofoten. Dieser Umstand erklärt es, daß die Lofotengemeinde Flakstad 1994 einen norwegischen Rekord aufstellte: 93,7 Prozent der Wähler stimmten gegen den Beitritt zur Europäischen Union, um so den Zugriff fremder Fischtrawler auf die norwegischen Küstengewässer zu verhindern.

Zu den eigentlichen Lofoten zählt man die vier in einer schmalen, rund 200 Kilometer langen Kette angeordneten Inseln Austvågøy, Vestvågøy, Flakstadøy und – am Südende – Moskenesøya. Von dort aus kann man zu den Vogelinseln Værøy und Røst weiter draußen im Atlantik fahren, wo Papageitaucher und andere Seevögel brüten.

Manchmal werden auch die im Norden benachbarten Vesterålinseln zu den Lofoten gezählt. Sie bieten ebenfalls eine phantastische Felslandschaft, steigen aber nicht so fotogen und steil aus dem Meer. Von Andenes an der Nordspitze der Insel Andøya aus werden in den Sommermonaten Wal-Fotosafaris per Schiff veranstaltet.

Auskunft: siehe Seite 175.

Mitternachtssonne über der bergigen Inselkette der Lofoten: Aus den Wiesen des Hochlandes steigt mit dem Nebel die Erinnerung an die alte nordische Sagenwelt der Edda und an die Märchen Knut Hamsuns.

Wie von Geisterhand gemalt, tauchen geheimnisvolle Lichtspiele den nachtschwarzen Himmel in glühend rote, blauviolette und grüne Farben.

JÜTLAND

Dänemarks kleiner Kontinent

Langsam versinkt die Sonne über dem unendlich scheinenden Meer im Westen. Schmale weiße Wolkenstreifen färben sich erst orange, dann purpurrot. Das Tuckern der hellblauen Kutter, die dem Hafen zustreben, mischt sich mit dem rhythmischen Rauschen der sich brechenden Wellen. Vom Meer zieht langsam die kühle Abendluft heran, läßt uns tiefer im Strandgras und den vereinzelten lila Sommerblumen versinken. Es wäre die reine Naturidylle, sausten nicht direkt unter unserer Düne die Gabelstapler in die Fischauktionshalle. Rauschte nicht ein Strom weißer Kristalle aus dem Rüssel des Eiswerks in den Bauch eines Fischkutters. Läge nicht neben uns ein Überbleibsel von anderen deutschen Besuchern, ein grauer Betonbunker aus dem Zweiten Weltkrieg.

So ist Hanstholm im Sommer. Es könnte aber auch Hvide Sande sein, Torsminde, Nørre Vorupør, Hirtshals oder Skagen. Jütland – der kontinentale Teil Dänemarks – besteht für uns Deutsche vor allem aus Nordseewogen, breiten Stränden voll feinem Sand mit angrenzenden Dünen, aus Fischereihäfen und einer flachen Weidelandschaft.

Im Osten sieht Jütland anders aus. Getreidefelder und frisch aufgebrochene Äcker schmiegen sich in eine sanftwellige Hügellandschaft. Schreiende Möwen suchen hinter einem pflügenden Traktor nach Würmern. Das leichte Sausen in der Luft kommt von einem weißen Rotor: kein Flugzeug, sondern ein kleines Windkraftwerk. „Nordtank" steht auf dem Generator, umweltfreundliches High-Tech aus Dänemark. Drüben, auf dem nächsten Hügel, führt eine schmale Allee aus Apfelbäumen zu einem bornholmerroten Bauernhof. Über den gepflasterten Innenhof läuft eine Katze. Darüber flattert das rot-weiße Kreuz des Danebrog, der dänischen Staatsflagge, im Wind. So ist Djursland, die Nase an der jütländischen Ostküste zum Kattegat hin. Es könnte aber auch ein anderer Abschnitt dieser Küste sein.

Tiefe, zum Teil sehr breite Fjorde durchschneiden die Halbinsel, und auch im Inneren hat die Weichsel-Eiszeit viele große und kleine Seen hinterlassen wie etwa den Kleistrupsee bei Hobro im Norden (Foto links). Hier ist Wikingerland; daran erinnert jedes Jahr im Spätsommer ein „Wikingertreff" in Århus an der Ostseeküste (Foto rechts oben). Hier ist Fischerland, vor allem an der Westküste; in Nørre Vorupør zum Beispiel werden die Kutter noch nach alter Tradition auf den Strand gezogen (zweites Foto von rechts oben). Im Westen – und ganz besonders im hohen Nordwesten – ist aber auch Dünenland; die größte Wanderdüne Dänemarks, Råbjerg Mile, hat die alte Laurentiuskirche von Skagen bis auf den Turm begraben (zweites Foto rechts unten). Jütland ist schließlich auch Bauernland; die schönsten alten Häuser sind in Freilichtmuseen wie Den Gamle By (dänisch; alte Stadt) in Århus zu bewundern (Foto rechts unten).

Nordeuropa

Ein kleines Land zwischen den Meeren

"Jylland mellem tvende have", Jütland zwischen zwei Meeren, heißt jenes Lied in altertümlichem Dänisch, das garantiert bei jeder Hochzeit und jedem Vereinsfest auf der großen Halbinsel gesungen wird. Das Lied tut den Jütländern gut, die sich in einer ewigen Konkurrenz mit der zentralistischen Hauptstadt Kopenhagen befinden:

"Jütland, du bist das Hauptland, / das Hochland mit einsamen Wäldern! Im Westen bist du wild. Statt Bergen / erheben sich sandige Dünen. / Die Wasser von Ost- und Nordsee / vereinigen sich über Skagens Sand."

Keinem Geringeren als Hans Christian Andersen, innerhalb und außerhalb Dänemarks vor allem durch seine Märchen berühmt geworden, fielen diese Zeilen auf einer Reise von Randers nach Viborg ein. Den Begriff Hochland muß man allerdings aus dänischer Sicht betrachten: Die höchste Erhebung, Yding Skovhøj im Osten Jütlands, überragt wohl alle dänischen Inseln. Doch sie mißt nur 173 Meter.

Ansonsten stimmt Andersens Skizze des Landes zwischen Nord- und Ostsee. In anderen Strophen beschreibt er blühende Blumen, Runensteine, lichte Wälder und reiche Bauernhöfe. Fast verschwunden ist allerdings die Heide im Inneren Jütlands, die es Andersen vor 150 Jahren besonders angetan hatte.

Jütland ist der einzige fest mit dem europäischen Kontinent verbundene Teil Dänemarks. Hier wohnt knapp die Hälfte der fünf Millionen Dänen. Jütland ist von Padborg im Süden bis Skagen im Norden 333 Kilometer lang und bietet 3660 Kilometer Küstenlinie. Die größten Städte sind die Hafenstädte Århus, Ålborg, Esbjerg, Randers, Kolding, Horsens und Vejle sowie Herning im Binnenland. Alle anderen Orte haben weniger als 50 000 Einwohner.

Das Land zwischen den zwei Meeren hat seinen Namen von den ursprünglichen Bewohnern, den germanischen Jüten. Es besteht aus zwei großen Landschaften: der von Wind und Wellen geprägten Westküste, die flach und sandig ist. Und aus dem Rest: aus Mitteljütland, aus der fjordreichen Ostküste und der Nordspitze rund um den Limfjord – allesamt Landschaften, die eher sanft und hügelig sind. "Fjord" sagt man hier zu allen mehr oder weniger langgestreckten Buchten und Meeresarmen. Mit den von felsigen Steilküsten umrahmten Fjorden Norwegens haben die dänischen "Fjorde" indes wenig gemein. Und laut geographischer Definition müßten diese langgestreckten, sich tief ins Land hineinziehenden Buchten eigentlich "Förden" heißen. Wie dem auch sei, hier ist es gemütlich, "hyggelig" in der Sprache der Dänen.

Ob das Land flach oder hügelig ist, hängt von seiner Lage während der letzten Eiszeit ab: Die Hügel sind die von Gletschern zusammengeschobenen Moränen. Die höchsten Erhebungen findet man in Djursland und Mols sowie im Seengebiet zwischen Silkeborg und Skanderborg im Osten. Der flache Westen ist das ehemalige Vorland der Gletscher.

Unser Routenvorschlag
VOM KATTEGAT AN DIE NORDSEE

Wer mit der Fähre von Sjællands Odde auf Seeland nach Jütland kommt, der landet im hübschen Fachwerkstädtchen Ebeltoft ❶, wo es ein Glasmuseum und die im Hafen liegende Fregatte "Jylland" zu besichtigen gibt. Nächste Station unserer Tour ist Århus ❷, die zweitgrößte Stadt Dänemarks. Von Århus aus geht es weiter in Richtung Südwesten nach Skanderborg ❸ mit seinen schiefen Altstadt-Häuschen von wo aus man einen Abstecher zum etwa 20 km nordwestlich gelegenen Himmelbjerg machen sollte. Dann fährt man, immer den braunen Schildern mit der Margerite folgend, durch das schönste Waldgebiet ❹ Dänemarks nach Silkeborg ❺ (sehenswert die Moorleichen "Tollundmann" im Kunsthistorischen Museum). Weiter geht es in die Textilstadt Herning ❻ mit dem Museum für moderne Kunst am Ortsausgang und dann in Richtung Norden nach Vinderup und zum Frilandsmuseum ❼. Nordwestwärts weiter und über den Oddesund; kurz vor Ydby nach links zum "Nordwestjütländischen Volkszentrum für Alternativ-Energie" ❽ abbiegen. Per Fähre geht's über den Neessund auf die Limfjordinsel Mors. Hinter Nykøbing sollte man auf Nebenstraßen den braunen Schildern mit der Margerite folgen und am über 60 m hohen Hanklit ❾ einen Strandspaziergang machen. Man verläßt die Insel und fährt bis nach Thisted. Dort biegt man nach links in Richtung Küste ab und kommt nach Nørre Vorupør ❿. Auf der Küstenstraße in Richtung Nordosten erreicht man schließlich Hanstholm ⓫. Sehenswert hier: Leuchtturm und Festung.

★ Das besondere Reiseziel: Legoland.

Wer in Jütland Urlaub machen will, muß auf launisches Klima und einen scharfen Seewind gefaßt sein. Das Wetter wechselt rasch, man muß stets mit Regenschauern rechnen. Doch genauso schnell kommt wieder der nächste Sonnenstrahl.

Der sonnigste Monat ist der Mai. Da stehen die Buchenwälder in ihrer frisch-grünen Pracht, und die Rapsfelder leuchten gelb. Zwischen den Feldern blinkt immer wieder Wasser auf, am eindrucksvollsten an der Ostküste und am Limfjord – denn das Meer ist hier nie weit. An manchen Tagen kann es im Mai schon hochsommerlich warm werden.

Im Sommer färbt sich ganz Jütland langsam goldgelb – Kornfelder prägen die Landschaft. Die Temperaturen sind ozeanisch gemäßigt und liegen tagsüber meist zwischen 20 und 26 Grad. In Jütland kann man auch zur Siestazeit ausgedehnte Spaziergänge machen, ohne einen Hitzschlag befürchten zu müssen. Vor allem im Norden der Halbinsel sind die Tage im Sommer deutlich länger als in Deutschland, und am nördlichen Horizont hält sich fast die ganze Nacht über ein heller Streifen. Der längste Tag wird in Dänemark am 24. Juni als Sankt-Hans-Tag (Sankthansaften) gefeiert. Selbst im September und Oktober kann Jütland noch sehr schön sein – danach beginnt die feuchte und kalte Jahreszeit. Doch Liebhaber rauhen Wetters kommen bei den Herbst- und Frühjahrsstürmen an der aufgepeitschten Nordsee auf ihre Kosten.

Wer einmal im Sommer einen solchen Sonnenuntergang am Wattenmeer in Westjütland erlebt hat, versteht, warum sich die Dänen gern als die „Südländer Skandinaviens" bezeichnen lassen.

JÜTLAND AUF EINEN BLICK

SEHENSWÜRDIGKEITEN

Ålborg: Kunstmuseum, Jens Bangs Stenhus; **Århus:** Altstadt, Kunstmuseum, Hafen, Freilichtmuseum „Den Gamle By"; **Ebeltoft:** Fachwerkhäuser, Windmühlenpark, Glasmuseum; **Esbjerg:** Hafen, Fischereimuseum; **Gammel Estrup bei Randers:** Schloß; **Hanstholm:** Fischereihafen; **Herning:** Kunstmuseum; **Hirtshals:** Fischereihafen und -museum; **Holstebro:** Kunstmuseum; **Hvide Sande:** Fischereihafen; **Kolding:** Trapholt-Kunstmuseum und Burg Koldinghus; **Ribe:** Backsteinhäuser, Dom; **Silkeborg:** Wald und Binnenseen, Kunstmuseum; **Skagen:** Turm der alten Laurentiuskirche, Dünen bei Grenen.

FESTE UND VERANSTALTUNGEN

Åbenrå: Ringreiten, Anfang Juli; **Ålborg:** Open-Air-Karneval, Himmelfahrtswochenende; **Århus:** internationales Jazzfestival, Mitte Juli; Festwoche mit Musik und Theater, Anfang September; **Fanø:** Drachenfestival am Strand, Mitte Juni; **Lindholm-Høje bei Ålborg:** Wikinger-Theaterspiele, Ende Juni; **Ribe:** Wikingermarkt, 1. Maiwochenende; **Ringkøbing:** Antiquitätenmesse, Ende Juli; **Skagen:** Folk- und Liedermacher-Festival am Hafen, letztes Juniwochenende; **Skanderborg:** Rock-Festival, 2. Augustwochenende; **Tønder:** Folk- und Country-Festival, Ende August; **überall in Dänemark:** Mittsommerfeste, 24. Juni.

AUSKUNFT

Dänisches Fremdenverkehrsamt, Glockengießerwall 2, 20095 Hamburg, Tel. 0 40/32 78 03 u. 04.

Kühe, Schafe und malerische Bauernhöfe

Das heutige Jütland ist Bauernland, weit entfernt vom Waldreichtum alter Zeiten und der herben Heidelandschaft, die noch vor 200 Jahren große Teile der Halbinsel bedeckte. Im Innern und im Osten wechseln sich Felder, Kuhweiden, Bäche und kleine Waldstücke ab. Der Nähe der Bauern kann (und will) kein Dänemarkreisender entfliehen. 1788 wurde in Dänemark die Fronverpflichtung der Bauern gegenüber den Adeligen aufgehoben. Das war gleichzeitig der Startschuß für die moderne dänische Landwirtschaft, die auch heute noch das Gesicht der Landschaft prägt. Viele Bauern benutzten die neugewonnene Freiheit dazu, vom alten Dorf in einen neuen Aussiedlerhof zu ziehen – über 150 Jahre, bevor das in Deutschland modern wurde.

Viele der Bauerngehöfte in Mittel- und Westjütland sind freilich neueren Datums, und an ihrer Errichtung ist Deutschland nicht ganz unschuldig. 1864 verlor Dänemark den Krieg gegen Preußen und Österreich und mußte die bis dahin von Kopenhagen aus regierten Herzogtümer Schleswig und Holstein an Preußen abgeben. Kluge Dänen prägten damals den Spruch: „Was nach außen verloren ist, muß nach innen gewonnen werden."

Und innen, das war vor allem die höchstens als Schafweide genutzte Heidelandschaft im Innern Jütlands. Innerhalb weniger Jahre wurden weite Landstriche unter den Pflug genommen. Diese neueren Höfe sind meist aus roten Backsteinen gemauert. Von entscheidender Bedeutung für das moderne Dänemark, aber auch für die Architektur der jütländischen Dörfer und Provinzstädtchen wurde kurz vor der Jahrhundertwende die politische Emanzipation der Bauern gegenüber König und Adel. Die Bauern schlossen sich zu Genossenschaften und zu der ersten modernen Partei – heute „Venstre" und „Radikale" – zusammen und verlangten Demokratie.

Genossenschaftliche Molkereien, jetzt oft von Handwerksbetrieben oder Flohmärkten benutzt, Versammlungshäuser, Heimvolkshochschulen und Genossenschaftsschlachtereien schossen um die Jahrhundertwende aus dem Boden. Sie sind in vielen Dörfern noch die markantesten Bauwerke.

Über die Hälfte der Fläche Jütlands wird landwirtschaftlich genutzt – mit sehr hohen Erträgen.

Die erste Molkereigenossenschaft in Hjedding bei Ølgod nahe dem Ringkøbingfjord ist heute ein Museum. Hier können die Originalmaschinen von 1882 besichtigt werden. Die Genossenschaftstradition lebt übrigens bei den dänischen Stromwindmühlen weiter, von denen viele einem Zusammenschluß mehrerer Familien gehören.

Zwischen Dünenstränden und Fischerhäfen

Obwohl der größte Teil Jütlands landwirtschaftlich genutzt wird, sind Industrie und Dienstleistungen der bei weitem wichtigste Wirtschaftszweig. Jütland gilt als Standort der modernen Industrien Dänemarks, etwa *Lego*-Spielzeug aus Billund, *Danfoss*-Thermostate von der Insel Als oder *Grundfos*-Pumpen aus Bjerringbro an der Gudenå. Doch die von fortschrittlicher, sauberer Technik geprägten Unternehmen sind fast alle klein, und so nimmt kaum ein Tourist Jütland als Industrieland wahr.

Für Autowanderer sei neben der Reiseroute dieses Buches die Margeriten-Route empfohlen. Braune Schilder mit weißem Blumensymbol markieren eine geschlängelte Linie durch die schönsten Orte und Landschaften ganz Dänemarks, meist auf schmalen Nebenstraßen. Radfahrer kommen in den Genuß eines gut ausgeschilderten Radwegenetzes. Aber Achtung: Wer vorankommen will, sollte die Tour immer mit dem Westwind planen, nie gegen ihn.

Wer an der Westküste nach Dänemark einreist, stößt zuerst auf Rømø, die weniger mondäne Schwesterinsel von Sylt. Sehenswert ist das Kapitänshaus von 1748. Backstein und Reetdach, aber vor allem die auf Weltreisen zusammengesammelten Souvenirs geben einen Eindruck vom Leben der dänischen Walfänger zur Zeit der Segelschiffe.

Auf dem Weg nach Norden stößt man dann mitten im flachen Marschland auf das 705 erstmals erwähnte Ribe, Dänemarks älteste Stadt mit einem Dom aus dem zwölften Jahrhundert.

Dänemarks fünftgrößte Stadt, Esbjerg am Nordrand des Wattenmeers, ist dagegen zu neu, um schön zu sein. Der zeitweise sehr kräftige Geruch der Fischmehlfabrik am Hafen hat schon manchen Touristen vertrieben. Esbjerg ist Dänemarks größter Umschlagplatz für sogenannten Industriefisch. Millionen von Sprotten, Stinten und Sandaalen (Tobis) werden hier zu Fischöl und Fischmehl für die Landwirtschaft verarbeitet.

Von Esbjerg an zieht sich die von Brandung und unendlichen Dünenstränden gekennzeichnete Westküste bis Skagen. Große Städte oder bedeutende Kulturdenkmäler gibt es hier nicht, dafür aber einsame Sandstrände und weit verstreut gelegene Ferienhäuser. Die schönsten Fischereihäfen sind Hvide Sande, Torsminde und Hanstholm.

Nørre Vorupør (zwischen Thyborøn und Hanstholm) ist das letzte Fischerdorf, in dem die Kutter noch nach alter Tradition auf den Strand gezogen werden. Am Hafen von Hirtshals lockt das Nordseemuseum: Zu sehen sind ein ganzer Makrelenschwarm im runden Aquarium und planschende Robben, und dazu gibt es jede Menge Erläuterungen zur modernen Fischerei.

Das Hinterland der Nordseeküste bleibt von der dänisch-deutschen Grenze bis nördlich von Holstebro eben. Erst rund um den flachen Limfjord gibt es wieder Hügel und sanfte Talniederungen. Hier ist das Freilichtmuseum Hjerl Hede zwischen Holstebro und Skive auf jeden Fall einen Abstecher wert. Rund 40 ländliche Gebäude aus ganz Dänemark wurden seit 1930 Balken für Balken und Stein für Stein wieder aufgebaut. Da gibt es eine Wassermühle, die alte Schule, einen Krämerladen.

Die Insel Mors wird in einem bekannten dänischen Lied zu Recht als „Perle des Limfjords" besungen. Unbestritten stellt sie den landschaftlich abwechslungsreichsten Teil Westjütlands dar.

Dünen am nördlichsten Zipfel Jütlands bei Grenen: Die größte ist der Råbjerg Mile, eine Wanderdüne, die über 40 Meter hoch wird und von der Nordsee her stetig in Richtung Kattegat voranschreitet.

Der letzte Fischereihafen auf dem Weg nach Norden ist das malerische Skagen mit seinen gelb gestrichenen Häuschen und den roten Dächern.

Direkt südlich von Skagen kann man nachempfinden, daß frühere Generationen den von uns so geliebten Nordsee-Sandstrand als Bedrohung empfanden. Råbjerg Mile ist Dänemarks größte Wanderdüne und bewegt sich mit einer Geschwindigkeit von acht bis zehn Metern pro Jahr unaufhaltsam weiter nach Osten. Von Skagens Gamle Kirke, der alten Kirche Sankt Laurentius, ist nur noch ein Teil des Turms sichtbar. Die Kirche selbst mußte nämlich 1810 abgerissen werden, weil sie ganz vom Sand verschüttet wurde.

Reizvolle Städte – und immer wieder Natur pur

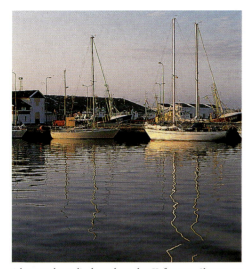

Adrett und nordisch sauber: der Hafen von Skagen an der äußersten Nordspitze Jütlands.

Nach Jelling nordwestlich von Vejle wallfahren die Dänen zum dortigen Runenstein, gleichsam der Geburtsurkunde ihrer Nation. Auf diesem Stein pries um das Jahr 980 König Harald Blauzahn von Dänemark seine Eltern Gorm und Thyra. Andere sehenswerte Überbleibsel der Wikingerzeit sind die Erdburgen Fyrkat bei Hobro und Aggersborg am Limfjord.

Dänemarks reizvollster Wald, immer wieder durchbrochen von Binnengewässern, liegt zwischen Skanderborg und Silkeborg. Sicher zu Recht nennt sich das Rockmusik-Festival von Skanderborg – jedes Jahr am zweiten Wochenende im August – „Dänemarks schönstes Festival". Hier liegt auch der 147 Meter hohe Himmelbjerg. Durch das Waldgebiet fließt die Gudenå, mit 158 Kilometern Dänemarks längster Fluß.

Århus ist mit 265 000 Einwohnern die zweitgrößte Stadt Dänemarks. Hier lockt die Århus-Festwoche Anfang September jedes Jahr Kulturbegeisterte aus ganz Europa an. Besonders gemütlich sind die Altstadtsträßchen zwischen Mejlgade und Guldsmedgade. Die meisten Kneipen gibt es in der Skolegade, die am Dom vorbeiführt.

Die landschaftlich abwechslungsreichsten Teile Jütlands sind Djursland und Mols, die wie eine Nase in den Kattegat hineinragen. Von den Kuppen der ehemaligen Endmoränen aus kann man im Hintergrund immer wieder das blaue Wasser blitzen sehen. Zwischen den rundlichen Hügeln – einige von Hünengräbern gekrönt – liegen kleine Dörfer und vereinzelte Fachwerk-Bauernhöfe. Das Städtchen Ebeltoft am Südostzipfel von Mols hat sich bis heute eines der bezauberndsten Stadtbilder von Dänemark bewahrt: gepflasterte Straßen, das alte Fachwerkrathaus von 1789 (heute Museum) und zahlreiche weitere Fachwerkhäuser. Im Hafen liegt Dänemarks letztes großes Marinesegelschiff. Die Fregatte „Jylland" nahm unter anderem an der Schlacht bei Helgoland im Jahre 1864 teil.

Grenå ist zusammen mit Århus, Bønnerup Strand in Norddjursland und Frederikshavn einer der wenigen nennenswerten Fischereihäfen der Ostküste. Sehenswert sind das Dänische Fischereimuseum und das Kattegat-Center, in dem man lebende Haie von unten betrachten kann.

Dänemarks viertgrößte Stadt Ålborg (157 000 Einwohner) ist das östliche Tor zum Limfjord. Die Stadt hat ein bedeutendes Museum für moderne Kunst und die Reformuniversität AUC, die dem relativ armen Nordjütland einige Impulse gibt.

Doch rasch läßt man diese Städtchen hinter sich und taucht wieder ein in die heitere Landschaft. Denn wer nach Jütland reist, kommt nicht wegen der Städte, sondern um „Natur pur" zu genießen.

Ganz anders als eine Reise an der wilden und flachen Westküste gestaltet sich eine Fahrt entlang der Ostseeküste mit ihren teils tief ins Land reichenden Fjorden, den historischen Städtchen, malerischen Marktplätzen und Häfen. Die ungewöhnliche und mutige Renovierung einer verfallenen Burg kann man im ursprünglich 1248 errichteten Koldinghus in Kolding besichtigen.

DAS BESONDERE REISEZIEL: ERLEBNISPARK LEGOLAND

In dem kleinen Ort Billund im Herzen Jütlands, zwischen Vejle und Esbjerg, liegt ein Freizeit-Erlebnispark, der jedes Kinderherz höher schlagen läßt: *Legoland*. Der Name ist selbst Kindern ein Begriff, die noch nie da waren.

Die wesentlichen Teile der Spiel- und Abenteuerlandschaft sind aus jenen bunten Kunststoffklötzchen erbaut, die sich auch in fast jedem deutschen Kinderzimmer finden: aus Legosteinen. *Legoland* hat allerdings mehr davon als jedes noch so reichlich beschenkte Kind. 45 Millionen Steinchen bilden mitten in Jütland Hunderte von Miniaturmodellen. Das sind Modelle der Welt draußen und Modelle aus der Welt der Phantasie. Der Bestand an Minibauten reicht von Schloß Neuschwanstein bis zum Piratenland von Kapitän Roger. Allein die Berliner Kaiser-Wilhelm-Gedächtnis-Kirche besteht aus 780 000 Lego-Klötzen.

Im Jahre 1932 stellte Ole Kirk Christiansen in Billund das erste „LEg-GOdt"-Spielzeug (zu deutsch: spiel gut) her. Anfangs war es aus Holz, seit 1947 aus Kunststoff. Heute liegen dort das inzwischen größte dänische Familienunternehmen und sein Ableger *Legoland*. Mit über einer Million Gästen pro Jahr ist der Open-air-Park eine der Hauptattraktionen Dänemarks.

Der Spielzeugkonzern selbst nennt *Legoland* einen „Themenpark". Sein Herz sind die zahlreichen Architekturnachbildungen von *Miniland*. Doch darüber hinaus gibt es noch viele andere Anziehungspunkte für kleine und auch große Menschen mit entwickeltem Spieltrieb: die Spiellandschaft *Duplo Land* für die jüngsten Besucher. Einen Safaripark, dessen Tiere aus den bunten Spielsteinen bestehen. Die Wildweststadt *Legoredo Town* mit Cowboys, Indianern und Saloon. Die 240 Meter lange Wasserbahn *Canoe*. Karussells und Achterbahn, eine Verkehrsschule für Verkehrsanfänger bis 13 Jahre und eine mittelalterliche Welt mit Burgen und Zauberern. In den festen Gebäuden stellt *Legoland* außerdem Spielzeug- und Puppensammlungen sowie einen englischen Palast der Elfenkönigin Titania von 1922 aus. Die Puppensammlung zeigt 500 Prachtexemplare aus der ganzen Welt, darunter eine französische Holzpuppe von 1580.

Am bekanntesten ist freilich *Miniland*: Hier wurden Gebäude, Straßenzüge und ganze Landschaften aus Europa und Amerika aus den Spielzeugklötzen nachgebaut. Dazu gehören die aus 600 000 Lego-Steinen errichteten Attraktionen der Deutschen Märchenstraße, die Rheinpfalz von Kaub, Amsterdamer Grachten, die Freiheitsstatue von New York, das Lofotendorf Reine, mehrere Schleusen des schwedischen Götakanals sowie natürlich die wichtigsten und schönsten Bauwerke der dänischen Hauptstadt Kopenhagen und typische jütländische Küstenszenen. Wer nicht immer nur laufen will, kann auch per Minibahn, Monorail und Boot zwischen den Miniaturen kreuzen. Am Eingang kann man Rollstühle und Kinderwagen ausleihen. Der Traum aller Kinder ist vom Frühjahr bis zum Herbst geöffnet; die Öffnungszeiten ändern sich allerdings jedes Jahr. Genaue Informationen erhält man unter der Telefonnummer 00 45/75/33 13 33.

Der Kindertraum *Legoland* ist auch für Erwachsene interessant. Die bunten Bauklötzchen gehören zu den beliebtesten Exportartikeln Dänemarks.

NORDOST-SEELAND
Kunst, Wald und Villen

Unter den annähernd 500 dänischen Inseln ist Seeland mit Abstand die größte, sieht man einmal von dem autonomen Gebiet Grönland ab. Zahllose Buchten, Fjorde und Landzungen bestimmen seine Küstenlinie, im Innern prägen hügelige Felder, auch größere Wälder das Landschaftsbild. Doch die meisten Urlauber lockt eher das „Paris des Nordens" – die quirlige Hauptstadt Kopenhagen. Wer von der Betriebsamkeit der Metropole dann irgendwann genug hat, der mache es wie die Einheimischen und begebe sich auf einen Ausflug in das traditionelle Jagdrevier des dänischen Königshauses, in den Norden mit seinen dichten Wäldern, grünen Hügeln und prächtigen Stränden.

Schloß Frederiksborg bei Hillerød ist das bedeutendste dänische Bauwerk der Renaissance. Es wurde von König Christian IV. auf drei Inseln errichtet und dient heute als nationalhistorisches Museum.

Bereits die ersten Kilometer von Kopenhagen in Richtung Norden sind ein Erlebnis – wenn man statt der Autobahn den Strandvejen wählt, den alten Strandweg. Villen aus dem vorigen Jahrhundert wechseln sich mit modernen Prunkbauten ab, grüne Parks mit Blicken auf den blauen Öresund und auf das am anderen Ufer liegende Schweden. Der Strandweg beginnt am ehemaligen Hauptsitz der Tuborg-Brauerei. Dort liegt heute das Experimentarium, ein Technik- und Wissenschaftsmuseum zum Anfassen und eben zum Experimentieren.

Im Aquarium am Schlößchen Charlottenlund kann man in über 70 Wasserbecken die Tierwelt der Sunde und Nordmeere, aber auch exotischer Gewässer betrachten. Charlottenlund ist zudem der erste der bei den Kopenhagenern so beliebten Strände im Nordteil der Insel.

Einige Kilometer weiter westlich, in Lyngby, gibt das in einem wunderschönen Park gelegene Freilichtmuseum einen Überblick über die dänische Fachwerkarchitektur der vergangenen Jahrhunderte. Über 70 Bauwerke aus ganz Dänemark und aus früheren dänischen Gebieten in Norddeutschland und Südschweden wurden hier originalgetreu wieder aufgebaut.

Jægersborg Dyrehave – übersetzt „Tierpark" – ist ein ehemaliges Jagdrevier. Viele Dänen lassen sich hier beim Picknick unter alten Eichen und Buchen gern von einigen der 2000 Hirsche und Rehe beobachten. In einer Ecke des Parks liegt Bakken, die volkstümliche Ausgabe des Kopenhagener Vergnügungsparks Tivoli, mit Achterbahn, Karussells und Open-air-Kneipen.

Immer näher rückt die schwedische Küste auf unserem Weg. Zwischen unzähligen Schiffen taucht die Insel Ven im Öresund auf. Die ehemaligen kleinen Fischereihäfen haben sich zu stolzen Jachthäfen gemausert.

In Rungsted wohnte einst Karen (Tania) Blixen, deren Afrikabücher weltweit berühmt sind. Heute beherbergt ihr ehemaliger Landsitz das „Karen-Blixen-Museum". In Humlebæk schließlich liegt Dänemarks wohl sehenswertestes Museum: Louisiana. In einem alten Park mit Blick auf die schwedische Küste gelang eine architektonisch geniale Verschmelzung von moderner Kunst und Natur. Seien es Plastiken von Henry Moore oder Alberto Giacometti, Gemälde von Andy Warhol oder Per Kirkeby – hier ist die Elite der Kunst dieses Jahrhunderts versammelt. Und es gelang den Architekten, durch immer neue Anbauten jedes Kunstwerk in dem ihm gebührenden großzügigen Rahmen zu präsentieren.

Endpunkt des Strandwegs ist Helsingør. Hier scheint Schweden nur noch einen Steinwurf entfernt zu sein. Ständig gleiten Fähren über den schmalen Sund. In Helsingør steht Kronborg, oft als Skandinaviens schönstes Renaissanceschloß bezeichnet, das auch das Seefahrtsmuseum beherbergt. Schloß Kronborg kam zu Weltruhm durch Shakespeare, der es zum Schauplatz seiner großen Tragödie *Hamlet* machte. Ebenfalls in der Hafenstadt liegt das Technische Museum Dänemarks.

In Helsingør knickt die Küste nach Westen ab. Hier beginnen die langen Sandstrände Nord-Seelands. Die hübschen Küstenorte Hornbæk, Gilleleje, Tisvildeleje, Liseleje und Hundested haben sich den Bedürfnissen der Touristen angepaßt. Doch schon ein paar Kilometer landeinwärts kann man den ganzen Zauber einer alten Kulturlandschaft genießen: Sei es der Gribskov, der zweitgrößte Wald Dänemarks, seien es die beiden großen Seen Arresø und Esrum, seien es überhaupt die für die Jagd der Könige und des Adels gepflegten Waldbestände – und nicht zu vergessen Hillerød mit zwei der schönsten dänischen Schlösser: Frederiksborg stammt aus dem 17. Jahrhundert und ist seit 1878 dänisches nationalhistorisches Museum. Hier wird die Geschichte des Landes, verteilt über etwa 45 Räume, vermittelt. Östlich von Frederiksborg befindet sich das etwas jüngere Fredensborg, die Sommerresidenz der königlichen Familie.

Auskunft: siehe Seite 183.

Der Kopenhagener Vergnügungspark Tivoli ist der größte Ausflüglermagnet Skandinaviens.

BORNHOLM
Wo Dänemark am sonnigsten ist

„Sonne über Gudhjem": Das kann ein warmer Tag im schönsten Fachwerkdorf der Ostsee-Insel Bornholm mit seinen roten Dächern sein. Der Begriff steht aber auch für eine kulinarische Spezialität der Insel: einen noch warmen, geräucherten „Bornholmer" (Hering) mit einem rohen Eigelb, Salz und Schnittlauch. Und was das Klima auf Bornholm – der östlichsten dänischen Insel – angeht, so trifft „Sonne über..." mit größter Sicherheit zu.

Bornholm ist Dänemark im Kleinformat. Kein anderer Teil dieses skandinavischen Landes ist landschaftlich so abwechslungsreich wie die nur 20 mal 38 Kilometer große Insel. Nirgends sonst gibt es so viele gut erhaltene Fachwerk-Bauernhöfe. Und nirgends sonst in Dänemark ist es speziell im Spätsommer so warm wie auf Bornholm – die umgebende Ostsee wirkt als Wärmespeicher.

Bornholm gleicht einer leicht gekippten Granitplatte mitten im Meer zwischen Schweden und Mecklenburg-Vorpommern. Im Nordosten steigt eine steile Klippenküste jäh aus der Ostsee. Am eindrucksvollsten sind hier die oft sturmumtoste Heidelandschaft Hammeren und die alte Festungsruine Hammershus. Dort kann man im August die Heideblüte genießen. Die Südküste dagegen ist flach, und rund um Dueodde laden kilometerlange schneeweiße Sandstrände zum Planschen ein. Dazwischen liegen sanfte Hügel mit unzähligen Radwegen und Landsträßchen, aber auch eines von Dänemarks größten Waldgebieten: Almindingen.

Bornholm ist wie geschaffen für Fahrradausflüge: Welches Quartier man auch wählt, jeder Ort der Insel ist innerhalb eines Tages bequem mit dem Drahtesel erreichbar. Wer sein Rad zu Hause vergessen hat, kann sich überall eines leihen.

Die Fähren von Saßnitz auf der Insel Rügen, Kopenhagen und dem schwedischen Ystad legen in der Inselhauptstadt Rønne an. Zwischen Hafen und Marktplatz erstreckt sich eine romantische Altstadt mit flachen Häusern, die Erinnerungen an vergangene Jahrhunderte heraufbeschwört. An der Bagergade meint man noch den Geist des Schriftstellers Martin Andersen Nexø zu spüren, der dort in armseligen Verhältnissen seine Schuhmacherlehre absolvierte und später als fabulierfreudiger „Arbeiterdichter" international berühmt und nach Hans Christian Andersen der bekannteste dänische Autor wurde (Pelle der Eroberer). In Neksø auf der anderen Seite der Insel kann man sich in einer „Gedächtnis-Stube" im Elternhaus über sein Leben informieren.

Die idyllischsten Ortsbilder weisen ansonsten Gudhjem und der kleine Hafen Svaneke an der Nordostecke der Insel auf. Hier kann man beim Spazierengehen den Farbkontrast blühender Blumen und dunkler Fachwerkbalken genießen oder die unzähligen Präsentationen von Kunsthandwerk und Kitsch in den einladenden Fenstern der Privathäuser betrachten. In diesen beiden Orten und auch in Hasle, Årsdale, Neksø und Allinge gibt es Räuchereien, wo Touristen mit Blick aufs Meer die noch warmen Fische verspeisen können.

Begünstigt durch die vielen Touristen und sicher oft beflügelt von dem sonnigen Wetter, konnte sich auf Bornholm ein reiches Netz an Kunsthandwerksbetrieben entwickeln. Die Busgesellschaft BAT bietet in der Saison regelmäßig einen „Kunsthandwerkerbus" an, der verschiedene Werkstätten abklappert.

So werden auf Bornholm nach altem Brauch die Heringe vor dem Räuchern aufgehängt.

Eine andere Touristenlinie, der „Grüne Bus", besichtigt ökologische Vorzeigeprojekte auf der Insel – von den zahlreichen Windmühlen bis zum Ökohaus bei Svaneke.

Viele Töpfereien liegen versteckt abseits der Landstraßen, nur mit einem Schild „Keramik" gekennzeichnet. Sehenswerte kleine Glashütten (zum Teil in ehemaligen Räuchereien) gibt es in Svaneke, Gudhjem, Snogebæk und an der Küstenstraße bei Gudhjem. Eine wirkliche Attraktion aber hat die Insel mit dem neuen Kunstmuseum an den „Heiligen Klippen" der Nordküste bekommen. Ein Bach läuft mitten durchs Museum, in dem man unter anderem ein sehr schönes Bild des Malers Oluf Høst von seiner Insel bewundern kann.

Die wohl interessanteste Besonderheit Bornholms sind die berühmten Rundkirchen, wie sie sich in Olsker bei Allinge, in Gudhjem oder in Nykirke finden. Die eindrucksvollen spitzkegelbedachten Gotteshäuser (die Dächer wurden später aufgesetzt), in der Form fast an groß geratene afrikanische Eingeborenenhütten erinnernd, dienten in früheren Zeiten auch Verteidigungszwecken: Das oberste der drei Stockwerke ist jeweils mit Schießscharten versehen. Alle diese Rundkirchen haben einen zusätzlichen Glockenturm, der sich meist abseits am Rande des Kirchhofs befindet.

Auskunft: siehe Seite 183.

Die Wahrzeichen von Bornholm sind seine Rundkirchen aus dem 12. und 13. Jahrhundert. Hier sieht man die Olskirke bei Allinge im Norden der Insel.

Dalarna und Siljansee

Natursinfonie auf schwedisch

Die meisten Touristen, die nach Schweden reisen, kommen im Sommer – doch auch der schwedische Winter hat seine Reize. Wie wäre es mit einem Spaziergang über einen 600 Meter langen Steg, der die blauen Wogen rechts und links mit einer zehn Zentimeter dicken Eisfläche und einer sauberen Lage weißen Schnees darauf eingetauscht hat?

Auf diesem vom Eis umschlossenen Steg kann man sich Langlaufskier oder Schlittschuhe unterschnallen und losfahren. Quer über den See. Viele Kilometer einer schneeweißen, Ruhe ausstrahlenden Ebene liegen vor einem. Vielleicht kommt man an einem Eisfischer vorbei, der den eisigen Panzer des Sees durchstoßen hat, um Forellen oder Barsche zu fangen.

Wem nach solchen Erlebnissen zumute ist, der besucht am besten im Februar oder Anfang März das Dorf Rättvik am Siljansee in Dalarna, und wer zufällig am ersten Wochenende im März dort ist, hat Gelegenheit (entsprechende Kondition vorausgesetzt), am Wasalauf teilzunehmen, Schwedens größtem Ski-Volks-Langlauf mit rund 10 000 Teilnehmern.

In der warmen Jahreszeit locken der rund 250 Kilometer nordwestlich von Stockholm gelegene Siljansee und Hunderte von kleinen Seen zum Baden. Die Nadel- und Birkenwälder mit abgelegenen Sennhütten laden zum Wandern ein. Sonnenbeschienene Dörfer mit roten Holzhäusern liegen im saftigen Grün der Landschaft verstreut. Und die Menschen laden die Urlaubsgäste vielleicht sogar ein, mit ihnen zusammen Mittsommer zu feiern und um den Maibaum zu tanzen.

Tausende von flachen Seen mit zahllosen Inseln zwischen bewaldeten, von Eiszeitgletschern rundgeschliffenen Hügeln bestimmen das Landschaftsbild von Dalarna. Besonders romantisch wirken die blauen Waldkuppen am großen Lejensee vom Kajsberg aus am frühen Morgen (Foto links). Am schönsten ist es hier, wenn sich die Mädchen zum Mittsommernachtfest schmücken (Foto rechts oben). Vor allem auf dem Land pflegt man noch die traditionelle Bauweise mit Holz aus den unendlich weiten Wäldern (zweites Foto von rechts oben). Auf einigen Flüssen wie dem Klarälv wird auch heute noch die Holzflößerei betrieben (zweites Foto von rechts unten). Die Forstwirtschaft spielt eine große Rolle. Aus Holz geschnitzt und in einem ganz speziellen Stil bemalt sind die volkstümlichen Dalarna-Pferdchen, die in Heimarbeit rund um den Siljansee hergestellt werden (Foto rechts unten).

Das stille Land im weiten Tal

Die mittelschwedische Landschaft Dalarna, vom Dalälv und dessen Zuflüssen durchströmt, deckt sich im wesentlichen mit der Provinz Kopparbergs Län und hat trotz ihrer – etwa der Fläche Brandenburgs entsprechenden – Größe von knapp 28 000 Quadratkilometern lediglich 290 000 Einwohner. Das sind nur etwa zehn Einwohner pro Quadratkilometer. Für schwedisches Wald- und Bauernland ist die Gegend dennoch relativ dicht besiedelt. Die vielen Dörfer, Weiler und Einzelgehöfte mit den typischen roten Holzgebäuden prägen das Bild der Landschaft weit mehr als in Norrland.

Im Herzen von Dalarna sind noch die Spuren einer Katastrophe zu erkennen, die sich hier vor mehr als 350 Millionen Jahren ereignete: Ein Meteorit mit mehreren Kilometern Durchmesser prallte auf die Erde. Das Zentrum des Aufpralls lag nordöstlich von Mora bei Hättjärn. Die dabei freigewordene Energie wird auf das Fünfhundertmillionenfache der Atombombe von Hiroshima geschätzt. Durch den Aufprall entstand ein rund 60 Kilometer breiter Krater, in dem heute Siljan-, Orsa-, Skattung- und Oresee sowie die kleinen Seen des Bodatals liegen. Eine Ausstellung im Naturmuseum von Rättvik informiert über die Katastrophe, die freilich auch ihre guten Seiten hatte: Der Meteoritenkrater ist mit recht fruchtbarem, kalk- und nährstoffreichem Boden gefüllt, während der Boden der Umgebung meist aus den von Eiszeitgletschern abgeschliffenen kahlen Felsen und steinigen Moränen besteht.

Die Lebensader von Dalarna ist Schwedens zweitgrößter Fluß Dalälv, der sich in zwei Hauptarmen und durch 104 Binnenseen, von der norwegischen Grenze kommend, die 520 Kilometer bis zur Ostsee schlängelt. Im Nordwesten Dalarnas fließen die beiden Arme Österdalälv und Västerdalälv getrennt, um sich dann bei Djurås südlich des Siljansees zu vereinigen. Direkt nördlich von Djurås liegt in Gagnef eine der letzten altertümlichen Schwimmbrücken über den Österdalälv.

Vor allem in der Zeit der Schneeschmelze verwandelt sich der Dalälv in einen reißenden Strom, auf dem man in Frühjahr und Sommer spannende Wildwasserfahrten unternehmen kann. Entlang dem Dalälv sind die ersten Siedler in die Region gewandert, und sein Tal hat der Region ihren Namen gegeben: Dalarna.

Als der Holzeinschlag in den schwedischen Wäldern mit dem Ausbau der Holzindustrie im 19. Jahrhundert immer stärker anwuchs, entwickelte sich der Dalälv auch zum wichtigen Flößweg. Bereits 1858 entstanden große Sägewerke am Runnsee von Falun und am Domnarvet im heutigen Borlänge. Zu riesigen Flößen gebündelt, trieben die Baumstämme damals flußabwärts. Die urwüchsigen Waldlandschaften von Dalarna sind also kein richtiger Urwald, keine wirkliche „Wildmark" mehr, sondern wurden in den letzten 150 Jahren stark vom Menschen verändert.

Die Landschaft mit ihren felsigen Hügeln wurde in Tausenden von Eiszeitjahren von den Gletschern geformt. Beim Rückzug am Ende der jüngsten Eiszeit vor etwa 10 000 Jahren hat das Eis fast überall seine Souvenirs hinterlassen: glattgeschliffene Felsbuckel, riesige Findlinge, Geröll und Moränen.

Dalarna wird traditionell in vier Regionen eingeteilt: Das südliche Dalarna oder Bergslagen (zu deutsch: Bergbaugebiet) hat in der schwedischen Industriegeschichte eine wichtige Rolle gespielt. Im Norden schließt sich das mittlere Dalarna an, das nach den Kupfererzgruben von Falun – einst die reichsten der Welt und die „Schatzkiste des schwedischen Reiches" – auch Kopparbergslagen (Kupferbergbau-Gebiet) genannt wird. Doch heute ist diese Region Dalarnas wieder eine Landschaft mit grünen Wäldern, sauberen Flüssen und Seen. Bergslagen

---

DALARNA UND SILJANSEE AUF EINEN BLICK

SEHENSWÜRDIGKEITEN

Borlänge: Zukunftsmuseum mit Experimentiermöglichkeit; **Falun:** historisches Bergwerk, Holzhäuser im Stadtteil Elsborg, Larsson-Museum; **Gagnef:** hölzerne Schwimmbrücke; **Leksand:** Museumsdorf am Österdalälv und Heimathöfe; **Mora:** Anders-Zorn-Museen; **Njupeskär:** Schwedens höchster Wasserfall; **Nusnäs:** Holzpferdschnitzereien; **Orsa:** Bärenpark Grönklit; **Rättvik:** Heimathöfe, Strand.

FESTE UND VERANSTALTUNGEN

Leksand: Kirchbootrudern, 1. Sonntag im Juli; **Leksand und Rättvik:** Musik am Siljan, 1. Juliwoche; **Mora:** Ballettfestival „Stora Daldansen", Ende Mai, „Ängsklockeveckan"-Kulturwoche, Anfang Juli; **Rättvik:** Kirchbootrudern, Mittsommertag Ende Juni, internationales Folklorefestival, Ende Juli oder Anfang August; **Sälen bis Mora:** Wasalauf (Volks-Ski-Langlauf), 1. Samstag im März; **Vansbro:** Volksschwimmen im Västerdalälv, Juli; **überall in Dalarna:** Mittsommerfeiern am Freitag zwischen dem 20. und 26. Juni.

AUSKUNFT

Schweden Werbung für Reisen und Touristik GmbH, Lilienstraße 19, 20095 Hamburg, Tel. 0 40/ 33 01 85.

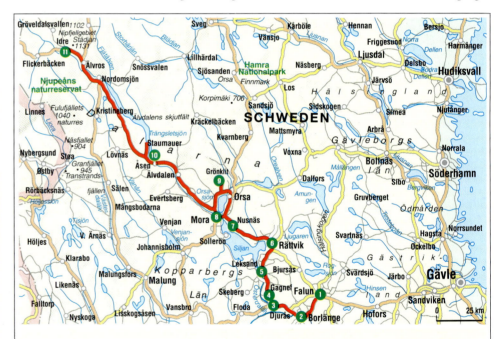

Unser Routenvorschlag
VON FALUN NACH IDRE

Die Route beginnt in der Kupfer-Bergbaustadt Falun ❶ mit ihren hübschen Holzhäusern, rund 250 km nordwestlich von Stockholm. Weiter geht es von der Reichsstraße 60 in die Stahlstadt Borlänge ❷, die größte Stadt von Dalarna. Jetzt folgt die Route der Reichsstraße 70. In Djurås ❸ lohnt sich ein Abstecher zum Zusammenfluß von Väster- und Österdalälv inmitten sattgrüner Wiesen und Wäldchen. Im alten Kirchspiel Gagnef ❹ führt eine der letzten historischen Floßbrücken über den Österdalälv, die einzige, die man auch mit dem Auto passieren darf. Weiter im Norden erreicht man an dem hübschen Ferienort Leksand ❺ den Siljansee, das Herz von Dalarna. Rättvik ❻, der nächste größere Ort, besitzt einen 628 m langen Holzsteg in den See hinaus. In Nusnäs ❼ leben die meisten Dalarna-Holzpferdchenschnitzer. Nordwestlich davon liegt Mora ❽, das Ziel des berühmten Wasa-Skilaufs im März, mit vier Museen zum Werk des großen Malers Anders Zorn (1860 bis 1920). Von Mora aus folgt ein Abstecher zu Europas größtem Bärenpark in Grönklit ❾, etwa 10 km nördlich von Orsa. Die Route führt der Straße Nr. 70 westwärts folgend jetzt wieder hinunter ins Tal des Österdalälv. Talaufwärts macht eine Staumauer ❿ den Fluß zu einer 70 Kilometer langen Kette von Stauseen. Am letzten davon, unweit der norwegischen Grenze, beginnen am Wintersportort Idre ⓫ viele Wanderungen ins Nipfjällgebiet.

★ Das besondere Reiseziel: Götakanal.

Dalarna und Siljansee

Sundborn am Südufer des Toftasees nordöstlich von Falun war die Heimat des bekannten schwedischen Malers Carl Larsson (1853 bis 1919), der hier auch begraben ist. Seine Genrebilder sind bis heute populär.

und das Gebiet um Falun und Borlänge sind relativ dicht besiedelt. Im Norden schließt sich daran die Gegend um den Siljansee an. Noch weiter im Nordwesten liegt das obere Dalarna mit seinen einsamen Wäldern, die sich bis hinauf zu den kahlen Hochgebirgen an der norwegischen Grenze ziehen.

Zur Sonnwendfeier ist es am schönsten

Typisch für Dalarna ist der Kontrast von blauen Flüssen oder Seen, rotgestrichenen Bauernhäusern und grünen Wäldern. Im Juni, Juli und August pendeln die Temperaturen am Siljansee, Schwedens siebtgrößtem See (290 Quadratkilometer), zwischen 15 und 25 Grad. Dann kann man sich kaum vorstellen, daß der See an 111 Tagen im Jahr von Eis bedeckt ist. Im Sommer lädt eine wald- und wasserreiche Landschaft zum Wandern, Radeln oder Sonnenbaden ein. Vor allem rund um den Mittsommertag (in Schweden der Samstag zwischen dem 20. und dem 26. Juni) strömen die Leute an die Ufer des Siljansees, um dort die Sommersonnenwende mit dem längsten Tag und der kürzesten Nacht des Jahres zu feiern.

In den Dörfern am Siljansee kann man die vielleicht ausgelassensten Mittsommerfeiern erleben. Der Tanz um den blau-weißen „Maibaum" mit schwedischer Flagge und einem hölzernen Hahn an der Spitze dauert oft die ganze Nacht. Heimatforscher meinen, daß der Brauch vor Jahrhunderten mit Bergleuten aus Deutschland gekommen ist.

Das Land um den Siljansee ist ein altes Bauernland – doch von den Erträgen der sehr kleinen Höfe konnte kein Bauer reich werden. Anders als in den meisten anderen Landstrichen Schwedens erben hier nach dem Gesetz der Erbteilung alle Söhne Land. Das vertiefte die Liebe zur eigenen Scholle, zwang aber auch viele Bauern Dalarnas dazu, das Einkommen durch Wanderarbeit aufzubessern.

Eine andere typische Siljantradition sind die Kirchboote. Noch bis zur Jahrhundertwende waren die Wege so schlecht, daß die Einwohner der kleinen Dörfer und Weiler in Bootsgemeinschaften zum Sonntagsgottesdienst ruderten. Der dänische Märchendichter Hans Christian Andersen beschrieb 1849, in welcher Farbenpracht sich die am Sandstrand von Leksand unterhalb der Kirche anlegenden Boote präsentierten. Männer und Frauen legten die schönsten, oft rot oder gelb verzierten Trachten an. 40 bis 60 Menschen fanden Platz in einem solchen Kirchboot, das vom Baustil her an die Wikingerschiffe erinnert. Inzwischen sind die Kirchboote

Abendstimmung am Siljansee: Schwarze Fichtenwälder und silbernes Wasser schaffen einen Zauber aus Licht und Schatten, Stille und Einsamkeit – eine der schönsten Sinfonien der Schöpfung.

eine bekannte Touristenattraktion. An einigen Orten haben auch Urlaubsgäste die Gelegenheit, sich einmal selbst in die Riemen zu legen. Besonders sehenswert sind die Ruderwettbewerbe für Kirchboote in Rättvik am Mittsommertag sowie in Mora und Leksand Anfang Juli.

Zur Symbolfigur von Dalarna wurde das meist rotlackierte Dalarnapferdchen. Arme Bauerneltern schnitzten es einst als Spielzeug für ihre Kinder. Touristen können den Holzschnitzern heute bei der Arbeit über die Schultern schauen – unter anderem in der Pferdchen-Hochburg, dem Dorf Nusnäs.

Die schwedische Backspezialität ist das Knäckebrot. In Leksand kann man beim Familienunternehmen *Leksandsbröd* zusehen, wie es gebacken wird. Hier in Dalarna backt man das Brot noch in der alten Form: als Rad. Die flachen Scheiben Roggenbrot mit dem Loch in der Mitte werden auf eine Eisenstange gehängt und dann für wenige Minuten in den holzbeheizten Backofen geschoben.

Rund um den Siljansee führt die mit orangefarbenen Punkten markierte, 340 Kilometer lange Wanderstrecke Siljansleden. Durch urwüchsige Fichten-, Kiefern- und Birkenwälder geht es, vorbei an kleinen Seen, in denen man baden oder angeln kann. Einfache Übernachtungshütten (Övernattningsstuga für höchstens zwei Nächte) findet der Wanderer in akzeptablen Tagesetappen.

Wanderer und Naturliebhaber profitieren vom schwedischen *Allemansrätten,* dem Jedermannsrecht. Jeder hat freien Zugang zu fremdem Grund, sofern der nicht als Privatgrundstück gekennzeichnet ist. Das Baden, das Zelten für eine Nacht und das Sammeln von Pilzen und Beeren sind nach diesem uralten Gewohnheitsrecht überall erlaubt. Dazu gehört aber auch Rücksichtnahme, das Verbot, mit dem Auto durchs Gelände zu fahren, bei Trockenheit Feuer zu machen oder Müll liegenzulassen.

Ein freies Land aus alter Tradition

Für Radfahrer gibt es ebenfalls einen Siljansleden, der über 310 Kilometer Nebenstraßen und Feldwege führt und mit blauen Fahrradsymbolen ausgeschildert ist. Räder kann man in den Sportgeschäften der Region mieten. Da die meisten Hügel sanft ansteigen, ist diese Siljansee-Umrundung nicht allzu anstrengend. An einigen Bauernhöfen kann man aber auch Pferde ausleihen. Ein Gefühl von Wildwest vermitteln einwöchige Kutschtouren mit dem Planwagen, die unter anderem in Orsa im Norden des Siljansees angeboten werden. Auf all diesen Wegen

Ein Flachsfeld in Dalarna: In Schweden achtet man sehr auf eine harmonische Verbindung der intensiven Landwirtschaft mit der Natur. Selbst das rote Holzhaus im Hintergrund scheint gewachsen zu sein.

Kirchboote bringen festlich gekleidete Gläubige über den See zum Mittsommer-Gottesdienst nach Rättvik.

kommt man immer wieder an verlassenen oder noch bewirtschafteten Sennhütten (Fäbodar) mitten im Wald vorbei. Diese Sommersiedlungen waren für die armen Dalarna-Bauern die einzige Möglichkeit, die Folgen der ständigen Erbteilung zu mildern: Kühe, Ziegen und Schafe hatten auf den Wiesen in der Nähe des Dorfes keinen Platz mehr und wurden deshalb im Sommer in den Wald getrieben. Vor 100 Jahren gab es noch 20 000 Fäbodar rund um den See, heute werden acht von ihnen als Denkmäler der Agrargeschichte bewirtschaftet.

Als Baumaterial der Bauernhäuser in Dalarna diente wie im übrigen Schweden stets das Holz. Die landestypische Gehöftform war der aus zehn bis 20 Gebäuden und Schuppen zusammengesetzte Vierseithof. Seit dem 18. Jahrhundert werden die Häuser im unverwechselbaren Falunrot – mit Kupferoxid aus Falun – gestrichen.

Die Zeiten, in denen die Menschen rund um den Siljansee hauptsächlich von der Landwirtschaft lebten, sind freilich längst vorbei. Ähnlich wie in den anderen Ländern des westlichen Nordeuropas arbeiten die meisten heute in Dienstleistungsbetrieben, überdurchschnittlich viele im Fremdenverkehr. Tausende von Siljanbürgern pendeln auch in die Industriebetriebe im Süden von Dalarna.

Ideale Lebensbedingungen findet dieser Braunbär in Europas größtem Bärenpark Grönklit bei Orsa.

Die Bewohner von Dalarna sind ein besonders selbstbewußtes und freiheitsliebendes Völkchen. Ohne die rebellischen Dalkarlar hätte sich Schweden vielleicht nie von der dänischen Fremdherrschaft im 15. und 16. Jahrhundert befreien können. Bereits 1434 war die Bauernarmee der Dal-Kerle die entscheidende Kraft, mit der der schwedische Nationalheld Engelbrekt Engelbrektsson den Statthalter des verhaßten dänischen Königs in Västerås vertrieb. Knapp 100 Jahre später griffen die Dalkarlar nochmals in den Freiheitskampf ein. Nach dem Stockholmer Blutbad (1520), bei dem Dänenkönig Christian II. 82 Anführer des schwedischen Widerstands in Stockholm hatte hinrichten lassen, rief der junge Gustav Wasa in mehreren Dörfern am Siljansee zum Aufstand auf. Wasa hatte schon aufgegeben, war bereits auf der Flucht nach Norwegen, als die Dal-Kerle sich doch noch dem Freiheitskampf anschlossen. Die beiden schnellsten Skiläufer der Siljandörfer holten den zukünftigen König zurück und schufen den historischen Hintergrund für den modernen Wasalauf von Sälen nach Mora. Über 86 Kilometer geht dieser Ski-Langlauf, zu dem seit 1922 alljährlich im März Tausende von Wintersportlern nach Dalarna kommen.

Von Kupferbergwerken und Bärengehegen

An vielen Orten von Bergslagen und Kopparbergslagen im Süden von Dalarna wurden bereits im Mittelalter Erze abgebaut. Eine Grube in Dalarna versorgte damals weite Teile Europas: die Kupfergrube von Falun. Wahrscheinlich wurde in der ehemals zweitgrößten Stadt Schwedens bereits seit dem Jahr 800 Kupfererz gefördert. Im 17. Jahrhundert war der „Kupferberg", der Kopparberg, der führende Kupferproduzent der Erde. Die Kupfergrube von Falun war eines der Fundamente, auf dem sich Schweden im 16. und 17. Jahrhundert zur Großmacht entwickelte. Sie verlieh der schwedischen Armee im Dreißigjährigen Krieg die von den Gegnern gefürchtete Schlagkraft: Allein in den Jahren von 1634 bis 1642 wurden hier über 1000 Kanonen gegossen.

Diese Flußlandschaft bei Särna ist typisch für den Norden Dalarnas. Die endlosen lichten Wälder – vorwiegend aus Kiefern, Fichten und Birken – kontrastieren mit dem Farbenspiel des Wassers.

Einen Eindruck von den damaligen Arbeitsbedingungen unter Tage gibt der als Museum für Besucher geöffnete Teil des Kupferbergwerks. Der Rundgang führt durch zum Teil enge, finstere Stollen und vorbei an alten Holz-Stützkonstruktionen. Das Museumsbergwerk ist im Sommer täglich, im Winter nur am Wochenende geöffnet.

Heute ist Falun das beschauliche Verwaltungszentrum der Provinz Kopparbergslagen. Die roten Holzhäuser des ehemaligen Arbeiterviertels Elsborg und der alten Stadtteile Gamla Herrgården und Östanfors stehen unter Denkmalschutz. An Carl Larsson (1853 bis 1919), den populären Maler idyllischer Natur- und Familienszenen, erinnert im nahen Ort Sundborn sein zum Museum umgestaltetes Haus.

Nördlich des Siljansees folgt der dünnbesiedelte Teil von Dalarna, hier wird die Natur wilder und ursprünglicher. Kein Wunder, daß in Grönklit bei Orsa Europas größter Bärenpark liegt. In ganz Schweden gibt es heute noch etwa 800 freilebende Bären, und einige streifen auch durch die Wälder von Dalarna. Die sind aber so scheu, daß man sie kaum zu Gesicht bekommt. In Dalarna findet man übrigens auch noch andere seltene Tiere: Avesta im Südwesten gilt als Europas größter Wisentpark, und im Gebirge bei Idre leben halbwilde Rentiere.

Die kahlen Gebirge nördlich des Wintersportortes Idre, etwa das 1200 Meter hohe Langfjäll, sind bis weit in den Frühling hinein schneesicher.

DAS BESONDERE REISEZIEL: EINE FAHRT AUF DEM GÖTAKANAL

Eine Dampferfahrt auf dem Götakanal ist eine Reise quer durch das mittlere Schweden und gleichzeitig eine nostalgische Zeitreise zurück in die ersten Jahrzehnte des Industriezeitalters. Egal, ob man mit der 1874 gebauten M/S Juno im Fußgängertempo im engen Kanal durch die Kleinstadt Töreboda schippert, während der Fahrt durch die Schleusen von Berg nebenbei Blumen pflückt oder auf dem riesigen Vänersee in richtig große Wellen gerät.

Die klassische Reiseform auf dem Götakanal ist die Vier- oder Sechstagesfahrt mit den alten und langsamen Schiffen der Göta Kanal Reederei, die von Mai bis September zwischen Göteborg und Stockholm pendeln. Diese Schiffsreise gibt die nötige Muße, sich (fast) aus dem heutigen High-Tech-Schweden mit all seinen Mobiltelefonen und Atomkraftwerken auszuklinken.

Seine ohnehin nie allzu große Bedeutung als Binnenwasserstraße zwischen Kattegat und nördlicher Ostsee hat der Kanal jedoch längst verloren. 1978 wurde er vom schwedischen Staat übernommen; heute dient er vorwiegend dem Tourismus und Freizeitsport.

Die Götakanal genannte West-Ost-Durchquerung Mittelschwedens wird durch den Seenreichtum des Landes ermöglicht, denn Schweden ist ebenso wie Nachbar Finnland ein Land der tausend Seen. Was in den Prospekten Götakanal heißt, entpuppt sich als findige Verknüpfung von 87 Kilometer Kanal und 526 Kilometer Binnensee, Fluß und sogar einem Zipfel Ostsee. Die reine Kanalstrecke ist 190 Kilometer lang, dazwischen liegen immer wieder natürliche Gewässer wie der Vänern und der Vättern. An einigen Stellen vermittelt die Kreuzfahrttour also ein Gefühl von echter Seefahrt.

Schon König Gustav I. Wasa soll sich mit dem Gedanken getragen haben, eine Wasserstraße zwischen Stockholm und Göteborg zu schaffen. 1607 wurde die älteste Schleuse – Lilla Edets – eingeweiht, doch erst im 18. Jahrhundert begann man mit den planmäßigen Bauarbeiten. Der westliche Kanalabschnitt, der Trollhättankanal zwischen Göteborg und Vänersee, war im Jahre 1800 fertiggestellt. Das Hauptprojekt, die Verbindung zur Ostsee und nach Stockholm, wurde von 1810 bis 1832 verwirklicht. Eine Armee von über 58 000 Soldaten und Kriegsgefangenen versetzte buchstäblich Berge. Schleusen, aber auch alte Schmieden und Eisenhütten am Ufer, machen den Götakanal zu einem riesigen Open-air-Industriemuseum. Besonders aufschlußreich sind die Kanalmuseen in Motala und Trollhättan.

Der Kanal steht zwischen dem zweiten Freitag im Mai und dem ersten Montag im September auch privaten Jachten offen. Bootsvermietungen nennen die Fremdenverkehrsbüros. Außerdem gibt es Passagierdampfer, die Tagestouren auf Abschnitten des Götakanals fahren.

Schließlich ist der Götakanal auch ein attraktives Ziel für Radfahrer und Wanderer, die das Blaue Band Schwedens sehen wollen. Die alten Treidelpfade am Kanalufer eignen sich hervorragend für Rad- und Wandertouren.

Freizeitboote (fast) aller Größenordnungen bevölkern heute den Kanal, der bei Häverud über eine Brücke führt.

NORRLAND
Nordische Wildnis

Norrland, auf deutsch Nordland, das hört sich an wie der Nordzipfel Schwedens. Doch in Wirklichkeit bezeichnet der Name mehr als das halbe Land, 800 Kilometer von Nord nach Süd. Wer Einsamkeit sucht, Mitternachtssonne und Polarlicht, nahezu unberührte Wälder und wilde Moorgebiete, aber auch sonnenüberflutete Ostseestrände, der wird hier fündig. In Norrland gibt es noch die echte Wildmark, die Waldwildnis der nordeuropäischen Taiga – selbst wenn davon etliche Hektar jedes Jahr zu Papier und Pappe verarbeitet werden.

Zu Norrland gehört auch Lappland, die Heimat der Lappen, die sich in ihrer Sprache selber Samen und Sameh nennen. Dieses uralte Nomadenvolk hat sich als Minderheit in den letzten Jahrzehnten zahlreiche Bürgerrechte einschließlich eines eigenen Samen-Parlaments erkämpft. Obwohl die meisten Lappen heute in die schwedische Gesellschaft integriert sind, halten ein paar tausend an ihrer Lebensweise als Rentierzüchter und Fischer fest, pflegen die überlieferte Kultur und nehmen mehr und mehr ihre Interessen selber wahr.

Die Parek-Sümpfe liegen im Herzen des Nationalparks Stora Sjöfallet im nördlichen Lappland. Mit der Schneeschmelze im Frühjahr füllt dieses hochgelegene Quellgebiet viele Seen und Staubecken für Wasserkraftwerke.

Rentierscheidung in Lappland: Im Herbst und Winter werden die Jungtiere gefangen, sortiert und markiert.

Das Volk der insgesamt etwa 40 000 Lappen verteilt sich über Norwegen, Schweden, Finnland und Rußland. Ihre Sprache ist mit dem Finnischen verwandt. In Schweden leben etwa 15 000 Lappen, davon spricht noch die Hälfte die eigene Sprache. Für die verschiedenen Arten von Schnee kennt die lappische Sprache mehrere sehr exakte Begriffe. Und ein Viertel des Wortschatzes hat mit der alten Lebensgrundlage, den Rentieren, zu tun. Heute leben noch 2300 schwedische Lappen als Rentierzüchter; auf 250 000 wird die Zahl der Tiere geschätzt. Hirtennomaden sind die schwedischen Lappen jedoch längst nicht mehr. Früher folgten sie den Herden auf den Wanderungen zwischen Taiga und Bergtundra. Abenteuer-Urlaub bei den Lappen vermittelt das samische Touristenbüro in Kiruna. Die besten Museen und Ausstellungen über samische Kultur gibt es in Jokkmokk, Gällivare und Luleå.

Außer Schwedisch-Lappland, einem Gebiet etwa so groß wie ein Drittel Deutschlands, umfaßt Norrland die nordschwedischen Landschaften Norrbotten, Västerbotten, Angermanland und Jämtland: ein breiter Streifen, der von den Gebirgen an der norwegischen Grenze bis zu den Ufern des Bottnischen Meerbusens reicht. Hier herrscht ein ausgeprägtes Festlandklima mit starken Temperaturschwankungen, auch an der Küste. Der Bottnische Meerbusen ist von Neujahr bis Mitte Mai zugefroren, Temperaturen von minus 30 Grad sind im Winter keine Seltenheit. Andererseits wird es im Sommer so warm, daß die langen Sandstrände von Väster- und Norrbotten trotz der nördlichen Lage zum Sonnenbaden und Schwimmen einladen. Geographisch gliedert sich Norrland von Nordwest nach Südost in vier Landschaftsgürtel. Die Fjälls (Gebirge) im Nordwesten mit ihren abgerundeten oder spitzen Gipfeln ragen meist über die Waldgrenze. Dann folgt die Waldtundra, wo das strenge Klima nur verkrüppelte Bäume gedeihen läßt und wo die Rentierherden der Lappen leben. Weiter im Südosten liegen die ausgedehnten Nadelwälder der nordeuropäischen Taiga, die schließlich in das Küstenland am Bottnischen Meerbusen übergehen.

Neben der Industrie der Küstenstädte ist der Erzbergbau von Gällivare-Malmberget und Kiruna der wichtigste Wirtschaftszweig. Noch vor der Jahrtausendwende wird der Eisenerzbergbau in Kiruna bis in mehr als 1000 Meter Tiefe vorgedrungen sein. Unter Tage gibt es geführte Touristentouren.

Norrland, das ist eine der letzten Wildnisse Europas, ideal für Wohnmobil-Touren oder Abenteuer-Urlaub in der Einsamkeit. Allein Lappland hat 6000 größere Seen. Auf vielen der reißenden Bäche und Ströme veranstalten die Touristenbüros Rafting-Touren mit Schlauchbooten. Der am besten mit Übernachtungshütten erschlossene Wanderweg ist der rund 500 Kilometer lange Königsweg von Abisko nach Kvikkjokk. Man kann Norrland aber auch bequemer erkunden: Die privatisierte Inlandsbahn bietet im Hochsommer spezielle Touristenzüge zwischen Östersund und Arvidsjaur an.

Auskunft: siehe Seite 190.

SCHWEDISCHE WESTKÜSTE
Sand und Schären, Heringe und Krabben

Schwedens Westküste, das sind auf knapp 500 Kilometer Länge verstreut kleine felsige Eilande und weiße Sandstrände, das sind im Binnenland grüne Wälder im Norden und gelbe Rapsfelder im Süden. Wie ein Cocktail aus Schwedens kahlen Felsbuckeln und den grünen dänischen Hügeln wirkt diese Landschaft. Tatsächlich gehörte die Westküste bis zur Mitte des 17. Jahrhunderts zum Königreich Dänemark. Die Menschen lebten hier lange Zeit vom Heringsfang, und noch heute liegen hier die größten und malerischsten Fischereihäfen Schwedens.

Hier, in den Fährhäfen von Trelleborg oder Ystad, beginnt für die meisten der Urlaub im Land der Mitternachtssonne. Malmö, die erste größere Stadt (238 000 Einwohner) auf dem Weg nach Norden, hat für schwedische Verhältnisse allerdings noch einen fast südlichen Charakter: Von Fachwerk- und Backsteinhäusern umrahmt sind der Stor Torget, der Große Markt, und der Lilla Torget, der Kleine Markt. Man sitzt hier in den Sommermonaten wie in südlicheren Gefilden in den Straßencafés, genießt ein Eis oder die süße Spezialität Spettekaka, einen Baumkuchen aus Eiern und Zucker.

Zum Bummeln lädt der Park rund um Schloß Malmöhus ein, im 16. Jahrhundert als dänische Festung errichtet, ein würdiger Rahmen für die archäologischen Funde des Stadtmuseums. Einen ausgezeichneten Ruf weit über die Grenzen Schwedens hinaus genießen Malmös Sammlungen moderner Kunst. Wer sich für Kunstschätze älterer Zeiten interessiert, darf die rund 20 Kilometer nordöstlich von Malmö gelegene Bischofs- und Universitätsstadt Lund nicht auslassen. Die Domkirche – älteste und bedeutendste romanische Kirche Schwedens – entstand ab 1080.

Jenseits des Hallandsås, eines langen Bergrückens, ändert sich dann das Landschaftsbild, wird mit Wäldern, felsigen Anhöhen, Mooren und Seen „schwedischer". Abgesehen von den Küstenstädten Halmstad, Falkenberg, Varberg und der Großstadt Göteborg ist das Land hier dünn besiedelt.

Halmstad liegt schon in Halland, der Provinz am Kattegat, das von der dänischen Halbinsel Jütland vor den Gewalten der Nordsee geschützt wird. In seinem Südabschnitt besitzt Halland feinkörnige und lange Sandstrände, etwa den von Tylösand, nicht zu Unrecht als Badewanne Schwedens bezeichnet. An die jahrhundertelangen Kriege zwischen Schweden

Leichte Holzhäuser verleihen der Schäreninsel Grundsund auch im Winter noch etwas südliches Flair.

und Dänemark erinnern die mächtigen Festungen von Varberg am Kattegatt, von Älvsborg bei Göteborg und von Bohus am Kungälv.

Göteborg ist mit 438 000 Einwohnern Schwedens zweitgrößte Stadt. Die lebhafte Hafen- und Industriemetropole (Werften, Volvo, Hasselblad) ist ohne großen architektonischen Reiz. Fast mediterrane Atmosphäre herrscht in der Gemüse-Markthalle (Saluhallen) am Kungstorget und an der spitzgiebeligen Backstein-Fischhalle am Rosenlundskanal, die wegen ihrer Form *Feskekörka* (Fischkirche) genannt wird.

Zwischen Göteborg und der norwegischen Grenze erstreckt sich Bohuslän, die westlichste Landschaft Schwedens und zugleich auch eine der schönsten, mit stillen Buchten und einem beispiellosen Gewirr von Schären. Hier sind Klima und Meer strenger als in Halland, und häufig branden die Wogen des Skagerraks an Schären und Klippen. Als anerkannte kulinarische Spezialität der schwedischen Westküste gelten Räucherfisch und Krabben. Die täglichen Krabbenauktionen (meist am frühen Abend) lassen einem das Wasser im Mund zusammenlaufen. Einige der Fremdenverkehrsorte in Bohuslän wurden bereits im vergangenen Jahrhundert als Bade- und Kurorte entdeckt. In Gustavsberg bei Uddevalla, Lysekil und Marstrand kann man die verspielte Freizeitarchitektur jener Zeit bewundern.

Auskunft: siehe Seite 190.

Die Schärenküste in der Region Bohuslän vor Ramsvikslandet erstreckt sich nördlich von Göteborg bis Norwegen und ist mit ihren von Wind und Wasser glattgeschliffenen Stränden und Inselchen ein beliebtes Urlaubsgebiet.

FINNISCHE SEENPLATTE

Einsames Paradies im Norden

Das Herz Finnlands schlägt nicht nur in seiner Hauptstadt Helsinki an der Südküste, sondern vor allem dahinter – in einem gigantischen Seengebiet. Angesichts der schier grenzenlosen Wasserwelt zwischen Tampere und der russischen Grenze weiß der Besucher gar nicht mehr so recht, ob er sich auf einer Insel oder auf festem Land mit unzähligen Binnenseen befindet. Die Landschaft um die drei großen, ineinander verwobenen Seen Päijänne, Saimaa und Kallavesi wirkt, als hätte ein urzeitlicher Gott Granit- und Gneisfelsen und unendliche Wassermassen in einen gewaltigen Mixer getan. Sollte es so gewesen sein, muß er aber wohl ausgeschaltet haben, kurz bevor die letzten festen Brocken und Bröckchen ganz aufgelöst waren – um dann seinen Cocktail übers Land zu gießen und mit einer grünen Schicht aus Nadelbäumen und Birken zu garnieren.

Das nordische Festlandsklima bedingt einen kurzen, dafür aber intensiven Sommer. Ab Mai ist es grün, ab Ende Juni gibt es Walderdbeeren in Massen, und im Juli kommen dann die Blaubeeren. In dieser Zeit, bis Anfang August, kann das Thermometer schon einmal auf 30 Grad und darüber hinaus hochschnellen. Bereits im zeitigen September hält der Herbst mit seinem bunten Pinsel Einzug. Dann spiegelt sich eine gelb-rot-braune Farbenorgie im Wasser.

Von Natur umgeben und durchzogen ist auch Finnlands einzige echte Großstadt, die Hauptstadt Helsinki. Zahlreiche Parks, Meeresbuchten und vorgelagerte Inseln bestimmen ihr Bild. Helsinki wurde erst in der russischen Zeit (1809 bis 1917) zu einer richtigen Stadt, und deshalb strahlen auch die wichtigsten Regierungsbauten und der Dom einen Hauch von Sankt Petersburg oder Kiew aus. Die Stadt, deren Fläche zur Hälfte aus Wasser besteht, bietet ein reges Kulturleben und zahlreiche Ausflugsmöglichkeiten in eine historisch hochinteressante und auch landschaftlich schöne Umgebung.

Das Panorama der Finnischen Seenplatte ist weder vom Flugzeug (Foto links) noch vom Ufer aus betrachtet jemals eintönig. Die meisten Besucher zieht es zur Zeit der Mittsommernacht hierher, wenn es am Polarkreis nie ganz dunkel wird und überall die Johannisfeuer brennen (Foto rechts oben). Die weiten Wälder (zweites Foto von rechts oben) laden zum Wandern, im Sommer zum Beeren- und im Herbst zum Pilzesammeln ein. Im Winter gelten andere Prioritäten. Dann ist die ganze Region ein zwar frostklirrendes, aber immer tief verschneites Paradies für Skilangläufer, die die Einsamkeit suchen (zweites Foto von rechts unten). Und an den Ufern des Saimaasees kann man mit etwas Glück die seltene Saimaa-Ringelrobbe beobachten (Foto rechts unten).

Nordeuropa

„Tausend Seen" und endlose Wälder

Finnland gehört zu den waldreichsten Ländern der Erde. 69 Prozent des – sofern nicht mit Wasser bedeckten – Staatsgebietes sind mit Bäumen bewachsen. Die Seenplatte ist Teil der nördlichen Nadelwaldzone: Schlanke Fichten, rotstämmige Kiefern und hohe Aspen, manchmal gemischt mit hellen, flechtenbehangenen Birken, färben den finnischen Sommer in allen Grünschattierungen. Auch Wölfe und Bären gibt es inzwischen wieder in Mittelfinnland. Sie sind aber so scheu, daß man sie ohne einheimischen Führer kaum zu Gesicht bekommt. Wesentlich häufiger kann man den friedlichen Elchen begegnen. Autofahrer tun gut daran, hinter jeder Kurve mit einem der gewaltigen Geweihträger zu rechnen.

Nicht das Reich der Bären also ist dieser Wald, sondern viel eher das Reich der Beeren – jedenfalls im Sommer. Die Saison beginnt Ende Juni mit den Walderdbeeren. Im Juli folgen Blaubeeren und dann Himbeeren, Preiselbeeren und Moosbeeren.

Einen tiefen Einblick in den traditionellen, neben der Landwirtschaft wichtigsten Wirtschaftszweig Finnlands gibt das Forstmuseum Lusto in Punkaharju südöstlich von Savonlinna. Es ist vor allem der Wechselbeziehung zwischen Mensch und Wald gewidmet, die das Leben der Finnen jahrhundertelang geprägt hat. Das Museum erläutert die Pflan-

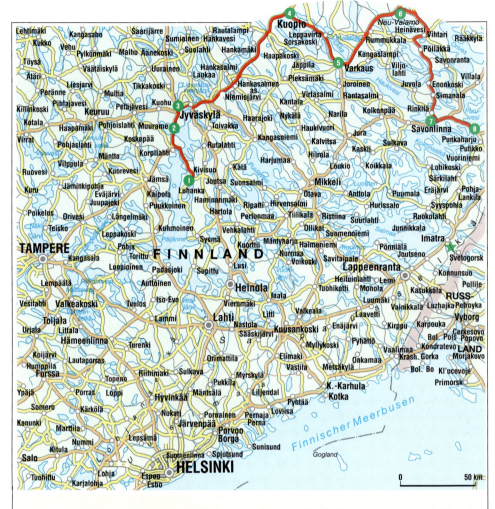

FINNISCHE SEENPLATTE AUF EINEN BLICK

SEHENSWÜRDIGKEITEN

Helsinki: Regierungsviertel, Finlandia-Halle, Domkirche (Sankt Nikolai), Bahnhof, Uspenski-Kathedrale; **Iittala:** Glashütte und -museum; **Imatra:** Wildwasserschlucht, Jungfrau von Imatra, Reliefs im Fels; **Jyväskylä:** Alvar-Aalto-Museum, Stadttheater; **Kuopio:** Marktplatz, Orthodoxes Museum, Bauernhofmuseum Riuttala; **Luhanka:** Kleinbauernmuseum Peltola; **Punkaharju:** Kulturzentrum Retretti, Forstmuseum Lusto; **Savonlinna:** Burg Olavinlinna, Binnenschiffahrtsmuseum; **Tampere:** Jugendstil-Dom, Kaleva-Kirche, Schiffstouren des Dichterwegs und der Silberlinie; **Virrat:** Kanalmuseum.

FESTE UND VERANSTALTUNGEN

Helsinki: Helsinki-Festival, Ende August; **Imatra:** Big-Band-Festival, Anfang Juli; **Jyväskylä:** Finlandia-Marathon, Mai, Kulturwoche Jyväskylä-Sommer, Mitte Juni; **Kuopio:** Tanz- und Musikfestival, 1. Juliwoche, Fischmarkt, Anfang September; **Lahti:** Jazz-Markt, Anfang August; **Mikkeli:** internationales Musikfestival, Anfang Juli; **Savonlinna:** Opernfestival, Juli bis Anfang August, Tag des heiligen Olaf, 29. Juli; **Tampere:** internationales Theaterfestival, Mitte August; **überall in Finnland:** Johannisfest, Mittsommerfeier und Mittsommertag, vorletzter Freitag und Samstag im Juni.

AUSKUNFT

Finnische Zentrale für Tourismus, Darmstädter Landstr. 180, 60598 Frankfurt a. M., Tel. 0 69/9 68 86 70.

Unser Routenvorschlag
DURCH DIE FINNISCHE SEENPLATTE

Diese Tour beginnt beim Kleinbauernmuseum Peltola in Luhanka ❶ am Päijännesee, rund 160 km nördlich von Helsinki. In Muurame ❷ an der E 63/75 steht das interessante Saunamuseum. Nächste Station ist 15 km weiter nördlich der wichtige Verkehrsknotenpunkt Jyväskylä ❸ am Nordufer von Finnlands zweitgrößtem See. Hier stehen ein rundes Dutzend Bauwerke des berühmten Architekten Alvar Aalto und ein Museum. Weiter geht es auf der E 63 nach Nordosten. Die 80 000-Einwohner-Stadt Kuopio ❹ auf einer Halbinsel ist das Zentrum der russisch-orthodoxen Kirche in Finnland und bietet neben anderen Sehenswürdigkeiten ein reich mit Ikonen bestücktes Museum. Von hier aus geht es dann nach Süden bis in das Industriestädtchen Varkaus ❺. Dort wurde im Wasserturm ein lokales Kunstmuseum eingerichtet. Jetzt folgt man der Landstraße Nr. 23 nordostwärts bis zum Mönchskloster Neu-Valamo ❻ mitten im Wald. Auf Landstraßen führt der Weg nun nach Süden bis Savonlinna ❼ mit seiner mächtigen, von den Schweden erbauten Burg Olavinlinna. Letzte Station ist der nahe Höhenzug Punkaharju ❽ mit der Kunsthalle Retretti und dem Forstmuseum Lusto.

★ Das besondere Reiseziel: Imatra-Wasserfälle.

---

zenwelt der ausgedehnten finnischen Wälder, stellt das Pferd als traditionellen Helfer der Forstarbeiter vor, veranschaulicht aber auch den Einsatz modernster Forstmaschinen. Die Umgebung des Museums, der nur 25 Meter hohe Hügelzug Punkaharju, besteht aus Gletscherschutt, der während der letzten Eiszeit in einer Schmelzwasserrinne liegenblieb. Die Gegend gilt mit ihren Kiefern, Birken und Lärchen als eines der schönsten finnischen Waldgebiete überhaupt. Und mittendrin liegt seit 1983 das Kulturzentrum Retretti. Es ist neben den Museen in Helsinki das wichtigste Forum für moderne Kunst im Lande. Der besondere Reiz Retrettis sind die in den Fels gehauenen Konzert- und Ausstellungssäle, wo jeden Sommer die Werke eines anderen Künstlers zu bestaunen sind.

Die Finnische Seenplatte ist das Ergebnis vieler Eiszeiten. Gletscher und reißende Schmelzwasserflüsse haben den Boden abgehobelt, bis die Urberge zu rundlichen Felsbuckeln wurden, die an Walrücken erinnern. Die meisten der niedrigen Höhenzüge sind ehemalige Grund- und Endmoränen, die das Eis in Zehntausenden von Jahren hin und her geschoben hat. Am deutlichsten ist das an der Hügelkette Salpausselkä zu erkennen, der südlichen Grenze der Seenplatte. Alle bedeutenden Höhenunterschiede des Urgesteins haben die kalten Riesenhobel weggeschliffen. An den Ufern vieler Bäche

Im Spätsommer, wenn sich die ersten Birkenblätter gelb und viele Sträucher rot färben, wenn die ersten Nebel von einsamen Seen aufsteigen, bietet Finnlands Naturlandschaft ein berauschendes Farbenspiel.

Das Wechselspiel von überfließendem Licht im Sommer und allzu langen dunklen Stunden im Winter scheint viele Finnen melancholisch zu machen, eine Grundstimmung, die Malerei und Musik ebenso prägt wie Literatur, Theater und Film. Lange Schweigeszenen und Einsamkeit sind die beherrschenden Eindrücke etwa in *Das Mädchen aus der Streichholzfabrik,* einem Werk des 1957 geborenen Regisseurs Aki Kaurismäki.

Melancholie bestimmt auch den Lieblingstanz der Finnen, den Tango. Der hat mit seinem argentinischen Bruder nur den Namen und den gefühlsbetonten Grundrhythmus gemein. Die meisten Finnen tanzen den Tango langsam und etwas unbeholfen, fast wie tapsige Bären. Nach der Legende kam der Tango im Jahre 1914 mit einem Tanzlehrer aus Paris ins Land. Seinen Durchbruch hatte der „traurige Gedanke, den man tanzen kann" im hohen Norden aber erst nach dem Zweiten Weltkrieg mit dem Komponisten Toivo Kärki. Der heißeste Tanztag der Finnen ist – was naheliegt – die Mittsommernacht,

und Seen kann man noch die Fließrichtung des Eises von Nordwesten nach Südosten erkennen. Die flachen Binnenseen, die kleinen Inseln und die vielen Moore haben also einen sehr harten Untergrund. Überall erheben sich flache Granit- oder Gneisfelsen aus dem losen Gesteinsschutt oder auch direkt aus dem Wasser.

Wo Schwermut und Romantik Nachbarn sind

Das Gewicht der Gletscher hatte während der Eiszeit das Land tief in die Erdkruste gedrückt, so daß die heutige Seenplatte vor 10 000 Jahren noch den Grund eines Meeres bildete. Der langsamen Hebung des Untergrunds verdanken wir das „Land der tausend Seen" – nach neuesten Zählungen sind es 187 888, und in diesen Seen liegen nicht weniger als 98 000 Inseln und Inselchen. Bis heute hebt sich Finnland durchschnittlich um einen weiteren halben Meter pro Jahrhundert. Das bedeutet, daß jedes Jahr sieben Quadratkilometer Finnland neu aus der Ostsee und den Binnenseen steigen.

Die Seenplatte ist ein unüberschaubares Labyrinth aus Felsen, Wasser, Sumpfgebieten, Nadelwald und Feldern. Das Wasser hat dieser Landschaft seinen Stempel aufgedrückt: Hier gibt es sanft geschwungene Buchten mit gelbgrauen Stränden ebenso wie reißende Stromschnellen. Auf vielen größeren Inseln liegt versteckt noch einmal ein kleiner See. Trotz des sauren Regens, der aus den europäischen Industrieregionen herüberweht, ist das Wasser meist noch so sauber, daß man es ohne Bedenken trinken kann.

Den Wasserweg nutzen viele Wanderer und Kanuten, die einsam oder in kleinen Gruppen dieses unübersichtliche Gebiet durchstreifen. Kanus kann man sich übrigens in den meisten Städten der Region, aber auch an vielen Campingplätzen leihen. Wer daran interessiert ist, sollte allerdings mit Kompaß und Landkarte umgehen können. Die Gewässer der Seenplatte sind meistens sehr flach, die größte Tiefe erreicht der Päijännesee mit 93 Metern.

Wem das Paddeln zu anstrengend ist, der kann die Seen am besten vom Ausflugsschiff aus erleben. Berühmt für ihre schöne Route ist die *Silberlinie* (zweimal täglich) von Finnlands zweitgrößter Stadt Tampere (170 000 Einwohner) nach Hämeenlinna. Außerdem verkehrt von der rührigen Industriestadt aus seit 1968 ein nostalgischer Dampfer auf dem sogenannten Dichterweg über Ruovesi nach Virrat.

Das saubere Wasser macht Finnland zu einem Paradies für Angler. Die brauchen allerdings eine doppelte Angelerlaubnis, um Forellen, Hechte, Barsche oder Renken aus dem Wasser zu ziehen: einmal den allgemeinen Angelschein, der in allen Postämtern verkauft wird, und dann noch eine Erlaubnis vom Besitzer des jeweiligen Gewässers. Im Zweifelsfall hilft das lokale Touristenbüro.

Gewaltig wie ein Wesen der Vorzeit – der Elch und die finnischen Wälder gehören zusammen.

in der die Johannisfeuer abgebrannt werden. Der Mittsommerabend fällt in Finnland immer auf den vorletzten Freitag im Juni, der Mittsommertag ist dann entsprechend der Samstag.

Genauso rätselhaft wie die schwermütige Stimmung der rund 4,9 Millionen Finnen bleibt die Herkunft dieses skandinavischen Volkes. Ihre Sprache gehört ebenso wie Ungarisch, Lappisch und einige sibirische Sprachen zur finnisch-ugrischen Sprachfamilie. Entgegen früheren Theorien geben archäologische Untersuchungen keinen Hinweis darauf, daß die Finnen von Osten her eingewandert sind.

Eine Reise zurück in das Zeitalter von Knechten, Großbauern und Fürsten ermöglicht ein Besuch im Bauernhofmuseum von Riuttala nordwestlich der am Ufer des Kallavesi-Sees gelegenen Stadt Kuopio. Geräte, Hofanlagen und Ställe sind auch heute noch in Betrieb und geben einen Einblick in die Landwirtschaft vor ihrer Industrialisierung. Das weckt nicht nur nostalgische Erinnerungen, son-

Nordeuropa

Häufig führt eine Allee scheinbar ins Nirgendwo – an einen Steg für Boote und Angler, zu einem einsamen Haus, wie hier im Seengebiet des Kallavesi bei Kuopio. Finnland ist ein Land, für das man Zeit mitbringen muß.

dern beschwört auch Bilder vom kargen Leben der einfachen Menschen herauf. Finnland war lange Zeit eines der ärmsten Länder Europas.

Diese Atmosphäre beschreibt Bertolt Brechts Theaterstück *Herr Puntila und sein Knecht Matti*: Der reiche und ausbeuterische Herr Puntila wird erst menschlich, wenn er betrunken ist. Obgleich der hiesige Alkoholkonsum deutlich unter dem der Deutschen liegt, ist die Flucht in den Rausch doch häufig zu beobachten – vielfach eine Reaktion auf bedrückende Klima- und Sozialverhältnisse. Entsprechend streng sind die Alkoholgesetze und, Touristen sollten das wissen, die Haltung der Polizei gegenüber dem Trinken in der Öffentlichkeit.

Holz und Stein – Bauen wie die Natur

Erinnerungen an harte Arbeit und ein ärmliches Leben wecken auch das Kleinbauernmuseum Peltola in Luhanka und das Museumsdorf Kalluntalo in Laukaa, beide bei Jyväskylä im Nordwesten der Seenplatte am Päijänne gelegen. In beiden Museen stehen graue, von Wind und Wetter gegerbte Holzhäuser, in Kalluntalo auch eine Windmühle.

Nicht um Holz, sondern um Beton und andere moderne Baumaterialien geht es im Alvar-Aalto-Museum von Jyväskylä. Das Museum dokumentiert die Arbeit des berühmtesten finnischen Architekten (1898 bis 1976), der auch in Deutschland viele bedeutende Gebäude schuf und der seine Jugend und die ersten Berufsjahre in der – heute – 70 000-Ein-

Glattgeschrubbt von Gletschern liegen Felsen wie der „Walfischrücken" an der Halbinsel Porkkala.

wohner-Stadt verbrachte. In der Umgebung gibt es etwa 30 Bauten von Aalto. Direkt in Jyväskylä wurden das Stadttheater, das Polizeipräsidium, das Mittelfinnische Museum, mehrere Universitätsgebäude und das Aalto-Museum selbst von dem großen Klassiker der Moderne entworfen.

Wieder ein völlig anderes Museum liegt einige Kilometer südlich von Jyväskylä in der Ortschaft Muurame: das Saunamuseum. Hier wird die Entwicklung der finnischen Schwitzkammer von der 2000 Jahre alten Rauchsauna bis zur Landsauna unseres Jahrhunderts im Maßstab eins zu eins gezeigt. Die Finnen praktizieren übrigens zwei Sauna-Gewohn-

heiten, die bisher nicht den Weg nach Mitteleuropa gefunden haben: Erstens schlagen sie sich gegenseitig mit nassen Birkenzweigen. Das regt die Blutzirkulation und das Schwitzen noch weiter an. Zweitens beendet man hier jeden Saunagang gern mit drastischeren Methoden der Abkühlung als im „Ausland": Das kann ein Sprung in den See vor der Hütte sein, je nach Wetter wälzt man sich aber auch im winterlichen Schnee. Sauna bedeutet für die Finnen Entspannen, Loslassen, Regenerieren.

Die Vergangenheit Finnlands läßt sich an der Architektur der Hauptstadt Helsinki ablesen: Vieles dort erinnert den Besucher an russische Städte. Dazu kommen viele Bauten im schwedischen Rokokostil. Beides ist kein Wunder: Seit dem 13. Jahrhundert war Finnland ein Teil des Königreichs Schweden. Für das damalige Provinznest Helsinki von großer Bedeutung war der Bau der Festung Suomenlinna auf einer Felsinsel vor der Stadt durch die Schweden im Jahre 1748.

Bereits zu Beginn des 18. Jahrhunderts überflügelte Rußland Schweden als Großmacht des Ostsee-

Viel Natur, und das mitten in Helsinki: Der Binnensee Töölönlahti liegt nahe am Stadtzentrum.

raums. Nach mehreren Kriegen eroberte die russische Armee Finnland im Jahre 1808/1809 endgültig. Zar Alexander I. machte das Land zum Großfürstentum, gewährte den Finnen aber weitgehende Autonomie. Erst 1812 wurde Helsinki zur Hauptstadt erklärt, erst 1828 verlegte man die Universität vom schwedisch geprägten Åbo nach Helsinki. Seine Unabhängigkeit erlangte das Land 1917 als Folge der Oktoberrevolution in Rußland. Bewahrt hat es sie seitdem – abgesehen von den Kriegsverwicklungen ab 1940 – durch strikte Neutralität zwischen den Weltmächten.

Den deutlichsten Eindruck von der russischen Geschichte Helsinkis gewinnt man, wenn man mit einer der mächtigen Ostseefähren in den Hafen einläuft. An der Stirnseite des Südhafens erhebt sich auf einem Granitfelsen die lutherische Domkirche (Sankt Nikolai) im russischen Empirestil, 1830 vom Berliner Architekten und Schinkel-Zeitgenossen Carl Ludwig Engel (1778 bis 1840) begonnen.

Zwischen Klassizismus und Jugendstil

Neben der mächtigen Domkirche wirkt die orthodoxe Uspenski-Kathedrale (1868) östlich davon mit ihrem roten Backstein trotz vergoldeter Kuppeln bescheiden. Noch mehr als am Südhafen fühlt man sich auf dem Senatsplatz direkt vor der Domkirche nach Rußland versetzt: einem weiten Platz, begrenzt von den klassizistischen und abweisenden Gebäuden der Universität und des Regierungspalastes sowie den mächtigen Treppen des Doms. Auch dieses Ensemble wurde von Engel gestaltet.

Neben den etwas erdrückenden russischen Regierungsbauten findet man in der Innenstadt häufig verspielte Gründerzeit- und Jugendstilhäuser. Hervorzuheben sind der romantische Hauptbahnhof aus dem Jahre 1919 mit seinen riesigen Lampenträgern und die Jugendstilstraße Luotsikatu auf der Insel Katajanokka.

Helsinki hat viele interessante Museen und kulturelle Gebäude: etwa am Binnensee Töölönlahti die Finlandia-Halle – natürlich von Alvar Aalto – und das neue Nationaltheater. Das neueste Projekt ist eine ehemalige Kabelfabrik an der Endstation der Straßenbahnlinie 8. Hier verschmilzt backsteinerne Industrieromantik mit drei Museen – für Fotografie, Theater, Keramik – und mehreren Restaurants.

Blick über den Südhafen von Helsinki, einen wichtigen Ausgangspunkt für Touren ins Landesinnere: Die Kupferkuppel der lutherischen Domkirche (Sankt Nikolai) ragt weithin sichtbar in einen klaren nordischen Himmel.

DAS BESONDERE REISEZIEL: IMATRA, DER GEZÄHMTE WASSERFALL

Schon Katharina die Große und Richard Wagner haben sie besucht und waren beeindruckt. Ein englischer Reisender verglich sie im 19. Jahrhundert sogar mit den Niagarafällen: die Imatra-Wasserfälle im Südostzipfel Finnlands. Heutzutage muß man das Naturschauspiel nach Kalender und Uhr ansteuern, denn direkt oberhalb der Wasserfälle wurde eine Staumauer mit dem größten Wasserkraftwerk des Landes errichtet, und die meiste Zeit ist die riesige Wildwasserschlucht trocken und still. Nur noch 20 allerdings beeindruckende Minuten am Tag sprudelt das wilde Wasser durch Finnlands älteste Fremdenverkehrsattraktion, doch nur in der Hauptsaison: werktags um 19 Uhr, an Sonn- und Feiertagen um 15 Uhr.

Auf dem Weg vom Saimaa- zum Ladogasee hat sich der schäumende Vuoksi eine nur 20 Meter breite, aber 1300 Meter lange Schlucht durch den Granit gebissen. Der ursprüngliche Wasserfall, an dessen Stelle jetzt die Staumauer steht, war einmal 18 Meter hoch. Wenn der Besucher nicht gerade ein Weltwunder erwartet, ist das fotogene rotgraue Felsental mitten im Nadelwald immer noch einen Spaziergang wert.

Besucher, die sich in die Zarenzeit zurückversetzen wollen oder für Jugendstil zu begeistern sind, sollten einen Aufenthalt im Imatran Valtionhotelli buchen, dem renovierten Prunkhotel des Petersburger Adels. Das 1903 erbaute Hotel und der Wasserfall sind vom Kruununpuisto, Finnlands ältestem Naturschutzgebiet, umgeben. Im Wald stößt man hier und da auch auf Touristenkitsch aus vielen Jahrzehnten, so die Skulptur der Jungfrau von Imatra und etliche in den Felsen gehauene Reliefs. Ansonsten ist Imatra mit seinen 40 000 Einwohnern eher eine durchschnittliche finnische Industriestadt, also grün und beschaulich.

Imatra bietet sich an, um von hier aus den westlichen, finnischen Teil Kareliens zu erforschen. Im 13. Jahrhundert lag diese historische Landschaft im Schnittpunkt unterschiedlicher und umkämpfter Interessensphären – damals derjenigen Schwedens und Nowgorods. Bis zum Zweiten Weltkrieg war die finnische Provinz Karelien wesentlich größer als heute, doch nach dem verlorenen Krieg mußte das Land einen breiten Streifen an die Sowjetunion abtreten.

Den besten Einblick in die karelische Kultur gewährt das Kulturfestival im nahe gelegenen Lappeenranta, jeweils Anfang Juni. Wenigstens einmal probiert haben sollten alle Besucher der Region ein typisch karelisches Gericht, das mit Fisch und Fleisch gefüllte Roggenbrot Kalkukko. Die Karelier gelten als lebhafter als die Finnen. Und sie betonen, daß sie die eigentlichen Urheber der Kalevala sind, des über viele Generationen hinweg nur mündlich überlieferten finnischen Nationalepos.

Die Imatra-Wasserfälle, ein beeindruckendes Naturschauspiel: Hier schuf sich der Vuoksi einen Weg durch die Felsen zwischen Saimaa- und Ladogasee.

ÅLANDINSELN
Vom Nutzen der Autonomie

Die Ålandinseln sind eine geographische und politische Spezialität: Auf dem Archipel von über 6500 Inseln mitten in der Ostsee zwischen Finnland und Schweden kann es im Sommer angenehm warm werden, und deshalb gibt es hier beliebte Seebäder. Er ist aber auch ein autonomer und entmilitarisierter Teil Finnlands, der fast nur von Schweden mit finnischem Paß bewohnt wird. Das führt zu Situationen wie bei der Volksabstimmung über einen EU-Beitritt 1994. Die Åländer wurden zuerst gefragt, ob Finnland Mitglied der Europäischen Union werden sollte, und dann, ob auch Åland mit dabeisein sollte. Sie antworteten beide Male mit Ja.

Die Inselgruppe ist ungefähr 50 mal 45 Kilometer groß und ein beliebtes Ausflugsziel, vor allem von Schweden aus. Das liegt zum einen an der landschaftlichen Schönheit der von Wiesen, Laub- und Nadelbäumen bewachsenen Felsenschären, zum anderen aber auch an der Möglichkeit zum zollfreien Einkauf. Heute ist der Fremdenverkehr die Haupteinnahmequelle der rund 25 000 Insulaner.

Es gibt kaum eine faszinierendere Schiffsroute als die Slalom-Fahrten der großen Autofähren auf der Strecke von Stockholm nach Turku in Finnland. Kaum hat man den Schärengarten vor Stockholm verlassen, muß das große Schiff in einem aufregenden Zickzackkurs durch das Inselgewirr von Åland steuern. Die einzige Stadt dort ist Mariehamn, der Heimathafen der Viking-Line, einer der großen Ostsee-Reedereien. Auf den Ålandinseln ist übrigens auch ein Großteil der finnischen Fischereiflotte beheimatet.

Kein Wunder, daß das Seefahrtsmuseum eine der Hauptattraktionen der 12 000 Einwohner zählenden Stadt Mariehamn ist. Teil des Museums ist das viermastige Segelschiff „Pommern" im Hafen. Der gesamte Archipel gilt übrigens zu Recht als Paradies für Ostseesegler – jedenfalls für die, die die vielen Klippen mit ihrer Seekarte und ihrem Kompaß umschiffen können.

Das Inselgewirr ist erst vor 8000 Jahren aus der Ostsee aufgetaucht. Es gibt keine größeren Berge, was Åland ideal für einen Fahrradurlaub macht. Die höchste Erhebung ist der 132 Meter hohe Orrdalsklint. Zwischen allen größeren, das heißt bewohnten Inseln gibt es Fährverbindungen.

Die schwedischsprachigen Åländer sind eine Erinnerung daran, daß Finnland einst im Mittelalter von Schweden aus kolonialisiert wurde. Als Ruß-

Die Inseln und Schären von Åland wirken aus der Luft, als sei die Ostsee im Begriff, leerzulaufen. In Wirklichkeit hob die vom Wasser überflutete Höckerlandschaft sich nach der Eiszeit langsam aus dem Meer.

Der Viermaster „Pommern" im Seefahrtsmuseum von Mariehamn ist fast 100 Jahre alt.

An der Südostküste der Hauptinsel Åland lag die russische Festung Bomarsund.

land, das damals Åland beherrschte, 1856 den Krimkrieg verloren hatte, zerstörten Briten und Franzosen die Festung Bomarsund, und die Inselgruppe wurde auf Dauer entmilitarisiert. Nach dem Ende des Ersten Weltkriegs bestätigte der Völkerbund diese Entscheidung. Auch die jungen Åländer von heute müssen deshalb keinen Wehrdienst in der finnischen Armee ableisten.

Der Völkerbund legte 1921 auch fest, daß Åland bei Einhaltung bestimmter Selbstbestimmungsrechte ein Teil Finnlands blieb. Die Regierung in Helsinki verpflichtete sich, die schwedische Sprache und die Kultur der Åländer zu achten und ihnen eine Teilautonomie zu gewähren. Seit 1954 hat der Archipel neben der finnischen sogar eine eigene Flagge: Sie ist eng an die schwedische angelehnt, mit einem gelb gerahmten roten (statt gelben) Kreuz auf blauem Grund.

Auskunft: siehe Seite 198.

FINNISCH LAPPLAND
Mitternachtssonne und Rentierherden

Lappland – das ist das Reich des Hirtenvolks der Lappen oder Samen, das Reich der Rentiere, ein Land von fast unendlicher Weite und Einsamkeit. Während die Temperatur im Januar bei minus 10 bis 30 Grad liegt, steigt sie im Juli auf durchschnittlich plus 15 Grad, kann aber auch 25 Grad erreichen. Von Oktober bis Mitte Mai liegt hier Schnee, und im Norden gibt es im Gegensatz zum übrigen Finnland sogar Berge und Hochebenen. Nördlich des Polarkreises sorgt im Sommer die Mitternachtssonne für helle Nächte. Im Winter dagegen herrscht die Polarnacht mit bis zu 50 Tagen Dunkelheit, lediglich manchmal durchbrochen vom grandiosen Schauspiel des Nordlichts.

Der finnische Teil Lapplands besteht vor allem aus bewaldeten Hügeln und Sümpfen. Im Süden überwiegen Fichten, im Norden Kiefern und Birken. Je weiter man nach Norden kommt, desto kleiner und knorriger werden die Bäume. In höheren Lagen trifft man nur noch niedrigen Bewuchs an – wie Wacholder, Fjällbirken, Weiden und Flechten.

Lappland erleben heißt vor allem, die Einsamkeit des Nordens erfahren. Deshalb muß man sich hier Zeit für Wanderungen, Kanu- oder Skitouren nehmen, zu denen man sich aus Sicherheitsgründen von einem einheimischen Führer begleiten läßt.

Verwaltungszentrum der Provinz ist Rovaniemi unmittelbar südlich des Polarkreises. Neuester Anziehungspunkt der 34 000 Einwohner zählenden Stadt ist das Kultur- und Ausstellungszentrum Arktikum, das sich der Dokumentation des mühsamen Überlebens der Menschen in der Kälte der Arktis widmet. Als größte Ausstellung lockt die *Ars Arctica* im Juli die Besucher an. Hier findet am 23. Juni ein beliebtes Mittsommernachtsfestival statt. Eine andere Touristenattraktion ist das Werkstattdorf des

Leider meist nur noch Touristenattraktion: die farbenfrohe Tracht der Lappen.

Weihnachtsmanns. Nach der finnischen Überlieferung, vom Fremdenverkehrsamt kräftig gefördert, wohnt der rotbezipfelte Gabenbringer mit seinem Rentierschlitten nämlich genau hier. Jeden Dezember schreiben Zehntausende von Kindern aus ganz Europa an das „Postamt des Weihnachtsmanns" – und bekommen garantiert eine Antwort.

Das eigentliche Siedlungsgebiet der Lappen beginnt erst ein Stück weiter nördlich, bei den größten europäischen Stauseen Porttipahdan und Lokan. In Inari gibt es ein Freilichtmuseum für Samen- beziehungsweise Lappenkultur und eine alte Samenkirche zu sehen. Die heute rund 40 000 Lappen oder Samen verteilen sich über Norwegen, Schweden, Finnland und Rußland – in Finnland leben nur knapp 4000 davon. Viele der ehemaligen Rentier-Nomaden sind seßhaft geworden. Manche kümmern sich jetzt per Schneescooter um ihre Tiere. Ihre farbenfrohen Trachten mit den gestickten Borten tragen sie aber meistens nur noch für die Touristen.

Eine besondere Faszination geht vom Inarisee und seinen felsigen Ufern aus. In der kargen Schön-

Beim Anblick dieses Lappenzelts mit Rauchabzug fürs offene Feuer denkt man zunächst an Indianer.

heit dieser Landschaft wachsen nur noch die arktischen Zwergformen von Fichten, Kiefern und Birken. Oft löst sich die Eisdecke auf Finnlands drittgrößtem See erst Anfang Juni auf. Von Inari aus werden Schiffsausflüge nach Ukkokivi angeboten, der Insel der Lappen mitten im See. Diese Region hatte zu Beginn des 20. Jahrhunderts etwas vom Wilden Westen; sogar Goldwäscher gab es hier. An zwei Orten sind ihnen Museen gewidmet, in denen der Tourist selber Sand auf der Suche nach dem glitzernden Metall waschen kann: In Kultala und in Tankavaara.

Der Norden Lapplands ragt in zwei Nasen nach Norwegen hinein. Vom nördlichen Grenzfluß, dem Tenojoki, ist es nicht mehr weit bis zum Nordkap oder nach Kirkenes in Norwegen. Die nordwestliche Nase stößt in gebirgigeres Terrain vor. Hier liegen Finnlands höchster Berg Haltiatunturi (1328 Meter) und der idyllische See Kilpisjärvi.

Auskunft: siehe Seite 198.

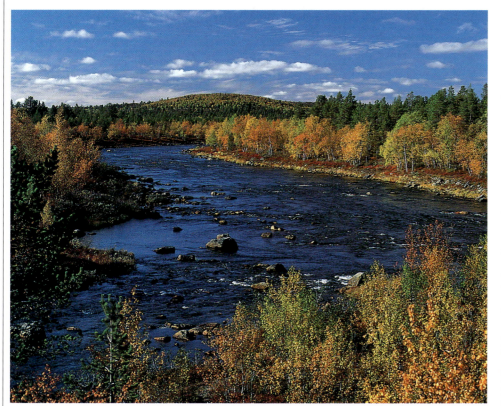
Die unermeßlichen Wälder der Taiga machen das Lappland-Wandern zu einem unvergeßlichen Naturerlebnis. Anfänger lassen sich dabei am besten von einem einheimischen Führer begleiten.

WESTEUROPA

*Natur und Kultur,
vom Atlantik umflossen*

Mit dem Süden verbindet man blauen Himmel, mit dem Norden den Zauber der Mitternachtssonne, mit dem Osten eisklare Wintertage, doch beim Westen fällt einem in puncto Wetter meist nur Unerfreuliches ein: Sturm, Nebel und Regen. Das Klima zwischen Schottland und Savoyen, Pyrenäen und Poldern ist freilich weitaus besser als sein Ruf. Und für den, der im Reisegepäck nur die Klischees von verwitterten Burgen, knarrenden Windmühlen und pappigem Porridge mitführt, hält Europas Westen manch angenehme Überraschung bereit.

Beeindruckende Monumente und Meisterwerke – nicht nur von Menschenhand

Der Einfluß des atlantischen Klimas endet erst an den Gletschern des Montblanc (Foto links) an der Grenze zwischen Frankreich und Italien. Der „Berg der Berge" Europas, 4807 Meter hoch, ist zugleich Höhepunkt des 1200 Kilometer langen Alpenbogens, der Südeuropa von den übrigen Teilen des Kontinents trennt – eine vielseitige Ferienlandschaft für sich, ein Paradies für Wintersportler, Gipfelstürmer, Wanderer und Naturfreunde.

Im Westen des Westens, etwa auf den Britischen Inseln an der irischen Steilküste von Downpatrick Head (Foto oben), zeigt Europa ein völlig anderes Gesicht. Überall da, wo die See seit Jahrmillionen das Land eng umschlungen hält, von Schottland bis zur Biskaya, stößt man auf faszinierende Zeugnisse einer alten Steinzeitkultur. Der Zauber dieser steinernen Zeugen einer uralten Vergangenheit zieht uns auch heute noch in seinen Bann.

Doch Westeuropa ist ja nicht menschenleer – im Gegenteil. Und so besitzt es auch einen enormen Reichtum an Kulturschätzen, von der römischen Antike bis zum Zauber moderner Weltstädte wie London, Paris, Brüssel oder Amsterdam. Warum zum Beispiel Burgund im Mittelalter als das Herz Europas galt, spürt der Besucher der berühmten romanischen Kloster- und Wallfahrtskirche von Paray-le-Monial (Foto rechts): Als diese Türme in den Himmel wuchsen, erhielt das christliche Abendland sein Gesicht.

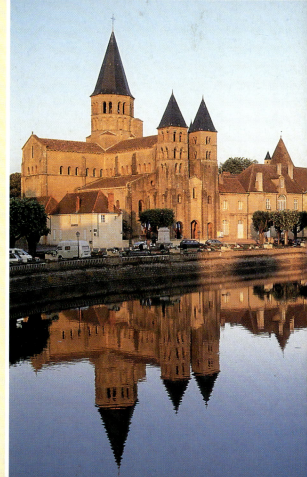

Westeuropa

Sturmumtoste Küsten, geheimnisvolle Steinzeitzeugen, berühmte Landschaftsgärten

Wie riesenhafte Finger greifen die zerklüfteten Landspitzen der bretonischen Westküste hinaus in den Atlantischen Ozean. Tosend brechen sich die Wogen an den steilen Klippen aus hartem Granit. Der Sturm fegt über eine herbe Heidelandschaft, in der nur ein paar verkrüppelte Büsche ihr zerfleddertes Haupt über den niederen Pflanzenteppich erheben. Pointe du Raz heißt der westlichste Punkt, ganz draußen in der überwältigenden Einsamkeit zwischen Meer und Land gelegen, wo sich die Naturgewalten mit brachialer Wucht austoben.

An das sturmumtoste Kap schließt sich im Norden eine Bucht von wilder Schönheit an: die Baie des Trépassés, die Bucht der Dahingeschiedenen. Der seltsame Name erinnert an eine uralte Legende, nach der hier die Druiden, jene in der Zauberkunst erfahrenen Priester der Kelten, einst ihre letzte Ruhestätte erhielten. Der Überlieferung nach wurden die Leichname zur vorgelagerten Ile de Sein gebracht, einer kargen Felseninsel. Möglichst nah an der Stelle, wo der Sonnenball allabendlich glutrot im endlosen atlantischen Meer versinkt, wollten die Druiden begraben werden.

Die untergehende Sonne hat schon lange vor den Kelten anderen Völkern den Weg in den äußersten Westen Westeuropas gewiesen. Möglicherweise kamen sie aus Asien – vorgeschichtliche Sonnenanbeter, die dem strahlenden Gestirn westwärts folgten, bis der Atlantik ihrer Wanderung ein Ende setzte. Diese Menschen zogen an der Küste entlang und drangen bis auf die Iberische Halbinsel und die Britischen Inseln vor, die nur durch den schmalen Ärmelkanal vom Festland getrennt sind.

Ihr Leben widmeten die Westeuropäer der Jungsteinzeit zu einem guten Teil ihrem Glauben. Sie errichteten gewaltige Monumente aus riesigen, aufrecht stehenden Steinen, den sogenannten Menhiren. Ihre Toten betteten sie in bis zu 100 Meter lange Hügelgräber mit Einzelkammern aus mächtigen Steinplatten. Auf diese Weise schufen sie in der Bretagne, in Somerset und vielen anderen Gegenden eindrucksvolle Zeugnisse einer früheren Kultur, die sich über weite Teile des atlantischen Westens spannte, tief in den Mittelmeerraum hineinreichte und die Bevölkerung in gewisser Weise einte. Heute, nach mehr als 3500 Jahren, gehören diese rätselhaften Kultzentren zu den touristischen Hauptattraktionen Westeuropas. Ihr Geheimnis haben sie bis heute nicht preisgegeben.

Westeuropa und der Atlantische Ozean gehören untrennbar zusammen. Wenn man so will, ist der Atlantik sogar die einigende Klammer der Länder und Landschaften zwischen Connaught und Cevennen. Er ist allgegenwärtig – nicht nur an den Küsten, sondern ebenso im Hinterland, wo er das Wetter steuert. Wer den großen Teich liebt, schwärmt vom „Atlantikhimmel" und denkt dabei an weiße Wolkenfetzen, die vom frischen Westwind vorwärtsgepeitscht werden, denkt an ein strahlendes Licht, das harte Kontraste zaubert. Der Atlantik sorgt für ein ausgeprägtes Seeklima – in Flandern wie auf den Hebriden oder an der unteren Loire. In Irland und Wales muß sich der reisende Mitteleuropäer auf beständig unbeständiges Aprilwetter gefaßt machen. Wochenlang wechseln dort oft Sonnenschein und heftige Regenschauer in rascher Folge, und die Insulaner geben den Gästen vom Festland den Rat: „Wenn euch das Wetter nicht gefällt, braucht

Flaches Marschland, zahllose Kanäle und eine charakteristische Backsteinarchitektur prägen Westeuropa im Bereich der Nordseeküste, wie hier am Stadtrand von Brügge in Belgien. Weil es an Naturstein fehlt, baut man hier schon lange mit gebrannten Lehmziegeln. Weithin sichtbare Wahrzeichen der Region sind die zahlreichen alten Windmühlen.

ihr nur eine Viertelstunde zu warten!" Richtig heiß wird es nie, dafür fällt der Winter mild und natürlich feucht aus. Nur im Südosten Frankreichs stöhnt man im Sommer unter der Hitze.

Die sogenannte Ölbaumgrenze – die gebietsweise sogar in der Landschaft gut zu erkennen ist – trennt den mediterran beeinflußten Südosten vom atlantisch geprägten Südwesten. Doch im Winter herrschen an der französischen West- und der englischen Südküste kaum niedrigere Temperaturen als an der palmengesäumten, sonnenverwöhnten Côte d'Azur. Schnee ist die ganz große Ausnahme – am Atlantik ebenso wie am Mittelmeer. Diese besondere Gunst verdankt der atlantische Westen einem natürlichen Wärmespender: dem Golfstrom. In Irland kann das Vieh das ganze Jahr über im Freien bleiben; die Tiere ziehen über sattgrüne Weiden, die dem Eiland zu seinem verlockenden Beinamen „Grüne Insel" verholfen haben. Kein Wunder, daß erfahrene Golfer auf die Courts des irischen Südwestens schwören.

Westeuropa

Am großzügigsten verwöhnt der Golfstrom die atlantischen Südküsten. Sie bestechen durch eine subtropisch anmutende Blütenpracht: Rhododendronhaine und Fuchsienhecken auf den Britischen Inseln, mannshohe Hortensieneinfriedungen an der bretonischen Küste. Eine unglaubliche Blütenvielfalt macht die Kanalinseln zu exotisch angehauchten Perlen in Westeuropa. Palmen zieren dort ebenso wie im britischen Südwesten und bretonischen Süden die Uferpromenaden. In der Bretagne wachsen in so manchem Hausgarten Feigenbäume, und an der Nordküste dieser Halbinsel gehören Artischocken zu den wichtigsten Feldfrüchten.

Etwas rauher als in den atlantischen Gefilden ist das Klima in den Ländern zwischen Nordsee und Ärmelkanal: Die Britischen Inseln schirmen Belgien und die Niederlande – mit Luxemburg zusammen unter dem Namen Benelux bekannt – vom mildernden Einfluß des Golfstroms ab, und ihre Küsten werden vom kühlen Nordseewasser umspült. Nicht selten frieren im Winter die zahlrei-

Von Irlands uralten Klöstern – hier die Ruinen der Zisterzienserabtei Hore Abbey in der County Tipperary – ging die Christianisierung West- und Mitteleuropas aus.

chen holländischen Kanäle zu und laden jung und alt zum Eislaufen ein – ein beliebtes Freizeitvergnügen, das sich zu einer Art Volkssport entwickelt hat.

Wer nur bei wolkenlosem Himmel und unter stechender Sonne Urlaubsgefühle entwickelt, dürfte sich im atlantischen Reizklima nicht immer wohl fühlen. Zugegeben: Es kommt eben schon recht häufig vor, daß der Himmel seine Schleusen öffnet. Die reichen Niederschläge haben in vielen Teilen Westeuropas Moore entstehen lassen, etwa im Schottischen Hochland, in den Ardennen und nicht zuletzt in den englischen Landschaften Dartmoor und Exmoor. Das seltene Exmoor-Pony, das in den Heide- und Moorgebieten lebt, stammt wahrscheinlich von einer Pferderasse ab, die dort gegen Ende der jüngsten Eiszeit heimisch war. Im holzarmen Irland verwenden die Bewohner entlegener Dörfer und Einzelgehöfte traditionell Torf aus den vielen Mooren als Brennmaterial.

Aus der grünen, offenen Landschaft Großbritanniens und des atlantischen Frankreichs ist eines nicht wegzudenken: die Wallhecken, mit denen große Naturweiden und Ackerblöcke eingefriedet werden. Weite Gebiete sind von einem solchen Wallheckengeflecht überzogen. Die gehölzüberwachsenen Steinwälle wurden freilich nicht als Windschutz angelegt, wie man lange geglaubt hat, vielmehr stellen sie einfach Besitzergrenzen dar, die auf diese Weise „zementiert" wurden und darüber hinaus das Vieh am Ausbrechen hindern. Dort, wo der Mensch gestalterisch eingegriffen hat, sind die berühmten Landschaftsgärten entstanden – großzügige Parkanlagen ohne strenge geometrische Formen, von mächtigen Bauminseln und Gewässern locker durchsetzt. Jede Englandreise ist unvollständig ohne einen Rundgang durch einen dieser harmonisch in die Landschaft eingebetteten Parks.

Rauhe Gebirge, erloschene Vulkane, endlose Ebenen

Weite Ebenen, die sich am Horizont verlieren und allenfalls von sanften Talmulden durchzogen sind – so stellt man sich die Küstenlandschaften am Atlantik und das westeuropäische Binnenland vor. Dies ist jedoch nur ein Landschaftstyp – und keineswegs der häufigste. Westeuropa hat einfach mehr zu bieten als eintönige Tiefländer. Es vereint ein Spektrum verschiedenster Landschaftsformen, vom uralten, bis auf den Rumpf abgetragenen Gebirgsmassiv bis zur buckligen Welt erloschener Vulkane. Beiderseits des Ärmelkanals erstreckt sich ein leicht gewelltes Stufenland. Harte Gesteinsschichten bilden auffällige Geländestufen, darunter die vom Meer unterspülten Kreidekalkfelsen an der englischen Südküste. Für die Liebhaber edler Tropfen sind die hellgrauen Kalkstufen im Osten des Pariser Beckens ein Geschenk der Natur: An den Hängen gedeihen die Trauben für den begehrten Champagner.

Abendstimmung auf der Insel Marken im niederländischen IJsselmeer: Hinter den Deichen ist die wilde Nordsee gezähmt und dient als stilles Urlauberrevier.

Das Armorikanische Gebirge, das etwa so alt ist wie der Harz oder der Taunus, wurde im Laufe von Jahrmillionen nahezu eingeebnet. Es zieht sich vom französischen Zentralmassiv zur Bretagne und setzt sich jenseits des Ärmelkanals in Südwestengland und Südirland fort. Auch das noch ein paar hundert Millionen Jahre ältere Kaledonische Gebirge ist meerübergreifend; es bildet das geologische Fundament von Schottland, Nordirland, Westskandinavien und sogar den Ardennen. Die Erde gab keine Ruhe; der Norden Großbritanniens wurde in der Erdneuzeit kräftig gehoben – so entstand die rauhe Berglandschaft. Majestätische, von grünen Matten umhüllte Bergrücken steigen aus düsteren Fjorden empor. Sie gipfeln im 1343 Meter hohen Ben Nevis, der sein steinernes Haupt meist mit Wolken verhüllt und im Winter eine dicke Schneedecke trägt.

Stille Flußmündungen, eine grünblaue See und Sandstrände bestimmen das Bild der Clew Bay. Die Ferienregion in der County Mayo im Westen der Republik Irland hat ein mildes, fast subtropisches Golfstromklima. Fähren bringen Besucher zum bergigen Clare Island, einst eine berüchtigte Pirateninsel.

Die Eiszeiten haben gerade dort bei der Landschaftsformung gehörig nachgeholfen: Das Eis hat mächtige Trogtäler ausgeschürft und die Berge abgeschliffen. Die wildromantische, abwechslungsreiche Landschaft des Lake Districts in Nordengland verdankt ihren Ehrentitel „Schweiz Großbritanniens" ebenfalls den Gletschern und Schmelzwasserströmen der Eiszeiten. Von den Britischen Inseln hat sich das „ewige Eis" spätestens vor 10 000 Jahren nach Norden zurückgezogen; in den französischen Alpen tragen die Gipfel dagegen bis heute noch Kappen aus Schnee und Eis.

Auch der Vulkanismus hat da und dort seine unverwechselbaren Spuren hinterlassen. Die spektakulärsten sind sicher die Vulkanruinen der Auvergne: eine Urlandschaft aus wohlgeformten Kegeln, bei denen zum Teil sogar noch seenerfüllte Krater erhalten blieben.

Selbstverständlich gibt es sie auch, die tischebenen, weit ins Hinterland greifenden Küstenebenen aus aufgespültem Sand und Kies. So sind zum Beispiel die Landes in Südwestfrankreich entstanden, eine endlose Sandebene, auf der sich kiefern- und eichengrüne Wälder ausdehnen. Ein imposanter Dünenwall, dem breite Sandstrände vorgelagert sind, bildet den Abschluß der Landes zum Atlantik hin. Eine ganze Kette familienfreundlicher Seebäder reiht sich an der Côte d'Argent, der silbern glänzenden Küste, aneinander, und im flachen, vom offenen Ozean nahezu abgeschnürten Meeresbecken von Arcachon werden Austern der Spitzenklasse gezüchtet.

Doch auch weiter im Norden, in Belgien und in den Niederlanden, gibt es herrliche, von Dünen gesäumte Sandstrände. Die Niederländer hatten von jeher einen zähen Kampf gegen den „blanken Hans", die stürmische Nordsee, zu bestehen; sie entwickelten eine eigene Technik der Landgewinnung, rangen der See ausgedehnte Polder ab, auf denen inzwischen Städte gegründet wurden und fruchtbares Ackerland bewirtschaftet wird. Doch kann sich die Natur an den westeuropäischen Küsten trotzdem immer noch zur Genüge entfalten, insbesondere an den atlantischen Steilküsten und auf den Britischen Inseln mit ihren zerklüfteten Klippen. Sie bieten Seevögeln und einer Vielzahl von Meerestieren einen idealen Lebensraum. Riesige Brutkolonien von Sturmtauchern, Baßtölpeln und vielen anderen Vogelarten findet man unter anderem auf den sturmumtosten Felseninseln vor der schottischen Westküste – ein wahres Paradies für Urlauber, die Einsamkeit und unberührte Natur lieben. Aber auch im kleinen läßt sich so manches Reizvolle entdecken. Wenn bei Ebbe die See zurückweicht, bleiben in Felsnischen und -spalten zahllose Gezeitentümpel zurück – natürliche Meeresaquarien, in denen sich Seeanemonen, Seesterne und allerlei Kleinfische tummeln.

England und Frankreich: Wiege christlicher Kultur diesseits der Alpen

Wenn in Amerika oder anderswo auf der Welt die Rede auf Europa kommt, ist damit in Wirklichkeit oft Westeuropa gemeint. Schließlich liegen dort nicht nur die beiden führenden Weltstädte des alten Kontinents, die faszinierenden Metropolen Paris und London, vielmehr schlägt dort auch das Herz aller englisch- und französischsprachigen Nationen der Erde. Gleichgültig, auf welchem Gebiet, von der Mode über die Kunst bis hin zur internationalen Politik: In Großbritannien und Frankreich, den hochindustrialisierten Mutterländern der beiden Weltsprachen, werden Maßstäbe gesetzt – auch wenn wir Mitteleuropäer das häufig nicht wahrhaben wollen, auch wenn wir etwa auf dem Gebiet der Wirtschaft eine dynamischere Entwicklung erlebten. Der Wettstreit zwischen den zivilisatorisch so überaus bedeutsamen Kulturnationen England und Frankreich, zwischen germanischem und romanischem Sprachkreis, sorgt seit dem Mittelalter für eine Art Zweiteilung Westeuropas. Das war jedoch nicht immer so. Bevor die Römer ihre Macht bis an den Atlantik ausdehnten, waren die Britischen Inseln und das festländische Westeuropa in der Hand der Kelten. Dieser Volksstamm wurde im Laufe der Jahrhunderte regelrecht ins Abseits gedrängt. Nur die keltische Sprache lebt heute noch in den Idiomen einzelner Bevölkerungsminderheiten fort: im Bretonischen, im Gälischen in Schottland und Irland, im Kymrischen in Wales und im Manx auf der Insel Man.

Der historische Wandel kam in Westeuropa oft genug übers Meer – angefangen bei den Angelsachsen, die Mitte des fünften Jahrhunderts die Nordsee überquerten und in Großbritannien rasch ein großes Territorium unter ihre Kontrolle brachten. Das Christentum gelangte übers Meer auf die Britischen Inseln und von dort wieder zurück auf das nord- und mitteleuropäische Festland. Der heilige Patrick machte im fünften Jahrhundert den Anfang: Er christianisierte Irland. Irische Mönche zogen in der Folgezeit nach Gallien und Germanien, gründeten Klöster und missionierten. Sinnbilder der frühen Christianisierung und zugleich einzigartige Zeugnisse keltischer Kunst sind die monumentalen Steinkreuze, die auf den Britischen Inseln vereinzelt anzutreffen sind.

Die Standing Stones of Callernish: Der schönste Steinkreis in Schottland steht auf der Hebrideninsel Lewis. Da scheint sich eine versteinerte Versammlung um einen Redner in der Mitte zu gruppieren. In der baumlosen Natur wirken die Findlinge um so beeindruckender, als sie unbehauen und selbst ein Teil der Natur sind.

Das Licht und die Farben der Provence inspirierten berühmte Maler, doch die Böden sind steinig und die Bauern arm im bergigen Südosten Frankreichs.

Von Frankreich gingen im frühen Mittelalter entscheidende Impulse zur Entwicklung des romanischen Baustils aus. Noch heute nehmen die Abteien und Basiliken dieser Epoche ihre Besucher gefangen. Und auch die Gotik erlebte in Westeuropa ihre Glanzzeit. Allein in Frankreich wurden unter einem ungeheuren Aufwand in weniger als 100 Jahren über 80 imposante Kathedralen und 70 kleinere Hallenkirchen errichtet. Zu vielen dieser faszinierenden Bauwerke, ob in Chartres, Reims, aber auch im englischen Canterbury oder im holländischen Utrecht, pilgern heutzutage Scharen von Kunstbegeisterten.

Nicht weniger beeindruckend sind die Burgen, Schlösser und Paläste, mit denen die weltlichen Landesherren, vom König bis zum kleinsten Edelmann, die Kulturlandschaft bereicherten. Unter dem Einfluß der italienischen Renaissance entstand im Tal der Loire eine Reihe grandioser, von verspielten Gartenanlagen umgebener Sommerresidenzen, die auf der Welt ihresgleichen suchen. Und Ludwig XIV., der Sonnenkönig, setzte später mit dem Prachtschloß von Versailles der grenzenlosen Machtentfaltung des Absolutismus ein einzigartiges Denkmal, das Vorbild für unzählige Schlösser in ganz Europa wurde. In England gerieten nicht wenige Landsitze adliger Geschlechter zu unverfälschten Zeugnissen ihrer jeweiligen Stilepoche, vom Tudor- bis zum elisabethanischen Stil. Aus der weiten, grünen Landschaft von „merry old England" sind sie mit ihren offenen Parkanlagen nicht mehr wegzudenken. Herrliche Paläste und altehrwürdige Gotteshäuser der verschiedensten Religionen gibt es in jedem Kulturerdteil rund um den Globus. Aber nur in Europa hat sich eine eigenständige Baukunst des Bürgertums – der wohlhabenden Kaufleute, Bankiers und Reeder – entwickelt, eine Kulturerscheinung, die den Vergleich mit den Bauten der weltlichen und geistlichen Landesherren nicht scheuen muß. Vor allem die alten Hafen- und Handelsstädte in Flandern und Holland, wie Antwerpen, Delft oder Brügge, sind mit ihren stattlichen Patrizierhäusern, den großzügig angelegten Marktplätzen und reichen Museen wahre Schatzkammern bürgerlicher Kultur. Hier mischen sich Zeugen verschiedener Epochen und laden zu einem Spaziergang durch die Geschichte ein: Gleich neben den Rat- und Zunfthäusern, in denen die Bürger ihren Reichtum selbstbewußt zur Schau stellten, ragen die Türme von Wasserburgen und Kathedralen auf.

Genuß, Entspannung, Kultur – Urlaub für jeden Geschmack

Reisen in Westeuropa ist überhaupt vielseitiger, bunter als in den meisten Weltgegenden. Alle Spielarten des modernen Tourismus sind hier vertreten: der Badeurlaub, familiär beispielsweise auf den Westfriesischen Inseln oder etwa im Languedoc, mondän in Biarritz, Saint-Tropez oder Nizza; der Skiurlaub in den französischen Alpen oder den Pyrenäen; Wandern in den Ardennen, im weitläufigen Zentralmassiv, in den Vogesen oder auch in Schottland, einer rauhen Landschaft von ganz eigenem Reiz. Irland präsentiert sich als Trauminsel für alle, denen Individualität und ungebundenes Umherstreifen über alles geht und die noch unberührte, ländliche Natur erleben möchten; und für die Verbindung

Napoleons wildromantische Heimat und der Vetter der Alpen

Korsika, die „Insel der Schönheit", rund 200 Kilometer südöstlich von Nizza gelegen, hat ihr individuelles, natürliches Parfüm, so unverwechselbar, daß Napoleon, der berühmteste Korse, von sich sagte, er könne seine Heimatinsel mit geschlossenen Augen allein am Duft erkennen. Es lohnt sich freilich, Korsika mit offenen Augen zu entdecken, denn die Insel ist eine der schönsten im Mittelmeer. Sandige Buchten werden von Klippen umrahmt, denen Wind und Wetter die skurrilsten Verwitterungsformen verliehen haben, Olivenhaine grenzen an Weinberge, die Berghänge sind mit nahezu undurchdringlicher Macchie bedeckt, und hoch oben im Gebirge kann man im Sommer durch schattige Wälder und bizarre Felslabyrinthe streifen oder im Winter Ski laufen.

Gute 2700 Meter über dem Meeresspiegel erreichen die höchsten Gipfel Korsikas – und übertreffen damit die Schneegrenze in den Nordalpen. Gletscher können sich bei dem sommertrockenen Klima der Insel allerdings nicht bilden; das „ewige Eis" findet man unter demselben Breitengrad erst wieder viel weiter im Westen, in den Pyrenäen, wo die Sommer regnerischer, feuchter, wolkenreicher sind. Das Hochgebirge, das sich vom Atlantik bis zum Mittelmeer quer durch den Südwesten Europas zieht, ist ein Vetter der Alpen, im geologischen Bau und in den Landschaftsformen sehr ähnlich, aber ohne die großen Längstäler wie

von Genuß, Entspannung und Kultur bietet sich nach wie vor Frankreich an: von der Bretagne über Aquitanien bis hin zur Provence. Kunstbegeisterte finden hier nahezu überall bemerkenswerte Baudenkmäler aus allen Epochen. Burgund ist nicht nur eine faszinierende Kulturlandschaft, es besticht außerdem durch liebliche, sanfthügelige Weinberge, von denen einige der edelsten Tropfen Frankreichs herstammen. Hier geht das Leben noch seinen traditionellen, gemächlichen Gang. Und über Metropolen wie Paris, London, aber auch Amsterdam, läßt sich an touristischen Superlativen eigentlich nichts hervorheben, was nicht längst allgemein bekannt wäre.

Eine Form des Reisens, die in letzter Zeit in Mode gekommen ist und dank idealer Voraussetzungen in Westeuropa vielerorts angeboten wird, darf in diesem kleinen Abc des Reisens auf gar keinen Fall fehlen: Bootsferien auf den in die Jahre gekommenen, für die moderne Binnenschiffahrt zu schmalen Wasserstraßen Frankreichs und Großbritanniens. Überaus dicht geknüpft ist das Kanalnetz jenseits des Rheins. Wer genügend Zeit mitbringt, kann Frankreich vom Rhein-Marne-Kanal im Nordosten bis zum Canal du Midi im Südwesten durchschippern. All der Lärm und all die Hektik des Straßenverkehrs läßt man, gemächlich auf dem Wasser dahintreibend, hinter sich und taucht ein in die heile, stille Welt der Provinz.

In den wilden Cañons der Provence und der Cevennen, etwa von Verdon, Ardèche oder Tarn, muß man dagegen schon ganz schön kräftig mit den Paddeln arbeiten, um die hellen Kalkklippen im smaragdgrünen Wasser zu umschiffen. Die zerklüfteten Bergländer beiderseits des tischebenen Rhônedeltas sind voller Farben, und auch die Côte d'Azur, die „azurblaue Küste" zwischen Marseille und Monaco, bietet viel Abwechslung fürs Auge: Das Silbergrau der Ölbäume wechselt mit dem leuchtenden Rot der Bauxiterde, das leuchtende Blau des Meeres mit dem Purpur der Felsen im Esterelgebirge, und diesen lebhaften Farben der Landschaft hat der Mensch mit ausgedehnten Blumenfeldern im Hinterland von Nizza noch einige Farbtupfer aufgesetzt. Tonnenweise werden hier Blütenpflanzen kultiviert, aus denen man duftende Öle und Essenzen für die Parfümindustrie gewinnt.

Der Dudelsack wurde in Schottland zu einem Symbol nationaler Identität. Das Hirteninstrument hat mehrere Flöten oder Pfeifen; ein Sack dient als Luftmagazin.

das Wallis oder das Engadin, die die Alpen bis zum Kern hin öffnen. Und deshalb sind die Pyrenäen abseits der vielbefahrenen Verkehrsadern am Golf von Biskaya und am Golfe du Lion weithin noch eine urwüchsige, von Bären und Steinböcken, Geiern und Adlern bevölkerte Wildnis geblieben. Der Gebirgszug, der als natürliche Grenze Frankreich von Spanien scheidet, ist allerdings viel kleiner als die Alpen – in ein bis zwei Autostunden kommt man von den Nationalparks zu den Kunstschätzen von Carcassonne, Toulouse, Pamplona und den vielen anderen sehenswerten Städten am Fuß der Pyrenäen. Auch das Meer ist nirgends weit: im Osten die Strände des Languedoc und des Roussillon, im Westen die Côte des Basques und die Côte d'Argent mit ihren schier endlosen, von Wanderdünen überragten silberglänzenden Sandstränden.

CORK UND KERRY

Ferien an Irlands lieblicher Golfstromküste

Die Einheimischen nennen die Grafschaften Cork und Kerry für gewöhnlich in einem Atemzug, nicht erst, seitdem man sie – zwecks Touristenköderung – zusammen mit der Grafschaft Limerick zur wohlklingenden Werbegemeinschaft „Golfstromküste" zusammengeschlossen hat.

Aus Geologensicht sind die fünf langen Felsfinger, die die Republik Eire südwestwärts in den Atlantischen Ozean streckt, während der letzten 400 Millionen Jahre von Mutter Natur ganz schön geknetet worden. Eine riesige Eiskappe bedeckte Großbritannien und Irland. Nach dem Ende der letzten Eiszeit vor etwa 10 000 Jahren hatten die Gletscher auf den Halbinseln Täler ausgehoben und die Felsen der Berge glattgeschliffen. Riesige Felsbrocken kegelten sie zu jenen oft animalisch anmutenden Formationen hin, vor denen man heutzutage staunt. Auch der Ozean hat das Seine dazugetan und im Laufe von Jahrmillionen unzählige Buchten mit feingepuderten Sandstränden in das Land hineingefressen.

Hinzu kommt, daß diese atlantische Kante noch vor etwa 8500 Jahren durch eine Landbrücke, die heute unter der Biskaya verläuft, mit dem europäischen Kontinent verbunden war. Dank Samenflug konnten allerlei mediterrane Pflanzen bis hierhin wandern. So kann der Besucher im Park des Great Southern Hotel in Parknasilla, des luxuriösesten Hotels von Irland, subtropische Pflanzen wie Palmen, Bambus, Pinien, Rhododendron und Jasmin bewundern. Und er kann in Traumbuchten mit sanft in der Brise wispernden Palmen baden. Der Golfstrom macht's möglich. Denn er züngelt tatsächlich in jeden Felswinkel hinein und spendet seine karibische Wärme. In den Schaugärten blühen die ersten Kamelien schon im Januar, so etwa in den Creagh Gardens bei Skibbereen. Ein typisches Februarbild an der Bucht von Bantry: Leute, die bereits ihren Rasen mähen, im Hintergrund Rosen, die den milden Winter überlebt haben.

Der Südwesten Irlands ist berühmt für seine sanften Hügel und die flachen, tief ins Land ragenden Meeresbuchten wie den Kenmare River (Foto links). Die meisten Siedlungen – wie hier Eyries Village – sind klein, sehr sauber und freundlich (Foto rechts oben). Die Menschen sind naturverbunden, aber auch geschäftstüchtig – so hat man beispielsweise den Delphin „Fungi", der sich rund um die Halbinsel Dingle in den Fluten tummelt, aktiv in den Tourismus mit einbezogen (zweites Foto von rechts oben). In den Kneipen wird gerne Musik gemacht (zweites Foto von rechts unten). Und immer wieder stößt man auf Klostersiedlungen aus dem sechsten Jahrhundert, von denen einst die Missionierung Mitteleuropas ausging – sie sind zum festen Bestandteil des kargen Landes geworden (Foto rechts unten).

Das irische Wetter – Gesprächsthema Nr. 1

Geradezu unhöflich wäre es – ob beim Pint of Guinness an der Pubtheke oder morgens zufällig beim Zeitungholen auf der Straße –, mit einem Einheimischen zu palavern, ohne eingangs ein paar Sätze über die jüngsten Launen der Witterung zu wechseln. Wichtig ist dabei, die Dinge immer positiv zu sehen: Nur weil vor lauter Regen für ein paar Stunden Plötzlich-Bäche durch eine Ortschaft gurgeln und man sich unterm Anorak noch zusätzlich mit einer Ausgabe der *Irish Times* abgedichtet hat, besteht absolut kein Grund, etwa über „Sauwetter" zu fluchen. Die Höflichkeit hierzulande will's, daß man sich wie ein ehrenamtlicher Sprecher eines Ministeriums für Optimismus ausdrückt. „Should clear up soon" – sprich: Jenes atlantische Tief, das halb Kerry verschleiert hat, wird schon binnen der nächsten paar Stunden weiterziehen. Meistens stimmt das sogar. Vor allem der Westwind, dem nur selten die Puste ausgeht, fegt entweder den Himmel azurblau oder treibt riesige Wolkenherden vor sich her. Diese ständig bewegte Kulisse gibt vermutlich den Takt für das Leben hier an, denn an der irischen Westküste streunen nicht nur die Wolken. Ganze Viehherden traben ohne Hirten von einem Strand zum nächsten. Abends sieht man einen Farmer, mit dreibeinigem Schemel und Eimer, einen ganzen Batzen Torfmoor nach seinen beiden Milchkühen absuchen.

Am Straßenrand fallen immer wieder mit trocknender Wäsche drapierte Konvois zerbeulter Caravans auf. Auch deren Bewohner – die *Travellers* oder *Tinker* (Kesselflicker), wie sie teils abfällig genannt werden – sind ständig auf Achse. Inzwischen flicken sie freilich schon längst keine Kessel mehr, sondern betteln oder sammeln Schrott. Wo sie herkommen, weiß man nicht so genau. Die romantischste Theorie besagt, daß sie von den *Derbfine*, den gälischen Königsgeschlechtern aus nebliger Urzeit, abstammen.

Obwohl es von stattlichen Herrenhäusern, die teils zu Luxushotels umgebaut wurden, im Südwesten Irlands nur so wimmelt, bräuchte diese himmlische Kulisse erst gar nicht mit architektonischen Schnörkeln retuschiert zu werden. Sie imponiert schon allein durch ihre landschaftliche Schönheit. Hinter jeder Bergnase verspricht die nächste Badebucht noch atemberaubender zu werden als die letzte. Da hält es auch die Urlauber selten länger als ein paar Tage an einem Ort. Manche nehmen sich die erwähnten *Travellers* zum Vorbild und lassen sich von einem geduldigen Pferd in einer Art überdachter, spärlich eingerichteter Plastikwanne über die Landstraßen ziehen – was allerdings an heißen Sommertagen zum ambulanten Saunatrip werden kann. Andere radeln durch die sanft geschwungene Hügellandschaft. Und dann gibt es natürlich auch noch die Wanderer, die sich quermoorein die herausforderndsten Trails suchen. Einer davon ist der Kerry Way rund um die Iveragh-Halbinsel, über die unteren Hänge der Macgillycuddy's Reeks. Insgesamt legt man dabei 214 Kilometer zurück – und kommt bis zu Höhenlagen von 385 Metern. Ganz Ehrgeizige besteigen auch noch den Carrantuohill, mit 1041 Metern der höchste Berg Irlands. Das verlangt allerdings schon einige Bergerfahrung.

CORK UND KERRY AUF EINEN BLICK

SEHENSWÜRDIGKEITEN

Ballybunion: Carrigafoyle Castle (Aussicht), Lisloughtin Abbey; **Bantry:** Bantry House; **Blarney:** Blarney Castle; **Blasket Islands:** Papageitaucher und Robben; **Caherdaniel:** Derrynane House (Residenz des Volkshelden Daniel O'Connell), Derrynane National Historic Park; **Cork:** Montenotte (ehemaliges Viertel der Kaufleute), Kathedrale St. Finbarr's, Kirche St. Ann's Shandon; **Dingle:** Delphin „Fungi" (Bootstouren werden angeboten); **Glenbeigh:** nachgebautes Moordorf (Museum); **Glengarriff:** Garinish Island, Ring of Beara; **bei Killarney:** Killarney Nationalpark, Muckross Friary (Benediktinerabtei), Muckross House; **Kinsale:** Ortsbild; **Moll's Gap:** Blick auf Killarneys Seenplatte; **Portmagee:** Skelligs (Mönchsfelsen), Videoshow über die Felsen im Visitor Centre; **Ring of Kerry:** Panoramastraße auf der Halbinsel Iveragh (Rundfahrt); **Sherkin Island:** Jolly Roger (Pub); **Skibbereen:** Creagh Gardens; **Tralee:** Dick Mack's (Pub und Schusterladen); **bei Tralee:** Crag Cave (Tropfsteinhöhle).

FESTE UND VERANSTALTUNGEN

Cobh: Cobh International Folk Dance Festival, Juli, International Sea Angling Festival, Anfang September; **Cork:** International Choral Festival, Ende April, Cork Jazz Festival, Ende Oktober; **Killarney:** Roaring Twenties Festival, Mitte März; **Killorglin:** Puck Fair (Jahrmarkt), Mitte August; **Kinsale:** International Food Forum, Anfang Mai, alle 2 Jahre, Gourmet Festival, Anfang Oktober; **Tralee:** Rose of Tralee Festival, Ende August, Irish International Shark Fishing Tournament, Mitte September; **überall in Irland:** St. Patrick's Day, 17. März.

AUSKUNFT

Irische Fremdenverkehrszentrale, Untermainanlage 7, 60329 Frankfurt am Main, Tel. 0 69/23 33 41.

Unser Routenvorschlag
VOM SHANNON BIS NACH CLEAR

Vom Fährhafen Tarbert ① am Kerryufer der Shannonmündung über Listowel ②, wo es eine beeindruckende Burgruine zu besichtigen gibt, nach Tralee ③, dem Hauptstädtchen der Grafschaft Kerry, ist es eingedenk kreuzender Schafe eine gute halbe Autostunde. Von hier aus lohnt sich ein Abstecher in das Wellenreiter-Dorado Banna Strand ④. Von Tralee führen steile Bergkehren über den Connor-Paß nach Gallarus ⑤, einer ausgezeichnet erhaltenen Mönchszelle aus dem 8. Jh. Von der Dingle-Halbinsel gelangt man über die an einer Seenplatte gelegene Feriendrehscheibe Killarney ⑥ zu einer der Muß-Sehenswürdigkeiten der Iveragh-Halbinsel: Derrynane House ⑦, wo der Volksheld Daniel O'Connell residierte. Ein Museum erinnert an den Führer der katholischen Nationalisten im 19. Jh. In dem Dörfchen Kenmare ⑧ gibt es gute Fischrestaurants und urige Pubs. In Bantry ⑨, dem Tor zur Beara-Halbinsel, kann man Bantry House, ein Landhaus aus dem Jahre 1750 mit schönem Park, besichtigen. Im Herzland der Grafschaft Cork locken die Burg Blarney ⑩ mit ihrem „Kußstein" und Cork selbst ⑪ mit uriger Hafenstimmung. An der Küste, nahe Clonakilty ⑫, stößt man auf den über 2000 Jahre alten Steinkreis von Dromberg. Von Baltimore gibt es eine regelmäßige Fährverbindung nach Clear ⑬, wo Boottörns zur Delphinbeobachtung locken.

★ Das besondere Reiseziel: Shannon.

Eine Landschaft von herbem Reiz: Aus der Luft gesehen, ist die Halbinsel Dingle der Inbegriff der „Grünen Insel", wie die Iren ihre Heimat selbst nennen.

Wer diese Landschaft mit dem Auto durchquert, ist schon allein durch die Straßenverhältnisse gezwungen, jede Hektik hinter sich zu lassen. Die Landstraßen nahe der Küste verengen sich teilweise zu Heckentunnels, in denen einen selbst im Sommer, wenn die Sonne hoch am Himmel steht, kriechende Schatten verwirren.

Tralee, das Hauptstädtchen der Grafschaft Kerry, muß man genießen wie ein fachmännisch langsam gezapftes Glas Guinness. Zwar werden hier manche Ferienstrategien für die Golfstromküste ausgeheckt, aber Tralee wirkt nicht so geleckt und putzig wie etwa Orte wie Killarney oder Sneem, wo manchmal der Eindruck aufkommt, irische Heiterkeit werde in Konservendosen abgefüllt. Das Thekenleben im Hauptstädtchen bleibt waschecht. Whiskey wird vor allem als *Chaser* (das heißt, zum Nachspülen) gekippt: Ein Zwischenschluck folgt größeren Guinnessmengen, so zum Beispiel in den feuchtfröhlichen Kneipen zwischen Denny Street und Castle Street. Wo nicht gerade Live-Bands mit fetzendem Irish Folk die Füße zum Wippen bringen, da wird an der „Theken-Uni des Lebens" witzig bis hitzig philosophiert. Auch die größten Literaten der Smaragdinsel haben ihre Muse mit Vorliebe angesichts der Zapfhähne gesucht – und gefunden. Für den Durchschnittszecher, der sich frisch hereingeschneiten Touristen vom Kontinent von seiner freundlichsten und (was Runden betrifft) spendabelsten Seite zeigt, ist es freilich am wichtigsten, daß so bald wie möglich *Craic* („Kräck" ausgesprochen) entsteht: Das heißt, daß viel los ist und man jede Menge Spaß hat. Zum guten Pub-Ton gehört auch, daß die Gardai, die Polizeibeamten, die Sperrstunde (im Sommer 23.30, im Winter 23 Uhr) nicht ganz so genau nehmen.

Ein Delphin namens Fungi

Tralee gilt als Tor zur Dingle-Halbinsel. Dingle lebte noch vor einigen Jahrzehnten recht bescheiden vom Fischfang und der Wollweberei. Aber 1984 ereignete sich ein kleines Wunder, und seitdem webt man lukrativ an einer leibhaftigen Legende. Seit damals gibt es einen ständigen Besucher in der Hafenbucht: einen Delphin, den man inzwischen Fungi getauft hat. Scharenweise schippern, schwimmen und surfbrettern die Feriengäste zu ihm hinaus. Mit Tauchern albert der vier Meter lange und fast eine halbe Tonne schwere Aquanaut auch schon mal zärtlich auf Flossenfühlung herum. Fungi, den manche im Ort für einen Sendboten unserer lädierten Mutter Natur halten, ist mittlerweile schon „Big Dolphin Business" geworden: Fungi-Poster, Fungi-Fotos und Fungi-Schnuppertrips, wo man hinschaut. Unsereins hätte da wohl schon längst die Bucht gewechselt, aber Fungi hat offensichtlich Gefallen an seinem Menschenarium gefunden.

Und ganz nebenbei: Bei *Dick Mack's,* halb Schusterladen, halb Pub, hört man die Einheimischen witzeln: Sollte man die Halbinsel nicht lieber in Fungle umbenennen?

Auf der weiter südlich gelegenen Iveragh-Halbinsel gibt die pulsierende Stadt Killarney seit Jahrzehnten den Urlaubston an. Von hier aus starten Autos, Reisebusse und ganze Radlerpulks zur Umrundung des „Ring of Kerry", jener berühmten, mit Sehenswürdigkeiten gespickten Straße, die um die Iveragh-Halbinsel führt. Diese Touristenströme sind an der Stadt natürlich nicht spurlos vorübergegangen. In die Pubs an der Main Street wehen die Abgase einer scheinbar endlosen Autoschlange. „Unsere Stadt im Würgegriff des Verkehrs", so lautete vor einiger Zeit eine Schlagzeile des Lokalblatts *The Kingdom.* Killarney bezahlt einen nicht geringen Preis für die Ehre, als „Drehscheibe Nummer eins" des Feriengespanns Cork und Kerry zu gelten.

Fast ganzjährig tragen die vielen Golfmöglichkeiten in und um Killarney zum Rummel bei. Es

Die Theke ist die Bühne des kleinen Mannes; hier gibt es Bier, Gespräche über Politik und immer neue Witze.

herrscht kein Vereinssnobismus: Gegen „green fees" kommen auch Feriengäste auf die feinsten 18-Loch-Plätze. Um den kleinen weißen Ball aus wunderschönen Naturbunkern zu schlagen, reist auch eine Menge US-Amerikaner an. Vor allem dann, wenn in Killarney wieder mal das Irish Open veranstaltet wird. Dann gibt's Golferstau an den Haltestellen der kaum noch ins moderne Bild passenden Pferdedroschken, in Nobel-Imbißbuden wie *Kiely's,* wo man unbedingt *chowder,* die irische Fischsuppe, probieren sollte, und auch in den Pubs, wo Kenner beim Après-Golf die etwas süßere Alternative zum Guinness trinken, nämlich ein Glas Murphy's.

Im Uhrzeigersinn befahren, steigt der Ring of Kerry schon bald steil an. Bereits ein paar Kilometer südlich von Killarney fährt man durch einen mit Seen besprenkelten Nationalpark, wo vieles unter Artenschutz steht, die gelben Schwertlilien ebenso wie die wilden Rhododendren zwischen den Eichen, Ulmen und Buchen. Gleich danach zieht sich die Landstraße in langgezogenen Spiralen zum Bergsattel Moll's Gap hoch.

Oder aber man fährt den Ring flacher, nämlich westwärts an. Beim Puck Fair in Killorglin, dem ersten bedeutenden Ort auf dieser Variante, wird jeden August ein Ziegenbock zum „Festkönig" gekürt. Etwas weiter, bei Glenbeigh, veranschaulicht ein Mu-

Westeuropa

Wo die Kenmare-River-Bucht ins Meer mündet und sich wie ein Fjord weitet, wächst im Frühsommer der Rhododendron haushoch. Hier bestimmt der Atlantik mit milden Wintern und regenreichen Sommern das Klima.

seum mit nachgebautem Moordorf das harte Leben der Torfstecher und Handwerker in prä-touristischer Zeit. Das finden nicht zuletzt jene US-Amerikaner pittoresk, die man abends an der Hotelbar ihre bunten Kreditkarten zücken sieht.

Einsames Moor und gischtgesäumte Felsen

Es braucht nur ein wenig Abendnebel übers Moor zwischen Cahersiveen und Portmagee an der Küste der Iveragh-Halbinsel zu kriechen, und schon wirken die verwitterten Wegweiser, die teils die Entfernungen noch in Viertelmeilen angeben, wie mehrarmige Fabelwesen.

Ebenso unvermittelt taucht in dieser nur vom Westwind bewohnten Wildnis auch ab und zu ein Farmer auf, der frisch geschnittene Torfscheiben zur kleinen Pyramide stapelt. So wird seit Jahrhunderten der eigene Kaminbedarf gedeckt.

Portmagee, Hafen einer Kutterflotte an der Westküste, wurde nach einem Schmuggler benannt. Fisch- und Touristenfang rentieren sich heutzutage gleichermaßen. Ansässige Familien bieten Schaukeltörns 13 Kilometer hinaus zu den Skelligs, drei

Felsen mit spitzen Naturzinnen, an denen Monsterwellen hochsprühen. Wer das gischtspritzende Live-Erlebnis scheut, kann sich auch mit einer Show atemberaubender Luftaufnahmen im Kinosaal des Visitor Centres begnügen. Sie veranschaulichen, wie der größere der beiden Brocken im Meer, Skellig Michael, vor rund 1300 Jahren besiedelt wurde. Schon seit je haben sich religiöse Einsiedler an dieser naturbelassenen Küste mehr Einblick als anderswo in die Geheimnisse der Schöpfung versprochen. Auf Skellig Michael bauten sich besonders seetüchtige Mönche bienenstockförmige Steinklausen und meißelten generationenlang an der Felstreppe, die zu ihrem Refugium hinaufführte. Mit Robbensteaks als Zahlungsmittel schipperten sie in ihren Lederbooten immer nur dann an Land, wenn ihnen das Getreide ausging. Rätselhaft bleibt, was die Betgemeinschaft nach mehreren Jahrhunderten plötzlich und für immer von Skellig Michael weglockte.

Der Fremdenverkehr konzentriert sich an der Küste. Es lohnt sich aber auch, den Caravans der *Travellers* landeinwärts zu folgen. Zum Beispiel in die Gaeltacht-Gebiete bei Macroom und Mallow, wo noch Gälisch gesprochen wird und wo sich die Clans der Kesselflicker alljährlich zu feuchtfröhlichem Gesang und allgemeinem Palaver treffen. Hier schlängeln sich die Flüsse Lee, Blackwater und Bandon, an deren Ufern die Angler ihre Haken nach Forelle und Lachs auswerfen.

Fürs Sightseeing in der Universitäts- und Hafenstadt Cork selbst sollte mindestens ein voller Tag angesetzt werden. Beim Verkehrsamt ist eine Stadtwanderkarte erhältlich, die den Besucher durch das auf den ersten Blick verwirrende Geflecht der steilen Gassen lotst.

Ein strammer Spaziergang ist's hinauf nach Montenotte, dem ehemaligen Viertel der wohlhabenden Kaufleute. Von dort aus hat man einen guten Ausblick auf den Hafen, den English Market (eine Markthalle) mit seinen viktorianischen Bauschnörkeln sowie die Kathedrale Saint Finbarr's mit ihren drei gotischen Spitztürmen. Über North Gate Bridge kommt man zur Saint Ann's Shandon Church mit ihren fast 250 Jahre alten Glocken.

Die Grafschaften Kerry und Cork teilen sich die Beara-Halbinsel, eine manchmal auch im Sommer recht feuchte Schönheit, deren Erkundung aber dennoch lohnt: Man fährt durch tröpfelndes Grün hoch zum Hungry Hill mit Nebelblick und schließlich über den wolkendrapierten Healy Pass zurück in den dichten Wald bei Glengarriff, wo Palmen, Affenbrotbäume und Bambus wachsen und unterm Laubdach 300 Jahre alter Eichen die Rush-hour regengeschwollener Bäche zu hören ist.

Schlösser wie Bally Natray House am Blackwater River findet man oft im Süden und Westen Irlands.

Aber man bleibt ja, wie gesagt, nach irischer Art grundsätzlich Wetteroptimist. Und siehe da: Schon auf den beiden schmalen südlichsten Halbinseln, von Bantry und Skibbereen aus zu erreichen, kann auf baldiges Blinzeln der Sonne gehofft werden. Zuerst beginnt der Westwind in den Telefonleitungen zu flüstern, dann zupft er die nadelgestreifte Regenhaube von den Torfflanken des Mount Gabriel.

Lisheenapingia, Shanavalla, Killeenleagh… die Namen jener Weiler bräuchte man nur mit einheimischen Fiedelklängen zu untermalen, und sie

Cork und Kerry

Wie Gipfel versunkener Gebirge ragen die abgeschiedenen Felsinseln der Skellig Islands – hier Little Skellig – vor der irischen Südwestküste aus dem Meer.

würden eine schöne irische Ballade ergeben. Zwischen den Wolkenfetzen dehnt sich bereits sattes Blau. Wie Bühnenscheinwerfer tauchen dann die schrägen Sonnenstrahlen einzelne Bauernhöfe in glitzernde Lichtpfützen.

Über der Bucht von Bantry herrscht dann oft genug wieder eitel Sonnenschein. Bantry mit seinem in Rosenduft gehüllten Herrenhaus aus britischer Epoche ist noch das Städtischste hier im Südwesten. Bald schrumpfen die Ortschaften wieder: Durrus – immerhin noch mit einem winzigen Kai. Blair's Cove – kaum mehr als eine Handvoll Bauernhöfe. Und Dunbeacon – hier erinnert nur noch ein antiker Steinkreis an urzeitliche Siedler.

Fast ein einheitliches Bild bieten die Küstenorte, ob nun Castletownshend, Baltimore, Ballydehob, Skull oder Goleen: zwischen Bergen und mit Hummerkörben übersäten Kaimauern eine Buckelstraße, an der die Reihenhäuser in allen (Lack-)Farben des Regenbogens erglänzen. Die Gegend ist ein Paradies für Inselhüpfer. Denn hier unten zerbröckelt Irland zu lauter gischtgesäumten Felsen. Die kleinsten besprenkeln wie grüne Smaragde die nach dem Donnerhall der atlantischen Brandung benannte Roaringwater Bay. Zu den zwei größten, Sherkin und Clear, breitet sich bei Vollmond, wenn sie wie dunkle Riesenwale anmuten, ein silbriger Teppich übers Meer. Tagsüber schippert von Baltimore ein kleines Fährboot hinüber.

DAS BESONDERE REISEZIEL: SCHIPPERN AUF DEM SHANNON

Zwischen Kilbaha und Carrigaholt an der Mündung des Shannon beobachten Zoologen von der Universität Cork mit Vorliebe die Kapriolen von Delphinen und Tümmlern. Kein Wunder, daß bis zu fünfzigköpfige Schwärme so weit in den Shannon hineinschwimmen. Denn die Mündung des Flusses gleicht einer breiten Bucht, in der die Stürme zuweilen ebenso stark wüten wie auf dem offenen Meer.

Wer ein Boot chartern möchte, muß flußaufwärts bis Killaloe (östlich von Limerick) fahren, wo sich der Shannon vorübergehend zum Windsurfer- und Wasserski-Tummelplatz Lough Derg dehnt. Dort sind Kabinenkreuzer mit bis zu 45 PS starken Dieselmotoren und modernstem Bordkomfort zu mieten. Die Strecke von hier bis Lough Allen ist schiffbar. Eine wunderbare Bummelfahrt für Urlauber, die nach irischer Devise „bags of time" haben, also eine Menge Zeit mitbringen für all die Sehenswürdigkeiten am Ufer.

An einem seiner stimmungsvollsten Abschnitte mündet der Shannon in den Lough Ree, dessen Ufer und Inselchen früher, als der Fluß den einzigen sicheren Verkehrsweg durch Sümpfe und Wälder darstellte, von Klostersiedlungen übersät waren. Als deren Prachtstück gilt das Kloster Clonmacnoise, nach 1500 Jahren immer noch ein Wallfahrtsort.

Schlaue Freizeitkapitäne haben für die ganze Familie Klappfahrräder an Bord. So können Tagestouren zur Küste unternommen werden, beispielsweise zu den 200 Meter hohen Moherklippen in der Grafschaft Clare, von denen unaufhörlich das Gekreische Tausender nistender Seevögel hallt. Oder zur einmaligen Torfwildnis Burren, in deren langgezogenen, grauen Felsadern jeden Mai seltene Blumen wie Steinbrech, Orchideen und auch Blauer Enzian blühen.

Zu den interessanten Uferstädtchen zählen Athlone mit seiner altnormannischen Burg und Carrick-on-Shannon mit seinem lebhaften Jachthafen. Nicht weit vom Fluß entfernt liegen historische Orte wie Roscommon; auch dort gibt es eine über 700 Jahre alte Burgruine zu besichtigen.

Auf dem Shannon selbst hat man nur sechs Schleusen zu bewältigen, dafür erwarten einen, wenn man nördlich von Shannon Harbour auf den Grand Canal abbiegt, der den Shannon mit Dublin verbindet, weitere 44. Neu seit Mai 1994: Ab Leitrim kann man dank einem über 100 Jahre alten, jetzt voll restaurierten Kanal (mit 16 Schleusen) die 62 Kilometer bis nach Belturbet am Lough Erne kreuzen, einem Vogelparadies mit kleinen Inseln und einsamen Buchten. Hier kann man Reiher, Kormorane und Eisvögel beobachten, und auch Angler kommen auf ihre Kosten.

Die ländliche Shannon-Idylle hier im Norden lullt ein. Man streift alle Hektik von sich ab und überläßt sich dem wiegenden Rhythmus der Wellen und der beschaulichen Atmosphäre der kleinen Orte am Ufer. Doch manchmal trügt dieser Friede auch. Bei der Rückkehr flußabwärts sollte man sich merken: Bevor man in Lough Ree und Lough Derg hineinfährt, drohen immer Sturmböen. Also die Wettervorhersage hören!

Mit dem Boot auf dem Shannon: Freizeitkapitän zu werden ist nirgendwo leichter als hier. Immer mehr Urlauber wollen so Streß und Hektik hinter sich lassen.

DONEGAL
Kühle Strandschönheit des Nordens

Würde man diese Grafschaft, deren Spitze weiter im Norden liegt als das eigentliche Nordirland, auf die Breitengrade von Kerry oder Cork im Süden versetzen, könnte sie sich vor dem Ansturm des Massentourismus nicht retten. Aber wegen der Temperaturen, die auch im Hochsommer noch recht frisch sind, bleiben die goldenen Dünenparadiese hier so gut wie leer. Entsprechend naturbelassen ist auch das bergige Hinterland der Donegal Mountains – ein kühler Traum für Urlauber, die Einsamkeit suchen, und für wetterharte Surfer.

Schon der Name dieser Grafschaft klingt nordisch. Auf Gälisch bedeutet er „Festung der Fremden" und erinnert an die Zeit der Wikinger. Zu deren Erbe zählen silberne Armreifen, die man bei Raphoe ausgegraben hat. Mit Malin Head, der felsigen Landspitze der Halbinsel Inishowen, ragt die Republik Irland deutlich weiter in den Nordatlantik als das britisch regierte Nordirland. Noch im Sommer pfeifen oft kalte Winde über die niedrigen Derryveagh Mountains oder die Blue Stack Mountains.

Die altirischen Einsiedler, die hier einst lebten, hätten nach wie vor ihre Ruhe. Besonders verehrt unter ihnen wird von der Bevölkerung der unter anderem auch im Bodenseeraum tätige bedeutende Missionar Sankt Colmcille (Columban) aus einem Dorf im heutigen Nationalpark Glenveagh, inmitten von Gletscherzungen glattgeschleckter Berge und stiller Hochmoore.

An der Küste haben Wind und Meer wundersame Klippenskulpturen geschaffen, etwa das Hell's Hole bei Malin. Zu deren Felsfüßen schimmern leere, lange, feinsandige Strände. Bei Kinnagoe Bay auf Malin Head, einer wahren Traumbucht, vermodert draußen auf dem Meeresboden eine spanische Galeere, der die Klippen 1588 zum Verhängnis wurden. Weiter südlich ist die Brandung noch temperamentvoller. Wellenreiter treffen sich in windgefegten Dünen bei den kleinen Seebädern Rossnowlagh und Bundoran, wo im August sogar ein paar Diskotheken zum Leben erwachen. Tanzwütige Raver lassen sich nun mal von ein bißchen Sauwetter nicht entmutigen und pfeifen auf die Sonne. Wenige Kilometer landeinwärts, östlich von der Stadt Donegal, befindet sich etwas ganz anderes: ein bedeutender Wallfahrtsort – Station Island im Lough Derg.

In Glenveagh lebt eines der größten Rotwildrudel der Insel. Gespenstisch wirken nachts im Wald die hallenden Brunftrufe. Tagsüber gibt es den üblichen Wetterkrimi. Der Wind pellt feingesponnene Regen-

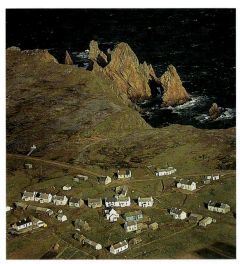

Vor der Nordwestküste Donegals liegt Tory Island, ein sturmgepeitschtes Plateau mit gefährlichen Klippen.

hauben von den Bergen. Zwischen den Wolkenfetzen dehnt sich Blau. Und dann kommen schon wieder einzelne unverwüstliche Sonnenstrahlen zum Vorschein und geben ein – leider oftmals recht kurzes – Gastspiel. Leicht Düsteres steht einer keltischen Landschaft gut. Zuviel Farbenpracht würde ihren Ernst stören wie ein Harlekinkostüm.

Auskunft: siehe Seite 216.

CONNAUGHT
Verblichenes Königreich im Sturm der Zeit

Mitten in Galway City, immerhin eine geschäftige Universitätsstadt mit alter Kutterflotte und modernen Verkehrsproblemen, blitzt etwas Silbernes auf: springende Lachse im spritzenden Wasser des Corrib-Wehrs. Denn Connemara, die wilde Seele der Grafschaft Galway und neben Donegal die naturbelassenste Region an der nördlichen irischen Westküste, lockt den Besucher gleich nach der letzten Ampel in eine phantastische Welt aus glitzernden Seen, stillen Bergen und weiten, einsamen Moorlandschaften. Kein Wunder, daß sich seit je Maler und Literaten – unter ihnen einst auch Heinrich Böll – in diesem Ferienversteck einnisten.

Wer in einem der entlegenen Bed-and-Breakfast-Gehöfte übernachtet, dürfte beim Frühstück kaum Augen für seine Cornflakes haben. Denn meistens rahmt das Panoramafenster ein Live-Gemälde ein. Aus dem Morgendunst scheinen bläulich schimmernde Riesenwale auf einen zuzuschwimmen: die glatten Flanken der Berge mit den Namen Twelve Bens. Das alles gehörte einmal zum Königtum Connaught, wo Clans wie die Joyce und O'Connor, die altirischen Royals, das Sagen hatten. Inzwischen ist Connaught im Strom der Geschichte verschollen. Auf seiner einst rund 17 000 Quadratkilometer großen Fläche regieren jetzt Büroköpfe.

Stumme Zeugen jener glanzvollen Zeit in dieser vom heutigen Massentourismus links liegengelassenen Region sind all die Burgen, Paläste, mittelalterlichen Klöster und Hochkreuze, deren Spiegelbilder von trägen Flüssen davongetragen werden. Eine besonders sehenswerte architektonische Schatztruhe ist zum Beispiel das Abteistädtchen Boyle am Fuß der rundbuckligen Curlew Hills. Einige der schönsten Plätze dieser Art findet man zwischen haushohen Rhododendren rund um den fischreichen Lough Corrib, einen See mit 365 Inseln.

Die alten Connaught-Stories, für die das Land hier berühmt ist, tankt man am besten live bei einem oder mehreren Gläsern Guinness in einem der Singing Pubs. Dort, neben der Theke, gibt's die melodischsten Historiker weit und breit. Für ein Bier legen sie los auf ihren Blechflöten, Ziegenfelltrommeln, Violinen und Dudelsäcken. Dazu singen sie die uralten Lieder, die das Königreich Connaught wieder zum Leben erwecken. Einem deutschen Gast kann es aber in einer solchen Runde auch mitten im Hochsommer passieren, daß er „Stille Nacht" als Gegenleistung zum besten geben muß.

Auskunft: siehe Seite 216.

Solche traumhaft schönen Strände – ein Badeparadies für Urlauber, die gern unter sich sind – findet man beispielsweise bei Roundstone auf der Halbinsel Connemara.

NORDIRLAND
Die grünen Berge tragen keine Trauer mehr

Nordirland, die britische Provinz Ulster, war während der letzten 20 Jahre weder für seine Surferbuchten noch seine malerischen Bergkettchen und die alten Burgen bekannt, die sich in idyllischen Anglerseen spiegeln. Dabei ist es mit all dem nicht weniger gesegnet als seine Schwester Eire im Süden, die Republik Irland. Doch solange die blutigen „Troubles" zwischen Iren und Briten, Katholiken und Protestanten andauerten, wie man hier den Bürgerkrieg nannte, trug dieser Teil der Grünen Insel Trauer. Inzwischen blüht, so wie die blaue Blume an den Klippen, wieder die Hoffnung.

Ist jetzt wirklich Friede? Können die sechs Grafschaften von Ulster nun endlich zum touristischen Alltag übergehen? Dann gehörten Szenen wie die folgenden einer makabren Vergangenheit an: zum Beispiel, wie englische Angler ihren Frauen vorflunkerten, für ein paar Tage an einen Fluß in Schottland zu fahren, um sie nicht zu beunruhigen, während sie in Wirklichkeit den nordirischen Teil des Lough Erne ansteuerten, der von Rotaugen, Schleien, Brassen und Barschen nur so wimmelt. Oder Hotelnächte in Belfast, in denen man durch Bombenalarm aus dem Schlaf gerissen wurde. Oder jene Pensionen in tiefster Provinz, die Gäste vor dem Einlaß erst einmal per Videokamera musterten. Touristen kamen in der schlechten Zeit, Sankt Patrick sei Dank, nicht zu Schaden, aber auf den großen Touristik- oder Ferienmessen wie etwa in Berlin war den Vertretern Nordirlands stets eine gewisse Frustration anzumerken. Vom Erfolgserlebnis her fühlten sie sich auf einer Stufe mit Pelzverkäufern in der Sahara.

Falls sich die „Bombenstimmung" langfristig gelegt hat, könnte man jetzt touristisch auftrumpfen. Hier im Norden wird das Meer zwar nicht ganz so vom Golfstrom vorgewärmt wie etwa in Kerry. Aber abgesehen von den auch hier reichlich hingepuderten Sandstränden hat jeder größere Badeort noch ein As im Ärmel: Portrush im Norden beispielsweise besitzt einen der schönsten Golfplätze der Welt, der demnächst auch zu internationalem Turnierruhm kommen könnte. Newcastle im Süden wartet mit Kulissen auf wie aus dem Bilderbuch. Zu erwähnen wären vornehmlich die geheimnisvoll schimmernden Mourne Mountains, deren kahle Spitze Slieve Donard 852 Meter hoch aufragt. Weiter südlich führt die Straße bis zu der Ortschaft Greencastle an Buchten vorbei, in denen hauptsächlich im 18. Jahrhundert eine emsige Schmugglertätigkeit herrschte. Kerry trumpft mit Killarney auf? Dann hält Ulster eben mit Armagh dagegen, das 1500 Jahre lang die religiöse Hauptstadt Irlands war. Sehenswert ist dort die längst protestantische Kathedrale, aber auch das Straßenbowling: Jede Kugel wiegt 800 Gramm; man muß scharf aufpassen, wenn diese Dinger die Straße entlangschießen, Ecken schneiden und gar über Hecken springen. County Clare bietet seine Moherklippen? Dann prunken die Nordiren eben mit ihrem Giant's Causeway hoch oben im Norden zwischen Port Ganny und Port Naffer: Von einem sieben Kilometer langen Wanderpfad aus hat man den besten Blick auf die 40 000 Basaltsäulen, deren Oberseiten meerwärts Trittsteine am Fuß der Klippen bilden. Die größten sind rund zwölf Meter hoch, die erstarrte Lava in den Felswänden ist an manchen Stellen bis zu 27 Meter dick.

Die Welt der nordirischen Binnenseen rund um Enniskillen zieht sowohl Vogelschützer als auch Freizeitskipper mit ihren Kabinenkreuzern an. Nur eine Frage der Zeit wird es sein, bis die ersten Ökogruppen den Massentourismus per Schiff und Boot auf dem Lough Erne kritisieren. Die Erinnerung an 1975 verblaßt, als man am Ufer ein Nest junger Bombenbastler der IRA aushob. Damals lachte kaum einer, wenn schwarze Humoristen im Pub über die Gefahr feindlicher U-Boote in Lough Erne witzelten. Mittlerweile kursieren an den Theken wieder normale schlüpfrige Anglerwitze ohne politischen Unterton.

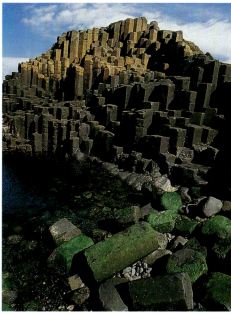

Am Giant's Causeway bilden Klippen aus basaltischer Lava eine der seltsamsten Küstenformen der Welt.

Apropos Theken: Donaghadee an der Ostküste von Belfast brüstet sich laut dem Guinness-Buch der Rekorde mit dem ältesten Gasthaus Irlands, dem *Grace Neill's* aus dem Jahre 1611. Nicht zu vergessen das *Salomon Leap* in Coleraine, ein idealer Platz zum Aufwärmen nach einem Besuch des Giant's Causeway. Selbst im vom Bürgerkrieg einst so gebeutelten Londonderry läßt sich heute wieder stilvoll und geruhsam, ohne unterschwellige Angst vor einem Bombenalarm, in *Schooners Restaurant* dinieren – mit Blick auf den Lough Foyle und die historische Stadt.

Auskunft: Britische Zentrale für Fremdenverkehr, Taunusstr. 52–60, 60329 Frankfurt am Main, Tel. 0 69/2 38 07 11.

Die romantische Ruine des mittelalterlichen Dunluce Castle ist eine der Zugaben bei einem Spaziergang entlang der Steilküste bei Port Ballintrae.

Schottisches Hochland

Karge Klippen, kurze Kilts

In Tälern unter wolkenverhüllten, dunklen Bergen, die von Heidekraut, Ginster, Farnen überzogen, von Eiszeitgletschern zu riesigen runden Höckern geschliffen sind, blinken langgestreckte Seen und Fjorde, mit denen das Meer tief in das Land eindringt. Auf einer winzigen Insel stehen die Ruinen einer mittelalterlichen Burg. Schafe drängen sich auf dem engen Grün. Sind es nicht Dudelsacktöne, die der Wind hertreibt?

Das schottische Hochland, das ist Wasser in zahllosen Seen und Wasser in klaren Flüssen und Bächen, die gemächlich plätschernd dahinfließen oder in tosenden Wasserfällen über mächtige Klippen stürzen. Das schottische Hochland, das ist eine einsame Wildnis, durchsetzt von den Zeugen alter und ältester Geschichte: steinzeitlichen Monumenten, Burgen, Schlössern und Ruinen, vor denen wertvolle Wolle liefernde Schafe und die zotteligen Hochlandrinder mit ihren seltsam gedrehten, weit ausladenden Hörnern grasen.

Schottisches Hochland, das läßt an den Malzwhisky denken, der besonders in den Destillerien der Region Grampian gebrannt wird, und an die exotischen Wettkämpfe schottischer Recken in ihren Kilts. Schottisches Hochland, das heißt ozeanisches Klima, mäßig warme Sommer, milde Winter, zu jeder Jahreszeit Regen und Wind aus Nord- oder Südwest: kurzum, ein Wetter, das den typischen Massentouristen fernhält.

So ist dieses herbe Land denn ein Ziel all derer, die Ruhe und Abgeschiedenheit suchen, die auf langen Wanderungen noch unverfälschte, nahezu intakte Natur erleben wollen. Die Zeit ist hier nicht so knapp wie im hektischen Mitteleuropa. Die Menschen haben mehr Muße für ein Schwätzchen – oft noch auf Gälisch, der Sprache der keltischen Urbevölkerung. Das schottische Hochland ist immer noch keltisches Land wie vor Jahrtausenden, trotz Wikingern, trotz Angelsachsen, trotz moderner Straßen und der Ölindustrie vor den Shetlandinseln.

„My home is my castle" – solche spätmittelalterlichen Wohntürme wie hier Eilean Donan Castle am Loch Duich (Foto links) bieten dem Reisenden in den rauhen schottischen Highlands oft auch Unterkunft. Sie sind wie die Landschaft, in der sie stehen: nicht gerade komfortabel, aber garantiert einsam und mit einem rauhen Charme ausgestattet. Das schottische Hochland ist Schafland (Foto rechts oben); Hirten sollen hier mit ihren Stöcken vor 400 Jahren Steine über das baumlose Hochland geschlagen und so das Golfspiel erfunden haben. Auch der Dudelsackpfeifer im Schottenrock (zweites Foto von rechts oben) bläst ein typisches Hirteninstrument. Von der ehemaligen Macht der Mönche zeugen die Ruinen von Melrose Abbey (zweites Foto von rechts unten). Ein Whiskyladen in Edinburgh führt Interessenten in das Paradies des schottischen Malt (Foto rechts unten).

Westeuropa

Berge und Inseln zwischen Golfstrom und Nordmeer

Der äußerste Norden Britanniens liegt auf dem gleichen Breitengrad wie Anchorage in Alaska. Schafe können auf Shetland nur überleben und sich an ganzjährigem Grün satt fressen, weil der Golfstrom hier für ein relativ mildes Klima sorgt. Wo das Meer keinen Einfluß mehr hat, im Landesinneren, in den schottischen Bergen, da zeigt sich die nördliche Lage mit aller Deutlichkeit. Harte Winter, kahle Hänge, Schnee auf Ben Nevis und Cairn Gorm bis in den kurzen Sommer hinein. Aber auch kalte, klare Flüsse voller Lachse und Forellen, klares Bergwasser, das für den besten Whisky der Welt verwendet wird, ein Meer voll von Fischen, Krusten- und Schalentieren, eine Küste, deren Felsen im Meer belebt sind von anderswo seltenen, geschützten Vögeln vom Baßtölpel bis hin zum Papageitaucher.

Im Norden Schottlands, im Hochland, sind viele alte Traditionen lebendig geblieben. Hier lebt ein ganz eigener Menschenschlag, der sich noch auf den um 400 vor Christus aus Irland eingewanderten Keltenstamm der Pikten und der später dazugekommenen, ebenfalls keltischen (und namengebenden) Skoten zurückführt. Die Inseln dagegen waren ab dem neunten Jahrhundert von Wikingern bewohnt, die zuerst nur als Plünderer gekommen waren, sich dann aber als Siedler niederließen und die Hebriden bis ins zwölfte Jahrhundert in ihrer Hand behielten. Orkney und Shetland wurden 1472 von Norwegens Herrscher Christian I. an den schottischen König verpfändet und bis heute nicht wieder ausgelöst.

Schottland zerfiel zwar seit dem Frühmittelalter, das heißt, seit der 563 nach Christus einsetzenden Christianisierung der Pikten und Skoten, in eine Reihe von Königreichen, aber zu sagen hatte der König meist weniger als die keltischen Clan-Oberhäupter. Die konnten über ihre Untertanen, die Crofter genannten Kleinpachtbauern, nach eigenem Gutdünken bestimmen. Dennoch ist das Zusammengehörigkeitsgefühl innerhalb eines Clans sehr stark, sogar bei seit langem in alle Welt verstreuten Familienzweigen. Die MacDonalds aus Sydney, die

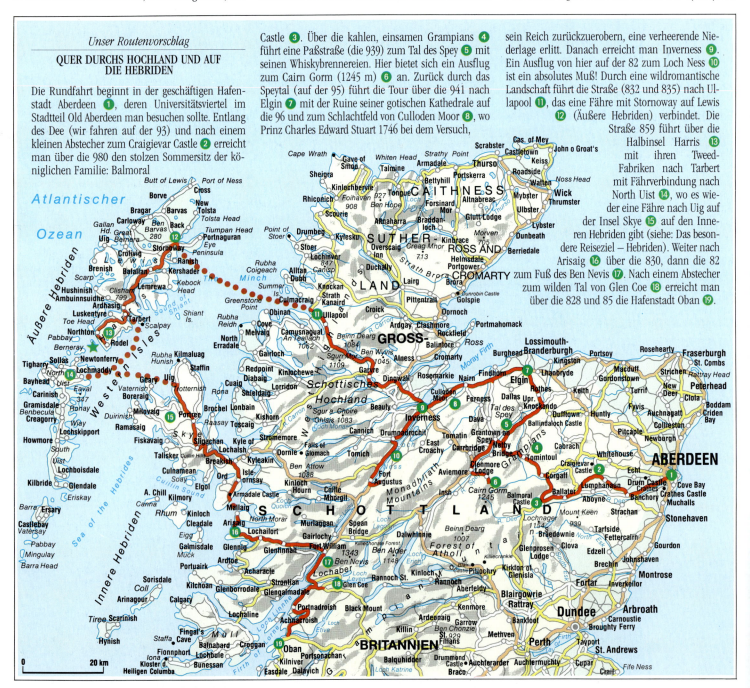

Unser Routenvorschlag
QUER DURCHS HOCHLAND UND AUF DIE HEBRIDEN

Die Rundfahrt beginnt in der geschäftigen Hafenstadt Aberdeen ①, deren Universitätsviertel im Stadtteil Old Aberdeen man besuchen sollte. Entlang des Dee (wir fahren auf der 93) und nach einem kleinen Abstecher zum Craigievar Castle ② erreicht man über die 980 den stolzen Sommersitz der königlichen Familie: Balmoral Castle ③. Über die kahlen, einsamen Grampians ④ führt eine Paßstraße (die 939) zum Tal des Spey ⑤ mit seinen Whiskybrennereien. Hier bietet sich ein Ausflug zum Cairn Gorm (1245 m) ⑥ an. Zurück durch das Speytal (auf der 95) führt die Tour über die 941 nach Elgin ⑦ mit der Ruine seiner gotischen Kathedrale auf die 96 und zum Schlachtfeld von Culloden Moor ⑧, wo Prinz Charles Edward Stuart 1746 bei dem Versuch, sein Reich zurückzuerobern, eine verheerende Niederlage erlitt. Danach erreicht man Inverness ⑨. Ein Ausflug von hier auf der 82 zum Loch Ness ⑩ ist ein absolutes Muß! Durch eine wildromantische Landschaft führt die Straße (832 und 835) nach Ullapool ⑪, das eine Fähre mit Stornoway auf Lewis (Äußere Hebriden) verbindet ⑫. Die Straße 859 führt über die Halbinsel Harris ⑬ mit ihren Tweed-Fabriken nach Tarbert mit Fährverbindung nach North Uist ⑭, wo es wieder eine Fähre nach Uig auf der Insel Skye ⑮ auf den Inneren Hebriden gibt (siehe: Das besondere Reiseziel – Hebriden). Weiter nach Arisaig ⑯ über die 830, dann die 82 zum Fuß des Ben Nevis ⑰. Nach einem Abstecher zum wilden Tal von Glen Coe ⑱ erreicht man über die 828 und 85 die Hafenstadt Oban ⑲.

MacLeods aus Vancouver und die MacKenzies aus Dunedin in Neuseeland wissen genau, wohin sie sich wenden müssen, wenn sie ihre Pilgerfahrt in die Heimat der Vorfahren zum Clantreffen antreten. Und bringen ihren Tartan gleich mit, den Stoff, in den das Muster ihres Clans gewebt ist und aus dem der Kilt, der Schottenrock, genäht wird.

Unser Bild des schottischen Hochlands und der vorgelagerten Inselwelt ist durch und durch von romantischen Vorstellungen geprägt. Wobei jeder Besucher des Landes bestätigt, daß all diese Klischees durch die Realität noch übertroffen werden. Den Grundstein zu diesen Vorstellungen von einsamen, kahlen, nebelverhüllten Bergen, von kargen Inseln im kalten Nordmeer und von Menschen mit überdurchschnittlicher Kraft, Ehrlichkeit und Direktheit legte der schottische Schriftsteller James MacPherson. Er ließ zwischen 1760 und 1773 in seinen Büchern den irisch-gälischen Barden Ossian wieder erstehen, der im dritten Jahrhundert gelebt haben soll. Der blinde, greise Sänger Ossian erscheint als eine Art gälischer Homer, der die heroischen Taten der Helden der Vergangenheit besingt, darunter auch die seines eigenen Vaters Fingal.

Neben Fingal (gälisch Fionn), dem König Artus der Schotten sozusagen, gibt es eine weitere Gestalt, der die ungeteilte Verehrung sowohl der High- als auch der Lowlander zukommt – denn die Schotten des Hoch- und des Tieflandes sind sich in der Verehrung ihrer Helden ansonsten keineswegs einig. Diese Figur ist der historisch greifbare und doch von vielen Legenden umrankte Robert the Bruce. Der

Runde, von Gletschern abgeschliffene Kuppen und zahllose Hochmoore prägen die Landschaft der Highlands. Hier weht auch im Sommer fast immer ein frischer Wind.

DAS SCHOTTISCHE HOCHLAND AUF EINEN BLICK

SEHENSWÜRDIGKEITEN

Aberdeen: Altstadt, Kunstgalerie; **Balmoral Castle:** Sommersitz der Königsfamilie; **Ben Nevis:** Schottlands höchster Berg (1343 m); **Blair Castle:** Stammburg der Grafen von Atholl; **Braemar Castle:** Tower House; **Castle Fraser:** Tower House; **Cawdor Castle:** mittelalterliche Burg; **Craigievar Castle:** Tower House; **Dufftown:** Whiskydestillerien; **Dunrobin Castle:** Gemäldegalerie; **Elgin:** Ruine der Kathedrale; **Grampians:** Wander-, Kletter- und Skisportgebiet; **Inverness:** Loch Ness; **Skye:** Dunvegan Castle.

FESTE UND VERANSTALTUNGEN

Aviemore: Highland Games, Juli; **Braemar:** Royal Highland Gathering, Anfang September; **Carrbridge:** Ceilidh Woche (Clanspiele), September; **Glenfinnan:** Highland and Island Games, August; **Inverness:** internationales Clantreffen, Anfang Mai; **Perth:** Landwirtschaftsschau der Aberdeen-Angus-Rinder, Frühjahr und Herbst, Highland Games, August; **Skye:** Folk-Festival, Ende Juli/Anfang August; Dudelsackwettbewerb in Dunvegan, Anfang August; **überall in Schottland:** Halloween, 31.10., St. Andrews Day, 30.11.

AUSKUNFT

Britische Zentrale für Fremdenverkehr, Taunusstr. 52–60, 60329 Frankfurt a. M., Tel. 0 69/2 38 07 11.

Nationalheld der Schotten erkämpfte 1314 nicht nur die Unabhängigkeit von England, er schloß auch das Tief- und das Hochland zu einem einzigen Königreich zusammen.

Unter Jakob (James) I., dem Sohn Maria Stuarts – 1587 war die unglückliche Königin von ihrer englischen Rivalin Elisabeth I. mit Zustimmung eben dieses Sohnes hingerichtet worden –, kamen 1603 die beiden Königreiche England und Schottland unter der Herrschaft der Stuarts wieder zusammen. Bis 1688 hielten sich die Stuarts auf dem gemeinsamen Thron – freilich fiel in diese Ära die Enthauptung Karls I. und Cromwells Diktatur –, dann wurden sie durch die „Glorious Revolution" hinweggefegt. Mit Wilhelm von Oranien kam eine fremde Dynastie an die Macht, der später das heute noch regierende Haus Hannover/Windsor folgte.

Romantische Schlösser und zünftige Hochlandfeste

Wer in der englischen High-Society etwas auf sich hält, der fährt im Spätsommer zur Jagd auf das schottische Moorhuhn – einem seit dem Ende des 19. Jahrhunderts beliebten gesellschaftlichen Ereignis, dem Rennen in Ascot vergleichbar. Allerdings wäre es schade, nur zu diesem Zweck in die Heidelandschaften der schottischen Hochmoore zu kommen. Auch die Berge, die Seen, die Fjorde, die Inseln haben so viel zu bieten. Tage voller Naturerlebnis mit Bergwandern, Bergsteigen, Golfen auf einigen der schönsten Golfplätze Europas, mit Hochseeangeln, Lachsangeln, Strandwanderungen... An den östlichen, flachen Küsten kann man auch baden, im Westen ist das Meer meist zu kalt.

Weniger sportbegeisterte Besucher des Hochlandes werden vielleicht von Schloß zu Schloß, von Ruine zu Ruine pilgern – die oft so romantisch auf Inseln in Seen oder auf Felsen hoch über den Fjorden liegen, daß sie Filmkulissen gleichkommen. Oder es wird sie zu den Megalithen ziehen, den Steinkreisen und Einzelsteinen, den von Ritzungen bedeckten Piktensteinen, den späteiszeitlichen Hausruinen, die bis in den äußersten Norden der Hebriden und Shetlands hinauf vorkommen.

Wieder andere werden lieber den hochprozentigen Genüssen nachforschen und die Whiskydestillerien – beispielsweise im Speytal in der Region Grampian oder auf den Hebriden – besuchen, Tests des dort produzierten hervorragenden Malzwhiskys selbstverständlich inbegriffen. Und schließlich kann man von Hochlandfest zu Hochlandfest eilen, um die Dudelsackpfeifer, Volkstänzer und Sänger zu bewundern, vor allem aber die schottischen Athleten mit ihren zum Teil recht exotischen Wettkampfdisziplinen wie etwa dem Balkenweitwurf.

Wenn man auf der E 15 von Perth nach Inverness fährt, quert man die Grampian Mountains, eine zunehmend kahler, wilder und abweisender werdende Berglandschaft, gleichzeitig aber einladend für den, der gerne angelt, wandert und auf Berge steigt. Knapp 30 Kilometer nördlich von Perth zeichnen sich bei Pitlochry die Berge der Grampians in zauberhaftem Panorama ab, und wer mit dem Auto unterwegs ist, der passiert gleich hinter dem Ort einen engen, tiefen Taleinschnitt, die Schlucht von Killiecrankie; nördlich von ihr liegt in einer Talweitung Blair Castle, Stammsitz der Herzöge von Atholl. Der Kern des romantischen, weiß getünchten Schlosses ist noch mittelalterlich, die Ausstattung der über 30 für das Publikum geöffneten Räume prägen Barock und Rokoko. Das Land rundum ist weit über den Horizont hinaus im Besitz der Herzogsfamilie.

Das lange Tal des Spey beginnt als enge Hochlandschlucht. Erst bei Aviemore weitet sich das Tal wieder, dort führt eine Straße zum Skigebiet unter dem Gipfel des Cairn Gorm. Cairngorm heißen auch die prächtigen Rauchquarz-Bergkristalle, die man hier manchmal findet.

Nessie, Fische, Öl und Whisky

Vom Spey zum Meeresarm Moray Firth, an dem Inverness liegt, führt eine Paßstraße durch unwirtliches Bergland. Inverness, die Stadt an der Mündung (gälisch: Inver) jenes berühmten Loch Ness, dessen populäres See-Ungeheuer „Nessie" weit über die Grenzen Schottlands hinaus für nie ausgehenden Gesprächsstoff sorgt, ist Kontrast dazu in jeder Hinsicht: zentraler Verkehrsknotenpunkt der Highlands, alte Stadt mit leider nur wenigen alten Häusern, Handelsplatz und als solcher der englischste aller Orte der Highlands.

Mutprobe für Kletterer: der „Old Man of Storr" auf der dünnbesiedelten Insel Skye.

Fisch und nochmals Fisch war einst – vor dem Ölboom – *das* Exportprodukt der Stadt Aberdeen. Um den Fisch schnell und sicher über die Nordsee transportieren zu können, mußten die Aberdonians entsprechende Schiffe entwickeln, der Schiffbau wurde zur Einkommensquelle Nummer zwei. Der hiesige Granit wurde mit Beginn des Eisenbahnzeitalters Geldquelle Nummer drei und in alle Welt exportiert. In den späten Sechzigern unseres Jahrhunderts fanden die Briten in der Nordsee Öl. Verwaltungszentrum der Ölkonzerne, Operationsbasis für Ölfeld-Erschließung und -ausbeutung wurde Aberdeen.

„Der Nebel hob sich, verflüchtigte sich und enthüllte eine Landschaft, so öde und leer wie die See", schrieb Robert Louis Stevenson über das Rannoch Moor – eine Gegend von karger, herber Schönheit.

Vom kräne- und schiffestarrenden Hafen sieht man auf die Skyline des alten, von ganz neuen Satellitenstädten umringten Aberdeen: Sehenswert in Central Aberdeen sind das viktorianische Rathaus mit seinem älteren Gefängnisturm und das Marischal College, weiterhin die im zwölften Jahrhundert gegründete Kirche Saint Nicholas. Der westliche Teil der Kirche wurde Mitte des 18. Jahrhunderts unter James Gribbs gestaltet. Die zahlreichen vor allem im letzten Jahrhundert entstandenen Bürgerhäuser aus Granit, von denen viele inzwischen durch viel höhere, stilistisch einfallslose Bürobauten verdeckt werden, sorgten dafür, daß Aberdeen den Spitznamen „Granite City" erhielt. Zwei Kilometer nördlich liegt Old Aberdeen mit dem alten King's College und der Kathedrale Saint Machar, einem Granitbau mit interessant gestalteter Eichendecke im Innern – eine Kleinstadt mitten in der ausufernden neuen City.

Von den Cairngormbergen, wo er entspringt, fließt der jedem Kreuzworträtselfreund bekannte Dee nach Osten und mündet in Aberdeen in die Nordsee. Drum Castle, Crathes Castle und Balmoral Castle liegen nicht weit vom Fluß. Schon zu den Nebenflüssen des Don, der ebenfalls in Aberdeen in die Nordsee mündet, gehört das Flüßchen, an dem Craigievar Castle liegt. Drum, Crathes und Craigievar Castle sind sogenannte Tower-Houses, spätmittelalterliche Wohntürme, Burg, Wohnhaus und Ausguck zugleich, die in elisabethanischer Zeit aus- und umgebaut wurden: abweisend nach außen, kalt und unkomfortabel innen. Crathes Castle besitzt in einigen Räumen prachtvolle Deckengemälde, und Craigievars verspielte obere Stockwerke mit Türmchen und Konsolen zeigen deutlich, daß der Bauherr eine standesgemäße Wohnung wünschte, keine wehrhafte Burg.

Dem Whiskytrinker ist Schottlands Hochland das Paradies – und das Speytal am nördlichen Fuß der Grampians die hochprozentige Wunderquelle. Was hier entsteht, ist nicht der überall erhältliche „Blended", der aus verschiedenen Sorten zusammengemischte Verschnitt. Hier dominiert der traditionelle, aufwendiger herzustellende und deshalb teurere Malzwhisky – in seiner Heimat einfach „Malt" genannt. Der bekannteste dieser unverschnittenen Malts ist der Glenfiddich, er kommt aus Dufftown am Spey. Um einen solchen Whisky herzustellen, braucht man, wie es hier in lockerem Understatement heißt, „nur" vier Dinge: das kristallklare Wasser der schottischen Bergflüßchen, die Gerste, die an den Berghängen angebaut wird, schottischen Torf, über dessen schwelendem Rauch die gemälzte (ausgekeimte) Gerste gedarrt wird, und das Know-how eines schottischen Destillateurs. Jahrelange Faßreife – drei Jahre sind Minimum, gute Sorten reifen zehn bis zwölf Jahre in Eichenfässern – gibt dem Malt seinen endgültigen Geschmack, vor allem aber seinen schönen warmen Bernsteinton.

Am oberen Ende des Loch Linnhe gelegen, von Süden und Westen her von einem Gletschertal umfaßt, wirkt er eigentlich gar nicht wie der höchste Berg der britischen Inseln, und doch bringt es der Ben Nevis auf immerhin 1343 Meter. Wer ihn besteigen will, braucht einen ganzen Tag; von Westen führt aus dem Tal des Nevis ein Weg hinauf, der auch für nicht Geübte leicht zu bewältigen ist, nur Ausdauer müssen sie mitbringen. Belohnt werden sie durch einen prachtvollen Ausblick vom Gipfel, zwischen Vorbergen hindurch auf den nahen Fjord des Loch Linnhe, nach Osten auf die kahlen Gipfel des Killiechonate Forest.

Der gesamte Nordwesten der Highlands, der sich nördlich der Kaledonischen Senke bis hinauf zum sturmumtosten Cape Wrath mit seinen gewaltigen Kliffs erstreckt, ist pure Natur. Ein Bergland, nicht sehr hoch, aber unendlich einsam, lockt all diejenigen, die der Zivilisation entfliehen wollen. Tausende von Seen tupfen leuchtend blaue Wasseraugen in die Landschaft, zahllose Lachsgewässer eilen dem windgepeitschten Meer zu. Der Boden ist extrem karg, fast ausschließlich Gneis im Ostteil, alte Schiefer und metamorphe Gesteine im Westen. Dies ist Schafland: Die Tiere werfen ihre Jungen oft noch im Schnee; in kalten Jahren gehen viele verloren, erfrieren oder bleiben in Schneeverwehungen stecken.

Auch hier gibt es komfortable Lodges, kleine Hotels in noch kleineren Orten, aber sie sind weiter gestreut als südöstlich der Kaledonischen Senke. Die drei Grafschaften Ross and Cromarty, Sutherland und Caithness sind nichts für Leute, die mit sich selbst nichts anzufangen wissen. Entertainment, organisierte Unterhaltung, gibt es nicht – Naturliebhaber sind hier ganz unter sich.

Eine Ausnahme bildet nur die durch die Straßen 9 und 836 gesäumte Ostküste zwischen Inverness und Thurso. Das Klima ist hier milder, geschützter, der Regen wird von den Bergen im Westen abgefangen, so daß es vergleichsweise viele Sonnentage gibt. Zwischen dem Dornoch Firth und Helmsdale liegt gar die Golfküste: ein Golfplatz nach dem anderen. Die Straße verläuft allerdings meist uferfern, Baden ist sowieso nicht sinnvoll, denn das Meer ist zu kalt, wenn auch Sandburgen und Strandschirme das Gegenteil zu beweisen suchen.

Ganz im Nordwesten liegt sturmgepeitscht und einsam über einem gigantischen Kliff Cape Wrath, das Kap des Zorns. Ein Kap der Einsamkeit, ein Kap für Einsamkeitssuchende, wo sich Schottlands Hochland mit dem Nordmeer vereint.

Fischerdörfer aus dunklem Granit ducken sich an der Westküste der Grampians im Windschatten der Hügel.

DAS BESONDERE REISEZIEL: NATURPARADIES HEBRIDEN

„Ceud mìle fàilte!" (Hunderttausend Willkommen!) steht auf dem Prospekt, den ein Touristenbüro in Portree auf der Insel Skye ausgibt. Ausflüge werden darin angeboten, zum Beispiel zu den Cuillin Hills bei Broadford, ferner Inselrundfahrten und Bootstrips zu den Vogelfelsen. Der Besuch eines Crofters (Pächters), bei dem es Strickwaren zu kaufen gibt, ist ebenso möglich wie ein Haggis-Essen mit Musik in Kyleakin, ein Dudelsackkonzert in Portree...

Autofähren verbinden Skye mit Tarbert auf der Insel Harris-Lewis und mit Lochmaddy auf North Uist. Die Inseln sind heute gut durch Straßen erschlossen, die Verbindung innerhalb der Äußeren Hebriden übernehmen Fähren.

Stornoway auf Harris-Lewis, mit rund 6500 Einwohnern die einzige Stadt der Hebriden, ist das Zentrum der Produktion von Harris Tweed. Kaum ein Besucher wird ohne ein Kleidungsstück aus dem handgewebten Wollstoff zurückkehren. Schafe bilden das wirtschaftliche Rückgrat der Doppelinsel; nur wenige Felder, durch Bruchsteinmauern geschützt vor Wind und Schafen, unterbrechen die eintönige Weidelandschaft im Inneren. Das Meer ist überall präsent, im Geruch, im Salz auf den luvseitigen Weiden, im köstlichen Geschmack der Lammkoteletts, im frischen Fisch, den die Kutter morgens am Hafen anlanden.

Eine besondere Attraktion ist die Fingalshöhle (Fingal's Cave) auf der kleinen, Mull vorgelagerten Basaltinsel Staffa. Die bizarren Gesteinsformationen der etwa 37 Meter tiefen und rund 20 Meter hohen Höhle, die das Meer in das vulkanische Gestein gefressen hat, ist einen Ausflug wert. Allerdings ist die See hier häufig so aufgewühlt, daß eine Landung auf dem Inselchen nicht möglich ist und man die Höhle nur vom Schiff aus bewundern kann.

Die westlichste Insel der Hebriden, Saint Kilda, liegt draußen im Nordatlantik, noch einmal knappe 100 Kilometer westlich der Äußeren Hebriden auf der Höhe von Harris. Bis auf gelegentliche Besucher ihrer Tölpelkolonie, der weltweit größten, ist sie menschenleer. Bis 1930 lebten bis zu 200 Menschen auf der nur rund zwölf Quadratkilometer kleinen Insel. Sie hausten mit ihren Schafen in kleinen Steinhäuschen, bestellten ein paar Felder, heizten mit Torf, denn das Treibholz war zu kostbar, um verbrannt zu werden. Einmal im Jahr kam ein Schiff vom Festland mit dem Steuereintreiber und dem Priester vorbei, der die anstehenden Hochzeiten, Taufen und Begräbnisse besorgte.

Vom Festland eingeschleppte Epidemien, Verunsicherung durch Sektenprediger und der Abbruch der regelmäßigen Schiffsverbindung brachten Resignation und dann im Jahre 1930 schließlich das Ende, die Evakuierung. 1980 trafen sich die wenigen Überlebenden noch einmal auf Saint Kilda, wo heute nur noch ein paar Ruinen an die Jahrtausende menschlicher Besiedlung erinnern. Auf den Hebriden wird noch Gälisch gesprochen, wie sonst nur mehr in ein paar Enklaven auf dem schottischen Festland und im Westen Irlands. Es ist eine weiche, warme, wohlklingende Sprache, die heute wieder in den Schulen gelehrt wird, nachdem sie jahrhundertelang verpönt, ja verboten war.

Eine Landschaft für Aussteiger: Auf den Äußeren Hebriden wie hier bei Seilebost auf der Insel Harris-Lewis findet man noch einsame, unberührte Natur.

SHETLANDINSELN
Eilande zwischen Stockfisch und Ölboom

Shetland – der Name weckt Assoziationen: Shetlandponys, Shetlandwolle, Shetlandpullover. Tatsächlich sieht man sie auf den Inseln, die langhaarigen, gedrungen wirkenden Ponys, bekommt man sie überall angeboten, die typischen Pullover, aus der Wolle der heimischen Schafe handgestrickt. Shetland – das sind Inseln, die von Eiszeitgletschern an den Küsten derart ausgefranst wurden, daß man selbst auf der Hauptinsel Mainland an keiner Stelle weiter als fünf Kilometer vom brandenden Meer entfernt ist. Einst stolze Wikingerhochburg, ziehen die sturmumtosten Inseln nördlich von Schottland heute hauptsächlich aus dem Ölboom ihren Gewinn.

Shetland, das sind mehr als 100 Inseln, davon ein gutes Dutzend bewohnt von rund 25 000 Menschen. Eine Inselgruppe, etwa 200 Kilometer nördlich der nördlichsten Spitze Schottlands zwischen Nordsee und Nordatlantik gelegen, wo das ganze Jahr über Weststürme toben – das kann doch wohl nichts für Menschen sein?

Von wegen! Hier haben schon Steinzeitmenschen gelebt, bevor manche kontinentale Landschaft eisfrei war. Denn Nordatlantik, das heißt auch Golfstrom, heißt zwar kühl, aber nicht eiskalt. Ganzjährige Feuchtigkeit – das Klima hier ist sehr regen- und nebelreich – sorgt für grüne Weiden für die Schafe, die die berühmte Shetlandwolle liefern. Viel wichtiger aber war und ist den Bewohnern der Inseln der Fischfang, dem freilich inzwischen längst die Arbeit auf den Erdöl-Bohrinseln als Einnahmequelle den Rang abgelaufen hat.

Die Naturgewalten haben hier eine Landschaft von karger, herber Schönheit geschaffen. Wegen der vielen Stürme wachsen Bäume nur in geschützten Lagen – Ödland und Naturweiden prägen das Landschaftsbild. Die Inseln bestehen aus alten magmatischen und metamorphen Gesteinen wie Granit, Gneis und Schiefer, in die eiszeitliche Gletscher besonders tiefe, malerische Fjorde eingeschnitten haben. Bergiger als das benachbarte Orkney, kann sich Nordmainland mit dem Ronas Hill eines richtigen Berges von immerhin 452 Meter Höhe rühmen. Der Tourist begeistert sich an der sommerlichen Blüte der Heiden, dem weißen Wollgras auf den flachen Mooren, den purpurrot und lila leuchtenden Orchideen und dem zartrosa Blütenteppich, den die winzige *Armeria maritima*, die Gemeine Grasnelke, im Sommer über windgepeitschte Kaps und strandnahe Wiesen legt.

Wie auf Orkney haben sich auch hier imponierende Zeugen aus früheren Zeiten erhalten. Zum Beispiel der 13 Meter hohe, gut erhaltene Broch von Mousa, eine eisenzeitliche Befestigungsanlage auf einer kleinen, unbewohnten Insel vor Sandwick. Oder der fast ebenso eindrucksvolle Clickhimin Broch in der Nähe des etwas weiter nördlich auf Mainland gelegenen Hauptortes Lerwick. Vor allem aber der Jarlshof ganz im Süden der Hauptinsel Mainland. Von der Stein- über die Bronze- bis zur Wikingerzeit war der Ort besiedelt, zuletzt wahrscheinlich als Sitz des Wikingeroberhauptes, des Jarl. Im Englischen wurde das altnordische Wort Jarl zu Earl (Graf). Wenn die Maschinen aus Edinburgh, Glasgow oder London auf dem nahen Flughafen Sumburgh aufsetzen, kommen sie nicht weit vom Jarlshof zum Stillstand.

Aber auch Tierfreunde kommen auf den Shetlandinseln voll auf ihre Kosten: Die Klippen und Felsen an der Küste sind Brutgebiet unzähliger Seevögel; hier geben sich Papageitaucher und Baßtölpel, Sturmschwalben und Raubmöwen ein Stelldichein. Außerdem kann man Robben und mit ein wenig Glück auch Fischotter beobachten. Der Orkadier, sagt eine alte Spruchweisheit, sei ein Bauer mit Boot, der Shetländer dagegen ein Fischer mit Feld. Dieser Spruch veranschaulicht den Unterschied zwischen den beiden Inselgruppen und ihren Bewohnern sehr gut.

Traditionell sind die Männer von Shetland Seefahrer und ihrer Wikingervergangenheit auch in ihrer Sprache noch enger verhaftet. Spricht man in Orkney englisch, so ist auf den Shetlandinseln eine Abart des Altnorwegischen tägliche Umgangssprache. Während die Männer dem oft gefährlichen Fischfang nachgingen, arbeiteten die Frauen auf den Feldern, pflügten mit den Ponys und strickten die Pullover mit den typischen Mustern aus der Wolle ihrer eigenen Schafe. In unserem Jahrhundert nahmen die Fischbestände ab, auch die schwere Arbeit der Frauen brachte immer weniger ein. Die Menschen wanderten ab.

Und dann setzte der Ölboom ein, der das Leben auf den Inseln schlagartig veränderte. Shetland hat

Shetlandponys erreichen eine Schulterhöhe von höchstens einem Meter. Ein dichtes Fell schützt vor Kälte.

aus seinem Ölboom – er begann in den siebziger Jahren, als man 200 Kilometer nordöstlich von Lerwick in der Nordsee ein riesiges Ölfeld entdeckte – das Beste gemacht. Gute Straßen sind entstanden, der Flughafen, der riesige Ölexporthafen Sullom Voe, wo die Pipelines aus den Nordseefeldern enden, Schulen und neue, komfortablere Häuser.

Auch die Shetlandponys haben wieder Arbeit: in den Reitklubs! Vor allem aber hat das Öl als Rückenstärkung gedient. Im Jahre 1472 durch König Christian I. von Norwegen an Jakob III. von Schottland verpfändet und nie ausgelöst, drohen die inzwischen zu Wohlhabenheit gelangten Insulaner immer mal wieder damit, sich die Freiheit zurückzukaufen, wenn sie Ärger bekommen sollten.

Auskunft: siehe Seite 225.

Schafe und draußen in der Bucht eine Lachszucht: Trotz Ölbooms hängen die „Fischer mit Feld" immer noch an traditionellen Berufen und ihrer alten, naturverbundenen Lebensweise.

ORKNEYINSELN
Norwegens schottische Mitgift

Vom Golfstrom begünstigt, liegen 30 Kilometer vor dem Nordwestzipfel Schottlands die von sanften Hügeln durchzogenen grünen Orkneyinseln. Sanft? Nun, das Klima ist mild, aber der Wind bläst beständig, und an den Steilküsten zum Atlantik hin tobt er auch als heftiger Sturm, der das Meer brüllend aufwühlt und die weiße Gischt hoch aufschäumen läßt. Herrschen auf Mainland Weide und Ackerland vor, so ist das Bild der kleineren Inseln von Heidelandschaft und Moor geprägt. Ein Vogelparadies sind die Inseln und außerdem gespickt mit steinzeitlichen Funden, wie man sie in dieser Fülle sonst kaum irgendwo antreffen kann.

Auf den etwa 90 Inseln und Klippen von Orkney leben nicht einmal 20 000 Menschen: viel Platz also für Aktivurlauber. Die Orkneyinseln sind ein Paradies für Wanderer, Strandgänger, Vogelbeobachter, Freizeitbotaniker, Hobbyarchäologen – und nicht zuletzt für nach Ruhe und Erholung lechzende, streßbeladene Zeitgenossen.

Das Klima auf den Inseln ist viel gemäßigter, als man vermutet. Dem Golfstrom verdanken sie trotz ihrer hohen nördlichen Breite recht milde Sommer; Winterschnee gibt es nur alle paar Jahre für ein paar Stunden. Sonne und Regen wechseln einander in raschem Rhythmus ab, mit einem kleinen Plus für die Sonne, die zur Zeit des Mittsommers fast 19 Stunden über dem Horizont bleibt.

Die Inseln sind grün, sanft gewellt und – das ist ihr hervorstechendstes Merkmal – fast völlig baumlos. Wilde, steil abfallende Felsküsten gibt es nur an ein paar Stellen, vor allem zur Atlantikseite hin, doch wo sie sich finden, da sind sie grandios. Wer mit der Fähre von Scrabster nach Stromness auf Mainland übersetzt, der kommt am Old Man of Hoy vorbei, einer 137 Meter hohen, an der Basis nur 27 Meter breiten Felssäule, die wie ein mahnender Zeigefinger einsam, von Meer und Wind umtost vor der Steilküste steht. Wie lange er den Kräften der Natur noch trotzen wird, weiß niemand zu sagen; eine natürliche Felsbrücke zur 15 Meter niedrigeren Steilküste hinüber hielt den starken Stürmen, die hier häufig toben, nicht stand, sie stürzte im letzten Jahrhundert ein.

Auch an der mit 347 Metern höchsten Steilküste Großbritanniens kommt man bei dieser Überfahrt vorbei, an den imposanten Kliffs von Saint John's Head, die an der Nordküste von Hoy senkrecht ins brandende Meer abstürzen. Meist aber säumen friedliche Flachstrände die grünen Weiden. Draußen im offenen Meer bieten einige Vogelfelsen Seevögeln wie Tölpel, Kormoran, Möwe und Papageitaucher ideale Brutplätze.

Neben der alten Wikingerstadt Kirkwall mit der Kathedrale Saint Magnus, einem romanischen Bau

Der keltische Ring of Brodgar auf Mainland fügt sich harmonisch in die Landschaft ein. Über die Bedeutung dieser steinzeitlichen Kreise weiß man immer noch nicht viel.

aus rotem Sandstein, faszinieren auf Mainland vor allem die vielen steinzeitlichen Baudenkmäler: jungsteinzeitliche Kammergräber beispielsweise wie das um 3000 vor Christus als Grab und Kultstätte errichtete Maes Howe. Steinkreise haben überlebt, etwa der Ring of Brodgar auf der Insel Mainland, der mit 34 (von ehemals 60) noch stehenden Steinen zu den größten Europas zählt, auch wenn das berühmtere Stonehenge ihm den Rang abläuft. Unbestritten aber genießt das vor über 5000 Jahren angelegte Skara Brae den Ruhm, das am besten erhaltene Steinzeitdorf der Erde zu sein. Zehn noch mit Herdstellen und Schlafstätten ausgestattete Steinhütten gibt es zu besichtigen.

Aus der Zeit um Christi Geburt stammen die Brochs genannten, gut zu verteidigenden runden Wohntürme und dann natürlich überall die Runensteine der heidnischen, später christlichen Wikinger. Und die Ruinen der historischen Vergangenheit, als die Wikinger seßhaft wurden und Kirchen, Wohnhäuser, Mühlen errichteten. Es ist ein aussichtsloses Unterfangen, das alles während eines einzigen Urlaubs besichtigen zu wollen!

Bis 1472 blieb Orkney norwegisch, dann kam es als Mitgift der Prinzessin Margarete an den schottischen König Jakob III. Tatsächlich handelte es sich nur um eine Verpfändung mit Rückkaufsrecht, das bisher nicht eingelöst wurde, formell besteht die norwegische Souveränität noch heute. Die Inselbewohner wissen das recht gut. Als sie Mitte der achtziger Jahre gegen eine atomare Wiederaufbereitungsanlage protestierten, schickten sie ihre Petitionen nicht etwa nach London, sondern an den norwegischen und dänischen Hof.

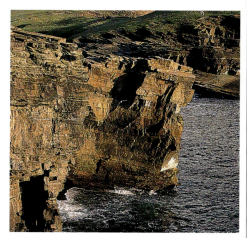

Auch das ist ein Teil der Orkneys: atemberaubende Steilküsten wie die Yesnaby-Kliffs.

Bed and Breakfast (Übernachtung mit Frühstück), in vielen Pensionen und Privathäusern angeboten, ist die sympathischste Möglichkeit, auf den Inseln zu wohnen. Oder man mietet eines der umgebauten Crofter-Häuser (ein Crofter ist ein schottischer Kleinpächter), die im Sommer den Touristen angeboten werden. Natürlich kann man auch mit dem Camper über die Inseln ziehen, die Straßen sind gut geworden, wenn sie auch schmal geblieben sind. Zelten allerdings sollte nur der, dessen Zelt wirklich wasserdicht ist, sonst kann es ein böses Erwachen geben: So faszinierend der rasche Wetterwechsel auf den Inseln sein kann, so garantiert ist doch auch der nächtliche Regen.

Auskunft: siehe Seite 225.

LAKE DISTRICT

*Wolkenkratzendes Dach
über altenglischer Idylle*

Wie durch ein Wunder wurde das bergige Seengebiet südlich von Schottland im Gegensatz zu anderen Landschaften des Inselreichs nicht von der industriellen Revolution berührt. Das einzige, was hier endlos am himmlischen Fließband hergestellt wird, sind wattige Wolken, die in windgepeitschten Herden über die Zinnen mancher Fast-Eintausender streichen. Hier probt die englische Topographie den Aufstand und gibt einen kleinen Vorgeschmack auf die schottischen Highlands.

Die einsamen Hochmoore sind nur da und dort mit Schaffarmen betupft. Die vierbeinigen Rasenmäher grasen auch auf den steilsten Weiden derart emsig, daß die Bergwelt wie von frisch gebügeltem grünem Filz überzogen wirkt. Auf deren Oberetagen sind denn auch zu jeder Jahreszeit Wanderer aller Altersklassen unterwegs. Lohn für den Aufstieg auf dieses teils 500 Millionen Jahre alte Massiv ist der Blick auf Seen wie Buttermere, Windermere und Derwent Water, die wie Smaragde und Opale in den Bergfalten schimmern.

Zu den ersten, die diese idyllische Region erwanderten, gehörte William Wordsworth, der berühmte englische Dichter der Romantik. Auf seinen Spazierspuren pilgern die Urlauber auch heute noch zu den Ortschaften am Fuße der Berge. Die besonders von Touristen heimgesuchten Orte – Keswick, Grasmere, Ambleside, Windermere und Bowness – finden mittlerweile allenfalls in der Nebensaison zu ihrem authentischen Charakter zurück. Im Sommer bemühen sie sich mehr oder weniger erfolgreich, genauso hübsch auszusehen wie die Bilder auf den Keksschachteln in den Andenkenläden.

Glasklares Wasser, sanft ansteigende Waldhänge und weißblauer Himmel am Derwent Water (Foto links): Diese Landschaft begeisterte schon die englischen Dichter im 19. Jahrhundert. Auf Pferdesportveranstaltungen (Foto rechts oben) kann man England als Land des Reitsports und der Pferdefans erleben. Eine faszinierende Harmonie aus Naturlandschaft und Architektur spürt der Betrachter beim Anblick des romantischen Schlosses in Appleby (zweites Foto von rechts oben). Auf den mattgrünen Lakeland-Wiesen weiden Rinder und Schafe (zweites Foto von rechts unten). Zum „Rushbearing" (Binsentragen), einem alten kirchlichen Brauch mit Umzug, begeben sich die Geistlichen in die Kapelle (Foto rechts unten).

Westeuropa

Wetterkrimi auf grüner Freilichtbühne

Nordwärts geht die Fahrt auf der M 6 durch die verrußten Backsteinausläufer der Maloche-Metropole Manchester. Doch schon nach einer knappen Stunde auf dem Motorway lichten sich die Reihenhäuser und die vielen abgetakelten Fabriken dazwischen, und das Dunkelgrün einer stetig ansteigenden, von langgezogenen Steineinfriedungen segmentierten Hügellandschaft setzt sich durch. Jetzt beginnen selbst die Überlandbusse von National Express, sonst die Flottesten ihrer Tonnage auf den Autobahnen der Insel, ihren Elan zu verlieren. Die Fahrt wird langsamer; die schafbetupften Vorstufen des Lake Zentrum liegt der kleine, fast runde Lake Grasmere mit seiner einsamen Insel in der Mitte.

Etwas frühmorgendliches Kraxeln, bevor einem die Bed-'n'-Breakfast-Wirtin ihr cremiges Porridge – den kraftspendenden Haferbrei des Nordens – auf den Teller klatscht, lohnt sich durchaus. Dann kann man zum Beispiel von Skiddaw Little Man – einem Nebengipfel des Skiddaw am Bassenthwaite Lake – aus beobachten, wie die Kuppen und Bergsattel ringsum zu dampfen scheinen, als seien sie gerade erst erschaffen worden, während die langsam am Himmel emporsteigende Sonne den Morgendunst auflöst. Jenes rosa Licht, das anschließend in jede Bergfalte kriecht, ist allerdings meistens nicht von allzu langer Dauer. Oft genug galoppieren schon bald vom nahen Atlantik dunkle Wolkenherden heran. Während es über einem Berg wie aus Kannen gießt, strahlt die Sonne gezielt wie ein Spotlight ins benachbarte Tal. Oder umgekehrt. Auf einer gewellten, filzglatten Freilichtbühne wird das ganze Jahr über ein spannender Wetterkrimi inszeniert.

Natürlich warten die Fotografen mit dem Knipsen meist, bis wolkenloses Zehn-Minuten-Blau die Berge und Seen überspannt, deren idyllische Bilder allerlei Keksdosen und Ansichtskarten zieren. Aber selbst im Sommer werden Wandergruppen in dem kargen, windgefegten Terrain immer wieder von atlantischen Wetterstürzen überrascht. Die Hubschrauber der Bergwacht fliegen jedes Jahr Dutzende von Rettungseinsätzen. Des öfteren erliegen verirrte, schlecht ausgerüstete Höhenkraxler einer Unterkühlung, Gefahr Nummer eins ihrer Zunft.

DER LAKE DISTRICT AUF EINEN BLICK

SEHENSWÜRDIGKEITEN

Bassenthwaite Lake: Panorama-Uferweg; **Carlisle:** Guildhall; **Grasmere:** Dove Cottage (Wohnsitz des Dichters William Wordsworth, mit Museum); **Hawkshead:** Beatrix Potter Gallery; **Kendal:** Abbot Hall; **Keswick:** Bleistiftmuseum; **Lake Windermere:** Lake District National Park Visitor Centre (Videoshow); **Muncaster:** Schloß; **Scafell Pike:** Rundblick.

FESTE UND VERANSTALTUNGEN

Ambleside: Ambleside-Binsenfest, Anfang Juli; **Appleby:** Pferdeschau, Mitte Juni; **Carlisle:** City-Festival, Ende August, Feuershow, November; **Coniston:** Wasserfestival, Ende Mai bis Anfang Juni; **Egremont:** Crab Fair, 3. Samstag im September; **Grasmere:** Wordsworth-Winterschule, Anfang Februar; **Keswick:** Jazzfestival, Mitte Mai; **Patterdale:** Patterdale Hundetag, Ende August; **Penrith:** Lowther Pferderennen und Kirmes, Anfang August; **Windermere:** Lake-Windermere-Festival, Juni bis Juli.

AUSKUNFT

Britische Zentrale für Fremdenverkehr, Taunusstr. 52–60, 60329 Frankfurt a. M., Tel. 0 69/2 38 07 11.

District zwingen zur Gangschaltung. Lake District oder Lakeland – so heißt das einzige Gebirge (außer den Pennines), welches das ansonsten sanft hüglige England aufzuweisen hat.

Gebirge? Na ja, eigentlich ist es eher ein Gebirglein. Aber für englische Bergverhältnisse türmen sich hier schon einige gewaltige Brocken, darunter sogar ein paar Fast-Tausender. Der höchste ist mit 978 Metern der Scafell Pike. Vom Kerngebiet des Lake District strahlen tief eingekerbte Täler wie Speichen eines felsigen Rades in alle Himmelsrichtungen aus. In ihnen schimmern mattblau und waldesgrün jene 16 Seen, denen Lakeland seinen Namen verdankt. Die größten und bekanntesten sind Lake Windermere und Coniston Water im Süden, Ullswater und Haweswater im Osten, Derwent Water und Bassenthwaite Lake im Norden, Crummock Water und Ennerdale Water im Nordwesten und Wast Water im Westen des Lake District. Im

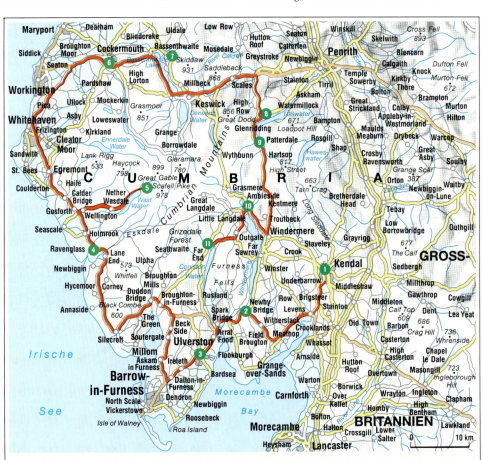

Unser Routenvorschlag

VON KENDAL BIS IN DEN GRIZEDALE FOREST

Der „Einstieg" in den Lake District ist die historische Stadt Kendal ❶ mit ihrer Burgruine aus dem 12. Jh. Erster großer See westlich von Kendal ist Lake Windermere, an dessen südlichem Zipfel, in Newby Bridge ❷, man eine Ballonfahrt über die Lakes starten kann. Ulverston ❸ ist der Geburtsort des unvergessenen Komödianten Stan Laurel (Dick und Doof), an den ein Museum erinnert. Weiter geht es nach Ravenglass ❹. Von hier aus kann man mit der Schmalspurbahn das Eskdaletal hinauf bis nach Boot zuckeln. Wast Water ❺, etwas weiter nördlich gelegen und mit dem Auto von Gosforth aus zu erreichen, ist mit knapp 80 m der tiefste See der Region. Weiter geht es nach Cockermouth ❻, wo im Sommer das Geburtshaus des Dichters William Wordsworth besichtigt werden kann. Im Bassenthwaite Sailing Club ❼ am nördlichen Ende des Bassenthwaite Lake sind Segler mit Boot bzw. Trailer willkommen. Rotwild kann man am östlichen Ufer von Ullswater ❽ beobachten. Pittoresk ist die Ortschaft Patterdale ❾. Im malerischen Ambleside ❿ kann man durch Einkaufsstraßen bummeln – oder den Wansfell Pike oder das Lougbrigg Fell besteigen. Zu ausgedehnten Waldwanderungen lädt der Grizedale Forest ⓫, die Endstation unserer Rundreise, ein.

Crummock Water gehört zu den kleinen Seen im Lake District. Um ihn herum führen Wanderpfade durch die märchenhafte Landschaft. Einer der höchsten Wasserfälle Europas ergießt sich aus 47,5 Meter Höhe in diesen See.

Die Einheimischen freilich – allesamt Wetteroptimisten, wie sich's auf der Insel gehört – macht der Regenreichtum überhaupt nicht trübsinnig. Ganz im Gegenteil. „Ohne den vielen Regen hätten wir bestimmt nicht unsere schönen Seen", philosophiert die Wirtin des *Queen's Pub* in der Ortschaft Windermere. Derweil sieht man durch ihre Fenster nur noch bruchstückweise das westliche Ufer des Lake Windermere. Sämtliche Gipfel drüben tragen bereits nadelgestreifte Regenhauben. Im Gedränge an der Theke wird so manches „Ploughman's Lunch" – Käsebrot mit eingelegten Zwiebeln und Chutney – zum „Pint of Bitter", dem herb-säuerlichen englischen Ale, bestellt. Mit grün und gelb glänzendem Ölzeug wappnen sich die Wanderer gegen die Feuchtigkeit, die sie nach der Brotzeit oben auf den rundlichen Bergrücken, den Fells, umhüllen wird.

Der wandernde Dichter

Das Wandern und Bergsteigen hat im Lake District eine lange Tradition. Zu den berühmtesten Wanderern der Region gehörte der 1770 in Cockermouth in der Nähe des Bassenthwaite Lake geborene Dichter William Wordsworth. Mit Schwester Dorothy und Ehefrau Mary zog der englische Ober-Romantiker seine Nachkommenschaft in Grasmere und später in Rydal auf, einem kleinen Dorf an den Ufern des idyllischen Sees Rydal Water. Inspiration und Kreativität für viele seiner die umliegende Natur rühmenden Gedichte tankte er bei ausgedehnten Spaziergängen. Seine Lyrik, heute noch Pflichtlektüre in englischen Schulen, bringt dem Lakeland jährlich mindestens ebenso viele Besucher wie die schlagkräftigste Werbekampagne.

Schon in jungen Jahren muß Englands wanderlustigster Dichter eine Ausdauer besessen haben, um die ihn heutige Jogger wahrscheinlich beneiden würden. Von seiner ersten Miet-Idylle in Grasmere, Dove Cottage, waren es über 20 wadenzerrende Kilometer nach Keswick am See Derwent Water, wohin Wordsworths' Kollege und Bewunderer Samuel Taylor Coleridge gezogen war, um in der Nähe seines Idols zu sein. Beim gegenseitigen Besuch legten die beiden Poeten diese Distanz oft genug zu Fuß zurück, zuweilen gar mit einem Abstecher über den 951 Meter hohen Helvellyn. Dove Cottage (mit angrenzendem kleinen Museum) wurde detailgetreu restauriert. An kühlen Tagen defiliert die Besucherschar an einem Kamin vorbei, in dem die Holzscheite noch genauso glühen wie damals, als Wordsworth – nach aufputschendem Spaziergang, bei dem er sich bereits die ersten Einfälle notierte – sich an seinen Schreibtisch setzte und ihm die Gedichte nur so aus der Feder flossen.

Seine lyrische Blütezeit (1799 bis 1813) erlebte W.W., wie ihn seine heutigen Jünger oft nennen, in Dove Cottage. Bald etablierte sich um ihn herum ein regelrechtes literarisches Wanderquartett, das zwischen Fells und Dichtkunst pendelte. Bei Coleridge und dessen Frau in Keswick zog Robert Southey ein, der 1813 gar zum Poet Laureate – sprich: Hofdichter – des Königreichs ernannt wurde. Thomas De Quincey, der für seine *Opiumbeichte* berühmt wurde, übernahm schließlich Dove Cottage, nachdem Wordsworth samt Familie einige Kilometer weiter östlich ins geräumigere Domizil Rydal Mount umgezogen war.

Schon Wordsworth sorgte für den ersten bescheidenen Tourismus-Boom: Zuweilen pilgerten täglich bis zu 100 Bewunderer nach Rydal Mount in der Hoffnung, den großen Dichter kurz zu erspähen. Wordsworth war kein darbender Künstler, andererseits war sein Ruhm aber auch nie mit wachsendem Vermögen gekoppelt. Auch in Rydal wohnte er nur zur Miete, und seine Brötchen mußte er sich als amtlicher Briefmarkenverteiler verdienen. Nach dem Tode seines Freundes Southey im Jahre 1843 mußte ihn der Premierminister Sir Robert Peel höchstpersönlich überreden, nun an dessen Stelle Poet Laureate – mit entsprechenden Verpflichtungen – zu werden. Das war eine große Umstellung für ihn: Denn fortan mußte der Naturbursche von den Fells statt über die Torfbuckel seiner Heimat übers glatte Parkett des Londoner Hofes gleiten.

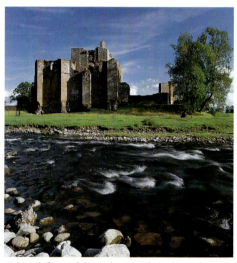

Malerisch fügt sich Brougham Castle in die rauhe landschaftliche Schönheit der Grafschaft Cumbria ein.

Wordsworth starb 1850, im Alter von 80 Jahren, und das paradoxerweise, nachdem er sich bei einem Spaziergang erkältet hatte. Nach seinem Tode wurden etliche seiner Möbel und Manuskripte an die Nachbarschaft verkauft. Aber die meisten dieser Erinnerungsstücke haben wieder den Weg zurück nach Rydal Mount gefunden. Das Haus kann ganzjährig besichtigt werden. Es ist zum vielbesuchten und verehrten Schrein für die Liebhaber der englischen Romantik geworden, ebenso wie der Friedhof in Grasmere, wo Wordsworth neben seiner Ehefrau Mary begraben liegt.

Auf seine unnachahmliche poetische Weise hat Wordsworth uns auch so manchen Wandertip hinterlassen. Den 931 Meter hohen Skiddaw, „eine einsame Majestät", verglich er beispielsweise mit dem Parnassos, jenem griechischen Berg, der als mythischer Sitz Apollos und der Dichtkunst gilt. Doch bestaunte er den Skiddaw nicht etwa nur wie ein blas-

Scafell Pike, der höchste Berg Englands, ragt mit seinen schroffen Felsen in den Himmel. Eine Wanderung auf diesen wenig bewaldeten Höhenzug ist ein großartiges Naturerlebnis.

Das Einmaleins des Wanderns im Lakeland

Neben den lyrischen Wandertips eines Wordsworth sollte man unbedingt auch noch einige ungeschriebene Gesetze beachten, ohne die ein Wanderer im Lake District leicht in unerquickliche und oft sogar gefährliche Situationen geraten kann. Besonders wichtig ist die Regenkluft, die möglichst vom Haubenrand bis zu den Stiefelspitzen schützen sollte. Bei plötzlichen Überfällen atlantischer Tiefs meint man nicht von ungefähr, überall bunt vermummte Crews auf der Suche nach ihrem Heringskutter in den Bergen zu erspähen.

Ein weiteres unumstößliches Wandergesetz ist, daß man seiner Wirtin vor dem Aufbruch in etwa die geplante Tagestour mitteilen sollte. Im Notfall erleichtert dies die Suche nach Vermißten in der Wildnis ungemein. Ganz vorsichtige Wanderer haben gar eine Trillerpfeife bei sich. Man weiß ja nie. Zu den Tücken der Lakeland-Stiefelei gehören nämlich unter anderem einige fast vertikale Geröllhänge. Bis heute unvergessen ist jener Tourist, der im Jahre 1921 unterhalb des Scafell in eine enge Schlucht namens Piers Gill hineinrutschte. Er überlebte die 18 Tage, bis man ihn endlich fand, nur dank des Bächleins, von dem er trank.

ser Ästhet von unten, sondern er bekletterte ihn selbst. Seine heutigen Bewunderer haben oft genug Wordsworth' gesammelte Werke im Rucksack – eine Brotzeit, die sich reimt.

Gewandert wird sozusagen auf drei grünen – und dank endlosem Appetit der Schafe filzglatten – Etagen. Vor allem jene Day Trippers, die per Reisebus herankutschiert werden, belassen es meistens bei der untersten Etage: unehrgeizigen Promenaden – von Entdeckergeist keine Spur. Da bieten sich idyllische Seen an wie etwa der sechs Kilometer lange Bassenthwaite Lake im Norden mit Panoramaweg am kaum besiedelten Ufer. Oder auch das südöstlich von Crummock Water gelegene, knapp zwei Kilometer lange Buttermere Water, das man auf einem sanft auf- und absteigenden Wanderweg in etwa zwei Stunden mühelos umrunden kann.

Wagemutigere Entdeckernaturen kommen auf der mittleren Etage – etwa 400 bis 800 Meter – zum Zuge. Was es für sie auf den unwirtlichen Hochmooren zu erobern gibt? Nicht zuletzt ganze aus Wolken angehäufte Welten. Die wirken doppelt eindrucksvoll, wenn man aus einer gewissen Wanderhöhe zusieht, wie sich die ständig wechselnden Kumulusformationen in den Seen spiegeln. Besonders panoramaträchtig ist der Blick von Haystacks auf Buttermere, von Nab Scar auf Rydal Water oder von Mardale Ill Bell auf Haweswater.

Die oberste Etage der Fast-Tausender geht man als Neuling am besten behutsam an. Der Skiddaw ist der vierthöchste Gipfel. Über seinen breiten Rücken, hinter dem Keswick (der Ausgangspunkt dieser Wanderung) verborgen liegt, windet sich ein bereits hunderttausendfach benutzter Trampelpfad. Eine der zahmsten Direttissimas im gesamten Lake District, auf der man gar junge Wandersfrauen mit dem Dreikäsehoch in der Rückentrage bergaufwärts

preschen sieht. Schon der wandernde Dichter William Wordsworth muß den Aufstieg als Kinderspiel empfunden haben. Von ihm ist überliefert, daß er sich dort im Jahre 1815 reichlich Leckerbissen wie Roastbeef und Plumpudding hochtragen ließ, um den Waterloo-Sieg gegen Napoleon zu feiern.

Schon eine etwas größere Herausforderung ist der am Lake Thirlmere im Norden des Lake District gelegene Helvellyn – oder vielmehr jener schmale, zerklüftete Grat namens Striding Edge, der zu dem 951 Meter hohen Gipfel führt. Für den Aufstieg muß man runde dreieinhalb Stunden veranschlagen. Hier verunglücken überdurchschnittlich viele Urlauber, vor allem diejenigen, die leichtgewandet und mit Turnschuhen in plötzliche Nebelwallungen geraten. Längst zur modernen Mythologie zählt die tragische Geschichte vom Kraxler aus Kendal, der dort 1803 abstürzte. Erst drei Monate später fand man den leblosen Körper des Verunglückten, immer noch von dessen treuem Hund bewacht. Wordsworth verfaßte darüber ein Gedicht.

Scafell Pike – mit 978 Metern das eigentliche „Dach Englands" – läßt sich mehr oder minder abenteuerlich bekraxeln. Wer die Herausforderung liebt, nimmt die kurze, sehr steile Route von Wasdale Head aus. Mehr zum schrägen Spazieren Geneigte starten von Seathwaite. Unterwegs kann man dann seine dampfenden Füße im eiskalten Wasser des schimmernden Bergjuwels Styhead Tarn kühlen. Als Belohnung winkt auf dem Gipfel – bei Klarsicht – der weit über einen Ozean grüner Bergkuppen schweifende Blick.

So romantisch wie bequem: Schippern auf den Lakes

Doch auch derjenige, dem das Kraxeln zu gefährlich oder zu anstrengend ist, kommt im Lake District auf seine Kosten: Er bewundert die landschaftlichen Schönheiten einfach bei einer Schiffsfahrt von einem der idyllischen Seen aus, mit denen diese Landschaft gesprenkelt ist. Auf Lake Windermere verkehrt unter anderen der *Tern*, ein gemütlicher, 30 Meter langer Pott, der immerhin 350 Passagiere faßt. Wenn die sich an der schafbetupften Seekulisse sattgesehen haben, steht ein Besuch im Windermere Steamboat Museum nördlich von Bowness an, wo man eine Sammlung mechanisch betriebener Oldtimer, beispielsweise *Dolly* (Baujahr 1850), bewundern kann.

Beim Schippern auf Coniston Water, knappe zehn Kilometer südwestlich von Lake Windermere, hat man stets den kahlen, windgefegten Old Man (803 Meter) im Hintergrund. Von Anfang April bis Anfang Oktober kann man diesen wunderschön gelegenen See in luxuriöser Atmosphäre an Bord der Dampfjacht *Gondola* von Coniston aus erkunden. Die prunkvoll eingerichtete Fähre, die im letzten Jahrhundert regelmäßig Pendeldienst auf dem See versah, wurde vor einigen Jahren restauriert. Wer auf ihr durch die grünen Spiegelbilder der umliegenden Bergwelt gleitet, kann sich nur schwer vorstellen, daß hier auf Coniston Water am 4. Januar 1967 der tollkühne Donald Campbell in seinem schnittigen Hydroplaner *Bluebird* versuchte, den eigenen Tempo-Weltrekord auf dem Wasser, nämlich 416 Stundenkilometer, zu überbieten. Er kam dabei ums Leben; seine Leiche wurde nie gefunden.

Ein Denkmal aus viktorianischer Zeit

Die *Gondola* legt auch in Brantwood an, wo das Herrenhaus des Philosophen und Sozialkritikers John Ruskin zu besichtigen ist. 1871 hatte Ruskin das Baujuwel unbesehen erworben – mit der Begründung: „Ein Gebäude in der Nähe von Coniston Old Man muß einfach schön sein." Das Country House ist voller Gemälde des großen William Turner – phantastisch-heroische Landschaftsvisionen aus Licht, Luft, Nebeldunst in magisch leuchtendem Kolorit. Einige Tapetenmuster entwarf Ruskin selbst.

Bei solchen Erkundungen zu Wasser oder zu Lande kommt einem wohltuend zum Bewußtsein, daß

Wasdale Head, eine unberührte, eindrucksvolle Landschaft. Von hier aus können erfahrene Bergwanderer den steilsten und schwersten Weg auf den Gipfel von Scafell Pike, dem höchsten Berg Englands, einschlagen.

Glasklar schimmert der Buttermere. Bei einer Bootsfahrt kann man bis auf den Grund dieses Sees sehen.

ein großer Teil dieses Seenlandes nur vom Westwind und dessen galoppierenden Wolkenherden bewohnt wird. Wie grau gemauerte Inseln ragen vereinzelte Gehöfte aus dem Grün. Die Schafe – weißgesichtige Herdwicks, deren eigentümlich schwarze Lämmer erst beim Heranwachsen hellere Wolle bekommen – durchstreifen diese einsame Landschaft schon seit Jahrhunderten. Heute findet man sie längst nicht mehr nur auf den Weiden mit Seeblick, sondern überall: in den Andenkenläden als putzige Stofftierchen, auf Schnörkelhandtücher aufgestickt, als Konterfei auf Salatschüsseln und Teebechern und natürlich als Hauptmotiv – meistens Mutterschaf neben schwarzem Lamm – auf den Ansichtskarten.

Etliche Schafe des Lake District wurden damals von der aus Tschernobyl herübergewehten Radioaktivität bestrahlt. Es gab Notschlachtungen, und seitdem sind immer mehr Farmer auf einen Nebenerwerb angewiesen. Etliche Bauernfamilien locken mit „Bed-and-Breakfast"-Schildern an der Hecke.

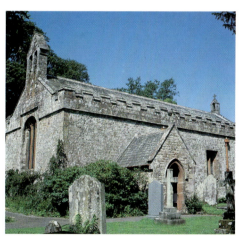

Die altehrwürdige Kirche von Muncaster, in der Nähe von Ravenglass.

Ganze Scheunen werden zur Billig-Herberge umgestaltet – „Steinzelte", wie sie im Volksmund in dieser Gegend mittlerweile heißen. Manche Farmer lassen Touristen gegen einen kleinen Obolus ihre Höfe besichtigen, und da und dort steht sogar ein Tea Shop neben dem Kuhstall.

Wo als Beute nur ein paar Schafweiden winkten, entbrannten naturgemäß nur selten Kriege. Deshalb gibt es im lieblichen Lake District kaum Burgen. Doch dafür wimmelt es von wunderschönen Schlössern. Als Spitzenreiterin in der Regionalliga historischer Bauten gilt Schloß Muncaster dicht an der Küste bei Ravenglass. Der von Zinnen gekrönte Prachtbau hat seine Ursprünge im 13. Jahrhundert.

Rund 50 000 Besucher defilieren jährlich durch die hohen Prunksäle, in denen Gemälde von Joshua Reynolds und Thomas Gainsborough hängen. Und so mancher verirrt sich in dem stark duftenden Blumendschungel ringsum. Allein 180 Rhododendronsorten wuchern dort. Vorfahren des auch jetzt noch ansässigen Adelsgeschlechts Pennington hatten die Samen teils nach Expeditionen bis in den Himalaja nach Cumbria zurückgebracht.

Nur einige Kilometer Bussardlinie von Muncaster entfernt dampfen die Kühltürme des Kraftwerks Sellafield, das oft in negative Schlagzeilen gerät. In seinem Visitors' Centre stilisiert sich der Atombetrieb zu einer Mit-Sehenswürdigkeit der Gegend hoch. Vergessen scheinen jene Tschernobyl-Wolken, die nachweisbar schädigend auf Cumbrias Schafherden nieselten. Schautafeln suggerieren, daß Sellafield weniger strahle als etwa – auf natürliche Weise – die Felsen in der Grafschaft Cornwall ...

In einer Gegend, wo der Januar sich manchmal ebenso teils sonnig, teils windig und teils verregnet präsentiert wie der Juli, markieren folkloristische Veranstaltungen den Wechsel der Jahreszeiten oft verläßlicher als das Wetter. Und an solchen mangelt es im Lake District nicht: Ab April beginnt überall in Cumbria das sogenannte „Hound Trailing": eine Art Fuchsjagd ohne Fuchs. Als Ersatz für dessen Duftnote gibt es einen mit Anis getränkten Lappen, mit dem Jagdhunde über einen bis zu 16 Kilometer langen Kurs gelockt werden. So wurde früher die angehende Jagdmeute junger „hounds" für die Fuchshetze trainiert. Und natürlich wird auf diese Hunde ebenso eifrig gewettet wie beim Pferderennen.

Watendlath Tarn: Der abgelegene kleine Bergsee und das romantische Farbenspiel aus Blau, Rostrot und Grün wirken auf den Betrachter, als wäre diese Landschaft weit entrückt von Welt und Zeit.

Folklore im Lakeland

Als alteingesessene Kirchensitte ist das „Rushbearing", übersetzt: Binsentragen, jeden Juni in den malerischen Ortschaften Ambleside und Grasmere zu beobachten. An der Spitze eines Umzugs tragen Kinder ein aus Binsen und Blumen geflochtenes Kreuz durch die Gassen und werden hinterher je mit einem Stückchen Ingwerkuchen belohnt.

Im Bilderbuchort Egremont, einige Kilometer westlich von Ennerdale Water in der Nähe der Küste gelegen, findet jeden dritten Samstag im September das Crab Fair statt. Genau wie in dessen Ursprungsjahr 1267 werden auch heute noch zu Beginn des Fests von einem alten Wagen aus rotbackige Äpfel an die Zuschauer verteilt. Dann umklammern die Wettkampfteilnehmer eine hohe Stange, die einem Maibaum ähnelt, und versuchen durch Krebsscheren-Verrenkungen ihrer Beine an den Geldschein auf deren Spitze heranzukommen. Abends gibt's dann als krönenden Abschluß noch einen spannenden Wettbewerb im Grimassenschneiden.

Schon 1951 wurde die Kernzone des Gebiets (über 2000 Quadratkilometer) als großer Nationalpark unter Schutz gestellt – und der ist heutzutage beileibe keiner schöngeistigen Wanderelite mehr vorbehalten wie in der Wordsworth-Epoche. Dank preisgünstiger Bus- und Quartierpauschalen reisen scharenweise Arbeiterfamilien aus den nahen Industrie-Ballungsgebieten wie Leeds, Manchester oder Liverpool an – ganz anders als ihre Vorfahren, die um 1850 nur zwei bis drei Tage Urlaub jährlich vom Fließbandmalochen bekamen. Und im August, wenn alle Schulen des United Queendom dichtmachen, erstickt der Lake District förmlich an einer Überdosis Urlauber. Dann werden Städtchen wie Bowness und Ambleside zu Nadelöhren, durch die sich zum Leidwesen der Ansässigen qualmende Blechkarawanen schieben. Auch eine sichtbare und nicht zuletzt hörbare Folge der Beliebtheit: Allein für Lake Windermere sind inzwischen 14 000 Motorboot-Lizenzen vergeben worden.

Selbst die geschäftstüchtigsten Nutznießer des Wanderbooms haben mittlerweile die Gefahr erkannt, die diese Entwicklung für die hiesige Ökobalance darstellt. Auch mit dem Auto anreisende Touristen können umweltgerecht umsteigen, ist doch das öffentliche Verkehrsnetz für diese halbe Wildnis noch relativ dicht geknüpft. Per Bummelbahn beziehungsweise West Cumbrian Line kann man die ganze Westküste Cumbrias hochzuckeln, von Barrow-in-Furness an der Südspitze bis nach Carlisle im Norden, dem Ausgangspunkt für eine Besichtigung vom Hadrianswall, jenem Grenzwall, den die alten Römer einst zum Schutz ihrer Provinz Britannien anlegten. Außerdem verkehren am Ufer der größeren Seen wie Lake Windermere regelmäßig Linienbusse.

Park 'n' Wander, damit alles so bleibt...

Auch wir empfehlen Park 'n' Wander. Kaum eine Ortschaft, die nicht als Basislager für einen Zweitausender herhält – wenn wir die Fells ein wenig aufwerten und sie nach englischer Art in Fuß statt Meter bemessen. Ein solches Basislager, das sich allerdings jeden Hochsommer in einen mittleren Rummelplatz verwandelt, ist das am östlichen Ufer

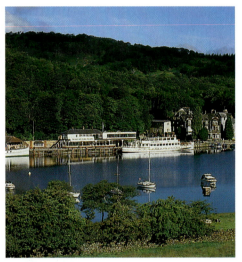

Auf Lake Windermere, dem größten See Englands, kann man herrliche Bootsausflüge unternehmen.

des Lake Windermere zusammengewachsene Doppelstädtchen Windermere-Bowness.

Windermere nistet in lieblichen Hügeln. Weit und breit kein richtiger Hausberg. Oder doch? Einige Kilometer nordöstlich schimmert, von kahlen Torfbergen eingefaßt, wie ein blaues Riesenjuwel der Höhensee Kentmere. Von dort steigt sich's sanft zum nur 663 Meter hohen Tarn Crag empor. Zum Après-Kraxeln bleibt dann noch der späte Nachmittag am Lake Windermere, mit seinen knapp 17 Kilometer Länge und fast zwei Kilometer Breite immerhin Englands größter See.

Die mit Fast-Food-Buden gespickte siamesische Zwillingsschwester von Windermere, Bowness, versucht krampfhaft, sich trotz Touristenrummels einiges von ihrem Lokalkolorit zu bewahren. Geradezu rührend das Fachwerk an der Fassade einer der Sparkassen. Für die Dächer der meisten Gebäude wird nach wie vor Schiefer von den umliegenden Bergen verwendet. Und unten an der Marina hat man gar eine jener „dry walls" (Trockenmauern) nachgebaut, wie sie die Farmer seit Jahrhunderten mit angeborenem Fingerspitzengefühl und ohne einen einzigen Klacks Mörtel rund um ihre Hochweiden aufschichten. Diese hier hat man allerdings mit etwas Mörtel befestigt. Die Wandalen, die gelegentlich aus der Stadt zu Besuch kommen, hätten sonst gar zu leichtes Spiel.

An den Stegen von Bowness herrscht Rummel wie auch in den Seebädern an der englischen Küste. Dudelsackklänge berieseln die Kaufhallen. Und natürlich findet man hier zwischen den Haufen bunter Strickwaren auch das gängigste Lakeland-Mitbringsel, nämlich „Kendal Mintcake": nach Pfefferminz schmeckende Tafeln einer süß-klebrigen Masse, die seit ihrer Erfindung durch den Einheimischen James Wilson im Jahre 1896 immer noch streng nach dessen altem Rezept in Kupferbottichen hergestellt wird.

Das rund 30 Kilometer nordwestlich gelegene Keswick, früher auch „Königin von Lakeland" genannt, ist die Drehscheibe der Northern Lakes. Im Gegensatz zu Bowness hat das Marktstädtchen das Schicksal eines abgasverseuchten Nadelöhrs gerade noch abgewendet – durch neue Umgehungsstraßen. Das kommt nicht nur den Einwohnern, sondern auch historischen Bauten wie beispielsweise der Crosthwaite Church aus dem 14. Jahrhundert zugute. Von allerlei Museen ist wohl das Pencil Museum das interessanteste. Es veranschaulicht die Geschichte des Bleistifts. Apropos Blei-, aber auch Silber-, Kupfer- und Eisenminen: Ihnen verdankte Keswick im 16. Jahrhundert, lange vor dem Kraxlerboom, erstmals Wohlstand. Auch aus deutschen Gefilden holte man damals Ingenieure. Bei einem Blick ins örtliche Telefonbuch entdeckt man auch heute noch deutsch klingende Familiennamen.

Von Highlights umgeben

Neidhammel – in diesen schafträchtigen Breiten wohl das passendste Wort für manche mißgünstige Nachbarorte – tun ihr Bestes, das Image Keswicks zu zerrupfen. Zugegeben: Es gibt hier mehr Tea Shops, Pensionen und Andenkenbuden pro hundert Meter als anderswo im Lake District. Und auch wettermäßig hat Keswick seine schwachen Momente – oft genug ergraut die ganze Stadt hinter einem dicht gewebten Nieselregenschleier. Aber wenn dann der Westwind das Wolkenvlies von den Fells pellt, wird wieder diese pittoreske Fusion aus Seen und Bergen sichtbar, der Grund für den Neid der Nachbarn: Keine andere Sommer- und Winterfrische im Lakeland ist so reichlich von Panoramaknüllern umsäumt. Im Süden etwa lockt das knapp fünf Kilometer lange Segler-Dorado Derwent Water. Im Norden, mit so gut wie gar nicht besiedelten Ufern, der über sechs Kilometer lange Bassenthwaite Lake. Und im Südwesten das liebliche Buttermere Water. Oberhalb von Buttermere Water nistet zwischen kargen Zinnen, den Haystacks, blau schimmernd das Bergseelein Innominate Tarn. Und ein paar Kilometer weiter nördlich ergießt sich der Scales Force ins benachbarte Crummock Water: mit seinen fast 50 Metern der imposanteste Wasserfall des Lake District.

Glasklare Wasserfälle, gesäumt von Gräsern, Moos und Stein: die malerische Landschaft Cumbrias.

DAS BESONDERE REISEZIEL: HADRIANSWALL, DER SCHUTZWALL DER RÖMER

Kalte Kriege gab's schon immer. So zum Beispiel Anfang unseres Jahrtausends zwischen alten Römern und alten Schotten. Um die ansässigen Nordlichter in Schach zu halten, bauten die Eindringlinge vom Mittelmeer einen befestigten und bewachten Schutzriegel, nach ihrem damaligen Kaiser benannt: Hadrianswall. Die Reste dieses Befestigungswerks dienen heutzutage quermoorein als Orientierung für Wanderungen von Newcastle upon Tyne bis Carlisle.

Immerhin rund 250 Jahre lang, bis 383 nach Christus, hielt die nördlichste Grenzmauer des römischen Britannien. Dann wurde der „Granitvorhang" aufgegeben, und seitdem ist er nach und nach weitgehend zerbröckelt. Wanderer, die drei bis vier Tage Zeit haben, laufen die ganzen rund 200 Kilometer ab, vom River Tyne im Osten bis zur Solway-Mündung im Westen. Doch heute stößt man beim Überqueren der entlegenen Hochmoore leider nur noch ab und zu auf Mauerfragmente, die von den Archäologen mit viel Liebe zum Detail restauriert worden sind. An solchen Stellen gibt's kleine Museen oder zumindest eine Schautafel. Läßt man dann seine Phantasie ein wenig Regie führen, spult sich im Kopf ein alt-römischer Film ab: wie die Legionäre, die Kapuze gegen den kalten Nordwind tief in die Stirn gezogen, damals vor knapp 2000 Jahren ihren Grenzdienst schoben – in insgesamt 16 Festungen, kleineren Signaltürmen oder oben auf der fünf bis sechs Meter hohen Granit- und Torfmauer selbst.

Per Auto kann man das längste Bauwunder Europas bequem an einem einzigen Tag abfahren. Von Newcastle upon Tyne an der Nordsee bis nach Carlisle am Solway Firth windet sich die A 69 weitgehend parallel zum Hadrianswall.

Als Schutzmauer gegen die schottischen „Barbaren" wurde der Hadrianswall, ursprünglich bis zu sechs Meter hoch und drei Meter dick, erbaut.

Von hier aus sind gezielte Abstecher zu den ergiebigsten Fundstellen möglich. Aufpassen heißt es zum Beispiel bei der Ortschaft Chesterholm. Hier befand sich die Festung Vindolanda. Seit 20 Jahren werden hier historische Kostbarkeiten im Lehmboden entdeckt, darunter altrömische Dokumente, Haarnadeln, ja sogar die Bleikugeln der damaligen Schleuderschützen. Im angeschlossenen Museum kann man diese und andere Gegenstände aus römischer Zeit besichtigen.

Immerhin stolze 200 Meter lang sind die Mauerreste bei Housesteads, wo es die meisten Ausgrabungsfunde gibt: ein ganzes Kastell mit Kornkammern, Kasernen, Ställen und Werkstätten, Kranken- und Badehaus.

Die Ex-Festung Brocolitia steht in Carrawburgh. Hier fand man bereits im Jahre 1873 einen Brunnen zu Ehren der Wassergöttin Conventina.

Nach der Besichtigung per Auto oder zu Fuß kann man den Hadrianswall en miniature im Museum of Antiquities der Universität von Newcastle upon Tyne bewundern: Dort steht ein Modell der alten Befestigungsmauer. Außerdem gibt es auch hier wieder zahlreiche Ausgrabungsfunde, die interessante Einblicke in das Leben in einer römischen Festung vor 2000 Jahren vermitteln.

NORTHUMBERLAND
Naturschönheit und Geschichte im Recycling

In den letzten Jahrzehnten hat sich die nördlichste Grafschaft der Engländer von einer industriellen Revolutionärin zum Öko-Freak gewandelt. Weniger flapsig gesagt: Fabriken haben reihenweise dichtgemacht, eine Arbeitslosenrate wie sonst nirgendwo im Inselreich stellt die sprichwörtliche gute Laune der „Geordies", wie sich die Bewohner dieser Gegend nennen, auf eine harte Probe. Man versucht das Problem in den Griff zu bekommen, indem man sich auf die alten Naturschönheiten der Region besinnt und endlich etwas für die Umwelt tut.

Das einstige industrielle Zentrum im Norden Englands leidet schon seit einiger Zeit unter Rezession und Arbeitslosigkeit. Beispielhaft für die allgemeine Situation ist Newcastle upon Tyne, eine der „Schiffbau-Heldinnen" der industriellen Revolution. Viele der Docks am Tyne schweigen, die Schiffahrt verebbt, und die gewaltigen Flußbrücken werden langsam aber sicher zu historischen Sehenswürdigkeiten. Denn inzwischen setzen die Stadtväter mehr auf Reisebusse als auf Flotten und versuchen, den verblichenen Glanz von einst in Zukunft touristisch zu vermarkten.

Wie künftiges Kapital werden inzwischen die Naturschönheiten des Hinterlandes gehegt und gepflegt. Besonders gilt das für den dicht an den Cheviot Hills an der Grenze zu Schottland gelegenen Northumberland National Park mit seinen romantischen Hochmooren, wildreichen Wäldern, stillen Tälern und altehrwürdigen Dörfern, in denen seit Jahrhunderten die Zeit stillzustehen scheint.

Neben all der Natur und der Küste mit ihren oft noch meilenweit leeren weißen Dünenstränden gibt es in Northumberland auch grimmige, wildromantische Trutzburgen zu besichtigen: das malerisch über dem Fluß Croquet thronende Warkworth Castle zum Beispiel, 1139 gegründet und runde 35 Kilometer nördlich von Newcastle upon Tyne gelegen. Oder die eindrucksvolle Normannenfestung Bamburgh Castle im gleichnamigen Ort, die den Betrachter – noch knappe 30 Kilometer weiter nördlich – fast zu erdrücken scheint.

Nicht versäumen sollte man einen Besuch der „Heiligen Insel" – Holy Island –, die unweit von Bamburgh vor der Küste liegt und von dem kleinen Ort Beal aus bei Ebbe über eine glitschige Mole zu erreichen ist. Dort ragt immer noch der zierliche Torbogen der von den Wikingern zerstörten Abtei Lindisfarne in den Himmel. Eine unbekannte, nicht im Brennpunkt des Touristeninteresses stehende Re-

Die Burg von Warkworth wurde bereits von Shakespeare in seinem Königsdrama *Henry IV* erwähnt.

gion hat es natürlich leicht, sich ihren urwüchsigen Charme zu bewahren. Nur selten muß man sich in historischen Schaubauten wie Warkworth Castle oder dem Kloster Saint Paul in Jarrow bei Newcastle mit seinen wunderschönen sächsischen Buntglasfenstern über Gedränge beklagen. Northumberland: Das ist die Grafschaft, wo jede England-Rundreise ihr Happy-End findet.

Auskunft: siehe Seite 232.

ISLE OF MAN
Kleines Paradies in der Irischen See

Dieser hügelige Brocken England, der der Hauptinsel westlich von Liverpool abhanden gekommen ist, hat sich weltweit einen Namen gemacht: Mit dem „Tourist Trophy"-Rennen, bei dem alljährlich Feuerstuhl-Weltmeister und Motorradbräute um die engen Kurven seiner Landstraßen donnern. Wer nach dem Finish noch eine Weile bleibt, entdeckt eine liebenswerte Ferieninsel mit herrlichen Stränden und romantischer Moor- und Heidelandschaft.

Ein paar Fährstunden nach Verlassen des Hafens von Liverpool nimmt am Horizont nach und nach eine Insel Gestalt an. Der Buckel, der alle anderen überragt, muß Snaefell sein. Die grüne, wellige Weidetorte ist von Schafen übersät und am untersten Rand von der Gischt des Ozeans umhäkelt.

Doch mit einem Robinson-Eiland inmitten der Irischen See hat man's nicht zu tun. Bald nämlich sind die bunten Fassaden der Hauptstadt Douglas auszumachen. Unverkennbar ein Remmidemmi-Seebad wie etwa Blackpool oder Brighton, nur etwas kleiner. Am Strand sind die Sonnenschirme zum Windschutz umfunktioniert worden. Familienväter spielen mit ihren begeisterten Sprößlingen auf dem feuchten Strand Kricket.

Eine paradiesische Hügellandschaft in der Irischen See: Die Isle of Man, seit 1828 mit der englischen Krone verbunden, ist als Urlaubsinsel und wegen des Motorradrennens „Tourist Trophy" berühmt.

Die anderen größeren Orte – Ramsey, Peel und Castletown – kann man an den Fingern einer Hand abzählen. Häfen wie etwa Port Erin haben eher den Charme eines im Laufe der Zeit wohlgesittet gewordenen Schmugglerkaffs. Auffallend in etlichen Vorgärten kleine, vom Westwind schräg frisierte Palmen. Die an der Isle of Man vorbeizüngelnde „Fernheizung", der Golfstrom, macht's möglich. Erst 1828 kam die 572 Quadratkilometer große Insel, deren Bewohner sich „Manx" nennen und keltischer Abstammung sind, unter die englische Krone. Und sie hat sich bis heute ihre Autonomie bewahrt.

Das eigene Urparlament heißt Court of Tynwald. Neben ihrem Hauptspektakel, dem berühmten „TT"-Rennen der Motorradfahrer, hat die Insel viel Erlesenes zu bieten: die Sonnenschirm-Idylle an den Sandstränden bei Douglas, Port Saint Mary, Peel und Ramsey und die Hafenkneipen im malerischen Port Erin. Die romantische, steil zum Meer abfallende Klippenlandschaft auf dem Weg von Port Erin nach Fleshwick Bay am südwestlichsten Zipfel der Insel und die einsamen, mit Wacholderbüschen bestreuten Heideflächen im Inselinnern.

Auskunft: siehe Seite 232.

WALES
Keltisches Gebirge am rauschenden Ozean

Landschaften, verbündet zu einer Festung, deren Name auf Keltisch wie ein alter walisischer Kampfruf klingt: „Cymru". Trutzige Burgen säumen die Küste im Westen. Weiter nördlich türmen sich die grimmigen Zinnen des Gebirgsmassivs Snowdonia. Von seiner sanftesten Seite zeigt Wales sich im Süden, wo schimmernd weiße Strände den grünen Weidesaum bepudern.

Als Dylan Thomas sich an seine Kindheit erinnerte, sah der geniale Dichter der Waliser „ein seltsames Wales, mit Kohlengruben, Bergen, fließenden Flüssen" vor sich, „und, so weit ich es wußte, voller Chöre, Fußballklubs und Schafe..." Thomas erlebte sein Land eben auch noch als Industrieregion; Anfang dieses Jahrhunderts hing der Qualm aus 1001 Reihenhauskaminen über den Bergarbeiterstädten. Nach und nach haben die Minen dichtgemacht, und die Arbeitslosigkeit stieg alarmierend an. Doch inzwischen spürt man wieder optimistischere Stimmung. Denn den Walisern ist klargeworden, daß sie auf einer Goldmine sitzen: dem Tourismus. Als sich ihre keltischen Vorfahren einst vor den Angriffen der angelsächsischen Eroberer nach Westen zurückzogen, konnten sie's noch nicht ahnen: Jenes größtenteils unwirtliche Mittelgebirge, das sie hier vorfanden, ist der Stoff, aus dem die heutigen Urlaubsträume sind.

Fahnder nach naturbelassener Stille bleiben meistens schon in den von Schafen besprenkelten Rundungen der Brecon Beacons in Mittelwales nördlich von Cardiff hängen. Dieser Nationalpark mit seinen Höhlen, Wasserfällen und ausgedehnten Hochmoorflächen kann kreuz und quer durchwandert werden. Windsurfer und andere Wassersportliche steuern jene langen Sandstrände an, die sich westlich der brodelnden Hafenstadt Swansea auf der Gower-Halbinsel ausdehnen.

Extrem-Kletterer schließlich zieht es mit magischer Kraft nach Snowdonia, nicht nur für britische Verhältnisse ein imposantes Gebirge, das über 1000 Meter hoch gipfelt. Nostalgiker wiederum erobern Snowdonia mit der Schmalspurbahn, die sich von der Küste aus in Korkenzieherkurven die steilen Hänge hochschraubt; über ein Dutzend solcher Bahnlinien, die früher Farmen und Bergwerke gleichermaßen anliefen, sind inzwischen reaktiviert worden. Und auch die schicke Clique mit den langen Schlägern, die Golfer, findet torffedernde 18-Loch-Plätze überall an der Küste.

Wer mehr den Rummel liebt, der ist ganz oben an der Nordküste des gebirgigen Fürstentums am besten aufgehoben: Hier findet man krakeelende Seebäder wie Rhyl und Llandudno, wo Bingo, Vi-

Der idyllische Lake Padarn liegt im gebirgigen Snowdonia National Park im Norden von Wales und dient zusammen mit dem See Llyn Peris einem Pumpwerk zur Wasserversorgung.

deospielhallen, Zuckerwattenbuden und sonstiger Rummel die Besucher vom (auch im Sommer) zuweilen miesen Wetter ablenken. Etwas weiter südlich beginnt „Castle Country": Mächtige Trutzburgen – beispielsweise in Conwy, Caernarfon und Harlech – erinnern ans Ende des 13. Jahrhunderts, als die Soldaten Edwards I. von England die keltischen Stämme unter deren Häuptling Llywelyn ap Gruffyd unterwarfen.

Ein heikles Kapitel, auch heute noch: Plaid Cymru, die Partei walisischer Separatisten, hat nach wie vor Zulauf. In jüngster Vergangenheit wurde schon manchmal das eine oder andere Ferienhäuschen abwesender Engländer angezündet. Vor allem im Norden, auf dem Lande, gilt Cymraig beziehungsweise Walisisch wieder als übliche Umgangssprache. In den achtziger Jahren hatte der Abgeordnete Gwynfor Evans mit angedrohtem Hungerstreik der Regierung in London gar einen eigenen cymraig-sprachigen Sender, Sianel Pedwar, abgetrotzt.

Urlauber halten sich da am besten raus. An der Theke im ländlichen Pub machen sie aber auf jeden Fall mit einem walisischen Mini-Vokabular, wie „boreda" für guten Tag, einen höflichen Eindruck. So ein Pub ist übrigens die beste Gelegenheit, den walisischen Volkscharakter kennenzulernen. Dabei wird einem schnell klar, daß man unter Kelten gelandet ist. Die sind nämlich musikalisch, auch oh-

Eine märchenhafte Kulisse: Harlech Castle gilt den Walisern als ein Symbol der Macht und des Patriotismus.

ne Promille. Drei Waliser oder mehr an der Theke bedeuten bereits einen Spontan-Chor, der auf Sonderwunsch der Umstehenden alles durchträllert, von Bach bis Beatles. Und dann preisen sie dem Besucher lokalpatriotisch die Sehenswürdigkeiten der Umgebung an – von den zuckerweißen Stränden bei Swansea bis hin zu den himmelstürmenden Gipfeln von Snowdonia. So lange, bis auch dem letzten klargeworden ist, daß es unbedingt ein Muß ist, all diese Herrlichkeiten kennenzulernen und gebührend zu würdigen.

Auskunft: siehe Seite 232.

CORNWALL UND DEVONSHIRE

Wo England seinen Fuß in den Atlantik streckt

Das grandiose Schauspiel einer teils wild zerklüfteten, teils lieblichen Küstenlinie bietet sich dem Reisenden, der in den englischen Südwesten kommt. Ein Schauspiel, dessen Höhepunkt gleichzeitig sein Ende ist und auch so heißt: Land's End ist bloß ein populärer Name und ein Landesende von vielen, nicht einmal das schönste, bloß das westlichste. Weiter westlich gibt es nur noch Möwen, die kleinen Felseninseln der Isles of Scilly, einen Leuchtturm und den Atlantik.

„The West" heißt dieser Teil von Englands Süden auf den großen Hinweistafeln. Eine Gegend voller Kontraste: The West, das sind die roten Sandsteinhügel Devons und die schroffen Klippen aus Granit, in deren Höhlungen der heulende Wind sich mit dem tosenden Meer zum Wettgesang vereint. Das sind aber auch die eleganten Palmenstrände an der englischen Riviera. The West: Das sind die windgepeitschten Felsenkanzeln, die *tors,* hoch oben im Dartmoor, die wie verzauberte Burgen und Schlösser anmuten. Das sind herrliche Wanderungen unter einem dunkelblauen Himmel durch die bräunlich-violette Heide voll sprühend gelbem Ginster, aber auch himmelhoch getürmte schwarze Wetterwolken, deren Güsse schäumend im Atlantik wühlen, bis zuletzt der Himmel sich wieder blicken läßt in einem milden, leuchtenden Türkis.

The West, das sind auch die schaurigen Geschichten von der See und die großen Legenden um König Artus und das tragische Liebespaar Tristan und Isolde. Das sind die Geschichten von frommen Siedlern und Entdeckern, die sich hier in kleinen Schiffen auf die große Reise vorbereitet haben, von Freibeutern und Abenteurern, von Schmugglern schließlich und von Riffpiraten, die mit falschen Lichtsignalen Beuteschiffe in die Klippen lockten, um sie auszuplündern.

Cornwall wird von seinen Küstenlandschaften geprägt. Hier im äußersten Westen Englands, beim Kap Land's End (Foto links), hat die Brandung des offenen Atlantiks bizarre Riffe, Felstore und steinige Buchten in die Granitküste genagt. Das grüne, fruchtbare Land wird durchzogen von Zeugnissen uralter Besiedlung wie etwa bei Glastonbury (Foto rechts oben). Ganz unbritisch muten die Palmengärten der „englischen Riviera" an der Südküste an (Foto rechts Mitte). Gleich in der Nähe des sagenumwobenen Nationalparks Dartmoor liegen die beliebtesten englischen Seebäder mit ihren ganzjährig besuchten Stränden. In der Kathedrale von Exeter dagegen steht man staunend vor einer seltenen Blüte mittelalterlicher Kultur (Foto rechts unten).

Im grünen Land der grauen Vorzeit

Wer wilde Steilküsten liebt, wer geschützte, sandige Buchten sucht, wer ein Faible hat für südländische Vegetation und ebensolches Klima, der ist in Cornwall und Devon von seinem Traumziel nie weit entfernt. Zwar hat auch das Landesinnere allerhand zu bieten. Doch die vom Golfstrom umspülte Küste erst macht diesen Teil von England so einzigartig. Devon bildet mit rund 6700 hügeligen Quadratkilometern den breiten Rumpf der Halbinsel im englischen Südwesten, Cornwall mit 3547 Quadratkilometern deren Spitze. Ihr aufgewölbtes Rückgrat besteht aus Granit, ihre Ränder sind aus Schiefer oder rotem Sandstein, entstanden vor ungefähr 400 Millionen Jahren, in jenem Erdzeitalter, das nach der Grafschaft Devon genannt wird.

Damals, im Devon, sah das Gesicht der Erde noch völlig anders aus; die Kontinente bildeten einen einzigen riesigen Superkontinent, Pangäa genannt. Erst nach der letzten Eiszeit, als die Gletschermassen schmolzen und der Wasserspiegel stieg, wurde Großbritannien zur Insel. Das war vor ungefähr 10 000 Jahren. Über die steinzeitlichen Siedler ist nur wenig bekannt, doch die von ihnen hinterlassenen steinernen Monumente, die Dolmen und Steinkreise, bildeten wohl den Ursprung der keltischen Legenden über Riesen und Menschenfresser.

Erst mit den keltischen Einwanderern des letzten vorchristlichen Jahrtausends beginnt die dokumentierbare Geschichte, die in der Folgezeit mehr und mehr zu einer Geschichte des Widerstandes werden sollte: Die Römer hatten nach Germanien und Gallien schließlich auch England erobert. Ihr Grenzpfeiler im Westen wurde Isca Dumnoniorum, das heutige Exeter, die Verwaltungshauptstadt Devons. Das wilde Hinterland aber blieb das Land der Kelten. Als nach dem Ende der Römerzeit die Angelsachsen — Angeln, Jüten und Sachsen — den Südosten der Insel unterwarfen und diese zum Land der Angeln, zu *England*, machten, zogen sich die Ureinwohner abermals nach Cornwall und Devon zurück. Zugleich erlebten die Gigantenlegenden eine neue Blüte, denn die hochgewachsenen Einwanderer erschienen den kleinen, aber sehr streitbaren Kelten als rechte Riesen.

Der Westen kam als letzter Landesteil zu England, und noch immer existiert der Glaube an den legendären Britenkönig Artus, der im sechsten Jahrhundert gegen die Angelsachsen zu Felde zog und der, ehe er sich tödlich verwundet nach Avalon zurückzog, wiederzukommen versprach, wann immer seine Leute ihn brauchen sollten.

Auch die Erinnerung an die frühen keltischen Missionare ist bewahrt: in den Namen vieler Dörfer wie Saint Kew, Saint Teath, Saint Minver und Saint Breock zum Beispiel. Und in Denkmälern und Legenden streiten nach wie vor der Teufel und die Heiligen um diesen Zipfel Englands. Hier gibt es unzählige heilige Quellen und keltische Kreuze, doch daneben auch die Spuren Satans. So zum Beispiel in Helston (einem der Orte der vorgeschlagenen Rundreise), das einst Hell's Stone hieß. In der Westwand des *Angel Hotel* in der Coinagehall Street ist jener Stein zu besichtigen, den der Teufel einst vom Eingang der Hölle riß, um damit nach dem Erzengel Michael zu werfen — freilich ohne ihn zu treffen. Doch wo der Granitblock zu Boden fiel, entstand der Ort, in dem dieses Ereignis noch heute jeweils am 8. Mai, dem Tag des Erzengels Michael, gefeiert wird.

Wo sich im flüssigen Granit Bodenschätze gebildet hatten, Zinn vor allem und Kupfer, schürften später die Menschen nach den Schätzen im Boden und dankten Gott für ihren gottgefälligen Verdienst mit schönen Kirchen aus Granit, deren unverwitter-

---

Unser Routenvorschlag
VON EXETER BIS IN DEN EXMOOR NATIONALPARK

Ausgangspunkt ist Exeter ①, die Hauptstadt Devons. Von dort geht es südwestwärts über Ashburton ins Bilderbuchdorf Buckland in the Moor ②, ins Dartmoor (siehe: Das besondere Reiseziel) bis Princetown ③, der Stadt mit Gefängnis, die Prinz Charles gehört. Über Yelverton zur Buckland Abbey ④, einst Landsitz Francis Drakes, und weiter nach Plymouth. Von dort auf der A 38 nach Cornwall und nach der Abzweigung nach Looe, Polperro und Fowey ⑤ — allesamt Hafen- und Schmugglerorte. Weiter über Saint Austell und Truro nach Helston ⑥ mit dem berühmten Höllenstein. Auf der A 3083 führt ein Abstecher zur pittoresken Klippe Lizard Point ⑦. Dann geht es an der Insel Saint Michael's Mount ⑧ vorbei, wo man eine Pause einlegen sollte, um die malerische Klosterfestung zu fotografieren. Durch Penzance fährt man anschließend nach Land's End ⑨. Entlang der Zinnküste mit etlichen Besichtigungsmöglichkeiten führt unsere Route nach Saint Ives und dann über Newquay zu den Bedruthan Steps ⑩, großen, spitzen Schiefersteinblöcken auf einem malerischen Strand. Weiter über Padstow, Wadebridge und Saint Minver nach Rock ⑪, wo eine kleine Kirche zu besichtigen ist. Der Straße über Delabole folgend, fährt man nun entweder nach Tintagel zu König Artus' Burg oder nach Camelford ⑫, wo sich die Möglichkeit zu einem Spaziergang ins Bodmin Moor mit dem Berg Brown Willy bietet. Auf der A 39 nordwärts bis nach Clovelly ⑬, dem Blütendorf in Hanglage mit schönem Blick auf die Insel Lundy, über Bideford und Barnstaple in den Exmoor Nationalpark bis nach Lynmouth und von dort in die Idylle Watersmeet ⑭, wo sich die Flüsse treffen *(waters meet!)*. Die kleine Straße mitten durch das Moor, in dem man garantiert Ponys sehen wird, führt nach Simonsbath ⑮.

liche Eckfialen weithin grüßen. Im Westen der cornischen Fußspitze, zwischen Saint Just und Saint Ives, findet man im Stechginster beim Wandern auf den alten Küstenpfaden heute noch die romantischen Ruinen ehemaliger Maschinenhäuser mit den Stummeln erloschener Schornsteine.

Der Wirtschaftszweig, der den beiden Nachbarn Cornwall und Devon heute die größten Einnahmen beschert, ist der Tourismus. Selbst im Winter kommen Menschen an den rauhen Küstenpfad, um zu wandern, um sich einmal kräftig durchpusten zu lassen. Sogar im Februar, dem kältesten Monat, sinkt das Thermometer selten unter sechs bis sieben Grad – dem Golfstrom sei Dank, der auch den zerzausten Palmen an so mancher Uferpromenade ihre Dauerexistenz sichert. Und im Sommer zieht es unzählige Engländer für ein paar Wochen hierher ans Meer, als sei ihnen der Drang nach Westen seit den Tagen der Pilgerväter und den Kaperfahrten eines Francis Drake oder Walter Raleigh in Fleisch und Blut übergegangen.

Eigentlich sehenswerte Städte gibt es nur wenige. Wer mit der Bahn von London-Paddington aus anreist, der hat sie längs der Gleise aufgereiht wie an einer Schnur: Exeter, Plymouth, Penzance. Exeter, die Verwaltungshauptstadt Devons, eine kleine

Eine üppige subtropische Pflanzenwelt macht bei Porthminster Beach in Cornwall zumindest im Sommer die Illusion perfekt, im sonnigen Süden zu sein. Andere Akzente allerdings setzt die landesübliche Küche.

CORNWALL UND DEVON AUF EINEN BLICK

SEHENSWÜRDIGKEITEN

Bodmin: Bodmin Moor mit Dozmary Pool; **Brixham:** Museumsschiff *Golden Hind*; **Camelford:** North Cornwall Museum; **Exeter:** Kathedrale, Maritimes Museum; **Glendurgan bei Falmouth:** Garten und Labyrinth; **Helston:** *Angel Hotel*; **Lizard Point:** Kynance Cove; **Lynmouth:** Valley of the Rocks; **Penzance:** Saint Michael's Mount, Ägyptisches Haus; **Plymouth:** alter Hafen (Barbican), Mount Edgcumbe House mit Landschaftspark, Smeaton's Lighthouse, Drake-Denkmal; **Polperro:** Willy Willcock's Hole, *Land's End*; **Porthcurno:** Minack Theatre (Freilichttheater); **Saint Ives:** Hepworth Museum; **Saint Just:** ehemalige Zinnminen; **Tintagel:** King Arthur's Castle; **Torbay-Bucht:** englische Riviera.

FESTE UND VERANSTALTUNGEN

Bodmin: Lanhydrock Freilichttheater, Juli/August; **Brixham:** Fischkutterrennen, 4. Juniwoche; **Exeter:** Exeter Festival (Kunst und Kultur), Mai; **Helston:** Furry Dance, Anfang Mai; **Minehead:** Minehead und Exmoor Festival, 2. und 3. Juliwoche; **Plymouth:** Navydays, August; **Porthcurno:** Minack Theatre Festival, Mai bis September; **Saint Endellion bei Wadebridge:** Summer Festival of Music and Drama, Juli/August; **Sidmouth:** Sidmouth Arts Festival, 2. und 3. Juniwoche, International Folk Festival, 1. Augusthälfte; **Torquay:** English Riviera Festival of Food and Wine, April; **Widecombe in Dartmoor:** Widecombe Fair, 1. oder 2. Septemberwoche.

AUSKUNFT

Britische Zentrale für Fremdenverkehr, Taunusstr. 52–60, 60329 Frankfurt a. M., Tel. 0 69/2 38 07 11.

Großstadt mit etwa 100 000 Einwohnern, wurde zwar im Zweiten Weltkrieg ziemlich zerstört, doch sein Herz, die alte, wunderbare Kathedrale, blieb glücklicherweise verschont. Die mittelalterliche Stadtmauer ruht auf Fundamenten aus der Zeit der römischen Besatzung. Seit 1050 ist Exeter Bischofsstadt. Die Kathedrale wurde nach Zerstörungen im 13. und 14. Jahrhundert umgestaltet; am schönsten wirkt sie nachmittags, wenn die imposante Westfassade warm im Licht der Sonne leuchtet. Gleich nebenan, in der Martin's Lane, steht zwischen schönen krummen Häusern noch der alte *Ship Inn*, die Lieblingskneipe des legendären Seehelden Francis Drake. Exeter trägt seinen Namen nach dem River Exe, an dessen Trichtermündung jüngst das sehenswerte Maritime Museum eingerichtet wurde: ein Muß für jeden Freund der Seefahrt, denn angeblich besitzt es unter allen einschlägigen Museen der Welt die größte Schiffssammlung.

Von hier aus wurde Amerika besiedelt

Auch Plymouth, mit 256 000 Einwohnern die größte Stadt westlich von Bristol, liegt an einer Flußmündung, genaugenommen gleich an zweien: Plym und Tamar. Wer den Namen Plymouth hört, der denkt sofort an die *Mayflower,* jene Nußschale von Schiff, nicht größer als ein Londoner Doppeldeckerbus, mit der die Pilgerväter 1620 nach Westen in die Neue Welt segelten. Doch vom Barbican, dem alten Hafen der Stadt, brachen auch andere, nicht minder berühmte Männer auf, um die Welt zu umfahren: Francis Drake, James Cook und zuletzt 1966 Sir Francis Chichester mit seiner *Gipsy Moth*.

An den Mayflower Steps am alten Pier beginnt man am besten den Gang durch die Straßen am Hafen und am Wasser weiter bis zur Halbinsel The Hoe mit dem Smeaton's Lighthouse und dem Standbild Francis Drakes. Denn hier, auf dieser Anhöhe, sollte der englische Admiral 1588 seine Runde Bowling unterbrechen, weil man die Ankunft der spanischen Armada meldete. Aber der dachte gar nicht daran: „Wir haben Zeit genug", so seine vielzitierten, selbstsicheren Worte, „unser Spiel zu beenden und außerdem die Spanier zu schlagen." Wie die Runde Bowling ausgegangen ist, hat niemand überliefert, aber jeder weiß, was aus der übermächtigen Armada und den eroberungswilligen Spaniern wurde: Sie mußten – vom Gegner und von Stürmen vernichtend geschlagen – den Rückzug antreten.

Penzance ist Englands westlichste Stadt überhaupt. Hier enden alle Züge aus der Hauptstadt London, von hier aus geht es nur noch mit dem Fährschiff und dem Helicopter weiter – auf die Isles of Scilly. Auch in Penzance stehen Palmen am Quay und an der Promenade, doch das Ägyptische Haus

Westeuropa

Im Südwesten – hier der Sutton Harbour bei Plymouth – ist die Fischerei ein wichtiger Erwerbszweig.

in der Chapel Street ist keine Verbeugung vor der Gunst des Golfstromklimas, sondern bloß ein Spaß, eine *folly,* wie die recht häufigen turm- oder hausgewordenen Schrullen der Engländer genannt werden. 1835, als die Wellen der Ägyptomanie in England hochschlugen, ließ der Stadtbaumeister John Foulsten sich dieses Haus mit den von Palmblattkapitellen gekrönten Papyrusbündelsäulen errichten, dessen noch heute vielbestaunte Fassade dem Eingang eines Pharaonentempels gleicht.

Eine ganz andere Sehenswürdigkeit ist die nahe gelegene Insel Saint Michael's Mount, eine pittoreske Klosterfestung aus dem zwölften Jahrhundert auf einem 70 Meter hohen Felsen. Bei Ebbe kann man hinüberwandern und die kostbaren Gemälde-, Möbel- und Waffensammlungen bewundern.

Mondäne Badeorte an der englischen Riviera

Niemand fährt wohl bloß der Städte wegen in den Westen; die großen Orte sind lediglich Ausgangspunkte. Die Reise selber führt zumeist an Devons oder „Cornwalls grünen Strand", wie es in Wagners Version der Geschichte von *Tristan und Isolde* heißt. Die Küste bietet für jeden Geschmack etwas – von lebhaften Badeorten mit turbulentem Strandleben bis hin zu gottverlassenen Löchern am Ende der Welt.

„Glorious Devon" lautet der offizielle Schmeichelname der vielgestaltigen Landschaft selbst auf den Verpackungspapierchen des Würfelzuckers. Zwischen Seaton, dem östlichsten Badeort in Devon überhaupt – mit einem Strand von anderthalb Kilometer Länge –, und Exmouth bietet die Küste einige beliebte kleinere Familienbadeorte mit Kieselstränden und einem schönen Hinterland. Die meist sandsteinroten Klippen bilden einen hübschen Kontrast zu der grünen Landschaft.

Hat man die weit ins Land reichende Mündung des Exe überwunden, ist es nicht mehr weit bis in die Bucht von Torbay, dort, wo Devon am populärsten ist – und am verwechselbarsten. Die Täuschung wird mit jedem Blick bestätigt: Das könnte Bordighera sein, Imperia, San Remo: Palmen auf der Promenade, Pinien im dunklen Grün am Steilhang zwischen weißen Villen, blauer Himmel über allem. Doch es ist Torquay, das mondänste Seebad des englischen Südwestens. Schon hoch oben an der Umgehungsstraße stellt ein Beet mit Buchstaben aus Blumen alles klar: *English Riviera.*

Torquay, das zusammen mit seinen Nachbarorten Paignton und Brixham immerhin etwa 100 000

Heide bestimmt den größten Teil des Exmoor- und Dartmoor-Hochlandes, in dem zahlreiche Flüsse und Bäche entspringen. Hier regnen sich an 218 Tagen im Jahr die schweren Wolken atlantischer Tiefs aus.

Einwohner zählt, war für den Dichter Alfred Tennyson „the loveliest sea-village in England"; und heute scheint es das für jedermann zu sein. Elegante Promenaden, schnelle Boote für den Ausflug auf dem Wasser und ein weißes Ladenzentrum verleihen diesem Seebad seinen sommerlichen Glanz. Daß die Orte in der ebenfalls von roten Felsen gut geschützten Bucht alle auch ihre Geschichte haben, kann man am besten in Brixham nacherleben, wo die *Golden Hind,* das Schiff der Weltumsegelung Francis Drakes, (als Nachbau) vor Anker liegt und wo ein königliches Denkmal an Wilhelm von Oranien erinnert, der 1688 hier gelandet ist, um den verwaisten Thron von James II. zu übernehmen. In Torquay wuchs, wie sonst an keinem Ort in England, neben Palmen und Lavendel unbemerkt das Böse unter der Sonne, und zwar im Kopf einer gewissen Agatha Miller, die hier 1890 geboren wurde und als Agatha Christie Weltruhm erlangen sollte. Später kaufte sie Greenway House, ein etwas außerhalb gelegenes Anwesen, und lebte hier mit ihrem Mann, dem Archäologen Max Mallowan. Die roten Ausflugsdampfer, die den River Dart befahren, wo er schiffbar ist, tuckern an dem Haus vorbei.

Von hier aus lohnt sich ein kleiner Abstecher ins Landesinnere in das sehenswerte Totnes, wo die Geschichte der Briten ihren legendären Anfang nahm, wie Geoffrey of Monmouth in seiner 1136 entstandenen *Historia Regum Britanniae* berichtet. Brutus, der Enkel des Trojanerkönigs Äneas nämlich, landete nach endlosen Irrfahrten hier in Totnes in Devon, das bekanntlich von Riesen bewohnt war. Unter ihnen der Riese Corineus, dem Brutus den äußersten Westen, das noch heute nach ihm benannte Cornwall, zuwies. Daß diese Geschichte hieb- und stichfest ist, läßt sich beweisen: Man muß nur in die Fore Street gehen. Dort liegt in das Pflaster eingelassen der Stein, auf den Brutus, der Namensgeber der Briten, bei der Ankunft seinen Fuß setzte.

Wer von Totnes durch die hügeligen South Hams fährt, den Garten Devons, kommt schließlich nach Salcombe, dem Seglerparadies an Devons südlichster Bucht. Die Südküste von Devon und Cornwall ist eine sogenannte Riaküste. Ihre zumeist flachen, aber sich tief ins Land hineinziehenden Buchten – bei Falmouth oder Plymouth oder hier bei Salcombe – sind entstehungsgeschichtlich alte Mündungen von Flüssen, in die das Meer eindrang, als nach der Eiszeit das Wasser anstieg. Hier jedoch ist kein Fluß mehr vorhanden; der River Avon hatte sich schon vorher einen neuen Weg ins Meer gebahnt. Das sanfte Wasser hinter einem flachen Unterwasserriff und das milde südliche Klima, die hübschen Villen und die gemütlichen Holiday-Cottages machen Salcombe zu einem wahren Urlaubsparadies. Von der Höhe aus betrachtet, ist hier alles still und friedlich. Um so rauher zeigt sich die Küste und das Wasser draußen – ein Schiffsfriedhof und Seemannsgrab mit scharf gezackten Klippen und Felsnadeln voller Tücke.

Von Devons Bergen zu Cornwalls Buchten

Wer Wattwanderungen liebt, der sollte bei Ebbe zu Fuß durch den feuchten Sand von Bigbury-on-Sea (nördlich der Avonmündung) aus nach Burgh Island hinüberlaufen. Archibald Nettlefold, ein kunstsinniger Industrieller, hat die Insel 1927 gekauft und sich dort ein Gästehaus errichten lassen. Heute ist das im reinsten Art déco gehaltene Haus ein exklusives kleines Hotel, das über eine Agatha-Christie-Suite verfügt – denn auch sie war wiederholt hier zu Gast. Heute lockt als größtes Abenteuer eine Fahrt mit jenem Stelzentraktor, der schon seit Jahrzehnten bei Flut und schlechtem Wetter die Gäste trocken auf die Insel bringt.

Wen es nach so viel Küste und Meer doch noch nach sehens- und erlebenswertem Festland gelüstet, der kommt in Devon vor allem in zwei berühmten Nationalparks auf seine Kosten: in Dartmoor und im milderen, lieblicheren, im Nordwesten der Grafschaft gelegenen Exmoor, von dessen 686 Quadratkilometern freilich die meisten bereits in Somerset liegen. Das aus devonischen Sandsteinen bestehende Bergland mit seinen tiefen Tälern, seinen Heiden und Mooren und den steil zum Bristolkanal hin abfallenden Küsten ist nicht nur berühmt für seine großen Rotwildrudel, sondern vor allem auch für die halbwilden Exmoorponys.

Wer bei Plymouth den Tamar überquert, der passiert mit dem Fluß gleichzeitig auch die Grenze nach Cornwall. Auch wenn einen das Wetter manchmal im Stich läßt, gibt es an der Südküste dieser faszinierenden Region ungemein viel zu erleben. Looe, durch den gleichnamigen Fluß in einen Ost- und einen Westteil getrennt, und das benachbarte kleine Polperro sind wimmelnd bunte *beauty spots*, Fischerdörfer, die wie Schwalbennester an den Hang der Bucht geklebt sind. Natürlich wurde auch hier einstmals geschmuggelt. Das ist kaum einer weiteren Erwähnung wert; in Cornwall wurde überall geschmuggelt. Doch Polperro war in dieser Hinsicht ganz besonders berüchtigt.

Ähnlich wie auf der anderen Seite des Ärmelkanals der Mont-Saint-Michel, erhebt sich nicht weit von Penzance Cornwalls Saint Michael's Mount. Auch hier kann man bei Ebbe zu der Klosterburg wandern.

Heute beschränken sich die Abenteuer darauf, sich an der Reling eines Bootes festgurten zu lassen, um dann mit blitzartiger Geschwindigkeit hinaus aufs Wasser gejagt zu werden mit nichts als einer Rute in der Hand und Schmetterlingen in der Magengrube: *Shark fishing* – Haiangeln – nennt sich dieser Nervenkitzel. Die Boote kehren häufig ohne Fang zurück, doch die Fotos der Reklametafeln veranschaulichen zumindest, was für gigantische Ausbeuten möglich wären. Wen es nach anderen Gruseleffekten gelüstet, der begibt sich zu *Willy Willcock's Hole,* einer Höhle unterhalb des Chapel Hill westlich des Hafens. Der Fischer, nach dem die Höhle benannt ist, soll sich im Labyrinth der Gänge auf Nimmerwiedersehen verlaufen haben. Heute spukt sein ruheloser Geist in der Höhle, und in dunklen Nächten soll man seine Hilfeschreie im Wind hören.

Die Riaküste Cornwalls zieht sich wie ein grünes Labyrinth bis an die südlichste Spitze Englands, Lizard Point, hin. Schöner als die Gegend von Land's End, des Konkurrenten im Westen, ist die Halbinsel um Lizard Point auf jeden Fall. Der Name *Lizard* (Eidechse) paßt: Purpurrot und smaragdgrün schillert hier die Landschaft. Serpentinit – Schlangenstein – heißt das mattgrüne mineralische Gestein. An der Oberfläche wirkt es unscheinbar, doch frisch gebrochen hat es Maserung und feine Adern, und poliert gewinnt es einen funkelnden Glanz. Heute bestreitet fast das halbe Dörfchen Lizard sein Auskommen mit Souvenirs aus Serpentinit, vom Lampenständer bis zum Briefbeschwerer.

Cornwall, Herzogtum seit den Tagen Edwards III., hat wie Devon seine eigene „Riviera": die Bucht von Penzance am westlichen Zipfel der Halbinsel, kurz vor Land's End. Das Thermometer braucht hier im Januar den statistischen Vergleich mit Nizza und Neapel nicht zu scheuen. Doch wer jemals einen Palmenschopf im *drizzle* gesehen hat, dem tückischen staubfeinen Nieselregen, weiß, daß dieser Vergleich hinkt. Daphne Du Maurier, die Cornwall in manchem ihrer Bestsellerromane ein Denkmal setzte, fand die Formel, daß es hier jeden Tag einen Regenguß gebe – und sonntags deren zwei.

An der Küste der Schmuggler und Wrackräuber

Bei Land's End fällt das Land in kantigen Säulen ins Meer ab, und die See tobt um den cornischen Granit. Seit Jahrhunderten rührt dieser Anblick die Seelen der Betrachter, doch heute scheint das nicht mehr zu genügen: Seit ein paar Jahren ist die Klippe in Privatbesitz und zum bunten Abenteuerspielplatz umgestaltet worden. Jetzt gibt es hier nicht mehr nur, wie all die Jahrzehnte hindurch, das erste

Bruchsteinmauern und Hecken begrenzen die Weiden bei Land's End und bieten während der häufigen Stürme ein wenig Schutz. Von den Klippen hat man einen herrlichen Blick auf die See.

und das letzte Haus von England, sondern auch den ersten und den letzten Kitsch – vor allem den letzten! Ein wenig unterhalb, in Sennen, findet man wieder Ruhe, wenn man sie denn sucht.

Die Scilly Islands, rund 40 Kilometer weiter westlich, haben so manchen spektakulären Schiffbruch gesehen. 1707 geriet eine ganze aus fünf Schiffen bestehende englische Flotte vor den Inseln in einen Sturm. Mehr als 2000 Seeleute kamen ums Leben. Der Admiral, Sir Cloudsley Shovel, wurde noch lebend auf den Strand der Insel Saint Mary gespült, wo ihn die Inselbewohner ausraubten und dann umbrachten. Ein Steinmonument zeigt die Stelle an, wo Sir Cloudsley verscharrt wurde. Wenn dies vielleicht auch nur eine der schönen Schauergeschichten ist, die man hier so liebt, so erhellt sie doch einen dunklen Punkt in der Geschichte Cornwalls, denn neben dem Schmuggel war vor allem auch die Beraubung Schiffbrüchiger ein sehr einträgliches Geschäft, das oft genug erheblich mehr einbrachte als die schwere Arbeit in den Zinnminen oder die Fischerei.

Saint Ives, eine Art Worpswede an der Küste von Cornwall, zog um die Jahrhundertwende junge Künstler an, die vom Licht und den wildromantischen Küstenmotiven begeistert waren. Schon William Turner hatte den Ort 1811 besucht. In den dreißiger Jahren dieses Jahrhunderts kam neben vielen anderen Künstlern die bedeutende Bildhauerin Barbara Hepworth. Das nach ihr benannte Museum am Ort – Atelier, Haus und Garten der hier 1975 verstorbenen Künstlerin – zeigt rund 40 ihrer Arbeiten aus Bronze, Marmor und Holz.

Land der Legenden – Land von König Artus

Vor allen Dingen aber ist dies hier die Zinnküste. Bereits im fünften Jahrhundert vor Christus kamen phönikische Händler des Zinns wegen bis an die Küsten Cornwalls, und bis weit ins 19. Jahrhundert wurde in den Minen zwischen Helston, Redruth und Saint Just Erz geschürft. Noch um die Mitte dieses Jahrhunderts deckte Cornwalls Erz zwei Drittel des gesamten Weltbedarfs; dann aber wurde Erz in Afrika und Südostasien entdeckt, das leichter zu gewinnen war. Und auch die Polchards sind inzwischen verschwunden, eine Art großer Sardinen, die früher in gewaltigen Schwärmen in die flachen Buchten kam und das Wasser dunkel färbte. Von Booten eingekreist, wurden die begehrten Fische gefangen und dann gepökelt. Wie auf ein geheimes Zeichen hin blieben sie aus, und vielen Hafennestern war die Lebensgrundlage entzogen.

Wildromantisch ist das letzte Stück von Cornwalls Küste. Auf nadelscharfen Schieferklippen kann man hier dem Sturmwind trotzen oder sich in kleinen Badebuchten von der Sonne wie ein Hummer färben lassen. Oder man sieht im Hafen beschaulicher kleiner Urlaubsorte wie Port Isaac zu, wie Hummer, Langusten und kleine Haie angelandet werden, und läßt sich in den vorzüglichen Restaurants von Padstow Fisch und Meeresfrüchte schmecken.

Vor dem Dörfchen Tintagel liegen in den umbrandeten Klippen die Ruinen einer mittelalterlichen Burg. Es soll die Burg von König Artus gewesen sein, doch die ältesten Bauteile stammen aus dem zwölften Jahrhundert, sind also jünger als jede wirklich historische Reminiszenz an den legendären Herrscher. Dem Rummel tut das natürlich keinen Abbruch. Und die durch eine Hängebrücke verbundenen Steilklippen, über denen sich die Ruine erhebt, bieten einen wahrhaftig grandiosen Anblick. Wer zwischendurch wieder einmal ein wenig Erholung von allzuviel Meer sucht, der sollte einen Abstecher ins Bodmin Moor machen. Wie im Dartmoor erheben sich auch hier die *tors*, durch natürliche Verwitterung entstandene bizarre Granitfelsen. Wer durch diese verwunschene Landschaft wandert,

Strandleben in Saint Ives: Das Licht zieht seit 100 Jahren immer wieder Künstler hierher.

ist leicht geneigt, den Legenden um König Artus Glauben zu schenken. In der Nähe des Brown Willy, der mit rund 420 Metern höchsten Erhebung im Moor, steht einer der imposantesten *tors* des ganzen Moors: Rough Tor. Mitten im Bodmin Moor liegt der sagenumrankte Dozmary Pool, der angeblich bodenlos tief sein soll; tatsächlich aber ist der See so flach, daß er in heißen, trockenen Sommern gelegentlich sogar austrocknet. Trotzdem hat noch keiner das Schwert des König Artus, das berühmte Excalibur, herausholen können, das hier nach seinem Tod versenkt worden sein soll.

Zwischen Hartland Point und Foreland Point erstreckt sich die Nordküste Devons. Die Leuchttürme an beiden Punkten haben schon so manche Schiffskatastrophe gesehen, und nichts könnte die Atmosphäre hier besser treffen als der Name der einzigen Farm auf dem hohen Buckel bei Countisbury im Nordosten: *Desolate* heißt sie – trostlos, wüst, verlassen. Doch gar nicht weit entfernt von Hartland Point liegt Englands Puppenstubenhafen: Clovelly, so liebenswürdig, so malerisch an einen Steilhang geklebt, daß man sich der Besuchermassen nur noch zu erwehren wußte, indem man begann, Eintritt zu kassieren. Der Ort ist autofrei und wird es immer bleiben, zwischen weißen *cottages* im Blumenmeer windet sich das Sträßchen mit Kieselkatzenköpfen steil hinab bis zur Mole, und noch immer wird das Gepäck auf hölzernen Schlitten und mit Eseln transportiert.

Noch steiler ist der Weg, der von Lynmouth an der Mündung des Lyn nach Lynton hinaufführt. Hier befördert eine Kabelbahn die Passagiere hin und her. Der alte, schmucke Zwillingsort, in dem sich ein so berühmter Dichter wie Percy Bysshe Shelley seine Inspirationen holte, ist ein beliebter Ausgangspunkt für Wanderungen auf den welligen Höhen des Exmoor Nationalparks.

Die Zeiten sind vorbei, da viele weiter westwärts wollten, in die fremde Ferne. Doch gab es eine Zeit, da knüpften Tausende ihre Hoffnungen an den heroischen Ruf *Westward Ho!*, den Traum, gen Westen zu segeln, „um ein anderes, größeres England zu kolonisieren". Der Schriftsteller Charles Kingsley wählte den Ruf als Titel für seinen 1855 erschienenen Roman. Die Stadtväter von Bideford, wo der Romancier lebte, erkoren den Buchtitel gar zum neuen Stadtnamen. Eine Meile poppig angemalter Rummelbuden, Eisdielen, Pubs und Hot-dog-Stände, daneben Kitsch vom Feinsten, das ist *Westward Ho!* Nur echt mit dem Ausrufezeichen.

Die schönsten Strände Cornwalls liegen an dessen Nordküste. Zwischen zerklüfteten Felsen öffnen sich sandige Buchten, in denen man von den Abenteuern des legendären Königs Artus und seiner Ritter träumen kann.

DAS BESONDERE REISEZIEL: GRUSELKURS IM LEGENDÄREN DARTMOOR

Dartmoor ist ein Name, der für Angst und Schrecken steht. Dahinter steckt *Der Hund von Baskerville* von Arthur Conan Doyle ebenso wie das legendäre Zuchthaus im Moor. Doch wer Dartmoor nur aus spannenden Kriminalromanen oder Edgar-Wallace-Filmen kennt, kennt es überhaupt nicht.

So hat Dartmoor Kriminalschriftsteller und Filmregisseure inspiriert: neblig, düster, ein Spiegelbild selbstgeschaffener Ängste und seelischer Abgründe.

Nur in Legenden ist der Schrecken Dartmoors inzwischen noch lebendig: In Widecombe, heute beliebtes Ausflugsziel im Moor und Ausgangspunkt der schönsten Wanderungen, band der Satan früher seinen Rappen an eine der vier Kirchturmspitzen an, wenn er einen armen Sünder in die Hölle holen wollte.

Und wer nach Princetown kommt, findet dort das 1806 errichtete graue Zuchthaus, das wie Kafkas *Schloß* den Ort beherrscht, und auch eine Kneipe, die *Des Teufels Ellenbogen* heißt.

Seit zwei Straßen mitten durch das Dartmoor führen, scheint die letzte Schreckenskammer der Natur im englischen Südwesten gezähmt zu sein. Wer ahnt auch schon, wenn er hier bei Sonnenschein hindurchfährt, daß im Dartmoor an 83 Tagen im Jahr Nebel herrscht, daß es an 218 Tagen regnet und daß bei Schnee und Frost niemand ohne Not ins Moor hinaus will?

In den Sommermonaten zeigt das Dartmoor dem Besucher ein falsches Feiertagsgesicht: trockene Heide, freundliche Ponys und nahe der Straße die *tors*, die blanken, verwitterten Granitfelsen, die bizarren Ruinen alter Trutzburgen ähneln. So hübsch diese mächtigen Blöcke in der Sonne aussehen, so drohend können sie bei stürmischem Wetter wirken. Sind sie gar im Nebel nur schemenhaft zu erkennen, begreift man, wie die Gruselegenden über das Dartmoor entstehen konnten.

Das Dartmoor gilt als „Mother of the Rivers", zahllose Bäche und Flüsse entspringen hier und machen sich auf die kurze Reise zum Meer, darunter der zweiarmige Dart, der bei Dartmouth an der „englischen Riviera" zwischen Palmen und Eukalyptus in die See mündet. Wer abseits der Touristenstraßen unterwegs ist, auf dem Pony oder besser noch zu Fuß, dem mag diese Ödnis aus Granit und Torf wie eine Urweltlandschaft vorkommen. Tatsächlich haben sich die *tors* im Laufe von Jahrmillionen durch Verwitterungs- und Abtragungsprozesse gebildet. Doch seit dem vierten Jahrtausend vor Christus hat der Mensch diese Landschaft geprägt: Die Bronzezeit hinterließ ganze Siedlungsstätten, das Mittelalter stolze Kirchenbauten.

Die Pest hat auch im Dartmoor ganze Dörfer leergefegt; die Mauern der verlassenen Weiler kann man beim Wandern noch entdecken. Der Fleiß der Überlebenden hat sich mit den Gruben der Zinnbergwerke und Steinbruchunternehmen in den Boden eingegraben. Die grobe Körnung und die Verwitterung bewahrten die schönsten Felsenkuppen, die berühmten *tors*, vor dem Schicksal, zu Sockeln oder Kaimauern verarbeitet zu werden. Und am Fuß der Haytor Rocks, der schönsten und berühmtesten *tors*, hat einst Agatha Christie ihren ersten Roman zu Ende geschrieben: Auch sie, so scheint es, ließ sich vom Schrecken Dartmoors inspirieren.

SOMERSET
Das Land von Cider und Cheddar

Schon vor mehr als 1000 Jahren führten die angelsächsischen Bauern ihre Schafe auf Weiden, so reich und fett, daß sie das Land „Summer Land" nannten – woraus sich allmählich der Name der Grafschaft Somerset entwickelte. Das sanfte, grüne Land, aus dem ein berühmter Apfelwein und ein nicht minder legendärer Käse – Cider und Cheddar – kommen, ist an manchen Stellen wild und zerklüftet. Bis zu 135 Meter hoch türmen sich in den Mendip Hills die Kalkstein-Steilwände der Schlucht von Cheddar.

Die Legende sagt, Jesus Christus höchstpersönlich sei bis nach Somerset gekommen, genauer gesagt nach Glastonbury, um hier die erste christliche Kirche auf englischem Boden zu gründen. Die Fundamente der heutigen Klosterruine, ehemals die größte Kirche Englands, gehen auf das siebte Jahrhundert zurück. Doch war Glastonbury wohl schon in vorchristlicher Zeit ein keltisches Heiligtum, und König Artus soll hier begraben worden sein. So ist die imposante Anlage bis heute eine berühmte Pilgerstätte, an der sich auch Esoterikfreaks tummeln.

Denn der Hügel von Glastonbury hieß bei den Kelten Avalon – das gibt der Fangemeinde der Sagen um König Artus Auftrieb. Vom Heiligen Gral mit dem Blut Christi, der hier vergraben sein soll, habe das Wasser der Kelchquelle (Chalice Well) in Glastonbury seinen rötlichen Schimmer. Nicht ganz unschuldig daran ist der Erfolg von Marion Zimmer-Bradley's Roman *Die Nebel von Avalon*.

Blut hat in der Tat den historischen Boden getränkt: König Heinrich VIII., durch Shakespeare hinreichend als tyrannischer und gewalttätiger Kirchenfeind bekanntgemacht, ließ 1539 das Kloster brandschatzen und den letzten Abt am Portal aufhängen. Ein Grab von König Artus gibt es hier auch, aber das reklamieren Tintagel und Slaughter Bridge bei Camelford in Cornwall sowie der Forêt de Paimpoint in der Bretagne ebenso für sich. Wer sich also nicht in den Nebeln von Avalon verirren will, besteigt lieber den Aussichtshügel Glastonbury Tor oder besichtigt die Kirchen – natürlich auch die Kathedrale von Wells. 293 Figuren schauen von der Westfassade herab auf den großen Platz, 400 sollen es einmal gewesen sein, mehr, als das kleine Örtchen damals, zur Bauzeit im 12. bis 13. Jahrhundert, an Einwohnern zählte.

Landschaftsfreunde zieht es unwiderstehlich in die Mendip Hills, zur Schlucht von Cheddar, die einst, in geologischer Vorzeit, selbst eine Höhle war und heute noch besuchenswerte Tropfsteinhöhlen

In Somerset trifft man immer wieder auf solche alten Landsitze *(cottages)* des englischen Adels.

beherbergt, und natürlich in den Nationalpark Exmoor, das hügelig-sanfte Gegenstück zum schroffen Dartmoor. Hier jagt man noch den Hirsch mit Hunden: ein ebenso beliebter wie umstrittener Brauch. Das Bilderbuchstädtchen Dunster ist der beste Ausgangsort für eine Erkundung des Parks: alte Häuser aus dem roten Gestein der Region, malerisch angeordnet zwischen Schloß und altem Marktkreuz.

Auskunft: siehe Seite 243.

COTSWOLD HILLS
Englands grünes Herzstück

In den Cotswold Hills nordöstlich von Bristol hat England sich die Idylle landwirtschaftlicher Nostalgie bewahrt. Hier sieht alles noch so aus wie in der guten alten Zeit. Die grünen Hügel müssen sich die Schafe und Kühe heute mit den Wanderern und Reitern teilen: Der Cotswold Way, ein neuer, gut markierter Wanderweg, verläuft von Chipping Campden auf dem Höhenrücken bis nach Bath.

Herrliche, unberührte Natur und verträumte kleine Dörfer – aber auch Freunde bedeutender Architektur kommen auf ihre Kosten. Die Bischofskirche von Gloucester, Verwaltungshauptstadt der Grafschaft Gloucestershire, ist durch ihr Stilgemisch aus normannischer Substanz und hochgotischem Schmuck interessant. Ebenso sehenswert ist die Kirche von Cirencester wegen ihres großen Westturms und des dreistöckigen Südportals. Auch sie war ursprünglich eine normannische Kirche und erhielt erst im 15. Jahrhundert durch An- und Umbauten den Glanz, der sie zu einer der prachtvollsten spätgotischen Kirchen Englands machte.

Parallel zum Fluß Severn verläuft, in südwestlich-nordöstlicher Richtung, der Hügelzug der Cotswold Hills, ein Tafelland aus Kalksteinen des Jura. Im Cleeve Cloud bei Cheltenham in Gloucestershire erreicht er mit 314 Metern seine höchste Erhebung, und mit seinen schönen Dörfern, wie beispielsweise Bibury und dem Geschwisterpaar Upper und Lower Slaughter, lockt er die Touristen. Cheltenham war einst ein mondäner Badeort, ebenso wie heute noch das bereits von den Römern wegen seiner Thermalquellen geschätzte Bath. Zahlreiche Flüßchen wie Churn, Coln und Leach entspringen in den Cotswolds und fließen nach Süden in die Themse, die selbst auch hier ihren Ursprung nimmt.

Von Cleeve Hill mit dem schönen Golfplatz hat man einen wunderbaren Blick auf Cheltenham, und nur ein wenig weiter, weitab vom ehemals höfischen Prunk der Hauptstadt, liegt Sudeley Castle, in dem Catherine Parr, die sechste Frau Heinrichs VIII., den Monarchen glücklich überlebte. Wer hier wandert, hat bei guter Sicht die Ausflugsmöglichkeiten leicht im Blick: Gloucester, Shakespeares Stratford-upon-Avon, Oxford und Bath.

Auskunft: siehe Seite 243.

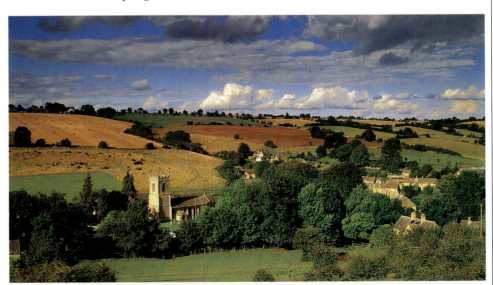

Britischer geht's kaum: Naunton mit seiner Kirche liegt noch so in die sanften Hügel des Farmlandes eingebettet wie vor Jahrhunderten – in einem wunderschönen Wandergebiet.

KANALINSELN
Britanniens französischer Garten Eden

Verwöhnt vom Golfstrom, der für eine üppige subtropische Vegetation sorgt, und dem Privileg der autonomen Steuerhoheit, liegt die Gruppe der Kanalinseln fernab von England und ist doch ein großer Anziehungspunkt: Tourismus und Finanzwirtschaft machen mittlerweile 70 Prozent des Wirtschaftslebens der Inseln aus. Auf den 194 Quadratkilometern Gesamtfläche der Inseln gibt es heute unzählige Banken, keinen Frost und keine Mehrwertsteuer. Fünf kleine Inselparadiese, die für jeden Geschmack etwas zu bieten haben.

Auf einer Englandkarte sucht man sie häufig vergebens, sie liegen nämlich so nahe bei Frankreich, daß man bei klarem Wetter von allen Inseln aus die Westküste der Halbinsel Cotentin sehen kann. Loyalität zum englischen Königshaus verbindet die Inseln mit Großbritannien, doch sind die beiden größten, Jersey und Guernsey, eigenständige *bailiwicks* (Amtsbezirke) mit eigenen Parlamenten. Das

in manchen Gegenden hört man auch noch das einheimische Patois.

Wer die Inseln heute besucht, der kommt mit dem Flugzeug – Jersey, Guernsey und Alderney haben Flughäfen – oder mit der Autofähre. Doch kann man den eigenen Wagen getrost zu Hause lassen, denn die Preise für Mietwagen sind günstig, zudem überzieht ein dichtes Busnetz die Inseln. Von der eindrucksvollsten Seite zeigen sie sich allerdings, wenn man sie zu Fuß erobert – zumindest die Küsten, wo hohe Klippen sich dem Wind entgegenstemmen, sollte man entlangwandern.

Hier blühen Tamarisken, Fenchel und Zypressen, Rosmarin, Kamelien, Lavendel und Mimosen wie im fernen Süden, dazu noch im Mai und Juni herrliche Orchideen. Den ganzen Sommer über leuchtet das Rosa der Grasnelke, die zusammen mit Heidekraut und sprühend gelbem Ginster die Felsenwände überzieht – und das alles auf den Breitengraden zwischen Trier und Heilbronn vor der Regentraufe der Britischen Inseln!

Jersey, die größte der fünf Inseln und Namensgeberin für den weltberühmten weichen Wollstoff, ist die südlichste und landschaftlich abwechslungsreichste. Seine Metropole Saint Helier nimmt es in puncto Freizeitangebot für Tag und Nacht leicht mit jedem englischen Badeort auf.

Wer eher die Einsamkeit sucht, der kann bei einer Wanderung vorbei am malerischen Leuchtturm von Corbière im Südwesten auf rauhen Küstenpfaden die Natur erleben und glaubt sich, wenn er weit genug gewandert ist, tatsächlich auf das feste

Land versetzt: Der 60 Meter hohe Felsen Le Pinacle wirkt wie ein bretonischer Menhir.

Beliebt bei Wanderern ist auch die Insel Guernsey mit ihrem Kiefern- und Steineichenwald und ihrem malerischen Hafenort Saint Peter Port. Wer die absolute Ruhe sucht, der findet sie auf Herm, einem Gemeinwesen mit nur 50 Dauerbewohnern auf insgesamt zwei Quadratkilometern, glücklicherweise für Autos gesperrt (ausgenommen Fahrzeuge für die Landwirtschaft und Gepäckbeförderung).

Das wilde Eiland Alderney bietet sogar eine eigene Eisenbahnverbindung zwischen Hafen und Mannez Quarry, einem alten Granitsteinbruch. Gefahren wird mit ausrangierten, aber echten Waggons der Londoner U-Bahn. Auch die – wie Herm autofreie – Insel Sark ist in jedem Fall einen Tagesausflug wert. Wer weder das Fahrrad nehmen noch zu Fuß gehen möchte, kann die Insel auch auf einer Kutschfahrt erleben.

Fischfang und Landwirtschaft sind längst nicht mehr der Haupterwerbszweig auf den Kanalinseln. Heute spielen Austern, Blumen und Gemüse eine wichtigere Rolle. Und die Milch der Jerseykühe adelt immer noch in England jeden guten Tee.

Hier läßt sich's leben, von zwei Eß- und Trinkkulturen höchst verführerisch umrahmt. Keiner hat das so treffend ausgedrückt wie der französische Dichter Victor Hugo, der von 1852 bis 1870 auf Jersey und Guernsey lebte und der notiert hat, diese Inseln seien ein Stück Frankreich, ins Meer gefallen – und von England aufgelesen.

Auskunft: siehe Seite 243.

Dolmen (Steintische) bei Faldouet auf Jersey zeugen von der gleichen Steinzeitkultur wie in der Bretagne.

von Guernsey ist auch noch für die Inseln Alderney, Sark und Herm zuständig. Da die Kanalinseln nicht zum Vereinigten Königreich gehören, sind sie auch nicht Teil der Europäischen Union.

Diese etwas verwirrende Situation erklärt sich aus der Geschichte der Inseln, die bereits seit 100 Jahren zum Herzogtum Normandie gehörten, ehe Wilhelm der Eroberer 1066 das angelsächsische England unterwarf. Die Inselbewohner sahen und sehen sich heute immer noch als Normannen; Königin Elisabeth II. ist auf den Inseln Herzogin der Normandie und nicht mehr.

Englisch sind die Uniformen und die Kneipen, aber viele Orts- und Straßennamen sind französisch, ebenso der Stil der Kirchen und Kapellen, und

Die normannische Ritterburg Mont Orgueil Castle beherrscht seit 900 Jahren den Jacht- und Fährhafen von Gorey auf Jersey. Britische Lebensart und feine französische Küche sind hier eine schöne Verbindung eingegangen.

BRETAGNE

Frankreichs keltische Halbinsel

Frankreichs größte und westlichste Halbinsel ist ein flacher Granitsockel, der sich über 250 Kilometer weit in den Atlantik schiebt. Der Name Bretagne stammt von Kelten aus Britannien, die um 500 vor den Angelsachsen hierher flohen. 1100 zergliederte Kilometer Steilküste reichen von der Klosterinsel Mont-Saint-Michel im Norden bis Saint-Nazaire im Süden. Alte Häfen und Fischerdörfer, aus denen etliche Glanzpunkte der französischen Küche kommen, prägen die abwechslungsreiche Küste ebenso wie vielbesuchte Seebäder.

Das einstige Waldland ist bis auf einsame Heidelandschaften, Moore und Wälder zwischen flachen Mittelgebirgen bewirtschafteten Feldern gewichen. Zwei Drittel der 3,5 Millionen Bretonen leben von Fischerei oder Landwirtschaft. Wehrhafte Grenzburgen wie die von Fougères, Vitré und Châteaubriant östlich der Hauptstadt Rennes erinnern an den traditionellen Unabhängigkeitswillen der Menschen in dieser Region. Erst 1532 kam die Bretagne zu Frankreich; noch heute sind die meisten Straßen- und Ortsschilder zweisprachig – französisch und getreu dem keltischen Erbe bretonisch.

Die Bretagne ist ein Land der Kontraste: Inseln, Kurorte, stille Dörfer machen Frankreichs äußersten Nordwesten zum beliebten Ferienland. Und natürlich die bedeutenden Kunstschätze wie die Beinhäuser und „Calvaires" in den geschlossenen Kirchbezirken des ausgehenden Mittelalters, die vielen Kathedralen, Schlösser und Museen sowie ein lebendiges Brauchtum. Besondere Anziehungskraft übt das Erbe eines längst vergessenen Volkes aus, das Tausende von rätselhaften Menhiren und Steingräbern hinterlassen hat. Hier war vor über 5000 Jahren das bedeutendste Zentrum einer ebenso beeindruckenden wie geheimnisvollen steinzeitlichen Megalithkultur.

Die Bretagne ist berühmt für ihre Steilküsten (Foto links), die – wie an der Pointe de Primel – ständig das Gesicht wechseln. Staunend stehen Einheimische wie ausländische Touristen vor dem Kalvarienberg von Plougastel-Daoulas (Foto rechts oben). Bei den Festen der Lokalheiligen sind die schönsten bretonischen Trachten zu sehen, etwa die kostbaren Spitzenhüte der Frauen von Saint-Tugen (zweites Foto von rechts oben). Für kulinarische Genüsse sorgt die üppige Vielfalt frischer Meeresfrüchte, die sogar kleine bretonische Restaurants anbieten (zweites Foto von rechts unten). Voller Geheimnisse ist die magische Verbindung von Natur und Kultur, wie zum Beispiel in den Dolmen von La Roche aux Fées (Foto rechts unten).

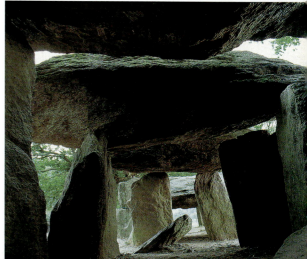

Westeuropa

An der rosa Granitküste: Heilige und Schlemmer

7777 Heilige werden in der Bretagne verehrt, und über ein paar davon stolpert man hier ständig. Der unbekannteste ist Saint Ywein, den kennt nicht einmal der Papst. Der bekannteste ist Saint Yves, Schutzpatron der Anwälte und der Armen. Die beliebteste ist die heilige Anna, die Mutter Mariens und Großmutter Jesu. Die Bretonen halten Sainte Anne für eine der Ihren. Schwanger und von einem eifersüchtigen Mann verlassen, soll sie von Engeln nach Nazareth gebracht worden sein. Das machte Anna zur Patronin der Mütter. Das Prestige der bretonischen Herzogin Anne hat im 16. Jahrhundert ihren Kult sehr gefördert. Ihr zu Ehren finden jedes Jahr im Juli die größten und schönsten „Pardons" statt – ganz oben im westlichen Sainte-Anne-la-Palud bei Douarnenez und ganz unten im südlichen Sainte-Anne-d'Auray bei Carnac. „Pardons" beginnen immer mit einer Messe und einer Prozession und enden als fröhliche Volksfeste.

Das Teufelsschloß hockt hoch über dem Steilufer, eine mächtige Schnapsflasche steht nicht weit davon, sogar ein Korkenzieher ist da. Des weiteren: Regenschirm, Königskrone, ein Würfel, ein Widderkopf und, kein Zweifel: Napoleons Dreispitz. Mancher meint, auch General de Gaulle zu erkennen und seine Großmutter mütterlicherseits. Wahrscheinlich gibt es das auf der ganzen Welt nicht noch einmal, daß Wind und Meer und der Zahn der Zeit dermaßen mit den Felsen gespielt und sie zu derart bizarren Phantasiegebilden geformt haben wie an der bretonischen Küste zwischen Perros-Guirec, Ploumanac'h, Trégastel und Trébeurden. An ihren Stränden sind die Franzosen bislang noch weitgehend unter sich.

Die 25 Kilometer lange Côte de Granit Rose im Nordwesten der Bretagne zwischen Trégastel und Paimpol ist eine Küste der Kapriolen, ein versteinertes Chaos, eine Märchenkulisse, eine ungezogene Welt. Manche Steinformationen lachen, andere wirken eher unheimlich. Für Leute ohne Phantasie sind in die Felsen sogar französische Namen eingemeißelt. Nur die passende Musik fehlt noch dazu. Aber das Schloß, das da plötzlich in der auslaufenden Flut zwischen den Felsen steht, ist echt: Schloß Costaéres bei Ploumanac'h, eine Phantasieburg aus dem 19. Jahrhundert. Hier wohnte lange der polnische Schriftsteller Henryk Sienkiewicz, der den

Unser Routenvorschlag

IMMER DIE KÜSTE ENTLANG

Die Fahrt beginnt in Dol-de-Bretagne ❶, wo man eine der schönsten gotischen Kathedralen bewundern kann. Dann geht es zur alten Festungsstadt Saint-Malo ❷ (siehe: Das besondere Reiseziel) auf der Mauer des Gezeitenkraftwerks an der Rancemündung hinüber ins atmosphärisch an die Belle Époque erinnernde Seebad Dinard ❸ und weiter in das mittelalterliche Städtchen Dinan ❹. Wer es eilig hat, folgt danach von Station zu Station der E 50 und ab Brest der E 60; ansonsten sollte man von Ort zu Ort am besten immer so dicht wie möglich an der Küste entlang die kleineren Straßen nehmen. Hinter Guingamp geht es über die Landstraßen 767 und 788 nach Perros-Guirec ❺ an der Côte de Granit Rose und über die 786 nach Morlaix ❻. Unter dem imposanten Eisenbahn-Viadukt führt die E 50 in den drei benachbarten Dörfern Saint-Thégonnec, Guimiliau und Lampaul-Guimiliau ❼ mit einem Schlag zu den drei wichtigsten *Calvaires*. Hinter Brest ❽ mit seinen imposanten Hafenanlagen kommt man in das mittelalterliche Städtchen Locronan ❾. Nach einem Bummel um den Kirchplatz bietet sich über die Landstraße 784 ein Abstecher zur Pointe du Raz ❿ an. Nach Stationen in dem Festungsstädtchen Concarneau ⓫ und der Künstlerkolonie Pont-Aven ⓬ wird Carnac ⓭ erreicht, der großartige Höhepunkt der Megalithkultur.

Die Bretagne ist ein Land am Meer und im Wind. Ungebremst prallen Stürme vom offenen Atlantik her auf die Küste und hüllen sie in donnernde Gischtberge. So manches Schiff, das den Klippen zu nahe kam, zerschellte hier.

DIE BRETAGNE AUF EINEN BLICK

SEHENSWÜRDIGKEITEN

Carnac: Dolmen, Menhire und Steinalleen; **Combourg:** Schloß der Chateaubriand; **Dinan:** Altstadt, Schloß, **Dol-de-Bretagne:** Kathedrale; **Douarnenez:** Pointe du Raz (Felsspitze); **Elven:** Burgruine; **Guimiliau:** Kalvarienberg; **Josselin:** Schloß; **Lampaul-Guimiliau:** Kalvarienberg; **Morlaix:** altes Fachwerkhaus der Anne de Bretagne; **Perros-Guirec:** Kirche Notre-Dame de la Clarté; **Saint-Malo:** Altstadt, Stadtmauer; **Saint-Thégonnec:** Kalvarienberg.

FESTE UND VERANSTALTUNGEN

Brest: internationales Dudelsack-Festival, Anfang August; **Douarnenez:** Möwenfest, 3. Sonntag im Juli, Segnung des Meeres, 1. Sonntag im August, Filmfestival der nationalen Minderheiten, Anfang September; **Guingamp:** Bretonisches Tanzfestival, letzter Augustsonntag; **Perros-Guirec:** Wallfahrt, 15. August; **Pont-Aven:** Tag des goldenen Stechginsters, 1. Sonntag im August; **Quimper:** Fest der Cornouaille, 4. Sonntag im Juli; **Sainte-Anne-la-Palud:** Pardons, Juli; **Saint-Brieuc:** Harfen-Wettbewerb, Ende Mai.

AUSKUNFT

Maison de la France, Französisches Fremdenverkehrsamt, Westendstr. 47, 60325 Frankfurt a. M., 0 69/ 7 56 08 30.

berühmten Roman *Quo vadis?* schrieb und dafür 1905 den Nobelpreis bekam. Das ist eine Gegend, in der Künstler Ruhe zum Arbeiten finden.

Ein Vorschlag zum Wandern: Der Sentier des Douaniers, ein ehemaliger Zöllnerkontrollweg, führt vom Strand Trestraou im Seebad Perros-Guirec mitten durch das versteinerte Panoptikum. Er endet am Strand von Saint-Guirec in dem kleinen Hafenort mit dem merkwürdigen Namen Ploumanac'h – direkt vor der kleinen, zugigen Kapelle des Lokalheiligen Guirec. Er soll hier im sechsten Jahrhundert, von Großbritannien kommend, an Land gegangen sein. Lange stand eine Holzfigur des Heiligen in der Strandkapelle. Das Meerwasser, das sie oft umspülte, hat ihr geschadet, aber noch schlimmer waren die halbwüchsigen heiratslustigen Mädchen, die ihm Nadeln in die Nase stachen und glaubten, dann bald den Mann fürs Leben zu finden. Schließlich war der hölzerne Heilige so zerstochen, daß man ihn durch eine Steinfigur ersetzte, die aber immer noch von ganzen weiblichen Schulklassen umlagert wird. In seinen längst leeren Steinsarg legte man früher Kinder, die nicht laufen wollten, und hatte dann oft Mühe genug, ihnen das Stillsitzen beizubringen. Bretonische Heilige funktionieren eben einwandfrei, aber auf ihre Weise.

Von der kleinen Promenade in Ploumanac'h weht der Wind eine zuckersüß duftende Wolke herüber: Hier gibt es Crêpes, die dünnen, köstlichen Pfannkuchen der Bretagne. Mal schmecken sie nach Orangen und Mandeln, mal nach Schokolade und Banane, mal nach Kirschwasser oder Calvados und immer nach mehr. Sie heißen Galettes, wenn sie salzig gebacken und mit Schinken oder Käse serviert werden. In Morlaix drüben gibt es sie in Variationen, die selbst Franzosen überraschen: gefüllt mit Stockfisch, Langustenschwänzen und Béchamelsoße. Morgens wird der kleine Fischmarkt am Hafen von Perros-Guirec nördlich von Lannion lebendig. Wie es sich für gute Bilder gehört, daß sie signiert sind, so steht der Name des Bootes, das die Fische gebracht hat, auf dem Verkaufskorb: die Ladung kam von der *Don Camillo*. Meeresfrüchte aus der Bretagne haben neben Eintöpfen die französische Küche berühmt gemacht, und in den vielen Häfen bekommt man sie fangfrisch.

Im Norden sind es neben Fisch vor allem Austern und Muscheln. Jakobsmuscheln kommen aus Binic bei Plérin und Paimpol oder aus Erquy westlich von Saint-Malo mit dem großen Gezeitenkraftwerk. Die besten Austern kommen aus Saint-Malo selbst oder aus dem Süden, der Bucht von Riec-sur-Bélon bei Quimperlé an der Avenmündung. Im Süden fängt man die meisten Sardinen, aber auch Hummer und Langusten. Die Fischauktion in La Turballe, dem

Wo die fjordartigen *Abers* das Meer tief ins Land einlassen, ernten die Bauern bei Ebbe auch Seetang.

größten Sardinenhafen am Atlantik, etwa 25 Kilometer westlich von Saint-Nazaire, ist ein besonderes Erlebnis. Camaret-sur-Mer auf der Halbinsel Crozon gilt als wichtigster Hafen für Hummer und Langusten. Gebackener Seebarsch in der Salzkruste aus der eigenen Saline ist die Spezialität von Guérande. Zu all dem schmeckt am besten der trockene Muscadet-Wein aus der Vendée.

Offensichtlich waren es Kenner, die als erste Touristen den Weg in die Bretagne fanden: Nach dem Winterurlaub an der Côte d'Azur verbrachte man den Sommer hier, im frischen Atlantikwind, wo die Menschen freundlich und unverständlich waren. Eine halbe Million Bretonen spricht noch heute das alte keltische Bretonisch, das keine Nasale kennt.

Westeuropa

Lange stand in den Amtsstuben: „Ausspucken und bretonisch sprechen verboten!" Fast so alt wie diese den Franzosen immer etwas verdächtige Sprache ist das ein Stück landeinwärts an der Côte de Granit Rose gelegene Städtchen Lannion mit seinen schiefen Fachwerkhäuschen. In der Nähe liegen das Château von Kergrist und das Schloß von Rosanbo sowie die Schloßruinen von Tonquédec und Coatfrec. Bei Saint-Michel-en-Grève beginnen die Küste des Heidekrauts und das Departement Finistère, das für die Franzosen bis weit ins Mittelalter hinein als das Ende der Welt galt. Für die Kelten war es ein neuer Anfang, sie wußten es besser und blieben lieber unter sich. Ihr erster Herzog Niminoeë war 826 von Karl dem Großen belehnt worden und proklamierte sich 842 zum König. Seitdem kämpften die Bretonen um ihre Unabhängigkeit.

Der Verkehrsknotenpunkt Morlaix liegt im Tal, überspannt von einem kirchturmhohen Eisenbahn-

Die Côte de Granit Rose bei Ploumanac'h besteht aus rötlichen Granitfelsen, die Brandung und Verwitterung im Lauf der Zeit zu einer Vielzahl bizarrer Gebilde geformt haben.

Der Calvaire von Guimiliau, berühmt wegen seiner lebensnahen Gestaltung und szenischen Fülle.

Viadukt an den Flüssen Jarlo und Queffleuth. Die vereinen sich hier zum Dossen oder Morlaixfluß, der die Stadt mit dem Meer verbindet. Hier lag im 18. Jahrhundert die größte Piratenflotte Frankreichs, von den Briten mehr gefürchtet als die ganze Kriegsmarine und per Dekret aus Paris offiziell anerkannt. In der Altstadt steht noch das schöne Haus der Herzogin Anne, der Erbin der Bretagne (1477 bis 1514)). In Kriegszeiten heiratete sie den französischen König Karl VIII. als Gegenleistung für militärischen Schutz, schlug aber immerhin noch eine weitreichende Autonomie für die Bretagne heraus, die Jahrhunderte währte und erst in der Französischen Revolution verlorening.

In Roscoff, dem ehemaligen Handels- und Piratenhafen und heutigen Meeres- und Rheumaheilbad, erinnert ein kleines Türmchen aus der Renaissance an die Landung von Maria Stuart aus Schottland im Jahre 1548 – auf dem Weg zu ihrer Verlobung mit Frankreichs Dauphin Franz II. Kanonen und Segelschiffe aus Stein zieren die Kathedrale Notre-Dame-de-Kroaz-Baz. In Roscoff gibt es ein

Landleben mit Stil: Solche schön restaurierten alten Häuser kann man als Feriendomizil mieten.

großes Meereslabor, ein großes Aquarium und ein kleines Museum über den Zweiten Weltkrieg. Hier geht die Fähre nach Plymouth ab, und hier verkaufen die Bauern ihr begehrtes Frühgemüse auf einem lebhaften Markt; eine bekannte Spezialität der Region sind Artischocken. Sogar Feigen wachsen in dem milden Meeresklima.

Saint-Pol-de-Léon ist wegen des 77 Meter hohen Turms von Notre-Dame-du-Kreisker weithin zu sehen, dem buchstäblichen und vollkommenen Höhepunkt der türmereichen Bretagne. Es gab hier höchstens noch mehr Kreuze als Kirchtürme; im 16. Jahrhundert sollen es 5000 gewesen sein. Weniger hoch ist der Turm der Kathedrale. Hier dient ein Sarkophag aus dem elften Jahrhundert als Weihwasserbecken. In der Sakristei stehen kleine Kisten mit Namen und Daten: Totenschädel von honorigen Bürgern werden darin aufbewahrt – Oberhäupter sozusagen. Überhaupt haben Schädelstätten Tradition in der Bretagne.

Die bretonischen Calvaires – einst Bibeln für Analphabeten

Etwas ganz Besonderes, ein wahrer Musterfall der bretonischen Renaissance, der durch den Wohlstand einer erfolgreichen Textilproduktion ab Ende des 15. Jahrhunderts möglich wurde, sind jedoch die *Calvaires*. Die meisten trifft man in Dörfern im Pays de Léon, im nördlichen Finistère in der westlichen Bretagne an: Steinmetzarbeiten unbekannter Meister von hohem Rang, „sprechende Steine". Sie markierten das Zentrum der heiligen und von Mauern umschlossenen Pfarrbezirke, der *Enclos*. Der Kalvarienberg oder Kreuzweg war mit Kirche und Friedhof ein Teil davon. Ganze in Stein gehauene Passionsspiele erzählen stumm den Leidensweg Christi und eine Menge mehr – die Bibel als steinerner Comic strip für die des Lesens meist nicht mächtigen einfachen Leute dieser Zeit.

Einer der größten *Calvaires* ist der von Plougastel-Daoulas in der Bucht von Brest. Er stammt aus dem Jahre 1604 und zählt 180 Figuren in 25 Szenen. Als ältester gilt der von Tronoën, einsam an der

Küste hinter der Hafenstadt Pont-l'-Abbé im Südwesten. Das schönste *Enclos*-Ensemble hat wohl Saint-Thégonnec mit seinem berühmten Beinhaus. Die schönste Kirche wird Lampaul-Guimiliau bei Landivisiau im Binnenland zugesprochen; im Taufbecken krümmen sich zwei Teufel.

Nur wenige Kilometer weiter südlich in Guimiliau ist der berühmteste *Calvaire* zu sehen. Saufende Landsknechte in zeitgenössischen Trachten, darunter der heilige Ywein, gehören zu den lebensechtesten Figuren der Szenerie. Die abschreckendste ist die von Katel Gollet, der verdammten Katharina: Die leichtlebige Frau stahl der Sage nach für ihren teuflischen Liebhaber eine Hostie und wird hier dafür nackt von einem Trupp Höllengeister in einen Drachenschlund getrieben. Flammen gibt es hier allerdings nicht: In der windigen Bretagne ist die Hölle nicht heiß, sondern bitter kalt.

Das Meer ist für die Bretagne der Vater beziehungsweise die Mutter aller Dinge. Trocken registriert die Statistik, daß die Region ein gutes Drittel

Von Seefahrern, Crêpes und Druiden

Einsam steht der Leuchtturm neben einer Klosterruine an der Pointe de Saint-Mathieu. Mit einer Lichtstärke von 16 Millionen Watt, 200 Kilometer weit sichtbar, sichert das hellste Lichtsignal Europas die gefährliche Einfahrt zum Ärmelkanal. Ein Stück nordwestlich liegt die Ile d'Ouessant. Dort kann man nur Seemann werden. Auf dieser Insel, als „Insel der Frauen" oder „Insel der Witwen" bekannt, hielten traditionell die Frauen um die Hand der Männer an und nicht umgekehrt. Ein kleines Museum zeigt Möbel aus Treibholz, das zum Wegwerfen oder als Brennholz einfach zu schade war.

Brest, der große Kriegshafen, wurde im Zweiten Weltkrieg heftig umkämpft und so gründlich zerstört, daß nur die alte Stadtfestung (Château) übrigblieb, in der man heute ein Marinemuseum findet. Südöstlich der Stadt liegt die Halbinsel Plou-

In Quimper, dem größten Städtchen der Gegend, steht die schönste Kathedrale der ganzen Bretagne. Im alten Bischofspalais erzählt ein Museum von der Geschichte der Region. Der erste Bischof war der Einsiedler Corentinus; er soll sich damals von einem einzigen Fisch ernährt haben, den er immer nur zur Hälfte aß und der dann über Nacht wieder nachwuchs – eine schreckliche Vorstellung für die bretonischen Fischer.

Nach dem heiligen Einsiedler Ronan ist das nördlich von Quimper gelegene mittelalterliche

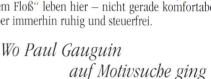

Die mächtigen Mauern von Quimper erinnern an die Bedeutung des Bischofssitzes im frühen Mittelalter.

Städtchen Locronan benannt. Die rund 300 Häuser sind aus dem grauen Granit gebaut, aus dem auch die Klippen bestehen. Hier wurden die Crêpes erfunden, und in der Crêperie *Ty-Coz* gibt es sie in 66 Varianten. Weiter im Westen liegt die Pointe du Raz, der westlichste Punkt Frankreichs mit dramatischen Klippen wie dem Enfer de Plogoff. Meeresströmungen und Winde aus allen Richtungen treffen sich hier. In der sichelförmigen Baie des Trépassés wurden einst tote keltische Druiden auf Booten zu ihrer letzten Fahrt geschickt. Man sagt, daß dort alle zwei Jahre am 2. November die Ertrunkenen zusammenkommen. Von hier bis Amerika kommt nichts mehr außer einer winzigen Insel, dem windzerzausten Felsen Ile de Sein, der bei Sturm mitunter ganz untertaucht mit seinen drei Autos, 17 Kneipen und rund 500 Bewohnern. „500 Schiffbrüchige auf einem Floß" leben hier – nicht gerade komfortabel, aber immerhin ruhig und steuerfrei.

Wo Paul Gauguin auf Motivsuche ging

Südlich von Quimper setzt sich die Reihe der fjordähnlichen Trichtermündungen fort, zunächst bei der alten Festungsinsel Concarneau mit den stärksten Mauern der Bretagne und bei Pont-Aven, der Künstlerkolonie, in deren Nähe ein Paul Gauguin seine Motive fand. Vor der Küste von Lorient liegt

Eigenwillig bis hin zum Künstlerischen ist manchmal die Architektur an der bretonischen Küste. Ob die Felsen dieses Haus vor der Brandung schützen oder nur private Hinkelsteine sind, bleibt dahingestellt.

des französischen Fischumsatzes liefert. Jeder Dritte lebt vom Fisch, und viele Menschen sieht man auch zu Fuß bei Ebbe Muscheln und Krebse sammeln. Ein *Aber*, das ist eine Art Fjord, ein tief eingeschnittenes Flußtal, das bei Flut aufgefüllt wird und das Meer weit ins Land läßt. Davon hat der ganze Westkopf der Bretagne seinen Namen, doch eigentlich sollte die Gegend „Küste der Schiffbrüchigen" heißen. Das bekannteste Wrack aus jüngerer Zeit ist der Öltanker *Amoco Cadiz*, der 1978 vor Portsall sank und eine Ölpest verursachte.

gastel. Die Erdbeeren von hier sind ausgezeichnet – und man kann sie zweimal im Jahr ernten. Zu den bretonischen Kontrasten gehört auch gleich nebenan die Halbinsel Crozon: ein ins Meer geworfener felsiger Anker, bedeckt von salziger Heide.

Die große Halbinsel südlich davon heißt Cornouaille; im Namen klingt das englische Cornwall nach, woher ihre Urbewohner stammen. In der Bucht von Douarnenez soll einst die sagenumwobene Stadt Ys versunken sein, die erst wieder auftaucht, wenn ihr Gegenstück Paris überflutet wird.

Die Steinallee der Menhire von Kerzerho am Golf von Morbihan hüllt den Besucher in die Aura prähistorischer Rätsel ein. Viele dieser Anlagen finden sich auf Inseln im Golf, die einst Schutz vor feindlichen Angriffen boten.

die Thunfischinsel Ile de Groix, auf deren Kirchturm der Thun den Wetterhahn ersetzt hat. Noch weiter südlich folgt die Belle-Ile, vielleicht die schönste, auf jeden Fall aber die größte bretonische Insel. Sie war Privatbesitz des französischen Finanzministers Nicolas Fouquet, bevor der 1661 wegen einer Intrige lebenslänglich ins Gefängnis kam. Im Hafen Le Palais schaut man sich die alte Festung mit einem Heimatmuseum an. Die Brandung hat schöne Felsgrotten in die Steilküste gespült.

Von Feenteichen, Menhiren und Gralsrittern

Geschichten und Geschichte auch am Golf von Morbihan südlich von Vannes, dem „kleinen Meer" mit über 50 Inseln – bei Ebbe sind es sogar 365. Der Legende nach verdankt er seine Entstehung den Feen, die wegflogen, als der heilige Wald von Rhuys abgeholzt wurde. Unterwegs verteilten sie Goldstaub über dem Wasser, aus dem die Inseln wuchsen. Die wichtigste heißt Gavrinis; dort steht das Grab eines unbekannten Königs mit geheimnisvollen Steinen voller Ornamente und Inschriften. In dem mittelalterlichen Hafen Auray ging 1776 der amerikanische Schriftsteller und Erfinder Benjamin Franklin als Botschafter an Land. Die Fachwerkhäuser von Vannes waren 1532 Zeuge, als die Vereinigung der Bretagne mit Frankreich proklamiert wurde.

Mit einem Paukenschlag geht die bretonische Küste bei Carnac am Beginn der Halbinsel Quiberon vor Auray ihrem Ende zu. In der Bretagne findet

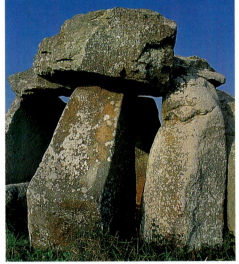

Zu den eindrucksvollsten Dolmen gehören die Steintische von Kercadoret bei Locmariaquer.

man überall Menhire, aufrecht stehende, lange Steine: einzeln, in Alleen, die *Alignements* heißen, und in Steinkreisen, den sogenannten *Enceintes*. Aber hier, an der Côte des Mégalithes, sind es ganze Heere – allein 4000 stehen auf der ginstergelben Heide rund um Carnac, die größten fast vier Meter hoch, die kleinsten 60 Zentimeter! Das Geheimnis der Hinkelsteine, die durch die Comics von Asterix und Obelix inzwischen jedes Kind kennt, wurde nie gelüftet: Waren es Fruchtbarkeitssymbole, Sonnenuhren, Kalender, Leuchttürme, Zeichen für eine andere Welt, Tempelbauteile? Bis heute sind sich die Wissenschaftler darüber nicht einig. Es gibt Leute, die darin allen Ernstes magische Tore zum Jenseits oder zur Welt der Geister und Mythen erblicken und sich bisher vergeblich bemühten, sie mittels vergessener, teilweise rekonstruierter Rituale der Keltenzeit wieder zum Leben zu erwecken.

Dazu die Dolmen oder Steintische über uralten Grabkammern, rätselhaft, urgewaltig. Im nahen Locmariaquer stehen 21 davon; einer, der „Tisch der Kaufleute", ist über zehn Meter lang und hat 17 Stützsteine. In der Grabkammer findet man rätselhafte Reliefzeichen: Ährenfelder oder aufgereihte Krummstäbe um eine Sonne. In der Nachbarschaft liegen die Trümmer des größten Menhirs der Welt. Über 20 Meter hoch war der Grand Menhir Brisé und 350 Tonnen schwer, bevor er, wohl durch einen Blitzschlag, umstürzte und in vier Teile zerbrach. Im Gegensatz zu den *Calvaires* sind das hier keine

Alte Häuser im Stadtkern von Rennes beherbergen oft einladende Restaurants mit viel Atmosphäre.

sprechenden Steine, sondern stumme, die höchstens Fragen stellen und Spekulationen blühen lassen.

Das geographische und politische Herz der Bretagne ist Rennes, die eher beiläufige Hauptstadt, prosaisches Verwaltungs- und Wirtschaftszentrum. Den Brand, den ein betrunkener Tischler 1720 auslöste, überstand damals leider fast nur das Palais de Justice. Der frühere Versammlungsort des bretonischen Parlaments, dessen Mitglieder ihre Diäten noch in Form eingemachter Früchte erhielten – bescheidener als heutzutage! – wurde 1994 von wütenden Fischern aus Protest gegen die Wirtschaftspolitik der Europäischen Union angesteckt und verwüstet. Auch im Rathaus erzählt eine leere Nische vom lange gespannten Verhältnis zwischen den Bretonen und dem übrigen Frankreich. Auf einem Denkmal kniete hier die geliebte Prinzessin Anne vor dem französischen König. 1932, kurz vor der 400-Jahr-Feier der Vereinigung, sprengten regionale Patrioten die schmähliche Szene in die Luft. Eine Freiheit am Gängelband von Paris lehnten sie ab.

Inzwischen wird das Selbstbewußtsein der Bretonen durch die Förderung ihrer Sprache und Kultur gepflegt. Überall stößt man auf interessante Einrichtungen, die historische Forschungen und ökologische, aber auch wirtschaftliche Interessenvertretung mit dieser Eigenständigkeit verbinden.

Das leise Herz der Bretagne schlägt 40 Kilometer westlich von hier, verborgen im Forêt de Paimpont, einem letzten Rest des sagenhaften, einst unendlichen Waldes von Brocéliande. Dort waren einst König Artus und die zwölf Ritter der Tafelrunde zu Hause, der Zauberer Merlin, die gute Fee Viviane und die böse Morgane, Tristan und Isolde, Parzival und der Gral. Einst hat sich dieser Wald bis in die bretonischen „Berge" erstreckt, die Montagnes Noires, einen braven Höhenrücken mit dem schönen Tal der Aulne, und bis zu den zackigen Felsen der Montagnes d'Arrée. An ihren Osthängen, im Wald von Huelgoat, stößt man noch auf alte Silbergruben, auf Schluchten mit Wackelsteinen, Wildbäche und Wasserfälle, die zum Naturpark Parc d'Armorique gehören. Jeder stille See, jeder Nebel und jeder Stein ist in diesem Land der Legenden ein Tor zur Welt der Mythen und Sagen. Diese Geschichten werden inzwischen auch von örtlichen Fremdenverkehrsämtern ganz bewußt gepflegt. Zwar weiß jeder um die Konkurrenz zum englischen Cornwall, das die gleichen Ansprüche auf die Artus-Sage erhebt, aber niemand stört sich daran.

Blühende Klippen, ein stilleres Meer und hellere Farben unter einem fast mediterran anmutenden Himmel verleihen der Südküste der Bretagne mit ihren vielen Badebuchten ein milderes Flair als dem Westen und Norden.

DAS BESONDERE REISEZIEL: GEZEITENKRAFTWERK SAINT-MALO

Ebbe und Flut, das ewige und einzigartige Wechselspiel der Gezeiten: Mit den Elementen hatten die Bretonen immer zu kämpfen, besonders in der Gegend um Saint-Malo. Im nahen medizinischen Zentrum Paramé jedoch wird die heilende Wirkung von Wasser, Luft und Sonne ausgenutzt, und an der Mündung der Rance in den Ärmelkanal steht das erste Gezeitenkraftwerk der Welt.

Wo der Westwind das Wasser in den enger werdenden Ärmelkanal preßt und die normannische Halbinsel Cotentin wie ein Damm wirkt, kommt es zu einem extremen Tidenhub, der bei Springflut bis zu 18 Meter betragen kann. Nur in der Bay of Fundy in Kanada sind die Gezeitenunterschiede größer.

Die Idee des Gezeitenkraftwerks geht auf alte Dokumente zurück, die sich schon 1737 damit beschäftigten, die Kraft von Ebbe und Flut für den Menschen zu nutzen. Ab 1961 wurde das Kraftwerk gebaut und fünf Jahre später von Präsident de Gaulle eingeweiht. Es gilt bis heute als Paradebeispiel für umweltfreundliche Energiegewinnung: 24 Turbinen vom Typ „Kaplan" zu je zehn Megawatt, die ein Wasserdurchlauf von maximal 1,2 Millionen Kubikmeter pro Minute in beiden Richtungen antreibt, liefern jährlich rund 550 Millionen Kilowatt – genug Strom für 360 000 Menschen. Experten haben überdies herausgefunden, daß sich durch den gebremsten Strom der Gezeiten auch die Erdumdrehung etwas verlangsamt hat.

Alles spielt sich unter Wasser ab. Der Turbinensaal mit seinen 5,35 Meter hohen Schaufelrädern kann jedoch besichtigt werden. Ein 800 Meter langer Damm, über den eine Autostraße führt, sperrt die Rance gegen das Meer. Es gibt eine kleine Schleuse, die auch Ausflugsboote passieren müssen, wenn sie von dem mittelalterlichen Fachwerkstädtchen Dinan flußaufwärts nach Saint-Malo wollen. Diese graue Stadt am Meer wurde wie so viele andere Orte in der Bretagne nach einem Missionar benannt: Maclow war ein frommer Einsiedler und Bischof aus Wales.

Die alte Festung Saint-Malo steht auf einer Felseninsel. Lange gab es nur bei Ebbe eine Verbindung zum Festland. Eine Zeitlang war es sogar eine eigene, recht selbstbewußte Republik. Ein berühmter Sohn der Stadt war Jacques Cartier, der im Jahre 1534 Kanada für Frankreich entdeckte. Und François René Chateaubriand wurde 1768 in Saint-Malo geboren, zehntes und letztes Kind eines verarmten Adeligen, der – typisch für seine Zeit – als Kabeljaufänger und Seeräuber gelebt hatte. Chateaubriand kam als Außenminister und Schriftsteller zu Ruhm. Auf der unbewohnten Felseninsel Grand-Bé kann man bei Ebbe nach einer Dreiviertelstunde Fußmarsch sein stilles Grab unter einem hohen Granitkreuz ohne Inschrift besuchen. Sein Name findet sich aber bis heute auf jeder besseren Speisekarte wieder: als doppelt dick geschnittenes „Filet Chateaubriand" – eine Erfindung seines Berliner Kochs aus der Zeit, als Chateaubriand Gesandter am Hof des preußischen Königs war.

Der gewaltige Sog des Gezeitenkraftwerks erzeugt Strudel im Wasser, die manchem Kleingetier zum Verhängnis werden und Scharen von Möwen anlocken.

VENDÉE
Enten, Hummer und wehrhafte Bauern

Südlich der Bretagne, zwischen der Ile de Noirmoutier und dem Weinbaugebiet Cognac, erstreckt sich die 200 Kilometer lange Küste der Vendée. Das kleine, geschichtsträchtige Departement hat seinen Namen von dem Flüßchen Vendée, das in den Hügeln östlich von Fontenay-le-Comte entspringt. Es ist das Land der schönen Nixe Melusine und das Land der Bauern, die einst mit Sensen in der Hand und dem aufgestickten Herzen Jesu auf der Brust für Gott und König gegen die Heere der Französischen Revolution zogen. Historische Sehenswürdigkeiten, aber auch schöne Strände und Badeorte machen die Vendée zu einem beliebten Reiseziel.

Rot wie ein Waldbrand liegt die Schloßruine von Puy du Fou – etwa 25 Kilometer südlich von Nantes an der N 137 – angestrahlt in der Nacht. Jeden Sommer dient sie als grandiose Kulisse für ein historisches Spektakulum mit Feuerschluckern, Rittern und einem Ballett der Kobolde. Auf einer Spielfläche von zwölf Hektar rollt exemplarisch – über Jahrhunderte von Krieg und Frieden hinweg – die Geschichte der Vendée ab, mit viel Sinn für Tradition und mit moderner Technik, mit 750 Schauspielern und donnernden Kavallerieauftritten. Über fünf Millionen Menschen sehen hier alljährlich das größte Schauspiel in Europa.

Geschichte wird überhaupt großgeschrieben in diesem seltsam entrückten Departement, dessen Bewohner schon oft ein Hauch von Maßlosigkeit gestreift hat. Maßlos war etwa Marschall Gilles de Rais, der auf Schloß Tiffauges bei Montagne wohnte. Er hatte den Beinamen „heiliges Ungeheuer" und kämpfte im Hundertjährigen Krieg mit Jeanne d'Arc gegen die Briten, bevor er 250 Kinder ermordete und im Jahre 1440 gehängt wurde. Maßlos in ihrem Anrennen gegen den Geist der Zeit waren aber vor allem die Bauern aus der Vendée, die sich immer ihrer Treue zu Gott und zum König im fernen Paris rühmten. Für beide zogen sie vor über 200 Jahren in den Krieg, in Holzpantinen, bewaffnet mit Mistgabeln und Sensen. Hunderttausend sollen dabei ums Leben gekommen sein. Denkmäler, Schlachtfelder und Museen erinnern überall an diese Zeit, und Rebellenbauern als Puppen sind heute ein beliebtes Touristensouvenir.

Das Doppelherz, das die Bauernkrieger auf der Brust trugen, ziert auch die Kirchentür von Saint-Philbert auf der Ile de Noirmoutier. Das Wahrzeichen der Vendée steht für Liebe und Treue, genauer: für das Motto „Gegenseitige Treue". Man kennt die Region heute mehr für den Bau von Freizeitbooten, aber im Kern ist sie Bauernland geblieben. Bekannt sind die Korbwaren und die weißen Rinder aus der Vendée. Berühmt auch die Enten vom großen Geflügelmarkt in Challans, die Austern aus der Bucht von Bourgneuf und die Muscheln aus der Bucht von L'Aiguillon-sur-Mer, wo auch seltsam geformte „Menhire des Meeres" stehen.

Der Hafen von Les Sables-d'Olonne ist Mittelpunkt des wohl beliebtesten französischen Familienbadeortes.

Zwei Drittel der Vendée nimmt die Bocage ein, eine blaugrüne, weichwellige Landschaft mit Äckern, Wiesen und Weißdornhecken. Fast übergangslos schließt sich eine Kalkebene an mit Weizenfeldern, Mais und Sonnenblumen. Sümpfe begrenzen das Land: im Norden der Marais Breton, im Süden der Marais Poitevin, von Mönchen und hierher gebrachten Holländern trockengelegt. Die Klosterruine von Maillezais lag einst am Meer und ist heute 30 Kilometer vom Wasser entfernt. Hunderte von Kanälen, an denen Pappeln, Eschen und Erlen wachsen, bilden hier ein einzigartiges Labyrinth. In flachen Booten stakt man durch das *Venise verte*, das grüne Venedig, wie die Einheimischen sagen.

Die 200 Küstenkilometer bieten reizende Fischerstädtchen wie Les Sables-d'Olonne, hübsche versteckte Buchten, helle Sandstrände sowie zwei eigentümliche Inseln. Hoch auf den Klippen der Ile d'Yeu thronen ein Leuchtturm und eine Burgruine. In dem kleinen, aber feinen Hummerfischerhafen La Meule lebt auch ein Buddelschiffbauer.

Auf der Ile de Noirmoutier wurde früher für ganz Europa Meersalz zum Pökeln von Heringen getrocknet. Heute kommen hier begehrte Frühkartoffeln her; das Klima ist günstig, schon im Februar blühen Mimosen. Mit den Gezeiten ist immer noch nicht zu spaßen. Bei Ebbe kann man auf einer jahrhundertealten Piste zur Insel hinübergehen oder fahren. Doch seit etliche Autofahrer von der Flut überrascht wurden, gibt es jetzt in regelmäßigen Abständen Hochsitze, auf die man sich notfalls retten kann – unter vorübergehender, wenn auch schmerzlicher Aufgabe des Wagens.

Auskunft: siehe Seite 253.

Von dem gotischen Zisterzienserkloster Abbaye des Chateliers auf der Ile de Ré vor La Rochelle stehen nur noch Ruinen. Die Mönche kultivierten einst Salzsümpfe, und heute ist die Insel ein Geheimtip für Naturfreunde.

NORMANDIE
Küste der Invasionen, Küste der Gourmets

Das ehemalige Normannenland im Nordwesten Frankreichs ist eine Landschaft von vielseitigem Reiz. Im Tal der Seine reihen sich sehenswerte Städte, Klöster, Schlösser – die Kathedrale von Rouen ist ein besonderer Höhepunkt – wie auf einer Perlenschnur aneinander. Wälder, Weiden und Obsthaine prägen die ländliche Region. Fischerdörfer und Hafenstädte, bekannte Seebäder und zahlreiche Erinnerungen an die Invasion der Alliierten im Juni 1944 säumen die Küste. Und nicht zuletzt läßt Frankreich kaum anderswo mehr Gaumenfreuden erwarten als hier, im Departement Calvados, im Käseort Camembert oder an der „Apfel-und-Cidre-Straße".

Ein Drittel aller Äpfel und Birnen Frankreichs kommt aus der Normandie, ein Viertel der Butter, ein Achtel aller berühmten französischen Käsesorten. Der Bäuerin Marie Harel, die im 19. Jahrhundert den beliebten Weichkäse erfand, wurde in Camembert sogar ein Denkmal gesetzt. Das Rezept für Crème fraîche, den fetten Sauerrahm, ohne den heute kaum eine anspruchsvolle Küche auskommt, stammt ebenfalls aus der Normandie: ein französischer Bauerngarten am Meer.

600 Kilometer lang ist die Küste der Normandie. Sie zeigt sich kalkweiß an den Klippen zwischen Dieppe und Frankreichs größtem Hafen Le Havre an der Seinemündung. Der Alabasterküste mit den bizarren Naturbögen und einer 70 Meter hohen Felsnadel bei Étretat folgen die Blumenküste und die Perlmuttküste. Der schönste normannische Hafen, Honfleur, wurde fast noch öfter verewigt als die gotische Prachtfassade der Kathedrale von Rouen im wechselnden Licht des Tages. Eugène Boudin, Claude Monet und Georges Braque ließen sich inspirieren und malten hier.

Die Alabasterküste bei Étretat gilt als Gegenstück der Kreidefelsen von Dover diesseits des Ärmelkanals.

Trouville, das historische Fischerstädtchen an der Touques-Mündung, und – gegenüber – Deauville sind der „Strand von Paris". Deauville, schachbrettartig um 1860 angelegt, galt lange als mondänstes Seebad der Welt mit seinem weißen Spielkasino und den Bretterstegen zum Flanieren am Strand.

Die ganze Küste aber hat sich in der Weltgeschichte ihren Platz mit dem „D-Day" von 1944 erobert, der größten Invasion aller Zeiten. Ein ausführliches Museum in Arromanches-les-Bains und 27 Soldatenfriedhöfe erinnern daran. Die Gegend der Pointe du Hoc bei Saint-Pierre-du-Mont sieht noch aus wie damals: Bunker, Bombentrichter, rostige Granathülsen überall.

Invasoren kamen und gingen hier schon früher: Im Jahre 1066 sammelte der Normannenherzog Wilhelm der Eroberer seine Flotte unweit von Deauville, setzte über und eroberte in der Schlacht von

Der Mont-Saint-Michel bei Ebbe: Das Wahrzeichen der Normandie ist erst seit 1880 über eine Deichstraße erreichbar. Vorher ertrank mancher Pilger, wenn ihn die Flut auf dem Marsch überraschte.

Abendstimmung am Cap de Carteret: Die einsame Halbinsel Cotentin liegt abseits der Besucherströme.

Hastings den größten Teil Englands. Der weltberühmte Wandteppich in der Kathedrale von Bayeux erzählt davon in einer 70 Meter langen Stickerei.

Große Geschichte auch in der alten normannischen Hauptstadt Rouen: Vor der Kathedrale der „Stadt der 100 Türme" wurde am 30. Mai 1431 Jeanne d'Arc als Hexe verbrannt, nachdem das wundersame Bauernmädchen Orléans von den Briten befreit und den Hundertjährigen Krieg zugunsten Frankreichs gewendet hatte.

Nur Mont-Saint-Michel an der Grenze zur Bretagne ist noch imposanter: Das „Wunder des Abendlandes" ist ein Inselchen im Wattenmeer, 900 Meter im Durchmesser, 78 Meter hoch. 600 Jahre lang bauten die Benediktiner an der grandiosen gotischen Abteikirche, jener unvergleichlichen Baustilkunde in Stein, die den Berg beherrscht.

Auskunft: siehe Seite 253.

BURGUND

Ländliche Idylle, große Geschichte, herrlicher Wein

Wer hatte nicht schon einmal den Wunsch, eine Reise in die Vergangenheit zu unternehmen? Sich einfach in eine Zeitmaschine zu setzen und dann ganz weit zurückzueilen in eine faszinierende Epoche, beispielsweise ins Mittelalter? Wer sich auf Entdeckungsfahrt nach Burgund begibt, in eine der wichtigsten alten Kunstlandschaften Europas, für den wird solch ein Verlangen kein märchenhafter Tagtraum bleiben. Denn in der friedvollen, ländlichen Region zwischen der oberen Loire im Westen und der Saône im Osten begegnet einem die Historie Frankreichs auf Schritt und Tritt: herrliche romanische Kirchen und Kathedralen, mittelalterliche Klöster, wehrhafte Stadtmauern, Schlösser der Renaissance und des Barock, efeuberankte Herrschaftshäuser allenthalben!

Aber auch Naturliebhaber kommen in Burgund voll auf ihre Kosten. Verträumt liegen mittelalterliche Dörfer und Städtchen inmitten ausgedehnten Weidelandes und sanft gewellter Hügelketten. Unzählige Flüsse, Bäche und Kanäle durchziehen die landschaftlich vielseitige Region. Ob Chablis, Côte de Nuits, Côte de Beaune, ob Mâconnais oder Monts du Beaujolais – allein schon die berühmten Weinanbaugebiete sind eine Reise wert. Und im Herzen Burgunds erwartet den neugierigen Fremden eine ganz andere überaus reizvolle Gegend, das wald- und seenreiche Bergland des Morvan.

Auf den ersten Blick scheint die beschauliche Region zwischen Dijon und Lyon, in der sich alte Kultur und kulinarische Genüsse mit landschaftlicher Schönheit vereinen, von der Hektik unserer modernen Zeit unberührt zu sein. Das französische Savoir-vivre, die Kunst und das Vergnügen zu leben, könnte in Burgund erfunden worden sein. Trinken wird hier zum stilvollendeten Weingelage und Essen zum üppigen Schlemmermahl. Die vielen hervorragenden Restaurants und zahllosen Weingüter machen dem Feinschmecker die Wahl zur Qual, ansonsten aber den Urlaub zur höchsten Wonne.

Burgund ist zwar dünn besiedelt, aber eine uralte Kulturlandschaft. Das zeigt sich besonders eindrucksvoll in der hügeligen Region des Mâconnais, wo selbst in kleinen Winzerdörfern wie Vergisson (Foto links) zwischen Weinbergen oft eine jahrhundertealte, viel zu groß erscheinende Kirche steht. In den Kellereien, etwa bei den Brüdern Ropiteau in Meursault südwestlich von Dijon (Foto rechts oben), zieht man handwerkliche Tradition den industriellen Verarbeitungsmethoden noch vor. In der Provinz schlummern kunsthistorische Schätze wie die romanische Kirche Saint-Lazare in Avallon mit ihren reich verzierten Portalen (zweites Foto von rechts oben). Im burgundischen Weinbaugebiet Côte d'Or überraschen die bunt glasierten Ziegeldächer des Hôtel-Dieu (zweites Foto von rechts unten) von Beaune; dieses Hospital im Stil der flämischen Gotik wurde im 15. Jahrhundert erbaut. Und wer die Städte und Dörfer verläßt und die Flüsse des abgelegenen Morvan entlangfährt, trifft vielleicht auch die Schleusenwärterin von Saint-Vinnemer (Foto rechts unten).

Land zwischen gestern und vorgestern

Wer heutzutage von Burgund spricht, meint die seit der Französischen Revolution in vier Departements aufgeteilte „Bourgogne", die zwischen Jura, Pariser Becken und dem Zentralplateau liegt und sich aus den Departements Côte-d'Or, Saône-et-Loire, Yonne und Nièvre zusammensetzt.

Ganz anders zeigten sich die geographischen Umrisse der Region im ausgehenden Mittelalter, als das historische Burgundische Reich sich noch vom Zentralmassiv bis zur holländischen Zuidersee ausdehnte. In der glanzvollen Epoche zwischen 1363 und 1477 regierten hier die Grands Ducs d'Occident, die aus dem französischen Hause Valois stammenden „großen Herzöge des Abendlandes". Unter ihnen erlebte Burgund seine größte Ausdehnung und Machtentfaltung, die den ostfranzösischen Raum von der Schweiz bis hoch hinauf ins glanzvolle Machtzentrum Flandern umfaßte.

Durch diplomatisches Geschick, Heiratspolitik und Kriege hatten Philipp der Kühne, sein Enkel Philipp der Gute und zuletzt – mit wesentlich weniger Fortune – Karl der Kühne ihr Herrschaftsgebiet zur europäischen Großmacht ausgebaut. Nach dem Untergang des bedeutenden Herzogsgeschlechts fiel das Reich durch Erbschaft größtenteils an das Haus Habsburg, das Kerngebiet mit der Bourgogne wurde

---

BURGUND AUF EINEN BLICK

SEHENSWÜRDIGKEITEN

Autun: römisches Amphitheater, römische Stadttore, Janustempelruinen; **Auxerre:** Kathedrale Saint-Étienne (Glasfensterzyklus); **Avallon:** Stadtmauer (Ausblick); **Beaune:** Hôtel-Dieu (Hospital); **Clos de Vougeot:** Weinschloß; **Cluny:** Marienkirche, ehemaliges Benediktinerkloster Saint-Pierre-et-Saint-Paul; **Dijon:** Musée des Beaux-Arts; **Mont Beuvray:** 821 m hoher Gipfel (keltische Funde, Panorama); **Nevers:** Stadtmuseum (Fayencensammlung); **Solutré-Pouilly:** prähistorische Grabungsstätte mit Museum.

FESTE UND VERANSTALTUNGEN

Alise-Sainte-Reine: Das Mysterium von Sainte-Reine, Anfang September; **Auxerre:** Heißluftballontreffen, 1. Oktoberwochenende; **Beaune:** internationales Festival der Barockmusik, Mitte bis Ende Juli, „Les Trois Glorieuses" (Weinfest), November; **Dijon:** Musiksommer, Juni, internationale „Folkloriaden" und Weinfest, Ende August; **Mâcon:** Weinmesse, Mai; **Mont Beuvray:** Sonnenwendfest, 24. Juni; **Nuits-Saint-Georges:** „Bourru" (Weinfest), 3. Oktoberwochenende; **Pouilly-sur-Loire:** Weinfest, Mitte August.

AUSKUNFT

Maison de la France, Französisches Fremdenverkehrsamt, Westendstr. 47, 60325 Frankfurt a. M., Tel. 0 69/7 56 08 30; **Maison de la France, Französisches Fremdenverkehrsamt,** Keithstr. 2–4, 10787 Berlin, Tel. 0 30/2 18 20 64.

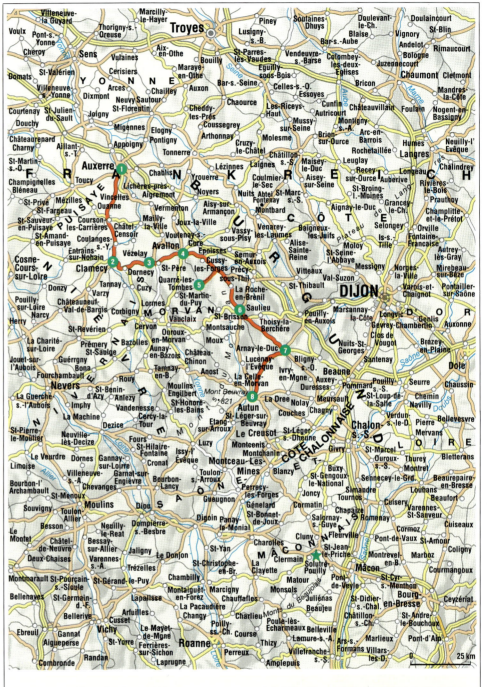

Unser Routenvorschlag
VON AUXERRE NACH AUTUN

In Auxerre ❶, dessen wunderschöne mittelalterliche Altstadt hoch über dem Fluß Yonne zum Flanieren einlädt, beginnt die Reise. Südwärts geht die Fahrt auf der N 151 über die einst bedeutende Bischofsstadt Clamecy ❷, dann nach Osten zum geschichtsträchtigen Ort Vézelay ❸. Hier thront auf dem heiligen Berg die mächtige Basilika Sainte-Madeleine, ein Meisterwerk romanischer Architektur. Nur einen Katzensprung entfernt liegt Avallon ❹. Allein schon die Atmosphäre der malerisch gelegenen Altstadt mit ihren Befestigungsanlagen und der beeindruckenden Kirche Saint-Lazare ist ein längeres Verweilen wert. Auf dem Weg nach Saulieu lohnt ein Abstecher von der N 6 in den kleinen Ferienort Quarré-les-Tombes ❺ mit seinen über 100 gut erhaltenen Steinsarkophagen aus der Merowingerzeit. Das Städtchen Saulieu ❻ ist bekannt für die wunderbaren romanischen Figurenkapitele in der Kirche Saint-Andoche. Nur 28 km die N 6 weiter südostwärts ist Arnay-le-Duc ❼ einen Halt wert. Hier kann man in der Maison Régionale des Arts de la Table, einem kleinen Museum für Eßkultur, die sinnlichen Tafelfreuden Burgunds studieren. Letztes Reiseziel ist die Stadt Autun ❽ mit den römischen Stadttoren Porte d'Arroux und Saint-André, dem Amphitheater und den Ruinen des rätselhaften Janustempels.

★ Das besondere Reiseziel: Solutré-Pouilly.

Die Weinorte in den sanft hügeligen Monts du Beaujolais haben schon ein südländisches Flair. Hier kommen weltberühmte Rotweine her – aus streng kontrolliertem Anbau und nach altbewährtem Rezept.

französische Provinz. Burgunds wechselvoller Geschichte, die sich bis in die Römerzeit zurückverfolgen läßt, verdankt das Land ein reiches kulturelles Erbe. Seinen weithin bekannten Ruf als Hort mittelalterlicher Kunstschätze begründeten in romanischer Zeit die Klostermönche von Cluny und die Zisterzienser von Cîteaux mit ihren großartigen Kirchenbauten. In der Spätgotik entfalteten sich die von den Valois-Herzögen geförderten höfischen Künste zu ungeahnter Pracht.

Köstliches aus Küche und Keller

Seien wir jedoch ehrlich – wenn von Burgund die Rede ist, verbinden wir damit nicht nur glorreiche Historie und alte Baudenkmäler, sondern auch die vielen köstlichen Spezialitäten des Landstrichs: das deftige *Bœuf bourguignon* von den weißen Charolais-Rindern, die zarten Hähnchen der Bresse, die fein marinierten Weinbergschnecken oder aber die erlesenen Senfsorten aus Dijon. Und sicherlich denken die meisten bei Burgund auch sofort an den königlichen Wein, der dieses Fleckchen Erde weltberühmt gemacht hat. Ein „goldener Rebhang" neben dem anderen entlang der kalkreichen Côte d'Or zwischen Dijon und Chagny beschert dem genußfreudigen Gaumen die höchsten Wonnen: Gevrey-Chambertin, Clos de Vougeot, Nuits-Saint-Georges, Pommard, Beaune und Santenay, um an dieser Stelle nur einige wenige namhafte Winzerorte zu nennen. Andere renommierte Weinanbaugebiete sind im Süden das hügelige Mâconnais und das gebirgige Beaujolais, im Norden die Region um Chablis, das wegen seiner leichten, trockenen Weißweine weltweit Ansehen genießt.

Abgesehen von den traditionellen Industriehochburgen Le Creusot und Montceau-Les-Mines im Departement Saône-et-Loire, die die reichen Bodenschätze im Becken von Autun seit dem 19. Jahrhundert verstärkt zur breitgefächerten Metallgewinnung nutzen, und abgesehen vom wirtschaftlich bedeutenden Zentrum Dijon ist Burgund das, was großstadtmüde Reisende verzückt mit „antiquiert" umschreiben. Nahezu überall kann man diese angenehm vorgestrige Atmosphäre erleben. So etwa bei einem Bummel entlang der Befestigungsanlagen von Avallon, auf einem Felsen hoch über dem Tal der Cousin oder bei einem Glas Wein auf der Place Charles-Surugue im gotisch geprägten Städtchen Auxerre. Und auch der Sonnenuntergang am Mont Beuvray im südlichen Morvan wird niemanden kaltlassen. Wer sich einmal auf die liebenswerte Altertümlichkeit der Region eingelassen und sie nebst der taktvollen Gastfreundschaft ihrer Bewohner in vollen Zügen genossen hat, der wird fasziniert sein von der gelassenen burgundischen Lebensart, die zeitlich Überholtes und Neues harmonisch miteinander zu verbinden weiß.

Burgund, Inbegriff geruhsamer Provinz, das sind rund 32 000 Quadratkilometer dünn besiedeltes Land. Genau besehen gibt es hier nur eine einzige Großstadt – Dijon –, in etwa 150 000 Menschen leben. Andere Städtchen wie Auxerre, Nevers, Mâcon, Autun oder Chalon-sur-Saône bringen es nicht einmal annähernd auf 100 000 Einwohner, und selbst die Technologiezentren Le Creusot und Montceau-Les-Mines zählen weniger als 50 000 Seelen. Solch überschaubare Größenverhältnisse verheißen dem Besucher einen entspannten Aufenthalt, der geprägt ist von Beschaulichkeit und nahezu ungetrübtem Naturgenuß.

Burgund, das ist Landschaft pur, das ist heimelige dörfliche Kultur, die weder der Zersiedlungspolitik noch dem Modernisierungseifer unseres Jahrhunderts zum Opfer gefallen ist. Und gemessen an ihrer Größe weist die Region eine kaum zu überbietende Abwechslung der Natur auf. Dazu gehören die Flußsenken der Saône im Osten und die der Loire im Westen, die sanften, weinträchtigen Gebirgshänge der nordöstlichen Côte d'Or, ebenso der waldreiche, von Bächen und kleinen Flußläufen zerschnittene nördlichste Ausläufer des französischen Zentralmassivs namens Morvan. Und nicht zuletzt die meist mit Weinranken bewachsenen Hügel des südlichen

Die Abtei Cluny war im Mittelalter Zentrum einer ganz Europa erfassenden Reformbewegung.

Mâconnais, die in die Berglandschaft des Beaujolais übergehen.

Wie die Landbewohner der ganzen Europäischen Union bekommt auch die burgundische Bevölkerung die Konzentration und den Verfall der agrarischen Struktur zu spüren. In den letzten 40 Jahren hat hier wie anderswo die Zahl der in der Landwirtschaft Beschäftigten kontinuierlich abgenommen. Ein struktureller Wandel hin zu einer vielschichtigen, hochspezialisierten Industrie und der Ausbau von Handel, Verwaltung und Dienstleistung sind verantwortlich dafür, daß mehr als drei Viertel der in Burgund lebenden Menschen ihr Brot heutzutage nicht mehr unmittelbar in der Landwirtschaft verdienen. Dennoch prägen Weinberge, Felder, Wiesen und Wälder weiterhin das Gesicht dieser Region und erhalten nach außen hin das Bild vom Land der Winzer und Bauern. Laut Statistik sind die Zahl und das Durchschnittsalter der Landwirte, Weinerzeuger,

Händler und Handwerker in den zahllosen Kleinstädten und Dörfern Burgunds höher als im gesamtfranzösischen Vergleich, die Bevölkerungsdichte dagegen ist nur etwa halb so groß.

Allein schon Dijons wohlbestückte Museen sind einen Halt wert. Vor allem das im Palais de Ducs untergebrachte Musée des Beaux-Arts mit seinen kostbaren Schätzen vom Mittelalter bis zur Moderne läßt das Herz eines jeden Kunstfreundes höher schlagen. Ein unvergeßliches Erlebnis sind hier vor allem die prunkvollen Herzogsgräber Philipps des Kühnen und seines Sohnes Johann Ohnefurcht. Majestätisch ruhen auf den Sarkophagen die kunstreich nachgebildeten Fürstengestalten, Engel zu ihren Häuptern, Löwen zu ihren Füßen. Sehenswert sind außerdem die beiden großen Schnitzaltäre von Jacques de Baerze und zahlreiche Werke burgundisch-flämischer Malerei aus dem 15. Jahrhundert. Wer sich für burgundische Lebensweise und Tradi-

Die liebliche Hügellandschaft des Mâconnais ist nicht durchweg vom Weinbau geprägt wie die der Côte d'Or. Die Weinberge liegen eher verstreut – doch die hier angebauten Chardonnay-Weine haben es in sich.

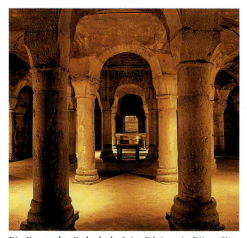

Die Krypta der Kathedrale Saint-Bénigne in Dijon: Hier wurde der Gallier-Apostel Benignus begraben.

tion interessiert, der ist im Musée de la Vie Bourguignonne in der Rue Sainte-Anne bestens aufgehoben; außerdem gibt es ein archäologisches und ein naturwissenschaftliches Museum, das sehr schön inmitten eines botanischen Gartens liegt.

Hôtels nennt man Dijons elegante Wohnpaläste des Adels und des reichen Bürgertums, die vom 15. bis zum 18. Jahrhundert entstanden sind. Mit ihren farbig glasierten Ziegeldächern, malerischen Innenhöfen, Arkaden und Wendeltreppen prägen sie heute noch wesentlich das Bild der Altstadt. Die schönsten findet man in der Rue des Forges: zum Beispiel das Hôtel Morel-Sauvegrain mit einer Fassade von 1435, das aus dem 13. Jahrhundert stammende Hôtel Aubriot und das gegen Ende des 15. Jahrhunderts erbaute Hôtel des Tuchhändlers Chambellan mit seinem prachtvollen spätgotischen Innenhof; hier ist heute das Fremdenverkehrsamt untergebracht.

Auch um spektakuläre Beispiele burgundischer Gotik ist Dijon nicht verlegen: Grazile Säulen, falsche Wasserspeier und Spitzarkaden gliedern die äußerst ungewöhnliche Fassade der Anfang des 13. Jahrhunderts entstandenen Kirche Notre-Dame, reine Renaissanceformen zieren dagegen die ausgefallene gotische Doppelturmfassade der im Flamboyantstil erbauten Kirche Saint-Michel. Die beeindruckende Krypta der gotischen Kathedrale Saint-Bénigne (der hier begrabene heilige Benignus war einer der bedeutendsten Missionare Burgunds) zählt zu den seltenen Fällen noch gut erhaltener frühromanischer Architektur.

Gelungene Synthese aus alt und neu

Als der amerikanische Schriftsteller Henry Miller in den dreißiger Jahren in Europa weilte, konnte er mit Burgunds Metropole nicht viel anfangen – als „hinterwäldlerisch" bezeichnete er sie in seinem Roman *Wendekreis des Krebses*. In den letzten Jahrzehnten hat sich die altehrwürdige Kunstmetropole jedoch zu einer modernen Großstadt entwickelt, die es versteht, ihr großartiges Kulturerbe sorgsam zu bewahren und dennoch neugierig vorwärtszustreben. Eine pulsierende Wirtschaft, eine starke Industrie und eine bedeutende Universität tragen dazu bei, daß Dijon inmitten seiner glanzvollen historischen Fassaden nicht museal verstaubt, sondern lebendig bleibt.

Wer nach einem Stadtbummel durchs Mittelalter zur Abwechslung die Vergnügungen des Hier und Jetzt genießen möchte, bewegt sich zum südwestlich des Zentrums gelegenen Parc Récréatif de la Toison d'Or, wo man sich bei einer romantischen Kanalfahrt oder im schönen Wellenbad des Wasserparks entspannen kann. Für die kleinen Gäste steht extra ein Kinderpark mit Karussells bereit. Freunde der französischen Küche finden den Tisch in Dijon reich gedeckt. Spitzenrestaurants wie das *Jean-Pierre Billoux* an der Place Darcy, das *La Toison d'Or* in der Rue Sainte-Anne und das *Thibert* an der Place Wilson haben zum Ruf Dijons als Ort wahrer Tafelfreuden beigetragen. Natürlich verfügt Burgunds Hauptstadt auch über Nobelhotels für höchste Ansprüche. Doch nicht nur die Topadressen sind zum Übernachten empfehlenswert, sondern auch die vielen kleinen, preiswerteren Hotels und Herbergen der dritten Kategorie, die man so gut wie an jeder Straßenecke antreffen kann.

Bei einem längeren Dijon-Aufenthalt bieten sich etliche interessante Ausflugsmöglichkeiten in die nähere Umgebung an. Etwa 50 Kilometer nordwestlich liegt der kleine Ort Alise-Sainte-Reine am Fuß des 407 Meter hohen Mont Auxois, der im Jahre 52 vor Christus Schauplatz der Schlacht und Belagerung von Alesia war. Über dieses berühmte Kapitel der Geschichte, das man bei einem Rundgang durch das Ausgrabungsgelände nacherleben kann, informiert hier ein Museum. Auf dem Hügel verschanzte sich damals der Gallierfürst Vercingetorix vor den römischen Legionen Julius Caesars und mußte schließlich kapitulieren. Gallien blieb danach lange Zeit römische Provinz.

Ein weiteres lohnendes Ziel ist die ehemalige Abtei Fontenay, die sich nur 14 Kilometer weiter nordwestlich in einem völlig abgelegenen Waldtal befindet. Das von dem heiligen Bernhard von Clairvaux im Jahre 1119 gegründete Zisterzienserkloster gilt als das besterhaltene Zeugnis früher Baukunst des burgundischen Reformordens. Die einfache, klare Architektur läßt sich heute noch anhand von Kirche, Kreuzgang, Kapitelsaal, Schreibraum, Dormitorium und Werkstätten studieren.

Die Yonne, ein Nebenfluß der Seine, gibt dem nördlichsten Departement Burgunds den Namen. Sie entspringt im Morvan und nimmt ihren Lauf durch den Hauptort dieses Verwaltungsbezirks: Auxerre. Die Stadt liegt anmutig auf zwei Hügeln hoch über dem Fluß. Weithin sichtbar beherrschen die gotischen Türme der Kathedrale Saint-Étienne die mittelalterliche Stadtsilhouette. Zu der Fülle hochkarätiger Sehenswürdigkeiten gehören hier die ehemalige Abteikirche Saint-Germain, der Tour de l'Horloge, ein origineller spätgotischer Uhrturm, und einige wunderbare alte Fachwerkhäuser. Die Schöne an der Yonne ist sich ihrer verführerischen Nähe zur Weltmetropole Paris durchaus bewußt und weiß zudem genau, daß sie mit einem der großartigsten gotischen Stadtbilder in Frankreich aufwarten kann. Kein Wunder also, daß Auxerre schon lange mit Burgunds Metropole Dijon konkurriert und aus deren Schatten treten möchte.

Der alte Treidelpfad am Canal de Bourgogne dient heute als Wanderweg. Die 1200 Kilometer Binnenwasserstraßen in Burgund haben ihre Bedeutung für die Handelsschiffahrt verloren und laden heute zu Bootstouren ein.

Joigny an der Yonne bezaubert seine Besucher mit einer schönen Altstadt und berühmten Gourmet-Tempeln.

In der näheren Umgebung von Auxerre bietet das Departement Yonne weitere attraktive Ausflugsziele. Nur knapp 20 Kilometer östlich liegt an den Ufern des Serein der hübsche Ort Chablis – Zentrum des gleichnamigen Weinanbaugebiets, das mit noch etwa 20 anderen Gemeinden ringsum den berühmten weißen Rebensaft aus der Chardonnay-Traube erzeugt. Wer lieber einen leichten Rosé verkosten möchte, der sollte sich zum südöstlich gelegenen Winzerdorf Irancy aufmachen.

Nordöstlich von Auxerre findet man, ebenfalls am Ufer des Serein, die imposante gotische Zisterzienserklosterkirche Notre-Dame de l'Assomption von Pontigny. In westlicher Richtung schließlich erstreckt sich die Landschaft Puisaye mit ihrem Hauptort Saint-Fargeau am Zusammenfluß von Loing und Bourdon. Ganzer Stolz der kleinen Gemeinde ist das hier leicht erhöht thronende Schloß, ein mächtiger, fünfeckiger Bau mit mächtigen Ecktürmen und sehenswertem, elegantem Innenhof.

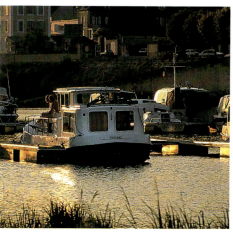
Vielerorts können sich Freizeitkapitäne ein – führerscheinfreies – Hausboot mieten.

Frühling, Sommer, Herbst... Für einen Aufenthalt in Burgund spielt die Reisezeit eigentlich keine besondere Rolle, denn die meisten Unternehmungen erfordern hier nicht unbedingt strahlend blauen Himmel und gleißenden Sonnenschein. Im Gegenteil, so mancher interessante Streifzug durch das mittelalterliche Burgund könnte sogar in der mittäglichen Hitze der Sommermonate eher etwas beschwerlich sein. Bei Ausflügen in die bis zu 900 Meter hohe Bergwelt des Morvan mit seinem sehenswerten Naturpark ist hingegen zu beachten, daß dort in der Regel noch bis in den März hinein Schnee liegt, während alle anderen Dörfer und Provinzstädte bereits ihre Cafés auf die Straßen und die Marktplätze verlegen. In dieser Zeit des Frühjahrsputzes, des Durchlüftens und Auftauens lassen sich die Vorzüge dieses reizvollen Landstrichs ganz besonders intensiv genießen; es ist also durchaus empfehlenswert, seine Reise nach Burgund für den Frühling einzuplanen.

Geruhsame Tage und lange Nächte

Aber auch andere Jahreszeiten, vor allem der laue Spätsommer, garantieren rundum angenehme Erlebnisse: Herrlich die sonnendurchfluteten Spaziergänge in den mit einzelnen Gehöften und Dörfchen besetzten Hügeln des Brionnais. Wunderbar die langen, ab und zu auch feucht-fröhlichen Nächte in den Tempeln der lukullischen Freuden, die, wie es sich gehört, bei einem Digestif in den kleinen Bars und Brasserien etwa in Autun oder Nevers enden. Und wenn die ersten Herbststürme durch die mittelalterlichen Gassen der Städtchen brausen, wenn die frühen Nebelschwaden aus den kühlen Auen der Bäche und Flüßchen der Côte d'Or dampfen und dabei die Weingüter und Festungsmauern, die Spitzen der Kathedralen und oft kunstvoll gedeckten Häuserdächer mystisch verklären, wenn die Wälder des Morvan und die Blätter der Rebstöcke sich bunt verfärben, dann kann man bei so überwältigenden Anblicken leicht die Seele baumeln lassen.

Mitten in Burgund erhebt sich fast in der Form eines Vierecks die rauhe und regenreiche Gebirgsgegend des Morvan. Sein Name bedeutet, aus dem

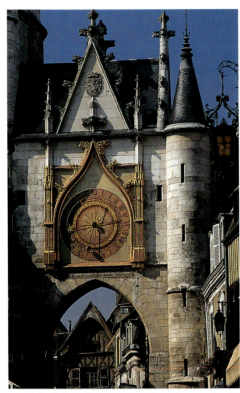

Der Tour de l'Horloge, ein gotischer Uhrturm, ist das Wahrzeichen von Auxerre an der Yonne.

deutschen Haus Kleve verbunden war. Mit der sich anschließenden Herrschaft der Familie Gonzaga, der Herzöge von Mantua, kamen italienische Kunsthandwerker ins Städtchen – und so begann die traditionsreiche Fayenceherstellung in Nevers. Sehenswert sind in der Metropole des Departements Nièvre die Stadtmauer, die Kathedrale, die wunderschöne romanische Kirche Saint-Étienne an der Esplanade und der Herzogspalast (Palais Ducal). Im Töpferviertel kann man Künstlern bei der Fayenceherstellung zuschauen. Das Stadtmuseum (Musée Municipal) besitzt eine sehr schöne Sammlung der kunstvoll bemalten Keramikwaren, die hier seit dem 16. Jahrhundert entstanden sind.

Form des Reisens: das Bootfahren. Überall werden Tages- oder Halbtagesausflüge mit dem Schiff angeboten; und Freizeitkapitäne können sich ein Hausboot mieten. Einen Führerschein braucht man dafür nicht; man muß lediglich mindestens 18 Jahre alt sein. Außerdem gibt es Hotelboote, die mehrtägige Ausflugsfahrten anbieten. Wer gern einen Teil seines Burgundaufenthalts auf dem Wasser verbringen möchte, der sollte spätestens im Bezirk Nièvre auf ein Haus- oder Hotelboot umsteigen. Noch recht unverfälscht kann man die herrliche Landschaft Burgunds erleben, wenn man sich hier für eine Fahrt auf dem Canal du Nivernais entscheidet, der die beiden Flüsse Yonne und Loire mit-

Der malerisch am Ufer des Serein gelegene alte Weinort Chablis: Hier wird aus Chardonnay-Trauben einer der feinsten und haltbarsten französischen Weißweine gekeltert.

Keltischen übersetzt, soviel wie schwarzer Berg. Diese Beschreibung trifft auch zu, denn das recht dünn besiedelte Massiv zwischen Avallon, Saulieu, Saint-Léger-sur-Beuvray und Corbigny ist von riesigen dunklen Wäldern überzogen. Wegen seiner vielen Flüsse, Bäche und Seen ist der Morvan ein wahres Paradies für Wassersportler und Bootsurlauber.

Die grüne Lunge im Herzen Burgunds

In der stillen Bergregion des Morvan gibt es – von einer zwischen Autun und Nevers verlaufenden Route Departementale zweiter Kategorie abgesehen – ansonsten nur mit Strauchwerk und Farn gesäumte enge Landstraßen und entlang der Flüsse autofreie Treidelpfade. Deshalb ist die grüne Lunge Morvan, die oft wie das französische Zentralmassiv als „Herz Frankreichs" bezeichnet wird, gleichzeitig ein heißer Tip für Radfahrer und Wanderer. Der Parc Naturel Régional du Morvan, mit rund 1750 Quadratkilometern immerhin einer der größten zusammenhängenden Naturparks in Europa, bietet unzählige Möglichkeiten, zu Fuß, zu Pferde oder auch – ganz romantisch – im Planwagen jahrhundertealte malerische Ortschaften wie Château-Chinon, Quarré-les-Tombes oder Vézelay zu erkunden. Einstieg und Informationszentrum des Naturparks findet man in Saint-Brisson.

Dicht an der westlichen Grenze Burgunds liegt an der Loire die alte Herzogstadt Nevers, deren Geschichte im 15. und 16. Jahrhundert eng mit dem

Im näheren Umkreis von Nevers läßt sich eine große Zahl idyllischer Ortschaften ausfindig machen – wie etwa das anmutige Kleinstädtchen La Charité-sur-Loire mit seinen verschachtelten Häusern und seiner von der imposanten Kirche Sainte-Croix-Notre-Dame geprägten Silhouette oder die altehrwürdige Bischofsstadt Clamecy. Nicht zu vergessen das hübsche Winzerdorf Pouilly-sur-Loire, das als Zentrum des Weinanbaus in der Region gilt, und der kleine Ort Saint-Parize-le-Châtel, dessen mittelalterliche Kirche eine reich verzierte Krypta aus dem zwölften Jahrhundert birgt.

Wegen seiner vielen Flüsse und Kanäle – insgesamt sind diese Wasserwege rund 1200 Kilometer lang – eignet Burgund sich ganz besonders für eine ebenso geruhsame und beschauliche wie originelle

einander verbindet. Er verläuft am Westrand des Morvan und gilt als die mit Abstand schönste Wasserstraße in Burgund.

Burgunds Feste sind wie das beschriebene Essen: deftig und bodenständig. Was soll man aber auch von einer Region erwarten, in der einer der feinsten Rebentropfen auf dieser Welt gekeltert wird und in der die Rinder weder gedopt noch vom Wahnsinn befallen sind? Winzerfeste und Freßgelage? Sicherlich. Jedoch ist das Feiern im Kern oft religiös, wie zum Beispiel das Fest zu Ehren des heiligen Vinzent, des Schutzpatrons der Winzer. Ende Januar wird es abwechselnd in den Weinorten der Côte d'Or mit prunkvollen Prozessionen ausgerichtet. Daneben gibt es keltische Fruchtbarkeitsrituale mit Johannisfeuern wie die Sonnenwendfeiern auf dem Mont

Beuvray oder dem Mont-Saint-Vincent. Verglichen mit den Orgien der vorchristlichen Ahnen geht es in den Bergen heute weniger ausgelassen, gesitteter und familiärer zu. Zahlreiche Veranstaltungen kommen auf die Landbevölkerung im Spätsommer und Herbst zu, wenn in den Anbaugebieten und Zentren der Viehzucht mit traditionellen Umzügen und mittelalterlicher Folklore Erntedank begangen wird. Noch bedeutender sind die Winzerfeste, darunter am bekanntesten das an jedem dritten Wochenende im November stattfindende „Les Trois Glorieuses". Auftakt der Festlichkeiten ist am Samstag der feierliche Einzug und die Kapitelsitzung der Weinbruderschaft Chevaliers du Tastevin auf dem berühmten Schloß Clos de Vougeot. Am darauffolgenden Sonntag werden dann im Hôtel-Dieu in Beaune die Hospizweine versteigert. Der dritte Teil des Festes ist der Montag mit der sogenannten La Paulée, einem üppigen Festbankett in Meursault.

Raffinierte Saucen und edler Burgunder

Wo die Weine gut sind, geht es auch dem Gast gut. So hat Burgund eine Menge Spitzenrestaurants vorzuweisen. Die burgundische Küche, wie schon gesagt üppig und bodenständig, hält ein vielfältiges Angebot an Gaumenfreuden bereit: *Escargots* (feingewürzte Weinbergschnecken), *Bœuf bourguignon* (in Rotwein geschmortes Rindsragout), *Jambon persillé* (Petersilienschinken), *Pochouse* (Fischsuppe mit Schleie, Barsch, Aal, Karpfen und Hecht in Weißweinsud) – die Liste der kulinarischen Leckerbissen ließe sich noch eine ganze Weile fortsetzen. Bei der Zubereitung dieser Köstlichkeiten spielt natürlich der Wein, aber auch die Sahne eine wesentliche Rolle. Aus diesen beiden Zutaten lassen sich verführerische Saucen zaubern: zum Beispiel die *Meurette,* eine würzige Rotweinsauce, die zu Fleisch, Wild, Fisch oder einfach zu pochierten Eiern gereicht wird, oder *Saupiquet,* eine nach uraltem Rezept zubereitete Wein-Sahne-Sauce, die gut zu Schinken paßt.

Die Burgunder selbst erklären ihre hochrangige traditionelle Kochkunst mit dem lange währenden Wettstreit zwischen gallischer und römischer Küche auf burgundischem Terrain, der schließlich zu einer gelungenen Synthese führte – das jedenfalls belegen im archäologischen Museum von Dijon Dokumente aus gallo-römischer Vergangenheit. Heutzutage paaren sich in Burgunds Schlemmertempeln die Sinnesfreude und Opulenz der italienischen mit der Feinheit und Sorgfalt der französischen Eßkultur. Gourmets und Gourmands geraten hier ins Schwärmen und bedienen sich dabei der schlichten, aber griffigen Redewendung: Wer wenigstens einmal wie Gott in Frankreich leben will, muß nur in Burgund stilecht tafeln gehen.

Feinschmecker lassen sich bei einer Schlemmertour auf keinen Fall das flache, fruchtbare Land der Bresse im Südosten der Region entgehen, das für die Aufzucht der weißen Bressehühner berühmt ist.

Sanfthügelige Landschaft, weidende Schafe, kleine Dörfer, alte Kirchen: Burgund hat sich seinen ländlichen Charakter bewahrt. Im Land der Winzer und Bauern kann man fernab von großstädtischer Hektik „Natur pur" erleben.

Massentierhaltung ist hier ein Fremdwort, das Federvieh hat freien Auslauf und wird mit Maismehl, Buchweizen und Milch gefüttert. Daß ein Huhn noch nach Huhn schmeckt, geschmort in frischer Sahne, kann man im jahrhundertealten Städtchen Bourg-en-Bresse im Restaurant *Le Français* erleben. Und in Auxerre bescheren gleich mehrere Lokale unvergeßliche Genüsse: Im *Jean-Luc-Barnabet* erwarten den Gast phantastische Varianten des *Bœuf bourguignon,* im *Le Jardin Gourmand* sind vortreffliche kulinarische Kombinationen wie etwa Wild mit Honig zu probieren. In Joigny am rechten Ufer der Yonne sollte man sich ruhig einmal im sternedekorierten Restaurant *La Côte Saint-Jacques* den Luxus kostspieliger und ungewöhnlicher Kreationen, beispielsweise Schweinshaxe mit Languste, leisten. Höchste Gourmet-Qualität verspricht auch Burgunds bekannter und beliebter Speisetempel *La Côte d'Or* in Saulieu, zu dessen besonderen lukullischen Ereignissen beispielsweise das Kalbsschnitzel mit Trüffel zählt.

Ein freundlicher Hinweis an dieser Stelle: Die bislang genannten Lokale gehören zum Feinsten, was das an gastronomischen Schätzen nicht gerade arme Frankreich zu bieten hat. Daher muß man hier für ein Menü in der Regel schon 150 bis 250 Mark hinlegen. Doch keine Sorge: In Burgund finden sich auch viele einfachere Restaurants und Landgasthäuser, wo man ebenfalls paradiesisch schlemmen kann, und das zu durchaus zivilen Preisen. Und dann sind da ja – nicht zu vergessen – auch noch die erlesenen Weine. Viele reisen auch ihretwegen hierher und manche nur ihretwegen – gemeint ist die große Familie der weltweit hochgeschätzten Burgunder, der viele Weinfreunde einmal vor Ort ihre Aufwartung machen wollen. Denn sie haben es in sich, die edlen Tropfen, die hier in den Kellern der Winzer lagern: die einen rubinrot, mit feinem Aroma und delikatem Bukett, die anderen weiß, rassig gehaltvoll, mit sehr zarter Säure.

Diejenigen, die sich schon allein am Anblick weiter Reblandschaften erfreuen, mag es zunächst enttäuschen, daß die Weingärten Burgunds mit rund 400 Quadratkilometern nur ungefähr ein Prozent der landwirtschaftlich genutzten Fläche in der Region ausmachen. Dennoch ist Burgund zusammen mit Bordeaux die meistgefeierte Weinbaugegend Frankreichs, dennoch werden hier einige der hochwertigsten Weine der Welt gekeltert, einzelne unter ihnen kaum noch bezahlbar. Das Geheimnis des Erfolges: Man setzt auf Klasse statt auf Masse und pflegt sorgfältig die absoluten Spitzenlagen. Überdies vertraut man auf die exzellente Bodenbeschaffenheit und die aus uralter Tradition gewachsene Erfahrung der Winzer.

Ob die in Burgund sich schon früh ausbreitende Rebkultur bereits 600 vor Christus von den Griechen oder erst im dritten Jahrhundert nach Christus von den Römern eingeführt wurde, darüber streiten sich die Gelehrten. Im Mittelalter machten sich besonders die Klöster um die Kultivierung des Weines verdient, vor allem die Zisterziensermönche nahmen sich tat-

Westeuropa

kräftig der Ausweitung der Rebflächen an. Daran erinnert noch heute Clos de Vougeot, das wohl berühmteste Weingut Burgunds, das die Zisterzienseräbte von Cîteaux im zwölften Jahrhundert erbauen und bewirtschaften ließen. Unter den burgundischen Herzögen des 14. und 15. Jahrhunderts genossen die Weine Burgunds bereits legendären Ruf.

Wer die Wahl hat, hat die Qual

Im Laufe der Zeit entstanden sechs Hauptanbaugebiete, die je nach Rebsorte, Boden, Lage und Klima unterschiedliche Weine mit jeweils ganz eigenem Charakter hervorbringen. Aus der Pinot Noir- und Gamay-Traube werden hier die Rotweine gekeltert, aus der Chardonnay- und Aligoté-Traube die Weißweine. Im Norden Burgunds liegt die durch ihre erlesenen Chardonnay-Weine bekannte Region Chablis. Die langgestreckten Hügelketten zwischen Dijon und Lyon teilen sich die Weinbaugegenden Côte de Nuits, Côte de Beaune, Côte Chalonnaise, das Mâconnais und das Beaujolais auf. Entlang dieses schmalen Streifens reiht sich eine berühmte Winzergemeinde an die andere – Liebhaber der edlen Burgundertropfen, die viele Ortsnamen von den Weinetiketten zu Hause kennen, werden hier zahlreiche alte Freunde wieder entdecken!

Die Könige der Burgunder heißen Grands Crus (große Gewächse), nur die allerbesten Weine der absoluten Spitzenlagen dürfen diese Qualitätsbezeichnung führen. Grands Crus werden in fast jedem Winzerdorf der Côte de Nuits produziert. Zu den berühmtesten Lagen zählt hier der Weinberg Chambertin, ganze 5,5 Hektar groß, in dem malerischen Städtchen Gevrey-Chambertin. Viele der hiesigen Winzerorte tragen einen Doppelnamen, der sich aus dem Gemeindenamen und der bedeutendsten Weinlage des Ortes zusammensetzt.

Für Interessierte, die das umfangreiche Weinangebot Burgunds ein wenig besser kennenlernen wollen, vorab eine kleine Hilfestellung: Hochrangige Rotweine werden hier nur aus der Rebe des Pinot Noir und erstklassige Weißweine nur aus der Chardonnay-Rebe gewonnen. Die Vermerke auf den Flaschenetiketten teilen die Burgunderweine in vier Qualitätsstufen ein: Grand Cru, der vornehme Große, verzichtet auf die Ortsbezeichnung und weist nur die Weinlage aus. Premier Cru, die zweite Spitzenklasse, gibt in der Reihenfolge zunächst den Gemeindenamen und dann die Lage an. Beim Communal, der dritten Gütekategorie, verhält es sich wieder anders – es erscheint auf jeden Fall der Ort und eventuell darunter kleingedruckt die Lage. Den vierten Platz teilen sich schließlich Bourgogne Grand Ordinaire und Bourgogne Ordinaire, die einfachsten Qualitätsweine, die lediglich mit dem Zusatz Appellation Contrôlée versehen sind.

Außer den edlen Weinen gibt es in Burgund aber auch noch andere hochprozentige Köstlichkeiten, die zu probieren sich lohnt. Ein kleines Erlebnis ist der Marc de Bourgogne, ein Tresterbranntwein. Auch die roten und weißen Schaumweine (Crémant de Bourgogne) sind von hervorragender Qualität. Und der inzwischen weit über die Grenzen Frankreichs bekannt gewordene „Kir", ein aus Bourgogne Aligoté (einem trockenen Weißwein) und Crème de Cassis (schwarzem Johannisbeerlikör) gemixter Aperitif, wurde in Dijon erfunden.

Wer in den berühmten Weingegenden unterwegs ist und sich Führungen durch bekannte Winzerkeller inklusive Weinprobe nicht entgehen lassen möchte, braucht nur auf die wegweisenden Schilder mit der Aufschrift „De Vignes en Caves, Visite & Dégustation" zu achten. Die offen angebotenen Weine sind oft von hoher Qualität, haben aber dennoch in der Regel einen durchaus annehmbaren Preis. Außerdem werden von zahlreichen Veranstaltern Weinseminare angeboten. Nähere Informationen erhält man bei den Fremdenverkehrsbüros in den einzelnen Weinorten.

Geradezu ein Muß für den Weinfreund ist ein Besuch des in der Weinlandschaft Côte de Nuits gelegenen Schlosses Clos de Vougeot (zwei Kilometer südlich des reizvollen Dorfs Chambolle-Musigny). Auf dem in grüne Rebenlandschaft eingebetteten,

Man braucht nicht immer einen Anlaß, um in gemütlichen kleinen Bistros Gastlichkeit zu genießen.

rustikal anmutenden Weingut mit seinen zwei eckigen Türmen und dem Innenhof, der von Wirtschaftsgebäuden aus dem 12. und 13. Jahrhundert eingerahmt wird, wirken die prominenten Mitglieder der Confrérie des Chevaliers du Tastevin. So nennt sich die hochgeachtete Gilde der Weintester und Wächter über den burgundischen Wein – eine Winzervereinigung, die sich die Absatzförderung dieses Weines zur Aufgabe gemacht hat.

Nostalgische Reise ins Mittelalter

Vom Schloß Clos de Vougeot aus bietet sich ein Abstecher zur nahe gelegenen Abtei Cîteaux an. Dieses 1098 gegründete Mutterkloster der Zisterzienser in Burgund war im zwölfen Jahrhundert Mittelpunkt eines ganzen Netzes von Klöstern überall in Europa; 113 Tochterklöster wurden von hier aus gegründet.

Das 600-Seelen-Dorf Vézelay südlich von Auxerre in den Bergen des Morvan hütet mit Sainte-Madeleine eine der kostbarsten romanischen Kirchen Frankreichs. Hier rief 1146 Bernhard von Clairvaux zum zweiten Kreuzzug auf.

Immerhin ging von Cîteaux – ähnlich wie von der berühmten Benediktinerabtei Cluny im Süden Burgunds – eine epochale Reformbewegung mit dem Ziel der Rückkehr zu alten mönchischen Tugenden aus. Heute sind von dem Kloster zwar nur noch einige spärliche Reste erhalten, denn die Zisterzienser hatten die mittelalterlichen Gebäude Mitte des 18. Jahrhunderts abgerissen, um an deren Stelle einen riesigen klassizistischen Neubau zu errichten – der allerdings nie fertiggestellt wurde. Aber man kann sich hier eine sehr interessante Diavorführung über das Leben der Mönche ansehen – und anschließend, um nach diesem interessanten Einblick in ein Leben der Gottesfurcht und Askese auch wieder den Genuß zu seinem Recht kommen zu lassen, in dem nur wenige Kilometer entfernten Ort Vosne-Romanée einkehren, der für seine ausgezeichneten Rotweine berühmt ist. (Unbedingt probieren sollte man den Romanée-Conti und den Richebourg.)

Noch ein gut gemeinter Rat zum Schluß: Weinproben gehören zu den wunderbaren Erlebnissen einer Burgundreise. Wer zuerst verkosten möchte, was er in den Winzerkellern oder Weinhäusern kauft, sollte jedoch bedenken, daß auch in diesem weinseligen Flecken Erde die 0,8-Promille-Grenze gilt – und in dieser Hinsicht lassen die ansonsten dem Lebensgenuß sehr zugetanenen Franzosen durchaus nicht mit sich spaßen.

Im Zentrum der waldigen Berglandschaft des Morvan liegen auf einem Hochplateau wunderschöne Seen wie der Lac des Settons. Hier kann man Boot fahren, Wassersport treiben oder ganz einfach die Seele baumeln lassen.

DAS BESONDERE REISEZIEL: DIE AUSGRABUNGEN VON SOLUTRÉ

Wer hat Lust auf eine faszinierende Entdeckungsreise in Burgunds reiche vorgeschichtliche Vergangenheit? In Solutré-Pouilly nahe bei Mâcon hinterließ die Steinzeit großartige Spuren. Malerisch liegt das kleine Dörfchen unterhalb eines Kalksteinfelsens, der majestätisch inmitten von Weinfeldern aufragt. An ein Riesenschiff erinnern die Formen des imposanten Steingebildes, das im Osten sanft ansteigt und im Westen schroff abfällt.

Die Ausgrabungsstätte am Fuße des berühmten Felsens von Solutré gab einer ganzen vorgeschichtlichen Zivilisation den Namen: dem von 20 000 bis 17 000 vor Christus währenden Solutréen. Die sensationellen Tierknochenfunde belegen, daß dieser Ort lange Zeit ein bedeutender, häufig benutzter Jagdplatz war. Im Erdreich vermuten die Archäologen mehr als 100 000 Pferdeskelette, außerdem förderten sie für die Kulturepoche außergewöhnlich sorgfältig gearbeitete Werkzeuge und Waffen zutage, darunter Speerspitzen in Weideblatt- und Messer in Lorbeerblattform.

Die immens große Anzahl der entdeckten Pferdeknochen, deren Knochenbau sehr an die heutigen Camargue-Pferde erinnert, gibt den Fachleuten noch Rätsel auf. Wurden die Tiere von ihren Verfolgern den steilen Felsen hinaufgetrieben und dann in den Abgrund gejagt, wo sie zu Tode stürzten? Oder benutzten die Steinzeitmenschen diesen Platz lediglich als Metzelstatt, wo sie ihre zuvor erlegte Beute hintransportierten, schlachteten und zerlegten? Solchen Fragen widmet sich anschaulich das prähistorische Museum, das seine vorgeschichtlichen Ausgrabungsfunde stimmungsvoll im Felssockel tief unter der Erde präsentiert.

Nach dem eindrucksvollen unterirdischen Erlebnis erwartet denjenigen, der die geringen Mühen der Bergbesteigung nicht scheut, auf dem Felsenkamm von Solutré ein wunderschönes Panorama – weit schweift der Blick über die verträumten Winzerdörfer und die liebliche Weinrebenlandschaft des Mâconnais. Auch die benachbarte Anhöhe von La Grange-du-Bois ist wegen der traumhaften Aussicht einen Aufstieg wert. Wie auf einem Rundgemälde erscheinen von hier oben die Flußebene der Saône und das flache Land der Bresse, der Felsen von Solutré und das Weindörfchen Vergisson, an klaren Tagen reicht der Fernblick gar bis zu den Alpen.

Nur etwa fünf Kilometer von Solutré-Pouilly entfernt liegt Mâcon, die südlichste Stadt in Burgund. Flache Rundziegeldächer zieren hier die hohen, glatten Häuserfassaden und verraten schon deutlich südfranzösischen Einfluß. In einem der vielen gemütlichen Straßencafés am Quai Lamartine, dem breiten Uferboulevard an der Saône, endet schließlich die vergnügliche Reise in die Vergangenheit.

Majestätisch erhebt sich der Felsen von Solutré über den Weinbergen. An dieser prähistorischen Ausgrabungsstätte wurden sensationelle Funde gemacht.

Westeuropa

LOIRETAL
Prachtvolle Schlösser und stille Dörfer

Paris ist Frankreichs Kopf – doch Frankreichs Herz ist Orléans an der Loire, so sagen die geschichtsbewußten Franzosen. Die Loire steht nicht nur wegen der vielen königlichen Schlösser an ihren Ufern in dem Ruf, Frankreichs Lebensader zu sein. Der mit einer Länge von 1020 Kilometern größte Fluß des Landes ist als einziger in Westeuropa nicht reguliert. An der Loire gedeihen berühmte Weine, und selbst unscheinbare Landgasthöfe warten mit einer fürstlichen Küche auf: Hier speisen die Besucher aus aller Welt wirklich „wie Gott in Frankreich".

Jahrhunderte hindurch war dieses Tal der liebste Aufenthaltsort der Könige von Frankreich, vor allem die rund 300 Kilometer zwischen Gien im Osten und Angers im Westen. Im 15. Jahrhundert stellten die Loirestädte Orléans, Tours, Angers und Nantes sogar Paris als Hauptstadt in den Schatten. Erst König Franz I. setzte dann im 16. Jahrhundert Paris wieder in sein altes Recht. Doch ausgerechnet dieser Herrscher hinterließ dem Loiretal auch eine seiner größten Kostbarkeiten: Chambord, das größte Schloß von allen, Vorbild für Versailles und inzwischen von der UNESCO zum Weltkulturerbe erklärt. Chenonceaux, 30 Kilometer östlich von Tours am Ufer des Loire-Nebenflusses Cher gelegen, entstand zur gleichen Zeit wie Chambord und ist der zweite Höhepunkt königlicher Prachtentfaltung.

Wie Perlen an einer Schnur sind die Schlösser längs des Flusses aufgereiht: Blois, Amboise, Saumur, um hier nur einige besonders prunkvolle zu nennen. Hier wurden die rauschendsten Feste gefeiert, Maskenbälle ebenso wie Wasserschlachten auf dem Fluß und Feuerwerke über allem.

Neben all dieser Prachtentfaltung gibt es im Tal der Loire aber auch kleine Kostbarkeiten wie das stille, beschauliche Dorf Cléry-Saint-André mit der gewaltigen gotischen Basilika Notre-Dame, durch die die Schwalben turmhoch schießen, und Beaugency mit dem mächtigen Donjon – dem Kernstück der normannischen Befestigung aus einer Zeit, als man noch Burgen baute, keine Schlösser. Oder etwa Beauregard, ein hübsches kleines Jagdschloß mit einer wahrhaft einzigartigen Gemäldegalerie: ein ganzer Saal, der voll vertäfelt ist mit 363 Porträts von Königen und Königinnen und den edelsten Vertretern ihrer Höfe.

Einer der Höhepunkte unserer romantischen Reise durch das Loiretal ist Angers mit seinem von wehrhaften Rundtürmen und prachtvollen Blumenrabatten umgebenen Schloß. Es lohnt sich, die Wehrmauer zu ersteigen: Von hier aus bietet sich ein herrlicher Rundblick. Aber auch das Innere des Schlosses, in dem 70 weltberühmte Gobelins mit Darstellungen aus der Apokalypse hängen, ist überaus sehenswert.

Der große Bildhauer Auguste Rodin nannte die Loire „diese Pulsader unseres Frankreichs! Strom des Lichtes, süßen, glücklichen Lebens!"

Auskunft: siehe Seite 262.

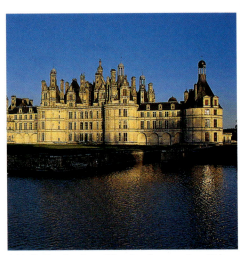

Schloß Chambord am Ufer des Cosson, eines Nebenflusses der Loire, liegt in einem weitläufigen Park.

AUVERGNE
Wo schon die alten Römer baden gingen

Der Kern des französischen Zentralmassivs war einst ein feuerspeiender Drache. Mehr als 100 Vulkane – inzwischen erloschen – prägen seither die bizarre Landschaft, durch die sich malerisch der Fluß Allier nach Norden schlängelt. Die Auvergne ist nach wie vor ein stilles Land, das im Sommer mit seinen schon von den Römern geschätzten Thermalbädern und im Winter mit vielen noch recht natürlichen Skipisten lockt. Rund 1000 Kilometer markierter Wanderwege gibt es, dazu klare, fischreiche Flüsse und Bäche, die zu Bootsfahrten einladen. Alles dies läßt die Region fernab von Glanz und Glamour zu einem Geheimtip für Aktivurlauber werden.

Ein keltisches Nomadenvolk gab dieser Landschaft den Namen. Es waren die Averner, die sich 800 vor Christus an der romantischen Flußebene des Allier beim heutigen Clermont-Ferrand niederließen und später danach drängten, ihr Territorium bis zum Rhein und zum Atlantik auszudehnen. Erst die entscheidende Niederlage der unter dem Avernerkönig Vercingetorix kämpfenden Gallier im Krieg gegen Rom bereitete dieser Herrschaft im Jahre 52 vor Christus ein Ende. Nach ihrem Sieg begannen die Römer in der Region die Verkehrswege auszubauen

Am eindrucksvollsten ist die Auvergne im Norden: Die rund 30 Kilometer lange Chaîne des Puys besteht aus etwa 60 erloschenen Vulkankegeln, die über 1400 Meter hoch werden und eine bizarre Mondlandschaft bilden.

und rund um das bekannte Heilbad Vichy Thermalbäder einzurichten.

Eine Blütezeit erlebte die Auvergne außerdem in der romanischen Epoche, die hier großartige Kirchenbauwerke wie die Kathedrale Notre-Dame in dem malerischen alten Städtchen Le Puy hinterließ. Die beeindruckenden Kirchen der Romanik – etwa in Clermont-Ferrand, Orcival und Issoire, in Saint-Nectaire und Saint-Saturnin – wurden aus Lava und Sandstein erbaut. Sie bestechen durch ihre karge Schlichtheit und fügen sich harmonisch in die rauhe Landschaft ein. Eine spröde Schönheit kennzeichnet das gesamte vulkanische Hochplateau ebenso wie die mit Ginster, Heidekraut und niedrigem Strauchwerk bewachsenen Hügelketten.

Auskunft: siehe Seite 262.

CHAMPAGNE
Wenn der Schampus perlt und prickelt

Östlich des Pariser Beckens und nördlich von Burgund liegt das Mutterland des Champagners, der weltweit als Symbol für Luxus und Lebensgenuß gilt. In Reims und Épernay wird der prickelnde und süffige Trunk noch nach altbewährter Methode gekeltert. Feuchte Wälder und ausgedehnte Weiden im Westen sowie eine trockene Kreidelandschaft zu den Ardennen hin rahmen die wärmeliebenden Weinberge der Champagne ein. Historisch betrachtet gilt die ländliche Region als Geburtsstätte Frankreichs. In Reims, der Hauptstadt der Provinz, entschied Jeanne d'Arc, die heilige Jungfrau von Orléans, das Schicksal ihrer Heimat gegen die Besatzungsmacht England.

Die Nähe zur Metropole Paris und deren beherrschende Einflüsse sind hier überall deutlich zu spüren. Viele wohlhabende Bürger der französischen Hauptstadt haben sich in der Champagne ihre ländliche Residenz zugelegt. Die tiefen Laubwälder in den Ardennen, die Obstplantagen des Bocage und die für die Champagnerherstellung genutzten Weinberge in der Montagne de Reims versprechen naturnahe Erholung und stille, beschauliche Wochenenden. Auch die friedlichen Felderlandschaften zwischen Sainte-Menehould und Reims in der Champagne crayeuse und die klaren Seen bei Langres und im Forêt d'Orient bieten dem gestreßten Großstädter verborgene Schlupfwinkel und dem Touristen ein äußerst vielfältiges Freizeitangebot: zum Beispiel Bootsfahrten auf Seen und Kanälen, sportliche Radtouren entlang idyllischer Flußläufe oder ausgedehnte Waldspaziergänge.

Für Kulturliebhaber stehen die geschichtsträchtigen und atmosphärisch überaus reizvollen Provinzmetropolen Charleville-Mézières, Châlons-sur-Marne, Troyes oder Chaumont auf dem Programm. Nicht zu vergessen die altehrwürdige Bischofsstadt Reims – hier findet sich eine der schönsten gotischen Kathedralen Frankreichs, das Musée des Beaux-Arts wartet mit einer großartigen Gemäldegalerie auf, und auf der Place de la République überrascht ein 33 Meter hoher römischer Triumphbogen, die Porte de Mars, den Besucher.

Kulinarisch gesehen ist die Champagne ein Schlemmerparadies. Wild, Geflügel, Schinken und Süßwasserfische werden nicht selten mit den edelsten aller Rebensäfte zubereitet, um dann lecker ausgerichtet die Gaumen verwöhnter Gourmets zu kitzeln. Zu den Spezialitäten der Region gehört außerdem ein exzellentes Sortiment eigener Käsesorten wie Caprice des Dieux, Chaumont oder Bourmont. Und Hand aufs Herz – wer ist nicht verführt, in den Champagnerkellereien der landschaftlich äußerst reizvollen Anbaugebiete Bar Séquanais, Bar-sur-Aubois, Côte des Blancs, Côte de Sézanne, Montagne de Reims und Vallée de la Marne haltzumachen und die edlen Tropfen zu verkosten, wenn man schon einmal hier ist?

Auskunft: siehe Seite 262.

In Millionen von Flaschen reift in den Kellereien von Moët et Chandon in Épernay der Champagner.

ZENTRALMASSIV
Frankreichs Herz aus erkalteter Lava

Das Zentralmassiv ist das – von seiner Ausdehnung her – größte Gebirge Frankreichs. Mit dem 1886 Meter hohen Puy des Sancy ragt es eindrucksvoll in den Himmel, Ausläufer reichen bis nach Burgund, ins Aquitanische Becken und zur Rhône. Hier ist auf kleinstem Raum eine sonst auf der Welt kaum erreichte Vielzahl von Gesteinsarten zu finden. Fernab großer Städte und Touristenströme kann man in dem Mittelgebirge, dessen Kernregionen die Auvergne und das Limousin sind, in aller Stille und Beschaulichkeit Abstand vom Alltag gewinnen.

Frankreichs Herz besteht aus abgekühlter Lava. Etwa ein Sechstel der Staatsfläche nimmt das rauhe, fast archaisch anmutende Zentralmassiv ein. Zwischen seinen hohen, erloschenen Vulkanen wie etwa dem Puy de Dôme öffnen sich immer wieder abwechslungsreiche Plateaus. Weite Ebenen und tief eingeschnittene Flußtäler wechseln einander ab. Fernab der Großstädte und geschützt durch die Cevennen im Süden haben sich hier mittelalterliche Gebräuche und traditionelles Handwerk länger gehalten als anderswo im Land. Die dünnbesiedelten Hochflächen im Nordwesten und das ausgedehnte Heideland der Provinz Limousin bilden mit ihren Feldern, Wiesen und Wäldern ein faszinierendes Kontrastprogramm zu den kargen vulkanischen Hochebenen und Bergen der Auvergne.

Ein wesentlicher Grund, warum der Fremdenverkehr diese Region bisher weitgehend unangetastet ließ, mag darin liegen, daß man als Tourist auch im Sommer recht wasserfest ausgestattet sein muß. Denn trotz angenehmer Durchschnittstemperaturen um 20 Grad sorgt der Atlantik für feuchte Luftmassen, denen sich das westliche Zentralmassiv als erstes Hindernis entgegenstellt. Ungeachtet dessen eignet sich das liebliche Limousin mit seinen vielen Flußläufen und Seen bestens für einen entspannten Familienurlaub.

Freunde des Kunsthandwerks sollten auf keinen Fall einen Besuch in Limoges, der Hauptstadt der Region mit ihren zahlreichen Porzellan- und Emaillierwerkstätten, versäumen. Bereits im frühen Mittelalter begründet, genießt die Manufakturtradition wegen ihrer hervorragenden Malereien bis heute Weltruf. Einen Überblick über das kunstvolle Gewerbe erhält man im Städtischen Museum und im Keramikmuseum Adrien-Dubouché.

Auskunft: siehe Seite 262.

Zu den größten Naturwundern Frankreichs gehören die Schluchten des Tarn, die zwischen Sainte-Enimie und Les Vignes tief in den Kalkstein schneiden. An den steilen Hängen kleben urtümliche Dörfer wie Hauterives.

MONTBLANC UND SAVOYEN

Bizarre Gletscherwelt über reizvollen Seen

Leise schwingt sich die Seilbahn von Chamonix hinauf zur Aiguille du Midi. Hoch schwebt der Besucher über die weiteren Gletscher des Glacier du Géant von der französischen auf die italienische Seite der savoyischen Alpen. Vor seinen Augen türmen sich die unglaublich spitzen Felsen der Aiguilles von Chamonix auf, umsäumt von steilen, zu Eis erstarrten Wasserfällen – unwillkürlich hält man den Atem an bei diesem überwältigenden Panorama. Sanft gleitet die Seilbahn wieder 2000 Meter hinab nach La Palud auf der anderen Seite des Massivs. Der Besucher hat einen ersten, unverwechselbaren und bleibenden Eindruck von jenem Monarchen unter den Bergen gewonnen, der ungeheure 4807 Meter hoch aufragt und die höchste Erhebung der Alpen darstellt: dem Montblanc. Gemütliche Cafés mit Sonnenterrasse, mit Blick auf die Alpen und den Montblanc, laden zum Schauen und Genießen ein.

Neben den Superlativen der Montblancgruppe hat es das übrige Savoyen zu Füßen des Massivs etwas schwer, zu bestehen. Dabei bietet auch diese Landschaft zwischen Genf und dem Tal der Isère Außergewöhnliches. Da ist zuerst einmal das Seengebiet, das sich im Westen anschließt. Der Lac d'Annecy zum Beispiel mit seinen sonnigen Ufern lockt mit hübschen alten Städtchen und einer breiten Palette von Freizeitaktivitäten. Ein Kontrastprogramm dazu bietet der Vanoise-Nationalpark, eine sehr viel unbekanntere Gegend Savoyens, die aber in ihrer Schönheit ebenso unvergeßlich ist. Hier kann der Reisende auf einsamen Spaziergängen durch nahezu unberührte Täler ganz ungestört Natur entdecken und erleben.

Der Montblanc – in Europa ist das der Berg der Berge, fast ein ganzes Gebirge für sich mit vielen Gipfeln. Die Aiguille du Midi (Foto links) ist mit einer Höhe von „nur" 3842 Metern lediglich Zwischenstation und Aussichtsterrasse für die Viertausender. Ehrgeizige Alpinisten zieht es denn auch weiter in die Eiswelt des Montblanc selbst wie hier am Rochefortgrat (Foto rechts oben). In den herrlichen Bergwandergebieten des Vanoise-Nationalparks kann man seltene Pflanzen und Tiere beobachten, etwa ein putziges Murmeltier (Foto rechts Mitte). Ganz von seiner gastlichen und kultivierten Seite dagegen zeigt sich Savoyen in dem hübschen, von Kanälen durchzogenen Städtchen Annecy mit seinem historischen Zentrum (Foto rechts unten). Bis zu 400 Jahre alte Häuser mit ihren Laubengängen am Wasser schaffen hier eine schon wieder südliche Atmosphäre.

Im Herzland der französischen Alpen

Das Land um den Montblanc, Savoyen (Savoie), war zur Zeit des Kaisers Augustus fest in römischer Hand, was insbesondere in Aix-les-Bains noch einige gut erhaltene antike Bauwerke bezeugen. Die wichtigen Paßübergänge vom heutigen Frankreich nach Oberitalien mögen auch für die Burgunder, die den Römern folgten, eine einträgliche Einkommensgrundlage gewesen sein. Sicher wissen wir es von den Grafen von Savoyen des elften Jahrhunderts: Kein Geringerer als der spätere Kaiser Heinrich IV. mußte sie bei seinem Gang nach Canossa für die Erlaubnis, den Col du Mont-Cenis zu passieren, bezahlen: mit einer reichen Provinz.

Im 15. Jahrhundert hatte das zum Herzogtum erhobene Savoyen seine größte Ausdehnung; damals reichte es vom Genfer See bis hinunter ans Mittelmeer. Immerhin läßt das Schloß von Ripaille am Genfer See (Lac Léman) noch heute die Bedeutung des alten Savoyen erahnen.

Da Frankreich allmählich immer stärker wurde, orientierten die Herzöge von Savoyen sich mehr nach dem politisch zerrissenen Italien hin und wurden schließlich Könige von Sardinien. Wiederum recht ungewöhnlich die nächste Veränderung: Nach der Erhebung Italiens gegen die Habsburger und schon vor seinem Aufstieg zum König des geeinten italienischen Staates trat Viktor Emanuel II. von Sardinien als Dank für Waffenhilfe Savoyen an Frankreich ab. Doch die Bewohner dieses Berglandes scheinen von den Wechselspielen ihrer wildbewegten Geschichte nahezu unberührt geblieben zu sein. Der Savoyer gilt als ruhig, bedächtig und eher wortkarg. Daran hat auch der Tourismus bis heute nichts geändert.

In den mehr als 200 Jahren seiner Tourismusgeschichte waren die Helden des Berglands Savoyen neben erfolgreichen Skifahrern wie den Geschwistern Goitschel und Jean-Claude Killy vor allem die Bergführer. Von der Erstbesteigung des Montblanc durch Balmat und Piccard im Jahre 1786 – einem zur damaligen Zeit unvorstellbar waghalsigen Abenteuer – bis hin zur Gegenwart waren vor allem die Bergsteiger von Chamonix an den gefährlichen Entdeckungstouren im Fels und Eis der Westalpen beteiligt. Im vorigen Jahrhundert geleiteten bisweilen ganze Kolonnen von Bergführern und Trägern – oft auch mit Maultieren – die vereinzelten zahlungskräftigen Touristen auf die Berge. Und auch heute noch ist es ein aufregender Moment, wenn im Bergführerbüro der Obmann die Touren und damit die

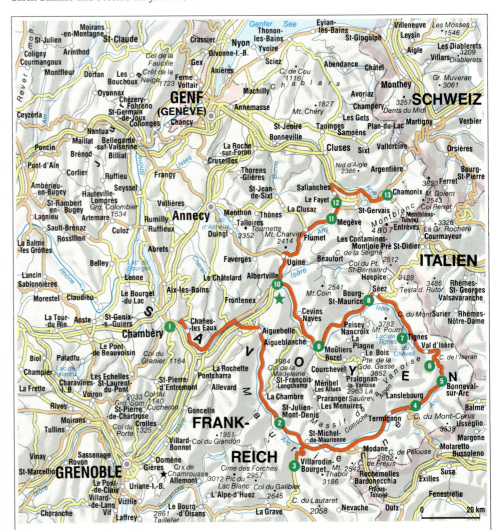

Unser Routenvorschlag
VON CHAMBÉRY ZUM DACH EUROPAS

Die Fahrt zum Montblanc beginnt in Chambéry ❶, einst Hauptstadt der Grafschaft Savoyen mit einer schönen Burg. Auf der N 6 geht es durch das breite Talbecken zur Isère und weiter in das Seitental des Arc. Bei Saint-Julien-Mont-Denis ❷ bedecken Eichen- und Buchenwälder die Talhänge. Flußaufwärts verengt sich das Tal, und oberhalb von Villarodin-Bourget ❸ zwängt sich der Arc durch ein felsiges Schlüsselloch. In Lanslebourg ❹, mit sehenswerten Fresken in der Kapelle Saint-Sébastien, zweigt die Straße über den Col du Mont-Cenis nach Turin ab. Man wählt jedoch die Straße 902. Sie führt nach Bonneval-sur-Arc ❺, einem der höchstgelegenen Dörfer Frankreichs (1835 m), und von dort zum Col de l'Iseran ❻ hinauf, dem zweithöchsten Straßenpaß der Alpen. Von hier geht es hinab zum Skiort Val d'Isère und links ab zum Lac de Tignes ❼. Über Bourg-Saint-Maurice ❽, ein hübsches Städtchen römischen Ursprungs, und Moûtiers ❾, das Tor zum Skigebiet Trois Vallées, erreicht man die Olympiastadt Albertville ❿ (siehe: Das besondere Reiseziel). Hinter Ugine geht es in den Ferienort Megève ⓫. Dann fährt man weiter nach Le Fayet ⓬, wo eine Zahnradbahn zum Nid d'Aigle (2386 m) mit Blick auf den Montblanc führt. Eine steile Bergstraße windet sich hinab ins Arvetal und zum Alpinisten-Mekka Chamonix ⓭.

MONTBLANC UND SAVOYEN AUF EINEN BLICK

SEHENSWÜRDIGKEITEN
Annecy: Palais de l'Isle, Château d'Annecy; **Argentière:** Dorfkern; **Aussichtspunkte (Rundblick):** Aiguille du Midi, Brévent und Montenvers sind mit der Seilbahn zu erreichen; **Chambéry:** Les Charmettes (Haus von Jean-Jacques Rousseau); **Chamonix:** alpines Museum, Hôtel de Ville (Rathaus), Saussure-Denkmal an der Arve; **Menthon:** Schloß; **Plateau d'Assy:** Notre-Dame-de-Toute-Grâce; **Val Veni:** Ausblick auf die Aiguille Noire und die Grandes Jorasses.

FESTE UND VERANSTALTUNGEN
Annecy: Seefest, Anfang August; **Bourg-Saint-Maurice:** internationales Folklorefestival, Mitte Juli; **Chambéry:** Folkloremusik im Schloß von Chambéry, Juli; **Chamonix:** Fest der Bergführer, Mitte August, Alpinmesse, Anfang September; **La Clusaz:** Käsefest, August; **Thônes:** historischer Feuerwehrumzug, Juli.

AUSKUNFT
Maison de la France, Französisches Fremdenverkehrsamt, Westendstr. 47, 60325 Frankfurt a. M., Tel. 0 69/7 56 08 30; **Maison de la France, Französisches Fremdenverkehrsamt,** Keithstr. 2–4, 10787 Berlin, Tel. 0 30/2 18 20 64.

Eine hochalpine Landschaft von bizarrer Wildheit öffnet sich beim Blick auf die niemals schnee- und eisfreien Gipfel von Chardonnet und der Aiguille Verte östlich von Chamonix.

Touristen auf die Bergführer verteilt. „Zwei Personen für den Montblanc, einmal Midi-Plan, Charmoz-Grépon" – das sind für Eingeweihte Zauberworte. Mit Kribbeln im Bauch und fliegendem Atem folgt man dem bedächtig ausschreitenden Führer, dessen Ruhe einem jedoch bald die Sicherheit gibt, die nötig ist, um das Abenteuer Bergsteigen genießen zu können.

Chamonix und Montblanc – Zauberwörter für Schwindelfreie

Mit dem Namen Chamonix verbinden Alpinisten ihre größten Wünsche und Ziele. Dieser malerisch zu Füßen des Montblanc gelegene Ort ist schon seit Generationen das Mekka der Bergsteiger. Die Chamoniarden, wie sich die lokale Bevölkerung nennt, haben die enge Verbindung mit den Bergen auch in ihrem Ortsnamen deutlich gemacht; so heißt der Ort offiziell *Chamonix-Mont-Blanc*.

In der Tat ist diese Verbindung einmalig. Das fast großstädtische, internationale Flair von Chamonix zieht in den Sommermonaten Menschen aus aller Welt an, die sich hier drängen, um ihren Traumzielen nahe zu sein. Und darüber steigt die Gletscherwelt des Montblanc in überwältigende Höhen empor. Das blendende, fast gleißende Licht, das von den Schneefeldern und Eiswänden herabgespiegelt wird, mutet nahezu unwirklich an. Der gewaltige Felsturm des Dru oder die grimmig wirkenden Zacken der Aiguilles von Chamonix wirken auf den Betrachter wie eine gigantische Phantasiekulisse in der hellen Tagessonne.

Die Stadt selbst quillt das ganze Jahr über von pulsierendem Leben: Besucher strömen mit Bussen und Autos hinein und suchen Quartier in den zahlreichen Hotels, deren Architektur sich allerdings nicht immer harmonisch in das Stadtbild einfügt. Natürlich weiß der Kenner, daß man abseits der Hauptstraße, ein paar Kilometer talabwärts im Chalet-Dorf Les Houches, eine ganz andere Atmosphäre vorfindet, die landläufigen Vorstellungen von ruhigen Bergferien und Erholung viel eher entspricht.

Wenn man von Martigny aus, vom Rhônetal her, nach Chamonix kommt, hält man unwillkürlich am Col de la Forclaz an, um dieses gewaltige Naturschauspiel auf sich wirken zu lassen: Zur Linken steigen aus weiten Schneefeldern die unglaublich schroffen Pyramiden der Aiguille Verte, der grünen Spitze, und des Dru auf. Dann schließt sich nach rechts eine lange Kette spitzer, von Eis ummantelter Felstürme an – die Aiguilles von Chamonix –, und schließlich thront über allem der Montblanc. Die Gletscherfelder des höchsten Berges Europas mit ihren großen, zerklüfteten Eisbrüchen scheinen fast bis Chamonix zu reichen.

Neben dieser imposanten Kulisse findet sich auf der rechten Talseite mit den Aiguilles Rouges de Chamonix ein sehr viel sanfter gestalteter Gebirgszug. Der oft rotbraune Fels steigt aus Almwiesen und Alpenrosenhängen auf.

Unten im Tal ist die Arve längst in Fesseln gelegt, die Zuflüsse sind reglementiert. Die einst weiten Blumenwiesen mußten weitgehend einer großflächigen Bebauung weichen, und der Golfplatz wird bald die größte zusammenhängende Grünfläche am Talboden sein. Wer aber knappe zehn Kilometer nordöstlich von Chamonix durch die ruhigen Straßen des alten Teils von Argentière spaziert und dabei vielleicht einen Blick in die kleine, einfache Bergkirche mit ihren Wandmalereien aus dem 17. Jahrhundert wirft, kann noch einen sanften Hauch von Vergangenheit erhaschen.

Ein Muß für den Besucher ist die Fahrt mit der Zahnradbahn auf den Montenvers, der auf der Seite der Aiguilles von Chamonix liegt. Ein lustiges rotes Züglein schnauft pfeifend durch mehrere Tunnel steil den Berg hoch, und im oberen Teil taucht bei einer Rechtskurve unvermittelt, fast übermächtig der gewaltige Turm des Dru auf. Im Aussichtsrestaurant auf dem Montenvers kann man sich stärken und dabei den herrlichen Blick auf das Mer de Glace (Eismeer) genießen, einen imposanten, sieben Kilometer langen, aus drei Gletschern zusam-

Die Aiguille du Dru ist 3733 Meter hoch und die steilste unter den spitzen Felsnadeln von Chamonix.

menfließenden Eisstrom. Schon Goethe war von diesem Anblick überwältigt. Ein Erlebnis ist auch der kurze, nicht schwierige Abstieg zum Gletscher mit einer Eishöhle, die zum Besuch einlädt. Man steht unmittelbar auf dem Eis und erschauert beim Anblick der dunklen Gletscherspalten.

Mitten in Chamonix steht das Denkmal zur Erinnerung an die Erstbesteigung des Montblanc: Der Kristallsucher Jacques Balmat zeigt dem Wissenschaftler Horace-Bénédict de Saussure den Weg zum Gipfel – ein beliebtes Motiv für Erinnerungsfotos. Nur wenige Minuten von hier liegt die Talstation (Praz-Conduit) der Seilbahn zur Aiguille du Midi. Bei gutem Wetter sollte man sich die Auffahrt nicht entgehen lassen. Nach der nicht sehr aufregenden ersten Etappe gelangt man zur Zwischenstation Plan de l'Aiguille in etwa 1300 Meter Höhe über dem Tal, wo sich ein phantastischer Ausblick auftut. Über dem Besucher erheben sich in schwindelnden Höhen Fels und Eis. Wo geht es weiter? Die Seile der Bahn scheinen im Nichts zu verschwinden. Eingepfercht in die kleine Gondel fährt man inmitten ängstlich dreinschauender Mitmenschen weiter. In schneller, fast schwereloser Fahrt gleitet die Gondel auf den gewaltigen Eis- und Felspanzer der Aiguille

Westeuropa

Zum italienischen Aostatal hin fallen die Zinnen der 3773 Meter hohen Aiguille Noire ab. Sie bestehen aus eisenhartem Granit – gigantische Gesteinsfalten, die älter sind als die Kalkalpen.

du Midi zu. Steiler und steiler, fast senkrecht geht die Fahrt nach oben. Unmittelbar links unten ein leuchtender Firngrat: Man erkennt Spuren, sieht vielleicht sogar einige tollkühne Bergsteiger. In dem Augenblick, als die Gondel die Felsen schon fast zu berühren scheint, ist das Ziel endlich erreicht: Beachtliche 1400 Meter Höhendifferenz ohne Zwischenpfeiler sind überwunden!

Etwas zitterig steigt man aus, denn in fast 3800 Meter Höhe ist die Luft schon ziemlich sauerstoffarm; also heißt es, sich langsam zu bewegen. Doch der Blick auf den Monarchen Montblanc weitere 1000 Meter höher, der etwas schwindelerregende Gang über die Brücke zwischen den beiden Gipfeln der Aiguille du Midi und der Blick durch den Eistunnel auf den Glacier du Géant lassen jeden vergessen, daß er noch vor einer knappen Stunde von Häusern, Autoabgasen und Unmengen von Touristen umgeben war. Aber Vorsicht! Das Verlassen der Seilbahnstation ist zu Recht nur ausgerüsteten Bergsteigern erlaubt. Wer noch mehr sehen will, kann per Gondel über den großen Gletscher in Richtung Italien zur Punta Helbronner schweben.

Auf der italienischen Seite des Montblanc liegt unmittelbar am Massiv selbst kein größerer Ort. Courmayeur, ein altes Bergsteigerdorf, ist weit mehr als Chamonix eine Sommerfrische im alpenüblichen Sinn und schon deshalb einen Besuch wert. Aber nahe, ja fast unmittelbar unter dem Gipfel des Montblanc befindet sich das Val Veni. Eine schmale Straße führt in das enge, von dem gigantischen Berghang fast erdrückte Tal. Einige äußerlich wenig einladende Campingplätze stören das Bild.

Mer de glace (Eismeer) heißt der zwölf Kilometer lange, vom Montblancmassiv gespeiste Gletscherstrom.

Im Westen wird das eigentliche Massiv des Montblanc vom Val Montjoie begrenzt. Am Ende der Talstraße liegt die kleine barocke Wallfahrtskirche Notre-Dame de la Gorge von 1706. Hier kann man vor der Kulisse bewaldeter Bergrücken die Stille eines Hochtals genießen, die nur vom Rauschen des Bergbachs durchbrochen wird.

Wessen Hunger nach einer beeindruckenden, wild-urwüchsigen Natur – nach schroff aufragenden Gipfeln und in der Sonne glitzernden Gletscherlandschaften – durch all diese Erlebnisse immer noch nicht gestillt ist, der sollte von hier aus nach Süden in den zwischen den Hochtälern des Arc und der Isère gelegenen Parc National de la Vanoise fahren. Auf einer Fläche von 530 Quadratkilometern bietet dieser Nationalpark rund 500 Kilometer markierte Wanderwege und Klettersteige in herrlicher Hochgebirgslandschaft – mit Gletschern und Wasserfällen und einer höchst interessanten, vielfältigen Tier- und Pflanzenwelt. Am Wegrand blühen Alpenblumen; mit ein wenig Glück – und mit einem guten Fernglas – kann man Steinböcke, Gemsen und Murmeltiere beobachten.

Alternative für Klettermuffel: die reizvollen Savoyer Seen

Doch auch für Urlauber, die nicht auf schwindelerregende Gipfel steigen oder auf jenen Brettern, die so manch einem die Welt bedeuten, über schneebedeckte Hänge talwärts gleiten wollen, hat Savoyen einiges zu bieten. Im Westen schließt sich an die Savoyer Alpen ein sehr reizvolles voralpines Seengebiet an. Hier lockt vor allem der Lac d'Annecy, der See von Annecy, mit sonnigen Ufern und fast durchsichtigem, klarem Wasser.

Das rund 30 Kilometer südlich von Genf gelegene Annecy ist Departementhauptstadt und liegt zauberhaft am Ufer des Lac d'Annecy. Nicht nur die malerische Altstadt, von einem weitverzweigten Kanalnetz durchzogen, begeistert die Besucher; wunderschön ist auch die Uferpromenade von Annecy. Das Schloß Château d'Annecy in der Altstadt besitzt eine ganze Reihe gut erhaltener oder sorgfältig restaurierter Gebäudeteile, von denen der Große Saal (La Grande Salle) mit seiner bemerkenswerten Deckenkonstruktion besonders beeindruckt.

Wie ein Schiff im Strom liegt das Wahrzeichen der Stadt – das Palais de l'Isle – auf einer kleinen Insel im Fluß Thiou. Man erreicht es über eine blumengeschmückte Brücke. Früher waren hier Münze, Kanzlei und Gerichtshof der Genfer und Savoyer Grafen untergebracht; heute wird das Palais für Ausstellungen genutzt. Eine schöne Flaniermeile ist die angrenzende Rue Sainte-Claire am Fuße des Burgbergs mit schmalen Laubengängen zwischen schönen alten Häusern aus dem 16. bis 18. Jahrhundert. Hier kann man noch Altstadtidylle erleben, wie sie im Buche steht.

Am nordöstlichen Seeufer lohnt sich ein Besuch der mittelalterlichen, schön ausgestatteten Burg von Menthon. Ebenfalls am Nordostufer des Lac d'Annecy liegt Talloires mit einer atemberaubenden Aussicht auf die Dents de Lanfon und die Eisdome des Massivs der Tournette. In zartes Rosa getaucht, zeigen sich die Dome am Abend von ihrer schönsten Seite. Als Kontrastprogramm dazu gedeihen in dem malerischen kleinen Ort dank des milden Klimas Palmen und Feigenbäume.

Etwa 30 Kilometer südwestlich von Annecy liegt der Lac du Bourget mit dem berühmten Heilbad Aix-les-Bains. Schon die Römer hatten am Ostufer des Sees Gefallen gefunden und dort ihre Thermen errichtet; Reste davon sind heute noch in Aix-les-Bains zu besichtigen.

Die nördliche Begrenzung von Savoyen bildet das Südufer des Genfer Sees. Auch hier locken zahlreiche hübsche Orte. Im engen, verwinkelten Straßengewirr der Altstadt des Thermalbades Thonon-les-Bains kann man sich verlieren – um gleich darauf staunend auf dem Marktplatz über dem Hafen der Stadt zu stehen und den plötzlichen weiten Ausblick auf den Genfer See zu genießen.

Von Thonon-les-Bains aus sollte man unbedingt einen Abstecher zu dem etwa zwei Kilometer nördlich gelegenen Schloß Ripaille mit seinen eindrucksvollen Türmen unternehmen, einer der größten erhaltenen savoyischen Burganlagen aus dem ausgehenden Mittelalter. Am Ende des interessanten Rundgangs kann man beim Pförtner eine Flasche des hier angebauten Weißweins kaufen – er schmeckt vorzüglich.

Zum Schluß der Fahrt am Südufer des Genfer Sees entlang sollte man sich lukullischen Genüssen zuwenden. Für eine solche Entdeckungsreise des Gaumens eignet sich am besten das nur ein paar Kilometer von Thonon-les-Bains entfernte Yvoire. In diesem kleinen, malerischen, mit seinen Wehranlagen recht mittelalterlich wirkenden Städtchen findet man wahre Eßtempel, in denen die frisch gefangenen Fische aus dem Genfer See ganz besonders köstlich zubereitet werden.

Der Blick von der italienischen Seite des Montblancmassivs schweift über das Val Veni bei Courmayeur auf die Grandes Jorasses. Mit 4208 Metern sind sie der höchste eigenständige Gipfel im Osten.

DAS BESONDERE REISEZIEL: SKIVERGNÜGEN PUR – DIE WINTERSPORTREGION ALBERTVILLE

Ski total bei Albertville: Die Region nahe der Olympiastadt, dem Austragungsort der Winterspiele 1992, bietet eine einmalige Ansammlung von perfekt angelegten Skigebieten. In Val d'Isère beispielsweise oder den drei benachbarten Tälern des Wintersportparadieses Trois Vallées findet man Pisten und Hänge fast unüberschaubaren Ausmaßes. Alles hier oben ist bestens organisiert. Fast mutet es ein wenig künstlich, wie auf dem Reißbrett konstruiert an. Die sportlichen Bedingungen dieser „Skigebiete aus der Retorte" gehören zu den besten weltweit – was begeisterte Skifahrer dafür entschädigt, daß sie hier auf alpenländische Gemütlichkeit und Ursprünglichkeit verzichten müssen.

Die Natur leidet für den attraktiven Skizirkus weniger als beispielsweise in den ostalpinen Regionen. Wald mußte nicht abgeholzt werden, und es waren auch nicht zu viele Erdbewegungen erforderlich, um Berghänge zu Pisten umzufunktionieren. Denn aufgrund der natürlichen Gegebenheiten des Geländes – kaum bewachsene, weite Geröllhänge und steile Kare oberhalb der Waldgrenze – ist dieses Gebiet wie kaum ein anderes in den Alpen für ungehindertes Skivergnügen geeignet.

Natürlich zählen die Skigebiete zu den schneesichersten in Europa – als hätte selbst Petrus hier ein großes Herz für die Pistenfans. Und obwohl jährlich Tausende von Urlaubern die optimalen Wintersportbedingungen in Val d'Isère oder Trois Vallées nutzen, entsteht in der ausgedehnten Weite dieser Region nicht der Eindruck bedrängender Fülle. Wie ein riesiges Spinnennetz überziehen die Lifte die Berge; fast jeder Hang wird für die Skifahrt genutzt. Einen ganzen Tag zu fahren und keinen Lift zweimal zu benutzen, das ist in all diesen Gebieten möglich – selbst innerhalb einer Woche gelingt es oft nicht, alle Lifte einmal durchzuprobieren.

Morgens tritt man aus dem Quartier – sei es Hotel, Chalet oder Appartementhaus –, schnallt die Skier an und fährt meistens direkt hinein in eine Schneewelt, in der nichts zu zählen scheint außer einem unglaublichen Skivergnügen. Das Tüpfelchen auf dem i ist die Sonne, die die weiße Pracht mit südlicher Kraft glitzern läßt und die Temperaturen sehr angenehm macht. Wer die Abfahrt von La Masse nach Les Menuires oder vom Rocher de Bellevarde (2826 Meter) nach Val d'Isère wählt, dem steht eines der großartigsten Skierlebnisse der Welt bevor. Auch die Tête du Solaise mit 2551 Meter Höhe bietet Pisten, die ein Erlebnis sind.

Schade nur, daß die Einkehrstationen eher funktional als gemütlich angelegt sind. Ist die Einkehr tagsüber immerhin noch bezahlbar, so versetzt das abendliche Après-Ski so manchem Durchschnittsverdiener schon einen gelinden Schock: Das Lockern der Muskeln auf den nächtlichen Tanzflächen verlangt einen außerordentlich soliden Geldbeutel – zumindest, wenn man dort hingeht, wohin „man" geht. Der urige Charme eines Schweizer Bergdorfes fehlt zwar, nicht aber jeglicher Komfort.

Futuristisch und effizient: Die Bergstation des Sessellifts der Tête du Solaise ist wie die Hoteldörfer im Tal für alpine Abfahrtsläufer gedacht, die sonst nichts wollen.

Dauphiné und Seealpen
Im stolzen Stammland der französischen Thronfolger

Der Name ist Programm: Ein Land, von dem sich der Ehrentitel des französischen Kronprinzen – Dauphin – herleitete und in dem sich ein Napoleon nach eigenem Bekenntnis vom „Abenteurer zum Fürsten" wandelte, muß einfach majestätisch sein: mit Bergen, die ihre Kronen aus ewigem Eis stolz über ein Fußvolk von Zwei- und Dreitausendern erheben, mit Städten, deren Geschichte oft bis in die römische Kaiserzeit zurückreicht – und mit einer Tierwelt, die noch immer von Steinadler, Steinbock und anderen Majestäten und Raritäten der Alpenfauna beherrscht wird. Hier treffen sich Landschaft und Klima der Alpen mit dem Rhônetal.

Die Region erstreckt sich am südwestlichen Rand der Alpen, zwischen der Rhône im Westen, der italienischen Grenze im Osten, der Grande Chartreuse im Norden und dem Oberlauf der Durance im Süden. Die Niederdauphiné umfaßt die französischen Voralpen und die schon vom mediterranen Klima geprägten Hügel am linken Ufer der Rhône. Zur hochalpinen Oberdauphiné, die sich mit den Seealpen südwärts bis zur Côte d'Azur fortsetzt, gehören die tief zerkerbten Gebirgsketten rund um die gletscherbedeckten Höhen der Pelvouxgruppe.

Das Dorf Tourette-sur-Loupe klebt wie ein Stück Toskana unter französischer Flagge am Berghang.

Die Geschichte der Dauphiné ist ebenso bewegt wie ihre Landschaftsformen. Zahllose Völker- und Herrscherdynastien haben hier ihre Spuren hinterlassen: die keltischen Allobroger, die Römer und die Westfranken, die Könige von Burgund und die deutschen Kaiser... Als historische Keimzelle des Landes gilt das im äußersten Nordwesten – an der uralten Handelsstraße von Burgund zum Mittelmeer – gelegene Städtchen Vienne, ein wahres Freilichtmuseum der französischen Geschichte mit eindrucksvollen Baudenkmälern der Römerzeit und der prachtvollen spätgotischen Kathedrale Saint-Maurice. Hier hatten die Grafen von Albon ihren Stammsitz, die den Vornamen Delfinus (französisch: Dauphin) zu ihrem Titel machten und sich Dauphins du Viennois nannten. Im Mittelalter vereinten sie das Land erstmals zu einem Fürstentum, das im 14. Jahrhundert in den Besitz der französischen Könige kam. Und so führt die Dauphiné im Landeswappen neben zwei Delphinen sechs Lilien als Wappenzeichen des französischen Herrscherhauses. Sie war das traditionelle Stammland der Thronfolger.

Reichster Ort zwischen Rhône und Alpen, Savoyen und Provence ist seit je die Messe- und Handelsstadt Grenoble. Wer sich von den ausgedehnten Hochhausvierteln und häßlichen Industrieanlagen am Stadtrand nicht abschrecken läßt, entdeckt im mittelalterlichen Kern rund um die Place Grenette eine Fülle sehenswerter Bauwerke: etwa die als Schloßkapelle der Dauphins erbaute Kirche Saint-André oder den Justizpalast, ursprünglich das Ständehaus der Dauphiné. Die Sammlungen des Musée Dauphinois geben einen Einblick in die Geschichte und Kultur dieser historischen Landschaft bis zu den Olympischen Winterspielen von 1968.

Valence, die führende Stadt der Niederdauphiné und seit mehr als 1600 Jahren Bischofssitz, ist nach der römischen Kolonie Valentia benannt. Leider verschwinden ihre wertvollsten Kunstschätze, die romanische Kathedrale und mehrere stattliche Renaissancebauwerke, hinter hohen Fabrikschornsteinen und Silos. Die Städtchen abseits des Rhônetals dagegen haben sich ihr altertümliches Bild nahezu unversehrt bewahrt: Ebrun zum Beispiel, das mit der romanischen Kirche Notre-Dame das schönste Gotteshaus der Dauphiné besitzt. Oder die ehemalige Festungsstadt Gap, die sich in einer grünen Senke vor der imposanten Kulisse des Massif des Écrins und der Seealpen ausbreitet.

In zwei Autostunden erreicht man von hier aus den Mercantour-Nationalpark, ein einzigartiges Naturparadies mit uralten Wäldern, in denen jetzt wieder Steinböcke und Wildschafe (die aus Korsika eingeführten Mufflons) heimisch sind. Auch Gemsen, Uhus, Auerhühner und Steinadler kann man in der herrlichen Landschaft des an der Grenze zu Italien liegenden Nationalparks beobachten, den man, von Nizza kommend, durch das Tal des Var erreicht (es gibt mehrere Eingänge). Das besondere Highlight des Parks ist das Vallée des Merveilles, das „Tal der Wunder": Hier kann man rund um den Mont Bégo unzählige rätselhafte prähistorische Felsbilder bewundern.

Auskunft: siehe Seite 274.

Kleine Bergseen wie hier die Lacs de Vens in der Haute Tinée – Überbleibsel längst geschmolzener Gletscher – sprenkeln viele Hochtäler im nahezu unberührten Mercantour-Nationalpark.

MASSIF DES ÉCRINS
Wo die Alpen noch ursprünglich sind

Rund um den südlichsten Viertausender der Alpen, die Barre des Écrins, erstreckt sich eine der ursprünglichsten Alpenregionen. Tief schneiden die Täler in abweisend schroffe Berge ein. Nur wenige, waghalsig konstruierte Wege führen in diese Landschaft. Man braucht bloß ein paar Schritte von diesen Pfaden abzuweichen, die der Mensch der Natur mühsam abgetrotzt hat, und schon stößt man in Gebiete vor, die Jahrtausende von menschlichen Eingriffen relativ unbehelligt überdauert haben.

Erster lohnender Stopp hinter Grenoble in Richtung Süden ist das kleine Städtchen Vizille mit seinem prachtvollen Schloß. Vizille spielt in der Geschichte der Französischen Revolution eine wichtige Rolle, denn hier begehrte der Tiers-état, das einfache Volk, zum erstenmal gegen die Unterdrückung durch den Adel auf. Wer von dort aus auf der N 91 in Richtung

Die Barre des Écrins im Pelvouxmassiv erreicht eine Höhe von 4102 Metern und ist trotz ihrer südlichen Lage vergletschert. Diese Gipfel sind nach dem Montblancmassiv die imposantesten in ganz Frankreich.

Von Menschen unverändert präsentiert sich die Region der Aiguilette (2607 Meter) am Col du Lautaret.

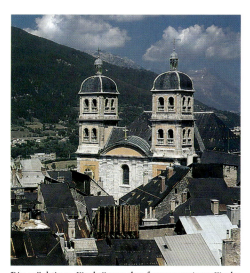

Die mächtigen Kirchtürme der festungsartigen Kirche Notre-Dame prägen das Stadtbild von Briançon.

Osten fährt, gelangt in den hübschen Ort le Bourg-d'Oisans, dessen Wochenmarkt in der ganzen Gegend berühmt ist.

Die nächste Station unserer Entdeckungsreise ins Massif des Écrins – der Bergsteigerort La Bérarde – liegt mitten in der wildzerklüfteten, abweisenden Welt des Hochgebirges. Um in dieses im Tal des Vénéon gelegene Dorf vorzudringen, muß man hinter le Bourg d'Oisans nach rechts in eine Straße einbiegen, die zum Teil nur einspurigen Verkehr erlaubt – ein abenteuerliches Unterfangen und nichts für Autofahrer, die nicht schwindelfrei sind. Am Ende dieser Straße liegt ein großer Parkplatz, und dort steht man plötzlich inmitten einer großartigen Bergwelt. La Bérarde ist der ideale Ausgangspunkt für eine Erkundung des gut durch markierte Wanderwege erschlossenen Parc National des Écrins, der Einblick in eine faszinierende Gletscherwelt und eine interessante Flora und Fauna bietet. Ob man sich nun nach Norden in das Etançonstal Richtung Meije (3983 Meter) wendet oder nach Süden in Richtung der etwas weniger steil ansteigenden Ailefroide (3953 Meter) wandert – in jedem Fall ahnt man, welche Kühnheit, welcher Wagemut, ja vielleicht auch welcher Leichtsinn Bergsteiger antreiben muß, um solche Gipfel zu erobern.

Die südwestlichen Täler des Nationalparks – Valgaudemar, Valsenestre und Valjouffrey – zeigen sich zunächst einmal einladend, offen, mit viel Wald. Je weiter man jedoch vordringt, desto enger rücken die Felsmassive zusammen, scheinen über den Köpfen der Wanderer zusammenstürzen zu wollen. Hier gibt es noch kleine Dörfer, die monatelang fast keinen Sonnenstrahl abbekommen.

Statt den Nationalpark zu erwandern, kann man aber auch weiter auf der N 91 von le Bourg d'Oisans über den Col du Lautaret nach Briançon fahren. Die Strecke vermittelt kaum überbietbare Eindrücke von der Meije, einem der schönsten Gipfel der Alpen. Absoluter Höhepunkt ist der Blick auf die Meije am Morgen oberhalb von la Grave, wenn das Licht der aufgehenden Sonne den Gipfel in ein zartes Gelborange taucht und die Silhouette der Berge sich scharf konturiert vom Himmel abhebt.

In Briançon sollte man ein wenig länger verweilen. Die höchstgelegene Stadt Europas (1326 Meter) wurde stark von den Plänen des Festungsbaumeisters Marschall Vauban geprägt. In der verwinkelten Altstadt mit ihren Mauern aus dem 17. Jahrhundert herrschen auch heute noch Ruhe und Beschaulichkeit. Im Südosten der Oberstadt überspannt der beeindruckende Pont d'Asfeld, erbaut im Jahre 1734, in weitem Bogen und 56 Meter Höhe die Durance. Von hier aus hat man einen herrlichen Blick auf dunkle Nadelwälder, imposante Gipfel und den in der Tiefe tosenden Fluß.

Auskunft: siehe Seite 274.

Provence und Côte d'Azur

Wo Frankreich nach Lavendel und Thymian duftet

Das Bild der Provence haben wir schon in unseren Köpfen, ehe wir hinfahren: Auf unserem Traumbild ist der Himmel blau, sehr blau, die Sonne steht hoch am Himmel, die Schatten sind kurz. Im Hintergrund liegt das Meer, das unsere Provence nach Süden begrenzt – ein warmes, ein freundliches Meer, ein Meer zum Baden, ein Meer für weiße Boote.

Das Licht auf unserem Traumbild liegt fest, der Hintergrund auch. Was wir in den Vordergrund rücken, hängt von unserer Phantasie ab. Es könnten römische Ruinen sein, die gigantische Bühnenwand des Theaters von Orange, die Arenen von Arles und Nîmes oder der Pont du Gard. Oder wir nehmen eine alte Kathedrale wie Saint-Trophime in Arles.

Vielleicht ist es ein Gemälde gewesen, das uns zu unserem Traum von der Provence inspiriert hat. Ein Cézanne etwa, eines seiner Gemälde von der Montagne Sainte-Victoire bei Aix. Oder ein van Gogh, auf dem die Sonnenblumen noch intensiver leuchten als in Wirklichkeit. Die großen Maler der Moderne waren da, wo es uns in unseren Träumen hinzieht.

Es könnte auch nur einfach ein Strand sein. In den steilen Kreidefelsen der Calanques bei Marseille könnte er liegen. Oder zwischen den klüftigen roten Felsen des Estérel. Es kann nach Thymian duften, nach Lavendel – oder nach Meer. Und das ganz Besondere dieser Urlaubsregion: Zur Sonne, die es rings ums Mittelmeer gibt, zur blau schimmernden See kommen hier die Zeugnisse der Geschichte – bis in die Antike, ja bis zu den Höhlenmalereien der Steinzeit zurück –, treten Vergnügungen von enormer Vielfalt. Die Provence bietet eine reiche Vergangenheit, aber auch eine reiche Gegenwart. Man kann in ihr alle Reize eines einsamen Landlebens ebenso finden wie die Lebhaftigkeit und die Attraktionen der Städte.

Weltberühmt sind die Lavendelfelder der Provence. Weite Flächen dieser lilablühenden Pflanze, die als Grundsubstanz zur Parfümherstellung dient, begleiten wie hier bei Valensole (Foto links) den naturliebenden Touristen. Im Schutz der Alpen gedeiht hier oft schon subtropische Vegetation, so daß man auf den Märkten auch herrliche Oliven bekommt (Foto rechts oben). Große Maler haben die Farben dieser Landschaft auf Leinwand gebannt und ganze Heerscharen von Nachahmern hervorgebracht (zweites Foto von rechts oben). Tief schneiden die Schluchten des Verdon ins Gestein der Haute Provence ein (zweites Foto von rechts unten). Und an der Côte d'Azur liegen nicht nur die Badeorte der Schönen und der Reichen, sondern auch zauberhafte mittelalterliche Städtchen wie Saint-Paul-de-Vence (Foto rechts unten).

Westeuropa

Land der Extreme, der Farben und Düfte

Die Provence ist geographisch und historisch keineswegs ein fest umrissener Begriff. Für die Römer bedeutete der Name etwas anderes als für die mittelalterlichen Bewohner der Grafschaft Provence. Der Reisende zu Beginn unseres Jahrhunderts verband damit vor allem das untere Rhônetal und die Küste bis Toulon und Hyères; jetzt denkt man auch an die ländlichen Gegenden um den Lubéron.

Wir rechnen zumeist die klassische Côte d'Azur zwischen Cannes und Monaco zur Provence, während sich die Einheimischen dort keineswegs als Provenzalen sehen, ebensowenig wie die um Nîmes und den Pont du Gard. Einigen wir uns darauf: Nach Westen hin bildet das Rhônetal die Grenze der Provence, nach Süden hin das Meer, nach Osten Monaco sowie die italienische Grenze auf den Kämmen der Südalpen, die auf der anderen Seite zur Po-Ebene abfallen. Wir zählen also auch die Côte d'Azur mit ihrem Hinterland kurzerhand zur Provence. Im Norden beginnt sie ungefähr auf der Anhöhe im Rhônetal südlich von Montélimar, von wo aus man manchmal im Dunst den kahlen Kalkgipfel des Mont Ventoux liegen sieht, des berühmtesten Berges des Landes.

Die Provence, so wie wir sie umrissen haben, umschließt eine Vielfalt von Landschaften und Lebensweisen: Da ist die fruchtbare, von Weinbergen, Gemüsefeldern, allerdings auch von Atomkraftwerken gesäumte Rhôneebene. Sie war schon in der Steinzeit besiedelt, wie jüngst entdeckte Höhlenmalereien bei Combe d'Arc, 30 Kilometer südwestlich von Montélimar, belegen. Im Rhônetal liegen die meisten der berühmten provenzalischen Städte, die schon in der Römerzeit existierten: Avignon, Arles und etwas östlich davon Aix-en-Provence. Das Rhônedelta ist weit und flach. Auf der anderen Seite des Flusses die graue Steinwüste der Crau und eine Kette von Etangs, geschützten Lagunen. Und nicht zu vergessen Marseille, eine chaotische Millionenstadt, um die die Touristen gern einen Bogen schlagen. Zu Unrecht, Marseille ist nicht nur die älteste Stadt Frankreichs, sondern auch das wirtschaftliche Zentrum der heutigen Provence. Daß hier nicht immer alles ohne Probleme abgeht, kann man sich den-

---

DIE PROVENCE AUF EINEN BLICK

SEHENSWÜRDIGKEITEN

Aix-en-Provence: Cours Mirabeau (Prachtstraße), Kathedrale Saint-Saveur, Ausgrabungsstätte Oppidum d'Entremont (keltoligurischer Siedlungsplatz), Musée Granet, Fondation Vasarely; **Antibes:** Altstadt, Musée Picasso; **Arles:** Les Arènes (Amphitheater), Kathedrale Saint-Trophime; **Avignon:** Pont Saint-Bénézet, Kathedrale Notre-Dame-des-Domes, Palais des Papes (Papstpalast), Stadtmauer, Place de l'Horloge, Kirche Saint-Didier, Musée Calvet; **Biot:** Musée National Fernand Léger; **Cannes:** La Croisette (Strandpromenade); **Fréjus:** Kathedrale; **Grasse:** Parfümfabriken; **Marseille:** La Canebière (Prachtstraße), Château d'If; **Monte Carlo:** Palais du Prince (Schloß), Spielcasino, Jardin exotique (botanischer Garten), Musée océanographique (Meeresmuseum); **Nîmes:** Maison Carrée (Antikenmuseum), Les Arènes (Amphitheater), Jardin de la Fontaine (Park); **Nizza:** Promenade des Anglais (Prachtstraße), Musée Matisse, Musée Chagall; **Pont du Gard:** römisches Aquädukt.

FESTE UND VERANSTALTUNGEN

Aix-en-Provence: internationales Opern- und Musikfestival, Anfang bis Ende Juli; **Antibes:** Blumenschau, Mitte April, internationales Jazzfestival, Mitte bis Ende Juli; **Arles:** Oster-Feria (Eröffnung der Stierkampfsaison), Ostern, Fest der berittenen Gardians (Stierhirten), um den 1. Mai, internationale Begegnung der Photographie, Anfang bis Mitte Juli, Reisernteferst, September; **Avignon:** Festival von Avignon (Theater, Musik, Tanz), Mitte Juli bis Mitte August; **Cannes:** internationales Filmfestival, Mitte Mai bis Juni; **Marseille:** internationales Folklorefestival im Château Gombert, Anfang bis Mitte Juli; **Menton:** Zitronenfest, Februar bis März; **Monaco:** internationales Feuerwerksfestival, Juli und August; **Nîmes:** Fest der Weinlese, Mitte September; **Nizza:** Karneval von Nizza, Mitte Februar bis März; **Saint-Rémy-de-Provence:** Organa (Orgelfestival), September.

AUSKUNFT

Maison de la France, Französisches Fremdenverkehrsamt, Westendstr. 47, 60325 Frankfurt, Tel. 0 69/7 56 08 30; **Maison de la France, Französisches Fremdenverkehrsamt,** Keithstr. 2–4, 10787 Berlin, Tel. 0 30/2 18 20 64.

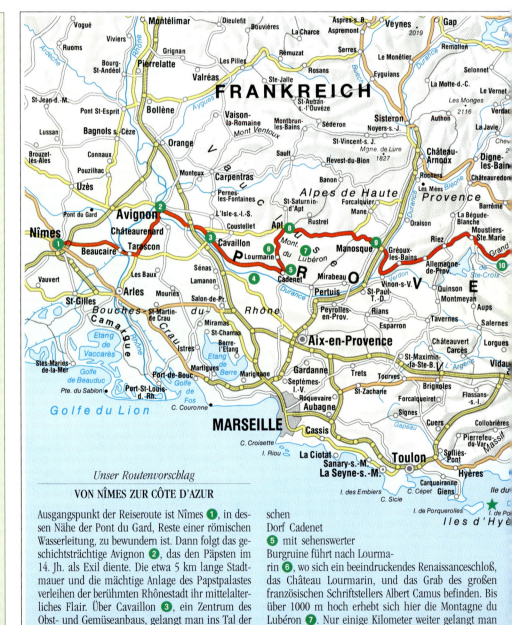

Unser Routenvorschlag

VON NÎMES ZUR CÔTE D'AZUR

Ausgangspunkt der Reiseroute ist Nîmes ①, in dessen Nähe der Pont du Gard, Reste einer römischen Wasserleitung, zu bewundern ist. Dann folgt das geschichtsträchtige Avignon ②, das den Päpsten im 14. Jh. als Exil diente. Die etwa 5 km lange Stadtmauer und die mächtige Anlage des Papstpalastes verleihen der berühmten Rhônestadt ihr mittelalterliches Flair. Über Cavaillon ③, ein Zentrum des Obst- und Gemüseanbaus, gelangt man ins Tal der Durance ④, des wohl typischsten Flusses der Dauphiné-Südalpen. Eine Abzweigung in dem malerischen Dorf Cadenet ⑤ mit sehenswerter Burgruine führt nach Lourmarin ⑥, wo sich ein beeindruckendes Renaissanceschloß, das Château Lourmarin, und das Grab des großen französischen Schriftstellers Albert Camus befinden. Bis über 1000 m hoch erhebt sich hier die Montagne du Lubéron ⑦. Nur einige Kilometer weiter gelangt man nach Apt ⑧, das als eines der Weltzentren der Ockergewinnung gilt. Hier lohnt sich vor allem eine Besich-

ken. Die Provence ist – man darf sich da nichts vormachen – nicht überall idyllisch.

Östlich von Toulon, der kleineren Schwesterstadt von Marseille, Zentrum der französischen Kriegsmarine, fängt die Kette der beschaulichen Küstenstädte des Var an, die mit ihren nach Süden gerichteten, um einen bescheidenen Hafen gruppierten Steinhäusern auf die große Tourismuswelle in den Sommermonaten warten. Dann wächst ihre Einwohnerzahl an, dann wachen sie auf, werden laut, geschäftig, beschleunigen ihr Lebenstempo. Man fährt auf einer wunderschönen, aber im Sommer häufig verstopften Küstenstraße unter den Ausläufern des Maurengebirges durch, erreicht Saint-Tropez, danach die roten Felsen des Estérel und schließlich in Cannes die eigentliche Côte d'Azur, die über Nizza

Die Sonnenblumenfelder der Provence, deren leuchtende Farben in den Bildern eines Vincent van Gogh weiterblühen, erlangten Weltruhm. Das Land ist reich an optischen Reizen, die Bauern leben eher ärmlich.

tigung der Kathedrale Sainte-Anne mit einer bemerkenswerten Schatzkammer. Nach einer landschaftlich sehr reizvollen Autofahrt erreicht man das Städtchen Manosque ❾ mit schönen mittelalterlichen Gäßchen und den beiden Kirchen Saint-Sauveur und Notre-Dame. Von hier aus geht es durch den grandiosen Grand Canyon du Verdon ❿. Nächste Station ist Grasse ⓫, die „Welthauptstadt des Parfüms". Nun sind es nur noch ein paar Minuten, bis mit Cannes ⓬, der mondänen Bade- und Filmstadt, die Côte d'Azur und damit das Mittelmeer vor unseren Augen liegt. In Richtung Osten reiht sich entlang der Küste ein Urlaubsort an den anderen, zunächst Antibes ⓭. Unbestrittene Metropole der Côte d'Azur ist natürlich Nizza ⓮. Interessant auch ein Ausflug zum Cap Ferrat ⓯. Höhepunkt der Tour ist Monaco ⓰.
★ Das besondere Reiseziel: Iles d'Hyères.

bis nach Monaco einen einzigen städtischen Ballungsraum bildet.

An der bisher skizzierten Strecke liegen die meisten historischen Sehenswürdigkeiten der Provence, an ihr leben die meisten Menschen. Diese Route zeigt aber nur den westlichen und südlichen Rand der Region. Im Innern des Landes sind noch unzählige Schätze verborgen.

Den Massen entkommen – in die zum Greifen nahen Berge

Wenn man im Sommer Ruhe sucht, die bäuerliche, die einsame, die ursprüngliche Provence, dann muß man ins Innere ausweichen. Der Gegensatz zwischen den städtischen Ballungszentren im Rhônetal oder den Küstenorten der Côte d'Azur und dem jeweiligen Hinterland könnte schärfer nicht sein: Fährt man von Nizza aus in die zum Greifen nah erscheinenden Berge der Seealpen, ist man in einer anderen Welt.

Sechs französische Departements bilden die Provence: Vaucluse, Bouches-du-Rhône, Var, Alpes-de-Haute-Provence, Hautes-Alpes und Alpes-Maritimes. Die Mehrzahl der Bewohner der Vaucluse lebt im Rhônetal, die Mehrzahl der Bewohner der Bouches-du-Rhône in Marseille, drei Viertel der Bewohner des Var und der Alpes-Maritimes auf dem schmalen Küstenstreifen. Das weite Hinterland dieser Departements hingegen ist dünn besiedelt. Das gilt erst recht für die beiden großen Alpendepartements. Sie erstrecken sich über die unzugänglichsten Teile der Alpen, hoch, einsam, meist wenig fruchtbar. Sie sind schön, aber es ist hart, hier zu leben, obgleich es reichlich Platz gibt: 7000 Quadratkilometer für 100 000 Einwohner etwa im Departement Hautes-Alpes. Französische Studien darüber, welche Regionen die höchste Lebensqualität bieten, stellen immer wieder die provenzalischen Alpendepartements an die Spitze. Dennoch hält die Landflucht an.

Natürlich ist auch die Mentalität der hier lebenden Menschen eine andere als die der Küstenbewohner. Wer den Trubel an der Küste liebt, hat kein Verständnis für die „Hinterwäldler" in den Alpen, und für die Alpenbauern, deren Alltag noch von der Tradition geprägt ist, hat das Leben an der Küste nichts mehr mit der Provence zu tun. Wer wandern will, bergsteigen, Wildwasserkanu fahren, wer einfach nur seine Ruhe sucht, weitgehend intakte Landschaft und maßvolle Preise, der wird sich in diesen meeresfernen Teilen der Provence wohler fühlen als in den bekannten Zentren.

Früher kamen die Touristen im Winter, und sie wußten warum. Im Winter ist das Licht am schönsten, die wenigen Gäste finden überall gastliche Aufnahme. Freilich kann es im Winter empfindlich kalt werden, vor allem, wenn der Mistral so stark das Rhônetal hinunter bläst, daß deshalb sogar die Züge in Richtung Norden stundenlange Verspätung haben. Angenehm ist es dann auf Dauer doch nur an der sehr geschützten Côte d'Azur, wo früher die gekrönten und ungekrönten Häupter Europas für einige Monate ihr Winterdomizil aufschlugen.

Schmale Meeresbuchten in der schroffen, felsigen Steilküste südöstlich von Marseille wie die Calanque d'en Vau sind beliebte Ziele für Bootsfahrer, Sonnenhungrige und Kletterer.

Die ideale Reisezeit ist das Frühjahr, wenn man den langen Winter schon satt hat, aber die ersten Frühlingsboten in Deutschland immer noch hartnäckig vom Winter zurückgedrängt werden. Da kann man die Jahreszeit überlisten und ins Frühjahr hineinreisen: ins Reich der blühenden Obstbäume, der duftenden Lavendelfelder, der Sonnenblumen und Rosen. Ein Pullover sollte aber trotzdem zum Reisegepäck gehören: an der Côte d'Azur muß man sogar mit etwas Regen rechnen, der hier vor allem in der Zwischensaison fällt. Zum Baden ist es freilich noch zu kalt. Das geht hingegen wunderbar im Frühherbst, wenn sich die Strände schon wieder geleert haben, wenn die Sonne wärmt, aber nicht mehr brennt, wenn man auf den Straßen wieder vorankommt. Wer es sich aussuchen kann und nicht den ganz großen Trubel sucht, sollte im Frühjahr oder im Herbst in die Provence fahren.

Hier wurde Geschichte geschrieben

Am Rande des Rhônetals – und damit am Rand der Provence – verläuft der Pont du Gard, der imposante Rest einer römischen Wasserleitung, die rund 50 Meter hoch und 250 Meter lang das Tal des Gard überspannt. Das architektonische Meisterwerk leitete das Wasser nach Nîmes, das schon in der Antike eine große Stadt war. Im Rom Frankreichs, wie man die Stadt auch nannte, zeugt heute die gut erhaltene Arena und die Maison Carrée, ein römischer Tempel, von vergangener Größe.

Arles ist mit rund 60 000 Einwohnern eine kleine Metropole: Zentrum der Tierzucht und des Reisanbaus in Südfrankreich. Das historische Arles ist nicht groß; man kann es leicht zu Fuß besichtigen. Die römische Arena, größer als die von Nîmes, vermittelt zusammen mit dem Theater und den Thermen einen lebendigen Eindruck davon, wie die Römer hier lebten. Arles konnte seine Bedeutung ins christliche Zeitalter hinüberretten. Die Kathedrale Saint-Trophime mit ihrem berühmten romanischen Portal und dem Kreuzgang mit seinen teils romanischen, teils gotischen Flügeln beschwören mit seltener Kraft die Welt des Mittelalters.

Wer sich noch mehr für die römische Antike interessiert, wird in Orange Halt machen. Orange ist eine typische provenzalische Kleinstadt, doch keineswegs besonders schön. Hierher kommt man vor allem, um den römischen Triumphbogen und das Amphitheater mit seinem gigantischen Bühnenhaus zu besichtigen. Es lohnt sich aber auch, von hier aus einen Abstecher zur wildromantischen Schlucht der Ardèche zu machen, die bei Pont-Saint-Esprit in die Rhône mündet.

Etwas weiter im Süden liegt Avignon. Auch hier residierten Römer, Kelten und Ligurer, doch Avignon ist vor allem eine mittelalterliche Stadt. Zwischen 1309 und 1377, als sich die römischen Päpste um die Macht stritten, war Avignon an Stelle von Rom Sitz des Papstes und damit für einige Jahrzehnte Zentrum der abendländischen Welt; von dieser Epoche zeugt der berühmte Papstpalast. Das weitläufige, mächtige Bauwerk läßt heute noch den Geist der Zeit ahnen, aus der es stammt: außer ein paar Fresken blieb von der Ausstattung freilich wenig erhalten. So besucht man heutzutage hohe, zumeist leere Räume, die nur noch erahnen lassen, welch feudales Leben dort einst herrschte. Petrarca, dem wir einige der schönsten Liebesgedichte der abendländischen Literatur verdanken, beschrieb die Stadt der Päpste als schmutzig und korrupt. Der Papstpalast liegt erhöht auf einem Felsen. Vom Park auf gleicher Höhe hat man einen weiten Blick über die verwinkelte Vielfalt der Altstadthäuser. Im Hintergrund deuten sich die Berge des Lubéron an.

Erde und Wasser – Elemente des provenzalischen Lebens

Östlich von Avignon, am Rand des Rhônetals, liegt Fontaine-de-Vaucluse. Auf dem Grund einer Grotte entspringt zwischen hochragenden Kalksteinwänden das Flüßchen Sorgue. Erde und Wasser sind die lebenswichtigen Elemente des provenzalischen Lebens. Wenn man sich etwa an den Rand der kalten, klaren Sorgue setzt und die moosüberzogenen Wasserränder beobachtet, die Ölmühlen und Seidenspinnereien antrieben, begreift man, was das Wasser für dieses Land bedeutet.

Das Mittelalter in seiner schönsten Gestalt versteckt sich in einer einsam gelegenen Schlucht bei Gordes. Das Zisterzienserkloster Sénanque zeugt in seiner schönen und zugleich zweckmäßigen Anlage von fast asketischer Spiritualität, die auf den Besucher heute genauso faszinierend wirkt wie im 12. Jahrhundert. Die Provence ist auch seit je eine Region der religiösen Schwärmer – am bedeutendsten waren die Katharer oder Albigenser im 13. Jahrhundert –, der Menschen, die nach dem Absoluten suchen. Eine Region des Ausgleichs, der Harmonie ist sie nicht. Unter glühender Sonne gedeihen vor allem Extreme. Dazu paßt, daß sich das Stammschloß der Familie de Sade im Lubéron befindet.

Trotz der großen Vergangenheit lag das provenzalische Hochland lange abseits vom touristischen Interesse: Es war zu bäuerlich, hatte zuwenig komfortable Unterkünfte und kein Meer. Heute ist das Plateau de Vaucluse in Mode gekommen, besonders die Region um Gordes, das auf einem hochaufragenden Felsen liegt. Vom mächtigen Renaissanceschloß sieht man rings umher in der Ebene zwischen den natürlichen Farben der Felder und dem Gelb der Ockerbrüche von Roussillon nun auch immer öfter die hellblauen Flecken von Swimmingpools. Hotels und Restaurants sind auf einem hohen Niveau. Hier wird der gewohnte Komfort und eine fast unzerstörte, ländliche Umgebung harmonisch vereinigt.

Auf dem Plateau von Valensole weiter im Osten wird der Lavendel für die Parfümfabriken von Grasse angebaut – hier läßt man den Tourismus langsam hinter sich. Alles geht langsamer: Auf engen Straßen erreicht man einsame Plätze. Zirpende Zikaden und der Duft vom Harz der Kiefern prägen das Naturerlebnis. Ein besonderes Abenteuer erlebt man in den Gorges du Verdon, einem abgelegenen Canyon, den sich der schmale Verdon tausend Meter tief in den umgebenden Kalkstein gegraben hat. Auf einem Rundweg um die Gorges du Verdon herum kann man von immer neuen Punkten aus das gewaltige Naturschauspiel genießen. Wer gut zu Fuß ist, kann auch die Talsohle durchwandern und die Kletterer an scheinbar grifflosen Wänden oder Kanufahrer auf schäumendem Wasser zwischen engen Felsen bewundern.

Industriegürtel um Marseille: Der Kontrast zwischen dem Naturschutzgebiet der Camargue und den benachbarten Zonen ungebremsten industriellen Raubbaus an der Landschaft ist atemberaubend. Aber man sollte nicht wegsehen, wenn die giganti-

Das Bergdorf Gordes liegt wehrhaft und malerisch am Rand des Plateau de Vaucluse. Die Besucher fasziniert vor allem das gepflegte Renaissanceschloß in der ländlichen Umgebung.

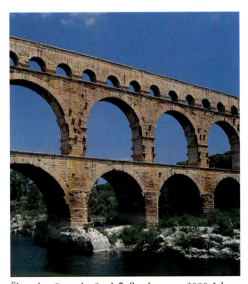

Über den Pont du Gard floß schon vor 2000 Jahren Wasser aus den Bergen 41 Kilometer weit nach Nîmes.

schen Raffinerien, die Abfallhalden, die Industriebauten ohne jegliche Schönheit, die neuen, aber schon verwahrlosten Schlafstädte am Weg auftauchen, denn sie verweisen nicht nur auf eine überhastete Industriepolitik in dieser Region, sondern auch auf ein großes Problem der Provence im allgemeinen: Sie ist entweder entvölkert oder zu dicht bevölkert; sie ist entweder extrem industrialisiert worden oder gar nicht; sie hat an manchen Stellen zu viele Touristen, an anderen zu wenige. Es fehlt ein Konzept sanfter Modernisierung, das die alten Strukturen erhält, dies jedoch nicht auf museale Weise, sondern vorsichtig integriert in einen Prozeß behutsamer Veränderung.

Die nördlichen und westlichen Außenbezirke von Marseille wuchern ohne Tradition und ohne Ordnung ins Land hinein. Nicht einmal die Polizei traut sich in alle Viertel. Wer auf dem Land keine Arbeit findet, sucht sie in Marseille. Wer auf ehrliche oder kriminelle Weise das große Geld machen will, kommt nach Marseille. Marseille ist Hafenstadt, seit je offen für alle und alles, ganz im Gegensatz zu den geschlossenen Strukturen in der bäuerlich bestimmten Provence des Hinterlandes.

Der Alte Hafen ist das natürliche Zentrum der Stadt. Hier liegt auch das alte Viertel der Prostituierten, der kleinen Halunken und der Matrosen. Die deutschen Besatzer ließen die Häuser 1944 sprengen, um den Widerstand auszumerzen – ohne Erfolg. Auf der anderen Seite liegt die Kirche Notre-Dame-de-la-Garde, von deren Turm aus man über die Stadt schauen kann. Der Blick reicht bis dorthin, wo sich die Dächer im Meer verlieren oder die Kreidefelsen mit dem undurchdringlichen Gebüsch den Blick begrenzen.

Marseille entdecken – Marseille meiden

Marseille ist, obwohl schon im sechsten Jahrhundert vor Christus gegründet, keine Stadt der historischen Monumente. Zu entdecken gibt es dort aber unendlich viel – auf den Straßen, nicht in den Museen. Und seit ein paar Jahren existiert am Prado ein großer, gepflegter Strand.

Aix-en-Provence, knapp 30 Kilometer entfernt im Hinterland, ist in mehr als einer Hinsicht das noble Gegenstück zu Marseille. Aix ist eine geordnete, überschaubare Kleinstadt, Marseille eine pulsierende Metropole – Marseille ist Hafenstadt, Aix liegt am Fuße eines Gebirges. Aix ist geprägt von wohlhabenden Bürgern und der Aristokratie, Marseille vom Handel und vom Volk. Aix hat den schönsten Boulevard der Provence, Marseille dagegen hat die lautesten Straßen.

Zurück in Marseille, könnte man in Richtung der Calanques aufbrechen, versteckten Buchten in hohen Felsmassiven, die direkt bis ans Meer reichen. Die schönsten sind nur zu Fuß oder vom Meer aus zugänglich. Boote fahren vom Alten Hafen oder von Cassis aus in die Umgebung.

Wer dem Trubel der Großstadt ausweichen will, fährt weiter nach La Ciotat mit seinen Werften oder nach Bandol und Sanary, das in den dreißiger Jahren für Bertolt Brecht, Thomas Mann und viele andere deutsche Schriftsteller ein Etappenziel auf der Flucht vor Hitler war. Oder gleich über Toulon hinaus zu den Küstenorten des Var zwischen Hyères und Saint-Tropez. Diese freilich beziehen ihre Reize nicht aus bekannten Kathedralen, Klöstern oder Museen. Meist haben diese Orte einen kleinen Hafen mit Sportbooten, ein paar Cafés, Bars, Restaurants an den Uferpromenaden, manchmal eine Altstadt mit den charakteristischen Steinhäusern, die zum Schutz gegen Sonne und Wind eng aneinandergerückt sind. Sie besitzen neue Appartementhäuser mit Balkons, die einförmig und streng nach Süden ausgerichtet sind. Sie haben eine überfüllte Durchgangsstraße im Hinterland und Kiefern, unter de-

Mit ansteckender Leidenschaft frönen die Franzosen der Faszination des Boulespiels.

nen sich Campingplätze verbergen. Es sind Orte, die im Reiseführer in kultureller Hinsicht keine größere Beachtung finden, aber Plätze, die zur Erholung einladen und dabei immer noch den Luxus der „großen weiten Welt" bieten.

Wer in dieser Region Geschichte sucht, sei auf Fréjus verwiesen, ehemals eine bedeutende römische Hafenstadt. Nachdem die Küste aber allmählich verlandete, liegt sie nun weiter landeinwärts. Es gibt dort ein Amphitheater, das freilich wegen seines schlechten Erhaltungszustandes nicht so eindrucksvoll wirkt wie die Arena von Arles. Auch der Kathedralbezirk von Fréjus besticht nicht sofort durch augenfällige Schönheit. Seine Bedeutung liegt vielmehr darin, daß er die geschichtliche Kontinuität des Lebens an der Küste von der Antike über die frühe Christianisierung bis ins hohe Mittelalter veranschaulicht.

Die Côte: Missionare, Musen und Moden

Auch Cannes – man glaubt es kaum – war einmal ein Zentrum der Christianisierung. Der heilige Honorat begründete im fünften Jahrhundert auf den Inseln vor der heutigen Glitzerstadt ein mächtiges Kloster, von dem heute noch Reste zu besichtigen sind. Aber deswegen fährt man nicht dorthin. Cannes – das ist der riesige Jachthafen, das sind Strände, wo man angenehm den Tag verbringen kann. Cannes ist natürlich vor allem wegen seiner glanzvollen internationalen Veranstaltungen, etwa der Filmfestspiele, in aller Welt berühmt.

Saint-Tropez gehörte eigentlich auch in die Reihe dieser Orte, aber seine privilegierte Lage in einer natürlichen Bucht, die Schönheit seines geschlossenen Stadtbildes und die Zufälle der touristischen Moden haben diesen Ortsnamen mit der Vorstellung von süßem Leben, von Jachten und Playboys, von schönen Frauen und weiten Stränden untrennbar verbunden. In den fünfziger Jahren, als – vor allem wegen einer gewissen Brigitte Bardot – der Mythos von Saint-Tropez entstand, suchten die wohlhabenden jungen Touristen der Nachkriegszeit hier das einfache, naturnahe Leben, das Leben der Boulespieler und Fischer, die es damals noch reichlich gab. Heute ist auch Saint-Tropez ein Ort der vielen und platzt im Sommer aus allen Nähten.

In Cannes fängt die „Côte" an, die älteste große Feriengegend der Welt. Vorreiter des Tourismus war der Hochadel Europas, der dem Winter in London, Paris, Wien oder Sankt Petersburg entfloh und sich mit seinem ganzen Gefolge für einige Wintermonate an der Côte d'Azur ansiedelte. Für diese illustren Gäste sind die Grandhotels und die Villen mit ihrem überreichen Fassadendekor gebaut worden, die die Meeresfront von Cannes und Nizza, die Place du Casino von Monte Carlo beherrschen. Was die Gäste anzog, war die einmalig geschützte Lage. Im Hinterland der Küste steigen die Alpen rasch bis zu einer Höhe von 2000 Metern an, bilden einen natürlichen Wall gegen Wind und schlechtes Wetter und ermöglichen so eine vom verhältnismäßig warmen Wasser bestimmte milde Treibhausatmosphäre, in der subtropische Vegetation gedeihen kann, wie wir sie in den botanischen Gärten von Monaco und Antibes und dem Cap Ferrat finden.

Die Côte d'Azur, dieser etwa 70 Kilometer lange Küstenstreifen zwischen Cannes und Menton, ist somit nur ein kleiner, recht untypischer Teil der Provence – aber ein von der Natur begünstigter. Auf knappem Raum findet man sehr unterschiedliche Landschaftsformen. Hinter Cannes und Antibes steigt das Hinterland nur langsam an, bildet eine sanfte Hügellandschaft, in deren schönsten Lagen man alte Städtchen wie Mougins, Vence oder Saint-Paul-de-Vence findet. Erst 17 Kilometer im Inland, auf der Höhe der Parfümstadt Grasse, schließen von Garrigue (einer niedrigen Strauchheide) bewachsene Gebirgsrücken den Küstenstreifen ab. Dahinter beginnt die Einsamkeit.

Ab Nizza rücken die Felsen immer näher ans Meer heran. Die Straßen sind auf verschiedenen Höhen in das Gestein gesprengt. Um bei Monaco

Roter Porphyr umkränzt die Strandbucht Corniche de l'Estérel an der Côte d'Azur. Der reizvolle Kontrast zum Blau des Meeres ist ein besonderes Markenzeichen der Küste südöstlich von Cannes.

von der Autobahn an die Küste zu kommen, muß man manche Haarnadelkurve bewältigen; dafür wird man aber durch atemberaubende Ausblicke entschädigt. Die begehrtesten Plätze an der Côte sind die Kaps – wie das Cap d'Antibes, das Cap Ferrat oder das Cap Martin, langgezogene Halbinseln mit freiem Blick aufs Meer und auf die sanft geschwungene Küstenlinie, im Hintergrund die Gipfel der Seealpen, wo man im Winter Ski fahren kann.

An der Côte konzentriert sich alles: kein Freizeitvergnügen, kein Sport, der hier nicht möglich wäre. Man kann wunderbar (aber teuer) essen, man kann feiern, und jeden Abend herrscht Highlife auf den Straßen. Man kann Boule spielen und Roulette. Zumindest in der Hauptsaison verblassen dahinter die geschichtlichen Zeugnisse, seien sie römisch oder

Provence und Côte d'Azur

Abendstimmung über den Dächern von Nizza: Wenn in der Stadt vor den Ausläufern der Seealpen die Lichter angehen und die Nachtschwärmer ausgehen, ist es hier am schönsten.

vom italienischen Barock beeinflußt wie die meisten Sakralbauten.

Nur die Malerei des 20. Jahrhunderts, der zahlreiche Museen gewidmet sind, wird man sich auch dann nicht entgehen lassen, zumal die meisten dieser Museen wunderschön gelegen sind. Zu den faszinierendsten gehört das Picasso-Museum von Antibes, dessen Mauern bis ans Meer reichen.

Keiner, der an die Côte d'Azur fährt, kommt an Monaco vorbei, dieser kleinen Luxusinsel, die ein rühriges Fürstenhaus im Verein mit reichen Dauergästen seit etwa 100 Jahren geschaffen hat.

Monaco ist nicht schön, denn die Hochhäuser drängen sich eng aneinander, um sich ein Stück des begrenzten Platzes zu sichern. Selbst der Fürstenpalast ist kein architektonisches Glanzstück. Das Haus Grimaldi wurde erst reich, als einer seiner Untertanen die Idee hatte, gelangweilte Wintergäste, die in Frankreich nicht dem Glücksspiel frönen durften, zu einem Spielchen ins Kasino nach Monte Carlo – einem Stadtbezirk von Monaco – zu laden. Aus dieser Quelle nährte sich die Staatskasse, nährten sich die Monegassen, die nicht nur als Croupiers einträgliche Anstellung fanden, und so ist es geblieben.

Monaco ist heute reich, sauber und gut verwaltet. Es hat einen vollen Veranstaltungskalender und ein bewegtes gesellschaftliches Leben, aber mit dem, was die Provence ausmacht, will der als Steueroase berühmte kleine Staat wenig zu tun haben.

DAS BESONDERE REISEZIEL: UNTERWASSERPARADIES HYÈRES

Hyères war der erste Badeort an der Küste zwischen Marseille und Monaco und empfing schon Gäste, als die reisenden Engländer Nizza und Cannes noch nicht für sich entdeckt hatten. Die historische Stadt gruppiert sich um die Place Massillon, die schon im Mittelalter als Marktplatz diente.

Vom Hügel, an dessen Fuß die Altstadt liegt, hat man einen weiten Blick auf den Ort und auf die fruchtbare Ebene, wo Obst, Gemüse und Wein angebaut werden. Vor allem aber blickt man auf die bewaldeten und stark zerklüfteten Iles d'Hyères.

Diese Inseln sind Kostbarkeiten an dieser Küste der Bauspekulation, denn sie bieten zu Lande und unter Wasser eine auch heute noch unbeschädigte mediterrane Natur. Insgesamt leben etwa 600 Menschen hier.

Hinüber kommt man mit dem Schiff, das Auto muß auf dem Festland bleiben. Port-Cros ist die schönste der Inseln, grün, buchtenreich, mit einer erstaunlich vielfältigen Flora und Fauna. Sie steht unter Naturschutz. Da rund um die Insel auch der Fischfang und die Unterwasserjagd verboten sind, gilt sie als Paradies für Taucher. Die über 100 000 Besucher im Jahr, die nach Port-Cros kommen, dürfen hier nicht rauchen, nicht campen und müssen die Insel abends wieder verlassen, denn es gibt nur ein kleines Hotel für wenige Gäste. Wer übernachten will, meldet sich besser an.

Port-Cros ist auch ein Paradies für den Wanderer; ein schöner Spaziergang führt zur Vigie, wo ein faszinierender Panoramablick den Weg lohnt, oder zum östlich gelegenen Port-Man. Am Eingang des Ortes Port-Cros steht das alte Kastell Fort du Moulin aus dem 17. Jahrhundert.

Auf der Nachbarinsel Porquerolles, der größten im Archipel, wohnen immerhin ein paar hundert Menschen, und es existieren auch einige Hotels. Vielleicht deshalb, vielleicht aber auch weil Quellen fehlen, wirkt diese Insel nicht ganz so wild, so üppig-tropisch wie Port-Cros. Das Innere des Eilands ist menschenleer. Wunderschön sind die Strände Plage de la Courtade im Osten und Plage d'Argent im Westen. Der Leuchtturm ist 96 Meter hoch, und sein Licht ist 60 Kilometer weit zu sehen.

Die langgestreckte, nur spärlich bewachsene Ile du Levant, die dritte der Inseln vor Hyères, ist zum Teil den Freunden der Freikörperkultur vorbehalten (die Nudistenkolonie „Heliopolis" gibt es schon seit 1932), zum Teil militärisches Sperrgebiet und damit für den Touristen verbotenes Land. Im Mittelalter gehörte sie den Äbten von Lérins: Allerdings sind von dieser Zeit nur noch malerische Relikte übriggeblieben, ein paar verfallene Häuser und verlassene, verwilderte Gärten.

Die Schiffe ankern an der Westküste der Insel bei l'Ayguade. Von der Anlegestelle bis zum FKK-Gelände führt ein knapp 800 Meter langer Fußweg. Die westlichen Inseln sind klein, unbesiedelt und ohne Bedeutung.

Bei Port-Cros vor Hyères finden Sporttaucher auch in Europa noch unerschöpfliche Unterwasserreviere mit einer zum Teil unberührten Flora und Fauna.

CEVENNEN
Erlebnislandschaft für Naturfreunde

Schroff türmen sich die Schiefer- und Granitfelsen auf – sie sind der Ausläufer des Zentralmassivs. Aus diesem Gestein sind auch die alten Bauernhäuser gebaut, die sich in den üppigen Kastanienwäldern verbergen. In dem riesigen Nationalpark der Cevennen aber fallen sie kaum auf, ja sie scheinen sich der natürlichen Umgebung geradezu anzupassen und sich im Grün der Baumdächer zu verstecken.

Einst war diese gebirgige Landschaft am Südostrand des Zentralmassivs zwischen den Tälern der Ardèche und des Hérault eine Musterprovinz der Römer: Der Name „Cevennen" leitet sich aus dem lateinischen *Mons Cabenna* ab.

Im 13. Jahrhundert erlangte die Region eine große Bedeutung für die Entwicklung Frankreichs als Nation: Die Stadt Albi wurde Namensgeber für die Bewegung der Albigenser (oder Katharer), eine der wichtigsten religiösen Strömungen des Mittelalters. Erst die blutigen Albigenserkriege (1209 bis 1229) ebneten den französischen Königen den Weg zur Herrschaft über den Süden des Landes.

Im 18. und 19. Jahrhundert florierten die Cevennen als erster Seidenlieferant Frankreichs. Doch als die Seidenraupenkulturen eingingen, kam das Ende dieser Tradition. Und auch der Rest der Wirtschaft erlebte eine bittere Talfahrt, die bis heute anhält: Die ökonomische Rückständigkeit der Cevennen ist unübersehbar, hatte jedoch sehr vorteilhafte Auswirkungen auf die Natur.

Landschaftlich hat die Region Bemerkenswertes zu bieten. In dem 1970 gegründeten Nationalpark, dem „Parc National des Cévennes", können Naturfreunde märchenhafte Tropfsteinhöhlen besuchen oder auf Brücken reißende Wildbäche überqueren. Adler, Geier, Biber, Rehe und Hirsche leben in der dünn besiedelten Region. Da gerade einmal 500 Menschen auf der ungefähr 840 Quadratkilometer großen Parkfläche wohnen, ist der Lebensraum für Pflanzen und Tiere entsprechend uneingeschränkt. Der Eingang zum Nationalpark und das Informationszentrum befinden sich in Florac.

Wer sich nach diesem Überangebot an Naturschönheiten nach Kultur sehnt, kommt hier ebenfalls nicht zu kurz: Einer der berühmtesten Söhne der Cevennen ist der Maler Henri de Toulouse-Lautrec (1864 bis 1901), dessen Hauptwerk im Museum seiner Heimatstadt Albi gezeigt wird. Außerdem sind hier auch Werke von Lautrecs Zeitgenossen Rodin, Matisse und Bourdelle ausgestellt.

Auskunft: siehe Seite 282.

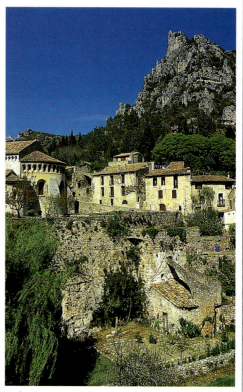

In den Cevennen wirken die meisten Dörfer wie ein Teil der Natur – urwüchsig und zeitentrückt.

KORSIKA
Das grüne Paradies der Querköpfe

Die sonnige, bergige Mittelmeerinsel, politisch zu Frankreich gehörig, ist so eigenwillig und originell wie ein kleiner Kontinent für sich. Die Pflanzenwelt zeigt sich so vielseitig wie das Landschaftsbild. Oft liegen nur wenige Kilometer zwischen dem Strand und den über 2000 Meter hohen Gipfeln. Außer freilaufenden Rindern, Schafen, Ziegen und Wildschweinen sind auch seltene Tiere zu sehen. In fruchtbaren Tälern und traumhaften Buchten liegen die hübschen Dörfer und Städtchen. Hier also leben sie, die knorrigen Korsen: selbstbewußte Erben einer bewegten Geschichte, Hüter einer paradiesischen Insel, der die Griechen den Namen Kalliste gaben, „die Schönste" aller Inseln, die sie kannten.

Am Golf von Porto verstecken sich schöne Badebuchten zwischen roten, bis zu 300 Meter hohen Granitklippen.

Die Küsten, der Süden und das Hochland Korsikas weisen am selben Tag und auf engstem Raum ganz unterschiedliche Klimawerte auf: zwischen alpin und tropisch, mediterran und atlantisch. Auch die Hirten, Bauern und Fischer mit ihren stolzen Männlichkeitsritualen, einem ausgeprägten Ehrgefühl und den charakteristischen Liedern sind so eigenwillig wie uneinheitlich. Manche Dörfer und Sippen leben untereinander in Feindschaft wie sonst nur ganze Nationen – trotz zahlloser Unabhängigkeitskriege, die anderswo eher zusammenschweißen. Separatisten kämpfen noch heute für die Loslösung von Frankreich. Zurückhaltung gegenüber allem Fremden bremst den Massentourismus und seine baulichen Folgen.

Ob im Boot, auf dem Fahrrad oder zu Fuß: Korsika ist eine Herausforderung für alle, die aktiv etwas unternehmen und nicht bloß am Strand liegen wollen. Dafür empfiehlt sich eine Wanderung auf dem 180 Kilometer langen, sehr reizvollen Korsika-Höhenweg Grande Randonnée (GR 20) von Calenzana im Nordwesten bis nach Conca im Südosten. Leichter geht es durch hübsche Dörfer – „Da mare a mare" (von Küste zu Küste). Segeln, Surfen, Schwimmen und Tauchen an den schönsten Stränden vor den Zweitausendern an der Westküste sind so beliebt wie das Angeln in Bergflüssen. Die höchsten Gipfel sind der Monte Cinto (2706 Meter), der Monte Rotondo (2622 Meter) und der Monte d'Oro (2389 Meter) im Parc Régional de la Corse, einem Naturpark voller Wanderwege durch eine einzigartige Pflanzen- und Tierwelt, der ein Drittel der wilden, faszinierenden Insel bedeckt.

Eine romantische einspurige Inselbahn verbindet Ajaccio im Westen mit Corte, Ponte Leccia, Calvi und Bastia. Die Strecke von Ajaccio – hier wurde 1769 Napoleon Bonaparte, der größte Korse, geboren – nach der Hauptstadt Bastia führt über 160 Kilometer quer durch die Insel. Lohnende Ziele sind die alte Universitätsstadt Corte oder das vitale Seebad Calvi. Nur mit dem Auto erreichbar ist das abgelegene Bergdorf Sartène im Südwesten; es gilt als Hochburg der „Vendetta" (Blutrache). Sehenswert: das alte Stadtviertel Santa Anna, ein prähistorisches Museum und alljährlich die spektakuläre Karfreitagsprozession. Bastia ist der bedeutendste Hafen und liegt im Norden der Ostküste im Schatten einer genuesischen Bastei. Die Zitadelle stammt aus dem 14. Jahrhundert – wie ein Großteil der malerischen Altstadt mit ihren schönen Renaissancekirchen und dem Gouverneurspalast.

Auskunft: siehe Seite 282.

CAMARGUE
Land der wilden Pferde und Flamingos

Flaches, sanft vom Wind gerilltes türkisfarbenes Wasser, glitzernd bis zum Horizont, an dem Flamingokolonien rosa leuchten. Herden schwarzer Stiere, eingerahmt von weißer Gischt im Gegenlicht. Reiter mit langen Lanzen, die mit einer Hand gelassen ihre weißen Pferde zügeln – das ist die Camargue. Die Lagunenlandschaft an der Rhônemündung, in deren Seen und Senken sich die Süß- und Salzwasser mischen, war einst der wilde Ort, an dem die Elemente aufeinandertrafen: das Land und das Meer. Heute ist die Camargue ein sorgsam gehegtes Kleinod der Natur, kostbar und zugleich empfindlich.

Die Flamingoschwärme sind ein Wahrzeichen der Camargue, das nicht jedem gleich vor die Kamera läuft.

In etwa 7000 Jahren hat die Rhône in ihrem Mündungsdelta eine Insel abgelagert, 560 Quadratkilometer Land, das einmal Schlamm war, dazu Geschiebe, Steine, Bäume und Geröll fern aus dem Wallis und Savoyen. Immer wieder hält das Meer sich dafür schadlos und holt sich Biß um Biß zurück, was ihm verlorengeht.

Ein römischer Statthalter namens Camarus soll der Camargue den Namen gegeben haben. Doch lebendig geblieben ist nur die Legende von den heiligen Marien: Sie kamen fern von Palästina in einem führerlosen Boot: Maria Magdalena, die Sünderin, Maria Jakobäa, die Schwester der Muttergottes, und Maria-Salome, die Mutter der Apostel Jakobus und Johannes. Wo sie gelandet sind, liegt heute ihre Stadt: Saintes-Maries-de-la-Mer.

Unterwegs am Leuchtturm, zu Fuß auf dem windigen Dammweg, den Salzgeschmack der Landschaft auf den Lippen, hat man weit im Westen das schönste Bild von der wehrhaften Kirche der heiligen Marien vor Augen, flimmernd über dem Horizont wie eine Fata Morgana. Besondere Verehrung genießt Sarah, die schwarze Dienerin der Maria-Salome, die der Überlieferung zufolge Zigeunerin war und das Ziel der jährlichen Zigeunerwallfahrt am 24. und 25. Mai ist. Dann strömen Sinti und Roma aus ganz Europa zu Tanz und Gesang und zu einer feierlichen Prozession in den kleinen Ort. Heiliggesprochen wurde auch König Ludwig IX., der aus einem Fischerdorf in toten Wassern, *Aquae Mortuae*, eine Festung bauen ließ, um sich von dort auf den Kreuzzug nach Jerusalem zu begeben. Das von ihm errichtete *Aigues Mortes*, eine Art mittelalterlicher Retortenstadt, sieht heute noch so aus wie einst: 1633 Meter Mauern, zehn Tore, 15 Türme.

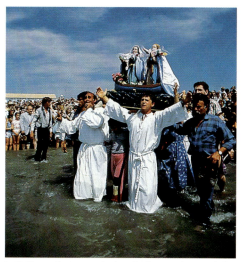

Religiöse Inbrunst und Aberglaube mischen sich bei der Zigeunerwallfahrt von Saintes-Maries-de-la-Mer.

Seit dem 19. Jahrhundert eingedeicht, heute eingekeilt zwischen Schwerindustrie-Ansiedlungen und Retortenbadestädten, ist die Landschaft der Camargue ein sensibles Reservat, der Parc Naturel Régional de Camargue mit 850 Quadratkilometer Fläche ein Wasserparadies aus Seen und Sümpfen: Rastplatz oder Ziel der Zugvögel, Brutstätte und Lebensraum der Regenpfeifer und der Austernfischer, der Bläßhühner und Enten, der Schnepfen, Seidenreiher und Flamingos. Rund um die große Lagune Etang de Vaccarès halten sie sich verborgen, abseits der Touristenströme, die im Sommer die Camargue bevölkern – und oft genug enttäuscht von dannen fahren. Man braucht Geduld und Sensibilität, um die Natur noch urwüchsig zu erleben.

Am deutlichsten fallen neben den Straßen die vielen Reisfelder ins Auge, die mit ihrer Intensivbewirtschaftung dem Ruf des Rhônedeltas abermals geschadet haben. Mit etwas Geduld findet man aber in den Sümpfen und Salzwiesen die Herden schwarzer Stiere mit dem eindrucksvollen Gehörn, deren höchster Zweck der – unblutige – Stierkampf ist. Dazu die weißen Pferde einer alten Rasse, die „Crins blancs", kleiner als andere Pferde, ausdauernd, zäh und trittsicher im Gelände. Sie sind die idealen Gefährten für die Hirten der Camargue, die „Gardians", die mit dem „Trident", ihrer Lanze mit der dreigezackten Spitze, sicher ihre Herden dirigieren. Die Tiere mit der wirtschaftlich größten Bedeutung sind jedoch die Schafe: Man trifft die gut 80 000 Tiere allerdings nur im Winterhalbjahr an; den Sommer über werden sie fern ihrer Heimat am Alpenrand geweidet.

Auskunft: siehe Seite 282.

Die schmutzigweißen oder hellgrauen „Crins blancs" leben nur noch selten in halbwilden Herden. Man kann die kleinen, oft verspielten Pferde für Ausritte ins Rhônedelta mieten.

PYRENÄEN

Ein französisch-spanisches Gesamtkunstwerk

Roter Sandstein erhebt sich mächtig, undurchdringlich, wie von Gigantenhand in die Landschaft gedrückt. Massig türmt sich schrundiger Gneis bis in den Himmel. Bizarr zerfurchter Kalkstein öffnet Schlünde tief ins Erdinnere, in den Silberstrahlen der blendenden Sonne glänzt glatter Schiefer. Über die Bergkämme geht ein scharfer Wind, die fein ziselierten Felsformationen bezeugen die stete Arbeit von Wasser und Frost, von Wind und Wetter. In den Pyrenäen wird toter Stein lebendig. Ist es die hier angeblich so dünne Erdkruste, die einen plötzlich die Nähe innerirdischer Kräfte spüren läßt? Was macht den Zauber dieser rauhen, urwüchsigen Landschaft aus? Jeder, der sie bereist, wird seine eigene Antwort, seine eigene Wahrheit finden über die Pyrenäen, jenes mächtige Gebirge, das die Iberische Halbinsel vom Rest Europas scheidet und auf dessen Hauptkamm die Grenze zwischen Frankreich und Spanien verläuft.

Man kann sich begnügen mit dem Spektakel einer organisierten Wildwasserfahrt. Die Grenzen menschlicher Ausdauer lassen sich aber auch auf den Gletschern und Felswänden der Dreitausender erproben. Doch nicht nur Bergsteiger finden hier Stille und Einsamkeit. Trotz des Tourismus, der auch diesen einst so abgeschiedenen Landstrich mit Wucht erfaßt hat, wird hier jeder noch eine Ecke finden, in der man nach kurzer Wanderung unter Tannen oder Buchen alleine Rast machen kann, begleitet nur vom Rauschen des Wildbachs.

Aber auch die ehrfurchtgebietende Schlichtheit romanischer Kirchen und Klöster wird man in dieser Gebirgslandschaft entdecken – selbst anspruchsvollste Kunstliebhaber kommen auf ihre Kosten. Wer Gastfreundschaft sucht, der findet sie nördlich und südlich des Gebirgskamms, im Osten wie im Westen. Und mit ihr eine kulinarische Kultur, die zu den ältesten, traditionsreichsten in ganz Europa zählt.

In den Pyrenäen kontrastieren Täler und Bergdörfer mit ihrem südlichen Ambiente mit hochalpinen Panoramen wie hier in der Sierra del Cadi südlich von Andorra (Foto links). Auch die Klimagegensätze sind groß. Daher gibt es spektakuläre Verwitterungsformen wie etwa bei Les Orgues auf französischer Seite (Foto rechts oben). In diesem harten Land hat sich eine tiefe Volksfrömmigkeit entwickelt, deren Ausstrahlung bis in die hintersten Winkel Europas reicht. Nur ein Beispiel dafür ist der nie erlöschende Wald von Opferkerzen in der Erscheinungsgrotte von Lourdes (zweites Foto von rechts oben). Nicht Folklore, sondern einfach und praktisch ist der *Porrón*, aus dem die Hirten und Bauern hier ihren Wein trinken (zweites Foto von rechts unten): In den Schlauchflaschen aus Ziegenleder bleibt er immer angenehm kühl. Erfrischung bieten auch schöne Seen wie in Banyoles ganz im Südosten der Region (Foto rechts unten).

Westeuropa

Berge, die trennen, schützen und verbinden

Die Pyrenäen haben etwas von einer gigantischen Mauer. Aus den Ebenen des weiten Ebrotals im Süden oder aus den sandigen „Landes" von Aquitanien im Norden steigt der Gebirgszug abrupt empor wie ein Sperriegel. *Hadjiz* – Barriere – nannten die maurischen Eroberer Spaniens denn auch diese Berge, an denen ihr Imperium seine weiteste Ausdehnung erreichte. Die Spanier fühlten sich später jahrhundertelang isoliert hinter dieser natürlichen Schranke. Bevor das Ende der Franco-Diktatur die Rückkehr nach Europa erlaubte, sahen sich viele Afrika näher als dem alten Kontinent.

Die Geographen können uns solche Empfindungen relativ leicht erklären. Denn charakteristisch für die Pyrenäen ist eine, wie es in der Fachsprache heißt, geringe Schartung: Der Hauptkamm des Gebirges sinkt im zentralen Bereich, der immerhin 300 Kilometer lang ist, nie unter 1600 Meter ab – in der Tat eine mächtige natürliche Gesteinsmauer. Es fehlen zudem große Flußtäler in Längsrichtung – im Gegensatz zu den Alpen. Und die Quertäler mit den Pässen sind oft nur enge Schluchten. Wer also von einem Tal ins Nachbartal will, muß meist weit ins Vorland zurückfahren oder hochgelegene Pässe überwinden. Eine Geographie, die Gesellikeit nicht gerade fördert.

Die herbe Landschaft des Gebirgszuges schlug sich auch im Charakter seiner Bewohner nieder, in den Überlieferungen und Bräuchen. Eine vom Schicksal geschlagene Prinzessin gab der Sage nach den Bergen ihren Namen: Pirene, Tochter des Keltenkönigs Bebryx, wurde von Herakles verführt und gebar als Frucht dieser Verbindung eine Schlange. Zur Strafe wurde sie von wilden Tieren zerrissen. Sagen und Mythen bevölkerten das Gebirge mit Ungeheuern, im Volksglauben herrschte hier über Jahrhunderte hinweg kein Geringerer als der Teufel persönlich. So wagten sich Fremde erst sehr spät und nur zögernd in die abweisende Region hinein. Sie wurden auch weniger von den schroffen Gipfeln angelockt als von den Tälern, genauer gesagt: von den warmen Quellen, in deren Umkreis nach und nach reizvolle Thermalbäder und erste Zentren des Fremdenverkehrs entstanden.

Vom Felsen La Rhune, der majestätisch über dem sturmgezausten Golf von Biskaya thront, bis hin zum Leuchtturm des Cabo de Creus, wo eine Klippe jäh 700 Meter tief ins Mittelmeer abfällt, streckt sich die Bergkette: 430 Kilometer lang. Eckpunkte bilden die französische Grenzstadt Hendaye – wo sich die Diktatoren Franco und Hitler auf einer Eisenbahnbrücke direkt über dem Grenzfluß trafen – und Portbou, jedem Bahnreisenden noch heute als lästiger Halt bekannt: Weil die spanische Spur breiter ist, muß man umsteigen.

Die Pyrenäen markieren eine klare Trennlinie, und doch verbindet diese Linie zumindest historisch mehr, als daß sie trennt. Das vielleicht kurioseste Beispiel ist das Quinto Real – oder Pays Quint, wie die Franzosen den Landstrich in den westlichen Pyrenäen nennen. Hirten aus Frankreich wie aus Spanien teilten sich einträchtig diese saftigen Hochlandweiden, bis im 16. Jahrhundert die Grenze gezogen wurde – und erbitterter Nachbarschaftsstreit entbrannte. Erst im 19. Jahrhundert gab es Frieden – das Land kam an Spanien, die Menschen aber wurden Bürger beider Staaten. Heute sind die noch etwa 30 Familien im spanischen Quinto Real

DIE PYRENÄEN AUF EINEN BLICK

SEHENSWÜRDIGKEITEN

Ainsa: Kollegiatskirche, Burgruine; **Bayonne:** Kathedrale Sainte-Marie; **Canigou:** Gipfel (2784 m); **Cirque de Gavarnie:** Talkessel; **Col d'Aubisque:** Paß (1709 m); **Gorges de la Fou, Gorges de Kakouetta:** Felsschluchten; **Jaca:** Kathedrale; **Lourdes:** Cité Religieuse mit der Grotte von Massabielle, neuromanische Kirche Sacré-Cœur, Pavillon Notre-Dame (Museen), Bernadette-Geburtshaus; **Pamplona:** Kathedrale, Kirchen San Nicolás und San Saturnino, Festungsanlagen; **Parque Nacional de Aigües:** Moränen, Wasserfälle; **Parque Nacional de Ordesa:** Schluchten, Wasserfälle; **Pau:** Musée des Beaux-Arts, Schloß; **Ripoll:** Benediktinerkloster Santa María; **Roncesvalles:** Augustinerabtei, Wallfahrtskirche Sancti Spiritus; **Saint-Jean-Pied-de-Port:** Stadtmauer, Häuser aus dem 16. und 17. Jh., Zitadelle; **Seo de Urgel:** Kloster (11. Jh.) und Kirche Sant Miquel mit romanischen Fresken, Diözesanmuseum; **Taüll:** Kirchen Santa Maria und Sant Climent (12. Jh.) mit Wandmalereien.

FESTE UND VERANSTALTUNGEN

Bagnères-de-Luchon: Festival des pyrenäischen Gesangs, Juni; **Jaca:** Fest des 1. Freitags im Mai, Pyrenäen-Folklorefestival, Ende Juli/Anfang August; **Laruns:** Volksfest, 15. August; **Lourdes:** internationales Festival der geistlichen Musik, 2. Aprilhälfte; **Olot:** Aplec de la Sardana, 2. Sonntag im Juli; **Pamplona:** Stierkämpfe, 7. bis 14. Juli; **Ripoll:** Fiesta de la Lana, Mitte Mai.

AUSKUNFT

Maison de la France, Französisches Fremdenverkehrsamt, Westendstr. 47, 60325 Frankfurt a. M., Tel. 0 69/7 56 08 30; **Spanisches Fremdenverkehrsamt,** Myliusstr. 14, 60323 Frankfurt a. M., Tel. 0 69/72 50 33.

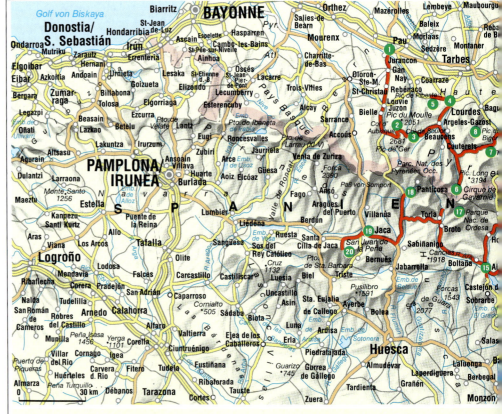

Unser Routenvorschlag

VON PAU BIS PAU: RUNDREISE DURCH DIE ZENTRALEN PYRENÄEN

Ausgangspunkt ist die noble Stadt Pau ❶. Von dort geht es südwärts in Richtung des Pourtaletpasses. Vor der Grenze zweigt man links ab in die spektakuläre Bergstrecke über den Col d'Aubisque ❷ und den Col de Soulor ❸. Über die Pilgerstadt Lourdes ❹ und den Pic de Pibeste ❺ mit dem herrlichen Ausblick auf die Pyrenäenkette geht es zum Talkessel Cirque de Gavarnie ❻. Es folgen die Bergstrecke des Tourmalet ❼ und der Aufstieg zum Pic du Midi de Bigorre ❽. Bagnères-de-Luchon ❾ ist das älteste Thermalbad der Region, und in Saint-Bertrand-de-Comminges ❿ lohnt ein Besuch der romanischen Kirche. Jenseits der spani-

ans Strom- und Telefonnetz Frankreichs angeschlossen. Volksfeste erinnern noch heute an den Jahrhundertstreit und seine ungewöhnliche Lösung. Vielleicht könnte das Quinto Real – oder auch der seltsame Zwitterstaat Andorra? – ein Beispiel für ganz Europa sein.

Die Basken haben die Pyrenäen freilich nie als Trennlinie empfunden, sie sahen im Gegenteil die westlichen Pyrenäenausläufer als Zentrum einer politischen Einheit. Ohne Zweifel sind die Basken das älteste Volk Europas, ihre beidseits des Gebirges gesprochene uralte Sprache, das Euskara, läßt sich keiner der bekannten Sprachfamilien Europas zuordnen. Doch nur einmal in der langen Geschichte des Volkes war den Basken so etwas wie ein selbständiger Staat gegönnt: das Königreich Navarra im späten Mittelalter. Die Könige Frankreichs und Spaniens teilten es im 16. Jahrhundert untereinander auf. 100 Jahre später wurde der Gebirgszug auch im Osten zur Grenze: Das Roussillon wurde von den Königreichen Aragon und Mallorca abgetrennt und der französischen Krone einverleibt.

Verbindung, nicht Trennung ist dennoch das Kennzeichen der Lebenslinie, mit der die Iberische

Die höchsten Gipfel der Pyrenäen können sich mit den Alpen messen. Im Bereich des Vignemale (3298 Meter), des Pico de Posets (3375 Meter) und des Pico de Aneto (3404 Meter) gibt es noch kleine Gletscher.

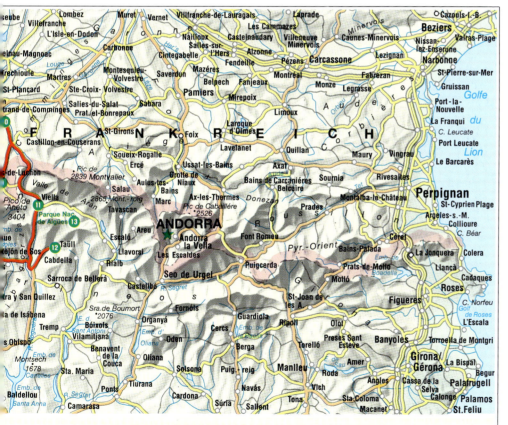

Halbinsel seit 1000 Jahren aufs engste mit Europa verbunden ist: des Jakobswegs nach Santiago de Compostela in Galicien, wo der Legende nach der heilige Jakobus begraben liegt. Im Mittelalter war Santiago de Compostela neben Jerusalem der wichtigste Wallfahrtsort der Christenheit – und der Weg über die Pyrenäen entsprechend bevölkert. Etwa um das Jahr 950 brachen die ersten Pilger auf, und es wurden rasch mehr.

Moderne Pilgerstraße auf uralten Spuren

Zu beiden Seiten des Gebirges sind noch heute zahlreiche Zeugnisse dieser einmaligen europäischen Wanderschaft zu finden. Und die Pilgerreise hat in den letzten Jahren wieder unzählige Anhänger gefunden. Allerdings wird man den meisten Benutzern des Jakobswegs nicht gar zu großes Unrecht tun, wenn man ihnen nicht ausschließlich religiöse Motive für die Reise unterstellt. Der Jakobsweg ist heute, da zwei der drei von den Pilgern einst benutzten Paßstraßen asphaltiert sind, zu einer der Einfallstraßen der Touristen geworden, die die Pyrenäen selbst als eine Art Wallfahrtsort entdeckt haben.

Und so ergießt sich ein recht eigenwilliger moderner Pilgerstrom in den Landstrich beiderseits des Gebirges. Auf der französischen Seite wuchs der Tourismus langsam und stetig. Die Infrastruktur ist seit Jahrzehnten vorhanden und vorbereitet auf Bergsteiger oder Erholungsuchende, die in der Natur und den beschaulichen Thermalbädern Ruhe und Entspannung finden. Südlich des Hauptkamms kamen die Fremden viel später. Natürlich gab es immer ein paar Exzentriker wie Ernest Hemingway, der die Gegend mit seinem ersten Roman, *Fiesta*, schon in den zwanziger Jahren berühmt machte.

schen Grenze liegt das Valle de Arán mit dem schönen Viella ⑪. Kurz hinter dem Tunnel in Richtung Lérida geht es links ab nach Taüll ⑫ mit seinen kostbaren romanischen Kirchen. Taüll ist auch das Tor zum Nationalpark von Aigües ⑬. Weiter geht es in den Sommer- und Winterkurort Benasque ⑭ und über eine kurvenreiche Paßstraße ins romantische Ainsa ⑮. Von da führt ein Vorstoß ins Gistaintal in das malerische kleine Dorf San Juan de Plan ⑯. Über Ainsa geht es zum Nationalpark von Ordesa ⑰. Im Gállegotal kann man den Felsenkreis von Panticosa ⑱ mit seinen Thermalbädern besuchen. Jaca ⑲, Hauptort der Region, und das Kloster von San Juan de la Peña ⑳ sind die letzten Stationen, ehe es über den Paß von Somport zurück nach Pau geht.

★ Das besondere Reiseziel: Andorra.

In Valle de Salazar durchdringt der reißende Gebirgsfluß in der wilden Schlucht von Arbayún das Kalksteinmassiv hin zum wüstenhaft trockenen südlichen Pyrenäenvorland.

Doch richtig entdeckt wurden die südlichen Pyrenäen erst in den letzten Jahren. Natürlich gab es schon lange das klassische Angebot für Skifahrer, Bergsteiger oder Wanderer vor allem in den Nationalparks. Doch inzwischen locken ganz andere Abenteuer: Wildwasserfahrten auf den Gebirgsbächen, Windsurfen auf wunderschönen Stauseen, Gleitfliegen an spektakulären Abhängen. Wer nicht wandern mag, kann die Pyrenäen auf dem Pferd durchstreifen; wen die Gipfel langweilen, der kann in gewaltigen Höhlen die Bergwelt erforschen.

Immer mehr Fremde zieht es nach Euskadi

Die Späher der Freizeitkultur haben den Reiz der Pyrenäen längst ausgekundschaftet. Seit den fünfziger Jahren hatten sich die Pyrenäendörfer rapide entvölkert, weil die Landwirtschaft nicht mehr genug einbrachte und die Menschen abwanderten.

Hunderte von Dörfern wurden ganz aufgegeben. Jetzt haben die Fremden das verlassene Terrain erobert. Die Urlauber, die nur für ein paar Tage kommen, oder die Aussteiger, die länger bleiben.

Verwinkelte Gassen und von Arkaden gesäumte Plätze in den Dörfern, Steinhäuser mit Holzbalkonen und Schieferdächern – das ist typisch für das Bild dieser Region. Und besonders im Westen, in den baskischen Pyrenäen, haben sich noch viele dieser alten Dörfer erhalten, ringsum von sattgrünen Weiden oder dunklen Nadelwäldern umgeben. Wäre das Meer nicht so nahe, man könnte fast den Eindruck haben, in der Schweiz zu sein. Einmalig ist der Rundblick vom Berg Jaizkibel. Am besten, man nimmt die schmale, steile Straße vom Hafenstädtchen Pasajes im spanischen Baskenland, die sich zu dem Berg an der Grenze emporwindet. Oft fällt hier oben der *Chirimiri*, der leichte Dauerregen, für den das Baskenland berüchtigt ist, und die Wolken kleben dann auch jenseits der Grenze am Gipfel der Rhune. Wenn aber die Wolken aufreißen und die Sonnenstrahlen den Grenzfluß Bidasoa aufblitzen lassen, dann liegt einem ein grünes Paradies zu Füßen.

Euskadi tauften die Basken ihr Land, das sich im Westen von Bilbao erstreckt – heute gilt der Name offiziell nur für den spanischen Teil. Die baskischen Nationalisten nennen das französische Baskenland denn auch schlicht *Euskadi-Nord* oder *Iparralde*. Die Hänge sind hier sanfter als jenseits der Grenze, die Täler breiter, die Gipfel ragen nicht so schroff auf. Vor den Weiden stehen geweißte Steinhäuser mit roten Ziegeldächern und rotbraun oder grün gestrichenen Fensterläden und Balkonen. Pensionäre aus Paris bestimmen den Lebensrhythmus an der baskischen Küste.

Wer Zeit hat, sollte nun nicht die Autobahn wählen, um sich dem Gebirge zu nähern, sondern besser Nebenrouten. Zum Beispiel über Arcangues – vor allem bei Sonnenuntergang bietet das Dorf einen unvergeßlichen Blick auf die baskische Küste – und die Urlaubsorte Saint-Pée-sur-Nivelle und Ascain zum Paß des heiligen Ignatius. Cambo-les-Bains im Tal der Nive ist eines jener bereits erwähnten Thermalbäder, die seit dem vergangenen Jahrhundert immer mehr Fremde in die Region zogen. Die elegante Oberstadt mit zahlreichen Hotels liegt auf einem Plateau direkt oberhalb des alten baskischen Dorfes Cambo. Von hier aus führt die Straße 918, die Route des Pyrénées, weiter nach Saint-Jean-Pied-de-Port, einer wichtigen Station auf dem Jakobsweg und heute Hauptort von Basse-Navarre, dem französischen Teil von Navarra. Hier sammelten sich einst die Pilger, um gemeinsam die Überquerung des Gebirges nach Spanien zu wagen. Der malerische Ort mit seiner gut erhaltenen Stadtmauer aus dem 15. Jahrhundert und der Zitadelle macht es einfach, sich das geschäftige Treiben einer mittelalterlichen Pilgerfahrt vorzustellen.

Bevor wir nun dem Weg der Pilger über den Ibanetapaß folgen, sollten wir einen Abstecher ins Baïgorrytal machen. Nicht so sehr wegen der schönen romanischen Kirche in Saint-Etienne-de-Baïgorry und der imposanten mittelalterlichen Burg – entlang der Grenze zieht sich eine lange, mehr als 1000 Meter hohe Sandsteinklippe, eines der eindrucksvollsten Naturwunder in den Pyrenäen.

Reisen auf den Spuren der Pilger

Der Jakobsweg führt von Saint-Jean hinüber nach Aragonien, nach Roncesvalles, wo Basken und navarrische Truppen einst die Nachhut des Frankenheeres Karls des Großen besiegten. Die Legende verwandelte die Niederlage im Rolandslied zum heldenhaften Widerstand gegen eine Übermacht der Sarazenen. Hospiz und Kirche von Roncesvalles stammen aus dem 13. Jahrhundert, aus der Blütezeit der Jakobswallfahrt. Nur wenige Kilometer hinter dem Hospiz führt eine kurvenreiche Straße in das östlich gelegene Aézcoatal. Neun kleine Dörfer mit gotischen Kirchen, gekalkten Wohnhäusern und aus rohem Stein gebauten Speichern liegen auf dem Weg. Die Bauern machen scharfen Schafskäse, eine Spezialität der Region. Nördlich des Aézcoatals dehnt sich der dichte Wald der Selva de Irati. Mehr als 65 Quadratkilometer groß ist dieser Naturwald, in dessen Mitte ein Stausee angelegt wurde.

Wie überall in den Pyrenäen zwingt die Geographie zum Tälerhüpfen. Zum Beispiel ins Valle de Salazar. Bei Arbayún durchdringt der Fluß den Kalkstein in einer atemberaubenden Schlucht. Einen spektakulären Blick auf die Hauptkette der Pyrenäen bietet das Kloster von Leyre, nur wenige Kilometer entfernt. Seit dem elften Jahrhundert ist die Einsiedelei das religiöse Zentrum von Navarra; die Kirche aus dem Jahre 1057 ist eines der frühesten romanischen Bauwerke südlich der Pyrenäen. Südlich des Klosters liegt der Stausee von Yesa, auch „Meer der Pyrenäen" genannt. Von hier aus erschließt sich ein weiteres Quertal, das für seinen Käse berühmte Tal von Roncal. *Migas* sind hier die kulinarische Spezialität, eine aus Brotkrümeln, Öl, Wurst und Trauben bestehende Hirtenmahlzeit. Das Plateau von Larra, am Ende des langen Tals bei Belagua im Norden gelegen, ist dagegen die natürliche Besonderheit der Region: eine der eindrucksvollsten rauhen Karstbildungen Europas. Jenseits der Grenze finden die bizarren Steinformationen ihre Fortsetzung in den Gorges de Kakouetta, der Kakouetta-Schlucht.

In einer herben, doch in ihrer Kargheit so eindrucksvollen Region erheben sich etwa gleich weit entfernt von Atlantik und Mittelmeer auf spanischem Boden die mächtigsten Gipfel der Pyrenäen: der Aneto mit 3404 Metern, der Posets (3375 Meter) und der Monte Perdido (3352 Meter). Südlich des Pyrenäenkamms liegen die, wie manche sagen, schönsten Täler des Gebirges. Das Aragóntal selbst zum Beispiel. In seiner breiten Talsohle liegt Jaca. Der Ort widersetzte sich der Eroberung durch die Mauren, wurde zur ersten Hauptstadt Aragoniens und zum Ausgangspunkt der Reconquista, der Rückeroberung Spaniens. Hier steht die älteste romanische Kathedrale Spaniens.

Oder das Ansótal. An seinem Ende im Norden liegt der Wald von Zuriza, von dem man in einem

Auf dem Weg von der Pyrenäenstadt Huesca nach Pamplona am südwestlichen Rand des Gebirges kommt man an den mächtigen Felsendomen der Mallos de Riglos vorüber, die sich aus der trockenen Ebene erheben.

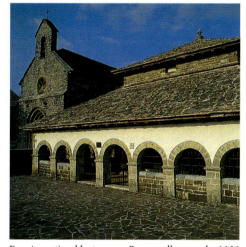
Das Augustinerkloster von Roncesvalles wurde 1130 zur Betreuung der Jakobspilger gegründet.

Tagesmarsch ins Tal von Hecho nach Siresa mit seiner mächtigen Kirche wandern kann. Wer der Eisenbahn von Jaca aus Richtung Norden folgt, erreicht bald Canfranc, dessen internationaler Bahnhof langsam verfällt. Die Autostraße zur Skistation Candanchú und über den Somportpaß nach Frankreich ist als einzige Verbindung durch die Zentralpyrenäen das ganze Jahr über offen.

Von Sallent im Gállegotal führt die tiefe Schlucht von El Escalar nach Panticosa, einen von mächtigen Felsen gekrönten Kessel, der wegen seiner sechs schwefelhaltigen Heilbäder berühmt ist. Von Biescas, ebenfalls am Gállego gelegen, führt eine Paßstraße ins benachbarte Quertal nach Broto. Hier stehen wir an der Pforte zu einem Juwel der Pyrenäen, zum Ordesatal, einem der bekanntesten Naturwunder der Gebirgsregion.

Der Parque Nacional de Ordesa ist einer von drei Nationalparks im spanischen Teil der Pyrenäen; die anderen, die rauhe Sierra del Cadí und die Urlandschaft des Parks von Aigües, sind kaum minder se-

Die Kakouetta-Schlucht auf französischer Seite wird stark vom Wasserreichtum des Hochgebirges geprägt.

henswert. 1000 Meter hoch erheben sich die Kalksteinwände über die bewaldete Talsohle der Ordesa. Gemsen und Adler leben hier, und auch die Flora ist einzigartig. Von Mai bis September sind die zwei Aussichtspunkte des Parks mit dem Auto erreichbar. Doch die eigentliche Schönheit von Ordesa erlebt man nur zu Fuß – unten im Tal des Cañons (wo es freilich auch recht lebhaft zugeht) oder oben auf den *Fajas*, den Felsbändern, die sich waagerecht entlang der Kalksteinwände hinziehen.

Auf der anderen Seite des Parks schlängelt sich der Río Cinca. An der Pforte des Tals liegt Ainsa, vor 800 Jahren die Hauptstadt eines kleinen König-

reichs; die Festungsmauern aus jener Zeit sind noch zu sehen. Talaufwärts dann eine Kuriosität: Eine enge Schlucht führt ins einladend weite Tal von Gistain. Hier fand vor einem Jahrzehnt im Sommer das Frauenfest von Plan statt. Immer mehr junge Leute verließen die rauhe Gegend, immer mehr Gehöfte und Dörfer wurden dem Verfall preisgegeben. Nur ein Dorf leistete energisch Widerstand: Vor gut zehn Jahren beschlossen die Junggesellen von San Juan de Plan, heiratswillige Frauen zu einem Fest einzuladen. Und die kamen zuhauf. Jetzt geht es dem Dorf wieder gut.

Sozusagen das französische Pendant zum Ordesapark findet sich genau gegenüber, nur eben auf der anderen Seite des Pyrenäen-Hauptkamms: der grandiose Cirque de Gavarnie, eine von Gletschern geformte eindrucksvolle Felsarena.

Im Herzen der französischen Pyrenäen

Durch den Tunnel von Bielsa, die einzige Verbindung durch diese sonst undurchdringliche Felsbarriere, sind wir von Aragonien wieder nach Norden gelangt, ins Herzland der französischen Pyrenäen, in die Regionen Le Béarn und La Bigorre. Mächtige Bergkessel wie der Cirque de Gavarnie, düstere, enge Täler, reißende Wildbäche und dann der Übergang ins Tiefland mit seinen Obstgärten und Weinbergen bieten eine unübertroffene Vielfalt von Landschaften. Wie die Basken leben die Einwohner der zentralen französischen Pyrenäen vielfach in ein-

Angesichts der Kalksteinwände im Ordesa-Nationalpark kann man verstehen, warum die Mauren niemals über die „Barriere" von Aragón hinauskamen. Hier nahm die Rückeroberung Spaniens ihren Anfang.

zelnen Gehöften. Am 15. August läßt sich die traditionelle Tracht am besten bewundern, beim Volksfest von Laruns: die Männer in roten Jacketts, kurzen Hosen und Ledergamaschen, die Frauen mit Zöpfen, Spitzenhäubchen und weiten Röcken.

Traditioneller Ausgangspunkt der Reise durch die zentralen französischen Pyrenäen ist Pau, die Hauptstadt des Béarn. Unvergeßlich wird jedem Besucher der Blick von dem von Napoleon errichteten Boulevard des Pyrénées bleiben. Eine der schönsten Straßen der Region ist die Route de l'Aubisque, die in Eaux-Bonnes, 40 Kilometer südlich von Pau, ihren Ursprung nimmt. Die schmale Straße, die nur im Zwei-Stunden-Rhythmus abwechselnd in einer Richtung befahrbar ist, windet sich in halsbrecherischen Kurven an Steilhängen vorbei.

Vom Wallfahrtsort Lourdes in die Berge

Ein zweiter Paß, der Col de Soulor, führt hinüber in die Gave d'Azun, dann entlang des Wildbachs talabwärts zum berühmten Pilgerort Lourdes. Hier hatte die arme Bauerntochter Bernadette Soubirous im Jahre 1858 nicht weniger als 18 Marienerscheinungen. Sie machten Lourdes zu einem der größten Pilgerorte in Europa. Fünf Millionen Pilger kommen jährlich, in 700 Sonderzügen, 400 Flügen und unzähligen Bussen. Im Sommer drängen sich die Gläubigen in Scharen, Kranke suchen das Wunder der Heilung, und schwunghaft gedeiht der Handel mit Devotionalien und kitschigen Souvenirs.

Einsam liegt die romanische Abtei Saint-Martin-du-Canigou nahe dem Städtchen Prades in den Bergen.

Nach dem Besuch der Heiligtümer (und vielleicht des Pyrenäenmuseums von Lourdes) ist es wieder Zeit, das zu suchen, was die Pyrenäen berühmt macht: ihre eigenwillige, ungebändigte Natur. Zum Beispiel den wenige Kilometer südlich gelegenen Pic de Pibeste, mit 1349 Metern zweifellos nur ein Winzling, der aber einen prachtvollen Blick auf die Kette der Bergriesen bietet.

Auf der Pyrenäenstraße geht es ostwärts weiter über den eindrucksvollen Paß von Tourmalet – als Etappe der Tour de France ist er Radsportfans bekannt. Einmalig auch die Straße auf den Pic Bigorre, die auf 2650 Meter Höhe hinaufführt. Über den Skikurort Bagnères-de-Luchon gelangt man ins Garonnetal und weiter nach Saint-Bertrand-de-Comminges mit seiner mächtigen Kathedrale.

An der Nordflanke des Massif de l'Arize vorbei gelangt man in die alte Grafschaft Foix. Natürlich sollte man sich das aus dem Mittelalter stammende Schloß des gleichnamigen Residenzstädtchens anschauen und auch die berühmte Burgruine von Montségur. Vor allem aber wird man sich auf die Spuren der Eiszeitmenschen begeben: in die Höhlen von Bedeilhac, Mas d'Azil und Niaux mit ihren berühmten prähistorischen Felsmalereien. In Niaux muß man im Schein kleiner Laternen 800 Meter

Die Rosenkranzbasilika mit der Muttergottes: Lourdes ist der bedeutendste Marienwallfahrtsort der Welt.

tief in den Berg. Dort befinden sich die Felsbilder der Wisente und Steinböcke, der Hirsche und Wildpferde, alle mit rotem oder schwarzem Strich vor Tausenden von Jahren aufs Gestein gemalt. Es wird nur eine begrenzte Anzahl von Besuchern in die Höhle gelassen, so daß man im Sommer nach der Anmeldung noch Tage warten muß.

Der 2784 Meter hohe Canigou südlich des Roussillon-Städtchens Prades ist das Wahrzeichen aller freiheitsliebenden Katalanen – beidseits der Pyrenäen. In der Nacht des heiligen Johannes Ende Juni pilgern Nationalbewußte auf den Gipfel, um ein Freiheitsfeuer zu entzünden. Auch sonst lohnt der Berg so manche Wanderung, und die romanischen Klöster von Saint-Martin-du-Canigou und Saint-Michel-de-Cuxa am Fuße des Berges sollten dabei nicht links liegengelassen werden.

Vier Möglichkeiten gibt es nun in den Ostpyrenäen, das Gebirge zu überschreiten: über den Col de la Perche und die spanische Enklave Llivia in die Cerdaña, über den Col d'Ares Richtung Ripoll, über die Autobahn und den Col de Perthus und entlang der Küste vom französischen Badeort Banyuls in den spanischen Grenzort Portbou. Überquert man die Berge über den Col de la Perche, gelangt man nach Seo de Urgel, der mächtigen Bischofsstadt am Südzugang von Andorra. Eine verwinkelte Altstadt, eine prachtvolle Kathedrale, sein Kloster und ein Museum machen Seo de Urgel zu einem beliebten Ausgangspunkt für Exkursionen ins Hochgebirge.

Über den Paß von Bonaigua – immerhin auf 2072 Meter Höhe – geht es ins Valle de Arán. Obwohl an der nördlichen Flanke der Pyrenäen gelegen, gehört das Tal, wo die später mächtige Garonne noch als Wildbach tobt, seit dem 13. Jahrhundert zu Spanien. Eigenwillige Sitten und eine eigene Sprache zeugen noch von der jahrhundertelangen Isolierung. Heute ist das Tal eines der beliebtesten Urlaubsziele in den katalanischen Bergen (König Juan Carlos fährt hier Ski). Wenige Kilometer nach dem Tunnel von Viella führt eine Nebenstraße ins Tal von Noguera de Tort, wo einige der schönsten romanischen Kirchen der Pyrenäen stehen. Besonders berühmt sind die beiden Gotteshäuser von Taüll. Hier befindet sich auch die Zufahrt in den prächtigen Nationalpark von Aigües. Die Landschaft wurde von Gletschern geformt, die überall Seen, Wasserfälle und Sturzbäche zurückließen. Hier hat sich die artenreiche Pyrenäenflora erhalten, und über den Bergen zieht der Kaiseradler majestätisch seine Kreise. Vielleicht ist dieser Nationalpark der schönste Abschluß einer Pyrenäentour, einer Reise in eine der urwüchsigsten Landschaften Europas.

Über den Paß von Bonaigua gelangt man in den grünen Nationalpark von Aigües. Das spanische Valle de Arán am französischen Nordrand der Pyrenäen wurde erst 1925 durch eine Straße erschlossen.

DAS BESONDERE REISEZIEL: ANDORRA – DER ZWERG ZWISCHEN DEN GIGANTEN

Wie eine Satteldecke liegt dieser winzige Staat von nur 453 Quadratkilometer Fläche auf dem zentralen Grat der gigantischen Pyrenäengipfel. Gerade einmal 41 Kilometer fährt man im höchstgelegenen Staat Europas von Grenze zu Grenze – über den mit 2408 Metern höchsten Straßenpaß der Pyrenäen. Auch politisch ist Andorra eine Besonderheit: Formal teilen sich der französische Präsident und der Bischof von Seo de Urgel in Katalonien die Oberhoheit. Die knapp 50 000 Einwohner Andorras freilich scheinen mit diesem Erbe aus dem feudalen Mittelalter ganz gut leben zu können.

Seit den Zeiten Karls des Großen, der in der Landeshymne als „Befreier von den Arabern" gefeiert wird, verteidigen die Andorraner stolz ihre Freiheiten. Eine Demokratie, mit Verfassung und allgemeinen Wahlen, ist Andorra aber erst seit wenigen Jahren, und erst 1993 wurde das Land als Mitglied Nummer 184 in die UN aufgenommen. Landessprache ist Katalanisch, eine alte romanische Sprache, die dem südfranzösischen Okzitan der Minnesänger ähnelt. Als Geld nehmen die Andorraner die Münzen und Noten beider Nachbarländer.

Lange war das Bergland isoliert, denn erst 1913 wurde die Straße Richtung Süden nach Spanien gebaut, und erst 1931 kam eine Straßenverbindung nach Frankreich zustande. Die Neutralität im Spanischen Bürgerkrieg und im Zweiten Weltkrieg verwandelte die verschlafene Bergregion in ein Schmuggler- und Händlerparadies. Auch später, während der Franco-Diktatur, war Andorra Schlupfloch für die von Europa abgeschottete Wirtschaft Spaniens. Heute wirkt das ganze Land wie ein riesiger zollfreier Einkaufsladen. Was die Stadt Andorra la Vella einmal an Charme gehabt haben mag, wurde längst hinter einer schier endlosen Reihe von Spirituosen-, Uhren-, Tabak- und Elektronikgeschäften versteckt. Spanier kommen noch immer in Massen deswegen.

Andorra lebt von den Fremden – auch von denen, die im Sommer zum Wandern und im Winter zum Skifahren hierher kommen. Die Schönheiten des Zwergstaats sucht man denn auch abseits der Hauptstadt in den abgelegenen Tälern, wo sich Granitfelsen türmen und Kalksteinklippen erheben. Wasserfälle, kleine Seen und Bäche begleiten den Reisenden. Immer wieder entdeckt man die Türme romanischer Kirchen – etwa 20 der frühen christlichen Bauwerke sind noch erhalten.

Eine Ahnung vom entbehrungsreichen Bergbauernleben im alten Andorra erhält aber nur, wer ins Valira del Nord vorstößt. Noch sind dort die Spuren des Saumpfades zu erkennen, über den einst Eisenerz aus den Minen zu Tal geschafft wurde. In einzelnen Gehöften und Dörfern harren die letzten Bergbauern aus. Das Tal ist die am dünnsten besiedelte Ecke des Zwergstaats, eine verschlafene Idylle, die zu entdecken sich lohnt.

Solche romantischen, einsamen Bergdörfer wie aus dem Bilderbuch findet man abseits von Andorra la Vella überall.

ROUSSILLON
Der katalanische Garten am Fuß der Pyrenäen

Zwischen den hitzeflimmernden Lagunenseen am Mittelmeer und den schneebedeckten Gipfeln der Ostpyrenäen erstreckt sich eine fruchtbare Ebene, die ihre enge Bindung zum südlich anschließenden Katalonien nicht leugnen kann. Diese zauberhafte Landschaft ist reich gesegnet mit einzigartigen steingewordenen Zeugnissen aus den verschiedensten Kulturepochen. Badeurlaub und Kulturgenüsse lassen sich hier für jeden trefflich vereinen.

Der wohl berühmteste Bewohner des Roussillon hat bereits vor 400 000 Jahren gelebt. In einer Grotte bei Tautavel, nordwestlich von Perpignan, wurde sein Schädel gefunden – für die Fachwelt eine Sensation, denn es handelte sich um den Rest des ältesten bekannten Menschen Europas. Während sich die Griechen in der Antike mit einzelnen Handelsniederlassungen an der Küste zufriedengaben, schenkten die Römer dem fruchtbaren Land an Têt und Tech mehr Aufmerksamkeit. Sie erschlossen es systematisch und gaben ihrer ersten Kolonie außerhalb Italiens den Namen Ruscino, von dem sich die heutige Bezeichnung Roussillon ableitet. Im frühen Mittelalter geriet das Land in den Einflußbereich Kataloniens und wurde dann lange Zeit von Barcelona aus regiert. Die enge Bindung an den spanischen Nordosten löste sich erst im 17. Jahrhundert, als das Roussillon im Pyrenäenvertrag Frankreich zuerkannt wurde.

Obstplantagen, Weinfelder und Gemüsepflanzungen überziehen die weiten Talebenen und sanften Hügel im Pyrenäenvorland. Die hier geernteten Primeurs, das begehrte Frühgemüse, werden auf den Märkten in ganz Frankreich verkauft.

Anders als die Landwirtschaft ist der Tourismus ein verhältnismäßig junger Wirtschaftszweig im Land am Golfe du Lion. An der Côte Vermeille im Süden fällt die Küste steil ab, und die Erschließung der herrlich flachen Sandstrände zwischen Gruissan und Argeles-sur-Mer erwies sich wegen der tief ins Land greifenden Lagunen als schwierig. Sie waren Brutstätten für gewaltige Stechmückenschwärme. Erst vor einigen Jahrzehnten wurde diese Plage ausgemerzt – durch ein beispielloses Schädlingsbekämpfungsprogramm des französischen Staates. Heute können sich Urlauber dem Zauber der Roussillon-Küste sorglos hingeben. Zweifellos die lebhaftesten und dynamischsten Badeorte an der feinsandigen weißen Küste sind Canet-Plage und Saint-Cyprien-Plage, vor den Toren der Regionshauptstadt Perpignan gelegen. Sie bieten die ganze Bandbreite

Bizarre Ockerfelsen wie hier im Roussillon lieferten früher eine Grundsubstanz für die Farbenherstellung.

an Vergnügungsmöglichkeiten, die zu einem richtigen Ferienzentrum am Mittelmeer gehören. In modernen Appartementhotels, schönen Ferienwohnungen und auf großzügig angelegten Campingplätzen finden Badelustige Unterkunft in unmittelbarer Strandnähe.

Auskunft: siehe Seite 292.

LANGUEDOC
Spät entdecktes Paradies zwischen Cevennen und Mittelmeer

Im Namen dieser Landschaft lebt die Vergangenheit auf. Als langue d'oc wurde im Mittelalter die okzitanische Sprache bezeichnet, die Mundart im Süden Frankreichs. Eine gemeinsame, vom Französischen verschiedene Sprache eint die Bevölkerung bis zum heutigen Tag. Offiziell ist das Okzitanische freilich verpönt, doch ganz eindämmen ließ es sich nie. Und so wird sich mancher französisch sprechende Tourist wundern, wenn er die Unterhaltung zwischen Einheimischen nicht oder nur bruchstückhaft versteht.

Wer der Rhône auf der Autobahn südwärts folgt und ab Nîmes in Richtung Spanien weiterreist, quert alsbald die liebliche Hügellandschaft des Languedoc. Die Obst- und Gemüsegärten der Provence, gegliedert durch geradlinige Zypressenreihen, weichen einer einzigen landwirtschaftlichen Kultur: dem Weinbau. Reben, so weit das Auge reicht – das ist der erste und keineswegs täuschende Eindruck, den der Reisende vom Languedoc erhält. Spötter betiteln diesen Landstrich als einen einzigen großen Weinberg. Doch damit wäre dieser alten mediterranen Region Unrecht getan. Nicht von ungefähr erlebt das Languedoc seit geraumer Zeit einen anhaltenden Boom. Allerdings setzte dieser erst spät ein. Tou-

Die Hochstadt von Carcassonne gilt als das schönste noch erhaltene Beispiel mittelalterlicher Stadtbefestigungen in Europa. Frankreichs „Rothenburg an der Aude" liegt am Fuß der Pyrenäen.

rismusplaner in Paris hatten Anfang der sechziger Jahre erkannt, daß hier ein ideales Feriengebiet im Dämmerschlaf verharrte, während etwa die Côte d'Azur bereits erste Anzeichen der Überfüllung zeigte. 140 Kilometer Sandstrand und idyllische, vom Meer abgeschnürte Lagunenseen galt es für sonnen- und freizeithungrige Mitteleuropäer zu erschließen. Die Devise hieß „Klotzen statt kleckern", und so wurde an den schönsten Küstenabschnitten mit staatlicher Hilfe eine Reihe neuer Ferienzentren aus dem Boden gestampft.

Die bekannteste und architektonisch eigenwilligste dieser Anlagen ist La Grande Motte, eine Art französisches Acapulco mit interessanten, originellen Wabenbauten, einem riesigen Jachthafen mit Swimmingpools, Sportanlagen und großzügigem Geschäftszentrum.

Auskunft: siehe Seite 292.

CÔTE D'ARGENT
Frankreichs schnurgerade Küste der Silberdünen

Spektakuläres hat die Küstenlandschaft zwischen Girondemündung und französischem Baskenland wahrlich nicht zu bieten, sieht man einmal von Europas höchster Sanddüne ab. Und doch übt die Silberküste einen unwiderstehlichen Reiz auf alle Urlauber aus, die Badeferien in mildem, aber nicht zu heißem Atlantikklima zu schätzen wissen. Wer das erfrischende Bad in den anrollenden Wogen der Biskaya scheut, der kann auf flache, wohltemperierte Binnenseen im windgeschützten Hinterland ausweichen – dorthin, wo der herbwürzige Duft ausgedehnter Kiefernwälder die Luft erfüllt.

Genau 228 Kilometer lang ist der Sandstrand an der Côte d'Argent – ein ununterbrochenes, silbrigglänzendes Band, gesäumt von beachtlichen Dünengürteln. Sie gipfeln in der berühmten Dune du Pilat, die mit 115 Meter Höhe den europäischen Rekord unter ihresgleichen hält. An wüstenhafte Verhältnisse fühlt man sich erinnert angesichts der Tatsache, daß der Hafen- und Badeort Mimizan noch im 18. Jahrhundert von einer Wanderdüne richtiggehend zugedeckt wurde.

Inzwischen wurden die wandernden Sande gezähmt – ein Verdienst des französischen Ingenieurs Nicolas Brémontier, der 1788 großangelegte Bepflanzungsmaßnahmen in die Wege leitete. 1867 war das Werk dann abgeschlossen: Strandhafer, Ginster und Kiefern brachten den Vormarsch des Sandes endgültig zum Stillstand.

Trostloses Ödland erstreckte sich damals noch im Hinterland, den Landes (das ist die französische Bezeichnung für Heide). Von Sümpfen durchsetzt, bot diese unwirtliche Tiefebene nur wenigen Hirten und Jägern ein kärgliches Auskommen. Erst Napoleon III. trieb seit Mitte des 19. Jahrhunderts die Urbarmachung des abweisenden Landstrichs voran. Sein Rezept: ein Netz von Dränagekanälen zur Entwässerung und die Bepflanzung der weiten Sandflächen mit Kiefern. Der erhoffte Erfolg stellte sich tatsächlich bald ein. Die Kiefern lieferten Grubenholz und Naturharz für die Gewinnung von Terpentin, das sich bestens absetzen ließ. Im Freilichtmuseum von Marquèze bei Sabres bieten originalgetreu nachgebaute Gebäude und ein Dokumentationszentrum Einblick in das Leben und die Arbeit der Landesbewohner in jenen Tagen.

Die saubere, würzige Waldluft, vermischt mit der jodhaltigen Seeluft, erwies sich als idealer natürlicher Grundstock für den Bädertourismus. Ein Küstendorf nach dem anderen erklärte sich zum Luftkurort. Im Laufe der Zeit entstanden Strandsiedlungen mit Ferienhäusern, Appartementanlagen, kleinen Hotels und Jachthäfen: Familienfreundlichkeit ist bis heute das Aushängeschild dieser aufstrebenden Badeorte. Wer das ungezwungene Dasein im Zelt oder Wohnwagen einer festen Behausung vorzieht, kann zwischen zahlreichen Campingplätzen in schattigen Kiefern- und Pinienwäldern wählen. Jedoch nicht in der Hochsaison: Da empfiehlt es sich, seinen Standplatz vorab zu reservieren, sonst ist sicher alles besetzt.

Aufnahmefähiger ist auch in der Hauptferienzeit der breite, endlos wirkende Sandstrand. Etwas abseits der Seebäder von Saint-Girons-Plage über Mimizan-Plage bis Lacanau-Océan winken ungezwungene Badefreuden an nahezu leeren Stränden. Auch die Liebhaber einer mondänen Kur- beziehungsweise Seebäderatmosphäre können zufriedengestellt werden. Ihnen sei ein Aufenthalt in Hossegor oder Capbreton ans Herz gelegt – beides Kurorte mit alten Villen, Spielkasino, Nobelrestaurants und einem gepflegten Golfplatz.

Eine typische Bäderatmosphäre entfaltet außerdem der größte Ort an der Côte d'Argent: Arcachon. Dort finden sich sogar im Winter Kurgäste ein. Sie lassen sich in der sogenannten Winterstadt nieder, einer Ansammlung weit vom Strand entfernter, geschützt hinter einem Piniengürtel gelegener Villen. Im Sommer wie im Winter zieht es die Urlauber ans

Es ist ein ganz besonderes Erlebnis, die höchste Düne Europas zu besteigen. Die Dune du Pilat findet man etwa zehn Kilometer südwestlich von Arcachon an der Straße von Pilat-Plage.

Strandvillen und die blaue Biskaya prägen die Region um Cap Ferret vor dem Bassin d'Arcachon.

Bassin d'Arcachon, eine weite, von der offenen See fast vollständig abgeriegelte Bucht, in der man herrlich baden, surfen und segeln kann.

Große Teile der Uferzone sind allerdings der Austernzucht vorbehalten. Die wohlschmeckenden Meerestiere kann man in sämtlichen Fischerdörfern rund um das Bassin genießen. Natürlich wird auch ein passender Tropfen dazu serviert. Freizeit ist großgeschrieben an diesem Abschnitt der Silberküste. Vom Drachenflugkurs über einen Vogelpark bis hin zu einem Badezentrum namens Aquacity reicht das breitgefächerte Angebot dieser reizvollen französischen Küstenlandschaft.

Auskunft: siehe Seite 292.

ARDENNEN

An Belgiens grünen Hängen

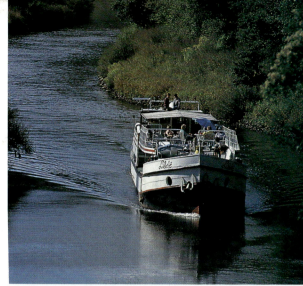

Es gibt da ein kleines Bergland mitten im Herzen Europas, das kaum jemand kennt. Das Birkhuhn balzt in Frieden, die Wildschweine schnüffeln durchs Unterholz, und der Schinken ist köstlich. Das Land ist verkehrstechnisch hervorragend erschlossen, besser etwa als die benachbarte Eifel, und doch gehört es zu den großen unbekannten Urlaubszielen in Europa: Die Rede ist von den Ardennen, jener Schiefergebirgslandschaft, die sich von Nordfrankreich quer durch den Südosten Belgiens bis zur deutschen Grenze erstreckt.

Wenn man die Ardennen aus eher geschichtlicher Perspektive betrachtet, erscheinen sie als Europas vielleicht charmantester Anachronismus. Inmitten der hochentwickelten Industriezonen Belgiens, Frankreichs und Deutschlands liegt da eine grüne Insel, auf der die Wälder noch atmen, die Bäche noch sprudeln, in der die wunderschönen Aussichten von den Hügelkuppen unverbaut sind und die Kurorte, Burgen, Schlösser und Ruinen noch nichts von ihrem verträumten Charme eingebüßt haben. Gewiß, auch die Ardennen sind keine Inseln der Seligen mehr, aber die gemächliche Gangart in dieser ländlichen Gegend hat immerhin dreierlei bewahren können: eine unversehrte Natur, eindrucksvolle Monumente der bewegten Vergangenheit und, nicht zuletzt, eine gute und üppige Küche.

Schon den Römern waren die Wälder bekannt (die Wildschweine!), doch besiedelt wurde die Gegend erst im Mittelalter. Mönche bauten in Orval die berühmte Abtei, in Bouillon erhebt sich Belgiens schönste Burg, das legendäre Kastell des Kreuzfahrerkönigs Gottfried. Am Ufer der Maas beeindrucken die alten Festungsstädte Namur und Dinant, und eines der ganz großen europäischen Schlösser heißt Annevoie – so unbekannt wie das kleine Bergland, in dem es liegt.

Eine Oase der Stille und pure Natur, nur einen Katzensprung von den großen Ballungsräumen Mitteleuropas entfernt: Könnte das Bild dieser Schafweide (Foto links) nicht aus dem vorigen Jahrhundert stammen? Durch das flachwellige, waldreiche Hügelland kann man auch bequem mit dem Kabinenschiff tuckern wie hier auf der Maas zwischen Montherme und Givet (Foto rechts oben). Auf Schritt und Tritt stößt man auf heimelige alte Gemäuer. Manchmal ist es ein schlichter Bauernhof im Hohen Venn (zweites Foto von rechts oben), manchmal ein traditionsreicher Landgasthof wie die *Auberge Prévost* bei Fourneau Saint-Michel (zweites Foto von rechts unten). Zu den historisch bedeutenden Bauwerken dieser Region gehört die Benediktinerabtei Gembloux aus dem zehnten Jahrhundert mit ihrer romanischen Krypta (Foto rechts unten) nur 18 Kilometer nordwestlich von Namur.

Westeuropa

Von mächtigen Festungen und unverdorbener Natur

Es ist seltsam: Wer durch die Ardennen fährt, wird unweigerlich an seine Kindheit zurückdenken. Wird sich fragen, wann zuletzt dieses staunende Gefühl der Glückseligkeit in ihm hochgestiegen ist. Und sich dann bestimmt an die Spielwarenabteilung erinnern, die man immer wieder durchstöberte und in der man sich gar nicht recht entscheiden konnte, welche der vielen Herrlichkeiten denn nun die anziehendste war. Bei einer Ferienreise durch die Ardennen lassen sich ähnliche Momente unbeschwerter Freude erleben. Denn läßt man sich einmal auf diese unspektakuläre, ruhige Landschaft ein, auf die gemächliche Gangart des Lebens, vor allem aber auf die grundgute, traditionsreiche Küche — man wird aus dem Staunen kaum herauskommen.

Das grüne Imperium der Arduinna verteilt sich heute auf Frankreich, Belgien und Luxemburg. Die namengebende keltische Göttin ist Schutzherrin der Jagd und des Waldes, und so wird ihr Bergland bestimmt von dichten Wäldern, weiten Wiesen und schönen Obstgärten. Inmitten dieser unverdorbenen Natur finden sich mächtige Schlösser und Ruinen, prächtige Herrensitze und einfache Bauerndörfer. Die schönsten Täler liegen entlang der Flüsse Sauer und Our, Lesse und Semois, Wiltz, Ourthe und Amblève. Zu beiden Seiten der Maas bestimmen zwischen Namur und Dinant mächtige Felsengebirge die Landschaft; überhaupt prägen die Gesteinsformationen immer wieder das Bild von der vulkanischen Eifel bis weit nach Frankreich hinein. Wenn die Sonne darauf fällt, schimmert dieser Stein malvenrosa oder grau, manchmal grün von wucherndem Moos. Zwischen 65 und 380 Millionen Jahre dürften die Ardennen, die unter Geologen als ein sogenanntes Rumpfgebirge gelten, alt sein.

Die alte Kurstadt Spa, einst Modebad des europäischen Hochadels, eignet sich gut als Ausgangspunkt für unsere Fahrt durch die Ardennen. Mit seinen rund 10 000 Einwohnern ist Spa heute nur mehr ein pittoreskes Provinznest – aber es strahlt den Charme des großen Bades aus, das es bis zum Beginn des Jahrhunderts noch war. Die Atmosphäre der Innenstadt ist trotz des beständigen kleinen Verkehrschaos an der Hauptstraße, der Avenue Reine Astrid, sehr heiter. Geht man nur wenige Schritte, kehrt bereits wieder Ruhe ein – und man hat Zeit, der großen Vergangenheit des Ortes nachzusinnen. Schon der römische Geschichtsschreiber Plinius der Ältere wußte wahre Wundertaten vom Heilwasser aus dem rauhen Norden zu berichten; das war im ersten Jahrhundert nach Christus. 1670 kannte man

DIE ARDENNEN AUF EINEN BLICK

SEHENSWÜRDIGKEITEN

Annevoie-Rouillon: Schloß Annevoie; **Anseremme:** Parc Naturel du Furfooz (Höhlen); **Arlon:** Grand-Place, Blick vom Aussichtsturm über Belgien, Luxemburg, Frankreich, Deutschland; **Bouillon:** Burg, Panoramablick über das Tal der Semois; **Celles:** Schloß de Vêves; **Dinant:** Zitadelle, Rocher Bayer (40 m hohe Felsnadel); **Eupen:** Fahrten mit der Vennbahn durch das Hohe Venn (nur am Wochenende), Marktplatz (Patrizierhäuser); **Floreffe:** ehemalige Prämonstratenserabtei; **Foy-Notre-Dame:** Wallfahrtskirche; **Han-sur-Lesse:** Tropfsteinhöhle; **Huy:** Kirche Collégiale Notre-Dame; **La Roche-en-Ardenne:** oberes und unteres Ourthetal, Aussichtspunkt Belvédère des Six Ourthes; **Lüttich:** Sankt-Bartholomäus-Kirche (Taufbecken), Kirche Sankt Paul, Palais des Prince-Évêques, Museum wallonischer Kunst, Architekturmuseum, Waffenmuseum, Marktplatz, Parc de Boverie; **Namur:** Zitadelle, ehemaliges Kloster der Schwestern von Notre-Dame (Kirchenschatz); **Orval:** Trappistenabtei; **Redu-sur-Lesse:** Buchhandlungen und Antiquariate; **Spa:** Casino, Badehaus; **Spontin:** Wasserschloß Spontin; **Stavelot:** Abtei, Kirche Saint-Sébastian; **Verviers:** Musée d'Archéologie et du Folklore.

FESTE UND VERANSTALTUNGEN

Bouillon: Schloßführung mit Fackel, Juli/August, mittelalterliche Kirmes im Schloß, letzte Augustwoche; **Han-sur-Lesse:** Festival der Kinder, Mitte April; **Lüttich:** Antiquitätenmesse, Anfang Mai, Weihnachtsdorf, Dezember; **Namur la Plante:** Schifferstechen, August; **Redu-sur-Lesse:** Fest des Buches, Mitte April; **Spa-Francorchamps:** 24 Stunden von Francorchamps (Autorennen), Ende Juli.

AUSKUNFT

Belgisches Fremdenverkehrsamt, Berliner Allee 47, 40212 Düsseldorf, Tel. 02 11/86 48 40.

Unser Routenvorschlag
VON BOTRANGE NACH NAMUR

Der höchste Punkt Belgiens (694 m), der Botrange ❶, ist unser Ausgangspunkt. Das Haus des Naturparks, Ausstellungszentrum des Naturschutzgebietes Hohes Venn, liegt in der Nähe. Über eine kurvenreiche Strecke kommt man nach Spa ❷, Kurort mit dem Charme der Belle Époque. Durch eine Hügellandschaft reist man nach Remouchamps ❸ (siehe: Das besondere Reiseziel); in diesem Ort befindet sich die Grotte mit dem längsten unterirdischen Fluß der Welt, den man befahren kann. Die folgende Etappe ist Durbuy ❹: Die kleinste Stadt der Welt – so die Eigenwerbung – ist bekannt für gute, freilich nicht gerade preiswerte Restaurants. La Roche ❺, die Perle der Ardennen, ist ebenfalls ein touristisches Zentrum. Von Baraque de Fraiture ❻, im Winter Zentrum des Skisports, im Sommer Wandergebiet, fährt man durch den dichten Wald der Ardennen nach Bastogne ❼. Es lohnt sich, in der „Schinkenstadt" Station zu machen und Ardenner Schinken zu probieren. Während der Ardennenoffensive im Winter 1944 wurde der Ort zerstört. Im Historical Center ist der Kampf dokumentiert. Nach einer reizvollen Tour durch die Wälder entlang der Wiesenhänge erreicht man hinter Florenville das Kloster Orval ❽: Klosterbier und Klosterbrot sind die Delikatessen. In Bouillon ❾ ist ein Besuch der Burg des Kreuzfahrers Gottfried von Bouillon ein Muß. Eindrucksvoll auch die Fahrt am Ufer der windungsreichen Semois ❿ mit Stopps bei Botasard ⓫ und Rochehaut ⓬ – der Aussicht wegen. Ein weiterer Höhepunkt: die Tour entlang der Maas in Richtung Dinant ⓭, der alten Festungsstadt, und weiter nach Namur ⓮ mit historischem Stadtzentrum.

das Wasser von Spa in ganz Europa, und 100 Jahre später war das kleine Städtchen richtig „in". Hier bauten die Reichen von Stand sich Sommerresidenzen; ihre Namen zieren noch heute die zum Teil baufälligen Villen: der Herzog von Cumberland oder der König von Preußen, der Herzog von Orléans oder der König von Polen. Der letzte deutsche Kaiser, Wilhelm II., hatte in Spa gegen Ende des Ersten Weltkriegs sein Hauptquartier aufgeschlagen. Hier unterzeichnete er am 9. November 1918 seine Abdankungsurkunde, von hier aus fuhr er ins holländische Exil. Von den Allüren jener aristokratischen Zeit ist dem liebenswerten Ort wenig geblieben: Im ehemaligen Restaurant Vauxhall, wo einst die Adeligen das Frühstück einzunehmen pflegten, ist heute das Verkehrsamt untergebracht – mit Informationen für jedermann. Vom Charme dieser Zeit hat sich Spa dafür um so mehr bewahrt – davon zeugen etwa das Casino und das Badehaus, das zwischen 1866 und 1868 errichtet wurde.

Lüttich, Namur und ein Dorf voller Bücher

Von Spa aus schlängeln sich schöne, schmale und noch immer wenig befahrene Landstraßen im sanften Auf und Ab durch die vielen dichten Wälder. Im Westen trifft man bald auf die Maas – und damit an eine Grenze ganz anderer Art. Hier stoßen Natur und Industriekultur heftig aneinander, in Namur oder in Lüttich, der einstigen Montanmetropole des Landes. „Cité ardente", glühende Stadt, wird Lüttich (auf den Ortsschildern steht Liège oder Luik) in Anlehnung an jene Zeit genannt. Noch in den siebziger Jahren wurden die Hochöfen Tag und Nacht befeuert, war die Stadt an der Maas eine der größten Waffenschmieden des europäischen Kontinents. Das ist inzwischen Geschichte. In den grauen Vororten kann man an einem Dutzend verfallener Eisenhütten und Walzstraßen vorbeifahren, an verlassenen Baracken und stillgelegten Fabriken; auf rostigen Gleisanlagen rotten zahlreiche Güterwaggons vor sich hin, manch dunkle Abraumhalde hat sich die Natur inzwischen wiedergeholt. Es liegt eine gewisse Melancholie über der Stadt, jedenfalls hier zwischen den Trümmerburgen des Industriezeitalters. Der sogenannte Strukturwandel hat Lüttich schwer gebeutelt.

Kohle und Eisen hatten die Stadt einst reich gemacht. Lüttich war die erste mittelalterliche „Industriestadt" Europas, in der Erz und Kohle aus dem Berg geholt und weiterverarbeitet wurden. Von der Zitadelle, deren älteste Mauerteile aus dem 13. Jahrhundert stammen, öffnet sich das Panorama auf den Zusammenfluß von Maas und Ourthe und den Stadtkern. Auf der Place Saint-Lambert erhebt sich das Mitte des 16. Jahrhunderts errichtete fürstbischöfliche Palais. Hier stand einst auch die Kathedrale, mächtig wie der Kölner Dom. Die französischen Revolutionsheere ließen sie abtragen. Und doch ist die 200 000 Einwohner zählende Provinzmetropole eine Stadt der Kirchen: Neben einem Dutzend Kloster- und Stiftskirchen erhebt sich der Turm der 1801 zur Kathedrale erhobenen Kirche Sankt Paul aus dem Weichbild Lüttichs, mit Glasfenstern aus dem 16. Jahrhundert und reichen Kunstschätzen. Unbedingt besuchen sollte man Sankt Bartholomäus: Dort befindet sich auch das im zwölften Jahrhundert von Reinier van Huy gegossene Taufbecken; es zählt zu den „Sieben Kunstwundern" Belgiens. Daneben kann Lüttich mit einer Reihe von Museen aufwarten: Etwa dem Architekturmuseum, in dem eine alte Poststation und der Beginenhof, die mittelalterliche Wohnsiedlung der Jungfrauen und Witwen, integriert sind. Wer die Industriegeschichte der Stadt bedenkt, den wundert es nicht, daß sich die bedeutendste Waffensammlung der Welt in Lüttich befindet – im Waffenmuseum. Im Museum wallonischer Kunst feiert sich der bürgerliche Wohlstand der Stadt selbst: Gemälde von Liebermann und belgischen Surrealisten wurden gestiftet, auch Werke von Kokoschka, Chagall und Picasso sind zu bewundern. Und so entdeckt man nach und nach, daß Lüttich eine wahre Schatzkammer der Kunst ist, reich an Klöstern, Kirchen, Museen und Antiquitätenläden.

Im Tal der Semois, die bei Montherme in die Maas mündet, zeigt sich der Mittelgebirgscharakter der Ardennen von seiner schönsten Seite.

Auf dem Marktplatz, umgeben von schönen Giebelhäusern aus dem 17. Jahrhundert, erhebt sich der mit Säulen bekrönte Brunnen des Perron, der seit 1698 das Wahrzeichen Lüttichs darstellt und Symbol städtischer Freiheiten ist.

In Outre-Meuse, auf der anderen Seite der Maas, gibt sich Lüttich zurückhaltend. Hier wird noch der mittelalterliche Lüttticher Dialekt gesprochen, eine für den Fremden völlig unverständliche Mischung aus Altfranzösisch und Latein. Dort, wo die kleinen Leute wohnen, wurde 1903 Georges Simenon, der Erfinder des Kommissars Maigret, geboren.

In Lüttich, wie überhaupt in den Ardennen, leben vor allem die französischsprachigen Wallonen. In den östlichen Ausläufern, den sogenannten Ostkantonen rund um Eupen und Malmédy, siedelt dagegen die deutschsprachige Minderheit. Verwaltungsmäßig sind die belgischen Ardennen in drei Provinzen unterteilt, die Provinz Luxemburg mit Arlon als Zentrum, die Provinz Lüttich und die Provinz

Namur mit den Städten Dinant und Namur, genauer gesagt, den Festungsstädten Dinant und Namur. Sie sollten gegen Ende des 17. Jahrhunderts die habsburgischen Niederlande gegen den Ansturm französischer Heere schützen, und zwar mit einigem Erfolg. In der Folge wechselte das Gebiet jedoch rasch die Herrschaft: Erst fiel es an Österreich, nach dem Wiener Kongreß an die Holländer. 1830 kam die Revolution, und Belgien trennte sich von den Niederlanden.

Wer den Stolz der Wallonen auf ihre bewegte und bis ins 19. Jahrhundert fremdbestimmte Geschichte kennt, wundert sich nicht, daß auch Festungsruinen wie die mächtigen Bastionen und verwinkelten Kasematten der Zitadelle hoch über Namur liebevoll gepflegt werden. Von hier oben hat man einen prächtigen Überblick über die krummen Gassen der Stadt am Zusammenfluß von Maas und Sambre, in deren historischem Kern sich durchaus noch einige schöne barocke Gebäude finden. Es ist wohl auf diese Lage zurückzuführen, daß die Historie Namurs eine Geschichte der Belagerungen und Brandschatzungen ist – so wie die gesamte Landschaft über die Jahrhunderte hinweg immer wieder umkämpft war. Schon Caesars Legionäre waren hier, und noch im 20. Jahrhundert hatten die Ardennen strategische Bedeutung. Vor allem die Ardennenschlacht, der letzte verzweifelte Versuch Nazi-Deutschlands, den Lauf des Zweiten Weltkriegs zu ändern, hat tiefe Spuren hinterlassen: Im Dezember 1944 fegte sie über das Land hinweg, 100 000 Soldaten verloren in jenen Tagen ihr Leben. Panzer, Kanonen und Ehrenmäler erinnern an diese Katastrophe. Zentrum der Kämpfe war die Stadt Bastogne; aber auch andere Orte, etwa Sankt Vith oder Houffalize, wurden bis auf die Grundmauern zerstört.

Zurück nach Namur: Noch ein Stückchen die Maas aufwärts, und schon wieder erstrecken sich Wälder beidseits des Flusses, umfängt einen das wohltuende Schweigen des Ardenner Waldes. Irgendwo taucht dann ein Schild auf, das den Weg in ein winziges Bauerndörfchen und zu einer der größeren Eigentümlichkeiten dieses Landstrichs weist: nach Redu-sur-Lesse, an einer schmalen Landstraße inmitten der weiten Wald- und Wiesenlandschaft der Provinz Luxemburg gelegen. 600 Menschen leben hier, und sie sind allesamt verrückt – verrückt nach Büchern. Eine Kirche gibt es wie in jedem Dorf. Es gibt ein paar Hotels und Pensionen, Cafés und Restaurants, schon etwas ungewöhnlicher für ein abgelegenes Bauerndorf. Doch darüber hinaus findet sich in Redu ein halbes Hundert Buchläden und Antiquariate – und das findet man nun mit Sicherheit in keinem anderen Dorf der Welt. Redu nennt sich stolz „Ville du Livre", Bücherdorf. Die Bücher sind die Rettung für das kleine Ardennendorf. Ohne Bücher würde es dort ebenso aussehen wie in zahlreichen anderen wallonischen Orten: ausgestorben. Landflucht ist das große Problem der Ardennen. Die jungen Leute ziehen fort: Die Höfe können die Familien oft nicht mehr ernähren, die Dörfer haben ihnen sonst nichts mehr zu bieten. Geisterdörfer, in denen nur noch ein paar Alte ausharren und in denen man tagsüber außer streunenden Hunden kaum ein lebendiges Wesen zu Gesicht bekommt, lassen sich einige in den Ardennen finden. Aber ein Dorf des Geistes?

Das ist das Werk eines Bürgermeisters und, wie kann es anders sein, eines Schriftstellers. Der Ortschef von Redu, Léon Magin, und der Dichter Noël Anselot wußten, daß nur etwas ganz Verrücktes den normalen Gang der Dinge aufhalten konnte, etwas, das völlig irrational anmuten muß, aber ein ganz rationales Ziel verfolgt. Sie wollten den Tod eines Dorfes durch schleichende Auszehrung aufhalten mit dem einzig probaten Mittel: Arbeitsplätze schaffen, um die Abwanderung der jungen Leute zu stoppen. Angeregt wurden die beiden durch das Bücherdorf Hay-on-Waye in Wales, das ähnliche Sorgen plagte wie Redu. Dort hatte man seit 1970 Antiquariate gegründet und binnen kurzem drei Millionen Bücher angesammelt; Hay-on-Waye wurde rasch zu einem Tummelplatz für Bibliophile. Doch Redu dürfte dem walisischen Dorf inzwischen den Rang streitig machen. Zwar dauerte die Verwandlung von einem Bauern- in ein Bücherdorf einige Jahre, aber 1985 war der Durchbruch erreicht, als erstmals zu den „Börsentagen" mehr als 20 000 Menschen kamen. Heute ist Redu Zentrum des belgischen Antiquariatshandels, es kommen zahlungskräftige Schnäppchenjäger nicht nur aus den Nachbarländern Deutschland und Frankreich, sondern sogar aus Übersee, aus Japan und Hongkong.

Gaumenfreuden und geheimnisvolle Höhlen

Auf dem Weg nach Redu haben wir bereits die breiten Autopisten verlassen, sind auf die schmalen Straßen abgebogen, deren Verlauf die zurückliegenden Jahrhunderte bestimmt haben. Auf diesen Straßen sollten wir bleiben – wir werden gleich zweifach belohnt. Da sind zum einen die Wälder mit ihrem Wildreichtum. Auf einem Spaziergang wird man durchaus Rudel von Hirschen und Rehen, vielleicht sogar aus respektvoller Entfernung Wildschweine beobachten können. Zum anderen ist da die gute Küche der Ardennen, die man gerade auf dem Land wird erleben können.

Üppig zu essen und reichlich zu trinken ist in den Ardennen eigentlich keine Schwierigkeit. Auf der Suche sollte man sich aber nicht durch die Vielzahl der Hotel- und Restaurantvereinigungen verwirren lassen. *Ligue Hôtelière des Ardennes, Relais*

In den Wäldern rechts und links der Maas empfängt den Naturfreund wohltuende Ruhe. Und immer wieder drängen sich eigentümlich geformte Felsen zwischen die Bäume.

& Châteaux, Les étapes du bon goût, Must for dinner – auch Häuser, die nicht diesen Ketten angeschlossen, nicht in Führern verzeichnet sind, können für einen gemütlichen Abend gut sein.

Von dem Augenblick an, da die keltischen und germanischen Völker der Treverer, Menapier, Nervier und anderer romanisierter Gallier in der (römischen) Geschichtsschreibung Gestalt annahmen, zieht sich die unbändige Freude an üppigen Festgelagen durch die Darstellungen. Caesar war nicht nur vom Kampfwillen der Belger beeindruckt, sondern auch von der Qualität ihrer Schweine, die er gleich herdenweise über die Alpen hat treiben lassen. Im Laufe der Jahrhunderte kamen die Ardenner immer wieder mit anderen Völkern in Kontakt, mit den Spaniern, den Österreichern, den Holländern, den Franzosen. Das trug dazu bei, daß sie ihren urtümlichen Appetit zu der gastronomischen Sinnlichkeit verfeinerten, in der sich die Ardenner Küche heute präsentiert.

Und noch ein Wort zu den kulinarischen Kostbarkeiten dieser Landschaft sei erlaubt, ehe wir unsere kleine Reise – gestärkt – fortsetzen. Belgier legen

Sickerwasser hat in den Grotten von Han-sur-Lesse unterirdische Paläste geschaffen. Diese größten Tropfsteinhöhlen Europas sind gut erschlossen.

Blick über die Maas auf Dinant mit seiner stolzen Festung und der gotischen Stiftskirche Notre-Dame.

großen Wert auf gutes Essen, vor allem aber auf eine gepflegte regionale Küche. Wie in der Sprache unterscheidet man auch in der Küche der Ardennen nach Dialekten. Und die Gerichte verändern ihren Akzent wie die Sprache. In den Bergen sollte man unbedingt die frischen Forellen kosten oder *lapin aux prunes*, Kaninchen mit Pflaumen, das vorher in Karotten, Zwiebeln, Thymian, Lorbeerblättern und Weinessig eingelegt worden war. Kulinarische Extravaganzen wurden in den Ardennen nie salonfähig. Serviert wird das Bodenständige, was die Region hervorbringt, was schmeckt und – das ist traditionell wichtig – was satt macht.

Doch zurück zur Natur! Lassen wir uns aber nicht nur von ihren oberflächlichen Reizen blenden, gehen wir ihrem Wesen auf den Grund – genauer gesagt: steigen wir hinab in unterirdische Reiche der Ardennen. Die 20 bekannten Grotten und Höhlen der Landschaft bilden eines der spektakulärsten Höhlengebiete in Europa, etwa die Grotten von Remouchamps, die von Hotton (erst 1958 entdeckt), von Dinant, von Barvaux im Ourthetal oder von Couvin. Einmalig jedoch sind die Grotten von Han-sur-Lesse, wo sich die größte Tropfsteinhöhle Europas befindet. Das insgesamt nur 85 Kilometer lange Flüßchen Lesse hat die Höhlen in den Fels gefressen: Bei Gouffre de Belveaux stürzt das Wasser plötzlich in die Tiefe und tritt erst 1200 Meter weiter wieder ans Tageslicht. Noch heute ist der Verlauf des Flusses nicht restlos geklärt. Schon zu prähistorischen Zeiten dienten die Höhlen Menschen als Zuflucht, wie Funde bezeugen. Drei Kilometer weiter kann man heute durch diese unterirdische Wunderwelt laufen. Höhepunkt der rund zweistündigen Führung sind die phantastischen Tropfsteingebilde im „Salle du Dôme" – 154 Meter lang, 140 Meter breit und 129 Meter hoch ist diese gigantische unterirdische Halle. Als Attraktion kaum zu überbieten jedoch: die Bootsfahrt über den See Trou de Han. Nach etwa zehn Minuten verlöschen die Fackeln, und ganz langsam nähert man sich dem dämmernden Tageslicht. Wen diese unterirdische Welt fasziniert, sollte, oben angelangt, unbedingt das „Musée du Monde Souterrain" besuchen – mit Fundstücken, die Taucher aus den Höhlen zutage gefördert haben: Mineralien und Fossile, Werkzeuge und Waffen, ja sogar das bronzene Diplom eines römischen Legionärs.

Land der Burgen, Klöster und Biere

In den Ardennen gibt es kaum Reste aus römischen Zeiten, als das Gebiet zur Provinz Gallia Transalpina gehörte, aber dafür um so mehr Relikte aus dem Mittelalter. Die Ruinen von Burgen und Klöstern lassen die einstige Bedeutung dieses Kulturlandes erahnen. Zum Beispiel in Orval, dem noch heute in der Einsamkeit des Waldes gelegenen Trappistenkloster. Die Abtei, im elften Jahrhundert von einem Grafen in Chiny gestiftet, war bis zur Französischen Revolution ein mächtiges und reiches Kloster. 1793 zerstörten Revolutionssoldaten die Anlage, die in ihrer historischen Form nie wieder aufgebaut wurde.

Doch auch der Besuch der Ruinen lohnt sich. Seit 1948 leben in einem neuen Klosterkomplex Trappistenmönche, deren Brot und Käse, vor allem aber deren Klosterbier zu den Delikatessen der Ardennen gehören.

Überhaupt sind die fünf Trappistenbiere berühmt, die in den Klöstern Orval, Rochefort, Westvlettern, Chimay und Westmalle gebraut werden und deren Name geschützt ist. Der Alkoholgehalt dieser Biere ist enorm, er liegt zwischen sieben und zehn Prozent, und die Farbskala reicht von *blond* über *bruin* bis *donker*.

Die Ardennen sind nicht nur ein Land der Burgen und Klöster (und Biere), die Region ist nicht nur ein Reservat für beschauliche Kleinstädte und dichte Wälder. Am westlichen Rand des Gebirges läßt sich, ähnlich wie in Lüttich, eine vergangene Epoche erleben: das Montanzeitalter. Rund um Mons liegt die Borinage, ein riesiges Steinkohlerevier. Mons – auf flämisch heißt die Stadt treffend Bergen – ist Zentrum dieser Region, die einst von den Fördertürmen der Zechen und den schwarzen Abraum-

Bohlenwege führen den Wanderer durch das Hohe Venn am Rande der Ardennen. In diesem Hochmoor gedeihen zahlreiche seltene Pflanzen.

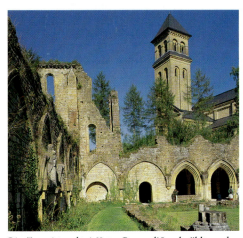

Die Trappistenabtei Notre-Dame d'Orval zählt zu den schönsten Klöstern Belgiens.

halden geprägt wurde. Die Stadt auf den Hügeln, wie Mons auch genannt wird, ist eine der ältesten Städte des Gebiets: Sie wurde bereits 650 gegründet – ein funkelndes Juwel im einstigen Reich des schwarzen Goldes. Den Stadtberg krönt ein 87 Meter hoher Belfried, der Stadtturm. Seine barocke Zwiebelhaube, ein Zitat aus dem Alpenraum, ist einmalig im ganzen Land. Viele der wunderbaren gotischen Häuser und stilvollen klassischen Gebäude in den engen Gassen der Altstadt bröseln allerdings vor sich hin; schleichender Verfall ist in dieser früher so wohlhabenden Stadt allerorten zu beobachten.

Ebenfalls nahe der französischen Grenze, nur wieder zurück im Herzland der Ardennen, bietet sich ein Kontrastprogramm: Satt ist das Grün der Wiesen, klar blinken die Flüsse, kein Ruß schwärzt den Himmel. Die Mauern der Häuser sind nicht von einem Grauschleier überzogen, sondern in den kräftigsten Farben gestrichen – Postgelb, Zinnoberrot, Veilchenblau. Über der kleinen Landstadt erhebt sich eine feste Burg: Wir sind in Bouillon, dem

Die Burg des Kreuzritters Gottfried von Bouillon thront über der Stadt an der Semois.

Stammsitz des Ritters Gottfried von Bouillon. Die weitläufige Burg, die erstmals im Jahre 988 erwähnt wurde, gilt als die bedeutendste Festungsanlage des Königreichs Belgien. Mindestens siebzehnmal in ihrer langen Geschichte wurde die strategisch günstig gelegene Festung belagert. Heute sind es allerdings nicht mehr feindliche Ritterhaufen, sondern die Heerscharen von Touristen, die Bouillon stürmen. Es ist kein Wunder, denn die Feste des berühmten Kreuzfahrers ist eine Burg wie aus dem Bilderbuch: Zugbrücke, zinnengekrönte Wachttürme, dicke Mauern und dunkle Verliese. Hier lassen sich Ritterphantasien ausleben. Im ehemaligen Wohnsitz des Gouverneurs aus dem 18. Jahrhundert ist das Schloßmuseum eingerichtet, ein ungewöhnliches Museum: Kunstschätze aus dem Morgen- und Abendland werden hier ausgestellt, Waffen und religiöse Kultgegenstände. Man erfährt viel aus der Geschichte dieser Burg und ihrer Bewohner und natürlich einiges über den ersten Kreuzzug, an dem Gottfried teilnahm. Mit 20 000 Mann brach er als erster Reichsfürst in Richtung des Heiligen Landes auf und eroberte 1099 Jerusalem.

Das Hohe Venn – moorige Urlandschaft

Dem Spaziergang durch Bouillon sollte sich natürlich auch ein Abstecher an die Semois anschließen. Dieser Fluß, der einen Bogen um die Stadt schlägt, hat sich in zahlreichen Schleifen in die Felslandschaft eingegraben. Zwischen Bouillon und dem französischen Montherme bildet er das attraktivste Flußtal der Ardennen.

Bleibt noch der Nordosten unserer Region zu entdecken: das Hohe Venn (Hautes Fagnes) am Rande der Ardennen. Die belgischen Ostkantone, in denen der Kern dieses bis in die Eifel hineinreichenden Höhenrückens liegt, präsentieren sich zweisprachig. Französisches und deutsches Sprachgebiet gehen hier fast unmerklich ineinander über. Die Region

Die Semois bei Florenville: belgische Flußlandschaft mit vielen Gesichtern.

umschließt neben 80 privaten Naturparks auch Belgiens größtes Naturschutzgebiet.

Um die Landschaft kennenzulernen, sollte man sich weniger befahrene Landstraßen aussuchen, etwa die „Venn-und-Seen-Route", und sich auf jeden Fall im Naturschutzzentrum Botrange über das Venn informieren. Da ist dann beispielsweise zu erfahren, daß es in dieser Urlandschaft, die so unheimlich werden kann wie die in Krimis beschriebenen englischen Moore, noch Torfmulden gibt: sogenannte Pingos, die man sonst nur noch in Lappland oder Sibirien findet. Einzigartig ist auch das Schauspiel, das die Natur unweit von Reinhardstein gibt, dem mittelalterlichen Herrensitz der Metternichs an den Schluchten der Warche: In der Nähe rauscht nämlich Belgiens mit 60 Meter Tiefe imposantester Wasserfall.

Es war bestimmt ein Segen für die Region, daß sie erst in den letzten Jahren touristisch erschlossen wurde. Zahlreiche Sündenfälle – mächtige Straßen, überdimensionierte Fremdenverkehrszentren – blieben dem Landstrich so erspart. Eine ausgeschilderte Strecke, ebenfalls an sechseckigen Hinweistafeln erkennbar, führt durch das Tal der Our. Die etwa 100 Kilometer lange Ourtal-Route ist die wohl erlebnisreichste Strecke durch das Hohe Venn. Die Straßen sind schmal, die Landschaft wirkt verlassen. Weite Wiesenhänge wechseln sich mit dunklen Waldstücken ab. *Ar Duenn* hieß der Wald bei den Kelten, der Düstere, der Schwarze. Höhlen waren hier seit je Höllenschluchten, und Zwerge gruben in den Bergen nach Silber. Nachts, wenn der Wind unheimlich durch die Bäume pfeift, klagen noch immer unschuldig Eingekerkerte in ihren dunklen Verliesen. Am Rittersprung, einem Felsen kurz vor dem Dorf Ouren, läßt sich, wie man sagt, hin und wieder ein Raubritter vernehmen, der seinen Schwur gebrochen hatte, nach einer geglückten Flucht eine Kapelle zu stiften.

Das Venn ist ein Landstrich zum Staunen und Schaudern, eine Gegend, die zum ziellosen Herumfahren einlädt und gut ist für zufällige Entdeckungen. Wer hierher kommt, sollte jedoch stets die jüngste Vergangenheit gegenwärtig haben. Sonst versteht man die Ostbelgier nicht, vor allem nicht ihre Empfindlichkeiten. Stets war die Gegend Zankapfel, wurde hin und her gestoßen. In früher Zeit gehörte sie zu den Herzogtümern Limburg und Brabant, wurde von Habsburgern, Franzosen und Preußen beherrscht. Ganz besonders gelitten aber hat die Region während des Zweiten Weltkriegs und danach.

Längst jedoch fühlen sich die deutschstämmigen Bewohner als „die bestgeschützte Minderheit der Welt", die Region ist autonomer Teil Belgiens. Die Ostkantone haben einen eigenen Ministerpräsidenten, eine eigene, subventionierte Zeitung, das *Grenz-Echo*, und einen ebenfalls vom belgischen Staat finanzierten deutschsprachigen Rundfunksender. Die Kontraste zum ärmeren Wallonien fallen bereits beim flüchtigen Hinschauen auf: Die Dörfer sind wohlhabender, wirken gepflegter.

Jede Reise in diese Region sollte in einem Restaurant enden. Beim Abschied geht es meist herzlich zu. „Es war wundervoll, Sie zu Gast gehabt zu haben", wird der Patron sagen. Vermutlich sind solche Komplimente im Preis inbegriffen. Auch das ist ein Erlebnis – typisch für die Ardennen.

DAS BESONDERE REISEZIEL: DIE GROTTEN VON REMOUCHAMPS

Wenn man endlich den Rubikon erreicht, hat man die wahre Grenze längst überschritten, die Scheidelinie zwischen hell und dunkel, zwischen Tag und Nacht, zwischen profaner oberirdischer Alltagswelt und einem geheimnisvoll schimmernden Reich im Bauch der Erde: Wir sind in den Grotten von Remouchamps, einem gewaltigen Höhlensystem südlich der wallonischen Hauptstadt Lüttich. Schätzungsweise 225 Millionen Jahre alt sind die gewaltigen Naturgewölbe, vor 10 000 Jahren hausten zum erstenmal Menschen darin, und vor gerade einmal knapp 100 Jahren wurde erstmals das kleine unterirdische Flüßchen befahren, das durch die Kavernen fließt: der Rubikon.

Hier gerät Flüstern sofort zu unheimlichem Raunen, wandeln sich Schritte zu geisterhaftem Poltern, werden aus elektrischen Lampen unterirdische Irrlichter: Die zweistündige Wanderung durch die Grotten von Remouchamps (Hinweisschilder im Dorf Remouchamps führen zum Grotteneingang) ist die Besichtigung eines spektakulären Naturwunders, in Jahrmillionen aus Stein und Wasser geformt. Die Tropfsteingebilde in diesen riesigen Höhlen entstanden, weil die Säure im Wasser allmählich das Kalkgestein auflöste, mitgeschwemmte Sandpartikel es schmirgelten und polierten. Von der Menge des Eisens, Mangans und anderer Mineralien hängt es ab, wie die Kristalle an Stalagmiten und Stalaktiten schimmern: gelb, weiß, blau oder rot. Es waren Myriaden von Tropfen und Millionen von Jahren nötig, um diese unterirdischen Skulpturen entstehen zu lassen. Was die Natur in Abertausenden von Jahren erschaffen hat, ist freilich binnen Jahrzehnten in Gefahr geraten: Durch den Zustrom der Touristen, die Ausdünstungen, Dreck und Bakterien in die früher nahezu abgeschlossene Höhlenwelt bringen, verlieren die Tropfsteingebilde zusehends an Leuchtkraft.

Die ersten Besucher unserer Zeitrechnung erblickten die unterirdische Wunderwelt am 1. August 1828 im Schein

Mit den Grotten von Remouchamps schufen die Flüsse der Ardennen im Laufe von Jahrmillionen ausgedehnte Höhlensysteme mit faszinierenden Tropfsteingebilden.

von Pechfackeln: Der Höhlenforscher Delhasse hatte sich und eine kleine Gruppe wagemutiger Männer an Hanfseilen in die Tiefe hinabgelassen – vor den Augen entsetzter Dorfbewohner, die die Männer geradewegs auf dem Weg zur Hölle wähnten. Die Höhlen waren den Bewohnern der Ardennen nämlich stets bekannt, nur wagte sich niemand hinein, weil man darin den Vorhof der Hölle vermutete.

Davon konnten die Forscher freilich nicht berichten, wohl aber von zwei Höhlen und einem unterirdischen Flußlauf. 1898 wurde er, der Rubikon, das erstemal mit einem Boot aus Segeltuch auf einer Länge von 80 Metern befahren. Die Bootstouren heute sind Höhepunkt eines Besuchs in der unterirdischen Welt. Mit der systematischen Erforschung der weitläufigen Grotten wurde 1910 begonnen. Es wurden Wege und Treppen angelegt, zwei Tunnel gebohrt, der Lauf des Baches reguliert, damit er für Besucher „schiffbar" war. 1912 wurde der rund 40 Meter hohe domartige Saal der Kathedrale entdeckt (der vordere Teil wurde als Weinkeller genutzt). 1958 stieß man auf den gewaltigen Saal der Robben, 80 Meter hoch und zwölf Meter breit, 1963 fand man den Raum der weißen Frau.

LUXEMBURG
Finanzdorado in ländlicher Idylle

Das Land ist klein, fein und reich. Es ist ein Finanzdorado und ein Gourmetparadies. Es verfügt über die höchste Tankstellenkonzentration in Europa und hat zugleich die größte Dichte mittelalterlicher Burgen auf dem ganzen Kontinent. Es unterhält eine kommerziell ungemein erfolgreiche Medienindustrie, die Europas Sehgewohnheiten umgekrempelt hat, und lebt noch heute am liebsten nach dem Leitmotiv: „Mir wolle bleiwe, wat wir sin." Die Rede ist von Luxemburg – Großherzogtum und eines der Zentren des modernen vereinigten Europa. Ein Land, das mit Widersprüchen bestens zurechtkommt.

Der Charme von Stadt und Land liegt in ihrer Übersichtlichkeit. Von Nord nach Süd mißt das Großherzogtum 82 Kilometer, von Ost nach West nur 57 Kilometer, meist Wald, Wiesen und Ackerland. In der Hauptstadt lebt mit knapp 80 000 Einwohnern rund ein Fünftel der gesamten Bevölkerung des Landes, ein übersichtliches Städtchen. Nach drei Stunden Rundwanderung durch die sauberen Straßen und Gassen, vom Tal der Pétrusse und der Alzette hinauf in die Stadt, hat man das Gefühl, Letzeburg, wie Luxemburg in der Mundart heißt, einigermaßen zu kennen. Damit sind nicht nur die Sehenswürdigkeiten des Städtchens gemeint: Auch die eigentümliche Mischung von zurückgezogenem Biedersinn und Ordentlichkeit – hier geht kein Fußgänger bei Rot über die Straße – und europäischer Weltläufigkeit wird dem Besucher aufgefallen sein. Etwa oben auf dem Kirchberg, wo sich Eurokraten und Banker aus allen Ländern des Kontinents in den Restaurants zur Lunchzeit ein Stelldichein geben. Der Bürokomplex auf dem Kirchberg scheint alle Vorurteile zu bestätigen, die mancher gegenüber dem verwalteten Europa hegen mag: Die Gebäude präsentieren sich ungemütlich und abweisend, eine europäische Beamtenfestung.

Das alte Zentrum der Stadt liegt auf einem Felsen, hoch über den beiden Flüssen, die sich hier in den Stein hineingefressen haben. Die historischen Häuser der Stadt sind meist lachsrosa oder gelb, was der Stadt, im wahrsten Sinne des Wortes, einen fröhlichen Anstrich verleiht. Auf dem Boulevard Royal wiederum präsentiert sich das moderne Luxemburg, der Bankenplatz: Zahlreiche alte Patrizierhäuser mußten hier schon den gläsernen Neubauten der Banken weichen. Knapp 200 Banken unterhalten mittlerweile eine Filiale in Luxemburg, allein ein Fünftel von ihnen sind deutsche Geldhäuser. Rund um den Palast des Großherzogs wiederum finden sich zahlreiche idyllische Winkel mit kleinen Türmen, Durchgängen und Erkern. Pittoresk wirkt heute auch die Festungsanlage mit ihren mächtigen Kasematten, die praktisch die gesamte Altstadt durchziehen.

Das romantisch gelegene Schloß Beaufort im Luxemburger Teil der Ardennen wird oft als „luxemburgisches Heidelberg" bezeichnet.

Wer für die Stadt ein wenig Zeit mitbringt, sollte auf keinen Fall einen Besuch am Grab mit der Pickelhaube versäumen: Auf dem Luxemburger Liebfrauenfriedhof liegt Wilhelm Voigt begraben, jener Berliner Schuster, der als Hauptmann von Köpenick die preußische Uniformgläubigkeit der Lächerlichkeit preisgab. Er kam ins Zuchthaus, wurde dafür aber weltberühmt. Als er im Januar 1922 zu Grabe getragen wurde, salutierte die gesamte französische Wachmannschaft der Festung Luxemburg.

Luxemburg ist ein durchaus sehenswertes Reiseland mit seinen Weinbergen entlang der Mosel (und ein paar Kilometer entlang der Sauer), den Klöstern, den einsamen Bauerndörfern inmitten der schwarzgrünen Wälder. Rund ein Drittel der Landfläche sind Forste. Im Norden des Landes liegt der dichtbewaldete Östling, sozusagen das gebirgige Bindeglied von Eifel und Ardennen. Zwei Drittel des Landes umfaßt das sogenannte Gutland, eine weitgehend agrarisch genutzte Landschaft. Die südliche Randzone des Gutlandes ist die einzige Gegend des Großherzogtums, die stark industrialisiert ist.

Vielleicht liegt es an dem ausgeprägt ländlichen Charakter Luxemburgs, daß sich einem bei einer Fahrt durchs Land sofort ein Eindruck aufdrängt: Die Luxemburger haben Zeit, Luxemburg ist ein Land der Ruhe und Entspannung. Wer sich auf dieses Lebensgefühl einläßt, wird den Reiz etwa einer Burgentour durch das Ländchen entdecken. Kreuzfahrer und Kirchenorden bauten in die Einsamkeit der Wälder ihre Festungen und Klöster; das berühmteste ist wohl Kloster Echternach, das nicht nur wegen der Springprozession am Pfingstdienstag besuchenswert ist. Vianden an der Our wiederum hat wohl die schönste spätmittelalterliche Festungsanlage des Landes.

Von Vianden kann man über die Klosterstadt Echternach moselaufwärts durch die kleinen Winzerdörfer bis nach Mondorf-les-Bains fahren, dem Kurort an der Grenze zu Frankreich.

Zum vielleicht attraktivsten Ziel für Wochenendausflügler hat sich die Gegend um Berdorf, Beaufort, Müllerthal und Consdorf entwickelt. Die Luxemburger nennen es Klein Zwitserland. Es ist eine romantische Landschaft, die sich südlich der Sauer erstreckt, mit verträumten Wanderwegen, die an faszinierenden Felsformationen entlangführen.

Auskunft: Luxemburgisches Fremdenverkehrsamt, Bismarckstr. 23–27, 41061 Mönchengladbach, Tel. 0 21 61/20 88 88.

FLANDERN
Land der stillen Wege und Kanäle

Jacques Brel, der berühmte Chansonnier, besang es in einer seiner schönsten Balladen, das „platte Land" im Norden: Flandern. Tatsächlich bedeutet das Wort nichts anderes als „Flachland", und damit war früher das tiefgelegene Marschland rund um die damalige Küstenstadt Brügge und später die belgische Nordseeküste gemeint. Heute wird, etwas allgemeiner, die Gegend zwischen der Maas und der Nordsee, zwischen niederländischer und französischer Grenze als Flandern bezeichnet.

An der Küste, abseits der Hauptstraßen, ist Flandern ein grünes Polderland mit noch heute stillen Wegen entlang schnurgerader, teilweise uralter Kanäle. Ab und zu entdeckt man eine Windmühle oder das rote Dach eines weißgekalkten Bauernhofs, in dem selbstgeschlagene Butter verkauft wird – dieses Flandern ist ein weithin unbekanntes Idyll. Das Flair turbulenten Badelebens hingegen bieten Küstenorte wie Ostende oder Blankenberge. Aber natürlich kann sich die Region auch ganz anders präsentieren: vor allem weiter im Landesinneren als intensiv genutztes Agrarland – Gemüse wird gezogen, Hopfen und Weizen werden angebaut – und als eines der am dichtesten besiedelten und höchstindustrialisierten Gebiete Europas.

Es ist eine Gegend mit einer großen urbanen Tradition, in der vor allem stets große Malerei zu Hause war – Namen wie Memling, van Eyck, Rubens und Ensor stehen dafür. Jacques Brel hat auch von den Städten gesungen, genauer gesagt, von den beiden Schönen im platten Land: Zierlich, verträumt und von gotischer Pracht ist Brügge; ernst, stolz und ein wenig morbide wirkt dagegen das nicht einmal 50 Kilometer entfernte Gent. Im Mittelalter galt das grachtendurchzogene Brügge als „Venedig des Nordens": Durch den Wollhandel mit England reich gewordene Kaufleute und die prachtliebenden Herzöge von Burgund hatten der Handelsstadt ihren Glanz verliehen. Doch dann versandete der Hafen, die Stadt fiel in einen Dornröschenschlaf. Aus dem wurde sie erst durch die Touristen wieder wach geküßt, die heute kommen, um das wunderschön erhaltene mittelalterliche Stadtbild zu bewundern. Zu den zahlreichen bemerkenswerten Bauten zählen die Tuchhallen aus dem 13. und 14. Jahr-

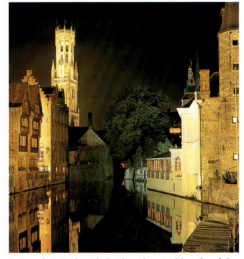

Brügge bei Nacht: Blick über den Stadtkanal auf den mittelalterlichen Stadtturm (Belfried).

hundert, der stolze Belfried, das gotische Rathaus oder auch der klassizistische Justizpalast. Auch Gent hat seine Blütezeit im Mittelalter erlebt; es galt zeitweise sogar als größte Stadt des Kontinents. Die Stadt – heute um einiges größer als die Rivalin Brügge – konnte ebenso viele alte Gebäude, ebensoviel vom Flair jener Zeiten bewahren.

Überflügelt werden die beiden Perlen Flanderns freilich längst von der dritten großen flämischen Stadt, von Antwerpen. Die alte Hafenstadt, neben Rotterdam und Hamburg übrigens größter Seehafen des europäischen Kontinents ist die letzte Stadt Europas mit einem ausgeprägten jüdischen Wohngebiet. Hier leben heute noch strenggläubige Chassidim nach den Riten und Traditionen ihrer Vorväter – mitten in einer modernen Metropole. In Antwerpen befindet sich übrigens auch der größte gotische Sakralbau Belgiens: die Kathedrale Unserer Lieben Frauen mit dem 123 Meter hohen Nordturm. Im Inneren der Kirche kann man Gemälde von Peter Paul Rubens bewundern – Schlüsselwerke der Barockmalerei.

Auch in den kleineren Städten, abseits der (wie in Belgien üblich) gut ausgebauten Landstraßen und Autobahnen, sollte man haltmachen. In Dendermonde etwa, in Poperinge oder Veurne, in Mecheln,

Idyllisches Flandern: Windmühlen bestimmen hier vielerorts das Landschaftsbild.

der einstigen Hauptstadt der burgundischen Niederlande, oder in Lier. In all diesen Städten ist der Grote Markt eine Schmuckschatulle: die hohen Giebelbauten, die Rathäuser aus Renaissance und Rokoko, die farbenfrohen Wochenmärkte. In Lier findet man den vielleicht schönsten der Beginenhöfe, wie sie typisch sind für die flämischen Städte; es waren im Mittelalter Stifte für Witwen und Jungfrauen. Gerade in Lier hat sich hinter dem einer Klosterpforte ähnlichen Portal des Beginenhofes eine puppenstubenhafte Welt erhalten: kleine Häuschen, deren Blumenvorgärten liebevoll gepflegt sind und deren Wohnungen mit ihren Häkeldecken und Porzellantassen eine wohlige Gemütlichkeit ausstrahlen.

Auskunft: siehe Seite 302.

Die Kanäle mit ihren Pappelalleen wie hier bei Wachtbeke sind das Markenzeichen Flanderns. Überall riecht es nach Wasser; die Nordsee ist noch fern und doch schon allgegenwärtig.

HOLLAND

Und immer weht der Wind von vorne

Da gibt es ein Land wie aus dem Bilderbuch: Auf dem Markt in Alkmaar werden gigantische Käsekugeln zu Pyramiden gestapelt, im altholländischen Land drehen sich die Windmühlen wie eh und je, in Zeeland radeln die Bauern zum Feld, als sei der Motor noch nicht erfunden. Das ist das Holland der Stille, geprägt von Wind, Wetter und Meer. Aber das ist nur die eine Seite, das Klischee – wie es unsere nordwestlichen Nachbarn ganz bewußt pflegen. Holland kann auch ganz anders sein, nicht ganz so harmonisch, aber nicht weniger lebensecht – dann, wenn man in die „Randstad" kommt, das großstädtische Herz des Landes zwischen Amsterdam, Utrecht und Rotterdam, wo die Silhouetten der Vorstädte den flachen Horizont verstellen. Holland ist das eine wie das andere – ein Land, das in keine Schablone hineinpaßt. Und immer wenn man glaubt, alles gesehen, das Wesen begriffen zu haben, tritt wieder eine ganz andere Seite der Niederlande hervor.

Was dieses platte Land an der Nordsee so spannend macht, sind seine Kontraste. Es ist das Wechselspiel von Geschichte und Gegenwart, von Klischees und einer Wirklichkeit, die eingefahrene Vorstellungen glatt über den Haufen wirft. Man muß, um diesen Kontrast ein wenig griffiger zu formulieren, wiederum das Klischee bemühen: Die Käsefrau Antje ist den Holländern so fremd, wie ihnen Königin Beatrix nahe ist. Alles klar?

Seine ganz große Zeit erlebte das Land im 17. Jahrhundert. Die Bürger dieses goldenen Zeitalters haben Rationalität und Toleranz, demokratische Sinnesart und einen gesunden Geschäftssinn hinterlassen. Hansestädte wie Zwolle oder Deventer, Handelszentren wie Delft oder Utrecht sind Zeugen dieser reichen Vergangenheit. Vor allem aber spiegelt Amsterdam, das „Venedig des Nordens", diese guten alten Zeiten wider – und ist doch heute eine moderne Stadt, deren Lebendigkeit in Europa nicht so leicht ihresgleichen findet.

Das weltberühmte Klischee: Windmühlen am stillen Kanal (Foto links), flaches Land unter einem immer bewegten Wolkenhimmel. Doch städtische Kultur und Lebensart haben in den dichtbevölkerten Niederlanden längst alles Ländliche vereinnahmt und überwuchert. Der pittoreske Käsemarkt von Alkmaar (Foto rechts oben) etwa hat industrielle Ausmaße angenommen; man trifft dort schon längst nicht mehr nur „Frau Antje" mit ihrem Trachtenhäubchen. In den Städten – zum Beispiel im weltläufigen Amsterdam – heißen die allgegenwärtigen Kanäle Grachten (zweites Foto von rechts oben). Auf dem Amsterdamer Flohmarkt (zweites Foto von rechts unten) kommt die traditionelle Lust am Handeln zu ihrem Recht – hier kann man so manches „Schnäppchen" machen. Und wer sich für Kunsthandwerk interessiert, bringt von seiner Hollandreise sicher auch ein paar Delfter Kacheln mit nach Hause – die berühmten Tonfliesen mit dem blau-weißen Dekor (Foto rechts unten).

Westeuropa

Das Meer brachte Reichtum und bitteres Leid

In der Schöpfungsgeschichte war das Königreich der Niederlande nicht vorgesehen. Vielleicht hat der christliche Glaube hier keine Berge versetzt – doch gewaltige Erdmassen bewegte er allemal: die Bollwerke gegen das alles verschlingende Wasser, die Deiche. Denn der größte Teil des Landes liegt unterhalb des Meeresspiegels, rund 2000 Kilometer Seedeiche und 900 Kilometer Flußdeiche schützen den dichtbesiedelten Landstrich vor Überflutung, und rund 20 000 Pumpen halten ihn trocken. In ihrer heutigen Gestalt, seit den großen Eindeichungen, sind die Niederlande noch keine 80 Jahre alt. Wer also etwas vom Wesen des Landes begreifen möchte, wer die Eigenarten des hier lebenden Menschenschlags erkunden will, den ein mitunter fast unbändiges „Wir-Gefühl" prägt, das *Oranjegevoel*, der muß sich mit dem Wasser beschäftigen. Zum nassen Element haben die Holländer über die Jahrhunderte ein Verhältnis entwickelt, das man nur unvollkommen als Haßliebe bezeichnen kann. Es war mehr, viel mehr.

In jener Epoche, als Europa noch durch Glaubenskriege verwüstet wurde und Holland eine Zufluchtsstätte für Verfolgte aus vielen Ländern war, galten für seine Bewohner nur drei Maximen: Erhalte die starke Flotte, die Freiheit – und die Tulpe. Dieses Zwiebelgewächs ist nicht umsonst neben Mühle und Holzschuh zum Wahrzeichen des Landes avanciert: Die Tulpe war das Statussymbol der holländischen Kaufleute in eben jener Epoche, dem goldenen Jahrhundert. Die Geschichte der Tulpe ist Sinnbild für die Geschichte des Landes; es ist eine Erfolgsstory. Wer Anfang des 17. Jahrhunderts neue Tulpensorten züchtete, war ein gemachter Mann. Auf 140 Sorten hatte man es in jenen Jahren bereits gebracht. Im heutigen Holland sind es die Gewächshäuser, die das platte Land prägen – natürlich inzwischen vor allem Gemüsezucht. Doch die Tulpe legte den Grundstein für den im wahrsten Sinne des Wortes selbstgezogenen Wohlstand.

Mehr als 100 Jahre beherrschte damals die kleine Republik Holland einen guten Teil der sieben Weltmeere. Geld, Wissen, Handel und billige Arbeit hatten das von calvinistischem Erwerbssinn geprägte Land wohlhabend gemacht. Eine Epoche lang war Niederländisch Weltsprache.

Vom Meer kam der Reichtum, doch gegen Wasser mußte man sich auch erwehren. Überschwemmungen waren normal. Im Geschichtsbuch stehen mehr als zwei Dutzend nationale Wasserkatastrophen. Immer wieder holte die Niederlande der nasse Krieg ein. Und selbst in unseren Tagen, da viele im Land meinen, diesen Kampf ein für allemal gewonnen zu haben, nagt der erbar-

Unser Routenvorschlag:

VON ARCEN NACH LEEUWARDEN

Unsere Rundreise beginnt in Arcen ①, einem hübschen Limburger Dorf mit dem größten Schloßpark des Landes: 20 000 Rosen 220 verschiedener Sorten, mehr als 1 Million Zwiebelgewächse und 150 000 andere Pflanzen gibt es zu bewundern. An der Maas entlang geht es weiter zum Wassersportgebiet bei Cuyk ②, zum Freilichtmuseum „Heilig Land" ③, in dem Szenen aus der Bibel nachgestellt werden, dann nach Nimwegen ④ am Rhein, einer alten Stadt in einer von Europas schönsten Flußlandschaften. Es folgen Arnheim ⑤ und der Nationalpark De Hoge Veluwe ⑥ mit dem Kröller-Müller-Museum, bekannt wegen seiner großen Kollektion von van Goghs. Nächste Station ist die Hansestadt Zwolle ⑦, deren historischer Kern noch ebenso erhalten geblieben ist wie die Altstadt von Kampen an der Ijssel ⑧. Nun wird die Fahrt in Richtung Flevoland ⑨ fortgesetzt, dem trockengelegten Meeresboden der ehemaligen Zuiderzee. Hauptort ist Lelystad ⑩ – sehenswert die Werft, auf der die historische Dreimaster *Batavia* nachgebaut wird. Am Hafen von Lelystad beginnt, hinter der Schleuse, der Fahrdamm (N 302) Richtung Enkhuizen ⑪. Links und rechts Wasser: die ehemalige Zuiderzee. Von der Hafenstadt Enkhuizen geht es ins nahe Hoorn ⑫, Westfrieslands Hauptstadt mit schönen Giebelhäusern des 17. Jh., und dann weiter auf der Autobahn durchs Ijsselmeer ⑬ und ins historische Harlingen ⑭. Die Straße (R 301) führt weiter nach Franeker ⑮, bis 1811 ein Universitätsstädtchen. Auf der Autobahn A 31 geht es nach Leeuwarden ⑯. Hier wird im Fries Museum friesische Kultur lebendig.

★ Das besondere Reiseziel: Keukenhof.

HOLLAND AUF EINEN BLICK

SEHENSWÜRDIGKEITEN

Amsterdam: Anne-Frank-Haus, Rijksmuseum, Rembrandthaus, Stedelijk Museum, Van-Gogh-Museum; **Delft:** Oude Gracht; **Enkhuizen:** Zuiderzeemuseum; **Haarlem:** Altstadt, Frans-Hals-Museum; **Kinderdijk:** 19 Windmühlen am Polder Alblasserwaard; **Leiden:** Hofjes (kleine Binnenhöfe); **Lelystad:** Dreimaster *Batavia*; **Lisse:** Keukenhof; **Nationalpark De Hoge Veluwe (bei Arnheim):** Kröller-Müller-Museum; **Rotterdam:** Hafen (Rundfahrt); **'s-Hertogenbosch:** Kathedrale Sint Jan; **Utrecht:** Domturm.

FESTE UND VERANSTALTUNGEN

Alkmaar: Käsemarkt, freitags von April bis September; **Amsterdam:** Holland-Festival, Juni, Vondelparkfest (Open-air-Konzerte, Theater- und Filmvorführungen), Juni bis August; **Den Haag:** North Sea Festival, Anfang Juli; **Dordrecht:** Tag der Dampfmaschinen, letztes Maiwochenende; **Kinderdijk:** Tag der Mühlen, August; **Leiden:** Lakenfest (Kirmes), Mitte Juli; **überall im Land:** Königinnentag, 30. April.

AUSKUNFT

Niederländisches Büro für Tourismus, Pf. 27 05 80, 50511 Köln, Tel. 02 21/2 57 03 83.

Das dem Meer abgerungene Land hinter und zwischen den Deichen nennt man in den Niederlanden Polder: Es liegt tiefer als der Meeresspiegel und muß ständig entwässert werden.

mungslose Gegner an den Deichen, und das Zittern beginnt, ob die mächtigen Bollwerke der Naturgewalt trotzen werden. Seit etwa 800 Jahren werden auf dem Gebiet der heutigen Niederlande die Erdwälle zum Schutz gegen Überschwemmungen und Sturmfluten aufgeschüttet.

Doch erst als die Holländer Windmühlen einsetzten, mit deren Hilfe das Wasser aus dem tief gelegenen Gelände abgepumpt werden konnte, bestand Aussicht, den Kampf zu gewinnen. Weite Teile des Landes wurden trockengelegt. Der Kampf gegen den gemeinsamen Feind hat das Land geeint und die Gesellschaft bis in unsere Tage hinein geprägt. In den frühen Jahrhunderten lag die Macht nicht bei Fürsten, Adel, städtischen Patriziern und der Geistlichkeit wie anderswo, sondern bei den Deichgrafen und Waterschappen, den Deichgenossenschaften. Sie waren Beispiele ursprünglicher Demokratie, denn die Menschen hatten schnell begriffen, daß sie nur gemeinsam das Wasser abwehren konnten. Nicht allein Frömmigkeit und Glaube führten zur vielgerühmten Toleranz der Holländer, sondern die pure Notwendigkeit des Alltags. Die Staats- und Gesellschaftsordnung des Landes entsprang dem gemeinsamen Kampf aller gegen die Fluten.

Das Wasser war für dieses Land sowohl der Ursprung des Reichtums durch den Handel als auch – durch die Sturmfluten – immer wieder Unglücksbringer. Diese Ambivalenz des Elements formte wohl auch die besondere Gottesfürchtigkeit, den spezifisch niederländischen Calvinismus. „Seid fromm, und ihr werdet mit Freiheit und Reichtum belohnt", wird man die Kanzelreden jener frühen Zeiten auf eine Formel bringen, „lebt ihr in Sünde und seid faul, drohen Unterdrückung und Elend, dräut die *Waters-*

nood, die große Wassernot." Dem Wasser ist das Land in mühevoller Arbeit abgerungen: Durch Landgewinnung – Einpolderung und Verkürzung der Deichlinie – dehnte sich Holland im Laufe der Jahrhunderte aus und ist heute mit fast 42 000 Quadratkilometern sogar geringfügig größer als die Schweiz. Welchen Kraftakt diese Landgewinnung bedeutet hat, kann man vielleicht am ehesten ermessen, wenn man am tiefsten Punkt des Landes im Alexanderpolder bei Rotterdam steht: 6,6 Meter unter dem Meeresspiegel!

Auch das Klima wird vom Wasser bestimmt: Angenehme Sommer und milde Winter sind die Regel. Der Sommer an der holländischen Nordseeküste beginnt traditionell am Himmelfahrtstag. Und wer Glück hat, trifft an diesem Tag tatsächlich ein Wetter an, wie es Hollands Meistermaler immer wieder auf die Leinwand gebannt haben: einen tiefblauen Himmel, an dem die typischen Stapelwolken wie Wattebäusche hängen. Doch das Genre der alten Meister hat sich mittlerweile mächtig verändert: Der Streifen zwischen und hinter den Dünen ist buntgescheckt von Windschirmen, und auf dem Meer tanzen die grellfarbenen Segel der Windsurfer.

Der Tourismus ist *big business* im Land der Windmühlen und Windsurfer: 260 000 Menschen leben vom Fremdenverkehr. Doch es sind im wesentlichen die Niederländer selbst, die im eigenen Land umherreisen. Die meisten ausländischen Touristen, wie kann es anders sein, kommen aus Deutschland. Beliebte Urlaubsziele sind natürlich in erste Linie die Küste, das Limburger Land – und die Hauptstadt Amsterdam.

An den populären Badeorten des Landes wie Scheveningen, Nordwijk, Zandvoort oder Egmond aan Zee kann man mitunter noch das holländische Frühsommer-Idyll erleben: Häuser, eingebettet in Samtkissen von Dünengras und sattgelbem Ginster, dazwischen rosa Rosenstöcke. Eine Idylle ist auch die südholländische Landschaft zwischen Schoonhoven und Kinderdijk mit ihren zahllosen Windmühlen und Pappeln an den Gräben, die das Land schnurgerade durchziehen. Die Gegend östlich von Rotterdam ist ein beliebtes und gut ausgebautes Zielgebiet für Radfahrer.

Entdeckungsreisen im Fahrradland

In den Niederlanden fährt man eben Rad. Nicht nur, weil es das (besonders bei Rückenwind und Sonnenschein) angenehmste Fortbewegungsmittel auf dem platten Land ist. Nein, die Entdeckung der Langsamkeit läßt einen am ehesten das erfahren, was das Land so lebendig macht: seine Kontraste. Nicht nur die Kontraste von Tradition – das Bilderbuch-Holland um Alkmaar etwa mit dem erwähnten Käsemarkt an der Stadtwaage – und Moderne, die Randstad Holland: Die großstädtische Agglomeration um Amsterdam ist das wirtschaftliche Herz der Niederlande, mit allen Problemen eines Industriezentrums in einem dichtbesiedelten Gebiet. Aber auch die landschaftlichen Gegensätze sind groß. Wer mit dem Fahrrad, nehmen wir einmal an, auf dem Käsemarkt in Alkmaar losgefahren und entlang der Grachten durch Amsterdam gekurvt ist, wer die Industriekanäle in Richtung Süden passiert und schließlich auch die Maas überquert hat, findet sich plötzlich in einem ganz anderen Holland.

Die südniederländischen Provinzen Limburg und Brabant wollen so gar nicht in das Bild passen, das sich viele vom Nachbarland im Westen gemacht haben. Dort laufen die Menschen nicht in Holzschuhen herum, und an den Hängen der Maas bei Maastricht reift – nein, nun wirklich kein Käse, sondern ein trockener Riesling. Das Leben im südlichen Landesteil ist ausgelassener, die Menschen sind zugänglicher. Unter den Niederländern hat die Provinz Limburg, vor allem aber ihre Hauptstadt Maastricht, einen hohen Stellenwert: Einer Umfrage zufolge ist sie die beliebteste Stadt des Landes (und seit dem Vertrag von Maastricht sicherlich die meistzitierte Stadt Europas).

Die romanischen Basiliken Sint-Servaaskerk und Onze-Lieve-Vrouwekerk gehören zu den ältesten Gebäuden der Stadt, die auf römischen Mauern steht. Doch nicht allein die Kirchtürme bestimmen das Bild Maastrichts, es sind vielmehr die zahlreich er-

Abendstimmung am Hafen von Volendam an der Gouwzee, nur wenige Kilometer von der Käsestadt Edam entfernt. Das alte Fischerdorf ist ein beliebtes Ausflugsziel der Rotterdamer.

Holzhäuser auf der Insel Marken: ein pittoresker Akzent in der Polderebene.

haltenen Bürgerhäuser im Stil der maasländischen Renaissance, des Barocks und des Empire aus der Zeit der napoleonischen Herrschaft. Als drittes Element prägen die alten Bastionen die Stadt. Goldgelber Mergelstein aus den Sint-Pieters-Gruben, schillernder Fels aus den Ardennen und dunkelrot gebrannte Ziegel – die traditionellen Baumaterialien haben Maastricht ein fast südländisches Flair verliehen. Auch die Umgebung der Stadt ist ganz anders als der Rest der Niederlande: wald- und hügelreich. Trotz der für niederländische Verhältnisse fast alpinen Steigung ist auch diese Gegend ein ideales Gebiet zum Wandern und Radfahren.

Von wegen nur plattes Land! Landschaftlich ist das Tiefland der Niederlande voller Kontraste. Zunächst ist das Watt zu nennen, die Waddenzee zwischen dem (platten) Festland im Nordwesten und den fünf großen Westfriesischen Inseln Texel, Vlieland, Terschelling, Ameland und Schiermonnikoog. Dann die Dünen, die sich von den Inseln an praktisch entlang der gesamten Nordseeküste bis nach Walcheren im Süden ziehen. Die Polder, deren größte im Ijsselmeer zu finden sind. Am besten fahre, pardon: radle man über die N 302 zwischen Enkhuizen und Lelystad, um einen Eindruck von den gigantischen Ausmaßen der Landgewinnung zu bekommen. Dann die Torfgebiete in der Provinz Drenthe im Nordosten des Landes, die weiten Geestlandschaften mit ihren Hochmooren, die Wälder von Overijssel und der Achterhoek. Es gibt mehrere Nationalparks, von denen De Hoge Veluwe mit dem Kröller-Müller-Museum der bekannteste ist.

Tradition und Moderne

De Weeriben wiederum ist ein ausgedehntes Sumpfgebiet und De Biesbosch bei der historischen Stadt Dordrecht eine Lagunenlandschaft, in der sogar Biber leben – eines der wenigen Rückzugsgebiete für die bedrohte Tier- und Pflanzenwelt in den dichtbesiedelten Niederlanden. Die Umweltorganisationen haben hier Tradition. Unter anderem kämpfen sie gegen Treibhäuser und Gartenbau im Land, weil zu viele Pflanzenschutzmittel eingesetzt und zu viele Nährstoffe verbraucht werden. So haben sie bereits des öfteren auch zum Boykott der Symbolblume Tulpe aufgerufen, weil gerade bei der Blumenzucht bis zu 125 Kilogramm Gift auf einen Hektar Land verteilt werden – sechsmal soviel wie in anderen Bereichen der Landwirtschaft. Selbst das den Bauern eher zugeneigte Agrarministerium warnt inzwischen, daß das Artensterben weitergeht, daß nur Brennessel und Distel sich ausbreiten.

Der Kontrast zwischen Tradition und Moderne ist in den Niederlanden vielleicht augenfälliger als in anderen Ländern Europas. Nicht etwa weil besonders rückständige Gebiete und besonders moderne Industriezentren kraß aufeinanderstießen. Nein, die Niederlande sind eine durch und durch moderne Gesellschaft. Und deshalb fallen die zahlreichen, liebevoll gepflegten Relikte der Vergangenheit in einer solchen Umgebung wohl um so deutlicher auf. Ehe wir uns dem modernen Herzen des Landes, der Randstad (der Name steht im kräftigen Gegensatz zur Lage), zuwenden, sollten wir einen Blick auf die Tradition werfen.

Da wären die vielen altholländischen Städte – Gouda zum Beispiel, nordöstlich von Rotterdam, eine der tonangebenden Städte in der Frühzeit der Niederlande. Oder Alkmaar, die erwähnte Bilderbuch-Idylle. Oder die Hansestadt Deventer mit den Backsteingiebel-Häusern und den gotischen Kirchen. Natürlich auch Den Haag, die niederländische Residenzstadt. Außer den Palästen und Kirchen ist besonders das Mauritshuis bemerkenswert, ein holländischer Renaissancebau, in dem heute eine Gemäldegalerie untergebracht ist. Im Westen von Amsterdam wäre Haarlem zu nennen mit dem bekannten Frans-Hals-Museum. Haarlem wurde nach dem Ende der spanischen Besetzung 1577 zu einer der wohlhabendsten Städte des neuen Landes. Aus den Zeiten des frühen Wohlstands ist Haarlem Zentrum der Tulpenzucht geblieben. Und natürlich Leiden, wo Hollands berühmtester Maler geboren wurde, Rembrandt Harmensz van Rijn. Außer seinem Geburtshaus sind in der Universitätsstadt am Alten Rhein vor allem die Stätten städtischer Kultur sehenswert: die ehemalige Tuchhalle, die Waage, das frühere Pesthaus.

Und schließlich Delft, das durch Fayencen weltbekannt und durch Jan Vermeer unsterblich geworden ist. Nur etwa 35 Werke des 1675 gestorbenen Malers sind erhalten, doch haben seine Genreszenen das Bild des traditionellen Holland bis in unsere Tage hinein geprägt. Die von Grachten durchzogene Altstadt ist eine der schönsten der altholländischen Städte. Im Oostpoort lag übrigens das Waren- und Packhaus der Ostindischen Kompanie, die in der großen Zeit dem Lande Wohlstand und Macht bescherte. Delft ist schließlich auch Grablege für das Königshaus Oranje, dessen Familiengruft sich in der Nieuwe Kerk befindet.

Vom *Oranjegevoel* war schon kurz die Rede, von dem Band, das alle Niederländer eint: das Haus von Oranien-Nassau. Wie tief dieses Gefühl geht, kann man jeweils am dritten Dienstag im September erleben, am *Prinsjesdag*. An diesem Tag fährt Königin Beatrix in einer goldenen Kutsche (die Staatskarosse ist tatsächlich vergoldet) durch Den Haag. Sie eröffnet dann die Sitzungsperiode des Parlaments. Diesen Tag empfinden Königstreue im Land als Festtag – und königstreu sind die meisten. Um ihre Popularität braucht sich Beatrix keine Sorgen zu machen: Neun von zehn Niederländern sind für den Erhalt der Monarchie, die sie sich einiges kosten lassen – immerhin 33 Millionen Mark jährlich beträgt die Apanage der königlichen Familie. Am 30. April 1980 übernahm Beatrix die Königswürde von ihrer Mutter Juliana. Der 30. April, der sogenannte Königinnentag, steht ganz im Zeichen der Monarchie, einer ausgesprochen bürgernahen Monarchie: keine Defilees im Park von Schloß Soestdijk, keine öffentlichen Ansprachen, dafür aber ein Volksfest für alle Holländer.

Dynamische Randstad

Die politische Gewalt geht freilich von den Generalstaaten aus, den beiden Kammern des Parlaments. Die Königin fungiert als Staatsoberhaupt; Königin und die offiziell von ihr ernannten Minister bilden zusammen die Krone. Deshalb ist Den Haag – die Residenz der Königin und auch Regierungssitz des Landes, während Amsterdam die Hauptstadt der Niederlande ist – Hauptort der sogenannten Randstad Holland, jenes großstädtischen Ballungsraums, der für das moderne Holland steht. Entstanden ist die Randstad durch das allmähliche Zusammenwachsen der Städte Rotterdam, Den Haag, Leiden,

Neben dem Schiff ist in Holland das Fahrrad das Fortbewegungsmittel schlechthin. Manche Landstraßen gehören praktisch den Radfahrern alleine. Wer würde sich nicht überall solche Radwege wünschen?

Haarlem, Amsterdam und Utrecht. In Form eines Hufeisens umschließt diese Randstad ein auch heute noch ländliches Gebiet, grün und platt wie ein Billardtisch. Die Randstad ist in jenem Teil der Niederlande entstanden, in dem sich schon seit je die politische Macht des Landes konzentrierte. Sie ist fast deckungsgleich mit den beiden Provinzen Zuid- und Noordholland, die zu den wohlhabenden der historischen Provinzen gehörten. Deshalb wird auch heute noch für die Niederlande häufig der Begriff Holland benutzt.

Mit etwa 360 Einwohnern pro Quadratkilometer erreichen die Niederlande in Europa einen Spitzenplatz, was die Bevölkerungsdichte anbelangt. 1994 wurden 15,3 Millionen Einwohner gezählt, neun Millionen mehr als zur Jahrhundertwende. Zwei Drittel aller Niederländer leben in der Randstad, in der sich eben nicht nur die Menschen, sondern auch die Wirtschaftsmacht und das Industriepotential des Landes konzentrieren. Die drei großen Städte der Randstad übernehmen dabei jeweils unterschiedliche Funktionen. Rotterdam ist schon wegen

Der Europort-Ölhafen von Rotterdam hat die Handelsmetropole zum größten Hafen der Welt gemacht.

seines Hafens, des größten der Welt, das industrielle Zentrum. Utrecht übernimmt die Funktion des Verkehrsknotenpunkts für die gesamten Niederlande, und Amsterdam gilt als „Ventil des Landes". Hier werden die rebellischen und unangepaßten Geister aufgenommen, damit der Rest des Königreiches seine Ruhe hat – und Geld verdienen kann.

Amsterdam oder die *Grote stad*, wie es oft genannt wird, ist ein ständiges Happening, ein urbanes Phänomen ohne Skyline, aber mit rund 7000 Denkmälern. In Amsterdam noch mehr als in den anderen Städten des Landes fallen die „Neu-Holländer" auf, die – meist farbigen – Zuwanderer aus den ehemaligen Kolonien oder Gastarbeiter aus dem Mittelmeerraum. Allein nach der Unabhängigkeit von Surinam kamen 145 000 Surinamer ins Land. Nach dem Zusammenbruch der Republik der Süd-Molukken emigrierten Zehntausende ins Mutterland. Außerdem leben Hunderttausende Türken und Marokkaner im Land, von den Gastarbeitern aus Deutschland, England und Belgien ganz zu schweigen. Die Emanzipation und das gewachsene Selbstvertrauen der farbigen Zuwanderer haben aus Amsterdam mittlerweile die exotischste Stadt des Landes werden lassen.

Andere Seefahrerstädte Europas – Venedig, Lissabon oder sogar das benachbarte Brügge – befanden sich schon längst auf dem Höhepunkt einer verfeinerten städtischen Kultur, als es in Amsterdam noch nach Torffeuer, Salzhering und Dünnbier roch. Anfang des 13. Jahrhunderts war das damalige Amstelredam noch ein Fischerdorf. Erst um 1300 erhielt die Siedlung Stadtrecht, erlebte durch den Beitritt zur Hanse einen ersten Aufschwung. Das Ge-

Amsterdam, das „Venedig des Nordens": Ursprünglich eine Sumpfsiedlung, die auf Millionen von Holzpfählen erbaut wurde, ist die Hauptstadt der Niederlande heute eine kosmopolitische Welt für sich.

schäft mit den Heringen war damals *big business*, die Länder an der Ostsee waren die wichtigsten Handelspartner. Doch die große Zeit der Stadt begann erst im Unabhängigkeitskrieg. Der Kolonialhandel machte Amsterdam zeitweilig zu einer der wichtigsten Handelsstädte der Welt. 1600 wurde die berühmte Ostindische Kompanie gegründet, rasch die größte Handelsmacht der Erde mit Handelsniederlassungen in Afrika, auf Ceylon, in Malaysia und Indonesien, an den Küsten Chinas und Japans. Kalkül, Glück und eine typische pragmatische Toleranz der Kaufleute und Bürger beschleunigten diesen Aufstieg zur Metropole des Nordens.

Die sympathische Anarchie einer Stadt

Amsterdam ist unverwechselbar. Wohl keine andere Stadt – abgesehen vielleicht von Rom und Paris – wurde öfter gemalt und gezeichnet als diese auf Millionen von Holzpfählen errichtete Sumpfsiedlung. Es ist eine Stadt aus Licht und Wasser, eine kosmopolitische Welt, die freie Geister seit je angezogen hat. Das von einem Grachtengürtel umgebene Zentrum der Stadt wird vom Turm der Westerkirche überragt, mit der Kaiserkrone als Spitze. Die erinnert daran, daß die Niederlande bis 1648 offiziell Teil des alten deutschen Reiches waren. Berühmt ist der aus der Heren-, der Keizers- und der Prinsengracht bestehende halbkreisförmige Gürtel um die mittelalterliche Stadt – ein architektonisches Meisterwerk aus dem 17. Jahrhundert, der großen Blütezeit der Stadt. Trotz der zerstörerischen Kräfte der Moderne, des unseligen Wirkens der Spekulanten hat das Zentrum Amsterdams sich seine historische Ausstrahlung bis heute bewahren können. Holländisches Traditionsbewußtsein bei gleichzeitiger Weltläufigkeit und Toleranz – darin liegt wohl der Zauber Amsterdams begründet. Die Hauptstadt ist im Land beliebt, doch leider auch ein wenig ins Gerede gekommen: durch das regelmäßige Chaos mit dem Verkehr etwa oder die Probleme mit Drogen und Kriminalität, die sich ändernde Sozialstruktur. Viele klagen über den Junkie-Tourismus, darüber, daß die Stadt verdreckt, daß Imbißbuden und Wechselstuben für die Touristen den soliden Einzelhandel verdrängen.

Daran mag einiges stimmen. Wahr ist aber auch, daß gerade die Kontraste das Lebenselixier dieser Stadt waren, daß sich die Metropole Amsterdam im Laufe ihrer Geschichte ständig gewandelt hat – und stets Fremde anzog. Der Widerspruch zwischen calvinistischer Strenge und katholisch-barocker Lebensart hat seit je den Ruf der Stadt bestimmt. Amsterdams Tore standen immer offen, und die Menschen kamen aus aller Herren Länder: Juden aus Süd- und Osteuropa, Händler aus Antwerpen und Hamburg, Venedig und London, aus Polen und Schweden, aus Java und Surinam.

Eine Stadt wie diese muß man sich erwandern. Im Graugrün der Kanäle spiegeln sich die Backsteingiebel der Grachtenhäuser wie Kürzel der goldenen Zeit. Hier wurden einst die kostbarsten Güter der Welt gestapelt, hier lagerten Muskatnüsse oder Zucker, Pfeffer oder Porzellan. Licht und Wasser verdichten sich hier zu einer besonderen Atmosphäre und verleihen der Stadt ihr einzigartiges maritimes Gepräge. Sieben Millionen Touristen strömen jedes Jahr durch die Innenstadt, die von 160 Grachten durchzogen wird. Der Italiener Ludovico Guicciardini nannte Amsterdam deshalb 1576 erstmals das „Venedig des Nordens".

Die bekannteste Amsterdamer Adresse, Prinsengracht 263, steht stellvertretend für das unaussprechliche Leid eines jungen Mädchens, das Opfer eines menschenverachtenden kollektiven Wahns wurde, und damit für eine unheilvolle Epoche, die das Verhältnis der Holländer zu den deutschen Nachbarn bis heute prägt. In diesem Amsterdamer Hinterhof hielt sich zwei Jahre lang die aus Frankfurt stammende jüdische Familie Frank versteckt, ehe sie 1944 verraten wurde. Nur der Vater, Otto Frank, überlebte die anschließende Deportation ins Konzentrationslager. Das Tagebuch seiner jüngsten Tochter Anneliese Maria, genannt Anne, ist ein zutiefst bewegen-

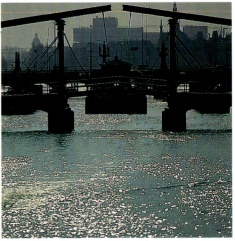

Die „Magere Brug" in Amsterdam: eine altertümliche Zugbrücke inmitten einer modernen Metropole.

des Dokument dieser grauenhaften Zeit und wurde inzwischen in 55 Sprachen übersetzt.

Die Anziehungskraft von Amsterdam, die sympathische Anarchie einer Stadt, die einmal Weltmetropole war und bis heute eine internationale Attraktion ist, schlägt sich nicht zuletzt in einem sehr modernen Phänomen nieder: Holland ist das einzige Land, in dem es *Coffeshops* gibt. Mittlerweile sind es in den Niederlanden schätzungsweise 1500 dieser trotz politischer Anfeindungen existierenden Läden, in denen Haschisch und Marihuana in kleinen Mengen verkauft werden. Und natürlich befindet sich mit 350 Coffeshops ein großer Teil in Amsterdam. Der jährliche Umsatz der Läden im ganzen Land wird auf mehr als eine halbe Milliarde Mark geschätzt. Zwar rechnet niemand mit einer Legalisierung dieser *Coffeshops* – der Verkauf von Rauschgift ist nach wie vor auch in den Niederlanden verboten. Aber die Regierungen, egal welcher Couleur, praktizieren seit Jahren eine Duldungspolitik.

Die seltsame Mischung von Biederkeit und schriller Lautstärke hat Beobachter der Szene schon lange dazu verleitet, Amsterdam vornehmlich als Inbegriff des toleranten Holland zu feiern. Das ist aber nur die halbe Wahrheit.

Wer erst einmal Holland, die Gegenwart und die Geschichte, seine Kultur und den Alltag kennengelernt hat, macht sich rasch ein umfassenderes, facettenreicheres Bild. Und da wird ihm vielleicht ein ganz anderes, ein wenig unscheinbareres Konzentrat Hollands in den Sinn kommen. Blokzijl zum Beispiel. Während des Achtzigjährigen Krieges gegen Spanien war es ein Piratennest, in dem die gefürchteten Wassergeusen, ausgestattet mit Kaperbriefen, ihr Quartier hatten. Von der Geschichte zehrt die Kleinstadt mit ihren 1200 Einwohnern. Viel von der Atmosphäre jener Zeit, als Holland sich anschickte, eine Weltmacht zu werden, ist hier erhalten geblieben. Heute ist Blokzijl am Rande des Beukaler Meeres – während einer Sturmflut im 16. Jahrhundert wurden die tieferliegenden Torfanbaugebiete überschwemmt, und es entstanden die zahlreichen Binnenseen – beliebtes Quartier von Freizeitkapitänen. Hier mischt sich die Begegnung mit dem historischen Holland und das Erlebnis der Ferienlandschaft unserer Tage. Hier kann man einen gemächlicheren Lebensrhythmus wieder entdecken – und Holland-Idylle mit Windmühlenflügeln und weißen Segeln am Horizont, mit Schwänen und Wildgänsen, mit blökenden Schafen und friedlich grasenden schwarzbunten Kühen erleben.

Hier kommt er also her, der berühmte Holländer Käse: Auf den älteren, nicht mehr salzigen Polderweiden grasen überall Kühe – so wie hier im nordholländischen De Rijp.

DAS BESONDERE REISEZIEL: KEUKENHOF, DAS BLUMENMEER

Holland wird jeden Tag bunter – der Satz ist im Frühjahr zwischen Lisse und Sassenheim, zwischen Haarlem und Leiden wörtlich zu nehmen. Flach wie ein Tischtuch erstreckt sich hinter der breiten Dünenkette der Nordsee der Blumengarten, die *Bollenstreek*, und mittendrin der Keukenhof (Kökenhof gesprochen). Der größte Freiland-Blumengarten der Welt, 1949 eröffnet und 28 Hektar groß, lockt in den acht Wochen zwischen März und Mai Hunderttausende von Besuchern an. In der Parkanlage blühen nicht nur im Freien unter jahrhundertealten Bäumen, sondern auch in den Treibhäusern Millionen von Narzissen, Hyazinthen, Krokussen. Vor allem aber Tulpen, in rund 700 verschiedenen Arten: ein Fest fürs Auge und ein Erlebnis für die vielen Fotografen.

Frühlingsbote, Liebesbote: Die Tulpe darf es in diesen Wochen in aller Unschuld sein. Wem würde beim Anblick nicht die Uralt-Melodie einfallen: „Wenn der Frühling kommt, dann schenk' ich Dir Tulpen aus Amsterdam..., was mein Mund nicht sagen kann, sagen Tulpen aus Amsterdam." 1956 erklang das Lied des Schlagertexters Klaus-Günter Neumann zum erstenmal. Für Hollands Blumengeschäft brachen damals goldene Zeiten an.

Keine andere Blume ist so nachdrücklich und dauerhaft mit der Blütezeit der niederländischen Geschichte verbunden wie die aus Asien stammende Tulpe. Bereits 1563 war sie in den Niederlanden bekannt, und 1568 tauchte eine erste Abbildung in dem „Cruydtboeck" des Arztes Rembertus Dodoens auf. Auf dem Höhepunkt der Machtentfaltung brach in Holland das Tulpenfieber aus. Die Blume wurde zum Symbol für Spielleidenschaft und Spekulationssucht der scheinbar so nüchtern denkenden Kaufleute. Anfangs wurde sie einzeln verkauft, dann nach Gewicht. Ab 1634 begannen die Preise zu klettern, und das Land war im Banne der Tulpe. Ob Handwerker, Maler oder Regent – alle wurden von der „Tulpomanie" erfaßt, der „Bollenrasernie". So mußten etwa für die drei Zwiebeln der „Semper Augustus" 1637 rund 30 000 Gulden bezahlt werden – in der Tat eine Wahnsinnssumme, denn für 10 000 Gulden erhielt man damals bereits ein Haus an Amsterdams teuerster Gracht.

Bereits im Mittelalter gab es den Keukenhof. Damals wurde der „Küchenhof", dessen Grund der Gräfin Jacoba van Beieren gehörte – sie lebte hier zwischen 1401 und 1436 –, zur Jagd und zum Anbau von Gemüse und Kräutern für die Schloßküche benutzt. Carolus Clusius, auch Charles de l'Escluse genannt, seit 1593 Präfekt im Leidener Botanischen Garten, war der Mann, der für die Verbreitung der Tulpe in den Niederlanden sorgte. Der Wiener Hofbotaniker pflanzte die ersten Tulpen 1593 in Leiden an. Und seitdem ist ihre Geschichte eine einzige Erfolgsstory. Etwa zwei Milliarden Tulpenzwiebeln im Wert von rund 280 Millionen Mark werden alljährlich in 80 Länder exportiert. Schweizer und Deutsche sind die größten Blumenliebhaber, sie kaufen die meisten Tulpen und Tulpenzwiebeln, die es heute in 3500 Variationen gibt. Im Keukenhof beweisen die alljährlichen Besuchermassen, daß die Tulpomanie vergangener Zeiten noch längst nicht völlig aus der Welt verschwunden ist.

Zur Tulpenblüte im südholländischen Keukenhof kommen alljährlich Heerscharen von Blumenfreunden. Die Tulpenzucht ist ein bedeutender Wirtschaftszweig.

WESTFRIESISCHE INSELN
Naturereignis im Wattenmeer

Die fünf Westfriesischen Inseln haben im Grunde genommen nur eines gemeinsam: ihre Verschiedenartigkeit. Ihre Besucher schwören gerade auf diese Vielfalt, die Wind und Wellen – Nordwester und Nordsee – vor Hollands Küste geschaffen haben. Genauer gesagt: Sie schwören natürlich auf den ganz besonderen Charakter ihrer Insel. Da wäre zunächst Texel zu nennen, die größte und bekannteste, die Badeinsel. Oder Vlieland, das autofreie Naturparadies. Dann das langgestreckte Terschelling, das Eiland der jungen Leute. Und Ameland, die Familieninsel. Schließlich Schiermonnikoog, die kleinste Insel, das Ziel der Individualisten.

Alle fünf sind natürlich Badeinseln. Doch Seebäderatmosphäre oder mondäne Badekultur würde man auf diesen Sand-Eilanden vergeblich suchen. Gewaltige Dünen, ausgedehnte, unverbaute Sandstrände, die würzige, jodhaltige Nordseeluft – mit einem Wort: Natur pur – sind hier angesagt.

Beginnen wir das Inselhüpfen im Süden mit Texel. Wegen seiner Nähe zum Festland – das Übersetzen mit der Fähre von Den Helder dauert nur 15 Minuten – zählt es bei vielen nur als Halbinsel. Texel lebt nicht vom Fremdenverkehr allein, sondern auch von der Schafzucht und, wie kann es in Holland anders sein, vom Anbau von Blumenzwiebeln. An den traditionellen Erwerbszweig der Insulaner erinnern die malerischen reetgedeckten Schafställe, die heute unter Denkmalschutz stehen. Viel ihres ursprünglichen Reizes haben die fünf Inseldörfer De Koog, Den Hoorn (zugleich Hauptort der Insel), De Waal, Oudeschild und Oosterend bewahren können.

Im Unterschied zum festlandnahen Texel wird Vlieland, das sich im Norden anschließt, die „Meeresinsel" genannt. Es ist praktisch nur eine einzige gewaltige Düne, die den Naturgewalten über Jahrhunderte getrotzt hat. Viel Sand, karge Wiesen und ein Wald, dessen Bäume sich im Wind ducken, prägen das Gesicht der gerade wegen ihrer ursprünglichen Landschaft bei den Holländern beliebten Insel, auf der Autos tabu sind. Zwölf Kilometer ist der Sandstrand lang und bis zu 40 Meter hoch die Düne,

Texel ist als Badeinsel weit über die Grenzen der Niederlande hinaus bekannt und beliebt.

auf deren Spitze ein Leuchtturm steht. Die etwa 1100 Insulaner leben im einzigen Dorf des Eilands, Oost-Vlieland. West-Vlieland versank zwischen 1717 und 1727 bei Sturmfluten im Meer.

Ein Naturereignis ist auch das langgestreckte Terschelling, das wie Vlieland vom Fährhafen Harlingen aus angesteuert wird – nach Texel die größte der Inseln. Im Wattenmeer kann man Brandseeschwalben, Löffler, Reiher, Eiderenten, Austernfischer, Gänse aller Art und die winzigen Alpenstrandläufer beobachten. Auf der Düneninsel selbst wachsen noch rund 600 (!) wilde Pflanzenarten.

Doch berühmt ist die 28 Kilometer lange Insel eher dafür, daß sie während der Sommermonate fest in der Hand junger Leute ist. Deshalb gibt es hier auch ein ausgeprägtes Nachtleben – und das ist wahrlich eine Attraktion auf den Westfriesischen Inseln. Hauptort und Fährhafen ist West-Terschelling, in dem noch einige hübsche Kapitänshäuser die Zeitläufte überdauert haben.

Ameland, das man von Holwerd aus erreicht, eignet sich mit seinen zahlreichen gut ausgebauten Radwegen besonders für einen Aktivurlaub. Und das heißt in Holland eben vor allem: Radfahren. Auf der sehr ländlich wirkenden Insel sind besonders das Naturschutzgebiet Het Oerd und der gepflegte und unter Denkmalschutz stehende Hauptort Nes sehenswert. Idyllische Bauerndörfer sind Buren, Ballum und Hollum.

Die Geschichte des Eilands ist verblüffend: Im 14. Jahrhundert gehörte es zu Bayern (!), wurde 1598 unabhängig und kam erst im Jahre 1801 zu Friesland. Bis 1883 war es mit dem Festland durch einen Deich verbunden.

Schiermonnikoog im Norden, die kleinste Watteninsel, ist seit 1988 Nationalpark; alles steht unter Naturschutz, keine einzige Blume darf gepflückt werden. So hat sich auf *lytje pole*, wie die Düneninsel von den Holländern liebevoll genannt wird, eine kleine unberührte, paradiesische Welt erhalten. Hin gelangt man mit Booten von Lauwersoog (an der N 361) aus.

Auskunft: siehe Seite 313.

Die Insel Texel besticht durch eine besonders abwechslungsreiche Landschaft: scheinbar endloses Wattenmeer, Dünen, Wälder, Heide und Vogelschutzgebiete.

ZEELAND
Ferienparadies hinterm Deich

Die meisten Sonnenstunden des Landes verzeichnet man hier. Die weiten Strände vor den mächtigen Deichen und das klare Wasser der Oosterschelde haben die Gegend zu einer der populärsten Ferienregionen Hollands gemacht. Und die romantischen Städte zählen zu den beliebtesten des Königreichs: Zeeland (Seeland) ist Freizeitland. Windsurfen und Schnorcheln, Tauchen und Segeln, Angeln und Kutterfahrten: Alles ist hier möglich. Doch hinter den Deichen lockt ein stilles, grünes Land, in dem man Ruhe und Erholung abseits des Freizeitbetriebs finden kann.

Die Meeresprovinz, wie Zeeland in Holland auch genannt wird, liegt im Mündungsdelta von Rhein, Maas und Schelde. Sie umfaßt das seeländische Flandern (Zeeuws Vlaandern) mit dem traditionsreichen Badeort Cadzand, die Inseln und Halbinseln Walcheren, Tholen, Süd- und Nordbeveland, Schouwen-Duiveland, Sint Filipsland und Goeree-Overflakkee. Zeeland ist die jüngste Landschaft Hollands, durch Eindeichungen wurde sie dem Meer abgenommen. Das ständige Ringen, das hier schon seit ewigen Zeiten zwischen Mensch und Meer herrscht, kann man eindrucksvoll in der Delta Expo am Hauptflutwehr der Oosterschelde beobachten. 1986 wurde die gewaltige, beeindruckende Staumauer von der niederländischen Königin Beatrix höchstpersönlich eingeweiht. Es war das teuerste und aufwendigste Wasserbauprojekt der Geschichte, über ein Vierteljahrhundert zogen sich die Arbeiten hin, und immerhin stattliche elf Milliarden Mark kostete das Ganze. Die mächtige Sicherungsanlage besteht aus 65 Pfeilern von 45 Meter Höhe und 62 beweglichen Stahlsperren. Von all diesen gigantischen Ausmaßen sieht man freilich wenig: Der Großteil des Wehres liegt nämlich unter Wasser.

Im Jachthafen von Veere auf der Insel Walcheren dümpelt so mancher große oder kleine Lebenstraum. Ein Damm schirmt das Veerse Meer nach Norden hin gegen die offene See ab.

Brücke ins Nichts: Die Zeelandbrug überspannt die Oosterschelde zwischen Zierikzee und Nordbeveland.

Der Name Zeeland – dessen Wurzeln man nach dem Besuch des Flutwehres mit seiner Ausstellung über die schrecklichen Sturmfluten, die die Region immer wieder heimsuchten, sicher besser versteht – taucht im Jahre 1198 zum erstenmal auf. Orte wie Middelburg (heute Hauptstadt der Provinz), Westkapelle, Domburg und Zierikzee erhielten bereits im 13. Jahrhundert Stadtrecht und stiegen bald zu bekannten Handelsstädten auf, deren wichtigste Produkte Salz, Fisch und rot gefärbtes Leinen waren.

An der Küste locken die Badeorte Renesse, Valkenisse, Hamstede oder eben Domburg – das älteste Seebad Hollands. Um die Jahrhundertwende war es wegen seines romantischen Charmes eine regelrechte Künstlerkolonie. Oder die kleinen Fischerorte wie Yerseke, dessen Austern- und Muschelzucht im ganzen Land gerühmt werden, das alte Hafenstädtchen Brouwershaven am Grevelingenmeer mit seinen einladenden Stränden und all die historischen Städte im Hinterland. Veere etwa, das zu den schönsten Orten der niederländischen Gotik gehört, mit seinem zierlichen Rathaus und der nie vollendeten, mächtigen Liebfrauenkirche aus dem 13. Jahrhundert. Zierikzee war einst die wichtigste Handelsstadt der Provinz. Das Stadtbild mit seinen Gassen, dem unvollendeten, 60 Meter hohen Sint Lievensmonsterturm (er sollte einst 206 Meter hoch werden), mit den Hafentürmen, dem Rathaus und dessen hölzernen, verschnörkelten Glockenturm ist charakteristisch für Zeeland. Das schöne Middelburg wurde im Krieg schwer getroffen, aber sorgfältig wieder aufgebaut. Neben Amsterdam war es in Hollands goldenen Zeiten vor 300 Jahren die wichtigste Stadt des Landes. Die Abtei Onze Lieve Vrouwe mit ihrem achteckigen, 85 Meter hohen gotischen Turm ist der strahlende Mittelpunkt dieser wirklich sehenswerten, an Baudenkmälern reichen Stadt. Das ebenfalls nach dem Zweiten Weltkrieg wieder aufgebaute prachtvolle Rathaus wurde ursprünglich im 15. Jahrhundert errichtet und ist ein Werk der flämischen Architektenfamilie Keldermans. Als eines der schönsten gotischen Gebäude des Landes repräsentiert es Wohlstand und Selbstbewußtsein der Bürger Middelburgs im Spätmittelalter. Im Hafenbecken sollte man übrigens unbedingt das Rammschiff *Schorpionen* in Augenschein nehmen.

Aber nach dieser Städtetour muß man wieder aufs Land hinausfahren. Durch die weiträumige Dünenlandschaft führen Rad- und Wanderwege, es gibt viele Teiche und Seen, versteckte Niederungen mit blühendem Heidekraut und wunderschönen Orchideen, die man in diesem doch eher rauhen Meeresklima kaum vermuten würde. Unermeßlich weit dehnen sich die hellen Sandstrände, die poldergrünen Wiesen hinter mächtigen grünen Wällen liegen wie verlassen da – auch das ist Zeeland, ein Ferienparadies hinterm Deich.

Auskunft: siehe Seite 313.

SÜDEUROPA

*Sonne, Meer und weiter Himmel –
wo die Lebensfreude zu Hause ist*

Südeuropa – das klingt nach strahlendem Sonnenschein, tiefblauem Meer und weißen Stränden. Das warme, sonnige Klima macht die Länder am und die Inseln im Mittelmeer zu einer der beliebtesten Urlaubsregionen unseres Planeten. Doch zwischen der Iberischen Halbinsel und Sizilien, den Alpen und der Küste Nordafrikas findet man mehr als nur gutes Wetter: eine faszinierende Tier- und Pflanzenwelt, Monumente aus vielen Jahrtausenden und jene fröhliche mediterrane Lebensart, von der sich mancher Urlaubsgast gerne anstecken läßt.

*Wellen, Sand und steile Felsen,
romantische Fischerdörfer
und faszinierende Kunstschätze*

Daß die Farben und Formen der Landschaften rund ums Mittelmeer vor allem Reisende aus nördlicheren Ländern so faszinieren, liegt wohl am südlichen Licht und natürlich an der Sonne, am Meer. Nicht minder anziehend wirkt die heitere Lebensart der Menschen, zumindest außerhalb der hektischen Großstädte. Dorthin zieht es jedoch viele wegen der großartigen Zeugnisse von Kultur und Geschichte. Ibiza zum Beispiel (Foto links) vereint alle diese Züge: Auf der berühmten Badeinsel erinnert eine der besterhaltenen Festungen Europas an eine Zeit, als noch Seeräuber hier ihr Unwesen trieben.

Bis unter die markanten Felszinnen der Südtiroler Dolomiten erstreckt sich das Reich der südlichen Sonne nach Norden hin (Foto oben). Doch eindrucksvolle Gebirgslandschaften findet man ebenfalls im Apennin. Auf der Iberischen Halbinsel kann man von manchen Stränden aus die nicht minder imponierenden Gipfel der Pyrenäen und der Sierra Nevada sehen.

Im Kloster Chrissoskalitissa im Westen von Kreta stellen die Nonnen Pilgern eine Unterkunft zur Verfügung (Foto rechts). Hier kann man die Welt der griechisch-orthodoxen Gläubigen eindrucksvoll erleben. Die christliche Religion, die die Kultur auch Südeuropas prägt und heute noch prägt, zeigt tausend Gesichter – immer wieder neu und überraschend anders auch in Südfrankreich, Spanien, Portugal und Italien.

Südeuropa

Genüsse für alle Sinne unter mittelmeerblauem Himmel

„Allda streben die Bäume gen Himmel, voll balsamischer Birnen, Granaten und grüner Oliven oder voll süßer Feigen und rötlich gesprenkelter Äpfel... Allda prangt auch ein Feld, von edlen Reben beschattet..." Hier schwärmt kein Poet aus dem Norden von den Schönheiten der mediterranen Landschaft: Homer, der erste große Dichter des Abendlandes, hat die Verse geschrieben, und er kannte sich im Süden Europas bestens aus, hat ihn in seiner Odyssee bis in die letzten Winkel erkundet, wenigstens literarisch.

Die Verse sind schon fast 3000 Jahre alt, machen aber noch immer großen Appetit auf den Süden und versprechen keinesfalls nur paradiesische Gaumenfreuden. Dort gibt es nämlich Genüsse vielerlei Art: die farbenprächtigen Blüten von mehr als 20 000 Pflanzenarten, die vor allem im Frühjahr eine Reise in Südeuropa zu einem Abenteuer für die Sinne machen; der laue Wind, der die Haut sanft streichelt; die aromatischen Düfte von Rosmarin, Lavendel, Thymian und Salbei, die sich mit dem süßlichen Harzgeruch der Pinienwälder zu einem unverwechselbar mediterranen Duft-Cocktail vermischen; das lautstarke Konzert der Zikaden und Grillen... Und wer kann schon der Versuchung widerstehen, reife Feigen, außen blauviolett und innen rosarot, aus einem Garten zu stiebitzen oder vom süßen Johannisbrot zu naschen?

Homers Verse sind auch in anderer Hinsicht aufschlußreich. Die Landschaft, die der Dichter beschreibt, ist nämlich die für den Mittelmeerraum typische Gartenlandschaft mit ihren Obstbaumhainen und Weingärten. Schon zu seiner Zeit muß das natürliche Pflanzenkleid Südeuropas durch den Raubbau an der Natur in weiten Gebieten vernichtet gewesen sein, müssen Kulturpflanzen die Wildpflanzen verdrängt haben. Und wenn der Mensch wie jenseits der Alpen über Jahrtausende hinweg ständig in die Natur eingreift, entstehen schließlich Landschaften, bei denen selbst Fachleute nicht mehr unterscheiden können, was nun natürlich und was vom Menschen geschaffen worden ist. Solche Landschaften nehmen den allergrößten Teil von Europas Süden ein, gehören inzwi-

schen zu seinem vertrauten Bild – für fundamentalistisch eingestellte Naturschützer Anlaß zu ständiger Klage, bei genauerem Hinschauen andererseits aber auch wieder ein Gewinn für die Natur. Wie vielen Tierarten bietet beispielsweise ein Olivenhain mit seinen knorrigen, oft jahrhundertealten Ölbäumen einen Lebensraum, was alles kreucht und fleucht in den mediterranen Macchien und Garrigues, in den *Dehesas,* den Steineichenhainen auf der Iberischen Halbinsel, die seit Menschengedenken als Weide für Ziegen, Schafe und Schweine genutzt werden. Gerade dort findet man die optisch reizvollsten Tiere und Pflanzen: die herrliche Perleidechse, die scheue Ginsterkatze, den violetten Natternkopf, die rot, gelb und weiß blühenden Zistrosen. Und wer den leiblichen Genüssen zugetan ist, schätzt den saftigen Schinken aus Gegenden, wo Schweine mit Eicheln gemästet werden, das leichte, bekömmliche Olivenöl und die würzigen Liköre aus Kräutern der mediterranen Heiden.

In den Bars und Restaurants auf Mallorca kann der Gast aus dem Norden solcherlei Köstlichkeiten genießen; aber nicht nur deswegen hat sich die größte der Balearen in den vergangenen Jahrzehnten zur bedeutendsten Ferieninsel im westlichen Mittelmeer entwickelt. Der Tourismus blickt hier auf eine lange Tradition zurück; die ersten Urlauber kamen bereits zu Beginn des vorigen Jahrhunderts. Im Winter 1838/39 war ein berühmtes Liebespaar, der polnische Komponist Frédéric Chopin und die französische Schriftstellerin George Sand, auf Mallorca zu Gast, zur Entrüstung einiger sittenstrenger Insulaner, die mit ihrer Meinung über die wilde Ehe nicht hinter dem Berg hielten und den beiden das Leben zur Hölle machten. Heute freilich sind längst auch Paare ohne Trauschein herzlich willkommen, nicht nur auf Mallorca, sondern überall in Südeuropa, und jeder Gast darf seine wohlverdienten Urlaubswochen von moralischen Gewissensbissen unbeschwert genießen.

Die meisten Urlauber kommen heute mit dem Flugzeug auf die gebirgige, von felsigen Steilküsten und feinsandigen Stränden gesäumte Insel, schöner ist freilich die Anreise über das Meer. Die Schiffe legen im Hafen der Inselhauptstadt Palma de Mallorca an, nicht weit von der prachtvollen Kathedrale (13. bis 17. Jahrhundert) entfernt, die mit ihrem grandiosen gotischen Innenraum und den herrlichen Fensterrosen zu den sehenswertesten Kirchen Europas zählt. Wer

Seereisen liebt, kann von Palma aus mit dem Dampfer einen Ausflug nach Ibiza unternehmen. Nach ein paar Stunden taucht die „Küste der Kiefern", wie die Phöniker die Insel im Südwesten des Archipels einst nannten, aus dem Meer auf. Das von Kiefern und Wacholder, lichten Hainen aus Mandel-, Feigen- und Johannisbrotbäumen bedeckte Eiland ist wegen seines vielseitigen Sport- und Unterhaltungsangebots vor allem bei jüngeren Reisenden beliebt, hat aber auch für den Kunstfreund einiges zu bieten. Die Festung hoch über der Inselhauptstadt Ibiza zählt zu den besterhaltenen in ganz Europa, und die weißen Wehrkirchen, die aus dem grünen Waldkleid ragen, sind wahre architektonische Kleinode. Sie erinnern an die Zeit, als Ibiza regelmäßig von Seeräubern heimgesucht wurde.

Reizvolle Inseln, verlockende Strände, erlesener Wein

Menorca, die „kleinere" der beiden großen Baleareninseln, litt gleichfalls jahrhundertelang unter den Attacken türkischer Korsaren, bis die Briten das flache, nur lückenhaft bewaldete Eiland im 18. Jahrhundert besetzten und dem Seeräuberunwesen im westlichen Mittelmeer ein Ende bereiteten. Die Tramontana, den stürmischen Nordwind, der sich häufig über der Insel austobt, konnten die Angelsachsen allerdings nicht verbannen, und so ist Menorca bis heute eine kühle, herbe Schönheit geblieben. Eindrucksvoll sind die Monumente prähisto-

Berühmt für ihren Wein, ihre Kunstschätze und ihre Anziehungskraft auf schöpferische Menschen ist die Toskana, das Land um Siena, Pisa und Florenz.

rischer Kulturen, die über die gesamte Insel verstreut liegen: rätselhafte Steintische, Ruinen mächtiger Türme und Steinsetzungen in Form von Schiffsrümpfen, die als die ältesten Bauwerke Spaniens gelten.

Ähnliche Bauten, die Nuragen, gibt es auch 200 Seemeilen östlich der Balearen, auf Sardinien. Landschaftlich unterscheidet sich die zu Italien gehörende zweitgrößte Mittelmeerinsel mit ihren über 1000 Meter hohen, schroffen Bergen aus kristallinem Gestein jedoch stark vom flachen Menorca, und während die kleine Baleareninsel ein weltoffenes, iberisch-britisches Flair hat, blieben in der rauhen Abgeschiedenheit der sardischen Bergwelt vielerorts Sitten und Bräuche erhalten, die uns archaisch anmuten. Der Tourismus besitzt bisher nur wenige Vorposten auf Sardinien, am bekanntesten ist die Costa Smeralda, die Smaragdküste, im äußersten Nordosten der Insel.

Als Dorado für Taucher und Mineraliensammler gilt die einige Seemeilen vor dem italienischen Festland im Tyrrhenischen Meer gelegene Insel Elba. Neptunsjünger schätzen das klare Wasser und die reiche Meeresfauna an den steilfelsigen Küsten des toskanischen Eilands; Freunde schöner Steine schürfen in den verlassenen Eisengruben von Elba, die einst den Etruskern die Vorherrschaft über Italien bescherten.

Die festländische Toskana, die sich von Kämmen des Apennins über das kuppige Hügelland am Arno bis zur Küste des Tyrrhenischen Meeres erstreckt, be-

Schwefelgelb wabert es aus den Höllenmäulern des Vulkans Stromboli auf der gleichnamigen Insel im Tyrrhenischen Meer. Tagsüber sieht man schon von weitem die Rauchsäule. Nachts sind die regelmäßigen Ausbrüche besonders imposant. Um sie zu beobachten, muß man sein Zelt in der Nähe des Kraters aufschlagen.

sitzt gleichfalls kostbare Naturschätze: edlen Marmor, heiße Quellen und rubinroten Chianti classico, der in einem genau festgelegten Gebiet erzeugt wird und natürlich am besten zur traditionellen toskanischen Küche mundet. Berühmt ist das alte Reich der Etrusker aber hauptsächlich durch seine Kunstschätze, die Städte wie Florenz, Pisa oder Siena zu Wallfahrtsstätten der internationalen Kunstgemeinde machen.

Im benachbarten Umbrien bilden die Städte Perugia, Orvieto und Assisi mit ihren gotischen Kirchen und Denkmälern der Etrusker- und Römerzeit die Glanzlichter. Östlich von Assisi, das als Stadt des heiligen Franziskus überall in der christlichen Welt bekannt wurde, steigen die Hänge zum Hauptkamm des Apennins steil an. Der schmale Gebirgszug, der die nach ihm benannte Halbinsel auf mehr als 1400 Kilometer Länge durchzieht, ist hier in seinem mittleren Abschnitt, den Abruzzen, nur zwei Autostunden von der quirligen Millionenstadt Rom entfernt, noch eine urtümliche Hochgebirgswildnis, in der Bären, Wölfe und Gemsen heimisch sind.

Feuerspeiende Berge und sagenumwobene Ruinenstätten

Die kalabrische Halbinsel, die Spitze des italienischen Stiefels, bietet wiederum ein ganz anderes Bild. Jäh steigen die Hänge von den schmalen Küstenebenen mit ihren mediterranen Gärten zur Sila oder zum Aspromonte auf und geben dann plötzlich den Blick auf sanftgewellte, von Buchen und Tannen bestandene Hochflächen frei. Bei klarem Wetter sind draußen im Tyrrhenischen Meer die Liparischen Inseln zu erkennen, geschaffen durch Vulkanausbrüche, die bis heute andauern. Seit Menschengedenken spuckt der Stromboli an der Nordseite

des Archipels als „Leuchtturm des Mittelmeers" im Viertelstunden-Takt rotglühende Aschen und Lavafetzen aus. Mit einem Bergführer kann man bei Anbruch der Dunkelheit zum Kraterrand hinaufsteigen, um das vulkanische Brillantfeuerwerk aus nächster Nähe zu bewundern. Wahrzeichen Siziliens ist der Ätna, der mit 3340 Meter Höhe die Rangliste der höchsten aktiven Vulkane Europas anführt, ein launischer Riese, der jahrelang ruht, um dann urplötzlich an irgendeiner Stelle seine Pforten zu öffnen und Lavaströme in das blühende Kulturland an seinen Flanken zu entsenden.

Die Araber sind eines von vielen Völkern und Herrschergeschlechtern, welche die sizilianische Kultur und Kulturlandschaft geprägt haben, und so erscheint die Insel historisch gesehen wie ein Wehr im Strom der Geschichte: Sikaner, Phöniker, Griechen, Römer, Byzantiner, Wandalen, Araber, Normannen waren hier.

Viele dieser Namen findet man in der Historie der Maltesischen Inseln wieder, die knapp 100 Kilometer vor der Südspitze Siziliens liegen und sowohl geologisch als auch kulturell Überreste einer versunkenen Landbrücke zwischen Europa und Afrika sind. Zu den interessantesten Sehenswürdigkeiten des Archipels gehören seine jungsteinzeitlichen Kultstätten sowie die Kirchen, Festungen und Paläste aus dem 16. bis 18. Jahrhundert, als die Großmeister des Johanniter- bzw. Malteserordens in der Inselhauptstadt Valletta residierten.

Griechen, Römer, vor allem aber der Vesuv, der im März 1944 zum vorerst letztenmal ausbrach, regelrecht explodierte, haben die historische Landschaft Kampanien entscheidend geprägt. Im Kartenbild einem Halbmond gleich, umschließt die fruchtbare Küstenebene des „glücklichen Kampanien" den Golf von Neapel, eine Landschaft mit großer Vergangenheit, wie die antiken Ruinenstätten von Pompeji, Paestum und Herkulaneum beweisen. Vor der Küste liegen Ischia und Capri, beide mit üppiger Vegetation bedeckt und schon in der Antike als Ferieninseln beliebt.

Capri besitzt eine der schönsten Höhlen der Welt: die berühmte Blaue Grotte, die zur Hälfte unter dem Meeresspiegel liegt und bei Sonnenschein von einem wunderbaren blauen Licht erfüllt ist. Das zauberhafte Ischia wird nicht nur wegen seiner gehaltvollen Biancolella-Weine besucht, denen der vulkanische Boden das nötige Feuer verleiht – vor allem seine heißen, heilkräftigen Mineralquellen, die landschaftlichen Schönheiten und das milde Inselklima ziehen Jahr für Jahr zahlreiche Urlauber an.

Zurück in den Norden der Apenninhalbinsel und in die ehemals glänzendste Handelsstadt der Alten Welt: nach Venedig, auf Zehntausenden von Pfählen in einer seichten Lagune am Nordende des Adriatischen Meeres erbaut, mit prachtvollen Kunstwerken geschmückt und von vielen Kanälen durchzogen, auf denen man sich in Gondeln durch die Stadt fahren lassen kann. Venetien, das Gebiet

Typisch Santorin: blendendweiße Häuserwürfel und sanft gerundete Kapellenkuppeln, überwölbt von einem blaßblauen Himmel, zu Füßen das Ägäische Meer.

der ehemaligen Republik Venedig, reicht von der lagunenreichen Küste durch die Tiefebene beiderseits des Po bis zu den Venezianer Alpen. Landschaftlicher Höhepunkt ist hier der Gardasee, der größte der italienischen Alpenrandseen. Eiszeitliche Gletscher haben das im Nordteil fjordartige Gewässer geschaffen, doch dort, wo einst die Eisströme endeten, gedeiht heute eine üppige subtropische Flora mit Zitronen, Palmen, Zypressen und Lorbeerbäumen.

Das Klima des Südens dringt durch das breite Etschtal über Verona, die größte Stadt des venezianischen Festlandes, bis an den Fuß der Dolomiten vor. Weiße Felsbastionen und -zinnen erheben sich hier atemberaubend steil über grüne alpine Matten und über die Obstgärten und Rebkulturen an den Talhängen rund um Bozen und Meran. Vor allem durch seine Rot- und Roséweine, etwa den köstlichen Lagrein Kretzer oder die frischen, granatroten Weine aus der Schiavatraube, ist Südtirol bei Liebhabern guter Tropfen bekannt.

Paradies für Sonnenanbeter: Sandbuchten und felsige Steilküsten wechseln sich am Mittelmeer ständig ab, wie hier an der spanischen Costa Brava bei Lloret de Mar. Die „wilde Küste", Endstation Sehnsucht vor allem für Urlauber aus weniger sonnigen Gefilden, erstreckt sich von Barcelona bis zur französischen Grenze.

Hervorragende Rotweine reifen auch in den Kellern der kleinen Winzerorte jenseits des Ortlermassivs, im Valtellina. Die Sonnenhänge des Veltlins, wie man dieses von der Adda durchflossene Tal in den deutschsprachigen Ländern nennt, sind bis hoch hinauf mit Weingärten, Obst- und Kastanienhainen bedeckt. An den Ufern des Comer Sees, in den der Fluß mündet, gesellt sich der Ölbaum, die Charakterpflanze des mediterranen Klimas, hinzu und bildet im Landschaftsbild den olivgrünen Hintergrund, von dem sich die Gärten und Parks in ihrer Farbenpracht um so deutlicher abheben.

Die Alpenkämme schützen den Comer See vor den kalten Nordwinden, und ihnen verdankt auch die italienische Riviera die milden Winter und warmen, sonnigen Sommer. Wie Perlen einer Kette reihen sich von San Remo bis La Spezia weltberühmte Seebäder auf und umschließen „La Superba", das marmorweiße Juwel: Genua, die alte Hauptstadt der Liguren, über Jahrhunderte blühende Handelsmetropole und bis heute einer der führenden Häfen am Mittelmeer.

Die Ligurer siedelten einst auch am westlichen Ufer des „Löwengolfs", mit dem die Kette der weiten Buchten an der Mittelmeerküste der Iberischen Halbinsel beginnt. Zwischen Kap Creus und Kap Palos wechselt die Küste vielfach ihren Charakter und ihren Namen: Costa Brava, die „wilde Küste", Costa Dorada, die „vergoldete Küste", Costa Blanca, die „weiße Küste". Im Norden reichen Gebirge bis ans Meer, umfassen mit Granitklippen kleine sandige Buchten, doch südlich von Barcelona bestimmen weite Golfe, ausgedehnte Strände, mit Orangen- und Zitronenhainen bedeckte Küstenebenen das Bild. Reich ist hier das kulturelle Erbe: die Zyklopenmauer aus römischer Zeit in Tarragona, die von bunten Fliesenkuppeln gekrönten Kirchen in Valencia, der von den Mauren gepflanzte Palmenwald im Hinterland der Costa Blanca…

Dem Schwarzen Kontinent noch näher liegen die Costa del Sol und ihr atlantisches Gegenstück, die Costa de la Luz. Nur 14 Kilometer breit ist die Straße von Gibraltar, die die südlichste Spitze des europäischen Festlands von Afrika trennt, ein Nadelöhr der Weltgeschichte, das der Berberhäuptling Tarif im Juli 710 mit einer kleinen Heerschar bezwang und damit die islamische Eroberung der Halbinsel einleitete; seit 1704 halten die Briten Gibraltar besetzt und hegen als Garanten ihrer Macht die einzigen freilebenden Affen Europas. Sonnenschein *(sol)* und strahlendes Licht *(luz)* gibt es beiderseits der Meerenge reichlich, und selbst im tiefsten Winter steigt die Quecksilbersäule zur Mittagszeit auf frühlingshafte 20 Grad, ideale Temperaturen für einen Ausflug ins andalusische Binnenland zu den großartigen Monumenten maurischer Baukunst, zur Alhambra in Granada oder zur Mezquita von Córdoba.

Algarve, Adria, Ägäis – auch hier gibt es noch touristische Geheimtips

Spuren haben die Mauren auch an der Algarve, der portugiesischen Südküste, hinterlassen, die sich mit feinsandigen Stränden und zerklüfteten Felsbuchten von der Mündung des Guadiana bis zum Kap São Vicente erstreckt. *Al-Gharb,* der Westen, nannten sie den sonnenscheinreichen, doch im Vergleich zur mediterranen Costa del Sol stürmischeren atlantischen Küstensaum der Iberischen Halbinsel. Von hier brachen die portugiesischen Seefahrer vor einem halben Jahrtausend zu ihren Entdeckungsfahrten in alle Welt auf. Die Schätze, die sie mitbrachten, ließen die portugiesische Hauptstadt Lissabon im Zeitalter der Entdeckungen zu einer der reichsten Städte Europas werden.

Der portugiesische Norden gilt bis heute als eine Art touristischer Geheimtip, ebenso das benachbarte spanische Galicien und Asturien. Gewiß, das Klima ist hier nicht mehr so sonnensicher wie am mediterranen Saum der Iberischen Halbinsel, aber die wildromantische Costa Verde, an der sich die Wellen der stürmischen Biskaya brechen, oder die phantastisch steilen, von Höhlen zerlöcherten Picos de Europa mit dem Wallfahrtsort Covadonga entschädigen für das kühlere, regnerische Wetter an der atlantischen Seite.

Wetterwunder darf man freilich auch von den Mittelmeerländern nicht erwarten. War es ein Zufall, daß Frédéric Chopin gerade auf Mallorca, dort, wo angeblich die Sonne überwintert, sein „Regentropfen-Prélude" komponierte? Welcher sonnenhungrige Urlauber ahnt schon, daß das gebirgige Hinterland der dalmatinischen Adriaküste zu den regenreichsten Gegenden Europas gehört. Doch zwischen Istrien und der Bucht von Kotor regnet es, wie übrigens im gesamten Mittelmeerraum, fast nur im Herbst und Winter, der Sommer ist dagegen, wie er sein sollte: sonnig und warm. Und wenn einmal ein paar Wolken aufziehen sollten, empfiehlt sich ein Ausflug in die malerischen alten Hafenstädte, die vom Bürgerkrieg im zerfallenen Jugoslawien nicht verschont wurden, aber mit ihren prächtigen Palästen und Kirchen, trutzigen Festungen und Ruinenstätten aus illyrischer und römischer Zeit bis heute stumme Zeugen einer bewegten Geschichte geblieben sind.

Jahrhundertelang gehörte Dalmatien zum Imperium der Venezianer, und auch auf der östlichen Seite der Balkanhalbinsel und in der Inselwelt der Ägäis begegnet man den Kastellen, mit denen die Kaufleute aus der Lagunenstadt ihr Revier markierten. Hier war die venezianische Zeit freilich nur eine kurze Epoche, vor- und nachher lösten sich Byzantiner, Araber, Genuesen, die Kreuzritter und die Osmanen in der Herrschaft über das Inselgewirr im Grenzsaum zwischen Orient und Okzident ab. Gewiß, die Klosterkirche von Chios, der Großmeisterpalast von Rhodos und viele andere Bauten aus dem zweiten nachchristlichen Jahrtausend sind beeindruckend, aber sie verblassen gegenüber den berühmten Monumenten der Antike, von denen es auf den griechischen Inseln

Das grüne Eiland im Ägäischen Meer ist seit Urzeiten berühmt für seinen weißen traubensüßen Likörwein, den sich vielleicht schon der um die Mitte des vierten Jahrhunderts vor Christus auf der Insel Samos geborene Philosoph Epikur munden ließ – oder sollte der geistige Vater der „Epikureer" im Unterschied zu seinen genußfreudigen Nachkommen etwa ein Asket gewesen sein? Der berühmte Philosoph und Mathematiker Pythagoras, gleichfalls ein Sohn dieser Insel, übte sich hingegen in strengster Askese (so heißt es jedenfalls). Wer lieber einen herbsüßen Tropfen mag, bestellt in einer griechischen Taverne am besten einen Masticha, der auf Chios mit dem aromatischen Harz des Mastixstrauchs bereitet wird.

In idyllische kleine Fischerorte wie Albufeira in Portugal kommt man zum Baden, Träumen und Schlemmen: Die bunten Boote verheißen fangfrische Genüsse.

Bekannt ist die nicht weit von Samos direkt vor der kleinasiatischen Küste gelegene Insel freilich weniger durch den Likör, sondern als Heimat des Dichters Homer. Im Norden der felsigen Insel gibt es einen Ort, den die Einheimischen „Schule Homers" nennen, doch auch etliche andere Inseln und Städte zwischen Korfu und Kreta beanspruchen den ältesten Dichter des Abendlandes für sich. Wohin man in dieser Wiege der europäischen Kultur auch kommt, überall trifft man auf die Spuren eines berühmten Philosophen, Wissenschaftlers, Dichters oder Staatsmannes... von Aischylos, dem Begründer der Tragödie, über Hippokrates, den berühmten Arzt der Antike, bis hin zu einem der drei Zenons, die sich als Philosophen einen Namen machten.

Doch die Zeit des klassischen Hellas ist längst vorüber, und wer heute nach Griechenland reist, der hat eher idyllische Wunschbilder wie die des Kreters Alexis Sorbas vor Augen, des einfachen Mannes mit der ansteckenden, überschäumenden Lebensfreude, dem man in jedem griechischen Fischer, Bauern oder Arbeiter wiederbegegnen kann. Er weiß nichts über Philosophie, Mathematik oder Kunstgeschichte, aber viel besser als die Geistesgrößen der griechischen Vergangenheit kennt er die kleinen Freuden des Lebens, die das Land an der Südostecke Europas für seine Bewohner und die Gäste aus dem Norden bereithält: Sonnenschein natürlich, auf den schon der sonst so anspruchslose Diogenes in seiner Tonne nicht verzichten wollte, das blaue Meer, über das Gott Poseidon seine schäumenden Rosse hetzte, den von zahllosen Dichtern besungenen Wein, die Früchte des Meeres und der Gärten, ein paar Oliven und ein Stück Schafskäse... und nicht zuletzt die Musik und den Tanz.

Die Meteoraklöster – Griechenlands uneinnehmbare Gottesburgen: Die wohl atemberaubendsten Klosterbauten der Welt stehen auf senkrechten Felsnadeln.

und dem griechischen Festland Dutzende gibt: Ägina mit dem Aphaia-Tempel, Delphi, wo die alten Griechen das Orakel befragten, Olympia, die Stätte der Olympischen Spiele, Mykene auf dem Peloponnes oder Knossos auf Kreta mit dem Erbe der ältesten Hochkultur auf europäischem Boden... und natürlich das antike Athen.

Früher kam bei der Fülle der Kunstschätze die Natur im Reiseprogramm oft zu kurz, heute läßt sich selbst der kulturbeflissenste Gast aus dem Norden zu einem Abstecher an die herrlichen Strände der Attischen Riviera, einer Wanderung durch die wildromantische Samariaschlucht oder einem Streifzug durch die Wälder von Samos verführen.

ALGARVE

Europas Garten liegt in Portugal

Im Sommer erfrischt ein ständiger Wind, im Winter läßt eine milde, fast afrikanische Sonne das Thermometer kaum je unter zehn Grad sinken: Die Algarve, das stille Südwestende Europas, ist ein riesiger Garten. Der einzige Schnee, den er kennt, stammt im Januar von den zahllosen Blüten der Mandelbäume. Hier kann man noch staunend durch stille Korkeichenwälder und Orangenhaine gehen. Hier, im „Garten Europas", gedeihen Oliven, Feigen und Johannisbrotbäume. Doch am meisten wird die wuchernde Pracht von Kamelien, Oleander, Erdbeerbäumen, mannshohem Heidekraut, haushohen Rhododendren und Bougainvilleen geprägt, die wie Efeu an den weißgetünchten Wänden der Häuser emporklettern.

Die Algarve gilt nicht als Feinschmeckerparadies, aber das Meer gibt reichlich, und der Wein ist bekömmlich. Die Region ist ärmer an kulturellen Sehenswürdigkeiten als das übrige Portugal, weil das große Erdbeben von 1755 die meisten Kirchen und Paläste zerstört hat. Auch blieb sie leider von einigen Auswüchsen des Massentourismus nicht verschont.

Die Algarve hat sich in den letzten 20 Jahren stärker verändert als in den 2000 Jahren zuvor, und doch ist sie das Land der Entdecker geblieben. Jeder zweite Einheimische hat als Heimkehrer aus den zuletzt blutig umkämpften Kolonien haarsträubende Geschichten zu erzählen. Die Bauern im stillen Hinterland sind noch Bauern, die Fischer leben noch fast wie vor 100 Jahren. Die überwiegend britischen und deutschen Urlauber haben die Wahl zwischen der bizarren, romantischen, wellenumtosten Fels-Algarve westlich von Faro und den feinsandigen, endlosen Dünenlandschaften der Sand-Algarve. Freizeitparks haben die sterbende Korkindustrie und die Fischfabriken ersetzt. Geld aus dem Norden hat den Süden umgestaltet – zum gegenseitigen Nutzen und Gewinn.

Wind und Wellen haben an der felsigen Algarve bei Lagos (Foto links) bizarre Steintürme, Bogen und Grotten geformt. Doch mag das Meer sich auch noch so stürmisch gebärden, es ernährt auch seine Anwohner. Die ergiebige Fischerei in dieser Region ist bis hin zum Flicken der Netze noch weitgehend Handarbeit (Foto rechts oben). Im ruhigen, fast einsamen Hinterland haben die Bauern noch Muße für die liebevolle Gestaltung von Details an ihren Häusern wie beispielsweise den typischen Türen in satten Farben (Foto rechts Mitte). Auf den meist kahlen Hügeln findet man hier, immer dem Meer und dem Wind zugewandt, auch die altertümlichen Windmühlen (Foto rechts unten), die das kostbare Naß aus tiefen Grundwasserbrunnen auf die Felder befördern.

Südeuropa

Schmelztiegel der Kulturen und Touristenparadies

Algarve – so heißt der subtropische Landstrich zwischen Cabo de São Vicente im Westen und der spanischen Grenze. Der rund 150 Kilometer lange Küstenstreifen ist dicht besiedelt; im hügelig ansteigenden, landwirtschaftlich genutzten Hinterland dagegen gibt es nur vereinzelte Dörfer und Gehöfte. Die europäische Nahtstelle zwischen Mittelmeer und Atlantik ist, so urwüchsig diese Region dem oberflächlichen Betrachter auch vorkommen mag, der Inbegriff multikultureller Verschmelzung. Lockte sie doch schon seit der frühen Antike alle seefahrenden, handeltreibenden Nationen wie Phöniker, Karthager, Griechen und Römer an. Und alle haben diese Region mit ihrer Kultur geprägt. Auch die Westgoten kamen auf ihrer räuberischen Wanderschaft um die Mitte des vorigen Jahrtausends bis zu diesem Schmelztiegel Europas und drückten der Algarve fast 300 Jahre lang ihren Stempel auf.

Den wesentlichsten Einfluß aber hatten die kulturell überlegenen Mauren, die ab 711 nach Christus die Iberische Halbinsel besetzten und erst in Jahrhunderte währenden Kämpfen zurückgedrängt wurden. Die spätere Provinz Algarve, 1250 mit Portugal vereinigt, war zunächst ein eigenes Königreich und erhielt von den dunkelhäutigen Nordafrikanern den arabischen Namen Gharb (der Westen). Die Araberzeit hat das Land deutlich geprägt und sogar die Vegetation verändert: Der „Garten Europas" hat sich durch die aus Afrika importierten Mandelbäume, Feigen, Dattelpalmen, Johannisbrot- und Zitrusbäume entwickelt.

Viele Portugiesen bespötteln die eher dunkelhäutigen Bewohner der Algarve als rückständiges Völkchen ohne Stil und Klasse. Dabei verkennen sie: Erst die wunderbare Verschmelzung von Orient und Okzident, das Erlernen wichtiger Kenntnisse wie der Astrologie, der höheren Mathematik und der Medizin – um nur einige Errungenschaften der Araber zu nennen – hat Portugal groß gemacht. Gerade das fruchtbare Nebeneinander von Muslimen, Christen und Juden hatte ein Klima geschaffen, in dem Heinrich der Seefahrer im 15. Jahrhundert sein Land durch erfolgreiche Entdeckungen zum Rang einer Weltmacht erheben konnte. Einer Macht, die mit ihren zahlreichen Kolonien zeitweilig dem benachbarten Spanien Konkurrenz machte.

Auf längere Sicht hat dies Portugal wenig genützt. Beim Machtkampf um die Verteilung der Märkte hatte das Volk der Bauern und Seefahrer in neuerer Zeit keinen Einfluß. Vom unermeßlichen Reichtum seiner Beutezüge in Übersee blieb der letzten Kolonialmacht Europas nichts übrig außer ein paar musealen Reliquien. Nicht zuletzt den kostspieligen Befreiungskriegen in den Kolonien ist es zu verdanken, daß der Diktator António de Oliveira Salazar (1889 bis 1970) in den sechziger Jahren die Grenzen des Landes öffnete und vorsichtig die Beschränkungen seiner autoritären Herrschaft lockerte. Der Boom des Tourismus an der Mittelmeerküste im damals ebenfalls noch faschistischen Nachbarland Spanien übte auf die devisenhungrigen Lissabonner Militärs eine magische Anziehungskraft aus.

So gewann das wirtschaftliche Streben die Oberhand über politische und kulturelle Bedenken: Interessierten Investoren aus den Industrieländern mit einer zahlungskräftigen Kundschaft wurden die schönsten Strände des Landes für zunächst nur noble Ferien- und Freizeitanlagen überlassen. Mit den Abrißbirnen und Betonmischmaschinen zog aber auch der Geist der Freiheit und Gleichheit in

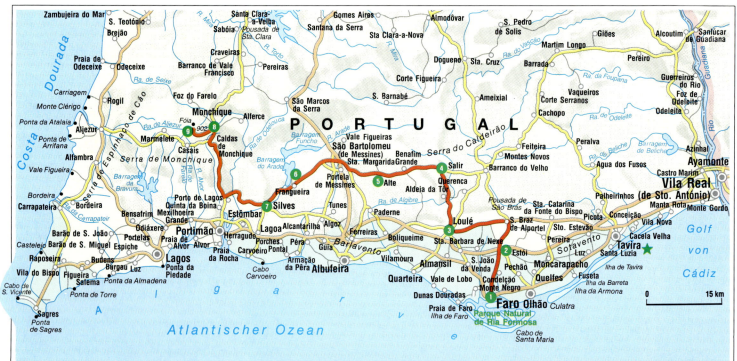

Unser Routenvorschlag

VON FARO IN DIE SERRA DE MONCHIQUE

Unser Tourenvorschlag berücksichtigt das meist vernachlässigte Hinterland der Algarve. Von Faro ❶ führt der Weg über die N 2 Richtung São Braz de Alportel ins hügelige Hinterland. Schon bald ist Estói ❷ erreicht – mit seinem italienisch anmutenden Schloß inmitten eines verwilderten Parks und nahe der griechisch-römisch-maurischen Ausgrabungsstätte Milreu. In São Brás führt die Route Richtung Loulé ❸ auf die N 270. Das mittelalterliche Städtchen ist mit seiner ständig pulsierenden Markthalle ein beliebtes Einkaufszentrum. Als nächstes führt der Weg über die N 124 nach Salir ❹. Reste einer ehemaligen Maurenfestung liegen hier an den Ausläufern der einsamen Serra do Caldeirão. Weiter geht es bis in das idyllische Bergdorf Alte ❺, wo man mit Eseln in die Serra reiten und Tropfsteinhöhlen besichtigen kann. Über São Bartolomeu de Messines geht es nach Frangueira, von wo man zum Barragem do Arade ❻ gelangt. An den Ufern dieses Stausees führen schöne Wanderwege entlang. Das nächste Reiseziel ist Silves ❼ inmitten von alten Korkeichenwäldern. Einst von den Phönikern gegründet, von den Römern ausgebaut und von den Mauren zur Königsstadt erhoben, lockt diese Metropole mit Burganlage, gotischer Kathedrale und hübscher Altstadt. Auf der N 266 führt der Weg nach Monchique ❽, dem Zentrum der gleichnamigen Mittelgebirgslandschaft. Hier gibt es ein altes Thermalbad, Schnaps vom Erdbeerbaum und berühmten Schinken. Zum Schluß bietet sich das grandiose Schauspiel eines Sonnenuntergangs auf der Fóia ❾ an: Der mit rund 900 Metern höchste Gipfel der Serra ist berühmt dafür.

★ Das besondere Reiseziel: Tavira.

Leuchttürme wie hier am Cabo da Roca warnen an der ganzen Felsküste die Schiffe davor, den gefährlichen Klippen zu nahe zu kommen, und sind Orientierungshilfe für die Fischer, die nachts zum Fang hinausfahren.

DIE ALGARVE AUF EINEN BLICK

SEHENSWÜRDIGKEITEN

Alcoutim: Burgruine; **Cabo de São Vicente**: 62 m hohe Klippe (das Ende des Kontinents); **Estói**: reizvolle Schloßanlage mit Park; **Faro**: Altstadt; **Lagos**: Stadtmauern, ehemaliger Gouverneurspalast, Ponta da Piedade (Steilküste); **Loulé**: Befestigungsmauern der Burg, Kunsthandwerksbetriebe im Stadtzentrum; **Odeceixe**: Dorfplatz; **Ria Formosa**: Naturschutzgebiet; **Sagres**: Festung Fortaleza; **São Lourenço dos Matos (bei Almansil)**: Kapelle und Kulturzentrum; **Silves**: Kathedrale und unterirdische Zisternen; **Tavira**: Ortsbild, Brücke über den Rio Gilão.

FESTE UND VERANSTALTUNGEN

Almansil: Vernissagen, Malschulen, Theaterkurse, klassische und Jazz-Konzerte, das ganze Jahr über; **Alte**: Frühlingsfest mit Blumenzügen, 1. Mai; **Faro**: Fest des heiligen Antonius (Stadtheiliger und Schutzpatron aller Heiratswilligen), 13. Juni; **Lagos**: Fest der heiligen Märtyrerin Iria mit Markt, Oktober; **Loulé**: brasilianischer Karneval, vier Tage vor Aschermittwoch, Kirchweihfest mit Büßerprozession, 2. Wochenende nach Ostern; **Moncarapacho**: Mandelblütenfest, Februar; **Portimão**: Folklore-Tanzfestival, September.

AUSKUNFT

Portugiesisches Touristik- und Handelsbüro, Schäfergasse 17, 60313 Frankfurt a.M., Tel. 0 69/23 40 94.

den rückständigsten Hinterhof Westeuropas ein. Die „Nelkenrevolution" von 1974 und die Aufgabe der Kolonien – mit der Folge, daß über 700 000 besitzlose Heimkehrer zu verkraften waren – brachten Portugal die Demokratie und eine kurze Konjunkturdelle. Unumkehrbar demonstrierte in der Folgezeit der Tourismus seine Allmacht, und mit ihm kamen die Spekulanten und Baulöwen.

Ein Land für jede Jahreszeit

An der portugiesischen Westküste ist der Atlantik unberechenbar und wild. Die feinsandigen Strände der Algarve dagegen sind lieblicher und abwechslungsreicher – mal kilometerlang (östlich von Faro bis Vila Real), mal winzig klein, versteckt in einer Bucht der wunderschönen Steilküste (zwischen Sagres und Albufeira). Das Klima ist im Jahresdurchschnitt noch etwas wärmer als in den anderen Landesteilen, da die Berg- und Hügelketten von Serra de Espinhaço de Cão, Serra de Monchique und Serra do Caldeirão die Region zum rauheren Norden hin abschirmen. Der stete Westwind vom Atlantik gewährt dennoch selbst an den heißesten Sommertagen angenehme Erfrischung.

Für viele Urlauber ist die beste Reisezeit an die Algarve eine Glaubensfrage. Die Mehrheit hält allem Anschein nach den späten Frühling zwischen April und Juni für die ideale Jahreszeit. Denn die Tage sind jetzt in diesen Breiten sommerlich warm, während bei uns im Norden oft noch Stürme übers Land brausen. Die Nächte sind im Vergleich zu Deutschland bereits wohlig mild. Und die Luft ist durch den Duft der vielfältigen Blütenpracht, der sich in der aufkommenden Feuchtigkeit der Abendstunden erst richtig ausbreitet, fast berauschender als Portwein. Diese Jahreszeit hat tatsächlich etwas für sich, zumal an der Algarve schon ein paar Wochen später fast alle Pflanzen vertrocknet sind – wie überall im sommerlichen Glutofen des Südens.

Doch dafür naht dann die Zeit des Wassersports, die Zeit der glühenden Sonnenuntergänge und lauen Sommernächte, der ausgelassenen Lebensfreude, des Strand- und Nachtlebens in einer gesamteuropäischen Feriengemeinde. Auch wer im Herbst oder Winter an die Algarve reist, um die letz-

Zum Fischerhandwerk gehört auch das Reinigen der Krabbengefäße von Borstenwürmern und Rückständen.

ten Sonnenstrahlen des ausklingenden Jahres einzufangen, entdeckt ganz eigene Reize. Er kann beobachten, wie durch ein paar Regentropfen eine restlos vertrocknete Vegetation plötzlich und in neuer Farbenpracht aufblüht. Und er kann nach der sanften Melancholie verlassener Dörfer und einsamer Strände leichteren Herzens in die Dunkelheit und Kälte des heimischen Winters zurückkehren.

Wer sich für einen reizvollen Abstecher entlang der Westküste entscheidet, betritt zunächst den wildesten und unzugänglichsten Teil der Algarveküste. Im Gegensatz zu den beiden großen Küstenstreifen im Süden, die in der Saison von Millionen Feriengästen aufgesucht werden, findet man an der Costa Dourada zwischen Odeceixe und dem Cabo de São Vicente noch leere, einsame Strände wie den von Castelejo bei Vila do Bispo. Das wird trotz des erheblich angestiegenen Individualtourismus niemanden wundern, denn der offene Atlantik ist hier mächtig und gefährlich. Selbst Menschen mit Schwimmhäuten zwischen Fingern und Zehen liefen an vielen Stellen inmitten der spitzen Riffe und schroffen Felsen Gefahr, von den Wogen verschlungen oder zerschmettert zu werden, die sich je nach Wetter und Mondphase unbändig auftürmen.

Wer jedoch nicht vorrangig an Badeurlaub und Komfort interessiert ist, sondern eher an der ursprünglichen Lebensart der einheimischen Bevölkerung, kommt in dieser selbst für die Algarve abgelegenen Region auf seine Kosten. Dennoch haben die Zeichen der Zeit an den wenigen für das Auto erschlossenen Orten bereits deutliche Spuren hinterlassen: In Vale da Telha zum Beispiel entsteht ein rund 30 Quadratkilometer großer Ferienpark, und im maurischen Odeceixe, dem nördlichsten Dorf an der Algarveküste und einst ein Geheimtip, wächst

So erlebt man den Barlavento vom Boot aus: blauer Himmel, glasklar in allen Farbnuancen zwischen Hellgrün und Tintenblau die See und dazwischen eine Steilküste, die sich in bizarren Bogen anmutig verneigt.

an einem der schönsten Strände zwischen Pinien eine wilde Zelt- und Caravansiedlung sogenannter Alternativtouristen, die wohl irgendwann in nächster Zukunft dem betonierten Massentourismus das Feld räumen muß. Wer Berührungsängste mit rastagelockten und punk-frisierten Jungvölkern und deren altersspezifischer Kultur hat, wird diesen Küstenstreifen am besten weiträumig umfahren. Das sollte allerdings niemanden an einem Abstecher zum südwestlichsten Punkt Europas hindern, dem Cabo de São Vicente, einer auf einem 62 Meter hohen Kap gelegenen alten Kultstätte von Griechen, Römern und Kelten. Es trägt den Namen des heiligen Vinzenz von Saragossa: Der Leichnam des Patrons der Winzer und Schiffbrüchigen soll hier an Land gespült worden sein. Heute warnt an dieser Stelle ein Leuchtturm die Schiffe aus Übersee vor den Gefahren der felsigen Küste der Alten Welt.

Sagres, nur wenige Kilometer weiter östlich gelegen, ist ebenfalls fest in Händen von Rucksacktouristen aus aller Herren Länder. Das weit auseinandergezogene Hafenstädtchen liegt auf einem spärlich bewachsenen und vom ewigen Wind geformten Hochplateau und ist so reizvoll wie eine Düne in der Sandwüste. Wer hier Urlaub machen will, muß schon das Einfache, Reduzierte lieben: Wind, Sonne, Sandstrände, Felsen. Doch betritt man in Sagres historischen Boden. Hier in der Festung am Ende der Welt verbrachte Heinrich der Seefahrer die letzten 40 Jahre seines Lebens und unterhielt eine berühmte Seefahrerschule. Auch für Liebhaber von Fisch und Schalentieren ist Sagres einen Ausflug wert: Die gesamte Palette des an Meeresfrüchten noch reichen Atlantiks deckt den Tisch in diesem Fischer- und Anglerparadies. Haie, Schwertfische, Barsche und Sardinen werden hier ebenso gefangen wie Tintenfische, Krebse und Gambas. Allerdings sollte man von den Köchen der meist einfachen Restaurants keine kulinarischen Wunder wie etwa in Italien oder Frankreich erwarten. Für Feinschmecker ist es da schon besser, sich nach einem Besuch der morgens geöffneten Auktionshallen den „Fang" selbst nach eigenen Vorstellungen zuzubereiten.

Welche der beiden südlichen Küstenlandschaften der Algarve von Reisenden bevorzugt wird, ob der Barlavento, der dem Wind zugewandte Westen zwischen Sagres und Faro, oder der Sotavento, der dem Wind abgewandte Osten zwischen Faro und Vila Real, hängt ebenso von individuellen Bedürfnissen und Vorstellungen ab wie die Wahl der Reisezeit. Denn die beiden Küstenstreifen unterscheiden sich voneinander wie zwei ungleiche Geschwister – nicht nur durch ihre Länge – und locken mit ganz unterschiedlichen Ferienfreuden.

Der Barlavento beginnt östlich von Sagres und ist etwa 100 Kilometer lang, voller bizarrer Sandsteinklippen und Felsmassive. Diese atemberaubende Steilküste wird von zahllosen Grotten, Buchten sowie längeren Stränden unterbrochen. Die landschaftlichen Reize dieser Region übten in den letzten Jahrzehnten eine solche Anziehungskraft aus, daß sich mit Lagos, Praia da Rocha, Portimão, Armação de Pêra, Albufeira und Quarteira hier fast zwangsläufig die Hauptzentren des Algarve-Tourismus entwickelten.

Bis Lagos reihen sich dann in einem meist nur mit Kräutern und Ginster spärlich bewachsenen Gebiet relativ reizlose ehemalige Fischerdörfer aneinander. Doch bieten hier die schon geschützteren Strände Surf- und Badevergnügen pur. Wer nicht auf dem gut ausgestatteten Campingplatz bei Luz sein Zelt aufstellen will, kann in einer der zahlreichen Pensionen preiswert übernachten.

Einst Drehscheibe des Sklavenhandels

Die heimliche Hauptstadt der Algarve ist Lagos. Bei der wahrscheinlich vor rund 2500 Jahren von den Phönikern gegründeten Stadt, der ältesten und geschichtsträchtigsten der Algarve, endet der felsige, von zahlreichen Buchten zerklüftete Küstenabschnitt des Barlavento. Auch wenn sich der mittelalterliche Flottenstützpunkt portugiesischer Könige und die ehemalige Drehscheibe des Sklavenhandels (auf dem Platz vor dem heutigen Zollamt wurde das „schwarze Gold" zum Kauf angeboten) inzwischen neben Albufeira zum bedeutendsten Anziehungspunkt des modernen Fremdenverkehrs in Portugal entwickelt hat – seinen Charme hat Lagos dennoch nicht verloren. Die verwinkelte Altstadt und das überaus abwechslungsreiche Umland sind zu einem magischen Anziehungspunkt geworden. Die Ferienhochburg zählt nur knapp 10 000 Einwohner, bietet aber mit dem historischen Erbe der Kirche São Sebastião aus dem 15. Jahrhundert, der ursprünglich maurischen Festung Ponta da Bandeira sowie dem Museu Regional, um nur das Wichtigste zu nennen, auf überschaubarem Raum eine Menge Sehenswürdigkeiten. Architektonisch betrachtet ist Lagos eine heimelige Kleinstadt aus dem letzten Jahrhundert.

Daß ein Spaziergang trotz der steinernen und ehernen Zeugen der Geschichte kein Besuch in einem verstaubten Museum wird, dafür sorgen die zahlreichen Bars und Cafés mit ihrem regen Leben und Treiben. Und in den späten Abendstunden locken Diskotheken und Spielclubs, in denen vor allem die jungen Leute sich vergnügen.

Im Südwesten von Lagos laden etliche kleine Badebuchten (Praia do Pinhão, Praia Dona Ana und Praia do Mós) in diesem exquisiten Teil der Algarve zum Bleiben ein. Im Osten bietet die geschützte Praia Meia direkt vor der Haustür einen 4,5 Kilometer langen Dünenstrand. Er ist mit einem Boot vom Zentrum aus erreichbar. Hier mangelt es weder an umfangreichen Wassersportmöglichkeiten (Surfen, Segeln, Tauchen) noch an beschaulichen Plätzen abseits der großen Schar der unverdrossenen Sonnenanbeter, die sich hier im Sommer eng aneinanderdrängen.

Attraktive Ausflugsziele um Lagos herum gibt es ebenfalls reichlich. Mit einem der vielen Fischerboote, in denen heute kein beschwerlicher Kampf mehr um die Gaben des Ozeans geführt wird, kann man vom Wasser aus Grotten und markante Felsgebilde wie Torbögen, Brücken und Dome bestaunen – oder den rund 20 Meter hoch gelegenen Leuchtturm Ponta da Piedade am Kap des Erbarmens, dem südlichsten Punkt der Bucht von Lagos. Etwa zwölf Kilometer westlich der Stadt liegt die Boca do Rio, ein nicht überlaufener Strand bei Salema, an dem Ruinen einer römischen Fischfabrik zu finden sind. Rund 15 Kilometer nach Norden muß fahren, wer im Barragem da Bravura, einem Stausee in der Serra de Espinhaço de Cão, ungestört baden oder angeln möchte. Und wer 18 Kilometer weiter östlich in Alvor haltmacht, an der Lagune des gleichnamigen Flusses, der entdeckt im Umfeld des angeblich von Hannibal gegründeten originellen Fischerdorfes malerische, von prächtigen Felsen gesäumte Sandstrände.

Auf dem Weg nach Albufeira, dem ausgewiesenen Zentrum des portugiesischen Massentourismus, durchquert man zwangsläufig Portimão, eine Fischerei- und Industriestadt, die allenfalls als Einkaufsmetropole einen gewissen Reiz hat. Reisende,

Das malerisch auf Felsklippen erbaute ehemalige Fischerdorf Albufeira mit seinem blitzsauberen Strand ist ein Zentrum des portugiesischen Massentourismus.

Rund um die kleinen Bauernhöfe im Hinterland reifen zahlreiche Obst- und Gemüsesorten.

die an Konsum nicht interessiert sind, können sich einen Besuch des Heimathafens von Portugals größter Sardinenflotte ruhig sparen. Denn die Atmosphäre ist dort weitgehend von Arbeit und Handel geprägt und allenfalls dazu geeignet, den Urlauber schmerzlich daran zu erinnern, was zu Hause wieder auf ihn wartet. Die Praia da Rocha, Portimãos Strandvorort und einstmals beliebtester Strand der Algarve, trägt mittlerweile den wenig charmanten Spitznamen „Praia da Brutalidade". Wer dennoch versehentlich oder absichtlich hierher gerät, kann in einem der Restaurants am Hafen das genießen, was hier überall auf Holzkohlengrills frisch zubereitet wird: Sardinen in rauhen Mengen.

Mehr Zeit nehmen sollte man sich für den rasch und vielleicht inzwischen zu groß gewachsenen Ferienort Carvoeiro. Das Idyll, das wohlhabende Portugiesen früher hier vorfanden, gibt es nicht mehr. Doch die Ferienhäuser im maurischen Baustil, die sich vor der im Sommer reichlich gefüllten Badebucht aneinanderschmiegen, sind trotz mangelnder Originalität malerisch. Sie machen Carvoeiro zu einem der gemütlicheren Plätze der Algarve – vorausgesetzt, es herrscht nicht gerade Hochsaison. Auch hier lohnt sich ein Bootsausflug in die Welt der wildzerklüfteten Felsen der Steilküste.

Besonders beliebt ist der Algar Seco. In diesem märchenhaften Labyrinth von Kalksandsteinformationen läßt es sich vortrefflich kraxeln, wandern, beobachten und picknicken. Für anspruchsvolle Spontanurlauber, die nicht vorher gebucht haben, bietet ein Nobelhotel am Ort eleganten Komfort. Ansonsten kann man mit etwas Glück außerhalb der Saison auch preisgünstige Privatunterkünfte finden.

Sehen und gesehen werden: Fleischbeschau am Wasser

Etwa zehn Kilometer lang ist eine der ehemals schönsten Strandzonen der Algarve bei Armação da Pêra. Der Badeort, ein uninteressanter Betonmoloch, hat sich wie eine Geschwulst ins Land hineingefressen. Seine unschöne Ausstrahlung ist am östlich gelegenen, insgesamt gut sechs Kilometer langen und über 100 Meter breiten Strand und auch in den umliegenden idyllischen Buchten kaum zu verdrängen. Aber es gibt ja auch keinen zwingenden Grund hierzubleiben, wo doch im Umfeld so viele Dörfer und Ansiedlungen liegen, die weitaus mehr Reize entwickelt oder erhalten haben. Darum der Tip: Augen zu und durch.

In Albufeira allerdings kommt der Feriengast, der nach interessanten Plätzen Ausschau hält, vom Regen in die Traufe. Das größte und mit Abstand turbulenteste Ferienzentrum Portugals ist trotz pittoresker Felsklippen und sauberer Strände ungefähr so idyllisch wie ein bunt angemalter Bunker aus dem Zweiten Weltkrieg und so elegant wie ein Nilpferd im Rüschenkleidchen: Es platzt aus allen Nähten. Das ursprüngliche Fischerdorf – oberhalb der Steilküste gelegen, liebevoll gepflegt und ewig frisch gekalkt – liefert nur noch die Kulisse für einen Film, der täglich von Tausenden von Touristen gedreht wird. Er läuft unter dem Titel: Sehen und gesehen werden! Selbst in der Nebensaison tritt darin nur eine Masse monologisierender Statisten auf,

Für viele Urlauber sind solche Strände der Inbegriff ihrer Träume; für die Krabbensucher bei Portimão jedoch ist es eintöniger Alltag, ihr tägliches Brot aus dem Schlick zu klauben. Die Beute kommt fangfrisch auf den Teller.

Die barocke Kapelle São Lourenço dos Matos bei Almansil ist berühmt für ihre prächtigen Azulejos.

die sich alle wie Hauptdarsteller gebärden. Man sollte sich ruhig einen Tagesausflug in eine dieser permanent ausgebuchten Wüsten aus Beton und Teutonengrill-Einrichtungen gönnen, den Reigen mit wohlwollendem Interesse anschauen, aber darauf achten, daß die Bühne, die man für den eigenen Urlaub auswählt, ein weniger lautes Spektakel darbietet.

Nicht anders verfährt, wer etwas auf sich hält, mit den angrenzenden Orten Vilamoura und Quarteira. Hochtrabende Floskeln wie „das Saint Tropez Portugals" für Vilamoura, in dessen Hafen sich während des Hochsommers rund 1000 Jachten drängen, können über die Sterilität und Banalität solcher boomenden Appartement- und Hotelkomplexe, die freilich über ein gewaltiges Angebot an Freizeitmöglichkeiten für alle Altersklassen verfügen, nicht hinwegtäuschen.

Ein Beschnuppern wert ist das luxuriöse Ambiente von Vale do Lobo – einer der teuersten Ferienanlagen Europas –, von Dunas Douradas und Quinta

Auf den Landstraßen im Hinterland trifft man häufig noch Esel als „Traktor der kleinen Leute" an.

do Lago. Inmitten einer parkartigen Gartenlandschaft, an einem von Sandsteinklippen eingesäumten endlosen Dünenstrand, haben sich hier Aristokratie und Geldadel – vorwiegend aus England – schnuckelige Häuschen und protzige Villen errichten lassen. In unmittelbarer Nachbarschaft liegen gleich mehrere wunderschöne und teure Golfplätze. Diese und die Vielzahl von Swimming-pools in den Gärten der Villensiedlungen sind wohl mit dafür verantwortlich, daß die wundervoll weitläufigen Strände in dieser Gegend selbst im Sommer ziemlich menschenleer sind.

Von Almansil und Faro zur spanischen Grenze

Almansil, in der Vergangenheit nur als Verkehrsknotenpunkt in Erscheinung getreten, hat sich in der Zwischenzeit einen guten Ruf als Einkaufsmeile erobert. Von hier aus gelangt man auf dem Weg nach Faro zur barocken Kirche von São Lourenço dos Matos. Das kleine Gotteshaus ist außen schlicht, innen jedoch fast vollständig mit kostbaren blauweißen Fliesen (Azulejos) aus dem frühen 18. Jahrhundert ausgekleidet, die das Leben des heiligen Laurentius darstellen. Auch ein Besuch im Kulturzentrum unterhalb der Kirche lohnt sich. Hier werden regelmäßig Werke portugiesischer und internationaler Künstler ausgestellt und abwechslungsreiche Kurse angeboten.

Von Faro, der Hauptstadt der Algarve, lernen viele Touristen nur den Flughafen kennen, die wichtigste Drehscheibe des Fremdenverkehrs. Doch die relativ gut erhaltene Altstadt wäre einen ausgiebigen Spaziergang allemal wert. Denn innerhalb der vom Erdbeben im Jahre 1755 verschonten Stadtmauern verfügt Faro über einige Sehenswürdigkeiten wie den barocken Torbogen Arco da Vila, den Bischofspalast aus dem 18. Jahrhundert, das Rathaus und nicht zuletzt die Sé, die Renaissance-Kathedrale mit ihrem gotischen Turm. Wer ein wenig tiefer in die Geschichte des Städtchens eindringen möchte, das die Römer vor gut 2000 Jahren zu einem bedeutenden Handelshafen ausgebaut haben und in dem zuvor schon Phöniker und Griechen häufig als Händler zu Gast waren, der kann im archäologischen Museum etliche aufschlußreiche Funde unter die Lupe nehmen.

In der freundlichen Fußgängerzone um die Rua de San António findet man zahlreiche Restaurants und Cafés. Auf keinen Fall sollte der Besucher sich den Jardim Manuel Bivar entgehen lassen, den Stadtpark, wo man in lockerer Atmosphäre Gott und die Welt beobachten und kennenlernen kann. Wem es dabei zu heiß wird, dem bietet die Insel Ilha de Faro, die der Stadt vorgelagert und mit dem Auto über eine Brücke schnell erreichbar ist, einen langen Sandstrand.

Die sanftere und lieblichere Seite der Algarve ist der Sotavento, ein gut 50 Kilometer langer Küstenstreifen zwischen Faro und Vila Real de Santo António an der spanischen Grenze. Hier sind die Strände endlos lang und flach und daher vor allem bei Familien mit kleinen Kindern sehr beliebt. Zwischen Faro und Olhão liegt eine Insel- und Lagunenlandschaft, die nach Osten hin in das Naturschutzgebiet Parque Natural da Ria Formosa mündet. Ihre vorgelagerten Sandinseln Ilha da Barreta, Ilha de Culatra, Ilha da Armona und Ilha de Tavira sind anscheinend ausschließlich zum Zweck des reinen Badevergnügens entstanden.

Olhão, mit fast 20 000 Einwohnern die nach Faro größte Stadt der Algarve, liegt etwa zehn Kilometer östlich der Distrikthauptstadt. Früher einmal wirkte der Fischereihafen wie eine Enklave des maurischen Nordafrika: Ein- bis dreistöckige weiße Häuser mit Dachterrassen und Aussichtstürmchen gruppieren sich verschachtelt untereinander. Überwiegend im 18. Jahrhundert erbaut, hat der nach Portimão bedeutendste Fischereihafen der Algarve heute doch viel von seinem morgenländischen Charme eingebüßt. Der hat einer Hektik Platz gemacht, die vom Handel und vom Tourismus herrührt. Tausende von Feriengästen möchten jedes Jahr ausgerechnet hier ihren Urlaub verbringen. Das liegt wohl hauptsächlich an der merkwürdigen Mischung aus städtischem Einkaufs- und Vergnügungszentrum und den per Fähre erreichbaren traumhaften Badeinseln Culatra und Armona.

Wer Olhão und Umgebung besucht, sollte sich eine spezielle Attraktion nicht entgehen lassen: die originale Markthalle am Hafen, in der morgens umgeschlagen wird, was in der Nacht zuvor an Fisch gefangen wurde. Und das ist – besonders für Menschen aus dem Norden – ein immer wieder reizvolles Erlebnis. Lohnende Ausflugsziele sind aber auch das nahe Naturschutzgebiet, die Schloßanlage von Estói oder der 411 Meter hohe Monte de São Miguel, der einen atemberaubenden Blick ins Hinterland und aufs Meer gewährt.

Die „Ernte" eines Korkeichenhaines wartet auf ihren Abtransport zu einem weiterverarbeitenden Betrieb.

Vor der spanischen Grenze gibt es an der Küste außer Tavira (siehe: Das besondere Reiseziel) eigentlich nur noch zwei Orte, die einen Besuch lohnen: Cacela Velha, ein verträumtes, malerisches Dorf mit einer alten Befestigung auf einem Dünenhang, und Castro Marim, eine mittelalterliche Festung der Christusritter in einem Städtchen voller verwinkelter Gäßchen am Rande eines Naturparks.

DAS BESONDERE REISEZIEL: TAVIRA – DAS VENEDIG PORTUGALS

Ganz weit im Osten des Sotavento, nahe der spanischen Grenze, liegt unter Palmen die Perle der Algarve: Tavira, das Zentrum des Thunfischfangs, das wegen seiner Lage auch als „Venedig Portugals" bezeichnet wird. Tavira, die ehemalige Hauptstadt der maurischen Algarve, mit dem herrlichen Sandstrand der langen vorgelagerten Ilha de Tavira. Wohl schon vor den Griechen gegründet, entwickelte sich die Siedlung unter maurischer Herrschaft zu einem wichtigen Hafen und erlebte ihre Blüte als Durchgangsstation und Handelsplatz in der Zeit der christlich-kolonialen Raubzüge der frühen Neuzeit. Pestepidemien und das große Erdbeben von 1755 löschten die wohlhabende Stadt nahezu aus. Es folgten zwei Jahrhunderte der Bedeutungslosigkeit, bis das verfallende Dornröschen vom Tourismus wachgeküßt und wiederbelebt wurde.

Direkt im Mündungsbereich des palmenumsäumten Rio Gilão gelegen, ist Tavira mit seiner Fülle architektonischer Besonderheiten ein Glanzlicht der ganzen iberischen Küste. Das Stadtbild prägen zahlreiche venezianische Patrizierhäuser aus dem späten 18. Jahrhundert. Die Türme von nicht weniger als 34 Kirchen und Kapellen ragen in den Himmel. Davon sind freilich nur wenige wirklich gut erhalten und verdienen größere Aufmerksamkeit, wie die Igreja da Misericórdia, eine Kirche mit reich geschmücktem Renaissanceportal, kunstvoll gefliestem Innenraum und vergoldeten Holzschnitzereien. Von Santa Maria do Castelo an der alten Maurenburg grüßt noch das Minarett der ehemaligen Moschee.

Doch sind es nicht so sehr einzelne spektakuläre Bauwerke, die Tavira so anziehend machen. Es ist auch nicht allein die siebenbogige römische Brücke, die erst jüngst restauriert wurde und die beiden Flußufer miteinander verbindet. Es ist die ganze Stadt mitsamt ihrem per Boot erreichbaren traumhaften Sandstrand, das gesamte Ensemble aus Palmen, zahlreichen historischen Gebäuden, lebendiger Kultur und umtriebigem Handel einer Metropole, die selbst im wildesten Trubel der Hochsaison Fassung und Würde bewahrt. Reisende, die das große Glück haben, unabhängig von den Schulferien Urlaub machen zu können, sollten diese wundervolle Stadt am besten außerhalb der Hauptreisezeit erleben und genießen.

Es ist zum Beispiel etwas ganz Besonderes, dann einmal in einer altertümlichen Pension oder einem Hotel in einem historischen Gebäude der Innenstadt Quartier zu beziehen. Sicherlich, auch die Übernachtungsmöglichkeiten in Meernähe sind gut und haben ihre Reize. Aber die einzigartige Atmosphäre des geschichtsbewußten und dennoch vitalen Treibens von Tavira macht den Aufenthalt zu einem romantischen, poetischen, melancholischen Abenteuer. Auch für nüchterne und sachliche Zeitgenossen bringt ein Besuch in dieser Stadt bleibende, unverwechselbare Erinnerungen. In der Nacht glitzert sie wie ein Juwel. Aber auch für einen attraktiven Tagesausflug oder einen Zwischenstopp auf der Durchreise ist Tavira allemal ein besonderer Tip.

Tavira am Rio Gilão mit seiner römischen Brücke bildet ein atmosphärisch dichtes Gemisch aus maurischer Architektur und christlichen Renaissancebauwerken.

COSTA DO SOL
Wo Portugals Könige sommerfrischten

Die Costa do Sol erstreckt sich vom Cabo da Roca, dem westlichsten Punkt des europäischen Festlands, bis nach Oeiras, einem etwa 14 Kilometer westlich von Lissabon gelegenen Seebad. Die „portugiesische Riviera", wie der kurze, aber besonders schöne Küstenstreifen mit den illustren Badeorten Cascais und Estoril so gern charakterisiert wird, dient der portugiesischen Hauptstadt als chlorfreies Wellenbad inmitten von luxuriöser Architektur und felsig-sandiger Naturkulisse. Wer also hier im Sommer Urlaub machen möchte, sollte sich nicht der Illusion hingeben, allein sein zu können.

Jeder will sich hier amüsieren, und so tummeln sich an den Sommerwochenenden Hunderttausende von erlebnishungrigen und erholungsuchenden Städtern an der Costa do Sol. Jeder will dann die Hitze stickiger Straßenschluchten gegen eine frische Atlantikbrise tauschen oder mit einem Segelboot aufs Wasser hinausfahren. Die Strandpromenaden und Cafés platzen tagsüber ebenso aus allen Nähten wie nachts die Diskotheken und Bars.

Wohlstandsarchitektur mit palmengesäumten Promenaden und üppig blühenden Parks, ein Publikum aus dem internationalen Jet-set und jenen, die gern dazugehören würden – das ist wohl der Grund dafür, daß diese Miniatur-Riviera immer wieder mit mediterranen Perlen wie Monaco oder Monte Carlo verglichen wird. Dieser Vergleich erscheint um so zutreffender, wenn man als weitere Parallelen das größte Kasino Portugals und das Formel-1-Rennen von Estoril hinzuzieht.

Erst Oeiras mit seiner Barockkirche und seinem wunderschönen Schloßpark ist auf dem Weg von Lissabon nach Westen interessant genug für einen Stopp. Und das noch etwas weiter westlich gelegene Estoril gehört neben Cascais und Sintra zu den drei Glanzpunkten der Costa do Sol. Es ist ein wahrer Jahrmarkt der Eitelkeiten – allerdings mit Stil. Dafür garantieren schon die vielen geschichtsträchtigen Thermalbäder und Nobelhotels, Restaurants und Luxusvillen, die liebevoll gestalteten bunten Blumenrabatten und die prachtvollen Parkanlagen. Bereits um die Jahrhundertwende flanierten hier die Schönen und Reichen Europas. Im Zweiten Weltkrieg soll in Estoril ein ähnlich frivoler Stellvertreterkrieg der Geheimdienste stattgefunden haben, wie wir ihn aus dem Film *Casablanca* mit Humphrey Bogart und Ingrid Bergman kennen.

Jedes Jahr im September fahren die Formel-1-Boliden beim großen Preis von Estoril im Kreis herum, und im Juli verwandeln die Feria do Artesanato (der Kunsthandwerkermarkt mit Folklore und Festivitäten in Estoril) und das traditionelle Musikfest im nahen Sintra die ohnehin lebendige Region in ein charmantes Tollhaus. Obwohl die Tourismusbehörden für Besserung gesorgt haben, zählen die schönen Strände von Estoril – wie Praia do Guincho oder Praia do São João – nicht zu den saubersten und sind daher mit Einschränkungen zu genießen.

Cascais war schon zur Zeit der Phöniker und Römer ein Fischerdorf mit regem Markttreiben. Um die Jahrhundertwende erlangte es unter den Seebädern am Atlantik einen besonderen Stellenwert: Die portugiesische Königsfamilie samt Hofstaat pflegte im Sommer in der Zitadelle aus dem 17. Jahrhundert zu residieren, die am Ende der Hafenmauer thront. Von der einstigen Noblesse des Kurortes ist heute nicht mehr viel zu spüren, selbst wenn der portugiesische Präsident die sommerlichen Gepflogenheiten seiner aristokratischen Vorgänger übernommen hat. Am westlichen Ortsende liegt die von rund 20 Meter hohen Felsen eingerahmte Boca do Inferno, der Höllenschlund mit seiner imposanten Brandung. Hierher strömt an den Wochenenden alles aus der nahen Hauptstadt, was Beine hat. Sehr zu empfehlen ist ein Ausflug zum Cabo da Roca, der 144 Meter hohen Felsnase am westlichsten Zipfel des europäischen Festlandes.

Was man auf keinen Fall versäumen darf, ist eine Fahrt ins romantische Sintra. Das Städtchen war

Die traditionelle Fischerei wird zum Strandspektakel: Auf einen, der anpackt, kommen zwei Zuschauer.

ebenfalls früher eine königliche Sommerresidenz und hat sich mit seinen Palästen und seiner landschaftlichen Lage das Flair einer internationalen Kulturstadt bewahrt. Sintra wußte immer wieder Dichter zu wahren Hymnen zu inspirieren und gilt zu Recht als einer der wahrhaft paradiesischen Flecken auf der Iberischen Halbinsel. Selbst im Sommer ist das Klima eher mild, und die Hügelketten, die subtropische Vegetation und die schroffen Felsmassive lassen selbst nüchterne Naturen poetisch werden. Doch sind auch hier – leider – die Zeichen der Zeit unübersehbar: Die Urlauberströme haben unförmige Hotels, gesichtslose Ferienhaussiedlungen und andere Geschmacksverirrungen des Massentourismus mit sich gebracht.

Auskunft: siehe Seite 333.

Steineichen auf üppig wuchernden Blumenfeldern: Die Poesie der Stille im portugiesischen Landesinneren bildet einen wohltuenden Kontrast zu den lauten Tummelplätzen der Schönen und Reichen an der Küste.

Costa Verde
Grüne Küste und traumhaftes Hinterland

Im Norden Portugals, zwischen den Flußmündungen des Rio Miño an der spanischen Grenze und des Rio Douro bei Porto, sorgen reichliche Niederschläge selbst bis in die Sommermonate hinein für eine üppige Vegetation. Während die übrige Iberische Halbinsel seit einigen Jahren regelmäßig so sehr an Wassermangel leidet, daß sogar Touristen immer wieder von Rationierungsmaßnahmen betroffen sind, regnet es an der Costa Verde im Überfluß. Diesem Segen verdankt die Region Minho ihre ertragreichen Weinbaugebiete, die zu den bedeutendsten in ganz Portugal gehören.

Wer sich auf dem Weg in den dichtbesiedelten Norden Portugals für die Route entlang der galicischen Küste in Spanien entschieden hat, der kommt sehr wahrscheinlich zuerst durch Valença. Die lebhafte Grenzstadt profitiert heute von einem regen Handel zwischen den benachbarten Regionen beider Länder. Das Zentrum Valenças aber ist von den Mauern einer Grenzfestung aus dem 17. Jahrhundert umgeben, die eine lange Geschichte von Abschottung und Krieg zwischen den heute befreundeten alten Rivalen erzählen. Dennoch wirkt die Altstadt durch ihre hellgestrichenen Patrizierhäuser geradezu heiter.

Wer kein Interesse an dem pulsierenden Shoppingtrubel hat, sondern so schnell wie möglich in die Natur entfliehen möchte, der wird entlang der grünen Ufer des Miño in Richtung Monção auf seine Kosten kommen. Bis hin zum ersten portugiesischen Naturpark, dem Peneda-Gerês-Nationalpark – einer waldreichen, sehr ursprünglichen Berglandschaft, in der sogar noch Wölfe und Adler leben –, erstreckt sich eine sanfte Idylle. Den Wanderer erwartet ein üppiges Hügelland mit Wiesen und Ge-

Der Rio Cavado im Nationalpark Peneda-Gerês. Vor allem im Frühjahr und im Spätherbst lädt dieses sanft hügelige, zum Teil noch völlig unberührte Mittelgebirge als Oase der Natur zum Wandern ein.

treidefeldern, die sich mit Weinbergen im Terrassenbau abwechseln. Hier gedeiht der Vino verde, der inzwischen auch bei uns als frischer Tafelwein zu Fisch und Schalentieren geschätzt wird.

Idyllischer ist nicht einmal der grenznahe, liebliche Küstenstreifen zwischen der reizvollen alten Fischer- und Festungsstadt Caminha und der Distrikthauptstadt Viana do Castelo, wo zweifellos die schönsten, flachsten und längsten Dünenstrände der Costa Verde zu finden sind (Vila Praia de Ancora, Viana do Castelo). Bis ins 18. Jahrhundert hinein war Viana do Castelo Hauptumschlagplatz für den portugiesischen Weinexport und Heimathafen der Kabeljau-Fangflotte. Das sieht man dem Fischerei- und Industriestädtchen im Mündungsbereich des Rio Lima auch an. Denn hier, wo sich in der Saison Touristenströme drängeln, zeugen noch zahlreiche kirchliche und weltliche Prunkbauten von einer großen Vergangenheit.

Was zwischen Viana und Porto folgt, daran scheiden sich die Geister. Die einen meinen, der portugiesische Fremdenverkehrsverband müsse hier an potentielle Urlauber Schmerzensgeld zahlen, so verhunzt seien die Naherholungsgebiete der Handelsmetropole Porto. Andererseits gibt es offenbar aber auch einige Touristen, die auf die Vorzüge einer nahen Großstadt nicht verzichten wollen und gerade darin den Reiz dieser Gegend sehen. Kenner haben inzwischen das phantastische Hinterland zum Haupturlaubsziel erkoren und nehmen eine eher mäßig interessante Küstenlandschaft, in der schon das regenreiche Klima nicht ideal für einen reinen Badeurlaub ist, als zusätzliches Angebot mit.

Das Seebad Esposende zum Beispiel kann wohl ein paar Ruinen aus dem 18. Jahrhundert vorweisen und ist nicht überlaufen, erinnert aber mit seinen grellbunten Ferienhäuschen an eine überschminkte Liebesdienerin. Ofir ist zwar von dichten, schönen Pinienwäldern umgeben, wurde jedoch uniform zubetoniert. Póvoa de Varzim ist ein Fischerei- und Industriestandort, dessen Strandpromenade den Charme einer Einkaufsstraße irgendeiner deutschen Großstadt verströmt. Vila do Conde schließlich ist ein Ex-Fischerort mit historischer, vielfach aber auch verschmuddelter Altstadt.

Die Strände in diesem Gebiet sind ähnlich schön wie zwischen Caminha und Viana do Castelo, aber oft zu schmutzig für einen längeren Aufenthalt. Ausgesprochen reizvoll hingegen sind die ein Stückchen landeinwärts gelegenen Städte: Braga zum Beispiel mit seinen vielen schönen Kirchenbauten oder Ponte de Lima mit seiner Stadtbefestigung. Auch der jeden Donnerstag stattfindende Markt von Barcelos mit seinen schönen Keramiken ist berühmt. Und dazwischen locken endlose Weinberge.

Auskunft: siehe Seite 333.

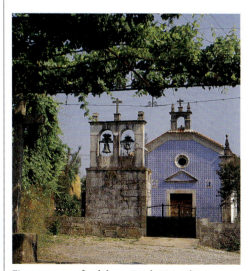

Ein gesegnetes, fruchtbares Land: Weinreben umranken an der Costa Verde sogar viele Dorfkirchen.

GALICIEN

Am spanischen Ende der Welt

Wie viele von uns würden wohl für ein Stück Herrlichkeit und die Vergebung der Sünden zu Fuß bis ans Ende der Welt gehen? Millionen Pilger sind im Mittelalter – und manche ihrer geistigen Nachfahren tun es heute noch – zu Fuß ins galicische Finisterre gezogen. Kaum anderswo ist die Kultur der Romanik so unberührt erhalten geblieben wie in Galicien im rauhen Norden Spaniens. Heute reisen die meisten Pilger – und Touristen ohnehin – bequemer. Am Ziel legt man die Hand an den kühlen Stein des Pórtico de la Gloria – und betritt die Kathedrale, in deren Krypta die Gebeine des Apostels Jakobus ruhen.

Das Abendland schickte sich an, das vom Islam beherrschte Spanien zurückzuerobern, als – so die Legende – der Apostel 844 in der Schlacht von Clavijo in Altkastilien erschien und als weißer Ritter die Mauren bekämpfte. Die ersten Pilger wagten den Weg über die Pyrenäen und durch das heutige Galicien nach Santiago de Compostela, nachdem das Grab des Apostels 813 entdeckt worden war. Kirchen, Klöster und Herbergen entstanden entlang der Pilgerstraße, die einer der wichtigsten Verbindungswege zum restlichen Europa wurde.

Die Entwaldung im Laufe der Geschichte und die im 19. Jahrhundert angelegten Eukalyptuswälder haben weite Gebiete entstellt. Doch in den Naturparks wächst Galiciens Urwald noch so, wie ihn die Römer vorfanden, als sie die dort ansässigen Keltenstämme unterwarfen. Wölfe, Hirsche, Wildschweine und sogar ein paar Braunbären aus Asturien bereichern die Fauna dieser regnerischen Wildnis. Die Küste ist rauh und felsig, wie Fjorde ziehen sich die Rías (Buchten) tief ins bergige Land. Die Wogen des Atlantiks locken Surfer an die Westküste, doch viele der traumhaften Sandstrände zwischen den Riffen sind noch fast unentdeckt. Und auch sie gibt es, die Idylle am abendlichen Hafen eines Fischerdorfes in Galicien.

Grünes, fruchtbares Land, und niemals ist das Meer weit weg: So erlebt der Reisende Galicien, etwa hier bei Rebordelo (Foto links). Der alte Leuchtturm von Cabo Finisterre grüßt hinüber in die Neue Welt (Foto rechts oben). Wer sich wundert, was Dudelsackpfeifer wie hier beim farbenfrohen Pfingstumzug von Lugo (zweites Foto von rechts oben) in Spanien zu suchen haben, erfährt, daß die Galicier die gleichen historischen Wurzeln haben wie Iren, Schotten und Bretonen: Sie sind eigentlich Kelten. An der buchtenreichen Küste Galiciens, abseits des Massentourismus, findet man zahllose malerische Fischerdörfer wie La Guardia (zweites Foto von rechts unten) mit freundlichen Menschen, guter Küche und pittoresken Fotomotiven. Höhepunkt der Reise aber ist Santiago de Compostela, in dessen großartiger romanischer Kathedrale der heilige Jakobus verehrt wird (Foto rechts unten).

Südeuropa

Ein armes und zugleich reiches Land

Wer einem Gallego auf der Treppe begegnet, weiß nie genau, ob er gerade treppauf steigt oder hinuntergeht. So beschreibt man in Spanien – ganz ohne Spott – die Lebensart der Bewohner Galiciens. Vorsichtig aus Erfahrung sei dieser Menschenschlag, träumerisch bis verträumt, verliebt in Legenden, man sofort glauben möchte, wenn man dazu die wilde, traumhafte Landschaft im äußersten Nordwesten Spaniens sieht, gegen deren felsige Küste im Westen und im Norden die schäumenden Wogen des Atlantiks brechen: Stillstand, der nicht der Muße entspringt, sondern im melancholischen Gemüt dieser hart arbeitenden Menschen gründet. Und wer möchte nicht melancholisch werden in diesem Licht, wenn die Strände in ihren Gold- und Silbertönen die Rías Bajas einrahmen und die Sonne sich in Tausenden von Fensterscheiben an den mit Glasveranden geschmückten Häusern widerspiegelt? Solche Verglasungen bieten vor allem im Winter Schutz vor den Winden der Biskaya.

Auf die soziale Wirklichkeit Galiciens bezogen, hat jedes Idealisieren und Romantisieren des Lebens hier einen bitteren Beigeschmack. Das fast 30 000 Quadratkilometer große Land hat zwar vieles, was in Spanien rar ist: Wasser, Wald, Bodenschätze und eine im Sommer frische, wilde Küste. Madrid läßt sich die leckeren Herz- und Venusmuscheln schmecken, die von den Muschelsuchern, vor allem Frauen, bei Wind und Wetter aus dem Sand der Rías geharkt werden. Die Merluzas, Seehechte, die den galicischen Fischern an der Küste ins Netz gehen, liegen oft schon am nächsten Tag auf den Tellern der Madrilenen. Doch ansonsten hat der wirtschaftliche Aufschwung Spaniens in dieser rückständigen Region keine Spuren hinterlassen.

In vielen Küstenorten wie auch im Landesinneren Galiciens scheint die Zeit stehengeblieben zu sein. Abgesehen von der Autobahn zwischen La Coruña im Norden und Vigo im Süden – und von der Hauptroute des Jakobswegs – sind die Verkehrswege in Galicien nicht sehr großzügig gestaltet, der Reisende muß sich oft etwas mühevoll orientieren. Nostalgikern mit viel Zeit im Gepäck seien die Eisenbahnlinien des Landes empfohlen. Während die Züge langsam auf den Schienen dahinrollen, ergeben sich wundervolle, romantische Aussichten auf die Rías, auf gewundene Flußtäler und hinab in traumhafte, tiefe Schluchten.

Das abgelegene Galicien wurde von Natur und Geschichte verwöhnt und vernachlässigt zugleich. Seine Geschwister sind all jene Länder, die mit ihren Felsen aus dem Atlantik ragen, zum Beispiel Irland und Schottland. Fast alles, was das regnerische, immergrüne Land zum Leben braucht, muß es sich aus dem Meer holen, denn die rückständige Landwirtschaft der galicischen Kleinbauern kann der Konkurrenz durch die Großproduzenten der EU-Länder nicht standhalten.

Doch in Galicien blieb bestehen, was in anderen Ländern unter den Pflug der Zivilisation geriet: eine in weiten Teilen noch intakte Naturlandschaft. Außerdem blieben seine mittelalterlichen Schätze unversehrt. Neuere Stilrichtungen haben in Galicien die romanische Substanz nicht verdrängt, sondern sich dazugesellt. So ist das wirtschaftlich arme Land, aus dem zwischen 1852 und 1898 vermutlich eine halbe Million Einwohner ausgewandert sind, eigentlich reich. Es wartet nur darauf, wieder ent-

Unser Routenvorschlag
DEN PILGERN AUF DER SPUR

Nach dem Start in Ponferrada ❶ mit der Ruine der Templerburg und einem Abstecher in das Naturschutzgebiet der Sierra Ancares ❷ geht es zur alten Jakobspilgerstation Cebreiros ❸. In Lugo ❹ kann man auf der römischen Stadtmauer spazierengehen. Dann führt der Weg nach Mondoñedo ❺ mit schöner Kathedrale und zum Wallfahrtsort San Andrés de Teixido ❻. Eine belebte Stadt ist La Coruña ❼, von Legenden umwoben das Cabo Finisterre ❽. Über das mittelalterliche Noya ❾ gelangt man in die Pilgerstadt Santiago de Compostela ❿ (siehe: Das besondere Reiseziel). Weiter geht es nach Vigo ⓫, der größten Stadt Galiciens. Auf dem Monte Santa Tecla ⓬ liegt eine Keltensiedlung, und in Orense ⓭ ist die romanische Kathedrale sehenswert.

GALICIEN AUF EINEN BLICK

SEHENSWÜRDIGKEITEN

Bayona: Seefestung, Seebad; **Bóveda**: Krypta der Pfarrkirche Santa Eulalia (Deckenfresken); **Cabo Finisterre**: Meeresblick (Sonnenuntergang); **Cebreiros**: Pilgerstation am alten Jakobsweg; **La Coruña**: Fischereihafen, Altstadt; **Lugo**: römische Stadtmauer, Kathedrale, Museo provincial; **Mondoñedo**: Kathedrale Asunción (mit Museum für sakrale Kunst); **Monte Santa Tecla**: Keltensiedlung, Wallfahrtskirche; **Noya**: mittelalterliche Hafenstadt; **Orense**: Kathedrale, Puente Romano, Altstadt; **Ponferrada**: Templerburgruine; **Pontevedra**: Ría, Kirche La Peregrina (Barock); **Río Miño und Río Sil** (Flußtäler): Goldbergwerke der Römer; **Santiago de Compostela**: Kathedrale mit Grab des Apostels, Museen, Altstadt; **Sierra Ancares**: Naturschutzgebiet; **Vigo**: größte Stadt Galiciens mit altem Fischerviertel Berbés.

FESTE UND VERANSTALTUNGEN

Camariñas: Prozession mit Fischerbooten und Volkstanz, Mitte Juli; **Finisterre**: Passionsspiele; **La Coruña**: Fiesta de la Virgen Carmen mit Schiffsprozession, Juli; **Lugo**: Feria del pulpo, Oktober, Fiestas de San Froilán, Oktober; **Orense**: Feria del pulpo, 2. Augustsonntag; **Ortigueira**: keltisches Musikfest (Gruppen aus Irland, Schottland, der Bretagne und Galicien), Ende Juli; **Pontevedra**: Fiesta de la Virgen Peregrina, August; **San Andrés de Teixido**: Wallfahrt, 8. September; **Santiago de Compostela**: Día de Santiago (Jakobustag), 25. Juli; **Vigo**: Wallfahrt zum Monte Santa Tecla, August; **in verschiedenen Städten**: Rapa das bestas (Rodeos).

AUSKUNFT

Spanisches Fremdenverkehrsamt, Myliusstr. 14, 60323 Frankfurt a. M., Tel. 0 69/72 50 33; Spanisches Fremdenverkehrsamt, Kurfürstendamm 180, 10707 Berlin, Tel. 0 30/8 82 65 43.

Im grünen Mittelgebirge der Sierra Ancares nordwestlich von Ponferrada bauten schon die Römer Eisenerz ab. Doch abseits der städtischen Industrie führt der Jakobs-Pilgerweg durch noch urtümliches Bauernland.

deckt zu werden. Galicien kann warten. Das Land am Ende der Alten Welt hat schon Jahrhunderte im Dornröschenschlaf verbracht. Die ersten Pilger des Abendlandes gingen nach Santiago de Compostela, als das erste Jahrtausend sich dem Ende zuneigte. Jetzt, da das zweite zu Ende geht, kommen sie wieder. So ist das in Galicien: Wenn ein Zeitalter abgeschlossen ist und ein neues beginnt, erwacht das Land aus seinem melancholischen Schlaf.

Fremde Herren: Römer, Goten, Mauren, Spanier

Als der Apostel Jakobus der Ältere ein paar Jahre nach dem Tod Christi in Spanien dessen Auferstehung predigte, war es noch nicht allzu lange her, daß der Norden des Landes als eine der letzten Regionen in Europa von den Römern erobert worden war. Im zweiten und dritten Jahrhundert wurde die mächtige Stadtmauer von Lugo errichtet, eine einzigartige und – trotz kleiner Veränderungen in späteren Zeiten – fast vollständig erhaltene römische Befestigungsanlage. Auch in Orense haben die Römer ihre Spuren hinterlassen. Hier wuschen sie das sagenumwobene Gold aus dem Río Miño, und die Stadt, die sie Auria – die Goldene – nannten, war damals eine der bedeutendsten in ganz Galicien. Orenses Kathedrale San Martín aus dem 12. bis 13. Jahrhundert würde sicher als die schönste Galiciens gelten, wäre da nicht Santiago de Compostela. Zumindest dem Namen nach ist vieles in Orense noch römisch – etwa der aus sieben Bögen bestehende mächtige Puente Romano (Römische Brücke), der 1230 auf römischen Fundamenten erbaut und mehrmals erneuert wurde.

In Castro Caldelas mit seinem kleinen Schwefelheilbad – in der Gegend gibt es mehrere heiße Quellen, zum Beispiel Las Burgas in Orense und die Thermen von Lugo am Ufer des Río Miño – verbinden sich die Reize der südlichen Gegend aufs angenehmste. Die schmucken Häuschen des mittelalterlichen Stadtkerns umgeben eine Burg aus dem 14. Jahrhundert. Von hier aus kann man nordwärts weiter in Richtung Monforte de Lemos fahren und die beeindruckende Schönheit der Schlucht des Río Sil genießen. Oder man orientiert sich nach Osten: Entlang der N 120 gelangt man über La Rúa und El Barco nach Ponferrada – auch hier haben die Römer nach Gold geschürft.

Heute ist der Wein das Gold der Region. Gemeinsam mit den Meeresfrüchten aus den Rías – berühmt sind natürlich die *Mariscos*, die köstlichen Muscheln der Region – und den würzigen, aromatischen Käsesorten machen edle Tropfen wie der Ribeiro oder der Albariño die galicische Tafel unwiderstehlich.

Aus der Zeit der Christianisierung Galiciens, also ab dem dritten Jahrhundert, blieb eine Reihe hochbedeutender Bauten und Kunstwerke erhalten. Eines der interessantesten und umstrittensten davon wurde unter der kleinen Pfarrkirche Santa Eulalia de Bóveda bei Lugo entdeckt: ein Gewölbe aus dem vierten oder fünften Jahrhundert mit beeindruckenden Wandmalereien, die Pflanzen- und Vogelmotive und andere Symbole darstellen. Die Geschichte des Gewölbes ist rätselhaft. Die einen halten es für einen von den Römern den Nymphen geweihten Tempel, der später christianisiert wurde. Andere deuten die Malereien als uralte christliche Symbole.

Am Jakobustag (25. Juli) zieht eine Prozession in historischen Trachten durch Santiago de Compostela.

Die Mitte des ersten Jahrtausends war für Galicien eine Zeit des Abwartens. Gerade erst hatten die Westgoten ihre Herrschaft über den größten Teil Spaniens gefestigt und im Jahre 585 auch *Gallaecia* ihrem Königreich einverleibt, da unterlag das Heer des Gotenkönigs Roderich 711 dem des arabischen Feldherrn Tarik. Während die Iberische Halbinsel unter islamischem Einfluß eine kulturelle Blüte erlebte, blieb der schon damals arme Nordwesten des Landes ein für die Mauren wenig interessantes Gebiet, das zudem vom benachbarten Königreich Asturien erfolgreich verteidigt wurde. Nicht lange nachdem man Anfang des neunten Jahrhunderts das Grab des heiligen Jakobus entdeckt hatte, erblühte *Gallaecia* zu einem Zentrum des Christentums, wobei gerade der Jakobuskult im Kampf gegen die Mauren eine wichtige Rolle spielte. Römisch, katholisch, spanisch – und doch immer noch keltisch

Von den Granitklippen des Cabo Finisterre am westlichsten Punkt Spaniens hat man einen großartigen Blick auf den Atlantik. Eine schöne Küstenstraße erschließt die Region.

präsentiert sich Galicien seitdem. Denn gälisch, gallisch oder eben keltisch sind die Galicier ihrem Ursprung nach, wenn sie auch 2000 Jahre lang unter fremden Herren lebten und sich in dieser Zeit auch mit ihnen vermischt haben. Inzwischen, wo doch Basken und Katalanen dem spanischen Staat, kaum daß er demokratisch wurde, auch schon mehr Selbständigkeit abgetrotzt haben, ist Galicien eine autonome Region.

Das Keltische prägt das Land noch immer

Im Abseits der städtischen Kultur der Römer, im Schatten der maurischen Eroberer – und auch heute als Bürger Spaniens – bewahrten und bewahren die Gallegos sich ihre zurückgezogene Lebensweise, ihren Hang zum Aberglauben und ihr keltisches Erbe. Noch immer wird von Folkloregruppen mit der *Gaita*, dem Dudelsack, keltische Musik gespielt, und einige Wörter der galicischen Sprache gehen auf keltische Ursprünge zurück.

In Cebreiros in der Sierra Ancares werden auf abgelegenen Weiden noch heute die typisch keltischen *Pallazas* gebaut und genutzt: runde Steinbehausungen mit einem kegelförmigen Strohdach, die sich unter dem wolkenbehangenen Himmel schwarz färben und im Winter wie Iglus unter frisch gefallenem Schnee Schutz bieten.

Ähnlich den bretonischen Kalvarien prägen in Galicien *Cruceiros* die Wegkreuzungen. Auf Dorfplätzen, vor Friedhöfen und Kapellen oder einfach auf markanten Felsen ragen die Steinkreuze in den Himmel. So hat Galicien auch der Romanik, die auf dem Jakobsweg ins Land kam, seinen keltischen Stempel aufgedrückt.

Die Vorliebe für Legenden und Aberglauben ist den Gallegos aber bis heute nicht abhanden gekommen. Das Eindringen der Römer und später der germanischen Sueben konnte das Erbe der Kelten nicht verdrängen, im Gegenteil: Mythen und naturreligiöse Rituale aus der keltischen Vergangenheit sind mit der christlichen Religion eine einzigartige, manchmal seltsam anmutende Verbindung eingegangen. Und etliche Kirchen oder Kapellen wurden an Stellen erbaut, die schon lange zuvor eine heidnisch-mystische Bedeutung für die dort ansässige Bevölkerung gehabt hatten.

Von Lugo aus durchquert man in nordöstlicher Richtung zu den Quellen des Río Miño die Terra Chá, die Ackerbauregion im Norden Galiciens. Augenfällig sind die *Horréos,* auf einer Erhöhung stehende uralte Maisspeicher, die wohl ebenfalls keltischen Ursprungs sind. Über ganz Galicien verstreut liegen meist auf schützenden Bergkuppen mehr als 3000 *Castros,* keltische Wehrdörfer mit rundem oder ovalem Grundriß. Als eines der schönsten ist heute das Castro de Viladonga auf einem Hügel nordöstlich von Lugo zu besichtigen.

In Galicien wird gerne und viel gefeiert – vor allem zu Ehren der jeweiligen Schutzheiligen einer Gemeinde, oft aber auch nur für den kulinarischen Genuß oder aus anderen Gründen – eine Fiesta kommt den Gallegos stets gelegen. Obwohl das Landesinnere Galiciens für den Touristen nur wenig erschlossen ist, kann es mit seiner abwechslungsreichen Landschaft, seinen kunstgeschichtlichen Schätzen und den zum Wandern wie geschaffenen Naturschutzgebieten als ein Geheimtip für Erlebnisreisende gelten.

Pferde, Muscheln und die Suche nach dem Glück

Ein Stück südöstlich von Mondoñedo, am Paß zwischen der Sierra Ancares und der Sierra de Cauriel, liegt die Pilgerstation Cebreiros am alten Jakobsweg. Hier herrscht das herbe Klima der galicischen Sierras, in ihrem Schatten wird es mild. Von den Bergrücken der Sierra de Cauriel zieht sich ein Netz kleiner Flüsse hinab bis zum Río Sil. Es ist ein atemberaubend schönes, fast menschenleeres Gebiet.

Keine Ruhe vor den Menschen haben dagegen die berühmten Wildpferde aus den Bergregionen Galiciens: Die *Rapa das bestas,* ein Fest, auf dem die eingefangenen Wildpferde, die hier *bestas* heißen, zugeritten und ihre Mähnen und Schweife gestutzt und Rodeos veranstaltet werden, zählt in vielen galicischen Städten zu den Höhepunkten unter den Festen, zum Beispiel zwischen Ende Mai und Anfang Juni in Mougás und Torroña südlich von Vigo und im August und September in vielen Gegenden im Süden der Provinz Pontevedra.

Von dem Rücken der Montes de Barbanza endlich blicken wir über den Atlantik. Nach Norden hin erstrecken sich die felsigen Landzungen zwischen den Rías immer weiter hinaus in die See, bis wir den berühmten und legendenumrankten Ort erreichen, den die Römer Finisterre nannten: das Ende der Welt. Am westlichsten Punkt Spaniens steht auf hohen Granitfelsen ein markanter Leuchtturm.

Die Rías Bajas, Galiciens Westküste, ist berühmt für ihre Muschelzucht und die herrlichen Badefreuden, die den Besucher dort erwarten. Draußen am Atlantik ziehen sich zur portugiesischen Grenze hin feine Sandstrände die Küste entlang. Am offenen Meer lockt die Brandung die Surfer an, im Schutze der Rías läßt es sich müßig sonnen und baden, draußen an den Muschelbänken reift gemächlich das erlesene Abendessen. Bei Ebbe wird geerntet: Dann ziehen die Muschelsucherinnen ins Watt. Während ihre Männer meist wochenlang auf See sind, um die Fischindustrie von Vigo und La Coruña mit Sardinen, Kabeljau und Seehecht zu versorgen, beharken Tausende von Frauen die Strände. Es ist Knochenarbeit, die Eimer und Netze mit Herzmuscheln und Venusmuscheln zu füllen.

Bayona, südlich von Vigo gelegen, war bereits in keltischer Zeit besiedelt. Im Mittelalter erlangte die Stadt, mit besonderen Handelsprivilegien ausgestattet, eine große Bedeutung. Zu ihrem Schutz wurde im 16. Jahrhundert das Castillo Monte Real angelegt, eine beeindruckende Seefestung, in der heute das Parador-Hotel *Conde de Gondomar* untergebracht ist. Als in der Bucht 1493 die *Pinta,* eines der Schiffe des Kolumbus, nach ihrer Rückkehr aus Amerika anlegte und Bayona somit als die erste Stadt Europas von der Entdeckung des neuen Kontinents erfuhr, lag Galicien plötzlich nicht mehr am Ende der Welt.

Ein reger Handel mit Südamerika begann. Weiter landeinwärts in der Ría blühte Vigo auf, heute mit über 300 000 Einwohnern die größte von Galiciens Städten. Ein bedeutender Fischereihafen – immerhin der sechstgrößte der Welt – und ein Handelsplatz von Rang, ist es als Ausflugsziel der Gallegos zugleich die lebhafteste unter den Städten Galiciens. Wenn man nur genau wüßte wo, könnte man auf

Die Umgebung von Ferrol wird von den fjordartigen Buchten geprägt, die man hier Rías nennt. Ferrol ist der Geburtsort des Diktators Francisco Franco und Spaniens größter Flottenstützpunkt.

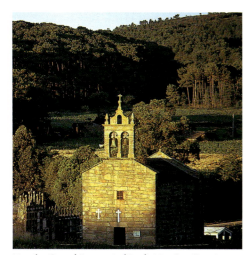

Manche Gotteshäuser wie hier bei La Coruña erinnern an die Architektur bretonischer Dorfkirchen.

dem Grund der Ría sogar auf Schatzsuche gehen. Im Jahre 1702 versenkte ein britisches Geschwader die Schiffe der mit Schätzen beladenen spanischen Silberflotte – sie wurden bis heute nicht gehoben. Denn die Bucht der Ría ist tief, so tief, daß in Vigo auch die großen Überseeschiffe des 19. und 20. Jahrhunderts anlegen konnten – ein trauriges Kapitel galicischer Geschichte.

Allein in der zweiten Hälfte des 19. Jahrhunderts verließen, wie man vermutet, etwa 500 000 Gallegos ihre Heimat, um in den Häfen Süd- und Mittelamerikas zu landen und dort ihr Glück zu versuchen. Hauptauslöser der Emigration war die Verzweiflung der verarmten und hungernden Landbevölkerung, vielleicht auch die Suche nach dem Abenteuer und zum Teil offenbar auch die Verweigerung des Kriegsdienstes. Vor allem in Argentinien fanden viele Gallegos ein neues Zuhause, aber auch in Ländern wie Kuba, Venezuela und Uruguay. 1936 hatte Galicien sich für unabhängig erklärt, doch nach Ausbruch des Bürgerkriegs im selben Jahr war die Heimat Francos – 1892 ist der Diktator in der Hafenstadt Ferrol geboren – eine der ersten Regionen, die der spätere Caudillo sich einverleibte.

Francos Diktatur dauerte fast 40 Jahre und ging in Galicien zunächst mit weiteren Hungerjahren einher. Eine neue Emigrationswelle, diesmal hauptsächlich in die Schweiz, nach Deutschland und in andere europäische Länder, begann in den sechziger Jahren während des Wirtschaftswunders an Rhein und Ruhr.

Von der Stadt aus Kristall in die Buchten der Nordküste

Daß noch nicht aller Tage Abend ist, daran sollte man denken, wenn man La Coruña an einem regnerischen Tag kennenlernt. Wenn dann noch die letzten Sonnenstrahlen ihren Weg durch die Wolken finden, weiß man, warum Galicien für sein Licht berühmt ist. Es durch Tausende von Fensterscheiben an den Veranden in die Häuser einzulassen ist in Galicien eine architektonische Leidenschaft. In La Coruña ist sie geradezu sprichwörtlich geworden: *Ciudad de Cristal* – Stadt aus Kristall – heißt die Stadt in den Reiseführern.

Aus dem wichtigsten Marine- und Industriehafen Galiciens lief 1588 die Große Armada mit Kurs auf England aus – und kehrte nach wenigen Wochen geschlagen und gedemütigt in den Hafen zurück. Spaniens Bedeutung als Seemacht war dahin, König Philipps II. Traum vom Weltreich ausgeträumt. In der Altstadt, die sich auf einem Felsvorsprung über den modernen Hafenanlagen ausbreitet, hat La Coruña sein mittelalterliches Gepräge mit engen Gassen, romanischen Kirchen und alten Herrenhäusern bewahrt. Ganz im Nordwesten dieser Landzunge ragt der älteste noch in Betrieb befindliche Leuchtturm der Welt über die Felsen: der im zweiten Jahrhundert von den Römern erbaute und im 18. Jahrhundert umgebaute Torre de Hercules.

Südwestlich von La Coruña erstreckt sich bis zum Cabo Finisterre ein wilder, schroffer Küstenabschnitt, der Costa de la Muerte (Todesküste) genannt wird: Schon viele Schiffe zerschellten an den Steilfelsen und Klippen, und so mancher Seemann verlor dabei sein Leben im tosenden Atlantik. Doch die Küste mit dem unheilverkündenden Namen ist höchst lebendig. Die unzugänglichen Klippen sind berühmt für die dort reichlich vorkommenden Meeresfrüchte, und als Brutplatz stellt dieser Teil der Küste ein ideales Refugium für zahlreiche Vogelarten dar, darunter auch viele seltene.

Versteckte, geschützte Sandstrände zwischen rauhen Klippen, die malerischen Rías, die sich wie Fjorde tief ins Land ziehen – das sind die Reize der nördlichen Küste um die Rías Altas. Man sollte sich Zeit nehmen und in einem der beschaulichen Fischerdörfer absteigen, um Galiciens Norden zu erkunden. Unbedingt sehenswert ist die Sierra de la Capelada, deren Steilküste bis zu 602 Meter in die Höhe ragt. Umgeben von einer Landschaft voll wellenumtoster Klippen steht die kleine Kirche San Andrés de Teixido, ein Wallfahrtsort, auf einer Plattform an Steilhängen.

Das also ist, in groben Zügen, das Land, durch das sich im neunten Jahrhundert die ersten Pilger des Abendlandes ihren Weg zum Ende der Welt bahnten. Im Mittelalter kamen Millionen von ihnen zu Fuß nach Santiago de Compostela, um mit der Muschel als Jakobssymbol am Hut ihre Seele am Grab des Heiligen zu erleichtern. Nicht alle kamen freiwillig. Viele wurden von der Kirche oder welt-

Die Region um Santiago de Compostela gehört zu den regenreichsten in ganz Spanien. Die Stadt ist nur 35 Kilometer vom Atlantik entfernt, und im Umland wird intensiv Landwirtschaft betrieben.

Romanisch unter barocker Pracht: Das Kloster San Rosendo in Celanova bei Orense ist 1000 Jahre alt.

lichen Instanzen auf eine Buß- oder Strafwallfahrt geschickt, weshalb man in den Kreisen der Reformierten und der Humanisten gegen das Pilgerwesen und seine Auswüchse war. Sie kamen mit dem Schiff über das Meer, hauptsächlich aber auf dem Landweg. Die Hauptroute bildete der Francés, der sogenannte französische Weg, der die Pyrenäen mit Galicien verbindet und auf dem die Pilgerströme aus Frankreich, Deutschland, der Schweiz und Italien zusammenflossen.

Von Puente la Reina, wo die Pilgerstraßen aus Frankreich zusammenliefen, mußten die frommen Reisenden noch 750 Kilometer über Lagroñe, Burgos, Léon, Astorga, Ponferrada und Cebreiros nach Santiago de Compostela zurücklegen. Etwa alle 30 Kilometer, also nach einer Tagesreise, konnten sie sich in einem Kloster, einer Kirche oder Herberge von ihrer erschöpfenden Wanderung ausruhen. Viele dieser historischen Herbergen stehen heute noch. Sie tragen auch noch ihre alte Bezeichnung – *parador* („Haltestelle") – und sind zu einer interessanten staatlichen Hotelkette mit dem Namen *paradores nacionales* zusammengeschlossen, zu der natürlich abseits des Jakobsweges auch noch ganz andere alte Gemäuer gehören.

Der Jakobsweg – eine Reise in die Vergangenheit

Die Entfernung von Konstanz am Bodensee bis La Coruña, das etwa auf der Höhe von Santiago de Compostela liegt, beträgt in Luftlinie etwa 2000 Kilometer. Das sind drei Flugstunden für einen Urlauberjet. Zu reiten waren das im Mittelalter aber mindestens 2500 Kilometer quer durch Europa. Im *Wallfahrtsbuch des Hermanus Künig von Vach und die Pilgerreisen der Deutschen nach Santiago de Compostela* steht, daß eine solche Reise von der Sankt-Jakobs-Kirche in Ulm bis zum Jakobsdom in Santiago 38 Tage dauerte – wenn man ein guter Reiter war und gute Pferde hatte.

Nun war der bekanntere Teil des Weges gut geschützt und eine der sichersten Straßen des unsicheren Mittelalters, also kam der Pilger auch gut voran. Es ist unter anderem historisch erwiesen, daß zum Beispiel der Ritter Oswald von Wolkenstein im Auftrag von König Sigmund vom Konstanzer Konzil aus diese Fahrt unternahm, weil er die Zustimmung der Könige von Aragón, Navarra, Kastilien und León zur Absetzung mehrerer konkurrierender Päpste brauchte, diese Könige aber keine Abgesandten beim Konzil zu Konstanz hatten. Da war es unvermeidlich, auch einen Gottesdienst am Grab des heiligen Jakobus zu besuchen. Doch ein Ritter war auf diesem Pilgerweg eher die Ausnahme.

Die Regel waren Fußgänger, und bei denen konnte von 38 Tagen für die Tour keine Rede sein. Auch wer gut zu Fuß war, konnte nicht mit einer Rückkehr vor Ablauf eines halben Jahres rechnen. Wie Dieter Kühn, der Biograph des Oswald von Wolkenstein, in seinem Buch *Ich Wolkenstein* überzeugend darlegt, ist noch heute eine Reise über den Jakobsweg auch eine Reise durch die Zeit. Und je näher man dem Ziel kommt, desto zahlreicher werden die Hinweise auf die Vergangenheit, die erhalten geblieben sind und es leicht machen, sich ins Mittelalter zurückzuversetzen.

Je näher man Santiago de Compostela kommt, desto deutlicher wird auch der landschaftliche Kontrast zu den Regionen, die man bisher passiert hat: Nach der Überquerung von Alpen und Pyrenäen kommt man in ein Spanien, dessen größter Teil auch heute unter Trockenheit, wenn nicht gar afrikanisch anmutender Dürre leidet, vor allem im Zentrum und im Süden. Galicien aber ist die regenreichste Region des ganzen Landes, und das muß auf fromme Leute wie ein Segen Gottes für überstandene Mühen gewirkt haben.

Am Cabo Finisterre fallen durchschnittlich 2430 Millimeter Regen im Jahr, sonst sind es immerhin noch 1300 – enorm viel für Spanien. Die Flüsse führen das ganze Jahr über Wasser, das Land ist grün. Edelkastanien, Eichen, Birken und Farne, wie sie noch in den Naturparks vorkommen, sind Kiefern- und Eukalyptusanpflanzungen gewichen, Weinberge, Obstkulturen und Kartoffeläcker wechseln sich mit saftigen Viehweiden ab. Auch wenn die Region arm ist, weil Landwirtschaft heute eben nicht mehr viel einbringt, so sieht sie doch sehr viel europäischer aus als das übrige Spanien, wo das Land oft wüst ist, so weit das Auge reicht.

Selbst den Mauren war die Gegend anscheinend zu feucht; nichts daran erinnerte sie an ihre Heimat, und sie ließen dieses Gebiet bald links liegen. Deshalb findet man hier auch deutlich weniger Hinweise darauf, daß sie einmal Herren dieses Landes waren. Ihre Verdrängung durch christliche Heere begann im Osten bei den Pyrenäen – und hier, im Norden. Auch in der historischen Architektur und im Erscheinungsbild der Städte und Dörfer hebt sich Galicien also sehr vom übrigen Spanien ab. Es ist in der Tat fast schon so etwas wie ein Land für sich – ein Land, das zu entdecken sich in vielfältiger Hinsicht lohnt.

Der Jakobsweg ist eine Reise von Wunder zu Wunder, von Schatz zu Schatz, von Heiligtum zu Heiligtum. Die frühromanische Kirche im schon erwähnten Cebreiros, in der ein Kelch aufbewahrt wird, den man den Heiligen Gral Galiciens nennt, ist solch ein wunderbarer Ort. Die Legenden und Anekdoten am Rande des Weges füllen Bücher, und jeder erzählt sie ein bißchen anders.

Seit Jahrhunderten legt jeder Pilger am Cruz de Ferro bei Foncebadón einen mitgebrachten Stein nieder und wäscht sich in Labacolla vor der ersehnten Ankunft in der Stadt des Apostels. Auf dem Monte del Gozo, dem Berg der Freude, ist es endlich soweit: Man blickt aus der Ferne auf Santiago de Compostela, und die Türme der alten Kathedrale ragen in den Himmel am Ende der Welt.

Der Hafen Malpica de Bergantiños liegt an der „Todesküste" südwestlich von La Coruña. Ihren Namen verdankt sie den vielen Schiffen, die hier zerschellten. Lange Sandstrände laden zum Baden ein.

DAS BESONDERE REISEZIEL: SANTIAGO DE COMPOSTELA – IM ZEICHEN DER MUSCHEL

Im Abendlicht leuchtet die barocke Westfassade der Kathedrale in goldenen Farben. Ihr Gesicht hat sich seither zwar verändert, doch wenn man die mächtige Freitreppe hinaufsteigt und das überwältigende Bauwerk betrachtet, dann stimmt die Feststellung noch immer, die der Mönch Aimeric Picaud in der ersten Hälfte des zwölften Jahrhunderts in seinem Pilgerführer niederschrieb: Der Pilger müsse froh und glücklich werden, nachdem er die vollkommene Schönheit dieses Gotteshauses betrachtet hat.

Wenn der Besucher vor das romanische Pórtico de la Gloria hinter der Westfassade tritt, streift er den Propheten Daniel auf einer der gebündelten Säulen zur Linken mit einem Blick. Sein ausdrucksvolles Lächeln gilt der Legende zufolge der ihm gegenüber errötenden Esther. Millionen Pilger haben schon ihre Hand an die Darstellung der Wurzel Jesse – eine zierliche Säule – gelegt, auf der der heilige Jakobus gelassen seine Besucher empfängt. Über ihm thront im Tympanon Christus in all seiner Herrlichkeit, umringt von den 24 Ältesten der Apokalypse, die scheinbar plaudernd ihre Instrumente stimmen.

Pilger und Reisende tauchen das Pórtico de la Gloria täglich in ein wahres Blitzlichtgewitter. Von dort aus betrachtet

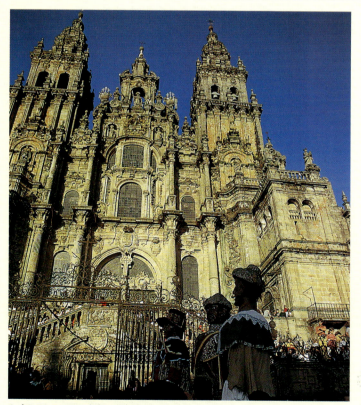

Gedränge am Portal der Kathedrale: Vor allem an Festtagen nimmt den Besucher die Atmosphäre aus überbordender Pracht und religiöser Inbrunst gefangen.

man die harmonische Perspektive des Innenraums mit den romanischen Gewölben, 1000 Details verkürzen die Zeit, während man Schlange steht, um zu der barocken Pracht der Capilla Mayor zu gelangen, wo das Bild des Heiligen steht. In der Krypta ruhen in einem Silberschrein die Gebeine des Apostels. Seine Schüler brachten ihn – so die Legende – nach seinem Märtyrertod in Palästina zurück nach Spanien, wo Jakobus bis etwa 44 nach Christus gepredigt hatte. 813 soll ein Einsiedler sein Grab an einer Gräberstätte aus römischer Zeit entdeckt haben, die in alten Schriften Campus Stellae genannt wurde; daher der Name Compostela. Asturiens König Alfons I. ersetzte eine erste Grabkapelle durch eine Steinkirche. Ab 1075 wurde über dem Apostelgrab mit dem Neubau der Kathedrale begonnen.

Die Stadt – ein lebendiges Museum mit zahlreichen Kirchen, Häusern aller Epochen, Brunnen und Arkaden – hallt im Sommer vom Schlag der Pilgerstöcke wider. Das Symbol des Apostels, die berühmte Jakobsmuschel, ist überall zu finden. Der 25. Juli ist der Namenstag des Schutzheiligen der Stadt und ganz Spaniens; fällt dieser Tag auf einen Sonntag, ist dieses Jahr gemäß einem päpstlichen Privileg ein „Heiliges Jahr".

BASKENLAND
Ein ganz anderes Spanien

Das Baskenland ist anders als das übrige Spanien, es entspricht keinem der bekannten spanischen Klischees. Auf den Karten der Sprachatlanten erscheint das Land am Golf von Biskaya als weißer Fleck. Die Basken haben nicht nur eine völlig eigene Sprache und Literatur – viele können sich bis heute nicht damit abfinden, daß ihr Land kein souveräner Staat ist.

Grün ist das Baskenland, auch im Sommer, wenn die spanischen Mittelmeerprovinzen und Innerspanien unter der sengenden Sonne ausdörren. Der Nordwestwind treibt die feuchten Luftmassen auf die westlichen Pyrenäen zu, wo sie sich stauen und abregnen. Allerdings: Die Temperaturen sind auch an Regentagen mild, und es gibt in den Sommermonaten genügend Gelegenheit zum (Sonnen-)Baden an den weißen Sandstränden bei San Sebastián, baskisch Donostía.

Grüne Weiden mit schwarzweiß gefleckten Rindern, in höheren Lagen Tannenwälder, schmucke Dörfchen und stattliche Fachwerkgehöfte erinnern an die Voralpenlandschaft in Deutschland und Österreich – wären da nicht die baskischen Schriftzüge an Fassaden und auf Schildern, die quadratischen Maisspeicher und der nahe Ozean. Bis heute findet ein beachtlicher Teil der traditionsbewußten Bewohner sein Auskommen in der Rinderzucht und Milchwirtschaft. Doch die baskischen Provinzen Vizcaya, Guipúzcoa und Álava haben noch ein anderes Gesicht: das eines Industrielandes. Dessen unschöne Begleiterscheinungen konzentrieren sich jedoch auf das innerbaskische Längstal zwischen Beasaín, Durango und Bilbao sowie auf einige Nebentäler.

Feriengefühle weckt hingegen die baskische Steilküste mit ihren zerklüfteten Felsklippen und stillen, schwer zugänglichen Buchten. Dazwischen sorgen flache Küstenabschnitte mit Sandstränden für Abwechslung; hier liegen malerische Hafenstädtchen, deren Bewohner traditionell vom Fischfang und

Ein saftig grüner Wiesenteppich liegt über den Hügeln und Hängen der westlichen Pyrenäenausläufer.

heute natürlich vom Tourismus leben. Es sind vor allem Spanier, die in den baskischen Badeorten Fuenterrabia, Zaraúz, Guetaria, Zumaya, Motrico, Lequeitio und Bermeo Urlaub machen. Welch ein wohltuender Kontrast zu den internationalen Touristenhochburgen am Mittelmeer! In urigen Restaurants kann man sich von der sprichwörtlichen Kochkunst der Basken bei der Zubereitung verschiedenster Fische und Meeresfrüchte überzeugen.

Geduldig, zäh, starrsinnig und mit einem starken Hang zur Unabhängigkeit, so kennzeichnet der Dichter Miguel de Unamuno aus Bilbao die Basken. Schon immer haben sie bei den Reisenden großes Staunen und Verwunderung erregt. Um 1800 weckte das eigenwillige Volk auch das Interesse des deutschen Forschers Wilhelm von Humboldt, der die baskische Sprache in seinen Untersuchungen über Spaniens Urbewohner heranzog. Tatsache ist: Die Sprache der Basken mit ihren kräftigen X-, Z- und

Die Barockfassade von Santa María del Coro zwängt sich in die Altstadt von San Sebastián.

K-Lauten ist keine indogermanische Sprache, über ihren Ursprung rätseln die Wissenschaftler bis heute. Nach Schätzungen sprechen wohl weit über 500 000 Menschen *Euskara*, die Sprache der Basken. *Euskadi* nennen sie ihr Land.

1936 hatte die spanische Republik den Basken Autonomie gewährt; 1939 wurde sie ihnen vom Diktator Franco wieder entzogen. Symbol baskischer Selbstbestimmung aber war Guernica. Hier stand das Nationalheiligtum, eine 1000jährige Schwureiche. Der 26. April 1937 brachte den Tod nach Guernica: 1600 Menschen fielen einem Bombenangriff der deutschen Legion Condor zum Opfer.

Auskunft: siehe Seite 342.

Die kantabrische Küstenstraße zwischen San Sebastián und Bilbao führt ab Zaraúz unmittelbar an der Biskaya entlang – eine landschaftlich sehr reizvolle Strecke mit Blick auf schwindelerregende Steilküsten.

SPANISCHE COSTA VERDE
Ein Küstenstrich, so frisch wie der Atlantik selbst

„Was treiben die bloß?" wundert sich, wer zum erstenmal Asturianos beim Sidra zusammensitzen sieht, „was feiern die nur wieder?" Erst allmählich begreift man: Sie verstehen zu leben – fröhlich wie der prickelnde Apfelwein, wenn er aus der Flasche, hoch über den Kopf erhoben, ins gemeinsame Glas sprudelt, das sich die Zecher teilen. Ganz eng verbindet die kantabrische Küste Natur und Lebensart. Und last but not least: Die frühromanische Kirche von Naranco und Steinzeitkunst sorgen für kulturelle Überraschungen am Golf von Biskaya.

Es grünt so grün: In Spaniens äußerstem Nordwesten bestimmen vertraute Pflanzenarten das Landschaftsbild – Buche und Eiche, Esche und Linde, das Heidekraut, der Ginster und nicht zuletzt der Apfelbaum, aus dessen Früchten das köstliche Nationalgetränk, der Apfelwein *(Sidra)*, gekeltert wird.

Grün sind auch die Marschen in der Nähe des Städtchens Santoña, etwa auf halber Strecke zwischen Santander und Bilbao, wo alljährlich Tausende von Zugvögeln aus nördlichen Breiten überwintern. Und grün leuchten die alpinen Matten der Gebirge, die gleich hinter der Küstenlinie in den Picos de Europa auf über 2600 Meter ansteigen und bis heute die Heimat von Bären, Wölfen und Gemsen sind. Selbst im Hochsommer, wenn sich viele Landstriche Spaniens in graubraune Steppen verwandeln, bleibt die Costa Verde grün – denn Regen fällt reichlich am Golf von Biskaya, fast überall mehr als 1000 Liter pro Quadratmeter Boden im Jahr.

In der Sommerzeit regnet es meist nicht. Dann verbringt man müßige Tage an den feinen Sandstränden, die sich zwischen den Klippen der grünen Küste erstrecken. In geschützten Buchten hat das milde Klima zahlreiche Badeorte entstehen lassen, einige mit einem Hauch von Belle Époque. Die Krönung ist Santander: Hafenstadt, elegantes Seebad und ein kulturelles Zentrum Spaniens. In malerischen Küstenorten wie Llanes oder Luarca vergißt man bei *Sidra*, Fisch und Meeresfrüchten die Zeit. Am muntersten fließt der Apfelwein in den *Sidrerías* von Oviedo und in der lebhaften Hafenstadt Gijón. Bei Regen kann man sich als Höhlenforscher betätigen. Das Kantabrische Gebirge ist von Höhlen geradezu durchlöchert, und mehrere Grotten kann man besichtigen, beispielsweise die Cueva del Castillo rund 20 Kilometer südwestlich von Santander, eine wahre Schatzkammer der Steinzeitkunst mit über 750 Felszeichnungen von Tieren: Wildpferden, Bisons, Hirschen, Schafen – die größte Rarität ist die Darstellung eines Elefanten in Rot.

Auskunft: siehe Seite 342.

Besonders malerisch ist die Region um den schönen Badeort Ribadesella östlich von Gijón.

PICOS DE EUROPA
Einsame Spitze für Wanderer und Klettersportler

Über üppigen Wäldern und farbenprächtigen Bergwiesen erheben sich die vielleicht romantischsten Gipfel Europas. Bizarre Höhlen, stille Gletscherseen und Schluchten, tiefer, als man sie sich vorstellen kann – das alles hat die Natur keine 25 Kilometer südlich der Kantabrischen See, die hier bald in die Biskaya übergeht, geschaffen: die Picos de Europa. Covadonga ist der Geburtsort der Reconquista und gilt als ein spanisches Nationalheiligtum.

Stolz und majestätisch türmt sich zwischen den Flüssen Río Deva und Río Sella das Kalkgebirge der Picos de Europa auf. Hoch aufragende Schieferhänge und schroffe Kalkwände gibt es hier zu sehen, bizarr und zum Träumen schön erheben sich der Torre Cerrede auf 2648 Meter und der Peña Santa auf über 2500 Meter. In ihrem Schutz liegt die milde Seite des Gebirges: Über 40 Orchideenarten, seltene Lilien und Narzissen gedeihen auf den traditionell bewirtschafteten Bergwiesen, die Täler duften nach wildem Jasmin. Nur die Zahl der Käsesorten reicht an die der Naturwunder heran.

Der Río Corres – einer der drei Flüsse, die das Massiv durchschneiden – hat sich ein tiefes Bett in den Fels gegraben. Bei der Garganta del Cares, einer atemberaubend schönen, engen Schlucht, fallen die Wände fast 1000 Meter senkrecht zu dem ungestümen Fluß hinab. Natur- und Bergfreunden bieten die Picos alles: Angeln, Ski- und Klettertouren, Wildwasserfahrten. Die Picos sind, verglichen mit den Alpen, nicht überlaufen, und die Fauna dieses insgesamt geschützten Gebirgsmassivs ist ein Schatz. Gemsen und Wildkatzen, Adler, Geier und Uhus, Wildpferde und seltene Schmetterlinge sind hier zu Hause.

Es war ein eher bescheidener Trupp unverzagter Krieger, der sich nach dem Einfall der Mauren unter der Führung des Westgotenfürsten Pelayo in die Berge von Covadonga zurückzog. Doch ihr Sieg im Jahre 722 über die islamischen Verfolger war der größte, weil erste überhaupt in der Geschichte der Reconquista. Im Nebel der Schluchten am nördlichen Fuß der Picos de Europa wurde das Blatt der Geschichte gewendet, und das asturische Königreich entstand. Der Heiligen Jungfrau, deren Unterstützung die Sieger den Erfolg zuschieben, weihten sie eine Grotte: Die Santa Cueva in Covadonga zählt zu den wichtigsten Pilgerorten Spaniens.

Auskunft: siehe Seite 342.

Südländisch und doch alpin: die Picos de Europa bei Potes. Der kleine Ort im Tal des Río Cares ist der beste Ausgangspunkt für Wanderungen in den südöstlichen Teil des Naturschutzgebietes.

ANDALUSIEN

Spaniens Süden – ein Fest für die Sinne

Auf einer hitzeflirrenden Landstraße ziehen singende, tanzende Wallfahrer vorbei, überhäufen ein barockes Marienbild mit Blumen und Komplimenten, der Autoverkehr stockt. Irgendwann steht man bei einer Reise durch Südspaniens Kernlandschaft sicher im Stau. Denn ganz Andalusien feiert eigentlich ständig, vom Carnaval bis in den Herbst. Und dann kommt ja bald auch schon wieder Weihnachten.

Das Frühjahr mag die angenehmste Reisezeit für die heißeste Gegend auf dem europäischen Festland sein. Doch dann atmet man nie die jasmingetränkte Luft einer andalusischen Sommernacht, sieht nicht die glücklichen Augen übermüdeter Kinder, die bei einer Feria in Vejer de la Frontera das Feuerwerk auf den maurischen Zinnen bestaunen. In Andalusiens weißen Dörfern ist jede Sommernacht ein Fest für die Sinne. Hier sind Flamenco, Sherry und Stierkampf zu Hause, hier lebt die spanische Seele am intensivsten. Die Corrida de Toros ist zu beliebt, um nur Spektakel zu sein. Für den Flamenco gilt das erst recht: Billige Folklore beschränkt sich auf ebenso billige Touristenlokale, die man ja nicht besuchen muß.

Wem Sonne und Strand an der Costa del Sol nicht genügen, der hat reichlich Alternativen – zum Beispiel die Alhambra von Granada und Córdobas Mezquita. Jeder andalusische Garten, jeder mit bunten Wandkacheln und Blumen geschmückte Hof ist ein Stück Erbe der islamischen Kultur, die über 700 Jahre lang dem Land seinen Stempel aufgedrückt hat. Außerdem findet man außergewöhnliche Naturschönheiten in Andalusien: Der Coto Doñana zählt zu Europas größten Nationalparks, die Sierra de Alhamilla ist die einzige natürliche Wüste unseres Kontinents, das größte Olivenanbaugebiet der Welt liegt bei Jaén.

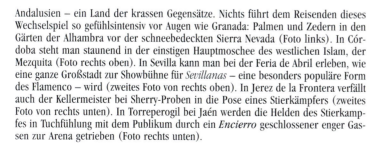

Andalusien – ein Land der krassen Gegensätze. Nichts führt dem Reisenden dieses Wechselspiel so gefühlsintensiv vor Augen wie Granada: Palmen und Zedern in den Gärten der Alhambra vor der schneebedeckten Sierra Nevada (Foto links). In Córdoba steht man staunend in der einstigen Hauptmoschee des westlichen Islam, der Mezquita (Foto rechts oben). In Sevilla kann man bei der Feria de Abril erleben, wie eine ganze Großstadt zur Showbühne für *Sevillanas* – eine besonders populäre Form des Flamenco – wird (zweites Foto von rechts oben). In Jerez de la Frontera verfällt auch der Kellermeister bei Sherry-Proben in die Pose eines Stierkämpfers (zweites Foto von rechts unten). In Torreperogil bei Jaén werden die Helden des Stierkampfes in Tuchfühlung mit dem Publikum durch ein *Encierro* geschlossener enger Gassen zur Arena getrieben (Foto rechts unten).

Südeuropa

Land der Vielfalt unter einer heißen Sonne

Andalusien – das klingt nach goldenen Orangen, feurigen Señoritas, stolzen Toreros und wilden Stieren, dunkelhäutigen Zigeunern und weißen Dörfern, nach Fiesta und Sherry. Der Saum bunter Flamencokleider bauscht sich vor dem geistigen Auge, der Klang einer Gitarre weckt den Geschmack von gegrillten Sardinen und Wein auf unseren Zungen. Andalusien ist der Inbegriff sonniger Gefilde, der an Regentagen die Seele wärmt.

Eigenartigerweise findet man all diese Klischees tatsächlich in Andalusien, nicht nur, weil Tourismusverbände genau das anbieten, was gesucht wird. Zum einen wurden diese Abziehbilder in Spanien selbst bis zum Abwinken gepflegt – man kann einem Mädchen aus Kastilien kein schöneres Kompliment machen, als ihr zu sagen, daß man sie irgendwie andalusisch findet. Außerdem feiern die Andalusier ihre Feste besonders hingebungsvoll. Und da haben wir schon die Klischees. Ganz Spanien sieht sich am liebsten so, wie Andalusien an einem Feiertag ist.

Viele der Fotos, die unser Bild von Andalusien prägen, entstehen in Sevilla. Der Carnaval ist kaum vorbei, da werden zur Semana Santa vor Ostern tonnenschwere Christusbilder durch die Straßen getragen. Bald darauf strömt die Menge zu einem barocken Madonnenschrein und feiert mit ausgelassenen Huldigungen eine *Virgen* (Jungfrau Maria), die in einem Meer von Kerzen vorbeischwebt. Keine zwei Wochen später ruht das Arbeitsleben, weil die Sevillanos die Stadt und die Plaza de Toros Tag und Nacht zum Feiern brauchen. Die Feria de Abril – nüchtern betrachtet eine geschlossene Veranstaltung vor großem Publikum, bei der Stierfarmbesitzer und Jerez-Barone (die Eigentümer der traditionsreichen Bodegas und Weingüter) in Trachten des 19. Jahrhunderts eine Woche lang Gesellschaftsstrukturen von gestern pflegen; doch wer betrachtet die Welt schon nüchtern, wenn er feiert! Vieles, was Andalusien tatsächlich ausmacht, wurde zu diesem romantischen Bild verdichtet.

Andalusien umfaßt geographisch so verschiedene Landschaften wie das Hochgebirge der Sierra Nevada, die Wüste in der Sierra de Alhamilla bei Almería, die Feuchtgebiete des Nationalparks Coto Doñana, endlose Mittelgebirge und das 300 Kilometer lange Tal des Guadalquivir mit Olivenhainen, Weingärten und Weidegebieten. Und für Badefreunde sind da noch die heiße Costa del Sol und die windige Costa de la Luz. Dieses Land ist vielfältig in seinen Traditionen und dabei widersprüchlicher, als wir es uns gemeinhin vorstellen.

An der Costa del Sol scheiden sich schon die Geister. Individualisten runzeln die Stirn, sehen endlose Strände mit sonnengeröteten Bäuchen, zubetonierte Küstenstreifen. Gesellige Zeitgenossen erinnern sich an warme Nächte auf den lebhaften Promenaden zwischen Málaga und Marbella, an Strandpartys, Pools und weiße Segel. Wer unter „Urlaub" einen Strand versteht, den er für sich und die Seinen ganz allein hat, der braucht an der Costa del Sol nicht zu suchen. Costa del Sol bedeutet, den Sommer in Gesellschaft zu verbringen. Kürzeste Wege zwischen Bungalow und Tennisplatz, Golf (so trocken Andalusien auch ist: über 50 Golfplätze gibt es im Lande), ein Gläschen am Jachthafen, ein Volleyballturnier am Strand und lange Nächte nach ausgedehnten geselligen Abendessen. Bausünden aus der Pionierzeit des Massentourismus sind die

Unser Routenvorschlag
VON GRANADA NACH RONDA

Ausgangspunkt der Reise ist Granada ❶ mit seiner schönen Altstadt und der berühmten Alhambra. Weiter geht es über Alcalá la Real ❷, das malerisch unter einer maurischen Burg liegt, nach Jaén ❸ mit dem Castillo de Santa Catalina. Über Linares ❹ mit seiner gotischen Kathedrale folgt man dem Tal des Guadalquivir auf der Nationalstraße IV bis Córdoba ❺. Hier sind die Mezquita und der Alcázar sehenswert. Entlang des Guadalquivir gelangt man auf der Landstraße 431 nach Sevilla ❻. Die meisten Sehenswürdigkeiten liegen rund um die gotische Kathedrale mit dem maurischen Turm, der Giralda. Nördlich der Stadt findet man die römische Ruinenstadt Itálica ❼. Dann empfiehlt sich ein Abstecher über die Autobahn A 49 in Richtung Huelva zum Nationalpark Coto Doñana ❽. Man erreicht ihn über die Ausfahrt Bollullos und Almonte bei dem Wallfahrtsort El Rocío. Zurück über die Autobahn kommt man nach Jerez de la Frontera ❾ mit seinen Bodegas. In der nahen Hafenstadt Cádiz ❿ ist die lebendige Altstadt mit der Kathedrale und einigen Museen interessant. Entlang der Costa de la Luz führt die E 05 nach Vejer de la Frontera unter den Zinnen der maurischen Stadtmauer. Nach einem Blick hinüber nach Afrika vom umtriebigen Badeort Tarifa ⓫ aus geht es hinter Algeciras über die Landstraßen 3331 und 341 durch die Sierras ins Landesinnere nach Ronda ⓬, dieser zauberhaften andalusischen Kleinstadt mit der schönsten Stierkampfarena des Landes.

★ Das besondere Reiseziel: Gibraltar.

Andalusien

Oliven, Oliven, Oliven: Der biblische Ölbaum trotzt selbst der sommerlichen Hitze Andalusiens und manchmal jahrelangen Dürrezeiten. Er prägt als Kulturpflanze die Landschaft fast noch mehr als Getreide und Wein.

Die Costa del Sol lebt vom Tourismus. Die Mischung macht's, doch bewegt sich jeder gern in seinem abgesteckten Bereich. Diesen markieren rund um die Villen der High-Society von Sotogrande beschrankte Zufahrten, in Marbella sorgen die Liegegebühren im Jachthafen und die exklusiven Preise der Bungalows für ein homogenes Publikum, Torremolinos versammelt eher jene Touristen, die sich ihren Urlaub zusammensparen müssen. Doch viele Sommergäste sind einfach Spanier, die hier ihr Ferienhaus haben, und die Strände und Promenaden sowie das Nachtleben sind nun einmal für alle da. Auch gutes Essen muß an der Costa del Sol nicht teuer sein, wenn man nicht gerade ein Snob ist.

In der Sierra Bermeja liegt hoch über Estepona das „weiße Dorf" Casares, das sich rund um die Ruine einer maurischen Burg an die Hänge klammert. Hier müssen spielende Kinder gut 100 Höhenmeter zwischen blumigen Balkons in frisch geweißten, engen Gassen zurücklegen, wenn der Ball davonspringt. Von hier oben relativiert sich das Bild des bei manchen Urlaubern verrufenen Küstenstreifens dort unten. Die Costa del Sol ist auch eine Art Naherholungsgebiet mit milden Wintern, in dem wohlhabende Europäer ihre alten Tage verbringen. In dieser Gegend läßt es sich leben, und hier blühen tatsächlich Zitronen, Hibiskus und Oleander, Jasmin

ANDALUSIEN AUF EINEN BLICK

SEHENSWÜRDIGKEITEN

Arcos de la Frontera: Pueblo Blanco; **Cádiz:** Altstadt, Museen, Hafen; **Córdoba:** Mezquita, Altstadt, Alcázar de los Reyes Cristianos; **Gibraltar:** Felsen mit freilebenden Berberaffen, Festungsanlagen, Ausblick; **Granada:** Alhambra, Albaicín (maurisches Viertel), Alcaicería (Einkaufsviertel), Catedral Santa María de la Encarnación; **Málaga:** Altstadt, Kathedrale; **Ronda:** maurische Altstadt; **Sevilla:** historische Altstadt, Catedral de Sevilla, Giralda, Torre de Oro, Gelände der Weltausstellung '92, Museo de Bellas Artes.

FESTE UND VERANSTALTUNGEN

Córdoba: Romeria de Santo Domingo, April, Las Cruces de Mayo, Anfang Mai, Festival de Patios, Anfang Mai, internationales Gitarrenfestival, Juni/Juli; **Granada:** Patronatsfest San Cecilio, 1. Februar, Conciertos Romanticos, freitags/samstags, April bis Oktober, internationales Musik- und Tanzfestival im Generalife, Juni/Juli, Romería del Albaicín, Ende September; **Jerez de la Frontera:** Pferdemarkt, Mai, Weinlesefest, September; **Málaga:** Patronatsfest Virgen de la Victoria, 8. September; **Ronda:** Fiestas de Pedro Romero (Corridas) und Feria, Anfang September.

AUSKUNFT

Spanisches Fremdenverkehrsamt, Myliusstr. 14, 60323 Frankfurt a. M., Tel. 0 69/72 50 33; **Spanisches Fremdenverkehrsamt**, Kurfürstendamm 180, 10707 Berlin, Tel. 0 30/8 82 65 43; **Spanisches Fremdenverkehrsamt**, Grafenberger Allee 100, 40237 Düsseldorf, Tel. 02 11/6 80 39 80; **Spanisches Fremdenverkehrsamt**, Schubertstr. 10, 80336 München, Tel. 0 89/53 01 58.

Trotz seiner bedeutenden Städte ist Andalusien eigentlich das Land der weißen Dörfer, die sich wie Montefrío seit maurischer Zeit in den Sierras eingenistet haben – meistens auch noch im Schatten irgendeiner historischen Ruine.

Kehrseite der Medaille. Doch das größte Urlaubsgebiet Europas arbeitet an seinem Image. Dank neuer Kläranlagen werden die schwarzen Punkte auf den Karten zur Wasserqualität jedes Jahr weniger. Umgehungsstraßen leiten den Verkehr um die stark gewachsenen Fischerdörfer, die ihre Promenaden für die Touristen herausputzen.

und Agaven. Gleich dahinter beginnt ein Land, von dem Individualisten nur träumen können – und mit ihnen Kulturbegeisterte, Genießer, Mountainbiker, Drachenflieger und Bergwanderer.

Im Norden legt die Sierra Morena ihren bergigen Arm um Andalusien. Mit bis zu 1300 Metern ist sie für spanische Verhältnisse nicht hoch. Seit Jahrmil-

Wenn es Abend wird, findet der Flamencosänger mit seiner Gitarre immer ein Publikum.

genleistung" ihre Nitratfrachten im Grundwasser zurückläßt. Und weil auch das angezapft wird, geht sein Spiegel zurück; merklich etwa für die Besitzer der Stierfarmen: Zusammen mit den immer länger währenden Trockenperioden hat der tiefe Grundwasser-Pegelstand weite Flächen in den Bereich zwischen Ödland und Weideland gerückt.

Die Bewohner von Cádiz können zur Not damit leben, daß ihr Trinkwasser mit Tankschiffen übers Meer kommt. Fauna und Flora des nahen Nationalparks Coto de Doñana aber nicht. Je weniger Süß-

dieser fast 110 Kilometer langen Hochgebirgskette, die nur 40 Kilometer vom Mittelmeer entfernt aufragt. Doch auch der „ewige Schnee" auf dem höchsten Gipfel, dem Mulhacén (3482 Meter) ist in den zurückliegenden Sommern getaut.

Andalusien – das klingt arabisch: Im Jahre 711 landete der maurische Heerführer Tarik Ibn Sijad bei Gibraltar, um das Land der Wandalen zu erobern: *Al vandaluz*. Dieses ostgermanische Volk hatten 300 Jahre zuvor schon die Westgoten von der Iberischen Halbinsel nach Afrika verdrängt. Doch

lionen bildet das Granit- und Schiefergebirge den Schauplatz eines zähen Ringens zweier mächtiger Flüsse. Gewinner ist der Guadalquivir: Fast ein halbes Dutzend Zuflüsse hat er seinem Rivalen, dem Río Guadiana, abgetrotzt, der im Norden die Estremadura durchzieht. Der Guadalquivir entspringt in den verhältnismäßig regenreichen Sierras östlich von Jaén. Das breite, fruchtbare Tal öffnet das Landesinnere für das atlantisch milde Klima.

Tierparadiese, Olivenhaine und das maurische Erbe

Um Jaén wachsen Olivenbäume, so weit das Auge reicht; auf schmalen Terrassen an steilen Berghängen, in endlosen Hainen auf sanften Hügeln. Kaum eines der malerischen Dörfer, über dem nicht eine maurische Festung aufragt – im Castillo de Santa Catalina von Jaén kann man sogar wohnen: Heute ist es ein staatliches Hotel (Parador Nacional), das als eines der schönsten Spaniens gilt. Jede dieser Burgen war einst Grenzfestung, denn die Grenze zwischen Christen und Mauren schob sich jahrhundertelang von hier aus auf Granada zu, das letzte maurische Königreich auf spanischem Boden.

In den dünnbesiedelten Sierras, die sich in der Provinz Cádiz und bei Almería bis an die Küste erstrecken, leben noch Adler, Geier, Wölfe und Luchse. Kork- und Steineichen, wilde Olivenbäume, Macchien und Pinien prägen die Landschaft. Im Herbst leuchten an den Ufern golden die Pappeln.

Die Landwirtschaft in Andalusien steht und fällt mit den Pegelständen der zahlreichen Stauseen in den Sierras. Die Mauren hatten mit der Verfeinerung der römischen Bewässerungstechniken den Grundstein für ihren wirtschaftlichen Erfolg gelegt – und auch für die kulturelle Blüte, wie man an den maurisch-arabischen Badehäusern und den vielen zauberhaften Brunnen in der Region sieht. Doch die Grenze zwischen Blüte und ökologischem Ruin ist in Andalusien fließend. Über 80 Prozent des Wassers verbraucht die Landwirtschaft, die als „Ge-

In der kargen Wildnis bei Calahorra südlich von Guadix steht auf einem Hügel ein mächtiges Kastell aus dem 16. Jahrhundert – eine der wenigen Burgen, die nicht aus den Kriegen der Reconquista stammen.

wasser der Guadalquivir in sein Schwemmland spült, desto mehr Salzwasser dringt vom Atlantik bei Flut in das wegen seiner Tierarten-Vielfalt einzigartige Naturparadies ein. Das Gleichgewicht wankt. Ein weiteres Schauspiel, das Andalusien dem Wasser verdankt, sind die Flamingoschwärme, die im Februar in der Laguna de la Fuente de Piedra nördlich von Málaga landen, um hier zu brüten. Die Zählungen der Naturschützer sind die einzige Belästigung, die die scheuen rosa Flamingos erdulden müssen; nur mit dem Fernglas dürfen sich die Besucher nähern.

Auch große Teile der Sierra Nevada mit ihren Gletscherseen und über 2000 Pflanzenarten, wo Alpen- und Tropenklima nur ein paar hundert Höhenmeter auseinanderliegen, stehen als Naturpark unter Schutz. Doch im Wintersportgebiet mit dem sprechenden Namen Solynieve – Sonne und Schnee – merkt man davon wenig. Erst wenn man auf der „höchsten Straße Europas" von Granada aus den Ort der Ski-Weltmeisterschaften von 1977 hinter sich gelassen hat, erschließt sich der Zauber

der Name blieb, und das heutige Andalusien ist nur ein kleiner Teil des Reiches, zu dem es damals gehörte. Bis im elften Jahrhundert ein Bürgerkrieg das mächtige Kalifat von Córdoba zersplitterte, war ganz Spanien maurisch – abgesehen von kleinen christlichen Randstaaten im Norden des Landes. Erst 200 Jahre später eroberten die Christen Córdoba, und noch bis 1492 blühte das Emirat Granada. Fast 800 Jahre lang war Andalusien also maurisch geprägt worden.

Daß die Alhambra von Granada als Zeugnis islamischer Kultur erhalten blieb, ist ein Verdienst des amerikanischen Schriftstellers Washington Irving, der den maurischen Festungspalast – 1984 von der UNESCO zum Kulturerbe der Menschheit erklärt – um 1832 durch sein Buch *Die Alhambra* aus der Vergessenheit holte. Doch von der Erhaltung maurischer Sehenswürdigkeiten bis zur Würdigung des kulturellen Erbes war der Weg noch weit. Inzwischen wird das maurische Erbe durch Ausstellungen und den Ausbau einer beachtlichen historisch-touristischen Infrastruktur gepflegt.

Paläste wie im Orient

Seit April 1995 kann man Andalusien auf den Spuren dieser Vergangenheit auf zehn verschiedenen Routen bereisen. Die Stiftung *El Legado Andalusí* (Erbe von Al Andalus – der Zeit der Mauren) bemüht sich darum, daß die Wiederbelebung maurischer Wissenschaft, Kunst- und Handwerkskultur auf Dauer bestehen kann. Gerade das Kunsthandwerk hat in den vergangenen Jahren maurische Traditionen wieder entdeckt – vom Bau von Musikinstrumenten über die Goldschmiedekunst bis zur Töpferei. Ein Geheimtip ist noch die Ruta de las Alpujarras, gewissermaßen eine lokale Seidenstraße von Almería nach Granada. Hier findet gewiß jeder sein *Pueblo blanco,* sein schönstes unter den weißen Dörfern.

Zwischen Córdoba und Granada erzählen zahllose Sehenswürdigkeiten vom Anfang, der Blütezeit

Der Nationalpark Coto Doñana im sumpfigen Delta des Guadalquivir ist eines der letzten Brutgebiete für Flamingos in Europa. Doch der Süßwasserspiegel sinkt, und nachströmendes Meerwasser gefährdet die Ökologie.

Der Löwenhof in der Alhambra: Brunnen symbolisieren bis heute Reichtum in einem trockenen Land.

und dem Ende von Al Andalus, vom islamischen Alltag und von den märchenhaften Reizen, mit denen sich damals die Herrscher umgaben. Granada ist das unvergeßliche Zeugnis einer letzten Blüte. Vielleicht deshalb ist der Herbst die ideale Jahreszeit, um die letzte maurische Hochburg zu erleben. Wie der herbstliche Granatapfel zeigt die Alhambra von außen nur ihre harte Schale: Wehrtürme und schlichte Fassaden hinter Festungsmauern. Um so prächtiger sind die Schätze dahinter: die grandiosen Gärten mit ihren Wasserspielen, der Palast der Nasriden, die stillen unterirdischen Bäder zwischen filigranem Stuck und den farbigen Ornamenten der Azulejo-Kacheln. Direkt neben dem weitgehend erhaltenen Palast mit seinen Himmeln aus Licht und Stuck hat Kaiser Karl V. einen eigenen Palast bauen lassen. Es war ein Glücksfall, daß dies im schlichten Renaissancestil des frühen 16. Jahrhunderts geschah.

Nur zehn Jahre nach der Moschee von Mekka wurde 785 unter der Herrschaft der Omaijaden in Córdoba mit dem Bau der Mezquita begonnen, die zu den bedeutendsten islamischen Sakralbauten der Welt zählt. Fasziniert schreitet man durch diesen Wald aus Hunderten von Säulen, zu dem der Gebetsraum im Laufe von 250 Jahren herangewachsen ist. Im Spiel von Licht und Schatten der Oberlichter verliert sich der rot-weiß abgesetzte Himmel der Hufeisenbogen und Gewölbe in einem bläulichen Halbdunkel. 1523 ließ Karl V. diesen Wald lichten, um in seiner Mitte eine Kirche bauen zu lassen, La Catedral. Er hat es bereut: „Hätte ich geahnt, was Sie vorhaben", beschied er den Bauleuten, „hätte ich Sie es nicht tun lassen. Denn was Sie gebaut haben, findet man vielerorts, doch was hier vorher war, gibt es nirgends auf der Welt."

Glanzvolles Córdoba

Die erste Predigt des Propheten Mohammed lag gerade 100 Jahre zurück, als der Islam auf die Iberische Halbinsel kam. In Europa gab es zu dieser Zeit nichts dem rasch entstehenden Kalifat von Córdoba Vergleichbares. Militärisch war das Abendland gegenüber dem Islam in der Defensive, kulturell war es sein eifriger Schüler. Kultur und Wissenschaft blühten an den maurischen Höfen. Obwohl Fundamentalismus und Bürgerkriege die oft allzusehr idealisierte Toleranz des Islam gegenüber Minderheiten immer wieder in Frage stellten: Die Mauren teilten Al Andalus mit Christen und Juden, die seit dem zweiten Jahrhundert hier eingewandert waren. In Córdoba wurden der berühmte Rabbi Maimónides (1135 bis 1204) geboren und der Aristoteles-Übersetzer und Philosoph Averroes (Ibu-Rushd, 1126 bis 1198), der den christlichen Denkern wichtige geistige Grundlagen erschloß.

Es sollte noch 200 Jahre dauern, bis das Abendland seine Kathedralen baute, als Abdar-Rahman III. 936 den Grundstein für seinen Märchenpalast Madinat Al-Zahra legen ließ, dessen Reste nördlich von Córdoba liegen. Das Wort bedeutet „die blendend Weiße" und war der Name einer bevorzugten Haremsdame des Kalifen. Fundamentalistische Berber haben den Palast 1010 zerstört. Die teilweise wiederaufgebauten Ruinen mit frisch restauriertem Stuckwerk vermitteln dennoch mehr als nur eine Ahnung der einstigen Pracht.

Córdoba war zur Zeit Abdar-Rahmans III. und seiner Nachfolger eine blühende Metropole mit Hunderten von Moscheen und öffentlichen Badehäusern, 200 000 Haushalten, prächtigen Palästen, Straßenbeleuchtung und riesigen Märkten. An seinen Universitäten studierten Menschen aus ganz Europa. Die Religionsausübung war frei. Spaziert man heute durch die Viertel der Altstadt, erscheint diese Zeit zum Greifen nahe. Die Zahl der Einwohner hat sich mit 285 000 kaum verändert, und von der Vielzahl der Moscheen abgesehen, blieben die wichtigsten Bauten der Mauren erhalten; so auch der Alcázar. In dieser Burg gewann Kolumbus Königin Isabella für seine Reisepläne.

Andalusien erweckt nicht immer Liebe auf den ersten Blick. In der Mittagshitze können Orte verlassen wirken, die erst am Abend erwachen. Zum Beispiel Ronda: Mitten in einer drückend warmen Sommernacht hört man durch das Fenster im Hotel zu den ersten Akkorden einer Gitarre ein langgezo-

Häufige Nebel zaubern erstes zaghaftes Weidegrün auf die felsigen Höhen der Sierra del Algarrobo bei Tarifa. Hier, wo Atlantik und Mittelmeer aufeinandertreffen, beginnt die „Ruta de Toros", das Gebiet der Zuchtstiere.

genes „Ay", mit dem ein Flamencosänger zu einem *Cante hondo* ansetzt – diesem schmerzvollen, fast quälenden Gefühlsausbruch der *Gitanos* (Zigeuner). Der tiefmelancholische *Cante hondo* wechselt immer wieder mit fröhlicheren Liedformen ab. Manchmal scheint der Sänger einfach Erlebnisse aus seinem Leben zu erzählen oder mit der ihn klatschend begleitenden Runde zu scherzen. Die spanische Seele singt. Meistens tut sie das aber nicht im Freien, sondern in *Peñas*. Das sind Bars, in denen sich Flamenco-Musiker und ihre Zuhörer versammeln. Man findet sie in keinem seriösen Reiseführer, da jede Bar je nach Laune des Augenblicks schnell zu einer *Peña* werden kann.

Die spanische Seele – musikalisch und kämpferisch

Die Wurzeln des Flamenco sind vielfältig. Eine ist unüberhörbar arabisch. Jüdische, gregorianische und byzantinische Traditionen flossen ein, ehe sich die Vorfahren der spanischen *Gitanos* – Roma, die seit dem 15. Jahrhundert aus Mitteleuropa, vielleicht auch früher über Nordafrika eingewandert sind – diese Musik zu eigen machten. Die Verfolgung unter der Inquisition hat den Flamenco geformt, er wurde zum kulturellen Ausdruck einer unterdrückten Minderheit. Seine Blüte begann um 1850, als in Sevilla die ersten *Cafés cantantes* eröffnet wurden. Die *Sevillana* – meist tritt hier der Paartanz zu Gesang und Musik – ist nur ein sehr populärer Zweig des Flamenco.

Auch die *Corrida de Toros*, der Stierkampf, ist eine Frage des Augenblicks und spontaner Gefühle. Es hat keinen Sinn, nach dem Warum zu fragen. Der Stierkampf ist Ausdruck der Seele Spaniens, ist ein Teil von Andalusien. Man kann sich dem nur stellen oder wegbleiben.

Andalusien ist nicht die Wiege des spanischen Stierkampfes. Doch die eher kleine Plaza de Toros von Ronda mit ihren neoklassizistischen Arkaden ist die zweitälteste Arena Spaniens. Die Stadt ist die Geburtsstätte der hohen Schule der Stierkämpferfamilie Romero, an deren strengen formalen Regeln seit etwa 1800 jede *Corrida* gemessen wird. Das Stierkampfmuseum erzählt von berühmten Besuchern wie Ernest Hemingway oder Orson Welles.

Überhaupt: Das hinreißend in grandioser Naturkulisse eingebettete Ronda ist Andalusien pur und seit der Epoche der Romantik immer wieder Ziel vieler Schriftsteller. Auch Rainer Maria Rilke hat hier 1912 bis 1913 einen Winter verbracht. Eine atemberaubende dreibogige Brücke, der Puente Nuevo, überspannt die tiefe Schlucht (Tajo) des Río Guadalevín, der die Altstadt von der Neustadt trennt. Von den hängenden Häusern und den Brüstungen, von den Türmen der maurischen Stadtmauer und von der Brücke aus reicht der Blick weit über das Hochplateau der Serranía de Ronda. Schon zu Zeiten der Phöniker war Ronda eine strategisch wichtige Handelsstadt.

Fährt man von Ronda aus nach Westen in Richtung Costa de la Luz, so gelangt man in die berühmte Sherry-Stadt Jerez de la Frontera. Der Weg führt an Weiden vorbei, auf denen Kampfstiere und Rassepferde gezüchtet werden – und an Weinbergen. Doch Jerez hat mehr zu bieten als nur Sherry. Bevor man sich in den Kellern der Bodegas verliert, sollte man durch die Gassen der Altstadt spazieren, wo die Weinstuben trockenen Tourismus nahezu unmöglich machen. Die Stadt ist auch ein Zentrum des Flamenco und wird mit einem Museum, Kursen und einem Festival im September diesem Ruf gerecht. In der Real Escuela del Arte Ecuestre wird die hohe Schule der Reitkunst gelehrt, in den Stallungen stehen jene edlen Andalusier, von denen die berühmten Wiener Lipizzaner abstammen.

Der englische Seeheld Sir Francis Drake, für die Spanier einfach nur ein Pirat, hatte 1594 bei einem Angriff auf Cádiz auch Wein aus Jerez erbeutet und die Engländer daheim auf den Geschmack gebracht. Weil sie das Wort nicht aussprechen konnten, tauften sie den schweren Wein Sherry – und kamen wieder. Nach und nach kauften Engländer große Weingüter auf und bauten ihre hoch herrschaftlichen Stadtvillen mit den unterirdischen Weinkellern, von denen man einige um die Mittags-

Flamencotänzer bringen das Lebensgefühl Andalusiens zum Ausdruck. Hier schlägt das Herz Spaniens.

zeit besichtigen kann. Harveys, Byass, Domecq, Babadilla und Sandeman gehören zu den bekanntesten Namen dieser Bodegas.

Man kann Andalusien auch erleben, ohne nach Sevilla zu fahren. Aber dann lernt man die Hauptstadt der Andalusier nicht kennen, für sie die „Prinzessin aller Städte" und schlechthin ein Wunder. Für die Mauren wurde Sevilla erst im zwölften Jahrhundert wichtiger als Córdoba. Ihre Moschee hat die späteren christlichen Herrscher so beeindruckt, daß sie erst nach einem Erdbeben wegen Baufälligkeit durch die gotische Kathedrale ersetzt wurde. Der Orangenhof blieb erhalten – und die Giralda, das Minarett der Moschee, dem im 16. Jahrhundert das Glockengestühl aufgesetzt wurde: das Wahrzeichen von Sevilla. Ein ähnlich eindrucksvoller Turm ist der Torre del Oro, der ursprünglich mit einem Gegenstück am anderen Ufer des Guadalquivir den Hafen bewachte. Die Mauren hatten die Türme mit vergoldeten Kacheln gedeckt.

Sevilla war der wichtigste Hafen für die goldbeladenen Schiffe aus der Neuen Welt – 250 Jahre lang, bis der Guadalquivir zu versanden drohte und die Schiffe von nun an Cádiz anliefen. Doch diese Zeit genügte, um Sevilla reich zu machen, zu einer Stadt, deren mannigfaltige Mischung weltlicher und kirchlicher, christlicher und maurischer Kulturdenkmäler jeden Reisenden fasziniert. Sevilla hat mit dem Museo de Bellas Artes die bedeutendste Kunstsammlung Spaniens nach dem Prado von Madrid. Es hat die prächtigste und größte gotische Kathedrale der Welt, es hat seinen Alcázar, der maurischen Stil mit christlicher Renaissance vereint, und seine Adelshäuser. In Sevilla ist an der Schwelle zur Neuzeit alles etwas schöner, größer, vielfältiger ausgefallen – bevor die Zeit stehenblieb.

Fortan lebte Sevilla von der fruchtbaren Ebene des Guadalquivir, die sich wenige Großgrundbesitzer teilten. Der Reichtum der 650 000 Einwohner ist es auch, den die Feria de Abril jedes Jahr aufs neue zelebriert. Gewürz dieser Selbstdarstellung ist der Stolz, Schauplatz einiger der wichtigsten Opern der Musikgeschichte zu sein: von *Don Giovanni* über den *Barbier* bis hin zu *Carmen*. Und der Stolz darauf, Emblem für die Identität eines ganzen Landes zu sein. Sevillas Reichtum ist es, Sevilla zu sein. Erst mit der Expo '92 gelangte mit futuristischen Pavillons und dem Hochgeschwindigkeitszug Ave das 20. Jahrhundert in die Stadt.

Blick von Ronda aus über die Sierras: Hier ist Andalusien vielleicht am andalusischsten. Die Einsamkeit, die Härte des Landes und seine dennoch weichen Farben wecken Heimweh beim Andalusier und Fernweh beim Fremden.

DAS BESONDERE REISEZIEL: GIBRALTAR – WO EUROPA ENDET

Ein Passagierflugzeug donnert vorbei. Dann wird die Ampel grün, und ganz unbritisch im Rechtsverkehr kreuzt man die Startbahn des Flughafens und fährt hinein in die britische Kronkolonie Gibraltar, die letzte Kolonie in Europa. Links liegt der Friedhof, rechts das betont flache Stadion – drei Jahrhunderte lang war das Gelände hier Schußfeld und mußte weitgehend frei bleiben.

425 Meter hoch, beherrscht der Felsen die strategisch wichtige Meerenge zwischen Afrika und Europa. Ein kanonengespicktes Tier, dessen Tunnelsystem im Zweiten Weltkrieg aus Angst vor deutschen Angriffen auf 50 Kilometer Länge ausgebaut wurde. An der marokkanischen Küste bei Ceuta ragt der Dschebel Musa auf, die zweite der mythischen Säulen des Herakles. Spanien war mit seinem Erbfolgekrieg beschäftigt, als die Briten 1704 die Festung im Handstreich besetzten. Zweimal belagerten Spanier und Franzosen den Felsen, doch Gibraltar blieb britisch.

1967, zu Zeiten des Franco-Regimes, sprachen sich 95 Prozent der 30 000 Bewohner in einem Referendum dafür aus, eine in inneren Angelegenheiten autonome Kolonie zu bleiben. Heute sagen die meisten, sie wollten weder Briten noch Spanier sein, sondern Gibraltesen. Auf den kaum 5,8 Quadratkilometer Boden hat sich eine nationale Identität gebildet: *Llanito* ist, wer Llanito oder Yanito spricht – eine Mundart aus andalusischem Spanisch mit Anleihen aus dem Englischen, gewürzt mit Arabisch, Portugiesisch und Hebräisch.

So bunt zusammengesetzt wie seine Sprache ist auch Gibraltars Bevölkerung. Andalusier, Portugiesen und Briten bilden den Kern. Genuesen kamen vor Jahrhunderten zum Festungsbau, Malteser folgten, Juden blieben hier ansässig, als sie Ende des 15. Jahrhunderts aus Spanien vertrieben wurden und viele von ihnen über Gibraltar nach Afrika flohen. Das Commonwealth steuerte Inder bei. Nachdem Spanien 1967 die Grenze geschlossen hatte – erst 1985 wurde sie wieder geöffnet –, kamen Marokkaner als Arbeiter. Gibraltar hat eine katholische und eine evangelische Kathedrale, eine Synagoge, eine Moschee und einen Hindutempel. Dazu kommt ein Parlament mit 15 Sitzen, in dem man daran glaubt, daß die Zukunft im Club kleiner Staaten wie Luxemburg liegt. Die Bezeichnung „Affenfelsen" bezieht sich übrigens nicht auf die Kolonialherren. Auf dem Apes' Rock lebt frei und frech eine Herde Berberaffen. Die Briten füttern sie, denn es heißt, sie selbst würden so lange auf Gibraltar bleiben wie die Affen.

Gibraltar ist ein Zoll- und Schmugglerparadies. Schwarz wie die Nacht und flach wie die Wellen schaukeln Motorboote im Hafen. Mit ihrer hohen Geschwindigkeit fahren sie der spanischen Küstenwache lässig davon, mit Rauschgift oder Zigaretten an Bord, die in Madrid an jeder Ecke feilgeboten werden. Die wichtigste Einnahmequelle bilden nicht etwa die Einkaufstouristen, die sich in der Main Street zwischen Pubs und Post Office zollfrei mit Waren versorgen. Der Handelshafen, den Gibraltar seinem Vorbild Luxemburg voraus hat, ist eine Steueroase. Man fürchtet aber auch, daß in Gibraltars Banken beträchtliche Mengen schwarzen Geldes gewaschen werden.

In Gibraltar landete im Jahre 711 der maurische Feldherr Tarik Ibn Sijad. Von diesem Felsen aus eroberte er in wenigen Jahren die Iberische Halbinsel.

SIERRA DE GUADARRAMA
Der kühle Kopf der heißen Hauptstadt

Madrid ist im Sommer heiß und im Winter kalt, immer aber laut und versmogt, kein Ort der Muße. Die findet man einen Sonntagsausflug entfernt, wo die Flüsse Manzanares, Henares und Eresma noch glasklar durch ihre felsigen Betten sprudeln. Am Fuße waldiger Sierras, auf kargen Felsen und auf dem weiten Hochland der Meseta gibt es zahllose aufregende Schönheiten zu entdecken. Viele der Einsiedeleien, romanischen Kirchen und Städte im spanischen „Burgenland" Kastilien haben Geschichte gemacht.

König Philipp II. machte Madrid 1561 zur Hauptstadt, doch er wollte dort weder leben noch begraben sein. In 1028 Meter Höhe ließ er das monumentale Kloster San Lorenzo el Real de El Escorial bauen: als Residenz und Grabstätte am Fuß der Sierra de Guadarrama nordwestlich von Madrid.

Von hier aus geht es durch das Graugrün der Steineichen, im Mai begleitet vom Duft der weiß blühenden Zistrosen, hinauf in die westliche Cordillera Central. Ab 1300 Meter Höhe prägen Bergkiefern das Bild. An der Paßhöhe von Puerto de Navacerrada erreicht man die Baumgrenze und blickt über die Zweitausender der nördlichen Meseta. In diesem kaum erschlossenen Gebiet leben Steinböcke, Schwarzstörche nisten in den Wäldern, Geier und seltene Kaiseradler kreisen über den Felsen.

Wasser ist knapp – und prägt doch Kultur und Natur der Sierras. In San Ildefonso am Nordfuß der Sierra de Guadarrama ließ Philipp V. um 1720 eine Schloßanlage mit schönen Wasserspielen anlegen: La Granja de San Ildefonso. Brunnen mit Mythengestalten werden dort über mächtige Rohre aus einem Stausee gespeist. Wenn genug Wasser da ist, sprudeln am Wochenende einige der Brunnen. Auf den Seen ist Wassersport verboten, deshalb können hier seltene Vögel ungestört brüten.

Auskunft: siehe Seite 353.

Auf den steinigen Höhen Altkastiliens liegt Ávila mit seinen mächtigen Mauern aus dem elften Jahrhundert. Seit der Vertreibung der Mauren ist die Stadt ein Provinznest voller mittelalterlicher Kunstschätze.

COSTA DE LA LUZ
Sonne, Strand und ein grandioser Nationalpark

Der stets wolkenlose Himmel gab der spanischen Atlantikküste zwischen Huelva und Tarifa ihren Namen. Zum gleißenden Sonnenlicht gesellt sich ein stetiger Wind vom Meer, so daß es hier nie so heiß wird wie im Landesinneren. Diesem erfrischenden Wind, der die Luft an der Küste des Lichts so klar und durchsichtig macht, sagt man nach, daß er den Menschen mit der Zeit den Verstand raube. Für Windsurfer stimmt das allemal: Wie verrückt kreuzen sie vor den Stränden zwischen Cádiz und Tarifa.

Der Dunst des Mittelmeers ist plötzlich wie weggeblasen, Afrika zum Greifen nahe. Fährt man von Gibraltar auf Tarifa zu, begreift man augenblicklich, woher die „Küste des Lichts" ihren Namen hat. Auf den Bergen recken sich Europas größte Windkraftwerke in der Flugschneise der Zugvögel – in die ständige Brise, die den Himmel über Spaniens südlichstem Punkt so rein hält. Im Sommer wird Tarifa lebendig. Gebräunte Surfer sitzen unter Zitronenbäumen vor den Cafés der Altstadt, nachts füllen sich Bars und Diskotheken in den Gassen um das Castillo de Guzmán aus dem zehnten Jahrhundert.

Dünen und Klippen prägen die Küste bis hinauf zum dreitausendjährigen Cádiz, dem man nicht ansieht, daß es die älteste Stadt Europas ist. Im Abendlicht leuchten Aussichtspunkte, über allem strahlt die gelbe Kuppel der barocken Kathedrale aus dem 18. Jahrhundert. Venezianer, Genuesen und der Einfluß aus den Kolonien haben hier einen unvergleichlichen Carnaval entstehen lassen. Auch die Bräuche der Karwoche sind ein Erlebnis.

Schier endlos ziehen sich die Sandstrände von der Deltamündung des Guadalquivir bis hinauf nach Huelva. Weite Teile der unerschlossenen Küste gehören dem, der sich am Meer entlang dorthin bemüht. Nur Mountainbikes und Geländefahrzeuge bedrohen die Ruhe abseits der Badeorte wie Mazagón und Matalascañas.

Überall an der Costa de la Luz leben die Bewohner kleinerer Ortschaften noch von der Fischerei wie vor Jahrhunderten. Inzwischen wird aber auch hier der Tourismus immer wichtiger. Am weitesten fortgeschritten auf dem Weg zum modernen Seebad sind Fuentebravia, der Flottenstützpunkt Rota mit seiner historischen Stadtmauer und Chipiona. Dort machen noch viele Spanier Urlaub. An der schönen Plaza steht eine sehenswerte Kirche aus dem 16. Jahrhundert. Seeleute aus der Gegend verehren ein Gnadenbild der Muttergottes in der Kapelle Virgen de la Regla am Ende der Playa de la Regla. Die Kapelle ist reich mit Azulejokacheln verziert.

Im Delta des Guadalquivir liegt auch der Nationalpark Coto Doñana. Strand, Wanderdünen, Pinien- und Korkeichenhaine, Savannenlandschaft, Seen und die Marschen des Fluß-Schwemmlandes prägen dieses artenreichste Tierreservat Europas; vom Städtchen El Rocio aus (südlich von Almonte) starten geführte Touren. Vor allem als Vogelparadies fasziniert der 350 Quadratkilometer große Park: 27 Greifvogelarten gibt es hier, der Spanische Kaiseradler, eine zoologische Rarität, horstet in den Kronen der Korkeichen. Freilebende Stiere, sogar wilde Kamele der Maurenzeit bereichern die Fauna dieser grandiosen Naturlandschaft.

Auskunft: siehe Seite 353.

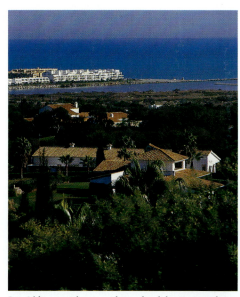

Bei Cádiz entstehen zunehmend solche Ferienanlagen für den Massentourismus wie hier in Sotogrande.

ESTREMADURA
Die Wiege des spanischen Weltreichs

Der Name täuscht: Die südwestliche Provinz Spaniens an der Grenze zu Portugal ist nicht „extrem hart", wie die wörtliche Übersetzung nahelegen würde. Die klimatisch milde, vom Atlantik beeinflußte Region hat heiße Sommer und einen gemäßigten Winter. Ihre größten Zeiten erlebte sie unter den Römern, den Mauren und zu Beginn der Neuzeit, als von hier berühmte und berüchtigte Konquistadoren wie Pizarro und Cortez auszogen, um die Neue Welt zu erobern. Besonders schön ist das Land zwischen der Zentralkordillere und der Sierra Morena zur Zeit der Kirschblüte.

Daß Kaiser Karl V. ein Reich regierte, in dem die Sonne nicht unterging, verdankte er Kriegern aus der Estremadura, die seit dem Beginn des 16. Jahrhunderts Lateinamerika eroberten. 1556 zog er sich in das Kloster San Yuste in den Ausläufern der Sierra de Gredos zurück, einen stillen Ort über der nördlichen Estremadura. Heute ist dieses Gebiet im Frühjahr ein beliebtes Ausflugsziel der Einheimi-

Im „Storchendorf" Casar de Caeres nisten Adebars auch in den Ruinen eines Barockpalastes.

schen, wenn im Tal des Río Jerte im Schutz schneebedeckter Berge ein Meer von Kirschbäumen blüht. Zu Füßen des Klosters liegt der aufgestaute Río Tiétar im Veratal, das für seinen Tabak berühmt ist.

Westlich von hier, in den Bergen von Las Hurdes, nutzen die Bauern das milde Klima bis in Höhen von 1200 Metern für den Anbau von Birnen, Kirschen und Pflaumen. Weiter oben wird die Bergwelt karger; zwischen Ginster und Heide wühlen freilebende Schweine nach Eicheln. Doch zahlreiche Bäche erfrischen den Wanderer in den Eichenwäldern, wo zwischen Obst- und Olivenhainen manchmal natürliche Becken hinter kleinen Wehren zum Baden einladen. Überall nisten auf Dächern und Türmen Störche. Im Naturpark Monfragüe leben sogar die scheuen Schwarzstörche.

Viele Städte der Estremadura haben ein Gegenstück in der Neuen Welt, etwa der Wallfahrtsort Guadalupe, dessen romanisches Marienbild der Legende nach der Evangelist Lukas geschnitzt hat. Seit dem 17. Jahrhundert wird die Muttergottesfigur in einem barocken Schrein aufbewahrt und im September in einer Prozession durch die Stadt getragen. Seit die Virgen de Guadalupe im 16. Jahrhundert einem Indio erschienen sein soll, wird sie auch in Mexiko innig verehrt. Romanik, Gotik, Barock und maurische Einflüsse machen den Besuch des Klosters von Guadalupe zu einer Reise durch die Jahrhunderte. Hier haben sich Kolumbus, Cortez und Pizarro unter den Schutz der Krone und der Jungfrau Maria gestellt.

Das Provinzstädtchen Medellín, dessen Schwestergründung in Kolumbien steht, ist der Geburtsort von Hernán Cortez, dem Bezwinger Mexikos. Hinter den trutzigen Mauern von Trujillo mit seinem maurischen Kastell wuchs Francisco Pizarro auf, der Eroberer von Peru. Der Glanz des 16. Jahrhunderts prägt die Gassen dieser Städte mit ihren stolzen Villen, die sich vormals arme Ritter nach ihrer Heimkehr aus Amerika bauen ließen. Irgendwo zwischen Mittelalter und Renaissance scheint die Zeit stehengeblieben zu sein. Dennoch ist die Region höchst lebendig. Das zeigen die Feste der Estremeños, etwa in der Karwoche, wenn die Frauen von Trujillo ihre traditionellen Hirtentrachten anlegen.

Das alte Cáceres, Provinzhauptstadt und Bischofssitz mit befestigter maurischer Altstadt, ist das Zentrum dieses ebenso schönen wie dünnbesiedelten Landstrichs, der Wiege des spanischen Weltreichs. Hier wurden aus Reconquistadoren, die 700 Jahre lang ihre Heimat von den Besatzern aus Nordafrika zurückerobert hatten, Konquistadoren, das heißt Eroberer. Hier haben Kämpfernaturen Tradition.

Mérida hat seinen Namen von der römischen Veteranenkolonie Emerita Augusta. Dort, im fruchtbaren Tal des Guadiana, am Weg zu den Gold- und Silberminen Galiciens und Asturiens, siedelte Kaiser Augustus seine verdienstvoll ausgeschiedenen Soldaten an. Über einen römischen und einen maurischen Viadukt wurde die Stadt jahrhundertelang mit Wasser versorgt. Der von Römern errichtete Stausee von Proserpina ist bis heute in Betrieb. Im Amphitheater finden im Sommer Festspiele statt. Auch römische Tempel, Thermen, Villen und zwei Triumphbogen sind noch zu sehen.

Nach Süden hin ändert sich das Landschaftsbild. Zwar wurden auch die Flüsse Tajo und Guadiana für die Landwirtschaft in Stauseen verwandelt, die den chronischen Wassermangel nicht so augenscheinlich werden lassen. Doch die dürren Sierras zwischen den Flußebenen im Zentrum der Estremadura werden immer mehr von immergrünen Stein- und Korkeichen geprägt, je näher man der Sierra Morena kommt. „Wenn die Sonne brennt, dann brennt sie", sagen die Estremeños gelassen; die Sommer sind heiß. Thymian und Jara, ein harziges Zistrosengebüsch, verströmen dann ihren Duft. Um Zafra werden die Dörfer schon andalusisch und bleichen in der Sonne aus.

Auskunft: siehe Seite 353.

Im Frühling, wenn alles schon grün ist, geben die vielen alten Eichen weiten Teilen der Estremadura das Aussehen eines leicht verwilderten englischen Parks.

BALEAREN

Mallorca und seine schönen Schwestern

Rauh kratzt der Felsvorsprung unter den nackten Füßen, eine laue Brise lindert die heiße Sonne, die aus einem ungetrübt blauen Himmel scheint, und das türkisfarbene Wasser lockt unwiderstehlich – Eintauchen ist wie ein Sprung in die Freiheit. Einsame Buchten und unverdorbene Natur sind auf den Balearen, jener spanischen Inselgruppe, die den Stoff für Urlaubsträume bildet, nicht nur Traumbilder. Wer sucht, findet noch immer seine eigene kleine „Cala", seine von schroffen Felsen geschützte Bucht mit Sandstrand.

An der Nordküste Menorcas vielleicht oder auf Ibiza, ja sogar versteckt zwischen den Betonburgen des Massentourismus warten Geheimnisse auf ihre Entdeckung. Die stete Suche nach dem richtigen Fleckchen Sand – ist das nicht der Sinn des Lebens auf Mallorca? Sich tagsüber am feinsandigen, sonnigen Strand aalen und in der milden Nacht bei spanischem Wein fröhliche Gesellschaft genießen – ist das nicht das Leben, nach dem man sich ein Jahr lang sehnen kann?

Aber die Balearen – vor allem Mallorca – sind noch viel mehr: Steinige Pfade führen in eine rauhe Wanderwelt, die nach Lavendel und Thymian duftet. Bizarr vom Wind verrenkte Bäume klammern sich an Felswände, die mehrere hundert Meter tief abfallen. Zistrosen nicken am Wegrand, die letzten schwarzen Geier, oder vielleicht auch einmal ein Adler, ziehen lässig ihre Kreise am Himmel, ein bunter Bienenfresser läßt seinen flötenden Ruf ertönen. In schmalen Steinkanälen fließt seit Jahrhunderten Wasser in Terrassenfelder, die sich an den Hängen über dem Meer staffeln. Feigen, Mandeln, Oliven, Wein und etwas Brot: Wer will da bezweifeln, daß das Paradies im Mittelmeer liegt? Die Araber wußten das jedenfalls, als sie vor vielen hundert Jahren am Fuß der Berge ihre eleganten Gärten anlegten. Der Blick auf Millionen wundervoll blühender Mandelbäume in der Ebene bezaubert uns noch heute genauso wie damals die moslemischen Eroberer aus der Wüste.

Skulpturen aus Wasser, Fels und Licht sind die Balearen. Besonders eindrucksvoll zeigt sich das an der Insel Es Vedrá (Foto links) vor der Südwestspitze von Ibiza. Im Landesinneren sieht man maurisch wirkende Bergdörfer wie Valldemossa auf Mallorca (Foto rechts oben). Einen leuchtenden Kontrast zu Strand und Bergen bilden die großen Zitronenhaine (zweites Foto von rechts oben) auf Mallorca. Barocke Kathedralen und alte Paläste, wie etwa der Bischofssitz von Ciutadella auf Menorca (zweites Foto von rechts unten), prägen die alten Küstenstädte. Bei Festen sind auf Formentera auch noch traditionelle Trachten zu sehen: Schmuck und Kopftuch verraten spanische und maurische Einflüsse (Foto rechts unten).

Von Römern, Mauren und Touristen

Erste Eindrücke können täuschen: dröhnendes Stimmengewirr in der Abfertigungshalle von „Son San Juan". Reiseleiter rufen in einem halben Dutzend Sprachen nach ihren Herden, gehetzte Eltern bändigen ihre Sprößlinge, Passagiere stolpern über Koffer, Touristen suchen ratlos nach dem richtigen Hotelbus: Chaos als Auftakt zum Ferienerlebnis. Und das soll die vielgepriesene *Isla de la calma* (Insel der Ruhe) sein? Wie bei den vielen Invasionen in der Geschichte der Inseln fluten Besucher aus dem Norden heran, stürzen sich wie marodierende Piraten auf die Küstenorte und ergreifen Besitz von ihrem Urlaubsziel. Bis zu acht Millionen sind es jedes Jahr. Mallorca wurde mit einer Viertelmillion Hotelbetten zum wichtigsten Reiseziel Europas, und dementsprechend dicht ist der Flugplan mit preiswerten Charterflügen besetzt.

Trotzdem hat die Insel sich ihre Magie bewahrt, vielleicht, weil die meisten Besucher gleich am Strand liegenbleiben. Dahinter, in verschlafenen Dörfern oder Einzelhöfen, wohnt nur noch ein Viertel der 750 000 Mallorquiner. Wenige Autominuten vom Getümmel des Badeortes s'Arenal (el Arenal) entfernt, findet man jene nur von Zikadengezirp unterbrochene Stille, von der Romantiker schwärmen. Die Einheimischen bewahren Ruhe und lassen sich nicht vom Tourismus stören, denn schließlich leben sie davon. Aber ihre Zurückhaltung und schier grenzenlose Langmut hat auch historische Ursachen. Invasoren kamen schon früher auf die Balearen; alle wurden aufgenommen und als neues Element in einer Kultur heimisch, die sich immer selbst treu geblieben ist.

Vier Inseln mit einer Gesamtfläche von 5014 Quadratkilometern bilden den Archipel der Balearen, der sich vor der Küste von Valencia erstreckt. Doch die ersten Siedler kamen vor 6000 Jahren nicht vom nahen Festland, sondern aus dem Osten, von Korsika vielleicht. Es müssen erfahrene Seeleute gewesen sein, denn die damaligen Bewohner der Küste wagten die Überquerung der oft stürmischen See nicht. Phönikische Händler aus Karthago errichteten später Handelskontore auf Mallorca. Die strategisch günstig gelegene Insel war lange eine beliebte Station auf dem Seeweg von Afrika nach Europa und von Osten nach Westen. Man handelte mit Eisen aus Kastilien oder Feigen aus Murcia, mit Sklaven und Wein aus Griechenland, Salz aus dem nahen Ibiza oder Olivenöl aus Sevilla.

Wehrlos waren die Insulaner durchaus nicht: Als Hannibal mit seinen Elefanten gegen Rom marschierte, heuerte er hier zielsichere Steinschleuderer an, die in Rom *Baliarides* genannt wurden – dieses Wort lebt in dem Namen „Balearen" weiter. Eine Bronzestatue in Palma erinnert an die gefürchteten Kämpfer, die sich zäh der Eroberung durch die römischen Legionen widersetzten.

Nach den Römern kamen die Wandalen, die auch Spanien und Nordafrika besetzten. Ihnen folgten die Byzantiner, bis sie ihrerseits dem Ansturm der Mauren weichen mußten, die 300 Jahre lang über Mallorca herrschten. Seit es dem König von Aragonien im 13. Jahrhundert gelang, die Araber oder „Moros" (Mohren, Mauren) zu vertreiben, gehören die Balearen zu Spanien.

Auf Spuren dieser bewegten Geschichte trifft man überall. Die Sprache, das *Mallorquín*, ist eine leicht abgewandelte Form des Katalanischen. Auf dem Festland in Katalonien, in Barcelona, Valencia, Alicante und Andorra, sprechen es etwa sieben Millionen Menschen. Diese alte romanische Sprache ist eine Art Zwischending, gleichermaßen geprägt vom Spanischen und Französischen.

Historisch wie geographisch ist Mallorca mit seinen 3684 Quadratkilometern die weitaus bedeutendste Insel des Archipels, mehr als zweieinhalbmal so groß wie alle anderen zusammen. Eine markante Kette schroffer Berge erstreckt sich über rund 85 Kilometer entlang der Nordwestküste. Bizarre Felsformationen, tiefe Schluchten und verborgene

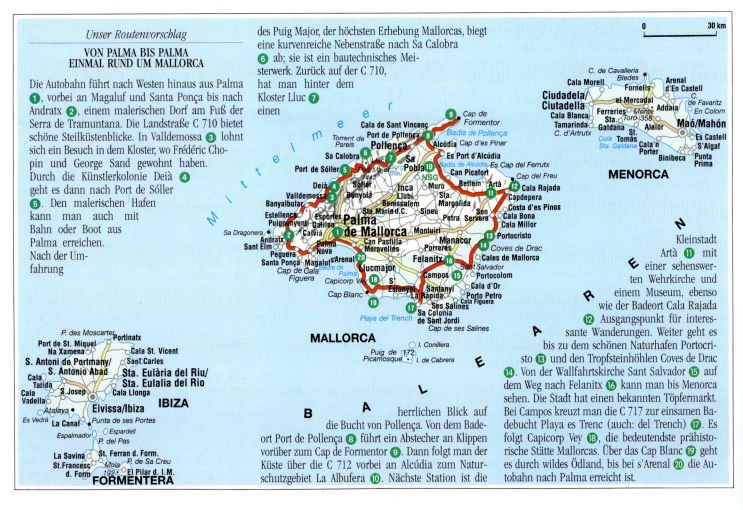

Unser Routenvorschlag
VON PALMA BIS PALMA EINMAL RUND UM MALLORCA

Die Autobahn führt nach Westen hinaus aus Palma ❶, vorbei an Magaluf und Santa Ponça bis nach Andratx ❷, einem malerischen Dorf am Fuß der Serra de Tramuntana. Die Landstraße C 710 bietet schöne Steilküstenblicke. In Valldemossa ❸ lohnt sich ein Besuch in dem Kloster, wo Frédéric Chopin und George Sand gewohnt haben. Durch die Künstlerkolonie Deià ❹ geht es dann nach Port de Sóller ❺. Den malerischen Hafen kann man auch mit Bahn oder Boot aus Palma erreichen. Nach der Umfahrung des Puig Major, der höchsten Erhebung Mallorcas, biegt eine kurvenreiche Nebenstraße nach Sa Calobra ❻ ab; sie ist ein bautechnisches Meisterwerk. Zurück auf der C 710, hat man hinter dem Kloster Lluc ❼ einen herrlichen Blick auf die Bucht von Pollença. Von dem Badeort Port de Pollença ❽ führt ein Abstecher an Klippen vorüber zum Cap de Formentor ❾. Dann folgt man der Küste über die C 712 vorbei an Alcúdia zum Naturschutzgebiet La Albufera ❿. Nächste Station ist die Kleinstadt Artà ⓫ mit einer sehenswerten Wehrkirche und einem Museum, ebenso wie der Badeort Cala Rajada ⓬ Ausgangspunkt für interessante Wanderungen. Weiter geht es bis zu dem schönen Naturhafen Portocristo ⓭ und den Tropfsteinhöhlen Coves de Drac ⓮. Von der Wallfahrtskirche Sant Salvador ⓯ auf dem Weg nach Felanitx ⓰ kann man bis Menorca sehen. Die Stadt hat einen bekannten Töpfermarkt. Bei Campos kreuzt man die C 717 zur einsamen Badebucht Playa es Trenc (auch: del Trench) ⓱. Es folgt Capicorp Vey ⓲, die bedeutendste prähistorische Stätte Mallorcas. Über das Cap Blanc ⓳ geht es durch wildes Ödland, bis bei s'Arenal ⓴ die Autobahn nach Palma erreicht ist.

Im Westen Mallorcas fährt man eine atemberaubende Steilküste entlang. Die Straße bildet oft enge Serpentinen und gewährt herrliche Ausblicke auf das Meer und die Berge.

DIE BALEAREN AUF EINEN BLICK

SEHENSWÜRDIGKEITEN
FORMENTERA: bei La Savina: Cala Savina; **IBIZA**: **Eivissa**: Stadtbild, Puig des Molins; **Portinatx**: Cala Xarraca; **Santa Eulària del Riu**: Stadtbild. **MALLORCA**: **Artà**: Cuevas de Artà (Höhlensystem); **Cala Figuera**: Felsufer, Ortsbild; **Deià**: Künstlerdorf; **Ermita de Sant Salvador**: Wallfahrtsstätte; **Esporles**: La Granja (Herrensitz); **Cap de Formentor**; **Kloster Lluc**; **Palma de Mallorca**: Altstadt, Castillo de Bellver, Kathedrale; **Portocristo**: Coves de Drac (Drachenhöhlen); **Torrent de Pareis**: Felsschlucht. **MENORCA**: **el Mercadal**: Monte Toro; **Fornells**: Bucht, Sandstrände; **Maó**: Hafen; **bei Maó**: Talati de Dalt (prähistorische Stätte).

FESTE UND VERANSTALTUNGEN
IBIZA: Sant Carles: internationaler Klavierwettbewerb, Mitte bis Ende August. **MALLORCA**: Palma de Mallorca: Antiquitätenmesse, Ende März/Anfang April, Buchmesse, Ende Mai/Anfang Juni, Kunsthandwerksmesse, Anfang Dezember; Pollença: Karwoche; Sa Pobla: San Antonio Abad, Mitte Januar; Santa Margalida: Fest La Beata, Anfang September. **MENORCA**: Maó: internationale Juweliermesse, Mai.

AUSKUNFT
Spanisches Fremdenverkehrsamt, Myliusstr. 14, 60323 Frankfurt a. M., Tel. 0 69/72 50 33; **Spanisches Fremdenverkehrsamt**, Kurfürstendamm 180, 10707 Berlin, Tel. 0 30/8 82 65 43; **Spanisches Fremdenverkehrsamt**, Grafenberger Allee 100, 40237 Düsseldorf, Tel. 02 11/6 80 39 80; **Spanisches Fremdenverkehrsamt**, Schubertstr. 10, 80336 München, Tel. 0 89/53 01 58.

Pfade machen das Gebirge zu einem Wanderparadies und einem Dorado für Naturfreunde. Seinen Namen Serra de Tramuntana verdankt es dem starken Nordwind, der darüber hinfegt.

Am Fuß der Serra im Inselinneren erstreckt sich die Llanura del Centro (auch Es Plà genannt), jene Ebene, die bis zum Einsetzen des Tourismusbooms das wirtschaftliche Herz der Insel bildete. Einst ernährte die Landwirtschaft die Mallorquiner; sie war neben dem Handel bis vor wenigen Jahrzehnten deren Haupterwerbsquelle. Noch heute versorgen die Bauern des Dorfes Sa Pobla ganz Mallorca mit Gemüse. Malerische Dörfer mit Häusern, deren Läden zum Schutz gegen die Hitze verschlossen sind, scheinen im Sommer fast ausgestorben. Getreidefelder verleihen Es Plà einen goldenen Glanz.

Palma de Mallorca – ein Hauch von Orient

Den Süden Mallorcas traf die volle Wucht des Massentourismus. Westlich von Palma wechseln sich einst einsame Buchten mit den Bettenburgen von Magaluf, Santa Ponça und Palma Nova ab. Östlich der Hauptstadt drängen sich die Feriengäste in S'Arenal, dessen Bevölkerungsdichte (einschließlich der Urlauber) der von Hongkong kaum nachsteht. Weiter nach Südosten schließt sich ein von ärmlichen Äckern durchsetztes, mit hartlaubigem Gebüsch bewachsenes Ödland an. In der Nähe der südlichsten Spitze der Insel, Cap de ses Salines, liegt hinter sanften Dünen der kilometerlange Strand von Es Trenc, der immer noch nicht überlaufen ist.

Die schönste Art, sich Palma zu nähern, ist die Anfahrt mit der Fähre von Barcelona oder Valencia. Wenn das Schiff das felsige Cap de Cala Figuera umfahren hat, sieht man den Dom von Palma, den die Einheimischen überschwenglich „Catedral de la luz" (Kathedrale des Lichts) nennen. Die gotischen Türme am Wasser heben sich hell vom Hintergrund der Serra de Tramuntana ab – wie Orgelpfeifen oder eine Reihe wehrhafter Lanzen. Die Kathedrale wurde ab 1230 auf den Ruinen der zerstörten arabischen Moschee erbaut und erst über 700 Jahre später fertiggestellt.

Gleich neben der Kathedrale zeugt der mächtige Almudaina-Palast trotz christlicher Umbauten von der Blüte der maurischen Kultur früherer Zeiten. Der Name bedeutet auf arabisch „Zitadelle" und stammt aus der Zeit, als die Stadt noch Medina

Windmühlen auf der Ebene Es Plà im Inselinneren pumpen Wasser aus tiefen Brunnen auf die Felder.

Mayurqua hieß und wegen ihrer Schönheit und ihres Reichtums in der ganzen Mittelmeerregion gerühmt wurde. Man kann sich in den engen Gassen und Treppenfluchten der Altstadt verlieren. Neben zahlreichen Kirchen und den arabischen Bädern stößt man hier auf Paläste alter Adelsfamilien, etwa die Casa Oleo mit dem einzigen erhaltenen gotischen Patio (offenen Innenhof) der Insel oder das Haus des Marquis von Vivot.

Erholung von dem Besichtigungsprogramm bietet der Parc de la Mar am Fuß der Kathedrale. Außerdem locken überall Straßencafés, und im Grand-Hotel, einem eleganten Jugendstilhaus an der Plaça Weyler, kann man seinen Kaffee in modernem Designer-Ambiente trinken. Außerhalb der Altstadt lockt das Kastell von Bellver, eine Burg mit rundem Grundriß aus dem 13. Jahrhundert.

Trotz vieler geschmackloser Appartementblocks und Hotels, die auf Mallorca die Landschaft ver-

Ziegenherden – auch eine Facette der Wirklichkeit Mallorcas. Die ökologischen und ökonomischen Nischen zwischen Tourismus und Ackerbau werden hier noch ganz selbstverständlich genutzt.

schandeln, hat sich die Natur bisher doch größtenteils als stärker erwiesen. Nur wenige Autobahnminuten von Palma liegt Magaluf, ein Symbol des Massentourismus mit allem, was dazugehört. Doch dann kommt man durch einen schier endlosen Steineichenwald an die von jäh abstürzenden Felsen gesäumte Bucht von Cala Figuera. Hier ist es, das kristallklare Wasser, für das die Balearen berühmt sind. Im Hafen von Portals Nous liegen die teuersten Jachten der Insel, in den Kneipen und Boutiquen an der schmucken Mole herrscht affektierte Langeweile, die offenbar immer auftritt, wenn sich Geld allzusehr anhäuft. In Santa Ponça zeigen neue Siedlungen Besserungsversuche der Architekten, die früher viel verschandelt haben.

Magnet für Prominente

Wie Andratx, Sóller oder Pollença wurde Calvià wegen der Piraten in einiger Entfernung zur Küste gebaut. So hatten die Bewohner bei Überfällen genug Zeit, sich zur Abwehr zu rüsten. Bei Andratx, wie auch am Cap de Formentor und in der Gegend von Artà, wächst die Zwergpalme, die einen halben bis zwei Meter groß wird und die einzige in Europa heimische Palme ist.

Von Andratx oder Calvià aus sollte man über die kurvenreiche Straße nach Puigpunyent ins Inland fahren, vorbei an dem Rentner- und Aussteigerdorf Galilea. Hier, am Fuß des Galatzogipfels, liegt La Reserva, ein Naturpark, in dem Spaziergänger auf markierten Wanderwegen die Pflanzenwelt des Gebirges entdecken können.

Schon wegen der rauhen Schönheit der Berge lohnt sich eine Reise nach Mallorca. Wer die Fahrt von Andratx über Sóller und Lluc nach Pollença an der Nordwestküste entlang nicht erlebt hat, der ist nicht wirklich auf der Insel gewesen. In Banyalbufar fallen rauhe Steinterrassen bis ans Meer hinab. Hier kann man die alten Bewässerungskanäle für die meist winzigen Äcker sehen. Schon Phöniker und Römer hatten eine Bewässerungskultur eingeführt. Die Mauren vervollkommneten das System. Die schmalen Steinkanäle werden noch immer mit dem arabischen Wort Acequia bezeichnet. Sorgsam aus Steinplatten zusammengesetzt, zeigen die Acequias noch heute, wie sparsam, gekonnt und liebevoll die Wüstensöhne mit dem wertvollen Wasser umzugehen wußten.

Die Nordwestküste ist auch die Küste der berühmten Besucher. Im Kloster Valldemossa verbrachten der Komponist Frédéric Chopin und die Schriftstellerin George Sand den Winter 1838/39. In Son Marroig wurde 30 Jahre später Erzherzog Ludwig Salvator von Österreich zum ersten bekannten Mallorca-Aussteiger; seine Villa kann man heute noch besichtigen. Seinem Beispiel folgte in Deià der britische Autor Robert Graves, der zahllose Nachahmer fand (die Preise für Häuser stiegen dementsprechend in astronomische Höhen).

Zu Mallorcas Nordspitze hin wird die Strecke etwas sanfter und bietet wunderschöne Aussichten auf die Bucht von Pollença. Um das alles richtig zu genießen, sollte man dafür unbedingt mehrere Etappen oder Tagesausflüge einplanen und am Schluß zur Erholung noch einen letzten, ruhigen Tag am Nordende der Bergkette, am malerischen Cap de Formentor, einlegen. Von Port de Pollença führt eine schmale Straße am Luftwaffenstützpunkt vorbei auf die zwölf Kilometer lange Halbinsel. Die Rastplätze bieten einige der schönsten Fotomotive auf der Insel. Wer es wie Errol Flynn, Ava Gardner oder Winston Churchill halten will, steigt im Luxushotel *Formentor* ab, dessen Strand auch per Boot von Port de Pollença aus angesteuert wird. Hinter dem Hotel führt die Straße durch Kiefernwälder und an steilen Klippen vorbei bis zum Leuchtturm. An klaren Tagen erscheint die Schwesterinsel Menorca am Horizont.

Das knapp zehn Kilometer landeinwärts an der Ostküste gelegene Artà ist quasi eine Zusammenfassung der Geschichte Mallorcas: Eine Kirche krönt die felsige Anhöhe, die auch hier Almudaina genannte Festung stammt aus arabischer Zeit. In der Umgebung liegen zahlreiche *Talayots:* aus gewaltigen Steinen errichtete Wachttürme, Gräber und Wohnhäuser – stumme Zeugen der bronzezeitlichen Siedler. In den Höhlen von Artà fanden die von christlichen Truppen bedrängten Araber samt ihrem Vieh Zuflucht, später dienten die Höhlen Piraten als Unterschlupf. Im weiter östlich direkt an der Küste gelegenen Cala Rajada, das wegen seiner Strände und Buchten bei deutschen Touristen besonders beliebt ist, kann man den Garten der berühmten Villa der Bankiersfamilie March besuchen. Hier stehen über 40 Skulpturen von namhaften Künstlern wie Henry Moore oder Barbara Hepworth.

Weltliches und Geistliches zwischen steilen Klippen

Die Berge nördlich von Artà laden vor allem zum Wandern ein. Von der Feriensiedlung Betlem führt ein malerischer Weg mit Blick auf die Bucht von Alcúdia in einer Dreiviertelstunde nach Caló de Sant Agustí, wo Krähenscharben auf Fischfang in die See eintauchen. Auch nördlich von Cala Rajada schlängeln sich Pfade an Klippen und Buchten entlang. Hier häufen sich die *Atalayas*, Wachttürme aus dem 16. Jahrhundert, von denen man Ausschau nach den gefürchteten Piraten aus Nordafrika hielt. Die Straße von Capdepera oder Artà nach Süden führt zum Auto-Safaripark von Son Servera. Dort blinzelt afrikanisches Wild gelangweilt den Autoschlangen zu, und Affen springen schon einmal frech auf die Kühlerhaube.

Portocristo, etwa 25 Kilometer südwestlich von Cala Rajada, ist seit römischer Zeit ein von steilen Felsen geschützter Fischereihafen. Heute liegen hier neben den Fischerbooten auch elegante Jachten aus Hamburg oder Miami. Eindrucksvoll sind die südlich des Ortes zu findenden, zwei Kilometer langen Tropfsteinhöhlen, die Coves de Drac (Drachenhöhlen). In der größten Halle überquert man einen kristallklaren See und lauscht den Klängen eines kleinen Konzerts.

Das Santuari Sant Salvador, ein auf einer Anhöhe von 500 Metern gelegenes Kloster aus dem 14. Jahrhundert, bietet einen weiten Blick über den Südosten der Insel – und bei guter Sicht bis nach Menorca. Am Fuß des Klosterberges liegt die kleine Stadt Felanitx mit einer Kirche aus goldglänzendem Santanyí-Stein. Der Bau wurde im 13. Jahrhundert begonnen, aber erst im 18. Jahrhundert vollendet. Im Jahre 1844 stürzte während der Osterprozession eine Terrassenmauer ein und begrub 414 Gläubige unter sich. Eine Tafel an der Seitenwand erinnert daran. Östlich der Stadt setzt sich die Küste der piniengesäumten Calas (Buchten) fort. Einige, wie die von Portocolom, haben sich ihren Charme bewahrt, andere, wie die Cala d'Or, sind längst Opfer rücksichtsloser Bauwut geworden.

Cabreras Seevögel und Menorcas Steintürme

Um einen Eindruck davon zu bekommen, wie Mallorca vor dem Ansturm der Chartermassen aussah, muß man an die Südküste fahren, nach la Ràpita und an den kilometerlangen Strand von Es Trenc, der sich hartnäckig gegen den Zugriff der Baulöwen wehrt. Ein paar Kilometer weiter nordwestlich, in Capicorp Vey, ist eine der wichtigsten Steinzeit-Fundstätten der Balearen zu sehen: Gleich fünf *Talayots* und die Grundmauern von über 2000 Jahre alten Häusern kann man hier bewundern.

Mallorca-Besucher rasen meist über die – noch im Ausbau begriffene – Autobahn in das im Inselinneren nördlich von Palma gelegene Inca: In der Industriestadt lockt ein Markt mit Lederwaren aller Art. Aber auch rechts und links der schmalen Landstraßen durch die zentrale Ebene gibt es viel zu sehen. Wieder ist es ein Pilgerort, die Ermita de Santa Magdalena, die nordöstlich von Inca einen atemberaubenden Blick über die Ebene Es Plà und die

Die Gegend um das Cap de Formentor an der Nordostspitze Mallorcas ist das landschaftlich schönste Fleckchen der Insel. Eine Straße mit mehreren Aussichtspunkten führt hinter Port de Pollença durch das Karstgebirge.

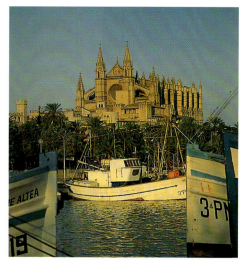

Die „Catedral de la luz" von Palma de Mallorca beherrscht die Hauptstadt der Insel und ihren Hafen.

Bucht von Alcúdia bietet. Vogelliebhaber gelangen über die Küstenstraße C 712 ins Naturschutzgebiet Albufera, wo über 100 Vogelarten nisten, gesetzlich geschützt vor dem wuchernden Betonkrebs von Alcúdia und Can Picafort.

Das 20 Kilometer südlich gelegene Petra, wo 1713 der Franziskaner Frei Junípero Serra geboren wurde, ist hauptsächlich Ziel amerikanischer Pilger. Der 1988 seliggesprochene Mönch war Gründer der Missionen von Kalifornien, darunter Los Angeles und San Francisco. In der benachbarten Industriestadt Manacor am Ostrand der Ebene werden Majorica-Kunstperlen hergestellt.

Indigoblaues Meer, steile Kalksteinfelsen, Aleppokiefern und eine von Menschen kaum gestörte, eigenartige Tierwelt – dieses Mittelmeerparadies gibt es noch auf dem Cabrera-Archipel rund 15 Kilometer vor dem Cap de ses Salines, der südlichsten Spitze von Mallorca. Etwa 20 Felsen drängen sich um die 17 Quadratkilometer große Hauptinsel. Der höchste Punkt ist mit 172 Metern der Puig de Picamosque (Mückenstichfelsen). Cabrera ist die größte Insel ohne feste menschliche Behausung im westlichen Mittelmeer. Das war nicht immer so; im 14. Jahrhundert gab es hier eine befestigte Siedlung. 500 Jahre später wurde Cabrera zum Gefangenenlager für Soldaten der geschlagenen Armeen Napoleons. Paradoxerweise ist die Erhaltung Cabreras neben den Naturschützern auch den Militärs zu verdanken: Als Sperrgebiet blieb die Insel vom Tourismus verschont. Als die Armee eine der vogelreichsten Inseln mit Artilleriefeuer eindeckte, protestierten die Ornithologen und Ökologen. Jetzt ist Cabrera ein Schutzgebiet mit einer kleinen Garnison. Der wunderschöne Naturhafen füllt sich im Sommer mit bis zu 200 Jachten und Ausflugsbooten aus Palma. Das scheint die Seevögel, Falken und Kaiseradler nicht zu stören. Auch drei auf der Welt einmalige Unterarten der Mauereidechse kommen hier vor.

Die zweitgrößte Baleareninsel, Menorca, ist die beschaulichste. Sie ist fünfmal kleiner als Mallorca und hat etwa 60 000 Einwohner – nur ein Zehntel der Bevölkerungszahl der großen Nachbarinsel. Drei Viertel der Besucher sind Briten. Menorca ist ein flaches Plateau von 48 Kilometer Länge und maximal 19 Kilometer Breite, über das der kühle Nordwind

Südeuropa

Tramuntana fegt. Der höchste Punkt der Insel, der 358 Meter hohe Monte Toro, liegt im Norden und bietet einen weiten Ausblick. Auf dem kargen, rissigen Boden wachsen Steineichen und vereinzelte, vom Wind oft bizarr verkrümmte Olivenbäume. Ackerbau wird nur in wenigen Tälern betrieben, häufiger sind Weiden. Der Norden war immer dünn besiedelt. Hier gibt es nur das wegen seines Langusteneintopfes *(Caldereta de Langosta)* bekannte Fischerdorf Fornells. Moderne Feriensiedlungen *(Urbanizaciones)* sind dazugekommen, doch die Küste ist nie so überfüllt wie auf Mallorca.

Der Süden *(Mitjorn)* besteht aus einer Kalksteinplatte, in die das Wasser tiefe Schluchten geschnitten hat. Meer und Regenwasser haben hier unzählige Höhlen geschaffen. Auf den Feldern wächst vor allem Getreide. Die Milch der Kühe wird zu Mahónkäse verarbeitet; er wird *fresco* (jung: weich und geschmeidig) oder *anejo* (bis zu einem Jahr

Die Stadt Eivissa (Ibiza) duckt sich in den Schatten der alten Festung, die von der Catedral de Nuestra Señora de las Nieves (Muttergottes vom Schnee) gekrönt wird. Gleichwohl geht man hier eher weltlichen Vergnügungen nach.

Zu den bedeutendsten Steinzeitsiedlungen Menorcas gehört die Torre d'en Gaumes bei Alaior.

gelagert: kräftig, sehr würzig) konsumiert, stammt aber größtenteils aus einer Fabrik.

Der schneidende Wind läßt hier keine Südfrüchte oder Mandeln gedeihen wie auf Mallorca, das Klima ist kühler. Steine sind das Markenzeichen der Landschaft Menorcas, aufgehäuft zu Türmen oder zu kilometerlangen Trockenmauern, die Landstraßen begleiten oder Felder aufteilen. Oft markieren sie auch eine prähistorische Stätte. Viele Zeugnisse aus der Vor- und Frühgeschichte sind auf Menorca gefunden worden, davon 300 *Talayots* und 64 *Navetas,* wie die Gräber der Ureinwohner heißen. Die seltsamen, T-förmigen *Taulas* (Tische) waren wohl einst Opferstätten. Die bekannteste ist der Talati de Dalt in der Nähe von Maó.

Die Menschen leben hier von Landwirtschaft, Tourismus und einigen traditionellen Industrien: Schmuck, Schuhe, Lebensmittel. Auch die mit Leinen bespannten Klappstühle der Straßencafés werden noch in Menorca selbst und nicht etwa in Taiwan hergestellt. Die Bevölkerung lebt verstreut auf Gehöften und in Dörfern wie el Mercadal oder Ferreries. Nur drei größere Städte gibt es: Alaior im Inselinnern, Maó am Ostende der Insel und Ciutadella am Westende.

Maó mit dem Flughafen hat gleichzeitig auch den besten Naturhafen des Mittelmeeres. Die Atmosphäre dieser auf einem Felsen über dem spiegelglatten Wasser einer tief eingeschnittenen Bucht errichteten Stadt ist eindeutig britisch. Denn Menorca war zwischen 1708 und 1802 englischer Flottenstützpunkt. Allerdings herrschten die Briten nicht ununterbrochen: Nach einem Sieg zur See gewannen die Franzosen im Jahre 1756 vorübergehend die Kontrolle über die Insel. Diese Seeschlacht hatte Folgen: Die Legende will es, daß ein französischer Koch, verzweifelt ob der armseligen in Maó vorgefundenen britischen Essensvorräte, eine neue Sauce erfand. Diese „Mayonnaise" wurde anläßlich der Siegesfeier in Paris der feinen Gesellschaft vorgestellt – und fand großen Anklang.

Bis heute bestimmen vornehme englische Häuser das Stadtbild von Maó, und die Bürger sind noch immer stolz auf die Uhr am Rathausturm. Richard Kane, der erste britische Gouverneur, hat sie gespendet. Über 1500 Briten wohnen immer noch auf der Insel, und viele mehr haben hier Ferienhäuser. Die Bars am Hafen, oft in den Fels gehauen, bieten ganz selbstverständlich britisches Bier an. Ciutadella ist das Westküsten-Gegenstück zu Maó, eine verschlafene mediterrane Stadt mit schattigen Arkaden und engen, windgeschützten Gassen. An der Baixamar, dem schmalen Hafen am Fuß der alten Mauern, findet man nette Straßencafés. Die Stadt ist die älteste der Insel und weist in den Arkaden von Ses Voltes noch Spuren arabischer Herrschaft auf. Die gotische Kathedrale aus dem 13. Jahrhundert wurde nach der spanischen Eroberung auf den Ruinen der Moschee erbaut.

Belebt ist Ciutadella eigentlich nur Ende Juni, am Feiertag von San Juan. Dann reiten die stolzen Besitzer der schwarzen Menorcahengste inmitten der singenden und tanzenden Menge. Durch das Geschrei gereizt, bäumen sich die Pferde auf – ein gefährliches Spiel, das *Jaleo* (Radau) genannt wird. Das Fest soll auf Ritter des Templerordens zurückgehen, die sich hier vor Kreuzzügen sammelten.

Ausgeflipptes Ibiza – einsames Formentera

Hippiekleidung, aber vom Feinsten: Die Risse in den Jeans sind sorgsam geplant, und was nach zufällig ausgewählter Strandkleidung aussieht, wurde in einer teuren Boutique zusammengestellt. Die Passagiere für den Flug nach Ibiza sind gut zu erkennen: jugendlich, schick, ausgelassen und ganz auf Vergnügen eingestellt – das ist seit den sechziger Jahren ihr Markenzeichen. Das „Eiland der Exzesse" nannten viele Ibiza in den freizügigen siebziger und achtziger Jahren. Schlechter Service und hohe Preise mögen die Begeisterung bei der Schickeria in den letzten Jahren gedämpft haben. Doch hatte die Insel stets mehr zu bieten als nackte Schönheiten und verrückt gekleidetes Diskovolk.

Islas Pityusas (griechisch: Pinieninseln) nennen die Einheimischen Ibiza und Formentera noch immer. Offenbar gehörten Griechen zu den ersten Siedlern, Steinzeitfunde gibt es hier nicht. Der Name Ibiza leitet sich von dem karthagischen Gott Bes her, einem fröhlichen Herrn des Weines und der Feste, dessen Geist offensichtlich die Herrschaft von Islam und Christentum überlebt hat.

Ibiza ist ein rund 40 Kilometer langes, an der Küste zerklüftetes Oval mit einem unruhigen Relief aus Kalksteinhügeln und sanft gewellten Niederungen. Der höchste Punkt heißt Atalayasa und ist 475 Meter hoch. Die mit Pinienwald und Gestrüpp bedeckten Hügel lassen dem Ackerbau wenig Raum; nur hinter Santa Eulària del Riu, am einzigen Fluß der Insel, finden die Bauern etwas mehr Platz. Die meisten der 62 000 Einwohner leben von den anderthalb Millionen Touristen im Jahr.

Die traditionelle Architektur unterscheidet sich stark von der auf den übrigen Balearen. Weiß getünchte Mauern und Terrassendächer erinnern an Griechenland, sind aber ein Relikt aus der Zeit der Maurenherrschaft. In Balafi bei Sant Llorenç del Cardassar, ein paar Kilometer nordwestlich von Santa Eulària an der Straße von Ibiza nach Sant Joan de Labritja gelegen, ist eine befestigte Maurensiedlung erhalten geblieben. Die Häuser bestehen aus Quadern, die der Sonne nur möglichst kleine Öffnungen bieten und sich um einen zentralen Wohnraum gruppieren. Ein Vordach oder eine Arkade spendet Schatten und dient als Lagerraum. Dieser Würfelstil hat seit Le Corbusier viele Architekten auch zu modernen Ferienhäusern in traditioneller Bauweise inspiriert.

In Ibiza (Eivissa), der einzigen Stadt der gleichnamigen Insel, lockt die Altstadt mit einer Festungsmauer, mit dunklen Gassen, Boutiquen und Cafés. Die Hippiewelle der sechziger Jahre überschwemmte zunächst den Hafen, wo das für Franco-Spanien zügellose Nachtleben den Ruf der Insel als besonders tolerant begründete. Heute hat sich der Massentourismus in Betonblocks rund um Sant Antoni de Portmany (San Antonio Abad) niedergelassen.

Zwei Felsen von 107 und 192 Meter Höhe mit den Namen Guillén und Mola, dazwischen eine sandige Landenge: Das ist Formentera. Gestrüpp, Feigen- und Olivenbäume, Pinien und ein von leichtem Kräuterduft gemäßigter Geruch nach Salz – viel mehr hat diese etwa 17 Kilometer breite und 23 Kilometer lange Insel mit ihren rund 5000 Einwohnern vordergründig betrachtet nicht zu bieten. Nicht einmal die Dörfer sind malerisch. Nach Phö-

Die typische Badebucht auf Formentera bietet kaum Sand, aber kristallklares Wasser und absolute Ruhe.

nikern, Puniern, Römern, Byzantinern, Mauren, Normannen und Katalanen siedelte hier lange Zeit überhaupt niemand mehr. Erst im 17. Jahrhundert ließen sich wieder ein paar Bauern und Fischer nieder. Salinen liegen beim einzigen Hafen la Savina, der nach dem hier verbreiteten „Phönikischen Sadebaum" benannt ist. Und doch hat dieser Sandfleck einen einmaligen Charme, der vor allem des Rummels überdrüssige Urlauber anzieht.

DAS BESONDERE REISEZIEL: EINZIGARTIGE BERGWELT MALLORCAS

Schon bei der Einfahrt in den Hafen von Palma überrascht die Kette der Serra de Tramuntana, deren wilde Kulisse die Anmut der Stadt unterstreicht. Ein Gipfel fällt gleich auf, und auch vom Zentrum aus, zwischen den hohen Häusern, sehen wir ihn plötzlich rot glühend im Abendlicht: den Galatzo. Wie ein Reißzahn aus grauem Felsen ragt er hinter Calvià aus den mit Pinien bewachsenen Hügeln empor, scheinbar unbezwingbar und abweisend. Mit seinen 1026 Metern ist er hier im Südwesten der Insel der überragende Gipfel. Esoteriker schreiben ihm noch heute besondere Kräfte zu, und seine Geschichte war immer mit Magie verbunden. In den Höhlen beweisen verborgene Opferstätten, daß dieser Berg schon in der Steinzeit die Menschen anzog. Der Streit eines Edelmannes, der den Dorfbewohnern im 16. Jahrhundert ihre Ländereien abspenstig machte, ist Ursprung der Legende des Comte Mal, des bösen Grafen. Der soll seine Opfer auf den Galatzo verschleppt, an Steine gefesselt und zu Tode gefoltert haben.

Heute weckt der Berg Bewunderung statt Furcht. Die Legenden unterhalten die unzähligen Besucher, die Mallorca als Wanderparadies entdeckt haben. Sie klettern fröhlich auf die bizarr zerfurchten Felsen, genießen den Duft von Rosmarin und Thymian und bewundern die Zistrosen am Wegrand.

Dreh- und Angelpunkt ist dabei die meist gut ausgebaute Landstraße C 710 von Andratx bis Pollença. Immer wieder kommt man auf sie zurück, doch die Abstecher haben es in sich. Von den Dörfern führen halsbrecherische Straßen die spektakuläre Steilküste hinunter an winzige Häfen oder Strände: Sant Elm (San Telmo) etwa oder Port de Estellencs und Canonge. Einmalig ist die Fahrt nach Sa Calobra: Warum die kurvenreiche Straße an dem Strand eigentlich gebaut wurde, weiß niemand, doch die Strecke selber ist Attraktion genug. Gewaltige, oft seltsam abgerundete Felsen liegen da wie von Gigantenhand hingeworfen. Dann wieder versperrt ein spitzer Granitblock fast die Straße, bedrohlich wie ein Reißzahn. Daß an solchen Felsen noch etwas wächst, ist schier ein Wunder – und doch klammern sich grotesk verbogene Bäume an die Steine. Ein Spazierweg führt hinter einem kurzen Tunnel in die breite Schlucht des Torrent de Pareis: Die Kluft mit fast senkrechten Wänden wird kurz vor dem Ufer breiter, eine Sandbank lädt ein, Blumen blühen auf magerer Erde.

Für die Fahrt durch das Gebirge braucht man besonders viel Zeit, um jede Kurve einzeln genießen, das sich stetig wandelnde Panorama aufsaugen zu können. Immer wieder gewähren die Klippen einen Blick auf die Brandung tief unten. Aber auch dort, wo die Landstraße die Steilküste verläßt und sich hinter dem 1443 Meter hohen Puig Major entlangwindet, überraschen fast in jeder Kehre herrliche Ausblicke auf das fruchtbare Tal von Sóller oder auf den Stausee von Gorg Blau. Wer die Serra in ein paar Tagen mit dem Auto entdeckt, wer Klöster und Paläste längst besucht hat, kehrt immer wieder mit dem Fahrrad oder zu Fuß hierher zurück: Die Magie der Serra de Tramuntana läßt ihn einfach nicht mehr los.

Der Puig Major, mit 1443 Metern Mallorcas höchster Berg, ist militärisches Sperrgebiet. Niemand darf dem NATO-Horchposten auf dem Gipfel zu nahe kommen.

Südeuropa

Costa Dorada
Zwischen Großstadtenge und unverdorbener Natur

Von der Millionenstadt Barcelona bis zum Mündungsdelta des mächtigen Ebro erstreckt sich Spaniens „Goldküste" am Mittelmeer, auch Marschland-Küste (Costa de la Maresma) genannt. Wer den Massenstrand von Salou, die Atomkraftwerke von Vandellòs oder den Erdölhafen von Tarragona umgeht, entdeckt unverdorbene Natur, prächtige Kirchen und Klöster, malerische Dörfer und blühende Gärten unter südlicher Sonne. Badeorte wie Castelldefels, Sitges oder Cambrils mit ihren herrlichen langen Sandstränden liegen im Windschutz des meist kahlen kantabrischen Küstengebirges.

Schon allein Barcelona ist eine Reise wert. Wer gern das kulturelle Angebot der katalanischen Hauptstadt – grandios die Jugendstil-Kirche Sagrada Familia des Antonio Gaudí – mit einem Strandurlaub verbinden möchte, kommt in Castelldefels oder in Sitges mit seinen zahlreichen Jugendstilvillen auf seine Kosten. Moderne Vorortbahnen machen diese Touristenhochburgen von der Olympiastadt aus leicht erreichbar.

Tarragona bietet ein modernes Zentrum mit schönen schattigen Alleen, aber auch kostbare römische Bauwerke wie beispielsweise das Amphitheater am Meer. Nachts wirkt die Aussicht auf den Erdölhafen, wo ständig Gas abgefackelt wird, eher gespenstisch.

Der vielbesuchte Strand von Salou mit seinen Hotels und Appartementanlagen ist auch bei den Spaniern beliebt. Wer Rummel mag, ist hier richtig: Der Unterhaltungspark Port Aventura, eine Art Disneyland-Konkurrenz, ist eine echte Attraktion.

Von hier aus sollte man das Hinterland auf einer schönen Fahrt über die kurvenreiche Nationalstraße N 420 von Reus bis zur Ebrobrücke bei Móra erkunden. Herrlich zwischen Weinreben und Mandelbäumen eingebettet liegt das Zisterzienserkloster von Poblete, eines der bedeutendsten romanischen Bauwerke Spaniens, eine Stiftung des Königs von Aragonien nach der Befreiung Kataloniens von den Mauren im zwölften Jahrhundert. Das Kloster wurde im 19. Jahrhundert zum Teil zerstört, seit 1940 leben hier Zisterziensermönche.

Bei Tortosa wurde 1939 die letzte große Schlacht des Spanischen Bürgerkrieges geschlagen. 150 000 Republikaner fielen bei dem vergeblichen Versuch, die Falangisten unter Diktator Franco aufzuhalten. Sehenswert sind hier die Reste einer maurischen Festung und die gotische Kathedrale. Tortosa ist auch die Pforte zum Ebrodelta, einer einmaligen Land-

So ein Sandstrand wie hier bei Sant Pol de Mar im Norden der Costa Dorada ist der Traum vieler Urlauber.

schaft, in der sich Wasser und Land einen ständigen Kampf liefern. Der größte Fluß Spaniens schiebt das Delta mit Geröll aus Kantabrien und aus den Pyrenäen jährlich um zehn Meter ins Meer hinaus. In den vielen Seen und Lagunen nisten unzählige, teils seltene Vögel.

Auskunft: siehe Seite 363.

Costa Brava
Land der Klippen, Land des Windes

„Wilde Küste" heißt der schönste Abschnitt am spanischen Mittelmeer zwischen Barcelona und der französischen Grenze. Rauh und unnahbar sieht diese Landschaft aus, aber lieblich sind die Farben und das Klima, anmutig und sanft erheben sich die Hügel des Hinterlandes. Die stark besuchten Badebuchten mit feinen Sandstränden zwischen steilen Granitklippen und Touristenzentren wie Blanes, Lloret de Mar, Calella oder Cadaqués liegen im Schatten der Pyrenäen. So kann man in der Provinz Girona den größten Teil des Jahres hindurch morgens Ski fahren und abends am Strand spazierengehen.

Französisch-spanische Grenze in Portbou: Hier standen im Zweiten Weltkrieg Flüchtlinge Schlange am Tor zum Exil, aus dem heute ein Paradies geworden ist. Eine Gedenkstätte erinnert an den Schriftsteller Walter Benjamin, der hier 1940 aus Furcht vor der Auslieferung an die Gestapo Selbstmord beging. Auf der Weiterfahrt steht man im malerischen Fischerhafen Port de la Selva vor dem romanischen Kloster Sant Pedro de Roda.

Hinter dem zerklüfteten Cap de Creus kommen Kunstfans auf ihre Kosten: In seinem Palast über dem schicken Urlaubsort Cadaqués malte Salvador

Tossa de Mar ganz im Süden der Costa Brava hat eine reizvolle kleine Oberstadt, die sich aber dem Badebetrieb am angrenzenden Strand (links) vollkommen unterordnet.

Dalí seine surrealistischen Werke. Den Dauerstau zum Touristensilo Roses sollte man auf Landstraßen durch den Ampurdán umfahren, eine sanfte Ebene voller Obsthaine und Weinberge. Hier pfeift im Winter oft der eisige Tramuntanawind; er mache die Menschen verrückt, sagt man, Dalí hingegen meinte, er habe ihn inspiriert.

Bei Roses unterbricht eine weite Bucht die felsige Küste. Das Angebot an Ausflügen in dieser Region ist endlos. Hinter der bizarren Steilküste von Begur verstecken sich romantische Dörfer: Pals, Peratallada oder Cruilles und la Bisbal d'Empordà mit seinem Töpfermarkt.

Die Provinzhauptstadt Girona hat das schönste historische Judenviertel Spaniens und eine sehenswerte Kathedrale. Weiter im Landesinneren sind der Kratersee von Banyoles, 1922 Schauplatz der Ruderolympiade, und Besalú mit seinen mittelalterlichen Befestigungen einen Besuch wert.

Auskunft: siehe Seite 363.

Costa Blanca
Palmen, Paella und Paradestrände

„Ein Stück Himmel, das auf die Erde gefallen ist" – so priesen einst die Mauren dieses fruchtbare, von der Sonne verwöhnte Land. Die „weiße Küste" unter dem blendend hellen Sonnenlicht, dem sie auch ihren Namen verdankt, zeigt sich zwischen der Steilküste im Norden bei Xàbia und den flachen Sandstränden mit Dünen und Haffs im Süden vor Murcia und Cartagena von ihrer schönsten Seite. Der Badetourismus hat die Region mit Orten wie Calp, Benidorm, Santa Pola oder La Manga berühmt gemacht. Aber man täte ihr unrecht, wenn man die bunte Folklore, die vielen Sehenswürdigkeiten und die landschaftlichen Reize darüber vergäße.

Wahl einer „Miß nasses T-Shirt" bei ohrenbetäubender Diskomusik, Schnellimbißlokale mit Pizza oder Hamburger (es schmeckt ja doch alles gleich), Touristengrills, auf denen nur mit Mühe ein Platz fürs Badetuch zu ergattern ist: Orte wie Benidorm kennt jeder. Was sie zu bieten haben, ist immer noch ein erfolgreiches Urlaubsrezept für Zigtausende, die jedes Jahr kommen. Doch die Costa Blanca ist weit mehr. Sie ist ein echtes Mittelmeerparadies mit Mandel- und Orangenbäumen, Weinbergen und Palmen, die sich majestätisch in einen immer blauen Himmel strecken.

Mit so ziemlich der längsten Sonnenscheindauer des Landes, einem milden Klima und wenig Regen zieht die Costa Blanca auch im Winter viele Urlauber aus ganz Europa an. Sie ist die eigentliche Heimat der Paella und berühmter Reisgerichte wie *Arroz a banda*. In den Restaurants gibt es eine große Auswahl an Meeresfrüchten, und in den Dörfern sorgen traditionelle Feste wie das „Misterio" von Elx (Elche) für Unterhaltung.

Im Norden ist die Küste noch steil. Der Fischerhafen Dénia, wo eine Fähre nach Ibiza abfährt, wird von einer alten Festung beherrscht und hat sich trotz der Touristenflut seinen Charme bewahrt. Griechen haben die Stadt gegründet, und wer über ihre schattige Promenade oder durch ihre verwinkelten Gassen schlendert, findet heute noch Spuren der Römer, Goten und Mauren, die sie später ausgebaut haben. Sehenswert ist vor allem die romantische Altstadt mit der gotischen Kirche. Zwischen zwei malerischen Felsvorsprüngen erstreckt sich ein schmuckes, modernes Strandviertel.

Auf dem Weg nach Süden hat man vom Cap de la Nao einen phantastischen Blick über die Klippen. In Calp liegen Strände auf beiden Seiten einer Landenge, die zum Penyal d'Ifac führt, einem nackten, 328 Meter hohen Felsen im Wasser. Man kann ihn besteigen. Das noch ein Stückchen weiter südwestlich gelegene Altea hat mit seiner Festung, seinen engen Gassen und dem Blick auf den Felsen von Ifac zahlreiche Maler inspiriert. Von hier oder vom nahen Benidorm aus führt eine Landstraße nach el Castell du Guadalest, einem Ort, der wie eine natürliche Festung auf einem grandiosen Steinklotz sitzt, stolz und uneinnehmbar in den nicht gerade seltenen Kriegen des Mittelalters.

Alicante ist mit knapp 270 000 Einwohnern die größte Stadt an der Costa Blanca. Hier gibt es elegante Promenaden, Geschäfte, eine Kathedrale und ein altes Kastell zu besichtigen. Das Museum zeigt eine sehr gute Sammlung klassischer moderner Kunst (Miró, Picasso, Kandinsky, Dalí, Bacon). Von Alicante aus bieten sich auch etliche Ausflugsmöglichkeiten an: zum Kloster der heiligen Veronica beispielsweise oder zu den Tropfsteinhöhlen von Canalobre. Der katalanische Name bedeutet „Kandelaber" und leitet sich von den bizarr geformten Stalagmiten und Stalaktiten her.

Die Straße nach Alcoi führt über Xixona (Jijona), das für seinen *Turrón* bekannt ist, eine Leckerei aus Mandeln und Honig, die in Spanien vor allem zu Weihnachten gegessen wird. Ein Museum erläutert die Geschichte der Süßigkeit, und in einer Fabrik kann man zuschauen, wie sie hergestellt wird. Die kleine Industriestadt Alcoi liegt in einem schönen Tal und ist vor allem Ende April interessant, wenn hier das „Fest der Mohren und Christen" stattfindet. Ehe man weiterfährt zu den schier endlosen Stränden von Santa Pola, den Dünen von l'Alquerieta de Guardamar oder den Salinen von Torrevieja, ist auf jeden Fall ein Abstecher nach Elx zu empfehlen: Dort gibt es nicht nur fast 6000 Jahre alte Ausgrabungen zu sehen, sondern auch einen ganz besonderen Naturpark: Hunderttausende von Bäumen bilden den größten Dattelpalmenhain Europas. In der Basilika Santa María findet jedes Jahr ein Marien-Mysterienspiel statt.

Auskunft: siehe Seite 363.

Wehrhaft versteckt sich das maurische Bergnest el Castell du Guadalest in der Gipfelregion der Sierra. Das Dorf, eine letzte Zuflucht der Mauren vor ihrer Vertreibung, ist nur durch einen Tunnel zu erreichen.

Der mächtige Felsklotz Penyal d'Ifac bei Calp bringt Abwechslung in eine einförmige Strandszenerie.

SÜDTIROL

Weinterrassen vor Felsenkulisse

Südliches Licht begrüßt den Reisenden schon bald hinter dem Brennerpaß. Die Tage sind hier sonniger und wärmer als zu Hause, doch selbst im Sommer nicht so drückend heiß wie im übrigen Italien. Durch die Fichtenwälder an den Berghängen stürzen Bäche in feuchtgrüne Täler voller Weinreben, Obstgärten und Palmen. In der einsamen Höhe findet der Blick verheißungsvolle Felsengrate.

Manche kennen Südtirol nur unter einer Schneedecke. Sie kommen zum Wintersport, etwa ins Hochpustertal, auf die Seiseralm oder ins obere Eisacktal. Mediterrane Mittagswärme macht die Rast vor der Hütte zum Sonnenbad mit sicherer Winterbräune. Im Land des Alpenglühens begegnen sich Norden und Süden. Man spricht deutsch und italienisch, in manchen Gebieten auch noch ladinisch; die höchsten Gipfel krönt ewiges Eis, aber unten umweht einen schon ein Hauch von Mittelmeer.

Immer neue Entdeckungen machen die Kunstfreunde in diesem uralten Kulturland um Brixen, Bozen und Meran: So viele Kostbarkeiten sind zu finden, von denen man außerhalb Südtirols kaum etwas weiß. Am Brixener Dom zum Beispiel erinnert eine Gedenktafel an Oswald von Wolkenstein (1377 bis 1445), den letzten ritterlichen Dichter Tirols. Meran ist der berühmteste Kurort Südtirols. Man kurte dort schon zur Biedermeierzeit, als die Stadt, noch ohne Bahnverbindungen, nur mühsam zu erreichen war. Die Leute wußten, warum sie kamen. Trotz mancher Begleiterscheinungen des Massentourismus wie Pisten und Liftschneisen: Die atemberaubende Landschaft und das gesunde Klima sind erhalten geblieben.

Bergfreunde rühmen die herrliche Landschaft der Südtiroler Dolomiten. Vielleicht gibt es keinen schöneren Talschluß als den von Sankt Magdalena im Villnößtal zu Füßen der Geislerspitzen (Foto links); hier kam der bekannte Bergsteiger Reinhold Messner zur Welt, und hier gründete er eine Alpinistenschule. Etwas Südliches scheint sogar dem Stil der fröhlichen Trachten im Grödner Tal anzuhaften (Foto rechts oben). Dieses Land ist reich – nicht nur an Kunstschätzen wie den Fresken im Kreuzgang des alten Doms zu Brixen (zweites Foto von rechts oben), sondern auch an Sinnesfreuden, vor allem während der Weinlese, wenn der Blaue Portugieser in prallen Trauben von den Hängen eingebracht wird (zweites Foto von rechts unten). Selbst die alten, einsamen Bergbauernhöfe im Ultental (Foto rechts unten) sind auf ihre bescheidene Weise reich: Sie stehen dem Himmel sehr nah und sind fern von dem lauten, hektischen Leben in den Tälern.

Südeuropa

Ein Gartenweg in den Süden

Südtirol ist ein Gartenweg, der in den Süden führt. Seine Hauptverkehrsader wurde von alters her viel benutzt und daher auch umkämpft. Links und rechts der Strecke grünt und blüht das Land und präsentiert seine Fruchtbarkeit, nicht nur auf Talgründen. Wein gedeiht bis in Höhen von 900 Metern, Obstkulturen, reich tragende Walnußbäume und Edelkastanien grüßen von Terrassen und Berghängen. In geschützten Lagen bei Bozen und Meran wachsen auch Feigenbäume, vereinzelt sogar Palmen und Kakteen. Südtirol ist der Sonne und den milden Luftströmen des Mittelmeerraums zugewandt, zugleich schützt der Alpenhauptkamm das Land vor nördlichen Kälteeinbrüchen. Meran hat eine freundliche Jahresdurchschnittstemperatur von 11,5 Grad zu bieten.

Setzt im Norden der Alpenhauptkamm die Grenze und im Süden die wuchtige Verengung des Etschtals bei Salurn, die Salurner Klause, so sind die Ränder Südtirols nach Westen und Osten hin weniger markant. Die Haupttäler bestimmen ihren Verlauf: im Westen der Vinschgau mit seinen Nebentälern, im Osten das Pustertal mit der Drauquelle, die ihr Wasser bis ins Schwarze Meer schickt.

Besiedelung und bäuerliches Leben reichen über die mittleren Höhen hinaus, noch an der Baumgrenze sieht man Extremhöfe liegen. Das Leben unter harten Naturbedingungen hat die Bergbauern jahrhundertelang geprägt in ihrer kantigen, direkten Art, aber auch in ihrer Hilfsbereitschaft. Ihre Existenz als Landwirte ist gefährdet, denn die Almen sind der Konkurrenz fetter Weiden in geographisch und klimatisch günstigeren Lagen des vereinten Europas nicht gewachsen. Doch mit ihrer Arbeit erhalten die Bergbauern die Landschaft – sie wirken der zerstörerischen Gewalt der Lawinen und der Bergstürze entgegen, die das Tal bedrohen, wenn der Bergwald nicht gepflegt wird.

Erst in unserem Jahrhundert ist Südtirol politisch von Nord- und Osttirol getrennt worden. Nach dem Ersten Weltkrieg annektierte Italien nicht nur das von Italienern bewohnte Trentino, sondern auch das überwiegend deutschsprachige Gebiet nördlich der Salurner Klause. Als 1922 der Faschismus in Rom an die Macht kam, führte der staatlich forcierte Nationalismus bald zu einschneidenden Maßnahmen an Etsch und Eisack: radikale Italienisierung bis hin zur Unterdrückung deutschsprachiger Schulen und zu neuen Ortsnamen, staatlich gelenkte Ansiedlung von Italienern. Ein Schacher der Diktatoren Mussolini und Hitler und eine Volksabstimmung sollten 1939 die deutschsprachige Bevölkerung zur Auswanderung „ins Reich" nötigen. Im Krieg wurde die Ausführung des Abkommens ausgesetzt, viele der schon Umgesiedelten kehrten nach 1945 zurück. Haß und Unduldsamkeit wuchsen

Unser Routenvorschlag

VOM VINSCHGAU INS PUSTERTAL

Wer Südtirol ganz durchqueren will, sollte statt des meistbefahrenen Alpenübergangs am Brenner die Einreise im Westen über den Reschenpaß ❶ wählen und am Reschensee entlang in den Vinschgau fahren. Über Glurns ❷ mit seiner malerischen Stadtmauer geht es weiter nach Schluderns ❸, wo man die Churburg besichtigen sollte. Sie ist die besterhaltene mittelalterliche Wehranlage Südtirols. Die Route folgt nun der Etsch bis Meran ❹, der Kurstadt inmitten von Obstgärten und burgengekrönten Höhen. Durch das fruchtbare Land des Burggrafenamtes kommt man über den Weinort Terlan nach Bozen ❺. Südtirols einzige Großstadt wird leuchtend überragt von den Felsen des Rosengartens. Die Südtiroler Weinstraße führt ins Überetsch nach Eppan ❻ und zu den Weinorten um den Kalterer See. Bei Salurn ❼ queren wir die Autobahn und wenden uns nordwärts, um unmittelbar östlich von Bozen die grandiose Große Dolomitenstraße zu erreichen, eine der schönsten Alpenstraßen überhaupt. Über den Karerpaß ❽ und das Sellajoch führt sie in zahllosen Kehren ins Grödner Tal mit dem malerischen Ort Sankt Ulrich ❾. Durchs Eisacktal geht es nach Klausen ❿ unter der hochgelegenen Klosterburg Säben und weiter nach Brixen ⓫. Gleich nördlich der Domstadt zweigt beim berühmten Kloster Neustift die Straße ins Pustertal ab, das sich wald- und wiesengrün zwischen den Zillertaler Alpen und den Hohen Tauern im Norden sowie den Dolomiten und Karnischen Alpen im Süden erstreckt. Der Hauptort ist Bruneck ⓬, eine alte Burg- und Handelsstadt. Weiter östlich liegt Toblach ⓭, das wichtigste Zentrum für Bergtouren und Skisport. Über Innichen an der Drau ⓮ mit seiner berühmten romanischen Stiftskirche geht es schließlich nach Österreich.

★ Das besondere Reiseziel: Rittener Erdpyramiden.

Weinberge säumen das Eisacktal, das vom Brenner im Norden ins Herz von Südtirol führt. Dem alten Verkehrsweg aus der Antike folgt heute die Brennerautobahn.

SÜDTIROL AUF EINEN BLICK

SEHENSWÜRDIGKEITEN

Bozen: Altstadt, Franziskanerkirche, Dominikanerkirche, Burg Runkelstein; **Brixen:** Dom, Altstadt, Diözesanmuseum in der Hofburg, Kloster Neustift; **Bruneck:** Südtiroler Volkskundemuseum Dietenheim; **Eppan:** Burg Hocheppan; **Klausen:** Kloster Säben; **Lana:** Schnatterpeck-Altar; **Mühlbach:** Schloß Rodeneck; **Naturns:** Kirche Sankt Prokulus; **Schluderns:** Churburg; **Sterzing:** Multscher-Museum.

FESTE UND VERANSTALTUNGEN

Bozen: Bozner Filmtage, April, Bozner Blumenmarkt, Ende April/Anfang Mai; **Bruneck:** internationales Hundeschlittenrennen, Januar, Stegener Markt (Volksfest), Oktober; **Kastelruth:** Kastelruther Bauernhochzeit mit Trachtenschlittenumzug, Mitte Januar, Oswald-von-Wolkenstein-Ritt, Juni; **Lengmoos/Klobenstein:** Rittner Sommerspiele, Juni/Juli; **Meran:** Meraner Bauerngalopprennen, Ostermontag, Meraner Traubenfest, Oktober; **Neumarkt:** Freilichtspiele Bozner Unterland, August; **Schnals:** Schafstrieb (Auftrieb: Juni, Abtrieb: Spätsommer); **Sterzing:** Nikolauseinzug, 5. Dezember; **Tartsch:** Scheibenschlagen, Februar.

AUSKUNFT

Staatliches Italienisches Fremdenverkehrsamt ENIT, Kaiserstr. 65, 60329 Frankfurt a. M., Tel. 0 69/ 23 74 30; Staatliches Italienisches Fremdenverkehrsamt ENIT, Berliner Allee 26, 40212 Düsseldorf, Tel. 02 11/ 13 22 31/32; Staatliches Italienisches Fremdenverkehrsamt ENIT, Goethestr. 20, 80336 München, Tel. 0 89/53 03 69.

noch, da Südtirol mit dem Trentino zwangsweise zu einer Region vereinigt wurde, in der die Deutschsprachigen in die Minderheit gerieten. Amtssprache war eine Zeitlang nur Italienisch.

Ein Bürgerkrieg drohte, es gab Bombenanschläge, Erbitterung und Gewalttaten auf beiden Seiten. In zähen Gesprächen handelten Österreich und Italien bis 1969 ein Autonomiestatut für Südtirol aus. 1988 wurde ein Paket von Selbstbestimmungsrechten parlamentarisch besiegelt.

Das Paradies beginnt gleich hinterm Brenner

Die meisten Italientouristen durchfahren Südtirol so schnell, daß sie die Schönheiten rechts und links der Autostrada nicht einmal erahnen können. Dabei lohnt es sich, schon am Brenner ins noch schluchtenge Eisacktal hinabzufahren, Gossensaß und die alte Bergwerksstadt Sterzing mit ihren gold- und silberglänzenden Wirtshaus- und Ladenschildern zu sehen, im Kloster Neustift oder spätestens in Brixen Station zu machen. Mit seinen Laubengängen und der klaren, südlichen Helligkeit des Domplatzes, mit den Ausblicken ins nah aufragende Gebirge und gepflegten alten Gasthäusern wie dem *Elefant*, dem *Fink* und dem *Finsterwirt* ist Brixen für viele Südtirols allerschönste Stadt.

An der engen Hauptstraße von Klausen, ein Stückchen weiter südwestlich auf dem Weg nach Bozen gelegen, stehen erkergeschmückte Häuser. Die Stadt in der Talsohle wird von der Burg Säben überragt, die eigentlich ein mauerumgürtetes Kloster ist. Von der Aussicht begeistert, stellte Albrecht Dürer vor fast 500 Jahren die Stadt auf seinem Kupferstich *Das große Glück* als Inbegriff landschaftlicher Schönheit dar. Hoch hinauf in die Sarntaler Alpen führen zwischen Sterzing und Bozen fast nur Fußwege. Mit dem Wagen kommt man zu Dörfern auf mittleren Höhen wie Villanders, Feldthurns und Latzfons – und genießt unvergeßliche Ausblicke. Linker Hand zweigen von der großen Nord-Süd-Straße die Täler ab, die ins Herz der Dolomiten führen: Villnößtal (zum Fuß der Geislerspitzen), Grödner Tal (zum Fuß der Sellagruppe) und Eggental (zum Karerpaß).

Von allen Talorten, ob am Eisack, an der Talfer im Sarntal, an der Rienz im Pustertal oder vom Lüsener Tal unter dem Plosegipfel, können Ausflüge gemacht werden – tagelange Wanderungen auf ho-

Die landesfürstliche Burg Tirol über Meran aus dem 15. Jahrhundert beherbergt das Städtische Museum.

he Berge oder kurze Spaziergänge auf waldige Hügel. Zahllose schöne Pfarrkirchen und Burgen gibt es zu entdecken. Vom Pustertal führen das Antholzer und das Tauferer Tal bis vor die Zillertaler Alpen, nach Süden öffnen das Abtei-, das Höhenstein- und das Sextental den Zugang zum Erlebnis des Hochgebirges.

In Bozen, der einzigen Großstadt Südtirols, sind Italienischkenntnisse nützlich, um mit den Leuten ins Gespräch zu kommen. Viele der über 100 000 Einwohner der Stadt sind aus dem Süden zugewandert. Doch immer wieder wird man beobachten, daß die Stadtjugend mitten aus dem melodischen Schwall des Italienischen in das dialektgefärbte Deutsch wechselt. Bozen – italienisch *Bolzano* – hat dank der günstigen Lage am Zusammenfluß von Eisack, Etsch und Talfer eine jahrhundertealte Handelstradition. Heute ufern die Verkehrs- und Industriebauten um die Stadt aus, sommers leidet sie unter dem Hitzesmog des Talkessels. Der Altstadtkern ist reich an Kunstschätzen, voller Leben und attraktiver Geschäfte. Die Franziskanerkirche mit dem berühmten Krippenaltar, die noch älteren Fresken der Dominikanerkirche und die Pfarrkirche am Walterplatz lohnen einen Besuch. Schon der durchreisende Weimarer Minister Goethe pries den farbenfrohen Obstmarkt unter den Lauben.

Von Bozen aus ist gut wandern

Aus dem Bozner Talgrund geht der Blick bei klarem Wetter hinauf zur Rosengartengruppe und zum klotzigen Umriß des Schlern. Geologisch ist Bozen in eine vulkanische Porphyrplatte eingebettet, die sich von der Einmündung des Grödner Tals in das Eisacktal nach Süden bis zur Salurner Klause erstreckt. Dieser Porphyr, dessen mächtige Felswände über dem Etschtal südlich von Bozen aufragen, leuchtet in einem eindrucksvollen, intensiven Rot. Das Gestein prägt als Baumaterial auch weithin das Gesicht der Städte und Dörfer.

Schon sehr italienisch wirkt der Kalterer See, eingebettet zwischen Weinbergterrassen und an schönen Sommertagen weiß getupft von zahllosen Booten.

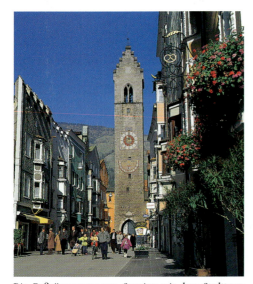

Die Fußgängerzone von Sterzing mit dem Stadtturm und vielen Häusern aus Spätgotik und Renaissance.

Der schönste Weg aus Bozen nach Süden und Westen ins Überetsch, auf die Riesenterrasse über dem Talgrund, verläuft auf der Südtiroler Weinstraße ins Südtiroler Weinbaugebiet. Kennern sind viele Ortsnamen von Flaschenetiketten her vertraut: Eppan, Girlan, Kaltern, Tramin. Kräftige, herbe Rotweine reifen mit den Sorten Pinot noir (Blauburgunder), Vernatsch, Lagrein. Auch gute Weißburgunder gedeihen hier. Beim sogenannten Törggelen kostet man im Herbst den neuen Wein mit gerösteten Kastanien, Nüssen und, wenn man's mag, mit hausgemachten Würsten und Tiroler Speck. Wein wird auch im Eisacktal, vor allem an den Rebhängen bei Kloster Neustift oberhalb von Brixen, im Burggrafenamt und im Vinschgau angebaut, doch nirgends soviel wie um den Kalterer See.

Im Frühling, wenn die Rebstöcke noch kaum begrünt sind, leuchtet das Land von rosig blühenden Obstbäumen. Besonders Äpfel sind ein wichtiger Exportartikel geworden.

Mit gedrungenen Laubengängen, einer Bauweise, wie sie längs des Inns bis ins Bayerische üblich ist, erfreut den Besucher die gut restaurierte mittelalterliche Idylle von Neumarkt, dem Hauptort des Unterlandes. Etwas nördlich davon liegt auf der Höhe das

Südtirol ist die Heimat der Haflingerpferde. Auf dem Pferdemarkt im Sarntal kann man die Tiere bewundern.

weiträumige Burggelände von Castelfeder mit geheimnisvollen Mauerresten aus prähistorischer Zeit sowie römischen und mittelalterlichen Ruinen. Über Salurn ragt kaum zugänglich die Ruine der Haderburg auf, ein ehemaliges Raubritternest.

Die Stadt Meran ist ihrer Lage und ihrem Klima nach in jeder Hinsicht gesegnet. Alle Wege führen durch ein freundliches und fruchtbares Umland hierher: von Bozen durchs Etschtal, vom Brenner im Norden über den Jaufenpaß und durchs Passeiertal, vom Bodensee und von der Schweiz durch den Vinschgau. Die Grafen von Tirol, die ihren Namen von Burg und Dorf Tirol auf dem Küchelberg oberhalb von Meran entlehnt hatten, herrschten im Mittelalter bis ins Unterinntal und in Kärnten. Erst als sie dann später von Innsbruck aus regierten, fiel Meran in einen Dornröschenschlaf.

Den Sprung vom „Kuhort" zum Kurort brachte das 19. Jahrhundert – ein Wiener Prominentenarzt propagierte 1836 die wohltätige Wirkung des Klimas, der Trauben und der Molke. Wohlhabende Lungenkranke und Erholungsuchende reisten an. Mit Gründerzeitprunk und Jugendstilcharme erinnert das Kurviertel an Merans Belle Époque.

Die Burg Tirol, die man wegen ihrer Pracht und Ausdehnung mit Recht Schloß nennt, ist heute noch mit dem mächtigen Bergfried das Wahrzeichen der Gegend. Rund 300 Burgen soll es in Südtirol geben. Fast alle befinden sich in Privatbesitz, manche sogar schon seit mehr als einem halben Jahrtausend. Sorgsam restauriert und höchst sehenswert sind die Churburg der Grafen Trapp im Vinschgau, die Trostburg über dem Eisacktal, Burg Rodeneck mit ihren Fresken (bei Brixen) und Burg Reifenstein bei Sterzing.

Auf den Spuren Andreas Hofers

Hochinteressanten Spuren der Südtiroler Geschichte kann man auch im Passeiertal folgen: Sankt Leonhardt war die Heimat des Volkshelden Andreas Hofer. Der „Sandwirt" Hofer (sein Haus in Sankt Leonhardt ist ein Museum) führte 1809 im Kampf um Tirols Eigenständigkeit die Bauernheere gegen die Armeen Napoleons und Bayerns und bezahlte dafür schließlich durch seine Hinrichtung in Mantua.

Die Gegend zwischen Reschenpaß und Meran ist auch Südtirolfans weit weniger bekannt als etwa das Puster- oder Eisacktal. Um so ursprünglicher kann man Land und Leute des Etschtals erleben, im Umkreis des Nationalparks Stilfser Joch und des Natur-

Über den Vinschgau herrschen König Ortler (3899 Meter) und die stolze Königsspitze (3895 Meter). Mit der Schweizer Berninagruppe bildet das Ortlermassiv 30 Gipfel, die höher als 3500 Meter sind.

parks Texelgruppe. Untervinschgau wird das Tal von Glurns bis Meran genannt. Schon im Obervinschgau wechselt das Landschaftsbild von kargen Berghängen zu fruchtbaren, obstbaumreichen Talfluren. Südlich ragt die Ortlergruppe auf, mit der höchsten Erhebung Südtirols (3899 Meter). Im Frühling entzückt der Anblick von Schnee im Hochgebirge und blühenden Bäumen im Tal.

Auf den Dolomitenhöhenwegen vom Pragser Wildsee nach Belluno und von Brixen nach Feltre ist man jeweils rund zwei Wochen unterwegs. Für die Steilanstiege, die Klettersteige und exponierten Passagen sollte man eine gute Kondition und alpine Erfahrung mitbringen. Für weniger Geübte gibt es schöne Alternativen in Fülle.

Die Kalkriffe der Sellagruppe – vor Jahrmillionen aus Korallenstöcken entstanden –, der Schlern mit seiner klotzigen Silhouette, der Langkofel, die Geislerspitzen über dem Grödner Tal, die Nordwände der Drei Zinnen in den Sextener Dolomiten: Das ist eine der großartigsten Gipfellandschaften der Erde.

So vielgestaltig ist dieses Land, obwohl es doch gerade 80 Kilometer von Sterzing im Norden zur Salurner Klause sind – und kaum doppelt so viele vom Skifahrerdorado Sexten im Osten zum Vinschgaustädtchen Glurns im Westen. Der Bergwanderer freilich lächelt nur, wenn ihm einer mit Luftlinien-Kilometern kommen will. Mit Südtirol wird man in einem ganzen Leben nicht fertig.

DAS BESONDERE REISEZIEL: DIE RITTENER ERDPYRAMIDEN

Das herrliche Hochland oberhalb Bozens mit seiner erfrischenden Höhenluft und seinen Wegen in sanften Steigungen ist einen Ausflug wert: Wälder, beschauliche Dörfer und über allem das grandiose Bergpanorama des Schlern. Der Weg zwischen den Dörfern Lengmoos und Klobenstein folgt den Spuren der alten Kaiser und ihrer Ritterheere, die hier südwärts zogen. Da, am Graben des Finsterbachs, glaubt man ein Gespensterheer zu sehen: erstarrte hohe, graue Gestalten, dicht an dicht gedrängt, säulenschlank, riesengroß, manche 20, gar 30 Meter, die größten mit Steinen als Helm über dem vermummten Kopf. Unheimlich? An Geister alter Recken wollen wir nicht so ohne weiteres glauben. Aber die grauen Gestalten stehen einfach da, walddicht, fremd inmitten der grünen Wälder und Wiesen. Wie sind sie hierhergekommen? Sind es Kunstwerke oder von Menschenhand aufgetürmte Hindernisse? Und wozu?

Der naturwissenschaftlich belesene Wanderer kennt die Antwort: Keineswegs Menschenwerk, sondern eine geologische Besonderheit ersten Ranges haben wir hier vor Augen. Des Rätsels Lösung heißt Erosion. Lehmverfestigter Schotter, Gletschergeschiebe aus der Eiszeit, wurde von Sturzwettern weggewaschen. Nur dort, wo schwere Steine lagen, haben sie unter sich einen Kegel vor der Verwitterung bewahrt. Darum liegen die Steine auf den Spitzen. Wenn sie Übergewicht bekommen und hinunterstürzen, wird die Erdpyramide bald fortgespült. Doch immer wieder entstehen neue Pyramiden unter anderen Steinen; die graue Versammlung ändert ihre Gestalt von Jahrzehnt zu Jahrzehnt. Anders als bei den meisten Veränderungen der Erdgestalt, die sich über Jahrtausende hin ganz allmählich und kaum erkennbar vollziehen, hat das Werden und Vergehen dieser Erdpyramiden ein Tempo, bei dem menschliche Beobachter in ihrem Leben durchaus mithalten können.

Zu den Rittener Erdpyramiden führt ein gut bezeichneter Spazierweg von Klobenstein her über Lengmoos. Außerdem gibt es auf dem Ritten noch weitere Vorkommen dieser Naturphänomene, die bei vielen Südtirolern auch Lahntürme heißen: etwa nordöstlich von Unterinn, bei Pemmern, und steil unterhalb von Oberbozen, wo der Zugang als nicht ungefährlich gilt. Außerdem finden sich Erdpyramiden im Eggental bei Gummer (vom Eisacktal östlich von Bozen biegt die Straße ins Eggental bei Kardaun ab) und bei Terenten östlich von Bruneck im Pustertal. Besonders eindrucksvolle Exemplare kann man im Trentino bei Segonzano im Cambratal bewundern. Doch gelten die drei Gruppen am Ritten miteinander als das europaweit größte Vorkommen von Erosionspyramiden. Es sind mehrere hundert. Daß es heißt, hier auf dem Ritten sei die Sommerfrische erfunden worden, wundert angesichts dieser großartigen Kulisse sicherlich niemanden.

Die Erdpyramiden am Ritten oberhalb von Bozen: unheimliche graue Gestalten, eingebettet in eine prachtvolle Naturkulisse.

Veltlin und Berninagruppe
Von Weinkellern und Gipfelstürmern

Das Veltlin (auf italienisch Valtellina) – das Tal der oberen Adda zwischen den schneebedeckten Bergen der Berninagruppe und den Gipfeln der Bergamasker Alpen – ist ein Land voller Geschichte und großartiger Panoramablicke. Im Mittelalter war es Teil der Lombardei, dann stritten sich Como, Mailand und Frankreich darum, 1512 wurde es von Graubünden erobert, heute gehört es zu Italien. Und nicht erst seit gestern trinken auch die Schweizer gern den Veltliner Wein. Die Rebhänge im unteren Teil des Tales am Comer See gelten als Ursprungsort der berühmten österreichischen Veltliner Rebsorten, die gute Weißweine ergeben.

Das Tal der Adda erstreckt sich von Bormio an der Ortlergruppe im Osten bis zum Nordufer des Comer Sees im Westen. In erster Linie ist dieses Gebiet das nahe Ski- und Wanderparadies der Mailänder und bietet von Oktober bis April ideale Wintersportbedingungen. Im Sommer flüchten sich viele hierher, um der brütenden Großstadthitze zu entkommen.

Für das obere Veltlin zwischen Tirano und Bormio stellt inzwischen der Tourismus die bedeutendste Einnahmequelle dar. Bormio ist der wichtigste Ausgangspunkt für Bergtouren in dieser Region. Schon zur Römerzeit war es wegen seiner heißen Quellen ein bekannter Badeort. Nun hat sich der mittelalterliche Handelsplatz zu einer vielbesuchten internationalen Sommerfrische, einem begehrten Kurort und einem Wintersportzentrum entwickelt. Zu den Sehenswürdigkeiten gehören die Pfarrkirche aus dem 17. Jahrhundert, die außerhalb der Stadt gelegene Kapelle Santuario del Crofisso mit Wandmalereien aus dem 15. Jahrhundert und die Thermalquellen, die einem Felsen über der tiefen Addaschlucht entspringen. Schon der römische Geschichtsschreiber Plinius hat in den Badebecken gesessen, die hier in den Fels gehauen sind. Das Heilwasser ist leicht radioaktiv, gipshaltig und zwischen 38 und 41 Grad warm. Es hilft gegen Rheuma, Lähmungen, Bluthochdruck, Asthma und Frauenleiden. Eine Schwebebahn führt hinauf in das Skigebiet um die Cima Bianca (3012 Meter). Gut markierte Wanderwege erlauben Touren in kleine Seitentäler, zu den Gipfeln der Ortlergruppe und zum Stilfser Joch (2757 Meter). Seilbahn und Skilifte erschließen Pisten aller Schwierigkeitsgrade. Besonders lohnt sich ein Ausflug in den ältesten und mit über 900 Quadratkilometern größten Nationalpark Italiens, den Parco Nazionale dello Stelvio. Hier kann man Hirsche und Gemsen, Steinböcke und Murmeltiere beobachten.

Auskunft: siehe Seite 373.

Das Presanellamassiv südlich des Ortlers: eine schneebedeckte Herausforderung für Gipfelstürmer.

Trentino
Die Tour der Berge, Seen und Burgen

Südlich der Salurner Klause spricht die Bevölkerung von alters her italienisch. Auf der Autobahn ist man in wenigen Minuten in der alten Konzilsstadt Trient (Trento), der Provinzhauptstadt, und 25 Kilometer weiter schon vor Rovereto. Das sind die einzigen größeren Städte der Provinz Trentino. Bergflanken rechts und links vom Etschtal verstecken auf dem Weg nach Süden das Eigentliche: Nebentäler, Bergmassive, Felsgruppen, Seen und Talkessel, Gletscher und Lärchenwälder, Wein und Zypressen, alte Burggemäuer. Im Gegensatz zu vielen Südtiroler Seen eignen sich die Seen des Trentino gut zum Baden.

Nordwestlich von Trient dringt man über das freundliche Val di Non zum Val di Sole in das Gebiet des Naturparks Adamello-Brenta vor, der von vielbesuchten Fremdenverkehrsorten wie Madonna di Campiglio gesäumt wird. Wanderungen unterschiedlicher Schwierigkeitsgrade bis zu den Gletschern der Presanellagruppe und ins urige Val di Genova mit seinen Wasserfällen bringen Hochgebirgserlebnisse abseits aller Durchgangsstraßen, unverbaute Ausblicke, seltene Pflanzen.

Einzigartig ist das Beieinander von Wasser und Berg im „Tal der Seen" westlich von Trient. Das Valle di Campiglio verdankt sein Entstehen der Erosion und der Eiszeit. Besonderer Höhepunkt landschaftlicher Schönheit: der Toblinosee mit einem Kastell, das über dem Wasser zu schweben scheint.

In den Dolomiten des Fassa- und Fleimstals (Val di Fiemme) im Osten der Provinz bieten sich schon vom Auto aus die Gebirgsmassive in immer neuen Gruppierungen dem Blick dar. Ausflüge sind hier für Pflanzenliebhaber ebenso interessant wie für Amateur-Mineralogen.

Östlich von Trient beginnt das Val Sugana, durch dessen romantische Kulisse man, dem Lauf der Brenta folgend, schnell ins Veneto gelangt. Allerdings besteht die Gefahr, daß man schon nach wenigen Kilometern lieber an den zauberhaften Seen von Levico und Caldonazzo bleibt oder zur Burg von Pergine aus dem 15. Jahrhundert hinaufsteigt.

Trient macht als schöne Renaissancestadt seinem historischen Ruf alle Ehre; hier setzte das Tridentinische Konzil in den Jahren 1545 bis 1563 die katholische Glaubenslehre neu fest. Wahre Fundgruben für Kunstliebhaber sind die mittelalterliche Burg mit ihren Wandmalereien und der Dom.

Auskunft: siehe Seite 373.

Zwar kommt man auch mit der Seilbahn von Cortina d'Ampezzo auf die 3243 Meter hohe Tofana di Mezzo und kann den Blick über die Ostdolomiten genießen; doch Bergsteiger lieben ja gerade die schwierigen Klettersteige.

GARDASEE
Ein Stück Riviera zwischen Alpengipfeln

Malerische Fischerboote und die Jachten reicher Pensionäre am Ufer, Palmen, die sich vor freundlichen Landhäusern und Hotels mit Jugendstilfassaden im Wind wiegen, und das Ganze vor dem grandiosen Hintergrund steil aufragender Felswände und auch im Sommer manchmal schneebedeckter Berggipfel: Das ist der Gardasee, auf italienisch Lago di Garda. An diesem größten der berühmten oberitalienischen Seen treffen Hochgebirgslandschaft und südliches Flair besonders augenfällig zusammen. Schon Johann Wolfgang von Goethe schrieb in Torbole am 12. September 1786: „Ein köstliches Schauspiel, der Gardasee."

Am größten Binnengewässer Italiens, das 52 Kilometer lang und bis zu 346 Meter tief ist, wächst prächtig, was eigentlich sonst auf der italienischen Halbinsel nur vereinzelt gedeiht. Der Gardasee bildet gewissermaßen die Synthese der Vegetation des Landes: Mandel- und Lorbeerbäume, Orangen und Europas nördlichste Oliven, Feigen, Zitronen und Oleander, Salbei und Lavendel. Kaum eine italienische Region kann auch mit einer derartigen Vielfalt in der Landschaft aufwarten wie die um den Gardasee: Während auf den hohen Bergen ringsum noch Schnee liegt, herrscht an den Ufern mittelmeerisches Treiben. Das außergewöhnlich milde Klima hat sicherlich seinen Anteil daran. Vorzugsweise von März bis Oktober ist der von vielen alten Burgen umstandene See ein beliebtes Reiseziel.

In erster Linie ist der Gardasee eine mit Wasser gefüllte Schlucht zwischen den Regionen Lombardei, Veneto und Trentino, eine besondere Attraktion schon für den Italienreisenden Goethe und seitdem für alle, die vom Norden nach Italien drängen. Besonders in berühmten Fremdenverkehrsorten am Westufer wie Salò, Gardone, Riva del Garda und Gargnano zeugen die vielen Villen, Hotels und Gärten vom Glanz einer Gesellschaft, die am Gardasee schon seit über 100 Jahren der Muße pflegte. Sirmione wird aber auch als Thermalkurort geschätzt.

Unbedingt besuchen sollte man den Kurort Gardone Riviera auf der lombardischen Seite des Sees. Da gibt es einen schönen botanischen Garten und die pompöse Villa, in der von 1921 bis zu seinem Tod 1938 der Dichter Gabriele D'Annunzio residierte. Die Anlage, heute ein Museum, spiegelt das Lebensgefühl einer dekadenten, rückwärtsgewandten Zeit wider, die sich vor den Herausforderungen der Moderne verschloß. D'Annunzio, Parteigänger des Mussolini-Faschismus, vermachte das Anwesen 1923 dem Staat. Unrühmlich bekannt wurde auch Salò, obwohl hier Gasparo da Salò (1542 bis 1609) geboren wurde, der Erfinder der Geige. Der Luftkurort war von September 1943 bis April 1945 die Hauptstadt der faschistischen Sozialen Republik Italien. Sehenswert sind die schönen Uferanlagen und der Dom Santa Maria Annunziata aus dem 15. Jahrhundert.

Über den Hafen des Thermalbadeortes Sirmione wacht eine restaurierte Scaligerburg aus dem 13. Jahrhundert.

Der Gardasee ist ein Paradies für Surfer und Segler. In seinem fjordartigen nördlichen Teil bietet er fast ideale Windbedingungen, allerdings nur bis Malcésine. Der Wind weht hier gleichmäßig aus Süden wie nur selten an anderen Orten. Passionierte Segler können an der alljährlichen Binnenseeregatta *Centomiglia* teilnehmen, die in Bogliaco am Westufer startet, um schließlich bei Desenzano die Zielboje zu passieren. Das Zentrum der Surfer und Segler wurde Torbole am Nordostufer. Am malerischsten zeigt sich der See sicherlich an seinem Südteil, wo sich das Gros der Touristen tummelt. Hier stehen die schönsten Hotels und Golfplätze, hier kann man am besten baden.

Die schönsten Orte am sanften Ostufer sind Malcésine, Garda und Lazise. Garda wurde schon von den Römern besiedelt; hier stehen die sehenswerte Kirche Santa Maria Maggiore aus dem 16. Jahrhundert, der Palazzo del Capitano aus dem 15. Jahrhundert und die Villa Albertini, die im Stil einer mittelalterlichen Burg im 19. Jahrhundert in einen Park gebaut wurde. Das ebenfalls römische Lazise (Lasitium) war im zwölften Jahrhundert die erste freie Stadt am Gardasee. Hier lohnt sich ein Besuch der Scaligerburg und der Kirche San Nicolà mit ihren mittelalterlichen Fresken. In der Scaligerburg von Malcésine schließlich hat Goethe während seiner Italienreise Station gemacht.

Auskunft: siehe Seite 373.

Der Gardasee vom Nordwestufer bei Limone aus betrachtet: Am anderen Ufer liegt rechts in dunstiger Ferne zu Füßen des Monte Baldo das Städtchen Malcésine, wo einst Goethe Station machte.

Italienische Riviera

Wo ewiger Frühling lockt

Blaues, brandendes Meer und steile Klippen, Weinterrassen und die typischen, ins Profil der Berge hineingebauten mehrstöckigen Häuser, rauhe Natur und raffinierte Baukunst aus unterschiedlichen Epochen – so wird die Italienische Riviera von cleveren Touristenmanagern angepriesen. Und so präsentiert sie sich auch tatsächlich vielerorts dem Betrachter. Doch hat sie noch viele andere Gesichter.

An vielen Küstenabschnitten, wo die stattlichen Einnahmen durch den Tourismus in den letzten Jahrzehnten alten Fischerorten zu neuem Glanz verholfen haben, scheint einfach die Zeit stehengeblieben zu sein. Dort ruft dieses Fleckchen Erde Sinneseindrücke hervor, die sich gleichsam zu einer vielstimmigen, herrlichen Sinfonie vereinigen.

Leugnen läßt sich leider nicht, daß durch den Fortschritt auch Mißklänge hineingekommen sind: Erdölraffinerien, Chemiefabriken, Stahlwerke und andere Industrieanlagen blasen ihre Abgase in die Luft, lassen ihre Abwässer in das Ligurische Meer fließen. Algen- und Ölpest machen immer einmal wieder Schlagzeilen, Benzingestank und Verkehrslärm nehmen zu. Hinzu kommen Katastrophennachrichten, wenn im Herbst bei schweren Regenfällen die Bäche und Flüsse im Hinterland über die Ufer treten und die Küstenorte überschwemmen. Genua erlebte allein in den letzten Jahren mehrmals verheerende Unwetter und Überschwemmungen.

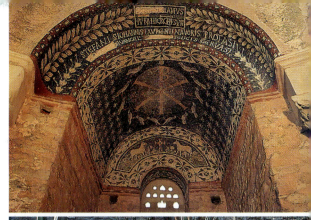

Die Italienische Riviera zwischen Ventimiglia und La Spezia gilt als eine der abwechslungsreichsten Küstenlandschaften Europas. Teil dieser Landschaft sind altertümliche Städtchen wie Portovénere südlich von La Spezia mit seinem Genueser Kastell und der Kapelle San Pietro (Foto links). Das Baptisterium von Albenga mit byzantinischen Mosaiken aus dem sechsten Jahrhundert (Foto rechts oben) ist das älteste Zeugnis aus frühchristlicher Zeit in Ligurien. Wo es das Küstengebirge zuläßt, wachsen exotische Blumen, Kakteen und Sukkulenten wie um Bordighera, das für seinen Botanischen Garten bekannt ist (zweites Foto von rechts oben). Überall trifft man auf uralte Seefahrerstädtchen wie Camogli mit seinem idyllischen Hafen (zweites Foto von rechts unten). Und das Olivenöl aus Ligurien ist das beste in ganz Italien. Die Bauern sammeln die Früchte in Netzen (Foto rechts unten).

Südeuropa

Rund um den Golf von Genua

Ist der Glanz der Italienischen Riviera, der einst die Reichen und Schönen aus ganz Europa – allen voran betuchte Engländer – zur mondänen Winterkur lockte, verblaßt und dahin? Nein, denn so schnell kann er nicht verlorengehen, der Reiz einer von mildem Klima verwöhnten, immergrünen Natur, deren Bild von Weinbergen, Ölbaumterrassen, Pinienhainen, Blumengärten, Palmenstränden, Zypressen und Agaven geprägt wird. Immerhin hat dieser Küstenstreifen schon vor 200 000 Jahren Menschen angelockt; so alt sind die Steinzeithöhlen bei Ventimiglia. Manche Touristen zieht es zur sanfteren, flach ins Meer auslaufenden Küste der Ponente mit ihren vielen Sandstränden, andere fühlen sich mehr zur herben Küste der Levante hingezogen, wo das Meer peitschend an die Steilküste schlägt und Gischtnebel aufschäumen läßt.

Zwischen dem Ligurischen Meer mit seiner buchtenreichen, an vielen Stellen nur schwer zugänglichen Küste und den Bergketten der Ligurischen Alpen sowie des Ligurischen Apennin erstreckt sich in einem schmalen Bogen zwischen der Côte d'Azur und der Toskana die italienische Region Ligurien. Fast genau auf dem Scheitel des Bogens liegt Genua, die Hauptstadt der Region und Trennpunkt zwischen den beiden Küstenstreifen der Italienischen Riviera, der westlichen, sanfteren Ponente und der wilderen, östlichen Levante.

Das mit nur 5415 Quadratkilometern verhältnismäßig kleine Ligurien ist nach dem alten Volksstamm der Ligurer benannt, einem vorindogermanischen Volk, das einst zwischen Po-Ebene und Pyrenäen siedelte. Zunächst von den Etruskern, später dann von den Kelten und schließlich von den Römern immer weiter abgedrängt, blieb den Ligurern zuletzt nur noch jenes Gebiet als Lebensraum, das heute nach ihnen benannt ist. Allerdings waren sie keineswegs die ersten, die hier siedelten. Wie die Höhlen der „Balzi Rossi", der Roten Klippen bei Ventimiglia, belegen, war die Gegend schon vor mindestens 200 000 Jahren von jenem unmittelbaren Vorläufer des Homo sapiens bewohnt, den man den Cromagnonmenschen nennt. Im benachbarten Nizza reichen die Spuren sogar doppelt soweit zurück – hier sollen sich bereits vor 400 000 Jahren Vorzeitmenschen vom Typ des Neandertalers aufgehalten haben. Wahrscheinlich wußten bereits unsere Vorfahren ein gleichbleibend angenehmes Klima zu schätzen. Die Ligurer gerieten um 180 vor Christus unter römische Herrschaft. Unter Kaiser Augustus wurde Ligurien zur neunten römischen Region erklärt. Durchzogen wurde sie von der Via Aurelia, jener 2300 Kilometer langen römischen Verkehrsader, die von Cartagena in Spanien an der Küste entlang bis nach Rom führte. Die heutige, etwas weiter ins Landesinnere gebaute Autostrada A 12 läuft parallel zur küstennäheren Via Aurelia und ist etwas für diejenigen, die es eilig haben.

Nach dem endgültigen Zerfall des Weströmischen Reiches kam Ligurien nacheinander unter ostgotische, byzantinische, langobardische und fränkische Herrschaft. Genua, das schon im sechsten vorchristlichen Jahrhundert ein bedeutender Handelshafen gewesen war, stieg im zwölften Jahrhundert zur bestimmenden Macht in Ligurien auf. In der Folge mußte es aber immer wieder Rückschläge einstecken. 1797 erzwang Napoleon die Schaffung der von Frankreich abhängigen Ligurischen Republik, die 1815 – inzwischen umbenannt in Herzogtum Genua – dem Königreich Sardinien-Piemont zugeordnet wurde. Mit dem Ende des Zweiten Weltkriegs

Unser Routenvorschlag
VON VENTIMIGLIA BIS PORTOVÉNERE

Die Reiseroute beginnt in Ventimiglia ①, dessen hübsche Altstadt mit Kathedrale aus dem 11./12. Jh. zum Verweilen einlädt. An der Küste entlang sind es nur wenige Kilometer bis zum berühmten Luftkurort und Seebad Bordighera ②. Auf der Küstenstraße in Richtung Genua erreicht man in Kürze San Remo ③, das italienische Paradies der Glücksspieler und Blumenzüchter. Die Küstenstraße führt weiter über Impéria nach Alássio ④, das mit seinem feinen Sandstrand zu den bekanntesten Badeorten an der Italienischen Riviera zählt. Weiter geht es nach Albenga ⑤, in dessen Museen und Kirchen einige frühchristliche Meisterwerke aus der Zeit der Langobarden und der Franken erhalten sind. Östlich von Finale Lígure ⑥ – einem ebenfalls über die Landesgrenzen hinaus bekannten Badeort – erhebt sich das landschaftlich reizvolle Vorgebirge des Capo di Noli ⑦ das neben einer einzigartigen Flora und Fauna auch atemberaubende Panoramablicke bietet. Über die Küstenstraße 1 erreicht man dann Genua ⑧, die Hauptstadt Liguriens. Die Geburtsstadt des Christoph Kolumbus gehört heute zu den größten industriellen Ballungszentren Italiens. Nächste Station unserer Rundreise ist das Portofino-Vorgebirge ⑨, in dem ein Naturpark eingerichtet ist. Das Gebiet – ein Paradies für Pflanzenfreunde – ist durch schöne Wanderwege erschlossen. Der kleine Hafen Portofino am Fuße des Vorgebirges ist im Sommer ein beliebter Treffpunkt der mondänen Welt. Um sich den rund 18 km langen Küstenstreifen der Cinque Terre ⑩ (siehe: Das besondere Reiseziel) zu erschließen, der zu den schönsten Italiens gehört, braucht man viel Zeit und Geduld, denn die Straßen in Richtung Süden sind schmal. Der kleine Hafen Portovénere ⑪ am Golf von La Spezia bildet den krönenden landschaftlichen Abschluß Liguriens im Süden. Berühmt wurde der Ort unter anderem wegen der bunten, schmalen Häuser am Hafen.

Italienische Riviera

Der Engländer Thomas Hanbury legte 1867 um seine Villa in Mortola bei Ventimiglia einen Park mit exotischer Pflanzenpracht an – heute ein beliebtes Ausflugsziel an der Riviera di Ponente.

DIE ITALIENISCHE RIVIERA AUF EINEN BLICK

SEHENSWÜRDIGKEITEN

Albenga: Altstadt, Baptisterium, Dom San Michele; **Genua:** Altstadt, Hafen, Kathedrale San Lorenzo; **Monte di Portofino:** Benediktiner-Abtei San Fruttuoso di Capodimonte; **Portofino:** Hafen; **Portovénere:** Altstadt, Burg, Kapelle San Pietro; **Ventimiglia:** Altstadt, Hanbury-Gärten, Kathedrale Santa Maria Assunta.

FESTE UND VERANSTALTUNGEN

Campo Lígure: Konzerte und Theateraufführungen im Castello Spinola, Juni; **Genua:** Casacce-Prozession (Fest zu Ehren des heiligen Johannes des Täufers, Schutzpatron der Stadt), 24. Juni; **San Remo:** Festival della Canzone Italiana, Februar.

AUSKUNFT

Staatliches Italienisches Fremdenverkehrsamt ENIT, Kaiserstraße 65, 60329 Frankfurt a. M., Tel. 0 69/23 74 30; Staatliches Italienisches Fremdenverkehrsamt ENIT, Berliner Allee 26, 40212 Düsseldorf, Tel. 02 11/13 22 31/32.

wurde Italien zu einer aus 20 Regionen bestehenden Republik, deren eine das heutige Ligurien mit der Hauptstadt Genua und den vier Provinzen Genua, Impéria, Savona und La Spezia ist.

Pesto, Pasta und Pigato an der Blumenriviera

Den heutigen Ligurern sagt man nach, sie seien die Schotten Italiens, so sparsam, daß sie im Unterschied zu ihren allgemein als redselig geltenden Landsleuten selbst noch mit Worten geizten. Wahrscheinlich liegt das daran, daß Menschen, denen die Natur nichts schenkt, nicht eben zum Überschwang neigen, da sie selbst nicht viel zu verschenken haben. Denn während das Klima es durchaus gut meint mit diesem Landstrich, sind die Erde und das Meer weniger großzügig. Weder gibt es nennenswerte Ackerbauflächen, noch bietet die steile, oft wenig zugängliche Küste sich für einen extensiven Fischfang an. Standbeine der ligurischen Wirtschaft sind folglich die Industrieanlagen – Werften, Maschinenbaufirmen, Stahlwerke, Erdölraffinerien – in und um Genua sowie der Handelshafen dieser Stadt. Auf dem landwirtschaftlichen Sektor ist der Anbau von Oliven, Wein, Zitrusfrüchten und Basilikum von Bedeutung. Daneben, vor allem an der Ponente, spielt die Blumenzucht, die dem Küstenabschnitt zwischen Ventimiglia und San Remo sogar den Beinamen „Blumenriviera" eingebracht hat, eine wichtige Rolle.

Eine Basilikumriviera gibt es dem Namen nach zwar nicht, doch im Frühjahr duftet ganz Ligurien nach diesem herrlichen Kraut. Das ligurische Nationalgericht Pesto, eine kalte Basilikumsauce, in der das frische Kraut mit rohem Knoblauch, frisch geriebenem Parmesan und Pecorino, gehackten Pinienkernen und erstklassigem kaltgepreßtem Olivenöl – natürlich ligurischem! – eine göttliche Einheit eingeht, hat etwas Ungestümes; es verleiht dem Temperament und dem Wesen des Basilikums stürmischen Ausdruck, und es schmeckt köstlich mit handgemachter Pasta.

Nicht nur, aber auch zum Pesto trinkt man gerne einen frischen Weißwein, einen Pigato oder einen

Die Altstadt von Genua ist abends am schönsten, wenn nach der Hitze des Tages das eigentliche Leben beginnt.

Vermentino. Berühmt sind die Weißweine von Cinque Terre: Strohgelb bis ins Grünliche changierend, sind sie sehr trocken und passen mit ihrem leicht bitteren Meeresaroma gut zu Fisch und Krustentieren. Eine Besonderheit, die man heute jedoch nur noch selten angeboten bekommt, ist der Sciacchetra, ein trockener, goldener bis bernsteinfarbener, fruchtiger Dessertwein, der aus getrockneten Trauben bereitet wird.

Kaum etwas erinnert heute noch an die mittelalterliche Pracht, die Genua nach der Beschreibung des Dichters Petrarca den Preisnamen „La Superba" – die Stolze, die Prächtige – einbrachte. Genua, das heute etwa 800 000 Einwohner zählt, gehört zu den wirtschaftlichen Sorgenkindern Italiens. Noch vor einigen Jahrzehnten war die Stadt neben Turin und Mailand der dritte Aktivposten im industriellen Dreieck des Landes. Doch inzwischen hat die Lan-

An der Steilküste der Riviera di Levante zwischen San Fruttuoso und Portofino kann man durch einen wilden, gebirgigen Naturpark wandern und atemberaubende Aussichten aufs Meer genießen.

deshauptstadt Liguriens ihre besten Zeiten hinter sich und sucht verzweifelt nach Möglichkeiten, sich aus der tiefen Krise zu befreien. Selbst im Hafen, der einst den wirtschaftlichen Segen begründete, wird mittlerweile im Verhältnis zu den Umschlagzahlen der Nachkriegszeit nur noch wenig umgesetzt. Genua ist zwar noch führend unter den italienischen Häfen und macht dem französischen Marseille Konkurrenz, der Trend ist aber fallend.

Auch welke Pracht von gestern ist noch schön

Über 35 Kilometer erstreckt sich die Stadt an jenem Küstenknick, der den Scheitelpunkt zwischen der Riviera di Ponente und der Riviera di Levante darstellt. Mit Händen greifen läßt sich der Verfall Genuas, von wo aus einst Schiffe in den gesamten Mittelmeerraum, aber auch in die Kolonien jenseits der Ozeane ausliefen, besonders im alten Stadtkern. Einen – halbherzigen – Impuls zur Abhilfe brachten die baulichen Begleitmaßnahmen zur 500-Jahr-Feier der Entdeckung Amerikas im Jahre 1992 – schließlich stammte Christoph Kolumbus, der berühmte Seefahrer und Entdecker Amerikas, aus Genua. So verbindet heute eine Fußgängerzone den Hafen mit der Altstadt. Auf der Spinola-Landungsbrücke baute man als besondere Attraktion Europas größtes Aquarium.

Während der heißen Sommermonate ist Genua meist wie ausgestorben. Mit Vorliebe strömen die Genueser entweder an die Strände der nahe liegenden Badeorte an der Ost- und Westküste, oder sie verziehen sich ins Landesinnere, in die Sommerfrische verheißenden Apenninentäler. Und auch der Besucher tut gut daran, nicht ausgerechnet den August als Besuchsmonat zu wählen. Die Stadt ist reich an mittelalterlichen Häusern, an Renaissance- und Barockpalästen und wunderschönen Plätzen. Zu ihren besonderen Sehenswürdigkeiten gehört neben den Resten der mittelalterlichen Festungsmauer mit den wuchtigen Stadttoren aus staufischer Zeit die gotische Kathedrale San Lorenzo mit ihrer schwarzweiß gestreiften Marmorfront und dem im 16. Jahrhundert hinzugefügten Campanile. In der barocken Basilika Santi Ambrogio e Andrea beeindruckt das Altargemälde von Peter Paul Rubens, und die Klosterkirche San Bartolomeo degli Armeni birgt eine byzantinische Ikone, die auf ein zeitgenössisches Porträt Christi zurückgehen soll. Die älteste Kirche Genuas ist Santa Maria di Castello, eine Gründung des sechsten Jahrhunderts, doch immer wieder umgebaut und verändert.

In Genuas Umgebung lohnt die Villa Durazzo Pallavicini im Vorort Pegli unbedingt einen Besuch. In ihr ist das archäologische Museum für Ligurien untergebracht. Außerdem wartet der große Terrassengarten der Villa mit allerlei Wasserspielen und Grotten auf. Wer atemberaubende Panoramablicke liebt, sollte sich das Belvedere auf dem Righi, dem Hausberg von Genua, nicht entgehen lassen. Der Aussichtspunkt ist entweder mit dem Auto oder mit der Seilbahn zu erreichen.

Mit dem Namen Riviera di Levante wird geographisch jener Küstenabschnitt bezeichnet, der sich von Genua südöstlich bis nach Lérici nahe La Spezia erstreckt. Dicht an dicht drängen sich an den zahllosen malerischen Buchten sehenswerte Orte: Recco zum Beispiel, berühmt für seine Gastronomie, und Camogli, das mittelalterliche Seefahrerstädtchen mit seinen schmalen, bis zu siebengeschossigen Häusern, das einst dem stolzen Genua als Seemacht Konkurrenz machte.

Riviera di Levante: Steilküste und Schickeria

Von Camogli aus erreicht man entweder per Boot oder zu Fuß das sechs Kilometer südlich an der Küste der Halbinsel Portofino gelegene San Fruttuoso. Der Fußweg ist herrlich, aber – gelinde gesagt – beschwerlich und nur etwas für Leute, die auch sonst schon mal eine Wanderung unternehmen. Das gleiche gilt auch für den Weg von Portofino aus. Und die Boote verkehren zwar grundsätzlich das ganze Jahr, doch weniger nach festem Fahrplan als vielmehr nach Touristenaufkommen und Wetterverhältnissen. San Fruttuoso ist ein winziges Dörfchen, das sich in einer der einsamsten und schönsten Buchten der Riviera di Levante rund um ein altes Benediktinerkloster gruppiert. Das bereits um 700 gegründete Kloster San Fruttuoso di Capodimonte birgt in der Krypta die Gräber der genuesischen Familie Doria. Ihr bekanntestes Mitglied, Andrea Doria, stellte 1528 seine 50 Schiffe in den Dienst Kaiser Karls V., womit er zugleich die Freiheit von Frankreich und die Unabhängigkeit Genuas erkaufte.

Das Portofino-Vorgebirge, durch das die Wanderung von Camogli oder Portofino nach San Fruttuoso führt, gehört zu den landschaftlichen Kleinoden Liguriens. Die rund 18 Quadratkilometer umfassende, bis 610 Meter Höhe erreichende Gebirgslandschaft ist inzwischen geschützter Naturpark, beliebt und bekannt für seinen Pflanzenreichtum, der freilich nicht immer mit der ihm gebührenden Vorsicht behandelt wird. Ob bloßer Leichtsinn – die Zigarettenstummel an und auf den Pfaden sprechen Bände – oder gezielte Brandstiftung, angezettelt mit dem Hintergedanken, Bauland zu erschließen, wer könnte das sagen?

Als Jachthafen des internationalen Jet-sets ragt an der Riviera di Levante sicherlich Portofino hervor. Es ist schon längst zum sommerlichen Treffpunkt für die Schickeria geworden. Rund um den alten Stadtkern mit pastellfarbenen alten Hausfassaden, aber auch oberhalb desselben entstanden wahre Prachtbauten, mit denen die Besitzer offenbar ihren Reichtum zur Schau stellen möchten. Protzig muten im kleinen, malerischen Hafen, der vom Meer aus kaum zu erkennen ist, die riesigen Jachten des einheimischen Geldadels an.

Ebensowenig Ehrfurcht vor den Schönheiten der Natur wie im Portofino-Vorgebirge zeigt der Mensch auch einige Kilometer weiter in Santa Margherita Lígure und in Rapallo, wo man die Küste zum Teil mit häßlichen Bauten förmlich zubetoniert hat. In den sechziger und siebziger Jahren wurden hier die meisten Bausünden begangen. In dem kleinen, vom Tourismus weniger überlaufenen Zoagli werden in mühseliger Handarbeit Samte und Seidendamaste gefertigt; Rapallo, Portofino und Santa Margherita waren einst berühmt für ihre Spitzen und Klöppelarbeiten. Chiávari, mit knapp 30 000 Einwohnern nach La Spezia der größte Ort an der Riviera di Levante, ist Hafenstadt, Seebad und Bischofssitz. Der Reiz Chiávaris liegt eher in seinem von Bergflüssen gegliederten Hinterland als in der Stadt selbst. Von hier an bestimmen silbern schimmernde Ölbaumterrassen und Weinberge das Landschaftsbild. Bekanntlich gilt das Olivenöl Liguriens unter Kennern als eine ganz besondere Köstlichkeit. Um sich die Erntearbeit zu erleichtern, spannen die Bauern

Aus dem malerischen Bergdorf Montale oberhalb des Küstenortes Lévanto stammen die Vorfahren des Dichters und Nobelpreisträgers Eugenio Montale, der in Genua zur Welt kam. Er hat die herbe Schönheit Liguriens besungen.

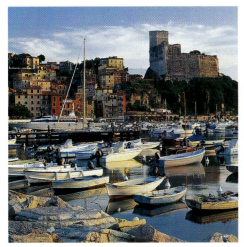

Den Hafen von Lérici bei La Spezia krönt eine mächtige Burg aus dem 13. Jahrhundert mit einem Museum.

ihre Netze zwischen den Bäumen aus. Hinter kleinen Stützmauern aus Schiefer, der vor allem bei Rapallo ansteht und heute zumeist auch von dort stammt, erheben sich Weinterrassen.

Wie Portofino hat auch das als Winterkurort und Seebad beliebte Sestri Levante ein bewaldetes Vorgebirge, schlicht „Isola" genannt, auf dem ein Kastell steht. Guglielmo Marconi, der unter anderem auch die drahtlose Telegrafie erfand, führte auf dessen Turm einige seiner Experimente durch. Durch die – übrigens um 1300 künstlich aufgeschüttete – Isola verfügt Sestri Levante über ein zu Recht Baia di Silenzio (Bucht der Stille) genanntes Refugium mit Sandstrand.

Bis nach Lévanto, einem geschichtsträchtigen kleinen Ort mit schönem Badestrand, verläuft die Küstenstraße immer wieder in Tunneln. Wer als leidenschaftlicher Wanderer über die gesamte Alta Via dei Monti Líguri marschiert, einen rund 450 Kilometer langen Höhenwanderweg, der bei Ventimiglia beginnt und quer durch Ligurien bis nach La Spezia hinüberführt, sieht auf diesem Teilstück vor allem malerische Weinberge.

Die kleine Hafenstadt Portovénere am Südzipfel des Golfs von La Spezia bildet den krönenden Abschluß Südliguriens. Noch heute zeugt das Stadtbild von der wirtschaftlichen Blüte im Mittelalter. Auf der Spitze der in den Golf hinausragenden Landzunge erhebt sich die Kapelle San Pietro mit ihrer typischen schwarzweiß gestreiften Marmorfassade. Hier stand einst ein der Venus geweihter Tempel; der Name des Ortes (Portovénere – Hafen der Venus) erinnert noch heute daran. Bereits um 140 nach Christus römischer Hafen, war Portovénere wegen seiner strategisch günstigen Lage ein wichtiger, immer wieder umkämpfter Stützpunkt. In Portovénere endete einst das Einflußgebiet der Republik Genua, die den Ort ab dem zwölften Jahrhundert zu einem wahren Bollwerk ausbaute. Heute ist der Hafen von Portovénere ein beliebter Anlegeplatz für all diejenigen, die Ruhe und Abgeschiedenheit suchen – wie es einst schon Lord Byron tat, der wie sein Dichterkollege Percy B. Shelley in San Terenzo am gegenüberliegenden Golfufer nahe dem von einer wuchtigen Genueser Festung überragten Lérici lebte.

Die sich westlich von Genua bis nach Frankreich erstreckende Riviera di Ponente ist mit ihren eher flach abfallenden, meist sandigen Stränden die klassische Baderiviera für den Touristen. Kaum ein Ort, der nicht als Badeort ausgewiesen wäre, wobei sich die Preise nach der Qualität des Strandes richten. Ein Badeparadies ist sicherlich Alássio mit seinem drei Kilometer langen, feinsandigen Strand.

Doch mindestens ebenso berühmt wie für ihre Strände ist die Ponente für ihre Palmen und ihre Blumen. Ihr südlichster Teil gilt als „Riviera dei Fiori", die Blumenriviera. Zugegeben, der größte Teil der Pracht verbirgt sich unter den Dächern von Gewächshäusern, die zahlenmäßig durchaus mit denen Hollands konkurrieren könnten. Und diese Treibhäuser tragen nicht unerheblich zur Verschandelung der Landschaft bei. Aber es gedeiht trotzdem immer noch genügend florale Pracht außerhalb der gläsernen Gehäuse, nicht zuletzt im Gebiet um das berühmte San Remo.

San Remo: Mekka der Unterhaltungsmusik

San Remo, die größte Stadt in der Provinz Impéria, hat sich hauptsächlich wegen seiner luxuriösen Hotels und seines Spielkasinos einen Namen gemacht. Und das bereits im letzten Jahrhundert, gehört es doch nicht nur zu den bekanntesten, sondern auch zu den ältesten Kurorten Italiens. In San Remo ist gleichsam immer Ferienzeit. Nach dem Kriegsende wurde der Ort zum Mekka der Unterhaltungsmusik. Alljährlich trifft sich hier, was in der italienischen Showbranche Rang und Namen hat oder erwerben möchte, um am Festival della Canzone Italiana teilzunehmen. Das Musik-Spektakel, das alljährlich in der zweiten Februarhälfte stattfindet, eröffnet inoffiziell die Saison. Der eigentliche Touristenstrom setzt nämlich in San Remo – wie auch anderswo an der Italienischen Riviera – bereits im März ein. Insider meinen ohnehin, daß sich die Vor- und Nachsaison für einen Urlaub an der Italienischen Riviera besser eignet als die teurere, vollere und heißere Hauptsaison.

Betörend ist das Aroma, das die Orangen- und Zitronenhaine verströmen und in das sich der harzige Duft der Zeder mischt. Wen wundert es also, daß sich hier einst alles tummelte, was in Europa Rang, Namen und Geld hatte. Der Corso dell'Impe-

Eine fast unberührte Naturlandschaft findet man an der Riviera di Ponente noch im unzugänglichen Küstengebirge am Capo di Noli. Oberhalb des Hafens von Finale Lígure gibt es herrliche Wanderwege.

Das berühmte Spielkasino machte den Kurort San Remo im 19. Jahrhundert zur Top-Adresse der Blumenriviera.

ratrice ist nach der Zarin Maria Alexandrowna benannt, die sich 1874 hier aufhielt. So stark vertreten war das russische Publikum einst in San Remo, daß es sich eine russisch-orthodoxe Kirche mit den typischen bunt gedeckten Zwiebeltürmen baute.

Badeorte und romantische alte Städtchen

Auch das südlich von San Remo gelegene Städtchen Bordighera, das einem riesigen Garten ähnelt, genießt den Ruf eines Luftkurorts für die oberen Zehntausend. Neben den sorgsam gehegten und gepflegten Gartenanlagen verfügt Bordighera über ein beliebtes Strandbad. Im heißesten Monat des Jahres wollen die reichen Ligurer aus der Umgebung nichts anderes, als sich am Strand aalen, auch wenn Bordighera mit dem feinen Goldstrand Alássios nicht mithalten kann.

Und weder Bordighera noch Alássio können dem etwas weiter nördlich gelegenen Albenga in Sachen geschichtsträchtiger Vergangenheit etwas vormachen, handelt es sich doch um einen Ort, dessen Geschichte bis ins sechste vorchristliche Jahrhundert zurückreicht. Der Stadtkern Albengas mit seinen verwinkelten Gassen, wo rötlich schimmernde, viereckige Terrakottatürme das Bild beherrschen, ist heute ungefähr einen Kilometer von der Küstenlinie entfernt. Zur Zeit der Römer befand sich der Ortskern direkt am Wasser, und eine kleine Bucht bildete den Hafen. Im fünften Jahrhundert wurde Albenga von den Goten zerstört. Kaum war die Stadt wieder aufgebaut, fielen nacheinander Langobarden

Dieses Skelett eines Höhlenbären ist im Basura-Höhlenmuseum bei Toirano zu sehen.

und Sarazenen über sie her. Aus dieser „Barbarenzeit" sind noch viele Zeugnisse erhalten – zum Beispiel das Baptisterium aus der Zeit um 420, das bedeutendste frühchristliche Bauwerk Liguriens. Der außen zehneckige, innen achteckige Bau birgt in einer Nische gegenüber dem Eingang ein byzantinisches Mosaik aus dem sechsten Jahrhundert, das noch heute in einer Farbenpracht erstrahlt, als wäre es erst gestern gefertigt worden. Auch der Dom San Michele ist eine Gründung des fünften Jahrhunderts. Seine wahre Blüte erlebte Albenga allerdings erst mit dem Aufkommen der Seerepublik von Genua zwischen dem 12. und 14. Jahrhundert. Noch heute gehören Kirchen, Häuser und vor allem die Geschlechtertürme aus dieser Zeit zum städtebaulichen Aushängeschild Albengas.

Auf halber Strecke zwischen Albenga und Finale Lígure liegt ein wenig landeinwärts, fünf Kilometer westlich von Loano, das Dörfchen Toirano, dessen besondere Attraktion die 1953 öffentlich zugänglich gemachten Höhlen sind. Neben Knochen von Höhlenbären hat man hier auch unversehrte Fußspuren frühzeitlicher Bärenjäger gefunden. Paläontologen meinen, daß es sich um Spuren von Neandertalern handelt. Die uralten Funde werden zum Teil im Museum – direkt vor den Höhlen – aufbewahrt. Sehenswert sind in Toirano ferner Teile des mittelalterlichen Mauerrings, Häuser aus dem 14. bis 16. Jahrhundert sowie die alte dreibogige Brücke über den Varatella.

Einsame Plätze mitten im Touristenrummel

Obwohl die Italienische Riviera touristisch optimal erschlossen ist, haben sich dennoch auch relativ unberührte Naturzonen erhalten können. Es sind die zumeist unwegsamen Vorgebirge, wie sie uns schon an der Riviera di Levante begegnet sind. Eines der interessantesten und landschaftlich reizvollsten an der Ponente ist das Capo di Noli.

Von diesem durch zahlreiche Wanderwege erschlossenen Vorgebirge aus genießt man überall herrliche Ausblicke auf die vorgelagerte Küste. Die wohl schönste Stelle erreicht man über die Staatsstraße 1 – die alte Via Aurelia, die die Küstenorte miteinander verbindet. Am besten wäre es allerdings, das Auto stehenzulassen und auf die Eisenbahnverbindung zwischen Genua und Ventimiglia zurückzugreifen. In Spotorno oder in Finale Lígure Marina kann man aus- und auf öffentliche Verkehrsmittel umsteigen, wenn man nicht zu Fuß gehen möchte. Es empfiehlt sich, diese Exkursion im Frühling zu machen, dann blüht hier herrlich gelb der Ginster. Aber auch der Herbst eignet sich dafür – wegen der erträglichen Temperaturen und der Klarheit der Luft, die weite Panoramablicke ermöglicht.

Das Capo di Noli ist die natürliche Fortsetzung der Hochebene von Manie. Bei einer Wanderung durch dieses Gebiet ist Vorsicht geboten. Das steile, mitunter unwegsame Gelände, das vielfach über glatte Kalkfelsen führt, ist nicht ganz ungefährlich: So schön und eindrucksvoll das Panorama auch sein mag, man verliert leicht den Halt. Die berühmtesten Grotten der Hochebene von Manie sind die Grotta delle Fate und die Cave d'Arma in der Nähe von Calvisio und San Giácomo. Wer den Abstieg in Grotten und unwegsames Gelände vermeiden möchte, kann es bei der Beschäftigung mit den sensationellen Spuren der Vorgeschichte aber auch einfacher haben. Viele prähistorische Funde können nämlich mittlerweile im Museo Civico bewundert werden, das im ehemaligen Kloster von Santa Caterina in Finalborgo (einem Stadtteil von Finale Lígure) untergebracht ist.

An windigen und klaren Tagen hat man vom Capo di Noli aus klare Sicht bis nach Portofino hinüber. So unverfälscht zeigen sich nur noch wenige Ecken an der ligurischen Küste. Die steilen Kliffe des Kaps sind ein wahrer Blütenboden, der die seltensten Pflanzenarten hervorbringt.

Überschwenglich besangen Künstler und Poeten die skurrile Schönheit der Orte an der Italienischen Riviera. Sie alle haben auch das außerordentlich milde Klima geschätzt: Die zuweilen bis 1800 Meter hoch aufragenden Berge des ligurischen Hinterlandes schützen die Riviera vor rauhen Winden, die ständige Meeresbrise lindert die Hitze.

In der Cave d'Arma bei San Giácomo wurden sensationelle Spuren steinzeitlicher Besiedlung entdeckt.

Spätestens, als vor 100 Jahren eine regelrechte Reiseflut die Italienische Riviera überschwemmte, hatte sich das milde und bisweilen auch wilde Mittelmeer als bestens zu verkaufender Markenartikel durchgesetzt. Dieser Trend, damals noch eher eine Sache englischer Ladys, russischer Gutsbesitzer oder deutscher Bildungsbürger, hat sich nie abgenutzt – allenfalls das soziale Spektrum des Publikums ist vielfältiger geworden.

DAS BESONDERE REISEZIEL: DIE CINQUE TERRE – MOSAIK AUS NATUR UND KULTUR

Die Cinque Terre ist eine Region, die fünf Orte an einer etwa 18 Kilometer langen, malerischen Steilküste nordwestlich von La Spezia umfaßt. An den Hängen einer der schroffsten Steilküsten Italiens hat man landwirtschaftlich nutzbare Terrassen angelegt, auf denen bis in unsere Zeit hauptsächlich Olivenbäume und Wein angebaut werden. In manchen Weinbergen müssen die Winzer wie Bergsteiger angeseilt einsteigen, die Trauben werden – zumeist von Frauen – in Körben auf dem Kopf balanciert, jeglicher Einsatz maschineller Hilfsmittel ist in diesen Steillagen unmöglich.

Die festungsähnlichen, malerischen Orte, die wie Schwalbennester an die wilde Steilküste zwischen Punta del Mesco und Punta di Montenero geklebt sind, heißen Monterosso al Mare, Vernazza, Corniglia, Manarola und Riomaggiore. Einst waren sie nur vom Meer aus oder über Saumpfade mühselig zu erreichen. Aus diesem Grund blieben die Cinque Terre von landschaftszerstörenden Begleiterscheinungen des Tourismus auch weitgehend verschont.

Da die Cinque Terre außerhalb der Hauptverkehrswege liegen, sind sie nur schwer mit dem Auto zu erreichen, doch man braucht den eigenen Wagen auch gar nicht. Eine regelmäßig verkehrende Bahn (Strecke Genua–La Spezia) verbindet auf einer durch Tunnel und Galerien führenden Strecke die fünf Orte miteinander; die Fahrzeit beträgt nur eine gute Viertelstunde. Von ihrer schönsten Seite freilich erlebt man die Cinque Terre, wenn man sie sich in einer gemütlichen Tagestour erwandert.

Zwischen Riomaggiore und Manarola verläuft das bekannteste Wegstück, die Via dell'Amore, der Liebesweg. Auch bei schönem Wetter ist der Weg zwischen Berg und brandendem Meer ein Stück greifbare – freilich auch oft durch Steinschlag gefährdete – Romantik.

In Corniglia ist neben gotischen Häusern die Säulenbasilika aus dem 14. Jahrhundert sehenswert; badehungrige Touristen können sich an einem langen Kieselstrand aalen. Vernazza, das an einem kleinen Meerbusen gegenüber von Monterosso und der Punta del Mesco liegt, übertrifft mit seinem kleinen, das Meer hoch überragenden Castello und seiner gotischen Säulenbasilika an Schönheit alle anderen Orte. Einst verfügte dieser Ort als einziger der Cinque Terre über einen Hafen.

Der wichtigste Badeort der Cinque Terre aber ist Monterosso. Es liegt zwischen den Coranaklippen und dem Colle dei Cappuccini, dem Kapuzinerhügel, an dem der pittoreske Agavensteig hinaufführt. Ein Fußweg verbindet den alten Ortskern mit dem neuen Ortsteil Fegina. Sehenswert sind in Monterosso das Kapuzinerkloster und die hoch über dem Ort gelegene Kirche Santa Maria di Soviore mit ihrem hochgotischen Chor. Im Jahre 996 soll Kaiser Otto III. auf seinem Weg nach Rom hier im Ortsteil Madonna di Soviore Station gemacht haben.

Im wildromantischen Manarola beginnt die Via dell'Amore, der Liebesweg, zwischen Felsen und Meeresbrandung.

NÖRDLICHER APENNIN
Idyllische Bergdörfer, bodenständige Küche und erlesene Weine

Zwischen Mittelmeerküste und Po-Ebene erhebt sich der Bogen des nördlichen Apennin. Sowohl geographisch als auch klimatisch bildet er eine Grenze zwischen dem zum Festlandsblock gehörenden Norditalien und dem eigentlichen Stiefel. Eine abwechslungsreiche, von zahllosen Tälern durchschnittene Gebirgsregion, die mit vielen Attraktionen aufwarten kann: Nicht nur ist die bis auf die Kämme des Apennin reichende Region Emilia-Romagna für ihre gute Küche hochberühmt, in den malerischen Flußtälern liegen auch verträumte Bergdörfer, von denen nicht wenige mit unerwarteten architektonischen Kostbarkeiten aufwarten.

Die Gebirgskette der Apenninen durchzieht Italien auf seiner Gesamtlänge von der Ligurischen Küste bis hinunter zur Straße von Messina und ist in drei große Abschnitte – den nördlichen, den mittleren und den südlichen Apennin – gegliedert. Den nördlichen Apennin unterteilt man noch einmal in den Ligurischen und den Etruskischen oder auch Tosko-Emilianischen Apennin. Der Appennino Ligure, das Hinterland der Italienischen Riviera, zieht sich in einem Bogen, der Küstenlinie folgend, von Savona bis zum Tal der Magra, das die Trennlinie zum sich westlich anschließenden Appennino Tosco-Emiliano bildet. Zum Mittelmeer fällt der Ligurische Apennin schroff und steil ab, die nördliche Abdachung zur Po-Ebene hin ist dagegen sanft und läuft in wellig-hügeligem Bergland aus. Auf den Höhen der Berge entspringen zahllose kleine und größere Flüsse und bilden in der Mehrzahl zum Po hin entwässernde Täler von berauschender und vielfältiger Schönheit. Die beiden größten sind die Trebbia, die bei Piacenza mündet, und der westlich von Parma sich in die Ebene schlängelnde Taro. Fahrten oder Wanderungen durch diese und die vielen anderen dazwischen liegenden Täler und Seitentäler sind ein ganz besonderes Erlebnis.

Die Großstädter wissen schon, warum sie an den Wochenenden hier in den kleinen Dörfchen und Städtchen mit ihren Burgen, Kirchen, Schlössern und Palazzi gern Erholung von den Strapazen der Ballungszentren suchen – in einem erfrischenden Klima, umgeben von schöner Natur und einer herrlichen Landschaft.

Auch der Tosko-Emilianische Apennin läuft zur Po-Ebene hin sanft aus und bietet mit seinen zahllosen Gebirgsarmen und Flußtälern – zum Beispiel dem Tal der Parma, der Enza, der Sécchia und des hinter Bologna mündenden Panaro – verlockende Naturschönheiten und anziehende Reiseziele für diejenigen, die den allzu ausgetretenen Pfaden ein wenig entrinnen möchten.

Die Gegend rund um Piacenza und Parma ist ausgesprochen ländlich, nicht nur vom Menschenschlag und vom Charakter der Landschaft her – ihr vorzüglicher Schinken und delikater Käse sind italienweit berühmt. Schweine- und Rinderhaltung haben hier Tradition, und Parmaschinken und Parmigiano (bei uns Parmesankäse genannt) schätzt man weit über die Grenzen der Region hinaus. Auch berühmte Würste – beispielsweise die Mortadella – kommen aus dieser Gegend, von den vorzüglichen Weinen einmal ganz zu schweigen.

Ein Gang nach Canossa also ist der Besuch dieses Berglandes, das im Monte Cimone mit 2165 Metern seine höchste Spitze erreicht, wahrhaftig nicht. Doch liegt der berühmte Ort mit seiner heute zur Ruine verfallenden, jedoch immer noch sehr sehenswerten Burg, zu der Kaiser Heinrich der IV. 1077 seinen legendären Bittgang antreten mußte, ganz in der Nähe: in der Provinz Reggio nell'Emilia

Ein Bild wie aus einem Märchen: der mächtige Wasserfall Doccione bei Fellicarolo.

am Nordosthang des Tosko-Emilianischen Apennin in einer landschaftlich besonders reizvollen Ecke dieses Gebirgszuges. In herrlicher Lage reiht sich hier Burg an Burg, und das heißt Aussichtspunkt an Aussichtspunkt. Hier, wo sich der Apennin in die toskanische Garfagnana erstreckt, ist der sonst eher kahle Gebirgszug mit Eichenwäldern und Kastanienhainen überzogen: ein zum langen Verweilen lockendes Wander- und Erholungsgebiet.

Obwohl die Berge noch Höhen bis zu 2000 Metern erreichen können, hat die Landschaft doch eher den Charakter eines Mittelgebirges. Das Klima ist mild und dennoch selbst im Sommer nicht allzu heiß, die relativ reichlichen Regenfälle halten die Pflanzen länger saftig grün als im Tiefland.

Auskunft: siehe Seite 381.

Im Nordapennin fällt reichlich Regen. Daher bilden sich in den Höhenlagen immer wieder Seen wie der Lago Pratignano. Die schönste Zeit zum Wandern ist im April und Mai.

Apuanische Alpen
Naturparadies für Höhlenforscher und Gipfelstürmer

Selbst wer den Namen Apuanische Alpen noch nie gehört hat, der kennt doch den für seinen weißen Marmor weltberühmten Ort Carrara am Westfuß dieser Gebirgsregion. Weniger bekannt, aber viel sehenswerter ist das Herzstück der Apuanischen Alpen, der Parco Naturale delle Alpi Apuane – eine der schönsten Naturlandschaften Italiens. Wer gerne schroffe, bizarre Gipfel ersteigt und geheimnisvolle Grotten und Höhlen erkundet, der ist hier richtig.

Im nordwestlichsten Zipfel der Toskana erhebt sich zwischen der Versilia mit ihren langen Badestränden im Westen und dem Tal des Serchio im Osten das Gebirgsmassiv der Apuanischen Alpen. Parallel zu diesem rund 1000 Quadratkilometer großen wildromantischen Gebirgsareal erstreckt sich weiter im Osten, jenseits des Serchio, der zum Apennin gehörende Höhenzug der Garfagnana.

In Kalkgestein, das an die Dolomiten erinnert, hat die natürliche Erosion bizarre Formen geschnitten. Daneben griff aber auch der Mensch immer wieder in diese Landschaft ein.

So hat man den Torrente Turrite Cava im Süden der Apuanischen Alpen zur Stromerzeugung aufgestaut. An diesem Fluß liegt das sehenswerte alte Städtchen Fabbriche di Vallico, das seit dem 14. Jahrhundert für seine Eisenwaren berühmt ist. Feinschmecker erfreuen sich an den in dieser Gegend üppig wachsenden Maronen; Naturliebhaber streifen durch die dichten Misch- und Kastanienwälder des hübschen Tales. Noch tiefere Eingriffe in die Landschaft hat der Mensch bei der Schaffung des weiter nördlich gelegenen künstlichen Lago di Vagli vorgenommen. Das Dorf Fábbrica wurde bei der Flutung des Stausees überschwemmt und liegt heute auf dem Grund des Sees, über dem sich aber noch immer malerisch die alten Dörfchen Vagli Sotto und Vagli Sopra erheben.

Vor allem aber hat der Mensch beim Abbau des weißen Marmors von Carrara das Gesicht der Landschaft verändert. Bereits die Römer bauten hier den begehrten Stein ab. So haben schon die rund 300 römischen Marmorbrüche der Landschaft sichtbare Wunden zugefügt; und die Arbeit geht weiter.

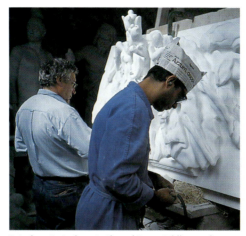

Seit der römischen Antike schätzen Bildhauer den reinen weißen Marmor aus dieser Region.

Im Zentrum der Apuanischen Alpen liegt der Monte Pisanino, dessen höchste Spitze 1945 Meter mißt. Daneben erhebt sich eine Reihe von Gipfeln, die allesamt um die 1800 Meter hoch sind: die Tambura, der Monte Cavallo sowie der Monte Sagro, der die gesamte Küstenebene beherrscht. Am Serchiohang ragt die Penna di Sumbra empor, während nördlich und östlich der Pizzo d'Uccello sowie die Pania della Croce und die Pania Secca das alpine Naturschauspiel ergänzen. Diese und andere Bergspitzen bilden nach Süden hin ein bewegtes Massiv mit steilen Pässen und Tälern. Auch die letzte Eiszeit hat hier ihre Spuren hinterlassen, so beispielsweise bei dem kleinen Ort Arni, wo Schmelzwasser die sogenannten Töpfe der Riesen (Marmitte dei Giganti) aus dem Stein gewaschen hat.

Vor allem aber findet sich in den Apuanischen Alpen eine Reihe sehenswerter Grotten und Höhlen. Die wichtigste Grotte ist sicherlich die Windgrotte (Grotta del Vento) in der Nähe des Ortes Fornovolasco am Fuß der Pania della Croce; sie verdankt ihren Namen der starken Zugluft, die in ihr herrscht. Die erst 1963 entdeckte Tropfsteinhöhle birgt knapp vier Kilometer begehbare Wege.

Im Herzen der Apuanischen Alpen liegt der Parco Naturale delle Alpi Apuane. Er ist seit 1985 als Naturschutzgebiet ausgewiesen.

Auskunft: siehe Seite 381.

Carrara wurde durch die rund 400 Marmorbrüche in den Bergen über der Stadt weltbekannt.

Eigentlich gehören die Apuanischen Alpen zur nordwestlichen Toskana, deren Einfluß sich auch an schönen Bergdörfern wie Barga erkennen läßt.

TOSKANA

Schätze in Italiens grünen Hügeln

Land der Zypressen, die wie Obelisken vor dem azurblauen Himmel stehen, und der Pinien, die mit ihren runden Kronen das ausgleichende Gegengewicht bilden. Land der grünen Hügel, der silberglänzenden Olivenhaine, der Hänge mit den reichen Rebstöcken – so kennen wir die Toskana.

Diese Landschaft muß etwas haben, das die Schaffensfreude und das Zu-sich-selbst-Finden fördert. Wie sonst wäre es zu erklären, daß die Toskana so unglaublich viele bedeutende Künstler hervorgebracht hat – und entsprechend viele Kunstschätze von unermeßlichem Wert birgt? Sie strahlt Ruhe aus, diese klare Landschaft. Dabei hat sie doch so viele blutige Auseinandersetzungen erlebt. Kämpfe um Macht und Vorherrschaft zwischen Päpsten und Kaisern, zwischen rivalisierenden Stadtstaaten, die sich in Reichtum und Pracht zu überbieten suchten. Die milde Toskana kennt kaum Extreme, aber sie kennt die Fülle. Das gilt für ihre Ernten, für Obst, Gemüse und Wein. Das gilt für ihre Feste. Und das gilt für ihre Kulturschätze.

Und doch ist es noch immer möglich in diesem Land, das mit seiner Herrlichkeit so viele lockt, stille und ruhige Plätze zu finden. Orte, an denen man sich ungestört niederlassen kann, um den Blick gedankenverloren über die Hügel zu einem Gut, einem Dorf, einem Kastell schweifen zu lassen. Und selbst im Lärm und Trubel der Städte bietet ein Detail an einer Hausfassade, eine Brunnenfigur, ein künstlerisch gestalteter Obststand auf dem Markt dem Besucher einen plötzlichen Ruhepunkt, der ihn innehalten, schauen, staunen läßt.

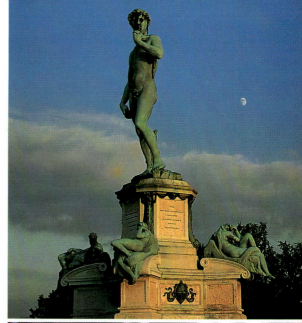

Sanfte Hügelketten, Zypressen und immer wieder fern auf einer Anhöhe ein Gutshof, ein Dorf, ein Kastell: Die Toskana, wie hier bei Pienza (Foto links), ist eine Landschaft wie eine Hymne an die Sinne. Sie birgt grandiose Kunstschätze wie den hier als Kopie von hohem Postament grüßenden *David* von Michelangelo in Florenz (Foto rechts oben). Man spürt lebendige Geschichte, zum Beispiel beim Einmarsch zum *Palio*-Fest in Siena (zweites Foto von rechts oben) oder im romanischen Dom der Etruskerstadt Fiésole (zweites Foto von rechts unten). Und wenn andernorts Brot und Salz oder Brot und Wein die Symbole der Gastfreundschaft sind, so sind es in der Toskana Käse und Wein aus den Chiantibergen (Foto rechts unten).

Südeuropa

Das fein temperierte Land am Arno

Kulturell und historisch bildet die Toskana den Mittelpunkt Italiens. Hier, in dieser ruhigen, sanftgewellten Landschaft, die scheinbar gar nichts Aufsehenerregendes zu bieten hat, entwickelte sich in Jahrhunderten ein einzigartiger Gleichklang von Kultur und Natur. In dieser überwiegend hügeligen Szenerie verschmolzen Olivenhaine, Weinberge, Felder, Wiesen und kleine Wälder mit den typisch auf die Hügelkuppen gesetzten Siedlungen, den verstreut liegenden, von hohen Zypressen gesäumten Einzelgehöften und den Städten, die alle den Reiz ihrer alten Geschichte bewahren, zu einer erhaben-einfachen Kulisse der Harmonie.

Ihrer Großlage nach ist die Toskana eine Region des Übergangs – zwischen der Po-Ebene, den Alpen und den Apenninen Süditaliens. Der nördliche Apennin trennt und schützt gleichermaßen. Er sorgt dafür, daß die kalten Nordwinde abgehalten werden und daß auch in den Wintermonaten lange, milde Sonnenperioden in der Toskana nicht selten sind. So ist das Klima fein temperiert, obgleich die Sommer sehr heiß werden können.

DIE TOSKANA AUF EINEN BLICK

SEHENSWÜRDIGKEITEN

Arezzo: Kirchen San Domenico und San Francesco; **Chianti:** Weinbaugebiet; **Fiésole:** römisches Amphitheater, archäologisches Nationalmuseum; **Florenz:** Uffizien, Palazzo Vecchio, Dom, Kirche San Lorenzo, Piazza della Signoria, Piazza San Marco, Palazzo Pitti, Ponte Vecchio, Cappelle Medicee; **Grosseto:** Parco dell'Uccellina (Naturschutzpark Maremma); **Lucca:** mittelalterliche Altstadt; **Pisa:** Schiefer Turm; **Pistóia:** Dom; **Populónia:** etruskische Gräber; **San Gimignano:** Stadtbild; **Siena:** Piazza del Campo, Dom; **Volterra:** Arco Etrusco, archäologischer Park.

FESTE UND VERANSTALTUNGEN

Arezzo: Sarazenenspiel, 1. Sonntag im September; **Florenz:** Maggio Musicale Fiorentino (Opern-, Ballett- und Theateraufführungen), Mai/Juni, Calcio storico in costume (Fußballspiel in historischen Kostümen), Ende Juni; **Greve in Chianti:** Chianti-Classico-Winzerfest, September; **Grosseto:** Torneo dei Butteri (Reiterspiel), Mai und August; **Lucca:** Palio della balestra (Armbrustschießen), Juli und September, Kruzifix-Umzug, Mitte September; **Siena:** Festa di San Giuseppe (Straßenfest), Mitte März, Palio (Pferderennen auf der Piazza del Campo), Anfang Juli und Mitte August; Festa di Santa Lucia, Mitte Dezember.

AUSKUNFT

Staatliches Italienisches Fremdenverkehrsamt ENIT, Kaiserstr. 65, 60329 Frankfurt a. M., Tel. 0 69/23 74 30; **Staatliches Italienisches Fremdenverkehrsamt ENIT,** Berliner Allee 26, 40212 Düsseldorf, Tel. 02 11/ 13 22 31/32; **Staatliches Italienisches Fremdenverkehrsamt ENIT,** Goethestr. 20, 80335 München, Tel. 0 89/53 03 69.

Unser Routenvorschlag

VON AREZZO BIS ZUM ARGENTARIO-VORGEBIRGE

Die Reiseroute beginnt in Arezzo ①, Zentrum der toskanischen Goldschmiedekunst. Nächste Station ist Siena ②, neben Florenz die kunstgeschichtlich wohl bedeutendste Stadt der Toskana. Vom nördlich gelegenen Poggibonsi aus führt ein Abstecher nach San Gimignano ③ mit seinen Geschlechtertürmen. Über die Schnellstraße 2 geht es nach Florenz ④, der Welthauptstadt der Renaissance. Nordöstlich davon liegt Fiésole ⑤ mit Resten aus der Römerzeit. Es folgt Prato ⑥ mit Meisterwerken aus Renaissance und Mittelalter. Das nahe Pistóia ⑦ ist wegen seiner Goldschmiede bekannt. In der Nähe liegt der Kurort Montecatini Terme ⑧. Lucca ⑨ weist eine Stadtmauer und Renaissancepaläste auf. Etwas südlicher liegt Pisa ⑩ mit dem Schiefen Turm. Dann geht es über die Staatsstraße 439 in die Etruskerstädte Volterra ⑪ und Populónia ⑫. Von Piombino aus setzt man zum Baden auf Elba ⑬ über. Wieder auf dem Festland geht es weiter über Grosseto ins Küstengebirge Monte Argentário ⑭.

★ Das besondere Reiseziel: Die Schwefelquellen in Larderello.

Gelb blüht der Raps, und grün steht das Korn am Passo della Foce. Die Straße windet sich auf 241 Meter Höhe, um einen besonders schönen Blick auf den Golf von La Spezia und die Apuanischen Alpen zu bieten.

Die im äußersten Nordwesten an Ligurien, im Norden an die Region Emilia Romagna, im Osten an die Regionen Marken und Umbrien, im Süden an Latium und im Westen an das Tyrrhenische Meer grenzende Toskana umfaßt insgesamt neun Provinzen, die nach ihren Hauptstädten Arezzo, Florenz, Grosseto, Livorno, Lucca, Massa-Carrara, Pisa, Pistóia und Siena benannt sind. In ihrem Nordwestzipfel, in der Lunigiana, den Apuanischen Alpen und der Garfagnana, zeigt sich die Toskana am untypischsten, nämlich wild und gebirgig.

Von den Chiantibergen ins Land der Etrusker

Am prägendsten für die nordwest-toskanische Geographie ist der am Monte Falterona (1654 Meter) entspringende Arno, dessen breite Tiefebene die Region von Florenz bis zum Meer hin durchzieht. Hier liegt das industrielle Kernland der modernen Toskana mit den sehenswerten, an bedeutenden Kunstschätzen so überreichen Städten Florenz, Pistóia, Lucca, Pisa und dem als zweitgrößter Frachthafen Italiens wichtigen Livorno.

Mugello und Casentino heißen die Hügellandschaften der östlichen Toskana, die dem Idealbild nahekommen und doch durch ihre reichen Eichen-, Buchen- und Kastanienwälder einen untypischen Akzent zu setzen scheinen. Das wird im Herbst, wenn das Laub sich färbt, auf besonders prächtige Weise deutlich. Schon früh haben Mönche die Gegend für sich entdeckt, sie ist folglich sehr reich an Klöstern, und sie kann sich rühmen, einen der größten Söhne der Toskana hervorgebracht zu haben: den 1475 in Caprese im Casentino geborenen Michelangelo Buonarotti.

Der Pratomagno, das Arnotal, das Chiantiland und das Elsatal bilden zwischen Florenz und Siena das Herzstück der Toskana, wo sie sich so zeigt, wie jeder sie kennt und liebt: Hügelketten, so weit das Auge reicht, grüne, manchmal mit bunten Blumen oder knallrotem Mohn durchtupfte Wiesen, fruchtbare gelbe Felder, kleine Eichen- und Kastanienwäldchen und Weinberge.

Einst kannte man den Chianti als den schlichten Landwein, der – in die bauchigen, mit Strohgeflecht umhüllten Literflaschen abgefüllt – die ganze Welt überschwemmte. *Fiasco* nennt man die Gefäße, und ihr Inhalt machte diesem Namen oft genug jede Ehre. Das hat sich geändert, seit die Produktion zugunsten höherer Qualität gedrosselt wurde. Die besten der Chiantis – Chianti Classico, mit dem schwarzen Hahn, dem *Gallo nero,* als Gütesiegel – kommen in schlanken, kurzhalsigen Flaschen auf den Markt und dürfen ihren Platz unter den Spitzenweinen mit Recht beanspruchen.

Zu einem guten Chianti paßt ein schönes, auf dem Holzkohlengrill bereitetes Rindersteak, ein *Bistecca alla Fiorentina* aus dem Fleisch der weißgrauen Chianinarinder. Herkunftsland dieser besonderen Rinder ist das Chianatal südlich von Arezzo. Einst – ebenso wie die im Süden der Toskana an der Küste gelegene Maremma – ein gefürchtetes Sumpfgebiet, ist das Chianatal heute eine fruchtbare, intensiv bewirtschaftete Agrarlandschaft.

Größter Ort in der Maremma ist Grosseto. Heute lockt das wiederum gar nicht typisch toskanische Gebiet mit seinen Badestränden. In den weitgehend unberührten Bergen kann man auf Wildschweine stoßen, historisch Interessierte zieht es aber zu den alten Etruskersiedlungen etwa bei Roselle, Vetulónia und Populónia. Sie sind ein anschaulicher Beweis dafür, daß es schon jenen rätselhaften Vorläufern der Römer gelungen war, die Sümpfe trockenzulegen und dann landwirtschaftlich zu nutzen.

Eine erste wirtschaftliche und künstlerische Blüte hatte die Toskana unter den Etruskern erlebt. Das in römischer Zeit ausgestorbene Volk ist noch heute in der Kultur des einstigen Etrurien und späteren Tuszien präsent, obwohl es im Laufe der Jahrhunderte fast in Vergessenheit geraten wäre. Heute müssen die Historiker eine penible Rekonstruktion leisten, die sich hauptsächlich auf archäologische Zeugnisse stützt. Noch rätselt man über den tatsächlichen

Von den Weiden der Maremma stammen die besten Pferde für das *Palio*-Rennen in Siena.

Ursprung der Etrusker. Manche halten sie für Einwanderer aus Kleinasien, andere meinen Belege dafür zu haben, daß sie vom Norden her über die Alpen nach Mittelitalien kamen. So oder so, Orte wie Tarquinia, Vetulónia, Populónia, Orvieto, Roselle, Volterra, Fiésole und Cortona – aber auch Ruma (Rom) – sind etruskische Gründungen. Zwischen dem achten und dem vierten Jahrhundert vor Christus erreichte das friedliebende Händlervolk den Höhepunkt seiner wirtschaftlichen Macht. Seine Wirtschaftsbeziehungen erstreckten sich über den gesamten Mittelmeerraum. Ähnlich wie die alten Ägypter pflegten die Etrusker einen ausgeprägten Totenkult. Die in fleißigem Handel erworbenen Gelder steckten sie in ihre reich ausgestatteten Nekropolen – Populónia zum Beispiel, heute ein beliebtes Touristenziel. Kunstsinnig, allen neuen Einflüssen gegenüber offen, bei allem ausgeprägten Jenseitsglauben von großer Sinnenfreude und für ihre Zeit

Südeuropa

staunenswert unkriegerisch, begingen die Etrusker den fatalen Fehler, kein eigenes stehendes Heer aufzubauen. Vielmehr verbündeten sie sich mit den Römern und begaben sich unter deren vermeintlichen Schutz. Das endete damit, daß 280 vor Christus die letzte etruskische Stadt endgültig unter römischer Knute stand. Rund 200 Jahre später war die Kultur und mit ihr auch das Volk der Etrusker völlig in der römischen Welt aufgegangen.

Unter Kaiser Augustus, der die italienische Halbinsel in elf Regionen aufteilte, nannten die Römer das von den Etruskern besiedelte Land Etrurien. Später bezeichnete man das Gebiet als Tuscia, erst ab dem zehnten Jahrhundert nach Christus bürgerte sich der Name Toskana ein.

Das römische Etrurien erstreckte sich ursprünglich im Norden bis zum Etruskischen Apennin und im Süden bis fast zur Tibermündung. Es umfaßte insgesamt ein Gebiet, das neben der heutigen Toskana auch die Regionen Umbrien und Teile La-

Von Weingütern wie Castellina in Chianti, der berühmten Landschaft zwischen Florenz und Siena, kommen die bekanntesten Weine der Toskana. Sie sind meist ein Verschnitt aus roten und weißen Trauben.

Florenz, die Hauptstadt der Toskana, wird noch heute von den Prachtbauten der Renaissance beherrscht.

tiums umschloß. Im Laufe der nachfolgenden Jahrhunderte wurde diese Einheit durch politische Wirren zusehends zerstückelt. Erst unter dem florentinischen Patriziergeschlecht der Medici, die das Land im späten 16. Jahrhundert als Großherzöge beherrschten, konnte das einstige Herzstück Etruriens wieder zu einer politischen Einheit zusammenwachsen. Seine Grenzen waren weitgehend identisch mit denen der heutigen Toskana.

Florenz: Kunstmetropole mit großer Tradition

Mit dem wirtschaftlichen und politischen Aufstieg, den Florenz ab dem 13. Jahrhundert genommen hatte, gewann die Toskana insgesamt an Bedeutung. Die Herausbildung des Bankwesens und der blühende Handel bescherten ihr einen ungeahnten Reichtum, den sich die toskanischen Städte allerdings untereinander streitig zu machen suchten. Die Politik der Florentiner Guelfen, die den Papst unterstützten und die kaisertreuen Ghibellinen erbittert bekämpften, erwies sich als nützlich, denn

Ein Fest für die Sinne ist das Fresko *Gastmahl des Herodes* von Santa Maria Novella in Florenz.

durch die enge Bindung an den Apostolischen Stuhl entstand in Florenz eine blühende Geldwirtschaft. Die Florentiner Bankiers machten mit Frankreich und dem englischen Königshaus glänzende Geschäfte, und als Gegenleistung gewährte man ihnen Zollvergünstigungen für den Im- und Export von Waren. Die florentinische Goldmünze Florin war weit über die Landesgrenzen hinaus als Zahlungsmittel anerkannt. Die Florentiner Guelfen gehörten so zur Spitze im Welthandel, doch mußten sie zuvor in langen Kriegen die Ghibellinen Pisas, Sienas und Arezzos bezwingen.

Gerade hatte man das 16. Jahrhundert eingeläutet, da ließ Pietro Soderini, Bannerherr von Florenz, einen jungen, als Heißsporn verschrienen Künstler in die Dombauhütte führen. Dort lag seit rund 40 Jahren ein erbärmlich verhauener Marmorblock aus Carrara, mehr als vier Meter lang und von geringer Tiefe. Ob er aus diesem Block etwas schaffen könne, fragte man den 26 Jahre jungen Mann. Und der sagte, ohne lange nachzudenken, selbstbewußt wie nur je ein Toskaner: „Und ob ich das kann!" In drei Jahren Arbeitszeit gestaltete der Künstler, was später zum heimlichen Wahrzeichen der Stadt werden sollte: den berühmten *David,* heute das Prunkstück der Accademia di Belle Arti. Der junge Mann hieß Michelangelo Buonarotti.

Wer sich in der Accademia den biblischen Helden anschaut, sollte unbedingt um die Statue herumgehen und sich ihr von der Seite nähern, zu der *David* den Kopf neigt. Der energische Blick aus den voll ausgearbeiteten Augen unter der in Falten gezogenen Stirn ist so lebendig, daß man ihm schier nicht standzuhalten vermag.

Die Piazzale Michelangelo, links des Arno oberhalb der Stadt gelegen, ist in den Urlaubsmonaten tagsüber leider von Touristen und Brautpaaren überlaufen, die in den üppigen Gärten der Piazzale gern fürs Hochzeitsfoto posieren. Von hier aus sollte man einen ersten Blick auf die Stadt der künstlerischen Superlative werfen und sich zugleich einen ersten Überblick verschaffen.

Stadt der Brücken, Kirchen und Paläste

Zu Füßen des Betrachters schlängelt sich das silberne Band des Arno unter den Brücken von Florenz hindurch, unter denen der überbaute Ponte Vecchio besonders hervorsticht. Seinen Namen – alte Brücke – trägt er zu Recht, handelt es sich doch um den Nachfahren eines Übergangs, den schon die Etrusker an dieser Stelle errichtet hatten. In den Überbauungen betrieben die unterschiedlichsten Händler – vor allem aber die Metzger – ihre Geschäfte, bis Großherzog Ferdinand I. im Jahre 1593 alle von ihnen mit Ausnahme der Juweliere und Goldschmiede von dort verbannte.

Jenseits des Arno beherrscht der Dom mit seiner roten, weißgerippten Kuppel und der weißen Laterne darauf das Stadtbild. Zwischen 1421 und 1430 geschaffen, war das geniale Werk Filippo Brunelles-

Ein Labyrinth aus sandigen, bizarr verwitterten Hügeln und schwindelerregenden Abgründen kennzeichnet das Valdarno, das obere Arnotal südöstlich von Florenz.

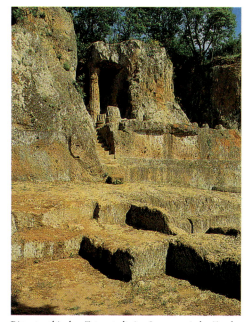

Die etruskische Totenstadt in Sovana wird „Tomba Ildebranda" genannt – Hildebrandtsgrab.

chis zu seiner Zeit die größte Domkuppel auf Erden. Der Baumeister war auf die Idee gekommen, die Kuppel in zwei Schalen zu gestalten, die aus fischgrätartig gemauerten, sich nach oben hin verjüngenden Ziegelkränzen bestehen. Zusätzliche Steinringe geben der inneren Schale Halt. Im Hohlraum zwischen den beiden Schalen verläuft eine für die Öffentlichkeit zugängliche Treppe zur Laterne hinauf. Wer weder die 463 steilen Stufen scheut noch an Klaustrophobie leidet, sollte sich die Mühe machen und hinaufklettern: Der Blick auf Florenz ist – auch wenn das Wort längst schon überstrapaziert ist – atemberaubend.

Neben dem imposanten viereckigen, fast 85 Meter hohen Campanile mit seiner feingegliederten, mit rosa, grünem und weißem Marmor verkleideten Fassade blitzt das weiße Dach des Baptisteriums, das in seinem Innern farbenprächtige Mosaiken aus dem frühen 13. Jahrhundert birgt. Die achteckige Taufkirche selbst soll aus dem vierten oder fünften Jahrhundert stammen. Eine Augenweide sind in jedem Fall die drei Bronzeportale. Das Ost- und das Nordportal stammen von Lorenzo Ghiberti. Zwischen 1401 und 1452 geschaffen, stellen sie in Bildfeldern und Medaillons Szenen aus dem Alten Testament dar. Das Südportal ist im wesentlichen eine Arbeit des Andrea Pisano.

Hinter dem Baptisterium, in dem übrigens der Dichter Dante getauft wurde, erhebt sich die kleinere rote Kuppel einer zu San Lorenzo gehörenden Kapelle. Sie war die Hauskirche der Medici, in ihrem Innern finden sich die Medici-Grabmäler des Michelangelo.

Der 1322 fertiggestellte, später innen umgestaltete, zinnenbewehrte Palazzo Vecchio (auch Palazzo della Signoria genannt) mit seinem durchbrochenen Zinnenturm ist noch heute Rathaus von Florenz. Hinter dem Palazzo blinkt der schlanke, spitze Campanile von Santa Maria Novella hervor. Läßt man den Blick noch einmal zum Dom zurückschweifen, so sieht man vor der Fassade des Langhauses noch zwei weitere Türme aufragen: den viereckigen Turm des Bargello – des ersten, 1254 errichteten Kommunalpalasts der Stadt, heute Skulpturen- und Kunsthandwerksmuseum – und links daneben den schlanken, spitz zulaufenden, erst 1842 erbauten Campanile von Santa Croce. Diese gotische Franziskanerkirche, die größte Italiens, ist ein regelrechtes Mausoleum: Galileo Galilei, Michelangelo, Niccolò Machiavelli, Leonardo Bruni, Luigi Cherubini, Gioacchino Rossini und viele andere große Geister liegen hier begraben.

Aus der Florentiner Überfülle ins ruhige Fiésole

Oberhalb der Florentiner Piazzale Michelangelo – und von dieser aus durch Parkanlagen leicht zu erreichen – liegt eine der schönsten und besterhaltenen romanischen Kirchen der Toskana: San Miniato al Monte. 1018 errichtet, erhielt sie ab 1090 ihre herrliche Mosaikfassade aus grünem und weißem Marmor. Abends, wenn die Kirche beleuchtet ist und sich glänzend gegen den schwarzen Nachthimmel abhebt, tritt die feine Zeichnung der dunklen Inkrustationen besonders stark hervor. Besser tagsüber anzuschauen ist dagegen das farbenprächtige Mosaik unter dem Giebel. Im Innern der Kirche finden sich weitere Mosaiken, in die Krypta sind antike Säulen eingearbeitet.

Mit diesem Überblick haben wir nur einen winzig kleinen Teil der unendlich vielen Sehenswürdigkeiten dieses Juwels unter den Perlen der Toskanastädte kurz genannt. Da ein einziger Besuch niemals ausreichen kann, um zum Beispiel auch nur die Fülle der Schätze der weltberühmten Uffizien zu würdi-

Südeuropa

Die grünen Hügel mit Verwitterungseinbrüchen südöstlich von Siena nennt man *Crete*. Auf den Lehmkuppen stehen oft noch jahrhundertealte, teilweise befestigte Landgüter.

gen, bleibt nur eins: Man muß zum Mercato Nuovo gehen, zum neuen Markt; an dessen Südende steht ein Brunnen, der „Il Porcellino" heißt und mit einem bronzenen Eber geschmückt ist. Aus gutem Grund ist die Schnauze des Keilers abgegriffen und glänzt wie eitel Gold – wer diese Schnauze berührt hat, wird gewiß nach Florenz zurückkehren.

Acht Kilometer nördlich von Florenz liegt hoch über dem Arno das kleine Städtchen Fiésole. Hier oben, wo wegen der Höhenlage – fast 300 Meter – meist ein frischer Wind geht, kann man sich ein wenig abkühlen. Von Fiésole bietet sich ein herrlicher Blick auf Florenz und den Arno – vor allem im Frühling, wenn das erste neue Grün sprießt. Sehenswert in diesem kleinen Städtchen etruskischen Ursprungs sind die Ruinen des römischen Amphitheaters, das einst 3000 Zuschauern Platz bot. Auch die Thermenanlage stammt aus römischer Zeit. Vom Amphitheater aus kann man noch weiter aufsteigen. Vorbei an der Kirche Sant'Allessandro, die im sechsten Jahrhundert unter der Herrschaft des Ostgoten Theoderich über etruskischen und römischen Überresten erbaut und in späteren Jahrhunderten erweitert wurde, gelangt man hinter den Giardini Pubblici zum Franziskanerkloster San Francesco. Der schon ein wenig Puste verlangende Aufstieg lohnt vor allem wegen des herrlichen Ausblicks auf Florenz und das umliegende Arnotal.

Von Florenz führt die Autobahn A 11 nach Lucca. Wer die gebührenpflichtige Rennstrecke meidet und

Grün-weiß gestreifte Fassaden aus Marmor wie am Dom von Pistóia sieht man häufig in der Toskana.

statt dessen die parallel verlaufenden kleinen Straßen wählt, der kommt auch durch die schönen alten Städtchen Prato und Pistóia, die beide einen Besuch lohnen. Prato, seit dem Mittelalter eine bekannte Wollweberstadt mit vollständig erhaltener Stadtbefestigung, besitzt das einzige staufische Kastell der Toskana. Um 1240 ließ Kaiser Friedrich II. das imposante, zinnenbekrönte Bauwerk mit den vorspringenden Bastionen hier errichten. 1378 kam es in Prato zum ersten geschichtlich belegten Streik

– Beginn einer Kultur, die sich ja besonders in Italien zu fast sprichwörtlicher Blüte entwickeln sollte. Die ersten Streikenden waren die niedersten der Wollarbeiter, die *Ciompi*, die in düsteren Kellerlöchern die schweißtreibende Schwerarbeit des Reinigens, Kratzens und Kämmens der Wolle zu erledigen hatten. Ihr Versuch, sich bessere Arbeitsbedingungen und höhere Löhne zu erkämpfen, schlug letztlich fehl, doch Prato ist und bleibt ein Zentrum italienischer Textilverarbeitung.

Grün-weiße Fassaden im ganzen Land

Der Dom von Prato mit seiner grün-weiß gestreiften Marmorfassade hat eine von Donatello gestaltete Außenkanzel, von der aus den Gläubigen auf dem Domplatz viermal im Jahr die berühmteste Reliquie der Stadt, der Gürtel der Maria, gezeigt wird. Das Innere des Doms birgt die schönsten Fresken Filippo Lippis, außerdem Fresken von Agnolo Gaddi. Man

Schauplatz des *Palio* ist die Piazza del Campo, ein weiter, halbrunder Platz vor dem Rathaus von Siena.

sollte auch einen Blick in die Kirche Santa Maria delle Carceri werfen, einen im 15. Jahrhundert für ein wundertätiges Marienbild errichteten Zentralbau mit einer flachgewölbten Kuppel.

Ist Prato eine Textilstadt, so ist das nahe gelegene Pistóia vor allem eine Stadt der Metallverarbeitung. Angeblich leitet sich das Wort „Pistole" vom Ortsnamen Pistóia ab, denn hier soll sie erfunden worden sein. Doch geht es hier trotz Produktion von Messern und Schießeisen friedlich zu, denn Pistóia hat auch bedeutende Blumenzuchtbetriebe. Ursprünglich eine römische Gründung, wurde der Ort im zwölften Jahrhundert unabhängig. Man baute eine Stadtmauer mit 60 Türmen und machte sich Lucca und Florenz zum Feind, was Pistóia nicht gut bekam. Die heute noch zum größten Teil erhaltene Stadtmauer stammt aus dem 14. Jahrhundert. Sehenswert in dieser Stadt mit ihren verwinkelten Altstadtgäßchen ist der Dom, eine dreischiffige Basilika, die einen Silberschrein mit mehr als 600 Figu-

Regen hat die lehmigen Hügel der *Crete* in der Umgebung von Siena rundgewaschen, und die sommerliche Hitze macht den Boden trocken und rissig. Man pflanzt Zypressen an, um die Erosion aufzuhalten.

Pisa ist mehr als nur ein schiefer Turm

Die Stadt Pisa ist für viele gleichbedeutend mit dem Schiefen Turm, dem Torre Pendente, der für jeden dummen Witz und jeden Touristenkitsch – vom Briefbeschwerer bis zum rot leuchtenden Nachttischlämpchen aus Alabaster – herhalten muß. Die meisten Besucher bleiben in jenem Bereich außerhalb der Stadt, der als Campo dei Miracoli, als Feld der Wunder, den Schiefen Turm, den Dom, das Baptisterium und den Campo Santo umfaßt. Alle vier Bauten sind übrigens aus dem strahlenden Marmor von Carrara erbaut.

Wagen wir es, uns auf die wichtigste Frage zu beschränken: Darf man noch hinaufklettern auf den vom Einsturz bedrohten Turm? Nein, man darf nicht. Der auf Schwemmsand, Lehm und Geröllen von Anfang an gefährdet stehende Turm begann sich schon 1274, als das dritte Stockwerk erreicht war, zu neigen. Inzwischen beträgt die Abweichung

Kreisförmig drängen sich die Häuser des mittelalterlichen Lucca um die zentrale Piazza del Mercato.

ren birgt, so kostbar, daß man nur gegen Entgelt einen Blick darauf werfen darf. Gegenüber dem Dom steht das achteckige Baptisterium. Wie so viele Kirchen dieser Gegend in typisch grün-weißer Querstreifung gehalten, entstand die 1359 errichtete Taufkirche nach einem Entwurf Andrea Pisanos. Einen sehr lebhaften, bunt bemalten Terrakottafries mit vielen ausdrucksstarken Figuren aus dem frühen 16. Jahrhundert hat die 1277 gegründete Pilgerherberge Ospedale del Ceppo zu bieten.

An Lucca scheiden sich die Geister. Die einen loben, es habe sich hinter seiner voll erhaltenen, hohen und trutzigen Stadtmauer die Beschaulichkeit und den Charme seiner alten Traditionen bewahrt. Die anderen nennen es eine erzkonservative Bischofsstadt, die ihre Engstirnigkeit hinter ihrem mächtigen Festungsring verschanze.

Bei einem Gang über die im 16. und 17. Jahrhundert errichtete, gut vier Kilometer lange, zwölf Meter hohe und an der Basis ebenso breite Stadtmauer hat man Gelegenheit, über das rote Dächermeer der Stadt zu schauen. Der Eindruck, die Zeit sei seit der Renaissance an Lucca spurlos vorübergegangen, täuscht kaum. Enge Gassen und Straßen bilden ein verwinkeltes Labyrinth, führen zu schönen Plätzen und romanischen Kirchen. Selbst das mittelalterliche Straßensystem, das im Widerspruch zu den heutigen Erfordernissen von Verkehr und Stadtplanung steht, wurde nur notdürftig angepaßt, zu modernisieren oder abzureißen sahen die Stadt-

väter keine Veranlassung. Auch darin zeigt sich das Traditionsbewußtsein der Einwohner Luccas. Die Stadtmauer und die wenigen Palazzi aus dem 16. Jahrhundert gehören zusammen mit dem Dom San Martino und den Kirchen San Frediano und San Michele in Foro zu den kunsthistorischen Hauptattraktionen der Stadt.

Am romanischen Dom überrascht zunächst die asymmetrische Fassade. Der Campanile, ursprünglich ein Wehrturm, ist so nahe an die Kirche gesetzt, daß der rechte äußere der drei Arkadenbögen wie zusammengedrückt erscheint. Wertvollster Schatz im Innern der Kirche ist das Tempietto, die achteckige Umbauung des *Volto Santo* (heiliges Antlitz) genannten Kruzifixes. Wahrscheinlich stammt es aus dem zwölften Jahrhundert – doch der Legende nach wurde es vom heiligen Nikodemus zu Füßen des echten Christuskreuzes geschnitzt. Kein Wunder, daß es im Mittelalter riesige Pilgerzüge anlockte! Noch heute ist der Umzug Mitte September, wenn das Kruzifix durch die Straßen Luccas getragen wird, ein besonderes Ereignis, zu dem große Besucherscharen in die Stadt strömen.

Wahrzeichen der ab 1112 entstandenen fünfschiffigen Basilika San Frediano ist das farbenprächtige Fassadenmosaik aus der Mitte des 13. Jahrhunderts. Der strahlend weiße Bau von San Michele in Foro besticht vor allem durch seine wunderschöne Fassade mit den vier Stockwerke hohen Blendarkaden und der Säulengalerie an der Längsseite.

vom Lot in Höhe des oberen Turmabschlusses mehr als fünf Meter, die Einsturzgefahr scheint akut.

Oder doch nicht? Seit einiger Zeit scheint sie gebannt, und es wird wieder überlegt, ob man die runde Million Besucher, die den Turm gern besteigen würden – es ist jeder Zehnte von all denen, die jährlich aus der ganzen Welt anreisen, um sich zu vergewissern, daß er wirklich noch steht –, so herb enttäuschen dürfe.

Pisa hat aber noch viel mehr zu bieten als nur den Schiefen Turm. Die schönsten Kirchen der Stadt stammen aus der Zeit ihrer größten Machtentfaltung als Seerepublik, dem 12. und 13. Jahrhundert. Jener große Gelehrte, den die Kirche erst vor wenigen Jahren großzügig vom Vorwurf der Ketzerei lossprach, Galileo Galilei, ist 1564 hier in Pisa geboren und lehrte an der noch heute berühmten Universität. Mit dem berühmten Satz: „Eppure si muove – Und sie bewegt sich doch!" verteidigte er die dem hohen Klerus unliebsame Erkenntnis, daß die Erde sich um die Sonne dreht und nicht umgekehrt.

Wer in der Abenddämmerung auf der Autobahn von Florenz nach Siena braust, der kann sich, wenn er die Abfahrt bei Poggibonsi nicht verpaßt, ein Erlebnis der besonderen Art verschaffen. Mitten im Herzen der Toskana taucht plötzlich eine mittelalterliche Vision der Skyline von Manhattan auf! Die Rede ist natürlich von San Gimignano, dem weithin berühmten uralten Städtchen. Von seinen einstmals 76 Geschlechtertürmen – Wohnsitzen der in der Stadt ansässigen Adelsfamilien – ragen immerhin noch 14 in den Himmel, zum Teil bis zu 55 Meter hoch. Eine Rückkehr bei Tage ist unbedingt zu empfehlen, erstens, weil der Ort selbst wunderschön ist und viel Sehenswertes bietet, zweitens, weil man von dem Torre Grossa mitten in der Stadt einen herrlichen Blick ins Umland werfen kann. Vor allem aber: Hier gibt es einen vorzüglichen Weißwein – eben den San Gimignano –, und dazu kann man beispielsweise einen kräftigen toskanischen Wildschweinschinken probieren.

Das auf drei Hügeln erbaute Siena ist den meisten Touristen als die Stadt des *Palio* bekannt, des Pferderennens, das hier schon seit dem 13. Jahrhundert zweimal im Jahr rund um die Piazza del Campo ausgetragen wird. Tausende von Besuchern strömen im Juli und August zu diesem weit über den eigentlichen Anlaß hinausgehenden Spektakel in die Stadt. Millionen Italiener verfolgen auf dem Bildschirm das gefährliche Rennen, bei dem die Reiter – ohne Sattel! – die Piazza in weniger als zwei Minuten dreimal umrunden.

Zweifelsohne ist Siena neben Florenz die toskanische Stadt, deren Traditionen und kultureller Reichtum am weitesten über die Grenzen Italiens hinaus bekannt sind. *Città d'arte*, Stadt der Kunst, wird sie oft genannt, doch während Florenz vor allem eine Stadt der Renaissance ist, gilt Siena als die Hochburg gotischer Kunst.

Siena: Schatzkammer gotischer Baukunst

Im zwölften Jahrhundert lag hier das Zentrum der Ghibellinen, die den Papst und seine weltlichen Machtansprüche bekämpften. In dieser Zeit entstanden zahlreiche Bauwerke, auch mit der Errichtung des schwarzweiß gestreiften Doms wurde begonnen, dessen Weiterbau dann aber durch eine Pestepidemie zum Erliegen kam. Was eigentlich vorgesehen war, läßt sich noch heute erahnen: Das schon sehr imposante Kirchenschiff war eigentlich nur als Querschiff gedacht, der unvollendet sich erstreckende Teil, der heute das Dommuseum birgt, sollte das Hauptschiff werden. Einen neuerlichen Höhepunkt seiner wirtschaftlichen Macht erreichte Siena im 15. Jahrhundert, als in der ganzen Toskana Bankwesen und Handel blühten.

Der neue Renaissancestil des nahen Widersachers Florenz färbte nun auch auf das Kunst- und Kulturleben Sienas ab, doch schon bald verlor die Stadt gegenüber der Konkurrentin am Arno an Bedeutung, und im 16. Jahrhundert mußte sie die Vorherrschaft von Florenz endgültig anerkennen. Sienas Dom gehört sicherlich zu den wichtigsten Zeugnissen der italienischen Gotik. Seine unendlich vielfältig verzierte romanisch-gotische Fassade entstand nach Entwürfen des Giovanni Pisano. Wahre Meisterwerke im Innern sind der Mosaikfußboden, die Marmorkanzel des Nicola Pisano mit ihrem reichen Reliefschmuck sowie die Piccolomini-Bibliothek, die Kardinal Francesco Piccolomini sich hier ab 1492 anlegen ließ.

Der Palazzo Pubblico, der wohl eleganteste gotische Palast der Toskana, wurde 1342 fertiggestellt. Sein Campanile überragt mit 102 Metern alle anderen Bauwerke Sienas und leuchtet dem Besucher mit seinen weißen Obergeschossen schon von weitem entgegen. Vor dem Palazzo öffnet sich wie ein Fächer das leicht abschüssige Halbrund der Piazza del Campo, des Schauplatzes des erwähnten *Palio*.

Bei Sienas berühmtem *Palio* riskieren die Reiter Kopf und Kragen. Preis ist ein Banner *(palio)* der Madonna.

Im Palazzo, der noch immer als Rathaus dient, ist das Stadtmuseum untergebracht.

Wer bei seiner ersten Toskanareise das Städteprogramm absolviert hat, wird bei den unausbleiblichen späteren Besuchen mehr und mehr die noch nicht so ausgetretenen Seitenpfade suchen und sich vielleicht auch mehr auf die landschaftlichen Aspekte konzentrieren. Beispielsweise wird er die herbe Schönheit solcher ganz und gar untoskanischer Gefilde wie der Crete südlich von Siena genießen. Die Fahrt von Siena in das kleine Asciano mit seiner nüchternen, sehr klaren romanischen Basilika führt durch die sogenannte Crete mit ihren vom Regen rundgewaschenen Lehmhügeln, die kaum Anbaumöglichkeiten bieten. Im heißen Sommer trocknen die Lehmböden stark aus, es bilden sich tiefe Risse. Nur ein wenig Getreideanbau gelingt hier; um die Böden vor weiterem Auswaschen und vor dem Wind zu schützen, hat man viele Zy-

Balze nennt man die schroffen Verwitterungsformen aus Tuffgestein bei Volterra westlich von Siena – eine sehr eindrucksvolle, fast vegetationslose Landschaft.

pressen gepflanzt. Oder man lernt die schroffen, kahlen Tuffgesteine der Steilhanglandschaft Balze bei Volterra kennen.

Ein ganz besonderes Erlebnis für Naturliebhaber ist schließlich die Maremma, die Seemarsch an der Südküste der Toskana. Hier wurde 1975 zum Schutz der Flora und Fauna dieses Gebietes ein 70 Quadratkilometer großer Naturpark, der Parco dell'Uccellina, eingerichtet. Nördlich des Ombrone umfaßt der Park einen kanaldurchzogenen Salzsumpf, Rückzugs- und Schutzgebiet für verschiedene selten gewordene Watvögel, für Reiher, Flamingos und Störche. Der Park ist auch letztes Refugium der typischen grauweißen Langhornrinder der Maremma, mit denen die einheimischen „Cowboys", die *Butteri*, gelegentlich Rodeos veranstalten. Dafür muß man allerdings schon sehr gut reiten können. Nicht von ungefähr stammen die besten der beim *Palio* in Siena eingesetzten Reiter aus der Maremma. In den macchiabedeckten Hügeln südlich des Ombrone sind markierte Wege angelegt, die zwischen duftendem Rosmarin, Ginster und Ebereschen durch den Park führen. Unter anderem auch zu den einen herrlichen Rundblick bietenden Türmen des Castelmarino, das die Medici im 16. Jahrhundert hier errichten ließen. Das Gebiet ist reich an Schmetterlingen, und in den Wäldern am Rande der Sümpfe suhlt sich im feuchten Unterholz auch noch so manches Wildschwein.

Aus goldgelbem Travertinstein besteht die Wallfahrtskirche San Biagio in einem Zypressenhain vor den Toren von Montepulciano. Man hat sie als eines der schönsten Bauwerke der Renaissance bezeichnet.

DAS BESONDERE REISEZIEL: DIE SCHWEFELQUELLEN IN LARDERELLO

Wer der Kirchen und Kunstschätze müde geworden ist, der kann zwischen Pomarance und Larderello ein eindrucksvolles Naturschauspiel erleben: Ein rund 200 Quadratkilometer großes geothermisches Feld erstreckt sich südlich von Volterra bis zu den alten Bergwerken in den Colline Metallifere (den metallhaltigen Hügeln). Zunächst grüßen nur die riesigen Betonkühltürme von Larderello und gigantische Rohrleitungen, die sich wie Riesenschlangen über das Gelände ziehen. Sie gehören zu einem seltsamen Dampfkraftwerk. Dann sieht man vielleicht auch die eine oder andere Dampffontäne aufsteigen. Wie aus dem Ventil eines überdimensionalen Schnellkochtopfs schießen in dieser Gegend 160 bis 190 Grad heiße Dämpfe, die Schwefel und andere Substanzen enthalten, bis zu 50 Meter hoch in die Luft. Zugleich entströmt den *Soffioni* genannten Dampfquellen ein beinahe unerträglicher Gestank nach faulen Eiern. So und nicht anders stellten sich die Einwohner dieser Region einst die Hölle vor.

Einem rationaleren Zeitalter gelang es, diese unbändige Naturgewalt für den Menschen nutzbar zu machen. Heute dient sie der Energiegewinnung und wird auch industriell genutzt: Hier gewinnt das ansonsten nicht mit Bodenschätzen gesegnete Italien Borax, Borsäure, Schwefel und Ammoniak. Sehr viel wichtiger aber ist die Umsetzung der geothermischen Wärme in Strom. Rund zehn Prozent des italienischen Strombedarfs können von hier gedeckt werden. Die Schwefelquellen von Larderello gelten mittlerweile als ein gelungenes Beispiel dafür, wie man geothermische Kräfte wirtschaftlich und ökologisch sinnvoll nutzen kann.

Schon die Etrusker sollen Jahrhunderte vor Christi Geburt die heißen Borquellen angezapft haben. Einer der ersten, der versuchte, die *Soffioni* wirtschaftlich zu nutzen, war der Anfang des 19. Jahrhunderts nach Italien ausgewanderte Franzose François Larderel, der den Schwefelquellen damit auch seinen Namen gab. Sogar der Ort Larderello ist nach ihm benannt. In diesem Jahrhundert gelang es dann, die Quellen durch entsprechende Bohrungen direkt anzuzapfen. Besonders zwischen den beiden Weltkriegen, als Energie und Erdöl knapp waren, wurde auf diesem Gebiet viel geforscht.

Im Zweiten Weltkrieg wurden die Anlagen dann leider durch Bombenangriffe der Alliierten komplett zerstört. Nach dem Krieg baute man sie jedoch wieder auf, und sie produzierten zeitweise rund drei Milliarden Kilowattstunden Strom im Jahr. Dieses Entwicklungsprogramm war so erfolgversprechend, daß in der umliegenden Gegend bis auf den heutigen Tag ständig nach neuen Quellen gebohrt wird. Wenn man frei blasende Dampfquellen deshalb heute auch nur noch an wenigen Stellen beobachten kann, so bieten sie da, wo sie noch ungehindert zischen und wabern, doch einen interessanten Anblick.

Soffioni nennt man die Schwefeldampfquellen, die im Gebiet um Larderello aus zahlreichen Erdspalten zischen.

ELBA
Einst Verbannungsort, heute Urlaubsparadies

Die Insel Elba, auf die einst Napoleon verbannt wurde, ist ein Paradies für Sporttaucher, ein Dorado für Mineraliensammler, eine Fundgrube für Botaniker, die am über 1000 Meter hohen Monte Capanna sogar Edelweiß finden können. Und einfach ein herrlicher Urlaubsort für alle, die auf kleinem Raum geballte Vielfalt suchen: rotes Eisengestein, Olivenhaine und Rebhänge, Feigen und Mandelbäume, Kastanienwälder, Sandstrände und felsige Küsten, reines Meerwasser und ein bißchen Gebirge.

Mit einer Küstenlinie von rund 150 Kilometer Länge ist Elba die größte der zum toskanischen Archipel gehörenden Inseln. Das zwölf Kilometer von der Küste entfernt liegende Eiland ist der Rest einer alten Landzunge, die einst die Toskana mit Korsika und

Längst schon kein Ort der Verbannung mehr: Am weitläufigen Golfo Stella an der Nordküste der Insel findet man zahlreiche Badebuchten. Von hier ist es nicht weit nach Portoferráio und zur Villa Napoleons.

Malerisch schmiegt sich der stille Fischerhafen des Seebades Marciana Marina in eine natürliche Bucht.

Sardinien verband. Auf keiner der Nachbarinseln kann man so viele malerische Buchten entdecken wie auf Elba. Viele haben einen feinen Sandstrand, und überall ist das Wasser glasklar. Die Vegetation im Westteil der Insel, der mit seinen Sandstränden die Badeurlauber lockt, prägen Macchien und lichte Wälder, während im Ostteil Landwirtschaft und Weinbau überwiegen. Oliven-, Feigen- und Mandelbäume gedeihen hier gut.

Obwohl die Insel mit ihren gut 223 Quadratkilometern bescheidene Ausmaße hat, ist sie durch ihre geologischen Eigenarten zum Tummelplatz für viele Geologen geworden. In ihrem Osten überwiegt altes Kalk- und Sandgestein, das sehr eisenhaltig ist und dessen Hügel zuweilen eine Höhe von rund 400 Metern erreichen. Im mittleren Teil herrscht Vulkangestein vor, den Westteil Elbas schließlich macht im wesentlichen die große Granitkuppel des Monte Capanne (1019 Meter) aus.

Elba hat wie die toskanische Küste eine bewegte Geschichte hinter sich. Den Ligurern als ersten Besiedlern folgten die Etrusker, die erst von den Griechen und dann von den Römern abgelöst wurden. Noch heute findet man auf Elba archäologische Spuren, die eindrucksvoll bezeugen, daß bereits die Etrusker die Eisenvorkommen der Insel mit ihren primitiven Hilfsmitteln abbauten. Nach längerer Herrschaft der Langobarden stritten sich im weiteren Verlauf des Mittelalters hauptsächlich Genua und Pisa um die reiche Insel. Elbas strategisch günstige Lage bedingte, daß man sich außerdem gegen Übergriffe der Florentiner, Spanier, Franzosen, des Hauses Habsburg sowie türkischer Piraten zur Wehr zu setzen hatte. Napoleon schließlich verbrachte auf Elba die Zeit seines ersten erzwungenen Exils.

Die wichtigste Einnahmequelle für die rund 30 000 Einwohner der Insel ist der Tourismus. Hauptort und gleichzeitig Anlaufhafen für die Fähren und Tragflügelboote vom Festland ist Portoferráio, ein hübscher kleiner Ort mit einer Festungsanlage der Medici, die im 16. und 17. Jahrhundert Großherzöge der Toskana waren. Sechs Kilometer südwestlich des Ortes steht die Villa, in der Napoleon als Souverän von Elba lebte. Westlich von Portoferráio liegen die beiden beliebten Badeorte Procchio und Marciana Marina, denen nur noch das an der Ostküste gelegene Porto Azzurro an Beliebtheit bei den Touristen den Rang abläuft.

Das größte Kuriosum der Insel ist sicherlich der 413 Meter hohe Monte Calamita südlich von Porto Azzurro, der seinen Namen – Kalamitätenberg – nicht umsonst trägt. Der sehr stark eisenhaltige Berg läßt durch seine magnetische Ausstrahlung jede Kompaßnadel durchdrehen und soll nicht ganz schuldlos sein an den Schiffsunglücken, die sich besonders an dieser Stelle der Küste schon ereignet haben. Mineralienfreunde werden besonders auf den Abraumhalden des Monte Calamita fündig. Wer seiner diesbezüglichen Leidenschaft geruhsamer frönen will, der besuche das Mineralienmuseum von Rio Marina, ebenfalls an der Ostküste, aber nördlich von Porto Azzurro gelegen.

Auskunft: siehe Seite 390.

UMBRIEN
Herzstück Italiens abseits des Massentourismus

Umbrien ist das „grüne Herz" Italiens, die einzige Region des ins Mittelmeer hineinragenden Stiefels, die nicht ans Meer grenzt. Vielleicht ist das einer der Gründe, warum die Masse der Touristen diese wunderschöne hügelige bis gebirgige Landschaft bisher verschont hat. Ein Landstrich, teils herb, teils lieblich, der durchsetzt ist von malerischen Seen und Flußtälern, Olivenhainen, Wäldern und Weinbergen, in dem aber auch die Liebhaber kultureller Schätze auf ihre Kosten kommen.

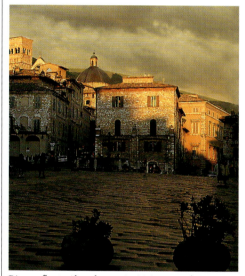

Die gepflegte Altstadt von Assisi ist am schönsten im Licht der untergehenden Sonne.

Mit knapp 8500 Quadratkilometern gehört die bergige Binnenregion Umbrien zu den kleineren der 20 Regionen Italiens und ist mit rund 820 000 Einwohnern auch recht dünn besiedelt. Umbrien gliedert sich in zwei Provinzen: Perugia mit der gleichnamigen, für seine Ausländeruniversität berühmten Hauptstadt im Norden und Terni, ebenfalls nach seiner Hauptstadt benannt, im Süden. Die Landwirtschaft, die allerdings in den letzten 20 Jahren drastisch an Arbeitskräften eingebüßt hat, setzt auf traditionelle Produkte, denen die umbrische Küche ihre Meisterschaft verdankt. Die Rede ist vor allem von Olivenöl und Wein, von Mais und Weizen, von Schweinefleisch und Trüffeln. Einen gewissen wirtschaftlichen Ausgleich für den Abbau in der Agrarwirtschaft bildet das Wachstum des Fremdenverkehrs. Rund vier Millionen Touristen besuchen das Land jährlich, wobei es den größten Teil der Besucher nach Assisi zieht, dem Geburtsort des heiligen Franziskus, der den Mitgliedern seines Ordens Armut predigte und heute paradoxerweise den Menschen seiner Stadt zu einem enormen Einkommen verhilft. Das auf einem Ausläufer des Monte Subasio gelegene Städtchen mit seiner trutzigen, aus zwei Kirchenbauten bestehenden Basilika – Fresken von Giotto zieren ihre Oberkirche – zeigt sich in der Abenddämmerung, wenn die untergehende Sonne den ganzen Ort rotgolden überhaucht, von seiner schönsten Seite.

Todi ist eine schroff und grau wirkende mittelalterliche Stadt, deren Anfänge freilich auf voretruskische Zeit zurückgehen und zu deren Füßen sich eine Perle der Renaissance erhebt, die kreuzförmige Kirche Santa Maria della Consolazione mit ihren vier Apsiden und der hoch aufragenden Kuppel. Spoleto, von dem Hermann Hesse 1911 seiner Frau Maria schrieb, es sei die schönste Entdeckung, die er in Italien gemacht habe, birgt als besonderes Kleinod den aus dem 12. und 13. Jahrhundert stammenden Dom mit seinen filigranen Fensterrosetten, in dem unter anderem auch eines der schönsten Werke Filippo Lippis zu finden ist: ein Freskenzyklus mit Szenen aus dem Leben Mariens.

Das auf einem mächtigen Tuffsockel thronende, ständig durch Erdrutsche bedrohte Orvieto ist für seinen vorzüglichen Wein berühmt. Sehenswert ist sein schwarzweiß gestreifter gotischer Dom mit der reich gegliederten Fassade.

Das im Norden Umbriens gelegene, ebenfalls stark mittelalterlich geprägte Gubbio wird vor allem Mitte Mai von vielen Italienern und ausländischen Gästen besucht. Dann findet hier ein besonderes Fest mit farbenprächtigen mittelalterlichen Kostümen und Fahnen statt: Zu Ehren des heiligen Ubaldo, des Schutzpatrons der Stadt, werden drei Kästen von sechs Meter Höhe und acht Zentner Gewicht, in denen die Statuen der Heiligen Ubaldo, Anton und Georg stecken, von je 20 Männern im Wettlauf durch winkelige Gassen bis zur Basilika San Ubaldo hinaufgeschleppt. Was den normalen Fußgänger durchaus eine Stunde kostet, schaffen die Wettläufer in etwa 15 Minuten.

Ein architektonisches Markenzeichen Umbriens sind die auf den Hügeln gelegenen Kastelle: quadratisch angelegte, von hohen Türmen, engen Gassen und Stadtmauern geprägte kleine Dörfer, die einst der im Umland lebenden und arbeitenden Bevölkerung Unterschlupf vor Angreifern boten. Viele dieser Kastelle entstanden zwischen dem 13. und 16. Jahrhundert. Insbesondere die Gegend um Perugia, Spoleto und Foligno ist reich an diesen auf Hügeln errichteten Fliehburgen.

Auskunft: siehe Seite 390.

Auf den Tuffsteinböden um die Stadt Orvieto im südlichen Teil Umbriens wächst ein berühmter, erlesener Weißwein, der in die ganze Welt exportiert wird.

ITALIENISCHE ADRIA

Weit mehr als nur der Teutonengrill

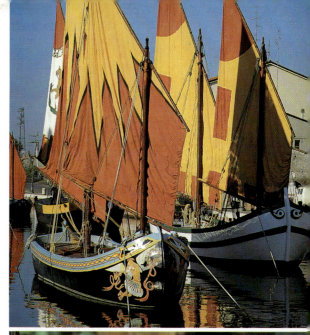

Sonnenschein, gelbweiße Sandstrände, türkisblaues Meer. Wolkenloser Himmel, braungebrannte, schwarzgelockte Jünglinge mit Goldkettchen um den Hals, mondänes Badeleben pur in Nobelorten wie Rimini: So oder ähnlich sieht das positive Klischee aus, das man mit dem Stichwort Italienische Adria verbindet. Das negative Gegenstück sieht Menschenmassen Leib an Leib an den Stränden, Sonnenschirm neben Sonnenschirm, verdrecktes Wasser, Hotelanlagen von ermüdender Uniformität – und neuerdings eine wuchernde Halbweltszene.

Immer aber hat die Italienische Adria im Hinterland – oft nur wenige Kilometer von der Küste mit ihrem lauten Badebetrieb entfernt – Entdeckenswertes, Sehenswertes, Faszinierendes zu bieten: sei es das beschauliche Areal des weit verzweigten Po-Deltas mit seiner ganz eigenen Tier- und Pflanzenwelt. Oder die hehre Kunst der unvergleichlichen Mosaiken von Ravenna, wo sich frühchristliche Kunstmonumente in größter Fülle finden. Seien es die Berge und Hügel, die an manchen Stellen der Adriaküste bis ans Meer heranreichen und selbst Wasserratten zum stillen Wandern einladen.

Stille Klöster finden sich mehrere an der sonst so lauten Küste der Adria, auch bizarre Landschaftsformen wie die tief zerklüfteten Erosionslandschaften um das Städtchen Atri. Kleine und allerkleinste Fischerdörfer, aufgereiht wie Perlen auf der Schnur, dazwischen immer wieder größere Städte mit interessanten Hafenanlagen und urbanem Flair, gehören ebenfalls dazu. Und natürlich: kilometerlange Strände, hier und da Palmenpromenaden und Rückzugsmöglichkeiten in wunderschöne alte Orte wie Áscoli Piceno – nein, die vielgeschmähte Adriaküste Italiens ist weit besser als ihr Ruf.

Leuchtendrote Sonnenuntergänge wie an der Lagune beim ehemaligen Küstenort Comácchio (Foto links) lassen eine romantische Stimmung aufkommen. Durch den Ort Cesenático nahe bei Rimini verläuft ein langer Kanal, auf dem man ein schwimmendes Museum mit alten Fischerbooten besichtigen kann (Foto rechts oben). Der Anblick dieses edlen, aus dem Herzstück des Parmaschinkens gemachten *Culatello* und der *Cappelletti* genannten Pastahütchen (zweites Foto von rechts oben) läßt nicht nur Gourmetherzen höher schlagen. Romanisch-lombardische Architektur kann man an der Kathedrale in Ferrara (zweites Foto von rechts unten) bewundern. Ein Ritt durch die Lagune von Comácchio (Foto rechts unten) gehört zu den faszinierendsten Naturerlebnissen eines Adria-Urlaubs.

Südeuropa

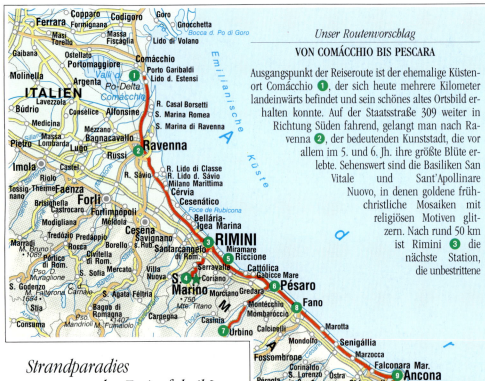

Unser Routenvorschlag
VON COMÁCCHIO BIS PESCARA

Ausgangspunkt der Reiseroute ist der ehemalige Küstenort Comácchio ❶, der sich heute mehrere Kilometer landeinwärts befindet und sein schönes altes Ortsbild erhalten konnte. Auf der Staatsstraße 309 weiter in Richtung Süden fahrend, gelangt man nach Ravenna ❷, der bedeutenden Kunststadt, die vor allem im 5. und 6. Jh. ihre größte Blüte erlebte. Sehenswert sind die Basiliken San Vitale und Sant'Apollinare Nuovo, in denen goldene frühchristliche Mosaiken mit religiösen Motiven glitzern. Nach rund 50 km ist Rimini ❸ die nächste Station, die unbestrittene Vergnügungshauptstadt an der Adria. Über die Schnellstraße Nr. 72 bietet sich nun ein Abstecher Richtung Landesinneres nach San Marino ❹ (siehe: Das besondere Reiseziel) an, dem ältesten Kleinstaat Europas. Von hier hat man einen herrlichen Ausblick auf die Küste und auf Riccione ❺, den nicht minder berühmten Badeort wenige Kilometer südlich von Rimini. Über Pésaro ❻, das im Mittelalter eine entscheidende Rolle im Salzhandel spielte, geht es nach Urbino ❼, der Renaissance-Kunststadt der Marken. Sehenswert ist hier die Nationalgalerie der Marken, die viele Meisterwerke von namhaften Renaissancekünstlern wie Raphael und Tizian enthält. Über die Küstenstraße 73 gelangt man wieder zur Küste nach Fano ❽, einem neuen industriellen Zentrum der Marken. Von hier aus geht es weiter die Küste entlang nach Ancona ❾, der Hauptstadt der Marken, von wo aus viele Touristen mit der Fähre nach Griechenland übersetzen. Nur wenige Kilometer südlich liegt das malerische Vorgebirge Monte Cónero ❿. Nächste Station ist Macerata ⓫, das im Mittelalter und in der Renaissance eine gewichtige Rolle in Kirchenkämpfen spielte. Unumstrittene Metropole mittelalterlicher Baukunst der Marken ist Áscoli Piceno ⓬, in dem viele Zeugnisse aus der Römerzeit und dem Mittelalter erhalten sind. Die Hauptattraktion ist hier die gotische Kirche San Francesco. Über die Schnellstraße 4 kommt man wieder zur Küste und nach San Benedetto del Tronto ⓭, einem der wichtigsten Fischereihäfen Italiens. Interessant ist auch ein Ausflug nach Pescara ⓮, das einst ebenfalls fast ausschließlich vom Fischfang lebte. Heute ist Pescara eine moderne Hafenstadt und ein beliebter Badeort mit fast 10 km langem, feinsandigem, allerdings recht gut besuchtem Strand; sehenswert ist hier das Geburtshaus des Dichters Gabriele d'Annunzio.

Strandparadies oder Ferienfabrik?

Der Begriff „Italienische Adriaküste" ist geographisch etwas irreführend. Genaugenommen bezeichnet er die gesamte vom Adriatischen Meer bespülte Ostküste Italiens von Triest (Trieste) im Norden bis Ótranto am Absatz des italienischen Stiefels. Im engeren Sinn aber versteht man darunter jenen Abschnitt, der sich zwischen Po-Delta und Pescara in der Region Abruzzen erstreckt und der seit seiner Entdeckung durch deutsche Urlauber den zynisch-scherzhaften Beinamen „Teutonengrill" führt. Natürlich gibt es noch sehr viele Besucher, die nur um des einen oder anderen Sandstrandes willen alljährlich die lange Reise auf sich nehmen. Doch finden sich auch immer mehr Menschen ein, die einfach mehr wollen und mehr suchen. Und die werden in jedem Falle fündig.

Eigentlich ähnelt das Adriatische Meer eher einem Golf zwischen dem Apennin und dem Balkan, so „seicht" ist es nämlich im Vergleich zu den anderen Teilen des Mittelmeers. An ihrer tiefsten Stelle, und diese befindet sich in ihrem südlichen Abschnitt, erreicht die Adria immerhin eine Tiefe von 1260 Metern. Im Golf von Venedig aber ist sie nicht einmal 50 Meter tief.

Woher der Name Adria kommt und was er bedeutet, ist von der Forschung noch immer nicht geklärt. Fest steht nur, daß der griechische Gelehrte und Geograph Hekataios von Milet sechs Jahrhunderte vor Christus bei einem Besuch der Gegend wohl so nachhaltig von einem Städtchen namens Hadria beeindruckt gewesen sein muß, daß er das Meer vor dieser Stadt kurzerhand Adriatisches Meer benannte. Im Po-Delta, rund 30 Kilometer von der heutigen Küste entfernt, gibt es eine Stadt namens Adria, aber bis heute konnte nicht zweifelsfrei geklärt werden, ob es sich dabei um besagte antike Stadt handelt.

Die adriatische Küste der Regionen Venetien, Emilia-Romagna und Marken ist flach. Ihre weiten, feinen Sandstrände, die zuweilen von Lagunen und Sumpfgebieten unterbrochen werden, haben seit der Mitte unseres Jahrhunderts den Küstenorten dieser Regionen einen ziemlichen Reichtum beschert. Dreh- und Angelpunkt des touristischen Booms war vor allem die emilianische Küste. Zwei Abschnitte sind hier zu unterscheiden: jene überdimensional große und laute Küste des Südens, die sich von Cérvia bis Gabicce Mare erstreckt und deren unumstrittenen touristischen Mittelpunkt der lebhafte Badeort Rimini darstellt. Und die stille Küste des Nordens, die von Cérvia bis zur Po-Mündung bei Goro reicht. Der Kontrast könnte nicht größer sein: Während sich im südlichen Abschnitt der Adria

Italienische Adria

Blühende Macchia, eine an der flachen Adria nicht oft zu sehende Steilküste und dahinter der Blick aufs blaue Meer: eine von vielen faszinierenden Stationen auf der „Strada Panorámica", hier bei Fiorenzuola di Forca.

ITALIENISCHE ADRIA AUF EINEN BLICK

SEHENSWÜRDIGKEITEN

Ancona: Hafen und Altstadt, Santa Maria della Piazza, San Francesco alle Scale; **Áscoli Piceno:** Altstadt, San Francesco, Römerbrücke, Dom Sant'Emidio, Baptisterium; **Ferrara:** Kastell, Kathedrale San Giorgio, Dommuseum; **Pomposa:** Benediktinerabtei; **Ravenna:** Basilika San Vitale, Sant'Appolinare Nuovo, Sant'Apollinare in Classe, Grabmal des Theoderich; **Rimini:** Strandpromenade, Altstadt; **San Benedetto del Tronto:** Fischerhafen; **San Marino:** Monte Titano, Panoramablick, Rocche; **Urbino:** Palazzo Ducale, Nationalgalerie der Marken.

FESTE UND VERANSTALTUNGEN

Áscoli Piceno: Quintana (Turnierspiele in mittelalterlichen Kostümen), Anfang August; **Faenza:** Niballo-Palio (Pferderennen der 5 Stadtteile), Ende Juni; **Fano:** Karneval der Adria (Sommerveranstaltung), 2. Julisonntag; **Pésaro:** Hafenfest, 1. Julisonntag; **Urbino:** Papierdrachenfest, letzter Augustsonntag.

AUSKUNFT

Staatliches Italienisches Fremdenverkehrsamt ENIT, Kaiserstr. 65, 60329 Frankfurt a. M., Tel. 069/237430; Staatliches Italienisches Fremdenverkehrsamt ENIT, Berliner Allee 26, 40212 Düsseldorf, Tel. 0211/1322 31/32.

Badeort an Badeort reiht – lediglich das Hinterland um Rimini konnte sich seinen ursprünglichen Charakter weitgehend bewahren –, muten dagegen manche Abschnitte der emilianischen Nordküste wie eine wahre Naturoase an.

Hier endet Italiens größter Fluß

Das Deltagebiet des Po, das sich über die Grenze Venetiens zur Emilia-Romagna erstreckt, bietet ein Naturerlebnis ganz besonderer Art. Immer wieder haben der Po und die ebenfalls hier ins Meer fließende Adige (Etsch) in diesem Gebiet ihren Lauf verändert, haben für ihre unzähligen Arme neue Mündungsgebiete gesucht. Durch die Ablagerungen der Flüsse ist ein einmaliges Feuchtbiotop entstanden. Allein der Po spült alljährlich Millionen Tonnen von Schlamm, Geröll und mit zunehmender Industrialisierung des italienischen Nordens leider auch immer mehr Giftstoffe in die Adria. Da sein Mündungsgebiet, wie es sich für ein anständiges Delta gehört, ein sumpfiges Gefilde ist, mangelt es nicht an Mücken – Überträger der hier einst sehr gefürchteten Malaria. Der Krankheit wurde man inzwischen Herr, nicht aber der lästigen Insekten. Auf der Staatsstraße 309, auch Strada Romea genannt, nähert man sich der Naturoase. Auf der ganzen Länge der – zwischen Chióggia, einem Venedig in Kleinformat, und Pomposa im Süden verlaufenden – Strecke zweigen immer wieder kleinere und größere Sträßchen ab, die an den Po-Armen entlang in das Deltagebiet führen. Während man auf den größeren Straßen mit dem Wagen in das Gebiet einfahren kann, sind auf den meisten der kleinen Seitensträßchen Motorengeräusche verboten. Hier darf und soll man wandern, oder man mietet sich ein Fahrrad. Eine gute Reisezeit, um dieses Naturgebiet zu besuchen, ist Herbst bis Frühwinter. Dann kommen vor allem Vogelliebhaber auf ihre Kosten, denn viele Zugvögel machen hier Rast oder überwintern. Neben den Pappeln prägen seltene Pflanzen wie gelbe Seerosen, Hahnenfußgewächse und Tausendblatt das Bild einer flachen Wasserlandschaft, in der nur hier und da ein Fischerhäuschen mit Anlegestelle einen Akzent setzt. Der Fischreichtum des Deltas ist groß: Aal und Meeräsche, Seebarsch, Goldbrasse und Flunder bilden das Rückgrat der regionalen Fischwirtschaft. Der Schein der Naturidylle trügt. Einerseits hat man etliche Gebiete in den letzten Jahren

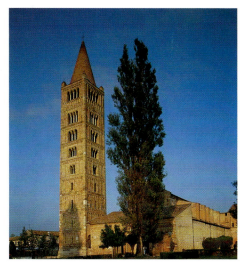

Die Abtei von Pomposa mit ihrem fast 50 Meter hohen Turm war einst eine bedeutende Pilgerstation.

trockengelegt, andererseits läßt sich der Fluß in seiner Naturgewalt nicht bremsen. Immer wieder schwillt er mächtig an und verursacht Hochwasserkatastrophen – wie zuletzt im Herbst 1994, als allerdings Gebiete am Oberlauf sehr viel schwerer betroffen waren als die Ebene und das Delta.

Trotz der Bedrohung, die stets vom Fluß ausging, haben sich vor rund 1000 Jahren Benediktinermönche auf einer Insel inmitten eben dieses endlosen Sumpfgebietes niedergelassen. Getreu ihrer Devise *ora et labora* (bete und arbeite) gründeten sie eine Abtei und machten das Umland urbar. Die noch heute beeindruckende romanische Anlage von Pomposa liegt längst auf dem Festland, die Landschaft hat sich verändert. Heute strömen Scharen von Besuchern hierher, in früheren Jahrhunderten waren es Pilger und Reisende, darunter keine Geringeren als Kaiser Friedrich Barbarossa und Dante, Italiens größter Dichter. Der Mönch Guido d'Arezzo erfand hier im elften Jahrhundert eine Vorform der moder-

Ein Ausflug zu der beeindruckenden Furloschlucht (Gola del Furlo) südlich von Urbino lohnt in jedem Fall: Bis zu 900 Meter ragen die Felsen in dieser Schlucht über dem Fluß Candiglio empor.

nen Notenschrift der Musik. Aber sosehr die Mönche sich auch mühten in ihrem Kultivierungswerk, letztlich gewann doch der Fluß. Im 16. Jahrhundert mußten die frommen Ordensleute der Malaria und den Überschwemmungen weichen. Die Anlage verfiel, nur noch einzelne Bauteile haben sich bis heute erhalten, darunter die sehenswerte Kirche aus der Gründerzeit. Der weithin die Ebene überragende Viereckturm mit der aufgesetzten Spitztüte zeigt heute noch die typische langobardische Fensteranordnung, bei der pro Stockwerk immer ein Fensterbogen mehr eingesetzt wurde.

Ravenna – Residenz oströmischer Kaiser

Ist Pomposa eine Perle, so ist Ravenna die Krone. Das Landschaftsbild rund um die ehrwürdige alte Stadt ist von der Weite des Raumes geprägt. Keine Hügel, geschweige denn Berge sind zu sehen. Fast stellt sich der Eindruck von Monotonie ein, wenn man, von Pomposa kommend, wieder auf der Strada Romea auf Ravenna zufährt. Doch schon ist die Stadt erreicht und damit in ihrem Nordostzipfel gleich ein erstes interessantes Bauwerk, das Grabmal des Ostgotenkönigs Theoderich aus dem frühen sechsten Jahrhundert. Die aus mächtigen Kalkquadern gefügte zehnseitige Rotunde trägt eine gewaltige Flachkuppel von elf Meter Durchmesser. An zwölf durchbrochenen Bügeln, die der Kuppel heute ihr markantes Aussehen geben, hat man diesen tonnenschweren Deckstein einst gehoben.

Berühmt und voller Leuchtkraft sind die byzantinischen Mosaiken in der Basilika San Vitale in Ravenna.

Ravennas Anfänge gehen auf die Etrusker zurück, doch erst mit den Römern rückt die Stadt in ein geschichtlich greifbares Licht. Wegen der strategisch günstigen Lage ließ Kaiser Augustus hier einen Hafen anlegen und stationierte in ihm seine östliche Mittelmeerflotte.

Den Zusammenbruch des Römischen Reiches konnte indessen auch Ravenna nicht verhindern. So wurde die Stadt eine leichte Beute für die nach Italien einfallenden Volksstämme aus dem Norden. Der germanische Söldnerführer Odoaker zuerst und später der Ostgotenkönig Theoderich erwählten Ravenna zu ihrer Residenz, bis die Stadt schließlich im Jahre 540 in die Hände der Byzantiner fiel. Während Byzanz, das damalige Konstantinopel und heutige Istanbul, als Hauptstadt des Oströmischen Reiches an Bedeutung gewann, wurde das eigentliche Rom in seiner Bedeutung von Ravenna zeitweise weit überflügelt.

Das fünfte und das sechste Jahrhundert waren unbestritten Ravennas goldenes Zeitalter. Die Kunstwerke, die aus dieser Zeit erhalten geblieben sind, zählen zu den unerreichten Meisterwerken byzantinischer Kunst auf italienischem Boden. An ihnen läßt sich der Übergang von der antiken zur christlich orientierten byzantinischen Kunst eindrucksvoll nachvollziehen. Als ein hervorragendes Zeugnis frühchristlicher Kunst in Ravenna und auf dem Apennin schlechthin muß die Basilika San Vitale

Die Kirche Sant'Apollinare in Classe, dem antiken Hafen Ravennas, mit ihrem runden Kampanile.

erwähnt werden. Sie wurde um das Jahr 525 erbaut und verdankt ihren Ruhm hauptsächlich ihren leuchtenden Mosaiken. Aus kleinen bunten Steinen und Glasstücken setzten die Künstler Bilder, Ornamente und Muster zumeist religiöser Thematik zusammen, mit denen sie dann Wände, Gewölbe und Fußböden verzierten. Ein wahrer touristischer Pilgerort Ravennas ist auch Sant'Apollinare Nuovo. Der Ostgotenkönig Theoderich ließ die Kirche um 500 erbauen und mit Mosaiken zum Leben Christi, der Heiligen und Propheten schmücken.

Für viele Italiener hat Ravenna noch eine ganz andere Bedeutung. Hierhin nämlich flüchtete sich der Dichter Dante Alighieri, der Schöpfer der unvergleichlichen *Göttlichen Komödie,* aus seiner Heimatstadt Florenz. Dante mit seinem vulgäritalienischen Florentiner Dialekt hatte im 14. Jahrhundert die italienische Literatursprache aus der Taufe gehoben. Er starb in Ravenna, sein Grab ist heute Pilgerstätte vieler Touristen.

Beachlife, Action, pralles Leben

Im südlichen Küstenabschnitt der emilianischen Adria ist es mit der natürlichen Idylle vorbei. Ihn beherrscht eindeutig das Getöse des Badebetriebs. Nirgendwo anders an der italienischen Adriaküste erreicht der Grad der Zersiedlung solche Ausmaße wie um Rimini. Was Mitte des 19. Jahrhunderts mit je drei Badekabinen für Damen und Herren begann, hat sich zu einem touristischen Moloch entwickelt – rund 1500 Hotelbetriebe und eine Reihe von Campingplätzen, Strandpromenaden, Freiluftcafés, Diskotheken, knallvolle Strände in der Hochsaison. Dabei vergißt man leicht, daß Rimini einen liebenswerten historischen Stadtkern hat, der eine richtige Besichtigung lohnt.

Gegründet worden ist Rimini wahrscheinlich von den Etruskern oder den Umbrern, doch erst als die Siedlung 268 vor Christus zur römischen Kolonie wurde, gewann sie an Bedeutung. Römische Reste

Herrliche Ausblicke auf eine beschauliche Naturlandschaft, ländliche Häuser und sanft ansteigende Wälder: Die Fahrt auf der „Strada Panorámica" in der Gegend um Pésaro ist ein besonderes Erlebnis.

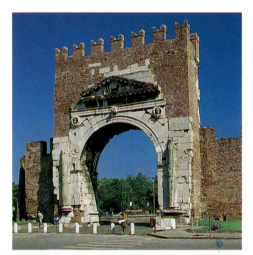

Ein unerwarteter Anblick in der Urlaubswelt von Rimini: der Augustusbogen aus dem Jahre 27 vor Christus.

sind noch in der Altstadt verstreut. Da ist beispielsweise die in fünf Bögen über die Marecchia führende, noch benutzbare Tiberiusbrücke. Oder der Augustusbogen, 27 vor Christus erbaut, bei dem jeden Samstag ein Blumenmarkt stattfindet.

Im 13. Jahrhundert hatte das Haus der Malatesta die Macht in Rimini an sich gerissen. Sigismondo Malatesta (1417 bis 1468) machte dem Namen seiner Familie – er bedeutet soviel wie „Übelkopf" – alle Ehre, denn er war in der Tat ein übler Despot, zu jeder Intrige und Grausamkeit fähig. Ihm aber dankt Rimini weitere sehenswerte Bauwerke, vor allem den schönen Renaissancebau des Templo Malatestiano, dessen Fassade ein Werk des berühmten Baumeisters Leon Battista Alberti ist und der innen großartige Fresken des Piero della Francesca zeigt. Im Grunde handelt es sich um den Ausbau der gotischen Kirche San Francesco, die bereits Grablege der Malatesta war, bevor Sigismondo sie zu einem prunkvollen Mausoleum für sich und seine Geliebte umgestalten ließ. Auch die mittelalterliche Burg ließ Sigismondo Malatesta erweitern.

Die feine Gesellschaft Europas entdeckte Rimini in der zweiten Hälfte des 19. Jahrhunderts für den Badetourismus, als bildungsbeflissene Aristokraten und wohlhabende Bürger hier den Freuden der Muße frönten. Fortan sollte Rimini in der Literatur und später auch im Film (Federico Fellini!) zur Metapher für einen Ort werden, in dem für die kurze Ferienzeit all das erlaubt war, was daheim das ganze Jahr über gegen die gesellschaftliche Konvention verstoßen hätte. In Rimini lebten die Touristen in Saus und Braus, hier realisierten sie sich für kurze Zeit Träume und Sehnsüchte. Natürlich bemühen sich auch andere Badeorte der italienischen Adriaküste, Rimini in jeder Beziehung nachzueifern. Riccione, Cattólica, Cérvia und Milano Marittima sind ebenfalls bewährte Adressen, wenn es um – vielleicht allzu – ausgelassene Sommerfreuden und mondänes Ferienleben geht. Wo zuvor von strauchartiger Vegetation bewachsene wilde Dünen das Landschaftsbild prägten, entstand ein auswucherndes Straßen- und Häusergewirr. Längst gibt es die wilden Dünen vielerorts nicht mehr, ja selbst der Verlauf der Strände wurde streckenweise begradigt.

Einst reichte das Adriatische Meer weit ins Land hinein. Doch durch die Absenkung des Meeresspiegels wurde im Laufe von Jahrhunderten jener Küstenstreifen freigegeben, der heute den eigentlichen Reichtum der Region ausmacht und in den letzten Jahrzehnten zum Reiseziel vieler Touristen wurde. Die typischen Hügelketten der Marken reichen zuweilen bis an die Küste, besonders südlich von Ancona stoßen die Berge direkt bis ans Meer. Eine landschaftlich dementsprechend reizvolle Gegend also, der allerdings auch Gefahren drohen: 1930 wurde Senigállia durch ein Erdbeben schwer beschädigt, 1972 ereignete sich eines in Ancona.

Palazzi, Stil und römische Eleganz

Die Provinzhauptstadt Pésaro zeigt, wie manch andere Küstenstadt, eine enorme und eher unattraktive Ausweitung an den Rändern. Um ihrem wahren Alter und ihrer Schönheit auf die Spur zu kommen, muß man sich durch die streng quadratisch angelegten Viertel zwischen Küste und altem Kern vorarbeiten. Doch findet sich auch in diesen Außenbezirken noch Sehenswertes, wie etwa die üppig ornamentierte Jugendstilvilla Ruggeri.

In seinem verwinkelten alten Stadtkern wartet das in vorrömischer Zeit gegründete, von den Römern seit 184 vor Christus kolonisierte Pésaro mit Palazzi und sehenswerten Kirchen auf. Gleich hinter dem Dom erhebt sich die um 1450 erbaute, quadratisch angelegte Festung Rocca Costanza mit ihren vier runden Bastionen. Die Burg bietet herrliche Ausblicke aufs Meer.

Ansprechender präsentiert sich das südlich von Pésaro gelegene, ebenfalls auf römische Ursprünge zurückgehende Fano. Die Stadt besitzt zahlreiche besonders enge Gassen, was den Autoverkehr im Kern unmöglich macht, und viele vornehme Bürgerhäuser verschiedenster Stilepochen.

Südeuropa

Eine lebendige Hafenstadt ist Ancona, die Hauptstadt der Region Marken.

Auch die dritte im Bunde der größeren Städte an diesem Küstenabschnitt, Senigállia, hat eine römische Vergangenheit. Wie die anderen beiden zeigt auch Senigállia seinen Reiz nicht unbedingt von der Küstenstraße aus, die streckenweise derart verbaut ist, daß die Häßlichkeit selbst schon wieder Faszination ausstrahlt. Man muß sich schon in den alten Ort hineinbemühen, um seiner Anmut auf die Spur zu kommen. Wiederum trifft man auf Palazzi, Kirchen, malerische Plätze und auf eine besonders gut erhaltene Festung mit Rundtürmen.

Ellenbogen und Erdbeerbaum

Ancona, die Regionalhauptstadt der Marken, wird von den Einheimischen derb und doch nicht ohne Selbstironie „culo d'Italia" (Arsch Italiens) genannt. Tatsächlich hat die sehr alte und einst zweifellos schöne Stadt – aus Syrakus geflohene Griechen haben sie im vierten vorchristlichen Jahrhundert gegründet – längst ein Aussehen, das durch Industrie- und Hafenanlagen sowie rasch hochgezogene, auf Funktion ausgerichtete Neubauten geprägt ist. Im letzten Krieg schon gnadenlos zusammengebombt, erlitt die Stadt beim Erdbeben von 1972 erneut schwere Wunden. Den alten Glanz also muß man mühsam suchen; man findet ihn nur noch in Einzelstücken wie etwa dem Trajansbogen, der, ein wenig deplaziert wirkend, im heutigen Hafengelände steht, oder dem Dom San Ciriaco. Der auf einem Hügel angeblich auf den Fundamenten eines Venustempels zwischen dem sechsten und 14. Jahrhundert entstandene Bau vereinigt romanische, gotische und byzantinische Stilelemente mit grandioser Selbstverständlichkeit.

Im örtlichen Museo delle Marche im Palazzo Ferretti werden interessante archäologische Funde aus allen Epochen zwischen Steinzeit und Hochmittelalter aufbewahrt. Besonders Zeugnisse aus der Zeit zwischen dem neunten und dritten vorchristlichen Jahrhundert sind interessant, werden sie doch dem geheimnisumwitterten Volksstamm der Pizener zugeordnet. Es handelt sich vor allem um Waffen, Helme, Schmuck und Elfenbeinschnitzereien, die man in Gräbern der Umgebung fand. Schmuckstück der Pizenersammlung ist ein behelmter Kriegerkopf aus Kalkstein. Woher der Volksstamm kam und warum er sich vorwiegend im Süden der Marken niederließ, blieb bislang ein Rätsel. Geklärt werden konnte nur, daß es sich nicht um ein indogermanisches Volk handelte. Wahrscheinlich gelangten die Pizener über den Balkan in die Marken.

Mit der Zeit gingen sie dazu über, vermehrt Metalle für den alltäglichen Gebrauch zu verarbeiten; auch die Berührung der kulturellen Welt der Pizener mit Griechen und Etruskern ist nachweisbar. Der Einfall der Gallier und die Kolonisierung durch die Römer besiegelten schließlich das Los dieses geheimnisumwobenen Volkes.

Wie zur Entschädigung für die Enttäuschung, die Ancona als Stadt bedeuten kann, erstreckt sich unmittelbar südlich davon der schönste und abwechslungsreichste Küstenstrich der gesamten Provinz. Dem 572 Meter hohen Vorgebirge des Monte Cónero dankt der Küstenstrich nicht nur den Namen Riviera del Cónero, sondern auch steile, weiße Felsabstürze, die mit weit ins Meer reichenden, begrünten Landzungen wechseln. Dazwischen verstecken sich verschwiegene, nur auf Trampelpfaden zu erreichende Buchten.

Das Wort Ancona ist griechisch und bedeutet Ellenbogen, geologisch ist das Vorgebirge des Monte Cónero ein Ausläufer des inneren Apennins. Benannt wurde es nach dem hier häufig zu findenden Erdbeerbaum. In den höheren Lagen des Vorgebirges gedeihen indessen vorzugsweise Pinienhaine, Eichen, Kastanien- und Lorbeerbäume sowie Ahorn und Blumeneschen.

Am Vorgebirge Monte Cónero, das mittlerweile zum Naturpark der Region Marken ausgerufen wurde, ist die Küste immer noch weitgehend unberührt. Kleine Seen am Fuße des Vorgebirges erhöhen zusätzlich den landschaftlichen Reiz dieser Gegend. Ein besonderes Schauspiel bietet zudem der farben-

Mit über 2500 Meter Höhe gehören die Monti Sibillini zu den höchsten Gebirgen des Apennins. Bergwanderer können in einer der zahlreichen, über die gesamte Bergkette verteilten Berghütten Station machen.

prächtige Kontrast des rötlichen Felsgesteins zum azurblauen Meereshintergrund. Die Menschen, die hier einst die kleinen Ortschaften Portonovo, Sirolo und Numana gründeten, taten es vor allem wegen des größeren Schutzes, den dieser Küstenstrich gegenüber anderen bot. Sirolo und Numana, heute beliebte Badezentren, haben eine große geschichtliche Tradition, wie die hier gefundenen Objekte der Pizenerkultur eindeutig belegen.

Von Gotteshäusern und himmlischen Taten

Obgleich der Küstenstrich Schutz bot, muß da einst ein kleines Grüppchen von Benediktinermönchen gewesen sein, denen es aus irgendeinem Grunde hier nicht behagte. Beim heutigen Ort Portonovo, einem der schönsten Eckchen des ganzen Monte Cónero, wurde kurz nach der Jahrtausendwende aus dem hellen, zwischen Grau und Gelb changierenden Stein dieser Gegend die Kirche Santa Maria di Portonovo erbaut. Das Gotteshaus liegt umgeben von Olivenbäumen und Kiefern als kleine, klare romanische Anlage etwas außerhalb des Ortes. Meist ist der Besucher hier allein, vor allem im Herbst, wenn der Badebetrieb Ruhe hat.

Vielleicht war es diese Einsamkeit, die den einst hier lebenden Mönchen so zu schaffen machte? Jedenfalls suchten sie nach allen möglichen Ausflüchten und Argumenten, um von hier fortzukommen, erklärten zuletzt gar fälschlicherweise, ihre Kirche sei von einem Erdbeben zerstört worden, und verließen den Flecken um 1320. Was ihr eigentlicher Beweggrund war, ist ungeklärt. Der Reisende jedenfalls findet ein schon Mitte des letzten Jahrhunderts vorbildlich restauriertes Kleinod vor, dem sich gleich auf derselben Landzunge noch ein zweites zugesellt: Die Badia di San Petro, ebenfalls von Benediktinern gegründet, wurde später immer wieder umgebaut und verändert.

In der Nähe der Kirche liegt zudem ein Aussichtspunkt, der einen weiten Blick gewährt – nicht nur über das Meer, sondern auch tief ins Land hinein bis hin zu den Höhenzügen der Sibillinischen Berge. Und der Blick schweift Richtung Süden nach Loreto, dem nach Rom wichtigsten Wallfahrtsort Italiens. Der wenige Kilometer landeinwärts in saftigem, fruchtbarem Ackerland gelegene Ort erlangte seine Bedeutung durch ein wahrhaft langwieriges Wunder. Als die Muslime das Heilige Land eroberten, fürchteten der Legende nach die Engel des

gesetzt werden. Möglicherweise erschöpft von den Transporten, verbrachten es die Himmelsboten diesmal jedoch nur wenige Kilometer weiter an seinen heutigen Standort in Loreto.

In der Hallenkirche Santuario della Santa Casa – dem Sanktuarium des Heiligen Hauses – befindet sich heute das vielbewegte Haus, und so ist die Kirche seit dem 14. Jahrhundert einer der meistbesuchten Wallfahrtsorte der Welt. Inzwischen präsentiert sie sich barock umgestaltet. Unter der mächtigen, das Kirchengebäude aber kaum überragenden Kuppel steht im Innern das Haus der Maria. Wer besonderen Andrang meiden möchte, der komme nicht am 25. März, am 15. August, am 8. Oktober oder vom 8. bis zum 10. Dezember, denn dies sind die Hochtage der großen Pilgerfahrten.

Ein großer Dichter, ein großer Sänger

Wallfahrer ganz anderer Art kommen in das nahe gelegene Recanati, das, wie so viele Orte an diesem Küstenstreifen, mit Porto Recanati einen Hafenableger am Meer hat. 1890 wurde im Hauptort der berühmte Tenor Benjamino Gigli geboren, sein Grab, von einer Pyramide überragt, steht gleich am Eingang des Städtchens. Auf der Piazza Leopardi befindet sich dann das Standbild des zweiten großen Sohnes der Gemeinde, des Dichters Giacomo Leopardi. Die den Ort umgebende Landschaft hat den bedeutenden Lyriker zu so manchem Gedicht inspi-

riert, und er sagt selbst 1831 in einem Brief: „Das einzig Gute ist die Natur dieser Gegend, die wirklich lieblich ist." Daran hat sich bis heute nichts geändert.

Das zwischen den beiden Flüßchen Potenza und Chienti ebenfalls unweit der Küste gelegene Städtchen Civitanova Alta verfügt sicherlich über die kurioseste Besonderheit dieses Küstenstreifens, der ganz von Sommer, Sonne und Badekultur lebt und geprägt ist. Hier gibt es nämlich ein kleines Polarmuseum in privater Hand. Wem es draußen zu heiß ist, der kann sich hier beim Anblick der Bilder von

An der Küste des dicht bewaldeten Monte Cónero, einem der schönsten Flecken der gesamten Adriaküste, liegt der kleine Ort Portonovo mit seinem herrlichen Kiesstrand und einem Küstenfort aus napoleonischer Zeit.

Iglus und Schneelandschaften, von Fischfang- und Jagdgeräten der Eskimos wenigstens gedanklich ein wenig Kühlung verschaffen.

Der zugehörige Küstenort Civitanova Marche verfügt, wie viele der Orte hier, noch über Reste einer Befestigung. Das nicht weit entfernt liegende Porto San Giórgio besitzt sogar noch eine weitgehend intakte mittelalterliche Burg, die wohl nicht zuletzt zum Schutz des acht Kilometer landeinwärts liegenden Fermo besonders gut ausgebaut war.

Nochmals reihen sich südlich von Porto San Giórgio verträumte kleine Badeorte wie an einer Perlenschnur aneinander. Aufgrund der Bedingungen, die der Tourismus schafft, zeigen sie freilich wenig Individualität. Die letzte der Küstenstädte, bevor man die Grenze zur Region Abruzzen erreicht, San Benedetto del Tronto, bildet insofern eine gewisse Ausnahme, als hier nicht der Meerestourismus der ausschlaggebende Wirtschaftsfaktor ist, sondern vielmehr der Fischereihafen, der immerhin der größte Italiens ist.

Traditionelle Fahnen und Kostüme sind beim berühmten *Palio* wie hier in Terra del Sole zu bewundern.

Herrn um das Haus der Heiligen Jungfrau in Nazareth, in dem Jesus seine Kindheit und Jugend verbracht hatte. Deshalb nahmen sie kurzerhand das ganze Haus und trugen es zunächst zu einem Ort in der Nähe der adriatischen Ostküste. Aus wiederum unbekannten Gründen wurde es kurze Zeit darauf aber an die Westküste der Adria verbracht, in einen Lorbeerhain bei Recanati. Hier entwickelte es sich leidigerweise jedoch zum Zankapfel der beiden Brüder, denen das Grundstück gehörte. Um das Haus vor Schaden zu bewahren, mußte es erneut um-

San Benedetto del Tronto wird von vielen als einer der hübschesten Badeorte an der Küste der Marken gepriesen. Überragt von einer Festung aus dem 14. Jahrhundert, bietet es dem Badegast immerhin rund zehn Kilometer Sandstrand. Außerdem gibt es dort noch eine schöne, von einem mächtigen Palmenhain gesäumte Strandpromenade.

Einst fischten die Kutter an der Ostküste der Adria, wo es besonders reiche Fischbestände gab. Doch mit der Einführung der Meilenzonen vor der Küste Exjugoslawiens mußten sich die Fischer um andere Fanggründe bemühen, die sie nun vor allem im Atlantik finden. Wohl auch deshalb ist die Fangflotte von San Benedetto del Tronto mittlerweile eine Hochseefangflotte geworden. San Benedetto del Tronto besitzt auch einen Fischmarkt. Hafen und Markt bieten mit ihrer quirligen Atmosphäre den besonderen Anziehungspunkt einer Stadt, deren Handel schon in früheren Zeiten große Bedeutung hatte. Sie liegt nämlich nicht weit von der römischen Via Salaria, der Salzstraße, entfernt, die hier das Meer erreichte. Salzhaltige Binnenseen entlang der Küste waren einst die Lieferanten des begehrten Minerals. Der Name des kleinen Ortes Saline südöstlich von Senigállia beispielsweise bewahrt die Erinnerung an die Zeiten der hiesigen Salzproduktion ebenso wie die Namen der Flüßchen Salinello und Saline in der Region Abruzzen.

Von Porto d'Ascoli, wenige Kilometer südlich von San Benedetto del Tronto, sollte man einen Abstecher den Tronto aufwärts in die Provinzhauptstadt Áscoli Piceno unternehmen. Einstmals ein Sitz der Pizener, kann die Stadt von sich behaupten, die meisten romanischen Bauwerke aller Städte in den Marken zu besitzen. Daneben ist eine ganze Reihe der ehemals rund 200 Geschlechtertürme erhalten. Bereits ehe die Römer die Siedlung 286 vor Christus einnahmen, war sie eine reiche Handelsstadt, entsprechend immer wieder umkämpft. Heute wird sie ihrer reichen architektonischen Schätze wegen gern besucht – vor allem die rechteckig angelegte Piazza del Popolo, einer der schönsten Renaissanceplätze Italiens, erfreut sich größter Beliebtheit.

Mondlandschaft und mittelalterliche Turniere

Alljährlich am ersten Sonntag im August steigt in Áscoli Piceno das sehenswerte mittelalterliche Turnierspiel Quintana. Die Stadt bietet dann einen unvergleichlich farbenprächtigen Anblick. Rund 900 Komparsen in historischen Kostümen flankieren den Auftritt der Ritter, die beim Lanzenstechen eine Puppe treffen müssen. Das Turnier findet zu Ehren des Stadtpatrons, des heiligen Emidius, statt und richtet sich strikt nach den im 14. Jahrhundert aufgestellten Regeln. Das tut einer ausgesprochen fröhlichen Stimmung keinerlei Abbruch, wohl aber fühlen sich Fremde vielleicht ein wenig ausgeschlossen. Denn die Quintana wird für die Bürger Áscoli Picenos ausgerichtet, sie ist kein folkloristisches Spektakel für Touristen. Wie denn auch insgesamt die Stadt dem Besucher offen und freundlich entgegenkommt, ohne ihn mit dem Touristenkitsch der lauten Strände zu behelligen.

Der Küstenstreifen der Region Abruzzen setzt fort, was seit den Stränden der Emilia-Romagna ein bekanntes Bild ist: uniforme Hotelbauten in kleinen und gelegentlich größeren Küstenstädtchen, die Ableger der meist weiter im Landesinneren gelegenen und weitaus sehenswerteren Städte sind. Natürlich gibt es hier und da einen Pinienhain, eine malerisch abstürzende Steilküste. Wer mit seinem Boot, gar einer Jacht vor der Küste schippert, sieht auch manch verlockende kleine Bucht – leider unzugänglich, weil in Privatbesitz.

Wer Abwechslung vom monotonen Badeleben sucht, muß sich auch hier ein wenig landeinwärts begeben, beispielsweise nach Atri, etwa auf halber Strecke zwischen San Benedetto del Tronto und Pescara gelegen. Dieser Ort streitet nicht nur mit dem im Po-Delta gelegenen Adria um die Ehre, Namensgeber des ganzen Meeres zu sein, er liegt auch in einer besonderen Landschaft. Die wellige bis leicht bergig ansteigende Hügelgegend weist nämlich – zwischen Schafweiden, kleinen Obst- und Gemüsefeldern, die bis hinab zur Küste reichen, zwischen

Der architektonisch strenge Palazzo Ducale in dem Renaissancestädtchen Atri nordwestlich von Pescara.

schmalen Ackerstreifen und Olivenhainen – charakteristische Erosionsformen auf, die die abgegriffene Metapher von der Mondlandschaft zwingend machen. *Bolge di Atri* oder *calanchi* nennt man die schroff gerippten Kalksteinformationen, die bizarr und kahl an den Flanken der noch agrarisch genutzten Flächen abstürzen.

Dieser Landschaft wegen, die dramatisch deutlich macht, daß der Mensch hier noch dem letzten fruchtbaren Winkel etwas abzutrotzen vermag, lohnt sich der Abstecher nach Atri, das selbst übrigens mit seiner Kathedrale Santa Maria Assunta ein beeindruckendes Monument besitzt. Mit ihrer beinahe abweisenden Schroffheit einerseits und der gleichzeitigen liebevollen Ausgestaltung fast verborgener Details erscheint sie wie ein Abbild der umgebenden Landschaft. Pescara, heute bei weitem der größte Ort an der abruzzesischen Adriaküste, hat eine dramatische Größenentwicklung hinter sich. Als hier 1863 der – als Mussolini-Verehrer nicht unumstrit-

Landschaftlich reizvoll und nur etwa 30 Kilometer vom Meer entfernt ist das fruchtbare Umland der ehemaligen römischen Garnisonsstadt Áscoli Piceno im südlichen Teil der Marken.

tene – Dichter Gabriele d'Annunzio geboren wurde, war es ein Flecken mit etwa 4500 Einwohnern. Heute sind es rund 170 000, wobei der Löwenanteil dieses gigantischen Wachstums erst in der Nachkriegszeit zu verzeichnen war. Wer moderne Stadtkultur mit Einkaufszentren und allen sonstigen Einrichtungen heutigen urbanen Lebens sucht, ist in dieser Stadt gut aufgehoben.

Der Meerestourismus boomt, hat Pescara doch einen weißen Sandstrand zu bieten, der es allerdings mit dem von San Benedetto del Tronto nicht aufnehmen kann. Jazzfans zieht es alljährlich Mitte Juli hierher, wenn das örtliche Jazzfestival stattfindet.

Sucht man nach dem Trubel Pescaras zu guter Letzt noch einmal Ruhe und Abgeschiedenheit, so empfiehlt sich ein Besuch der alten Abtei San Giovanni in Venere südlich von Ortona. Von der Küstenstraße sieht man die Abtei über Olivenhaine und Mandelbaumplantagen emporragen, die bis zum Meer reichen. Auf der von Meer und Straße abgewandten Seite ist der Komplex von Weinbergen, Feldern und Weiden umgeben. Eine wechselvolle Geschichte hat der um 1200 begonnene Bau hinter sich, der von verschiedenen Orten, zuletzt von den Passionisten bewohnt und unterhalten wurde. Im Innern der Anlage besticht besonders der Kreuzgang. Er umschließt einen wunderschönen Garten, in dem sich Palmen und Rosen ein bemerkenswertes Stelldichein geben.

Pescara, die größte Stadt an der abruzzesischen Adriaküste, ist ein lebhafter und überaus beliebter Badeort. Im Kanalhafen der Stadt ankern Luxusjachten und andere Boote.

DAS BESONDERE REISEZIEL: BRIEFMARKENSTAAT SAN MARINO

Von Rimini fährt man mit dem Auto in einer halben Stunde durch das mediterrane Hügelland nach San Marino hinauf, vorbei an Olivenhainen, Weinbergen und lichten Eichengehölzen, die hier und dort noch die steilen Hänge bedecken. Mehr als drei Millionen Touristen nehmen alljährlich diesen Weg auf den burgengekrönten Monte Titano. Sie möchten die berühmte Aussicht genießen, die Kunstschätze des Städtchens bewundern und sich die kühle Höhenluft um die Nase wehen lassen. Der Ansturm auf den Zwergstaat, der als gut 60 Quadratkilometer große Enklave 700 Meter über dem Spiegel der Adria zwischen den beiden italienischen Regionen Emilia-Romagna und Marken liegt, ist in der Hochsaison beängstigend.

Früher war San Marino ein bettelarmes Land, und trotz der Einnahmen aus dem Tourismus ist die Republik bis heute auf die Hilfe des großen Bruders Italien angewiesen, mit dem sie vor einem Jahrhundert einen Freundschaftspakt schloß. Rund 27 000 Einwohner zählt der kleine Staat, noch einmal halb so viele Sanmarinesen leben im italienischen Ausland, weil sie in ihrer Heimat keine Arbeit finden. Die Staatseinnahmen fließen nur spärlich, und so kamen die beiden Regierenden Kapitäne, die als gleichberechtigte Staatsoberhäupter die Geschicke der Zwergrepublik jeweils ein halbes Jahr lang lenken, schon vor Jahren auf die Idee, die Einkünfte durch den Verkauf von Briefmarken aufzubessern. Seither gilt San Marino als Briefmarkenstaat. Dies ist freilich nicht der Grund, weshalb sich in neuerer Zeit so viele Briefkastenfirmen auf dem Monte Titano angesiedelt haben…

Ein kleiner, wohlhabender Staat wäre, wie die Geschichte lehrt, wohl schon längst dem mächtigen Nachbarn einverleibt worden. San Marino war aber immer zu arm und abgelegen, um für größere Mächte interessant zu sein, und es war selbst zu klein, um ihnen gefährlich zu werden. Also überließen die Großen der Weltgeschichte das winzige Staatswesen gönnerhaft seinem selbstverwalteten Schicksal. Das älteste niedergeschriebene Grundgesetz der unabhängigen Repùbblica di San Marino stammt aus dem 14. Jahrhundert. Ihr Name wurde erstmals in einer Urkunde vom Ende des neunten Jahrhunderts erwähnt. Nach der Legende soll der heilige Marinus schon Anno 301 während einer Christenverfolgung auf den Monte Titano geflüchtet sein, um dort eine Einsiedlerklause zu gründen. Heute ruhen die Gebeine des Nationalheiligen in der prunkvoll ausgestatteten Basilica di San Marino. Sehenswert sind auch der Regierungspalast, die in den mittelalterlichen Mauerring eingebettete Kirche San Francesco und nicht zuletzt die drei Rocche (Festungen) auf dem felsigen Grat des Monte Titano, die man als Wahrzeichen der Republik auf der Nationalflagge und im Landeswappen wiederfindet.

Direkt an den Fels des Monte Titano wurde die erste der drei Festungen, La Rocca, gebaut. Von hier aus genießt man einen herrlichen Blick in den Apennin.

ABRUZZEN
Das unbekannte Stiefkind Italiens

Der mittlere Teil der Apenninen erreicht im Massiv des Gran Sasso d'Italia alpine Höhen – und bietet weit mehr, als viele erwarten: eine in weiten Teilen unter Naturschutz gestellte Kulisse von aus Kalkstein bestehenden Bergen, im Wechselspiel bewaldet oder verkarstet. Eiszeitgletscher schliffen Geländeformen von herbem Reiz. Obgleich in tiefen Tälern Wein und Oliven gedeihen, herrscht insgesamt ein für unsere Vorstellung von Italien eher rauhes Klima. Trockene Sommer, Regen ab dem Spätherbst (besonders am Westrand des Massivs) und – vor allem in den höheren Lagen – strenge, schneereiche Winter sind kennzeichnend. Letzteres freut natürlich die Freunde des Skisports ganz besonders.

Lange, allzulange galten die Abruzzen als eine Gegend, die man als Reisender besser mied: unwegsam und wild, ein Land der Bären, Wölfe und Räuberbanden. Der Name bezeichnet neben dem Gebirgsmassiv auch die Region, die sich zwischen den Marken, Latium, dem Molise und der Adria ausbreitet. Daß es hier Naturreservate von faszinierendem Artenreichtum gibt, ist selbst vielen Italienern kaum bekannt. Und ebensowenig wissen die meisten um die erlesenen Kulturschätze der Abruzzen.

Anfang der zwanziger Jahre wurde rund um die Stadt Opi ein Nationalpark errichtet, der heute 400 Quadratkilometer umfaßt. Hinzu kommen weitere 600 Quadratkilometer teilgeschützten Landes, die sich auch in die Nachbarregionen Latium und Molise hinein erstrecken. Höchste Erhebung des Parks ist mit 2249 Metern der Monte Petroso. Nirgendwo im Apennin trifft man auf so dicht bewaldete Flächen wie in diesem Park. Teilweise fast undurchdringliche Buchenwälder – einzelne Bäume sollen mehr als 500 Jahre alt sein – bedecken das Bergmassiv. Im Südzipfel, wo es besonders viele Wasserfälle gibt, herrschen Fichten und Kiefern vor. Insgesamt weist die Flora des Parks stolze 1200 verschiedene Pflanzenarten auf. Der Braunbär, der im Wappen des Parks erscheint, kommt auch in der Natur in wenigen Exemplaren vor, ebenso der Wolf. Größer sind die Bestände der Abruzzengemsen.

Daß es schon immer Steinadler in der Gegend gab, drückt sich im Namen der Regionalhauptstadt L'Áquila aus, deren Provinz mit zahllosen Burgen und Kastellen aufwartet und die selbst über eine trutzige Befestigungsanlage verfügt. Daneben aber besitzt L'Áquila mit der Kirche San Maria di Collemaggio ein abruzzesisches Kleinod: Der hohe, flachgedeckte Bau der dreischiffigen Basilika präsentiert eine einzigartige Fassade mit einer in Weiß und Rot ausgeführten geometrischen Musterung, die wie ein Blumenteppich anmutet und ihre islamisch-sarazenischen Einflüsse nicht verleugnen kann.

Die Abruzzen, traditionell ein Bauernland mit vielen Einödhöfen, in dem stets viel Schafzucht betrieben wurde und auch heute noch vereinzelt betrieben wird, waren auch ein gern von Eremiten aufgesuchtes Rückzugsgebiet. Alte und zum Teil auch vorbildlich wiederaufgebaute Klöster und – vor allem romanische – Kirchen legen Zeugnis

Im Abruzzen-Nationalpark haben neben zahlreichen anderen Wildtieren auch Wölfe ein geschütztes Refugium.

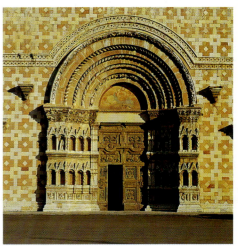

Das kunstvoll verzierte Portal der spätmittelalterlichen Kirche Santa Maria di Collemaggio in L'Áquila.

ab von der langen geistlichen Tradition des Gebietes. Überreste römischer Bauten – etwa bei Albe – liegen heute malerisch vor der Kulisse der sich auftürmenden Berge und zeigen, daß auch die Römer hoch in den Abruzzen ihre Interessen wahrten.

Der unbestrittene Thron der Apenninen ist der Gran Sasso d'Italia. Das beeindruckende Kalkmassiv erstreckt sich über eine Länge von 35 Kilometern und erreicht im Corno Grande mit 2912 Metern seine höchste Erhebung. Die wildromantische Landschaft war oft genug Filmkulisse für so manchen Italo-Western. Eine Exkursion auf den Gran Sasso d'Italia beginnt man am besten vom Campo Imperatore aus, der auf einer Höhe zwischen 1600 und 2200 Metern liegt. Besonders hier tummeln sich die Skifahrer gern bis ins Frühjahr hinein.

Auskunft: siehe Seite 403.

Mit 2912 Meter Höhe ist der Corno Grande die höchste unter den Spitzen des Gran Sasso d'Italia. Vom Gipfel dieses mächtigen Blocks aus Urgestein kann man an klaren Tagen bis zum Tyrrhenischen Meer sehen.

VENETIEN
Nicht nur Hinterland der Serenissima

Unbestrittene Hauptattraktion Venetiens ist natürlich sie: Venedig, die Serenissima. Tausendfach besungen und gepriesen, dient das morbidfaszinierende Kleinod der Weltkultur seit je als Symbol aller (auch falschen) Romantik, als gondeldurchzogenes Klischee seiner selbst – ein in brackigem Lagunenwasser auf Pfählen stehendes touristisches Ur-Ereignis, magisch-schönes Abbild von Größe und Gefährdung menschlichen Strebens. Daneben wird allzuleicht vergessen, was die Region sonst noch unvergleichlich macht: architektonische Glanzlichter in Städten wie Vicenza und Verona, die rötlichschimmernden Felsen der Dolomiten und die Naturparadiese des Po-Deltas und der Lagune von Venedig.

Die Villa Pisani zwischen Padua und Venedig: großartigster der Landsitze am Brentakanal.

Venetien (italienisch: Veneto) umfaßt die sieben Provinzen Belluno, Padua, Rovigo, Treviso, Venezia, Verona und Vicenza. Die gut 18 000 Quadratkilometer große Region erstreckt sich von den Dolomiten im Norden bis zum Po-Delta im Süden, umschließt also die unterschiedlichsten Naturräume.

Einst meinte man mit Venetien lediglich das Hinterland Venedigs, der „Königin der Adria" mit ihren 118 Inselchen, 100 Kanälen und mehr als 400 Brücken, die als Zentrum einer stolzen Seerepublik jahrhundertelang europäische Geschichte geschrieben hat. In diesem Hinterland verbrachten Venezianer und Paduaner, die etwas auf sich hielten und es sich leisten konnten, die heißen und feuchten Sommer. Am Brentakanal ließen Adel und Handelsherren wahre Prachtresidenzen bauen. Unerreichte Maßstäbe setzte hier der in der Gegend vielbeschäftige Renaissance-Baumeister Andrea Palladio.

Die einst glänzendste Handelsstadt der Erde schaute immer hinaus auf die See, suchte und fand ihr Glück an den Küsten des östlichen Mittelmeers. Das Gebiet der ehemaligen Republik Venedig auf dem italienischen Festland, die *Terra ferma*, hatte für sie nur untergeordnete Bedeutung. Bis heute liegt Venetien im Schatten der Dogenstadt, und wer in das Land zwischen den Alpen und der Adria reist, hat vor allem ein Ziel: Venedig.

Dabei gibt es auch im „Hinterhof" Glanzlichter, etwa Verona mit seinen Renaissancepalästen und dem weltberühmten römischen Amphitheater; Vicenza, wo Palladio sein Hauptwerk, die Basilica Palladiana, schuf; oder die alte Universitätsstadt Padua (Padova), die sich mit den Kunstwerken Donatellos

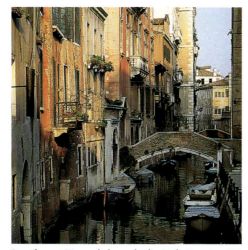

Das Element Wasser beherrscht die Stadt: Von etwa 100 Kanälen ist Venedig durchzogen.

und Giottos schmückt. Mindestens ebenso sehenswert sind die Naturschätze Venetiens: die atemberaubend steilen Felszinnen der Dolomiten um Cortina d'Ampezzo im Norden, das Moränenamphitheater am Südende des Gardasees oder die von Wäldern aus Steineichen, Hopfenbuchen und Mannaeschen bedeckten Kuppen der Euganeischen Hügel südwestlich von Padua, die mit heißen Quellen an ihre vulkanische Herkunft erinnern. Am bekanntesten ist das Thermalbad Ábano Terme.

Das Bergland nimmt allerdings nur ein Drittel Venetiens ein; zwei Drittel sind Tiefländer, die vom Po und seinen Zuflüssen in Jahrtausenden geformt und immer wieder durch wahre Sintfluten verwüstet wurden. Die Gefahr von Überschwemmungen ist bis heute noch nicht gebannt, zumal sich der Boden unter der Po-Ebene senkt und die mitgeführten Geröllmassen die Flüsse immer wieder aus ihren Betten lenken. Eine amphibische Welt aus Sümpfen, Lagunen, Seen und moorigen Wiesen erstreckt sich in der Polesine südlich von Venedig, wo der Po sein Delta Jahr für Jahr ein paar Meter weiter in die Adria hinausschiebt. An den Bocche del Po, den „Mündern des Po", wie das Naturreservat im Po-Delta heißt, wechseln Orchideenwiesen mit kleinen Seen und Altwassern, in denen Seiden- und Purpurreiher zwischen den Seerosen auf Beute lauern. Noch reicher ist die Vogelwelt in der Lagune von Venedig, einem bunten Landschaftsmosaik aus Salzmarschen, Schlickfeldern und Brackwassern, das von den verschiedensten Wasservögeln bevölkert ist.

Auskunft: siehe Seite 403.

Malerisch liegt die kleine Insel San Giórgio Maggiore gegenüber dem Markusplatz in der Lagune von Venedig. Der Bau der gleichnamigen Klosterkirche, 1565 von Andrea Palladio begonnen, wurde 1610 fertiggestellt.

Golf von Neapel

Wo Italiens rote Sonne im Meer versinkt

„Der herrlichste Sonnenuntergang, ein himmlischer Abend erquickten mich. Doch konnte ich empfinden, wie sinneverwirrend ein ungeheurer Gegensatz sich erweise. Das Schreckliche zum Schönen, das Schöne zum Schrecklichen. Gewiß wäre der Neapolitaner ein anderer Mensch, wenn er sich nicht zwischen Gott und Satan eingeklemmt fühlte", schrieb Johann Wolfgang von Goethe am 20. März 1787 in sein Tagebuch, nachdem er den Vesuv besichtigt hatte.

Ein wahrhaft prophetisches Wort, denn heute ist der ganze Golf eingeklemmt zwischen noch immer strahlender göttlicher Schönheit und satanischen Gefahren, die sowohl von der Natur als vor allen Dingen auch vom Menschen ausgehen. Es wäre irreführend, nur von der Herrlichkeit zu schwärmen, die es – immer noch – in Überfülle an diesem Golf gibt: Panoramen von unvergeßlicher Eindrücklichkeit, wenn man mit dem Boot in den Golf hinausfährt oder auf den schmalen Straßen dem Verlauf der Küste am Golf und der Halbinsel von Sorrent folgt. Die Harmonie von grandioser Landschaft und einer überwältigend reichhaltigen, drei Jahrtausende umspannenden Architektur. Der prächtige Zusammenklang der Farben von Himmel und Meer, der Kontrast von jähen Felsabbrüchen und üppiger Vegetation, aber auch die herbe Disharmonie der Düfte von Zitronen- und Orangenbäumen, die sich gegen den ständig zunehmenden Autoabgasgestank zu behaupten wissen.

Dieser Inbegriff des sonnigen Südens leidet – an seiner Umweltverschmutzung, seiner immer bedrohlicher werdenden Kriminalität, dem schleichenden Verfall. Aber mutig, fast trotzig, ist und bleibt der Golf von Neapel, was er schon für Goethe und zahllose andere Reisende war: ein Traum. Wenn man mit der Offenherzigkeit kommt, mit der man hier empfangen wird, wird es einen nicht enttäuschen.

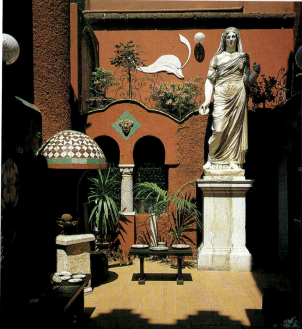

Es gibt nicht viele so markante Panoramen wie das von Neapel vor den Hängen des Vesuvs (Foto links). Neapel, das bedeutet heute ein ebenso schönes wie bedrohtes Umfeld für bedeutende Schätze der Kulturgeschichte, etwa in der barocken Kapelle Sansevero in Neapel (Foto rechts oben). Ebenso bedeutet es einen bunten Kontrast von Moderne und Ursprünglichkeit: Die Fischernetze im Hafen (zweites Foto von rechts oben) stehen für einen uralten Erwerbszweig, die gemütliche Herrenrunde ist Ausdruck einer Gesellschaft, in der die Frauen das Haus beherrschen und die Männer die Straße (zweites Foto von rechts unten). In der Umgebung stößt man zudem überall auf versteckte Schönheiten, zum Beispiel den Innenhof der Casa Rossi in Anacapri auf der Insel Capri (Foto rechts unten).

Südeuropa

Bella Italia am Fuße des Vesuvs

Der Golf von Neapel ist das Herzstück der Region Kampanien. Vor allem Urlauber, die nicht in erster Linie nach Badestränden und Wassersportmöglichkeiten suchen, zieht es noch immer mit Macht an seine Gestade, zur Halbinsel von Sorrent und natürlich zum weithin berühmten Ischia und zur romantischen Insel Capri.

Die Sonne aber – nicht nur die vielbesungene rotglühende Abendsonne, die bei Capri im Meer versinkt, sondern die Sonne schlechthin – hat man hier zwischen Frühjahr und Herbst in verschwenderischer Fülle. „O sole mio" – der Titel und der Refrain der wohl schönsten je aus Italien exportierten Schnulze sagen es unverhohlen: Die Sonne gehört den Neapolitanern.

Der Golf von Neapel liegt eben schon so weit südlich, daß aus der Biskaya oder gar vom Nordatlantik stammende Sturm- und Regentiefs nicht mehr hingelangen. Im Winter regnet es zwar gerne und nicht zu knapp, schließlich soll im Sommer ja etwas wachsen, aber von Ostern bis September muß man schon außerordentliches Pech haben, um außer einem Gewitter auch eine Regenfront zu erleben. Also genau, was man sich erhofft und wovon man immer geträumt hat: sonniger Süden, Himmel und Meer von tiefem Azurblau, milde, warme Luft, eine Fülle von wundervollen Panoramen, mit denen kaum eine andere Landschaft Europas mithalten kann? Ja, aller Neapelschelte zum Trotz: ja!

Um den Golf und seine Küsten, seine Inseln und Berge kennenzulernen, nimmt man am besten das Boot. Das eigene Auto ist zumindest auf Ischia, Prócida und Capri ein denkbar ungünstiges Verkehrsmittel. Das Teleobjektiv sollte im Reisegepäck auf gar keinen Fall fehlen.

Dieser Blick auf Neapel, wenn man mit der Fähre oder dem Tragflügelboot zu den Inseln hinüberfährt! Die riesige Stadt, die sich hinter dem weitgeschwungenen Halbrund des Golfs an wellige Hügel schmiegt, der massige Klotz des Castel dell'Ovo mit dem kleinen Hafen der heiligen Lucia. Dann auch sieht man immer deutlicher und klarer das Scherenschnittprofil des Vesuvs, dessen Doppelkegel über dem dunstigen Ufer zur Linken wie eine geheimnisvolle Erscheinung zu schweben scheint. Zur Rechten die Villen des Posillipo in Pinienwäldchen, dann das Kap Miseno. Noch verschlägt uns dieser Anblick den Atem, da taucht schon die Insel Prócida mit ihrer dunklen Vulkanerde und den Pastelltönen ihrer Fischerhäuser und Villen auf, und dahinter, weit draußen im Tyrrhenischen Meer Ischia, die Insel der heißen Quellen, die man oft auch *isola verde* (die grüne Insel) nennt.

Wie eine langgestreckte, unzugängliche Felsenküste wirkt die Halbinsel von Sorrent mit der Insel Capri, die einst, vor 20 000 Jahren, deren natürliche Verlängerung bildete. Auf einem flachen Hangstück über steilen Uferfelsen liegt Sorrent: eine idyllische Postkartenansicht – der Inbegriff dessen, was der nach Sonne, Meer und Fischerbootromantik, nach malerischen alten Kirchen und engen Gäßchen hungernde Mitteleuropäer sich unter Italien gemeinhin vorstellt.

Auch eine Straße erschließt diesen Küstenabschnitt – die phantastisch angelegte und an Ausblicken reiche Amalfitana. Genießer fahren – trotz frenetischer Hupkonzerte gestreßter Fiatbesitzer – in aller Ruhe auf der schmalen, kurvenreichen Straße zurück, nachdem sie sich die Küste vom Meer aus angeschaut haben.

Problemlos läßt sich die Region von einem einzigen Standort aus erschließen. Von Salerno beispielsweise führt eine Autobahn über Pompeji, Herculaneum (Ercolano) und Neapel nach Pozzuoli mit den Phlegräischen Feldern und den Ruinen von Cumae. Der Vesuv ist dabei nur ein Abstecher auf halber Strecke. Wer vor allem die Inseln besuchen will,

---

DER GOLF VON NEAPEL AUF EINEN BLICK

SEHENSWÜRDIGKEITEN

Amalfi: Ortsbild, Dom; **Bácoli**: Piscina Mirabilis (römische Zisterne); **Báia**: Dianatempel (römische Therme); **Cápua**: Dom; **Capri**: Insellandschaft, Villa Jovis (römische Villa), Blaue Grotte; **Caserta**: Bourbonenschloß; **Herculaneum**: Ausgrabungen; **Ischia**: Insellandschaft, Ortsbilder; **Lacco Ameno**: griechisch-römische Ausgrabungen; **Neapel**: Altstadt, archäologisches Nationalmuseum, Dom San Gennaro, Opernhaus; **Phlegräische Felder**: vulkanische Erscheinungen; **Pompeji**: Ausgrabungen; **Positano**: Ortsbild; **Pozzuoli**: Serapeum (antike Markthalle); **bei Pozzuoli**: griechische Ruinen; **Ravello**: Dom; **Salerno**: Dom; **Sorrent**: Ortsbild; **Torre Annunziata**: römische Villa von Oplontis; **Vesuv**: Vulkankrater.

FESTE UND VERANSTALTUNGEN

Amalfi: Karnevalsbeginn, Mitte Januar; **Anacapri**: Fest des San Antonio, 13. Juni; **Marina Grande**: Fest des San Costanzo, 14. Mai; **Forío**: Weinfest, Anfang September; **Ischia**: Bootsprozession, 1. Septembersonntag; **Lacco Ameno**: Volksfest der Santa Restituta, Mitte Mai; **Neapel**: Karnevalsbeginn, Mitte Januar, Fest der Madonna del Carmine, Mitte Juli, Blutwunder im Dom, 19. September; **Nola**: Lilienfest, Mitte Juli; **Positano**: Sarazenenschlacht und Feuerwerk, Mitte August; **Sorrent**: Bootsprozession, 1. Sonntag im Juli.

AUSKUNFT

Staatliches Italienisches Fremdenverkehrsamt ENIT, Kaiserstr. 65, 60329 Frankfurt a. M., Tel. 0 69/23 74 30; Staatliches Italienisches Fremdenverkehrsamt ENIT, Goethestr. 20, 80336 München, Tel. 0 89/53 03 69.

Unser Routenvorschlag

VON SALERNO NACH CUMAE

Die Reiseroute beginnt in Salerno ❶ und führt auf einer der schönsten Küstenstraßen der Welt, der Amalfitana, um die Halbinsel von Sorrent. Ein kurzer Abstecher führt zum Bergort Ravello ❷. Amalfi ❸ mit seinem Dom und das idyllische Positano ❹ sind weitere Stationen, ehe man Sorrent ❺ erreicht. Von dort ist ein Abstecher per Boot zur Insel Capri ❻ (siehe: Das besondere Reiseziel) möglich, der Insel mit der Blauen Grotte. Von Sorrent geht es über Castellammare di Stábia nach Pompeji ❼, Torre Annunziata ❽ und Herculaneum ❾ mit den weltberühmten Ausgrabungen. Von hier führen Straßen bis fast zum Gipfel des Vesuvs ❿. Durch moderne Vororte erreicht man Neapel ⓫, die 2800 Jahre alte Stadt mit zahllosen Monumenten und einer unvergleichlichen Atmosphäre. Schnelle Boote machen den Besuch der Inseln Prócida ⓬ und Ischia ⓭ an einem Tag möglich. Die Küstenstraße führt nach Pozzuoli ⓮, von wo aus man die vulkanische Zone der Phlegräischen Felder ⓯ mit der Solfatara erreicht. Ein anderer Abstecher führt über Kap Miseno ⓰, den wichtigsten Kriegshafen des alten Rom, und den antiken Villenort Báia ⓱ nach Cumae ⓲. Hier wurde die älteste griechische Kolonie auf italienischem Boden freigelegt.

Wie ein trutziges Bollwerk gegen das Böse und gegen die Zeit steht die byzantinische Kirche von Atrani am Kap von Amalfi östlich von Neapel auf den Klippen. Die Region gehört zu den Naherholungsgebieten der Metropole.

wählt als Stützpunkt Sorrent oder Neapel, und wer auf einer von ihnen ein paar Tage verbringen möchte, mietet am besten einen Garagenplatz in Neapel. Auf irgendeinem Parkplatz sollte man das gute Stück lieber nicht stehenlassen, wenn man es bei seiner Rückkehr noch vollständig und heil vorfinden möchte.

Der launische Vulkan

Der Golf von Neapel und das zugehörige Hinterland ist nicht nur eine der schönsten Landschaften der Erde, es ist auch eine der bekanntesten Vulkan- und Erdbebenzonen. Ein Gebiet, das sich in einem – trügerischen – Frieden präsentiert, wo sich aber einst die entfesselten Naturgewalten austobten, und wo es auch heute immer wieder zu Erschütterungen und Ausbrüchen kommt. Man denke etwa an das verheerende Erdbeben, das die Randketten des kampanischen Apennin 1980 erschütterte. Auch den Vesuv hielt man immer wieder für erloschen, bis er dann – zuletzt 1944 – zeigte, wieviel Leben noch in ihm steckt. Wer sich für die Erdgeschichte interessiert, kommt hier auf seine Kosten. Westlich von Neapel erstrecken sich die Campi Flegrei, die Brennenden – oder geologisch exakter ausgedrückt – die Phlegräischen Felder, östlich der Stadt liegt das beeindruckende Massiv des Vesuvs.

Ihren Namen haben die Brennenden Felder von den Griechen, die hier bei Cumae eine ihrer italienischen Kolonien hatten. Der Averner See (Lago d'Averno) galt ihnen als Pforte zum Hades – zur Unterwelt und zum Reich der Toten. Und wer je dieses von Kratern übersäte Gelände mit seinen heißen, Rauch-, Wasserdampf- und Schwefelgase ausspuckenden Quellen gesehen, mehr noch gerochen hat, der versteht die Hellenen und ihre Mythen sehr viel direkter und sinnlicher als bisher.

Die Solfatara, ein ellipsenförmiger Krater von etwa 560 mal 750 Meter Durchmesser, hat allen Erscheinungen dieses Typs den Namen gegeben. Man tut gut daran, sich in diesem Inferno aus kochendem, brodelndem und blubberndem schiefergrauem Schlamm an die Hinweisschilder zu halten und die Absperrungen nicht leichtfertig zu ignorieren. Alles andere könnte lebensgefährlich sein. Hier befindet sich auch einer der jüngsten Vulkane der Erdgeschichte, der bei einem Ausbruch 1538 in nur zwei Tagen entstandene Monte Nuovo.

Ganz anders als die infernalischen, von Schwefeldunst überhauchten Brennenden Felder präsentiert sich derzeit der Vesuv – wie lange noch, das wird sich zeigen; Experten erwarten in nicht zu ferner Zukunft einen neuen Ausbruch. Auf den fruchtbaren Flanken des Vulkanberges gedeihen bis zu einer Höhe von rund 500 Metern Obstbäume und Weinstöcke. Lacrimae Christi, die Tränen Christi, heißt der klassische, selten gewordene Wein. Oberhalb des Dörfchens San Vito wird die Landschaft deutlich karger, Kastanien-, Eichen- und Kiefernwälder wechseln einander hier ab.

Zum Gipfelkrater des Vesuvs, zum 1277 Meter hohen Gran Cano, führen die Pfade dann durch kahle Aschen- und Lavafelder, in denen die Vegetation nach dem letzten Ausbruch 1944 noch nicht wieder Fuß gefaßt hat. Der Vesuv ist ein Doppelvulkan, wie er entsteht, wenn sich im Innern eines Kraters bei einem späteren Ausbruch ein zweiter Kegel erhebt. Beim Vesuv ist dieser innere Kegel der höhere Gran Cano, der äußere der 1132 Meter hohe Monte Somma. Zwischen diesen beiden Gipfeln erstreckt sich ein fünf Kilometer langes ringförmiges Tal, im Osten teils drohend, teils warnend als Valle dell'Inferno (Höllental), im Westen etwas freundlicher als Atrio del Cavallo (Pferdehof) bezeichnet.

Der Aufstieg zur Caldera, dem Vulkankessel des Vesuvs, ist nicht ganz unbeschwerlich und erfordert unbedingt festes Schuhwerk. Angenehmer ist der Aufstieg mit dem Sessellift, der allerdings nicht immer in Betrieb ist. Ganz gleich, wie man hinkommt, dort gewesen sein muß man auf jeden Fall. Der

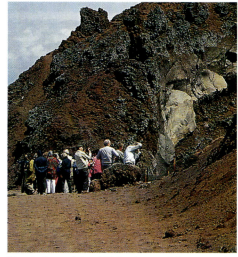

Über Asche- und Lavafelder geht es auf den Vesuv, den letzten aktiven Vulkan auf dem europäischen Festland.

Blick in den 500 Meter breiten, 300 Meter tiefen Trichter, in dem noch immer einige Schwefeldampfquellen blasen, ist ein unvergeßliches Erlebnis, das den Betrachter die Naturgewalt dieses Vulkans zumindest erahnen läßt.

Eine antike Katastrophe

Am 24. August des Jahres 79 nach Christus explodierte der Vulkan, den die Bevölkerung schon für erloschen gehalten hatte, denn seit Menschengedenken war es hier zu keinem Ausbruch mehr gekommen. Soweit man rekonstruieren kann, hatte der letzte Ausbruch um 800 vor Christus stattgefunden; seither zeigte sich der Berg harmlos, von Wein und Wald bestanden. Von dem fatalen Ausbruch, der die Stadt Pompeji unter einer mehr als fünf Meter dicken Schicht aus Asche, Bimsstein und Lapilli begrub, den Ort Herculaneum dagegen mit Glutwolken aus Gasen und vulkanischer Asche vernichtete, besitzen wir einen Augenzeugenbericht. In zwei Briefen berichtete der römische Schriftsteller Gaius

Plinius der Jüngere dem Historiker Tacitus von der Katastrophe. Von ihm wissen wir, daß aus dem Krater des Vulkans eine riesige Aschenwolke aufstieg, die sich oben wie die Krone einer gigantischen Pinie ausbreitete. Plinius spricht auch von glühenden Wolken, von Aschenregen, von einem Hagel glühender Gesteinsbrocken.

Herculaneum wurde erst 1709 wieder entdeckt, Pompeji noch später. Die mit großer Sorgfalt ausgeführten Ausgrabungen sind noch nicht abgeschlossen; etwa vier Fünftel des alten Pompeji, das zur Zeit der Katastrophe eine blühende Handelsstadt mit etwa 20 000 Einwohnern war, wurden inzwischen freigelegt. Herculaneum, von dem man annimmt, daß es nur eine kleine Provinzstadt war, ist, was den Fortschritt der Ausgrabungen anlangt, noch nicht soweit gediehen, es geht hier langsamer voran, doch was man ausgräbt, ist meistens besser erhalten als in Pompeji.

An der Via Strabiana erhält der Besucher nicht nur einen guten Gesamteindruck vom römischen Pompeji, sondern auch von der tödlichen Nähe des Vulkans, der die Stadt unter einer Schicht aus Asche und Bimsstein begrub.

Die Fresken aus der Villa dei Misteri in Pompeji gehören zu den schönsten Erbschaften der Antike.

Wer früh am Morgen kommt, kann, ehe der Massenandrang beginnt, über das antike Buckelquaderpflaster – Achtung, Stöckelschuhe sind hier ein denkbar ungünstiges Schuhwerk! – schlendern und alles in Ruhe in Augenschein nehmen: Villen mit gut erhaltener Einrichtung, herrlich farbenfrohen Wandfresken, Gipsstuckverkleidungen, Statuen. Häuser von Handwerkern, Bäckern, Schustern, ein Bordell mit entsprechenden Wandmalereien (lange Zeit durfte man es nicht besichtigen!), Schenken mit in die Schanktische eingelassenen Vertiefungen für die Weinamphoren. Hausaltärchen und Böses abweisende Zeichen an den Wänden und im Pflaster, oft das plastisch gestaltete männliche Glied. In jedem Fall ein Muß: die Villa dei Misteri, ein Landhaus aus dem zweiten Jahrhundert vor Christus, so benannt nach den hier gefundenen Freskenzyklen, die zu den schönsten Bildwerken des Altertums in ganz Italien gehören. Sie zeigen einzelne Schritte der Einweihung in einen antiken, heute vergessenen Mysterienkult.

Mit dem Besuch der in der Ausbruchskatastrophe des Vesuvs so unversehens verschütteten Städte Herculaneum und Pompeji haben wir allerdings das

Auf steilen Felsen im Süden des Golfs liegt Sorrent, Geburtsort des Dichters Torquato Tasso (1554 bis 1595).

archäologische Programm dieser Region noch längst nicht absolviert. Die Einmaligkeit jener Stätten liegt darin, daß sie quasi aus der Mitte des pulsierenden Lebens heraus urplötzlich versteinerten und uns Heutigen damit eine Momentaufnahme aus der Zeit vor rund 2000 Jahren liefern.

Die Stadt, in der das Recht herrschte

Aber auch Stätten, die ganz einfach dem nagenden Zahn der Zeit zum Opfer fielen, haben dem Besucher von heute noch etwas zu bieten: Pozzuoli zum Beispiel, am Südrand der Phlegräischen Felder gelegen, wurde 531/30 vor Christus von den Griechen als Dikaiarchia, „die Stadt in der das Recht herrscht", gegründet. In römischer Zeit war der Ort so bedeutend als Einfuhrhafen für die Versorgung Roms, daß er gleich zwei Amphitheater besaß, wahrscheinlich je eines für Einheimische und Fremde. Nur das größere der beiden, heute mitten in der modernen Stadt gelegen, hat sich gut erhalten und ist besuchenswert. Es war das drittgrößte antike Amphitheater Italiens; nur wenig kleiner als das Colosseum in Rom, faßte es gut 40 000 Besucher. Das riesige Oval konnte zum Schutz vor der Hitze mit Sonnensegeln überdeckt werden – wie ein Fresko aus Pompeji zeigt, das sich im Archäologischen Nationalmuseum von Neapel befindet. Im Untergrund hat man zwei Stockwerke ausgegraben, die für die Tierhaltung und zum Aufenthalt der Gladiatoren dienten: Die wilden Tiere, die man für die Vorstellungen benötigte, wurden aus ihren Käfigen in Aufzüge verladen, in den nächsten Stock gehoben und dort durch sonst verschlossene Türen in die Arena gelassen. Die Kavernen dürfen leider nur mit Sondergenehmigung besichtigt werden.

Von Pozzuoli am Golf von Neapel fährt man über die römische Via Domiziana nach Cumae am Tyrrhenischen Meer, vorbei am Arco Felice, einem römischen Bogen, der die höchste Stelle eines tiefen Straßeneinschnittes aus der römischen Kaiserzeit markiert. Cumae war als Kyme von Griechen aus Ischia im achten Jahrhundert vor Christus als erste Festlandsiedlung gegründet worden. Weil sich auch hier die Erde bewegt, weil Dämpfe aufsteigen und heißes Wasser aufquillt, vermutete man in der Nähe den Eingang zur Unterwelt und ließ eine Sibylle, eine Dienerin und Priesterin des Gottes Apollo, unter der Erde das Schicksal weissagen. Die Grotte dieser Schwester der Pythia von Delphi wurde 1932 gefunden: ein 131,5 Meter langer, fünf Meter hoher und nur 2,4 Meter breiter, trapezförmiger Gang.

Hier lebte der römische Jet-set

Etwa fünf Kilometer südöstlich von Cumae kommen wir nach Báia. Das römische Baiae war ein römisches Villenviertel der allerersten Kategorie. Hier bauten sich die einflußreichsten römischen Bürger ihre Landhäuser in der Nähe der Kaiservillen, und private und öffentliche Thermen nahmen Ausmaße an wie sonst nur in Rom und Alexandria. Im Ruinengebiet fallen vor allem kreisförmige Bauten auf, die aus Ziegeln gebaut sind; die Säulen und Kapitelle fehlen zumeist. Sie werden gemeinhin als Tempel bezeichnet, es sind aber alles Kuppelbauten von

Die Amalfitana am Südrand der Halbinsel von Sorrent gehört zu den schönsten Küstenstraßen der Welt. Sie führt in vielen Serpentinen und Kehren durch eine wilde Szenerie zwischen Gebirge und Meer.

Sorrent ist eingebettet in Zitronen- und Orangenhaine, die das ganze Jahr über ihr Aroma verströmen.

Thermen und Wandelhallen – wie die „Thermen der Sosandra" und der „Tempel der Diana", dessen halbrundes Gewölbe besonders eindrucksvoll ist: sehr weltliche Einrichtungen also.

Direkt gegenüber auf der anderen Seite des Golfs liegt Sorrent. Die 18 000 Einwohner zählende Stadt ist nicht nur Ausgangshafen für die Fahrt nach Capri oder Ischia hinüber oder für eine gut einstündige Bootsrundfahrt im Golf, sondern noch immer auch ein Ort, der um seiner selbst willen einen Besuch lohnt. Wenn es auch gehörig nach Autoabgasen stinkt, wenn es in den Straßen auch infernalisch laut zugeht – Sorrent ist und bleibt ein Ort in traumhafter Lage. Wie könnte es auch anders sein, schließlich hatten ihn schon die Sirenen – jene sagenhaften Nymphen der Antike, von denen sich der Name der Stadt ableiten soll – als ihren Wohnort gewählt. Von der Punta Campanella aus, der Spitze der Halbinsel von Sorrent, betörten sie die Seeleute, deren Boote dann auf den Felsen zerschellten. Der listenreiche Odysseus ließ sich an den Hauptmast seines Schiffes fesseln und der Mannschaft Wachs in die Ohren träufeln. So konnte er den Damen zuhören, ohne selbst in Gefahr zu kommen. Eine der Sirenen, Parthenope, war so verdrossen über diesen Odysseus, daß sie sich ins Meer warf. Ihre Leiche wurde auf einer Felsklippe im Norden des Golfs angeschwemmt und dort begraben. Ihr Grabmal auf dem Felsen, der heute das Castel dell'Ovo trägt, wurde zur Keimzelle Neapels. Nach dieser Selbstmörderin aus gekränkter Eitelkeit heißt die hier verlaufende Uferstraße Via Parthenope.

Doch zurück nach Sorrent. Das Tuffsteinplateau, auf dem die alte und die verkehrsumtoste neue Stadt liegen, fällt senkrecht zum Meer ab. Einige feine, komfortable – und entsprechend teure – Hotels bieten noch immer, wofür die Stadt schon im 19. Jahrhundert berühmt war: ruhige Eleganz vom Feinsten. Überall in den Gärten der Stadt und vor allem ringsum in der Umgebung duften Blüten und Früchte der Orangen und Zitronen. Aber auch die zur Likörherstellung verwendeten Pomeranzen gibt es hier und die „Cedri" (Zedratzitronen); sie bestehen fast nur aus dem Weiß unter der Schale, das kandiert und als Zitronat verkauft wird. Nicht zu vergessen die vielen Nußbäume…

Als Stützpunkt für Ausflüge ist Sorrent eine gute Wahl, phantastisch der Panoramablick von hier auf den Golf. Aber die schönsten Bilder finden wir doch entlang der Südseite der Halbinsel, bei einer Fahrt auf der Amalfitana.

Anstrengend und ein bißchen nervenaufreibend ist dieses Erlebnis schon, weil die Straße so eng, so kurvenreich und vor allem ständig fast hoffnungslos verstopft ist. Aber der landschaftlichen Schönheit wegen muß alles Ungemach ertragen werden, wird man doch mit atemberaubenden Ausblicken belohnt, die für ein Leben lang unvergeßlich sind. Es hat nichts von Übertreibung, wenn die Amalfitana, jene Straße zwischen den Städten Positano und Vietri sul Mare, zu den schönsten Küstenstraßen der Welt gezählt wird. Sie wurde 1857 eröffnet, davor erreichte man die Küstenorte nur per Schiff; die Straßen über das Rückgrat der Halbinsel nach Norden wurden erst in unserem Jahrhundert gebaut, früher genügten ein paar steile Wege für die Maulesel und ihre Treiber.

Von Sorrent aus überwindet heute eine befestigte Straße den Rücken der Halbinsel und windet sich dann steil hinunter zur Felsenküste von Positano.

Sanft, schön, geschichtsträchtig: Positano und Amalfi

So schön gelegen wie dieser kleine Ort ist kaum ein anderer – von Grün umgeben und in eine Felsenbucht hineingesetzt. Im Frühmittelalter war Positano ein selbständiger Handelsort, der seine Beziehungen bis in die sarazenische Levante ausweitete. Und immer wieder zog das romantische Fischerörtchen berühmte Gäste an, darunter in unserem Jahrhundert John Steinbeck, Stefan Andres, Le Corbusier. Noch immer überwältigt der Blick vom Meer, der Blick von der Kuppelkirche Chiesa Nuova, der aber auch offenbart, wie viele Neubauten das Grün

Neapel tanzt am Rand des Vulkans: Weder Arbeitslosigkeit, Armut und Camorra noch Gewässerverschmutzung und Autoabgase haben den Mythos und den Überlebenswillen der 3000 Jahre alten Stadt bisher gebrochen.

durchsetzen. Zu Recht und auch zur Selbsterhaltung widmet sich der Ort einem engagierten Umweltschutz. Am Campanile der Pfarrkirche Santa Maria Assunta findet man ein wahrscheinlich langobardisches Relief eines Seeungeheuers; in der Kirche selbst ein byzantinisches Madonnenbild.

Wie haben wir's doch gelernt? Im zwölften Jahrhundert waren Genua, Venedig und Pisa Italiens mächtige Seerepubliken, die den Handel mit der Levante in der Hand hatten und genügend Geld, um sich große Dome und Paläste zu bauen. Stimmt schon. Doch was weitgehend in Vergessenheit geraten ist: Amalfi ist als Seerepublik und Handelsmacht noch älter. Schon im neunten Jahrhundert errang es die Unabhängigkeit von Byzanz, wurde mit dem Bau des Doms begonnen, dessen herrliche Bronzetüren aus dem elften Jahrhundert wie der grandiose Kreuzgang unbedingt sehenswert sind. Andere Orte schlossen sich der aufblühenden Republik an, darunter Ravello, Atrani, Scala. 1073 kamen dann die Normannen und plünderten den Ort, beließen ihm aber seine Autonomie. Die Pisaner, Handelskonkurrenz und Seemacht wie Amalfi, eroberten dieses 1135 und 1137 und stellten es damit als Konkurrenten kalt.

Kleine Stadt – große Aussicht

Hoch über der Amalfitana liegt auf einem Felsrücken der zur Normannenzeit gegründete Ort Ravello, der unbedingt einen Abstecher wert ist. Was für einen herrlichen Blick man von hier auf den

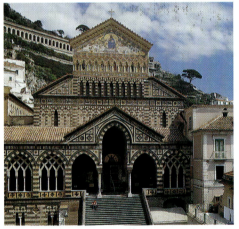

Der Dom Sant'Andrea in Amalfi zeigt den lombardisch-normannischen Baustil des 13. Jahrhunderts.

Golf von Salerno hat, auf die Küste, die parallel ins Meer stürzenden Felsenketten! Am großartigsten präsentiert sich das Panorama von der Aussichtsterrasse der Villa Cimbrone mit ihrer niedrigen, büstengeschmückten Brüstung aus. Man erreicht sie allerdings nur – in 20 Minuten – zu Fuß von der Piazza Vescovado aus.

Genau wie Amalfi verlor auch Ravello seit dem Hochmittelalter an Bedeutung. Die Adelspaläste der ehemals reichen Familien des Ortes verfielen. Dann, im 19. Jahrhundert, kamen die Engländer und die Deutschen, die ersten Touristen eben, und das bedeutete damals: die wirklich Reichen. Paläste, Villen wurden wieder instand gesetzt, als Hotels oder Winterwohnsitze für die erwählten Vertreter der oberen Zehntausend. Der Palazzo Confalone wurde zum Hotel Palumbo. Hier notierte Richard Wagner als Hotelgast ins Gästebuch, daß er im Garten der Villa Rufolo das Idealbild einer Szene aus seiner Oper *Parsifal* entdeckt habe, den Garten des Zauberers Klingsor, in dem lieblich-betörende Blumenmädchen Parisfal umschmeicheln und in dem der Kuß der wilden Kundry den Helden der Oper zur Läuterung bringt. Herrlich ist auch die Mosaikkanzel aus dem elften Jahrhundert in Ravellos Kirche San Giovanni del Toro, neben dem Dom San Pantaleone mit seiner kostbaren Kanzel aus dem Jahre 1272, ein Muß für jeden Besucher.

In Vietri sul Mare, einem alten Etruskerstädtchen, erreicht die Amalfitana ihren Endpunkt. Im Mittelalter hochberühmt für seine Keramikprodukte, teilte es später das Schicksal Amalfis und Ravellos und geriet ein wenig in Vergessenheit. Heute bleibt der

Fast sprichwörtlich ist der morbide Charme der engen, quirligen und lauten Altstadt Neapels.

noch immer existierenden Keramikindustrie keine andere Wahl – es wird jeder gewünschte Kitsch hergestellt. Wer sucht, wird aber auch hier noch fündig: Im Meer der Anpassung an das unterste Niveau des kruden Massengeschmacks taucht hier und da eine Insel der Erlesenheit auf. Oberhalb von Vietri sul Mare liegen zwei malerische kleine Bergdörfchen, Raito und Albori. Sie bieten die Abgeschiedenheit und Beschaulichkeit, deren man vielleicht bedarf, ehe es – wieder zur anderen Seite des Golfes zurückkehrend – mitten hineingeht in das lärmende Getümmel der langsam im Schmutz versinkenden Millionenstadt Neapel.

Veder Nápoli e poi morire (Neapel sehen und sterben) – das wohl berühmteste italienische Sprichwort, einst geprägt, um dem unsagbaren Staunen vor dem Zauber, der Schönheit und Pracht einer Stadt Ausdruck zu verleihen, gewinnt heute einen völlig anderen makaberen Sinn. Kann man denn überhaupt noch nach Neapel reisen und ungeschoren bleiben? Ja, man kann! Wenn auch viel von dem alten Glanz dahin ist, wenn auch allenthalben Verfall und Niedergang herrschen – noch ist Neapel eine Reise wert.

Freilich, die bange Frage ist nur allzu berechtigt: Ist es nicht Neapel selbst, das seit Dekaden dahinsiecht, einem immer bedrohlicher werdenden, letztlich unabwendbaren Verfall und Tod entgegensieht? Sind die Vitalität, die Lebensfreude, der man allenthalben in den Straßen und Gassen, auf den Plätzen und Märkten begegnet, nicht eher eine emotionale Trotzreaktion auf das Unvermeidliche, ein Tanz am Rande des Vulkans angesichts der unaufhaltsam nahenden Katastrophe?

In Neapel wäscht eine Hand die andere

Katastrophen waren für diese auf brodelnd unsicherem Grund gebaute Metropole – nach Rom und Mailand die drittgrößte Stadt Italiens – nie fern: Erdbeben und Vulkanausbrüche, Seuchen und Feuersbrünste hat Nápoli gesehen. Heute ist die Katastrophe mehr denn je hausgemacht. Neapel, das in einem der weltweit dichtestbewohnten Gebiete liegt, noch immer keine anständige Abwasserversorgung besitzt und seine Abwässer direkt ins Meer ableitet, versinkt mit zunehmender Geschwindigkeit in seinem eigenen Schmutz.

Verschachtelt und unübersichtlich wie das Gewirr der Gassen in den Altstadtvierteln ist das Handels- und Wirtschaftssystem der Stadt, ein verflochtenes Knäuel von Tauschsystemen und Kreisgeschäften, in dem die Schattenwirtschaft eine nicht unbedeutende Rolle spielt. Es wird ganz und gar von dem dichten sozialen Netz der Bevölkerung getragen und gehalten – und sichert jedem irgendwie ein Auskommen, so unsicher und knapp es auch sein mag. Die Stadt ist Spiegel des in Jahrhunderten gewachsenen menschlichen Beziehungsgeflechts, das für Außenstehende ein undurchdringliches Chaos bildet, für die Menschen der Stadt jedoch eine Garantie fürs Überleben bedeutet. Kein Wunder also, daß sich die Neapolitaner jedwedem Sanierungsprogramm entgegenstellen – sie wissen, daß mit Neuordnung und sauberer Übersichtlichkeit ihre Lebensader durchtrennt würde. Die Neapolitaner haben gewiß eine andere Mentalität als wir Mitteleuropäer, aber das Sich-Arrangieren mit einer brutalen Realität, um die sie nicht herumkommen, hat sie menschlich nicht ärmer gemacht. Wer mit den äußeren Kennzeichen des Reichtums in diese Stadt kommt, wird sich sicher nicht wohl fühlen. Wer sie aber mit all ihren eigenen Regeln akzeptiert, der wird auch von ihr akzeptiert werden.

Dieses Neapel mit seinem griechischen Namen (Neapolis – die neue Stadt) hat in den über zweieinhalb Jahrtausenden seiner Existenz Zeiten des Überflusses erlebt, die einen extremen Gegensatz zur heutigen Armut bilden. Im Stadtbild ist dieser Gegensatz sehr deutlich zu sehen, existieren doch prunkvolle Adelspaläste und mehr als 300 Kirchen verschiedenster Epochen neben Vierteln, in denen Tausende von Menschen in sogenannten Bassi leben. In diesen winzigen, fensterlosen Einraumwohnungen auf oder sogar unter Straßenniveau hausen

Blick von den Gärten der sarazenischen Villa Rufolo in Ravello über die Küste von Amalfi: Die mittelalterliche Stadt erlebte ihre Blüte im 13. Jahrhundert unter den Herzögen von Anjou.

oft fünf- bis zehnköpfige Familien. Erhellt werden diese Wohnhöhlen durch die stets offene Tür, denn die Straße davor ist das eigentliche Wohnzimmer. Wichtigstes Möbelstück ist das jeden Raum beherrschende Familienbett und daneben der ununterbrochen flimmernde Fernsehapparat. Und niemals fehlt der Votivwinkel mit einem Heiligenbild, auch wenn die nächste Kirche nicht weit ist.

Griechisches hat sich im Grundriß der Innenstadt niedergeschlagen, das römische Erbe ist in Ausgrabungen wie dem Dioskurentempel unter der Kirche San Paolo Maggiore erhalten, Frühchristliches in den sehenswerten Katakomben und den Krypten byzantinischer Kirchen. Die prächtige Kapelle mit den Reliquien des Stadtheiligen Januarius ist Hauptattraktion des Doms San Gennaro. Januarius – so sagt die Legende – wurde 304 im Amphitheater von Pozzuoli enthauptet, sein Blut fing man in zwei Phiolen auf. Es sind dies die berühmten Ampullen, in denen sich alljährlich zweimal (bei Bedarf auch öfter) das Blut des Heiligen verflüssigt, zum Zeichen, daß der Stadt kein Unheil droht. Das Blutwunder – jeweils im Mai und September – sorgt für das größte Pilgerspektakel in der Stadt. Ohne diesen von Heiligenlegenden und Wundergeschichten ganz und gar geprägten und durchdrungenen Volksglauben könnte man vielleicht gar nicht existieren in Nápoli.

Auch spätere Zeiten haben sich im Stadtbild manifestiert. Dem Staufer Friedrich II. dankt Neapel eine 1224 gegründete Universität. Im Castel dell'Ovo bewahrte er seinen Staatsschatz auf, später wurde hier der letzte Staufer, Konradin, gefangengehalten und 1268 auf dem Marktplatz enthauptet.

Die nachfolgenden Herrscher aus dem französischen Hause Anjou hinterließen viele Bauten, sogar ein Baustil ist nach ihnen benannt, die angiovinische Gotik, wie wir sie vielleicht am schönsten in der Kirche San Lorenzo Maggiore bewundern können. Und das Haus Aragon hat sich bald nach Antritt seiner Herrschaft über Neapel, im Jahre 1453, anläßlich des Einzugs von Alfons I. in der Triumphpforte des (von den Anjou errichteten) Castel Nuovo verewigt.

Die zahlreichen Fremdherrscher blieben, auch wenn die Dynastien immer wieder wechselten und die Aragonier von den spanischen Habsburgern, dann von den Bourbonen, den österreichischen Habsburgern und danach wieder von den spanischen Bourbonen abgelöst wurden.

Bauliche Kleinode für Kirche und Adel

Alle Herrschenden hatten viel Geld für geistliche und weltliche Prunkbauten, weniger für öffentliche Einrichtungen übrig, die in Neapel noch heute fehlen. Kirchen vor allem – wie der Dom San Gennaro oder Santa Chiara – wurden verschwenderisch ausgestattet. Prachtklöster wie die Kartäuserabtei San Martino unterhalb des Castel Sant'Elmo entstanden, deren klassisch klarer Barockkreuzgang eine grüne Ruhe-Insel mitten in der Stadt darstellt. Auch wer sich nicht für die im Kloster ausgestellten Kunstwerke interessiert, genießt sicher den großartigen Blick über die Stadt, den man vom Garten aus hat – eine willkommene Erholung, ehe man sich erneut in die

Südeuropa

Im Fischerhafen von Prócida auf der gleichnamigen Insel ist von Massentourismus oder Hektik nichts zu spüren. Hier machen auch Freizeitkapitäne halt, denen die einfache, ruhige Lebensart auf der Insel gefällt.

An Mariä Himmelfahrt am 15. August tragen die Gläubigen von Ischia ihre Madonna durch die Gemeinde.

Wenn die Sonne im Meer vor Capri versinkt, sind selbst nüchterne Charaktere offen für Romantik.

anderen. Bedarf es weiterer Worte, um jedermann davon zu überzeugen, daß Neapel allen Unkenrufen zum Trotz mindestens einen mehrtägigen Besuch verdient? Und wenn man die Stadt verläßt, kann leicht ein ganzer, ausgedehnter Urlaub aus diesem Ausflug werden.

Die kleine Insel Prócida liegt an der Seestrecke von Neapel nach Ischia. Nicht alle Fähren machen hier einen Zwischenstopp, und so ist der Inselort Corricella noch ein richtiger Fischerhafen. Noch wurden die Fischerboote nicht von Jachten und Segelbooten verdrängt. Die alten, kubischen Häuser am Hafen und höher oben im Ort um die Kirche Santa Maria delle Grazie sind immer noch einfache Fischerwohnungen; viele von ihnen wurden direkt aus dem leicht zu bearbeitenden und stabilen vulkanischen Material herausgehauen und öffneten sich nur nach vorne zum Hafen hin durch Fenster und Türen. Anderswo auf der flachen Tuffinsel haben Neubauten und Asphalt die alten Häuser, den Wein, die offenen Flächen verdrängt.

In den vielen kleinen Buchten findet sich aber immer noch ein freier Platz für die Sonnensüchtigen und in den anderen Häfen der Insel für die Segler, die hier von einer bereits 1833 gegründeten nautischen Schule profitieren können. Inselhüpfer nehmen sich vom Sancio Cattolico, wo die Fähre von Neapel anlandet, ein Minitaxi und fahren über die ganze Insel Prócida und eine Brücke hinüber nach dem Nachbarinselchen Vivara – von dort ist

urbane Hektik begibt, um weitere Schätze der Architektur zu entdecken. Palazzi beispielsweise wie den um 1600 für die spanischen Vizekönige errichteten Palazzo Reale. Adelspaläste wie den nach außen strengen Palazzo Guarina und den noch grimmigeren Palazzo Cuomo. Lustvoll ergingen sich Architekten an immer künstlerischeren Treppenhäusern, die fast ein Markenzeichen des aristokratischen Neapel der Barockzeit wurden.

Von Nápoli nach Ischia

Ein Highlight ist auch das Teatro San Carlo. 1737 in nur acht Monaten gebaut, 1816 einem verheerenden Brand zum Opfer gefallen, wurde es in noch kürzerer Bauzeit erneut hochgezogen. 3000 Plätze bietet das nur von den besten Musikern bespielte, von der Stadt mit Unsummen subventionierte Opernhaus, das – schließlich ist Neapel sozusagen die Hauptstadt der Oper – mit den größten Namen der italienischen Musikgeschichte verknüpft ist: Mit Alessandro Scarlatti, der die neapolitanische Schule begründete, und seinem Sohn Domenico sowie mit Rossini, Donizetti, Bellini, Verdi und Puccini, den wichtigsten Vertretern der italienischen Oper des 19. Jahrhunderts, und vielen anderen musikalischen Größen aus aller Welt.

Will man Neapel, diese faszinierende Stadt, an einem Tag auch nur durchschlendern, gar auch nur einen Teil ihrer Kunstwerke kennenlernen, zu denen selbst im 19. Jahrhundert noch Bedeutendes hinzugekommen ist, muß man scheitern. Unglaublich viel wäre zu bestaunen – wie die Villa Comunale mit dem Aquarium, dem meeresbiologischen Institut. In einem der Institutsräume befinden sich Wandmalereien von Hans von Marées – einer der bedeutendsten deutschen Freskenzyklen des 19. Jahrhunderts. Da sind ferner die Galleria Umberto I. im Zentrum, Flaniergalerie für Betuchte und Unbetuchte, oder die Villen am Posillipo westlich der Stadt. Und natürlich die zwei Nationalmuseen Neapels, das Museo Nazionale di Capodimonte, eine Kunstgalerie, und das Museo Nazionale Archeologico: Tizian und Caravaggio in einem, Fresken und Bronzen aus Pompeji, Herculaneum, Stabiae im

Ischia, die „grüne Insel", wirklich nur noch einen Katzensprung weit entfernt!

Das vulkanische Ischia – das man, obwohl so mancher Ischiasschmerz hier geheilt wird, 'iskia' ausspricht – hat Heilquellen, die Kranke und Gesunde aus ganz Europa anziehen, vor allem aus dem deutschsprachigen Mitteleuropa. In Casamícciola reiht sich Kurhotel an Kurhotel, viele haben davon ihre eigenen Heißwasserquellen und bieten in ihren Mauern auch Fangopackungen an.

Reizvoll ist vor allem der Doppelort Porto/Ponte, heute meist Ischia genannt. Vor Ischia Ponte thront auf einem nur durch einen schmalen Landstreifen mit der Hauptinsel verbundenen steilen Felsen das romantische, spätmittelalterliche Castello Aragonese, das mit seinem Namen den Erbauer – den aus Aragon stammenden Alfonso, im 15. Jahrhundert König von Neapel – verewigt.

Von Barano d'Ischia, einer beliebten Sommerfrische, kann man zum Monte Epomeo fahren oder wandern, dem mit 788 Metern höchsten, weithin sichtbaren Berg. Der Blick vom Gipfel ist überwältigend, überschaut man doch den gesamten Golf von Neapel: Prócida, das Vorgebirge des Kap Miseno, Neapel selbst, den Vesuv, die Halbinsel von Sorrent, Capri. Wer will, kann hier oben übernachten und das Untertauchen des roten Sonnenballs im Tyrrhenischen Meer sowie seinen Aufgang hinter dem reinen Vulkanprofil des Vesuvs erleben.

Überreste spanischer Herrschaft: Das Castello Aragonese erhebt sich malerisch auf einem steilen Felsen vor dem beschaulichen Jachthafen von Ischia Ponte am Nordostufer der Insel.

DAS BESONDERE REISEZIEL: DAS ROMANTISCHE CAPRI

Sicher, es gibt größere Inseln im Mittelmeer. Aber eine Insel, die auf nur zehn Quadratkilometern eine solche Fülle landschaftlicher und baulicher Schönheiten anzubieten hat, wird schwerlich zu finden sein.

Dabei ist Capri karg. Zuwenig Süßwasser gibt es, zuwenig Platz, steile Felsabstürze und kaum Strände. Warum hat die Insel dann seit den Tagen des Kaisers Augustus, der sie 29 vor Christus erwarb und hier ein Dutzend Villen errichten ließ, eine nicht abreißende Reihe reicher, prominenter und oft genug exzentrischer Gäste angezogen, die sich doch aussuchen können, wohin sie fahren? Warum kamen und kommen sie, die Maler und Dichter, die Reichen, Schönen und erst recht die „ganz normalen" Touristen aus aller Welt?

Schon vom Boot aus, das sich der Marina Grande nähert, dem Anlegeplatz unterhalb des Ortes Capri, wird ein wenig von der Faszination der Insel deutlich. Der scheinbare Gegensatz von blauem Meer, stürzenden Dolomit-Kalkfelsen und grünem Plateau mit eingesprenkelten weißen Häusern und Ortschaften ist in Wirklichkeit Harmonie. Von oben dann, von den auf einer Fläche von zwei Hektar ausgegrabenen Überresten der Villa Jovis – von hier aus regierte der römische Kaiser Tiberius sein Weltreich – wird vollends klar, warum Capri immer Sehnsuchtsziel so vieler Menschen war: Der Blick schweift ungehindert über den gesamten Golf, tief unten liegt das azurblaue Meer, in den Gärten duften Zitronen und Orangen. Als felsiges Kap vor der Küste Italiens wäre diese Landschaft wunderschön. Als Insel ist sie wahrgewordener Traum von der abgeschiedenen bukolischen Idylle, die keinen Sturm kennt.

Erfüllt hat sich dieser Traum vor rund 20 000 Jahren, als die Insel während der letzten Eiszeit vom Festland abgetrennt wurde. Von Idylle freilich kann schon längst nicht mehr die Rede sein, zumindest im Sommer.

Käme man im milden Winter, wie es früher üblich war, hätte man zwar mit geschlossenen Hotels zu rechnen, aber die Insel für sich. Im Winter erholen sich die Capresen von ihrer ruhepauselosen Saisonarbeit im Tourismusgewerbe während der wärmeren Jahreszeit. Vor allem sommers ist die Insel trotz der wenigen zugelassenen Autos wahrlich überlaufen. An der Villa San Michele, dem Wohnsitz und Erinnerungs-Schauplatz des schwedischen Schriftstellers und Modearztes Axel Munthe, drängeln sich die Eintrittbegehrenden.

Vor der Blauen Grotte, 1826 von dem deutschen Maler und volkstümlichen Dichter August Kopisch wieder entdeckt, stauen sich die kleinen Boote, in denen man tief geduckt immer zwei und zwei in dieses blaue Wunder einfährt. Das Phänomen der Grotta Azzurra ist leicht erklärt: Vier Meter unter der Wasseroberfläche befindet sich ein natürlicher Felsdurchbruch, durch den das Tageslicht in die Grotte eindringt. Selbst für den Sessellift auf Capris höchsten Berg, den 589 Meter hohen Monte Solaro, muß man in einer Schlange anstehen.

Und doch ist der Aufenthalt pure Idylle, ob man nun eine Inselrundfahrt unternimmt, von Anacapri aus zu Wanderungen aufbricht oder an der Marina Piccola Badefreuden genießt. Abends lockt dann die Terrasse eines der vielen gemütlichen kleinen Restaurants.

Ob Tagesausflügler, ob italienischer Villenbesitzer oder deutscher Hotelgast, in einem sind sie sich alle einig: Gäbe es eine Liste der sieben Landschaftswunder der Welt, Capri zählte dazu.

Brandungswellen haben in die steile Nordküste Capris Höhlen geschlagen. Die berühmteste davon, die Blaue Grotte, wurde zur Touristenattraktion.

Südeuropa

APULIEN
Einstiges Armenhaus mit unermeßlichen Schätzen

Apulien, eine der ältesten Kulturlandschaften Europas, ist für die meisten Deutschen eine touristische Unbekannte. Dabei bietet die Region zwischen Sporn und Absatz des italienischen Stiefels eine Fülle interessanter Urlaubsmöglichkeiten. Badeferien an den blendend kalkweißen Küsten des Monte Gargano zum Beispiel, Reisen zu faszinierenden Kunstschätzen aus über zwei Jahrtausenden oder beschauliche Wanderungen auf dem Kreidekalkplateau der Murge mit ihren Trulli – einzigartigen, orientalisch anmutenden Steinhäusern mit Spitzkegeldächern.

Von den Griechen kolonisiert, von den Römern beherrscht, von Westgoten, Byzantinern, Sarazenen und Normannen erobert, unter spanische und zuletzt französische Herrschaft geraten, kam Apulien

Weiße Kalksteinklippen und feiner Sandstrand: Die Steilküste der Gargano-Berge bei Vieste an der Adria empfiehlt sich vor allem in der Vor- und Nachsaison für einen Badeurlaub.

Das byzantinische Kirchlein San Pietro in Ótranto besitzt Wandmalereien aus dem 11. Jahrhundert.

schließlich 1870 zum Königreich Italien. Alle herrschenden Mächte haben hier ihre Spuren hinterlassen. Besonders faszinierend sind die zur Zeit der Normannen und der Staufer entstandenen Kirchen und Kastelle, allen voran das oberhalb von Trani (westlich von Bari) gelegene Castel del Monte des Stauferkaisers Friedrich II.

Weiter südlich entfaltet sich in Lecce die ganze Pracht des Barocks, während auf der Südseite des Stiefelabsatzes, zwischen Tarent (Táranto) und Metaponto, die Erinnerung an die Griechen in zahlreichen Ruinen weiterlebt. War Apulien mit seinen porösen, leicht austrocknenden Kalkböden einst das Armenhaus Italiens, so ist es heute geradezu dessen Kornkammer. Grund für diese Verwandlung ist der Acquedotto Pugliese, eine von den Quellen des Sele gespeiste Wasserleitung, die sich mit all ihren Abzweigungen 3600 Kilometer weit erstreckt. Heute ist Apulien reich an Weizenfeldern und Gemüseplan-

Alberobello ist mit über 1000 Trulli das Zentrum einer fremdartigen Architektur.

tagen, und mit seinem Olivenöl deckt das Land die Hälfte der gesamten Produktion Italiens. Nicht zu vergessen die vorzüglichen Weine, die am Stiefelabsatz geerntet werden.

Die Küste am Monte Gargano, dem Sporn des italienischen Stiefels, ist so, wie man sich die ideale Felsenküste vorstellt: Senkrecht ins Meer stürzende, blendendweiße Kalkfelsen, feinsandige Strände vor tiefblauem Meer. Leider ist dieses Bade- und Taucherparadies schon etwas überlaufen, doch hat der Gargano im Innern ein verkarstetes Kalksteingebirge zu bieten, das von Weideland und Buchenwäldern bedeckt ist. In zauberhafter Berglage grüßt hier der Wallfahrtsort Monte Sant'Angelo, wo seit frühchristlicher Zeit in einer natürlichen Felsenhöhle der Erzengel Michael verehrt wird.

Weniger von Touristen frequentiert ist die langgestreckte Küste südlich des Gargano zwischen Barletta und Ótranto. Hier liegen die interessantesten, architektonisch eindrucksvollsten Hafenorte Apuliens. Als Schlaglichter seien genannt: Barletta mit seiner fast fünf Meter hohen byzantinischen Bronzestatue, Trani und Bari mit ihren weithin berühmten normannischen Kirchen und Bríndisi mit Baudenkmälern und kulturellen Schätzen aus zwei Jahrtausenden. Berühmt sind auch die aus dem zwölften Jahrhundert stammenden Mosaikfußböden der Kathedrale von Ótranto.

Le Murge schließlich nennt sich das verkarstete Kalkplateau hinter dem eben beschriebenen Küstenstreifen, von den Touristen auch Trullizone genannt. Denn hier stehen sie, die aus den Kreidekalkplatten gebauten kühlen, luftigen, einräumigen Rundhäuser mit den typischen Kegeldächern, denen ein „Zippo", ein Zipfel, aufsitzt. Im malerischen Alberobello drängen sich mehr als 1000 Trulli dicht aneinander – ein geradezu exotisches Bild.

Auskunft: siehe Seite 414.

SARDINIEN
Wo Strände noch nicht überlaufen sind

Im Vergleich zu den meisten übrigen Küsten Italiens herrschen auf der zweitgrößten Insel im Mittelmeer noch geradezu paradiesische Zustände. Nirgendwo sonst bietet die Landschaft mehr Abwechslung. Lange, feinsandige Strände und kleine romantische Buchten zwischen zerklüfteten Felsmassiven liegen hier dicht an dicht. Und das türkisblaue Wasser ist meistens noch sehr sauber. Auf der jahrhundertelang eher armen und abgelegenen Insel gibt es außer prähistorischen Türmen nur einige wenige Baudenkmäler zu sehen, und der Tourismus kam – zum Glück – erst spät. Doch das Straßennetz ist gut, und die Sommer sind trocken und heiß – ideal für Sonnenanbeter.

Schwarz ist die Farbe der alten Frauen; Sprache und Bräuche sind in Sardiniens Bergen noch archaisch.

Ausnahmen bestätigen die Regel: Als der Aga Khan und der Jet-set aus Saint-Tropez an die Costa Smeralda im Nordosten Sardiniens umzogen, geschah dies, um fern vom Massentourismus „entre nous" Feste zu feiern und wilde Wasserspiele zu veranstalten. Inzwischen hat der Urlauberstrom auch dieses künstlich geschaffene Paradies rund um Porto Cervo erreicht und eine Spur von austauschbaren Massenquartieren gezogen. Strände wie die am Golfo dell'Asinara im Nordwesten, am Golfo di Orosei im Osten oder am Golfo di Cágliari im Süden sind fast so bevölkert wie die an der Adria oder der Riviera.

Doch eine übergroße Zahl von Stränden und Buchten rund um die Insel garantiert selbst in der Hauptsaison, sofern man die Märkte der Eitelkeiten meidet, exklusive Genüsse. Zum Beispiel die Westküste: Die Städte Argentiera und Carbónia lebten seit dem Altertum vom Abbau von Silber, Blei, Zink und Braunkohle; heute spielt die Industrie eine große Rolle, daneben aber kultiviert man von hier aus die natürlichen, bei kluger Nutzung unverbrauchbaren Schätze jungfräulicher Strand- und Dünenlandschaften: mit einsamen, felsigen Buchten zwischen der Halbinsel Stintino im Norden und den Inseln San Pietro und Sant'Antíoco im Süden.

Das Hinterland der Küste ist so unzugänglich wie die meisten seiner Bewohner, deren Heimat im Ablauf der Jahrtausende von Phöniken, Karthagern, Römern, Wandalen und Sarazenen besetzt war. Gegen letztere halfen den Insulanern die Armeen von Pisa und Genua, und so wurde man halt italienisch. Doch die Nuragen, massive Turmbauten aus der Zeit zwischen 1500 und 500 vor Christus, die als Kultstätten und Wohnburgen dienten und zu Tausenden über die Insel verteilt sind, bezeugen einen alten Willen zur Eigenständigkeit. Diese Eigenständigkeit lebt noch in fremdartig erscheinenden Liedern, bunten Trachten und lebhaften Volkstänzen.

Wer das ursprüngliche Sardinien kennenlernen, sich nicht nur bei Temperaturen um den Grillpunkt mit Sonnenschutzcremes vor Verbrennungen schützen und ab und zu ins Wasser jumpen will, kann dies tun: Er findet in den urwüchsigen Bergen, die immerhin die Hälfte der Insel bedecken, zahlreiche Möglichkeiten, seinen Urlaub aktiver zu gestalten und etwas zu erleben. Dazu braucht man aber eine gewisse Bereitschaft zu anstrengenden Märschen und zum Verzicht auf Bequemlichkeit.

Die Wälder wurden im 19. Jahrhundert fast vollständig zur Produktion von Holzkohle gefällt. An ihre Stelle sind würzig duftende Macchia und Wildblumenwiesen getreten. Wildschweine, scheue Mufflons, aber auch seltene Vögel wie Geier, Reiher und Flamingos leben hier. Besonders empfehlenswert sind Touren durch das Gennargentu-Massiv fast in der Mitte der Insel zur 1834 Meter hohen Punta La Mármora, dem höchsten Berg der Insel. Im Gebirge der Sette Fratelli im Südosten kann man ebenfalls gut Tiere beobachten.

Auch einige Städte lohnen einen Besuch. Alghero – Badeort und Distrikthauptstadt im Nordwesten – dessen Bewohner noch einen katalanischen Dialekt sprechen, sieht mit seinen engen Gassen, den alten Bastionen und der Kathedrale aus dem 16. Jahrhundert aus wie eine spanische Kolonialstadt. Über dem terrassenförmig angelegten Hafenstädtchen Bosa thront malerisch die Ruine eines Kastells aus dem 12. Jahrhundert. Von hier landeinwärts ist es nicht weit nach Macomer, der „sardischen Käse-Hauptstadt", vor deren Kirche drei römische Meilensteine stehen. Von dieser Stadt aus bietet sich übrigens ein großartiger Blick auf die umliegenden Berge. In Dorgali am Hang des Monte Bardia über dem Golfo di Orosei zeigt ein Museum die bedeutendsten Ausgrabungsfunde aus der Vor- und Frühgeschichte der Insel. In der Nähe findet man das Noragendorf Serra Orrios, mehrere schöne Tropfsteinhöhlen und Felsengräber aus der Steinzeit.

Auskunft: siehe Seite 414.

Zwischen den roten Porphyrklippen bei Arvatax im Westen der Insel findet man einsame Badebuchten, die das glasklare, tiefblaue Wasser so glattgeschliffen hat, daß man nicht einmal Sand braucht, um sich wohl zu fühlen.

SIZILIEN

Treffpunkt der Völker und Kulturen

Sizilien, die größte Insel im Mittelmeer, war seit je Dreh- und Angelpunkt geschichtlicher Bewegungen und Ströme. Alle, die einst für mehr oder weniger lange Zeit die Alte Welt beherrschten, kamen irgendwann hierher. Hochbedeutende Bauwerke wie die Tempel von Agrigent zeugen von der Kultur der Griechen. Die Römer hinterließen Kleinode wie die Villa Casale bei Piazza Armerina. Ein Zeugnis aus den frühen Tagen der Christenheit sind die Katakomben von Syrakus. Und an die 200 Jahre arabischer Herrschaft erinnern die Dattelpalmen und Zitronenbäume, die bis heute das Bild Siziliens prägen. Auch in so manchen Ortsnamen klingt die Erinnerung an die Araber noch nach.

Das unbestrittene Hauptwerk normannisch-byzantinischer Kunst sind die Mosaiken im Dom von Monreale. An die staufische Zeit erinnern mehrere Kastelle sowie der Sarkophag Kaiser Friedrichs II. im Dom von Palermo. Die eigentliche künstlerische Hochblüte Siziliens aber war das Barock, das ganze Städte wie Noto, Ávola, Pachino und Grammichele geprägt hat.

An der Ostküste Siziliens ragt das Wahrzeichen der Insel empor, der Gipfel des Ätna mit seiner charakteristischen Rauchfahne. Der mit über 3000 Metern höchste tätige Vulkan Europas ist Attraktion und Bedrohung zugleich. Immer wieder gefährden Lavaströme die Ortschaften zu seinen Füßen. Doch die fruchtbaren Flanken, wo Oliven, Wein, Getreide und Zitrusfrüchte gedeihen, locken ebenso wie der bis weit ins Frühjahr hinein liegende Schnee, der die Möglichkeit bietet, an den Hängen eines feuerspeienden Berges Wintersport zu treiben.

Der Reiz der Gefahr, der auch in den Wörtern Ätna und Mafia seinen Ausdruck findet, verbindet sich auf Sizilien mit herrlichen Landschaften und dem kulturellen Erbe einer Vielvölkergesellschaft. Aus diesem Grunde pilgern jährlich zahllose Touristen zu den Ruinen des griechischen Theaters von Taormina vor der Kulisse des Ätna, der sein Haupt meistens in eine Wolke hüllt (Foto links). In den Bergen über Palermo erzählen der Normannendom und der Kreuzgang des Benediktinerklosters von Monreale von einem ganz anderen, mittelalterlichen Sizilien (Foto rechts oben). Sehr gegenwärtig, geruchs- und geräuschintensiv dagegen ist ein Besuch auf dem Markt der sizilianischen Hauptstadt (zweites Foto von rechts oben). Auf den Vulkanböden im Umfeld des Ätna durchquert man eine üppige subtropische Pflanzenpracht (zweites Foto von rechts unten). Und im Westen der Insel steht plötzlich ein 2400 Jahre alter griechischer Tempel einsam mitten in den Bergen von Segesta (Foto rechts unten.)

Südeuropa

Insel der Zyklopen, Sprungbrett nach Afrika

Sizilien ist mit 25 426 Quadratkilometer Fläche die größte und mit rund fünf Millionen Einwohnern die bevölkerungsreichste Insel Italiens und des Mittelmeeres. Die Nordküste des dreieckigen Eilands wird vom Tyrrhenischen, die Ostküste vom Ionischen und die Südküste vom Libyschen Meer umspült. Sizilien, das alte Sprungbrett nach Afrika, liegt somit an der Trennungslinie zwischen östlichem und westlichem Mittelmeer.

Trinakria, wörtlich „drei Vorgebirge", lautet bei Homer der antike Name Siziliens. Gemeint sind damit die drei zwischen 1000 und 2000 Meter Höhe erreichenden Gebirgszüge Peloritani, Nébrodi und Madonie, die eine Verlängerung des festländischen Apennin darstellen und sich an der Nordküste Siziliens entlangziehen. Hinter Palermo erhebt sich der 606 Meter hohe Monte Pellegrino, der einen herrlichen Blick auf die gleißend zu seinen Füßen liegende Inselhauptstadt und auf das Meer bis hinüber zur schönen, einstmals ebenfalls vulkanisch aktiven Insel Ústica bietet.

Die stark vulkanische Ostseite Siziliens besitzt mit dem Ätna ein weithin sichtbares Wahrzeichen. Nach Süden hin setzt sich die vulkanische Zone in den Monti Iblei fort. Den Gebirgsverläufen entsprechend sind die Küsten im Norden und Nordosten steil und zumeist stark zerklüftet. Der dem Ätna vorgelagerte Küstenabschnitt wird *Riviera dei Ciclopi*, Zyklopenküste, genannt, denn der Sage nach soll hier der einäugige Zyklop Polyphem dem listenreichen Odysseus und seinen fliehenden Gefährten die schwarzen Gesteinsbrocken hinterhergeschleudert haben, die noch heute von Wellen und Gischt umspült vor der Küste liegen.

Die übrigen Küsten Siziliens laufen verhältnismäßig flach aus; an der Südseite liegen außer den häßlichen Fabrikanlagen von Gela auch die schönsten Strände der Insel. Die Wassertemperaturen lassen hier bis in den November hinein Badefreuden zu, man kann also einen Skiurlaub am Ätna mit einem Badeurlaub an den Stränden der Südküste verbinden. Trotz grundsätzlich guter natürlicher Wasserversorgung durch Flüsse und Bäche besteht doch wegen der jahrhundertelang betriebenen Abholzung immer die Gefahr der Trockenheit, zumal im Süden Siziliens. Um das Problem in den Griff zu bekommen, hat man einerseits Stauseen angelegt, die zugleich auch zur Stromgewinnung dienen, zum anderen versucht man sich in jüngster Zeit zwar mit einigem Aufwand, aber nur mäßigem Erfolg auch an der Wiederaufforstung.

Einst war Sizilien großflächig von Wald bedeckt, doch hat man die Wälder im Laufe der Jahrhunder-

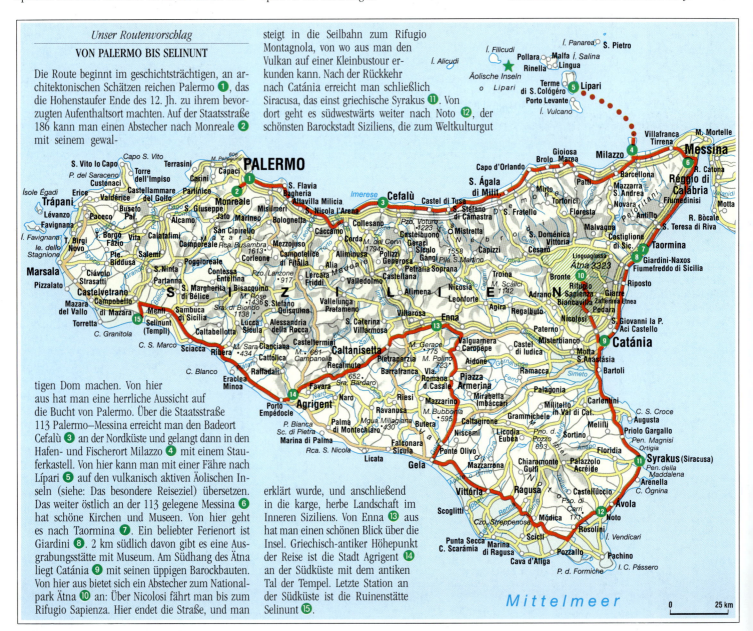

Unser Routenvorschlag
VON PALERMO BIS SELINUNT

Die Route beginnt im geschichtsträchtigen, an architektonischen Schätzen reichen Palermo ①, das die Hohenstaufer Ende des 12. Jh. zu ihrem bevorzugten Aufenthaltsort machten. Auf der Staatsstraße 186 kann man einen Abstecher nach Monreale ② mit seinem gewaltigen Dom machen. Von hier aus hat man eine herrliche Aussicht auf die Bucht von Palermo. Über die Staatsstraße 113 Palermo–Messina erreicht man den Badeort Cefalù ③ an der Nordküste und gelangt dann in den Hafen- und Fischerort Milazzo ④ mit einem Stauferkastell. Von hier kann man mit einer Fähre nach Lípari ⑤ auf den vulkanisch aktiven Äolischen Inseln (siehe: Das besondere Reiseziel) übersetzen. Das weiter östlich an der 113 gelegene Messina ⑥ hat schöne Kirchen und Museen. Von hier geht es nach Taormina ⑦. Ein beliebter Ferienort ist Giardini ⑧. 2 km südlich davon gibt es eine Ausgrabungsstätte mit Museum. Am Südhang des Ätna liegt Catánia ⑨ mit seinen üppigen Barockbauten. Von hier aus bietet sich ein Abstecher zum Nationalpark Ätna ⑩ an: Über Nicolosi fährt man bis zum Rifugio Sapienza. Hier endet die Straße, und man steigt in die Seilbahn zum Rifugio Montagnola, von wo aus man den Vulkan auf einer Kleinbustour erkunden kann. Nach der Rückkehr nach Catánia erreicht man schließlich Siracusa, das einst griechische Syrakus ⑪. Von dort geht es südwestwärts weiter nach Noto ⑫, der schönsten Barockstadt Siziliens, die zum Weltkulturgut erklärt wurde, und anschließend in die karge, herbe Landschaft im Inneren Siziliens. Von Enna ⑬ aus hat man einen schönen Blick über die Insel. Griechisch-antiker Höhepunkt der Reise ist die Stadt Agrigent ⑭ an der Südküste mit dem antiken Tal der Tempel. Letzte Station an der Südküste ist die Ruinenstätte Selinunt ⑮.

Sizilien

Die Farbe der Magmabrocken an der Zyklopenküste beweist es: Hier hat sich der Ätna über das Scheitern seiner glutflüssigen Expeditionen ins Meer schwarz geärgert.

Die duftenden Zitronenhaine um Catánia verdanken ihre Existenz nicht zuletzt der fruchtbaren Vulkanerde.

SIZILIEN AUF EINEN BLICK

SEHENSWÜRDIGKEITEN

Agrigent: Tal der Tempel; **Ätna:** Krater, Nationalpark; **Catánia:** Altstadt; **Cefalù:** Kathedrale; **Enna:** Castello di Lombardia; **Messina:** Dom, Hafen; **Monreale:** Dom; **Noto:** Altstadt; **Palermo:** Dom, Normannenpalast, Altstadt, archäologisches Museum; **Selinunt:** archäologisches Zentrum (Tempel, Theater); **Syrakus:** Apollotempel, archäologisches Museum, Amphitheater, Fischerhafen; **Taormina:** Amphitheater, Dom San Nicola, Palazzo Duca di Santo Stéfano.

FESTE UND VERANSTALTUNGEN

Agrigent: Mandelfest, April; **Caltanisetta:** Real Maestranze (Kostümumzug), Karwoche; **Castelvetrano:** Aufführungen mit internationalen Tanzgruppen, August; **Catánia:** Volksfest zu Ehren von Sant'Agata (Schutzpatronin der Stadt), 5. Februar; **Lentini:** Orangenfest, Januar; **Marsala:** Weinfest, Juni; **Palermo:** Acchaianata (Prozession und Fest zu Ehren der Schutzpatronin Rosalia), Anfang September.

AUSKUNFT

Staatliches Italienisches Fremdenverkehrsamt ENIT, Kaiserstr. 65, 60329 Frankfurt a. M., Tel. 0 69/23 74 30; Staatliches Italienisches Fremdenverkehrsamt ENIT, Berliner Allee 26, 40212 Düsseldorf, Tel. 02 11/13 22 31/32; Staatliches Italienisches Fremdenverkehrsamt ENIT, Goethestr. 20, 80336 München, Tel. 0 89/53 03 69.

---

te gerodet, um Anbauflächen für Nutzpflanzen zu gewinnen, die in reicher Zahl von den jeweiligen Eroberern mitgebracht wurden. Und auch der Schiffbau hat natürlich jahrhundertelang seinen Tribut gefordert.

Blühender Garten mit bewegter Geschichte

Die zum Teil schon seit der Sarazenenzeit über Kanäle künstlich bewässerten Gebiete um die Bucht von Palermo, liebevoll Conca d'Oro (Goldene Muschel) genannt, und die von Simeto, Dittáino und Gornalunga bewässerte Ebene hinter Catánia gehören zu den fruchtbarsten Gebieten der Insel. Malerisch überragt vom alles beherrschenden Ätna, gedeihen in dieser Ebene Gemüse und Früchte aller Art in unglaublicher Fülle. Vor allem wegen der reichen Obstbaumkulturen dehnt sich hier im Frühjahr ein blühender, duftender Garten aus, der seinesgleichen sucht. 90 Prozent der italienischen Zitronen kommen aus Sizilien. Eines der Zentren des Zitronenanbaus liegt zu Füßen des Ätna in der fruchtbaren Ebene von Catánia.

Während in diesen Oasen alles üppig wächst und gedeiht, müssen die Bauern, die den verkarsteten Kalkböden im wasserarmen Landesinneren etwas abringen wollen, immens harte Arbeit leisten und sich gleichwohl mit spärlichen Erfolgen zufriedengeben. Insgesamt werden aber dennoch drei Viertel der Insel landwirtschaftlich genutzt. Darüber hinaus spielt auch der Fischfang eine wichtige Rolle in Tourismus und Selbstversorgung.

Obwohl Sizilien nur durch die drei bis 16 Kilometer breite Straße von Messina vom italienischen Stiefel getrennt ist, liegen im Bewußtsein der Sizilianer Welten zwischen ihrer archaischen Insel und dem italienischen Festland.

Seit 735 vor Christus, als die Griechen mit Naxos und ein Jahr später mit Syrakus, dem heutigen Siracusa, ihre ersten Kolonien auf Sizilien errichteten, war diese Insel immer wieder neu eingenommen worden. Nach den Griechen gaben sich Römer, Wandalen, Ostgoten, Byzantiner, Sarazenen, Normannen, Franzosen und Spanier hier die Klinke in die Hand. Auch von Italien fühlte sich die Insel zuletzt erobert. Als Giuseppe Garibaldi mit seinen Freiheitskämpfern im Mai 1860 in Marsala an der Westküste landete und die Insel für das knapp ein Jahr später gegründete Königreich Italien einnahm, regierten in Sizilien die spanischen Bourbonen. Garibaldi wurde von der ausgebeuteten, unter dem Bourbonenjoch stöhnenden Bevölkerung hoffnungsvoll willkommen geheißen. Doch der Regierungswechsel war eine herbe Enttäuschung: Tatsächlich nämlich änderte sich wenig bis gar nichts für die Bevölkerung; sie wurde weiterhin unterdrückt. Von den Versprechungen, die man den Sizilianern gemacht hatte, wurde bis ins 20. Jahrhundert kaum etwas eingelöst; nur der Nährboden für eine bis heute Angst und Schrecken verbreitende Geheimorganisation war gelegt: Die Geburtsstunde der Mafia hatte geschlagen.

Mafia, das ist das Stichwort, das jedem auf Anhieb einfällt, wenn er den Namen Sizilien hört. Das Geflecht aus echten und falschen Informationen, das sich um diese Geheimorganisation rankt, hält heute viele Touristen von einem Besuch der Insel ab, fürchten sie doch um Leib und Leben. Dem Reisenden aber, der kommt, um die landschaftlichen Schönheiten und faszinierenden historischen Sehenswürdigkeiten der Insel kennenzulernen und zu erleben, droht – das sei hier klar und eindeutig gesagt – von seiten der *Onorata società*, der „Ehrenwerten Gesellschaft", nicht die geringste Gefahr. Das *Ristorante*, in dem er speist, das Albergo, in dem er logiert, mag einem Mafioso gehören. Aber der wird sich hüten, die Milchkuh, den zahlenden Gast, zu schlachten. Daß hinter kleinen und größeren Diebstählen auch die Mafia stecken kann, sei unbestritten. Man denke aber an das gute alte Sprichwort „Gelegenheit macht Diebe" und beherzige es. Wer auf seine Siebensachen achtet, dem wird nichts abhanden kommen; wer sich jedoch aus Angst, die durch falsche Informationen geschürt wurde, um den Genuß bringt, eines der schönsten Reiseziele der Welt zu besuchen, ist selber schuld. Das soll keine Verharmlosung des in der Tat immensen Problems sein, das die Mafia nicht nur für Italien, sondern für ganz Europa darstellt. Es geht hier lediglich darum, die Perspektive zurechtzurücken.

Die Mondlandschaft um den Gipfelkrater des Ätna verändert ihr Gesicht bei jedem der zahlreichen Ausbrüche. Ein Ausflug dorthin ist nicht ganz ungefährlich, aber von geradezu magischer Anziehungskraft.

Unterhalb von 2100 Meter Höhe gleichen die Hänge des Vulkans einem blühenden botanischen Garten.

Nationalpark Ätna – im Reich des Vulcanus

Geschichten von Göttern und Riesen sind ebenso wie die später entstandenen Heiligenlegenden ein allgegenwärtiger Bestandteil der sizilianischen Vorstellungswelt. Beiden begegnet man auf Schritt und Tritt. Das faszinierendste Naturschauspiel, das Sizilien zu bieten hat, ist unbestritten der Ätna. Da ist es eigentlich kein Wunder, daß sich auch um diesen Vulkan zahlreiche Legenden ranken. Für die Griechen war er die Werkstatt des hinkenden Gottes Hephaistos (römisch Vulcanus), der hier für Göttervater Zeus die Blitze schmiedete.

Seit man über die Aktivitäten des Berges Buch führt – seit den Tagen der griechischen Kolonisation also –, wurden rund 140 schwere Ausbrüche verzeichnet, zuletzt im Jahre 1992, als ein dicker Lavastrom kurz vor der Ortschaft Zafferana Etnea zum Stillstand kam. Und dies nicht etwa, weil die herbeigerufenen japanischen und amerikanischen Experten etwas hätten bewirken können, sondern zweifellos, weil die Madonna, für die man mächtige

Spaziergang durch einen alten Lavastrom: Die faszinierende Alcantara-Schlucht führt in die Erdgeschichte.

Prozessionen veranstaltet hatte, mildtätiges Einsehen bewies. Überall am Berg findet man aus schwarzem Lavastein errichtete Madonnengrotten, denen es niemals an frischen Blumen mangelt – man kann ja nie wissen. Derzeit ist der gewaltige feuerspeiende Berg, der einen Umfang von über 200 Kilometern hat, 3350 Meter hoch (wegen der ständigen Ausbrüche schwankt die Höhe) und besitzt insgesamt rund 300 Krater, denen mal hier, mal da, mal dort glutflüssige Lava entströmt. Ein überwältigendes Schauspiel, wenn man es – zumal bei Dunkelheit – beobachten kann; doch ist dabei allergrößte Vorsicht geboten. Von gesperrten Gebieten sollte man sich unbedingt fernhalten. Am besten, man vertraut sich dem Wissen und der Kenntnis eines Bergführers an. Leichtfertigen Eigensinn hat hier schon mancher Tourist mit dem Leben bezahlt.

Wer den Ätna aus sicherer Entfernung und in Gemütsruhe von allen Seiten betrachten möchte, dem sei eine Rundfahrt mit der eher einer Straßenbahn als einem Zug ähnelnden *Ferrovia Circumetnea* empfohlen. Innerhalb von drei bis vier Stunden bewältigt sie die 110 Kilometer lange Strecke von Giarre/Riposto nach Catánia, steigt bis auf 1000 Meter Höhe und rattert gemütlich durch eine schwarze Vulkanlandschaft, die mit ihrer reichen Vegetation einem botanischen Garten ähnelt. Bei der Abfahrt Orangen- und Zitronenplantagen, unterwegs dann gelber Ginster, Lavendel, Thymian und Rosmarin, Ringelblumen, Margeriten – und bei der Ortschaft Linguaglossa die berühmten Pistazienplantagen. In größerer Höhe recken sich dann verwilderte Feigenkakteen mit orangefarben schimmernden Früchten empor, deren stachelige Schale wohlschmeckendes, süßes Fruchtfleisch umschließt. Hinter Adrano öffnet sich der Blick auf die Ebene von Catánia und auf ein Meer von Obstbäumen, die im Frühjahr in einer nicht zu überbietenden Blütenpracht leuchten.

Doch immer wieder rattert das Bähnchen über erstarrte Lavaflüsse, die daran erinnern, daß man sich hier auf vulkanisch aktivem Terrain befindet, daß es unter der Erdoberfläche kocht und brodelt. Hoch aufragende Hügel aus Lavagesteinsbrocken, die die Bauern mühsam aus ihren Feldern und Plantagen buddeln müssen, zeigen, daß der Ackerbau hier nicht gerade ein Zuckerlecken ist.

Grandiose Landschaften – lebensprühende Städte

Die Gola dell'Alcantara (Alcantara-Schlucht) nördlich des Ätna ist eine weitere Natursehenswürdigkeit Siziliens, die viele Touristen anlockt. Auf einer Strecke von 400 Metern stehen bis zu 50 Meter hohe, senkrecht aufragende, teilweise bizarr gefaltete Basaltwände dicht beieinander und bilden eine grandiose Schlucht, durch die türkisgrün der Fluß rauscht, der sie geschaffen hat. Da er nicht sehr tief ist, kann man ihn ein Stück weit durchwaten, allerdings ist das Wasser auch im Hochsommer eiskalt. Der Name dieses Flusses ist übrigens eine Reminiszenz an die Zeit der Araberherrschaft: *Al kantar* bedeutet auf arabisch „die Brücke".

Doch nicht nur Naturschönheiten hat Sizilien zu bieten: In erster Linie ziehen natürlich die geschichtsträchtigen Städte den Besucher in ihren Bann. Linienflugreisende landen in Palermo, der heutigen Regionalhauptstadt, die mit über 700 000 Einwohnern längst aus allen Nähten platzt und die

Die Bauern der Ortschaft Linguaglossa, deren Name auf lateinisch und griechisch *Zunge* bedeutet, haben in der Nähe eines erstarrten Lavaflusses nur ein karges Auskommen auf rauhem, steinigem Boden.

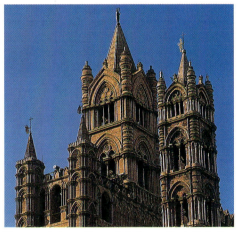

Die romanische, später mehrfach ausgebaute Kathedrale von Palermo hütet Kaiser- und Königsgräber.

sie umfassende Bucht, die Conca d'Oro, mit ihren Trabantenstädten wie ein Krake überwuchert.

Palermos Status als wirtschaftliches, politisches und kulturelles Zentrum Siziliens ist ebenso unbestritten wie die Tatsache, daß dieser Moloch das niedrigste Pro-Kopf-Einkommen und die höchste Arbeitslosenquote Italiens hat. Eine Stadt der Widersprüche und Probleme, die Armut und Reichtum, Häßlichkeit und erhabene Schönheit auf engem Raum vereint. Zu den herausragenden Sehenswürdigkeiten Palermos gehört der Dom, eine imposante, langgestreckte dreischiffige Basilika, mit deren Bau man im zwölften Jahrhundert begann. In ihrem Innern birgt sie unter anderem die Gräber von Siziliens König Roger II. und dem großen Staufenkaiser Friedrich II. Letzterem hat Palermo den Ausbau des Normannenpalastes zu verdanken, der sich als mächtiger Komplex auf Vorgängerbauten von Phöniken, Römern, Byzantinern und Arabern erhebt und später unter den Spaniern weitere Um-

und Ausbauten erfuhr. Schmuckstück im Innern des Palastkomplexes ist die Cappella Palatina, die Hofkirche, deren sämtliche Innenwände mit Mosaiken auf goldenem Grund geschmückt sind.

Eine Sehenswürdigkeit ganz anderer Art – und für Zartbesaitete ein nicht geringer Schock – ist die Vucciria, die Marktstraße, in der vor allem Fisch und Fleisch verkauft werden. Rote Markisen und Schirme schützen die leicht verderbliche, unendlich vielfältige und oft genug noch ganz oder halb lebendige Ware vor dem vorzeitigen Verderben; Strippen, an denen nackte Glühbirnen hängen, sorgen für das nötige Licht. In die Gerüche von Fisch und Fleisch mischt sich der Duft von Obst und Gemüse, Käse und Süßigkeiten. Und überall herrscht ein Höllenlärm: Aus Lautsprechern quäkt Musik, Marktverkäufer preisen schreiend, oft auch singend ihre Ware an. Man wird zum Probieren eingeladen und sollte es ruhig tun, sofern man angesichts eines gerade frisch aufgebrochenen Kuhkopfs, einer tropfenden Lammhälfte, zuckender Fische und Meerestiere oder glitschig gleitender Schnecken noch dazu in der Lage ist.

Abgehärtet vom Gang über den Markt, kann man sich nun einer weiteren Sehenswürdigkeit zuwenden, dem Convento dei Cappuccini, dem Kapuzinerkloster, in dessen unterirdischen Grüften 8000 Mumien verstorbener Palermitaner zu besichtigen sind. 1881 wurde der Brauch, die Leichen wohlhabender Verstorbener durch ein besonderes Verfahren zu konservieren und dann, in ihren besten Sonntagsstaat gekleidet, hier aufzustellen, zwar verboten, doch machte man 1920 noch einmal eine Ausnahme für das Kind Rosalia, das nun in einem Glassarg ruht und an Schneewittchen erinnert. So lebendig sieht der kleine Blondschopf aus, daß man meint, ein Märchenprinz müsse ihn wahrhaftig wieder wachküssen können. Von anderen Mumien, die den Betrachter unter einem verrutschten Zylinderhut oder einem Kopftuch hohläugig angrinsen, erwartet man das nicht mehr.

Monreale: Mosaikenpracht aus dem Mittelalter

Wen die Pracht der Mosaiken in der Cappella Palatina schon beeindruckte, der kann im wenige Kilometer von Palermo entfernten Monreale in sechs Quadratkilometern kirchlicher Mosaikenkunst schwelgen. Den normannischen Dom, den König Wilhelm II. sich im Jahre 1174 als Grabkirche erbauen ließ, bezeichnen manche schwärmerisch als die schönste Kirche Europas, andere sind ein wenig bescheidener und sprechen vom bedeutendsten normannischen Bauwerk Siziliens. Besticht schon das Äußere durch seine reiche Verzierung aus hellen Kalksandsteinen und dunklem Lavagestein, so benimmt die kostbare Pracht der Innengestaltung dem Besucher förmlich den Atem. Von kunstvollen Ornamentbändern umgebene Goldgrundmosaiken stellen in erstaunlicher Lebendigkeit Szenen aus dem Alten und Neuen Testament dar. Insgesamt bedecken die unversehrt erhaltenen Mosaiken eine Fläche von 6340 Quadratmetern. Vor lauter Begeisterung vergesse man nicht den Besuch des quadra-

Die felsigen Hügel über der Terrassenstadt Taormina werden von einem alten Kastell beherrscht. Heute sind die Mauern und Zinnen ein beliebtes Ausflugsziel und bieten eine herrliche Aussicht auf Ätna und Meer.

tisch angelegten Kreuzgangs, der sich an den Dom anschließt und einen üppigen Garten umschließt. Von den 228 Doppelsäulen, die das Geviert umgeben, gleicht nicht ein Säulenpaar dem anderen. Auch die Kapitelle sind mit größtem Einfallsreichtum gestaltet. Biblische Themen wechseln mit Fabelwesen und pflanzlichen Motiven.

Skylla und Charybdis – Reichtum und Erdbeben

Das einst arabische Fischerstädtchen Cefalú, das westlich von Palermo am Fuß eines hoch aufragenden Felsens liegt, blickt auf eine Geschichte von 2500 Jahren zurück. Voll Stolz präsentiert es seine bombastische normannische Kathedrale, die schon von weitem sichtbar wie eine Festung über dem Ort thront. Der mächtige Kirchenbau birgt in seinem Innern kostbare Mosaiken. Der Legende nach soll der in Seenot geratene König Roger II. gelobt haben, diese Kirche zu bauen, falls er gerettet würde. Die moderne Geschichtsschreibung freilich sieht das anders. Als Zeichen des Triumphes über die endgültig vertriebenen islamischen Araber habe man an prominenter Stelle diese Kirche errichtet. Doch ein kleines, unscheinbares Gebäude entging dem Bildersturm der Normannen in Cefalú: ein sarazenisches Waschhaus, an dessen Becken noch im 20. Jahrhundert die Frauen öffentlich ihre Wäsche wuschen. Es liegt in der Via Vittorio Emanuele.

Das Wahrzeichen von Catánia, der schwarze Elefant mit dem Obelisken, steht vor dem Dom.

Der Bahn- oder Autoreisende, der an der Ostküste bei Messina auf die Insel übersetzt, wird von einer großen Marienstatue am Hafen willkommen geheißen – friedliches Gegenstück zu den mythischen Ungeheuern Skylla und Charybdis, die in der Straße von Messina ihr Unwesen treiben. In dieser Meerenge – zwischen Festland und Insel liegen nur drei Kilometer – treffen die Strömungen von Tyrrhenischem und Ionischem Meer aufeinander und sorgen für einen Wirbel, der auch in der modernen Schiffahrt immer wieder zu Kollisionen führt.

Zusätzlich zu den Gefahren, die das Meer birgt, ist Messina auch ständig von Erdbeben bedroht. Das letzte verheerende Beben ereignete sich im Jahre 1908. Daraus erklärt sich, warum Messina, mit knapp 300000 Einwohnern die drittgrößte Stadt Siziliens, einen durch und durch „modernen" Eindruck macht. Obgleich uralt – seine Anfänge reichen rund 3000 Jahre zurück –, wurde es bei Erd- und Seebeben immer wieder so gründlich zerstört, daß nur ein Neuaufbau im jeweils vorherrschenden Stil der Zeit übrigblieb. Nach den Zerstörungen von 1908 hat man allerdings darauf geachtet, den normannischen Dom nach alten Vorbildern zu rekonstruieren. Der zweite bedeutende Sakralbau der

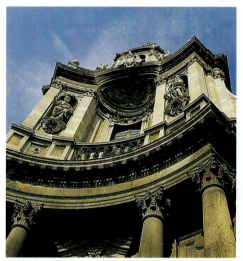

Die barocke Kollegiatkirche (Collegiata) in Catánia wurde nach dem großen Erdbeben von 1693 gebaut.

Stadt, Santissima Annunziata dei Catalani, ebenfalls eine normannische Kirche, in deren Innerem antike Säulen von Vorgängerbauten mit einbezogen wurden, blieb erstaunlicherweise von diesem und früheren Erdbeben verschont.

Die Ostküste ist die reichste Küste der Insel. Berühmtester, seit dem 19. Jahrhundert am meisten besuchter – fast ist man geneigt zu sagen: heimgesuchter – Ort dieses Küstenabschnitts ist Taormina. Selbst nur 10000 Einwohner zählend, muß es in Zeiten der Hochsaison ein Touristenaufkommen von 100000 und mehr Menschen verkraften. Wären nicht die Ruinen des griechischen Theaters und das unglaublich schöne Panorama, dessen fernen Höhepunkt der Gipfel des Ätna bildet, man hätte nicht übel Lust, das Städtchen zu meiden. Doch das wäre schade, denn die üppige Vegetation, das im Winter milde Klima und die prachtvollen Palazzi machen die Stadt zu einem lohnenden Urlaubsziel – auch außerhalb der touristischen Hauptsaison.

Wer als Charterflugtourist in Catánia landet, dem ist ein kleiner oder auch größerer Schock ziemlich sicher. Laut, schmutzig, überfüllt, heiß und abgasstinkend empfängt die mindestens 400 000 Einwohner zählende Stadt mit ihrem klobigen Stauferkastell den Gast mit einer Düsternis, die vom hauptsächlich verwendeten Baumaterial herrührt, dem schwarzen Lavastein. Schwarze Straßen, dunkle Fassaden, schwarz auch der antike kleine Elefant, der einen Obelisken auf dem Rücken trägt und als Brunnendekoration mitten auf dem Platz vor dem barocken, aus normannischen Ursprüngen hervorgegangenen Dom steht: Er ist heute das Wahrzeichen Catánias.

Unzählige Male wurde Catánia im Laufe seiner etwa dreitausendjährigen Geschichte durch Vulkanausbrüche und Erdbeben zerstört. Und immer wieder baute man die Stadt fast wie zum Trotz an gleicher Stelle wieder auf. Spätestens angesichts dieser Tatsache wird klar, warum der sizilianische Dialekt die Verbform des Futurs nicht kennt. Man lebt jetzt und heute, und man lebt intensiv, denn ob es überhaupt ein Morgen gibt, ist ungewiß.

Das antike Syrakus, die Stadt des Tyrannen

Siracusa, das antike Syrakus, war jahrhundertelang die größte und mächtigste Stadt Siziliens. Man schätzt, daß sie in der Zeit ihrer antiken Hochblüte eine halbe Million Einwohner zählte. Auf der vorgelagerten Insel Ortigia und auf dem „Festlandsteil" haben sich zahllose Zeugnisse ihrer langen und äußerst bewegten Geschichte erhalten. Ursprung des alten Syrakus ist eben jenes Ortigia, die sogenannte Wachtelinsel, die schon in der Steinzeit besiedelt war und später von den ersten griechischen Kolonisatoren durch einen Damm mit dem Festland verbunden wurde. Ist Catánia so manchem Sizilienreisenden ein Graus, so ist Syrakus für den an antiken Kunstschätzen Interessierten ein Dorado. In der Altstadt, auf Ortigia, finden sich neben den Resten eines um 570 vor Christus erbauten Apollotempels – des ältesten dorischen Tempels von ganz Sizilien – auch die Relikte einer jüngeren griechischen Stadtmauer. Eine Besonderheit ist der Dom Santa Maria delle Colonne, dessen Name, „Maria von den Säulen", sich von den in den späteren Kirchenbau integrierten Säulen eines Athenatempels aus dem fünften Jahrhundert vor Christus herleitet. Der im Frühmittelalter zur Kirche umgebaute Tempel ist ein bestechendes Beispiel für die geradezu geniale Fähigkeit italienischer Baumeister, Stile unterschiedlichster Epochen harmonisch miteinander zu verschmelzen, denn nach dem Erdbeben von 1693 erhielt die im Kern altgriechische Kirche eine prachtvolle Barockfassade.

Südlich des Doms wartet die Aretusaquelle mit zwei Besonderheiten auf. Erstens ist sie eine echte Süßwasserquelle in unmittelbarer Meeresnähe – für die Syrakuser bei längeren Belagerungen einst lebenswichtige Wasserversorgung. Zweitens ist sie von Papyrusstauden umgeben, einer Pflanze also, die sonst nur in Ägypten – wo sie bekanntlich zur Papierherstellung diente – und in Palästina wächst. Wie die Pflanze nach Sizilien kam, weiß man nicht genau, die sizilianische Art unterscheidet sich nämlich von anderen. Sicher ist dagegen, daß sie den Souvenirhändlern ungemein dienlich ist, werden doch die schönsten „echt ägyptischen" Motive auf solchem Papyrus angeboten.

Die heute vor der Stadt liegende antike „Neustadt", Neapolis, umfaßt den Parco Archeologico, ein hügeliges Gelände voller antiker Sehenswürdigkeiten, einschließlich eines griechischen Theaters, das mit 15 000 Plätzen zu den größten des griechischen Altertums gehörte. Der Überlieferung nach wurden hier 472 vor Christus *Die Perser* des Aischylos uraufgeführt. Bis heute hält man an der Theatertradition fest, denn die Zuschauertribünen – einst von Sklaven und Kriegsgefangenen direkt aus dem Fels geschlagen – sind weitgehend erhalten; im Sommer werden hier griechische Tragödien aufgeführt, allerdings in italienischer Sprache.

Zu den Publikumsattraktionen zählt eine Grotte, die 60 Meter tief, fünf bis elf Meter breit und 23 Meter hoch in den Fels gehauen wurde. Wegen seiner erstaunlichen Akustik wird dieser Gang als *L'orecchio di Dionisio* (das Ohr des Dionysos) bezeichnet. Der Tyrann, zu dem sich in Schillers Ballade „Damon, den Dolch im Gewande" in meuchlerischer Absicht schlich, soll so vorn am Eingang Verhöre von Gefangenen belauscht haben, die ganz hinten am Ende durchgeführt wurden. Wahr an der Geschichte ist lediglich, daß die Grotte wirklich eine überwältigende Akustik mit starker natürlicher Schallverstärkung besitzt. Ein Händeklatschen beispielsweise in den Tiefen des Ganges kommt vorn wie ein Pistolenschuß an.

Barock und Antike im Südosten der Insel

Daß ausgerechnet die Südostecke Siziliens eine Musterlandschaft des Barock darstellt, kommt nicht von ungefähr. Im Jahre 1669 und dann noch einmal 1693 ereigneten sich verheerende Erdbeben, die besonders diese Region stark verwüsteten. Beim Neuaufbau plante man die Städte am Reißbrett. Dem kleinen Grammichele und dem größeren Ávola beispielsweise legte man ein Sechseck zugrunde, Pachino und Noto, wovon letzteres die wohl schönste unter den reinen Barockstädten Siziliens ist, haben quadratische Grundrisse.

Da in dieser Gegend goldgelber Kalktuffstein ansteht, hatte man ein Baumaterial zur Verfügung, das den neu errichteten Palazzi und Kirchen eine freundliche, helle, heitere Note gab. Die hat sich bis heute erhalten, auch wenn die Pracht in Noto inzwischen schon ein wenig gebröckelt ist und auf Renovierung wartet.

An der zumeist flachen Südküste sind die sehenswerten Städte rar. Zwei Schmuckstücke freilich ra-

Unweit des Badeortes Cefalù an der Nordküste geht der Sandstrand in die Steilküste von Caldura über. Hier stürzen Kalksteinklippen ins Meer, die von Lava und Versteinerungen durchsetzt sind.

Der dorische Concordiatempel in Agrigent steht auf einem Ausgrabungsgelände außerhalb der Stadt. Er gehört zu den besterhaltenen Tempelbauten der griechischen Antike.

seiner zentralen Lage wegen gern der Nabel oder das Herz Siziliens genannt, ist häufig Etappenziel organisierter Rundreisen. Es liegt knapp 1000 Meter hoch auf einer halbrunden Bergterrasse, bietet also einen weiten Rundblick über die ganze Insel. Das freut nicht nur den heutigen Besucher, sondern war auch in früheren Zeiten von Vorteil, sah man doch von ferne schon den Feind anrücken. Die Überreste des Castello di Lombardia, einer imposanten Burganlage, zeugen von der kriegerischen Geschichte des Städtchens. Auf einem Hügel im Südwesten, der von einer einladenden Parkanlage umgeben ist, erhebt sich ein 26 Meter hoher, achteckiger Turm, der Torre di Federico. Stauferkaiser Friedrich II. ließ ihn angeblich erbauen, um seiner Leidenschaft, der Astronomie, frönen zu können.

Ein wahres Kleinod und krönender Abschluß einer jeden Sizilienreise ist das nur 34 Kilometer südlich von Enna gelegene Piazza Armerina. Das in rund 700 Meter Höhe auf drei Hügeln in herrlich grüner Landschaft gelegene Städtchen wird von ei-

Ohne Worte erzählen die Bikinimädchen der Villa Casale vom Lebensstil in einem römischen Kaiserhaus.

gen für den an der Antike Interessierten heraus: Agrigent und Selinunt. Auf der Strecke dazwischen liegt vor einer steil aufragenden Felswand aus weißen Kreideklippen bei Eraclea Minoa einer der schönsten Sandstrände Siziliens. Hier kann man bei einem erfrischenden Bad in sauberem Wasser – an diesem industrialisierten Küstenabschnitt keine Selbstverständlichkeit! – Kraft schöpfen für weitere Besichtigungen, beispielsweise der altgriechischen Ruinen oben auf dem Plateau dieses Felsabsturzes.

Die Stadt Agrigent (Agrigento) besitzt mit ihrem weithin berühmten Tal der Tempel eine Attraktion, die in einem merkwürdigen Kontrast zum Stadtbild mit seinen modernen Hochhäusern und Gebäuden aus Mittelalter und Barock steht. Das eigentliche Tal der Tempel liegt außerhalb der heutigen Stadt. Eine Panoramastraße führt um das Gelände, so daß man sich erst einmal einen Überblick verschaffen kann. Nachts aber tauchen Scheinwerfer das ganze Tal in ein gleißendes Licht: eine Filmkulisse, ein Bühnenbild gigantischen Ausmaßes. Schrecklicher Kitsch, kritisieren die Puristen und vergessen dabei, daß auch diese – wie alle – griechischen Tempel der Antike einst grellbunt bemalt waren und möglicherweise in ihrem Originalkleid auch nicht viel weniger spektakulär wirkten als heute im nächtlichen Scheinwerferlicht.

Ein wenig kompakter und übersichtlicher präsentiert sich die Akropolis von Selinunt. Auch in der Umgebung dieser antiken Stätte gibt es hochinteressante Ausgrabungen. Wer sich für die einzelnen

Zum Archäologischen Park in Syrakus gehört die Grotte „Ohr des Dionysos" mit ihrer erstaunlichen Akustik.

Arbeitsschritte beim Bau antiker Tempel interessiert, der sollte einen Abstecher zu den nordwestlich von Selinunt bei Campobello di Mazara gelegenen Steinbrüchen, den Rocche di Cusa, unternehmen. Blöcke und Säulen in allen Stadien der Fertigung, vom unbehauenen Stein bis hin zur 100 Tonnen schweren fertigen Säule, liegen hier herum, als wäre gestern noch daran gearbeitet worden.

Das weitgehend karge Inselinnere hat nicht viele Attraktionen zu bieten; doch das Städtchen Enna,

ner mächtigen Barockkirche mit weithin sichtbarer Kuppel überragt. Das eigentliche Ziel der nach Piazza Armerina strömenden Besucher ist allerdings die etwa fünf Kilometer südwestlich der Stadt liegende Villa Casale: Sie ist weltberühmt wegen ihrer wunderschönen Fußbodenmosaike.

Die römische Kaiservilla aus dem dritten Jahrhundert nach Christus – eine Anlage von geradezu gigantischen Ausmaßen – ist in eine sanfte Hügellandschaft mit Pinien, Eichen, Zypressen und Eukalyptusbäumen eingebettet. Die im zwölften Jahrhundert bei einem Erdrutsch verschüttete Anlage wurde erst 1929 wieder entdeckt und wird seit 1935 systematisch ausgegraben. Bisher sind etwa 50 Räume freigelegt und sorgfältig mit Glas- und Plastikkonstruktionen überdeckt, die an Gewächshäuser erinnern, denn immerhin gilt es, einen einmaligen Schatz zu schützen: 3,5 Quadratkilometer farben- und sinnenfroher Fußbodenmosaiken. Damit auch die Füße der unendlichen Besucherscharen den kostbaren Bildwerken nichts anhaben können, wurden Laufstege errichtet. Von hier aus kann der Besucher die Mosaiken betrachten und sich in Szenen aus einer längst vergangenen Zeit zurückversetzen lassen: naturgetreue Jagddarstellungen, darunter eine Großwildjagd in Afrika; Zirkusszenen mit Wagenrennen, erotische Motive und die berühmten „Bikinimädchen": zumeist blonde, Gymnastik treibende Mädchen, die tatsächlich mit den römischen Vorläufern des Bikinis bekleidet sind.

Staunend durchschreitet man die Anlage und fragt sich, welcher Prunk und Glanz hier vor 1600 Jahren geherrscht haben muß. Das Sprichwort sagt zwar, wo es besonders schön ist, da lebe man wie Gott in Frankreich. Doch wenn man von der Villa Casale aus im warmen Frühlingssonnenschein seinen Blick über das blühende Land schweifen läßt, dann fragt man sich, ob es nicht eigentlich heißen müßte: wie die Götter in Sizilien.

Siziliens Reichtum an Kulturschätzen und überwältigenden Bauwerken ist so unermeßlich, daß hier nur einige Höhepunkte beschrieben werden können. Es wäre gut möglich, auf der Spur jeder einzelnen geschichtlichen Epoche kreuz und quer über die ganze Insel zu reisen. Manche Besucher gestalten ihren Urlaub auch streng nach Goethe, dessen *Italienische Reise* von 1797 man ruhig im Gepäck haben könnte – auch um zu sehen, wie sich die Wahrnehmung im Laufe der Zeit geändert hat.

Die griechische Akropolis von Selinunt ist trotz vieler Erdbeben im Laufe von 2000 Jahren noch als Ruinenfeld beeindruckend. Einige der Tempelsäulen wurden in unserem Jahrhundert wieder aufgebaut.

DAS BESONDERE REISEZIEL: FASZINIERENDE VULKANWELT AUF DEN ÄOLISCHEN INSELN

Der Archipel der Äolischen Inseln vor der Nordostküste Siziliens besteht aus sieben Haupt- und einer Reihe kleinerer, nicht bewohnter Nebeninseln, die alle vulkanischen Usprungs sind. Sie bilden die Spitzen von Vulkankegeln, die 500 bis 900 Meter weit aus dem Meeresspiegel aufragen. Bis auf zwei, den Vulcano und den Stromboli auf den jeweils gleichnamigen Inseln, sind die Vulkane erloschen. Am sehenswertesten und interessantesten ist der 926 Meter hohe Stromboli, der noch heute – wie schon im Altertum – mehrmals pro Stunde in ziemlich regelmäßigen Abständen leuchtende Lavafontänen in die Luft schleudert. Man nennt ihn deshalb auch den „Leuchtturm des Mittelmeeres". Nach einem recht beschwerlichen Aufstieg kann man dieses Schauspiel aus nächster Nähe erleben; bei Nacht ist es natürlich ganz besonders aufregend. Zum Baden und Faulenzen lockt der schwarze Sandstrand, eine Bootsrundfahrt führt an den Sciara del Fuoco vorbei, wo sich ein zäher Strom glutflüssigen Gesteins aus dem Vulkan ins Meer ergießt.

Die „anrüchigste" der Inseln ist Vulcano, denn sie empfängt den Besucher mit dem Schwefelgestank der Dämpfe, die aus den Fumarolen des Gran Cratere entweichen. Auch hier findet sich ein von

An den Fumarolen und zum Teil noch rauchenden Kratern von Vulcano bekommt man einen besonders nachhaltigen Eindruck von vulkanischen Erscheinungen.

Vulkanasche schwarz gefärbter Sandstrand. Bei Porto Levante bringen heiße Dampfquellen das Meerwasser an manchen Stellen zum Brodeln.

Mit knapp 40 Quadratkilometer Fläche und rund 11 000 Einwohnern ist Lípari die größte der Äolischen Inseln, die meistbesuchte und auch die einzige, die über eine größere Ortschaft – Lípari an der Ostküste – verfügt. Der alte Ort begrüßt den Besucher mit einem wuchtigen Burgberg und wartet mit einer Vielzahl von teilweise sehr sehenswerten Kirchen auf. Einen Besuch ist das Museo Archeologico wert. Es birgt Fundstücke, die bis in die Zeit des Neolithikums zurückreichen, denn in jener Zeit war die Insel ein Zentrum der Obsidiangewinnung. Pfeilspitzen und Messerklingen aus diesem vulkanischen Material waren im ganzen Mittelmeerraum begehrt. In der Nähe der Südküste liegt der berühmteste Aussichtspunkt der Insel – Belvedere di Quattrocchi –, dessen Name ahnen läßt, welch herrlichen Ausblick man hier genießen kann. Vier Augen *(quattro occhi)* möchte man haben, so atemraubend ist die Aussicht.

Salina, die zweitgrößte der Inseln, fällt insofern aus dem Rahmen, als sie über reiche Wasservorkommen und deshalb über eine geradezu üppige Vegetation verfügt. Die Zwillingsgipfel des Monte dei Porri und des Monte Fossa delle Felci sind von Macchia, Farnen, Kastanien, Steineichen und Pinien überwuchert. Berühmt sind die Kapern der Insel. An den Hängen der Berge gedeihen neben Öl- und Obstbäumen die hellen Malvasiatrauben.

Da keine dieser Inseln über einen Flugplatz verfügt, muß man sie mit dem Schiff besuchen. Deshalb sind sie nicht überlaufen.

KALABRIEN
Urwüchsige Schönheit an der Spitze des Stiefels

Kalabrien, eines der vernachlässigten Armenhäuser Italiens, besticht mit einer wildromantischen Berglandschaft, verlockenden Stränden und architektonischen Kostbarkeiten. Wie etwa dem Städtchen Stilo, das sich treppenförmig an die Hänge des Monte Consolino schmiegt und mit seiner byzantinischen Cattólica ein kleines, aber ungemein reizvolles Bauwerk besitzt. Zu Unrecht wird das herbe Kalabrien immer noch von den meisten Touristen gemieden. Als Land von einstigem Glanz will und sollte es wieder entdeckt werden.

Kalabrien – der vom Tyrrhenischen und Ionischen Meer umspülte, gebirgige Fuß des italienischen Stiefels – war einst Anziehungspunkt eroberungswilliger Mittelmeervölker, aber auch Fluchtburg Verfolgter. An die Zeit der Magna Graecia, der griechischen Kolonisation vom achten bis zum dritten Jahrhundert vor Christus, erinnern die Überreste so mancher griechischer Siedlung, aber auch die Tatsache, daß es in Kalabrien noch heute Gebiete gibt, in denen Griechisch gesprochen wird. Auch die Albaner, die es im 15. Jahrhundert auf der Flucht vor den Türken nach Süditalien verschlug, haben in Kalabrien ihre Refugien, in denen ihre Sprache gleichrangig neben dem Italienischen steht. Sogar eine winzige französische Sprachenklave leistet sich Kalabrien in seiner Provinz Cosenza.

Selbst tolerant und aufgeschlossen, sieht sich der italienische Süden seit der Einigung Italiens vom reichen Norden vernachlässigt, verachtet und ausgebeutet. Sogar als im Jahre 1972 ein sensationeller archäologischer Fund die Weltöffentlichkeit aufhorchen ließ, versuchte Florenz, sich diesen Schatz des armen Bruders unter allerlei Vorwänden unter den

Den Scilla-Felsen an der Straße von Messina beschrieb Homer als brüllendes Ungeheuer.

Nagel zu reißen. Vor der Küste von Riace Marina hatte nämlich ein Hobbytaucher Bronzestatuen aus dem fünften Jahrhundert vor Christus entdeckt, die zwei ungemein lebendig wirkende Krieger darstellen. Seit 1981 sind die beiden nun die Attraktion des Nationalmuseums von Réggio di Calábria, und der Ort erfreut sich seither unablässiger Besucherströme. Gleichzeitig erlebten auch die von sauberem türkisfarbenem Wasser umspülten Kies- und Sandstrände an beiden Küsten Kalabriens einen gewissen touristischen Aufschwung. Bis dahin waren Orte wie das wirkungsvoll auf einem Felsen liegende Tropea am Tyrrhenischen Meer mit seinen herrlichen Badebuchten und seinem Normannendom ein ziemlich unbekannter Geheimtip unter Insidern gewesen.

Inzwischen hat sich herumgesprochen, daß Kalabrien neben seinen reizvollen Küstenstädten auch im Landesinnern einiges zu bieten hat: In der wilden, urwüchsigen Gebirgslandschaft wurden mehrere Naturparks eingerichtet. Im Pollino-Naturpark an der Grenze zwischen Basilicata und Kalabrien hat sich eine eiszeitliche Kiefernart, die Panzerföhre, erhalten. Auch in den Gebirgsregionen Sila Greca, Sila Grande und Sila Piccola gibt es

Viel mehr als die Zeitung kommt aus Mailand in Catanzaro nicht an. Man fühlt sich hier „unter dem Stiefel".

dicht bewaldete Nationalparks, die Rückzugsgebiete für so manche bedrohte Tierart darstellen. Außerdem ist dieses gebirgige Zentrum Kalabriens eines der südlichsten Wintersportgebiete Italiens. Besonders reizvolle Touristenorte in dieser Region sind das malerische San Giovanni in Fiore in der Sila Grande und das romantisch-verträumte Villaggio Mancuso, das, umgeben von Nadelwäldern, auf einer Hochebene mitten in der Sila Piccola thront.

Auch im Aspromonte, dem „rauhen Gebirge" in der südlichen Fußspitze Italiens, befindet sich ein Naturpark. Unrühmliche Bekanntheit erlangte das schluchtenreiche Hinterland von Réggio di Calábria als Mafiaversteck. Doch der einsame Wanderer, der die ungebändigte Schönheit einer wilden Natur genießen will, hat höchstens zu fürchten, daß er zu spät zum Abendessen kommt.

Auskunft: siehe Seite 427.

Die byzantinische Kirche La Cattólica in Stilo liegt reizvoll in den heißen Bergen des kalabrischen Apennin zwischen Catanzaro und Réggio di Calábria. Hier ist rundum nur noch Hirtenland.

MALTA
Brückenkopf zwischen Sizilien und Nordafrika

Die felsige, vegetationsarme Mittelmeerinsel ist nicht einmal halb so groß wie der Bodensee, bietet aber mit dieser kleinen Fläche einen unermeßlichen Schatz an Sehenswürdigkeiten. Zwei große kulturelle Epochen prägen das Gesicht Maltas. Vor etwa 7000 Jahren wanderten von Sizilien her Menschen ein, die eine 2500 Jahre währende Megalithkultur begründeten. Rund 40 Großsteintempel und Kultanlagen haben sie zurückgelassen. Nur knappe 270 Jahre – von 1530 bis 1798 – dauerte die Herrschaft des geistlichen Ritterordens der Johanniter, die hier imposante Befestigungen, Kirchen und Paläste erbauten. Doch auch wegen seiner Badestrände und der kargen, herben Schönheit seiner Landschaft ist Malta ein beliebtes Reiseziel.

Der maltesische Archipel liegt rund 90 Kilometer südlich von Sizilien und etwa 300 Kilometer östlich von Tunesien. Wegen seiner strategisch günstigen Lage war er immer wieder ein heiß umkämpftes Gebiet. Nach der plötzlichen Abwanderung der Megalithbauern vor 4500 Jahren, deren Gründe bis heute nicht geklärt sind, haben Einwanderer und Eroberer aus Sizilien, Phönikien, Karthago, Rom, Byzanz, Arabien und anderen Teilen der europäischen Welt – auch die Germanen der Völkerwanderungszeit, später Normannen und Spanier – die Inseln besetzt. Die Bevölkerung ist ethnisch stark gemischt.

Am 21. September 1964 erlangte der Inselstaat, der seit 1800 unter englischer Herrschaft gestanden hatte, seine Unabhängigkeit. Malta, zu dessen Staatsgebiet auch die Inseln Gozo, Comino, Cominotto sowie Filfla und Saint Paul's Islands gehören, umfaßt eine Fläche von 316 Qudratkilometern, von denen 246 auf die Hauptinsel entfallen.

Abendstimmung im Hafen von Valletta. Die maltesische Hauptstadt steht befestigt auf einer felsigen Landzunge.

Obwohl man Malta nicht gerade das Badeparadies par excellence nennen kann – die Sandstrände sind klein und dementsprechend überlaufen –, haben sich aus den einstigen Fischerdörfern doch kleine Jachthäfen und Badeorte entwickelt. Das äußerst milde Klima und das glasklare Mittelmeer locken zum Baden. Während der Nord- und der Südosten Maltas eine reich gegliederte Flachlandküste aufweist – hier liegen auch die Hauptstadt Valletta und viele andere Städte und Ortschaften –, besticht der Südwesten mit einer steilen und durch die unterschiedlichen Gesteinsschichten recht farbenprächtigen Kliffküste. Ein besonders beliebtes Ausflugsziel sind die Dingli-Klippen, die 250 Meter steil zum Meer abfallen.

Für das sehr dicht besiedelte Malta – pro Quadratkilometer leben hier im Schnitt 1100 Menschen – ist die Wasserversorgung ein ernsthaftes Problem, vor allem, seit der Tourismus zu einem wichtigen wirtschaftlichen Standbein geworden ist und jährlich mehr als eine Million Urlauber das Land besuchen. Schließlich gibt es hier weder Flüsse noch Seen. Neuerdings versucht man den Wasserbedarf durch Meerwasser-Entsalzungsanlagen zu decken.

Malerische Felsentore bei Azure und steile Kalkfelsen kennzeichnen die Westküste der Insel Gozo ganz im Nordwesten des Archipels. Gozo ist ruhig und hat schöne Badestrände.

Fiesta an der Kathedrale von Sliema. Die katholische Kirche hat großen Einfluß auf das Leben der Malteser.

Trotz der notorischen Wasserarmut der Inseln war Malta zur Zeit der Tempelbauer des Neolithikums bewaldet. Doch Phöniker, Karthager und Römer holzten die Wälder ab, weil sie das Holz für den Bau von Schiffen benötigten. Aber es gedeihen doch ein paar vorwiegend kleinwüchsige, genügsame Pflanzen, die im Frühjahr an vielen Stellen eine ungeahnte Blütenpracht hervorbringen und den Besucher in wahren Duftorgien schwelgen lassen. Höhlen bei Ghar Dalam an der Ostküste belegen, daß der Archipel einst mit dem Festland verbunden gewesen sein muß, denn es wurden Tierskelette von Arten gefunden, die sich hier nicht eigenständig entwickelt haben können.

Auskunft: Fremdenverkehrsamt Malta, Schillerstr. 30–40, 60313 Frankfurt a. M., Tel. 069/28 58 90.

Kroatische Küste

Idyllisch, dramatisch und ein wenig melancholisch

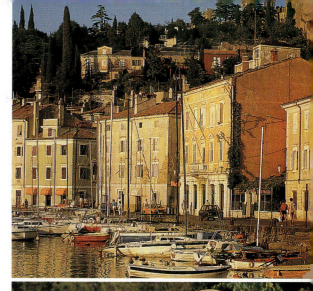

Die östliche Küste der Adria ist ein Geheimtip für alle, die das Mittelmeer lieben. Das war vor Ausbruch des Krieges im ehemaligen Jugoslawien 1991 so und ist es seit der Sommersaison 1993 wieder. Viele Besucher aus West- und Mitteleuropa blieben diesem Landstrich auch während des Krieges treu – manche ganz bewußt aus Solidarität mit Einheimischen, die zu Freunden geworden waren, manche einfach aus Liebe zu dieser Zauberwelt der tausend Inseln.

Das kroatische Küstenland, das sind pittoreske Städtchen, die sich wie auf einer Perlenschnur entlang der Küste reihen, Kulturdenkmäler aus allen Epochen, majestätische Karstlandschaften, betörend duftende Pinienwälder. Das sind gastfreundliche Menschen, die stolz sind auf ein paar deutsche Sätze, mit denen sie ihre Gäste begrüßen, das sind ausgelassene Feste, der Duft gegrillter Fische und das Bukett schwerer Rotweine.

Vieles wurde im Krieg zerstört. Das wird den Reisenden vor allem in Küstenorten wie Zadar und Šibenik sehr schnell klar. Flüchtlinge aus dem Landesinneren und aus dem benachbarten Bosnien-Herzegowina machen das menschliche Elend, das dieser erste Krieg in Europa seit 1945 über das Land gebracht hat, auch im Alltag augenfällig. Und dennoch: Wie zum Trotz scheint die Landschaft ihre Schönheit und Vielfalt zur Schau zu stellen, prahlen die Menschen mit all ihren Nationalparks und dem Überfluß an kulturellen Schätzen aus einer wechselvollen Vergangenheit.

Eine Landschaft voller Kontraste: königsblaues Meer, malerische Orte mit dicht aneinandergereihten Häusern und steil aufragenden kahlen Bergen (großes Foto links) – das sind Bilder der kroatischen Küste, die allen Besuchern vertraut sind. Zu den vielbesuchten Orten zählt das pittoreske Poreč auf der Halbinsel Istrien (Foto rechts oben). Hier wie in anderen Küstenorten flaniert man gerne am Ufer entlang, schaut auf die bunten Boote im Hafen und hinaus aufs Meer. Auf der Fahrt entlang der Küste sieht man immer wieder Weinbaugebiete (zweites Foto von rechts oben), in denen die Trauben für die begehrten Weine dieses Landes gedeihen. Die oft bizarren Felsformationen des Velebitgebirges gehören untrennbar zu den prägenden Eindrücken vom kroatischen Küstenland (Foto rechts unten).

Südeuropa

Ein vertrautes Spiel in neuen Grenzen

In vielen Köpfen herrscht Verwirrung, wenn es um das ehemalige Jugoslawien geht. Zwar vergeht seit dem Sommer 1991 kaum ein Tag, an dem die Medien nicht von den Vorgängen im Südosten Europas berichten, doch nur wenige verstehen so richtig, was da in dem einstigen Tito-Staat vor sich geht.

Mit der Unabhängigkeitserklärung der beiden nördlichen Teilrepubliken Slowenien und Kroatien im Sommer 1991 hörte die Sozialistische Föderative Republik Jugoslawien auf zu existieren – und mit ihr auch die jugoslawische Adriaküste. Sie wurde aufgeteilt zwischen Slowenien, Kroatien und dem neuen Jugoslawien, das aus Serbien und Montenegro besteht. Ein 21 Kilometer breiter Küstenstreifen in der Nähe von Dubrovnik fällt Bosnien-Herzegowina zu, gehört aber dem Teil des Landes, der mehrheitlich von Kroaten bewohnt wird. Den jugoslawischen Küstenabschnitt im Süden kann man von Kroatien aus nicht erreichen; er existiert für den Tourismus zur Zeit einfach nicht. Das slowenische Küstenland im Norden erstreckt sich zwischen den Orten Koper und Portorož.

Etwa 85 Prozent der einstigen jugoslawischen Adriaküste gehören zu Kroatien. Man gliedert sie in drei Abschnitte: Istrien, Kvarner und Dalmatien.

Während Istrien, Kvarner und sämtliche Inseln vom Krieg verschont wurden und jederzeit bedenkenlos bereist werden können, hatte Dalmatien unter den Angriffen der jugoslawischen Volksarmee und später der Serben viel zu leiden. Im Sommer 1995 startete die kroatische Armee eine großangelegte Offensive und konnte alle serbisch besetzten Gebiete im Süden und Westen des Landes zurückerobern. Erstmals ließ sich das gesamte kroatische Küstenland wieder gefahrlos bereisen.

Die kroatische Küste – das ist ein geschichtsträchtiger Boden. Zum Binnenland hin durch die Küstengebirge abgeschirmt, war man hier stets besonders den von außen, von der See her kommenden Einflüssen ausgesetzt. Illyrer und Griechen, Römer, Byzantiner und Venezianer, aber auch Ungarn, Türken und schließlich Österreicher haben hier den durchaus nicht immer friedlichen Ton angegeben.

Die kroatische Küste ist 1777 Kilometer lang. Vor ihr liegen 1185 Inseln und Felsenriffe, aber nur 66 Eilande davon sind ständig bewohnt. Das bis zu 1700 Meter hohe Dinaragebirge türmt sich meist unmittelbar vor dem Ufer in die Höhe und läßt den Küstenorten wenig Hinterland. Die gesamte Gegend ist reich an Zypressen, Palmen, Agaven und uralten Olivenbäumen. An den Hängen der Karstgebirge wird Wein kultiviert. Viele Tierarten, besonders seltene Vögel, die in anderen Teilen Europas bedroht oder sogar bereits ausgestorben sind, haben hier noch einen Lebensraum.

Alles begann mit dem sonnenhungrigen Adel

Der Fremdenverkehr im nördlichen Teil Kroatiens nahm seinen Anfang im 19. Jahrhundert, als die österreichisch-ungarische Aristokratie und das reiche Bürgertum entdeckten, daß man sich in dieser Küstenregion wegen des milden Klimas das ganze Jahr über wohl fühlen konnte. Zum Zentrum der sonnenhungrigen Gäste aus Wien und Budapest entwickelte sich Opatija auf Istrien.

Auf diese vom Krieg völlig verschonte Halbinsel, deren Norden slowenisch ist, sollte man in den frühen Morgenstunden einreisen, wenn noch der Nebel über den Hügeln liegt und sich die schwachen Sonnenstrahlen erst zaghaft ihren Weg bahnen. Wie verspielt dahingeworfen erscheinen einem dann die vielen bewaldeten Hügel, die allmählich zum Vorschein kommen und mittendrin plötzlich eine Kirche, ein Gehöft oder ein mittelalterliches Städtchen bergen. Sehenswert ist hier eigentlich alles, so zum Beispiel der Hafenort Poreč oder Pula, die größte Stadt der Halbinsel.

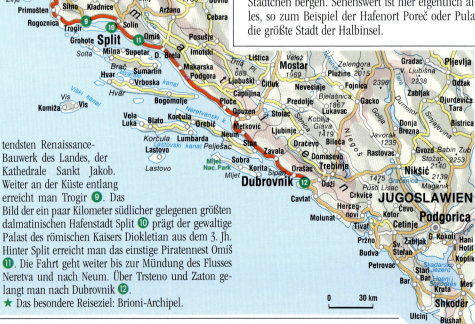

Unser Routenvorschlag
VON OPATIJA BIS DUBROVNIK

Ausgangspunkt der Reise ist der noble Ferienort Opatija ❶. Um die Jahrhundertwende erholten sich hier Kaiser Franz Joseph und der österreichische Hofadel. Etwa 13 km östlich liegt Rijeka ❷, die größte Hafenstadt des Landes und Ausgangspunkt für Ausflüge zu den vielen vorgelagerten Inseln. Hier beginnt auch die Adriamagistrale, die entlang der gesamten Küste verläuft. Es empfiehlt sich ein Stopp in einem der vielen hübschen Orte, zum Beispiel im Hafenstädtchen Novi Vinodolski ❸. Einige Kilometer weiter erreicht man die kälteste Stadt an der Adria, Senj ❹. Über den Ort Starigrad-Paklenica am südlichen Teil des Velebitgebirges führt die Straße nach Zadar ❺. Die einstige Hauptstadt Dalmatiens wird wegen der zahlreichen Kirchen von den Einheimischen „kleines Rom" genannt. Von Zadar aus bietet sich ein Tagesausflug zum Kornati-Archipel ❻ an. Es geht weiter zum Badeort Biograd ❼, im 17. Jh. von den Türken vollständig zerstört und danach allmählich wieder aufgebaut. Die nächste größere Stadt ist Šibenik ❽ mit dem bedeutendsten Renaissance-Bauwerk des Landes, der Kathedrale Sankt Jakob. Weiter an der Küste entlang erreicht man Trogir ❾. Das Bild der ein paar Kilometer südlicher gelegenen größten dalmatinischen Hafenstadt Split ❿ prägt der gewaltige Palast des römischen Kaisers Diokletian aus dem 3. Jh. Hinter Split erreicht man das einstige Piratennest Omiš ⓫. Die Fahrt geht weiter bis zur Mündung des Flusses Neretva und nach Neum. Über Trsteno und Zaton gelangt man nach Dubrovnik ⓬.

★ Das besondere Reiseziel: Brioni-Archipel.

Das etwa 10 000 Einwohner zählende Städtchen Opatija ist ein klimatischer Heilort und gibt sich sehr, sehr vornehm. Prunkvolle Hotels, viele davon aus der Habsburgerzeit, elegante Restaurants und große Villen, wunderschön von duftenden Pflanzen umgeben, bestimmen das Stadtbild. Wenn man abends auf der Terrasse eines Cafés sitzt und aufs Meer hinausblickt, verraten die vielen Lichter zu beiden Seiten, wie nahe die Nachbarorte beieinanderliegen. Dort, wo es am meisten leuchtet, liegt die Hafenstadt Rijeka, nach Zagreb die zweitgrößte Stadt Kroatiens. Neben den verwinkelten Gassen in der Altstadt, zahlreichen Kirchen und dem überdachten Markt zählt zur wohl größten Attraktion der Stadt die Burg von Trsat. Das Kastell aus dem 13. Jahrhundert erhebt sich auf dem 140 Meter steil aufragenden Berg Trsat am Rande von Rijeka. Die Aussicht reicht weit über die Stadt hinaus auf das Meer und die Inseln Cres und Krk.

In Rijeka nimmt die Küstenstraße in Richtung Süden, die sogenannte Adriamagistrale, ihren Anfang. Es ist eine kurvenreiche, einspurige Straße, meist in unmittelbarer Küstennähe. Mit dem Ausbruch des Krieges 1991 wurde sie die einzige durchgehende und sichere Verbindung zwischen Nord- und Südkroatien. Rasen ist nicht ratsam und eigentlich auch gar nicht möglich: Ein Rind, eine Herde Schafe oder ein störrischer Esel mitten auf der Fahrbahn sind hier keine Seltenheit.

Das dreistöckige Amphitheater aus römischer Zeit ist das Wahrzeichen der istrischen Stadt Pula. Einer Legende nach soll das grandiose Bauwerk von Feen innerhalb einer Nacht errichtet worden sein.

KROATISCHE KÜSTE AUF EINEN BLICK

SEHENSWÜRDIGKEITEN

Dubrovnik: Klarissenkloster, Onofriusbrunnen, Piletor, Stadtmauer; **Hvar** (Stadt): Dom aus dem 17. Jahrhundert, Festung; **Korčula** (Stadt): Bischofspalais, Geburtshaus von Marco Polo, Kathedrale, Rathaus mit Stadtloggia; **Nin:** Heiligkreuz-Kirche aus dem 8. Jahrhundert; **Opatija:** Kurpark, Strandpromenade; **Pula:** römisches Amphitheater; **Rijeka:** Burg von Trsat, Dom, Kirche Sankt Veit, Rathaus und Stadtturm mit Uhr aus dem 15. Jahrhundert; **Šibenik:** Kathedrale des heiligen Jakob; **Split:** Diokletianpalast; **Trogir:** Kirche des heiligen Lorenz (Steinportal); **Zadar:** archäologisches Museum, Kathedrale mit Ausstellung von Kirchenkunst *Gold und Silber von Zadar,* römisches Forum, Stadtbefestigung.

FESTE UND VERANSTALTUNGEN

Dubrovnik: Sommerfestspiele (Oper, Theater, Ballett, Konzerte), Juli bis August, Filmfestspiele im römischen Amphitheater, Ende Juli; **Insel Krk:** Sommerveranstaltungen (Musik und Oper), Juli bis August; **Omiš:** Festival der „Klapas" (Volksmusikveranstaltung), Juli oder August; **Sinj:** *Alka* (Reiterwettkämpfe), 1. Sonntag im August; **Split:** Sommerfestspiele, Juli bis August; **Zadar:** Konzerte in der Kirche des heiligen Donat, Juli/August, internationales Kinderfestival unter Schirmherrschaft der UNICEF, Juli.

AUSKUNFT

Kroatische Zentrale für Tourismus, Karlsruher Str. 18, 60329 Frankfurt a. M., Tel. 0 69/25 20 45.

Zwischen nacktem Fels und tiefblauer See

Die Straße führt am Fuß des Velebitgebirges vorbei, dem mit etwa 1700 Metern höchsten Gebirge Kroatiens. Es ist ein typisches Karstgebiet, in dem kaum eine Vegetation gedeiht. Auf fast 100 Kilometern erstrecken sich nackte Felsen.

Nur eine Stadt wurde hier gegründet, von den Illyrern vor mehr als 2000 Jahren: Senj. Die geographisch günstige Lage unmittelbar hinter dem niedrigsten Gebirgsjoch des Velebit setzt die Stadt zwar den häufigen Einbrüchen kalter Kontinentalluft aus, was sie zur kältesten an der Adria macht, gleichzeitig verdankte Senj dieser Lage bereits zur Römerzeit ihre Bedeutung als Handelszentrum. Es war Umladehafen und Tor zum Binnenland. Immer steiler wird der Fels und der Abhang zum Meer, immer schmaler der Kanal von Velebit, die Meeresenge zwischen der Küste und zahlreichen Inseln. Die Einheimischen nennen ihn Paklenica. Nomen est omen: Das slawische Wort Pakao bedeutet Hölle. Wenn es hier stürmt, dann wird der Tag buchstäblich zur Nacht, Geröll stürzt die Steilhänge herab, Blitze durchzucken die Finsternis.

Die kleinste der Inseln heißt Goli Otok, Kahle Insel. Tito ließ hier Ende der 40er Jahre ein Straflager errichten, zunächst für Regimegegner, später für Kriminelle aller Art, vorwiegend jedoch für politische Gefangene. Jemand, der auf der Kahlen Insel war, galt unter Regimetreuen als geächtet, die anderen begegneten ihm mit einer Mischung aus Hochachtung und Unsicherheit. Ein solcher Mensch hatte die Hölle hinter sich, und man wußte nicht recht, wie man sich ihm gegenüber verhalten sollte.

Weiter im Süden erstreckt sich die Insel Pag vor der Küste. Weltberühmt sind die Pager Spitzen: Sie wurden und werden auch heute noch als Verzierung an Hemden und Blusen angebracht, schmücken Tischdecken, Gardinen und Möbel. Während der österreichischen Herrschaft in Kroatien beschäftigte der Wiener Hof immer zwei Frauen aus Pag, die für das Kaiserhaus die Spitzen nähten. Eine kulinarische Besonderheit der Insel ist der Pager Käse, ein Schafskäse, der durch die salzigen Weiden seinen einmalig würzigen Geschmack erhält.

Die dalmatinischen Städte Zadar und Šibenik hatten unter den Angriffen der Serben ab 1991 am meisten zu leiden. Die Einwohner mußten lernen, mit der allgegenwärtigen Gefahr von Raketenangriffen zu leben. Nur wenige Kilometer landeinwärts begann nämlich serbisch kontrolliertes Gebiet, das Kroatien erst Mitte 1995 zurückeroberte.

Es wird noch einige Jahre dauern, bis alle Schäden behoben sind, welche die Angriffe der Serben auf Zadar verursacht haben. Doch die Bewohner der Stadt haben Geduld und sind optimistisch. Seit den Tagen der alten Römer wurde Zadar immer wieder angegriffen, zerstört, besetzt, verkauft. Und immer

Südeuropa

wieder lebte die Stadt neu auf. Diese wechselvolle Geschichte hinterließ überall ihre Spuren. Da gibt es venezianische Befestigungsanlagen als Schutz vor den Türken, Überreste des römischen Forums und sakrale Bauwerke aus allen Epochen.

Jede Menge Geschichte, Inseln, Wasser und Sonne

Vor Zadars Küste breiten sich unzählige sagenumwobene Inseln und Riffe aus. Zu ihnen zählen die Kornaten. „Als die Götter ihr Werk krönen wollten", schrieb George Bernard Shaw, „schufen sie am letzten Tag aus Tränen, Sternen und dem Hauch des

Die Wasserfälle des Flusses Krka bei Šibenik sind eines der schönsten Naturschauspiele in Küstennähe. Über 17 Felsterrassen stürzt der Fluß von einem Becken ins andere.

Über den Dächern von Dubrovnik: ein Wirrwarr von Häusern und Gäßchen.

Meeres die Kornaten." In der Tat sind die 140 kleineren und größeren Eilande und Riffe etwas ganz Besonderes, wahre Bilderbuchinseln. Dieses einzigartige Naturschutzgebiet – es umfaßt eine Fläche von etwa 300 Quadratkilometern – muß man besuchen. Man sollte sich hier der Stille, dem Duft des salzgetränkten Windes und den unzähligen Farbnuancen des Meeres im Sonnenlicht hingeben.

Manche der Inseln tragen obszön-komische Namen wie „Große Hure" oder „Großmutters Hintern". Es handelt sich dabei um Erfindungen der Einheimischen aus dem 19. Jahrhundert, mit denen sie österreichische Vermessungsingenieure irreführen und verspotten wollten. Die Inseln sind nahezu unbewohnt. Ab und zu findet sich ein einsames Häuschen oder ein kleines Fischerdorf, wo der Wirt seinen Besuchern hausgemachten Wein, Oliven und gegrillten Fisch anbietet.

Einige Kilometer auf der Küstenstraße weiter nach Süden erhebt sich an der Mündungsbucht des Flusses Krka terrassenförmig die alte Stadt Šibenik, einst Sitz des kroatischen Königs Krešimir. Unbestreitbar größte Attraktion von Šibenik ist die im 15. und 16. Jahrhundert errichtete Kathedrale Sankt Jakob. Im stolzen Weiß thront sie über dem rotbrau-

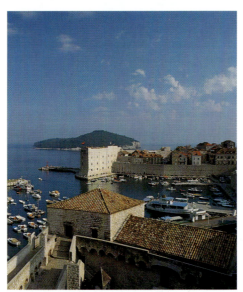
Dubrovnik fasziniert jeden Besucher mit den mächtigen mittelalterlichen Befestigungsanlagen.

nen Dächergewirr der Altstadthäuser. Wenn man direkt vor ihr steht und an den kunstvoll ausgearbeiteten Mauern hochblickt, nimmt das Weiß des Steins vor dem Hintergrund des Himmels etwas Unwirkliches, Überirdisches an.

Diese Kirche ist das bedeutendste architektonische Renaissancedenkmal des Landes. Sie wurde ausschließlich aus Stein errichtet: aus Kalkstein von nahe gelegenen Steinbrüchen und aus Marmor von der Insel Brač. Ihr Baumeister Juraj Dalmatinac verewigte eine Reihe bedeutender Zeitgenossen in einem Häupterfries, der die Apsiden von außen umkränzt. Auch dieses Bauwerk wurde im Krieg beschädigt. Eine gezielt auf die Kathedrale abgefeuerte Granate traf die Kuppel. Die Restaurierung gestaltet sich aufwendig, weil man in originalgetreuer Bautechnik und mit gleichem Material wieder aufbauen will.

Vor der größten Hafenstadt Dalmatiens, Split, führt die Küstenstraße zunächst nach Trogir. Die Altstadt liegt auf einer künstlich angelegten Insel, die durch eine Steinbrücke mit dem Festland verbunden ist. Der historische Stadtkern ist im Grunde ein einziges Museum. Nahezu jedes alte Haus weist hier ein besonderes Stilmerkmal auf, trägt eine Inschrift oder ein Wappen. Man sagt, daß mit jedem Gebäude ein Drama, mit jedem Balkon eine Liebesromanze verbunden sei.

Split bringt man dagegen mit dem römischen Kaiser Diokletian und seinem Palast in Verbindung, der sich auf etwa 38 000 Quadratmetern in der Altstadt erstreckt. Diokletian ließ das Bauwerk, dessen hohe Mauern größtenteils erhalten sind, von 295 bis 305 nach Christus mit 16 Türmen und vier Tempeln als Altersruhesitz errichten. Heute laden Cafés, Restaurants und kleine Läden zwischen den ehrwürdigen Mauern und Säulen zum Ausruhen, Plaudern, Stöbern ein. Das antike Ambiente liefert auch die ideale Kulisse für klassische Musikabende.

Der beliebteste Ausflugsort von Split ist der Marjan, ein Landzipfel westlich des Stadtzentrums. Spazierwege führen hier zu wunderschönen Ausblicken auf das Meer und die Stadt. Wegen seiner einzigartigen Lage und Schönheit gilt der Marjan seit je als die Muse von Split.

Auf der Weiterfahrt nach Süden erstrecken sich wieder zahlreiche Inseln vor der Küste. Die drei größten sind Brač, Hvar und Korčula. Eine Besonderheit von Brač ist die 634 Meter lange Sandbank, die je nach Windrichtung ihre Form ändert. Hvar ist mit 68 Kilometern die längste aller Adria-Inseln und hat eine Winzertradition, die auf die Antike zurückgeht. Das Theater im gleichnamigen Ort ist eines der ältesten in Europa. Korčula schließlich soll der Geburtsort von Marco Polo gewesen sein.

Bezauberndes Dubrovnik – das Juwel der gesamten Adria

Die Bewohner von Dubrovnik wissen genau, daß sie in einer der schönsten Städte der Welt leben: Wenn man beobachtet, wie sie so durch die geschichtsträchtigen Gassen des einstigen Ragusa gehen, sich miteinander unterhalten oder mit Touristen reden, so spürt man in ihrer ganzen Mimik und Gestik, im Tonfall ihrer Stimme einen unverhohlenen Stolz.

Wenn irgendwo im Land auf einer Theaterbühne der typische Dubrovniker dargestellt werden soll, dann ist das stets ein Herr in mittleren Jahren mit graumelierten Haaren. Er trägt einen hellen Anzug aus edlem Stoff, den dazu passenden breitkrempigen Hut und auf Hochglanz polierte Schuhe. Seinen Spazierstock läßt er leger hin und her baumeln. Am liebsten würde er sagen: „Seht her, ich bin etwas ganz Besonderes." Vielleicht kann man auch gar nicht anders fühlen und denken, wenn man tagtäglich in dieser Stadt lebt.

Dubrovnik war bereits im zehnten Jahrhundert dank Schiffahrt und Handel eine reiche Stadtrepublik. Das mittelalterliche Ragusa verfügte zeitweise über eine Flotte von 300 Schiffen. Die Altstadt von Dubrovnik ist die größte und besterhaltene Festungsanlage des Mittelmeerraumes. Der Bau der Stadtmauern wurde im neunten Jahrhundert begonnen und bis ins 17. Jahrhundert um Wehrtürme, Bastionen und Festungen erweitert. Der innere Laufgang ist 1940 Meter lang, die Mauern sind zwischen drei und sechs Meter stark. Unterbrochen werden sie von 15 Wehrtürmen.

Das zur Befestigungsanlage gehörende Piletor im Westen ist der Haupteingang in die Stadt. Es führt auf den Stradun, die Hauptstraße von Dubrovnik, die sich von einem Ende der Altstadt zum anderen erstreckt. Wegen der glatten Pflastersteine nennt man sie auch die Salonstraße Dubrovniks. Wenn die Sonne in den fortgeschrittenen Nachmittagsstunden ihre Strahlen zwischen die Dächer und Kirchtürme schiebt, beginnen die Pflastersteine zu glänzen, als seien sie aus Gold. Hier promeniert man in den Abendstunden, will sehen und gesehen werden.

Links und rechts des Straduns und in den Gassen reihen sich die Sehenswürdigkeiten der Stadt. Die gesamte Altstadt, die im 17. Jahrhundert durch ein Erdbeben stark zerstört und darauf wieder aufgebaut wurde, hat die UNESCO auf die Liste des Weltkulturerbes gesetzt. Damit gilt sie als besonders schützens- und erhaltenswert. Davor hatten jedoch im Jahre 1991 und immer wieder danach die serbischen Soldaten, die Granaten und Raketen auf Dubrovnik abfeuerten, keinen Respekt. Wenn einem noch Bilder vom Krieg in Kroatien in Erinnerung geblieben sind, dann sind es jene Szenen auf den Fernsehbildschirmen, die Dubrovniks brennende Altstadt zeigten, knapp an den Wehrmauern vorbei ins Meer fallende Bomben, zerstörte, untergegangene Jachten im kleinen Hafen.

Südlich der Stadt erstreckt sich die Riviera von Dubrovnik mit den malerischen Badeorten Kupari, Srebreno, Mlini und Cavtat. Und danach ist es nicht mehr weit bis zur Grenze. Diese freilich ist zur Zeit nicht passierbar. Hinter ihr liegt das heutige Jugoslawien, das aus den Republiken Serbien und Montenegro besteht.

Wann die wunderschöne montegrinische Küste wieder von Touristen besucht werden kann, ist offen. Vor allem aber: Wann die Wunden des Krieges vernarbt, die Haßgefühle der verfeindeten Parteien überwunden sein werden, kann sicherlich auf lange Zeit hin niemand sagen.

DAS BESONDERE REISEZIEL: BRIONI-ARCHIPEL – FERIENIDYLLE FÜR DIE PROMINENZ

Der alte Tito hatte einen Hang zum Luxus. Zu seiner Sommerresidenz wählte der Präsident des untergegangenen Jugoslawien Anfang der 50er Jahre gleich den Ort, der bereits reichen römischen Bürgern und österreichischem Geldadel als Sommerresidenz gedient hatte: die Inseln Brioni, von den Einheimischen Brijuni genannt.

Für das gemeine sozialistische Volk blieben die exklusiven Eilande und was auf ihnen geschah tabu. Der kroatische Präsident Franjo Tudjman machte die Brioni Anfang der 90er Jahre wieder für Touristen zugänglich. Wie einst, scheinen sie auch heute wieder den Jet-set anzulocken. Von Pula aus fährt man per Schiff auf die größte Insel, Veli Brion.

Die 14 flachen Inseln erstrecken sich auf einer Länge von etwa sieben Kilometern vor der istrischen Südwestküste. Aus der Luft betrachtet, sehen sie aus wie versehentlich entstandene, hell- und dunkelgrüne Pinselkleckse auf blauem Untergrund. Nähert man sich ihnen dann mit dem Schiff, so entpuppen sich die grünen Formen als weitläufige Rasenflächen und Waldgebiete, nur spärlich von asphaltierten Wegen durchwoben.

Archäologische Funde beweisen, daß die Brioni bereits in vorgeschichtlicher Zeit besiedelt waren. Im ersten Jahrhundert nach Christus entstanden mehrere Siedlungen, die in den Sommermonaten von wohlhabenden Römern aus Pula bewohnt wurden. Nach dem Fall des römischen Imperiums gerieten sie wie die Halbinsel Istrien unter verschiedenste Herrscher und verödeten allmählich. Erst im 19. Jahrhundert wandelte sich ihr Schicksal. 1893 kaufte nämlich der österreichische Industrielle Paul Kupelwieser die Inseln und verwandelte sie wieder in eine elegante, exklusive Sommerfrische. Hotels und Badeanstalten entstanden, eine Pferderennbahn wurde angelegt, ebenso legte man Golf- und Tennisplätze an. Zu Beginn des 20. Jahrhunderts war der Archipel Treffpunkt der Aristokratie aus der ganzen Welt. Im Zweiten Weltkrieg fielen die Inseln an Italien. Das elegante Leben fand wieder einmal ein Ende, als die Alliierten mit Bomben und Raketen nahezu alle Gebäude zerstörten.

Einen Neubeginn leitete Tito ein, als das Gebiet Jugoslawien zugeteilt wurde. 1953 ließ er auf der größten Insel, Veli Brion, die Weiße Villa errichten. Bis zu seinem Tod im Jahre 1980 empfing der Präsident in den Räumen des eleganten Hauses Staatschefs aus 58 Ländern. Seine private Residenz befand sich auf der kleineren Insel Vanga. Heute lädt der kroatische Präsident Tudjman seine Kollegen in die Weiße Villa ein. Und der Diners Club Adriatic wirbt für das Golfen auf Brioni.

Interessant sind die Inseln natürlich nicht allein wegen der Zusammenkünfte politischer Prominenz, sondern vor allem auch wegen der zahlreichen Geschenke, die Gastgeber Tito von seinen Gästen erhielt. Dazu zählten zum einen exotische Gewächse aus aller Welt. Aber auch wilde Tiere wie Panther, Löwen, kanadische Luchse. Zusammen mit Zebras, Lamas und Giraffen können sie alle sich frei im Safaripark bewegen oder sind in Gehegen im Zoo untergebracht.

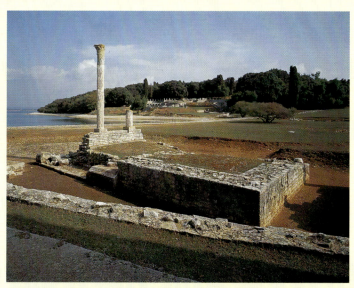

Kostbarkeiten aus römischer Zeit: Auf der Insel Veli Brion kann man Ruinen einer Villa, eines Venustempels und einer antiken Wollfabrik besichtigen.

Slowenien
Mondäne Badeorte und bizarre Gebirgslandschaften

Zwischen Alpen und Adria, umschlossen von Italien und Österreich, Ungarn und Kroatien liegt es da, das kleine Land, das eigentlich erst mit seiner Unabhängigkeitserklärung im Jahre 1991 ins Bewußtsein der Welt gerückt ist. Die Musterrepublik des ehemaligen Jugoslawien gehört inzwischen zu den wirtschaftlich erfolgreichsten aller ehemaligen kommunistischen ost- und mitteleuropäischen Staaten. Für Touristen ist Slowenien zu jeder Jahreszeit ein Erlebnis. Das Land bietet dramatische Hochgebirge, einen sonnigen Küstenstreifen, mit Weinreben überzogene Hänge, weitläufige Jagdreviere und Städtchen mit südländischem Charme – und das alles auf einer Fläche knapp so groß wie Hessen.

Als am 27. Juni 1991 Panzereinheiten der jugoslawischen Volksarmee zu den Grenzübergängen nach Österreich und Italien vorrückten und uniformierte Männer die Schilder mit der Aufschrift *Republik Slowenien* niederrissen, um sie gegen die alten, jugoslawischen auszutauschen, hielt die Welt den Atem an. Die zwei Tage zuvor verkündete Unabhängigkeitserklärung der nördlichsten Teilrepublik der „Sozialistischen Föderativen Republik Jugoslawien" wurde zunächst mit militärischen Drohgebärden, dann zehn Tage lang mit einem regelrechten Krieg beantwortet. Doch die Slowenen waren gut organisiert und unnachgiebig. Am 7. Juli stellte die jugoslawische Armee alle militärischen Operationen ein und zog ab. Seitdem geht Slowenien wirtschaftlich und politisch seinen eigenen Weg und nähert sich unaufhaltsam dem wohlhabenden Westeuropa.

Abendstimmung am Bohinj-See: Immer wieder kann man hier an den Ufern Menschen sehen, die in der Stille der Natur Entspannung suchen, angeln, den Alltagstrubel hinter sich lassen.

Geographischer, wirtschaftlicher und kultureller Mittelpunkt des Landes ist die Hauptstadt Ljubljana. Das ehemalige Laibach ist eine Stadt der kurzen Wege: Alle bedeutenden Bauten befinden sich im Zentrum, und man kann sie in wenigen Minuten zu Fuß erreichen. Barock prägt den Stil der Bauwerke. Jede Fassade, jedes Eckchen wurde in den letzten Jahren liebevoll restauriert. Zwischen den geschichtsträchtigen Gebäuden haben sich unzählige gemütliche Straßencafés und elegante Boutiquen ihren Platz erkämpft, die der Innenstadt eine ganz eigenartige Mischung aus südländischem Flair und mitteleuropäischer Gediegenheit verleihen.

Auf dem Hügel, der Ljubljana überragt, thront die alte Burg – urkundlich erstmals im zwölften Jahrhundert erwähnt –, die nach einem gewaltigen Erdbeben im Jahre 1511 und später noch einmal zu Beginn des 17. Jahrhunderts umgebaut wurde. Den Aussichtsturm sollte man besteigen: Bei schönem Wetter reicht der Blick über die Dächer der Stadt bis zu den Alpen. Rebenhänge, unendlich weite Felder an den Flüssen Mur und Drau, schmucke Adelssitze und Kurorte prägen den östlichen Teil des Landes. Einen Ausflug lohnen die 30 Kilometer östlich von Ljubljana inmitten weiter Wälder versteckte Burg Bogenšperk aus dem 15. Jahrhundert und Schloß Dornava in der Nähe der Stadt Ptuj, das wie eine Miniaturausgabe des Wiener Schlosses Schönbrunn aussieht. Nach dem Zweiten Weltkrieg hatte es eine Zeitlang als Hospital gedient; heute beherbergt es ein Kinderheim und ist deshalb nur von außen zu besichtigen.

Das Wasser, das Thermal- und Mineralquellen in diesem Teil Europas spenden, rühmten bereits die

In Slowenien gibt es Tausende von Höhlen. Vor dem Eingang zu dieser gewaltigen Karsthöhle beim Dorf Predjama steht die gleichnamige mittelalterliche Burg.

Römer. Schon sie wußten die Heilkräfte der Erde zu nutzen. Heute gibt es hier über ein Dutzend Heilbäder. Wohl der bekannteste Kurort Sloweniens ist das in einem waldreichen Hügelland gelegene Rogaška Slatina, wo man noch die Atmosphäre der großen Zeit spürt, als der Adel der k. u. k. Monarchie sich hier ein Stelldichein gab.

Weiter östlich liegen die Städte Ptuj und Maribor, zwei Perlen unter den Städten des Balkans. Ptuj an der Drau gilt als älteste Stadt des Landes. Die von der mächtigen Burg beherrschte Altstadt steht unter Denkmalschutz. Maribor – bis zur Mitte des 19. Jahrhunderts nannte man die Stadt Marburg – ist nicht nur wegen des mittelalterlichen Stadtkerns mit romantischen Gassen und Gebäuden aus Gotik, Renaissance und Barock einen Besuch wert, sondern auch wegen der größten Vinothek des Landes mit ihren erlesenen Weinen. Vor einem Gasthaus wächst die angeblich älteste Rebe Europas; 400 Jahre alt soll sie sein. Aus ihren Trauben keltert man jedes Jahr an die 60 Liter Wein.

Im Nordwesten Sloweniens liegen Berge: die Karawanken und die Julischen Alpen. Der 2864 Meter hohe Triglav ist der höchste Gipfel. Der Triglaver Nationalpark – er wurde bereits 1924 eingerichtet – gilt mit noch fast unberührter Natur und einer reichen Flora und Fauna als Paradies für Bergwanderer und Bergsteiger. Mit Geduld und Glück kann man hier Siebenschläfer, Murmeltiere, Adler, Auerhähne, ja sogar Braunbären beobachten.

Vor der überwältigenden Kulisse der gezackten, auch im Sommer schneebedeckten Gebirgsgipfel der slowenischen Alpen breitet sich der kristallklare Bleder See aus. An seinem Ufer liegt der mondäne Kurort Bled. Ein zur Mitte des letzten Jahrhunderts in ganz Europa bekannter Naturheilpraktiker, Arnold Rikli, machte sich die im nordöstlichen Teil des Sees entspringenden Thermalquellen zunutze und gründete hier ein Sanatorium für Naturheilverfahren. Er behandelte seine Patienten, die aus aller Welt in seine Klinik strömten, mit Bädern im See, Liegekuren in der Sonne und Massagen.

Zu den Sehenswürdigkeiten um Bled zählen außer der märchenhaft schönen Landschaft das barock umgebaute Schloß, das sich auf einem senkrecht abfallenden Felsvorsprung kühn über dem See erhebt, und die idyllisch mitten im See versteckte Wallfahrtskirche Sankt Maria, die man mit besonderen Booten, den Bleder Gondeln, erreichen kann.

Am Bleder See drängeln sich moderne Hotels jeder Kategorie. Wer das Außergewöhnliche liebt, kann dort nächtigen, wo auch schon Staatsoberhäupter wie Chruschtschow, König Hussein und der japanische Kaiser logierten: nämlich in der Villa Bled, dem Gästehaus der ehemaligen jugoslawischen Regierung.

Ein wahres Naturjuwel in dieser bizarren Bergwelt ist der etwa 30 Kilometer südwestlich gelegene Bohinj-Gletschersee. Das Ufer des über 500 Meter hoch gelegenen Gewässers darf nicht bebaut werden; so mußten sich alle Hotels und Sportanlagen im nahe gelegenen Wald verstecken.

Etwas weiter im Norden – wenige Kilometer von der italienischen und der österreichischen Grenze entfernt – liegt Kranjska Gora, der bekannteste slowenische Wintersportort. Hier finden jedes Jahr internationale Weltcuprennen im Slalom und Riesenslalom statt. Im Sommer lockt der Luftkurort als idealer Ausgangspunkt für Bergwanderungen.

Die Fahrt von den Bergen zum Meer im Südwesten Sloweniens führt durch Karstgebiet, wo das Wasser in den Boden sickert und unter der Erdoberfläche unermüdlich die zauberhafte Welt der Grotten formt. 10 000 Höhlen soll es in Slowenien geben; nur 6000 wurden bisher entdeckt und erforscht. Zu den größten und eindrucksvollsten zählt die Adelsberger Grotte bei Postojna. Eine kleine, elektrisch betriebene Bahn bringt die Besucher kilometerweit in das Höhlenlabyrinth, durch Hallen und Korridore, vorbei an phantastischen Wäldern aus Stalagmiten und Stalaktiten, bizarren Tropfsteinformationen, die den Höhlenteilen Namen wie

Immer wieder sieht man malerische Städtchen mitten in rauher Natur wie hier Kanal im Soča-Tal.

Kalvarienberg oder Russische Brücke eintrugen. Im Konzertsaal, der etwa 10 000 Besucher faßt, kann man Theateraufführungen sehen und Konzerte in unwirklicher Unterweltatmosphäre genießen.

Nur wenige Kilometer von der Küste und der italienischen Grenze entfernt liegt das Gestüt Lipica, das der österreichische Erzherzog Karl im 16. Jahrhundert gründete. Hier wurden die edlen Lipizzanerpferde für den Kaiserhof gezüchtet. Heute stehen für Reitunterricht und Dressurkurse etwa 60 Pferde zur Verfügung.

Slowenien ist ein Gebirgsland. Die Küste mit ihren schmucken Badeorten dehnt sich nur über 40 Kilometer aus. Aber hier, wo ein klarer Himmel in der Ferne mit dem weiten Adriatischen Meer verschmilzt, treffen sich die Feriengäste aus Italien, Österreich, Deutschland und dem restlichen Europa. Man liegt in der Sonne, schwimmt, taucht, treibt Wassersport, genießt die italienisch angehauchte Küche und trinkt dazu einen der kraftvollen einheimischen Weine.

Auskunft: Slowenisches Fremdenverkehrsamt, Lessingstr. 7–9, 61440 Oberursel, Tel. 0 61 71/64 16 60.

Mitten im Bleder See ragt, halb verdeckt vom Grün der Bäume, auf einem Inselchen die barocke Wallfahrtskirche Sankt Maria hervor. Im Inneren ist die Besiedlung der Insel von der Urzeit bis zum Mittelalter dokumentiert.

NORDGRIECHENLAND

Wo Mythos und Wirklichkeit harmonieren

Auf ihrem Weg in die Sonne fliegen die meisten Touristen über Nordgriechenland hinweg weiter nach Süden. Sogar vielen Einheimischen ist Hellas' Norden eher fremd. Makedonien, Thessalien, Epiros und Thrakien sind Regionen, die ihren besonderen Charakter den Gebirgen verdanken: dem grünen Pilion, dem abgründigen Pindos, dem mächtigen Massiv des Olymps vor allem, den die Alten für den Thron des Göttervaters Zeus hielten. Mysteriös gibt er sich bis heute: Die meiste Zeit ist der Gipfel von Wolken umhüllt.

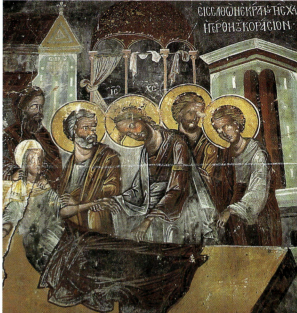

In dieser Region, in einer Höhle bei Thessaloniki, fand man die Spuren der ersten Menschen in Griechenland. An den berühmten Thermopylen opferte sich ein Häuflein Spartaner im Kampf gegen die Perser-Invasion und sicherte dadurch den Rückzug des griechischen Heeres. Und ein Makedonierkönig schrieb Weltgeschichte: Alexander der Große. Wie trutzige Festungen des christlichen Glaubens beherrschen die Klöster von Meteora und am Berg Athos ihre Umgebung. Und ein dramatischer Tag war es, als 1977 nach 2317 Jahren Grabesruhe die Marmorgruft von König Philipp II. von Makedonien, dem Vater Alexanders des Großen, mit ihren goldenen Schätzen wiedergefunden wurde; in Thessaloniki sind sie zu bewundern.

In dieser Landschaft scheint jeder Stein, jedes Tal und jeder Berg von längst vergangenen Zeiten und alten, versunkenen Kulturen zu erzählen. Wer offene Augen für das Schöne und einen Sinn für das Mysterium der Geschichte hat, dem eröffnet sich in Reiseerlebnissen und in der Begegnung mit den Menschen hier möglicherweise der Zugang zu Historie und Sagenwelt von der Antike bis zur Gegenwart.

Bergig und rauh ist der Norden Griechenlands, das zeigt sich vor allem in der Pindosregion (Foto links). Sie ist nicht nur landschaftlich besonders abwechslungsreich; wie hier zu Zeiten türkischer Besatzung immer noch Widerstandsnester blieben, so ist diese Gegend auch vom Tourismus bisher nicht überlaufen. Doch sind die Menschen freundlich und aufgeschlossen (Foto rechts oben). Die prächtigen Fresken des Klosters Panagia Mavriotissa am Rande des Kürschnerstädtchens Kastoria (zweites Foto von rechts oben) zeugen von der traditionellen Frömmigkeit und vom Reichtum seiner Bewohner. Abseits der hitzedürren Küstenniederungen blüht sogar die überaus seltene weiße Dichternarzisse (zweites Foto von rechts unten). Und in der großen Hafenstadt Thessaloniki begegnen sich Orient und Okzident (Foto rechts unten) seit Jahrhunderten.

Südeuropa

Epiros: Berge, Klöster, Zeusorakel

Die Provinz Epiros erstreckt sich von der albanischen Grenze bis zum Ambrakischen Golf, vom Pindosgebirge bis zum Ionischen Meer. „Epiros" heißt schlicht Festland. Es waren die Bewohner der nahe liegenden Ionischen Inseln, die der abweisenden und für lange Zeit weitgehend unbekannten Region einst diesen vagen Namen gaben. Das regenreiche Klima begünstigte seit je besonders die Viehzucht. Ackerbau war und ist wegen des gebirgigen Untergrunds kaum möglich.

Ioannina, die Hauptstadt von Epiros, zählt etwa 45 000 Einwohner und ist eine Stadt mit zwei Gesichtern. So hektisch und lärmend es sich alltags präsentiert, so gemächlich, so typisch griechisch geht es am Wochenende zu. Zahllose Cafés und Tavernen stellen Stühle und Tische hinaus, kleine Parks laden Einheimische und Touristen zum Flanieren und Verweilen ein. All dies vermittelt das Bild der in aller Welt so geschätzten mediterranen Lebensart: Kaffee unter freiem Himmel, eine Plauderei mit Freunden, bei der das mitteleuropäische Zeitbewußtsein wie aus einer anderen Welt erscheint.

Ioannina liegt, von weitem betrachtet, idyllisch am gleichnamigen See. Bei genauerem Hinschauen fällt auf, daß dessen Wasser mangels Abflusses recht schmutzig ist. Doch hat das Zentrum von Epiros, das im Mittelalter an einem Johanneskloster entstand, gottlob viel mehr zu bieten als den Blick auf den See. Von der Zitadelle aus ist zwar auch dieser nicht ohne Reiz, doch wird er weit übertroffen von dem Eindruck, den man von hier aus vom Pindosgebirge gewinnt. Die Zitadelle beherbergt die Aslan-Aga-Moschee mit einem sehenswerten Volkskundemuseum und das Ali-Pascha-Mausoleum. Unter diesem berühmt-berüchtigten Herrscher erlebte Ioannina 1788 bis 1822 eine Blütezeit.

Etwa 22 Kilometer südwestlich von Ioannina findet sich an einem Platz tief in den Bergen, wie er dramatischer kaum ausgewählt werden konnte, das Zeusorakel Dodona (Dodóni), das als die älteste Kult- und Orakelstätte des Landes gilt. Im Zentrum liegt der Zeusbezirk, noch gut sichtbar durch erhalten gebliebene Reste der Umfriedung. Neben einer am ursprünglichen Platz neu gepflanzten Eiche stand das heilige Haus, wenig weiter östlich fanden sich kleine Tempel zu Ehren Diones, Herakles' und Aphrodites. Dodonas Theater, vom sagenumwobenen König Pyrrhus erbaut, war mit seinen etwa 16 000 Plätzen, in 21 Sitzreihen auf drei Ränge verteilt, eines der größten des alten Griechenland. Es fällt nicht schwer, sich in dieser Arena antike Dramen in all ihrer Lebendigkeit vorzustellen. Noch heute bezaubert das Theater seine Besucher.

Auf dem Weg von Ioannina nach Konitsa biegt man nach 16 Kilometern rechts ab, um über Vitsa das Dorf Monodendrion zu erreichen. Der hochgelegene Ort ist bekannt für seine Webereien. Von Monodendrion aus führt ein Weg zur Vikosschlucht. In fast 1500 Meter Höhe am Rand der Schlucht scheint

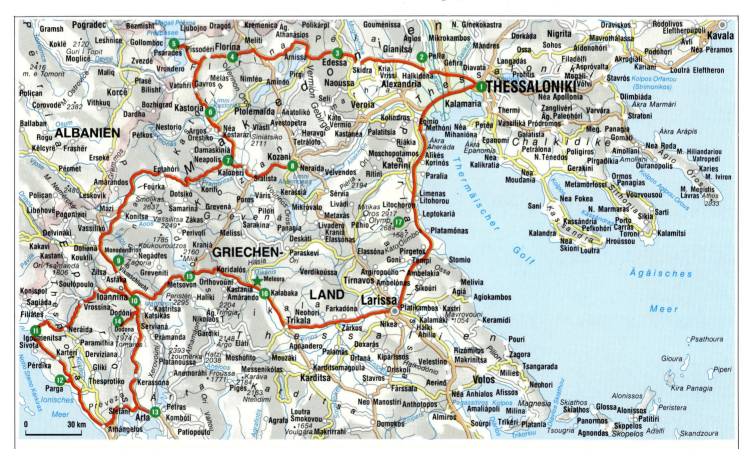

Unser Routenvorschlag
ZWISCHEN KORFU UND OLYMP

Start und Ziel der Rundfahrt soll die makedonische Hauptstadt Thessaloniki ❶ sein. Von dort aus geht es zum 40 km entfernten Pella ❷, der Geburtsstätte Alexanders des Großen. Hinter Edessa ❸, Stadt der Wasserfälle und Kirschbäume, fährt man zum Bergstädtchen Florina ❹, inmitten von Obstplantagen gelegen. Psarades ❺ ist Eingangspforte zum Großen und Kleinen Prespasee, einem Nationalpark, wo es sogar Pelikankolonien gibt. Der Weg führt weiter über das Kürschnerstädtchen Kastoria ❻ zum Kreuzungspunkt Neapolis ❼. Über das Bergdörfchen Siatista kommt man in die umtriebige westmakedonische Bezirkshauptstadt Kozani ❽. Die Hauptroute geht durch die Bergwelt des Pindos. Unbedingt empfehlenswerter Abstecher: nach Monodendrion ❾ mit atemberaubender Aussicht in die Vikosschlucht. Dann fährt man hinunter nach Ioannina ❿. Von dort geht es über Igoumenitsa ⓫ durch das hübsche Hafenstädtchen Parga ⓬, über die uralte Brücke von Arta ⓭ und über die Orakelstätte von Dodona (Dodóni) ⓮ zurück nach Ioannina. Über Metsovon ⓯, ein Dorf mit sehenswertem Volkskundemuseum, werden die Meteoraklöster bei Kalabaka ⓰ (siehe: Das besondere Reiseziel) erreicht. Weiter geht es durch die Thessalische Tiefebene über Trikala, Larissa durchs Tempetal und immer entlang der Ägäisküste mit Dauerblick auf den Olymp ⓱ nach Thessaloniki zurück.

Wie ein Schwalbennest klebt das Kloster Agia Paraskevi bei Monodendrion in den Felsen oberhalb der Vikosschlucht. Die Gebäude sind verlassen, aber noch recht gut erhalten.

> **NORDGRIECHENLAND AUF EINEN BLICK**
>
> **SEHENSWÜRDIGKEITEN**
> **Arta:** Steinbrücke über den Arachthos (17. Jh.); **Dodona (Dodóni):** Orakelstätte, Theater; **bei Ioannina:** Klosterinsel, archäologisches Museum, Tropfsteinhöhle von Perama; **Kalabaka und Kastraki:** Meteoraklöster; **Kastoria:** Kürschnerstädtchen; **bei Litochoron:** Olymp, Griechenlands Götterberg (2917 m); **bei Monodendrion:** Blick in die Vikosschlucht; **Parga:** Hafenstädtchen, Reste eines Totenorakels; **Pella:** einstige Hauptstadt Makedoniens, Grabungsgelände (Bodenmosaiken); **Piliongebirge:** Gebirgsdörfer (Herrenhäuser); **Platamónas:** Festungsruine aus der Frankenzeit; **Tempe:** Schlucht am Fluß Pinios; **Thessaloniki:** archäologisches Museum; **Zagorochoria:** Dörfer im Pindosgebirge.
>
> **FESTE UND VERANSTALTUNGEN**
> **Dodona (Dodóni):** Theaterfestival, August; **Kastoria:** internationale Pelzmesse, März; **Kastraki:** Sankt-Georgs-Klettern am Meteorafelsen, April; **Katerini:** Festspiele, Juli bis August; **Metsovon:** Trachtentanz, Ende Juli; **Thessaloniki:** Kulturfestival, Festival des griechischen Films, September.
>
> **AUSKUNFT**
> **Griechische Zentrale für Fremdenverkehr,** Neue Mainzer Str. 22, 60311 Frankfurt a. M., Tel. 0 69/ 23 65 61-63; **Griechische Zentrale für Fremdenverkehr,** Pacellistr. 5, 80333 München, Tel. 0 89/22 20 35-36; **Griechische Zentrale für Fremdenverkehr,** Wittenbergplatz 3a, 10789 Berlin, Tel. 0 30/2 17 62 62-63; **Griechische Zentrale für Fremdenverkehr,** Abteistr. 33, 20149 Hamburg, Tel. 0 40/45 44 98.

wunschenen Brücke zu verhindern. Sie ist ein Meisterwerk türkischer Baukunst. Ebenfalls aus der Zeit der Türkenherrschaft stammen die beeindruckenden Häuser wohlhabender Familien, zum Beispiel in Metsovon nordöstlich von Ioannina. Der zweigeteilte Ort – die sonnigere Hälfte heißt Prosilio, die sonnenabgewandte Anilio – ist heute beliebte Sommerfrische und ein attraktiver Wintersportort mit Skilift. Die Schwierigkeitsgrade der Pisten sind durchaus mit manchen in den Alpen vergleichbar. Nördlich von Ioannina schmiegen sich zahlreiche kleine Dörfer in die Zagoriaberge: die Zagorochoria. Das sind 46 Ortschaften, die zumeist unter Denkmalschutz stehen. Auch zur Türkenzeit bildeten sie eine eigene kleine Welt für sich, waren auf sich selbst gestellt. Alte Villen, sehenswerte Kirchen mit Fresken und Ikonen haben sich erhalten.

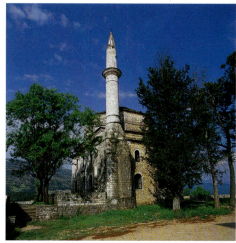

Malerisch auf einem Hügel über Ioannina liegt die kleine Fetichie-Moschee, eine von vielen in der Region.

sich das heute verlassene Kloster Agia Paraskevi im Untergrund festzukrallen. Die kleine zugehörige Kapelle steht Besuchern offen. Über einen felsigen, immer schmaler werdenden Weg dringt man vor bis zur Schlucht, einer der größten und tiefsten Europas. Von einer Höhle aus, ehemals Wohnsitz eines Einsiedlers, bietet sich ein atemberaubender Blick in die Tiefen der Vikosschlucht. Fast 600 Meter fallen die Felsen steil ab in die etwa zehn Kilometer lange Talenge. Schwindelfrei sollte man schon sein, wenn man die Aussicht so richtig genießen will.

Wildromantisches Pindosgebirge, zauberhaftes Thessalien

Wie ein Rückgrat zieht sich der Pindos von der albanischen Grenze bis zum Golf von Korinth hinunter. Sein höchster Gipfel, der Smolikas, ist mit über 2600 Meter Höhe nur wenig niedriger als der Olymp. Eine wilde, urwüchsige Landschaft zieht die Besucher in ihren Bann. Bären und Wölfe werden heute noch im Pindos gesichtet, ebenso Luchse und Ziegen, und das nicht nur im Nationalpark Vikos-Aoos an der Grenze zu Albanien. Und nur der Fachmann kann ermessen, was da an Tausenden von Wald- und Wildblumen im Gebirge wächst. Man kann diese großartige Gegend erwandern oder, außerhalb des Nationalparks, auch mit Auto oder Motorrad erschließen.

Zweifelsohne stößt der Besucher dabei auf die berühmte Brücke von Arta, die in vielen Bögen über den wasserreichen Arachthos führt und in deren Fundament der Legende zufolge die Frau des Baumeisters eingemauert wurde, um Einstürze der ver-

Zwischen dem Pindosgebirge und der Ägäis, Makedonien und Böotien liegt Thessalien. Es ist ein Berg- und Bauernland – die Kornkammer Griechenlands – und umfaßt rund zehn Prozent der Staatsfläche. Umgeben von Gebirgen, zeichnet sich Thessalien durch ein fast kontinentales Binnenklima aus, was heiße Sommer und unerwartet kalte Winter bedeutet. Als Zeus in grauer Vorzeit eine große Sintflut über Griechenland schickte, soll nur ein gewisser Deukalion mit seiner Frau Pyrrha in einer selbstgebauten Kiste überlebt haben. Ihr erster Sohn hieß Hellen, der sich später in Thessalien ansiedelte und zum Stammvater der Hellenen, zum Urvater aller Griechen, wurde.

Landschaftlicher Höhepunkt Thessaliens ist das Piliongebirge auf der Halbinsel Magnesia, die sich, einem kleinen Florida ähnlich, bei Volos nach Süden erstreckt. Mit nur 1651 Meter Höhe ist der Piliongipfel natürlich nicht mit dem Olymp zu vergleichen. Jedermann kann ihn ohne olympische Leistungen erklimmen, und der Ausblick über Thessalien, das blaue Meer und die ersten Inseln hat sicherlich schon den Göttern der Antike gefallen. Fast tropisch üppig ist die Vegetation; Zypressen, Eichen, Platanen, Birken, Kastanien, dazwischen Myrte, Ma-

Südeuropa

Mächtig erhebt sich der schneebedeckte Smolikas, der höchste Gipfel des Pindos, über die Wolken. Die Gebirgskette ist die Wasserscheide zwischen dem Ionischen Meer und der Ägäis.

joran und Salbei, gedeihen hier – ein blühender, duftender Berg, auf dem auch Äpfel, Birnen, Nüsse und Pflaumen geerntet werden; Pfirsiche nicht zu vergessen, die äußerst wohlschmeckenden *Mastos Afroditis*, wie die Einheimischen sie nennen, die „Brüste der Aphrodite". Ungefähr 2000 unterschiedliche Arten von Wildpflanzen gibt es hier, und schon im Altertum war der Pilion auch für seine Heilkräuter bekannt.

Die im 15. und 16. Jahrhundert gegründeten Dörfer an den Hängen des Pilion gelten mit ihren hübschen, restaurierten Häusern als die schönsten Griechenlands, und wie die sogenannten Zagorochoria-Dörfer im Pindosgebirge konnten auch sie sich unter türkischer Herrschaft ihre Autonomie bewahren und ihre alte Kultur und Tradition erhalten. Der wunderschöne, mit Platanen bewachsene Dorfplatz von Portaria eröffnet einen phantastischen Blick auf die Hafenstadt Volos, die Bucht von Pagasitikos und auf den verschlungenen Weg hinauf bis Makrinitsa. An dessen Dorfplatz ist eine urtümliche kleine Kirche zu besichtigen, deren Pfarrsaal mangels räumlicher Ausdehnung in die Höhe gebaut wurde – er liegt auf zwei Ebenen. Treppauf, treppab kann man das idyllische Makrinitsa zu Fuß durchstreifen, denn wegen der Hanglage sind häufig Treppen an die Stelle von Straßen getreten. Wenn ein Preis für das allerschönste Dorf Griechenlands zu vergeben wäre, fiele die Wahl vermutlich auf Makrinitsa.

Abraham, Isaak und Jakob, Menschenseelen im Schoß haltend: Fresko im Pindos-Kloster Mirofilo.

Larissa ist die Hauptstadt Thessaliens – und eigentlich wenig geschichtsträchtig. Der überwiegende Teil der Stadt wurde 1941 bei einem Erdbeben zerstört. Den neuen, rechteckig angelegten Straßen, zwischen denen sich hohe Wohnblocks drängen, geht jeglicher Charme ab. Dichter Verkehr und überdurchschnittlich viele Traktoren – Larissa ist Landwirtschaftszentrum der Region – machen aus der Fahrt durch die Hauptstadt auch nicht gerade ein Vergnügen. Noch schlimmer aber ist die unerträglich schwüle Hitze im Sommer, die dem Besucher der heißesten Stadt Griechenlands das Atmen erschwert. Halt, haken Sie Larissa jetzt nicht einfach als „nicht sehenswert" in Ihrem Reiseplan ab. Denn hier, mitten zwischen langweiligen Häusern und dichtem Verkehr, befindet sich ein archäologisches Museum der Sonderklasse am Hauptplatz. Zu sehen gibt es Fossilien, Werkzeuge aus der Steinzeit, antike Funde und frühchristliche Skulpturen.

Hier thronten die griechischen Götter

So mancher Berg in Griechenland heißt Olymp, aber – beim Zeus, möchte man ausrufen – nur einer ist das Original: das bis zu 2917 Meter Höhe erreichende Zentralmassiv, die unübersehbare Grenze zwischen den fruchtbaren Ebenen von Makedonien und Thessalien, der höchste Berg Griechenlands.

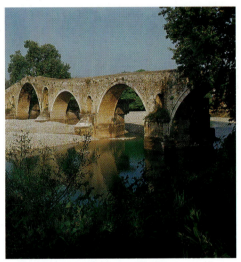

Aus osmanischer Zeit stammt die schöne Brücke von Arta, die den Fluß Arachthos überspannt.

Fast immer – namentlich an heißen Tagen – ist der „Thron der Götter" wolkenverhangen, als hätte er wie einstmals mythische Gestalten und ihr zeitweise ziemlich irdisches Treiben zu verschleiern. Hier also waren die Götter zu Hause, hier erfreuten sie sich ihrer ewigen Jugend und Unsterblichkeit und lenkten mit ihren Eskapaden die Geschicke der Menschen. Zeus an der Spitze der Götterwelt konnte seinen Drang zu schönen Frauen nur schwer zügeln, was ihm seine eifersüchtige Gemahlin Hera mehr als einmal verübelte.

Des Göttervaters Lieblingstochter Athene wachte in jenen mythischen Zeiten über Krieg und Weisheit, Aphrodite war für die Liebe zuständig, Apollo für die Künste, Hermes für Handel, Post und Verkehr. Zu diesen bekannten Lichtgestalten – es gibt noch viele andere – kamen, wechselnden ehelichen und unehelichen Verbindungen entstammend, Halb- und Nebengötter, Heroen, Nymphen, Zentauren und andere Wesen. Die drei „Moiren", die unter

Am schönsten ist es im Piliongebirge auf der Halbinsel Magnesia, wenn im Frühling die Natur zu neuem Leben erwacht. Dieser Teil Thessaliens ist berühmt für seine Obstkulturen.

ihrem römischen Namen „Parzen" geläufiger sind, webten ohne Unterlaß und für jeden individuell am Lebensfaden der sterblichen Menschen.

Der Olymp, die Götter einmal weggedacht, ist ein gewaltiges Bergmassiv, das auf einer Grundfläche von 20 Kilometer Durchmesser gen Himmel wächst. Seine Gipfel bilden einen überdimensionalen Halbkreis. Der Gipfel Stefani ähnelt mit seinen Abstürzen, in denen meist Schnee liegt, wahrhaftig der gemütlichen Rückenlehne eines gewaltigen göttlichen Thrones – mit weißem Sofakissen. „Thronos ton Dia" nannten ihn schon die frühen Griechen. Allerdings blieb ungeklärt, ob die Götter hier oben auf dem Berg residierten oder in den himmlischen Sphären darüber. Die Giganten, die Söhne der Urmutter Erde, sollen sich eine Art Treppe gebaut haben, indem sie auf den Olymp den benachbarten, auch nicht eben kleinen Ossa getürmt und den Pilion noch obendrauf gelegt haben. So wollten sie den Himmel als vermeintlichen Sitz ihrer Erzrivalen, der Götter des Olymps, stürmen. Der Coup mißlang – mit einem seiner gewaltigen Blitze brachte Zeus den Turm zum Einsturz und die Bergmassive wieder an ihre Plätze. An den unteren Hängen des Massivs wachsen Eichen, Buchen, Föhren, Platanen. 1800 verschiedene Pflanzenarten haben Botaniker in der olympischen Gegend gezählt. Lange traute sich niemand hier hinauf. Ein Sultan, Mohammed IV., war der erste, der 1669 einen amtlich registrierten, aber unvollendeten Versuch machte, den Gipfel zu besteigen. Erst 1913, ein Jahr, nachdem der Olymp und der ganze griechische Norden aus türkischem Besitz wieder an Griechenland zurückfielen, gelang der Coup: Zwei Schweizer Maler namens Daniel Baud-Bovy und Frederic Boissonas standen zusammen mit ihrem griechischen Führer Christos Kakalos zum erstenmal auf den beiden höchsten Olympgipfeln. 1921 begannen zwei andere Schweizer, die Topographen Marcel Kurz und Hans Bickel, damit, die olympischen Regionen zu vermessen, und 1927 wurde die ganze Gegend von einer großen internationalen Expedition gründlich erforscht.

Vom Olymp zu Makedoniens fruchtbaren Ebenen

Den Bergwanderern von heute stehen rund um den Olymp mehrere Schutzhütten zur Auswahl, und wer in die Gipfelgegend will, hat einige Möglichkeiten: So geht es mit dem Auto vom Dörfchen Litochoron – mit wunderschöner Aussicht – auf einem gute Stoßdämpfer erfordernden Forstweg bis Prionia (in immerhin schon mehr als 1000 Meter Höhe) hinauf. Geübte Kletterer erobern den höchsten Gipfel von hier aus in sechs Stunden. Aber auch ungeübte dürfen sich den Aufstieg zutrauen. Den Marsch von Litochoron durch die gewaltige Mavrolongosschlucht sollten nur Unerschrockene wählen, denn dies ist kein Spaziergang, und die Route nimmt drei Tage in Anspruch. Vorsicht sollte man immer walten lassen, denn der Olymp ist als Bergmassiv mit blitzschnell wechselndem Wetter bekannt. Binnen Minuten können hier Wolken aufziehen, die Temperaturen auf den Nullpunkt absinken und schwere Regengüsse einsetzen. Nicht von ungefähr führte Zeus die Beinamen „Wolkenversammler" und „Blitzeschleuderer".

Einen Steinwurf entfernt liegt zwischen Olymp und Ossagebirge die wunderschöne Tempeschlucht. Acht Kilometer ist sie lang und an manchen Stellen nur gut 50 bis 60 Meter breit; der Pinios, aus Thessalien kommend, strömt in ihr zur Ägäis. Die Sage berichtet, der Meeresgott Poseidon habe die Schlucht mit seinem Dreizack geschaffen – eine grüne Waldschlucht, in die die Götter an heißen Tagen gerne herabstiegen und den Gesängen der Nymphen lauschten.

Von jeher war das enge Tal Hauptzugangsweg nach Athen, bis 1912 zudem griechisch-türkische Grenze. Heute ist das Tal gut zugänglich und gehört zu den beliebtesten Ausflugszielen der Region. Besichtigen kann man hier die Daphniquelle und die Höhlenkapelle Agia Paraskevi, die über eine Hänge-

Die Kreuzritterburg von Platamónas beherrscht den nördlichen Zugang zum Tempetal.

brücke erreicht wird. Die engste Stelle der Schlucht trägt den bezeichnenden Namen Lykóstomo, Wolfsrachen. Vom Dörfchen Témpi geht es auf einer Serpentinenstraße einige kurvige Kilometer zum Ort Ambelakia ins Ossagebirge im Schatten des Olymps hinauf. Um 1780 fand sich hier in Ambelakia die erste ernstzunehmende Genossenschaft der Welt zusammen: rund 6000 Kleinunternehmer, die ihr berühmtes „rotes Garn" monopolartig in eigener Regie über 16 Handelsfilialen überall in Europa vertrieben. In Wien beispielsweise wirkte ein Herr Mavros als Filialleiter der Kooperative. Der hatte so kompromißlos Deutsch gelernt, daß er sogar seinen griechischen Namen germanisierte und sich fortan Schwarz nannte, auch, nachdem er längst wohlhabend wieder nach Hause zurückgekehrt war. Seine Villa oben im Ossadörfchen Ambelakia, das Schwarzhaus, gilt als eines der schönsten griechischen Herrenhäuser aus dem letzten Jahrhundert.

Die größte griechische Landschaft, Makedonien, erstreckt sich von der albanischen Grenze im Westen bis zum Fluß Nestos im Osten, von der Grenze des Staates Makedonien im Norden, der im Zuge des Verfalls von Titos Jugoslawien entstanden ist, bis zum Bergmassiv des Olymps im Süden. Hohe Gebirgszüge prägen das Landschaftsbild der Region. Die fruchtbaren Ebenen Makedoniens sind die ertragreichsten in Griechenland. Angebaut werden Tabak, Wein, Oliven, Zitrusfrüchte, Reis, Baumwolle, Getreide und Mais. Das Wasser aus den Bergen läßt die Felder dank effektiver Bewässerungstechnik auch im Sommer nicht darben. Das Klima tut ein übriges: Im Vergleich zu Südgriechenland ist es hier angenehm mild. Doch nicht nur die Früchte von Äckern und Gärten haben Makedonien Reichtum gebracht. Ein Beleg für diese Feststellung ist Kastoria, das Städtchen auf der Halbinsel im gleichnamigen See. Seit der Zeit der türkischen Herrschaft kennt man es als wohlhabendes Zentrum von Kürschnerei und Pelzhandel.

Die alten Herrenhäuser der Kürschner aus dem 17. und 18. Jahrhundert sind Spiegelbild der reichen Vergangenheit Kastorias. 72 byzantinische Kirchen zeugen ebenfalls von gut betuchten Gläubigen – und der relativen Glaubenstoleranz der islamischen Herrscher während der Osmanenzeit. Natürlich statteten die Einwohner ihre Gotteshäuser prächtig aus. Zahlreiche Malereien an Decken und Wänden, innen und außen, machen den Besuch der Kirchen Kastorias zu einem Kunstgenuß.

Es ist schon überraschend: In Makedonien erinnert auffallend wenig an die türkische Herrschaft, die doch immerhin bis zum Jahre 1913 andauerte. Mannigfaltig sind dagegen die Zeugnisse der Antike. Südöstlich von Veroia, am Südrand der Mündungsebene des Flusses Aliakmon, stieß der Archäologe Manolis Andronikos 1977 auf eine Sensation. Während die Wissenschaft die alte makedonische Hauptstadt Aigai bei Edessa vermutete, glaubte Andronikos, sie in der Nähe des Dorfes Vergina bei Veroia suchen zu müssen. Und er behielt recht. Er entdeckte bei Palatitsia nicht ausgeplünderte Grabstätten, die – wie Münzen und Keramikfunde nahelegen – aus dem vierten Jahrhundert vor Christus stammen. Unter einem zwölf Meter hohen Grabhügel mit einem Durchmesser von etwa 100 Metern stieß Andronikos auf eine Marmortür, die das Gemälde einer Löwenjagd schmückte, das erste Original griechischer Malerei aus jener Zeit. Hinter der Tür entdeckte der Archäologe einen Marmorsarkophag mit goldenem Schrein. In der eigentlichen Grabkammer fand sich ein weiterer Goldschrein, der das Wappen von Philipp II. trug, einen sechzehnstrahligen Goldstern.

Archäologen schlossen, daß es sich um das Grab des berühmten Makedonierkönigs, des Vaters Alexanders des Großen, handeln mußte. Ihm war eine Vielzahl von Vasen, Tellern, Münzen, Schalen und Schmuck in Gold und Silber für die Reise ins Jenseits mitgegeben worden. Auch ein Zepter und Teile einer kostbaren Rüstung fanden sich. Zwei ungleiche Beinschienen paßten ebenfalls ins Bild – der Makedonierkönig hat nämlich der Überlieferung zufolge gehinkt. Seine sterblichen Überreste waren in purpurrotes Tuch eingehüllt.

Die sensationellen Funde sind im archäologischen Museum von Thessaloniki zu bewundern. Im Jahre 1987 öffnete Andronikos im selben Hügel ein weiteres, ebenfalls bis dahin unversehrtes Grab. Die These, die ehemalige Hauptstadt Aigai habe sich hier bei Vergina befunden, ist jetzt nahezu Gewißheit. Weitere Entdeckungen dieser Art in der Region sind zu erwarten.

Grüße aus einer antiken Königsstadt

Etwa 70 Kilometer westlich von Thessaloniki liegt in hügeliger Landschaft Edessa. Selbst im Hochsommer ist es angenehm kühl in der Stadt, die vor der Kulisse der wasserreichen umliegenden Berge wie eine Oase der Frische wirkt. In Edessa grünt und blüht es, gute Bewässerung läßt Hibiskus, Oleander und Rosen, Granatapfel-, Feigen- und Mandelbäume sowie riesige schattenspendende Platanen gedeihen. Mehrere von hübschen Brücken überspannte Bäche durchfließen die Stadt. Weitaus attraktiver jedoch als Edessa ist der nördlich gelegene Vodawasserfall, der jährlich zahllose Besucher anzieht. Von einem kleinen Parkplatz aus, an dem Händler Souvenirs und Wegzehrung feilbieten, gelangt der Besucher über eine Treppe zu einer Terrasse gleich neben den 25 Meter in die Tiefe stürzenden Wassermassen. Eine recht abenteuerliche Perspektive bietet der Weg hinter dem Wasserfall am Felsen entlang. Hier erlebt man dieses Naturschauspiel hautnah und entsprechend feucht.

Pella, etwa auf halber Strecke zwischen Edessa und Thessaloniki gelegen, war die historische Hauptstadt Makedoniens; König Archelaos hatte die Residenz um 410 vor Christus von Aigai hierher verlegen lassen. Unter Philipp II. und Alexander dem Großen erlebte die Stadt im vierten Jahrhundert vor Christus eine kulturelle und wirtschaftliche Blütezeit. Zahlreiche Künstler und Gelehrte begründeten den Ruf der Hauptstadt. Leider ist von den prächtigen Bauten von einst nichts erhalten.

Jahrhundertelang galt die Stadt als verschwunden, verschluckt von der Zeit. Erst 1957 wurde sie wieder entdeckt: Ein Bauer, der der Rattenplage wegen seinen Keller zementieren wollte, stieß auf die

Der Olymp, der Thron der griechischen Götterversammlung, zieht noch heute mit magischer Macht viele Freunde altertümlicher Mythen an. Der Aufstieg ist allerdings nicht ganz einfach.

erste Scherbe, und simple Dachziegel mit der Aufschrift „Pelles" gaben wie der Gruß auf einer Ansichtskarte die Gewißheit, daß hier einst die makedonische Metropole gelegen hatte.

Beim Weitergraben stieß man auf wahrhaft herrliche Mosaiken, aus Millionen von millimeterkleinen Kieselsteinen gefügt: schwarz, weiß und gelb. Die grandiosen Bildwerke hatten einst Fußböden herrschaftlicher Häuser aus dem dritten Jahrhundert vor Christus geziert. Sie zeigten unter anderem Alexander den Großen, wie er bei der Löwenjagd von seinem Freund Krateros gerettet wird – eine tatsächliche Begebenheit. Das Gebäude, in dem das Mosaik gefunden wurde, hatte eine Grundfläche von 80 mal 100 Metern. Es verfügte über drei offene Aulen und eine zentrale Aula, die mit Säulen geschmückt war. Ein weiteres Mosaik, es stellt eine Hirschjagd dar, trägt einen Hinweis auf den Künstler: „Gnosis hat es gemacht." Dies ist der älteste überlieferte Name eines Mosaiksetzers. Ein kleines Museum stellt Gegenstände aus, die neben den Mosaikböden gefunden worden waren: Götterstatuen, eine Hundeabbildung aus Marmor, Reste von Säulen und Amphoren. Wenn man die Straßen aus der Zeit um 300 vor Christus entlanggeht, fällt es nicht schwer, sich Amphoren tragende Frauen und Männer in wallenden Gewändern vorzustellen, diskutie-

Dieses Bild zeigt im Grunde alles, was als Inbegriff des griechischen Kernlandes Makedonien gelten kann: Berge, ein See – und eine byzantinische Kirche, von denen es allein im Gebiet um Kastoria 72 gibt.

„Löwenjagd": ein kostbares Mosaik aus der alten makedonischen Königsstadt Pella bei Thessaloniki.

rende Gruppen und durch die Straßen gezogene Karren. Inmitten der Ruinen entsteht fast authentisch ein Bild der großen Vergangenheit Pellas vor dem inneren Auge.

Die Hauptstadt Makedoniens ist Thessaloniki, dessen Wahrzeichen, der Weiße Turm, am Südostende der Uferpromenade aus einer kleinen Parkanlage in die Höhe ragt. Ursprünglich gehörte der Turm zur Festungsmauer um die Siedlung, die schon im byzantinischen Reich Metropole und Handelszentrum war. Den jetzigen Turm erbauten die Türken um 1430 neu und kerkerten darin Gesetzesbrecher ein – so beispielsweise auch jene Janitscharen, die gegen Sultan Mahmud II. revoltiert hatten und hier umgebracht wurden. Blutturm nannte ihn die Bevölkerung daraufhin. Mit weißer Farbe such-

Im Schatten des wolkenumhüllten Olymps finden die Hirten reichlich Weiden für ihre Herde.

ten die Türken die finstere Episode zu übertünchen: Sie strichen den Turm weiß an und gaben ihm seinen heutigen Namen. Oben, in 35 Meter luftiger Höhe, bietet der Weiße Turm einen herrlich weiten Rundblick über die Stadt und ihre Umgebung. Rund um den Turm übt die erwähnte Parkanlage, in der Kieswege zu zahlreichen Cafés und Restaurants führen, allabendlich eine magnetische Anziehungskraft auf Einheimische und Touristen aus. Man flaniert und genießt in dem bunten, aber dennoch gemächlichen Treiben Griechenland pur, lauscht den exotisch-vertraut klingenden Geräuschfetzen von Volksmusik und lebhaften Stimmen.

Eine moderne Stadt mit orientalischem Ambiente

Thessaloniki ist nach Athen die wichtigste Stadt Griechenlands. Seinen Namen verdankt es einer Halbschwester Alexanders des Großen, sein Hafen ist der zweitgrößte des Landes. Auf halbem Weg zwischen Hafen und Weißem Turm entlang der Bucht öffnet sich stadteinwärts der Aristotelesplatz. Auf dem Platz und unter den ihn säumenden Arkaden vermitteln zahlreiche Straßencafés typisch südländisches Flair. Zu beiden Seiten der Aristotelesstraße, die vom Platz abgeht, entfaltet sich fast schon orientalisches Treiben. Zahlreiche Läden und Lädchen, in denen es beinahe nichts gibt, was es nicht gibt, bilden eine pittoreske Kulisse. Am westlichen Ende dieses Bezirks liegt das aus dem 16. Jahrhundert stammende Gebäude des türkischen Basars,

Südeuropa

der zu seiner Zeit weit über die Region hinaus im gesamten Balkan bekannt war. Südlich des Basars befindet sich ein türkisches Bad, das Yaudi Hamam. Das „Paradiesbad" genannte türkische Badehaus, das Sultan Murad II. im Jahre 1444 errichten ließ, wird heute noch genutzt.

Orientalische Bilder auch in Áno Poli, der Oberstadt, die früher überwiegend von Türken bewohnt war. Zahlreiche Brunnen hinterließen die Osmanen den jetzigen Bewohnern des Viertels. Im südlichen Teil der Oberstadt steht gleich neben dem türkischen Konsulat das Geburtshaus des Gründers der modernen Türkei, Mustafa Kemal Pascha, des berühmten Atatürk, das man besichtigen kann. Die Befestigungsanlage Thessalonikis beschreibt ein Trapez. Vom Weißen Turm führt sie nach Norden hinauf in die Berge, dann nach Westen und wieder hinunter zum Meer, um an der Küste entlang erneut an den Ausgangspunkt zurückzulaufen. Vermutlich stammen ihre Ursprünge aus dem vierten Jahrhundert vor Christus. In der Folgezeit wurde die Mauer mehrfach umgebaut, vor allem in byzantini-

Ein Mohnfeld bei der antiken Stadt Thermai (Thermi) am Thermäischen Golf in der Nähe von Thessaloniki: Die ländliche Idylle hütet den Schlaf der versunkenen Stätten einer einst blühenden Kultur.

Die Festungsmauer von Thessaloniki steht auf antiken Fundamenten – wie das ganze Land.

scher Zeit erhielt sie Wehrtürme und -bauten zur Verstärkung. Unter türkischer Herrschaft wurde sie unter anderem von venezianischen Baumeistern perfektioniert. Bis weit ins 19. Jahrhundert hinein war das Zentrum Thessalonikis von diesem Mauerring mit zahlreichen Türmen, Forts und Toren umgeben. Dann, gegen Ende des 19. Jahrhunderts, störte die Befestigungsanlage das ästhetische Empfinden und die Verkehrsplanung der Türken, und sie rissen sie an der Wasserseite nieder, um eine breite Straße zu bauen. Auch zwischen Weißem Turm und Oberstadt verläuft nun eine Straße anstelle der alten Mauer. Die übrigen Teile, darunter auch die Zitadelle, sind erhalten und werden nun in mühevoller Arbeit restauriert. Dabei stoßen die Arbeiter nicht nur auf Ziegelmauerwerk und Naturstein: Ihre Vorfahren nutzten auch Bruchstücke von Statuen, Säulen, Altären und Grabsteinen als Baumaterial. Zahlreiche Inschriften dokumentieren die Um- und Neubauten, Verstärkungen und Befestigungen der Anlage.

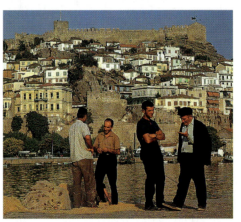

Unter der markanten Silhouette eines byzantinischen Kastells liegt die ostmakedonische Hafenstadt Kavala.

Hoch über Kavala, dem östlich der Halbinsel Chalkidike gelegenen Haupthafen Ostmakedoniens, thront das byzantinische Kastell aus dem 14. Jahrhundert. Die Mauern mit Wehrgang und Zinnen, ebenso Reste der Türme, sind erhalten. Im Innenhof wurde ein Rasen angelegt, der besonders im Sommer als Freilichtbühne für Konzerte und Theateraufführungen vor einer beeindruckenden mittelalterlichen Kulisse dient. Wunderschön ist von hier aus die Aussicht über den Hafen und das Meer. Östlich des Hafenbeckens spannen sich die mächtigen Bögen eines türkischen Aquädukts aus dem 16. Jahrhundert durch die Stadt zum Burgberg hinauf. Diese Wasserleitungen brachten einst das kostbare Naß aus den Bergen nach Kavala. Die 15 Meter Höhe erreichende doppelte Bogenreihe ist in einem erstaunlich guten Zustand erhalten. Die antike Stadt Neapolis wurde im Mittelalter zu *Cavallo*, auf deutsch Pferd, umbenannt, da der Ort ein Zentrum der thrakischen Pferdezucht und des Pferdehandels war. Der ehemalige türkische Stadtteil, der sich auf einer felsigen Landzunge ins Meer hineinschiebt, ist für Besucher von ganz besonderem exotischem Reiz: Hier kann man durch schmale Straßen und Gäßchen streifen und malerische Innenhöfe bewundern. In diesem Teil Kavalas findet sich auch das Imaret, eine von Muhammad (auch Mehmed) Ali gegründete Armenküche. Kavala ist die Geburtsstadt dieses Herrschers (1769 bis 1849), der später zum ägyptischen Pascha aufstieg und die Dynastie der Khediven begründete.

Philippi: Wiege des europäischen Christentums

Weit ist es jetzt nicht mehr bis Philippi, das zwischen Kavala und Drama liegt: Hier, in dem von Philipp II. eroberten und umbenannten Krenides, etablierte um 50 nach Christus der Apostel Paulus die erste christliche Gemeinde auf europäischem Boden. Seine Briefe an die hiesige Gemeinde sind als Philipperbriefe im Neuen Testament nachzulesen. Ein weitläufiges Ausgrabungsgelände läßt das einstige Ausmaß der antiken Stätte noch heute erahnen. Das am Hang gelegene Theater aus dem vierten Jahrhundert vor Christus, das die Römer 700 Jahre später zur Arena für ihre blutigen Gladiatoren- und Tierkämpfe umgestalteten, bietet heute eine unnachahmliche Kulisse und eine ganz besonders eindrucksvolle Atmosphäre für sommerliche Aufführungen. In der Nähe der Ruine einer Basilika zeigt ein Museum Funde aus Philippi – zu bewundern sind Relikte makedonischer, römischer und byzantinischer Vergangenheit.

Südlich der Straße, die der antiken Via Egnatia folgt, dehnt sich auf einer Fläche von 70 mal 148 Metern das einstige Forum von Philippi aus. Der von Kaiser Marc Aurel angelegte prächtige Platz im Zentrum der Stadt war gänzlich mit Marmor gepflastert. Säulenhallen begrenzten drei Seiten des Forums, an den Schmalseiten befanden sich Tempel.

Südwestlich des Forums ragen die Säulen einer weiteren Basilika in die Höhe, die um 560 nach Christus erbaut worden war. Die ursprünglich nach dem Vorbild der Hagia Sophia in Konstantinopel (Istanbul) errichtete Kuppel der Basilika stürzte jedoch ein, woraufhin der Bau nicht fortgesetzt wurde. Weithin sichtbar sind neben den mächtigen Säulen auch frühbyzantinische Kapitelle.

Eine in der Nähe des Ausgrabungsgeländes erbaute Kirche ist der Märtyrerin Lydia und dem Apostel Paulus gewidmet. Lydia soll angeblich die erste getaufte europäische Christin gewesen sein. Die Taufstelle, die am vorbeifließenden Fluß angelegt wurde, erinnert noch heute an die Anfänge des Christentums in Europa.

Ein Tip zum Baden: Der Hafenort Parga am Ionischen Meer liegt in einer herrlichen Bucht etwa 20 Kilometer südlich der Insel Korfu (Kerkyra). Über dem Städtchen erkennt man Reste einer Burg aus dem 16. Jahrhundert.

DAS BESONDERE REISEZIEL: METEORA: KLÖSTER „ZWISCHEN HIMMEL UND ERDE"

Zuerst gab es nur die Kalksandsteinfelsen: Ablagerungen eines riesigen Binnenmeers aus dem Tertiär, die stehenblieben und verwitterten, als das Wasser abgeflossen war. 60 Millionen Jahre ist das inzwischen her. Dann, im neunten Jahrhundert, kamen Mönche und bauten mit Mut und Geschick auf den Felsen Einsiedeleien und später Klöster, insgesamt 24 an der Zahl, und die Gegend nannten sie treffend: „Meteora – schwebend zwischen Himmel und Erde". Heute – da sind sich Geologen, Touristen und kirchliche Kreise einig – gehören die Meteoraklöster in der Nähe der Stadt Kalabaka im Nordwesten Thessaliens zu den größten, bedeutendsten Sehenswürdigkeiten Europas.

Wie ein ganzer Wald steigen die Felsen – 1000 sind es und mehr – 300 bis 400 Meter hoch aus der thessalischen Ebene über das Tal des Pinios auf wie eine bizarre Kulisse für Cowboyfilme. Es seien Gottes himmelweisende Finger, so glaubten die ersten Einsiedler vor 1000 Jahren. Auf alten Stichen sieht man noch, wie sie halsbrecherisch und voller Gottvertrauen auf Leitern nach oben steigen, und in einer Ecke des Himmels drückt ihnen eine besorgte Muttergottes die Daumen. Anschließend stießen sie die Leitern nach unten, um in aller Endgültigkeit mit Gott und sich selbst allein zu sein.

Zwei Dutzend Klöster gab es im 15. Jahrhundert, wie Storchennester auf Schornsteinen thronend, untereinander nicht selten zerstritten wie die Raben, aber auch einmütige Zentren des Widerstands in der Türkenzeit. Und noch bis zum Ende des griechisch-türkischen Krieges von 1923 wurden Verpflegung, Bewohner und hin und wieder ein furchtloser Besuch mit Seilwinden in Körben oder Netzen hinaufgehievt, auf Wunsch sogar mit verbundenen Augen. Erst jeweils nach einem Absturz wurde das Seil wieder mal ausgetauscht.

Heute sind nur noch sechs Klöster bewohnt. Entschärfte Fußwege führen über Treppen, Brücken und teilweise auf dunklen Stiegen durch den Fels in Gottes luftige Höhen hinauf.

Megalon Metéoron ist das größte und höchstgelegene der Klöster. Agios Stéfanos, von Nonnen bewohnt, wurde von dem berühmten Mönchsmaler Theophanos aus Kreta ausgeschmückt. Varlaam: das reichste, mit Bibliothek, Museum und den meisten alten Fresken ausgestattet. Agia Triáda in der spektakulärsten Lage: 70 Jahre hatte es einst gedauert, bis endlich alles Baumaterial oben angekommen war. Reste der alten Winden und Leiterpassagen sind noch zu erkennen und am Heiliggeistfelsen auch die Relikte eines Mönchsgefängnisses. Hier wurde übrigens ein berühmter James-Bond-Film gedreht: *In tödlicher Mission*.

Buckel, Türme, Nadeln, Zinnen und Säulen: Die Meteoragegend ist längst auch ein Lieblingsplatz der europäischen Kletterer geworden. „Geierwand", „Bischofsmütze" und „Echofelsen", so haben sie ihre Kraxelparadiese getauft, und der löchrige Bantowafels heißt bei ihnen nur noch „Schweizer Käse". Aber sie kommen sich nicht ins Gehege, die Kletterer und die alteingesessenen, frommen Anlieger. Auf Felsen mit Klöstern ist Klettern verboten.

Blick auf die Klöster Agios Rusanu und Agios Nikolaos: Bauten, die an Kühnheit nicht leicht zu übertreffen sind.

THRAKIEN
Europas Orient

Die nordöstlichste Provinz Griechenlands bekam ihren Namen im zweiten Jahrtausend vor Christus von den Thrakern. Dieses kriegerische Volk bestand ursprünglich aus rund 50 Stämmen, die den ganzen Balkan bis zur Donau und zum Schwarzen Meer beherrschten. Eingezwängt auf einem kleinen Territorium zwischen Makedonien, Bulgarien, der Türkei und dem Meer, hatten sich die Bauern im heutigen Thrakien stets mit einem regen, nicht immer friedlichen Durchgangsverkehr auseinanderzusetzen. Griechen, Perser, Römer und Türken hinterließen im Laufe der Geschichte ihre Spuren. Küche, Architektur, Brauchtum, überhaupt die ganze Lebensart sind in dieser Region der Kontraste ausgesprochen multikulturell.

Das Thrakische Meer begrenzt Thrakien im Süden, im Norden reicht es bis zum gewaltigen Rhodopegebirge, im Westen zum Bergfluß Nestos, im Osten schließlich bis zum Evros, der in einem breiten Delta an der türkischen Grenze mündet. Nicht mehr als knapp 30 Kilometer mißt die Provinz an ihrer eng-

Fruchtbare Felder und Süßwasserseen findet der Wanderer dort, wo der Nestos bei Chrysupolis ins Meer fließt. Die Gegend ist ein wahres Paradies für Wasservögel.

Das Rhodopegebirge ist teilweise vulkanischen Ursprungs und reich an Bächen und Thermalquellen.

sten Stelle. Schmal und lang wie ein Korridor ist sie, und schon im Altertum verlief hier eine wichtige Heerstraße von Rom nach Konstantinopel. Heute donnern täglich Tausende von Lastwagen über die Transitroute aus Nordeuropa in Richtung Istanbul.

Schon der göttliche Sänger Orpheus soll ein Thraker gewesen sein, und aus der antiken Stadt Abdera bei Xanthi stammten zwei berühmte Philosophen. Der eine war Demokrit, der Vater der Lehre von den Atomen, der andere Protagoras, der spitzfindige Begründer der Sophistik, der den unvergeßlichen Satz formulierte: „Der Mensch ist das Maß aller Dinge." Die Provinzen Thrakien und Makedonien hatten auch 1923 bei der großen Umsiedlungswelle nach dem griechisch-türkischen Krieg die meisten Menschen aufzunehmen: 338 000 Türken gingen, und dafür kamen 538 000 Griechen. Doch eine beachtliche türkische Minderheit blieb. Gleich hinter der Brücke über den Nestos stößt man auf das erste Minarett, und das Bild der wichtigsten Städte Thrakiens, Xanthi und Komotini, ist in tolerantem Miteinander stark orientalisch geprägt: Man sieht Fes und Schleier, Basare, Moscheen und kühle Brunnen mit arabischen Inschriften.

An der bulgarischen Grenze ragt das dicht bewaldete, bis zu 2000 Meter hohe Rhodopegebirge empor, in dem noch Bären und Wölfe vorkommen; in den Feuchtbiotopen des flachen Küstengebietes an den Mündungen von Nestos und Evros sowie an der Vistonis-Lagune bei Lagos gibt es große Vogelschutzgebiete.

Auf den Feldern wachsen vor allem Getreide, Baumwolle und Sonnenblumen. Der Tabak soll der beste der Welt sein. Die Bilder am Wegesrand sind archaisch: Esel- und Ochsenkarren, himmelhoch beladen mit Ähren; im goldenen Staub der abgeernteten Flächen weiden Schafherden. Auch Wein wird angebaut, aber Vorsicht: Mit dem schweren thrakischen Wein machte angeblich schon Odysseus den einäugigen Riesen und Menschenfresser Polyphem betrunken, der in einer Tropfsteinhöhle bei Alexandrupolis am Evrosdelta gehaust haben soll.

Von hier geht die Fähre hinüber nach Samothraki, dem „thrakischen Samos": auf Griechenlands nordöstlichste Insel voller landschaftlicher Reize. Vom 1640 Meter hohen Fengari, dem höchsten Berg aller Ägäisinseln, blickt man auf die Ruinen des noch immer geheimnisvollen Mysterienheiligtums der Großen Götter (Kabirenheiligtum). Hier wurde bei Ausgrabungen zwischen 1873 und 1875 auch die berühmte Nike von Samothrake gefunden. Die Statue der Siegesgöttin stammt aus der Zeit um 190 vor Christus. Eine Kopie steht im Inselmuseum, das Original besitzt der Pariser Louvre.

Noch oberhalb des heiligen Bezirks liegen die Reste der antiken Stadt Paläopolis aus dem siebten Jahrhundert vor Christus mit einer gewaltigen Mauer. Im Innern steht auf einer Anhöhe noch die Ruine eines mittelalterlichen Genueser Kastells. Auch die Ausgrabungen auf Samothraki spiegeln die kulturelle Vielfalt all der Völker wider, die Thrakien zur Durchgangsstation nahmen.

Auskunft: siehe Seite 447.

CHALKIDIKE
Im Land der Mönche und Giganten

Wie der Dreizack des Meeresgottes Poseidon stechen die drei Finger der Halbinsel Chalkidike östlich von Thessaloniki in die Ägäische See. Jeder dieser bergigen, relativ waldreichen und touristisch gut erschlossenen Finger ist 40 bis 50 Kilometer lang und zehn bis 15 Kilometer breit. Die ausgedehnten Badebuchten in diesem Gebiet erreichen zusammen eine Länge von stattlichen 500 Kilometern. Im Hinterland werden Baumwolle, Sonnenblumen, Wein und Oliven angebaut, und der wunderbare Honig der Chalkidike ist berühmt. Hier war die Heimat der sagenhaften Giganten der griechischen Mythologie. Und auf dem Berg Athos existiert die einzige Mönchsrepublik der Welt.

Die griechischen Mythendichter erzählen von der Chalkidike als der Hochburg der Giganten, jener Söhne der Erdmutter Gaia, die zu Erzfeinden der olympischen Götter wurden und diese in einem gewaltigen Krieg bekämpften. Athos hieß einer von ihnen, und das Gebirge, das er in der letzten Schlacht wie eine riesige Handgranate gegen Zeus schleuderte, trägt seinen Namen. Die Anfänge menschlicher Geschichte liegen hier unvorstellbar lange zurück, auch wenn um Athos ausschließlich der Atem des Göttlichen zu wehen scheint.

Vor rund 700 000 Jahren soll in der Höhle von Petralona schon ein Feuer entzündet worden sein; Archäologen glauben, es sei das erste überhaupt gewesen. Wer kennt nicht die Sage von Prometheus, der den Göttern das Feuer stahl? Olynthos, die erste Stadt vom Reißbrett, lag an der Südküste. Sie wurde um 348 vor Christus durch den makedonischen König Philipp II. zerstört. Stagira im Osten ist der Geburtsort des Philosophen Aristoteles.

Der Kassandra-Finger ist benannt nach dem makedonischen König Kassander, einem Nachfolger Alexanders des Großen. Er trennte die Halbinsel durch den Kanal von Poteidaia vom Festland. Erst seit 1970 gibt es hier eine Brücke. Auf Kassandra, wo im antiken Mende der Bildhauer Paionios zur Welt kam – seine berühmte Statue der Siegesgöttin Nike steht im Museum von Olympia –, häufen sich heute Hotels und Touristenlokale.

Sithonia, der Mittelfinger, wurde nach einem Sohn des Meeresgottes Poseidon benannt; die Teilhalbinsel ist bergiger, wilder und unerschlossener als die sie einrahmenden Landzungen links und rechts. Neos Marmaras heißt der Hauptort, Kufos der kleine, malerische Hafen an der Fingerspitze. Darüber liegt das Bergdorf Parthenionas, das 1957 nach einem Erdbeben verlassen wurde: Erst jetzt kehren langsam die Menschen zurück. Ein Hoffnungsträger ist die alte Taverne, die schon wieder geöffnet hat.

Nea Roda, die schmalste Stelle auf dem Athosfinger: Hier ließ 480 vor Christus der Perserkönig Xerxes auf seinem Feldzug gegen die Griechen einen Kanal graben. Wer gut hinschaut, kann dessen Verlauf noch erkennen: ein schnurgerader Streifen, deutlich grüner als die Umgebung. Wer die Mönchsrepublik Athos besuchen will, braucht ein Empfehlungsschreiben, zum Beispiel vom deutschen Konsulat in Thessaloniki, und eine spezielle Aufenthaltsgenehmigung. Jugendliche und Frauen haben nach einem immer noch gültigen Erlaß des byzantinischen Kaisers Konstantin Monomachos von 1045 überhaupt keinen Zugang. Ab Ouranopolis, dem Hafenstädtchen mit dem uralten Wachtturm, fährt ein Ausflüglerboot die Küste entlang – in einem Sicherheitsabstand von 500 Metern.

Das erste der Athosklöster entstand anno 963. Zu deren Blütezeit lebten in 40 Klöstern 40 000 Mönche. Heute sind noch 20 Anlagen bewohnt, und nur

Jerossos, ein typisches Dorf auf der Halbinsel Athos: Hierher verläuft sich kaum ein Tourist.

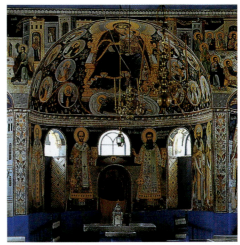

Die Wandmalereien in der Klosterkirche von Vatropedi zeugen von lebendiger Glaubenstradition.

mehr 1700 Mönche gehören zur Gemeinschaft. Das Kloster Símonos Petra ist mit sieben Stockwerken fast ein Wolkenkratzer. Im Kloster Panteleímonos hängt, 14 Tonnen schwer, die zweitgrößte Glocke der Welt. Das Kloster Xiropotámu hütet als wertvollsten Schatz das größte Stück vom Kreuz Christi.

Und über allem steht, grün und umwölkt, der Berg Athos. Der Architekt Alexanders des Großen wollte im Jahre 332 vor Christus aus dem ganzen Berg ein Denkmal seines Herrschers meißeln lassen. Doch der sprach weise, König Xerxes habe mit seinem Kanal auf Chalkidike schon genug Schaden angerichtet; ein zweiter König müsse die Natur nicht noch weiter zerstören.

Auskunft: siehe Seite 447.

Die Halbinsel Athos bei Nea Roda: An der schmalsten Stelle ließ der Perserkönig Xerxes im Jahre 480 vor Christus bei seinem Feldzug gegen die Griechen den mittlerweile zugeschütteten „Kanal des Xerxes" bauen.

PELOPONNES

Ein kleiner Kosmos griechischer Mythen

Wenn man zum Akrokorinth aufsteigt, scheinen Erde, Luft, Licht und Meer zu einer Einheit zu verschmelzen. Man läßt seinen Blick nach Osten über die Inseln im tiefen Blau des Meeres schweifen, nach Westen und Süden über das Bergland und nach Norden auf die Küste am Golf von Korinth.

Peloponnes: Das heißt „Insel des Pelops", des sagenhaften Königs, der durch Betrug beim Wettrennen die Königstochter und damit das Land gewann. Die große Halbinsel im Süden Griechenlands ist eine erlesene Naturschönheit und zugleich ein Land zahlreicher Mythen, die sich um Götter und Heroen ranken. Die Säulen Korinths, gegen den klaren Himmel und vor dem Hintergrund des steilen Burgberges Akrokorinth gesehen, außen herum Zypressen und weiße Marmortrümmer: Ein Bild, das zum Meditieren einlädt.

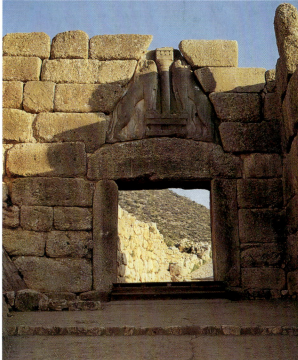

Die Halbinsel mit den drei Fingern, die südlich vor dem griechischen Festland im Meer liegt wie eine ausgestreckte Pranke, schirmt ihre kleinen, fruchtbaren Ebenen und Täler durch schroffe Gebirge voneinander ab und ist so in ihrer Kleinräumigkeit exemplarisch für ganz Griechenland. Ihr Kontrastreichtum ist verblüffend: Es gibt vielbesuchte antike Stätten und überlaufene Strände, doch auch fernab davon kann man manch kostbare Monumente, verträumte Buchten und herrliche Berglandschaften entdecken. Der Peloponnes ist eine einzigartige Landschaft mit magischer Ausstrahlung, und jede seiner sieben Provinzen – von Norden: Achea, Korinthia, Ilis, Arkadia, Argolis, Messinia und Lakonia – ist ein Kleinod, das es in Muße zu erfahren und entdecken gilt.

Die Ruinen von Mystras (Foto links) wirken wie ein Märchen aus ferner byzantinischer Zeit. Die angeblich größte Kirche Griechenlands ist die moderne Agios-Andreas-Kathedrale in Patras (Foto rechts oben) mit ihrer kunstvoll verzierten Kuppel. Grundnahrungs- und Allheilmittel für die Griechen sind auch noch heute die Früchte des Olivenbaums, die noch gesiebt werden (zweites Foto von rechts oben). Vom düsteren Zauber uralter Sagen ist die Burg von Mykene umgeben (zweites Foto von rechts unten). Schon immer hatte der Käse in Griechenlands kulinarischer Landschaft eine große Bedeutung. Der an der Luft getrocknete Mizithra (Foto rechts unten) wird dabei gerne als Reibekäse verwendet.

Wilde Schluchten, herrliche Sandstrände

Wer mit der Fähre zum Beispiel vom italienischen Ancona aus über das Ionische Meer anreist, für den bedeutet Patras (Patrai) die erste Begegnung mit Griechenland: der drittgrößte Hafen des Landes, Fährhafen für die Ionischen Inseln und der größte Shopping-Ort des Peloponnes – eine Stadt von südlicher Lebhaftigkeit. Patras ist ein Stück Griechenland ohne Säulen mit einem römischen Theater als einzigem Überrest aus der Antike. Dafür gibt es eine andere Attraktion: den Karneval mit Umzügen und buntem Treiben auf den Straßen, wie man es in Griechenland sonst nicht kennt.

Das Hinterland von Patras, die Provinz Achea, hatte in der Antike keine wichtigen Zentren. Doch die langen Sandstrände bei Kalogria westlich von Patras mit ihren Dünen, Salzsümpfen und Schirmpinien eignen sich hervorragend für einen Badeurlaub. Und wer auf der küstennahen Straße am Golf von Korinth entlang nach Osten fährt, gewinnt Einblicke in wilde Schluchten mit schroffen Felshängen, passiert anheimelnde Dörfer und kleine Buchten. (Die neue Schnellstraße bietet zwar eine schöne Aussicht aufs Meer, bringt einen aber um das eigentliche Erlebnis lebendiger Landschaft.)

Von Diakopton, an der Küstenstraße zwischen Patras und Korinth gelegen, fährt eine Schmalspur-Zahnradbahn durch die urtümliche Vuraikosschlucht hinauf ins Gebirge. Von der Zwischenstation aus kann man das Kloster Mega Spileon besuchen; dann geht es weiter nach Kalavryta. Ein Bravourstück der Eisenbahntechnik! An den schönsten Stellen verlaufen die Gleise abseits der Straße. Man kann ihnen übrigens auch zu Fuß folgen – auf dem ersten Teilstück des Europäischen Fernwanderwegs E 4 auf dem Peloponnes.

Der friedliche, in 700 Meter Höhe gelegene Erholungsort Kalavryta wurde nach dem Zweiten Weltkrieg wieder aufgebaut. 1943 hatten deutsche Truppen hier im Partisanenkrieg als Repressalie für die Anschläge auf ihre Soldaten ein unbarmherziges Blutbad angerichtet. Ein Mahnkreuz hoch über dem Ort erinnert an die Opfer. Eine nationale Gedenkstätte ist auch das Kloster Agias Lavras, dessen Abt im Jahre 1821 zum Freiheitskampf gegen die verhaßte

Unser Routenvorschlag
RUND UM DEN PELOPONNES

Je nachdem, ob man mit dem eigenen Wagen zu Schiff von Italien kommt und in Patras (Patrai) ① an Land geht oder sich in Athen einen Leihwagen mietet, beginnt die Tour mit der Fahrt entlang dem Golf von Korinth oder mit der Überquerung des schmalen Kanaleinschnitts am Isthmus. Der Apollotempel von Korinth ② ist das erste Highlight der Antike, gefolgt vom Theater in Epidauros (Epidafros) ③ und den mykenischen Burgen bei Nauplia (Nafplion) ④. Der Argolische Golf verlockt zu einem kurzen Badeaufenthalt, bevor man das Parnongebirge quert und Sparta (Sparti) mit der romantisch überwachsenen Ruinenstadt Mystras ⑤ erkundet. Ein schöner Abstecher führt zum Felsennest Monemvassia ⑥ mit seiner verwinkelten Altstadt, ein nächster in die wildromantische Landschaft der Halbinsel Mani – vielleicht geht die Fahrt sogar bis Vathia ⑦, am Südzipfel der Halbinsel, wo man schöne Badebuchten findet. Über Kalamata ⑧ erreicht man die Strände Messinias und die Burg des sagenhaften Königs Nestor nördlich von Pylos ⑨.

Statt weiter an der Westküste des Peloponnes entlangzufahren, kann man einen Abstecher ins Gebirge machen, nach Andritsena ⑩, und im nahe gelegenen Vassä einen der besterhaltenen antiken Tempel Griechenlands besichtigen. Von dort geht es nach Olympia ⑪, dem Ursprungsort der Olympischen Spiele. Bei Kastro Chlemutsi ⑫ und bei Kalogria ⑬ lockt mit Sandstränden das Ionische Meer.

★ Das besondere Reiseziel: Mykene.

Hoch im Parnongebirge, in der Umgebung des malerischen Dörfchens Kosmas, kann man in Arkadiens ländlicher Idylle den Ziegen bei der Weide zusehen. Die Ziegenbrühe gilt in dieser Gegend als eine Delikatesse.

PELOPONNES AUF EINEN BLICK

SEHENSWÜRDIGKEITEN

Argos: archäologisches Gelände, Museum; **Epidauros (Epidafros)**: antikes Theater, Asklepios-Bezirk, Museum; **Kalamata**: Museum; **Kalavryta**: Kloster Megaspiläon; **Korinth**: Archaea Korinthos, Apollotempel, Museum, Akrokorinth; **Halbinsel Mani**: Geschlechtertürme; **Monemvassia**: byzantinische Altstadt, Sophienkirche; **Mykene**: archäologisches Gelände; **Mystras**: byzantinisches Stadtgelände, Museum; **Nauplia (Nafplion)**: Festung Palamidi, Volkskundemuseum; **Olympia**: Stätte der Olympischen Spiele, Museum; **Patras (Patrai)**: Ruinen der Akropolis, Museum; **Pylos**: Palast des Nestor, Museum; **Pirgos Diru**: Höhlen.

FESTE UND VERANSTALTUNGEN

Epidauros (Epidafros): Festspiele im antiken Theater, Mitte Juli bis Mitte August; **Kalamata**: Volkstanzfest im alten Kastro, Juli; **Korinth**: Traubenfest, 1. Septemberwoche; **Megalopolis**: Tragödienspiele im einst größten Theater Griechenlands, 15. August; **Mystra/Sparta (Sparti)**: Fest zu Ehren des letzten byzantinischen Kaisers Konstantin XI. Paläologos, 1. Juniwoche; **Patras (Patrai)**: Maskenball, Februar.

AUSKUNFT

Griechische Zentrale für Fremdenverkehr, Neue Mainzer Str. 22, 60311 Frankfurt a. M., Tel. 0 69/23 65 61-63; **Griechische Zentrale für Fremdenverkehr**, Pacellistr. 5, 80333 München, Tel. 0 89/22 20 35-36; **Griechische Zentrale für Fremdenverkehr**, Wittenbergplatz 3a, 10789 Berlin, Tel. 0 30/2 17 62 62-63.

türkische Herrschaft aufrief. In Kalavryta finden Wanderer die besten Unterkünfte, wenn sie ins Aroaniagebirge mit dem 2341 Meter hohen Chelmos aufbrechen wollen. Nicht immer werden Besucher hier Wege und Markierungen finden; dafür erlebt man Bergeinsamkeit mit Schaf- und Ziegenherden, entdeckt kleine antike Stätten und byzantinische Kapellen und bei Kastria eine Seenhöhle. Südlich des Badeortes Paralia Akratas erreicht man über staubige Schotterstraßen das Dorf Solos, Ausgangspunkt für eine Wanderung zum sprühenden Wasserfall des Styx, des geheimnisvollen Unterweltflusses der antiken Sage. Die Provinz Achea ist ein Griechenlanderlebnis ganz unerwarteter Art – ursprünglich, still und von großer Schönheit der Natur.

Korinth, das Tor zum Peloponnes

Wer weiter in südöstlicher Richtung an der Küste entlangfährt, kommt bald nach Korinth. Die heutige Stadt ist ganz unscheinbar, läßt keine Erinnerungen an Glanz und klassische Größe aufkommen. Kein Wunder – sie entstand erst nach dem großen Erdbeben von 1928. Die Ruinen von Archaea Korinthos (Altkorinth) liegen vier Kilometer weiter östlich im Landesinneren. Hier stehen die sieben Säulen des Apollotempels. Jede ist aus einem einzigen Felsstück gehauen. Um 540 vor Christus erbaut, ist der Tempel ein vielgerühmtes Beispiel des dorischen Stils, erkennbar an seiner wuchtigen Größe und der schlichten, unverzierten Form der Kapitelle oben an den Säulen. Von der Lechaionstraße her kommt man auf die Agora, die früher von Säulentempeln und Ladenreihen umgeben war. Hier spielte sich das Leben der Stadt ab; hier traf in frühchristlicher Zeit der Apostel Paulus seine Anhänger; hier wurden Waren von überall her aus der antiken Welt zum Kauf feilgeboten.

In der Antike hatte sich das für seine Keramiken berühmte Korinth dank seiner Lage zur reichen Handelsstadt entwickelt. Die Verbindung der Halbinsel zum Festland ist an der engsten Stelle nur 6,3 Kilometer breit. Hier herrschte ein reger Schiffsverkehr, und die Stadt beherrschte alle Straßen, die das Festland mit dem Peloponnes verbanden.

Östlich der Agora zeigt ein Museum Keramiken und Mosaiken aus römischer Zeit, außerdem eine Statue der Tyche, der Göttin des Glücks, die für Handelsleute immer eine große Bedeutung hatte.

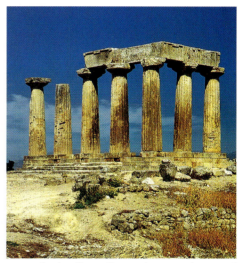

Der eindrucksvolle Apollotempel in Korinth entstand im sechsten Jahrhundert vor Christus.

Mit dem Quellenhaus nördlich des Museums verbindet sich eine düstere Sage: Die Königstochter Medea, die von ihrem Ehemann Iason verlassen worden war und aus Rache ihre Kinder umgebracht hatte, soll hier ihrer Nebenbuhlerin Glauke ein Kleid geschenkt haben, das sich beim Anziehen entflammte. Die brennende Glauke sprang in die Quelle und wurde selbst zu segensreichem Quellwasser.

Der hohe Felsen von Akrokorinth ist bis zum Tor der Burgstadt befahrbar. Dort sieht man Mauern aus vielen Jahrhunderten: Griechen, Römer, Byzantiner, im Mittelalter französische Ritter und Florentiner, später Türken haben hier ihre Spuren hinterlassen; um 1700 gab es ein venezianisches Intermezzo. Die Ausdehnung der antiken Stadt ist mit einem Blick auf ihre beiden Hafenorte zu ermessen: Lechaion am Golf von Korinth und den kleinen Ort Kehries am Saronischen Golf.

Ein schöner Ausflug führt ins Gebirge zum Weindorf Nemea, wo Herakles einst den Nemeischen Löwen erschlug, dessen Fell er seitdem – Statuen zeigen es – um seinen athletischen Körper drapiert trug. Im nahe gelegenen Archaea Nemea fanden im

Altertum die Nemeischen Wettkämpfe statt; wie die von Olympia zogen sie Sportler aus ganz Griechenland an. Hier kann man ein Zeusheiligtum mit dorischem Tempel besichtigen, dessen Säulen aber weniger wuchtig sind als die des Apollotempels in Korinth. Außerdem gibt es ein freigelegtes Stadion und im Museum die Modellkonstruktion des Heiligtums zu sehen.

Von hier aus geht es noch weiter in die Bergwelt des Nordpeloponnes mit ihren Schluchten und Waldhängen hinein, ins wilde Herakleland. Knapp 20 Kilometer nordwestlich von Nemea liegt Stymfalia, wo der Heros menschenfressende Vögel jagte. Heute nisten im Schilfgürtel am Stymfalischen See Haubentaucher und Zwergdommeln. Im Wald- und Wandergebiet des Ziriagebirges gibt es Berghütten, die nur in Fußmärschen zu erreichen sind.

Auf einer Felszunge bei Nauplia (Nafplion) im Argolischen Golf liegt die von den Venezianern errichtete Befestigungsanlage Palamidi. Fast 1000 Stufen muß der Besucher ersteigen, um die Befestigungsanlage zu erreichen.

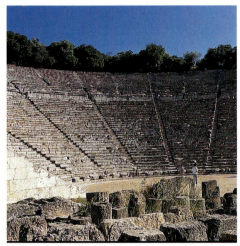

Das Theater von Epidauros (Epidafros) ist ein Werk des Polyklet aus dem vierten Jahrhundert vor Christus.

Von Korinth führt die Küstenstraße in Richtung Südosten durch eine Hügellandschaft mit Ölbäumen und Aleppokiefern, durch Badeorte und ruhige Fischerdörfer an den Buchten des Saronischen Golfs. Hinter der Landzunge von Korfos erreicht man bald Alt-Epidauros (Palaea Epidafros), den Hafen des antiken Heilortes Epidauros, der bereits zur Provinz Argolis gehört. Heute ist Epidauros eine der schönsten griechischen Festspielstätten. Das vor 2300 Jahren erbaute Theater ist mit seinen 14 000 Plätzen nicht nur sehr groß, es ist auch das besterhaltene antike Theater Griechenlands. Bewundernswert die phantastische Akustik: Ein in der Mitte der runden Spielfläche geflüstertes Wort hört man bis zur obersten der 55 Sitzreihen. Bildungsreisende versuchen es mit Zitaten aus dem Altgriechischen oder von Hölderlin, Spaßvögel mit Scherzfragen, die ganz Prosaischen knistern mit einem Stück Papier.

In der Antike gehörte das Theater zur Ganzheitstherapie des Heilortes Epidauros. Der Ort war dem Asklepios geweiht, einem Sohn Apollos, der vom Göttervater Zeus erschlagen wurde, weil seine Heilkunst Tote auferweckte. Das Zeichen des Asklepios (Äskulap) war ein von Schlangen umringter Stab, noch heute das ärztliche Berufssymbol. Inschriften

Poros, Hauptort der gleichnamigen Insel, erinnert mit seinen malerischen Gassen an die Kykladen.

im Museum, die von Heilungen und Behandlungen berichten, künden vom psychosomatischen Ansatz antiker Medizin. Eine Atmosphäre erholsamer, fast heiliger Stille verbreitet diese Stätte mit ihrem Duft nach Pinien und Oregano und den blauen Bergkonturen in der Ferne auch heute noch.

Die Halbinsel, die sich südlich von Epidauros ausbreitet, hat sich zu einem beliebten Urlaubsgebiet mit unzähligen Badeorten entwickelt, seit Jahrzehnten hotelgesäumt und von Piräus (Peiraiefs) aus schnell mit der Fähre zu erreichen. Auf einer ovalen Landzunge liegt das Schwefelbad Methana.

Vom Dorf Galatas aus kann man in überdachten Booten auf die gegenüberliegende Insel Poros fahren oder von dem Ort Ermioni aus nach Ydra übersetzen. Noch weiter südlich hat sich der kleine Fischerort Portochelion zu einem vielbesuchten Ferienort und Jachthafen gemausert.

Ein Städtchen an einer runden Bucht, eine traumhafte Promenade am Meer, drei malerische Burgen, deren kleinste auf ihrem Inselchen Burzi im Argolischen Golf zu schwimmen scheint – das ist Nauplia (Nafplion), eine Postkartenschönheit. Obwohl der Ort uralt ist und seinen Ursprung auf Nauplios, einen Sohn des Meeresgottes Poseidon, zurückführt, hat er keine großen antiken Tempelreste aufzuweisen. Doch um so reizvoller ist das durch die Burgen venezianisch, durch klassizistische Stadthäuser neugriechisch geprägte Stadtbild.

Ein König aus Bayern und uralte Mythen

Von 1829 bis 1834 war Nauplia die Hauptstadt Griechenlands. Hier landete im Jahre 1833 der noch nicht achtzehnjährige Prinz Otto aus dem Hause Wittelsbach – den die europäischen Großmächte zum König für das gerade von der Türkenherrschaft befreite Griechenland erwählt hatten – zu einer glücklosen Regierungszeit. An deren Ende mußte der Bayer den griechischen Thron vorzeitig einem Dänen räumen.

Nördlich von Nauplia dehnt sich eine fruchtbare Ebene mit Orangenpflanzungen und Weingärten.

Auf einem isolierten Felsen ragen die bis zu sechs Meter dicken Mauern von Tiryns auf, die aus so riesigen Steinen erbaut sind, daß man sie im Altertum für ein Werk von Zyklopen – die gewalttätigen Riesen der Sage – hielt. Der Palast mit Königshalle, Kasematten und Kuppelgrab stammt aus mykenischer Zeit, aus dem 13. Jahrhundert vor Christus. Eine griechische Sage voll erotischer Phantasie ist in Tiryns angesiedelt: Hier soll die schöne Alkmene Königin gewesen sein. Zeus begehrte sie sehr und gelangte schließlich ans Ziel seiner Leidenschaft, indem er die Gestalt ihres Ehemanns Amphitryon annahm.

Nordwestlich von Nauplia liegt Argos, die älteste Stadt des Peloponnes. Auch sie ist von einer Festung, der Larissa, gekrönt. Wer nicht nur malerisch-idyllisches Kleinstadttreiben erleben will, kann hier ein einst riesiges griechisches Theater, ein Aphrodite-Heiligtum und römische Thermen besuchen. Zum Frauenkloster Genesis tu Christu (Geburt Christi) an der Zufahrt zum Burgberg haben Männer keinen Zutritt; sie müssen draußen vor der

Eine einsame und faszinierende Landschaft ist das Tavjetosgebirge, das zu ausgedehnten Wanderungen durch ursprüngliche Natur und malerische, beschauliche Dörfer einlädt. Der höchste Berg ist 2404 Meter hoch.

Gewaltig sind die Mauern der Festung Tiryns. Ein solches Werk traute man in der Antike nur Riesen zu.

Tür warten und dürfen sich nur die Malereien an der Außenmauer ansehen.

Seit der römische Poet Vergil das idyllische Hirtenleben pries, galt die mittelpeloponnesische Landschaft Arkadien (Arkadia) als Inbegriff und Wunschbild unverdorbener Natur. Die zwischen rauhen Gebirgen eingebetteten Täler blieben lange Zeit schwer zugänglich. Auch an der Küste erheben sich jäh die steilen Hänge des Parnongebirges, das noch vor nicht allzu langer Zeit kaum zu befahren war. Hier findet man noch viele einsame Buchten. Aber auch eine Entdeckungsreise durch das Landesinnere ist ein Erlebnis: Felsen, Wälder, Dörfer, reißende Bäche, alte byzantinische Klöster und Kirchen sowie fränkische Burgen der Kreuzfahrerzeit bilden ein faszinierendes Mosaik aus ursprünglicher Natur und architektonischen Schätzen, die von einer wildbewegten Vergangenheit künden.

In vielen Dörfern haben die ältesten Häuser noch Mauern aus byzantinischer und Holzbalkone aus

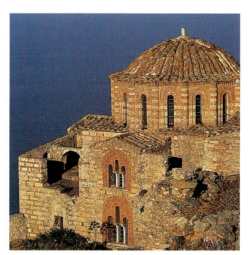

In 250 Meter Höhe, auf einer Felskuppe in der Oberstadt von Monemvassia, steht die Basilika Agia Sofia.

türkischer Zeit. Da immer mehr junge Leute aus dieser einsamen Gebirgsregion abwandern, stehen viele Häuser leer – doch allmählich beginnt auch hier die Gegenbewegung „Zurück zur Natur": Viele Athener, die der Großstadthektik entfliehen wollen, suchen sich hier ein Sommerdomizil. Ein Dorf mit alter Silber- und Goldschmiedetradition ist Stemnitsa; andere Orte sind wegen ihrer Holzschnitzereien bekannt. Besonders schöne Stücke kann man im Volkskundemuseum in Dimitsana, einem der ursprünglichsten Dörfer in Arkadien, bewundern. Über den Berghängen thronen Burgruinen aus dem Mittelalter. Am Fluß Louisios findet man Klöster mit Wandmalereien aus dem 15. und 16. Jahrhundert, wie beispielsweise Moni Prodromon. Vor allem aber ist die Gegend nördlich von Tripolis ein Wandergebiet: Auf dem europäischen Fernwanderweg E 4 kann man die Schönheit Arkadiens zu Fuß erleben. Der griechische Alpine Club EOS bemüht sich auch um die Markierung anderer Wege – ins Menalogebirge oder zu Naturwundern wie dem zweitausendjährigen Weinstock nahe dem Dorf Sella.

Folgt man der Straße E 961 von Tripolis in Richtung Norden, so gelangt man von Arkadien in die angrenzende Provinz Lakonien (Lakonia), den südöstlichen der drei „Finger" des Peloponnes. Die Fahrt bietet schöne Ausblicke in das weite, ebene Tal des Evrotas, über ein Meer von Oliven- und Orangenbäumen. Schließlich gelangt man nach Sparta (Sparti), dem antiken Sparta, berühmt und berüchtigt als Kriegerstaat und Führungsmacht des Peloponnesischen Bundes im klassischen Zeitalter. Der Sage nach war hier einst die verführerische Helena Königin. Von ihrer Schönheit geblendet, entführte sie der trojanische Königssohn Paris – was bekanntlich den Trojanischen Krieg auslöste.

Wenige spartanische Reste

Man sollte nicht enttäuscht sein, wenn man von Alt-Sparta kaum noch und von Helena gar keine Spuren mehr findet. Der heutige Ort wurde 1834 neu gegründet – architektonisch nüchtern, mit breiten, rechtwinklig angelegten Straßen. Die ältesten Häuser stammen aus der Zeit König Ottos und sind im

Südeuropa

Malerisch schmiegt sich das Kloster Elonis an die steile Felswand des Parnongebirges.

klassizistischen Stil erbaut. Ruinenreste gibt es noch auf der Akropolis, und südöstlich der Stadt kann man ein Menelaon besichtigen, wo Helena und ihr Gatte Menelaos verehrt wurden. Nördlich von Sparta liegen die Ruinen des Artemis-Heiligtums, vor dem in klassischer Zeit die jungen Spartaner zur Abhärtung blutig gepeitscht wurden. Die interessantesten Zeugen der Vergangenheit dieser Stadt aber findet man im archäologischen Museum, das 1975 erbaut wurde: Funde aus mykenischer Zeit, römische Mosaiken und eine Marmorbüste, die den Leonidas darstellen soll. Dieser spartanische König verteidigte im Jahre 480 vor Christus mit einer kleinen spartanischen Truppe und mehreren tausend Griechen den Küstenpaß der Thermopylen in Mittelgriechenland gegen die persische Übermacht bis zur eigenen Vernichtung, konnte aber das Heer des Xerxes nicht aufhalten.

Byzantinischer Glanz, faszinierende Landschaft

Die meisten Besucher reisen nach Sparta, weil sie das sieben Kilometer westlich gelegene Mystras kennenlernen wollen, einen der sehenswertesten Orte des Peloponnes. Ein französischer Kreuzritter gründete Mystras im Jahre 1248. Bald danach eroberten die Byzantiner das Gebiet und machten den Ort für zwei Jahrhunderte zum Zentrum ihrer Herrschaft auf dem Peloponnes. Reich an Palästen, Kirchen und Klöstern, verlor Mystras in der Osmanenzeit – seit 1460 – rasch an Bedeutung, und nach der Neugründung Spartas blieb nur ein Dörflein neben dem heutigen archäologischen Bezirk übrig.

Einen halben Tag sollte man sich für die Erkundung von Mystras schon nehmen. In der Oberstadt im ehemaligen Palastviertel bietet die Ruine des spätgotischen Despotenpalastes, in dem die Statthalter von Byzanz residierten, die herrlichste Aussicht. Neben dem unteren Eingang, in der Mitropolis-Kirche, wurde dort, wo im Boden das Relief des Doppeladlers eingelassen ist, der letzte byzantinische Kaiser Konstantin XI. gekrönt. Schon vier Jahre später, 1453, fand er bei der Eroberung Konstantinopels durch Sultan Mohammed II. den Tod. Es war für Europa das Ende einer Epoche.

Natürlich drängen sich in Mystras viele Besucher. Wer eine byzantinische Ruinenstadt ganz allein durchstreifen möchte, sollte lieber in das etwa 30 Kilometer südöstlich von Sparta gelegene Jerakion fahren. Leider sind die Kirchen dort meist geschlossen, aber vielleicht ist der Wächter zu finden und schließt auf. Wer sich nach so viel Kultur nach ursprünglicher Natur sehnt, sollte einen Abstecher ins Tavjetosgebirge wagen. Die Kambosschlucht, eine der schönsten des Gebirges, durchwandert man vom

Die Küste von Argolis am Saronischen Golf hat sich zu einem beliebten Urlaubsgebiet entwickelt. Auf der Halbinsel Methana kann man Wasser, Küstenlandschaft und romantische Fischeridylle genießen.

Dorf Pigadia aus (südlich vom Langadapaß) im trockenen Flußbett unter scheinbar himmelhoch ansteigenden Felsen – ein alpines Erlebnis in griechischem Sonnenlicht. Nach sechs bis sieben Stunden gelangt man an die Bucht von Kitriä, wo ein Bad im Messenischen Golf lockt.

An der südöstlichen der drei Landspitzen, die der Peloponnes fingerartig ins Mittelmeer streckt, liegt Monemvassia. Die Stadt wurde seit dem frühen Mittelalter auf einem Felsvorsprung der Küste erbaut. Aus einer Festung wuchs sie zu einem der reichsten Handelsplätze des östlichen Mittelmeeres. In der abseits der großen Verkehrswege gelegenen Unterstadt, die heute unter Denkmalschutz steht, kann man die Faszination byzantinisch-venezianischer Stadtkultur nacherleben. Allerdings haben Yuppies aus Athen sich hinter den alten Fassaden schicke Ferienwohnungen, Restaurants und Boutiquen eingerichtet. Berühmt und reich wurde Monemvassia im Mittelalter unter anderem durch den Weinhandel. Den schweren, süßen „Malvasier" gibt es heute allerdings nicht mehr. Er wird wohl so ähnlich geschmeckt haben wie der Wein, der auf Samos und Santorin wächst. Denn auf der Flucht vor den Türken sollen die Weinbauern im 16. Jahrhundert ihre Reben einfach ausgegraben und auf die Inseln mitgenommen haben.

An der mächtigen unteren Stadtmauer sollte man das Auto abstellen und über schmale Treppen und Pfade in das von Pflanzen überwucherte Ruinengelände der Oberstadt aufsteigen. Der Blick von hier auf die verschachtelte, baukastenkleine Unterstadt und die dunkelblaue Meeresbucht ist ein einzigartiges Erlebnis. Ein anderer guter Grund, den Aufstieg nicht zu scheuen, ist die auf steilen Felsen über dem Meer erbaute Kirche Agia Sofia aus dem 13. Jahrhundert. An der Südseite entdeckt man auf einem Kapitell zwischen zwei Fenstern das urtümliche Relief der tanzenden Königin Salome.

Von Monemvassia bis zur Südspitze bei Kap Maleas sind es ungefähr 70 Kilometer. Hier sollte man einfach eintauchen in eine Landschaft aus grünen Feldern, kahlen Bergen, steilen Felsküsten, Sandbuchten, Platanen und Zypressen. Dieser Landstrich ist *das* Griechenlanderlebnis für Wanderer – mit herrlichem Blick aufs Meer und romantischen Sonnenauf- und -untergängen. Der südlichste größere Ort ist Neapolis, ein verschlafenes Fischerstädtchen. Dort kann man sich nach Kythira oder zu der kleineren Insel Elaphonisos einschiffen.

Mani – Wanderparadies mit märchenhaften Höhlen

Machen wir einen Sprung über den Lakonischen Golf hinweg, zurück auf die mittlere peloponnesische „Fingerspitze". Arm, urtümlich und eigenständig ist sie, die schmale, weithin waldlose Halbinsel Mani, die von den felsigen Ausläufern des Tavjetosgebirges geprägt wird. Ihre Bewohner, die Manioten, standen jahrhundertelang in dem Ruf unbezwingbarer Helden, weil sie sich nie wirklich unterwerfen ließen, nicht einmal vom mächtigen Osmanischen Reich. Außerdem waren die Manioten listenreiche Seeräuber, die es zu einem gewissen Wohlstand brachten. Der wurde zu einem nicht geringen Teil in Bausubstanz umgesetzt – in Gestalt von hohen Geschlechtertürmen, die noch heute das Gesicht der Dörfer prägen. Diese imposanten Bauwerke dienten

Eine idyllische Kiesbucht findet man in Mesapos, einem der wenigen Hafenorte an der Westküste der sogenannten Inneren Mani. Nur ein paar Fischer gehen in diesem schön gelegenen winzigen Dorf ihrem Handwerk nach.

Stolz ragen die Turmhäuser von Vathia, dem klassischen Wehrdorf auf Mani, auf einem Hügel empor.

der Verteidigung ganzer Sippen, und zwar nicht etwa gegen Feinde von außen, sondern gegen Nachbarn, mit denen man auf Kriegsfuß stand; Blutrache war hier ein geläufiges Wort. Nationalen Ruhm errangen die Manioten im Befreiungskrieg gegen die Türken zu Anfang des 19. Jahrhunderts. Da vergaßen sie ihre Zwistigkeiten untereinander und hielten zusammen. Seither war mit der Seeräuberei kein Geschäft mehr zu machen. Und auch wohl in anderen Branchen nicht. In den letzten Jahrzehnten sind mehr und mehr Manioten ausgewandert; ganze Dörfer blieben fast leer zurück.

Aber dafür lockt die Halbinsel Mani als eine der wildesten, ursprünglichsten Landschaften Griechenlands immer mehr Besucher an. Manche Wohntürme verfielen zu Ruinen, andere werden heute zu Hotels umgebaut. Für Wanderer ist die Mani eine wunderbare Gegend mit großen Karsthöhlen und entlegenen Badebuchten, aber auch mit alten Kirchen, die nur zu Fuß zu erreichen sind.

Die Kenner der Mani zieht es vor allem an die Westküste der Halbinsel, nach Pirgos Diru, zu den Diruhöhlen. Diese ausgedehnten Tropfsteinhöhlen

Die Häfen an der Steilküste der Mani lassen den manchmal düsteren Charakter des Hinterlandes vergessen.

wurden erst vor einigen Jahrzehnten entdeckt. Unzählige Stalaktiten und Stalagmiten zaubern Bilder hervor, die an ein Feenreich erinnern. In der Glifadahöhle fahren die Besucher in Booten, die Grotten spiegeln sich im Wasser wider. Das oberhalb der Höhlen gelegene Dorf Pirgos Diru wird von Geschlechtertürmen beherrscht.

Steine, dürre Pflanzen, Dornen säumen den Weg nach Süden – und immer wieder alte, leider allmählich verfallende kleine Kirchen, die vielfach ausdrucksstarke Wandmalereien bergen. Außerdem Ansiedlungen, die oft kaum noch bewohnt sind: Mesapos, Kitta, Nomia; Kastelle auf Steilfelsen wie die Burg Maina, der die Halbinsel ihren Namen verdankt; Tigani, ein völlig kahles Kap in der Bucht von Mesapos – ein Paradies für Liebhaber karger Einsamkeit. In Jerolimin, einem der wenigen Häfen, hat sich sehr zurückhaltend etwas Tourismus – mit Taverne und kleinem Hotel – entwickelt.

Malerisch, fast unwirklich erscheinend thront Vathia am Südzipfel der Halbinsel auf seinem kaktusbewachsenen Hügel, ein dichtgeschachteltes Mauerwerk fast fensterloser Türme – in einigen wurden Fremdenzimmer eingerichtet, Badebuchten liegen nur wenige Kilometer entfernt.

Auf den Spuren von Herakles und Paris

Das südlichste Ende der Halbinsel Mani erreicht man über eine Landenge zwischen zwei tiefen Buchten, der von Marmari und der von Porto Kagio. Beide haben sandige, ruhige Strände. Ein Eselspfad hoch über der Küste führt zum Kap Tenaron, das auch Kap Matapan heißt und wegen seiner Stürme schon zu Homers Zeiten bei den Seefahrern gefürchtet war. Hier vermutet die Sage den Eingang zum Hades, wo Herakles den Höllenhund Zerberos ans Tageslicht zerrte. Leider ist zwar eine Höhle, aber kein tieferer Zugang auszumachen, und auch vom Tempel des Meeresgottes, der hier gestanden hat, ist nichts mehr zu sehen.

Gehen wir noch einmal nach Norden: Knappe 50 Kilometer südlich von Sparta, am Lakonischen Golf, liegt die Kleinstadt Gythion – einst der Hafen Spartas, heute ein Fischerort mit Hotels an der Uferstraße und Fährverbindung zum Piräus und nach Kreta. Auf dem Inselchen Marathonissi, das durch einen Damm mit dem Festland verbunden ist, soll der trojanische Prinz Paris die erste Liebesnacht mit Helena verbracht haben. Der Ort war in der Antike der Aphrodite – Göttin der Schönheit und der Liebe – geweiht. Zu sehen sind noch die Ruinen des Theaters aus römischer Zeit.

Geschichtsträchtige Provinz Messinia

Der westliche der drei Finger des Peloponnes ist die Provinz Messinia. Kalamata, die größte Stadt am Messenischen Golf, verlor am 13. September 1986 fast seine ganze Altstadt durch ein heftiges Erdbeben. Die Strandzone – Paralia – südlich des Hafens ist ein neues touristisches Zentrum. Von der Burghöhe hat man einen schönen Ausblick aufs Meer und auf weite Olivenhaine; vor allem aber locken Ausflüge in die Umgebung – nach dem antiken Messini zum Beispiel oder weiter südlich in das schöne Städtchen Koroni unter seiner großen Burg, umgeben von Zypressen und Weinbergen, mit kilometerlangen Stränden.

Von Kalamata aus durchschneidet die Straße Nr. 82 nach Pylos den westlichen Finger des Peloponnes. Doch für Liebhaber einer abwechslungsreichen Meerlandschaft ist es wesentlich genußreicher, die Halbinsel in gemütlichem Tempo auf der Küstenstraße zu umrunden. Bei Methoni erreicht man die Westküste. Der Ort hat eine besonders mächtige, gut erhaltene venezianische Festung mit malerischen Türmen und Zinnen, die vom Mittelalter bis zu den griechischen Freiheitskriegen eine strategisch wichtige Rolle spielte.

Nur 15 Kilometer nördlich, vor dem Hafenstädtchen Pylos, liegt die märchenhaft schöne Bucht von Navarino, wo im Jahre 1827 die türkische Flotte unterging – ein militärisches Schlüsselereignis auf dem Wege der Griechen in die Unabhängigkeit. Über das weite Oval der Bucht streift der Blick die Berge und Hügel der gegenüberliegenden Küste und wandert zur Insel Sfaktiria hinüber, die wie ein Riegel vor dem offenen Meer liegt. Freundliche Arkadenhäuser und eine prächtige Burg prägen das Gesicht von Pylos, das sich wegen seiner feinsandigen Strände mit hohen Dünen an der Bucht Voidiokilia gut für einen Badeurlaub eignet.

Die Fahrt landeinwärts an Olivenwäldern und Weingärten vorbei führt auf ansteigender Straße nach Englianos und Chora. Eine Erinnerung ans Altertum ist die etwa auf halbem Weg nach Chora gelegene große, überdachte Ausgrabungsstätte *Anaktoro Nestoros*: Nestor, der weise Kampfgefährte des Odysseus, hat in diesem Palast mehr als in jedem anderen mykenischen Fürstensitz Luxus und kultivierte Lebensart verwirklicht. Man fand reiche Wandmalereien, eine hübsche dekorierte Badewanne aus Ton, eine riesige tönerne Opfer-Feuerstelle, eine große Halle, Werkstätten und Vorratsräume und vor allem etwa 1250 beschriebene Tontäfelchen, deren mykenische Schrift im Jahre 1952 entziffert werden konnte.

Strände, Tempel und olympisches Feuer

In der nördlich an Messinia angrenzenden Provinz Ilis dehnen sich lange Sandstrände, beispielsweise bei Sacharo und Kaiafa. Auch Heilquellen sprudeln in Küstennähe. Dennoch sind die Orte klein, die Küste ist nicht zugebaut. Im Bergland liegt Andritsena, das mit seiner typischen Bergdorf-Architektur – Naturstein und Holzbalkone – malerisch anzusehen ist. Doch der eigentliche Anziehungspunkt ist der Apollotempel von Vassà. Die Säulenhalle steht in 1130 Meter Höhe in karger Berglandschaft, im fünften Jahrhundert vor Christus erbauten dankbare Bürger sie für den Gott Apollo, der die Bevölkerung vor der Pest errettet hatte. Baumeister soll Iktinos, der Architekt des Parthenon auf der Akropolis in Athen, gewesen sein. Der Apollotempel ist einer der besterhaltenen Tempel Griechenlands, und er war auch der erste mit einer korinthischen Säule, mit dem typischen üppig verzierten Kapitell. Sie ist leider nicht erhalten.

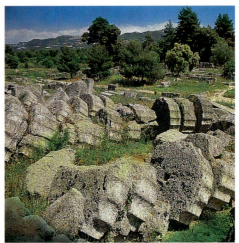

Eine beeindruckende Reise in die Vergangenheit: die Ausgrabungen des Zeustempels in Olympia.

18 Kilometer westlich der Stadt Pyrgos liegt die berühmteste Sportstätte der Welt. Olympia mit seinem Zeustempel und seinen Schatzhäusern lockt auch Besucher an, die sich sonst nicht so sehr für antike Grabungsstätten interessieren, aber doch einmal im 1961 wiederhergestellten Stadion stehen wollen. Fast 1200 Jahre lang wurden die Wettkämpfe von Olympia ausgetragen, von 776 vor Christus bis 393 nach Christus. Dann verbot der oströmische Kaiser Theodosius, ein Christ, die „heidnischen" Spiele. Diese Olympiaden hatten unter den politisch oft konkurrierenden griechischen Staaten so etwas wie ein Gemeinschaftsgefühl entstehen lassen – während der Wettkämpfe galt Friedenspflicht. Die Spiele waren ein sportliches, religiöses und künstlerisches Fest, in ihnen spiegelte sich das harmonische Menschenbild der Griechen wider – was allerdings schon damals Korruption und anderen Sportmißbrauch auch hier nicht ausschloß.

Pylos wurde durch die für den griechischen Freiheitskampf entscheidende Seeschlacht von Navarino berühmt. Reste der riesigen türkischen Befestigungsanlage sind am Stadtrand von Pylos zu sehen.

Die Archäologen haben hier erstaunliche Funde zutage gefördert. Heute kann man sich kaum noch vorstellen, wie tief versunken und verschüttet das Sport- und Kultgelände einst war. Olympia liegt dort, wo die Flüsse Alfios und Kladeos zusammenströmen: Überschwemmungen lagerten eine fünf bis sechs Meter dicke Schwemmsandschicht über den Ruinen ab – ein Vorteil, weil dadurch die Kunstwerke vor Raub bewahrt wurden.

Heute spielen Licht und Schatten malerisch auf weißem Marmor unter grünen Bäumen. Im Stadion, wo die Zuschauer auf einfachen Erdwällen saßen, sind am Boden noch Start und Ziel auszumachen. Die übereinandergestürzten Säulentrommeln des Zeustempels erinnern an das über 13 Meter hohe, inzwischen verlorene Kultbild des Göttervaters, eine Gold-Elfenbein-Statue des großen Bildhauers Phidias – eines der Sieben Weltwunder.

Kunstschätze ohnegleichen bewahrt das Museum, beispielsweise den Hermes des Praxiteles oder den Apollo vom Westgiebel des Zeustempels. Angesichts dieser Götterdarstellungen wird dem Betrachter klar, daß Olympia zwar eine Sportstätte mit allen Eitelkeiten und Tücken des Wettkampfs war, aber doch vor allem ein religiöser Ort. 1896 wurde der sportliche Wettstreit wieder ins Leben gerufen, alle vier Jahre wird am Austragungsort in einer feierlichen Zeremonie das olympische Feuer entzündet – als Symbol für ein harmonisches Miteinander.

Ausgeglichen und harmonisch ist die Landschaft um Olympia, die das Wasser des sich sanft hindurchwindenden Flusses Alfios grün und fruchtbar macht. Junge Ehepaare verbringen hier gern ihre Flitterwochen.

DAS BESONDERE REISEZIEL: MYKENE, DER ORT, WO DIE SAGE ERWACHT

Der mecklenburgische Großkaufmann und Amateur-Archäologe Heinrich Schliemann nahm die griechischen Epen wörtlich: Er erkannte in seinen Ausgrabungen die Schauplätze, Götter und Helden der griechischen Sagenwelt wieder. So hielt er die monumentale Burganlage Mykene nördlich von Nauplia (Nafplion) für den Schauplatz einer tragischen Familiengeschichte aus der griechischen Sagenwelt: Der mykenische König Agamemnon zieht in den Krieg gegen Troja – nicht ohne vorher seine Tochter Iphigenie der Göttin Artemis geopfert zu haben, um günstiges Wetter für seine Flotte zu erwirken. Seine erboste Frau Klytämnestra betrügt ihn während seiner Abwesenheit mit Ägisth. Als Agamemnon wiederkehrt, ermorden ihn die beiden. Später rächt Klytämnestras Sohn Orest den Tod seines Vaters, indem er sie und Ägisth tötet. Anschließend wird er wahnsinnig.

Schliemann hat alle von ihm ausgegrabenen Bauwerke und Kunstschätze in Mykene (dem heutigen Mykinai) nach den Helden dieser griechischen Familientragödie benannt.

Tatsächlich jedoch ist eine historische Verbindung der Burganlage von Mykene mit dieser Geschichte durch nichts bewiesen. Auf jeden Fall muß man sie als eines der wichtigsten Zeugnisse griechischer Frühgeschichte betrachten, geschaffen von den Nachfahren jener griechisch sprechenden Indoeuropäer, die seit etwa 2200 vor Christus ins heutige Griechenland einwanderten.

Die Burg von Mykene ist vermutlich in der Zeit zwischen 1600 und 1200 vor Christus erbaut und bewohnt worden; ihr großer Palast mit Thronhalle, heiligem Herd und unterirdischer Brunnenkammer entstand wohl um 1400 vor Christus. Damals wurde auch der mächtige, als „Schatzhaus des Atreus" bekannte Bau außerhalb des Mauerrings ausgeführt, der in Wirklichkeit ein riesiges Kuppelgrab mit über 13 Meter hohem Innenraum ist. Erst viel später – im siebten Jahrhundert vor Christus – wurde über den Trümmern des zerstörten Palastes ein Athenatempel errichtet.

In dem schmalen Gang zwischen den kolossalen Mauern der Außenbefestigung schreitet man auf das über drei Meter hohe Tor zu, das von einem mächtigen Löwenrelief gekrönt wird. Es gilt als das älteste Großrelief Europas. Rechts hinter dem Tor erhebt sich der Ring der Schachtgräber: Schliemann entdeckte hier 1876 den berühmten Goldschatz mit der Totenmaske eines bärtigen Mannes, der seiner Überzeugung nach Agamemnon war. Die moderne Forschung hält ihn für einen mykenischen König des 16. Jahrhunderts vor Christus.

Die Burganlage von Mykene gab der mykenischen Kultur ihren Namen – einer Epoche, die ihre Blütezeit im 14. und 13. Jahrhundert vor Christus hatte und sich über ganz Griechenland ausbreitete. Den Reichtum und das hochentwickelte Kunsthandwerk der mykenischen Zeit kann man bei einer Besichtigung von Schliemanns Schatzfunden im Nationalmuseum von Athen nacherleben: goldene Kronen, reich verzierte Schwerter und Edelmetallgefäße.

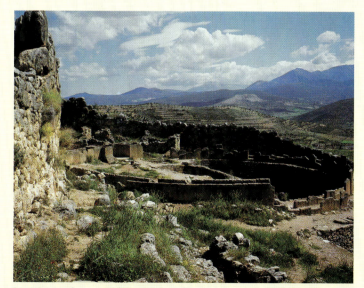

Die Königsgräber von Mykene: Die kreisförmig angeordneten Schachtgräber wurden 1876 von Heinrich Schliemann entdeckt.

IONISCHE INSELN
Die Perlen im Meer der unglücklichen Io

Als ob ein Riese sie von Patras aus in großem Halbkreis ins Meer geworfen hätte, liegen die Inseln vor der Westküste Griechenlands im Ionischen Meer – von Norden nach Süden: Korfu (Kerkyra), Paxi, Lefkas, Ithaka (Ithaki), Kefallinia, Sakynthos und Kythira. Sie gehören zu den regenreichsten Gegenden Griechenlands und haben fast durchweg ein sehr mildes Klima und eine üppige Vegetation. Grüne Landschaft, verträumte Buchten und herrliche Strände machen diese Inseln zu einem lohnenden Ferienziel.

Verfolgt vom Zorn der streitbaren Hera, der Gemahlin des Obergottes Zeus, stürzte sich dessen Geliebte Io ins Meer; die Verwandlung in eine weiße Kuh hatte ihr nichts geholfen. Hera ließ sie durch eine stechfreudige Bremse von Land zu Land und schließlich in den Wahnsinn treiben. Dieser unglückseligen Zeus-Angebeteten verdankt das Meer südlich der Adria seinen Namen. Die Ionischen Inseln erscheinen manchem Reisenden „ungriechisch": Anders als die sonnenverbrannten, felsenrauhen Ägäisinseln schimmern sie üppig grün im milden Dunstlicht der feuchten Luft, und rotbedachte Städtchen in italienischer Bautradition laden zum gemächlichen Schlendern ein. Eine Ausnahme macht nur die ganz im Süden liegende Insel Kythira, die mit ihrer kargen Vegetation wie eine arme Außenseiterin wirkt.

In historischer Hinsicht verbindet diese Inseln der starke venezianische Einfluß, der sich über einen großen Zeitraum erstreckte: Im 14., 15. und 16. Jahrhundert gelangten nacheinander die Inseln Kythira, Korfu, Sakynthos, Kefallinia und Lefkas unter die Herrschaft der mächtigen Seerepublik Venedig, die erst im Jahre 1797 endete. Das bedingte Unterschiede zum übrigen Griechenland – in der Architektur, im Ortsbild der Städte und Dörfer. Gemeinsam ist den Inseln auch das schwere Schicksal, auf einer Verwerfung der Erdkruste zu liegen und immer wieder – zuletzt 1953 – von verheerenden Erdbeben heimgesucht zu werden.

Zum gemütlichen Beisammensein laden die Straßentavernen des Hafenorts Kapsali auf Kythira ein.

Auf Korfu wurde für die noblen Nordeuropäer des vorigen Jahrhunderts der Traum vom Süden wahr: Orangenbäume, Rosen, feuriger Wein, Kräuterduft, schwarze Oliven, dunkle Pinien vor weißen Palastmauern bestimmen die Szenerie. Natürlich locken die Sandstrände an der Westküste, etwa bei Glifada und Paläokastritsa; doch bieten sich dem Wanderer auch hinreißende Ausblicke von den schroffen Höhen im Norden oder den sanften, welligen Hügeln im Süden des fruchtbaren Eilands.

Winzig klein ist Paxi, noch winziger das Inselchen Antipaxi. Die Besucher, die von Korfu mit dem Schiff herüberkommen und selten länger als ein paar Stunden bleiben, erfreuen sich an Salzluft, Fischerbooten, Öl und Wein – und bestaunen die felsige Meeresgrotte Ipapanti im Süden der Insel.

Auf die Insel Lefkas kann man über einen Damm mit Brücke fahren, so nah liegt sie am Festland. Ein über 1100 Meter hohes Gebirge nimmt den größten Teil des Eilands ein. Tief ins Land eingeschnitten liegt die Bucht von Vlychon an der Ostküste wie ein verträumter Binnensee. Die Hauptstadt Lefkas im Norden ist eine bescheidene Kleinstadt; die nahe ge-

Ithaka, Heimat des Odysseus: In der Polisbucht bei Stavros vertäuen die Fischer seit je ihre Boote.

legene Burg Santa Maura und den tiefdunklen Wein gleichen Namens hingegen sollte man unbedingt näher kennenlernen.

Noch weiter südlich liegt die Insel Ithaka – war sie die Heimat des Odysseus, oder doch Lefkas oder das westlich benachbarte Kefallinia? Die Gelehrten streiten sich darüber; der Besucher sollte lieber die immer neuen Ausblicke auf fruchtbares Land, Weinberge und Feigenbäume genießen.

Die Insel Sakynthos wirkt mit ihrer lieblichen Landschaft wie ein venezianischer Garten; leider ist der Sandstrand im Südosten ziemlich überlaufen. Die südlichste der Ionischen Inseln, Kythira, wird wegen ihrer kargen Landschaft weniger von Touristen besucht. Hier finden sich noch schöne, einsame Badestrände.

Auskunft: siehe Seite 459.

An der Westküste von Kefallinia liegt der Traumstrand von Myrtos. Da die weißen Kiesel des Strandes das durch das Wasser gebrochene Sonnenlicht in allen Blautönen reflektieren, ändert die Wasserfarbe sich ständig.

GOLF VON KORINTH
Wo Wasser nicht trennt, sondern verbindet

Der Golf von Korinth – jener Arm des Ionischen Meeres, der sich zwischen Mittelgriechenland und der Halbinsel Peloponnes erstreckt – ist ein Stück schönstes Hellas. Ob man nun an seinem südlichen Saum entlangreist oder den etwa auf halber Länge der Nordküste gelegenen antiken Orakelort Delphi (Delfi) ansteuert – immer sind jenseits der großen Wasserfläche die Gebirge des gegenüberliegenden Ufers im Blick. In zartem Dunst verschwimmend oder – an klaren Tagen – konturenscharf zeichnen sich die schroffen Felswände der über 2000 Meter ansteigenden Berge gegen den mediterranen Himmel ab.

Eine Laune der Erdgeschichte hat den Golf von Korinth zu einem großen Meeresarm statt zu einer breiten Wasserstraße und den Peloponnes zu einer Halbinsel statt zu einer Insel werden lassen. Nur gute sechs Kilometer breit ist der Isthmus von Korinth, die Landbrücke, die das griechische Festland mit dem Peloponnes verbindet. Für das Seefahrervolk der Griechen war der Golf ein wichtiger Verkehrsweg. In der Antike wurden Korinth und Patras dank ihrer Lage am Golf zu reichen Handelsplätzen; heute begeistern sie den Urlauber mit einem regen städtischen Leben, mit unzähligen Kafenions (Cafés), Märkten und Boutiquen.

Doch schon ein Dutzend Kilometer außerhalb der beiden Städte beginnt die Küstenlandschaft kleiner, friedlicher Dörfer und reizvoller Badeorte. Loutrakion nördlich von Korinth mit seinen Thermalquellen ist der größte und mondänste; an der Südküste sind vor allem Kiato (Kiaton), Xilokastron und Diakopton für Urlauber zu empfehlen, die beim Baden gern den Blick aufs Gebirge genießen. Nach Süden steigen in fruchtbaren Terrassen Panachaikon-, Aroania- und Kyllinigebirge bis zu Höhen über 2000 Meter auf; im Norden jenseits des Golfs beherrschen der Parnassos, bis zu 2457 Meter hoch, der Elikon und der Kithäron den Horizont.

Dieser Landstrich hat viele Attraktionen zu bieten. Ein unvergeßliches Erlebnis ist es, von der Hafenbucht von Itea aus durch ausgedehnte Olivenhaine nach Delphi hinaufzufahren. Wie an nur ganz wenigen Orten Griechenlands stimmen hier die dramatische Gebirgslandschaft und die religiöse Aura des antiken Kultorts überein. Hier, im Orakelheiligtum des Apollos, saß einst die Prophetin Pythia auf ihrem Dreifuß und sagte den Gläubigen die Zukunft voraus. Heute hat sich an dieser Ausgrabungsstätte ein lebhaftes Touristenzentrum entwickelt.

Östlich von Delphi gibt es noch zwei andere Sehenswürdigkeiten: In der Nähe des antiken Orakelorts, abseits der Straße Delphi-Levádeia, liegt das berühmte, aus byzantinischer Zeit stammende Kloster Osiou Louka, das in seiner Hauptkirche wunderbare Mosaikbilder des elften Jahrhunderts bewahrt.

Die maritime Attraktion des Golfs von Korinth ist der in den Jahren 1881 bis 1893 angelegte Kanal von Korinth, der das Ionische mit dem Ägäischen Meer verbindet. Von der Brücke zwischen Festland und Peloponnes geht der Blick 45 Meter tief in die enge Wasserstraße hinab: Wie mit einem Tortenmesser geschnitten zeigen die bis zu 80 Meter hohen Felswände des schmalen Einschnitts ihre Gesteinsschichten. Der Kanal ist nur 24,5 Meter breit; große Schiffe müssen wie früher auf dem Weg von der Adria zum Hafen Piräus (Peiraiefs) den weiten Umweg um den Peloponnes machen.

Zum Beobachten des Schiffsverkehrs ist dagegen nicht die Hauptbrücke bei Korinth, sondern der Ostausgang des Kanals bei Isthmia am besten geeignet – dort wird die Straßenbrücke nicht gehoben oder geöffnet, sondern für jedes Schiff auf den Kanalgrund abgesenkt.

Auskunft: siehe Seite 459.

Der Kanal von Korinth führt durch die Landenge, die das Festland und den Peloponnes verbindet.

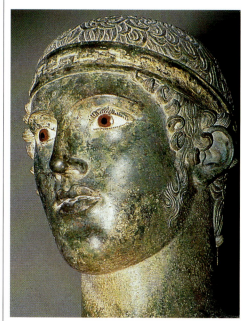

Die bronzene Plastik des Wagenlenkers ist eines der berühmtesten Monumente im Museum von Delphi.

Grandiose Komposition aus Kultarchitektur und Naturkulisse: Die Tholos, der Marmorrundbau im Heiligtum der Athena Pronaia, gehört zu den schönsten Gebäuden von Delphi.

ÄGÄISCHE INSELWELT

Griechenlands versunkene Brücke

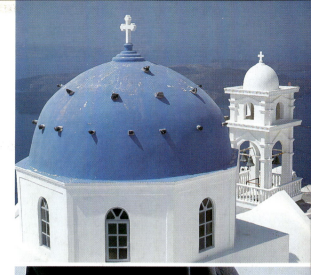

Über die Ägäis muß man eigentlich reden wie über ein Land. Denn das inselreiche Meer ist nie ein trennendes Hindernis, nie eine Schranke für Menschen und Kulturen gewesen. Erdgeschichtlich stellt die Ägäis eine versunkene Landbrücke dar, die einst Kleinasien im Osten mit der Balkanhalbinsel im Westen und Norden verband. An den Stellen, wo sich vor zwei Millionen Jahren Berggipfel und Bergrücken erhoben, entstanden – durch Einbrüche und Absenkungen – Inseln.

Schon in der Jungsteinzeit wußten die hier siedelnden Menschen sich mit einfachsten Booten auf dem Meer zu bewegen. Ein verläßlicher Wind half ihnen dabei – der Meltemi, der auch heute noch ausgezeichnet zum Segeln von Insel zu Insel zu nutzen ist. Daß diese auffrischende Brise manchmal des Guten zuviel tut, wenn sie in der Ägäis ab und zu Schiffs- und Flugverbindungen lahmlegt, ist die Kehrseite der Medaille.

Von jenen trockenen Winden rührt die so berühmte Klarheit des Lichts über der Ägäis her – der scharf blasende Meltemi treibt der Luft die Feuchtigkeit aus, jede Spur von Dunst verschwindet, ungebrochen strahlt das Sonnenlicht auf Wasser, Fels und Sand. Antike Säulen und Statuen, byzantinische Kirchen und die Burgen der Kreuzritter sind kulturelle Höhepunkte dieser Inselwelt – ebenso anziehend wie einsame Badestrände und Surfbuchten, wilde Berglandschaften und grüne Täler.

Viele pilgern immer wieder zu ihrer erklärten „Lieblingsinsel". Denn in der tintenblauen ägäischen See schwimmen Eilande unterschiedlichster Gestalt, jedes für sich eine eigene Inselpersönlichkeit – vom wasserlosen Zwergeiland bis zu weiten Ländereien am Fuße über 1000 Meter hoher Inselgebirge reicht die Vielfalt der griechischen Archipele.

Sonnenuntergänge am Meer, leuchtendweiße Häuser und die mediterrane Gelassenheit der Menschen prägen den Charme der Kykladen. Naxos (Foto links) ist die größte und höchste dieser Inseln. Das klare Licht der Ägäis läßt alle Bauwerke hell vor dem blauen Himmel erstrahlen – so wie diese Inselkirche in Oia auf der Insel Santorin (Foto rechts oben). Von der tiefen Religiosität der Inselbewohner zeugen Reliquien wie der Schädel des heiligen Theodoros auf Lesbos (zweites Foto von rechts oben). Verschwenderisch ist die Blütenpracht, die oft die Inselhäuser ziert (zweites Foto von rechts unten). Auch romantische Felsenküsten wie hier auf Milos (Foto rechts unten) gehören zum Landschaftsbild.

Südeuropa

Weiße Häuser, blaues Meer

Lange Zeit sind sie die Ärmsten der ägäischen Inselflur gewesen, braune Felsrücken oft nur, deren Dörfer mit den leuchtendweißen Häuserkuben schon von weitem übers Meer grüßen. Viele Griechenlandurlauber sind begeisterte Anhänger der Kykladen, weil sie auf dieser Inselgruppe genau das besonders ausgeprägt vorfinden, was sie an Hellas lieben: die Verschwisterung von Land und Meer in der Klarheit des ägäischen Lichtes, das einfache dörfliche Leben, die herzliche Gastfreundschaft der hier wohnenden Menschen. Wenn auch auf einigen der über 200 Inseln schon seit Jahren in der Feriensaison die Ruhe dahin ist, so lassen sich doch auf anderen immer noch versteckte Traumbuchten und menschenleere Strände entdecken.

Amorgos ist eine schmale, langgestreckte Gebirgsinsel am Ostrand der Kykladen. Der malerische Hafen Katapola liegt geschützt in einer tiefen Bucht an der Nordwestküste; von hier sind es nur ein paar Kilometer zum Hauptort Amorgos in der Inselmitte. Er gilt als Musterbeispiel eines Kykladendorfes: weiße Würfelhäuser, dann wieder Bruchsteinmauern, verwinkelte, eselsschmale Gassen, weiß getünchte, enge Treppenverbindungen zu kleinen Plätzen, weiße Kirchen, auf windumwehter Hügelhöhe dazu noch die Ruine einer venezianischen Burg. Etwa eine Stunde Fußmarsch von hier entfernt findet man an einem steilen Berghang, in eine Felsnische geduckt, die ehemals wehrhafte Klosterburg Chozoviotissa, die jetzt nur noch von einigen Mönchen bewohnt wird.

Auf Schotterpisten oder Eselspfaden kann man die noch recht ursprüngliche Insel durchstreifen.

DIE ÄGÄISCHE INSELWELT AUF EINEN BLICK

SEHENSWÜRDIGKEITEN

Amorgos: Kloster Chozoviotissa, Reste der von Kretern gegründeten Stadt Minóa; **Andros:** archäologisches Museum, Fischerort Gavrion mit Resten mittelalterlicher Hafenanlagen; **Chios:** Kloster Nea Moni; **Delos (Dilos):** archäologisches Gelände; **Folegandros:** Kastroviertel, Marienkirche; **Ios:** Chora; **Kalymnos:** Basilika „Christos tis Jerusalim", Johanniterfestung; **Kea:** Chora mit mittelalterlichen Befestigungen, Löwe von Kea; **Kos:** Asklepiosheiligtum, Johanniterburgen im Inselinneren; **Leros:** Johanniterfestung, Ruinenstätte Paläokastro; **Lesbos (Lesvos):** versteinerte Bäume, byzantinische Kirchen; **Milos:** archäologische Stätten; **Mykonos:** Ortsbild, Kloster Turliani und venezianische Festungsruine Paläokastro in Ano Mera; **Naxos:** antikes Hafentor, Marmorstatuen, Kastelle, Wohntürme; **Nissyros:** vulkanisches Gelände, Burgruinen; **Paros:** Marmorbergwerk bei Marathi, Tropfsteinhöhle auf Antiparos, Hauptort Parikia und Fischerort Nausa (Kykladenarchitektur); **Patmos:** Johanneskloster, Apokalypsekloster; **Samos:** Heraheiligtum, antike Wasserleitung, archäologisches Museum; **Santorin (Thira):** Thera, Akrotiri (Akrotirion), Vulkankrater, archäologisches Museum; **Serifos:** Erzengelkloster, Panagiakirche; **Skiathos:** mittelalterliche Hauptstadt Kastro; **Tinos:** Wallfahrtskirche Panagia Evangelista, Taubentürme.

FESTE UND VERANSTALTUNGEN

Amorgos: Fest der Muttergottesikone im Kloster Chozoviotissa, 21. November; **Chios:** „Homeria" (Homer-Seminare und Lesungen), August; **Kalymnos:** Fest „Das Liebesmahl", April/Mai, Heimkehr der Schwammtaucher, September; **Mykonos:** Fest des Kreuzes (Samenweihe der Bauern), Mitte September; **Naxos:** Fest „Gott Dionysos", August, Weinfest, August; **Paros:** Fest der Fischer in Nausa, Mitte August; **Syros:** nautische Woche, alle zwei Jahre, 1. Juliwoche; **Thasos:** Freilichtspiele im antiken Theater von Limin, Juli/August; **Tinos:** Marienfeiertage, 25. März und 15. August.

AUSKUNFT

Griechische Zentrale für Fremdenverkehr, Neue Mainzer Str. 22, 60311 Frankfurt a. M., Tel. 0 69/23 65 61 u. 63; **Griechische Zentrale für Fremdenverkehr**, Pacellistr. 5, 80333 München, Tel. 0 89/22 20 35 u. 36; **Griechische Zentrale für Fremdenverkehr**, Wittenbergplatz 3a, 10789 Berlin, 0 30/2 17 62 62 u. 63; **Griechische Zentrale für Fremdenverkehr**, Abteistr. 33, 20149 Hamburg, 0 40/45 44 98.

Unser Routenvorschlag
„INSELHÜPFEN" IN DEN KYKLADEN

Unser Zielflughafen für eine Kykladen-Entdeckungsreise ist Santorin (Thira) ❶ (siehe: Das besondere Reiseziel), eine archäologisch hochinteressante Insel. Nach einem Bummel durch den herrlich am Kraterrand gelegenen Hauptort Thera ❷ führt eine Inselrundfahrt zu den herausragenden Ausgrabungsstätten von Alt-Thera ❸ und Akrotiri (Akrotirion) ❹. Weiter geht es mit einer Schiffspassage zum größten und fruchtbarsten Kykladeneiland Naxos ❺. In der gleichnamigen Hauptstadt Naxos ❻ beeindrucken vor allem das monumentale antike Tempeltor am Hafen und die bekannten antiken Marmorbrüche bei Apollon ❼ oder Flerio ❽. Per Schiff ist schnell die Nachbarinsel Paros ❾ erreicht. Nach einem Rundgang durch das Hafenstädtchen Parikia ❿ mit seinen engen Gäßchen und der eindrucksvollen byzantinischen Kirche Katapoliani sollte man noch den malerischen Fischerort Nausa ⓫ besuchen. Die nächste Station ist Mykonos ⓬, weltberühmt wegen seiner romantischen Windmühlen, Kykladenhäuschen und Strände. Von hier aus empfiehlt sich ein Bootsausflug zum winzigen Eiland Delos (Dilos) ⓭ mit seiner grandiosen Ruinenstätte; dann geht es zurück über Mykonos und Paros nach Santorin.

Ägäische Inselwelt

Eine grüne Landschaft: Die fruchtbare und wasserreiche Insel Andros ist die zweitgrößte Insel der Kykladen und Heimatort vieler bekannter Großreeder.

Einsame Wanderungen führen in die Höhen der felsig-kargen Gebirge und in die kleinen grünen Täler, wo Wein und Oliven wachsen. An der Nordwestküste sind Strände und Sandbuchten anzutreffen, während die Südostküste meist steil und felsig ist.

Andros ist mit rund 380 Quadratkilometer Fläche die zweitgrößte, zudem die nördlichste und quellenreichste Insel der Kykladen. Bewaldete Berghänge und hellgrüne, fruchtbare Olivenhaine und Zitronenplantagen, Sommerhäuser hinter hohen, blütenumrankten Mauern und schattige Dörfer erfreuen hier das Auge. Wegen der ausgiebigen winterlichen Regenfälle trifft man in den Orten oft auf ziegelgedeckte Giebeldächer, die gar nicht kykladentypisch sind. Schöne Badebuchten gibt es an der Ostküste ebenfalls reichlich.

Der ungewöhnliche Wasserreichtum, eine blühende Landwirtschaft und dazu noch mehrere bekannte, von hier stammende Großreederdynastien verhalfen Andros zum Wohlstand. Das mag erklären, warum man hier mit dem Tourismus zurückhaltender umgeht als sonst auf den Kykladen. Der Fremdenverkehr der Insel konzentriert sich vor allem auf den Fischerort Batsion an der Westküste, der eine lebhafte Uferpromenade mit Cafés und Tavernen anzubieten hat. Auf einer felsigen Halbinsel an der mittleren Ostküste liegt der Hauptort Andros, der sich aus einem neueren Stadtteil mit noblen Bürgerpalästen und der idyllisch verwinkelten Altstadt zusammensetzt. Ein besonderes Erlebnis ist hier das archäologische Museum, das ein reicher Reeder seiner Heimatstadt 1981 gestiftet hat. Es zeigt kostbare antike Inselfunde, darunter Überreste der geometrischen Siedlung Zagora sowie den Hermes von Andros, eine wunderschöne Jünglingsstatue aus der klassischen Periode.

Delos (Dilos) ist eine unbewohnte, winzige Insel, bei der man wie bei einem Museum Öffnungszeiten und Eintrittspreise beachten muß. Das nur 3,4 Quadratkilometer große Eiland ist eine einzigartige Ausgrabungsstätte – und zugleich Griechenlands größtes Ruinenfeld – mit grandiosen Zeugnissen des Altertums. In einer kahlen Landschaft stehen ehemalige Tempelmauern, Statuen, Säulen, Marmorblöcke und die berühmten fünf Marmorlöwen, deren Konturen sich blendendweiß gegen den gleichmäßig blauen Himmel abheben. Delos war in der Antike für fast ein Jahrtausend das religiöse und politische Zentrum der ionischen Inselgriechen; hier war einst der Austragungsort der glänzenden Apollo-Festspiele und im fünften Jahrhundert vor Christus der Sitz des Attisch-Delischen Seebundes.

Inseln mit großer Vergangenheit

Nach der griechischen Mythologie verbot die eifersüchtige Göttergattin Hera der ganzen Erde, die von Zeus schwangere Titanin Leto aufzunehmen. Mit Hilfe des Zeusbruders Poseidon, des Meeresgottes, stieg eine bis dahin unter dem Wasser schwimmende Insel aus den Fluten empor, und Delos wurde so zum Geburtsort Apollos und seiner Zwillingsschwester Artemis. So galt das kleine Eiland fortan als heilig und entwickelte sich neben Delphi (Delfi) zur bedeutendsten Kultstätte Apollos.

Den größten Reichtum erlangte Delos, als Rom in Hellas die Oberhoheit übernahm und die Insel 166 vor Christus zum Freihafen erklärte. Zu einer vernichtenden Niederlage wurde für Delos der Kriegszug des kleinasiatischen Königs Mithridates VI. von Pontos, der in Fehde mit Rom lag und die Insel daher im Jahre 88 vor Christus von seiner Flotte besetzen und plündern ließ. Kaum hatte sich Delos von dem Schlag erholt, wurde es 69 vor Christus von Piraten vollends verwüstet und nie wieder richtig besiedelt. Seitdem liegt das Eiland als einsames Ruinenfeld da. Es wird seit 1872 von Archäologen erforscht.

Früher konnte ein kleines Inselhotel wenige Gäste über Nacht beherbergen. Seitdem das nicht mehr möglich ist, muß man sich mit den knappen Stunden zufriedengeben, die das Ausflugsboot vom nahen Mykonos den Touristen zubilligt. Vom antiken Hafen führt die breite Prozessionsstraße nach

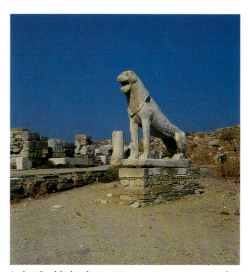

Stolz überblickt dieser Löwe aus Marmor seit über 2500 Jahren die heilige Insel Delos.

Norden und endet an den Stufen der Propyläen, die den Eingang zum Heiligen Bezirk Apollos bilden. Hier standen einst zahlreiche Tempel, Altäre, Schatzhäuser und andere Gebäude, deren Reste mehr oder weniger gut zu erkennen sind. Noch weiter nördlich stößt man auf die altbekannte Löwenterrasse am Heiligen See. Von den großen Tierskulpturen aus naxischem Marmor, die aus dem siebten vorchristlichen Jahrhundert stammen, sind vier gut und drei in Resten erhalten. Der Heilige See wurde von den Archäologen im letzten Jahrhundert wegen Malariagefahr trockengelegt, seine Ausdehnung ist aber noch anhand einer Mauer zu erkennen.

Gleich daneben hatten römische Kaufleute im zweiten Jahrhundert vor Christus eine Markthalle mit Läden gebaut, die sogenannte Agora der Italiker. Auf dem Rückweg findet man in der Nähe des Museums das Heiligtum des Dionysos, dessen sinnliche, vitale Kraft durch große Phallusskulpturen

Südeuropa

gefeiert wurde. Von der antiken Wohnstadt südlich des Hafens blieben noch Ruinen aus hellenistischer und römischer Zeit übrig. Hauptattraktion sind hier die prachtvollen Fußbodenmosaiken der Häuser, die in ihrem Stil denen von Pompeji ähneln.

Ios, etwa zwischen Naxos und Santorin (Thira) gelegen, verkörpert für viele junge Leute den Traum von südlicher Leichtigkeit und Lebenslust. In Wirklichkeit ist die Felseninsel dem stürmischen Massenandrang der Rucksacktouristen und Strandschläfer kaum gewachsen. Ihre Bewohner versuchen, das Beste daraus zu machen. Es fehlt nicht an Trubel, Unterhaltung, Bars und Nightlife. Gute bis vorzügliche Sandstrände bieten die Buchten Milopotas und Kolizani nahe beim Hafen Gialos. Der weithin sichtbare Hauptort Ios, malerisch auf einem Berg oberhalb des Hafens gelegen, wirkt mit seinen weißen, ineinandergeschachtelten Kykladenhäusern, vielen kleinen Kuppelkirchen, Treppengassen

Die Insel Ios, ein Zentrum lebhaften touristischen Lebens, ist einer von mehreren Orten, von denen behauptet wird, der Dichter Homer sei hier geboren.

Dieses kleine antike Theater zeugt von der römischen Vergangenheit der Insel Milos.

und Festungsmauern bei Tage fast beschaulich. Abends und nachts verwandelt er sich in ein lebhaftes Vergnügungsviertel.

Kea, die der Halbinsel Attika am nächsten gelegene Kykladeninsel, ist ein beliebtes Wochenendziel der Athener. Steile Berge, aber auch einige fruchtbare kleine Täler mit Obstbäumen und Weingärten sowie stille, saubere Badebuchten prägen das Gesicht dieser Insel. Im Inneren thront hoch oben am Berghang der hübsche Hauptort mit seinen geweißten Häuschen und roten Ziegeldächern, der als Nachfolger der antiken Stadt Joulis erbaut wurde. Etwas außerhalb des Ortes findet man den wohl berühmtesten Bewohner Keas – einen steinernen ruhenden Löwen. Die Monumentalskulptur wurde im sechsten Jahrhundert vor Christus aus dem Schieferfels herausgemeißelt.

Milos ist durch eine atemberaubend schöne Aphrodite-Statue der Antike berühmt geworden: Im Jahre 1820 fand man hier die marmorne Venus von Milo, die jetzt im Pariser Louvre zu bewundern ist. Im Ring der Kykladen liegt die Insel am südwestlichsten, ihrer hufeisenförmigen Gestalt sieht man den vulkanischen Ursprung an. Die tief eingeschnit-

Berühmt sind die weißen Häuser und die Windmühlen auf der Kykladeninsel Mykonos.

tene Adamasbucht, möglicherweise ein einst eingestürzter Kraterkessel, gilt als einer der schönsten natürlichen Häfen der Ägäis. Eine besondere Faszination üben die vielgestaltigen Küstenlandschaften von Milos mit ihren bizarren, farbigen Felsklippen, Brandungstoren und Höhlen aus. Badestrände gibt es in großer Zahl, die schönsten findet man bei Adamas im Nordwesten, bei Apollonia im Osten und bei Poliochori im Süden. Auch um archäologische Schätze ist Milos nicht verlegen: Bei Ausgrabungen im Norden der Insel wurde das einst bedeutende Handelszentrum Filakopi mit drei aufeinanderfolgenden Städten aus mittel- und spätminoischer sowie mykenischer Zeit freigelegt.

Mykonos ist weltweit der Inbegriff kykladischer Inselseligkeit geworden: weiße Windmühlen vor blauem Himmel über einer Stadt aus weißen Häuserwürfeln am blauen Meer. Mykonos hat keine schroffen Gebirge und steil aufragenden Felsküsten, es gibt hier auch so gut wie keine archäologischen Sehenswürdigkeiten. Die Hauptattraktion sind das einladend am Hang liegende Städtchen Mykonos selbst, ein architektonisches Juwel, und die langen Sandstrände, die zu den schönsten der Kykladen gehören. Weniger windig als im Norden von Mykonos sind die Strände an der Südküste: Psaru, Platys Jialos, Paradise, Super Paradise – die letzten beiden kann man nur mit dem Badeboot erreichen. Ob Jetset, Künstler oder Kreuzfahrtpassagiere – man gibt sich auf Mykonos gerne kosmopolitisch, mondän, großzügig und etwas exzentrisch, man schätzt exklusives Shopping, Diskothekenrummel und Nacktbadekultur.

Naxos, auch Königin der Kykladen genannt, ist die fruchtbarste und mit 428 Quadratkilometern zugleich die größte Insel dieses Archipels. Bis zu 1001 Meter hohe, zerklüftete Berge, aus denen zahlreiche Süßwasserquellen sprudeln, wechseln hier mit grünen Tälern und weiten Küstenebenen.

Im Norden der malerischen Hafenbucht des Hauptortes Naxos erhebt sich als berühmtes Wahrzeichen der Insel das monumentale Marmortor eines im sechsten Jahrhundert vor Christus begonnenen, aber nie fertiggestellten Tempels. Die sich einen Hügel hinaufziehende, verwinkelte Altstadt wird von einem mittelalterlichen Kastell gekrönt. Neben der imposanten Burgruine erinnern in dem Ort noch eine katholische Kathedrale und mehrere verfallene Palazzi an die Zeit, als Naxos über 350 Jahre lang Sitz eines venezianischen Herzogtums war.

Sehenswert sind auch die antiken Marmorsteinbrüche der Insel, die einst das heißbegehrte Material für Tempel und Skulpturen lieferten. Bei Apollon im Norden ist die unvollendet in einem Marmorbruch zurückgelassene Kolossalstatue eines Jünglings aus dem sechsten Jahrhundert vor Christus zu entdecken, in den Brüchen von Flerio ruhen ebenfalls zwei Riesenfiguren unfertig und verwittert in der Landschaft. Überdies laden idyllische Bergdörfer mit wunderbaren byzantinischen Kirchen und wehrhaften Wohntürmen zu ausgedehnten Wanderungen ein. Schöne Sandstrände locken im Westen, einsamere Badebuchten im Osten.

Paros, eine Schwesterinsel von Naxos, wurde in archaischer Zeit dank seines blendendweißen Marmors reich, der einst im ganzen Mittelmeerraum Verwendung fand. Wie das kostbare kristallinische Gestein damals abgebaut wurde, kann man heute noch in den Stollen des antiken Marmorbergwerks bei Marathi im Inselinnern studieren.

An der Nordküste von Paros, tief in die schützenden Arme der weit ins Land ragenden Bucht gebettet, liegt der alte Fischerhafen Nausa. Von hier aus ging zu römischer Zeit das kostbarste Gut der Insel, der Marmor, auf Reisen.

Abwechslungsreiche Landschaft und Zeugen einer großen Vergangenheit erwarten den Besucher auf Naxos.

Derzeit lebt das 195 Quadratkilometer große Eiland hauptsächlich von der Landwirtschaft und dem stark anwachsenden Fremdenverkehr. Das an einer flachen Hafenbucht der Westküste gelegene Hauptstädtchen Paros – meist Parikia genannt – und der malerische Fischerort Nausa im Nordosten warten mit wunderschöner Kykladenarchitektur auf, Parikia hat zudem mit der imposanten Kreuzkuppelbasilika Katapoliani eine der bedeutendsten byzantinischen Kirchen Griechenlands zu bieten. Lohnende Tageswanderungen führen auf sanft geschwungenen Höhenzügen an Weingärten vorbei ins Inselinnere zu romantischen Klöstern und Kapellen. Auch Badebuchten sind auf Paros keine Mangelware – zu den schönsten zählen der Sandstrand von Kolibithres bei Nausa und der Golden Beach bei Dryos an der Ostküste.

Sifnos wurde im Altertum durch ergiebige Gold- und Silberminen vermögend. Heute ist die Insel, hinter deren Steilküsten sich Hügelland mit fruchtbaren Tälern verbirgt, bekannt für ihre schneeweißen Kykladendörfer, ihr traditionsreiches Töpferhandwerk und ihre reizvollen Sandbuchten. Der pittoreske Ort Kastro mit mittelalterlicher Festung auf einem Felsplateau, aber auch unzählige Taubentürme, die Kirchen und Kapellen, antiken Wachttürme und Klöster geben dem Eiland ein eigenes Gepräge.

Syros im Herzen der Kykladen besaß im 19. Jahrhundert den größten Handelshafen und die bedeutendsten Schiffswerften Griechenlands. Von den wohlhabenden Reedern und Kaufleuten stammen die stattlichen Herrenhäuser, die der auf zwei Bergkegeln erbauten Hauptstadt Ermoupolis eine eindrucksvolle Atmosphäre verleihen. Vom damaligen Reichtum zeugen im Stadtzentrum auch das gewaltige Rathaus und das der Mailänder Scala nachempfundene Apollo-Theater.

Bewunderer der prähistorischen Kykladenkultur werden im Norden der Insel fündig. Hier wurde bei Chalandriani die befestigte Siedlung Kastri aus der Zeit um 1800 vor Christus ausgegraben. Wer nach städtischem Leben und archäologischer Exkursion Strandleben genießen möchte, begibt sich am besten in die beliebten Badeorte Posidonia im Süden oder Galissa an der Westküste.

Tinos, zwischen Andros und Mykonos gelegen, ist eine dem Marienkult geweihte Insel und wird daher auch „Lourdes der Ägäis" genannt. Besonders am 25. März zu Mariä Verkündigung und am 15. August zu Mariä Himmelfahrt strömen Pilger aus ganz Griechenland in die Inselhauptstadt Tinos. Ziel ist die imposante Kirche Panagia Evangelista, ein Marmortraum über Säulen und Arkaden. Im Jahre 1822, während des griechischen Freiheitskampfes, soll auf Tinos die Nonne Pelagia eine Vision gehabt haben – danach fand man hier eine wundertätige Marien-Ikone, angeblich vom Evangelisten Lukas gemalt, die das Eiland seither zu einem bekannten orthodoxen Wallfahrtsort werden ließ. An der Fundstelle wurde das die Ikone verwahrende Gotteshaus erbaut.

Taubentürme, Klöster, verstreute Eilande

Stille Dörfer, Klöster in landschaftlich reizvoller Lage, die Ausgrabungsstätte des antiken Poseidonheiligtums bei Kionia und kleine, meist menschenleere Badebuchten versprechen einen ebenso interessanten wie geruhsamen Tinos-Aufenthalt. Vor allem das Bergdorf Pirgos mit der namhaften Bildhauerschule von Tinos und die in der Nähe gelegenen Steinbrüche, die wegen ihres seltenen grünen Marmorvorkommens berühmt sind, lohnen einen Besuch. Das Wahrzeichen der Insel sind jedoch die unzähligen kunstvoll verzierten, teilweise jahrhundertealten Taubenhäuser im venezianischen Stil. Die in den Türmen nistenden Tauben landen irgendwann in den Kochtöpfen, denn sie gelten auf Tinos nach wie vor als erlesene Leckerbissen.

Nordöstlich von Euböa (Evvoia) liegt die Inselgruppe der Nördlichen Sporaden mit den Hauptinseln Skopelos, Skiathos, Alonnisos und Skyros sowie rund 80 kleineren, zum Teil unbewohnten Eilanden. Geologisch gesehen bilden sie die Fortset-

Südeuropa

Schöne Strände, ein mildes Klima und grüne Pinienwälder haben Skiathos zu einem der beliebtesten Ferienziele der Ägäis gemacht. Im gleichnamigen Hauptort der Insel laden malerische Plätze zum Verweilen ein.

zung der thessalischen Halbinsel Magnesia. Von den eher kargen und überwiegend unfruchtbaren Kykladen unterscheiden sich die Nördlichen Sporaden – griechisch „die Zerstreuten" – durch sanftes Grün: Weinfelder und Obstkulturen erfreuen das Auge, Olivenhaine und dichte Kiefernwälder spenden Schatten. Das milde, etwas feuchte Klima, das hier so viele Pflanzen gedeihen läßt, kommt von den Bergen des nahen Festlandes.

Ein grünes Badeparadies

Wer nicht via Skiathos fliegt, sondern die Nördlichen Sporaden mit den schönen Stränden vom Festland aus erobern möchte, benutzt die Schiffsverbindungen von Volos, Agios Konstantinos (beide in Thessalien) oder Paralia Kymis (Euböa).

Alonnisos, eine langgestreckte Gebirgsinsel mit steil abfallender Nordwestküste und romantischen Stränden, wurde durch das starke Erdbeben von 1965 in seiner Entwicklung eingeschränkt. Während der Nordteil kaum erschlossen ist, findet man an der sanfteren Südostküste ein paar reizvoll gelegene Dörfer. Das Leben spielt sich hier überwiegend im modernen Hauptort Patitirion ab, der sich mit seinen üppigen Gärten malerisch an eine Hafenbucht schmiegt. Nicht weit davon entfernt haben sich ausländische Touristen die verfallenen Häuser des ehemaligen Hauptstädtchens Alonnisos in den Bergen zur Feriensiedlung ausgebaut.

Skiathos, das sanfthügelige, der festländischen Ostküste am nächsten gelegene Eiland, ist mit seinen dichten Pinienwäldern, vielen Olivenhainen und seinen über 60 (!) Stränden eine der beliebtesten Ferieninseln der Ägäis. Wer sich einmal für einen Tag von den herrlichen Badebuchten und komfortablen Hotels trennen kann, entdeckt die Vielseitigkeit des kleinen grünen Skiathos am besten zu Fuß. Schöne Wanderwege führen ins Inselinnere zu alten Klöstern und an die Nordwestküste, wo die seit dem 19. Jahrhundert nicht mehr bewohnte mittelalterliche Stadt Kastró mit ihren trutzigen Wehrmauern und nostalgischen Ruinen auf einem steilen Felssporn thront. Touristisches Zentrum ist der Hauptort Skiathos an der Südostküste, der mit seinen vielen Tavernen, Restaurants und Geschäften pittoresk eine kleine Hafenbucht umschließt.

Skyros, die größte und östlichste der Nördlichen Sporaden, ist nicht so grün wie ihre Nachbarinseln und hat so manche Ähnlichkeit mit den Kykladen. Steil fallen die Küstenfelsen ab, karg und wasserarm ist der Süden, der Norden dagegen sanfter und fruchtbarer. An einem schroff aufragenden Bergkegel der Ostküste gruppieren sich im Halbrund die weißen kubischen Häuser des Hauptortes Skyros, auf der Felskuppe über dem Städtchen liegen die Ruinen einer venezianischen Festung.

Skyros bietet dem Urlauber eine große Auswahl feinsandiger Strände. Bei Bootsausflügen kann man die reichgegliederte Küstenlandschaft der Insel mit ihren vielen Meeresgrotten erleben. Einmalig für Griechenland sind die im Süden von Skyros wildlebenden, aber selten gewordenen Ponys.

Skopelos, eine fruchtbare und waldreiche Gebirgsinsel, öffnet sich im Osten zu einer weiten Hafenbucht. Hier präsentiert sich den einlaufenden Schiffspassagieren der wunderschöne Hauptort Skopelos mit hübschen weißen Häusern und vielen Farbtupfern: Ziegelrot sind die Dächer, bunt leuchten Fensterläden und Türen – farbenprächtig sind auch die von den einheimischen Frauen oft noch getragenen Trachten. Über 120 Kirchen besitzt allein der Hauptort, etwa 360 Kirchen, Kapellen und Klöster gibt es auf der Insel! Auf das friedliche, ländliche Skopelos fährt, wer Ruhe sucht.

Die das Ägäische Meer im Osten und Südosten begrenzenden Südlichen Sporaden sind recht unterschiedlich. Allen gemeinsam ist jedoch, daß sie der kleinasiatischen Westküste vorgelagert sind und daher eine noch längere Ära türkischer Herrschaft erlebt haben als das übrige Griechenland.

Durch ausgiebige Niederschläge im Winter profitieren die drei ungleichen Schwestern Lesbos (Lesvos), Chios und Samos von der Festlandsnähe. Sie zählen zu den fruchtbarsten Inseln der Ägäis. Ein verwandtes Schicksal teilen sie vor allem in geschichtlicher Hinsicht: In der Antike brachte ihnen der Handel zwischen Griechenland und Kleinasien Wohlstand. Im hohen Mittelalter eroberten zunächst die Venezianer, dann die Genueser und schließlich die Türken die ostägäischen Inseln, die erst 1912 wieder an Hellas kamen. Zehn Jahre später wurden sie für Tausende aus Kleinasien vertriebener Griechen zur neuen Heimat.

Die Inseln der Schlemmer

Südlich von Samos schließt sich der Dodekanes (Dodekanisos: übersetzt „Zwölfinseln") an, der abweichend von seinem Namen etwa 50 Eilande zählt. Diese südlichste Inselgruppe der Südlichen Sporaden ist heute bekannt für ihr reiches Kunsthandwerk und die Schwammfischerei. Die überwiegend gebirgigen Inseln, wasserarm und meist kahl, bieten trotz allem abwechslungsreiche und gegensätzliche Landschaftserlebnisse. Denn sie besitzen auch fruchtbare grüne Talauen, in denen Wein, Oliven, Zitrusfrüchte, Sesam und Tabak angebaut werden.

Chios wird vom Norden bis zur Inselmitte von einem stark zerklüfteten, bis zu 1297 Meter hohen Kalksteingebirge durchzogen. Im sanfthügeligen, fruchtbaren Süden hingegen prägen Oliven- und Feigenhaine, Orangen- und Weingärten das Landschaftsbild. Bekannt ist Chios aber vor allem für die landwirtschaftliche Nutzung des baumartigen Mastixstrauches, dessen aromatisches Harz zu Bonbons, Konfitüre und Likör verarbeitet wird. Bereits in der Antike war die wohlschmeckende gummiartige Masse als Exportware gefragt, später erfreute sie als Lieblingskonfekt die Damen an den Höfen türkischer Sultane. Heute wird das vielseitig verwertbare Mastixharz auch für kosmetische, medizinische und pharmazeutische Zwecke verwendet.

Von Mosaiken, Orangenhainen und Schwammtauchern

Im Jahre 1822 fanden alle Seligkeit und all der Wohlstand auf der damals noch zum Osmanischen Reich gehörenden Insel ein Ende: Im griechischen Freiheitskampf gegen die Türken wurden in einem Massaker über 30 000 chiotische Bewohner niedergemetzelt und über 41 000 versklavt. Kaum hatte sich die Insel wieder etwas erholt, richtete 1881 ein Erdbeben schwere Schäden an.

Die geschäftige, moderne Metropole Chios-Stadt mit den Resten einer byzantinisch-genuesischen Festung am Hafen mutet in ihrem Altstadtkern noch türkisch an. Nur ein paar Kilometer westlich der Inselhauptstadt findet man inmitten einer bewaldeten Berglandschaft das Kloster Nea Moni, dessen prächtige byzantinische Goldmosaiken aus dem elften Jahrhundert zu den wertvollsten Griechenlands zählen. Und südlich von Chios-Stadt erstreckt sich die

Das Kloster Nea Moni auf Chios wurde von Kaiser Konstantin IX. Monomachos gegründet. Die im elften Jahrhundert entstandenen Goldmosaiken in der Kirche gehören zu den bedeutendsten in Griechenland.

Bei den berühmten Mosaiken des Klosters Nea Moni auf Chios ist jedes Detail ein Kunstwerk.

fruchtbare Ebene Kambos mit ihren ausgedehnten Orangenhainen und den turmhohen alten Landhäusern des genuesischen und einheimischen Adels. Überhaupt ist die faszinierendste Region der Insel zweifellos der Süden mit den Mastix erzeugenden Dörfern Mesta, Olimbi, Pyrji und Armolia, die sich allesamt ihren wehrhaften mittelalterlichen Charakter bewahrt haben. Eine Besonderheit sind die mit schwarzweißen Ornamenten überzogenen Häuserfassaden des Ortes Pyrji. Die in Sgraffito-Technik entstandenen geometrischen Muster wurden aus dem Doppelputz herausgeschabt. Außer den bekannten Stränden Bellavista, Vrondados und Karfas im näheren Umkreis der Inselhauptstadt gibt es noch eine ganze Reihe kleiner, einsamer Badebuchten – wie etwa Emborios, weit im Süden.

Kalymnos ist eine kahl-felsige Insel des Dodekanes mit nur wenigen kleinen, grünen Tälern und zahlreichen Buchten. Schon seit Jahrhunderten leben seine Bewohner hauptsächlich von der Schwammtaucherei, die heute aufgrund moderner Techniken effektiver geworden ist. Alljährlich im Frühjahr bricht die Schwammfischereiflotte von Kalymnos in Richtung südöstliches Mittelmeer auf und läuft dann erst fünf bis sechs Monate später wieder in den Heimathafen ein. Abfahrt und Rückkehr werden jeweils mit rauschenden Festen, Tänzen, Eß- und Trinkgelagen gefeiert.

An einer hufeisenförmigen Südbucht liegt die Inselhauptstadt Kalymnos, deren zartbunte Häuser sich von sanften Berghängen bis hinunter zum Hafen ziehen. Etwa zwei Kilometer weiter nordwestlich findet man inmitten von Feigenhainen Chorion, den ehemaligen Hauptort von Kalymnos, der von einer byzantinischen Festung überragt wird. Lohnende Bootsausflüge führen zu den Tropfsteinhöhlen und Grotten der Insel.

Das grüne, langgestreckte Kos, nahe der kleinasiatischen Halbinsel von Bodrum gelegen und nach Rhodos die zweitgrößte Insel des Dodekanes, ist mit seinem milden Klima, den fruchtbaren Ebenen, den Oliven-, Feigen- und Eukalyptusbäumen ein schwimmendes Gartenparadies. Bougainvillea und Hibiskus lassen hier eine verschwenderische Blütenpracht entstehen.

An einer muschelförmigen Bucht der Nordostküste breitet sich die Hauptstadt Kos mit ihren weißen Häusern und gepflegten Parks aus. Schon von weitem sichtbar ist die noch recht gut erhaltene Johanniterfestung am Hafen. Unweit der mittelalterlichen Anlage aus dem 15. Jahrhundert findet sich am Hauptplatz des Ortes die mächtige Platane des Hippokrates, unter der der berühmte Arzt – 460 vor Christus in Kos geboren – einst gelehrt haben soll; vermutlich ist der Riesenbaum aber nicht älter als 500 Jahre. Im südwestlichen Stadtteil stößt man auf ein antikes Ruinengelände, wo Überreste der Römerzeit – Thermen, ein freigelegtes Odeion und eine rekonstruierte Villa mit schönen Originalmosaiken – zu bewundern sind.

Hier lebte der Begründer der Heilkunde

Die wohl interessanteste Sehenswürdigkeit der Insel liegt etwa vier Kilometer südwestlich des Hauptortes. Hier wurde bei Ausgrabungen das dem griechischen Gott der Heilkunde geweihte Asklepiosheiligtum zutage gefördert, das aus verschiedenen Bauperioden der Zeit zwischen dem vierten und zweiten Jahrhundert vor Christus stammt. Die an einem Berghang in mehreren Terrassen angelegte Kultstätte mit dorischem, ionischem und korinthischem Tempel war zugleich Sitz der von Hippokrates gegründeten, hochangesehenen Ärzteschule und galt als führendes Therapiezentrum der Antike. Das im Jahre 544 durch ein Erdbeben zerstörte Heiligtum präsentiert sich heute als eindrucksvolles Ruinenfeld, 100 Meter über dem Meer gelegen und mit großartigem Ausblick auf die Umgebung – bis hin zur kleinasiatischen (türkischen) Küste.

Südeuropa

An der östlichen Südküste von Samos erstreckt sich Pythagorion. Hoch über dem lebhaften Küstenort thronen die Burg des Logothetis und die Kirche der Metamorphosis.

Zu weiteren Ausflugsfahrten laden malerische Ruinendörfer mit byzantinischen Kirchen und Johanniterburgen im Inselinnern ein. Zudem gibt es auf Kos viele schöne Sand- und Kiesstrände, wo man die Seele baumeln lassen kann, vor allem bei den Badeorten Marmari und Tigaki an der Nord- oder aber bei Kardamaena an der Südküste.

Lesbos: Heimat der Sappho, Insel der Liebe

Lesbos (Lesvos), die drittgrößte Insel Griechenlands, ist von der kleinasiatischen Küste nur 15 bis 20 Kilometer entfernt. Um 600 vor Christus wurde hier Sappho, die größte Lyrikerin des Altertums, geboren. Die Dichterin versammelte einen Kreis junger Mädchen um sich, um sie bis zu ihrer Hochzeit in Sitten, Gebräuchen und den schönen Künsten zu unterweisen. In vielen ihrer Lieder schildert sie die Macht der (nicht nur „lesbischen") Liebe.

Faszinierend sind die vielfältigen Naturschönheiten der Insel: Den Norden und Süden durchziehen zwei Gebirgsketten mit dichten, dunkelgrünen Kiefernwäldern, herbes Hochland mit kahlen Weideflächen bestimmt den Westen, in den Küstengegenden breiten sich fruchtbare Ebenen aus. Millionen von silbern schimmernden Olivenbäumen ziehen sich schier endlos über sanfte Hügel. Diese Monokultur, die Lesbos zu Wohlstand verhalf, verdankt die Insel den venezianischen Eroberern, die einst den Bewohnern für jeden gut tragenden Ölbaum einen sehr guten Preis zahlten.

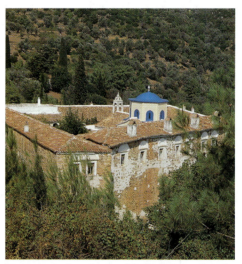

Eingebettet in das grüne Inselkleid von Samos liegt das Kloster Moni Mea Panagias.

Mytilini, die betriebsame Hauptstadt an der Ostküste, beeindruckt mit einem stimmungsvollen Hafenpanorama: Majestätisch erhebt sich die Achteckkuppel der Kirche des heiligen Therapon über den Häusern mit ihren roten Ziegeldächern. Ein Blickfang ist das mächtige Genueserkastell auf einer bewaldeten Halbinsel. Die imposanten Reste eines römischen Aquädukts findet man nur sechs Kilometer nördlich der Hauptstadt beim Dorf Moria. Unter Denkmalschutz steht das malerisch an einem Berghang gelegene und von einer genuesischen Festung gekrönte Städtchen Molivos im Norden.

Patmos und Samos – ein Fest für Geist und Sinne

Nach einem Badeaufenthalt auf Lesbos, zu dessen Küsten zahlreiche hübsche Hafen- und Ferienorte locken, geht es weiter nach Patmos. Die nördlichste Insel des Dodekanes gilt als Verbannungsort des Evangelisten Johannes, der – vom römischen Kaiser Domitian im Jahre 95 auf das felsig zerklüftete Eiland geschickt – hier in einer einsamen Grotte seine Offenbarungen aufgezeichnet haben soll.

Malerisch liegt der Hafen- und Ferienort Skala mit seinen weißen Häusern und schmalen Gäßchen an einem steilen Hang der Ostküste. Von hier strebt eine Straße aufwärts zum Inselhauptort Patmos, dessen weißgetünchte Würfelhäuschen, verwinkelte Gassen, alte Herrenhäuser, Tavernen und Cafés vom imposanten Johanneskloster überragt werden. Die zinnenbekrönte Gottesburg verwahrt hinter ihren mächtigen Wehrmauern zahlreiche sakrale Kunst-

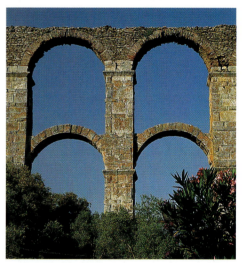

Die Reste des Aquädukts bei Moria auf Lesbos erzählen von römischer Vergangenheit.

werke von unermeßlichem Wert. Einzigartige Handschriften birgt die Klosterbibliothek, wunderschöne Fresken schmücken Klosterkirche und Kapelle, die Schatzkammer ist angefüllt mit Reliquien, Schmuck und wertvollen Ikonen. Unterhalb des Hauptortes liegt jenes Kloster mit der Höhle, wo der Legende nach der Apostel Johannes einst die Vision der Apokalypse hatte. Heute jedoch sind diese liebevoll gehüteten Orte der christlichen Überlieferung alles andere als einsam.

Samos, eine der grünsten Inseln Griechenlands, ist nur durch eine schmale Meerenge vom Mykalegebirge auf dem kleinasiatischen Festland getrennt. Die Heimat der berühmten Philosophen Pythagoras und Epikur überrascht mit einer ungewöhnlich vielseitigen Natur. Herrliche Wanderungen führen durch weite Kiefernwälder über Gebirgszüge mit steilen Schluchten, unterwegs fällt der Blick immer wieder auf fruchtbare Küstenebenen und das allgegenwärtige Meer. Auf den vielen Weinbergen am

Ägäische Inselwelt

Wegrand reifen die Muskattrauben des süßen, schweren Dessertweins, der Samos in aller Welt bekannt gemacht hat.

In einer tief eingeschnittenen Bucht der Nordwestküste liegt die heutige Hauptstadt Samos, die sich vom Hafenviertel malerisch die Berghänge zur Altstadt Ano Vathi mit ihren alten Häuschen und engen Gassen hinaufzieht. Beachtenswert ist hier vor allem das archäologische Museum, das bedeutende Ausgrabungsfunde der Insel verwahrt.

Um einen runden Hafen an der Südostküste gruppiert sich der idyllische Fischer- und Ferienort Pythagorion, der auf den Ruinen der antiken Hauptstadt Samos erbaut wurde (von ihr sind heute noch die Reste der einst mächtigen Stadtmauer zu sehen). Oberhalb des Ortes, am Berghang, befindet sich ein antikes Theater; und wenige Kilometer südwestlich von Pythagorion erstreckt sich an der Mündung des Flüßchens Imbrassos das Ruinenfeld eines einst bedeutenden Heraheiligtums – der Legende nach soll hier die Gemahlin des Zeus geboren worden sein. Zu Ehren der Göttin entstand an dieser Stelle um 560 vor Christus der größte Tempel Griechenlands, der jedoch kurz nach seiner Vollendung niederbrannte. 30 Jahre später ordnete der Tyrann Polykrates den Bau einer noch größeren Anlage an, die aber nie fertiggestellt wurde – von diesem Tempel stammt die einzige noch aufrecht stehende und weithin sichtbare Säule.

Patmos, die alte Klosterinsel: Stolz erhebt sich das Johanneskloster mit seinen Mauern und Zinnen über dem Hauptort Patmos. Das Kloster beherbergt neben wertvollen sakralen Kunstwerken eine bedeutende Bibliothek.

DAS BESONDERE REISEZIEL: DIE VULKANINSEL SANTORIN (THIRA)

Ein bizarres Fleckchen Erde von überwältigender Schönheit ist Santorin, die südlichste und sicherlich außergewöhnlichste Insel der Kykladen. Ihre dramatisch geformte Gestalt verdankt sie einem verheerenden Vulkanausbruch um 1500 vor Christus, der die Insel mit seiner mächtigen Naturgewalt in mehrere Stücke zerriß. Nach der Explosion versank der zentrale Vulkankegel, und das Meer ergoß sich in den so entstandenen Einbruchskessel. Heute bildet Santorin, auch als Thira bekannt, zusammen mit den kleinen Eilanden Thirasia und Aspronisi den Rest des – in der Fachsprache Caldera genannten – alten Kraterrandes. Auch in den folgenden Zeiten sollten Vulkanausbrüche noch mehrmals das Leben der Inselbewohner erschüttern. Die letzte Vulkantätigkeit auf der Insel liegt noch kein halbes Jahrhundert zurück, und im Jahre 1956 war die Insel Santorin samt ihren Nebeninseln von einem schrecklichen, verheerenden Erdbeben betroffen. Der Vulkanismus ist also untrennbar mit der Geschichte der Insel verbunden.

Einen atemberaubenden Anblick bietet die mondsichelförmige Felsenkulisse der Westküste: Aus einer Höhe von etwa 300 Metern stürzen die Steilwände, deren Lavagestein im Sonnenlicht verschiedenfarbig schimmert, fast senkrecht ins Meer. Abenteuerlich balancieren hoch oben auf dem Grat die blendendweißen Häuserwürfel der dicht aneinandergedrängten Dörfer. Ein romantischer Eselspfad mit 587 Stufen oder eine Seilbahn führen vom Hafen Skala hinauf zum malerischen Hauptort Thera, der, herrlich gelegen, dem Besucher als Belohnung eine einzigartige Sicht auf die Caldera beschert.

Auf keinen Fall sollte man die weltberühmte Ausgrabungsstätte von Akrotiri (Akrotirion) am Südwestkap der Insel versäumen, die man nicht ohne Grund das „kykladische Pompeji" nennt. Nach dem Abtragen einer mächtigen Bimssteinschicht kam hier eine erstaunlich gut erhaltene minoische Stadt mit zwei- bis dreistöckigen Häuserfassaden, Plätzen, Straßen, Werkstätten und Lagerräumen ans Licht. Außerdem wurden herrliche Fresken und etliche Keramiken geborgen, die jetzt im Archäologischen Nationalmuseum von Athen ausgestellt sind und die belegen, daß Santorin im zweiten Jahrtausend vor Christus in regem kulturellem und wirtschaftlichem Austausch mit Kreta stand. Offenbar waren sich die Bewohner des bevorstehenden Vulkanausbruchs bewußt und konnten zuvor fliehen – so erklärt man sich jedenfalls das Phänomen der fehlenden Skelettfunde. Eindrucksvoll sind auch die Ausgrabungen der antiken Hauptstadt Thera an der Südostküste, die bis in die byzantinische Zeit hinein bewohnt war, und der frühere Seefahrerort Oia, der mit seinen idyllischen Treppengäßchen, schneeweißen Flachhäusern, blauen Kirchenkuppeln und alten Höhlenwohnungen den Kraterrand an der Nordspitze der Insel säumt. Eine besondere Attraktion sind die in diesem schmucken Dorf zu erlebenden spektakulären Sonnenuntergänge! An der sanft abfallenden Ostküste dehnen sich in Terrassen angelegte Weingärten und Tomatenfelder. Hier findet man auch schöne Strände mit feinem dunklem Lavasand – und zwar bei Monolithos, Kamari und Perissa.

Thera, die reizvolle Hauptstadt von Santorin (Thira), in der Dämmerung: Die Stadt liegt etwa 300 Meter über dem Calderabecken.

LIMNOS
In der Werkstatt des Feuergottes

Östlich der griechischen Halbinsel Chalkidike liegt das vulkanische und fruchtbare Eiland Limnos mit seinem reich gegliederten Küstensaum im nordägäischen Meer. Die sanften Hügel, geformt aus trägen Lavamassen, werden vor allem von Korn- und Baumwollfeldern, aber auch von Weingärten und Olivenhainen bedeckt. Die urwüchsige und vom Tourismus noch relativ unberührte Insel besitzt interessante archäologische Ausgrabungsstätten und hat überdies herrliche Sandstrände zu bieten.

Als Hephaistos, Sohn des Zeus und der Hera, häßlich und lahm zur Welt kam, warf ihn seine unbarmherzige Mutter kurzerhand aus dem Olymp ins Meer. Der so verstoßene hinkende Gott des Feuers und der Schmiedekunst landete jedoch auf der Insel Limnos, wo er seine qualmerfüllte Werkstatt einrichtete und den Bewohnern die Kunst des Me-

Myrina, auch Kastro genannt, ist der Hauptort von Limnos und wurde an derselben Stelle erbaut wie die gleichnamige antike Vorgängerstadt. Über den Hafen wacht ein venezianisches Kastell.

Nach Myrina kommen Besucher vor allem wegen der Ausgrabungen und der Atmosphäre der Stadt.

tallhandwerks in höchster Vollendung beibrachte. Mit dem Wirken des ursprünglich kleinasiatischen Feuergottes, der zunächst hauptsächlich auf Limnos verehrt worden war und dessen Kult dann im sechsten Jahrhundert vor Christus auch nach Athen eingeführt wurde, erklärte der griechische Mythos das in Vorzeiten aus dem Boden hervorbrechende Erdfeuer, das heißt die vulkanische Entstehungsgeschichte der Insel.

Seine schlanke Wespentaille verdankt das etwa 477 Quadratkilometer große Eiland zwei tief einschneidenden Golfbuchten, bei Purnias im Norden und Mudros im Süden: Sie schnüren die Inselmitte bis auf einen vier Kilometer breiten Landstreifen ein, der den West- und Ostteil wie eine Brücke zu verbinden scheint. Schöne Strände und die Ausgrabungen locken Touristen an.

Prähistorische Bevölkerungsspuren entdeckte man in Poliochni an der Südostküste, wo die Reste verschiedener übereinandergeschichteter Siedlungen aus der Stein- und Bronzezeit freigelegt wurden – die älteste geht etwa auf das Jahr 3000 vor Christus zurück. Wie die Ausgrabungen ergaben, trieben die Bewohner von Poliochni seinerzeit regen Handel mit Troja, das direkt gegenüber auf dem kleinasiatischen Festland lag.

Als sich um 800 vor Christus die ersten Griechen auf Limnos niederließen, gründeten sie in der Bucht von Purnias die nach dem Gott der Schmiede benannte Stadt Hephaisteia. Rund 100 Jahre später wurden sie von den Tyrsenern verdrängt, einem Seevolk des Ägäisraumes, dessen Sprache – wie Schriftfunde belegen – dem Etruskischen nah verwandt war. Nach der Eroberung der Insel durch die Athener Ende des sechsten Jahrhunderts vor Christus hielten die Griechen aber wieder Einzug auf der Insel.

Unweit der Ruinen von Hephaisteia, die sich am Golf von Purnias, also im Nordosten von Limnos, befinden, förderten Archäologen an der Hafenbucht von Chloi ein Kabirenheiligtum zutage. Die im griechischen Mythos als Nachkommen des Hephaistos geltenden Kabiren sind alte Gottheiten kleinasiatischer Herkunft, die auf den Inseln der Nordostägäis als Schirmherren der Seeleute verehrt wurden.

Überragt von einer venezianischen Festung, breitet sich an einer malerischen Bucht der Westküste die Haupt- und Hafenstadt Myrina, die oft auch Kastro genannt wird, auf den Fundamenten einer gleichnamigen antiken Siedlung aus. Bei sehr klarer Sicht ist vom Kastell aus der heilige Berg Athos auf der Halbinsel Chalkidike zu erkennen, der immerhin etwa 60 Kilometer entfernt ist. Stattliche Kapitänshäuser mit Holzveranden und enge Pflastergassen prägen die Atmosphäre dieses schönen Städtchens, dessen archäologisches Museum sehenswerte Funde aus Poliochni, aus Hephaisteia und dem Kabirenheiligtum von Chloi verwahrt.

Während die Nordküste der Insel überwiegend felsig und steinig ist, finden sich nahe Myrina, ebenso in der Bucht von Kaspakas und an den Ufern des Golfs von Mudros, verlockend schöne Sandstrände. Sie laden zum Genießen von Sonne und mediterranem Leben ein. Da die Küstenstreifen von Limnos teilweise militärisches Sperrgebiet und folglich vermint sind, sollte man auf der Suche nach abgelegenen Badebuchten die entsprechenden Warntafeln beachten.

Wer eine für Griechenland äußerst ungewöhnliche Naturerscheinung kennenlernen möchte, begibt sich in den Südosten der Insel. Hier breitet sich nördlich des Kaps Agia Irini die sogenannte Sahara von Limnos, eine einsame Dünenlandschaft, aus. Langgestreckt und schweigend liegt sie vor dem Besucher und erinnert an die weit entfernte Wüste.

Auskunft: siehe Seite 470.

EUBÖA
Ein Geheimtip für Liebhaber üppiger Natur

Wer im Urlaub vor allem Erholung in der Schönheit der Natur sucht, für den ist Euböa (Evvoia) mit seinen abwechslungsreichen Landschaften ein ausgesprochen attraktives Reiseziel. Die nach Kreta zweitgrößte Insel Griechenlands, nur durch eine schmale Meerenge vom Festland getrennt, erscheint im Süden eher karg, im Norden dagegen überrascht sie mit üppigem Grün. Dicht bewaldete Gebirgshänge wechseln mit fruchtbaren Ebenen, lebhafte Ferienorte sind genauso anzutreffen wie verschwiegene Dörfer, an ausgedehnten Sandstränden und abgelegenen Badebuchten besteht kein Mangel.

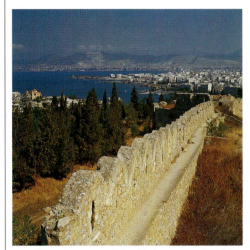

Von der Festung Karababa blickt man auf Euböas Hauptstadt Chalkis und das Dirfysmassiv.

Man braucht kein Schiff, um diese Insel zu erreichen, da sie durch eine Brücke über den schmalen Euriposkanal mit der griechischen Ostküste verbunden ist. Gilt Euböa überhaupt noch als Insel, könnte man sich fragen – so nah schmiegt sich ihr 170 Kilometer langer, aufgewölbter Körper an die Küste Attikas und Böotiens. Unverkennbar war die 3654 Quadratkilometer große Insel einmal Teil des mittelgriechischen Festlandes, dem sie geologisch und klimatisch viel mehr ähnelt als den sich südöstlich anschließenden Eilanden der Ägäis.

Vielfalt und bezaubernde Anmut charakterisieren Euböas landschaftliches Erscheinungsbild. Während im Norden lieblich bewaldete Berge und üppig bebautes Ackerland vorherrschen, erinnert der herbere Süden mit seinen vielen Felsbuchten eher an die vom Wind gebürsteten, kargen Kykladen. Im äußersten Südosten erhebt sich das von Schluchten durchzogene Gebirge des Ochi, dessen höchster Gipfel 1398 Meter erreicht. Im Osten der breiten Inselmitte steigt das mächtige Massiv des Dirfys, bedeckt von Kastanien- und Tannenwäldern, bis zu 1743 Meter auf. Der meist zur Nordostküste hin steil abfallende gebirgige Kern der Insel geht im Westen in sanftes Hügelland über, dem wiederum fruchtbare Schwemmlandebenen vorgelagert sind. In den agrarisch äußerst ertragreichen Regionen der Westküste breiten sich Zitruskulturen, Weingärten, Feigen- und Olivenhaine, Getreide- und Gemüsefelder aus. Dank der ergiebigen Braunkohle- und Magnesitlager, die im Gebirge abgebaut werden, verfügt Euböa zudem über eine nicht unbedeutende metallverarbeitende Industrie.

Eine verblüffende Naturerscheinung stellt die Meerenge von Euripos dar, deren extreme Strömungen mehrmals täglich die Richtung wechseln. An ihrer schmalsten Übergangsstelle zum griechischen Festland, wo eine etwa 40 Meter lange Zugbrücke den Euripos überspannt, liegt an Euböas mittlerer Westküste auf mehreren Hügeln Chalkis, die moderne Hauptstadt der Insel. Der aufstrebende Hafen- und Industrieort war bereits in der Antike wegen seiner Nähe zu Festlandhellas eines der bedeutendsten Handelszentren Griechenlands und tat sich damals überdies als Mutterstadt etlicher Kolonien hervor. Zu jenen Niederlassungen gehörte auch die Halbinsel Chalkidike, deren Name heute noch deutlich auf die Gründerin hinweist. Aus der glorreichen Zeit des antiken Chalkis, das einst berühmt für seine Tempel war, ist architektonisch leider kaum etwas erhalten geblieben. An die Zeit, in der Euböa von den Venezianern und danach vom Osmanischen Reich beherrscht wurde, erinnert in Chalkis die sehenswerte venezianisch-türkische Altstadt Kastro, von der noch Mauerreste stehen. Die im fünften und sechsten Jahrhundert entstandene Kirche Agia Paraskevi diente den Venezianern, die der Insel den Namen Negroponte gegeben hatten, als Hauptkirche. Ihre Erneuerung im Stil der Gotik erfolgte im 14. Jahrhundert.

Von Chalkis ist es nicht weit zum kleinen Badeort Eretria an der Südküste, der die bedeutendste Ausgrabungsstätte der Insel vorzeigen kann. Die im Altertum gewichtige Stadt Eretria, die einst geistiges Zentrum Euböas war und ihre Blütezeit im achten Jahrhundert vor Christus erlebte, hinterließ ihre Spuren in Gestalt von Überresten eines Apollo- und eines Dionysos-Tempels. Das hier ebenfalls freigelegte Theater besitzt als Besonderheit einen unterirdischen Gang, der vermutlich den Schauspielern als Auftrittsmöglichkeit diente.

Im Unterschied zu anderen griechischen Inseln sind auf Euböa antike Architekturfunde relativ selten anzutreffen. An die bewegte Historie erinnern hier vielmehr stolz auf Hügeln thronende byzantinische und venezianische Kastelle. Schöne, lange und oft von Kiefern gesäumte Sandstrände findet man vor allem an der Nordküste wie etwa in der Bucht von Pefkion oder auch im Süden bei Styra und Marmarion.

Auskunft: siehe Seite 470.

Euböa, die zweitgrößte Insel Griechenlands, rühmt sich landschaftlicher Vielfalt. Von einer reizvollen Bucht bei Chalkis aus betrachtet, scheint das gegenüberliegende Festland zum Greifen nahe zu sein.

KRETA

Wo Alexis Sorbas tanzt

Wen es einmal nach Kreta verschlägt, den läßt diese Insel nicht mehr los. Nirgendwo ist das Blau des Himmels so intensiv, nirgendwo das Wasser so weich und glasklar, nirgends findet man noch so viele einsame Strände und Buchten. An kaum einem anderen Ort präsentieren sich die gewaltigen Kräfte der Natur eindrucksvoller: Rauhe, felsige Gebirgsketten erheben sich bis auf fast 2500 Meter und stürzen dort, wo das Libysche Meer brandet, plötzlich Hunderte von Metern in die Tiefe. Zwischen den Bergkämmen unzählige Schluchten, wild und ursprünglich – und, in den Höhenlagen versteckt, immer wieder kleine und große Höhlen, in denen dem Mythos zufolge griechische Götter ein und aus gingen. Ja, kein Geringerer als der Göttervater Zeus kam in einer Höhle auf Kreta zur Welt.

Gibt es dafür auch keinen überzeugenderen Beleg als die alten Mythen, so läßt sich doch ganz handfest und sichtbar nachweisen, daß eine der Wiegen der europäischen Kultur hier auf Kreta stand – man braucht sich nur die weiträumigen Palastanlagen in Knossos anzuschauen, die den Betrachter mit ihrer Eleganz und ihrem großen künstlerischen Raffinement noch heute beeindrucken.

Was wäre Kreta ohne seine endlosen Olivenhaine, ohne den Duft von Thymian, Salbei und Oregano. Was ohne seine Musik, den Tanz, bei dem die Männer oft stundenlang die Schritte vorgeben – Ausdruck der Lebensfreude eines stolzen, freiheitsliebenden Völkchens. Die Gastfreundlichkeit, Toleranz, Hilfsbereitschaft und Großzügigkeit der Kreter wird jeden überwältigen. Wer, vielleicht neugierig geworden durch die berühmte Roman- und Filmfigur Alexis Sorbas, diese Menschen erst einmal kennen- und liebengelernt hat, kommt immer wieder.

Kreta ist eine bergige Insel. Deshalb wird jedes flache Fleckchen Erde landwirtschaftlich genutzt, auch die Nida-Hochebene bei Anoja (Foto links), wo die Weide nur noch für Ziegen und Schafe ausreicht. In den kleinen Dörfern bleiben die Männer in der Öffentlichkeit meist unter sich (Foto rechts oben). Die meisten Besucher besichtigen die Ausgrabungen der versunkenen minoischen Kultur in Knossos (zweites Foto von rechts oben). Es lohnt sich aber auch, die malerische Landschaft der Lasithion-Hochebene (zweites Foto von rechts unten) zu durchwandern oder den Zeugnissen der mykenischen und griechischen Antike nachzuspüren (Foto rechts unten), an denen die Insel so reich ist.

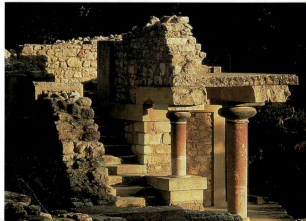

Drehscheibe der Kulturen

Kreta ist nicht nur die größte, sondern wohl auch die schönste Insel Griechenlands. Das mag vermessen klingen, doch hinter der Größe der Insel verbirgt sich eine einzigartige landschaftliche Vielfalt. Dieses Stück Land zwischen Kykladen und Libyschem Meer ist Europas südlichste Insel. Zwischen dem 34. und 35. Grad nördlicher Breite liegt Kreta auf etwa gleicher Höhe mit Tunesien, Zypern und Syrien. Wie eine flache Schale erstreckt sich das Eiland im Mittelmeer: Von der West- zur Ostseite muß man eine Strecke von über 250 Kilometern bewältigen, Süd- und Nordküste liegen manchmal weniger als eine Autostunde voneinander entfernt. Mit einer Gesamtfläche von 8261 Quadratkilometern nimmt Kreta hinter Sizilien, Sardinien, Zypern und Korsika den fünften Platz unter den großen Inseln des Mittelmeerraums ein, rund eine halbe Million Menschen leben hier. Die meisten von ihnen arbeiten in der Landwirtschaft oder verdienen ihr Geld im Tourismus. Der Fischfang spielt nur noch eine unbedeutende Rolle. Die Küstengewässer vor Kreta sind heute so gut wie leergefischt. Zu viele Jahre lang hatten die Kreter trotz drastischer Strafen erbarmungslos mit Dynamit nach Fischen gejagt. Dafür muß heute ein hoher Preis gezahlt werden: Die Fischbestände regenerieren sich nur sehr langsam.

Dennoch gehören Fischerei und Jagd weiterhin zu den liebsten Hobbys der kretischen Männer. Nachts sieht man auf dem tiefschwarzen Meer häufig die Lichter von kleinen Fischerbooten aufflackern. Oft hört man erst in der Morgendämmerung die tuckernden Motoren, wenn die Männer vom Fang zurückkommen. Bei Wanderungen durch die Berge sollte man möglichst aufpassen, keinem der kretischen Jäger in die Quere zu kommen. Nicht, daß sie wie wild um sich schießen würden, doch die meisten jagen mit streuenden Schrotflinten, um ihre Trefferquote zu erhöhen. Bevorzugte Beute sind Hasen, Kaninchen, wilde Bergziegen und Wildschweine. Gejagt wird zumeist für den eigenen Mittagstisch; doch manche Männer verkaufen die frisch erlegten Tiere auch gerne an die Küchen der Touristenrestaurants.

Von der südlichsten Stelle des griechischen Festlandes, dem Peloponnes, ist Kreta über 100 Kilometer entfernt. Zwischen der anatolischen Küste der Türkei und Ostkreta beträgt die Distanz etwa 200 Kilometer, zur libyschen Nordküste sind es gut 300 Kilometer. In dieser exponierten Lage diente die Insel über viele Jahrhunderte als Verbindungsbrücke für den Handel zwischen Europa, Kleinasien und Nordafrika. Gleichzeitig zog sie als begehrtes Ziel auch viele Eroberer, Räuber und Plünderer an.

Bis zum Jahre 1913, in dem Kreta mit Griechenland vereinigt wurde, lebten die Kreter jahrhundertelang immer wieder unter Fremdherrschaft. Zu den Besatzungsmächten gehörten die Römer, das Byzantinische Reich, Araber, Venezianer und Türken. In fast allen Epochen bedeutete die Anwesenheit der fremden Herrscher Tod und Unheil für das kretische Volk. Gleichzeitig wurde die Insel von diesen unterschiedlichen Völkern aber auch kulturell geprägt. Das Kreta der Neuzeit vereint auf einzigartige Weise Einflüsse aus Europa, Afrika und Asien. Wer Kreta nach einem ersten Besuch verläßt, der weiß, daß er einmal wiederkehren wird. Es ist eine zu große und schöne Insel, als daß eine kurze Bekanntschaft ausreichen würde. Die Anreise auf dem Wasserweg bietet wundervolle Blicke auf die an der Route liegenden Kykladeninseln, vorausgesetzt, man reist tagsüber. Von der Hafenstadt Piräus bei Athen benötigen die Fähren für die etwa 300 Kilometer lange Überfahrt zwischen zehn und zwölf Stunden. Die meisten Schiffe legen allerdings abends ab und erreichen am frühen Morgen den Hafen von Irakleion oder Chania. Im Hochsommer, bei frühem Sonnenaufgang, ist es eine Augenweide, wenn sich auf den letzten Seemeilen Kreta plötzlich wie aus dem Nichts zwischen den fahlen Dunstwolken der Morgendämmerung erhebt.

Umgeben ist das Eiland von etwa 1000 Küstenkilometern. Der flache Norden Kretas bietet langgezogene Strände und Buchten, im Hinterland mit seinen sanften Hügelketten werden Wein und Oliven angebaut. Zwischen den Städten Chania und Agios Nikólaos, die durch eine Schnellstraße miteinander verbunden sind, finden sich die meisten Großhotels der Insel. Dieser Küstenstreifen wurde als erster für den Tourismus erschlossen. Das Gros der Hotels liegt in Strandnähe und bietet seinen Gästen eigene Swimmingpools, manchmal auch Tennisplätze und andere Freizeitanlagen. Fünfsternehotels gibt es auf Kreta jedoch nur wenige.

Den Westen der Insel beherrschen die Lefka Ori, zu deutsch die Weißen Berge, durch deren schroffes Gestein die Schmelzwasserbäche im Laufe der Jahrhunderte die Samariaschlucht geschnitten haben.

In der Inselmitte erhebt sich das Idagebirge und an der Ostseite der 2148 Meter hohe Dikti im gleichnamigen Gebirgszug. Die Natur hat mit diesen drei Gebirgsketten die Insel von Westen nach Osten in

---

Unser Routenvorschlag:
VON IRAKLEION BIS ZUR SAMARIASCHLUCHT

Die Rundreise beginnt in der Inselhauptstadt Irakleion ①, vor deren Toren die weltberühmte Ausgrabungsstätte von Knossos liegt. Viele der dort gefundenen kostbaren Schätze beherbergt hier das archäologische Museum. Nach kurzem Aufenthalt in Malia ②, das den nach Knossos zweitgrößten minoischen Palast besitzt, überqueren wir die Grenze zum Verwaltungsdistrikt Lasithion, auf dessen gleichnamiger Hochebene ③ sich Tausende von Windmühlen drehen. Ein Stückchen weiter östlich liegt die kleine Hafenstadt Agios Nikólaos ④. Über die alte Stadt Sitia ⑤ mit dem imposanten venezianischen Kastell geht es weiter zum östlichsten Punkt der Insel nach Vaion ⑥, zu Griechenlands einzigem Palmenstrand. Hier macht man kehrt und fährt zur Südküste nach Ierapetra ⑦ hinunter. Durch die fruchtbare Mesara-Ebene ⑧ mit ihren glitzernden Gewächshäusern gelangt man zur Stadt Matala ⑨ mit ihren künstlich geschaffenen Felshöhlen. Über Spilion fährt man nach Rethymnon ⑩. Hier kann man einige Tage Stadtluft schnuppern. 60 km weiter westlich lockt Chania ⑪ mit ihrem venezianischen Hafen und der bezaubernden Altstadt. Dann geht es über die Omalos-Hochebene in die Weißen Berge (Lefka Ori) hinauf, die von der Samariaschlucht ⑫ (siehe: Das besondere Reiseziel) durchschnitten werden.

KRETA AUF EINEN BLICK

SEHENSWÜRDIGKEITEN

Agia Triada bei Festos: Palastruinen; **Agios Nikólaos:** Voulismenisee; **Chania:** venezianischer Hafen, Altstadt, Kirche San Lorenzo (archäologisches Museum); **Elunda:** Reste der dorischen Stadt Olus; **Festos bei Irakleion:** Palastruinen; **Frangokastello bei Chora Sfakion:** venezianische Festung; **Gortyn bei Irakleion:** ehemalige griechisch-römische Stadtanlage; **Idagebirge:** Kamareshöhle, minoische Kulthöhle Ideon Andron; **Irakleion:** archäologisches Museum, historisches Museum, venezianischer Hafen; **Kato Sakros:** Palastruinen; **Knossos bei Irakleion:** Ausgrabungsstätte, Königspalast; **Kritsa bei Agios Nikólaos:** Kapelle Panagia tis Keras, Kirche Agios Georgios, Ruinen der Stadt Lato; **Lasithion-Hochebene:** Tropfsteinhöhle Dikteon Andron; **Malia:** Palastreste, Teile der minoischen Stadt, Nekropole; **Matala:** römische Grabhöhlen; **Samariaschlucht:** Europas längste Schlucht.

FESTE UND VERANSTALTUNGEN

Anoghia bei Rethymnon: Bauernhochzeit in traditionellen Originalkostümen, 15. August; **Lassithion-Hochebene:** Marienfest, 31. August, und National-Feiertag, 28. Oktober, in vielen Dörfern; **Rethymnon:** Volksfest, Ende Juli; **Skotinohöhlen bei Kastelli Pediadas:** Sultaninenfest, Ende Juli; **überall auf Kreta:** Osterfest mit Feuerwerk, Musik und Tanz.

AUSKUNFT

Griechische Zentrale für Fremdenverkehr, Neue Mainzer Str. 22, 60311 Frankfurt a. M., Tel. 0 69/23 65 61-63; **Griechische Zentrale für Fremdenverkehr**, Pacellistr. 5, 80333 München, Tel. 0 89/22 20 35-36; **Griechische Zentrale für Fremdenverkehr**, Wittenbergplatz 3a, 10789 Berlin, Tel. 0 30/2 17 62 62-63; **Griechische Zentrale für Fremdenverkehr**, Abteistr. 33, 20149 Hamburg, Tel. 0 40/45 44 98.

Abendstimmung am Hafen von Chania, der den Besucher fast an die Adria erinnert: Wenn die Sonne im Meer versinkt, fängt in dieser quirligen Stadt das Leben erst richtig an.

vier ziemlich gleich große Abschnitte unterteilt. Um von der Nord- zur Südküste zu gelangen, müssen auf fast allen Strecken enorme Steigungen und unzählige Serpentinen überwunden werden. Die Gebirgsmassive dieser Insel, die zur Südküste steil und unwegsam abfallen, klettern fast bis auf 2500 Meter hoch. Nicht selten sind ihre Gipfel bis weit ins Frühjahr hinein mit Schnee bedeckt, während es unten am Meer in der Sonne schon kaum mehr auszuhalten ist. Ackerbau und Landwirtschaft werden auf Kreta vor allem in den Ebenen betrieben. Im weiten Hinterland von Irakleion wachsen Oliven und Weintrauben, von denen ein Großteil zu Rosinen verarbeitet wird. Orangen, Limonen und Zitronen, die es auf Kreta in Hülle und Fülle gibt, werden nicht nur auf den Stadtmärkten verkauft, sondern auch von alten, schwarz gekleideten Frauen direkt am Rand der Autoschnellstraße zwischen Rethymnon und Irakleion feilgeboten.

Die fruchtbarste, durch ihr mildes Winterklima begünstigte Region der Insel ist die Mesara-Ebene im Umkreis der Südküstenstadt Matala. Auf weiten Feldern und Plantagen wachsen hier Obst und Kartoffeln, die wirklich noch nach Kartoffeln schmecken, ferner Okraschoten, Bohnen, Kohl und Salat. In gläsernen Gewächshäusern entlang der Küstenstraße werden Fleisch- und Rundtomaten, Zwiebeln, Gurken, Auberginen, Zucchini und Artischocken angebaut.

Bergdörfer, wo die Zeit stillsteht...

Der bequemste und schnellste Weg zu diesem „kleinen Kontinent", wie Kreta wegen seiner Weitläufigkeit und Vielfalt hin und wieder auch bezeichnet wird, führt durch die Luft. In nicht einmal vier Flugstunden erreichen die Düsenmaschinen von Deutschland aus ihr Ziel.

Die meisten Charterflugreisenden landen in Chania und haben damit gleich einen herrlichen Einstieg in die Schönheiten der Städte und Landschaften der Nordküste Kretas.

Am besten, man begibt sich zu Fuß auf Entdeckungstour. Im nur flach ansteigenden Hinterland an der Nordküste stößt man selbst auf kurzen Spaziergängen oft schon auf ganz typisch kretische Orte und Landschaften. Das kann eine hinter einem Hügel versteckte blühende Frühlingswiese sein, deren Farbenpracht so intensiv leuchtet, daß sie die Augen blendet. Oder ein kleines Bergdorf mit verwinkelten Gassen, einer Kapelle und alten Menschen, die stumm vor ihren Häusern sitzen. Orte, an denen die Zeit scheinbar seit Ewigkeiten stillsteht, findet man noch zur Genüge auf dieser Insel, wenn man bereit ist, die touristischen Trampelpfade für ein paar Stunden zu verlassen.

Wer sich vom Getümmel der zweitgrößten Stadt Kretas abschrecken läßt, handelt voreilig. Verkehrsreich und dementsprechend laut und hektisch geht es nur auf den großen Durchgangsstraßen Chanias zu. Bei einem Bummel durch die verzweigten Gassen der Altstadt verteilt sich das Gedränge der Touristen schon ein wenig. Die Gebäudefassaden, die heute das Bild der Altstadt prägen, sind überwiegend venezianisch-türkischen Stils. Reich verzierte Balkongeländer und kunstvoll geschnitzte Tore an vielen der Häuser erinnern an die Zeit der früheren Herrscher. Zwischen den üblichen Souvenirshops haben sich modern eingerichtete Juwelierläden und kleine Galerien angesiedelt, in denen hochwertige

Endlose Olivenhaine, Gemüse- und Obstplantagen ziehen sich durch die Mesara-Ebene. Im Nordwesten erhebt sich das fast 2500 Meter hohe Idagebirge. Dort taut der Schnee spät und bewässert die Felder.

Kunst- und Schmuckgegenstände zu stolzen Preisen angeboten werden. Ausgesprochen berühmt ist der Ort für seine Lederwaren; die Skridlofstraße ist sozusagen der Lederbasar der Stadt.

Ehe man Chania verläßt, sollte man unbedingt noch einen Besuch der riesigen kreuzförmigen Markthalle in der Neustadt einplanen, für die übrigens die Markthalle von Marseille Pate stand. Die beste Zeit für so einen Markthallenbummel ist der frühe Morgen, wenn die Stände unter der opulenten Last von Obst, Gemüse, Fleisch, Geflügel und diversen Berg- und Ziegenkäsesorten noch beinahe zusammenzubrechen drohen.

Wer von Chania aus einen Ausflug auf die Halbinsel Akrotiri unternimmt und bis zu dem kleinen Dörfchen Stavros an der äußersten Nordwestspitze vorstößt, der mag das Gefühl haben, schon einmal hier gewesen zu sein: Ein Großteil der Außenaufnahmen des Films *Alexis Sorbas* wurde in dieser kargen Landschaft gedreht, deren Abgeschiedenheit früher viele Mönche anlockte.

Allein im Norden der Halbinsel Akrotiri finden sich hintereinander aufgereiht drei Klosteranlagen: Agia Triada, eine mächtige Anlage aus dem 17. Jahrhundert – und wieder fühlt man sich an *Alexis Sorbas* erinnert, denn auch hier entstanden 1965 wesentliche Szenen dieses Kultfilms, der wie kein anderer kretisches Leben und Lebenlassen in der Welt bekannt gemacht hat. Weiter nördlich Gouverneto, im 16. Jahrhundert als trutziges Refugium der Mönche des Klosters Katholiko errichtet. Und schließlich Katholiko selbst, das am äußersten Nordzipfel Akrotiris liegt. Heute nur noch Ruine, ist diese Anlage, zu der ein steiler Fußpfad führt, dennoch von ganz besonderem Reiz. In einer Schlucht hoch über dem Meer ist das düster im Schatten des tiefen Felseinschnitts liegende Kloster einst zum großen Teil direkt in den Fels hineingebaut worden.

Uralte Traditionen, noch ältere Kunstwerke

Und es werden auch noch andere Erinnerungen an *Alexis Sorbas* wach, denn nach Akrotiri, der leider von der Nato entdeckten und zur Stationierung von Raketen mißbrauchten Halbinsel, verirren sich noch immer verhältnismäßig wenige Touristen. Entsprechend unberührt und ursprünglich ist das kretische Leben, zu dem die für uns eher bedrückende Sitte gehört, daß die Frauen vollkommen schwarz gekleidet gehen. Man wagt höchstens einmal eine helle Schürze als Farbtupfer. Zwar droht einer jungen Witwe heute nicht mehr der Tod durch Steinigung, wenn sie es wagen sollte, sich mit einem Mann – oder gar wie in *Alexis Sorbas* mit einem Fremden – einzulassen, doch noch in der Mitte dieses Jahrhunderts gab es Blutrachefeldzüge, denen ganze Familien zum Opfer fielen, und noch heute herrscht hier ein ausgesprochen strenger Sittenkodex. Die Kreterin wird in der Öffentlichkeit – außer bei der Arbeit – kaum gesehen. In den Cafés sitzen fast nur Männer. Die Frauen, die man hier antrifft, sind in der Regel keine Kreterinnen.

Doch gibt es Ausnahmen, zumal in Rethymnon, das in jeder Hinsicht ein wenig vom Rest der Insel absticht. So besitzt die von einer venezianischen Festung überragte Stadt an vielen Stellen den Charme einer italienischen Hafenstadt. Durch das Herzstück, das Alte Viertel mit seinen verwinkelten Gassen und engen Häusern, zwischen denen sich die Minarette der Moscheen erheben, schlendern am Abend nicht nur Touristen, sondern auch viele Einheimische. Hier trifft man sich gerne zum Plausch in einem der namenlosen Straßencafés, den Kafeneions. Die Menschen, vor allem die jungen Leute, wirken hier aufgeschlossener und zwangloser als an anderen Orten auf Kreta. Das mag vielleicht mit der Universität und den Fachhochschulen zusammenhängen, die es in Rethymnon gibt. Man kommt auf jeden Fall schnell ins Gespräch.

Am Eingang des Hafens steht ein Leuchtturm, der das ganze Hafenbecken beherrscht. Von der imposanten Anlage der venezianischen Festung hat man einen schönen Blick auf die mit bunten Lichterketten geschmückten Restaurants an der Hafenpromenade. Die allzu eifrige Dienstbeflissenheit mancher Kellner kann allerdings auf sensiblere Touristenseelen schon ein wenig abschreckend wirken. Rethymnon ist Kreta-Urlaubern hauptsächlich wegen seiner langgezogenen Sandstrände ein Begriff, die schon viele Kilometer vor den Grenzen der Stadt beginnen. Dadurch verteilen sich die Hotels und Urlaubspensionen sehr weitläufig.

Auch Irakleion, die größte Stadt der Insel und gleichzeitig Wirtschaftszentrum der Region, besitzt ein typisch südeuropäisches Flair: lautes Autogehupe, knatternde Motorräder zwischen vollbesetzten Straßencafés und in der Innenstadt unzählige Geschäfte, die zum stundenlangen Bummeln einladen. Im Zentrum der Oberstadt ist der vor der Kirche Agios Markos gelegene Venizelos-Platz der stärkste Anziehungspunkt. Umgeben von kleinen Tavernen, Zeitungskiosken und Souvenirläden, sprudelt mitten auf dem Platz der Morosinibrunnen mit seinen berühmten wasserspuckenden Marmorlöwen und Reliefs. Das aus dem 17. Jahrhundert stammende Wahrzeichen der Stadt zählt zu den beeindruckendsten Bauwerken, die aus der venezianischen Zeit erhalten geblieben sind.

Nur wenige Gehminuten vom Brunnen entfernt liegt das archäologische Museum. Es beherbergt eine einzigartige Sammlung von Fundstücken aus vorminoischer Zeit (5000 bis 1900 vor Christus) sowie aus den verschiedenen Perioden der minoischen Ära (1900 bis 1400 vor Christus). Zu den Prunkstücken dieser kulturellen Glanzepoche gehören neben der beeindruckenden barbusigen Schlangengöttin drei große Säle im Obergeschoß, in denen Fresken aus Knossos und Umgebung ausgestellt sind, darunter *Die drei blauen Damen*, der *Stierspringer* und der *Prinz mit den Lilien*.

Mit dem Auto erreicht man den Palast von Knossos in rund zehn Minuten. Nach der stickigen Stadtluft ist ein Spaziergang durch die Palastanlage, die von schattenspendenden Pinien und Zypressen umgeben ist, eine willkommene Erfrischung. Die monumentale Anlage von Knossos ist von allen minoischen Palästen, die auf Kreta entdeckt und ausgegraben wurden, die überwältigendste, zugleich aber gilt sie in Fachkreisen als sehr umstritten. Denn was man hier so anschaulich, farbenprächtig und eindrucksvoll wie eine Filmkulisse präsentiert bekommt, ist die phantasievolle, aber oft genug an der einstigen Wirklichkeit völlig vorbeigehende Rekonstruktion des Ausgräbers Sir Arthur Evans. Das Verdienst des großen Archäologen, der Anfang dieses Jahrhunderts in mühevoller Arbeit die 21 000 Quadratmeter umfassende Palastanlage mit ihren weit über 1000 Räumen, Lichthöfen, Hallen, Treppen, Terrassen, Magazinen und Vorratsräumen freilegte, soll nicht geschmälert werden; man hatte zu seiner Zeit nun einmal ein anderes archäologisches Verständnis als heute. Aber jeder sollte wissen: Wie immer Knossos einst ausgesehen hat – so, wie man es heute erlebt und sieht, sah es nicht aus.

Orient und Okzident gleichermaßen prägen das Stadtbild von Rethymnon. Besonders deutlich zeigt sich das im venezianischen Kastell, das im 16. Jahrhundert erbaut und 1646 von den Türken erobert wurde.

Die Hafenpromenade von Rethymnon bei Nacht ist ein Fest der Geselligkeit. Hier trifft sich vor allem die Jugend.

Trotzdem verschafft einem der Besuch einen lebendigeren, nachhaltigeren Eindruck als von strenger Wissenschaftlichkeit diktierte Ausgrabungen, die nur das präsentieren, was wirklich noch vorhanden ist, und das sind oftmals kaum die Grundmauern. Hier dagegen spazieren die Besucher durch lange Korridore, über Treppenhäuser und durch alte Vorratskammern, in denen die Minoer in mannshohen steinernen Fässern Wein und Öl lagerten. Das in Knossos freigelegte Terrain ist so groß, daß man mehrere Stunden einkalkulieren sollte, um sich alles in Ruhe anschauen zu können. Nach wissenschaftlichen Schätzungen lebten zur Blütezeit der minoischen Epoche zwischen 80 000 und 120 000 Menschen in Knossos. Die Stadt, die damals um den Palast herum existiert haben soll, liegt vermutlich heute tief unter der Erde. Sie fiel einer gewaltigen Katastrophe zum Opfer, die wahrscheinlich durch den verheerenden Vulkanausbruch von Santorin ausgelöst wurde. Wer nach einem Besuch dieser so prachtvollen Kulturstätte auf der küstennahen Straße nach Agios Nikólaos fährt, wird jäh in die Wirklichkeit zurückkatapultiert, denn an den langgezogenen Stränden stehen zahlreiche überdimensionierte Hotelkomplexe. Hier hat man in den siebziger Jahren Kreta offenbar mit der spanischen Costa Dorada verwechselt.

Auf halber Strecke nach Agios Nikólaos liegt Malia mit seinem immer noch traumhaften Strand, auch wenn sich das Städtchen ansonsten kaum mehr von vielen anderen Touristenzentren unterscheidet. Für Kulturinteressierte lohnt ein Zwischenstopp dennoch: Wenige Kilometer hinter dem Ortsende befindet sich die Ausgrabungsstätte des antiken Malia. Der minoische Palast, der hier gefunden wurde, liegt inmitten von Obst- und Olivenkulturen – ein friedvolles Fleckchen zum Entspannen oder für ein Picknick.

Wo Zeus das Licht der Welt erblickte

Die Hauptstadt des Verwaltungsbezirks Lasithion, Agios Nikólaos, bietet Urlaubern alles, was das Herz begehrt: schöne Hotels, malerische Strände mit kristallklarem Wasser, mildes Klima und ein Nachtleben bis in die frühen Morgenstunden. Dieses Angebot verfehlt seine Wirkung nicht: Agios Nikólaos ist vom Frühjahr bis in den späten Herbst hinein ein regelrechter Touristenmagnet.

Im Zentrum der Hafenstadt breitet sich der kleine Voulismenisee aus, der durch einen Kanal mit dem Hafen und dem Meer verbunden ist. Ringsherum, in den Restaurants und Cafés an der Promenade, pulsiert schon tagsüber, aber vor allem später in den Abendstunden das Leben. Im Sommer ist hier kaum mehr ein freier Platz zu finden.

Im Stadthafen bietet sich dem Auge eine herrlich romantische Kulisse: Die auf sanften Wellen schaukelnden Fischerboote liegen eingerahmt zwischen dem blauen Meer und einem Hügel, an dem sich die Häuser mehrgeschossig auftürmen – ein idyllischer Anblick. Hinter der Stadt erheben sich in sanften Steigungen die Berge. Agios Nikólaos ist darüber hinaus ein hervorragender Ausgangspunkt für Tagestouren in die malerische grüne Landschaft der Lasithion-Hochebene.

Dieses mehr als 800 Meter über dem Meeresspiegel liegende Hochplateau wird längst als ein beliebtes Ausflugsziel von Touristenbussen angesteuert. Um so erfreulicher, daß die fruchtbare Kulturlandschaft, in der verschiedene Getreide- und Gemüsesorten, Obst und Kartoffeln angebaut werden, immer noch einen intakten Lebensraum darstellt. Hier orientiert sich das Leben der Bauern noch an den Jahreszeiten. Wegen des milden Klimas beherrschen fast das ganze Jahr über satte Grüntöne das Land, über das sich im Frühjahr prächtige bunte Blumenteppiche ausbreiten. Eine Ringstraße, die am Fuße der Berge verläuft, verbindet die kleinen im Anbaugebiet liegenden Bauerndörfer miteinander, denn von der Landwirtschaft allein leben die Menschen hier schon lange nicht mehr. Der Tourismus ist auch für sie längst zu einer bedeutenden Einnahmequelle geworden.

Ein bezauberndes Fotomotiv bieten die vielen tausend Windmühlen, die mit ihren typischen weißen Segeln die ganze Ebene wie mit weißen Blüten überziehen. Sie dienten früher dazu, das Grundwasser für die Bewässerung der Felder aus der Tiefe

Auf Kreta gibt es noch zahllose einsame und traumhaft schöne Badebuchten wie zum Beispiel im felsigen Südwesten bei Paläochora. Hier kommt man praktisch nur mit dem Schiff hin.

nach oben zu pumpen. Heute sind nur noch wenige in Betrieb, dieselgetriebene Pumpen haben ihre Aufgaben übernommen, was dem schönen Anblick allerdings keinen Abbruch tut.

Für den Besuch der Lasithion-Hochebene sollte man in jedem Fall genügend Zeit einplanen. Von einigen Dörfern aus lassen sich herrliche Spaziergänge und ausgedehnte Wanderungen zu nahe gelegenen Klöstern, Höhlen und kleinen Bergdörfern unternehmen.

Am Südwestrand des Plateaus liegt der beschauliche Ort Psychron. Er ist nicht nur jedem kretischen Fremdenführer ein Begriff, sondern auch vielen Bergsteigern und Wanderern, die von hier aus das über 2000 Meter hohe Diktigebirge bezwingen wollen. In erster Linie zieht es die Touristen allerdings wegen der Höhle Dikteon Andron dorthin, die 20 Fußminuten oberhalb des Ortes in den Bergen liegt.

Der Überlieferung nach soll in der Höhle der Göttervater Zeus geboren worden sein, bevor ihn seine Mutter Rhea in der Höhle Ideon Andron im Idagebirge vor seinem Vater Kronos versteckte. Ein Besuch der Tropfsteinhöhle bleibt ein unvergeßliches Erlebnis. Allerdings braucht man dazu warme Kleidung, festes Schuhwerk und vor allem eine Taschenlampe. Zumindest, wenn man mehr sehen will, als das Licht der Kerze hergibt, die jeder Besucher beim Einstieg in die Hand gedrückt bekommt.

Mit rund 7000 Einwohnern ist Sitia die größte Ortschaft am äußeren Ostende der Nordküste. Wegen ihrer etwas abgeschiedenen Lage ist diese wunderschöne Stadt glücklicherweise noch nicht sehr überlaufen. An der Hafenpromenade laden am Abend bunt beleuchtete Lokale und kleine Tavernen zu vorzüglichen Fischgerichten und Wein ein. Oberhalb der am Hang erbauten Stadt liegen die Reste eines venezianischen Kastells, die im Sommer als Freilichtbühne für Musik- und Tanzveranstaltungen genutzt werden.

Baden mit und ohne Palmen: Kretas Traumstrände

Am äußersten Ende der Ostküste von Kreta kann ein Badetag am Strand von Vaion karibische Urlaubsgefühle auslösen. Hunderte von Palmen umsäumen eine sanfte Badebucht, deren Naturschönheit jeden Besucher verzaubert. Doch ist dieser einzige Palmenstrand Kretas, so weit er auch abseits zu liegen scheint, keineswegs ein Geheimtip, sondern im Gegenteil ein beliebtes Ziel des Massentourismus. Um die einmaligen Bestände dieser Dattelpalmenart (*Phoenix theophrasti*), die es nur hier und sonst nirgendwo auf der Welt gibt, zu erhalten, steht der Palmenhain heute unter Naturschutz, nur der Strand ist frei zugänglich.

Wer die Südküste Kretas erforschen will, wählt am besten den Weg über die engste Stelle der Insel, bei Ierapetra, der einzigen Stadt an der gesamten Südküste. Hier, am Libyschen Meer, ist die Nähe zur nur 300 Kilometer entfernten afrikanischen Küste sehr deutlich zu spüren. Im Hochsommer wird die in den abgasverpesteten Straßen stehende Hitze fast unerträglich. Das laute, äußerst lebendige Ierapetra ist heute gespickt mit Hotels, Geschäften, Tavernen und Diskotheken. Nachts treffen sich hier besonders viele junge Urlauber, die an einem der nahe gelegenen Traumstrände ihre Ferien unter freiem Himmel verbringen wollen.

Die bereits erwähnte Touristenstadt Matala jenseits der Ebene von Mesara, die tagtäglich von unzähligen Urlaubsbussen aus Irakleion regelrecht heimgesucht wird, ist wegen ihrer in den Fels gehauenen Höhlen berühmt. Ob diese tatsächlich, wie oft behauptet, schon in der Jungsteinzeit vor mehr als 8000 Jahren in den weichen Sandstein gegraben wurden, ist nicht bewiesen. Jedenfalls sind sie nach wie vor eine große Attraktion – leider, muß man sa-

Auch den Hafen von Irakleion schmückt ein venezianisches Kastell aus dem 17. Jahrhundert.

gen, denn die durchlöcherten Felswände sind in der Tat sehenswert, die dorthin strömenden Touristenmassen dagegen weniger. In den sechziger Jahren nisteten sich hier Hippies ein, was die Behörden zur Schließung der Anlagen veranlaßte. Heute mißbrauchen Einheimische die Höhlen als Souvenirshops; und auch die Touristen hinterlassen hier gern Souvenirs recht anrüchiger Art.

Für einen Badeabstecher ist Matala trotzdem immer noch ein sehr verlockendes Ziel. Doch schöner als am Stadtstrand läßt sich die Zeit an einer wirklich traumhaften Bucht wenige Kilometer nördlich der Stadt verbringen. Von Matala aus führt kurz vor dem Städtchen Pitsidia ein kleiner Trampelpfad zu dem Sandstrand hinunter, den Kretakenner als einen der schönsten Strände der gesamten Südküste empfinden. Deshalb ist leider auch er heute schon kein Geheimtip mehr.

Malerisch schön – und deswegen auch vollkommen überlaufen – ist der kleine Ort Agia Galini, dessen schachtelförmige, weißgekalkte Häuser sich vor einer Felswand steil übereinandertürmen. Mehr Ursprünglichkeit hat sich das etwas im Landesinneren gelegene Bergdorf Spilion bewahrt. Inmitten des

Ortes sprudelt aus dem Berghang eine eiskalte Quelle. Ein venezianischer Brunnen mit wasserspeienden Löwenköpfen lädt unter schattigen Bäumen zu einer längeren Rast ein. Das Wasser ist klar und erfrischend, man kann es ohne Bedenken trinken.

Auch das direkt hinter einer gewaltigen Felsschlucht am Meer gelegene Plakias, ehemals ein einsames Fischernest, wird heute seiner schönen Badestrände wegen von unzähligen Urlaubsgästen besucht. Von hier aus bieten sich aber auch Touren durch eine herrliche Landschaft zum Kloster Preveli an, das sowohl in der Zeit der türkischen Herrschaft als auch im Zweiten Weltkrieg ein Zentrum des Widerstands bildete. Die umliegenden Berge boten den Partisanen gute Schlupfwinkel.

Wer sich nach dem quirligen Trubel in den Touristenstädtchen nach Ruhe und Abgeschiedenheit sehnt, der sollte auf halbem Wege zwischen Plakias und Chora Sfakion das Frangokastello aufsuchen, ein einsam direkt am Meer gelegenes, weithin sichtbares venezianisches Kastell.

Auch in Paläochora kann man dem Touristenrummel – noch – entrinnen. Der einsame, völlig geometrisch angelegte Ort etwa 40 Kilometer westlich von Chora Sfakion bietet keinerlei Sehenswürdigkeiten. Doch jedes Jahr locken die kilometerlangen feinen Sandstrände mehr Badegäste an, die abseits von den überlaufenen Stränden der Insel hier Sonne und Meer genießen wollen.

Das einsam an der Südküste gelegene griechisch-orthodoxe Kloster Preveli: Hier suchten während des Zweiten Weltkriegs viele alliierte Soldaten Zuflucht vor den Deutschen.

DAS BESONDERE REISEZIEL: DIE SAMARIASCHLUCHT, KRETAS NATURWUNDER

Immer mehr Bergsteiger und Wanderer reisen nach Kreta, um inmitten der Schönheit und stillen Weite der Hochgebirge für kurze Zeit der Hektik des Alltags zu entfliehen. Die sicherlich eindrucksvollste Begegnung mit den Naturschönheiten der Insel erlebt der Besucher in der Samariaschlucht – auch wenn er dort wegen des Touristenandrangs auf Ruhe und Abgeschiedenheit verzichten muß. In der Hochsaison sind es täglich 2000 bis 3000 Unerschrockene, die die Strapaze der mehrstündigen Durchquerung auf sich nehmen.

Eingeschnitten in die Lefka Ori, die Weißen Berge im Westen der Insel, folgt die Schlucht dem Weg, den im Frühjahr das wild herabstürzende Schmelzwasser nimmt, bevor es nach einer Strecke von 18 Kilometern ins Libysche Meer mündet. Für eine Wanderung durch dieses Stück kretische Schweiz, inmitten des Nationalparks Samaria gelegen, muß man kein versierter Kletterer sein, doch Respekt vor der Natur ist geboten.

Der Einstieg in die Schlucht liegt am Rande der Omalos-Hochebene. Nur von Mai bis Ende Oktober kann man sie durchqueren. Wegen der oft glühenden Hitze (im Sommer steigen die Temperaturen in den engeren Teilen der Schlucht leicht auf 40 Grad und auch mehr) brechen die meisten Wanderer bereits kurz nach Sonnenaufgang auf. Von Chania aus gibt es einen Linienbus, der morgens um fünf Uhr die Stadt verläßt. Nach sechs- bis achtstündiger Wanderung erreicht man die Hafenstadt Agia Roumeli, von wo aus Schiffe nach Chora Sfakion und Paläochora abgehen. Gute 1200 Meter Höhenunterschied hat man hinter sich gebracht, wenn man es schließlich vom Einstieg bis hierher geschafft hat.

Die Schlucht steht wie der sie umgebende Nationalpark unter Naturschutz, denn sie beherbergt eine Pflanzen- und Tierwelt, die zum Teil einmalig auf der Erde ist. Offenes Feuer, Rauchen und das Baden im glasklaren Gebirgswasser sind deshalb verboten. Wer sich daran hält und an festes Schuhwerk, Trinkwasser und Sonnenschutz denkt, dem steht ein unvergeßliches Erlebnis in einer der schönsten Naturlandschaften Europas bevor. Manchmal kreisen Bussarde, Lämmergeier und Steinadler in der Luft. Die Schlucht endet nur einen Steinwurf vom Meer entfernt an der Südküste. Ein Bier in einer Taverne läßt einen dort vor der Abfahrt dann die Anstrengungen meist schnell vergessen. Zurück bleiben der Stolz auf das Vollbrachte und die Erinnerung an ein Naturwunder.

An manchen Stellen ist die Samariaschlucht sehr schmal. Steile Felswände spenden Schatten – und am Ende der Wanderung lädt das Libysche Meer zum Baden ein.

RHODOS
Auf den Spuren von Antike und Mittelalter

Auf Rhodos hat die Sonne ihren festen Ankerplatz. An 300 Tagen im Jahr scheint sie hier – so sicher wie das Amen in der Kirche. Kein Wunder also, daß die vor der Südwestküste der Türkei gelegene Insel Jahr für Jahr Urlauber aus aller Welt wie ein Magnet anzieht. Sie alle begeistert die Insel mit ihren großzügigen Badestränden, sanften Hügellandschaften und einmaligen historischen Sehenswürdigkeiten. In den Straßen pulsiert das Leben, in den Hotelzentren ist das Freizeitangebot nahezu unbegrenzt. Nur noch der Süden der Insel bietet eine erholsame Ruhe.

Zuerst zitterte die Erde, dann bebte sie noch ein bißchen: Es dauerte nur wenige Minuten, da hatte Rhodos seinen Koloß, eines der Sieben Weltwunder der Antike, verloren. Die etwa 32 Meter hohe Bronzestatue des Sonnengottes Helios, die vermutlich am Hafen von Rhodos als Leuchtturm aufgerichtet worden war, stürzte bei einem Erdbeben ein. So geschehen im Jahre 225 vor Christus. Heute gibt es in Rhodos-Stadt drei Häfen. Und kein Weltwunder mehr, sondern nur noch ein schlichter Hirsch samt bronzener Hirschkuh schmückt die Einfahrt zum malerischen Mandrakihafen. Windmühlen und eine

Auch auf Rhodos findet man sehenswerte Baudenkmäler aus der Antike inmitten einer herrlichen Umgebung – wie diese hellenistische Grabanlage in der Nähe der alten Stadt Lindos.

alte Befestigungsanlage locken zu einem Bummel über die langgezogene Mole, vor der mondäne teure Jachten und kleine Segelboote einträchtig nebeneinander im Wasser schaukeln.

Südlich des Hafens von Rhodos-Stadt erhebt sich hinter einem Palmengürtel die Ritterstadt mit ihrer mittelalterlichen Stadtmauer und dem alles überragenden Großmeisterpalast. Das imposante Gebäude erinnert an die Kreuzfahrerzeit, als auf Rhodos mehrere Jahrhunderte lang der Ritterorden der Johanniter herrschte. Zwischen 1912 und 1940 bauten die Italiener, zuletzt unter Mussolini, den Palast neu auf. Von der Zitadelle und der vier Kilometer langen Stadtmauer hat man einen herrlichen Blick auf das quirlige, bunte Leben in der Altstadt.

Durch die verwinkelten Gassen drängen sich Menschenmassen. Unzählige Boutiquen und kleine Souvenirläden wechseln sich mit lauten Tavernen und überfüllten Straßencafés ab. Dazwischen die stummen Zeugen der wechselhaften Geschichte dieser Insel: das türkische Bad, die Suleiman-Moschee, das Johanniter-Hospital, in dem heute das archäologische Museum untergebracht ist, oder die Kirche Agios Georgios: Sie alle erinnern an die fremden Herrscher und Eroberer, die Rhodos seit der Antike heimgesucht haben. Einem Belagerungszustand gleicht das tägliche Leben der etwa 90 000 Rhodier auch heute noch: Wie Heuschreckenschwärme fallen die sonnenhungrigen Touristen hier jeden Sommer ein. Ihr Geld hat Rhodos Wohlstand und inzwischen auch schon die ersten Millionäre beschert.

Die Pauluskapelle in einer idyllischen kleinen Bucht bei Lindos erinnert an den Apostel, der auf einer Missionsreise vor Kreta in einen Sturm geriet und hier an Land gegangen sein soll.

Freilich ging das an der Insel und ihren Bewohnern nicht spurlos vorüber. Ein Schicksal, das Rhodos mit vielen anderen Ferieninseln des Ägäischen Meeres teilt, das traurig macht und bedenklich stimmt, da alle Schönheit irgendwann einmal ein Ende hat, wenn sie überstrapaziert wird.

Auf dem Weg von der Ritterstadt zu den großen Hotelanlagen an der Nordspitze der Insel durchquert man die Neustadt mit dem Neuen Markt, dessen eigentümlicher Charme sich keineswegs hinter dem Zauber der Altstadt verstecken muß. Hier geht es zu wie auf einem orientalischen Basar: Obst- und Gemüsehändler preisen lautstark ihre Waren an, aus den Tavernen und Kneipen dröhnt Musik, und diverse Essensgerüche umschmeicheln die Nase. Ins Auge stechen die vielen prächtigen Bauten, die in diesem Viertel von den Italienern errichtet wurden.

Lindos, die Perle des Ägäischen Meeres: Über den weißen Häusern der Stadt am azurblauen Meer thront majestätisch die antike Akropolis mit einer Kreuzritterburg des Johanniterordens.

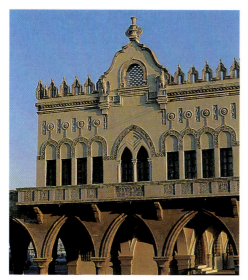

Der prächtige Gouverneurspalast von Rhodos-Stadt trägt unverkennbar maurische Züge.

Eine Perle unter diesen Hinterlassenschaften ist der Fischmarkt von Rhodos, der im Innenhof des Marktes unter der Dachkuppel eines sakral anmutenden Pavillons untergebracht ist.

Die überschaubare Größe von Rhodos – 77 Kilometer ist die Insel lang, bis zu 38 Kilometer breit – bietet die Möglichkeit, das Eiland von Norden aus in Etappen oder auf Tagestouren zu entdecken. Sogar eine Rundfahrt ist möglich, da die Ringstraße im Süden inzwischen Plimiri mit Agios Paulus verbindet.

Ob man die Insel in westlicher oder östlicher Richtung umrundet, macht keinen Unterschied. An beiden Küstenstreifen ziehen sich kilometerweit riesige Hotelkomplexe, wahre Bettenburgen, an der Straße entlang. Hier fordert der Pauschaltourismus erbarmungslos wie überall seinen Tribut. Die Feriengäste, die sich an den Stränden tummeln und drängen, könnten eigentlich genausogut unter der Sonne von Rimini braten: Liegestuhl an Liegestuhl, Sonnenschirm an Sonnenschirm.

Wer Stille und noch ein Stück Ursprünglichkeit sucht, muß tief in den Süden vordringen oder die belebten Küstenregionen verlassen und ins ruhigere

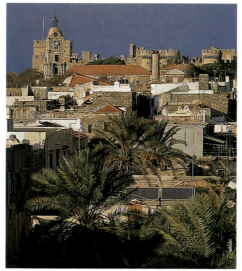

Die Altstadt von Rhodos-Stadt, überragt vom Großmeisterpalast der Johanniter aus der Kreuzfahrerzeit.

Inselinnere abbiegen. Hier bieten sich zwischen sanften Hügeln herrliche Wandermöglichkeiten durch ausgedehnte Kiefern- und Zypressenwälder. Auch einige Orchideenarten gedeihen auf Rhodos, die man beim Wandern durch die Naturlandschaft noch beobachten kann. Im Frühling sind die Wiesen von unzähligen wilden Bergblumen übersät.

Die Besteigung des höchsten Berges der Insel, des Attaviros im Südwesten, ist eine besondere Herausforderung, der sich jedoch nur geübte Kletterer stellen sollten. Vom 1215 Meter hohen Gipfel bietet sich bei gutem Wetter ein phantastischer Blick über Rhodos bis hin zur Nachbarinsel Karpathos. Allerdings ist Vorsicht geboten: Hier oben kommt leicht Nebel auf, in dem man die Orientierung verliert.

Auf ein kleines Naturwunder trifft man in Petaloudes, dem Schmetterlingstal der Insel. Hier lassen sich, angelockt vom würzigen Duft des Harzes der Storaxbäume, Jahr für Jahr zwischen Juni und September ganze Schwärme einer seltenen Nachtfaltersorte nieder. Das Tal wird in dieser Zeit allerdings zu einem wahren Touristenmekka, was die Tiere in ihrer Existenz bedroht: Schon wiederholt blieben sie in vergangenen Sommern ihrem angestammten Gebiet fern. Von einer Wanderung durch Petaloudes während der Schmetterlingszeit sollte man also unbedingt absehen.

Lindos an der Ostküste von Rhodos gilt als eine der malerischsten Städte in der Ägäis überhaupt. Der kleine Ort, der aus ein paar Dutzend weißgetünchter kubischer Häuser besteht, schmiegt sich friedvoll an einen Berghang, auf dessen Höhenrücken Reste einer antiken Akropolis und einer Ritterburg der Johanniter zu sehen sind. Esel, die hier als Lindos-Taxis angepriesen werden (denn der Ort ist für jeglichen Autoverkehr gesperrt), ersparen den Urlaubern den mühevollen Anstieg zu den Ausgrabungsstätten aus Antike und Mittelalter. Von hier oben ist der Ausblick einfach überwältigend.

Auskunft: siehe Seite 483.

OSTEUROPA

Zwischen Taiga-Tristesse und subtropischem Zauber

Urwüchsige Naturlandschaften, Städte voller Kunstwerke der verschiedensten Epochen, sehenswerte Monumente einer bewegten Geschichte, faszinierende Kulturen im Grenzsaum zwischen Orient und Okzident – all diese Schätze Osteuropas lagen jahrzehntelang hinter dem Eisernen Vorhang verborgen, waren im Westen schon fast in Vergessenheit geraten. Seitdem man frei reisen und den Osten unseres Erdteils neu entdecken kann, kommen viele Verbindungslinien historischer und kultureller Tradition wieder deutlich zum Vorschein.

*Von der Ostsee ans Schwarze Meer:
Kulturen und Landschaften
auf der Brücke nach Asien*

Nowgorod – ein Name, ein Mythos: Die Stadt am Wolchow wurde von Wikingern erbaut und durch den Handel mit Asien reich. Vorbild für zahlreiche russisch-orthodoxe Kirchen war die Nowgoroder Sophienkathedrale mit fünf überkuppelten Schiffen im Grundriß eines Doppelkreuzes (Foto links). Berühmt wurde auch die Nowgoroder Schule für russische Ikonenmalerei, die ihre Kunst und Ausdruckskraft von den besten griechischen Meistern erwarb.

Von Findlingen übersät ist die Ostseeküste des Finnischen Meerbusens, wie hier am malerischen Strand des Fischerdorfes Altja im estnischen Nationalpark Lahemaa (Foto oben). Im Norden Osteuropas hat die Weichseleiszeit mit ihren Gletschern das Landschaftsbild geformt. Natur und Kultur sind auch in Osteuropa nicht unbeschädigt geblieben, doch erscheinen sie hier ursprünglicher, jedenfalls noch nicht auf westliche Art vermarktet.

Nicht nur aus Armut und Rückständigkeit, sondern ebenfalls aus einer anderen Einstellung der Menschen zur Tradition erwachsen viele Bilder bäuerlichen Lebens in Osteuropa. Gerade in den sogenannten Schwellenländern am Schwarzen Meer wirken die malerischen Dörfer oft wie Freilichtmuseen auf den Reisenden. So kann man beispielsweise in Bulgarien beobachten, wie Frauen ganz selbstverständlich von Hand Wolle spinnen oder Tabakblätter zum Trocknen auf eine Schnur reihen (Foto rechts).

Osteuropa

Ein riesiger Schmelztiegel der mannigfaltigsten Kulturen

Genügend Zeit und eine kräftige Portion Pioniergeist sollte der Besucher aus dem Westen schon mitbringen, denn die Entfernungen sind gewaltig in Osteuropa, und die touristische Infrastruktur wird vielerorts eben erst aufgebaut. Über fünf Millionen Quadratkilometer, etwa die fünffache Fläche Mitteleuropas, mißt das weite, meist ebene, von großen Strömen durchzogene Land zwischen der Ostsee und dem Ural, dem Weißen und dem Schwarzen Meer. Rund eine Million Quadratkilometer kommen hinzu, wenn man die östlichen Grenzen Europas quer durch den Kaukasus und das Armenische Hochland bis zur türkischen Mittelmeerküste zieht. Strenggenommen gehören die Türkei, Zypern und die Staaten an der kaukasischen Schwarzmeerküste zwar geographisch größtenteils zu Asien, doch sind sie, gewissermaßen als Schwellenländer, historisch und kulturell zugleich sehr eng mit dem kleinsten Erdteil der Alten Welt verbunden. Gerade hier an der Nahtstelle von Europa und Asien hat die europäische Kultur asiatischen Türkei fort, im Taurus und im Pontischen Gebirge. Und ganz allmählich wandelt sich das sommertrockene Klima der Mittelmeerländer zum immerfeuchten pontischen Klima an der türkischen und kaukasischen Schwarzmeerküste, das üppige subtropische Wälder mit so seltenen Gewächsen wie der Dattelpflaume oder der Lorbeerkirsche gedeihen läßt. Nördlich des Schwarzen Meeres weichen die sommergrünen Laubwälder Mitteleuropas zunächst lichten Eichen-Steppenwäldern und schließlich den baumlosen Wiesensteppen Südrußlands und der Ukraine. Noch weiter im Norden wird der Laubwaldgürtel Zug um Zug von den dichten, düsteren Nadelwäldern der osteuropäischen Taiga abgelöst, und hoch oben an den Küsten des Weißen Meeres beginnt die arktische Tundra, die sich in geschlossener Front bis zum anderen Ende Asiens erstreckt.

Karelien, die vielfach umkämpfte historische Landschaft im Grenzgebiet zwischen Rußland und Finnland, gehört von seiner Natur her eindeutig zum Reich der Taiga. Schier endlose Fichten-, Kiefern- und Birkenwälder wechseln mit kahlen Bergkuppen, schütter bewaldeten Mooren und unzähligen Seen, die in die Waldwildnis eingestreut sind. Im langen, dunklen Winter regiert hier

Auch im Winter eine Märchenlandschaft: Der Park von Pawlowsk in den Außenbezirken von Sankt Petersburg umgibt die ehemalige Sommerresidenz der Zarenfamilie aus dem 18. Jahrhundert. Das auf einer Anhöhe gelegene Areal ist sechs Quadratkilometer groß und wurde im Stil eines englischen Landschaftsgartens angelegt.

ihre ältesten Wurzeln geschlagen. Kleinasien, die Landbrücke zwischen Schwarzem Meer und Mittelmeer, auf der so berühmte Kulturzentren der Antike wie Milet oder Pergamon liegen, ist nicht die einzige natürliche Brücke zwischen Abendland und Morgenland. Die nur durch niedrige Wasserscheiden getrennten Ströme im osteuropäischen Binnenland waren bereits in vorgeschichtlicher Zeit wichtige Handelsstraßen. Als „Autobahn der Völkerwanderungszeit" ist die breite Donauniederung im Vorland der Südkarpaten in die Geschichtsbücher eingegangen. Zahllose Völker zogen einst an der Donau entlang stromaufwärts nach Westen oder folgten ihrem Lauf in umgekehrter Richtung hinunter zum Schwarzen Meer: Sarmaten, Goten, Hunnen, Slawen, Tataren, Awaren...

Osteuropa war und ist ein typisches Durchgangsland, in dem sich seit je die Kulturkreise der Alten Welt überlagern und miteinander verschmelzen. Auch die europäischen Naturlandschaften gehen hier nahezu nahtlos in die Asiens über. Im Süden setzt sich der Kettengebirgsgürtel Europas jenseits der Ägäis in der

„Väterchen Frost" mit eisiger Hand, läßt die Temperaturen nicht selten auf 40 bis 45 Grad unter dem Gefrierpunkt sinken und türmt die Eisschollen in den Untiefen am Südufer des Ladogasees zu viele Meter hohen Bergen auf. Der See im Hinterland des Finnischen Meerbusens ist der weitaus größte Europas, knapp dreiunddreißigmal größer als der Bodensee und mit einem Einzugsgebiet, das drei Viertel der Fläche von Deutschland einnimmt.

Von Süden her fließt der Wolchow diesem „Meer" im russischen Waldland zu, ein Fluß, ohne den die Geschichte Rußlands wohl in ganz anderen Bahnen verlaufen wäre. Er entspringt im Ilmensee, seit Urzeiten ein Dreh- und Angelpunkt im Gewässernetz Osteuropas, von dem aus nicht nur die Ostsee, sondern über flache Schleppstellen auch die Oberläufe von Dnjepr, Düna und Wolga mit Booten leicht zu erreichen sind. Wenige Kilometer unterhalb des Sees liegt eine Stadt, die den Namen Nowgorod (Neue Stadt) trägt und dennoch zu den ältesten Städten Rußlands zählt. Schwedische Wikinger bauten den Ort im neunten

Jahrhundert zum stark befestigten Handelsstützpunkt aus, der durch den Handel mit den Hansestädten aufblühte und als „Handelsrepublik" bis zum Ende des 15. Jahrhunderts seine Unabhängigkeit gegen Moskau behaupten konnte. Viele Kirchen im Nowgoroder Stil und die trutzige Stadtfestung machen diese Stadt zur Schatzkammer altrussischer Kunst.

Eine kleine Insel in der Mündung der Newa, die den Ladogasee mit der Ostsee verbindet, war die historische Keimzelle einer Stadt, die mindestens ein Jahrtausend jünger ist als Nowgorod: Mit seiner Festung, den prächtigen Palästen, Kirchen, Parks und Museen erinnert Sankt Petersburg an eine nicht minder glanzvolle Epoche der russischen Geschichte. Zar Peter der Große ließ sein „Versailles am Meer" Anfang des 18. Jahrhunderts durch ein Heer von Soldaten, Gefangenen und Leibeigenen buchstäblich aus dem sumpfigen Boden stampfen. Die Prachtbauten der einstigen Hauptstadt Rußlands – von der Peter-und-Pauls-Festung über die Isaakskathedrale und das Winterpalais bis zur Eremitage –

Alte russische Städte mit einer reichen Vergangenheit

Historisch und kulturell liegen zwischen Rußland und den baltischen Republiken freilich Welten, auch wenn sich die Zaren und im Anschluß daran die Sowjets in den langen Jahrhunderten der russischen Herrschaft redlich Mühe gegeben haben, dem Baltikum ihren Stempel aufzudrücken. In jener Zeit wurde das Bevölkerungsbild durch die systematische Russifizierung zwar gründlich verändert, doch im Bild der großen Städte spiegeln sich die kulturellen Eigenarten der baltischen Länder noch klar wider. Die mit Werken Lübecker Künstler geschmückte Nikolaikirche in der alten Hansestadt Reval, das Ordensschloß in Riga, die vom schwedischen König Gustav II. Adolf gegründete Universität in Dorpat (Tartu), das einzigartige gotische Ensemble von Wilna (Vilnius) oder die schönen alten Speicherhäuser im Hafenviertel von Libau (Liepāja) an der kurländischen Ostseeküste sind nur einige Mosaiksteine in dieser von Balten, Dänen, Deutschen, Polen, Russen und Schweden geformten, ungemein vielschichtigen Kulturlandschaft.

Flüsse sind die Lebensadern des osteuropäischen Tieflandes, allen voran die Wolga, der größte Strom Europas, der in den Waldaihöhen südöstlich von Nowgorod entspringt und in seinem riesigen Einzugsbereich die gegensätzlichsten Landschaften vereint, von den moorigen Waldländern des Nordens bis zu den

Die herrlichen Fresken der Hagia Sophia in Trapezunt (Trabzon) an der türkischen Ägäisküste gehören zum großen Erbe des Christentums in der islamischen Welt.

Imposante Ruinen vom Marktplatz der Kulturen: Das antike Ephesus beim heutigen Selçuk südöstlich von Izmir war eine der größten Städte der Antike.

brauchen ebensowenig wie die verschwenderisch ausgestatteten Zarenschlösser im wald- und seenreichen Umland den Vergleich mit ihren Vorbildern im Westen und im Zentrum Europas zu scheuen.

Die Gründung von Sankt Petersburg markierte einen Meilenstein in der Geschichte des Zarenreichs, denn fortan suchte Rußland sein „Fenster zur Ostsee" und setzte (und setzt) dabei seine Militärmacht gezielt ein. Im Großen Nordischen Krieg (1700 bis 1721) verleibten die Zaren Estland und Lettland ihrem Reich ein und gewannen damit die beiden wichtigen, im Unterschied zu Sankt Petersburg fast immer eisfreien Ostseehäfen Reval (das heutige Tallinn) und Riga; Ende des 18. Jahrhunderts kam der größte Teil Litauens, des südlichsten der baltischen Länder, hinzu. Landschaftlich gleicht dieses „Fenster" dem russischen Hinterland bis aufs Haar: Hier wie dort haben die Eiszeitgletscher mit Moränenbergen und Seen ihre Spuren hinterlassen. Zehntausende mächtiger Findlinge, vom Eis aus dem Norden ins Baltikum verfrachtet, liegen über die malerische Buchtenlandschaft des Lahemaa-Nationalparks an der estnischen Ostseeküste verstreut. Landeinwärts formten die Gletscher aus ihrer steinigen Fracht den Baltischen Höhenrücken, in der Aukštaitija-Nationalpark, wertvollstes Naturreservat Litauens, eingebettet ist. Elche und Biber sind hier noch zu Hause, in jüngster Zeit wurden sogar wieder Luchse und Bären beobachtet.

ausgedörrten Wüstensteppen am Kaspischen Meer. „Mütterchen Wolga", in Heldenliedern und Märchen besungen, heute durch Staumauern gebändigt und im Mittellauf in ein rund 2000 Kilometer langes Band von Stauseen verwandelt, ist der Schicksalsstrom Rußlands. Sie verbindet Städte, die zum Symbol für die Schrecken des Krieges geworden sind – wie das im Zweiten Weltkrieg in Schutt und Asche gelegte Stalingrad, heute Wolgograd –, mit einigen der schönsten Perlen russischer Architektur und Kunst. Vor allem beiderseits des Oberlaufs reihen sie sich in einem breiten Streifen aneinander: Jaroslawl, bekannt durch das Christi-Verklärungs-Kloster, einst eines der reichsten Klöster des Landes, Nischni Nowgorod mit seiner gewaltigen Stadtfestung, dem Kreml, oder Sergiev Posad, das sich mit der majestätischen Mariä-Himmelfahrts-Kirche schmückt und in

Wuchtig wie eine trutzige Wehranlage und vielversprechend von südlichem Licht überhaucht: Das Jailagebirge im Süden der Krim war über 3000 Jahre lang abwechselnd Bollwerk und Zuflucht. Ihm verdankt die Halbinsel ihren Namen: *Kerym*, „Festung", nannten die Tataren sie wegen dieser schroff aufragenden Berge.

Sowjetzeiten Sagorsk hieß. Von dieser alten Hochburg der russisch-orthodoxen Kirche ist es nur noch eine gute Autostunde bis zum politischen Zentrum Rußlands, nach Moskau, das sich kilometerweit um den geschichtsträchtigen Roten Platz und den Kreml ausbreitet.

Die Stadt an der Moskwa behauptet ihre Rolle als Schaltstelle der Macht auch nach dem Zerfall des Sowjetimperiums. Historisch gesehen ist diese Rolle freilich einer anderen Stadt auf den Leib geschrieben, die die Russen voller Bewunderung „Mutter der russischen Städte" nennen, gehört sie doch zu den ältesten des Landes: Kiew. Im Jahre 1982 feierte die heutige Hauptstadt der Ukraine ihren 1500. Geburtstag und brachte aus diesem Anlaß ihre architektonischen Kleinode wie die Sophienkathedrale, das Höhlenkloster oder das nach byzantinischem Vorbild erbaute Goldene Tor wieder auf Hochglanz.

Die Stadt, die Osteuropa mit der christlichen Welt vereinte und schon im frühen Mittelalter, lange bevor jemand von Moskau sprach, ihre erste Blüte erlebte, liegt am Dnjepr. Nach Länge und Größe seines Einzugsgebiets wird der zweitlängste Fluß des osteuropäischen Tieflandes zwar von der Wolga um Längen geschlagen, doch als „blauer Faden", der sich durch die osteuropäische Geschichte zieht, spielt der Dnjepr die Hauptrolle. Während die Wolga nämlich in der Sackgasse des Kaspischen Meeres endet, mündet der Dnjepr ins Schwarze Meer, das wiederum durch den Bosporus mit dem Mittelmeer und sozusagen über drei Ecken auch mit dem offenen Ozean verbunden ist. Der Strom öffnet Osteuropa so zum Mittelmeerraum und Orient hin, bildet gemeinsam mit den baltischen Flüssen gleichzeitig aber auch eine nahezu durchgehende Wasserstraße vom Schwarzen Meer zur Ostsee: den legendären „Weg von den Wikingern zu den Griechen".

Der Weg von der baltischen Ostseeküste zur Nordküste des Schwarzen Meers, wo griechische Kaufleute schon vor mehr als zweieinhalb Jahrtausenden die ersten Handelsposten gründeten, war zwar bequem, doch nicht ganz ungefährlich. Immer wieder wurden die Schiffe überfallen und ausgeplündert. Vor allem die Überfälle der Tataren machten den Kaufleuten das Leben schwer und führten schließlich dazu, daß die Brücke zwischen Orient und Okzident für Jahrhunderte unterbrochen wurde. Hauptstützpunkt der kriegslüsternen Steppenbewohner war die Krim, und sie gaben der Fast-Insel, die sich vom Norden her wie eine Bastion ins Schwarze Meer vorschiebt, auch den passenden Namen: *Kerym*, was auf Tatarisch soviel wie Festung bedeutet und auf das steil aufragende, ideal zum Bau von Festungen geeignete Jailagebirge an der Südseite der Halbinsel Krim gemünzt ist.

Das Schwarze Meer: Badefreuden inmitten subtropischer Vegetation

Vor den Tataren hatten sich schon Skythen, Griechen, Byzantiner, Venezianer, Genuesen und Türken auf der Halbinsel niedergelassen. Nach dem Ende der türkisch-tatarischen Herrschaft nahmen Russen und Ukrainer sie in Besitz, und so präsentiert sich die Krim heute als riesiges Freilichtmuseum europäischer Geschichte, in dem alte Brückenköpfe mediterraner Kultur neben Baudenkmälern der islamischen Welt und des ostslawischen Kulturerdteils stehen: Bachtschisaraj, einst glänzende Residenz der Tatarenkhane, die genuesische Bastion von Alušta, die Reste der Skythen-Hauptstadt Neapolis ... dazu als Monumente jüngerer Geschichte die im Krimkrieg zerstörten Befestigungsanlagen von Sewastopol. Nicht vergessen darf man zudem Liwadija, Alupka und die anderen Lustschlösser der russischen Zaren und Fürsten, die die Krim an der Wende vom 18. zum 19. Jahrhundert in blutigen Feldzügen der islamischen Allianz von Tataren und Osmanen entrissen und sich dann im Schatten von Zypressen und Zedern auf ihren Lorbeeren ausruhten.

Die „Russische Riviera" mit ihrer artenreichen subtropischen Vegetation wirkt wie eine grüne Oase in dem sonst eher steppen- bis wüstenhaften Umfeld der Krim. Eine Wüste ist auch das Schwarze Meer, wenigstens in den tieferen Schichten, in denen der lebenspendende Sauerstoff vom giftigen Schwefelwasserstoff verdrängt wird. In anderen Meeren sorgen starke Strömungen für die ständige Durchmischung der Wassermassen, doch in diesem Binnenmeer stagniert das Wasser wie in einem Moortümpel. Stürme und häufiger Nebel im Winter kommen hinzu, verleihen dem Schwarzen Meer seinen kaum einladenden Namen, den die Türken noch unterstreichen, indem sie dem *Karadeniz* im Norden ihres Landes das sonnenüberflutete Mittelmeer im Süden als *Akdeniz* (Weißes Meer) gegenüberstellen.

An den Ufern dieses in seiner Art weltweit einzigartigen Gewässers quillt das Leben hingegen förmlich über in den Badeorten an der südrussisch-kaukasischen Schwarzmeerküste, wo Palmen die Strandpromenaden zieren, in den Strandseen und urwüchsigen Wäldern hinter dem bulgarisch-rumänischen Gestade des Pontus Euxinus, ganz besonders aber im Wasserlabyrinth des Donau-

Zwischen Ostsee und Ostpreußen: Das Kurische Haff ist ein 1610 Quadratkilometer großer, flacher Strandsee vor Königsberg (Kaliningrad) und der Memelmündung, nur durch die Dünen der Kurischen Nehrung vom Meer getrennt. Hier mischen sich Süß- und Salzwasser. Die teilweise bewaldeten Ufer stehen unter Naturschutz.

Auf Zypern ist die Nähe Afrikas deutlich zu spüren. Im Sommer sind die Ausläufer der Berge um Larnaca und Paphos wüstenhaft kahl, die Flüsse trocknen aus.

deltas, einem faszinierenden Stück ungebändigter Natur, das zu den reichsten Vogelreservaten Europas zählt.

An den goldfarbenen Sandstränden der Schwarzmeerküste waren Touristen aus dem Westen und den „sozialistischen Bruderländern" als zahlende Gäste bereits in den Jahrzehnten des kalten Krieges willkommen. Vom Binnenland blieben sie freilich größtenteils ausgeschlossen, oder man trieb sie wie von scharfen Hunden bewachte Schafherden zu einigen ausgewählten Sehenswürdigkeiten. Kein Wunder, daß die weißen Flecken auf der touristischen Weltkarte in Bulgarien und Rumänien noch groß sind. Selbst die entlegensten Inseln der Malediven werden heute bereist, aber wer war schon einmal in der rumänischen Moldau, kennt die „süße" Bukowina mit ihren einzigartigen Klöstern, die seit den sechziger Jahren als Weltkulturgüter auf der UNESCO-Liste stehen, hat die alte Fürstenresidenz Curtea de Argeş in der Walachei oder das malerische Städtchen Sighişoara in Transsilvanien gesehen?

Viel gibt es auch im Hinterland der bulgarischen Schwarzmeerküste zu entdecken: Sofia natürlich, die Hauptstadt mit ihrer Namensgeberin – der in strengen byzantinischen Formen gestalteten Sophienkirche – und der prunkvollen Alexander-Newski-Kathedrale, und im Südwesten das herrliche Rilakloster und die Naturschönheiten des gleichnamigen Gebirges. Aber auch die alltäglichen

Tafelfreuden der Bulgaren sollte man sich auf keinen Fall entgehen lassen: etwa den leckeren *Bjurek*, meist mit würzigem Schafskäse gefüllten Blätterteig, oder das sirupsüße *Baklava*. Die Speisen stammen aus der türkischen Küche und gehören, genauso wie die über die gesamte Balkanhalbinsel verteilten ehemaligen Moscheen und Karawansereien, zum Erbe der Osmanenherrschaft, die diesen Teil Europas über ein halbes Jahrtausend lang prägt.

Türkei: einladende Strände und antike Baudenkmäler

Umgekehrt hat aber auch die Kultur des Abendlandes ihre Spuren in der Kulturlandschaft der islamischen Türkei hinterlassen. Die hochragende Selimiye-Moschee, eines der Glanzstücke der islamischen Baukunst in Edirne gleich hinter der bulgarisch-türkischen Grenze, kann ihre byzantinischen Vorbilder nicht verleugnen, und Istanbul – für viele der Inbegriff einer orientalischen Stadt – wurde bekanntlich auf den Fundamenten des griechischen Byzantion, des römischen Nova Roma und des byzantinischen Konstantinopel erbaut. Als einzige Stadt der Welt steht die altehrwürdige Metropole auf zwei Kontinenten zugleich und schlägt so eine Brücke über den nur wenige Kilometer breiten Bosporus, die Meeresstraße, die Europa von Asien trennt und das Schwarze Meer mit dem Mittelmeer verbindet.

Noch aufschlußreicher als die geographischen sind die sprachlichen Brücken zwischen Europa und Asien: Der sprichwörtlich reiche Krösus hat sein historisches Vorbild im letzten König von Lydien, einem vergangenen Reich an der ägäischen Küste Kleinasiens. Und wenn im Mathematikunterricht der Thales-Satz gepaukt wird, dann fällt zwangsläufig auch das Stichwort Thales von Mi-

men, nach Aspendos, wo das besterhaltene römische Theater in Kleinasien zu bewundern ist, oder nach Perge mit seinem sehenswerten Stadion. Wer sich einige der schönsten Denkmäler seldschukischer Baukunst anschauen möchte, sollte Alanya ansteuern, und für einen ausgedehnten Basarbummel ist die Altstadt von Antalya zu empfehlen.

Vom Glanz des Orients und einer vielbegehrten Insel

Der echte Orient beginnt freilich erst hinter den Küstengebirgen auf den Hochebenen Anatoliens, wo eiskalte Winter mit glühendheißen Sommern wechseln und in den kleinen Städten, fernab von den touristischen Zentren, der *Kebabçi* (leckere Fleischgerichte vom Grill) und der *Börekçi* (herzhafter, mit Käse gefüllter Strudel) verkauft werden. Der Weg nach Afyon, das sich am Fuß einer alten Burg ausbreitet, oder nach Konya, der einstigen Hauptstadt des Seldschukenreichs und Hochburg der „tanzenden Derwische", ist weit, doch dort kann man die alttürkische Atmosphäre am besten schnuppern. Nur einen Katzensprung vom Meer entfernt liegt dagegen das „grüne Bursa", eine der ersten Residenzen der Osmanen, geschmückt mit prachtvollen Moscheen und Mausoleen.

Zypern, die größte Insel des östlichen Mittelmeerraums, ist reich an Erzen, und nach dem Kupfer (griechisch *kypros*) ist das von zwei Gebirgsketten durch-

let. Die berühmte antike Handelsstadt Milet, Heimat des nicht minder berühmten Naturphilosophen, ist nur eine von vielen Stätten der griechisch-römischen Antike, die sich an der kleinasiatischen Ägäisküste drängen: Ephesus, Pergamon und Troja gehören zum Pflichtprogramm jeder Studienreise. Weniger überlaufen, aber ebenso interessant sind Bodrum mit seinem großartigen Mausoleum und Didyma, einst größte griechische Orakelstätte in Kleinasien – in keinem Teil der Alten Welt gibt es auf so engem Raum so viele bedeutende Monumente des Altertums, und an der Südküste setzt sich die Kette der antiken Städte und Ruinenstätten über Aspendos und Side bis nach Antiochia an der Südostecke der Türkei fort. Die Steppen Anatoliens sind weit; von der Landesnatur her gehören die westlichen und südlichen Küsten Kleinasiens klar zur mediterranen Welt, ebenso wie die heute zweigeteilte Insel Zypern mit ihren gotischen Kreuzritterburgen, den Festungen der Venezianer und dem Tempel der Aphrodite, in dem einstmals die Göttin der Liebe und Schönheit verehrt wurde. Die Natur hat die Fundamente für diese kulturellen Schätze gelegt, den Westrand Kleinasiens bei der Bildung der jungen Kettengebirge in viele Halbinseln und Inseln gegliedert und auf diese Weise zahlreiche gute Häfen geschaffen, die einen bequemen Zugang zum Landesinnern bieten und diesen Teil Asiens vor Jahrtausenden der griechischen Kultur öffneten. Über die gesamte kleinasiatische Ägäisküste, von den Dardanellen im Norden bis zur Halbinsel von Knidos im Süden, liegen die Ruinen griechischer Städte verstreut. Im Winter toben sich über Meer und Küste zwar häufig die kühlen Etesienwinde aus, doch Frost oder Schnee sind sehr selten, und schon ab März/April beginnt in den schönen Badebuchten von Kuşadasi, Bodrum und Datça wieder die Saison.

Noch einladender ist das Klima an der Südküste der Türkei, die in den Katalogen der Reiseveranstalter als „Türkische Riviera" angepriesen wird – zu Recht, denn im Sommer steigt das Quecksilber hier auf fast tropische Temperaturwerte, nur im Winter und Frühjahr stürzen gelegentlich kalte Fallwinde vom Taurusgebirge herunter und fegen die Strände leer. An solchen Tagen unternimmt man am besten einen Ausflug zu den Ruinenfeldern bedeutender antiker Städte an der Südküste, zum Beispiel nach Side mit den imposanten Ther-

Pelikane im südlichen Donaudelta: Die fischreichen Sümpfe beim rumänischen Sulina am Schwarzen Meer sind eines der größten Naturschutzgebiete Europas.

zogene Eiland benannt. Wegen des Erzreichtums und der strategisch günstigen Lage im Grenzsaum zwischen Europa und Asien war Zypern immer wieder Zankapfel großer Mächte. Nacheinander hatte die Insel ägyptische, phönikische, griechische, persische und römische Herren; dann kämpften Kreuzfahrer, Genuesen und Venezianer um ihren Besitz, später kamen die Osmanen, gegen Ende des vorigen Jahrhunderts die Briten, und dann brachen Nationalitätenkonflikte zwischen der griechischen Mehrheit und der türkischen Minderheit der Inselbewohner aus. Seit 1974 wird Zypern von der „Green Line" in einen griechischen und einen türkischen Teil gespalten – eine einzigartige zweigeteilte Kulturlandschaft mit Kreuzritterburgen und Kirchen, Thermen und Tempeln, Moscheen und Minaretten.

BALTISCHE OSTSEEKÜSTE

Bernstein und andere Kostbarkeiten

Bis vor wenigen Jahren kannte man Litauen, Lettland und Estland nur als gleichgeschaltete Unionsrepubliken einer riesigen Sowjetunion. Dies änderte sich mit der Unabhängigkeit der baltischen Länder im Jahre 1991 grundlegend. Das Baltikum ist im Begriff, seine angestammte Rolle als Drehscheibe zwischen Westeuropa, Skandinavien und Rußland neu zu besetzen. Dem Besucher eröffnet diese Region faszinierende Einblicke in eine abwechslungsreiche Landschaft und in wenig bekannte Bereiche europäischer Kulturtradition.

Das Baltikum entdecken bedeutet, Mosaiksteine der Erinnerung an eine noch heil erscheinende Welt zu einem farbenprächtigen Bild zusammenzusetzen: zwischen meterhohen Sanddünen zu wandern, den sanft anrollenden Wellen zu lauschen, des „Meeres Tränen" – Bernstein – aufzuspüren, heimkehrenden Fischern zuzusehen und frisch geräucherte Flundern zu genießen. Oder draußen auf dem Land Herrenhäuser des Adels, wuchtige Kreuzritterburgen und stattliche Gutshäuser mit ihrem Flair der Vergangenheit zu bewundern. In Städten wie Riga oder Tallinn durch enge Gassen mit Kopfsteinpflaster zu wandern, alte Patrizierhäuser und mittelalterliche Speicherhallen zu entdecken und das Flair hanseatischer Hafenstädte zu genießen.

Zwischen diesen Ballungsräumen liegen weite, noch völlig unberührte Naturlandschaften, stille Seen, ein Netz von Flüssen und Bächen – und immer wieder kilometerlange Sandstrände. Geduckte, bunt gestrichene Fischerhäuschen setzen Farbakzente. Vor der Küste sind zahlreiche Inseln verstreut: große und kleine, weit draußen in der Rigaer Bucht gelegen, dünn besiedelt und mit Heidekraut und Wacholder bewachsen.

Menschenleer scheint die baltische Ostseeküste zu sein, vor allem im estnischen Norden bei Pernau (Pärnu) (Foto links). Doch dann ist Mittsommerfest auf der Insel Ösel (Saaremaa), und es zieht die Menschen in Scharen hinaus, zum Tanzen und Singen in alten Trachten (Foto rechts oben). Immer wieder neue Überraschungen hat dieser Landstrich zu bieten, auch im russischen Königsberg (Kaliningrad): Schätze wie die des Bernsteinmuseums – hier die Initiale von Preußenkönig Friedrich dem Großen (zweites Foto von rechts oben) – gibt es nur an der Ostsee. Der Alltag hier ist mühsam und armselig, vor allem auf dem Land (zweites Foto von rechts unten). Vom Reichtum der Vergangenheit hingegen erzählt die üppige Fülle von Jugendstilhäusern im lettischen Riga (Foto rechts unten).

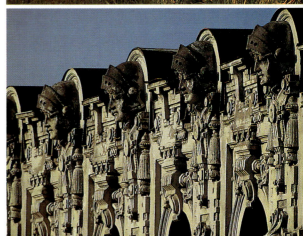

Osteuropa

Die alten neuen Staaten der Bernsteinküste

Der Begriff Baltikum bezeichnet die drei Staaten Estland, Lettland und Litauen – im historischen Verständnis die lange Zeit russischen Provinzen Estland, Livland und Kurland. Es reicht vom Finnischen Meerbusen im Norden bis zum einstigen Ostpreußen im Süden. Sumpfland, ausgedehnte Wälder und Seen bilden die Grenze zu den Nachbarn im Osten, Rußland und Weißrußland; die Ostsee ist die natürliche Grenze im Westen. Insgesamt leben in den drei Staaten, die eine bewegte Vergangenheit als Spielbälle verschiedener Großmachtinteressen hinter sich haben, fast acht Millionen Menschen. Fremde Eroberer kamen schon im Mittelalter. Waren es im heutigen Lettland zunächst die Schwertbrüder in weißen Mänteln mit rotem Kreuz, die einen livländischen Ordensstaat mit Feuer und Schwert errichteten, so eroberten die bald mit ihnen vereinten Deutschordensritter mit Hilfe der Dänen das nördliche Estland – bis 1558 Iwan der Schreckliche nach Livland einmarschierte und mit dem Livländischen Krieg die Ordensherrschaft endete. Eine Zeit politischer Wirren folgte, in der sich Schweden, Polen und Rußland um die Herrschaft in dem Gebiet stritten. Immer wieder verwüsteten Kriege das Land – bis das Baltikum 1795 schließlich ganz zum russischen Zarenreich kam. Nach dessen Ende (1917) bildeten sich die Staaten Estland, Lettland und Litauen, die 1940 von der Sowjetunion geschluckt wurden. Erst die Auflösung der Sowjetunion brachte endlich die erneute Unabhängigkeit.

Der Reisende erlebt das Baltikum als eine Region, die Besucher mit nordisch zurückhaltender, aber herzlicher Gastfreundschaft willkommen heißt. Wenn man nicht gerade einen ungestörten, stillen Badeurlaub an den menschenleeren, kilometerlangen Sandstränden erleben will, dann ist der Altweibersommer im September die schönste Jahreszeit, um das Baltikum kennenzulernen.

Aus Memel (Klaipėda), der alten Stadt am Durchfluß des Kurischen Haffs in die Ostsee, klingen dem Besucher unvermutet Töne einer deutschen Melodie entgegen: *Ännchen von Tharau*, das Volkslied von Simon Dach, der hier zu Hause war. Neben zahlreichen Uhren im Uhrenmuseum intoniert auch das Glockenspiel an der Hauptpost das Liebeslied auf das Mädchen aus der ostpreußischen Provinz. Und am Theaterplatz lächelt das „Ännchen" seit einigen

---

DIE BALTISCHE OSTSEEKÜSTE AUF EINEN BLICK

SEHENSWÜRDIGKEITEN

Insel Dagö (Hiiumaa): Leuchtturm; **Libau (Liepāja):** Annenkirche, Dreifaltigkeitskirche; **Memel (Klaipėda):** Burgruinen, Theaterplatz, Simon-Dach-Brunnen mit „Ännchen von Tharau", historische Fachwerkspeicher am Hafen, alte Giebelhäuser; **Palanga:** Strand mit Landungsbrücke, Skulptur „Jūratė und Kastytis", Birutė-hügel, botanischer Garten, Bernsteinmuseum; **Pernau (Pärnu):** Badebucht mit Schlammbädern, Roter Turm, Elisabethkirche, Tallinner Tor mit Wallgraben, Stadtbefestigung, Theater; **Riga:** Petrikirche, Häuser der Großen und Kleinen Gilde, Dom Sankt Marien, Kathedrale Sankt Jakobi, Stadtmauer, Rigaer Schloß, Jugendstilhäuser, Freilichtmuseum; **Insel Ösel (Saaremaa):** Bischofsburg in Kuressaare, Windmühlen, Kratersee von Kaali, Vogelschutzgebiet Vilsandi; **Tallinn:** alte Patrizierhäuser, mittelalterliche Kontore und Speicherhäuser, Ratsapotheke, Heiliggeistkirche, Rathaus und Rathausplatz, Domkirche, „Langer Hermann", Wahrzeichen Tallinns; **Tilsit (Sovetsk):** Königin-Luise-Brücke, Franksche Villa, Jugendstilhäuser, Synagoge, Wasserturm; **Windau (Ventspils):** Ordensburg, Stadtkirche Sankt Nikolai.

FESTE UND VERANSTALTUNGEN

Riga: baltischer Frühling (Theaterfestival), April, Rigaer Sommer (Konzertreihe), Juni; **Tallinn:** Altstadtfest, Juni, baltische Regatta, August, Blumenfest, September, internationales Jazzfest, Oktober; **überall im Baltikum:** Sonnwendfeier, 23./24. Juni.

AUSKUNFT

Baltische Zentrale für Fremdenverkehr, Woldsenstr. 36, 25813 Husum, Tel. 0 48 41/30 04.

Unser Routenvorschlag
VON MEMEL (KLAIPĖDA) NACH TALLINN

Unsere Reiseroute beginnt in der litauischen Stadt Memel ❶. Die sehenswerte Altstadt beeindruckt mit schöner Fachwerkarchitektur. Nur wenig entfernt liegt die Bernsteinstadt Palanga ❷. Hinter Būtinge überschreitet man die Grenze nach Lettland. Die Straße führt nun landeinwärts in Richtung Osten und erreicht über eine schmale Landzunge Libau (Liepāja) ❸. In der bedeutenden Fischereihafenstadt ist die größte unter protestantischer Regie erbaute Kirche Lettlands, die Dreifaltigkeitskirche, zu besichtigen. Weiter geht es an der Küste entlang. Ein Stopp in Pāvilosta ❹, rund 55 km nördlich von Libau, mit seinem schönen Strand lohnt sich. 100 km nördlich liegt Windau (Ventspils) ❺, die wichtigste Hafenstadt Lettlands. Bei Kap Kolka ❻ ist der nördlichste Punkt der historischen Landschaft Kurland (siehe: Das besondere Reiseziel) erreicht. Von dort führt die Straße weitere 150 km an der Küste entlang nach Riga, vorbei am Enguresee ❼ mit über 60 verschiedenen Arten von Wasservögeln. Über Jūrmala erreicht man die lettische Hauptstadt Riga ❽. Eine der längsten Hängebrücken Europas führt in die Altstadt, zur Petrikirche und zum Dom. Pernau (Pärnu) ❾ ist ein Badeort mit schönem Kurviertel. Hinter der Grenze zu Estland geht es weiter nach Kivi-Vigala und nach Virtsu. Von dort fährt stündlich eine Autofähre über die kleine Meerenge zur Insel Muhu; dann geht es über einen Damm weiter zur Insel Ösel (Saaremaa) ❿, wo vor allem die Bischofsburg von Kuressaare und der Meteoritenkrater von Kaali sehenswert sind. Wieder aufs Festland zurückgekehrt, fährt man nach Tallinn ⓫, der internationalen Hafenstadt am Finnischen Meerbusen.

Schier endlose Wälder begleiten die einsame Ostseeküste von Litauen, Lettland und Estland. Oben im Norden belasten jedoch vor allem Kraftwerke und Papierfabriken die ohnehin schon stark strapazierte Umwelt.

Jahren wieder als – in den Wirren des Zweiten Weltkriegs verlorengegangene und später wiedergefundene – Bronzefigur vom hohen Sockel des Brunnens vor der weißgelben Fassade des Theaters. Der Dichter des Liedes schaut versöhnt aus seinem in den Sockel eingelassenen Medaillon.

Die Tränen einer Wasserfee

Die Altstadt von Memel, durchzogen von streng geometrisch angelegten Straßen und Sträßchen, ist geprägt von einer für Litauen ungewöhnlichen Fachwerkarchitektur, die es nur in dem ehemals preußischen Gebiet um die Stadt gibt. Auch die historischen Speichergebäude am Hafen, die von der Bedeutung des einstigen Handelszentrums zeugen, sind im Fachwerkstil erbaut. Breite, behäbige Giebelhäuser laden den Besucher ein, über die rundlichen Katzenköpfe des Fußwegs näherzutreten. Rotbraunes Gebälk durchzieht die weiße Front. Sprossenfenster bringen viel Licht in die Häuser, die tief unter einem geteilten Satteldach Schutz suchen. Die schlichte Holztür schließt den Hauseingang. Ein fröhlicher bunter Wechsel von hellgrauen, rosa, dunkelroten und gelben Fassaden durchzieht die Altstadt, die seit 1969 als schützenswertes Kulturdenkmal gilt. Man sollte sich Zeit nehmen, von einem der gemütlichen Straßencafés aus die historische Kulisse zu genießen oder durch Künstlerwerkstätten und Galerien zu streifen.

Nördlich von Memel, einige Kilometer vor dem Grenzübergang nach Lettland, liegt an der Ostseeküste die Stadt Palanga. Der Bummel durch den Kur- und Badeort endet auf einer Landungsbrücke, unter dem Steg rollt die Dünung leise, aber stetig über den flachen Strand. Davor erinnert die Skulptur der Meeresgöttin Jūraté und des Jünglings Kastytis an eine romantische Sage: Als der Fischer Kastytis eines Tages seine Netze weit draußen auf der Ostsee auswarf, sah er die bezaubernde Wasserfee, die sich in den jungen, starken Seemann verliebte. Jūraté lockte ihn in die verwunschenen Unterwassergemächer ihres Bernsteinschlosses. Hier heirateten die beiden heimlich. Das wiederum erfuhr Göttervater Perkūnas. In seinem Zorn zerschmetterte er mit einem Donnerkeil das Schloß seiner Tochter. Seitdem spülen die Ostseewellen große und kleine Trümmer des Bernsteinpalastes an die Küste. Die ganz kleinen, klaren Bernsteine sind die Tränen, die Jūraté um den Geliebten vergoß.

Die Landungsbrücke ist übrigens der letzte Zeuge eines Traumes, den sich einstmals Graf Tiškevičius hier erfüllt hat. Als Anfang des 19. Jahrhunderts das Baden und Kuren an der Ostsee in Mode kam, kaufte er Palanga und ließ es zu einem Badeort umbauen. Damit das gräfliche Dampfschiff *Phoenix* auch vor aller Augen anlegen konnte, wurden das Hafenbecken ausgebaggert und ein langer Landungssteg gebaut. Doch hatte der Graf weder mit stetigem Wind noch mit dem gierigen Sand gerechnet – bald schon versandete das Hafenbecken wieder, auf dem Pier wurde nur noch promeniert. Der botanische Garten, der den Herrensitz des Grafen am Birutėhügel umgibt, lädt zum abendlichen Flanieren ein. 80 verschiedene Rosensorten verströmen ihren betörend schweren Duft; aus kleinen Teichen sprudeln Fontänen empor. Langsam nähert man sich dem Schloß inmitten des Gartens. Im Billardzimmer – blasser Lichtschein fällt durch die hohen Fenster – glaubt man immer noch die Kugeln klicken zu hören. Der Graf, ein passionierter Bernsteinkunst-Sammler, stellte die schönsten Stücke im Schloß aus. Später

Viel besungen: „Ännchen von Tharau" steht wieder auf dem Sockel am Theaterplatz von Memel (Klaipėda).

entstand aus dieser Sammlung das Bernsteinmuseum mit 25 000 Exponaten, darunter kiloschwere Brocken und ausgefallene Einschlüsse, prähistorische und moderne Schmuckstücke. Regelmäßig zeigen Bernsteinschleifer hier ihr Können, und man kann auch Bernsteinschmuck kaufen. Und wer weiß – wenn ein sommerlicher Sturm oder ein Gewitter das Wasser aufgewühlt hat, findet man vielleicht auch am Strand ein Stück vom „Gold der Balten"!

Hinter der Grenze, in Lettland, führt die A11 an den Wassern des von der Natur geschaffenen Binnenhafens im Liepājasee vorbei nach Libau (Liepāja). Der ganzjährig eisfreie Hafen macht die Stadt zu einem wichtigen Fischereistützpunkt. Überhaupt hat Libau eine sehr enge Bindung ans Meer,

Riga: alte Hansestadt und moderner Industriehafen. Lettlands Hauptstadt bricht auf zu neuen Ufern.

fast möchte man sagen, Stadt und Wasser bilden eine regelrechte Symbiose: Direkt ins Zentrum bringt ein 1,85 Kilometer langer und 100 Meter breiter Kanal das Ostseewasser. Die Hauptstraße der Stadt (Lielā iela) verläuft über die Brücke, die diesen Kanal überspannt. Vier- bis fünfstöckige Speicher in rotem Backstein umrahmen das künstlich angelegte Hafenbecken in Libau, das nur durch den Kanal mit dem Meer verbunden ist.

Vieles erinnert hier an die Baltendeutschen, vor allem die Dreifaltigkeitskirche, die um 1750 für die deutsche Gemeinde erbaut wurde. Die Außenfassade mit den feinen Sandsteinverzierungen läßt das Gotteshaus wie ein Schloß wirken. Der Herzog von Kurland hatte in der Kirche seine eigene, prachtvolle Loge, die ebenso wie der Beichtstuhl und die Kanzel zu den Prunkstücken der Innenausstattung gehört. Ein ganz besonderes Erlebnis aber sind die Orgelkonzerte: Dann erfüllt der Klang von 7000 Orgelpfeifen die Halle der dreischiffigen Kirche. Von Libau führt die A 11 immer direkt am Ufer entlang durch kleine Städte und Fischerörtchen vorbei an langen Sandstränden bis zur Hauptstadt der Republik Lettland: Riga.

Die Stadt blickt auf eine glanzvolle Vergangenheit zurück: Im Jahre 1201 von deutschen Kaufleuten gegründet, wurde sie 1282 Mitglied der Hanse und ein Zentrum des Handels mit Litauen und Rußland. Gleich auf den ersten Blick fallen die zahllosen Kirchtürme ins Auge; am schönsten ist wohl der Turm der Petrikirche, in der Backsteingotik und Frühbarock in Vollendung miteinander vereint sind. Riga ist eine Millionenstadt – Metropole und Warenumschlagplatz des Baltikums. Und darüber hinaus eine wahre Schatzkammer der Architektur: Jugendstil, wohin man auch schaut – an Fassaden, in Treppenhäusern und Hallen. Pflanzliche Ornamente schlängeln sich in kräftigen Farben über die Wände, an Treppengittern ranken Gräser und Zweige empor, an Portalen schweben anmutige Frauenkörper durch Blumenmotive. Die große Zahl der Jugendstilbauten geht auf einen Bauboom zurück, der Ende des 19. Jahrhunderts im Zuge eines starken Bevölkerungswachstums einsetzte: Ungefähr ein Drittel des Stadtzentrums von Riga ist von dieser Stilepoche geprägt.

Von Riga aus führt die Hauptstraße A 1 entlang der Westküste der Rigaer Bucht bis Pernau (Pärnu). Knapp 50 Kilometer davor wird bei Ainaži die Grenze zum dritten Staat des Baltikums, nach Estland, überschritten. Fast schnurgerade nach Norden verläuft die Straße, obwohl es von den Wegen in Estland heißt, sie seien dadurch entstanden, daß ein weißer Hase über den Schnee lief und ein betrunkener Bauer hinter ihm hertorkelte. Sie führt durch Bauernland, in dem das 20. Jahrhundert bislang nur zögernd Einzug hält. Noch wird die eher bescheidene Ernte auf kleinen Pferdewagen durch die langen Birkenalleen zum Hof gefahren. Am Wegrand stehen Milchkannen auf Holzbänken. Bäuerinnen warten geduldig auf den Molkereiwagen, winken den Vorüberfahrenden zu und bieten ihnen ein paar Äpfel an. Und rechts und links der Straße liegt eine friedliche, idyllische Landschaft aus Wald und Feld, Wiese, Weide und Moor. Bei Kivi-Vigala geht es links ab zur Straße Nr. 30, nach Virtsu, von dort verkehrt eine Fähre nach Kuivastu auf der kleinen Insel Muhu, von wo aus man über den Damm zur größten baltischen Insel weiterfahren kann: nach Ösel (Saaremaa).

Ösel wird im Norden durch die Meerenge von Soela von der Insel Dagö (Hiiumaa) und im Osten durch den Kleinen Sund vom bereits erwähnten Muhu getrennt. Rund um Ösel gruppieren sich über 1000 Inseln und Inselchen, die Küste selber ist in zahlreiche Landzungen und Buchten zerteilt. Schon allein die „Hauptstadt" der landschaftlich sehr reizvollen Insel, Kuressaare mit der mittelalterlichen ehemaligen Bischofsburg, der einzigen original erhaltenen in Estland, ist ein beeindruckendes Erleb-

Technische Wunderwerke von gestern werden zu ländlichen Industriedenkmälern: Auf Ösel stehen noch solche hölzernen Bockwindmühlen, die sich komplett um einen Zapfen (Bock) zum Wind drehen lassen.

nis. Die wuchtige Anlage mit ihren meterhohen Mauern und den wenigen schmalen Fenstern demonstriert Macht, wie es für die Bauten aus der Zeit des Deutschen Ritterordens typisch war. Gut geschützt mit Erdwällen, Bastionen und einem Geschützturm, erfüllte die Burg lange Zeit als strategisch wichtiger Wehrbau ihre militärische Funktion. Später diente sie der Ritterschaft von Ösel zur Repräsentation. Innen sind die Räume des Hauptgeschosses durch einen überwölbten Kreuzgang, die einzelnen Stockwerke durch schmale Mauertreppen miteinander verbunden. Die Ritter lebten übrigens nicht so spartanisch, wie der Bau von außen wirkt: Die Burg verfügte immerhin über Fußbodenheizung.

Ösel überrascht mit mildem Seeklima, in dem 80 Prozent der in Estland vertretenen Pflanzenarten gedeihen. Hier kann man herrlich durch Heidelandschaften mit Wacholderbüschen und Haselsträuchern wandern. Im harten, spärlichen Gras weiden Schafherden. Strandwiesen verlaufen bis ans Wasser, nur hier und da steht eine vom Wind gebeugte Kiefer. An den weit in die See hinausragenden Landzungen tuckern Fischerboote vorbei. Im Norden der Insel schlägt die Brandung gegen die gigantischen Felsen, die als schroffe Steilküste zum Meer abfallen. Streift man durch die abgelegenen Fischerdörfer, so betört einen im Frühsommer der Duft blühender Fliederbüsche. Kaum sind diese verblüht, da flackern am Strand die Sonnwendfeuer. Zu den Klängen von Geige und Akkordeon tanzen junge Männer und Frauen. Leuchtend rot sind ihre langen Leinenröcke, die beim Tanz im Wind wehen, blütenweiß die Blusen mit der hübschen Stickerei am Kragen. Dazu tragen die Frauen Kränze aus weißen Margeriten. Ist der prasselnde Feuerhaufen dann in sich zusammengesunken, sind die Musikanten müde geworden, verschafft sich die unendliche See wieder Gehör.

Zurück auf dem Festland, fährt man zum nächsten Höhepunkt unserer baltischen Rundreise: Tallinn, der Hauptstadt Estlands. Die mittelalterlichen Bauten der einstigen Hansestadt, in der Lübecker Recht galt und wo man niederdeutsch sprach, sind

Blick auf die Altstadt von Tallinn: Das Schloß auf dem Domberg ist jetzt Regierungssitz.

außerordentlich gut erhalten. Hanseatisch-mittelalterlich muten noch heute die winkligen Gassen mit ihrem buckligen Kopfsteinpflaster an, die von Laternen romantisch beleuchteten Treppenaufgänge, die stillen Eckchen und Nischen und die anmutigen Kirchtürme. Prächtig geschmückte Patrizierhäuser, üppig verzierte mittelalterliche Kontore und Speicherhäuser versetzen den Besucher in die Zeit der Hanse, in der Tallinn ein wichtiges Handelszentrum mit Verbindungen von Rußland bis hin nach Portugal war. Steile Treppen, die Ober- und Unterstadt miteinander verbinden, klettern unter Torbögen auf und nieder. Unten herrschen heute wieder die Kaufleute; oben, auf dem Domberg, erinnert die Burg Toompea (die im 18. Jahrhundert teilweise abgerissen und zu einem Schloß umgebaut wurde) an die Zeit des Deutschen Ordens. Heute hat die Staatsregierung ihren Sitz im neueren klassizistischen Schloß auf dem Domberg, der von einem hohen Turm überragt wird: Der „Lange Hermann" ist das Wahrzeichen der Stadt.

Tallinn ist eine Stadt der Künste und der Musen: Museen, Ausstellungshallen, Theater und Konzerthäuser bieten jeden Tag kulturellen Genuß und Zerstreuung. Erholung finden die fast 500 000 Einwohner an der weitläufigen, buchtenreichen Nordküste des Landes, am Finnischen Meerbusen.

Wer nach dem städtischen Besichtigungsprogramm Sehnsucht nach einer ursprünglichen, naturnahen Landschaft verspürt, der fahre von Tallinn in Richtung Osten zu dem großen Nationalpark Lahemaa mit seinen Seen, Wasserfällen und Mooren. Hier endet die Reise durch das Baltikum, einerseits eine versunkene Welt voller Melancholie – andererseits eine Gegend, die sich viel mehr Natürlichkeit erhalten hat als die übrige europäische Welt an der Schwelle zum 21. Jahrhundert.

DAS BESONDERE REISEZIEL: KURLAND – MÄRCHENHAFTE PRACHT IN HERRSCHAFTLICHEN SCHLÖSSERN

Wenn man von Libau (Liepāja) immer die Küstenstraße entlang zur Nordspitze Lettlands, dem Kap Kolka, und von dort aus weiter bis nach Riga fährt, hat man die Region Kurzeme, das einstige Kurland, einmal umrundet. In dieser herrlichen Landschaft mit Wäldern, Mooren, Strandseen und Dünen sind auf Schritt und Tritt bauliche Schätze zu entdecken: Ordens- und Bischofsburgen, prächtige Schlösser und wehrhafte Herrensitze. Zahlreiche erhaltene und restaurierte Wohnsitze geben dem Reisenden Einblicke in die prunkvolle Vergangenheit des baltischen Adels.

Allein im Nordzipfel Lettlands lassen sich etwa 20 Adelssitze aufspüren; manche sind verfallen, andere – wie beispielsweise Schloß Mesothen (Mežotne) unweit von Bauska am östlichen Ufer der Lielupe – sind gut erhalten und wurden renoviert. Vor allem der bedeutendste klassizistische Kuppelsaal Lettlands, Mittelpunkt des dreigeschossigen Haupthauses von Mesothen, erstrahlt in alter Pracht. Über anderthalb Stockwerke wölbt sich die Kuppel. Das 1797 bis 1813 nach Entwürfen des Italieners Giacomo Quarenghi erbaute Gutsschloß liegt inmitten eines englischen Parks. Eine kleine Brücke führt über die Lielupe zum Schloßberg Mežotne. Hier stand früher die Burg, von der aus das umliegende Ostsemgallen regiert wurde.

Nur etwa elf Kilometer von Mesothen entfernt, in Rauhental (Rundāle), steht eines der schönsten Barockbauwerke des Baltikums. Hier ist der Park – ebenso wie das Schloß selbst – in französischem Stil gehalten, mit drei künstlichen Wasserbecken und vier Alleen, die sternförmig in den angrenzenden Wald führen. Harmonisch fügte der Architekt Bartolomeo Francesco Rastrelli das Gebäude in seine Umgebung ein. Und welcher Reichtum, welche atemberaubende Pracht entfaltet sich erst im Inneren! Während die Räume des unteren Geschosses für Verwaltung und Bedienstete vorgesehen waren, residierte im Obergeschoß der Herzog von Kurland, Ernst Johann Biron. Die russische Zarin Anna Iwanowna hatte im 18. Jahrhundert das Schloß mit den sieben Treppenhäusern und den insgesamt 138 Gemächern als Sommersitz erbauen lassen.

Im Ostflügel liegen die Repräsentationsräume, zum Beispiel der Goldene Saal, wo der Herzog Audienz hielt. Hell und lichtdurchflutet, märchenhaft schön präsentiert sich der einstige Tanzsaal des Schlosses, der Weiße Saal.

Im Hauptflügel hatte der Herzog seine Wohnräume. Zerstreuung vom harten Geschäft des Regierens fand er beispielsweise in der Bibliothek oder im Billardzimmer. Im Westflügel befanden sich die Gemächer der Herzogin. Ebenfalls im Westflügel, im Porzellankabinett, wetteifern kostbares japanisches und chinesisches Porzellan aus der Sammlung des Herzogs um die Aufmerksamkeit des Betrachters und erzählen vom prunkvollen Lebensstil einer längst vergangenen Zeit. Weitere sehenswerte kurländische Adelssitze sind zum Beispiel das ebenfalls von Bartolomeo Francesco Rastrelli für den Herzog erbaute Schloß Jelgava unweit von Riga, das acht Kilometer östlich von Aizpute liegende klassizistische Schloß Kazdanga und das Jagdschloß Nogale bei Talsi.

Schloß Jelgava bei Riga stammt aus einer Zeit, als russischer und deutscher Adel das bis heute bäuerlich geprägte Land beherrschten.

KURISCHE NEHRUNG
Wüstenlandschaft in der Ostsee

Unablässig trägt der Wind Sand auf die höchsten Dünen Europas, der dann von den scharfen Kanten wieder herabrieselt und lange, vollkommen ebenmäßige Abhänge bildet. Der Landstrich, der Sahara-Atmosphäre an die baltische Ostseeküste zaubert, heißt Kurische Nehrung. Die langgezogene, schmale Landzunge erstreckt sich von Rußland im Süden bis auf einen Steinwurf entfernt an die litauische Küste heran. Aber die Kurische Nehrung und die sich im Westen anschließende Samlandküste haben mehr zu bieten als nur Wind und Sand: hübsche Fischerdörfer mit blauen und rotbraunen Häuschen, alte Seebäder, Wälder, in denen man mit etwas Glück sogar Elche beobachten kann – und nicht zu vergessen das alte, geschichtsträchtige Königsberg (Kaliningrad).

Vor 5000 bis 6000 Jahren lagerte sich mit der Ostsee herangetriebener Sand um einzelne Inseln vor der Küste ab, vergrößerte die Eilande und schuf schließlich eine Verbindung zwischen ihnen. So entstand der schmale Streifen Wüstenlandschaft zwischen Ostsee und Kurischem Haff. Die 98 Kilometer lange Kurische Nehrung mißt an ihrer schmalsten Stelle 380, an der breitesten 2800 Meter. Von allen Dünen hier kommt keine an Ausmaß und Schönheit der Großen Düne im Süden von Nidden (Nida) gleich. Mit jeder Lichtveränderung wechselt sie ihre Farbe: Von Gräulichgelb in der Morgendämmerung über Hellgelb, fast Golden im Sonnenlicht bis zu Bläulich im Schatten reicht ihre Palette.

Der schmale, sandige Landstreifen trennt das Kurische Haff von der Ostsee ab und macht es damit zu einem Fast-Binnengewässer. Die in die Ostsee einmündenden Flüsse verhinderten, daß sich auch der letzte Durchfluß ins Meer bei Memel (Klaipėda) noch verschloß. Wegen des großen Süßwasserzustroms der Flüsse hat das Kurische Haff nur einen geringen Salzgehalt.

Auf dem nördlichen, litauischen Stück der Landzunge ist Nidden der bekannteste und ganz sicher auch der schönste Ort. Malerische Holzhäuser verleihen ihm seine behagliche Atmosphäre. Der Anziehungskraft des alten Fischerortes, dem einst die Dichterin Agnes Miegel in der Ballade *Die Frauen von Nidden* ein Denkmal setzte, verfielen zahlreiche Künstler, unter anderem die Mitglieder der expressionistischen Malergruppe *Die Brücke* wie Ernst Ludwig Kirchner und Karl Schmidt-Rottluff. Thomas Mann erwarb hier ein Haus mit „Italien-Blick", wie er es nannte, weil die Aussicht den großen Erzähler so sehr an die Riviera erinnerte – wir sehen, neben afrikanischen läßt die Kurische Nehrung auch mediterrane Assoziationen beim Besucher aufkommen.

Ein Abstecher auf die russische Seite der Nehrung – die Grenze liegt gleich hinter Nidden – und weiter auf die von Kurischem und Frischem Haff gebildete Halbinsel lohnt sich. Die Samlandküste, wie die Ufer der Halbinsel nordwestlich von Königsberg genannt werden, galt einst als erste Adresse für Kuren und Erholungsaufenthalte – Cranz (Zelenogradsk) und Rauschen (Swetlogorsk) waren königliche Seebäder. Das alte Palmnicken (Jantarny) ist weltweit der einzige Ort, an dem das baltische Gold, der Bernstein, abgebaut wird.

Im Landesinneren lockt natürlich das alte Königsberg. Beschuß und Bombardement legten die stolze Hauptstadt Ostpreußens im Zweiten Weltkrieg in Schutt und Asche. Wo einst das Königsberger Schloß stand, dehnt sich nun ein ziemlich unschöner Platz mit Springbrunnen (Zentralnaja Ploschtschad); wo die Reichsbank residierte, verbreiten heute Plattenbauten eine etwas trostlose Stimmung. Von der Domkirche auf dem Kneiphof steht nur noch die Ruine; doch die Grabstätte Immanuel Kants an der äußeren nördlichen Dommauer ist gut erhalten. Man muß die Bauwerke, die die Zerstö-

Die Zerstörungen des Zweiten Weltkriegs haben auch vor dem Königsberger Dom nicht haltgemacht.

rungen des Krieges überlebt haben oder wieder aufgebaut wurden, schon suchen – beispielsweise die Börse in der südlichen Innenstadt, am Pregelufer, ein mächtiges Bauwerk, das nach dem Krieg originalgetreu wieder errichtet wurde. Auch das Bronzedenkmal Friedrich Schillers am Prospekt Mira überstand die Kriegsjahre unbeschadet. An die deutsche Geschichte Königsbergs erinnert das Stadtbild rund um den Oberteich: Hier stehen noch viele alte Stadtvillen aus der Zeit der Preußenherrschaft. Ebenfalls erhalten geblieben sind die Reliefs der preußischen Heeresreformer Scharnhorst und Gneisenau am Roßgärter Tor. Im Bernsteinmuseum im Dohnaturm kann man sehen, was sich aus dem „Gold der Balten" für herrliche Kostbarkeiten kreieren lassen: Neben Schmuck von Künstlern aus der ehemaligen Sowjetunion ist ein Teil eines rekonstruierten Bernsteinzimmers zu bewundern; Dioramen informieren darüber, wie Bernstein entsteht.

Auskunft: siehe Seite 502.

Auch der Schriftsteller Thomas Mann hatte ein Sommerhaus in den Dünen von Nidden (Nida). Heute ist die Kurische Nehrung ein Landschaftsschutzgebiet. Der Norden gehört zu Litauen, der Süden zu Rußland.

NATIONALPARK LAHEMAA
Abenteuer einer europäischen Wildnis

Als Abschluß der Reise entlang der baltischen Ostseeküste winkt ein Abenteuer in einer urtümlich anmutenden Landschaft. Findlinge – wie von einer Riesenhand über die Küste verstreut – und große Steinblöcke, umspült vom seichten Uferwasser, prägen das Gebiet des Nationalparks Lahemaa. Ebenso die stillen Moore, Wälder und steppenartigen Landstriche. Vier Wasserfälle, die über die Kalksteinfelsen – den Glint – in die Tiefe stürzen, bieten ein sehenswertes Schauspiel. Eine Region, die unberührt bleiben soll von Menschenhand, ungezähmte Natur, die zum Teil unter strengem Schutz steht.

40 Kilometer östlich von Tallinn, direkt an der Küste des Finnischen Meerbusens, liegt einer der drei Nationalparks des Baltikums: Lahemaa. „Buchtenlandschaft" bedeutet das Wort auf deutsch, und so stellt sich die Nordküste des Parks auch dar: Vier Halbinseln ragen in die See hinein, und obwohl der Küstenabschnitt in der Luftlinie nur 45 Kilometer mißt, müßte man etwa 145 Kilometer zurücklegen, wollte man den Strand ablaufen. Von der Straße A 1,

Der alte Gutshof Palmse ist mustergültig restauriert und dient heute der Nationalparkverwaltung.

die im Süden des Nationalparks – von Estlands Hauptstadt Tallinn kommend – verläuft, führen kleine Straßen und Pfade zunächst durch steppenartige Landschaft. Hier und da glitzert Wasser von Seen und Mooren; Fichten und Föhren wiegen sich im Wind. Als erstes sollte man die Nationalparkzentrale in Viitna ansteuern, denn hier gibt es reichlich Informationsmaterial über Lahemaa. Wer Ursprünglichkeit und Wildheit hautnah erleben möchte, entschließt sich zu einer Wanderung durch den Park. Bequemer ist natürlich die Autoroute.

Lahemaa scheint das letzte Refugium der Natur vor dem Ansturm der technisierten Welt zu sein. 838 Pflanzenarten – darunter 34 seltene, bedrohte –

Wie eine Sommerfrische liegen die vereinzelten Häuser der Fischer von Altja im Nordwesten des Küstengebietes. Hier ist der Umweltschutz vorbildlich, und der estländische Staat fördert den „sanften" Tourismus.

haben hier einen Lebensraum gefunden. Außerdem sind auf den 649 Quadratkilometern von Lahemaa fast 40 Säugetier- und mehr als 2000 Vogelarten beheimatet. Die Plätze, an denen man Seeadler, Braunbären oder Luchse noch in freier Natur beobachten kann, sind weltweit rar gesät – Lahemaa gehört zu ihnen.

Über Sandpisten, über Steppe und Heide erreicht man die winzigen Fischersiedlungen. Eine der schönsten von ihnen ist das fast schon museal wirkende Altja im Nordwesten des Areals. Das Seebad Võsu, westlich von Altja gelegen, ist Mitte des 19. Jahrhunderts entstanden. Käsmu, wiederum nordwestlich von Võsu, hat eine lange Seefahrertradition. Es war Ende des 19. Jahrhunderts nicht nur bedeutendster Reedereiplatz an der Küste, es unterhielt auch eine Seefahrtschule. Heute ist der unberührte Strand die größte Attraktion von Käsmu.

Die Küste in Lahemaa ist fast überall mit Findlingen übersät. Kleine, große und riesige Steinblöcke haben die Eiszeitgletscher nach ihrem Rückzug hier liegengelassen, sogenannte erratische Blöcke, weit von ihrem Ursprung entfernte Gesteinsmassen. Mal schroff, mal weich und dunkel, mit Moosen gepolstert, ragen sie am Ufer empor und erreichen nicht selten Haushöhe.

Mit wunderschöner Architektur inmitten des weitgehend naturbelassenen Geländes überrascht Kolga im Westteil von Lahemaa. Im 17. Jahrhundert wurde das Gutshaus von Kolga auf den Ruinen eines Zisterzienserklosters errichtet, im 18. Jahrhundert erhielt es ein barockes Gesicht, später folgte die klassizistische Erweiterung.

Rund um Kolga trifft man auf die seltene Landschaftsform der Alvare: steppenartigen Bewuchs auf einem mit nur wenig Erdreich bedeckten Kalkuntergrund. Heideland und gänzlich kahle Stellen wechseln einander ab. Außer in Lahemaa gibt es solche Alvaresteppen nur noch in Schweden. Man sollte schon genügend Zeit einplanen, um die landschaftliche Schönheit und die archäologischen und architektonischen Schätze dieser Region ausgiebig genießen zu können.

Auskunft: siehe Seite 502.

Sankt Petersburg und Umgebung

Vom Zauber der Zarenschlösser

Sankt Petersburg ist ein grandioses Stadterlebnis. Kein Foto, kein Video, kein Film kann die großartige Architektur an der Großen und Kleinen Newa so zeigen, wie man sie vor Ort erlebt: mit der Prachtfassade des Winterpalastes, dem eleganten Schwung der Brücken und Uferkais, der spitzen, goldenen Turmnadel der Peter-und-Paul-Kathedrale.

Die Vision Peters des Großen, der vor drei Jahrhunderten hier im menschenleeren Sumpfland eine Stadt entstehen ließ, erschien den Menschen damals wie eine Utopie. Doch die Idee wurde tatsächlich Wirklichkeit: Mit großem Aufwand entwässerte man das sumpfige Newadelta, machte es zum Fundament einer der schönsten Städte Europas. Aus Flüssen entstanden Kanäle, zwischen Straßen, Grünanlagen und Adelspalästen blitzt immer wieder Wasser auf – ähnlich wie in Venedig oder Amsterdam und doch anders. Denn Sankt Petersburg liegt hoch im Norden; in den „Weißen Nächten" im Juni wird es kaum länger als 40 Minuten dunkel.

Auch die wunderschöne Umgebung macht das einstige Leningrad einzigartig unter den russischen Großstädten. Im Norden erstreckt sich die seengesprenkelte Landschaft der karelischen Wälder mit Sommerhäusern und Dörfern; im Nordosten lockt der riesige Ladogasee, ein Paradies für Vogelliebhaber; und im Westen und Süden beeindrucken die großen Parks rund um die nach Kriegsverwüstungen wieder erstandenen Schlösser der Zaren. Es ist eine kontrastreiche Gegend, die den Besucher nahezu ständig mit Unerwartetem fasziniert. Zwischen Bäumen am Ende eines Pfades prunkt plötzlich eine majestätische Schloßanlage; hinter gepflegten Parkanlagen mit französischem Heckenschnitt und kunstvollen Wasserspielen dehnt sich unvermittelt eine fast urwüchsige Landschaft aus.

In Sankt Petersburg und Umgebung warten Schätze des russischen Barock auf ihre Entdeckung. So lockt der Park beim Marly-Pavillon in Peterhof (Petergof) zu einem romantischen Spaziergang vor dem Finnischen Meerbusen (Foto links). Blau und golden schimmern die Kuppeln der Kirche am Großen Katharinenpalast in Zarskoje Selo, zur Sowjetzeit Puschkin genannt (Foto rechts oben). Parks und Schlösser dienen manchmal auch als Freilichtkulisse für Aufführungen des Marientheaters von Sankt Petersburg, das nach dem Bolschoi als das beste Balettensemble des Landes gilt (zweites Foto von rechts oben). Ein weit verzweigtes Netz von Wasserstraßen bestimmt das leicht hügelige Landschaftsbild von Karelien wie hier am Svir zwischen Ostsee und Ladogasee (zweites Foto von rechts unten). In den einsamen Wäldern ist es am schönsten, wenn zwischen den Birken die Weidenröschen blühen (Foto rechts unten).

Osteuropa

Ein russischer Traum von Versailles

Schon Peter der Große ist die etwa 30 Kilometer lange Strecke von Sankt Petersburg nach Peterhof (Petergof) hinausgeritten, die man heute mit dem Wagen zurücklegt. Von 1944 bis 1992 lautete der Name der kleinen Stadt, wo der Zar seine Sommerresidenz erbauen ließ, Petrodworez. Am allerschönsten ist es hier, wenn die Sonne in den Parkfontänen glänzt, die goldenen Schloßkuppeln funkeln läßt und ein Spiel aus Licht und Schatten auf das Marmorweiß und Gold der Figuren wirft.

In seinem nicht sehr langen Leben (1672 bis 1725) hat Peter der Große vieles durchgesetzt. Das Sommerschloß an der Ostsee ist sein russisches Versailles. Als junger Mann ließ er sich auf großer Europatour von den Kanälen und Fontänen im Park des französischen Prunkschlosses begeistern. Später, mit Anfang Vierzig, fand er dann den idealen Bauplatz für sein eigenes Versailles. Eine bis zu 20 Meter hohe, steile Bodenschwelle und die ergiebigen Ropschaquellen im Hinterland ermöglichen den Bau eines Schlosses mit weitem Blick auf die Ostsee und die Installation von munteren Wasserkünsten, bei der das natürliche Gefälle ausgenutzt wurde. Manch eine der rund 150 Fontänen bespritzt unversehens auch einmal Parkbesucher.

Nicht Peter der Große selbst hat den Hauptpalast in so imposanten Dimensionen entwerfen lassen, wie er heute mit seiner 275 Meter langen Fassade zu bewundern ist, sondern seine Tochter, Zarin Elisabeth I. Peter hielt sich am liebsten in seinem kleinen Schlößchen Monplaisir unmittelbar an der Küste auf. Er ließ es in holländischer Art erbauen, aus Backsteinen und mit weißen Fenstersprossen. Offensichtlich ein Freund der Abwechslung, gab er noch zwei weitere Parkschlösser in Auftrag, Marly und die Eremitage. Letztere war besonders auch für kleine Gesellschaften gedacht, bei denen man unter sich sein wollte. Hier brauchte man keinen Diener: Der Eßtisch konnte vom Obergeschoß in die darunter liegende Küche versenkt und mit dem nächsten Gang wieder nach oben gehoben werden. Auch die Große Kaskade mit der goldenen Samsonfigur, die wohl größte Brunnenanlage der Welt, geht vermutlich auf einen Entwurf Peters des Großen zurück.

Unter anderen ausländischen Experten hatte Peter der Große auch den Architekten Jean Baptiste Alexandre Leblond nach Sankt Petersburg geholt. Der Franzose sollte russische Schüler in seine Kunst einweisen. Leblond entwarf die Schlösser und den Schloßpark von Peterhof. Dabei erwies er sich vor allem als hochtalentierter Gartenarchitekt – kein Wunder, wenn man weiß, daß sein Lehrmeister in Paris der große André Le Nôtre (1613 bis 1700) gewesen war. Zwar starb Leblond schon bald in Sankt Petersburg an den Pocken, doch hielten sich seine Nachfolger an den Generalplan.

Jüngeren Datums ist der Alexandrapark. Seine Entstehung verdankt er der preußischen Prinzessin Charlotte, einer der zahlreichen Zarengattinnen deutscher Herkunft. Nach ihrer Heirat mit Nikolaus I. im Jahre 1817 hieß sie Alexandra Feodorowna – daher der Name Alexandrapark. Östlich an das ältere Parkareal anschließend, zeigt sich der Alexandrapark ganz anders als die übrige Anlage, nämlich nicht barock symmetrisch, sondern romantisch, ländlich naturnah. In dieser Anlage spiegelt sich der Wunsch Alexandra Feodorownas nach einem Leben abseits vom steifen Zeremoniell wider.

SANKT PETERSBURG UND UMGEBUNG AUF EINEN BLICK

SEHENSWÜRDIGKEITEN

Gatschina (Gatčina): Schloß und Park mit Venustempel, Prioratspalast; **Kronštadt:** Andreaskathedrale, Marinekathedrale; **Ladogasee:** Inselkloster Walaam; **Oranienbaum (Lomonosov):** Chinesischer Palast, Palast Peters III., Park, Rutschberg; **Pavlovsk:** Großer Palast und Park; **Peterhof (Petergof):** Großer Palast, Park mit Kaskaden und Fontänen, Monplaisir, Benois-Familienmuseum; **Repino:** Landhaus des Malers Ilja Repin; **Sankt Petersburg:** Akademie der Künste, Alexander-Newskij-Kloster, Auferstehungskathedrale des Smolnyj-Klosters, Dekabristenplatz mit Denkmal Peters des Großen, Eremitage, Isaakskathedrale, Kasaner Kathedrale, Kunstkammer, Menschikow-Palais, Michaelspalais (Russisches Museum), Michaelsschloß, Newskij Prospekt, Peter-und-Paul-Festung, Schloßplatz, Sommergarten, Tschesme-Kirche, Winterpalais; **Schlüsselburg (Šlisselburg):** Festung; **Zarskoje Selo:** Katharinenpalast, Puschkinmuseum, Rußlands erster Landschaftspark.

FESTE UND VERANSTALTUNGEN

In und um Sankt Petersburg werden folgende Feste gefeiert: Neujahr, 1. Januar; Weihnachtsfest der russisch-orthodoxen Kirche, Beginn am 6. Januar um Mitternacht; Tag der Aufhebung der Belagerung, 27. Januar; Ostern, wechselndes Datum; musikalischer Frühling, April/Mai; Tag der Arbeit, 1. Mai; Frühlingsfest, 2. Mai; Tag der Unabhängigkeit, 12. Juni; Weiße Nächte, Ende Mai bis Anfang Juli; Tag Sankt Petersburgs, Anfang November.

AUSKUNFT

Intourist, Handelsvertretung der Russischen Föderation, Unter den Linden 55–61, 10117 Berlin, Tel. 0 30/2 29 23 88.

Unser Routenvorschlag
ZU DEN ZARENPALÄSTEN UND IN DIE GRÜNE NATUR

Statt einer Rundreise sind wegen der Unterkünfte Tagesausflüge ratsam. Nahverkehrszüge nach Peterhof (Petergof) fahren am Baltischen Bahnhof (Baltijskij Woksal) ab, nach Zarskoje Selo am Witebsker Bahnhof (Witebskij Woksal). Richtung Westen: Für Schloß und Park Peterhof ❶ braucht man mindestens einen Tag. Schloß Oranienbaum (Lomonosov) ❷ und das inzwischen wieder zugängliche Kronštadt ❸ (teils noch militärisches Sperrgebiet) sind einen zweiten Tag wert. Die Insel Kronštadt ist durch einen Damm mit dem Festland verbunden. Richtung Nordwesten: Die Fahrt an der Küste führt nach Repino ❹, wo man das Haus Ilja Repins besichtigen kann. Auf der zur Autobahn (A 123) ausgebauten Straße weiter in Richtung Vyborg und finnische Grenze gelangt man in die karelische Landschaft. Richtung Osten: Zum Ladogasee führen zwei Wege – die „Straße des Lebens" (A 128) und die M 18 (oder eine Bahnverbindung) nach Schlüsselburg (Šlisselburg) ❺. Von dort sind Schiffsfahrten zur Inselgruppe Walaam möglich. Richtung Süden: Zarskoje Selo ❻, Pavlovsk ❼ und Gatschina (Gatčina) ❽ sind in Tagesausflügen gut zu erkunden.
★ Das besondere Reiseziel: Ladogasee.

Sankt Petersburg und Umgebung

Der Park von Schloß Oranienbaum (Lomonosov) ist heute ein Freizeitparadies für jedermann. Die Ursprünge der Anlage gehen auf den Fürsten Menschikow, einen Günstling Peters des Großen, zurück.

Cottage – Landhaus – heißt das Schlößchen, das Zar Nikolaus hier erbauen ließ. In der Umgebung gibt es noch einen Bauernhof, eine künstlich als Ruine gestaltete Brücke und eine neugotische Kapelle. Vieles ist hier von dem auch am preußischen Hof in Berlin gepflegten Lebensstil ländlicher Empfindsamkeit geprägt. Die Einrichtung des Cottage blieb erhalten. Es birgt viele Erinnerungsstücke der Zarin aus ihrer deutschen Heimat: Landschaftsgemälde von der Havel, Skulpturen und Porzellan.

Von Umsturz und Krieg ist nichts mehr zu sehen

Bis zur Revolution und zur Abdankung von Zar Nikolaus II. im Jahre 1917 war Peterhof die Sommerresidenz der Zaren. Später wurden die Schlösser zu Museen. Gleich nach dem Einmarsch der deutschen Truppen in die Sowjetunion im Zweiten Weltkrieg brachte man sämtliche beweglichen Einrichtungsgegenstände und Kunstwerke nach Osten in Sicherheit. Die Bauten selbst fielen dem Krieg zum Opfer. Fotos aus dem Jahre 1944 dokumentieren das große Ausmaß der Zerstörungen. Heute, nach über 50 Jahren, sind Park und Schlösser dank der Kunst der Restauratoren großenteils wieder in ihrer alten Schönheit zu bewundern.

Überall, wo sich einst an den schönsten Flecken um Sankt Petersburg die Romanow-Zaren ihre

Eine nostalgische Atmosphäre verbreitet der Schloßplatz von Sankt Petersburg mit dem Winterpalais.

Schlösser bauten, sind die Erinnerungen an sie noch lebendig, wurden auch während der Sowjetherrschaft nicht unterdrückt. Bei Schloß Oranienbaum (Lomonosov), nur etwa zehn Kilometer westlich von Peterhof an einem ähnlich schönen Ort mit Blick auf die Ostsee gelegen, war der erste Bauherr allerdings kein Zar, sondern Fürst Aleksandr Menschikow, ein Kumpan Peters des Großen. Das Schloß Oranienbaum ließ er sich von dem italienischen Architekten Giovanni Maria Fontana entwer-

fen, mit prächtiger, konkav gebogener Fassade zum Meer hin und prunkvoller Freitreppe.

Freunde grüner Natur haben vielleicht noch mehr Freude an den kleineren Schlössern im Park von Oranienbaum, weil sie harmonisch in die Landschaft eingebunden sind. Sie stammen nicht mehr aus der Zeit Menschikows, der bald nach dem Tod Peters des Großen gestürzt und in die Verbannung nach Sibirien geschickt wurde. Wieder war es ein italienischer Architekt, Antonio Rinaldi, der die Gärten gestaltete. Er wirkte ein Jahrzehnt lang hier, baute erst für den später als Peter III. regierenden Neffen der Zarin Elisabeth ein Sommerhaus, dann für dessen Witwe, die Zarin Katharina II. (die Große), den Chinesischen Palast und schließlich noch den Rutschbahn-Pavillon, Katalnaja Gorka. Romantische Hügel und Täler, Teiche und zwei größere Seen prägen die Parklandschaft.

Schloß Peterhof mit seinen Wasserspielen wird zu Recht als „russisches Versailles" bezeichnet.

Katharina, eine geborene Prinzessin von Anhalt-Zerbst, wurde als Sechzehnjährige mit ihrem holsteinischen Vetter Peter III., dem russischen Thronfolger, verheiratet. In den anderthalb Jahrzehnten bis zu Peters Regierungsantritt im Jahre 1762 lebte das Paar oft in Oranienbaum, wo sich der psychisch labile Peter für seine militärischen Exerzierübungen die Festung Peterstadt erbauen ließ. Katharina stürzte ihn nach den ersten sechs Monaten seiner Herrschaft. Kurz darauf kam er unter ungeklärten Umständen ums Leben.

Als alleinregierende Zarin fand Katharina II. in den folgenden Jahren immer noch Zeit, den Chinesischen Palast erbauen zu lassen und den Bau selbst zu beaufsichtigen. Er wurde ein Juwel des Rokoko, zu dessen Glanzstücken das Glasperlenzimmer gehört. Die Wände dieses Raumes sind über und über mit schimmernder Perlenstickerei bedeckt. Der kleine Sommerpalast liegt sehr idyllisch inmitten eines Waldes an einem See mit antikisierenden Statuen. Katharina liebte die freie Natur mehr als Gartenkünstlichkeit: „Ich hasse Brunnen", schrieb sie, „die dem Wasser Gewalt antun und es zu einem Lauf zwingen, der seiner Natur nicht entspricht."

Osteuropa

Im Katharinenpark von Zarskoje Selo, der ältesten Kulturlandschaft dieser Art in Rußland, verstecken sich Pavillons und Lusthäuschen wie die „knarrende Laube", deren Fußboden wirklich knarrt.

Das legendäre Zarendorf

Etwa 25 Kilometer südlich von Sankt Petersburg erreicht man die 100 000 Einwohner zählende Stadt Zarskoje Selo („Zarendorf"). Viele kennen sie aus der Sowjetzeit noch als Puschkin; damit erwies man dem Nationaldichter Aleksandr Puschkin eine Reverenz, der hier die Eliteschule im Schloßareal absolviert hatte. Noch heute kann man im Puschkinmuseum von Zarskoje Selo in originalgetreu eingerichteten Räumen eine Vorstellung davon gewinnen, wie der Dichter damals gelebt hat.

Zarskoje Selo hat heute seinen alten Namen wieder – und läßt auch noch etwas vom Glanz der alten Zarenzeit spüren. Eine großartige Leistung der Restauratoren ist der Wiederaufbau des im Zweiten Weltkrieg zerstörten Großen Katharinenpalastes. Ursprünglich hatte hier die Gattin Peters des Großen, Katharina, ein kleines Sommerschloß. Ihre ehrgeizige Tochter, die Zarin Elisabeth I., beauftragte Bartolomeo Rastrelli, den produktivsten Architekten des 18. Jahrhunderts in Sankt Petersburg, daraus einen Palast erster Größenordnung zu gestalten: ein ebenbürtiges Gegenstück zum Petersburger Winterpalast, an dem Rastrelli gleichfalls arbeitete. Ein Beispiel par excellence für das exzessive Bedürfnis nach Prunk ist die reich dekorierte und mit Blattgold überzogene, 300 Meter lange Fassade.

Noch immer wird an der Rekonstruktion des weltberühmten, fast schon legendären Bernsteinzimmers gearbeitet. Den Bernsteinschmuck, mit dem das Zimmer ursprünglich verkleidet war, hatte Preußenkönig Friedrich Wilhelm I. im Jahre 1716 Zar Peter dem Großen geschenkt, der es später in den Katharinenpalast einbauen ließ. Seit der deutschen Besetzung von Zarskoje Selo ist diese Kostbarkeit jedoch leider verschollen.

Der prachtvolle Katharinenpalast in Zarskoje Selo gilt als Höhepunkt russischer Barockarchitektur.

Den Großen Katharinenpalast kann man als die architektonische Ouvertüre zum weitläufigen Parkareal von Zarskoje Selo mit seinen künstlichen Seen und Ruinen, mit Pavillons und Brücken, Eremitage und chinesischem Dorf bezeichnen. Hoch über dem Großen See, noch mit dem Katharinenpalast verbunden, steht ein eigens für Katharina die Große errichteter Palast mit offenem Säulenumbau, der sogenannte Achatpavillon mit der Camerongalerie. Der Architekt Charles Cameron, von Herkunft Schotte, war auf dem Umweg über Rom nach Sankt Petersburg gekommen und erbaute für die Zarin eine Halle im antiken Stil für Gemälde und Porträtskulpturen. Ferner entstand eine Zimmerflucht mit üppigem Dekor aus Halbedelsteinen wie Lapislazuli, Malachit, Jaspis und Achat, der dem Pavillon den Namen gab. Im Erdgeschoß liegen Bäder, Schwimmbecken und Massageraum.

Der Katharinenpark von Zarskoje Selo war der erste Landschaftspark Rußlands. Noch größer ist der benachbarte Alexanderpark, früher Jagdgebiet und in manchen Abschnitten noch immer ein wildnisähnlicher Wald. Zusammen mit dem Alexanderpalast, einem Meisterwerk des Klassizismus (in den Jahren 1792 bis 1796 von Giacomo Quarenghi erbaut), schenkte Katharina die Große den Park ihrem Enkel, dem späteren Zaren Alexander I.

Zu den landschaftlich schönsten Gegenden rund um Sankt Petersburg zählen zweifellos die etwa acht Kilometer lange Strecke von Zarskoje Selo

Die Petersburger Eremitage mit dem Winterpalais gehört zu den größten Museen der Welt.

nach Pavlovsk sowie die malerischen Parkgelände von Pavlovsk selbst, der jüngsten ehemaligen Sommerresidenz der Zaren. Das Schloß war ein Geschenk Katharinas der Großen an ihren Sohn Paul zur Geburt des Kronprinzen Alexander.

Nach der Ermordung Pauls kümmerte sich seine Witwe Maria Feodorowna um die Gestaltung des Parks. Auf ihre Initiative hin wurden dort zum Beispiel alle im Russischen Reich vorkommenden Baumarten angepflanzt, soweit sie das nördliche Klima vertrugen. Dazu importierte man Blumen und Bäume aus dem Ausland: Eichen aus Finnland, Blumenzwiebeln aus Holland, Linden aus Deutschland.

Die gravierendsten Zerstörungen des Zweiten Weltkriegs konnten mit Hilfe alter Pläne behoben werden. Allein 60 000 Bäume wurden neu angepflanzt. Heute ist der Park von Pavlovsk nicht nur einer der weltweit größten Landschaftsgärten, sondern auch ein besonders schönes Beispiel für die russische Gartenkunst des frühen 19. Jahrhunderts.

Ganz anders als das gartengrüne Zarskoje Selo präsentiert sich Gatschina (Gatčina), die provinzielle Industriestadt 44 Kilometer südwestlich von Sankt Petersburg. Verglichen mit dem Großen Katharinenpalast von Zarskoje Selo wirkt Schloß Gatschina klobig wie eine Kaserne. Tatsächlich ließ Schloßherr Paul I. mit Vorliebe im Schloßhof exerzieren, mit Zweispitz und Stock sieht man ihn dort in Bronze stehen. Das beim Abzug der deutschen Truppen abgebrannte Schloß wird noch restauriert.

Noch immer bietet der Schloßpark von Gatschina so manchen romantischen Winkel, schon deshalb, weil viel weniger Touristen hierher kommen als nach Peterhof oder Zarskoje Selo. Der sentimentale Geist des späten 18. Jahrhunderts spiegelt sich in der Liebesinsel mit dem Venustempel wider, in dessen Innerem unzählige Spiegel funkeln, und in den von Pflanzen überwucherten Pfaden, die zwischen Wäldchen und stillen Teichen hindurchführen. Manche Brücke versinkt allerdings bereits, und mancher Pavillon wandelt sich zur Ruine.

In Mitteleuropa kann man lange suchen, solche Wälder wird man nicht finden: viele, viele Kilometer weit und nur von wenigen Straßen durchschnitten. Die karelische Landenge mit ihrem Seen- und Hügelland zwischen Ostsee und Ladogasee ist das Eingangstor zu den Wälderweiten der Russischen Republik Karelien, die bis zur Barentssee reicht. In der Sowjetzeit durften Ausländer nur einen schmalen Küstenstreifen am Finnischen Meerbusen besuchen, bis zur Bahnlinie Sankt Petersburg–Zelenogorsk–Vyborg mit Repino und dem Raslivsee, wo Gedenkstätten an den Aufenthalt Lenins im Sommer 1917 erinnern. Surreal wirkt der hausgroße Glaskasten rund um die Scheune in Rasliv 34 Kilometer westlich von Sankt Petersburg, die Lenin als Zuflucht diente. Verehrer der Dichterin Anna Achmatowa (1889 bis 1966) finden ihr Grab auf dem Friedhof von Komarowo nordwestlich von Repino.

Unterwegs in Karelien, das bedeutet: dichte Wälder und sanfte Hügelketten, so weit das Auge reicht. Nur selten entdeckt man hier Spuren menschlichen Lebens wie diese kleine Holzkirche.

In den Wäldern, an den Mooren und fischreichen Seen leben die Menschen heute noch so wie in alten Zeiten. Mancherorts schließt man das Haus nie ab; ein neben die Tür gestellter Stock sagt dem Besucher, daß niemand zu Hause ist. Abenteuerhungrige können diese urwüchsige Landschaft auf Fahrten mit dem Kajak oder dem Floß erleben und am Lagerfeuer die Stille der Taiga genießen.

DAS BESONDERE REISEZIEL: AUF DER „STRASSE DES LEBENS" ZUM LADOGASEE

Von Sankt Petersburg aus sollte man unbedingt einen Abstecher zum etwa 35 Kilometer nordöstlich gelegenen Ladogasee machen. Schon die Fahrt dorthin durch weitläufige Birkenwälder wird zum Erlebnis, vor allem, wenn man nicht die M 18 nach Schlüsselburg (Šlisselburg) wählt, sondern die schmalere A 128, die berühmte „Straße des Lebens". Ländliches Feldergrün, schlanke Birken, stille Teiche und schlichte kleine Dörfer prägen die Landschaft. Schon nach ein paar Minuten hat man das Gefühl, der Fünf-Millionen-Metropole unendlich fern zu sein.

Jeder Kilometerstein erinnert hier aber auch an den unvorstellbar opferreichen Überlebenskampf, den Sankt Petersburg, das damalige Leningrad, während der neunhunderttägigen Belagerung durch die Deutschen im Zweiten Weltkrieg durchstand. Die einzige Verbindung der Stadt zur Außenwelt war die „Straße des Lebens", die über die winterliche Eisdecke des Ladogasees und von da aus weiter nach Sankt Petersburg führte. Über diese Straße wurden die Verteidiger der Stadt mit Kriegsmaterial und die hungernden Menschen mit dem Notwendigsten versorgt. Viele Menschen versuchten aber auch, über diese Straße aus der belagerten Stadt zu entfliehen. Auf der Flucht über den zugefrorenen See fanden unzählige Soldaten und Zivilisten den Tod. Seit 1966 steht ein riesiger Torbogen, an seiner höchsten Stelle in zwei Teile geborsten, als Mahnmal in der karelischen Waldlandschaft – dort, wo die „Straße des Lebens" das Seeufer erreicht und endet.

Von den flachen, schilfgrünen Ufern an der Südseite des Sees schaut man wie auf eine Meeresbucht hinaus. Im Nordwesten zeigt sich die Küste dagegen felsig, steil und tief eingeschnitten. Der Ladogasee, Sankt Petersburgs wichtigster Trinkwasserspeicher, ist der größte See Europas und mit einer Fläche von 17 700 Quadratkilometern mehr als doppelt so groß wie die Insel Korsika. Er erreicht bis zu 233 Meter Tiefe. Flüsse verbinden den Ladogasee mit dem Onega- und dem Ilmensee, über die Newa strömt sein Wasser mit großer Kraft – im Frühjahr sogar mit Eisgang! – zur Ostsee. Wegen der heftigen Stürme auf dem Ladogasee wurden schon im 18. Jahrhundert Umgehungskanäle für die Schiffahrt gebaut. Auf solchen Kanälen fahren die Schiffe auch zur Wolga und zum Weißen Meer.

Besonders schön ist die Fahrt hinaus zu den zahlreichen Inseln. Angler finden hier viele gute Plätze und kehren mit einem reichen Fang an Seeforellen und Hechten heim; Naturfreunde können Schmetterlinge und Singvögel beobachten. Die Inselgruppe Walaam im Norden des Sees steht unter Naturschutz. Hier gibt es ein mittelalterliches Kloster, in dem inzwischen wieder einige Mönche leben und ihren Gästen einfache Mahlzeiten vorsetzen.

Die Stadt Schlüsselburg (Šlisselburg) am Ausfluß des Ladogasees in die Newa wurde im Zweiten Weltkrieg zerschossen. In der restaurierten Festung kann man die Gefängniszellen besichtigen, in denen Generationen von Zaren ihre Gegner einsperren ließen, zum Beispiel die erste Frau Peters des Großen und die Anarchisten des 19. Jahrhunderts.

Zu der unter Naturschutz stehenden, einsamen Insel Walaam mit ihrem mittelalterlichen Kloster kann man Bootsausflüge buchen.

REPINO
Künstleridylle am Ostseestrand

In dem kleinen Ostseeort Repino, etwa 47 Kilometer nordwestlich von Sankt Petersburg gelegen, steht ein kleines Holzhaus mit bizarrer Silhouette. Es ist das ehemalige Atelier und Wohngebäude des berühmten Künstlers Ilja Repin (1844 bis 1930), des großen Erneuerers der russischen Malerei im 19. Jahrhundert. Der Maler hat hier eine abenteuerlich verwinkelte Dachlandschaft mit unzähligen Atelierfenstern und Oberlichtern entstehen lassen, umgeben von einem herrlichen Park.

Leise plätschern die Wellen der Ostsee an den Strand. Im seichten, klaren Wasser glänzen dunkle Felsen. Laub- und Nadelwälder spenden Schatten. Bei klarem Wetter kann man in der Ferne auf der Insel Kotlin die Silhouette der Festung Kronstadt erkennen. Kaum anders kann diese Küste ausgesehen haben, als der Maler Ilja Repin, damals schon ein berühmter Mann, im Jahre 1899 hier das 100 Meter landeinwärts gelegene hölzerne Landhaus kaufte, in dem er fortan lebte und malte.

Bis in seine späten Lebensjahre hat er es immer wieder erweitert und umgebaut, hat aus einem schlichten, rustikalen Holzhaus ein höchst eigenwilliges Künstlerrefugium mit steilen Giebel- und Pyramidendächern und lichtdurchfluteten Atelierräumen geschaffen. Der Eingang zu dem Grundstück wirkt heute noch genauso unauffällig wie damals. Erst wenn man näher tritt, fällt einem die originelle, in kräftigen Farben leuchtende schmiedeeiserne Pforte auf, in die der Name des Hauses einkomponiert ist: *Penaty* (Penaten), nach den römischen Hausgöttern. Gemäß Repins Testament wurde das Haus im Jahre 1939 ein frei zugängliches Wohn- und Ateliermuseum. Im Zweiten Weltkrieg brannte es zwar ab, konnte aber originalgetreu rekonstruiert werden, denn zum Glück war dieses kuriose Bauwerk ausgiebig fotografiert worden.

Naturnah und in schlichter Einrichtung hat Repin hier gelebt. Die Wege in seinem Waldpark benannte er nach Personen aus der Geschichte, die

Das Repinhaus vereint die Tradition der russischen Holzbaukunst mit der Aura eines Künstlers.

er verehrte: Puschkinallee, Homerplatz, Poseidonbrunnen, Rembrandtpavillon. Jeden Mittwoch empfing er seine Freunde aus Sankt Petersburg – Dichter, Schauspieler, Künstler und Wissenschaftler, die bei diesem Jour fixe ihre neuesten Werke präsentierten und über ihre Ideen und Erkenntnisse debattierten. Diese Mittwochnachmittage und -abende waren fast schon so etwas wie eine Institution. Die Naturwissenschaftler Iwan Pawlow und Wladimir Bechterew, der Sänger Fjodor Schaljapin, Komponisten wie Aleksandr Glasunow und Schriftsteller wie Maksim Gorkij gingen bei Repin ein und aus. Beim Essen ging es so unkonventionell zu, wie es sich für einen Künstlerhaushalt gehört: Von einem Tisch mit drehbarem Mittelteil nahm sich jeder seine Speisen und stellte das schmutzige Geschirr hinterher einfach in Schubladen. Bei witzigen Tischreden, Konzerten und lebhaften Diskussionen verging die Zeit jedesmal wie im Flug.

Repin war ein Künstler mit ausgeprägtem sozialem Bewußtsein, der wie sein älterer Zeitgenosse Lew Tolstoj auf Reformen des Zarenstaats hinwirkte. Sein erstes, fast viereinhalb Quadratmeter großes Gemälde *Die Wolgatreidler*, in dem der Meister die

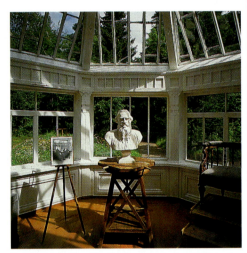

Das helle Atelier Ilja Repins – mit einer Büste des Malers – schließt die Natur nicht aus, sondern ein.

Betrachter mit der stummen Not der arbeitenden Klasse konfrontierte, war in seinem pathetischen Realismus eine Art Schock für die Petersburger Gesellschaft, die es gewohnt war, solchen Szenen in der Realität auszuweichen. Hier wurde es unmöglich, wegzuschauen.

Auch den Park mitsamt seinen Teichen, Brücken, Pavillons und anderen kleinen Bauwerken hat der Künstler selbst angelegt. In dem früheren Konzertpavillon *Osiris und Isis* kann man an einer Fotowand zahlreiche Porträts von Freunden des Künstlers sehen. Zwischen Bäumen erhebt sich ein Holzturm, der *Turm der Scheherazade*. Und auf einem Hügel liegt der letzte Ruheort Repins, den ein kleiner Gedenkstein ziert – schlicht und bescheiden wie das Haus, in dem der Künstler die letzten 30 Jahre seines Lebens verbrachte.

Auskunft: siehe Seite 510.

Bei Repino, im flachen, sumpfigen Mündungsgebiet der Newa, hat sich die Landschaft seit 100 Jahren nicht verändert. Nichts stört die majestätische Stille dieser Harmonie von Wasser und Wald.

NOWGOROD
Auf den Spuren des alten Rußland

Mit ihren Kathedralen und Handelshäusern und dem mächtigen Mauerring besitzt die Neue Stadt, wie Nowgorod übersetzt heißt, einige der schönsten Bauwerke des alten Rußland. Etwa eine Viertelmillion Einwohner zählt diese ehemals bedeutendste Handelsstadt des Zarenreichs. Sie liegt ungefähr 190 Kilometer südlich von Sankt Petersburg und nur wenige Kilometer vom Ilmensee entfernt. Durch den Fluß Wolchow, der die Stadt in zwei Hälften trennt, ist Nowgorod auch mit dem Ladogasee verbunden.

Hier kann man auf den Spuren der Geschichte wandeln. Nowgorod war Handelsmetropole, Hansestadt und Hauptstadt des Stadtstaats Groß-Nowgorod: Die mittelalterlichen Handelswege vom Schwarzen Meer nach Skandinavien und von der Ostsee über Kiew bis nach Konstantinopel führten durch die Stadt hindurch. Im zwölften Jahrhundert machte sich Groß-Nowgorod von der Vormacht Kiews unabhängig, im 15. Jahrhundert errang Moskau die Vorherrschaft, und Nowgorod mußte sich ihm unterwerfen. Doch zwischen ihrem Aufstieg und Fall erlebte die alte Handelsstadt drei glanzvolle Jahrhunderte.

Die Altstadt teilt sich beiderseits des Wolchow in die Sophienseite (benannt nach der Sophienkathedrale) auf dem linken Ufer und die Handelsseite mit ihren Kaufarkaden, mehreren Kirchen und dem Wetscheplatz auf dem rechten. *Wetsche*, was zu deutsch soviel wie Bürgerversammlung bedeutet, erinnert an die republikanische Verfassung Nowgorods, nach der die Fürsten als militärische Führer anerkannt waren, die politischen Fragen aber von den freien Bürgern entschieden wurden. Die Wetscheglocke rief sie auf dem Hauptplatz zusammen.

Für Liebhaber trutziger Festungsarchitektur bietet sich ein besonderes Erlebnis: die neun Meter hohen, ein fast geschlossenes Oval bildenden Mauern des Kreml oder Detinez (starker Mann, wie die alte Bezeichnung lautet) mit seinen massiven Türmen. Das Mauerwerk geht auf das neunte Jahrhundert zurück: Damals soll Rurik, der legendäre Fürst der

Das Innere der Sophienkathedrale schmücken Wandmalereien, die zum Teil 900 Jahre alt sind.

Waräger (schwedischer Normannen), das Fürstentum Nowgorod gegründet haben. Unter vier silbernen Kuppeln und einer vergoldeten Hauptkuppel prunkt im Mauerring die Sophienkathedrale aus dem elften Jahrhundert. Ihr Architekt war möglicherweise derselbe, der wenige Jahre zuvor die gleichnamige Kathedrale in Kiew, die älteste Steinkirche des Landes, erbaut hatte. Zu ihren kostbarsten Schätzen zählt das Bronzetor des Westeingangs, das Magdeburger Tor. Benannt wurde es so, weil die Magdeburger Erzgießer Riquin und Waismuth es modelliert und gegossen haben. Auf 48 Bronzeplatten sind Szenen der biblischen Heilsgeschichte dargestellt; die beiden Erzgießer wurden im Relief links unten verewigt.

Neben der Kathedrale befindet sich der erzbischöfliche Palast aus dem 15. Jahrhundert, der wegen seiner gotischen Sterngewölbe im Obergeschoß Facettenpalast genannt wird. Das Denkmal „Tausend Jahre Rußland" in der Mitte des Kreml entstand 1862 – es ist ein metallener Figurenreigen von Zaren, Heerführern, Dichtern und Künstlern. Im Empiregebäude hinter dem Denkmal zeigt das Museum für Geschichte und Kunst eine reiche

Das im Mittelalter bedeutende Jurjew-Kloster unter den Kuppeln der Kreuzerhöhungskirche.

Sammlung von Werken der im 14./15. Jahrhundert entstandenen Nowgoroder Schule: herrliche, in leuchtenden Farben gemalte Ikonen.

Der Reichtum von einst zeigt sich noch in den Kirchen, von denen manche im Untergeschoß sogar Lagerhallen für Handelswaren beherbergten. Auf dem Jaroslawhof, wo früher die Bürgerversammlung stattfand, steht noch die Nikolauskathedrale von 1113. In der Erlöserkirche, auch Christi-Verklärungs-Kirche genannt, kann man wunderbare und sehr gut erhaltene Fresken des byzantinischen Malers Theophanes sehen.

Nowgorod bietet aber nicht nur sakrale Bauten, sondern auch interessante Einblicke in die rustikale Holzarchitektur altrussischer Dörfer: Im Freilichtmuseum südlich der Stadt vermitteln Bauernhäuser mit kunstvollen Schnitzereien und reich verzierten Fensterumrahmungen einen Eindruck von dem Leben in dem Dorf Witoslawlizy, das vom zwölften bis zum 18. Jahrhundert hier stand.

Auskunft: siehe Seite 510.

Der Kreml von Nowgorod mit der Sophienkathedrale bewacht die Mündung des Wolchow in den Ilmensee. Das Erbe der Vergangenheit wurde hier sorgsam gepflegt.

TÜRKISCHE ÄGÄIS

Gesegnetes Land, von Homer besungen

Trümmer und Ruinen einer großen Zeit: Einige tausend Jahre Menschheitsgeschichte überziehen die tausend Kilometer lange Westküste Kleinasiens von Troja bis Marmaris auf der Höhe von Rhodos mit ihren Zeugnissen, Erinnerungen und Legenden. An der Wiege der großen Mittelmeerkulturen sind die Sommer trocken, die Winter mild und die Berge öfter als sonst am Mittelmeer grün von Eichen und Pinien.

Nur der schmale Küstenstreifen ist vom mediterranen Klima geprägt. Grüne Macchia, Kiefern- und Eichenwälder bedecken die Berge, und in den Niederungen gedeihen Tabak, Oliven, Feigen, Wein, überhaupt Obst in Hülle und Fülle. Im trockenen Hinterland weiden Rinder und Schafe. Das Gebiet am Meer, das aus den Landschaften Myrien, Ionien, Lydien und Karien zusammengesetzte Mosaik, ist ein uralter Siedlungs- und Kulturraum mit vielen großartigen Zeugen der Antike: Das von Homer besungene Troja, Pergamon, Ephesus, Milet und andere berühmte Städte reihen sich hier wie die Perlen einer Kette aneinander. Außerdem bietet die Region auch beinahe unberührte Naturschönheiten. Während im Landesinneren auch Schakale, Wölfe, Bären und sogar Leoparden vorkommen, gibt es im äußersten Westen kaum noch größere wildlebende Tiere. Doch an der Küste trifft man noch seltene Meeresschildkröten an, und der Fischreichtum des Meeres bestimmt die Speisekarte.

Offen und gastfreundlich sind die Menschen in den Städten und Dörfern. In bunten, duftenden orientalischen Basaren kann man wertvolle Teppiche bewundern oder um ein Schmuckstück für die Daheimgebliebenen feilschen.

Perser, Griechen und Lyder, Thraker, Makedonier, Römer, Byzantiner und schließlich die türkischen Osmanen kämpften einst um diesen paradiesischen Flecken Erde. Heute versucht die Türkei, aus Armut und Ruinen wieder etwas zu machen, das ahnen läßt, warum diese Küste von alters her so begehrt war.

Wer die türkische Ägäis bereist, sollte nicht nur an Sonne und Meer denken. Im Hinterland gibt es großartige Naturwunder wie die Sinterterrassen von Pamukkale am Oberlauf des Büyük Menderes Nehri (Foto links). Märkte wie der in Soma bieten dem Besucher die Freude des orientalischen Feilschens (Foto rechts oben). Manche widmen die Reise dem Erbe der Griechen, etwa dem Apollotempel in Didyma mit dem berühmten Medusenhaupt (zweites Foto von rechts oben). In der Region um Milâs kann man zuschauen, wie ein echter Kelimteppich gewebt wird (zweites Foto von rechts unten). Möglicherweise entdeckt man das fertige Stück später wieder – zum Beispiel auf dem orientalischen Basar von Marmaris (Foto rechts unten).

Wie's Homer einst besang

Der Trojanische Krieg war, so sagt man, der letzte Krieg, bei dem die Beteiligten noch wußten, worum es eigentlich ging, und das ist rund 3000 Jahre her. Zur Erinnerung: Paris, ein Prinz und Schürzenjäger aus der reichen Handelsstadt Troja, hatte dem König Menelaos aus Sparta die Frau entführt – nicht irgendeine, sondern die schöne Helena; heute würde man sagen: Miß World. Unter Führung des Königs Agamemnon von Mykene, des Bruders von Menelaos, zog darauf eine griechische Streitmacht übers Meer gegen Troja, um die hübsche Dame wieder heimzuholen. Was die Griechen nicht ahnten: Helena wollte gar nicht nach Hause. Der Krieg dauerte zehn Jahre, die die Welt veränderten. Immer wieder gab es Zweikämpfe, denn Helden hatten beide Seiten genug: Achilles, den großen und den kleinen Ajax, den listenreichen Odysseus, Philoktetes, der von seinem Freund Herakles Pfeile und Bogen geerbt hatte, und bei den Trojanern Hektor, den Bruder des Paris, oder Änäas, der die geschlagenen Trojaner aus der brennenden Stadt führte.

Es war ein Krieg zwischen Heldentum und Heimtücke, zwischen Großmut und Grausamkeit, und reihenweise verloren dabei die Besten ihr Leben:

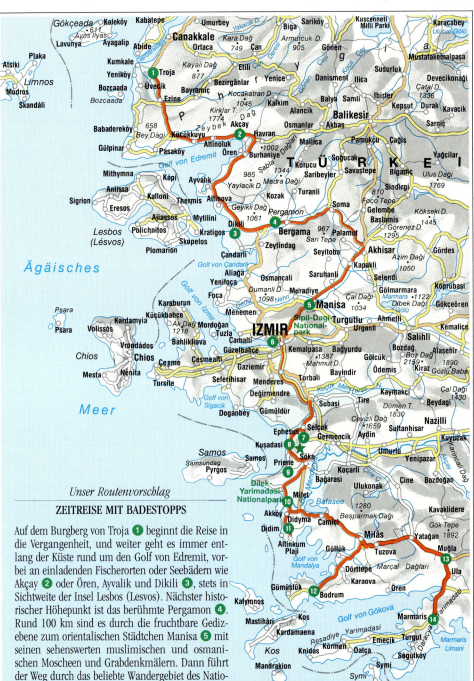

Unser Routenvorschlag
ZEITREISE MIT BADESTOPPS

Auf dem Burgberg von Troja ❶ beginnt die Reise in die Vergangenheit, und weiter geht es immer entlang der Küste rund um den Golf von Edremit, vorbei an einladenden Fischerorten oder Seebädern wie Akçay ❷ oder Ören, Ayvalik und Dikili ❸, stets in Sichtweite der Insel Lesbos (Lesvos). Nächster historischer Höhepunkt ist das berühmte Pergamon ❹. Rund 100 km sind es durch die fruchtbare Gedizebene zum orientalischen Städtchen Manisa ❺ mit seinen sehenswerten muslimischen und osmanischen Moscheen und Grabdenkmälern. Dann führt der Weg durch das beliebte Wandergebiet des Nationalparks Sipil-Daği mit seinen Thermalquellen bis zur Millionenstadt Izmir ❻. Für einen längeren Aufenthalt empfiehlt sich die stillere Gegend um Çeşme auf der größten Halbinsel der türkischen Ägäisküste. Nach Süden hin folgen das antike Ephesus ❼ (siehe: Das besondere Reiseziel) und dann das Urlaubszentrum Kuşadasi ❽, wo die alte Karawanserei zum Hotel wurde. Jenseits der grünen Ebene, durch die sich der Fluß Büyük Menderes Nehri schlängelt, liegen kurz hintereinander drei weitere historische Highlights: Priene ❾, Milet ❿ und Didyma ⓫. Abwechslung von den Ruinenfeldern bringen Abstecher in den Dilek-Yarimadasi-Nationalpark und an das Südufer des Bafasees, wo sich ein herrlicher Blick auf das Latmosgebirge – heute heißt es Beşparmak Daği (fünf Finger) – bietet.

DIE TÜRKISCHE ÄGÄIS AUF EINEN BLICK

SEHENSWÜRDIGKEITEN
Bodrum: Mausoleum von Halikarnassos, Museum für Unterwasser-Archäologie; **Didyma:** antike Orakelstätte; **Ephesus:** Ruinenstätte (Artemistempel, Celsusbibliothek, Grab des Apostels Johannes); **Izmir:** Altstadtviertel mit Basar; **Latmosgebirge (Beşparmak Daği):** Reste mittelalterlicher Klöster und Einsiedlerhöhlen; **Manisa:** Moscheen aus dem 13. bis 16. Jh.; **Milâs:** Turkmenische Festung, Felsengräber, Altstadt, Teppichwebereien; **Milet:** antike Hafenstadt, größter Marktplatz der griechischen Welt; **Muğla:** große Moschee (14. Jh.), Burg Peçin; **Pergamon:** Zeusaltar, Theater, Asklepios-Heiligtum, Bibliothek; **Priene:** antikes Bergstädtchen; **Selçuk:** archäologisches Museum (Funde aus Ephesus); **Troja:** Ausgrabungen des alten Troja.

FESTE UND VERANSTALTUNGEN
Bodrum: Kunst-, Kultur- und Folklore-Festival in der Kreuzritterburg, 1. Septemberwoche; **Canakkale:** Troja-Festspiele; **Ephesus:** internationales Musik-, Kultur- und Kunstfestival, Ende April bis Mitte Mai; **Izmir:** internationale Handelsmesse, Mitte August bis Mitte September; **Marmaris:** Musikfestival, Juni; **Selçuk:** Kamelkämpfe, Mitte Januar; **Troja:** Folklore-Festival, Mitte August.

AUSKUNFT
Informationsabteilung des Türkischen Generalkonsulats, Baseler Str. 37, 60329 Frankfurt a.M., Tel. 0 69/23 30 81; **Informationsabteilung des Türkischen Generalkonsulats,** Karlsplatz 3/1, 80335 München, Tel. 0 89/59 49 02; **Informationsabteilung des Türkischen Generalkonsulats,** Tauentzienstr. 7, 10789 Berlin, Tel. 0 30/2 14 37 52.

Hinter Milâs mit seinen berühmten Teppichwebereien teilt sich die Straße. Abstecher oder Endstation im Westen ist Bodrum ⓬ an der „blauen Bucht" von Gökova. Im Osten erreicht man das malerisch-orientalische Muğla ⓭ und dann, über eine Paßstraße, Marmaris ⓮ mit schönem mittelalterlichem Kastell, einer lebhaften Uferpromenade und einem der buntesten Häfen der Ägäis in der malerischen Bucht. Spätestens hier gibt es nur noch Sonne, Sand und Meer.

Den einstigen Glanz der antiken Metropole Pergamon kann man sich vor allem im kolossalen Theater des römischen Kaisers Caracalla vorstellen. Es faßte 15 000 Menschen und ist noch heute eine imposante Kulisse.

„Hinein drang tief in den Schädel jenem die eherne Spitze, und Nacht umhüllt' ihm die Augen", schrieb der griechische Dichter Homer darüber. Oben im Olymp waren die Götter ein begeistertes Publikum: „Aus goldenen Bechern tranken sie zueinander und schauten wieder auf Troja." Und alsbald mischten sie selber mit. Wie es weiterging und wie es schließlich ein Ende nahm mit dem berühmten Trojanischen Pferd, das erzählt Homer mit epischer Breite in der *Ilias*, denn Ilion war der ursprüngliche Name der Stadt. Und weil jedes gute Buch mindestens eine Fortsetzung verdient, geht die Geschichte vom Trojanischen Krieg anschließend mit den Irrfahrten des Odysseus noch ein paar Jahre weiter.

Geschichte als Mythos: Troja und Pergamon

Dichtung und Wahrheit, damals wie heute kaum voneinander zu trennen, wurden zu Weltliteratur, zu einer Sage mit echtem Kern. Daran zweifelt seit Heinrich Schliemanns Ausgrabungen ab dem Jahre 1871 niemand mehr. Denn Troja lag in günstiger strategischer Position an den Dardanellen, einer damals wie heute viel befahrenen, 95 Kilometer langen Meerenge zwischen Ägäis und Marmarameer. Das mußte das Begehren aller potentiellen Eroberer erwecken, schöne Helena hin oder her.

Erster Höhepunkt einer Reise entlang der türkischen Ägäis ist das historische Troja. Immer weht ein Wind von den Dardanellen herüber, die auf griechisch Hellespont heißen. Flach ist das Land und sonnenverbrannt: eine staubige Ebene, die sich nach einem Fluß „skamandrische Flur" nennt, das einstige Schlachtfeld. Die einzige Anhöhe weit und breit ist der 40 Meter hohe Hügel von Hisarlik. Hier stand Troja, so viel steht heute fest.

Ähnlich wie Atlantis hat der Name Troja die Menschen schon immer fasziniert und über Jahrtausende hin beschäftigt. Es gibt imposantere Ausgrabungsstätten als das heutige Troja, gerade hier an der kleinasiatischen Küste. Aber geradezu magisch wirkt der Hauch der Geschichte, der Genius loci. Trampelpfade ziehen sich durch Ruinen, verwirrende Mauerreste, ein überall schon wieder zugewachsenes Labyrinth aus Steinen und Gruben. Draußen vor dem Eingang steht, haushoch, aber harmlos, wieder ein großes hölzernes Pferd, als stünden die Überrumpelung und das Ende Trojas erst bevor.

Heinrich Schliemann war ein armer Pfarrerssohn aus Neubukow in Mecklenburg. Er vertraute ganz auf die Angaben Homers und begann 1871 mit Grabungen am Hügel von Hisarlik, dem Schicksalsberg der Archäologie. Drei Jahre grub er, 250 000 Kubikmeter Erde wälzte er mit 80 Arbeitern um.

Die Einheimischen erkannten ihren Hügel kaum wieder, als er endlich, einen Tag vor der geplanten Einstellung der Grabungen, wie durch ein Wunder auf das stieß, was er spontan den „Schatz des Priamos" nannte: 8700 Goldgegenstände, Waffen, Hausrat, Schalen, Vasen, Schmuck, darunter ein herrliches Diadem aus 16 000 Goldteilen, wie es die Welt noch nicht gesehen hatte. Erst kurz vor seinem Tod erfuhr Schliemann, daß es nicht nur sein Troja gegeben hatte, sondern daß da etliche versunkene Städte in neun verschiedenen Schichten mit noch einmal 46 Zwischenschichten übereinanderlagen. Er war in seinem Eifer weit über das Ziel hinausgeschossen und über die sechste Schicht, die nach heutiger Auffassung den Schauplatz von Homers Trojanischem Krieg birgt, bis zur zweiten Schicht vorgedrungen. Dort aber fanden sich Reste einer thrakischen Königsburg, die noch einmal 1000 Jahre älter waren als gedacht.

Es war immer ein Kommen und Gehen entlang der gesegneten ägäischen Küste – wie wohl nirgendwo sonst auf der Welt. Erst kamen die Perser und die Ägypter. Um 1000 vor Christus dann gründeten griechische Ionier, Dorer und Aioler ihre Siedlungen die ganze Küste entlang. Stadt für Stadt saßen sie dann, wie der Philosoph Plato bildhaft meinte, um das Mittelmeer herum „wie Frösche um einen großen Teich". Von Athen sprach damals niemand, das war noch ein Dorf. Abermals legten die Perser die Hand

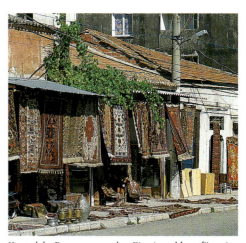

Heute lebt Bergama von den Eintrittsgeldern für seine Geschichte und dem Handel mit Souvenirs.

auf diese nun blühenden Städte. Die wehrten sich so heftig wie vergeblich. Dann setzte Alexander der Große 334 vor Christus über den Hellespont, um ganz Kleinasien und noch weit mehr zu erobern. Die Römer, die Araber, die Byzantiner und schließlich die türkischen Osmanen folgten.

Seeräuber und Kreuzritter fielen ein, verschwanden wieder und hinterließen manche trutzige Burg. Zwölf Hochkulturen waren hier zu Hause, zählen die Historiker. Veränderung und Unbeständigkeit war das einzige bleibende Prinzip. Und so ist eine Reise entlang der türkischen Ägäis immer auch eine Reise zurück durch die Zeit.

Schon 100 Kilometer südlich von Troja, bald hinter dem Golf von Edremit auf halber Strecke nach Izmir, folgt ein zweiter Höhepunkt des antiken Kleinasien: Die alte Hauptstadt der kunstsinnigen Attaliden-Herrscher von Pergamon, die ihr Reich im zweiten Jahrhundert vor Christus durch den Anschluß an Rom zu seiner höchsten Blüte brachten. Der weltberühmte Pergamonaltar befindet sich bekanntlich im Berliner Pergamonmuseum. Die heu-

Immer wieder findet man solche alten Kreuzritterfestungen wie beim antiken Ephesus auf Inseln vor der Küste. Sie hatten später auch die Aufgabe, wichtige Hafeneinfahrten vor Piraten zu schützen.

tige Stadt Bergama hat 39 000 Einwohner. Doch das historische Pergamon, als stolzes und einzigartiges Zeugnis der hellenistischen Kultur auf einen 333 Meter hohen, schroffen Berg über der fruchtbaren Flußebene des Bakir Çayi gesetzt, zählte in seiner Glanzzeit im dritten und zweiten Jahrhundert vor Christus 160 000 Bürger und war eine der reichsten Städte am Mittelmeer. Das Asklepieion war das zweitgrößte medizinische Heiligtum der Griechen nach Epidaurus auf dem Peloponnes, dem Asklepios oder Äskulap, dem Gott der Heilkunst, geweiht. Als berühmtester Arzt praktizierte ein Einheimischer, der große Galenus, der zuvor Gladiatoren zusammengeflickt hatte. Der römische Kaiser Caracalla ließ das Amphitheater bauen. Es ist das steilste Theater der Welt, und in den 80 Sitzreihen fanden 15 000 Zuschauer Platz. Die Bibliothek war die zweitgrößte der antiken Welt. Ein Erdbeben im dritten Jahrhundert nach Christus brachte Pergamon und seinem berühmten Zeusaltar das Ende.

Handel und Wandel seit drei Jahrtausenden

Die nächste Station ist Izmir, drittgrößte Stadt und zweitgrößter Hafen der Türkei. Die Millionenstadt rund um den Golf von Izmir hatte als einziger Ort dieser Küste seit dem Altertum zu keiner Zeit ihre Bedeutung verloren. Auch ihr griechischer Name Smyrna ist noch geläufig. Im griechisch-türkischen Krieg wurden 1922 viele antike Gebäude von einem Brand zerstört. Sehenswert ist der bunte Basar mit

In den kleinen Häfen am Golf von Izmir spürt man nur noch wenig von der Nähe der Großstadt.

Moscheen und Karawansereien aus dem 18. Jahrhundert und dem berühmtesten Wasserpfeifenladen in der ganzen Türkei. Schön bummeln kann man über die elegante Uferpromenade Kordon. Wahrzeichen der Stadt ist der Uhrenturm Saat Kule, ein Geschenk von Kaiser Wilhelm II. Im archäologischen Museum ist alles versammelt, was aus Pergamon und Ephesus, Sardes, Didyma oder Milet noch vorhanden und wichtig war.

Für einen Panoramablick ist der Pagosberg mit seiner Festungsruine Kadifekale der beste Platz. Die uralten, mächtigen Mauern legte schon Lysimachos an, ein Feldherr Alexanders des Großen. Entspannung von so viel Geschichte kann man am Südufer des Golfes finden: In den Thermen der Agamemnon-Bäder kurierten schon die Altvorderen mit 40 Grad heißen Quellen Nierenleiden und Rheumatismus. Auf einer Halbinsel liegt das Urlaubszentrum Çeşme, ein hübscher kleiner Hafen im Schatten eines mittelalterlichen Kastells.

75 Kilometer weiter südlich, bei Selçuk am Golf von Kuşadasi, liegt Ephesus, eine der bedeutendsten antiken Sehenswürdigkeiten der Türkei. 30 Kilometer weiter, im Norden der Schwemmlandebene des Büyük Menderes Nehri, legte der Baumeister Hippodamos die antike Bergstadt Priene schachbrettartig an, seinerzeit eine architektonische Sensation. Nur hier hat sich das heutige Ruinenfeld in seinem griechischen Urzustand erhalten, während sonst an der kleinasiatischen Küste alles nach und nach von Römern, Byzantinern oder Osmanen überbaut, verän-

Aus Geldmangel wurden Ruinen wie die des Athenetempels von Priene häufig nur teilweise restauriert.

dert und verfremdet wurde: ein Rest des Theaters mit fünf Marmorsesseln für die Prominenz in der ersten Reihe, ein Rest des Athenetempels, den Alexander der Große der Stadt gestiftet hatte.

In einer Flußschlinge bei Akköy lag vor 3000 Jahren die Handelsstadt Milet noch am Meer, das heute zehn Kilometer weiter im Westen beginnt. Zwei Marmorlöwen, die Wappentiere der Stadt, stehen heute vor dem trockenen Löwenhafen, einem von vier Häfen des antiken Milet; einst kamen und gingen hier die Güter und Schätze der Welt. Vom alten Glanz erzählen das Buleuterion, ein Ratssaal, der außer der Bühne für die Ratsherren 5000 Zuschauern Platz bot, das Gymnasium und das Theater, eines der größten in Kleinasien. Die Agora war mit 195 mal 164 Metern der größte Marktplatz der griechischen Welt, das berühmte römische Markttor kann man im Berliner Pergamonmuseum bestaunen.

Milet war eine kretische Gründung. Nach der Legende kamen eines Tages ionische Griechen, töteten alle Männer und heirateten die Frauen zwangsweise. Trotz dieser blutrünstigen Vorgeschichte kam Milet schnell zu Wohlstand und Ansehen und wurde die größte Stadt Griechenlands. Aus römischer Zeit stammen die Thermen, benannt nach Kaiserin Faustina, der Frau des Antonius Pius, und nach Vergilius Capito. In den Ruinen eines byzantinischen Kastells aus dem achten Jahrhundert und einer Moschee von 1404 haben sich Störche ihr Nest gebaut.

Mehrere Spuren, darunter eine noch erkennbare Straße, weisen von Milet nach Didyma 20 Kilometer weiter im Süden, der größten griechischen Orakelstätte Kleinasiens. Ein Kaufhaus auf dem Markt von Milet finanzierte den Bau des dortigen Apollotempels. Jedes Frühjahr zog eine festliche Prozession auf dieser heiligen Straße durch einen heiligen Hain nach Didyma hinunter.

Vieldeutige Orakel und eindeutiges Vergnügen

In Didyma befand sich jahrhundertelang ein Orakel wie in Delphi. Auch hier saß eine Priesterin über einer Felsspalte, aus der Schwefeldämpfe stiegen, die sie benommen machten und zu vieldeutigen Antworten auf eindeutige Fragen veranlaßten. Krösus, der König von Lydien, fragte nach dem Ausgang eines geplanten Feldzuges gegen Persien und erhielt die Antwort: „Du wirst ein großes Reich zerstören." Es traf sein eigenes Reich. Der Perserkönig Dareios schleifte das Heiligtum im Jahre 494 vor Christus, doch Alexander der Große begann mit dem Wiederaufbau. Noch der römische Kaiser Caligula spendete Geld für den Apollotempel, der mit 100 Säulen nach dem Artemistempel von Ephesus der zweitgrößte Tempel der Welt werden sollte. Doch er blieb immer unvollendet. Ob das Orakel schon wußte, daß heute nur vier Kilometer hinter dem Tempel bei Didim oder Altinkum Plaji einer der schönsten Strände der türkischen Ägäis anzutreffen ist?

Am südlichen Ufer des Golfs von Güllük liegt das letzte historische Großerlebnis dieser Küste neben unzähligen kleinen: Bodrum, das alte Halikarnassos, ist wie ein Amphitheater in Terrassen um eine Bucht herum gebaut. Das Mausoleum, das Grabmal für König Mausolos, war das zweite der Sieben Weltwunder der Antike. Fast 2000 Jahre lang stand es, dann fiel es einem Erdbeben zum Opfer. Die Steine aus den Ruinen konnten die Johanniter gut für ihr Kreuzritterkastell Sankt Peter auf einer Insel vor der Hafeneinfahrt gebrauchen. Das Kastell ist neben der Altstadt mit ihren Cafés und Basaren die wichtigste Sehenswürdigkeit. Heute beherbergt es ein Museum für Unterwasser-Archäologie.

Die Gegend um Bodrum nennt sich „türkisches Ibiza"; da weiß man, woran man ist. Vor einer der vielen Kunstgalerien spreizen Pfauen ihr Gefieder. Für den späteren Abend empfiehlt sich denen, die's mögen, ein Besuch im *Halikarnas*, unüberhörbar und leicht zu finden, eine Open-air-Disco mit Götterköpfen aus falschem Marmor, aus denen grelle Laserstrahlen zucken.

Nicht nur der berühmte Pergamonaltar des Zeus von Bergama, auch manches andere Kleinod aus Kleinasien haben wir uns längst angeeignet. Der Schatz des Priamos, den Schliemann auf abenteuerlichen Wegen von Troja nach Deutschland schmuggelte, verschwand im Zweiten Weltkrieg auf

Die Marmorlöwen, die einst den Eingang des Löwenhafens von Milet bewachten, liegen heute in der Steppe. Die Bucht ist verlandet, der Handel kam zum Stillstand, die Stadt verfiel.

mysteriöse Weise aus dem Museum für Vor- und Frühgeschichte in Berlin. Erst 1992 wurde er im Moskauer Puschkinmuseum wieder entdeckt. Viele Schätze haben wir Europäer Kleinasien zu verdanken – doch auch unser Wortschatz wurde von hier aus bereichert: Das Pergament, ein Papierersatz aus Tierhäuten, wurde in der Bibliothek von Pergamon erfunden, als die eifersüchtigen Bibliothekare von Alexandria den Export von Papyrus verboten hatten. Das Trojanische Pferd wurde zum Inbegriff der List – bekanntlich hielten sich 30 Helden darin versteckt, während das griechische Heer scheinbar abzog. Auch Kassandrarufe wurden sprichwörtlich; Apollo war in die schöne Tochter des Königs Priamos verliebt und verlieh Kassandra die Gabe der Weissagung; als sie ihn aber zurückwies, sorgte er dafür, daß keiner mehr ihre Prophezeiungen ernst nahm. So glaubte ihr niemand die Warnung, Troja werde durch ein hölzernes Pferd untergehen.

Mäandros, der unberechenbare Fluß aus dem Muradgebirge, der heute Büyük Menderes Nehri heißt und in großen Schlingen und Schleifen dahinfließt, wurde zum Sinnbild für alles Verschlungene, Gewundene, Abschweifende, gleich ob Rede oder Verzierung. Seit König Mausolos von Halikarnassos heißt jedes prächtige und monumentale Grabmal Mausoleum. Als Mausolos um 352 vor Christus starb, ließ seine Witwe Artemisia II. die besten Architekten und Bildhauer ihrer Zeit ein Denkmal errichten: 46 Meter hoch, auf einem Sockel aus grünem Stein, mit 36 weißgoldenen Säulen. Auf dem Dach saßen als Statuen in einem Bronzewagen Mausolos und seine Schwesterfrau.

Auch in der abendländischen Philosophie und Wissenschaft finden sich zahllose kleinasiatische Namen, und viele der berühmtesten unter den alten Griechen stammten aus Kleinasien: Der Philosoph Heraklit war – um 500 vor Christus – in Ephesus zu Hause. Jeder kennt seinen berühmten Satz: „Panta rhei" – alles fließt, ist in Fluß und Bewegung, ist relativ. Sein Zeitgenosse Hipponax war der erste bekannte Bettelpoet, ein armer Schlucker, der Spottgedichte in Hinkjamben verfaßte.

Land der Dichter und Denker

Aus Priene stammte Bias, der im sechsten Jahrhundert vor Christus zu den Sieben Weisen Griechenlands zählte, einflußreichen Herren, die großen Einfluß auf Sitten und Gesetze ihrer Zeit besaßen.

Zu diesen Weisen gehörte auch der große Thales, dessen Heimatstadt Milet im sechsten Jahrhundert vor Christus eine Blütezeit der Wissenschaft erlebte. Thales, Philosoph und Mathematiker, sagte als erster richtig eine Sonnenfinsternis – für den 28. Mai 585 – voraus. Sein Schüler, der Naturphilosoph Anaximander, stellte sich die Erde als schwebenden Zylinder vor. Anaximanders Schüler Anaximenes (585 bis 526) lieferte die erste Erklärung für eine Mondfinsternis, und sein Schüler wiederum war der Geograph Hekataios. Der bereiste die Welt und schrieb alles auf, was er sah und erlebte; so wurde er auch zum Vorbild für den Geschichtsschreiber Herodot aus Halikarnassos, den seine Berichte über die Perserkriege bekannt machten.

Wer einen Segeltörn entlang der türkischen Ägäisküste macht, findet immer wieder herrliche einsame Buchten. Auch begeisterte Hobby-Archäologen wollen da manchmal nur noch Sonne und Meer.

Der große Homer schließlich wurde wohl in Smyrna (Izmir) geboren, auch wenn noch sechs andere kleinasiatische Städte ihn für sich reklamieren. Der berühmte Fabeldichter Äsop soll aus Sardes stammen. Die Geschichten des buckligen Sklaven sind kurz und bündig: „Ein Fuchs sah die Trauben am Weinstock und bekam Lust darauf, kam aber nicht an sie heran. Da sagte er: Sie sind ohnehin sauer, und ging davon." Oder: „Ein Wolf sagte zu den Hirten, die in ihrem Zelt ein Lamm verzehrten: Was für einen Skandal würdet ihr machen, wenn ich das täte." Ein Großteil unserer geistigen Heimat, des Abendlandes, hat seine Wurzeln in Kleinasien.

Die Götter lächeln, der Mensch genießt

Nicht nur Bildung, sondern auch Erholung pur bietet die türkische Ägäis. Es sind ja nicht nur die klassischen archäologischen Wallfahrtsorte, die bildungstouristischen Kreuzwegstationen, die das Bild dieser Landschaft bestimmen. In freundlichen, sandfarbenen Hängen fällt das anatolische Hochland zum Meer hin ab. Natürliche Häfen, Halbinseln und Inseln in jeder Größenordnung, Buchten und Strände bieten ein niemals langweiliges Wechselspiel. Auf weiten, fruchtbaren Ebenen gedeihen Orangen, Oleander und Oliven, Tomaten und Tabak, Platanen, Palmen und Pinien, Mandeln und Melonen. Hier wächst eigentlich alles.

Alle Götter können lächeln, ob sie griechisch sind oder römisch oder ganz anderen Sphären der Kul-

Der Tempel des Apollo in Didyma stand jahrhundertelang in direkter Konkurrenz zum Orakel von Delphi.

turgeschichte entstammen. Vor allem wenn die Sonne scheint, das blaue Meer warm ist und freundliche Menschen sich so viele gute Dinge teilen, wie sie die türkische Küche bietet. Die hat einen guten Ruf wegen ihrer frischen Zutaten und Gewürze. Für ein Essen in einem besseren Restaurant zahlt man umgerechnet nur ein paar Mark, sollte sich aber Zeit nehmen und neugierig sein.

Das Nationalgericht ist Reis mit weißen Bohnen, aber auch Kartoffeln aus Bodrum könnten in Deutschland Preise gewinnen. Dazu gibt es Auberginen und anderes Gemüse, Lamm, Hammel oder Geflügel und an der Küste Meeresfrüchte.

Essen und trinken, baden und staunen

Eine der bekanntesten türkischen Spezialitäten ist das gegrillte Kebab, wie es mittlerweile auch bei uns an jeder Straßenecke zu haben ist. Vielfältig sind die Joghurtgerichte und Quarkspeisen.

Nicht nur der Wein aus dieser Gegend ist gut und erinnert im Geschmack an die bekannten Rebsorten aus Baden-Württemberg; es wirft auch ein etwas milderes Licht auf die religiöse Praxis der türkischen Muslime, wenn das Nationalgetränk Raki heißt und ein scharfer Anisschaps ist, der mit Eiswasser verdünnt eine milchweiße Färbung bekommt. Als „Löwenmilch" leitet er jede bessere Mahlzeit ein. Nur die ganz Strengen bleiben immer beim Nationalgetränk Nummer zwei, dem Tee.

Mit sehr viel Honig und Zucker werden leckere Nachspeisen gemacht: Kuchen, Kompotte oder kan-

Im Hafen von Güllük kann man noch zuschauen, wie die einheimischen Segelboote in Handarbeit entstehen.

dierte Früchte. Ein besonderer Tip: Güllaç, das sind mit geriebenen Mandeln gefüllte Waffeln, die man in Milch taucht.

Neben all den historischen Sehenswürdigkeiten und kulinarischen Genüssen gibt es aber auch bemerkenswerte Naturwunder an der türkischen Ägäis zu bestaunen.

An Schönheit kaum zu überbieten und wegen ihrer heilenden Wirkung seit Jahrtausenden berühmt sind zum Beispiel die Kalksinterterrassen von Pamukkale am Oberlauf des Büyük Menderes Nehri nördlich von Denizli. Drei Kilometer lang, bis zu 300 Meter breit und rund 160 Meter hoch ziehen sie sich den Hang zwischen Oleanderbüschen an den Ruinen der antiken Stadt Hierapolis entlang: leuchtend weiße Naturbadewannen aus den Ablagerungen einer stetig rieselnden Thermalquelle. Versteinerte Wasserfälle in bizarren Formen. Wer einmal hier gebadet hat, versteht, warum die alten Griechen fest davon überzeugt waren, daß es hier die Götter ganz besonders gut mit den Menschen gemeint haben müssen.

Der Golf von Güllük heißt heute noch „deutsche Bucht": Im Zweiten Weltkrieg fanden hier deutsche Kriegsschiffe Zuflucht, um unbehelligt von den Alliierten Proviant und Wasser zu fassen, Schäden zu beheben und Verwundete zu versorgen. In Güllük hat der Schiffsbau Tradition. Heute ist die Region gerade bei deutschsprachigen Besuchern wieder sehr beliebt, und viele der Ortsansässigen sprechen deutsch. In Bodrum ist daher auch die Souvenirjagd leichter und weniger von sprachlichen Problemen belastet als anderswo. Teppiche, Raki, kandierte Früchte, Gold- und Silberschmuck, eine türkische Wasserpfeife oder Volkskunst aus dem Basar sind wohl die beliebtesten Mitbringsel.

Von hier aus lohnt sich für Naturfreunde beispielsweise ein Ausflug zum Nationalpark Dilek-Yarimadasi in der Provinz Aydin, nur 28 Kilometer östlich von Kuşadasi und 25 Kilometer südlich von Ephesus: Die Halbinsel Dilek gegenüber der Insel Samos mit ihren Bilderbuch-Buchten und dem Berg Samsun Daği beherbergt ein 220 Quadratkilometer großes Reservat für anatolische Geparde, Wildpferde, Marder, Dachse und Streifenhyänen. An den Stränden aalen sich statt der Urlauber Mittelmeerrobben, und auch Meeresschildkröten kann man hier beobachten. Niemand darf die markierten Wege verlassen. Es gibt aber Picknick- und Campingplätze, Wanderwege und Klettersteige sowie Wassersportmöglichkeiten in diesem kleinen Paradies.

Der Ort Pamukkale bietet Besuchern der berühmten Kalksinterterrassen Unterkunft. Von hier aus kann man die Ruinen von Hierapolis besichtigen, wo im Jahre 80 nach Christus der Apostel Philippus als Märtyrer starb.

DAS BESONDERE REISEZIEL: EPHESUS, DIE METROPOLE DER GROSSEN MUTTER

Stellvertretend für die bewegte und teils auch dunkle Geschichte der ganzen kleinasiatischen Küste steht Ephesus. Einst, so berichtet die Gründungslegende, fiel einem Fischer beim Grillen am Strand der Fisch ins Feuer. Ein Gebüsch in der Nähe geriet in Brand, und ein erschrockener Eber sprang heraus. An eben dieser Stelle sollte eine blühende griechische Handelsstadt entstehen: beim heutigen Selçuk, 75 Kilometer südlich von Izmir.

Später wurde Ephesus als Hauptstadt der römischen Provinz Asia das wichtigste Handels- und Finanzzentrum an der ägäischen Küste. Neun Kilometer lang war die Stadtmauer zur Blütezeit um 200 nach Christus, als die Stadt über 200 000 Einwohner zählte. Was aus der Antike an dem Hügel mit dem hübschen Namen Nachtigallenberg (türkisch: Bülbül Daği) noch zu sehen ist, macht Ephesus immer noch zum meistbesuchten Ausflugsziel weit und breit.

Abseits der Metropole, die damals am Meer lag, stand ein Tempel der kleinasiatischen Muttergöttin Kybele, der griechischen Demeter, deren Nachfolgerin als Artemis verehrt wurde. Zweimal wurde der Tempel zerstört und wieder aufgebaut: ein Wald von 127 Säulen, das größte Bauwerk der Griechen, eines der Sieben Weltwunder — bis er 263 nach Christus von den Goten endgültig vernichtet wurde. Nur die Grundmauern blieben. Eine Statue der „vielbrüstigen Artemis" ist im archäologischen Museum von Selçuk zu sehen.

Auf dem Ruinenfeld, als das sich die Stätte vor allem als Folge des Mongolensturms unter Timur Leng und der Kriege zwischen Seldschuken und Osmanen im 15. Jahrhundert präsentiert, mischen sich Reste griechischer, römischer und byzantinischer Bauwerke zu einem zeitübergreifenden Panorama. Im frühen Christentum war Ephesus auch ein Pilgerort, weil hier der Sage nach Maria, die Mutter Jesu, und der heilige Johannes begraben liegen sollen. Die Apostelgeschichte erzählt ausführlich von Paulus und seiner erfolgreichen Predigt im Theater von Ephesus. Da fürchtete der Silberschmied und Souvenirhändler Demetrios, der mit kleinen Artemisstatuen sein Geschäft machte, um seine Kundschaft und zettelte einen Aufstand an, indem er Paulus die Beleidigung der Göttin vorwarf. Mit dem Schlachtruf „Groß ist die Artemis von Ephesus!" wurde Paulus aus der Stadt gejagt. Doch schon in byzantinischer Zeit versandete der Hafen, und Ephesus versank in Bedeutungslosigkeit.

Das in den Hang gebaute Theater für fast 24 000 Menschen ist heute noch gut erhalten. Die säulengesäumte Prachtstraße Arkadiane, marmorgepflastert und nachts von Laternen erleuchtet, führte von dort zum Hafen hinunter. Österreichische Archäologen haben das schönste Stück von Ephesus rekonstruiert: die zweigeschossige Prunkfassade der berühmten Celsusbibliothek. In einer nahen Schlucht liegt eine Totenstadt, wo während der großen Christenverfolgung unter Kaiser Decius um das Jahr 250 sieben Brüder in einer Höhle eingemauert worden sein sollen. Erst 446 sollen sie nach zufälliger Öffnung der Höhle aufgewacht und dann gestorben sein. Unter dem Namen „Siebenschläfer" sind sie dem christlichen Abendland bis heute ein Begriff.

Die von einem Erdbeben zerstörte Johannesbasilika in Selçuk beim antiken Ephesus war die größte byzantinische Kirche außerhalb Konstantinopels.

TÜRKISCHE SCHWARZMEERKÜSTE
Grüne Subtropen am „gastfreundlichen" Meer

Wer sich die Türkei vor allem im Sommer heiß und trocken vorstellt, wird an der grünen Schwarzmeerküste überrascht: Vor bewaldeten Bergen liegen lange, meist leere Sandstrände. Das Klima ist feuchtwarm, die Vegetation subtropisch. Quirlige Hafenstädte und beschauliche Fischerdörfer mit anmutigen bunten Holzhäusern beleben die an Naturschönheiten reiche Landschaft. Von Sinop, der mächtigsten griechischen Kolonie der Antike, führt eine romantische Küstenstraße über das historische Trapezunt bis ins Teezentrum Rize. Gleich dahinter liegt der „wilde Osten", in dessen alpinen Höhen sich byzantinische Klöster verbergen.

In der griechischen Sage von Jason und seinen Argonauten hieß das Schwarze Meer Pontos Euxenos, das „gastfreundliche Meer"; die Türken nennen es Kara Deniz. Während Jasons Suche nach dem Goldenen Vlies eine tollkühne, verwickelte Seefahrt voller Abenteuer war, sind Schwarzmeerfahrten heute Gott sei Dank völlig unkompliziert. Küstenfähren legen regelmäßig von Istanbul ab und bedienen alle größeren Städte der rund 2000 Kilometer langen türkischen Nordküste.

Von Sinop aus, wo der Regentonnen-Philosoph Diogenes geboren wurde, hat man die Wahl zwischen Land- und Seeweg. Bei der alten Hafenstadt Bafra – besuchenswert sind hier ein Badehaus aus dem 13. Jahrhundert, eine Moschee aus dem 15. Jahrhundert, die Thermalquellen und der schöne Strand – liegt das Flußdelta Kizilirmak Deltasi. In diesem größten Feuchtgebiet an der türkischen Schwarzmeerküste leben außer halbwilden Dromedaren zahllose Vogelarten. Feinsandig und kilometerlang sind die Strände vor Samsun. Aus Giresun – zwischen Ordu und Trabzon – ließ einst der römische Statthalter, General und Genießer Lucullus Kirschbäume nach Europa bringen.

Von der Blütezeit Trabzons – der antiken Handelsstadt Trapezunt – als Zentrum des byzantinischen Kaiserreiches der Komnenen zeugt die Kirche Hagia Sophia mit wunderbaren Fresken. Ein lohnender Abstecher führt gut 60 Kilometer südostwärts in die Berge zum verlassenen Kloster Sumela, dessen sechs Stockwerke in eine steile Felswand gebaut sind. An der grünen Küste werden Tabak, Zitrusfrüchte, Nüsse und Tee geerntet. Ein ganzes Meer von Teepflanzen umgibt das subtropische Rize, wo man im Juni ein Teefestival feiert. Dahinter erhebt sich, bis zu 4000 Meter hoch, bis zur Grenze vor Georgien das ostpontische oder auch nordanatolische Randgebirge mit Almen und steilen Schluchten.

Auskunft: siehe Seite 518.

Bei Samsun findet man idyllische einsame Buchten zum Genießen und Baden.

TÜRKISCHE RIVIERA
Im Land des heiligen Bischofs Nikolaus

Es war ein großzügiges Verlobungsgeschenk: Der römische Feldherr Marcus Antonius schenkte der ägyptischen Königin Kleopatra im Jahre 37 vor Christus die ganze himmelblaue Südküste Kleinasiens. Der schönste Teil davon um den Golf von Antalya wird wegen seiner kaum unterbrochenen Sandstrände die türkische Riviera genannt. In den antiken Landschaften von Lykien und Pamphylien stehen historische Sehenswürdigkeiten wie zum Beispiel einmalige Fels- und Pfeilergräber. Eine gut ausgebaute Küstenstraße erschließt den reizvollen Kontrast zwischen dem Meer und den Dreitausendern des westlichen Taurus.

Die wohl schönste der vielen Buchten an der türkischen Riviera heißt Ölüdeniz, „Totes Meer", und liegt zwölf Kilometer südlich von Fethiye: unverbaute Traumstrände mit sanfter Brandung an einer türkisfarbenen Lagune, umstanden von Felsen und duftendem Kiefernwald – ein Paradies, das mittlerweile allerdings nicht mehr ganz so paradiesisch einsam ist wie noch vor einigen Jahren. Nur der Felsen mit dem Gesicht eines trauernden Jünglings will nicht so recht in die Idylle passen; der Sage nach ist es ein unglücklicher Fischer, der bei einem gewaltigen Sturm vor dem Ölüdeniz ertrank.

Um 270 nach Christus kam in der reichen Hafenstadt Patara im Westen zwischen Fethiye und Kale der heilige Nikolaus zur Welt, der meistbeschäftigte unter den christlichen Nothelfern: Immerhin ist er der Patron der Seeleute, Bauern, Bäcker, Kaufleute, Diebe, Juristen, Kinder und Jungfrauen. Patara gehörte in den 1000 Jahren vor Christus dem lykischen Städtebund an, der ältesten Republik der Welt mit Volksvertretung und einem Präsidenten. In der Umgebung sind eigenwillige Grabdenkmäler zu sehen, darunter die markanten Pfeilergräber aus dem sechsten Jahrhundert vor Christus mit Urnen auf den Spitzen hoher Monolithen.

50 Kilometer östlich von Kas, einem der schönsten Fischerdörfer am Mittelmeer, liegt Myra, das heutige Demre, wo Nikolaus lange Bischof war. Vor der Basilika aus dem elften Jahrhundert steht ein modernes Nikolausdenkmal. Auch hier findet man noch zahlreiche lykische Felsengräber, daneben ein großes römisches Theater.

Antalya, die Hauptstadt der Küstenprovinz, zeigt wertvolle bauliche Überreste aus hellenistischer und römischer Zeit. Liebevoll restauriert präsentiert sich das Hafenviertel. Das schöne Kannelierte Minarett (Yivli Minare), das Wahrzeichen der Stadt, liegt im Norden, im ehemaligen seldschukischen Stadtzentrum. Östlich Antalyas breitet sich die historische Landschaft Pamphylien aus. Sie ist heiß und trocken wie ein Stück Afrika. Vor allem zwei historische Städte sind hier sehenswert: Side mit seinen bedeutenden Ausgrabungen, dem besterhaltenen Amphitheater ganz Kleinasiens und den berühmten *Drei Grazien* aus Stein im Museum, und der schöne Badeort Alanya unter den Minaretten und Zinnen einer alten Seldschuken-Zitadelle.

Auskunft: siehe Seite 518.

Strandleben in Fethiye: Der Hafen- und Badeort liegt südöstlich von Muğla an der lykischen Küste.

ZYPERN
Auf der geteilten Insel der göttlichen Aphrodite

Die drittgrößte Insel des Mittelmeeres, die sich 65 Kilometer vor der Südostküste Kleinasiens ausbreitet, lag immer schon im Schnittpunkt der Interessen und Kulturen Europas und des Orients. Der Sage nach stieg hier die schaumgeborene Aphrodite, die griechische Göttin der Liebe und der Schönheit, aus dem Meer und kam zu den Menschen. Außer Badestränden und Freizeitanlagen weist Zypern eine Fülle griechischer, römischer, byzantinischer und mittelalterlicher Baudenkmäler auf. In den Bergen des Landesinneren kann man bis in 1700 Meter Höhe ausgedehnte Wanderungen durch Wälder von Zedern, Zypressen und Aleppokiefern unternehmen.

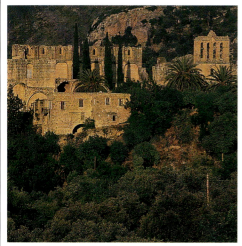

Die Bergfestung Sankt Hilarion in Bellapais wurde um 1100, das Kloster im 14. Jahrhundert erbaut.

Schon seit vielen tausend Jahren ist die Kupferinsel Zypern oder Kypros besiedelt. Bereits in der Antike hinterließen hier alle seefahrenden Völker des Mittelmeeres ihre Spuren; im Mittelalter nahmen Byzantiner, Kreuzritter, Venezianer und Türken, anschließend die Briten das langgestreckte Eiland in Besitz. 1960 wurde Zypern unabhängig. Seit 1974 ist die schöne Insel in einen griechischen Süden und einen türkischen Norden geteilt.

Naturschönheiten, malerische Hafenstädte, antike Kultstätten und byzantinische Klöster nehmen keine Rücksicht auf politische Grenzen. Etliche davon liegen im Norden, der leider touristisch nicht so gut erschlossen ist. Besonders hat das orientalische Famagusta (Gazimağusa) mit dem malerischen Othelloturm gelitten; praktisch alles außerhalb der historischen Altstadt ist militärisches Sperrgebiet. In der Bucht von Famagusta (Gazimağusa) wurde das antike Salamis erst zu einem Zehntel ausgegraben.

Ganz oben im Norden liegt Girne oder Kyrenia, der schönste Hafen der Insel; Venezianer bauten die kreisrunde Anlage mit Zitadelle im 15. Jahrhundert.

In dem langen Gebirgszug, der sich im Norden von West nach Ost erstreckt, findet man in schönen Bergdörfern wie beispielsweise Bellapais und auch in der Einsamkeit immer wieder Klosterruinen.

Rund um die Insel verteilt sind auch die Spuren der Aphrodite: im Nordwesten das Bad der Aphrodite (Aphrodision) bei Latchi, eine Grotte unter einem uralten Feigenbaum, und (im türkischen Teil der Insel) die berühmte Statue der Aphrodite von Soloi; im Südwesten der Rest des Aphroditetempels von Palaipaphos und im Süden zwischen Páfos und Limassol (Lemesos) der Aphroditefelsen. Hier soll die Göttin der Sage nach an Land gestiegen sein.

Mit den schönsten byzantinischen Mosaiken schmückt sich das Dorfkirchlein von Kiti, südwestlich von Larnaca (Lárnax). Unter den Klöstern tut sich Chryssorroyatissa nordöstlich von Páfos mit eigenem Weinbau hervor. Nicht weit davon liegt das Kloster Kykko mit einer wundertätigen goldenen Ikone, die der Evangelist Lukas selbst gemalt haben soll. Im Agios-Minas-Kloster bei Vavla setzen heute Nonnen sein Werk fort.

Das Herz des südlichen Inselteils nimmt der „zypriotische Schwarzwald" ein – das Troodosgebirge. Aleppokiefern, Zypressen und Zedern wachsen hier bis auf eine Höhe von 1700 Metern. Insgesamt 1800 Pflanzenarten wachsen auf Zypern. Der höchste Berg der Insel ist mit 1951 Metern der Ólympos; ein zwölf Kilometer langer Naturlehrpfad führt rund um den Gipfel, die Aussicht ist umwerfend. Zu den schönsten Gebirgsdörfern gehören Askas und Asinou mit wertvollen Fresken in ihren alten Kirchen.

Für Wanderer ist Zypern am schönsten im Frühjahr, wenn die Insel einem Blütenmeer gleicht. An 340 Tagen im Jahr herrscht Sonnenschein, Flüsse und Seen trocknen im Sommer aus. Ein sehenswertes Naturphänomen sind auch die Salzseen bei Larnaca und vor allem bei Limassol (Lemesos), wo Scharen exotischer Flamingos den Winter verbringen.

Ein Zentrum des Fremdenverkehrs ist die lebendige Hafenstadt Limassol (Lemesos) mit ihren Badestränden und großen Weinkellereien. Westlich davon kann man die mächtige Kreuzritterburg Kolossi besuchen und die Ruinen der römischen Stadt Curium – mit dem Apollotempel und einem Amphitheater. In ausgegrabenen Villen aus der Römerzeit erzählen wunderbare Mosaikböden Geschichten aus der antiken Mythologie.

Leider erschweren die politischen Umstände den touristischen Grenzverkehr. Den einzigen Übergang vom griechischen Süden in den türkischen Norden gibt es in Nikosia (Lefhosia) am *Ledra Palace Hotel*, zu Fuß nur von 7.30 bis 18 Uhr zu passieren; Ziele in Nordzypern wie Famagusta (Gazimağusa) oder Girne (Kyrenia) sind daher nur per Taxi zu erreichen.

Auskunft: Fremdenverkehrszentrale Zypern, Kaiserstr. 50, 60329 Frankfurt a. M., Tel. 0 69/25 19 19.

Der Aphroditefelsen im Abendlicht – ein verzauberter Ort. Man fragt sich unwillkürlich: Taucht sie vielleicht wieder auf, die schaumgeborene Göttin der Schönheit und der Liebe? Sie könnte ja jederzeit…

Halbinsel Krim

Im sonnigen Süden der Ukraine

Wen es im Laufe der Weltgeschichte auf die Krim verschlug, der kam nicht immer zum Vergnügen. Krieg und Frieden, Verwicklungen und Veränderungen ziehen sich mit Regelmäßigkeit durch die Geschichte der Halbinsel. Beispiele aus jüngerer Zeit sind die Kämpfe um die Festungsstadt Sewastopol Mitte des 19. Jahrhunderts und die Friedenskonferenz von Jalta, auf der 1945 die Nachkriegsära vorbereitet wurde. Und zuletzt war es das Schicksal Michail Gorbatschows, das die Krim einmal mehr mit dem großen Weltgeschehen verknüpfte: In seiner hiesigen Datscha harrte der Kremlchef im August 1991 auf den ungewissen Ausgang des Putsches in Moskau.

Der Sommer, heiß und lang und zuverlässig, ist auf der Halbinsel am Schwarzen Meer immer der eigentliche Herrscher geblieben. Dem schützenden Jailagebirge verdankt vor allem die Südküste ein mediterranes Klima, in dem ein berühmter Wein wächst und subtropische Pflanzen gedeihen. Und wo schon vor 100 Jahren die Kurorte eine große Blütezeit erlebten.

Aber auch Odessa trug seinen Teil zum Geschehen am Schwarzen Meer bei, die Hafenstadt, die auch als Badeort, vor allem aber durch die Geschichte des Aufstandes auf dem Panzerkreuzer *Potemkin* gegen Ende des Zarenreichs bekannt wurde. Benannt war das berühmte Schiff nach jenem Fürsten, der seiner Zarin Katharina der Großen mit den noch heute sprichwörtlichen „Potemkinschen Dörfern", kulissenartig gestalteten Hausattrappen, ein grandioses Täuschungsmanöver geliefert haben soll. Selten wurde jemand so dauerhaft verleumdet wie Potemkin, der 1783 die Krim für Rußland annektierte und die Schwarzmeerflotte aufbaute. Heute ist die Halbinsel der Südausläufer der Ukraine.

In dem Bild des Lustschlößchens namens Schwalbennest (Foto links) steckt die ganze an Gegensätzen reiche Vielfalt, die die Halbinsel Krim auszeichnet: Berge und Meer, Natur und Kultur im Schönheitswettbewerb. Der Atem der Geschichte weht durch alte Zarenschlösser in herrlichen Parks, vor allem den Weißen Palast von Liwadija, 1945 Schauplatz der Konferenz von Jalta (Foto rechts oben). Ganz anders als die mondäne „Russische Riviera" präsentiert sich das Bauernland in den nördlichen Ebenen, wo Obst, Gemüse und Tabak (zweites Foto von rechts oben) angebaut werden. Vielfalt auch in der Religion: Seit dem Ende der Sowjetherrschaft bekennen sich die Ukrainer wieder zum orthodoxen Christentum (zweites Foto von rechts unten) und die Krimtataren zum Islam. Geradezu legendär sind die Weine der Krim; stolz hütet man im Weingut Massandra noch edle Tropfen aus den Beständen des letzten Zaren (Foto rechts unten).

Osteuropa

Gesegnetes Land an der „Russischen Riviera"

Fremde kamen vom Süden her über das unbekannte Meer, furchtlose, unternehmungslustige Seeleute aus Griechenland. Aber plötzlich war der Sturm da, später kam zu allem Übel auch noch dichter Nebel auf, sie irrten umher, das Wasser ging aus und die Nahrung zu Ende – bis nach langen, ungewissen und bösen Tagen auf einmal der Himmel aufriß und Land vor ihnen lag. *Jalos*, riefen sie aus vollem Herzen und tanzten an Bord, *jalos*, das hieß: Ufer. Und Jalita tauften sie die Kolonie, die sie an dieser glücklichen Stelle gründeten: das heutige Jalta.

Pontos Euxeinos (römisch: Pontus Euxinus) hieß einst das Meer, über das sie gekommen waren: gastliches Meer. Und begeistert berichtete der weitgereiste Geschichtsschreiber Herodot: „Von allen Meeren ist Pontos Euxeinos das schönste." Warm ist es auf jeden Fall: Sommertags sind es bis zu 28 Grad an der Oberfläche. Bittersalzig schmeckt das Schwarzmeerwasser, 16 bis 18 Gramm Salz enthält ein Liter. Und tief ist es, bis zu 2245 Metern.

Es gibt so gut wie keine Inseln im Schwarzen Meer. Als wolle sie dieses Manko gegenüber all den anderen Meeren und Seen vergessen machen, liegt die Krim wie ein Bollwerk zwischen dem Schwarzen und dem flachen Asowschen Meer, das nur ein Zehntel so groß ist und im Durchschnitt nur zehn Meter tief; bei Asow mündet nach fast 2000 Kilometer langem Lauf der Don.

Die Krim ist durch die sechs bis acht Kilometer breite Landenge von Perekop bei Krasnoperekopsk mit dem Festland verbunden. Im Norden bestimmen karge Steppen mit Viehzucht, daneben Weinfelder und ganze Meere von Sonnenblumen das Bild. Die Jailaberge, Ausläufer des Kaukasus, 150 Kilometer lang, bis 50 Kilometer breit und mit dem Gipfel des Roman Koš 1545 Meter Höhe erreichend, schirmen den Süden gegen die rauhen Winterwinde und die heißen Sommerwinde aus den zentralasiatischen Steppen ab. So konnte sich an dem schmalen Küstenstreifen unter den Südhängen mediterranes Leben entwickeln. Hier dauert der Winter nur runde zehn Tage, scheint die Sonne 2230 lange Stunden im Jahr, hier blühen schon im Februar die ersten Mandelbäume, ist es im Sommer durchschnittlich 24 Grad warm.

Daß in dieser gesegneten Gegend Kurorte entstanden, versteht sich: Den Anfang machten die früher beliebten Winterresidenzen der Zaren, des Adels und anderer Reicher, gefolgt von den Erholungssiedlungen der kommunistischen Nomenklatura – und des Volkes. Über zwei Millionen Werktätige, wie es damals hieß, waren es zur Blütezeit des real existierenden Sozialismus, die hier übers Jahr kurten und badeten. Und der Name „Russische Riviera" kam auf und hielt sich bis heute.

Von den Berghängen – vor allem von den nördlichen – steigen sie herab, die Bäume: Eichen, Kiefern, Fichten, Zedern, Zypressen, Lorbeer-, Maulbeer- und Zitrusbäume. Tabakfelder, Hänge voller Weinreben prägen Tal- und Küstenregionen. Und in den Wäldern sind Eichhörnchen, Hirsche und Rehe zu Hause, Mufflons, Füchse und Wildschweine.

Ein gelobtes Land, das – lange vor den Urlaubern – immer wieder die Eroberer anlockte. Die Kimmerier beherrschten die Krim, ein frühes Reitervolk. Dann kamen Skythen, Taurier und Griechen; im taurischen Artemis-Heiligtum versah dem Mythos zufolge Iphigenie lange Jahre den Tempeldienst. Die Krimgoten kamen und gingen, und von ihrer mehr als 1500 Jahre alten Sprache sind immerhin noch ein paar Wörter bekannt: die Zahlen von eins bis dreizehn und ein kleines Lied. Steppenvölker aus Innerasien tauchten auf, gefürchtete Bogenschützen und Reiter: die Hunnen, die Mongolen. Zwischendurch übte Byzanz seine Macht aus. Die Krimtataren errichteten ihr Reich und machten Bachtschisaraj zu ihrer Hauptstadt mit einer prächtigen Moschee, dem Harem und dem berühmten Tränenbrunnen. Im Auf und Ab der Weltgeschichte wurden sie nach 1783 von den Russen verdrängt,

Unser Routenvorschlag
QUER ÜBER DIE KRIM

Kertsch (Kerč) ❶ auf der gleichnamigen Halbinsel ist der östlichste Punkt der Krim. 6 km westlich erinnert eines der ältesten Kulturdenkmäler der Gegend, der Grabhügel Kul Oba ❷, an ein skythisches Fürstenpaar, das im 5. Jh. v. Chr. lebte. Weiter geht es über die von Griechen gegründete Hafenstadt Feodosija ❸ mit sehenswerter Altstadt und den Kurort Sudak ❹ mit seinen Wein- und Sektkellereien nach Alušta ❺ mit einem der besten Badestrände der Krim. Auf Nikita ❻ mit seinem botanischen Garten folgt Jalta ❼, der berühmteste Badeort auf der Krim. Liwadija ❽ mit dem Sommerschloß der Zaren wurde durch die Jalta-Konferenz weltbekannt, auf dem Felsen von Ai-Todor ❾ liegt das neugotische Schlößchen Schwalbennest, in Alupka ❿ sind Schloß und Park sehenswert, in Foros ⓫ machte 1991 Michail Gorbatschow auf seiner Datscha Urlaub, als in Moskau geputscht wurde. Von Sewastopol ⓬ lohnt – vorbei an den Ruinen der mittelalterlichen Stadtfestung Tschufut-Kale – ein Abstecher nach Bachtschisaraj (Bachčysaraj) ⓭ (siehe: Das besondere Reiseziel); dann geht es weiter in die Krim-Kapitale Simferopol ⓮.

DIE KRIM AUF EINEN BLICK

SEHENSWÜRDIGKEITEN
Alupka: Schloß und Park des Fürsten Woronzow; **Bachtschisaraj:** alte Hauptstadt der Krimtataren mit dem Palast der Khane; **Feodosija:** Heimatmuseum, Gemäldegalerie, Mineralquellen, Wodkafabrik; **Jalta:** Strandpromenade Bulwar Lenina, Autka-Viertel (Holzhäuser), Märchenwiese; **Kertsch (Kerč):** antike griechische Siedlung, archäologisches Museum, Kul Oba (Grabhügel eines skythischen Fürstenpaares); **Liwadija:** Sommerschloß der Zaren (Ort der Jalta-Konferenz von 1945); **Magaratsch:** Zentralinstitut für Weinbau und Weinbereitung; **Nikita:** Wasserfall Utschan-Su, botanischer Nikitski-Garten; **Odessa:** Opernhaus, Boulevard Primorski, Potemkin-Treppe und Wululentschuk-Denkmal am Hafen; **Sewastopol:** Hafen.

FESTE UND VERANSTALTUNGEN
Sewastopol: Tag der Schwarzmeerflotte (Flottenparade), letzter Julisonntag, internationales Theaterfestival im antiken Theater von Cherson, Juli; **überall auf der Krim** feiert man die kirchlichen Feiertage nach dem orthodoxen Kalender (Ostern und Neujahr).

AUSKUNFT
UTS Ukraine Touristik Service, Thürmchenswall 15, 50668 Köln, Tel. 02 21/12 00 95.

Erhaben auf einem Felsvorsprung am Badjarpaß bei Foros steht die Auferstehungskirche aus dem 18. Jahrhundert. Nach über sieben Jahrzehnten finden hier jetzt wieder Gottesdienste statt.

mußten zu Hunderttausenden ihre Heimat verlassen und zumeist in die Türkei auswandern.

Potemkins hollywoodreife Geschichte ist eng mit der Krim verbunden; jener vielbeneidete Fürst Grigorij Alexandrowitsch Potemkin (1739 bis 1791) war ein vierschrötiger Kerl, dem – Folge einer Schlägerei – ein Auge fehlte. Eigentlich hätte er Priester werden sollen, aber er wurde der mächtigste Mann Rußlands: Oberbefehlshaber der Armee, Großadmiral des Schwarzen Meeres und Günstling und eine Zeitlang Geliebter der Zarin Katharina der Großen. Manche Historiker behaupten noch heute, daß die beiden heimlich verheiratet gewesen sind.

Liebesbriefe von ihr an ihn sind reichlich erhalten: „Mein Täubchen", „Du Goldfasan", „Zwillingsseele", so redete die um zehn Jahre Ältere ihn an, aber auch „Du größter Fingernägelknabberer in Rußland". Zwei Jahre hielt er es bei ihr aus, blieb später weiterhin ihr politischer Vertrauter und suchte ihr sogar seine Nachfolger aus, wurde aber selbst lieber im Süden des Landes aktiv, als Eroberer und Kolonisator, Städtegründer und Organisator: 1783 unterwarf er die Krim, gründete gleich darauf unter anderem den Kriegshafen Sewastopol, stampfte Fabriken, Krankenhäuser, Häfen, Kirchen, Universitäten und Festungen aus dem Boden.

1787 kam die Zarin auf einer ausgedehnten Inspektionsreise auf die Krim, um zu sehen, was Potemkin zuwege gebracht hatte. Und längst wäre der Fürst vergessen, hätte man nicht lange nach seinem Tod seine Taten als Betrug hingestellt – wohl zu Unrecht: Tausend Bären hätte er der Zarin aufgebunden, ihr verkleidete Leibeigene als glückliche Untertanen aufgetischt, Häuser aus Pappe und Paläste aus Gips errichtet, ganze Städte und Dörfer, die nur Kulisse waren für ein paar Stunden – eben jene berüchtigten und sprichwörtlich gewordenen „Potemkinschen Dörfer".

Wo Zaren, Dichter und Musiker kurten

An Jalta ging die Zeit lange vorbei. 1783 hatte es nicht mehr als 224 Einwohner. Drei Dutzend Fischerhütten, eine Kirche, eine Feldbefestigung: „Irgendein Fluch hängt über der Südküste der Krim", klagte noch im 19. Jahrhundert ein Reiseführer; „zu diesem einzigen russischen Klimakurort führt kein Weg. Für die 80 Werst von Sewastopol bis Jalta – kaum mehr als 80 Kilometer – muß man oft mehr bezahlen als für die 1200 Kilometer lange Strecke Moskau–Sewastopol. Die Kranken, die im Herbst, im Winter und zur Frühlingszeit reisen, wenn Stürme auf dem Schwarzen Meer toben, müssen sich in den Kutschen durchschütteln lassen und mit Rippenfellentzündungen und Bronchitis für die Schönheit und die Winde zahlen."

1824 endlich wurde mit dem Bau einer Straße von Simferopol nach Jalta begonnen; erst 14 Jahre später sollte sie fertiggestellt werden. Auch ein richtiger Hafen entstand in dem Kurort; ein Jahr später schon war er vom Meer zerschlagen und fortgespült. 1837 kam zum erstenmal ein Zar von See her in Jalta an: Nikolaus I. mit seiner Familie, der Liwadija zur Sommerresidenz erkor. Das nahe gelegene Jalta mauserte sich zur Stadt und kam in Mode. Doch nun versuchte Rußland übers Schwarze Meer auf dem Balkan Fuß zu fassen.

Die Folge war der blutige Krimkrieg von 1853 bis 1856, ein Vorspiel zum Ersten Weltkrieg um die Vorherrschaft auf dem Balkan, in dem England, Frankreich und die Türkei gegen Rußland kämpften. Nach elfmonatiger Belagerung kapitulierte die Festung Sewastopol schließlich.

Jalta wurde einer der führenden Kurorte im ausklingenden 19. Jahrhundert. Die Aristokraten und die Wohlhabenden streuten ihre Villen über die Hänge wie aus einem Blumenkorb und ließen es

Der Wodka fließt in Strömen, wenn die Erntearbeiterinnen auf der Krim ihre traditionellen Feste feiern.

sich den langen Sommer über wohl sein. „Jalta", schrieb ein damals recht bekannter Journalist namens Wlas Doroschewitz, „ähnelt einem kleinen, hübschen Kätzchen, das sich ganz am Rande eines Plüschsofas zusammengerollt hat. Unsere ganze Beschäftigung besteht darin, morgens zur Bank zu fahren und einen Scheck für die Ausgaben dieses selbigen Tages einzulösen. Der Tag wird mit einem Flirt ausgefüllt, mit Fahrten in geschmückten Kutschen und mit Ritten hoch zu Pferde, mit Picknicks und mit Sauferei..."

Der berühmte Opernbaß Fjodor Schaljapin, die Komponisten Mussorgski und Rimski-Korsakow kurten in Jalta. Der lungenkranke Dichter Anton Tschechow bewohnte zwischen 1898 und 1904 im heutigen Vorort Tschechowa eine weiße Villa, in der heute ein Museum untergebracht ist. Maxim Gorki arbeitete 1901/02 in einem Sommerhaus bei Mischor an seinem Stück *Nachtasyl*, und auch den großen Tolstoi zog es hierher.

Jalta: Symbol für das Ringen um die Zukunft Europas

Heute zieht sich der Ballungsraum Jalta mit 150 000 Einwohnern kilometerlang an der Schwarzmeerküste hin, eine gigantische Gesundheitsschmiede, seit die Massen der Werktätigen die Kur entdeckt haben. Herz- und Gefäßleiden, Neurosen, Erkrankungen der Atemwege, Stoffwechselstörungen und Tuberkulose werden hier behandelt. Man gibt sich neuerdings wieder international, möchte an große alte Zeiten anknüpfen. Mehr als 150 Sanatorien, Hotels, Pensionen und Ferienanlagen werben um Gäste, teils in herrschaftlichen Villen und Schlößchen,

Dunkle Gedanken an der heiteren Sonnenküste: Diesen Blick hat man von Gorkis Sommerhaus auf die Hurzufbucht bei Mischor, wo der Dichter sein Theaterstück *Nachtasyl* schrieb.

Typisch für die Wohnhäuser von Jalta sind die vielen reich verzierten luftigen Erker aus Holz.

teils noch in Betonburgen aus sozialistischer Zeit. Eine der Sehenswürdigkeiten Jaltas ist der Staatliche Botanische Nikitski-Garten im mittlerweile eingemeindeten Dorf Nikita: 375 Hektar groß, ab 1812 vom finnischen Botaniker Christian Steven angelegt. 2000 Rosensorten und unzählige Pflanzenarten aus allen fünf Kontinenten stehen den Hang abwärts in voller Blüte – darunter seltene Stücke wie der Erdbeerbaum, der auch „Stripteasebaum" genannt wird, weil er jedes Jahr seine Rinde abwirft. Sehenswert auch die silberblaue Atlaszeder aus Afrika, daneben kalifornische Eichen und Zierbananen aus Japan. Ähnlich exotisch wirkt, etwa fünf Kilometer vom Zentrum entfernt, die Märchenwiese auf den Gast aus dem Westen: Bildhauer haben hier Figuren aus dem reichen russischen Märchenschatz in Holz gestaltet – zum Anfassen und Spielen. Fünf Kilometer bergauf, bei Hurzuf mit der Ruine einer uralten byzantinischen Burg, rauscht der Wasserfall Utschan-Su, das „fliegende Wasser". 98 Meter hoch ist er – ein kümmerliches Rinnsal im Sommer, ein Donnerfall aber im Frühjahr, wenn im Jailagebirge der Schnee schmilzt.

Drei Schlösser muß man im Südwesten der Krimküste gesehen haben: Liwadija zunächst, den Weißen Palast der Romanows, zaristische Sommer-

Im Schloß von Liwadija fand im Februar 1945 die Konferenz von Jalta statt.

residenz seit Nikolaus I. 1925 wurde die Residenz zum ersten Sanatorium für Bauern: Zwieback und Speck brachten sie in ihren Kitteln mit – denn daß sie hier umsonst wohnen durften und auch noch verköstigt wurden, das überstieg das Vorstellungsvermögen der neuen Schloßgäste beträchtlich.

Vom 4. bis 12. Februar 1945 schließlich – die Mandelbäume standen schon in rosa Blüte – fand in Liwadija die welthistorische Konferenz von Jalta statt. Hier wurde über das Schicksal Europas beraten, über die Besatzungszonen in Deutschland und die deutschen Ostgrenzen entschieden, vor allem aber die „Erklärung über das befreite Europa" formuliert, in der sich die Großen Drei – Churchill, Roosevelt und Stalin – verpflichteten, „Sorge zu tragen, daß alle Völker demokratische Institutionen nach ihrer eigenen Wahl" einsetzen könnten. Aber kurz vor seinem Tod klagte der US-Präsident: „Stalin hat alle Versprechungen gebrochen, die er in Jalta gemacht hatte." Heute, so Zbigniew Brzezinski, in den siebziger Jahren Sicherheitsberater des damaligen US-Präsidenten Jimmy Carter, „steht Jalta als Symbol für das noch nicht beendete Ringen um die Zukunft Europas". Der Tagungssaal, der Weiße Saal, kann besichtigt werden.

Die US-Delegation war seinerzeit im Liwadijaschloß untergebracht worden. Die Briten wohnten 16 Kilometer weiter im Schloß Alupka, in einem „Wunder der Architektur", einst im Besitz von Graf Michail Woronzow. Der Graf, über 80 000 Leibeigene gebietend, war Generalgouverneur von Neurußland – wozu die Krim gehörte – und galt als der reichste Mann in Rußland. Er hat sich zwischen 1828 und 1846 dieses Schloß von dem britischen Architekten Edward Bloor bauen lassen – teils ein pompös geratener englischer Landhausstil, teils eine rätselhafte Mischung aus islamischen Elementen und Gotik. Und mit 150 Zimmern: Italienische Bildhauer schufen die Skulpturen, spanische Künstler entwarfen die Gemälde in den Sälen, der deutsche Landschaftsgärtner Karl Kebrach legte den Park an. Überall stehen hinreißende Mädchen aus Marmor. Ein unruhiges Schloß, grau wie der Mond: eine Sturzflut der Stile, eine Sturzflut begeisterter Touristen in Haus und Garten.

Vom Schloßpark in Alupka hat man einen schönen Blick auf den Gipfel des Ai Petri.

Nur das dritte Schloß kam ohne die große Politik davon: Zwischen Alupka und Liwadija liegt es bei Mischor auf dem 40 Meter hohen Felsen des Kap Ai-Todor, das Symbol der Krim schlechthin, das Lustschlößchen Schwalbennest. Ludwig II. von Bayern hätte es sich nicht besser ersinnen und bauen können: ein neugotischer Traum von 1912, den ein Baron deutscher Abstammung für sich und eine schöne, längst vergessene Sängerin als Liebesnest auf den Felsen gesetzt hatte. Aber wie es meistens endet: Schon zwei Jahre später war die Liebe vorbei, eine andere begann, von der man nicht mehr weiß, wie sie endete, und die Sängerin verkaufte den steinernen Schmetterling aus dem siebten Himmel an einen kalten Kaufmann aus Moskau, der eine Gaststätte daraus machte. Heute gibt es hier die teuerste Pizza auf der Krim.

Weinprobe in der *Erzgebirge-Bar* im Hotel Jalta: ein Erlebnis, das zu jedem Krimbesuch gehört. Auf rund 3250 Quadratkilometer Anbaufläche entfaltet die Weinkultur der Halbinsel rund um Massandra, Sewastopol, Jalta, Alušta, Simferopol und Sudak eine große Tradition: schwere Weine, die nahezu an der Zunge festkleben. Berühmt sind auch die Dessertweine mit Natursüße, vier bis fünf Jahre reift der Madeirawein. Draußen im Freien hinter stabilen Zäunen liegen mächtige Eichenfässer gleich neben der Straße. Und der berühmte Krimsekt fließt wie einst, als er – in feudalen Zeiten und Kreisen – gleich nach dem Champagner Synonym für Lebenslust und gute Laune war.

Die offizielle Hauptstadt der Krim ist das staubige Simferopol, die inoffizielle in mancher Hinsicht aber Odessa. Die wichtigste Stadt, der wichtigste Hafen am Schwarzen Meer liegt nordwestlich der Krim an der Festlandküste. Weitgereiste Kreuzfahrtschiffe, Fähr- und Handelsschiffe und die einstige sowjetische Antarktis-Walfangflotte hatten hier ihren Heimathafen. Aber mit 100 Sanatorien ist Odessa auch einer der beliebtesten Kurorte am Schwarzen Meer. Hoch liegt die Stadt auf einem Steilufer über dem Hafen. Drei Seefahrtsschulen gibt es und 14 Hochschulen, eine Teefabrik, sechs Theater. Das weltberühmte Opernhaus am Prachtboulevard Primorski ist der Stolz der Stadt; die Sängerfürsten Schaljapin und Caruso traten hier auf und die berühmte amerikanische Tänzerin Isadora Duncan.

Unten an der Hafeneinfahrt steht ein Denkmal für den Matrosen Wululentschuk, einen der Revolutionäre des Jahres 1905, das als Auftakt der Erhebung gegen den Zaren gilt. Mit meuternden Soldaten an Bord lief der berühmt gewordene Panzerkreuzer *Potemkin* in den Hafen von Odessa ein – der erste Aufstand in der russischen Kriegsmarine. Als streikende Arbeiter sich mit den Seeleuten solidarisierten, schossen die zaristischen Soldaten: Rund 2000 Tote sollen an der Treppe liegengeblieben sein, die heute Potemkin-Treppe heißt.

An der lieblichen mediterranen Landschaft und dem geruhsamen Bäderbetrieb der Kurorte ist solch wildbewegte Geschichte spurlos vorübergegangen. Hier herrschen ungetrübter Friede und Beschaulichkeit: ein Windhauch, kleine Wellen, die wie Papierschiffchen ans Ufer schaukeln. Still liegt das Meer und blau, so daß der alte Name bisweilen befremdet: Schwarzes Meer.

DAS BESONDERE REISEZIEL: BACHTSCHISARAJ – DER PALAST DER KHANE

Auf halbem Weg zwischen der Hafenstadt Sewastopol und der heutigen Krim-Metropole Simferopol, wo sich an den nordwestlichen Abhängen des Jailagebirges freundliche Täler mit schroffen Felsabhängen abwechseln, liegt die alte Hauptstadt der Krimtataren: Bachtschisaraj (Bachčysaraj), der „Palast der Gärten" – so genannt, weil die Siedlung früher rundum von Obst- und Weingärten umgeben war.

In einem schönen, orientalisch anmutenden Park hat sich der Palast der Khane, der tatarischen Fürsten, in seiner bisweilen abenteuerlichen Stilmischung erhalten. Baumeister und Künstler aus Persien und der Türkei, aus Rußland und der Ukraine waren zwischen dem 16. und 18. Jahrhundert am Bau beteiligt, und der älteste Teil des Palastkomplexes, das farbenfrohe Portal von Aleviso, kann seine Renaissanceherkunft nicht verleugnen. Der Khan Mengli Girai hatte im Jahre 1503 den italienischen Meister Aleviso, der eigentlich unterwegs nach Moskau war und auf der Krim nur ein Nachtquartier suchte, einfach so lange auf der Halbinsel festgehalten, bis das Portal fertiggestellt war – über ein Jahr lang. So waren sie, die Tataren.

Gerichtssaal, Moscheen, Haremsgebäude, Lustgarten, Sommerpavillon, Falkenturm, Friedhof und Mausoleen von 16 Khanen und ihren Familien sind heute noch zu sehen. Und natürlich die Brunnen. Berühmt wurde vor allem der romantische „Brunnen der Tränen", den der ansonsten eher als grausam bekannte Khan Krim Girai 1764 beim iranischen Meister Omer zum Andenken an seine früh verstorbene Lieblingsfrau Diljara-Biketsch in Auftrag gegeben hatte. Das Wasser fließt aus einer stilisierten marmornen Lotosblüte, die das menschliche Auge symbolisiert.

In der karstreichen Gebirgswelt der Krim gibt es Höhlen in Hülle und Fülle; insgesamt 880 sind gezählt. Am bekanntesten wurde die sogenannte Höhlenstadt Tschufut-Kale auf einem Plateau des Tafelberges Buruntschak, fünf Kilometer südöstlich von Bachtschisaraj gelegen. Lange Zeit war sie die Hauptstadt der Krimtataren: 40 Festungen, Verteidigungshöhlen und die Versammlungs- und Gebetshäuser der alten Bewohner, ja sogar ein eisenbeschlagenes Stadttor sind noch erhalten. Und das Mausoleum der Dschanike, der Tochter eines frühen Khans, die, als ihr Vater auf einem Feldzug war, bei der Verteidigung der Festung fiel; von hier genießt man heute die schönste Aussicht auf das Jailagebirge. Doch schon im 16. Jahrhundert verließen die Khane die Höhlenstadt und zogen hinunter nach Bachtschisaraj in das liebliche Tal eines Flusses, den sie Tschufuk Su nannten, den „Stinkenden Fluß"; denn er diente ihnen auch als Abwasserkanal. Doch die Zeiten wandeln sich: Bachtschisaraj ist heute duftendes Zentrum einer Industrie, die aus Rosen und Lavendel, Salbei und Jasmin ätherische Öle produziert.

Architektonisches Bindeglied zwischen Samarkand und Istanbul: Im Palast der Khane liegen die kulturellen Wurzeln der Krimtataren offen zutage.

Rumänisch-bulgarische Schwarzmeerküste

Dem Licht entgegen

Viele Namen hatte dieses Meer im Laufe der Jahrhunderte, und es waren nicht immer schmeichelhafte. Die Thraker, die ersten Bewohner dieses sonnenverwöhnten Landstrichs am Südostrand Europas, nannten es *askenius* – das dunkelfarbene Meer. Für die alten Griechen war das Meer entlang des Küstenbogens zwischen der Donaumündung und der Meerenge zu Kleinasien ganz einfach *axinos* – furchterregend. Doch gab man ihm später den Namen, den das riesige Gewässer tatsächlich verdient: Pontus Euxinus – das gastliche Meer.

Durchgesetzt hat sich freilich bis heute der Name der Thraker – leider, muß man sagen. Denn das haben die schier unendlichen, feinsandigen Strände an Bulgariens und Rumäniens Küsten nicht verdient, genausowenig wie die steil aufragenden roten Felsenklippen, die in der Morgensonne am Kap Kaliakra glühen, oder die urwaldähnlichen Wälder an den Mündungen der Flüsse Kamčia und Ropotamo. Von dem gigantischen Delta der Donau, Europas zweitmächtigsten Stromes, ganz zu schweigen. Oder von Constanţa, der größten Hafenstadt Rumäniens, die wohl wie keine zweite Stadt der Region ein Schnittpunkt der Kulturströme von Okzident und Orient ist.

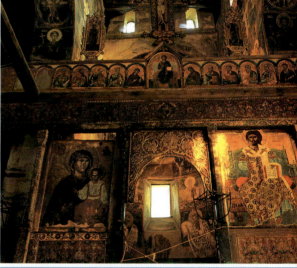

Eines sei freilich hinzugefügt: Die Jahrzehnte des Sozialismus haben auch hier ihre Spuren hinterlassen; die zu Unrecht als Hotels bezeichneten unansehnlichen Plattenbauten aus den sechziger Jahren wirken wenig einladend. Wer also Land und Leute wirklich kennenlernen will, der wird lieber mit einem Stübchen in einem der vielen Küstendörfer vorliebnehmen. In welchem Hotel bekommt man schließlich frische Ziegenmilch und sonnenwarme Zuckermelonen zum Frühstück? Und wo schmeckt der würzige Weißwein der Region besser als abends in der blätterumrankten Pergola eines Bauernhofs mit Blick auf das tiefblaue, das Schwarze Meer?

Davon hat das Schwarze Meer zwischen Donaudelta und Bosporus seinen Ruf: weite Strände, nach Möglichkeit absolut einsam, Natur und ein erholsames Klima mit viel Sonne (Foto links). Doch an dieser Küste gibt es nach 45 Jahren Sozialismus abseits bekannter Klischees viel zu entdecken: einfache, gastfreundliche Menschen zum Beispiel, die noch wie selbstverständlich das Leben ihrer Vorfahren führen wie die Bäuerin am Spinnrocken im rumänischen Borsa (Foto rechts oben); Menschen, die auf ihren Tabakfeldern hart arbeiten müssen, während der Tourist nur sieht, wie schön Tabak sein kann, wenn er blüht (zweites Foto von rechts oben). Oder lange unbeachtet gebliebene Zeugnisse alter Kultur wie die Ikonenwand der Johannes-der-Täufer-Kirche (zweites Foto von rechts unten) und die Ruinen byzantinischer Gotteshäuser im bulgarischen Nesebŭr (Foto rechts unten).

Osteuropa

Constanţa, ein Ort der Begegnung

Schon seit alters beherrscht sie die Küsten zwischen Donaudelta und Bosporus, diesem so schmalen Wasserweg, der das Schwarze Meer mit den Meeren der Welt verbindet: Constanţa, heute größte Hafenstadt Rumäniens und zugleich Hauptort der Küstenlandschaft Dobrudscha. Zu Zeiten der Hellenen Tomis genannt und von den Römern später Constantiana, ist sich die Stadt doch immer gleich geblieben: Immer war sie ein Handelsplatz und ein Schnittpunkt der Kulturen, die sich rund ums Schwarze Meer versammelt hatten. Was liegt also näher, als den Besuch an den Küsten des Schwarzen Meeres eben hier beginnen zu lassen?

Der römische Dichter Ovid, einer der berühmtesten Autoren im Kaiserreich des Augustus, ist wohl der prominenteste – und zugleich ein sehr unglücklicher – Gast der Schwarzmeerküste gewesen. Zu Beginn unserer Zeitrechnung in die bereits von den Griechen gegründete Kolonie Tomis verbannt, schrieb er hier nur „Lieder der Trauer" oder die in nicht minder elegischem Tonfall gehaltenen *Epistolae ex Ponto* – die Briefe vom Schwarzen Meer. Constanţa hat aus Zeiten Ovids ein antik-mediterra-

---

DIE RUMÄNISCH-BULGARISCHE SCHWARZMEERKÜSTE AUF EINEN BLICK

SEHENSWÜRDIGKEITEN

Adamclisi: römisches Siegesdenkmal Trophaeum Traiani; **Balčik**: Schloß mit botanischem Garten; **Constanţa**: Altstadt, große Moschee, Reste der ehemaligen Stadt Tomis, archäologisches Museum; **Eforie**: Schlammbäder; **Istria**: Ruinen der alten Hafenstadt; **Kamčiamündung**: Naturschutzgebiet; **Kap Emine**: 60 Meter hohes Felsenkap; **Kap Kaliakra**: Felsensteilküste mit Festungsüberresten; **Mangalia**: Reste der einstigen Kolonie Callatis; **Nesebǎr**: Altstadt; **Obzor**: antike Ruinen; **Sozopol**: Altstadt; **Varna**: Primorski-Park (Meerespark), steinerner Wald.

FESTE UND VERANSTALTUNGEN

Burgas: Folkloretreffen „Strandsha singt", Juni, Festival des Kinderlieds, Oktober; **Costineşti**: Jazzfestival, Mitte August, Festival des jungen Films, Ende August; **Mamaia-Bǎi** Schlagerfestival „Goldene Muschel", Juli; **Mangalia**: Fest „Tage des Meeres", Anfang August; **Sozopol**: Kunstfestival „Apollonia", Anfang September; **Varna**: Chorfestival, Ende Mai, internationales Kunstfestival „Varnaer Sommer" mit Theaterfestival, Anfang Juni, internationaler Ballettwettbewerb, Mitte bis Ende Juni, Kammermusikfestival, Mitte Juni bis Mitte August, Jazzfestival, Anfang August, Folklorefestival, Anfang August.

AUSKUNFT

Bulgarisches Fremdenverkehrsamt, Stephanstr. 1–3, 60313 Frankfurt a. M., Tel. 0 69/29 52 84; **Rumänisches Touristenamt**, Zeil 13, 60313 Frankfurt a. M., Tel. 0 69/29 52 78-79.

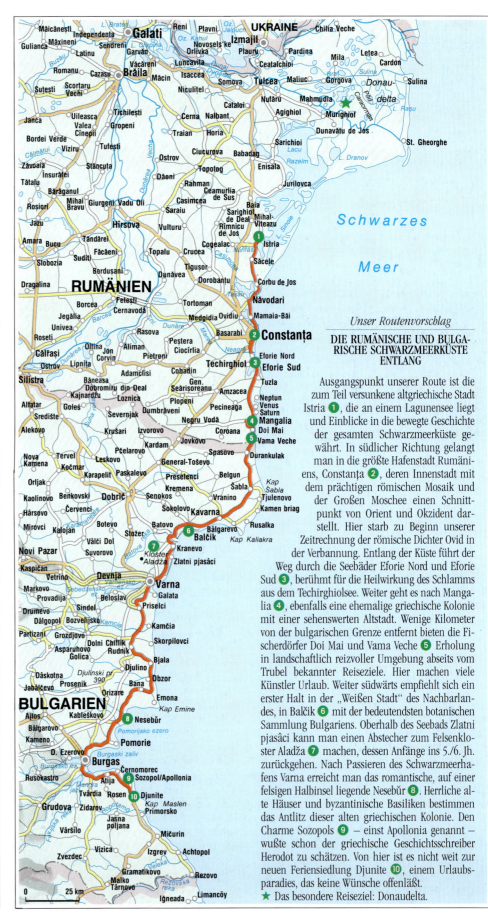

Unser Routenvorschlag

DIE RUMÄNISCHE UND BULGARISCHE SCHWARZMEERKÜSTE ENTLANG

Ausgangspunkt unserer Route ist die zum Teil versunkene altgriechische Stadt Istria ①, die an einem Lagunensee liegt und Einblicke in die bewegte Geschichte der gesamten Schwarzmeerküste gewährt. In südlicher Richtung gelangt man in die größte Hafenstadt Rumäniens, Constanţa ②, deren Innenstadt mit dem prächtigen römischen Mosaik und der Großen Moschee einen Schnittpunkt von Orient und Okzident darstellt. Hier starb zu Beginn unserer Zeitrechnung der römische Dichter Ovid in der Verbannung. Entlang der Küste führt der Weg durch die Seebäder Eforie Nord und Eforie Sud ③, berühmt für die Heilwirkung des Schlamms aus dem Techirghiolsee. Weiter geht es nach Mangalia ④, ebenfalls eine ehemalige griechische Kolonie mit einer sehenswerten Altstadt. Wenige Kilometer von der bulgarischen Grenze entfernt bieten die Fischerdörfer Doi Mai und Vama Veche ⑤ Erholung in landschaftlich reizvoller Umgebung abseits vom Trubel bekannter Reiseziele. Hier machen viele Künstler Urlaub. Weiter südwärts empfiehlt sich ein erster Halt in der „Weißen Stadt" des Nachbarlandes, in Balčik ⑥ mit der bedeutendsten botanischen Sammlung Bulgariens. Oberhalb des Seebads Zlatni pjasâci kann man einen Abstecher zum Felsenkloster Aladža ⑦ machen, dessen Anfänge ins 5./6. Jh. zurückgehen. Nach Passieren des Schwarzmeerhafens Varna erreicht man das romantische, auf einer felsigen Halbinsel liegende Nesebǎr ⑧. Herrliche alte Häuser und byzantinische Basiliken bestimmen das Antlitz dieser alten griechischen Kolonie. Den Charme Sozopols ⑨ – einst Apollonia genannt – wußte schon der griechische Geschichtsschreiber Herodot zu schätzen. Von hier ist es nicht weit zur neuen Feriensiedlung Djunite ⑩, einem Urlaubsparadies, das keine Wünsche offenläßt.

★ Das besondere Reiseziel: Donaudelta.

Spuren der Antike in Rumänien: Griechische Kolonisten gründeten hier schon im siebten Jahrhundert vor Christus mehrere Hafenstädte, darunter Istria nördlich des heutigen Constanța.

nes Flair herüberretten können, das sich heute mit den pittoresken Einflüssen des Balkans und dem orientalischen Erbe der Osmanen mischt, die jahrhundertelang Herren dieser Stadt waren.

Wie viele Städte läßt sich auch Constanța am besten zu Fuß erschließen. Vor allem die Altstadt, die erst in letzter Zeit aus der jahrzehntelangen Erstarrung erwachte und allmählich ihren chaotisch anmutenden Rhythmus wiederfindet. Die Häuser mit ihren bunten Fassaden und ihren unzähligen Erkern und Balkonen erwecken den Anschein, als atmeten sie das Leben der Generationen, die sie seit Jahrhunderten bevölkern.

Antike Größe und der Duft von Pfirsichblüten

An der Großen Moschee führt kein Weg vorbei. Wer die geringe Mühe nicht scheut, die Stufen des Minaretts zu erklimmen, wird mit einem Blick weit über die Dächer der Stadt hinaus belohnt. Es sind die Kuppeln und Minarette, die der Stadt einen orientalischen Hauch verleihen, während die Reste der hellenistischen Festungsmauern rund ums antike Tomis, umgestürzte Säulen oder das prächtige, etwa 600(!) Quadratmeter große römische Mosaik von der abendländischen Tradition der Stadt künden.

Durch seine zentrale Lage ist Constanța quasi natürlicher Ausgangspunkt für Ausflüge entlang der Küste sowohl nach Norden als auch nach Süden. Im Norden lockt zunächst das Donaudelta, diese urtümliche Landschaft, die zumindest in Europa ihresgleichen sucht. Wer dann, aus dem Donaudelta kommend, die kargen Rundungen des nur 500 Meter hohen Măcingebirges passiert hat und sich nicht nur an den feinkörnigen Stränden ausruhen mag, der sollte sich zum Abstecher nach Istria, etwa 50 Kilometer vor den Toren Constanțas, entschließen. Obwohl die zum Teil versunkene Stadt dem Vergleich mit Ausgrabungsstätten aus dem Mittelmeerraum durchaus standhält, wird der geschichtsträchtige Ort von Reisenden kaum besucht. Die altgriechische Hafenstadt liegt heute an einer Lagune. Faszinierend die Anlagen aus der Römerzeit und in einem Museum die antiken Amphoren und Schrifttafeln, die vom einst blühenden Handel und Wandel in dieser Stadt zeugen.

Südlich von Constanța liegt eine weitere Ferienregion Rumäniens. Ihr Herz schlägt in Eforie, dem Zusammenschluß zweier Luft- und Badekurorte mit langer Tradition. Um die Jahrhundertwende wurde die heilsame Wirkung des Schlamms aus dem Techirghiolsee erkannt, der vor allem bei Rheuma Linderung verschaffen soll. Nach wenigen Kilometern weiter in Richtung Süden folgen die erst in den siebziger Jahren hochgezogenen Ferienanlagen, in denen sich der Diktator Ceaușescu selbst feiern wollte. Stolz sind sie nach den Planeten des Sonnensystems benannt, sollte hier doch dessen Mittelpunkt angebetet werden: die Sonne, deren Licht die Region ihren Reichtum verdankt. Den eigentlich gemeinten Mittelpunkt des Systems vermuteten Kenner aber eher im Bukarester Präsidentenpalast. Und so ist es kein Wunder, daß es bereits damals die jungen Leute in das nahe einstige Fischerdorf Costinești zog. Hier ging selbst in den schlimmsten Zeiten der Diktatur das Gespenst der Freiheit um – in Form von Musik. Alles, was im rumänischen Jazz Rang und Namen hatte, fand sich hier zu Konzerten unter blauem Himmel ein.

Weiter geht es die Küste entlang nach Süden. Je mehr sich die bulgarische Grenze nähert, desto stärker rückt das Landschaftliche in den Vordergrund: Saftiggrüne Maisfelder und in Sonne getauchte Obstplantagen säumen die Straßen. Die Dörfer Doi Mai und Vama Veche gelten seit Jahrzehnten als Geheimtip unter Intellektuellen und Künstlern. Wer den sogenannten Aktiv-Urlaub (dem man in den Ferienzentren Rumäniens, aber auch Bulgariens zur Genüge frönen kann) weniger schätzt und auf Pauschalangebote gerne verzichtet, findet sich hier unter Gleichgesinnten. Ferien setzen sich in dieser Landschaft vor allem aus Meer, Sonne und einem

In der Hafenstadt Constanța haben die Griechen und nach ihnen die Römer ihre Spuren hinterlassen.

guten Maß südländisch-byzantinischer Beschaulichkeit zusammen. Privatquartiere sind allemal empfehlenswert, und kulinarisch gibt es einiges zu entdecken: Die rumänische Küche ist herzhaft, vom gebratenen Fisch bis hin zum mit Hackfleisch gefüllten Krautwickel, der Nationalspeise. Wenn dann abends die roten und gelben Dahlien im Licht der untergehenden Sonne leuchten, der Duft von Pfirsichen die warme Luft erfüllt und die Grillen das Rauschen des Meeres übertönen, spätestens dann wird man sich fragen, warum erst so wenige diese paradiesische Ferienlandschaft entdeckt haben.

Und vielleicht wird man an Ovid denken, den traurigen Liederdichter, und an die Zeiten der Antike – und dann feststellen, daß man zwei bedeutende Ruinenzeugen jener Tage noch gar nicht gesehen hat. Mangalia zum einen, wie Istria und Tomis eine von griechischen Kolonisten errichtete Hafenstadt, von der noch Teile der Festungsmauer und eine Nekropole erhalten sind. Und das Trophaeum Traiani, das größte Siegesdenkmal, das Römer jemals auf fremdem Territorium erbauten. Es liegt in

Osteuropa

Es muß nicht immer antik sein: Der bulgarische Fischerort Sozopol ist ein Kunsthandwerkszentrum.

der Ortschaft Adamclisi in der Nähe von Constanța. 40 Meter ist das Monument hoch und bezeugt die Niederlage der einheimischen Bevölkerung, der Daker. Freilich ist es nur eine Nachbildung des zu Beginn des ersten Jahrhunderts unserer Zeitrechnung errichteten Originals. Einzelstücke, Friese mit der Darstellung des Kriegsgeschehens, werden in einem kleinen Museum aufbewahrt.

„Dolce vita" am Schwarzen Meer

Zur ersten Begegnung mit Bulgarien sollte man sich Zeit nehmen – und sie nicht gleich hinter der Grenze suchen, etwa in Durankulak, sondern in Balčik, der einst berühmten „Weißen Stadt" am Schwarzen Meer. Der große Fremdenverkehrsboom der sechziger und siebziger Jahre ging an der Stadt vorüber, obwohl Balčik schon seit Jahrzehnten ein bekanntes Seebad ist. Malerisch ziehen sich die Häuser des kleinen Fischer- und Hafenstädtchens an den Kalksteinfelsen hinauf. Fast scheint es so, als wäre die Zeit stehengeblieben und der Ort noch genauso wie damals, als Balčik noch zu Rumänien gehörte und dessen Königsfamilie hier ihre Sommerresidenz hatte. Eine Königin hat hier gar einmal ihr Herz verloren. Direkt an der Küste steht ihr Sommerpalast – ein Phantasiegebäude wie aus Tausendundeiner Nacht, von einem Minarett gekrönt und inmitten eines terrassenförmig gestalteten Parks gelegen, von dem eine Treppe direkt hinunter zum Strand führt.

In Balčik sollte man auch getrost erste Bekanntschaft mit der deftigen bulgarischen Küche suchen. Von hier aus erstreckt sich nämlich die Dobrudscha, die fruchtbare Hochebene, bis hin zur Donau. Die süßen roten Tomaten kommen von hier, die fleischigen Paprika und die großen Knoblauchknollen, ohne die kein bulgarisches Gericht auskommt. Dazu gibt es hausgekelterten Wein aus der Region. Wohl nicht ganz zufällig haben die alten Griechen

die Stadt einst – nach ihrem Gott des Weines – Dionysopolis genannt.

Es gibt zwei Arten, Bulgarien kennenzulernen. Die eine empfiehlt sich für die Sonnenhungrigen, die außer einem kühlen Hotelzimmer vor allem einen schönen Flecken Strand und ein wohltemperiertes Meer suchen. Für sie wurden einst Sonnenstrand (der Name ist Programm) oder Albena aus den Dünen gestampft, wurden nordöstlich von Varna die Betonburgen von Zlatni pjasâci in den Sand, pardon, an den Goldstrand gesetzt – denn so firmiert der Ort bei den Reisebüros. Wer aber das bunte Bulgarien, seinen temperamentvollen Menschenschlag, die alte Kulturlandschaft und die romantischen Küstenflecken kennenlernen möchte, der sollte auf eine andere Reise gehen.

Und die könnte zum Beispiel nach Aladža führen, einem Felsenkloster, nicht weit entfernt von Goldstrand, nördlich von Varna im Landesinneren gelegen. Schon von weitem ist im Grün der Landschaft die weiße, mehr als 30 Meter hohe Felswand zu sehen, in die man das Kloster hineingebaut hat. Die in zwei Stockwerken übereinanderliegenden Mönchszellen und die Klosterkapelle sind direkt in den Felsen hineingehauen. Die Anfänge des Mönchskonvents gehen bis ins fünfte und sechste Jahrhundert

Auch die bulgarische Dobrudscha ist ein Bauernland mit südlichem Flair: Blühende Lavendelfelder legen an der Straße von Sofia nach Burgas einen betörend duftenden Teppich aus.

zurück; seine jetzige Gestalt hat das Kloster dann erst 800 oder 900 Jahre später erhalten. Aus dieser Zeit stammen auch die leider nur bruchstückhaft erhaltenen Fresken; sie waren einst einem Osmanenüberfall zum Opfer gefallen.

Varna, die bedeutendste Hafenstadt Bulgariens, kann man besuchen, man muß es aber nicht. Nach dem Trubel der Großstadt ist dann aber das gut 100 Kilometer südlich gelegene Nesebŭr in jedem Fall eine Wohltat für die Sinne. Man muß nicht unbedingt schrecklich geschichtsbeflissen sein, um den besonderen Reiz dieses Ortes zu spüren. Nesebŭr, einst eine griechische Kolonie mit dem Namen Messembria, liegt auf einer Felshalbinsel, die nur durch einen schmalen Damm mit dem Festland verbunden ist. Der bedeutende Handelsplatz wurde trotz seiner strategisch günstigen Lage nie zerstört, und nicht zuletzt deshalb hat die wunderschön gewachsene Altstadt bis in unsere Tage überdauert. Verträumte Erkerhäuser aus getünchtem Mauerwerk und Holz prägen das Stadtbild. Im Inneren der Häuser verbergen sich lauschige, weinbewachsene Innenhöfe hinter alten Feigenbäumen und hohen, holzgeschnitzten Pforten.

Nesebŭr soll einst 40 Kirchen gehabt haben; zehn sind bis heute erhalten geblieben, die ältesten aus

Eine der verfallenen alten Kirchen von Nesebŭr liegt direkt am Meer. Jenseits der Bucht lockt der Strand.

dem fünften und sechsten Jahrhundert nur mehr als Ruinen, die späteren in der ganzen Pracht byzantinischer Basiliken. Mit ihren Backsteinornamenten und Keramikverzierungen, ihren Ikonen und Wandmalereien sind sie eigentlich allesamt einen Besuch wert.

Auch wer baden will, kommt auf dieser Reise nicht zu kurz: An der Ostspitze der Halbinsel Nesebŭr kann man zu einer kleinen Felsenbucht hinabsteigen, die dem Taucher eine faszinierende Unterwasserwelt offenbart. Und vor der Bucht liegt eine kleine Felseninsel, die ein leidlicher Schwimmer ohne Probleme erreicht. Wer einen Sandstrand zum Badeglück braucht, sollte zum modernen Nesebŭr hinüberfahren: Hinter den Dünen verbergen sich dort drei Kilometer feinsten Sandstrands.

Auch Burgas, die zweite Großstadt an Bulgariens Schwarzmeerküste, lassen wir getrost links liegen. Der nächste Halt heißt Sozopol. Schon Herodot wußte die Reize von Apollonia, wie die Stadt einst genannt wurde, zu schätzen. Auch wenn die Spuren der Antike in dieser ältesten griechischen Kolonie am Schwarzen Meer arg verwischt sind, lohnt sich der Besuch allemal. Wie Nesebŭr hat sich auch Sozopol den unverfälschten Charme einer alten Fischersiedlung erhalten: die gleichen engen Gassen mit ihrem holperigen Kopfsteinpflaster, die einstöckigen Häuser mit weitausladenden hölzernen Obergeschossen, die gleichen weinbewachsenen Innenhöfe und Gärten mit Rosen und Oleander. Immer war Sozopol ein Ferienort für die Bulgaren und ein Refugium für Künstler. Alles, was Rang und Namen hat in der bulgarischen Intellektuellen-Szene, bei Film und Fernsehen, verbringt hier den Sommer. Straßenmaler und Freiluftgalerien, vor der Wende 1989 nirgendwo im Straßenbild geduldet, gehören inzwischen wieder genauso selbstverständlich zu Sozopol wie der breite Sandstrand, die alten Fischerhäuser, die kleinen Straßencafés und Kneipen. Die Stadt riecht nach frisch gebratenem Fisch, den man überall kaufen kann: im Restaurant und an den Ständen der fliegenden Händler.

Sozopol ist günstiger Ausgangspunkt für Abstecher nach Süden, die Küste hinunter bis fast an die türkische Grenze. Die Hotels werden hier immer rarer, der Reisende muß sich auf Privatquartiere oder das gute alte Zelt einstellen. Einzige Ausnahme ist die Feriensiedlung Djunite, die nur acht Kilometer hinter Sozopol direkt an der Küste liegt. Die gesamte Anlage besteht fast nur aus höchstens zweistöckigen, weiß getünchten Bungalows im bulgarisch-ländlichen Stil. Djunite hat alles zu bieten, ohne das viele Erholungsuchende nicht mehr auskommen: Komfort, Wassersport- und andere Sportmöglichkeiten ohne Zahl, ein Nachtleben ohne Ende.

Wer aber verträumte kleine Felsenfjorde, fast menschenleere weiße Badestrände und kristallklares, warmes Wasser dem Bungalowkomfort vorzieht, der muß noch ein Stückchen weiter gen Süden fahren, vorbei an den Fischerstädtchen Mičurin und Achtopol. Dort, wo die Straße schließlich so schmal wird, daß zwei Autos kaum aneinander vorbeikommen, erreicht man das Ende jeglicher Fremdenverkehrszivilisation. Dort geht es nur noch dem Licht entgegen, und Meer und Himmel scheinen auf einmal viel blauer zu sein.

DAS BESONDERE REISEZIEL: DONAUDELTA – EIN GRÜNES RÄTSELREICH

Obwohl schon getrennt vom nördlichen Chilia-Arm, verrät die Donau auch in der alten Hafenstadt Tulcea nichts von ihren Geheimnissen und landschaftlichen Reizen, die sie auf dem letzten Wegabschnitt birgt. In stummem Groll über manches ihm angetane Unrecht wälzt Istros, wie Herodot den Strom nannte, seine trüben, braunen Fluten dahin. Jahr für Jahr lagert er mehrere hundert Millionen Tonnen Schlamm ab und läßt das Delta immer weiter ins Schwarze Meer hinauswachsen.

Mehr als 5000 Quadratkilometer, davon rund 4000 auf rumänischem Territorium, umfaßt das Delta, ein riesiges Areal von Seen, Kanälen, Festland und Inseln. Wie ein gigantischer Dreizack Neptuns umschließen die drei Mündungsarme der Donau dieses Wasserreich mit seiner in Europa einzigartigen Flora und Fauna, die zwar nicht mehr unbeschadet, doch auch nicht verloren sind. In den schier unendlichen Schilfwäldern sind zum Beispiel Silberreiher, Störche oder Kormorane anzutreffen: Fast 300 Vogelarten suchen das Delta zur Zugzeit auf. In klaren, meist flachen Seen, die sich im Frühsommer mit den Blütenteppichen der Seerosen überziehen, sind Karpfen, Hecht, Schleie und Wels heimisch, und zum Laichen dringt auch der Stör ins Delta vor. Wer diese wunderbare Landschaft erleben will, der sollte nicht die eintägige Schiffstour auf dem mittleren Sulina-Arm wählen. Viel reizvoller ist es, für zwei, drei Tage dieses größte Feuchtbiotop des alten Kontinents im Boot zu befahren. Wer mit Proviant, Zelt, guten Karten und nicht zuletzt mit einer Genehmigung der Behörden versehen ist, dem bieten beispielsweise der mehr als 100 Kilometer lange Sfîntu-Gheorghe-Arm im Süden und seine Kanäle ein paradiesisches Bild: eine mitunter tropenähnliche Vegetation, schwimmende Inseln und kleine, bewaldete Festlandstreifen, die unter anderem von Wildschweinen, Hermelinen und Füchsen bewohnt werden. Nördlich dieses Flußarmes liegt das unter Naturschutz stehende Gebiet Caraorman. Nicht weit von hier nisten Rosa- und Krauskopfpelikane, die Attraktion des Deltas, deren Bestände in den letzten Jahren aber leider gesunken sind.

In den Ortschaften entlang der drei Donau-Arme und im Inneren des Deltas sieht man oft mit Schilf gedeckte, weißgetünchte Lehmhäuser. Von Maulbeerbäumen beschattet und von kleinen Gemüsegärten umgeben, fügen sie sich unmittelbar ein in die zeitlos wirkende Landschaft. Die religiöse Minderheit der Lipowener, unter der russischen Zarin Katharina II. vertriebene sogenannte Schismatiker, haben hier als Fischer eine neue Heimat gefunden. Mit schwarzen, schlanken Booten fahren sie noch heute auf Fang aus. Eine eigentümliche Ruhe liegt über ihrem Wasserreich, das dem Besucher beim Gedanken an das ewige Gleichmaß der Zeiten vielleicht den einen oder anderen Schauer über den Rücken jagen mag – jedenfalls aber nur so lange, bis ihm die Spezialität der Region serviert wird, die zu den Genüssen des Lebens zurückführt: der Fisch-Borschtsch, aus frischen Donaukarpfen, mit Paprikaschoten und riesigen, süßen Fleischtomaten im großen Kessel auf offenem Feuer zubereitet.

Als wären Wasser und Land noch nicht getrennt: Weite Teile des Donaudeltas scheinen in einem Zustand verharrt zu sein wie zu Beginn der Schöpfung.

Register

A
Aare 106, 110, 111
Ábano Terme 411
Abbaye des Chateliers *258*
Aberdeen, 224, 225, 226
Abruzzen 410
Achenpaß 72
Adamclisi 534, 536
Adamello-Brenta 376
Adelboden 107, 108
Adelsberger Grotte 443
Adige (Etsch) 403
Adrano 428
Adria, italienische 400–409
Affental 64
Afritzer See 148
Ägäis, Türkische 516–523
Ägäische Inselwelt 468–478
Agia Roumeli 487
Ägina 329
Agios Nikólaos 482, 483, 485
Agrigent 425, 426, 427, *432, 432*
Ahlbeck, 34, 37, *37*, 86
Ahrenshoop *33*
Aigai 450
Aigües 293, 295, 297
Aiguilette *279*
Aiguille du Dru *275*
Aiguille du Midi 273, *273*, 275, 276
Aiguille Noire *276*
Aiguille Verte 275, *275*
Ainsa 292, 293
Airolo 116, 117
Aix-en-Provence 282, 285
Aix-les-Bains 274, 276
Ajaccio 288
Akrotiri (Akrotirion) 470, 477, 484
Akureyri 166, 167
Aladža 534, 536
Åland *202*
Ålandinseln 163, 202
Aléssio 380, 383
Albenga 380, 381, 384
Alberobello 422, *422*
Albertville 274, 277
Albi 288
Ålborg 183, 185
Albufeira *329*, 334, 335, *335*, 336
Albufera 365
Alcantara *428*, 429
Alcúdia 362, 364, 365
Alderney 249
Ålesund 175, 176
Algarve 328, 330–337
Alghero 423
Alicante 369
Alise-Sainte-Reine 262, 263
Alkmaar 313, 314
Allenstein (Olsztyn) 82, 83
Allgäu 78
Allinge *187*
Almansil 333, 336, *336*
Alpen 21, 70–78, 104–113, 124–133, 134–143, 272–279, 370–377
Alpes-Maritimes 283
Alpirsbach 62, 63
Altaussee 136, 141
Alte Stadt (Den Gamle By) *181*
Altea 369
Altenmarkt-Baumberg 72
Altes Land 24, 28
Altfinkenstein 151
Altmünster 136
Altschmecks (Starý Smokovec) 90, 91, 92
Alupka 528, 530
Amalfi 414, 415, 418, *418*
Amalfitana 414, *415*, 417, *418*
Ambleside 232, 236
Ambras 126, 130
Ameland 318
Ammergau 72, 75
Amrum 26
Amselsee 54
Amsterdam *311*, 313, 315, 316, *316*
Ancona 402, 403, 405, 406, *406*
Andalusien 350–357
Andermatt 116
Andernach 42
ANDORRA 293, *297*, **297**
Andratx 362, 364
Andritsena 458, 464
Andros 470, 471, *471*
Angerburg (Węgorzewo) 82, 84
Angers 270
Annaberg-Buchholz 59
Annecy *273*, 274, 276
Annevoie-Rouillon 302
Anoghia 483
Antalya 499, 524
Antibes 282, 283, 287
Antipaxi 466
Antwerpen 212, 309
Äolische Inseln 426, 433
Apennin, Nördlicher 386
Apollon 470, 473
Appleby *231*, 232
Apuanische Alpen 387
Apulien 422
Arachthos 447, *448*
Aragonien 294, 295
Arbayún 294, *294*
Arc 274, 276
Arcachon 299
Arcen 312
Ardèche 284
Ardennen 300–307
Arezzo 390
Argegno 116, 123
Argentière 274, 275
Argolischer Golf 458, 460
Árgos 459, 461
Århus *181*, 182, 183, 185
Arlberg 133
Arles 282, 284
Armagh 221
Arnay-le-Duc 262
Arnheim 312
Arnis 36
Arno 391, 392, *393*, 394
Arnsberger Wald und Homert 50
Artà 362–364, 446, 447
Arys (Orzysz) 85
Ascain 294
Áscoli Piceno 401–403, 408
Ascona 116, 118, 119, *120*
Assisi 326, 399, *399*
Athen 329
Athos 445, **455**, 478
Ätna 327, 426, 427, 428, *428*
Atrani *415*
Attaviros 489
Attersee 136, 138, 139
Aukštaitija 496
Ausseer Land 140
Autun 262, 263
Auvergne 211, 270, 271
Auxerre 262–267
Avallon 242, 248, 263
Avignon 282, 284
Ávila *358*
Avon 245

B
Bacharach 42, 49
Bachtschisaraj 497, 528, 531
Bácoli 414
Bad Aussee 136, 141
Bad Doberan 35
Bad Ems 42
Bad Goisern 136
Bad Harzburg 31
Bad Ischl 136–138, 140
Bad Krotzingen 65
Bad Liebenzell 63
Bad Reichenhall 72
Bad Schandau 54–57
Bad Tölz 72
Bad Urach 68
Bad Wiessee 72
Badacsony 98, 99, *101*
Baden-Baden 62, 64
Badenweiler 65, 67
Bagnères-de-Luchon 292, 296
Báia 414, 417
Bakken 186
Bakonygebirge 20
Balaton (Plattensee) 20, **96–103**
Balatonboglár 98, 101
Balatonföldvár 98
Balatonfüred 98, 99 100
Balatonudvari 98, 99, *100*
Balčik 534, 536
Balderschwang 78
Balearen 360–367
Ballenberg 111
Bally Natray House *218*
Balmoral Castle 224, 225
Baltische Ostseeküste 500–505
Bandaksee 178
Bandol 285
Banyalbufar 364
Banyoles *291*, 368
Bantry 216, 219
Barbarine 55
Barcelona 368
Bari 422
Barlavento 334
Barragem do Arade 332
Barre des Écrins *279*
Basel 65
Baskenland 348
Bassenthwaite Lake 232, 233, 234
Bastei *53*, 54, *55*, 56
Bastia 288
Bastogne 302, 304
Bath 248
Baveno *115*
Bayerischer Wald 79
Bayeux 259
Bayona 342, 345
Bayrischzell 73, *77*
Béarn, Le 296
Beaufort 308
Beaune 262, 267
Bedruthan Steps 242
Belaer Tatra (Belanské Tatry) 91, 93
Belagua 294
Belchen 62, 66, 67
BELGIEN 209, 212, 300–307, 309
Bellágio 123
Belle-Ile 256
Bellinzona 116, 117, *117*, 120
Ben Nevis 210, 224, 225, 227
Benediktbeuern 72, 75
Berchtesgadener Land 72–74
Bergama *519*, 520
Bergen 174–176, *176*
Berggießhübel 54, 55
Bern 106
Berner Oberland 104–111
Bernkastel-Kues *18*
Berninagruppe 376
Besalú 368
Beşparmak Daği 518
Białowieza 87, *87*
Biasca 116, 117
Bielerhöhe 132
Bigbury-on-Sea 245
Billund 184, 185
Bingen 42, 46, 47
Bischofsberg 45
Bischofsmütze *141*
Biskaya 213, 292, 299, 328, 349
Bjerringbro 184
Blair's Cove 219
Blankenberge 309
Blarney 216
Blaubeuren 68
Blaue Grotte (Capri) 327, *414*, 421, *421*
Blautopf 68
Bleder See *442*, 443
Blenio tal 117
Bocage 258
Bodanrück 69
Bode 31, *31*
Bodensee 69
Bodmin 242, 243, 246
Böhmerwald 79
Böhmische Schweiz (Labské pískovce) 21, 58, *58*
Bomarsund 202, *202*
Bonaigua *297*, 297
Bønnerup Strand 185
Boppard 42, 48, *48*
Bordighera 380, 384
Borkum 25, 26
Bormio 376
Bornholm **187**
Borremeische Inseln 116, 121
Bosco 117, 118, *118*
Botasard 302
Botrange 302, 307
Bottnischer Meerbusen 194
Bouillon 302, 306
Bourgneuf 258
Bowness 234, 236, 237
Bozen 372, 373, 374
Brač 440, *442*
Bregenzer Wald 133
Breisach 62, 64, 65
Breitachklamm 78, *78*
Bremen 29
Bremerhaven 24, 25, 28
Brenner 125, 371, 373
Brenta 376, 411
Bresse 267
Brest 252, 253, 255
Bretagne 250–257
Briançon *279*, 279
Brienzer See 106, 107, 110, *111*
Brig 113
Brijuni (Brioni) 441
Bríndisi 422
Brioni-Archipel 441
Brionnais 265
Brissago-Inseln 118, *119*
Brixen 371–374
Brixental 126, 128
Brocken 31
Brügge 212, *308*, 309
Bruneck 372, 373
Bühlerhöhe 64
BULGARIEN 493, 498, 533, 534, 536, 537
Burgau 139
Burgund 260–269
Bursa 499
Büsum 24, 25, 28
Buttermere Water *235*
Büyük Menderes Nehri 518, 521, 522

C
Cabo da Roca *333*
Cabo de São Vicente 332–334
Cabo Finisterre 341, 342, 344, 345, 346
Cadenábbia 123
Cádiz 352–354, 356, 357
Cafelù 426
Cairn Gorm 224, 226
Cala Figuera 363, 364
Cala Rajada 362, 364
Calvià 364, 367
Camargue 289
Camariñas 342
Camelford 242, 243
Camembert 259
Camogli *379*, 382
Campi Flegrei 415
Campo Lígure 381
Campos 362
Canakkale 518
Canet-Plage 298
Cannes 282, 283, 286
Canossa 386
Cap de Cala Figuera 363
Cap de Formentor 362–364, *365*
Cap de ses Salines 363, *365*
Cape Wrath 227
Capicoro Vey 362, 365
Capo di Noli 380, *384*
Capri 421, 327, 414, *420*
Carcassonne *298*
Cardiff 239
Carlisle 232, 236, 237
Carnac 252, 253, 256
Carrantuohill 216
Carrara 387
Carrawburgh 237
Carrick-on-Shannon 219
Casamícciola 421
Casares 338, 355
Castelvetrano 427
Castro Caldelas 343
Catánia 426, *430*, 431
Cawdor Castle 225
Cebreiros 342, 344, 347
Centovalli 118
Černóbbio 123
Červená skala 95
Červený Kláštor 90
Cérvia 402
Cevennen 288
Chablis 263, 265, *266*
Chalkidike 455, 478
Chalkis *479*, 479
Chambéry 274
Chambord 270, *270*
Chamonix 273–276
Champagne 271
Chania 482, 483, *483*, 484, 487
Chardonnet *275*
Charlottenlund 186
Cheddar 148
Cheltenham 248
Chianti 390
Chiemgau 72, 76
Chiemsee 72, 73, 76, *77*
Chillon 112, *112*
Chios 329, 470, 474, 475
Chopok 91
Chora Sfakion 487
Chozoviotissa 470
Cierzpięty (Seehöhe) 85
Čingov 95
Cinque Terre 380, 385
Cîteaux 263, 268, 269
Ciutadella *361*, 366
Clamecy 262, 266
Clausthal-Zellerfeld 31
Clavijo 341
Clermont-Ferrand 270
Clonmacnoise 219
Clovelly 242, 246
Cluny 63, 262, 263, *263*
Cockermouth 232, 233
Col de la Perche 296
Col de Soulor 292, 296
Colmar 65
Comácchio 402
Comer See 123, 123, 328, 376
Como 116, 123, *123*
Concarneau 252, 255
Coniston 232, 234
Coniston Water 232–235
Connaught 220
Constanţa 533–535
Córdoba 352–355
Cork 214–217, 216, 218
Corniche de l'Estérel *286*
Corno Grande 410, *410*
Cornwall 240–247
Corricella 420
Cortina d'Ampezzo 411
Costa Blanca 369
Costa Brava 368
Costa de la Luz 352, 356, 358
Costa de la Muerte 345
Costa del Sol 328, 338, 352, 353
Costa Dorada 368
Costa Dourada 333
Costa Smeralda 326, 423
Costa Verde 328, 339
Costineşti 534, 535
Côte d'Argent 211, 299
Côte d'Azur 213, 280–287, 298
Côte d'Or 263, 265, 266
Côte de Granit Rose 252, 254, *254*
Coto de Doñana 352, 354, *355*, 358
Cotswold Hills 248
Covadonga 328, 349
Coves de Drac 362, 364
Crummock Water 232, *233*, 234
Csopak 98, 100
Cumac 414–417
Cuxhaven 24, 25, 28

D
Dachstein 134–141
Dagö (Hiiumaa) 502, 504
Dalälv 157, 190
Dalarna 162, 188–193
Dalmatien 329, 438–441
DÄNEMARK 180–187
Danzig (Gdańsk) 82, 84, 85
Dartmoor 245, *247*
Dauner Maare *50*
Dauphiné *278*

De Rijp *317*
Děčín 54, 58
Děčínsky Sněžník 58
Dee *226*
Deià 362–364
Del Trench *362*
Delft 212, 313, 315
Delphi (Delfi) 329, 467, *467*, 471
Demmerkogel 152
Den Gamle By *181*
Den Haag 313–315
Dent d'Hérens *17*
Derwent Water 231–233
Deutsche Nordseeküste 22–29
Deutsche Ostseeküste 32–37
DEUTSCHLAND 14, 18, 22–79
Deventer 314
Devonshire 240–247
Didyma 518, 521, *522*
Diemtigtal 108
Dijon **262–264**
Dikti 482, 486
Dilek-Yarimadasi 518, 523
Dilos (Delos) 470, 471
Dinan 252, 253, 257
Dinant 302, 304, *305*
Dinaragebirge 438
Dinard 252
Dingle 216, 217, *217*
Dijunite 534, 537
Djursland 181, 185
Dnjepr 497
Dobrudscha 534, *536*
Dobschau (Dobšina) 95
Dodekanes 474–476
Dodona (Dodóni) 446, 447
Dol-de-Bretagne 252, 253
Dolomiten 21, 372–375
Domažlice (Taus) 79
Domer See *123*
Domodóssola 118
Donaghadee 221
Donau 68, 143, 495, 536
Donaudelta 537
Donegal 220
Dordrecht 313, 314
Dorpat (Tartu) 496
Douarnenez 253, 255
Douglas 238
Downpatrick Head *207*
Drau 146
Drautal 146, 148
Dreisam 66
Drenthe 314
Dresden 54, 55, 57, 58
Dubrovnik 438–441, *440*
Dunas Douradas 336
Dunluce Castle *221*
Durance 279, 282
Durankulak 536
Dürnstein 143, *143*

E Ebeltoft 182, 183, 185
Ebensee 136, 140
Eberbach *42*, *44*, 45, *45*
Echternach 308
Eckernförde 34, 36
Edessa 446, 450
Edirne 498
Eforie 534, 535
Eggental 375
Egilsstaðir 167
Ehrenbreitstein 49
Ehrwald 126, 131
Eibsee 72, 73, *73*
Eiderstedt 26, 29
Eifel 50
Eiger *105*, 109, *109*, 110

Eilean Donan Castle *223*
Einsiedeln 21
Eisacktal 372–374
El Escalar 295
El Rocio 358
Elba 326, 398
Elbe 54–56, 94
Elbing (Elbląg) 82, 84
Elbsandsteingebirge 54, 57, 58
Eldena 35
Elsaß 65
Eltville 42
Emden 27
Engadin 21, 122
Enkhuizen 312
Enna 426, 427, 432
Ennerdale Water 232, 236
Ennstal 136, 140
Ephesus 496, 518, 520
Epidauros (Epidafros) 458, 459, *460*
Epiros 446
Eretria 479
Ermland (Warmia) 82, 84
Erzgebirge 59
Es Plà *363*, 365
Es Trenc 363, 365
Es Vedrá *361*
Esbjerg 183, 184
Estland 493, 496, 501, 502, 504, 505, 507
Estói 332, 333, 337
Estremadura 359
Etrurien 392
Etsch (Adige) 403
Ettal 72
Ettlingen 62
Euböa 473, 479, *479*
Eupen 302
Evian 112
Evvoia 473, 479, *479*
Exeter 242, 243
Exmoor 242, 245, 248
Eyjafjörður 167
Eyries Village *215*

F **Faaker See 146–141, 151**
Fabbricche di Vallico 387
Faenza 403
Falkenstein 55, 79
Falun 190, 192, 193
Famagusta 525
Fanø 183, 402, 403, 405
Faro 332, 333, 336
Färöer *157* **160, 170**
Favorite 63
Fehmarn 36
Felanitx 362, 364
Feldberg 20, 62, 63, 67
Feldsee 67, 148
Feodosija 528
Fermo 407
Fernpaß 126, 130, 131
Ferrol 345
Fethiye 524
Fichtelberg 59
Fiésole 390, 394
Filakopi 472
Finale Lígure 380
Fingal's Cave 227
Finisterre 344
Finnische Seenplatte 163, 196–201
FINNLAND 196–203, 493
Fischland-Darß-Zingst 34, 37
Fjærland 177
Fjälls 194
Fjell 161, 172–178
Fjellheim 173
Fjordland 172–177
Flachgau 138
Flandern 308

Flensburg 34, 35, *36*
Florentinerberg 64
Florenville 302, *397*
Florenz 390, 392, *392*, 393, 394, 396, 434
Föhr 26
Folgefonn 174
Fontenay 263
Fonyód 101
Forêt de Paimpont 257
Formentera 363, 367
Fornells 363, 366
Frangueira 332
Frankenwald 21
FRANKREICH 64, 65, 112, 206, 207, 209, 211–213, 250–299
Frauenburg (Frombork) 82, 84
Frauenchiemsee 73, 76
Frederiksborg 186, *186*
Freiberg 59
Freiburg 62, 65, 66, 67
Fréjus 282, 286
Freudenstadt 62–64
Friedrichstadt 25, 29
Frisches Haff 506
Frombork (Frauenburg) 82, 84
Fuentebravia 358
Fuorcla Surley *122*
Furloschlucht *404*
Fürstenberg 45
Furtwangen 62
Fuschlsee 136, *137*, 138
Füssen 77, 78

G Gailtaler Alpen 146, 148
Galdhøpig 175
Galicien 340–347
Gállegotal 293, 295
Galway 220
Gard 284
Gardasee 327, 376, *377*
Garmisch-Partenkirchen 72, 73
Garonne 296, 297
Gatschina (Gatčina) 510, 512, 513
Gdańsk (Danzig) 82, 84, *85*
Geislerspitzen *371*
Gembloux *301*
Genfer See (Lac Léman) 112, 113, 274, 277
Gent 309
Genua 328, 379–382
Gerlachovský štít 90
Gerolstein 50
Geschwend 62
Geysir 166, 167
Ghar Dalam 435
Giardini 426
Gibraltar 353, 354, *357*, **357, 358**
Gijón 349
Giornico 116, 117
Girne (Kyrenia) 525
Gitschtal 146, 148
Gizycko (Lötzen) 82–84
Glenbeigh 216, 217
Glengarriff 216, 218
Glifada 466
Gloucester 248
Glücksburg 34
Gmunden 136, 139
Godafoss 166
Golå 175
Gola del Furlo *404*
Gola dell'Alcantara 429
Goldeck 147
Goli Otok 439
Goms 113
Gordes 284, *285*
Gorey *249*

Gorges de Kakouetta 292, 295
Gorges du Verdon 285
Gortyn 483
Gosaukamm 136
Gosforth 232
Götakanal 193
Göteborg 195
Gotthard 113, 116
Gouda 314
Gozo 435
Gračarca 151
Grammichele 431
Grampians 225
Gran Sasso d'Italia 410
Granada *351*, 352–355
Grand Canyon du Verdon 283
Grande Randonnée 288
Granitz 35
Grasmere 232, 236
Grasse 282–284, 286
Gratlspitze *129*
Graz 152
Greetsiel 24, 25, 27, *29*
Greifenberg 148
Greifensteine 59
Greifswald 34, 35, 37
Grenå 185
Grenoble 278, 279
Grevasalvas *122*
GRIECHENLAND 323, 329, 444–489
Griesgletscher *107*
Grimselpaß 106, *107*
Grimselsee 111
Grindelwald 106, 107, 109–111
Grödner Tal 372
Grönklit *192*, 193
GROSSBRITANNIEN 210, 212, 221–249
Großer Arber 79
Großer Priel 136
Grosseto 390, 391
Großglockner 133, 146
Großweil 72
Grundlsee 136
Grundsund 195
Gstaad 106–109
Guadalquivir 352, 354, 357, 358
Guadelupe 359
Gubbio 399
Gudbrandsdal 173, 177
Gudenå 184, 185
Guernica 348
Guernsey 249
Guimiliau 252, 253, 255
Guingamp 252, 253
Gullfoss 166, 167
Güllük 523, *522*, 523
Gurktaler Alpen 146
Gut Roest 36
Guttannen 106, 111
Gyöngyös 103, *103*
Gythion 463

H Haarlem 314
Hadrianswall 236, *237***, 237**
Hægefjell *178*
Haithabu 35
Hajnówka 87
Halland 195
Hallandsås 195
Halligen 25, 26
Hallingdal 173, 174
Hallstatt 136, 137
Hallstätter See *135*, 136, 140
Han-sur-Lesse 302, 305
Han-sur-Lesse, Grotten *305*
Hanstholm 181–183

Hardangerfjord 175
Harlingen 318
Harrachov *94*
Harris 224
Harz *31*, 31
Haugesund 174, 175
Hausach 66, 67
Hauterives *271*
Hawkshead 232
Hay-on-Wye 304
Hebriden 225, 227
Hechingen 68
Heidenau-Großsedlitz, *53*
Hekla *165*, 166
Helgafell, Vulkan 169
Helgoland 25, 29, *29*
Helsingør 186
Helsinki 197, 198, 200, 201, 242, 243
Helvellyn 233, 234
Hendaye 292
Herculaneum 414–416
Herdubreid 168, *168*
Heringsdorf 37
Hermagor 146–148
Herning 182, 183
Herrenchiemsee 73, 77
Herrnskretschen (Hřensko) 58
Herzogstuhl 150
Hessisches Bergland 21
Héviz 98, *100*
Hiddensee 34
Hiiumaa (Dagö) 502, 504
Hillerød 186, *186*
Himmelbjerg 182, 185
Hintersee 73, 74
Hirsau 62, 63
Hirtshals 183, 184
Hochkalter 74
Hochosterwitz 146, 150
Hof 136
Hohe Tatra 21, 88–94
Hohe Tauern 133, 138, 142
Hoher Dachstein *139*, 140
Hoher Schneeberg 58
Hohes Venn (Hautes Fagnes) 302, 306, 307
Hohnstein 54, *56*, 57
HOLLAND 310–317
Höllengebirge 140
Höllental 67, 72, 73
Holm 35
Holstebro 183
Holsteinische Schweiz 34, *36*
Holy Island 238
Hooge, Hallig 25, 26, 27
Hornisgrinde 62, 64
Hornstrandir 166, 167
Hortobágy-Pußta 102, *102*
Huelva 352, 358
Huftarøy 174
Hurzufbucht *530*
Husum 24, 25, 29
Hvar 439, 441
Hyères 285, 287

I Ilberg 31
Ibiza (Eivissa) *323*, 326, 362, 363, 366, *366*, 367
Idagebirge 482, 483, 486
Ijsselmeer *210*, 312, 314
Ile du Levant 287
Illmenau 30
Ilmensee 495
Ilsetal 31
Imatra 198, 201
Inarisee 203

Ingelheim 42, 46
Inn 21, 72, 126, 128, 130
Innsbruck 125–127, *129*
Intelvital 116, 123
Interlaken 106, 107, 109
Inverness 224–226
Ioannina 446, 447
Ionische Inseln 466
Ios 470, 472, 473
Irakleion (Heraklion) 482–484, *486*
IRLAND 209–212, 214–220
Isar 72
Ischia 327, 414, 416, 420, 421, *421*
Isère 273, 274, 276
ISLAND 164–169
Isle of Man 238
Isola Bella 121, *121*
Isola Grande 118, *119*
Istanbul 498
Istria 534, 535, *535*
Istrien 441
ITALIEN 114–121, 123, 274, 276, 323, 326–328, 370–434
Italienische Adria 400–409
Italienische Riviera 378–385
Ithaka 466
Iveragh 216–218
Izmir 518, 520

J Jaca 292, 295
Jaén 352, 354
Jailagebirge (Jaizkibel) 294, 497, 528, 531
Jakobsweg 293, 294, *343*
Jalta 528, 529, 530, *530*
Jelgava 505
Jerakion 462
Jerez de la Frontera 352, 356
Jersey 249
Jezioro Śniardwy (Spirdingsee) 82, 84
Jezioro Tyrklo (Türklesee) 85
Joigny 265, 267
Jökulsárgljúfur 166
Jostedalsbre, Gletscher 177
Jungfrau *105*, 109, *109*
Jütland 161, 180–185
Jyväskylä 198, 200

K Kahler Asten 50
Kaiserberg (Keisarinharju) 160
Kaisergebirge 128
Kaiserstuhl 20, 64
Kajsberg *189*
Kakouetta, Schlucht (Gorges de Kakouetta) 295
Kalabrien 434
Kalamata 458, 459, 464
Kaledonisches Gebirge 175, 210, 227
Kaliakra 533, 534
Kallavesi 200
Kaltenberg (Studenec) 58
Kalterer See 372, *374*
Kalymnos 470, 475
Kamčia 533
Kammersee 136
Kamnitz (Kamenice) 58
Kampanien 327
Kampen 25, 27
Kampenwand 76
Kanalinseln 248
Kandertal 106, 107
Kap Arkona 37
Kap Miseno 414, 421

539

Register

Kap Tenaron (Kap Matapan) 463
Kappeln 34, 36
Karawanken 149, *150*
Karelien 201
Karmøy 174
Karnische Alpen 146, 149
Kärnten 21, 145–147, 149, *150*
Kärntner Seen 144–151
Karthaus (Kartuzy) 86, *86*
Käsmark (Kežmarok) 90, 92, *92*, 95
Kastoria 446, 447, 450
Kastro 473, 474, 478, *478*
Katalonien 297, 298
Katerini 447
Kattegat 185
Katz *47*
Kaub 42, *44*, 47
Kaunertal 131
Kea 470, 472
Keflavík 166
Keisarinharju (Kaiserberg) *160*
Kékes 103, *103*
Kempten 78
Kenmare 215, 216, *218*
Kerry 214–217
Kerzerho 256
Keswick 232–234, 237
Keszthely 98, 99, *99*
Kętrzyn (Rastenburg) 82, 83
Keukenhof 317
Keutschacher See 150
Kežmarok (Käsmark) 90, 92, *92*, 95
Kickelhahn 58
Kiedrich, 44, *45*
Kiel *33*, 34, 36
Kiental 108
Kiew 497
Killarney 216, 217
Killorglin 216, 217
Kilpisjärvi 203
Kinderdijk 313
Kinzigtal 62, 65
Kirkjubøur 171
Kirkwall 229
Kirnbach 66
Kirnitzschtal 54, 57, *57*
Kiruna 194
Kis-Balaton (Kleiner Plattensee) 98, 101
Kitzbühel 126–128, *129*
Kizilirmak Deltasi 524
Klagenfurt 146, 147, *150*
Klaipėda (Memel) 502, 506
Klarälv *189*
Kláštorisko 95
Kleines Matterhorn 113
Kleine Scheidegg 109
Kleines Walsertal 78
Kleistrupsee *181*
Klopeiner See 146, 151
Klütz 35
Knossos 329, 481, *481*, 482–485
Koblenz 42, 48
Kochelsee 72
Kolberg (Kołobrzeg) 86
Kolding 183, 185
Kołobrzeg (Kolberg) 86
Königsberg (Kaliningrad) 506
Königssee 72–74, *75*
Königsspitze 375
Königstein 54–56, *55*, 57
Konstanz 69
Konya 499
Kopenhagen 186, *186*
Koppenbrüllerhöhle 141

Koralpe 146, 149, 152
Korčula 439, 441
Korfu 466
Korinth, Golf von 458, 467
Korsfjord 174
Korsika 213, **288**, 362
Kos 470, 475
Köslin (Koszalin) 86
Kraiger See 151
Kramsach 126–128
Kraxenkogel *142*
Krems 143
Kreta 329, **480–487**
Kreuzberg 146, 148
Krim, Halbinsel 497, *497*, **526–531**
Kristiansand 178
Krk 439
Krka 440, *440*
Kroatien 329, **436–441**
Kroatische Küste **436–441**
Kronborg 186
Kronstadt 510
Krummhübel (Karpacz) 94
Krutinnen (Krutýn) 82
Kufstein 126, *127*
Kuopio 198
Kurisches Haff 502, 506
Kuşadasi 518
Kykladen 477
Kythira 462, 466

L'Aiguillon-sur-Mer, Bucht 258
L'Áquila 410
La Albufera 362
La Brévine 112
La Chaux-de-Fonds 112
La Ciotat 285
La Coruña 342, **345**, 346
La Rhune 292
La Rocca 409
La Roche-en-Ardenne 302
La Savina 367
La Spezia 379, 385
La Turballe 253
Laboe 36
Lac d'Annecy 273, 276
Lac Léman (Genfer See) 112, 274
Lacanau-Océan 299
Lacco Ameno 414
Ladogasee 495, 509, 510, **513**
Lågen 177
Lago di Lugano 117
Lago Maggiore *115*, 119, **115–121**
Lagos 333, 334, 335
Laguna de la Fuente de Piedra 354
Lahemaa 496, 505
Lahnstein 42
Laibach (Ljubljana) 442
Laichinger Tiefenhöhle 68
Lake District 230–237
Lake Windermere 232–234, 236, *236*
Lakonia 461
Land's End 241, 242, 245
Landeck 132
Langenargen 69
Langeoog 26
Langres 271
Languedoc 289
Lanslebourg 274
Lappland 163, 194
Larderello, Schwefelquellen *397*
Larissa 448
Larnaca (Lárnax) 525

Larvik 178
Lasithion *481*, 482, 483, 485, 486
Lauenburg (Lębork) 86
Laugarvatn 166
Lausanne 112
Lauterbrunnen 106, 107, 109, 110, *110*
Leba 86
Lecce 422
Lechtal 72, 126, 131
Lechtaler Alpen 133
Leer 25, 27
Leeuwarden 312
Lefkosia (Nikosia) 525
Lefka Ori 482, 487
Legoland *185*, **185**
Lehde *39*
Lejensee *189*
Leksand 190, 191
Lelystad 312, 313
Lenggries 72
Lengmoos 373, 375
Lérici *381*, 382
Leros 470
Les Orgues *291*
Les Sables-d'Olonne 258, 470
Lesbos (Lesvos) 476
Lettland 496, 501–505
Leutschach 152
Leutschau (Levoča) 93, 95
Lévanto 383
Leventina 117
Levoča (Leutschau) 93, 95
Lidzbark Warmiński 82–84
Lielupe 505
Lienzer Dolomiten 146
Lier 309
Lilienstein 54–46, *57*
Lillehammer 175, 177
Limassol (Lemesos) 525
Limfjord 183–185
Limnos 478
Limoges 271
Limousin 271
Lindau 69
Linderhof 72, *77*
Lindholm-Høje 183
Lindos 489, *489*
Linguaglossa 428
Lípari 426, 433
Liparische Inseln 327
Lisse 313
Litauen 496, 502, 503, 506
Little Skellig 219
Livland 502
Livorno 391
Liwadija *527*, 528–530
Ljubljana (Laibach) 442
Llandudno 239
Llivia 296
Lluc 362–364
Loch Ness 224, 226
Locmariaquer 256
Lofoten *157*, *162*, 175, *179*, **179**
Lofthus 175
Loiretal 212, 263, **270**
Loisachtal 72
Lokan 203
Lomnitz 92
Londonderry 221
Loreley 42, 46–48
Lottigna 116, 117
Lötzen (Giżycko) 82–84
Louisios 461
Loulé 332, 333
Lourdes *291*, 292, 296

Lourmarin 282
Loutrakion 467
Lübbenau 38, *39*
Lübeck 34–36
Lübecker Bucht 36
Lubéron 284
Lucca 390, 395, *395*
Lüdinghausen *51*
Lugano *15*, 115–117, 120, 121
Lugo 342–344
Luhanka 198, 200
Lukmanierpaß 117
Lundy 242
Lüneburger Heide 30
Lustrafjord 176, *176*
Lütschinentäler 109
Lütschinental 106
Lüttich (Liège) 302, 303
Luxemburg 308
Luzern 113
Lynmouth 243

Maas *301*, 302, 305
Maastricht 314
Maccagno 119
Mâcon 262, 269
Mâconnais 263, 269
Magaratsch 528
Maggia 117, 118, *118*
Magnesia 447, 474
Mainau 66
Mainland 229, *229*
Mainz *41*, 42, 43
Makedonien 450
Malá Studená dolina 92
Málaga 353
Malbork (Marienburg) 82
Malbork *19*
Malcésine 377
Malia 483, 485
Mallorca 325, 329, 361–363, *363*, 364, 365, *365*, **367**
Malmédy 302
Malmö 195
Malpica *347*
Malta 327, 435
Maltesische Inseln 327
Maly Kežmarskyštít 92
Manacor 365
Mangalia 534, 535
Mani 458, 459, 463
Manisa 518
Manosque 283
Maó 363, 366
Marathonissi 464
Marbella 353
Marburg (Maribor) 443
Marciana Marina 398, *398*
Maria Wörth 147, 149, *150*
Maribor (Marburg) 443
Marienburg (Malbork) *19*, 82
Marienhafe 25, 28
Markgräfler Land 64
Marksburg 41, 42, 48, *49*
Marmaris *517*, 518
Marseille 282, 285
Martigny 113, 275
Matala 482, 483, 486
Matragebirge 102
Mátraháza 103
Matrei 133
Matterhorn 21, 113
Mecklenburgische Seenplatte 38

Medellin 359
Meersburg 69
Meiringen 107, 110, 111
Melk 143, *143*
Memel 502, 503, 506
Menaggio 123
Menalogebirge 461
Mendrísiotto 120
Mengsdorfer Tal 90, 91
Menorca 326, 363–365, 366
Menthon 274, 276
Mer de Glace (Eismeer) 275, *276*
Meran 371, 372, 374
Merfelder Bruch 51
Mérida 359
Mesara-Ebene 482, 483, *484*, 486
Messenischer Golf 462, 464
Messina 426, 430, 464
Meteora 453, 445
Middelburg 319
Międzyzdroje 86
Mikkeli 198
Milazzo 426
Milet 499, 518, 520, 521
Millstatt 147, 148
Millstätter Alpe 147, 148
Millstätter See *145*, 146, 147
Milos 470, 472, 473
Miño 339
Mirnock 148
Misdroy 86
Missunde 35
Mittelrhein 40–49
Mittenwald 72, *72*, 75
Mjøsa 177
Mjøsasee 175
Mölltal 147
Monaco 282, 283, 287
Moncarapacho 333
Mönch *105*, 109, *109*
Mondoñedo 342, 344
Mondorf-les-Bains 308
Monemvassia 458, 459, 462
Monforte de Lemos 343
Monodendrion 446, 447
Monreale 425, 427, 429
Mont-Saint-Michel 259, *259*
Montafon 132
Montagne du Lubéron 282
Montagnola 119
Montale *381*
Monte Argentário 390
Monte Capanna 398
Monte Carlo 282, 287
Monte Cimone 386
Monte Consolino 434
Monte di Portofino 381
Monte Gargano 422
Monte Generoso 121, *121*
Monte Pellegrino 426
Monte San Giorgio 120
Montecatini Terme 390
Montefrío *353*
Montélimar 282
Montepulciano 397
Monterosso 385
Monti Sibillini *406*
Mora 190, 191
Morbihan, Golf 256
Moria 476
Morlaix 252, 253, 254
Morteratschtal 122
Mortola *381*
Morvan 263, 265, 266
Mosel 308

Mosterøy 174
Mottlau 85, *85*
Moûtiers 274
Mragowo (Sensburg) 82
Muggiota 121
Mugla 518
Mulhacén 354
Mummelsee 64
Münsterland 51
Münstertal 62, 67
Murgtal 63
Müritz *38*
Mürren 109
Murtal 152
Mykene (Mykinai) 329, *459*, **465**, 465
Mykonos 470–472, *473*
Myrtos 466
Mystras *457*, 458, 459, 462
Mytilini 476
Mývatn 166, *167*, **168**

Nabburg 79
Nafplion (Nauplia) 459
Nagyvázsony 98
Namur 302, 304
Nauplia (Nafplion) 458–460, 461
Naurns 373
Navarino 464
Naxos 469, 470, 472, 473, *473*
Nea Moni 475
Nea Roda 455
Neapel, Golf 327, **412–421**, *418*
Neapolis 431, 446
Nebelhöhle 68
Nectaire 270
Neksø 187
Neos Marmaras 455
Nesby 174
Nesebŭr *533*, 534, 536, 537, *538*
Neu-Valamo 198
Neumarkt 373, 374
Neuschönau 79
Neuschwanstein 72, *77*
Neustift 127
Nevers 262
Newby Bridge **232**
Newcastle upon Tyne 221, 237, 238
Nid d'Aigle 274
Niedere Tatra 91, 95
Niedere Tauern 142
Niederlande 210–212, 310–319
Niesen *105*, 107
Nigardsbre 177
Nikita 528, 530
Nikosia (Lefhosia) 525
Nîmes 282, 284, 298
Nimwegen (Nijmegen) 312
Nissyros 470
Nízke Tatry 91
Nizza 282, 283, 286, *287*
Nockberge 146, 147, *147*, 148, 149
Nogat *19*
Nola 414
Nord-Ostsee-Kanal 36
Norderney 24, 25, 26
Nordfriesische Inseln 25, 26
Nordfriesland 29
Nordgriechenland 444–453
Nordirland 221
Nordost-Seeland 186
Nordseeküste, Deutsche 22–29

540

Register

Normandie 258
Nørre Vorupør 182, 184
Norrland 193
Northumberland 238
NORWEGEN 172–179
Noto 426, 427, 431
Novi Vinodolski 438
Nowgorod 493, 495, *515*, **515**
Nowy Targ *92*
Noya 342
Numana 406
Nusnäs 190, 191
Nykøbing 182

O
Oberaarsee 111
Oberammergau 72, 75
Oberbozen 375
Oberes Drautal 148
Oberinntal 130
Oberstdorf 78
Obertauern 142
Obertraun 136, 140
Obervinschgau 375
Oberwallis 113
Oberwesel 42
Oberzips 92
Ódáðahraun 167, 168
Oddesund 182
Odessa 528, 531
Oeschinensee 108
Oia 477
Okartowo 85
Olavinlinna, 198
Olbernhau 59
Olhão 337
Olsztyn 82, 83
Ölüdeniz (Totes Meer) 524
Olymp 446, 448, 449, *450*
Olympia 329, 458, 459, 464, *464*, 465
Omiš 438, 439
Oosterschelde *319*
Opatija 438, 439
Opi 410
Oppstryn 177
Oranienbaum 510, 511
Orcival 270
Ordesa 293, 295, *296*
Ordesatal 295
Øresund 162, 186
Orkneyinseln 224, 229
Ortenau 64
Ortlergruppe 375
Orval 302, 305
Orvieto 399
Orzysz (Arys) 85
Osafjord 175
Ösel (Saaremaa) 502, 504
Ossagebirge 449
Ossiach 147, 149, *149*
Ossiacher See 146, 149
Ossiacher Tauern 146, 149
Ostende 309
Österdalälv 190
Osterode 82, 84
ÖSTERREICH 18, 21, 124–153
Osteuropa 490–499
Ostfriesische Inseln 25, 26
Ostfriesland 27
Ostróda 82, 84
Ostseeküste, Baltische 500–505
Ostseeküste, Deutsche 32–37
Ostseeküste, Polen 86
Osturňa (Osthorn) *92*
Ótranto 422
Ötztaler Alpen 120, 126
Outre-Meuse 302

Oviedo 349
Oytal 78

P
Pachino 431
Padstow 246
Padua (Padova) 411
Päijännesee 198, 199
Palaea Epidafros 460
Palanga 502, 503
Paläochora 487
Palermo 425, 427, 429
Palma de Mallorca 325, 362, 363, *365*
Pamplona 292
Parádfürdö 103
Parga 446, 447, *453*
Parma 386
Parnongebirge 461
Paros 473
Partenen 132
Parthenionas 455
Partnachklamm 72
Passau 73
Passeiertal 374
Passo della Foce *391*
Patmos 470, 476, *477*
Patrai (Patras) 458, 459, 467
Pau 292, 293, 296
Pavlovsk *495*, 510, 512
Peel 238
Pegli 382
Pella 446, 447, 450, 451
Pellworm 26
Peloponnes 329, 456–465
Peneda-Gerês 339, *339*
Penrith 232
Penzance 242, 243, 518, 520, 521
Pernau (Pärnu) 502, 504
Perpignan 298
Perth 225
Perugia 399
Pescara 402, 408, 409
Peterhof 509–511, *511*, *512*
Pfaffenwinkel 75
Pfalzgrafenstein *44*, 47
Pforzheim 62, 63
Philippi *452*
Phlegräische Felder 414
Piacenza 386
Piburger See 126
Pielinensee *159*
Pilatus 113
Pilion 447–449
Piliongebirge 447
Pindosgebirge 446–448
Pinios 449, 453
Piombino 390
Piräus (Peiraiefs) 467
Pirgos *473*
Pisa 390, 395
Pistóia 390, 394
Pisz (Johannisburg) 82
Pitburger See 130
Piz Buin 132, *132*
Plakias 487
Plan de l'Aiguille 275
Plateau d'Assy 274
Plateau de Vaucluse 284
Plateau von Valensole 284
Plattensee (Balaton) 20, 96–103, *97*
Plöner See, Großer 36
Ploumanac'h 253, *254*
Po-Delta 401–403, 411
Poblete 368
Podbanské 90, 91
Podlesok 95
POLEN 19, 21, 80–94
Polen, Ostseeküste 86
Polisbucht 466
Pollença, Bucht 362, 364

Polperro 243, 245
Pompeji 414, 415, *415*, 416, **416**
Pomposa 403, *403*, **403**
Ponferrada 342, 343
Pont du Gard 282, 284, *285*
Pont-Aven 252, 253, 255
Pont-l'-Abbé 255
Pontigny 265
Pontresina 122
Poprad 90
Popradské Pleso 90, 91
Populónia 391
Poreč *437*, 438
Poros 460, *460*
Portals Nous 364
Portaria 448
Porthminster Beach *243*
Portimão 333, 335
Portmagee 216, 218
Porto d'Áscoli 408
Porto Levante 433
Porto, Golf von *288*
Portochelion 460
Portocolom 365
Portocristo 362–364
Portoferráio 398
Portofino 380, 382, 383, 385
Portofino-Vorgebirge 380, 382
Portonovo 406, *407*, **407**
Portovénere 380, 381, 383
Portrush 221
Portsall 255
Pörtschach 147, *150*
Pörtschtal 131
Porttipahdan, Stausee 203
PORTUGAL 328–339
Posets 295
Positano 414, 417
Poteidaia, Kanal 455
Pouilly-sur-Loire 262, 266
Pourtaletpass 292
Póvoa de Varzim 339
Pozzuoli 414, 416
Prades 296
Praia da Rocha 335
Praia Meia 335
Prato 390, 394
Pravčická brána (Prebischtor) 58, *58*
Prebersee *18*
Prebischtor (Pravčická brána) 58, *58*
Presanellamassiv *376*
Prespasee 446
Pressegger See 146, 148
Preveli, Kloster *487*
Prien 73, 76, 77
Priene 518, 520, *520*, 521
Primorski 534
Princetown 242, 247
Procchio 398
Próčida 414, 420, *420*
Provence 280–287
Prüm 50
Prutz 131
Psarades 446
Psychron 486
Ptuj 443
Puente la Reina 346
Puig de Picamosque 365
Puig Major 362, 367
Puigpunyent 364
Pula 438, 439, 441
Punkaharju 198
Punta La Mármora 423
Pürgg 136
Purnias, Golf 478
Pustertal 372, 375

Puszcza Białowieża 87, *87*
Putbus 35
Puy de Dôme 271
Puy des Sancy 271
Puy du Fou 258
Pylos 458, 459, 464
Pyramidenkogel 150
Pyrenäen 213, 290–297
Pyrgos 464
Pythagorion *476*, 477

Q
Quarré-les-Tombes 262
Quarteira 336
Quedlinburg 31, *31*
Queffleuth 254
Quimper 253, 255, *255*
Quinta do Lago 336
Quinto Real 292, 293

R
Råbjerg Mile *181*, 184, *184*
Rachelsee 79
Radaune *85*
Radenthein 148
Radolfzell 69
Radstädter Tauernpaß 142
Ralswiek 34
Rammelsberg 31
Ramsau *74*
Ramsauer Ache 74
Ramsey 238
Rance 257
Rapallo 383
Raphoe 220
Rappenseehütte 78
Rastatt 62, 63
Rastenburg (Kętrzyn) 82, 83
Rathen, *53*, 54, 56
Rättvik 189, 190, 191
Rauhental (Rundāle) 505
Rauchelesee 150
Rauschen (Swetlogorsk) 506
Ravello 414, 418, *419*
Ravenglass 232, 235
Ravenna 401–404
Rawilpaß 109
Recanati 407
Redu-sur-Lesse 302, 304
Reichenau 69
Reichenbach 66
Reichenstein 46
Reims 271
Reinhardstein 307
Reinthaler See 128
Reit im Winkl 73, 76
Reith bei Kitzbühel *125*
Remouchamps 302, 307, *307*
Rennes 256
Rennsteig 20, 58
Repino 510, 514
Reschenpaß 125, 126, 131, 372
Reschensee 372
Reszel (Rößel) 82, 84
Rethymnon 482–484, *484*
Retretti 198
Reuss 113, 116
Reutte 127, 131, 133
Reval 496
Reykholt 166, 167, 169, *169*
Rhein 41, 43, *44*, 66
Rheinfels 42
Rheingau 44
Rheinische Schiefergebirge 42
Rheinschleife *48*

Rheinstein *41*
Rhens 48
Rhodopegebirge 454
Rhodos 329, 488, *489*
Rhône 112, 113, 213, 275, 278, 282–284, 289, 297, 298
Rhumequelle 31
Rhune 294
Rhyl 239
Ria Formosa 333
Riace Marina 434
Riaküste 245
Ribe 183, 184
Ribnitz-Damgarten 34
Riccione 402
Riedbergpaß 78
Riegersburg *152*, 152
Riesengebirge 94
Riffelwand *73*
Riga 496, 502, *504*
Righi 382
Rigi 113
Rijeka 438, 439
Rimini 402, 403, 405
Ring of Brodgar 229
Ring of Kerry 216, 217
Ringkøbing 183
Rio Cavado *339*
Río Cinca 295
Río Corres 349
Rio Gilão 337
Río Guadiana 354
Río Jerte 359
Rio Marina 398
Río Miño 342, 343
Río Sil 342–344
Ripaille 274, 277
Ripoll 292
Rittener Erdpyramiden 375
Riuttala 199
Riva San Vitale 116, 120
River Tyne 237
Riviera dei Ciclopi (Zyklopenküste) 426
Riviera del Cónero 406
Riviera di Levante *381*, 382, 383
Riviera di Ponente 383, *384*
Riviera, italienische 328, 378–384
Riviera, Russische 528
Riviera, Türkische 524
Roaringwater Bay 219
Röbel *38*
Rocca Costanza, Festung 405
Rochehaut 302
Rochusberg 46, 47
Rock 242
Rogaska Slatina 443
Rom 362
Roman Koš 528
Romería del Albaicín 353
Rømø 184
Roncesvalles 292, 294, 295
Ronda 352, 353, 355, 356
Rønne 187
Ropotamo 533
Roscommon 219
Roseg 122
Roses 368
Rößel (Reszel) 82, 84
Rossnowlagh 220
Roßtrappe 31
Røst, Insel 179
Rostock 34–36
Rota 358
Rotes Kliff 26, *27*
Rote Wand 149
Rottach-Egern 76

Rotterdam 313, *315*
Rottweil 62
Rouen 259
Roussillon 289, 298
Rovaniemi 203
Rovereto 376
Rübezahlkanzel 94
Rüdesheim 42, *44*, 45, 46
Rügen *33*, 34, 35, 37
Rügenwalde (Darłowo) 86
Ruhpolding 72
RUMÄNIEN 498, 532–537
Rumänisch-Bulgarische Schwarzmeerküste 532–537
Rundāle (Rauhental) 505
Rungsted 186
Ruscino 297, 298
Russische Riviera 528
RUSSLAND 493, 495, 497, 501, 502, 506, 508–515, 528
Ruta de las Alpujarras 355
Rütli 113
Rydal 233

S
s'Arenal (el Arenal) 362, 363
Sa Calobra 362, 367
Sa Pobla 363
Saanen 106
Saanenmöser 108
Saaremaa (Ösel) 502, 504
Saas Fee 113
Säben 372, 373
Sachsenburger Klause 148
Sächsische Schweiz 20, 52–57, *57*
Sagres 334
Saimaasee *197*
Saint Helier 249
Saint Ives 242, 243, 246, *246*
Saint John's Head, Kliff 229
Saint Just 243
Saint Kilda 227
Saint Mary 246
Saint Michael's Mount 242, 244, *245*
Saint Paul's Islands 435
Saint Paul 238
Saint Peter Port 249
Saint-Bertrand-de-Comminges 292, 296
Saint-Brieuc 253
Saint-Brisson 266
Saint-Cyprien-Plage 298
Saint-Fargeau 265
Saint-Girons-Plage 299
Saint-Guirec 253
Saint-Jean-Pied-de-Port 292–294
Saint-Julien-Mont-Denis 274
Saint-Malo 252, 253, 257
Saint-Malo, Gezeitenkraftwerk 257
Saint-Martin-du-Canigou 296, *296*
Saint-Michel-de-Cuxa 296
Saint-Parize-le-Châtel 266
Saint-Paul-de-Vence *281*
Saint-Pée sur-Niveile 294
Saint-Philbert 258
Saint-Pol-de-Léon 254
Saint-Rémy-de Provence 282
Saint-Saturnin 270

Register

Saint-Thégonnec 252, 253, 255
Saint-Tropez 285, 286
Saint-Ursanne 112
Sainte-Anne-d'Auray 252
Sainte-Anne-la-Palud 252, 253
Sainte-Menehould 271
Saintes-Maries-de-la-Mer 289
Sakynthos 466
Salamis 525
Salcombe 244, 245
Salema 335
Salerno 414, 418
Salir 332
Sallent 295
Salò 377
Salou 368
Salpausselkä 198
Salurn 372, 374
Salurner Klause 372, 374, 376
Salzach 138
Salzburg 136, 138, *138*
Salzkammergut 21, 134–141
Samariaschlucht 483, 487
Sambre 304
Samos 329, 470, 476, 477
Samothraki 454
Samsun 524
San Andrés de Teixido 342
San Antonio Abad (Sant Antoni de Portmany) 367
San Benedetto 402
San Benedetto del Tronto 403, 407, 408
San Biagio 397
San Fruttuoso 382
San Gimignano 390, 396
San Giulio, Insel *120*
San Juan de la Peña 293
San Juan de Plan 293, 295
San Marino 402, 403, 409
San Remo 380, 381, 383, 384, *384*
San Rosendo 346
San Sebastián (Donostía) 348, *348*
San Telmo (Sant Elm) 367
San Vito 415
San Yuste 359
Sanary 285
Sancio Cattolico 420
Sanetschpaß 106
Sankt Andrä-Höch 152
Sankt Anton am Arlberg 133
Sankt Bartholomä 74
Sankt Blasien 62, 67
Sankt Christoph 133
Sankt Gallen 21
Sankt Georgen 66
Sankt Gilgen 136, 138, 139
Sankt Goar 42
Sankt Goarshausen 42, *47*
Sankt Gotthard *21*, 116
Sankt Gotthardpaß 116
Sankt Johann 127, 128
Sankt Kanzian 151
Sankt Leonhardt 374
Sankt Magdalena im Villnößtal *371*
Sankt Peter (Svatý Petr) *94*

Sankt Peter 62
Sankt Peter-Ording 29
Sankt Petersburg 496, 508–513, *511*
Sankt Trudpert, Ort 62
Sankt Ulrich 372
Sankt Valentin 44
Sankt Veit an der Glan 150, 151
Sankt Vith 304
Sankt Wolfgang 136, *138*, 138
Sant Antoni de Portmany (San Antonio Abad) 367
Sant Carles 363
Sant Elm (San Telmo) 367
Sant Ponça 364
Sant Salvador, Santuari 364
Santa Eulària del Riu 363, 367
Santa Margalida 363
Santa Margherita 383
Santa Pola 369
Santander 389
Santiago de Compostela 293, 341–343, 346, 347, 347
Santoña 349
Santorin (Thira) 470, *477*, 477
São Brás 332
São Lourenço dos Matos 333
Saône 263
Sardinien 326, 423
Sarek 163, 249
Sartène 288
Sasbachwalden 64
Saskö (Adlerstein) 103
Saßnitz 37
Sattnitzrücken 146
Saualpe 146
Sauer 308
Sauerland 50
Sauermöseralm 76
Saulieu 262, 267
Sausal 152
Savonlinna 198
Savoyen 272–277
Scafell Pike 232, 234, *234*
Schafberg 136, 138, 139
Scharhörn 25
Schauinsland 62, 66
Schiener Berg 69
Schiermonnikoog 318
Schilcherstraße 152
Schiltach 65
Schilthorn 106, 109
Schladming 142
Schlagendorfer Spitze (Slavkovský štít) 92
Schlei 35, 36
Schlern 375
Schleswig 34
Schleswig-Holstein 28, 34, 36
Schleswig-Holsteinisches Wattenmeer 27
Schliersee 77
Schliffkopf 64
Schloßberg 66
Schluchsee 62, 63, 67
Schludderns 372, 373
Schlüsselburg (Šlisselburg) 510, 513
Schmaler Luzin 38
Schmalkalden 58
Schmecks 91
Schnals 373
Schneck 78
Schneeberg 59
Schneekoppe 94

Schober 139
Schöllenen 116
Schönau 67
Schönbergalm 141
Schottisches Hochland 222–229
Schrammsteine 54, *56*
Schreiberhau (Szklarska Poreba) 94
Schuttertal 62
Schwäbische Alb 21, 68
Schwalbennest 531
Schwangau 72
Schwartenberg *59*
Schwarze Lütschine 109
Schwarzer See 79
Schwarzes Meer 497, 498
Schwarzenberg *59*
Schwarzmeerküste, Rumänisch-Bulgarische 532–537
Schwarzmeerküste, Türkische 524
Schwarzsee 126, *127*, 128, 131
Schwarzwald *15*, 60–67
Schwaz 125–128, 129
Schweden 188–195
Schwedische Westküste 194
Schweiz 14, 17, 21, 104–123
Schweizer Jura 112
Schwerin *38*
Schwindequelle 30
Schynige Platte 107, 109
Scilla-Felsen *434*
Scilly Islands 246
Seathwaite 234
Seaton 244
Sebnitz 54
Seealpen 278
Seebuckgipfel 67
Seebüll 25, 29
Seefeld 126, 130, *131*
Seeland 186
Seeon 72
Seewand 79
Seßgau 152, *152*
Seiffen *59*
Selçuk 518, 523
Sele 422
Selinunt 426, 427, 432
Sella 461
Sellafield 235
Sellagruppe 375
Selva de Irati 294
Semois 302, *303*, 307
Sénanque 284
Senigállia 405, 406
Senj 438, 439
Sensburg (Mragowo) 82
Sentier des Douaniers 253
Seo de Urgel 292, 297
Serein 265, 266
Serifos 470
Serra de Espinhaço de Cão 335
Serra de Tramuntana 362, 363, 367
Serra Orrios 423
Serranía de Ronda 356
Sestri Levante 383
Sestetal 178
Sette Fratelli 423
Severn 248
Sevilla 352, 353, 356, 357, 362
Sewastopol 497, 528, 529
Sexten 375
Seyðisfjörður 167
Sfaktiria, Insel 464

Sfíntu-Gheorghe-Arm 537
Shannon 219, 219
Sherkin Island 216
Shetlandinseln 228
Šibenik 438, 439, 440
Sibratsgfäll 133
Side 499, 524
Sidmouth 243
Siena 390, *394*, 396
Sierra Ancares 342
Sierra Bermeja 353
Sierra de Cauriel 344
Sierra de Gredos 359
Sierra de Guadarrama 358
Sierra de la Capelada 346
Sierra del Cadí *291*, 295
Sierra Morena 353, 359
Sieseby 35
Sifnos 473
Sigmaringen 68
Silberstraße *59*
Siljansee 162, **188–193**
Siljansleden 191, 192
Silkeborg 182, 183
Silser 122
Silvaplaner See 122
Silves 332, 333
Silvretta 132, *132*
Simferopol 531
Simmental 106–109
Simonsbath 242
Sinj 439
Sinop 524
Sintra 338
Siófok 98, 100
Sipil-Daği 518
Siracusa (Syrakus) 425–427, 431
Sirmione *377*
Sirolo 406
Sitges 368
Sithonia 455
Sitia 486
Sizilien 327, 424–433
Sjællands Odde 182
Skagen *181*, 183, 184, *185*
Skagerrak 195
Skala 476, 477
Skálholt 166
Skanderborg 182, 183, 185
Skara Brae 229
Skellig Michael 218
Skelligs 218
Skiathos 470, 474, *474*
Skibbereen 215, 216
Skiddaw 232, 233, 234
Skien 178
Skoga *165*
Skopelos 474
Skotinohöhlen 483
Skudeneshavn 174–176
Skye 224–227
Skyros 474
Slavkovský štít (Schlagendorfer Spitze) 92
Šlisselburg (Schlüsselburg) 510, 513
Slowakei 21, 88–95
Slowakisches Paradies 21, 95
Slowenien 442, 443
Słoweński Park (Narodowy) 86
Slovenský raj 21, 95
Słupsk (Stolp) 86
Småland 162
Smolikas 447, *448*

Snaefell 238
Snæfellsjökull 169
Snæfellsnes 169
Sneem 217
Snowdonia 239
Sofia 498
Soldarfjordur *171*
Sölden 126
Solisko 91
Sölkpaß 142
Sóller 364
Solos 459
Solutré 262, 269, **269**
Solway 237
Solynieve 354
Somerset 248
Somogyvár 101
Somport 293, 295
Son Servera 364
Sonnenstein *56*
Sonogno 118
Sonthofen 78
Sooneck *46*, 47
Sopot (Zoppot) 85
Sorgue 284
Sørfjord (Südfjord) 175
Sorrent 414, 415, *415*, 417, 421
Sørlandet 178
Sotavento 334, 337
Sotogrande 353, *358*
Sottocéneri 120
South Hams 244
Sovetsk (Tilsit) 502
Sozopol 534, *536*, 537
Spa 302, *302*
Spanien 290–297, 322, 323, 325, 326, 328, 329, 340–369
Spanische Costa Verde 349
Sparta 458, 461, 462
Speytal 224, 225, 226
Spiekeroog 25, 26
Spielfeld 152
Spiez *105*, 106, 107, *108*, 109
Spindlermühle 94
Spirdingsee (Jezioro Śniardwy) 82, *83*, 84, 85
Spiš (Zips) 90
Spišská Nová Ves (Zipser Neudorf) 95
Spittal 146–148
Split 438–440
Spoleto 399
Spreewald 39, *39*
Stade 24, 28
Stadt Wehlen 54, *56*
Staffa 227
Stahleck 49
Stams 126, 127, 130
Standing Stones of Callernish 212
Starigrad-Paklenica 438
Starý Smokovec (Altschmecks) 90–92
Staubbach *110*
Staudacher Alm 77
Staufen 62
Staufenberg 64
Stavanger 174–176
Stavelot 302
Stavenhagen 38
Stechelberg 109
Steinbachsee 91
Steineres Meer 21, 74
Steingaden 72, 75
Steinort (Sztynort) 83
Steinschartenkopf 78
Steirisches Himmelreich 152
Stemnitsa 461
Sterzing 373, *374*

Stettiner Haff 37
Stilfser Joch 374
Stilo 434, *434*
Stinkender Fluß (Tschufuk Su) 531
Stolp (Słupsk) 86
Stolpmünde (Ustka) 86
Stolzenfels 48
Stöng 166
Stora Sjöfallet 163, *194*
Stord 174
Stornoway 227
Strada Romea 403
Stralsund *33*, 34, 35
Strand 26
Strandarkirja 166
Straßburg 65
Stratená 95
Štrbské Pleso (Tschirmer See) 90, *91*
Štrbské Pleso 91
Stresa 116, 119
Streymoy *170*, 171
Striding Edge 234
Strokkur 166, 167, *167*
Stromboli *326*, 327, 433
Stromness 229
Stubaier Alpen 130
Stubbenkammer 37
Studenec (Kaltenberg) 58
Stuibenfall 126
Styhead Tarn 234
Stymfalia 460
Sudeley Castle 248
Sudelfeld 73
Südfjord (Sørfjord) 175
Südliche Sporaden 474
Südschwarzwald 63
Südsteiermark 152
Südtirol 370–375
Südtiroler Dolomiten *323*
Sulina-Arm 537
Sullom Voe 228
Sulztal 152
Šumava 79
Sumburgh 228
Sundborn *191*
Suomenlinna 200
Surtsey 169
Sustenhorn 111
Sutton Harbour 244
Svaneke 187
Svatý Petr (Sankt Peter) *94*
Svir *509*
Swansea 239
Swetlogorsk (Rauschen) 506
Święta Lipka (Heiligelinde) 82–84
Swinemünde (Świnoujście) 86
Sylt 25, 26, *26*, 27
Sylvensteinsee 72
Syrakus (Siracusa) 425–427, 431
Syros 473
Szántódirév 98, 100
Szántódpuszta 98
Szczytno (Ortelsburg) 82
Szigliget 98, 99, *100*
Szklarska Poreba (Schreiberhau) 94
Szölöskislak 101
Szombathely 98
Sztynort (Steinort) 83

T Talati de Dalt 363
Talhaus *110*
Tallinn 502, *505*, 505, 507
Talloires 276
Tampere 198, 199
Taormina *425*, 426, 427, 430, *430*
Tapolca 98

Táranto (Tarent) 422
Tarasp 122
Tarbert 216, 224, 227
Tarent (Táranto) 422
Tarifa 352, 358
Tarn Crag 236
Taro 386
Tarragona 368
Tartsch 373
Tartu (Dorpat) 496
Tatill 292
Tatra-Lomnitz (Tatranská Lomnica) 90, 92
Tatranský Národný Park 91
Tatzelwurm 73
Taubergießen 65
Taüll 293, 297
Tauplitz 136
Taurusgebirge 499
Taus (Domažlice) 79
Tautavel 297, 298
Tavira 333, **337**, *337*
Tavjetosgebirge 462, 463
Techirghiolsee 535
Tegernsee 72, 76, 77
Teinach 63
Telemark 178, **178**
Telfs 126, 130
Tempe 447
Tempeschlucht 449
Tenojoki 203
Terapetra 486
Terenten 375
Terni 399
Terra Chá 344
Terschelling 318, *318*
Téryhütte 92
Tessin 115–119, 121/122
Tête du Solaise 277
Tetschen (Děčín) 54, 58
Teufelsmauer 31, 79
Teufelssee 79
Texel 318, *318*
Texelgruppe, Nationalpark 374/375
Thasos 470
Themse 248
Thera 470, 477, *477*
Thermopylen 445
Thessalien 447
Thessaloniki 445, *445*, 446, 447, 450, 451, *452*
Thingvellir 166, 169
Thiou 276
Thira (Santorini) 470, *477*
Thjódveldisbærinn 166
Thomasblick (Tomášovský výhlad) 95, *95*
Thônes 274
Thonon-les-Bains 112, 277
Thorshavn 171
Thórsmörk 166
Thrakien 454
Thun 106, 107
Thuner See *105*, 106, 107, *108*, 109, 110
Thüringer Wald 20, 58
Ticino 116
Tiffauges 258
Tihany *97*, 97–101
Tilsit (Sovetsk) 502
Tindhólmur 171
Tinganes 171
Tinos 470, 473
Tintagel 242, 243, 246
Tirol 125–132
Tirol, Burg *373*, 374
Tiroler Alpen 124–131
Tiryns 461, *461*
Titisee 63, 67
Toblach 372

Toblinosee 376
Todesküste (Costa de la Muerte) 345
Todi 399
Todtmoos 62
Todtnau 62
Tofana di Mezzo *376*
Toftasee *191*
Toirano 384
Tomášovský výhlad (Thomasblick) 95, *95*
Tønder 183
Tönning 24, 25
Tööllönlahti *200*
Toplitzsee 136
Torbay 244
Torbole 377
Torby-Bucht 243
Töreboda 193
Torpo 174
Torquay 243, 244
Torre Annunziaca 414
Torre Cerrede 349
Torremolinos 353
Torrent de Pareis 363
Torreperogil *351*
Tortosa 368
Tory Island *220*
Toskana 326, **388–397**
Tossa de Mar *368*
Totes Meer (Ölüdeniz) 524
Totnes 244
Toulon 283, 285
Tourette-sur-Loupe *278*
Tourmalet 292, *296*
Trabzons 524
Tralee 216, 217
Trani 422
Traun 139
Traunkirchen 136, 140, *140*
Traunsee 136, 139, 140, *140*
Travers 112
Trebbia 386
Trechtingshausen *46*, 47
Trégastel 252
Trelleborg 195
Tremezzo *123*
Trentino 376
Trépassés, Baie 255
Trettachspitze 78
Triberg 62, 66
Trient (Trento) 376
Triglav 443
Tripolis 461
Trisselwand 136
Trogir 438–440
Trogtal 109
Trois Vallées 274, 277
Troja 478, 518, 519, 521
Trollhättankanal 193
Trondheim 175, 176
Tronoën 254
Tronto 408
Troodosgebirge 525
Tropea 434
Trou de Han 305
Trouville 259
Trujillo 359
Trümmelbachfälle 106, 109
Tschechien 54, 58, 79, **94**
Tschechowa 529
Tschirmer See (Štrbské Pleso) 90, *91*
Tschlin 122
Tschufuk Su (Stinkender Fluß) 531
Tschufut-Kale, Höhlenstadt 531
Tulcea 537
Tuniberg 64

Türkei 495, 496, 498, 499, 516–524
Türkische Ägäis 516–523
Türkische Riviera 524
Türkische Schwarzmeerküste 524
Türklesee (Jezioro Tyrklo) 85
Turner See 151
Turracher Höhe 146
Tylösand 195

U Überlinger See 69
Ubliksee (Jezioro Ublik) 85
Ückeritz 37
Ueckermünde 34, 35
Ugine 274
Ukkokivi 203
Ukraine 497, 526–531
Ullapool 224
Ullensvang 175
Ullswater 232
Ulverston 232
Umbrien 326, **398**
Umhausen 127
Ungarische Tiefebene 20
Ungarn 20, 96–103
Unspunnen, Burg 109
Unterach 136
Unterengadin 122
Unterer Gerlossee *128*
Untersee 69
Unterseen 109
Unterwössen 72
Urbino 403
Urfeld 72
Uri 113
Urnes 175, 176, *176*
Usedom 37
Ústica 426
Ustka (Stolpmünde) 86
Utne 174
Utrecht 313, 315
Utsira 176
Uuachauua 143

V Váh (Waag) 90
Vaion 482, 486
Val d'Isère 274, 277
Val di Genova 376
Val Montjoie 276
Val Sugana 376
Val Veni 273, 276
Val Venosta 21
Vale da Telha 334
Vale do Lobo 336
Valença 339
Valence 278
Valira del Nord 297
Valldemossa *361*, 362, 364
Valle de Arán 293, 297
Valle de Salazar 294
Valle dell'Inferno (Höllental) 415
Valle di Campiglio 376
Vallée des Merveilles 278
Valletta 334, 435
Valtellina (Veltlin) 328
Vama Veche 534, 535
Vänersee 193
Vanga 441
Vannes 256
Vansbro 190
Var 283, 285
Vár Hegy (Burg-Berg) 101
Varenna 123
Varkaus 198
Varna 534, 536
Værøy 179
Vässå 458, 464
Västerdalälv 190
Vathia 458, 463, *463*

Vatnajökull 160, *163*, 166, 168
Vättern 193
Vaucluse 283
Veddascatal 119
Veere 318, *319*
Vejer de la Frontera 352
Velden 149, *150*
Velebit, Kanal 439
Velebitgebirge *437*, 439
Veli Brion 441
Veltlin 328, 376
Ven 186
Vendée 258
Venedig 327, 329, *411*
Venedigergruppe 133
Venedit 411
Venere 409
Venetien 411
Ventimiglia 380, 381
Ventspils (Windau) 502
Verdasio *118*
Verdon *281*, 285
Vergina 450
Vergisson *261*
Vermunt-Stausee 132
Vernazza 385
Verona 411
Versailles 212
Verzasca 118, *119*
Verzascatals 118
Vesterålinseln 179
Vestland (Fjordland) 173
Vestmannaeyjar 169, **169**
Vesuv 327, *413*, 414, 415, *415*, 416, 421
Veszprém 98
Vézelay 262, *268*
Via Aurelia 385
Via dell'Amore (Liebesweg) 385
Viana do Castelo 339
Vianden 308
Vichy 270
Viella 293
Vienne 278
Vierseenblick 42, 48
Vierwaldstätter See 113, *113*
Vietri sul Mare 418
Vigezzotal 118
Vignemale *293*
Vigo 342, 345
Viitna 507
Vík *165*, 168
Vikos-Aoos 447
Vikosschlucht 446, 447
Vila do Conde 339
Vilamoura 336
Villarodin-Bourget 274
Villach 146, 147, 148, 149, 151
Villingen 66
Villingen-Schwenningen 62, 66
Vilnius (Wilna) 496
Vimperk (Winterberg) 79
Vinadi 122
Vindelev 182
Vindolanda 237
Widra 79
Wiedener Eck 62
Wienhausen 30
Wies 72, 75
Wiesbaden 42, 43
Wieskirche 72, *74*
Wildbad 63
Wiedner Eck 62
Vinderup 182
Vindolanda 237
Virrat 199
Vischering 51, *51*
Visp 113
Vispertal 113
Vistonis-Lagune 454
Vivara 420
Vizille 279
Vlieland 318
Vlychon 466
Vodawasserfall 450
Vogesen 65
Volendam *314*

Völkermarkter Stausee 151
Volos 448
Volterra 390, 397
Vorarlberg 132, 133
Vøringfoss 174, 175
Vörösberémy 98
Vosne-Romanée 269
Võsu 507
Vulcano 433, *433*
Vulpèra 122
Vuoksi 201
Vuraikosschlucht 458
Vyborg 510
Vendée 258
Venedig 327, 329, *411*
Vyšší Brod (Hohenfurth) 79

W Waag (Váh) 90
Wachau 142, **143**, 510
Walaam 513, *513*
Walchensee 72
Waldaihöhen 496
Waldulm 64
Wales 238
Walkenried 31
Wallgau 72
Wallis 21
Walliser Alpen 113
Wangerooge 26
Warche 307
Warkworth Castle 238
Warkworth *238*
Warmia (Ermland) 82
Warnemünde 36
Warstein 50
Wartburg 58, *58*
Wasdale Head 234, *235*
Wast Water 232
Watendlath Tarn *236*
Watersmeet 242
Watt 26
Watzmann 72, *75*
Węgorzewo (Angerburg) 82, 84
Wehlen 56
Weiße Berge (Lefka Ori) 482
Weiße Lütschine 109
Weiße Tatra (Belanské Tatry) 93
Weißenkirchen 143
Weißensee 146–148, *148*
Weißseeferner 131
Weißwasser (Biela voda) 92
Wells 248
Wendelstein 77
Wendenstöcke 111
Wengen 109
Werdenfelser Land 72
Wertach 78
Westerhever *25*, 28
Westerwinkel 51
Westmänner-Inseln (Vestmannaeyjar) 169
Westfriesische Inseln 318
Wetterhorn 110
Wicker 46
Widecombe 243, 247
Widra 79
Wiedener Eck 62
Wienhausen 30
Wies 72, 75
Wiesbaden 42, 43
Wieskirche 72, *74*
Wildbad 63
Wilder Kaiser 126, *127*, 128
Wilder Mann 78
Wildsee 130, *131*
Wilderswil 109
Wilhelmshaven 28
Wilna (Vilnius) 496

Wimmis 108, 109
Wimsener Höhle 68
Windau (Ventspils) 502
Windermere 232, 233, 236
Winklmoosalm 73, 76
Winterberg (Vimperk) 79
Wischhafen 28
Wismar 34
Wissower Klinken *33*
Wittmund 25
Wojnowo (Eckertsdorf) 84
Wolchow 495, 515, *515*
Wolfach 65
Wolfgangsee 136, 138, *138*
Wolfsschanze 82, 83
Wolfsschlucht 57
Wolga 496, 497
Wolgograd 496
Wölzer Tauern 142
Wörgl 126–128
Wörther See *145*, 146, 149, 150, *150*
Wremen 24
Wutach 67
Wutachschlucht 67
Wyk 26

X Xanthi 454
Xilokastron 467
Xixona (Jijona) 369

Y Yding Skovhøj 182
Ydra 460
Yerseke 318
Yesa 294
Yesnaby-Kliffs *229*
Yonne 262, 265, *265*, 267
Ys 255
Ystad 195
Yvoire 277

Z Zadar 438–440
Zafra 359
Zagora 471
Zagorochoria 447, 448
Zahmer Kaier 128
Zakopane 90, 93
Zarskoje Selo 510, 512, *512*
Zauberwald 74
Ždiar 90, 91, 93
Zeeland 318
Zelené Pleso (Grüner See) 92
Zell am Ziller 127
Zeller See 69
Zentralmassiv 271
Zermatt 113
Zernez 122
Zierikzee 318
Zillertal 128
Zinnowitz 37
Zips (Spiš) 90, 93, 95
Zipser Neudorf (Spišská Nová Ves) 95
Ziriagebirge 460
Zirl 126, [127]
Zlatni pjasáci 534, 536
Zoagli 383
Zollfeld 146
Zoppot (Sopot) 85
Zuckau (Zukowo) 86
Zuckerhütl 130
Zugspitze *71*, 72, 73, *73*, 74, 126, 131
Zukowo (Zuckau) 86
Zuriza 295
Zweilütschinen 109
Zweisimmen 106, 108, 109
Zwölferhorn 138
Zwolle 312
Zypern 499, 525

Bildnachweis

Für folgende Bildagenturen wurden Abkürzungen verwendet:
Ba = Bavaria, Bi = Bilderberg, BS = Bildarchiv Steffens, S = Silvestris

Umschlag-Vorderseite: m.: Landschaft bei Rotterdam (Niederlande), Foto: Klammet; l.u.: Castle Staker, Loch Linnhe (Schottland), Foto: Bavaria/Thoneg; r.u.: Landschaft in der Toskana, Foto: Bleinagel; l.o.: Sund-Fischerhafen, Lofoten (Norwegen), Foto: IFA Bilderteam/Everts; r.o.: Insel Santorin (Griechenland), Foto: Huber; Umschlag-Rückseite: Landschaft in Südspanien, Foto: Bavaria/Glass; Vorsatz: Toskana, Foto: S/Hansen; Nachsatz: Schottland, Foto: S/Klammet; Vortitel: Schlammkessel im Sulfatarenfeld von Namaskard (Island), Foto: S/Martinez; Haupttitel: Ronco am Lago Maggiore, Foto: Schreyer-Löbl; Impressum: Puy de Sancy in der Auvergne (Frankreich), Foto: S/Redekere; Inhalt, Seite 7: Ba/Nägele; Inhalt, Seite 8: Bi/H. Madej; Inhalt, Seite 9: S/H. Lange; Inhalt, Seite 10: BS/W. Allgöwer; Inhalt, Seite 11 S/W. Korall; 12/13: Ba/Nägele; 14: BS/P. J. van Limbergen; 15 o.: S/W. Richner; 15 u.: S/W. Wisniewski; 17: S/K. Scholz; 18 l.: S/O. Stadler; 18 r.: S/W. Geiersperger; 19: S/W. Korall; S/W. Korall; 20 l.: S/O. Stadler; 20/21 m.: S/W. Korall; 21 r.: S/H. Wörle; 22: Klammet; 23 o.: S/O. Stadler; 23 m.: S/F. Lane; 23 u.: S/H. Heine; 25: S/K. Wernicke; 26: Bi/W. Kunz; 27 l.: S/K. Wahl; 27 r.: Bi/M. Engler; 28 l.: S/O. Stadler; 28 r.o.: S/St. Meyers; 28 r.u.: S/G. Marklein; 29 r.o.: Bi/Ellerbrock & Schafft; 29 l.u.: Photo Press/Dr. Maier; 30 l.: S/J. Schilgen; 30 r.: S/J. Schilgen; 31 l.: Bi/W. Kunz; 31 r.: S/J. Schilgen; 32: S/H. Heine; 33 o.: S/H. Heine; 33 m.o.: S/D. Klose; 33 m.u.: S/AT-Foto; 33 u.: S/O. Stadler; 35 l.: S/N. Rosing; 35 r.: Ba/E. M. Bordis; 36 l.: S/St. Meyers; 36 r.: S/O. Stadler; 37 o.: S/N. Rosing; 37 u.: R. Kiedrowski/Koshofer; 38 l.: S/N. Rosing; 38 r.o.: S/W. Buchhorn; 38 r. u.: S/N. Rosing; 39 l.: S/E. Pansegrau; 39 r.o.: R. Kiedrowski; 39 r.u.: S/W. Redeleit; 40: S/O. Stadler; 41 o.: S/W. Korall; 41 m.o.: S/N. Pelka; 41 m.u.: Bi/A. Reiser; 41 u.: Bi/H.-J. Burkard; 43 l.: S/O. Stadler; 43 r.: ÀKG/E. Lessing; 44 l.: Bi/A. Reiser; 44 r.o.: S/H.-P. Merten; 44 r.u.: Bi/A. Reiser; 45 l.: BS/W. Reuter; 45 r.: Bi/A. Reiser; 46 l.: Dr. M. Hannwacker; 46 r.: Bi/G. Fischer; 47: Transglobe/P. Gluske; 48 l.: Werner Otto Reisefotografie; 48 r.: S/R. Purpar; 49 r.o.: BS/P. J. van Limbergen; 49 l.u.: Bi/Ellerbrock & Schafft; 50 r.o.: R. Kiedrowski; 50 r.u.: R. Kiedrowski; 51 l.: S/R. Kiedrowski; 51 r.: Bi/K. Bossemeyer; 52: S/O. Stadler; 53 o.: Bildarchiv Rodrun; 53 m.o.: G. Hoffmann; 53 m.u.: S/O. Stadler; 53 u.: H. König; 55 l.: Bi/M. Engler; 55 r.: Photo Press/Dr. Brucker; 56 l.: S/O. Stadler; 56 r.o.: S/N. Rosing; 56 r.u.: Transglobe/B.-D. Roth; 57 l.o.: Bi/M. Engler; 57 r.u.: S/M. Siepmann; 58 r.o.: S/W. Korall; 58 l.u.: W. Krammisch; 59 l.o.: S/O. Stadler; 59 l.u.: S/H. Heine; 59 r.: S/H. Lange; 60: S/W. Richner; 61 o.: R. Kemmether; 61 m.o.: Mauritius/Pigneter; 61 m.u.: S/W. Richner; 61 u.: S/H. Heine; 63 l.: S/W. Wisniewski; 63 r.: Laif/P. Bialobrzeski; 64 l.: S/W. Richner; 64 r.: F. Damm; 65 l.: S/W. Richner; 65 r.o.: Mauritius/K. W. Gruber; 65 r.u.: S/R. Kiedrowski; 66 l.: S/W. Richner; 66 r.o.: Mauritius/Mehlig; 66 r.u.: S/W. Richner; 67 o.: S/S. Rausch; 67 u.: S/E. Kuch; 68 l.: S/D. Nill; 68 r.: S/O. Stadler; 69 l.: S/O. Stadler; 69 r.o.: S/W. Richner; 69 r.u.: S/O. Stadler; 70 : Ba/Nägele; 71 o.: Ba/Studio Hahn; 71 m.o.: S/H. Schäfer; 71 m.u.: S/L. Janicek; 71 u.: Bi/H. Madej; 73 o.: Klammet; 73 u.: S/M. Siepmann; 74 l.: Klammet; 74 r.: S/M. Siepmann; 75: S/N. Rosing; 76 l.: S/M. Siepmann; 76 r.: Klammet; 77 o.: Klammet; 77 u.: Photo Press/Krahmer; 78 l.: S/A. Albinger; 78 r.: S/R. Bauer; 79 r.o.: Ba/Saller; 79 l.u.: J. Sevcik; 80: H. J. Kürtz; 81 o.: Bi/M. Engler; 81 m.: S/H. M. Poniatowski; 81 u.: Bi/M. Engler; 83: H. J. Kürtz; 84 l.o.: H. J. Kürtz; 84 l.u.: H. J. Kürtz; 84 r.: S/W. Irsch; 85 o.: Bi/M. Engler; 85 u.: H. J. Kürtz; 86 l.: H. J. Kürtz; 86 r.: Bi/M. Engler; 87 l.o.: S/K. Happenhofer; 87 l.u.: NHPA/D. Woodfall; 87 r.: S/St. Meyers; 88: W. Krammisch; 89 o.: Bi/K.-D. Francke; 89 m.: Bi/F. Blickle; 89 u.: B&U; 91: Ekofoto/J. Mikus; 92 l.: Ekofoto/D. Jurdik; 92 r.o.: Bi/K.-D. Francke; 92 r.u.: W. Krammisch; 93 o.: W. Krammisch; 93 u.: Ekofoto/St. Pechy; 94 o.: W. Krammisch; 94 u.: W. Krammisch; 95 l.: Ekofoto/J. Mikus; 95 r.: Th. Stankiewicz; 96: BA Dr. Gerd Wagner/Gino; 97 o.: Photored-Action/H.-H. Skupy; 97 m.o.: Achim Sperber; 97 m.u.: S/O. Stadler; 97 u.: Th. Stankiewicz; 99 l.: Photored-Action/H.-H. Skupy; 99 r.: Th. Stankiewicz; 100 l.: Klammet; 100 r.o.: S/O. Stadler; 100 r.u.: Photored-Action/H.-H. Skupy; 101 l.o.: Photored-Action/H.-H. Skupy; 101 r.u.: BA Dr. Gerd Wagner/Gino; 102 l.: Transglobe/G. Schorm; 102 r.o.: Bi/K. Kallay; 102 r.u.: S/K. Wothe; 103 l.o.: Photored-Action/H.-H. Skupy; 103 l.u.: Interfoto MTI; 103 r.: Photored-Action/H.-H. Skupy; 104: S. Eigstler; 105 o.: B&U; 105 m.: Bi/A. Reiser; 105 u.: Schlapfer Color; 107 l.: Comet-Photo; 107 r.: Schlapfer Color; 108 l.: Ba/Klammet & Aberl; 108 r.: B&U; 109: Comet-Photo; 110 l.: Bi/A. Reiser; 110 r.o.: Comet-Photo; 110 r.u.: Comet-Photo; 111 o.: S/H.-P. Merten; 111 u.: S/M. Braunger; 112 o.: Klammet; 112 u.: Comet-Photo; 113 o.: Comet-Photo; 113 u.: Bi/F. Blickle; 114: S. Eigstler; 115 o.: S/W. Richner; 115 m.o.: F. Holzmann; 115 m.u.: S/W. Richner; 115 u.: S/W. Richner; 117 l.: S/W. Richner; 117 r.: Bi/Ernsting; 118 l.: Bi/Th. Ernsting; 118 r.o.: Foto Schreyer-Löbl; 118 r.u.: F. Holzmann; 119 l.: Comet-Photo; 119 r.: F. Holzmann; 120 l.o.: Mauritius/Nägele; 120 l.u.: S. Eigstler; 120 r.: S/W. Richner; 121 o.: Bi/Ernsting; 121 u.: S/W. Richner; 122 l.: Th. P. Widmann; 122 r.: Th. P. Widmann; 123 l.: BA Dr. Gerd Wagner/L. Polders; 123 r.o.: S/O. Stadler; 123 r.u.: S/W. Richner; 124: S/O. Stadler; 125 o.: Achim Sperber; 125 m.: Bi/W. Schmitz; 125 u.: BA Dr. Gerd Wagner/Marco; 127 o.: B&U; 127 u.: S/O. Stadler; 128: BA Dr. Gerd Wagner/Eberh.; 129 l.: S/Dr. Gerd Wagner; 129 r.o.: S/O. Stadler; 129 r.u.: BA Dr. Gerd Wagner; 130 l.: BA Dr. Gerd Wagner/Marco; 130 r.: BA Dr. Gerd Wagner/Ascher; 131 o.: S/Dr. Gerd Wagner; 131 u.: BA Dr. Gerd Wagner/Ascher; 132 l.: Klammet; 132 r.: Klammet; 133 o.: BA Dr. Gerd Wagner/Luma; 133 u.: Klammet; 134: B&U; 135 o.: Bi/K.-D. Francke; 135 m.o.: S/H. Schweinsberg; 135 m.u.: S/H. Heine; 135 u.: S/H. Heine; 137 l.: B&U; 137 r.: Eigenart/Salzbergbau Hallein; 138 l.: S/H. Heine; 138 r.: Klammet; 139 l.: S/O. Stadler; 139 r.: Photo Press/Seve; 140 l.: Bi/K.-D. Francke; 140 r.: Klammet; 141 o.: S/W. Geiersperger; 141 u.: Archiv Dachsteinhöhlen; 142 l.: R. Kiedrowski/P. Sander; 142 r.: S/N. Rosing; 143 l.: Klammet; 143 r.: S/M. Rapkre; 144: Mauritius/Pigneter; 145 o.: S/H.Heine; 145 m.o.: K. Puntschuh; 145 m.u.: BS/W. Allgöwer; 145 u.: G. Jung; 147 l.: S/H. Heine; 147 r.: S/St. Meyers; 148 l.o.: Maxum/H. Wiesenhofer; 148 l.u.: S/W. Geiersperger; 148 r.: S/H. Heine; 149 l.: Transglobe/Geiersperger; 149 r.: Mauritius/Lindner; 150 l.: G. Jung; 150 r.o.: S/H. Heine; 150 r.u.: Transglobe/E. Martins; 151 o.: S/H. Heine; 151 u.: S/H. Heine; 152 l.: S/H. Heine; 152 r.: S/H. Heine; 153 l.: Th. P. Widmann; 153 r.o.: Th. P. Widmann; 153 r.u.: Th. P. Widmann; 154/155: Bi/H. Madej; 156: S/U. Kerwien; 157 o.: S/Dr. Ch. Nowak; 157 u.: Naturbild/S. Halling; 159: Klammet; 160 l.: S/N. Rosing; 160/161: Luonnonkuva Arkisto/Toivonen; 161 r.: S/J. u. P. Wegner; 162 l.: S/U. Lochstampfer; 162 r.: Bi/H. Madej; 163: S/R. Cramm; 164: Ba/Icelandic Photo; 165 o.: S/A. Werth; 165 m.o.: S/L. Martinez; 165 m.u.: S/N. Schwirtz; 165 u.: S/E. Craddock; 167 l.: S/J. Pfeiffer; 167 r.: Photo Press/Fuhrmann; 168 o.: R. Kiedrowski; 168 u.: Bi/K.-D. Francke; 169 r.o.: Photo Press/Kiepke; 169 l.u.: F.-K. Freiherr von Linden; 169 r.u.: F.-K. Freiherr von Linden; 170 r.o.: S/U. Kerwien; 170 l.u.: S/F. Lane; 171 o.: B&U/Christian Titlow; 171 u.: B&U/Christian Titlow; 172: K. Puntschuh; 173 o.: Bi/K. Bossemeyer; 173 m.o.: Bi/K. Bossemeyer; 173 m.u.: B&U; 173 u.: S/N. Rosing; 175 l.: S/K. Heblich; 175 r.: S/Dr. Ch. Nowak; 176 l.: Klammet; 176 r.: S/K. Brauner; 177 o.: S/J. Diemer; 177 u.: S/Dr. Ch. Nowak; 178 l.: S/E. Bisgaard; 178 r.: S/E. Bisgaard; 179 o.: Bi/K. Bossemeyer; 179 u.: S/N. Rosing; 180: S/E. Bisgaard; 181 o.: Bi/M. Horacek; 181 m.o.: Achim Sperber; 181 m.u.: S/E. Bisgaard; 181 u.: Achim Sperber; 183: Achim Sperber; 184 l.: Achim Sperber; 184 r.: S/E. Bisgaard; 185 l.o.: S/E. Bisgaard; 185 r.u.: B&U; 186 r.o.: Ba/Klammet & Aberl; 186 l.u.: S/U. Lochstampfer; 187 l.: Klammet; 187 r.: Mauritius/Wesche; 188: Naturbild/Bengt Hedberg; 189 o.: S/L. Postl; 189 m.o.: S/U. Lochstampfer; 189 m.u.: S/W. Wisniewski; 189 u.: G. Jung; 191 o.: Naturbild/K. Bengtsson; 191 u.: Bi/H. Madej; 192 l.: Bi/H. Madej; 192 r.o.: Bi/H. Madej; 192 r.u.: S/L. Lenz; 193 o.: S/A. Luhr; 193 u.: R. Kiedrowski; 194 l.: S/H. Arndt; 194 r.: S/A. Sprank; 195 l.: S/J. u. P. Wegner; 195 r.: Bi/D. Schmid; 196: Luonnonkuva-Arkisto/Rautavaare; 197 o.: G. Jung; 197 m.o.: Luonnonkuva-Arkisto/A. Jokinen; 197 m.u.: Luonnonkuva-Arkisto; 197 u.: Luonnonkuva-Arkisto/Taskinen; 199 l.: S/K. Wothe; 199 r.: S/H. Arndt; 200 l.o.: Klammet; 200 l.u.: Luonnonkuva-Arkisto/Juurinen; 200 r.: Luonnonkuva-Arkisto/Juurinen; 201 r.o.: Klammet; 201 l.u.: Luonnonkuva-Arkisto/Hämäläinen; 202 l.: Bi/W. Kunz; 202 r.o.: Bi/W. Kunz; 202 r.u.: Klammet; 203 l.o.: Bi/W. Kunz; 203 l.u.: S/K. Wothe; 203 r.: S/K. Wothe; 204/205: S/H. Lange; 206: Bi/T. Leeser; 207 o.: Bi/K.-D. Francke; 207 u.: S/W. Richner; 209: S/O. Stadler; 210 l.: S/Th. Glaser; 210 r.: S/O. Stadler; 211: Bi/K.-D. Francke; 212 l.: S/AT-Foto; 212/213: S/U.W.E.; 213 r.: S/U.W.E.; 214: Ba/Nägele; 215 o.: Ba/Slide File; 215 m.o.: Th. Leimeister; 215 m.u.: Bi/K. Bossemeyer; 215 u.: Bi/K.-D. Francke; 217 l.: Bi/K.-D. Francke; 217 r.: SOA/G. Hänel - U. Thomas; 218 l.: Klammet; 218 r.: Bi/K.-D. Francke; 219 l.o.: Bi/K.-D. Francke; 219 r.u.: Irish Tourist Board; 220 r.o.: Bi/K.-D. Francke; 220 r.u.: S/L. Janicek; 221 l.: SOA/J. Allan Cash LTD; 221 r.: Bi/E. Grames; 222: Klammet; 223 o.: Klammet; 223 m.o.: S/K.-H. Eckhardt; 223 m.u.: Klammet; 223 u.: S/L. Janicek; 225: Klammet; 226 l.: K. U. Müller; 226 r.: S/NHPA - Mr. Stephen Dalton; 227 o.: S/H. Friedrich; 227 u.: Klammet; 228 l.: B&U; 228 r.: K. U. Müller; 229 o.: Klammet; 229 u.: S/F. Krahmer; 230: Klammet; 231 o.: SOA/J. Allan Cash LTD; 231 m.o.: SOA/J. Allan Cash LTD; 231 m.u.: Ba/Images; 231 u.: SOA/J. Allan Cash LTD; 233 l.: Ba/Images; 233 r.: Ba/Nägele; 234: SOA/B. Bott; 235 l.: Mauritius/Starfoto; 235 r.o.: SOA/J. Allan Cash LTD; 235 r.u.: SOA/J. Allan Cash LTD; 236 l.: Ba/Nägele; 236 r.: Mauritius/Photo Bank; 237 o.: S/E. Bisgaard; 237 u.: B&U; 238 o.: B&U; 238 u.: Klammet; 239 l.: SOA/J. Allan Cash LTD; 239 r.: Klammet; 240: Klammet; 241 o.: Bi/W. Schmitz; 241 m.: S/O. Stadler; 241 u.: K. U. Müller; 243: K. U. Müller; 244 l.: SOA/J. Allan Cash LTD; 244 r.: K. U. Müller; 245: Bi/W. Schmitz; 246 l.: K. U. Müller; 246 r.: K. U. Müller; 247 r.o.: S/O. Stadler; 247 l.u.: Bi/W. Schmitz; 248 o.: Ba/Images; 248 u.: Klammet; 249 l.: S/O. Stadler; 249 r.: Klammet; 250: S/W. Richner; 251 o.: S/H. Lange; 251 m.o.: G. M. Schmid; 251 m.u.: S/H. Lange; 251 u.: S/O. Stadler; 253 l.: Bi/Ellerbrock & Schafft; 253 r.: Bi/K.-D. Francke; 254 l.: S/J. Schilgen; 254 r.o.: S/Dr. Ch. Nowak; 254 r.u.: S/H. Lange; 255 l.: S/W. Richner; 255 r.: S/H. Lange; 256 l.o.: S/H. Lange; 256 l.u.: S/Schneider & Will; 256 r.: S/H. Lange; 257 r.o.: S/W. Richner; 257 l.u.: S/O. Stadler; 258 o.: Pluriel/M. Haton; 258 u.: Ullstein Bilderdienst; 259 l.: Th. Leimeister; 259 r.o.: Klammet; 259 r.u.: Th. Leimeister; 260: S/W. Richner; 261 o.: S/W. Richner; 261 m.o.: S/W. Richner; 261 m.u.: S/W. Richner; 261 u.: S/W. Richner; 263 l.: S/W. Richner; 263 r.: S/W. Richner; 264 l.: S/W. Richner; 264 r.: S/W. Richner; 265 l.: S/W. Richner; 265 r.o.: S/W. Richner; 265 r.u.: S/W. Richner; 266 l.: S/W. Richner; 266 r.: S/W. Richner; 267: S/W. Richner; 268 l.: BS/R. R. Steffens; 268 r.: S/W. Richner; 269 r.o.: S/W. Richner; 269 l.u.: S/W. Richner; 270 o.: S/M. Siepmann; 270 u.: Transglobe/Berenguier-Jerrican; 271 o.: S/M. Siepmann; 271 u.: S/W. Willner; 272: Ba/T. Bognar; 273 o.: S/K. Scholz; 273 m.: K. Puntschuh; 273 u.: Pluriel/E. Pou Pinet; 275 l.: Klammet; 275 r.: B&U; 276 o.: BS/W. Allgöwer; 276 u.: BS/W. Allgöwer; 277 r.o.: Klammet; 277 l.u.: Bi/F. Blickle; 278 l.: Klammet; 278 r.: Sunset/D. Bringard; 279 l.: Klammet; 279 r.o.: Ba/F. Lang; 279 r.u.: Mauritius/Scope; 281 o.: S/AT-Foto; 281 m.o.: Achim Sperber; 281 m.u.: S/O. Stadler; 281 u.: S/Wallis; 283: S/AT-Foto; 284: S/Wallis; 285 l.: S/O. Stadler; 285 r.: S/O. Stadler; 286 l.: S/O. Stadler; 286 r.: S/O. Stadler; 287 l.o.: S/J. u. P. Wegner; 287 r.u.: S/I. Riepl; 288 o.: S/F. Krahmer; 288 u.: S/O. Stadler; 289 l.: S/F. Krahmer; 289 r.o.: S/Moncada; 289 r.u.: S/R. Maier; 290: Th. P. Widmann; 291 o.: B&U; 291 m.o.: Ropi; 291 m.u.: Th. P. Widmann; 291 u.: Th. P. Widmann; 293: Pluriel/Zimmermann; 294: S/W. Wisniewski; 295 l.: Bi/F. Blickle; 295 r.o.: S/B. Fischer; 295 r.u.: S/H. Lehmann; 296 l.o.: S/B. Fischer; 296 l.u.: S/W. Richner; 296 r.: Photo Press/Gnoni; 297 o.: Bi/F. Blickle; 297 u.: S/H. Lehmann; 298 o.: S/H. Partsch; 298 u.: S/E. Craddock; 299 l.: S/Hoa-Qui; 299 r.: Ba/Neuwirth; 300: Eureka-Slide/Leeman; 301 o.: U. Anhäuser; 301 m.o.: Transglobe/M. Schäfer; 301 m.u.: U. Anhäuser; 301 u.: Eureka-Slide/B. Roland; 303: S/O. Stadler; 304: BS/H.-J. Rech; 305 l.: Eureka-Slide/Wang Mo; 305 r.: Transglobe/D. Simson; 306 l.: Benelux Press/H. v. d. Heuvel; 306 r.o.: S/H. Heine; 306 r.u.: Transglobe/G. Heisler; 307 o.: S/O. Stadler; 307 u.: S; 308: U. Anhäuser; 309 l.o.: BS/N. Blythe; 309 l.u.: S/O. Stadler; 309 r.: Eureka-Slide/S. Domelounksen; 310: Ba/Benelux Press; 311 o.: Bi/E. Grames; 311 m.o.: Benelux Press/I. Cuypers; 311 m.u.: S/O. Stadler; 311 u.: S/O. Stadler; 313: Benelux Press Holland/Visbach; 314 l.: S/O. Stadler; 314 r.: S/O. Stadler; 315 l.: R. Kiedrowski; 315 r.: S/O. Stadler; 316 l.: Ba/P. Irsch; 316 r.: Photo Press/Hackenberg; 317 r.o.: Benelux Press Holland/Pet; 317 l.u.: Klammet; 318 r.o.: Benelux Press Holland/Datafoto; 318 l.u.: Benelux Press Holland/Pet; 319 r.o.: Benelux Press Holland/Leeden; 319 l.u.: Benelux Press Holland/Visbach; 320/321: BS/W. Allgöwer; 322: B&U; 323 o.: S/AT-Foto; 323 u.: S/W. Richner; 326 l.: Bildarchiv Rodrun/Kiesewetter; 326/327: F. M. Frei; 327 r.: H. Sobkowiak; 328: S/R. Bauer; 329 l.: S/H.Heine; 329 r.: S/W. Richner; 330: Ba/T. Bognar; 331 o.: Bi/W. Kunz; 331 m.: Th. Leimeister; 331 u.: S/J. Pavenzinger; 333 l.: S/W. Richner; 333 r.: S/W. Richner; 334: Bi/G. Wagner; 335 l.: S/W. Richner; 335 r.: S/AT-Foto; 336 l.: S/W. Richner; 336 r.o.: S/W. Richner; 336 r.u.: Mauritius/Vidler; 337 r.o.: Th. Leimeister; 337 l.u.: S/AT-Foto; 338 l.: S/W. Wisniewski; 338 r.: S/K. Hanisch; 339 r.o.: S/W. Richner; 339 l.u.: Ba/Picture Finders; 340: Bi/K.-D. Francke; 341 o.: B&U; 341 m.o.: S/M. Siepmann; 341 m.u.: Bi/K.-D. Francke; 341 u.: Transglobe/R. Frerck; 343 l.: Transglobe/R. Frerck; 343 r.: Bi/K.-D. Francke; 344: R. Kemmether; 345 l.: Bi/K.-D. Francke; 345 r.: Bi/K.-D. Francke; 346 l.: Bi/K.-D. Francke; 346 r.: Bi/K.-D. Francke; 347 o.: Bi/K.-D. Francke; 347 u.: Bi/K.-D. Francke; 348 l.o.: Bi/K.-D. Francke; 348 l.u.: Klammet; 348 r.: Transglobe/W. Marquardt; 349 o.: S/O. Stadler; 349 u.: Transglobe/R. Frerck; 350: Transglobe/R. Frerck; 351 o.: F. M. Frei; 351 m.o.: F. M. Frei; 351 m.u.: Th. P. Widmann; 351 u.: S/AT-Foto; 353 o.: F. M. Frei; 353 u.: Transglobe/R. Frerck; 354 l.: F. M. Frei; 354 r.: Transglobe/R. Frerck; 355 l.: G. Jung; 355 r.: Transglobe/R Frerck; 356 l.: F. M. Frei; 356 r.: Th. Stankiewicz; 357 o.: F. M. Frei; 357 u.: Aisa/Vidler; 358 o.: BS/D. Klöppel; 358 u.: Aisa/J. D. Dallet; 359 l.: S/B. Fischer; 359 r.: S/M. Siepmann; 360: Ch. Schröder; 361 o.: Achim Sperber; 361 m.o.: Achim Sperber; 361 m.u.: Bi/W. Kunz; 361 u.: Achim Sperber; 363 l.: S/B. Schug; 363 r.: G. Aigner; 364: Bi/K. Bossemeyer; 365 l.: S/Dr. Gerd Wagner; 365 r.: Achim Sperber; 366 l.: S/O. Werner; 366 r.: Bi/M. Horacek; 367 o.: Mauritius/Pigneter; 367 u.: Bi/K. Bossemeyer; 368 o.: S/O. Stadler; 368 u.: Klammet; 369 l.: S/O. Stadler; 369 r.: S/O. Stadler; 370: Klammet; 371 o.: S/K.-H. Eckhardt; 371 m.o.: BA Dr. Gerd Wagner/Gino; 371 m.u.: S/E. Kuch; 371 u.: S/F. Breig; 373 l.: S/J. Lindenburger; 373 r.: Achim Sperber; 374 l.: BA Dr. Gerd Wagner/Ibo; 374 r.o.: Achim Sperber; 374 r.u.: R. Kiedrowski; 375 o.: BA Dr. Gerd Wagner/Gino; 375 u.: S/J. Lindenburger; 376 o.: Klammet; 376 u.: Mauritius/J. Gorter; 377 l.: BA Dr. Gerd Wagner/Marco; 377 r.: S/O. Stadler; 378: S/H. Heine; 379 o.: S/H. Heine; 379 m.o.: S/H. Heine; 379 m.u.: S/O. Stadler; 379 u.: G. Aigner; 381 l.: S/H. Heine; 381 r.: Bi/K. Bossemeyer; 382: S/H. Heine; 383 l.: S/H. Heine; 383 r.: S/H. Heine; 384 l.: S/H. Heine; 384 r.o.: S/H. Heine; 384 r.u.: S/H. Heine; 385 o.: S/H. Heine; 385 u.: Foto Schreyer-Löbl; 386 l.: S/H. Heine; 386 r.: S/H. Heine; 387 l.: G. Aigner/Nenzel; 387 r.o.: G. Aigner/Nenzel; 387 r.u.: S/H. Heine; 388: S/M. Rapkre; 389 o.: S/O. Stadler; 389 m.o.: Bi/M. Horacek; 389 m.u.: S/R. Bauer; 389 u.: G. Aigner; 391 l.: G. Aigner; 391 r.: K. Hansen; 392 l.: S/O. Stadler; 392 r.o.: S/O. Stadler; 392 r.u.: AKG; 393 l.: S/M. Rapkre; 393 r.: Bi/M. Horacek; 394 l.o.: Bildarchiv Rodrun/Kiesewetter; 394 l.u.: S/O. Stadler; 394 r.: S/O. Stadler; 395 l.: Bi/K. Bossemeyer; 395 r.: Bi/Th. Ernsting; 396 l.: Th. Leimeister; 396 r.: F. M. Frei; 397 o.: S/O. Stadler; 397 u.: S/M. Ramstetter; 398 l.: Klammet; 398 r.: BA Dr. Gerd Wagner/Gino; 399 l.: Bi/M. Horacek; 399 r.: S/O. Stadler; 400: G. Aigner; 401 o.: G. Aigner; 401 m.o.: G. Aigner; 401 m.u.: G. Aigner; 401 u.: G. Aigner; 403 l.: S/H. Heine; 403 r.: G. Aigner; 404 l.o.: S/H. Heine; 404 l.u.: BS/R. R. Steffens; 404 r.: S/H. Heine; 405 l.: S/H. Heine; 405 r.: S/H. Heine; 406 l.: Klammet; 406 r.: IFA/Göss-Holz; 407 l.: G. Aigner; 407 r.: S/H. Heine; 408 l.: Mauritius/Torino; 408 r.: F. Speranza/G. A. Carfagna; 409 o.: F. M. Frei; 409 u.: S/H. Heine; 410 l.o.: Mauritius/Dietl; 410 l.u.: S/H. Heine; 410 r.: S/J. u. P. Wegner; 411 l.: S/H. Heine; 411 r.o.: S/W. Korall; 411 r.u.: S/J. Lughofer; 412: F. M. Frei; 413 o.: Transglobe/F. Giaccone; 413 m.o.: Achim Sperber; 413 m.u.: Transglobe/W. Watzl; 413 u.: S/Rauch; 415 l.: F. M. Frei; 415 r.: Ropi; 416 l.: Achim Sperber; 416 r.o.: Achim Sperber; 416 r.u.: K. Puntschuh; 417 l.: K. Puntschuh; 417 r.: F. M. Frei; 418 l.o.: Achim Sperber; 418 l.u.: S/L. Janicek; 418 r.: Achim Sperber; 419: F. M. Frei; 420 l.o.: F. M. Frei; 420 l.u.: G. Aigner; 420 r.: F. M. Frei; 421 o.: G. Aigner; 421 u.: Bi/T. Leeser; 422 l.: BS/L. Janicek; 422 r.o.: BS/L. Janicek; 422 r.u.: S/L. Janicek; 423 l.: Transglobe/Ph. E. Martino; 423 r.: S/O. Stadler; 424: F. M. Frei; 425 o.: S/R. Bauer; 425 m.o.: S/O. Stadler; 425 m.u.: Bi/E. Grames; 425 u.: Klammet; 427 l.: S/O. Stadler; 427 r.: F. M. Frei; 428 l.: Ropi/Speranza; 428 r.o.: Klammet; 428 r.u.: S/R. Bauer; 429 l.: Ropi/Speranza; 429 r.: Ropi/Speranza; 430 l.o.: S/R. Bauer; 430 l.u.: Ropi/Speranza; 430 r.: Transglobe/H. Hartmann; 431: Mauritius/Thonig; 432 l.o.: S/R. Bauer; 432 l.u.: S/AT-Foto; 432 r.: S/AT-Foto; 433 o.: S/Hoa-Qui; 433 u.: S/R. Bauer; 434 l.o.: F. M. Frei; 434 l.u.: F. M. Frei; 434 r.: Bi/K. Bossemeyer; 435 l.: F. M. Frei; 435 r.o.: R. Kiedrowski; 435 r.u.: F. M. Frei; 436: Ba/Janicek; 437 o.: S/AT-Foto; 437 m.: D. Fabiani´c; 437 u.: Ba/Dr. Frass; 439: Klammet; 440 l.: Photo Press/Vahl; 440 r.o.: S/Krebs; 440 r.u.: B&U; 441: D. Fabianic; 442 o.: S/H. Heine; 442 u.: Th. Leimeister; 443 l.: S/H. Heine; 443 r.: Foto Schreyer-Löbl; 444: Bi/W. Kunz; 445 o.: S/F. Krahmer; 445 m.o.: Transglobe/M. Granitsas; 445 m.u.: S/F. Naroska; 445 u.: Bi/W. Kunz; 447 l.: Mauritius/Sunshine; 447 r.: Mauritius/Sunshine; 448 l.o.: Bi/W. Kunz; 448 l.u.: Bi/W. Kunz; 448 r.: Klammet; 449 l.: S/W. Richner; 449 r.: S/W. Richner; 450: Mauritius/R. Mayer; 451 l.: Bi/W. Kunz; 451 r.o.: Klammet; 451 r.u.: S/W. Richner; 452 l.: Bi/K.-D. Francke; 452 r.o.: Bi/K.-D. Francke; 452 r.u.: Bi/K.-D. Francke; 453 o.: S/E. Huber; 453 u.: M. Kirchner; 454 l.: S/F. Hecker; 454 r.: S/B. Fischer; 455 l.o.: S/AT-Foto; 455 l.u.: Mauritius/Pigneter; 455 r.: Bi/K.-D. Francke; 456: W. Krammisch; 457 o.: S/R. Bauer; 457 m.o.: S/U. Lochstampfer; 457 m.u.: BS/R. R. Steffens; 457 u.: M. Neumann; 459 l.: Bi/K.-D. Francke; 459 r.: BS/R. R. Steffens; 460 l.: M. Neumann; 460 r.o.: W. Krammisch; 460 r.u.: Ba/D. Ball; 461 l.: Bi/K.-D. Francke; 461 r.o.: Bi/K.-D. Francke; 461 r.u.: M. Neumann; 462 l.: Bi/K.-D. Francke; 462 r.: Bi/K.-D. Francke; 463 l.: M. Neumann; 463 r.o.: M. Neumann; 463 r.u.: S/H. Wörle; 464 l.: S/H. Wörle; 464 r.: BS/R. Bauer; 465 o.: Ba/Rose; 465 u.: Klammet; 466 l.o.: Das Fotoarchiv/B. Euler; 466 l.u.: S/V. Brockhaus; 466 r.: Das Fotoarchiv; 467 l.: Transglobe/R. Bauer; 467 r.o.: Transglobe/P. Jensen; 467 r.u.: W. Krammisch; 468: Th. Stankiewicz; 469 o.: S/L. Janicek; 469 m.o.: S/R. Bauer; 469 m.u.: S/Th. Hagen; 469 u.: S/W. Heidt; 471 l.: Bi/K.-D. Francke; 471 r.: S/S. Dietrich; 472 l.: Ba/K. Thiele; 472 r.o.: S/Dr. Ch. Nowak; 472 r.u.: Th. Stankiewicz; 473 l.: Th. Stankiewicz; 473 r.: S/Dr. Ch. Nowak; 474: S/Dr. Gerd Wagner; 475 l.: Bi/K.-D. Francke; 475 r.: G. Jung; 476 l.o.: Mauritius/F. Gierth; 476 l.u.: Mauritius/Chrile; 476 r.: S/R. Bauer; 477 o.: S/R. Bauer; 477 u.: S/Dr. Gerd Wagner; 478 l.: Bi/K.-D. Francke; 478 r.: Bi/K.-D. Francke; 479 l.: H. u. P. Neuwirth; 479 r.: Klammet; 480: Bi/K.-D. Francke; 481 o.: Bi/K.-D. Francke; 481 m.o.: S/W. Rauch; 481 m.u.: Bi/T. Leeser; 481 u.: Bi/K.-D. Francke; 483: H. Neidhardt; 484: Bi/K.-D. Francke; 485 l.: Bi/K.-D. Francke; 485 r.: Bi/K.-D. Francke; 486 l.: Bi/T. Leeser; 486 r.: Bi/K.-D. Francke; 487 o.: Bi/K.-D. Francke; 487 u.: Bi/K.-D. Francke; 488 o.: Bi/K.-D. Francke; 488 u.: S/Dr. Gerd Wagner; 489 l.: R. Kiedrowski/P. Sander; 489 r.o.: BA Dr. Gerd Wagner/Lakis; 489 r.u.: Bi/K.-D. Francke; 490/491: S/W. Korall; 492: G. M. Schmid; 493 o.: Das Fotoarchiv/Eisermann/Babovic; 493 u.: Ba/Scholz; 495: Bi/A. Reiser; 496 l.: S/J. Lughofer; 496 r.: S/W. Richner; 497: Das Fotoarchiv/T. Babovic; 498 l.: Das Fotoarchiv/Th. Mayer; 498/499: K. U. Müller; 499 r.: S/F. Krahmer; 500: Das Fotoarchiv/Eisermann/Babovic; 501 o.: Das Fotoarchiv/Eisermann/Babovic; 501 m.o.: Photored-Action/H.-H. Skupy; 501 m.u.: Das Fotoarchiv/Eisermann/Babovic; 501 u.: Das Fotoarchiv/D. Eisermann; 503 l.: Das Fotoarchiv/Eisermann/Babovic; 503 r.: S/W. Korall; 504 l.: S/W. Korall; 504 r.: S/W. Korall; 505 o.: Bi/R. Drexel; 505 u.: S/W. Korall; 506 l.: Mauritius/A. Burger; 506 r.: S/W. Korall; 507 l.: Das Fotoarchiv/Eisermann/Babovic; 507 r.: Das Fotoarchiv/Eisermann/Babovic; 508: Bi/A. Reiser; 509 o.: Photored-Action/H.-H. Skupy; 509 m.o.: Photored-Action/H.-H. Skupy; 509 m.u.: Photored-Action/H.-H. Skupy; 509 u.: S/K. Warter; 511 l.o.: M. Neumann; 511 l.u.: Ropi; 511 r.: W. Krammisch; 512 l.o.: Fotoagentur Rheinland/A. Gaasterland; 512 l.u.: Fotoagentur Rheinland/A. Gaasterland; 512 r.: S/R. Bauer; 513 o.: W. Krammisch; 513 u.: G. M. Schmid; 514 l.o.: M. Neumann; 514 l.u.: G. M. Schmid; 514 r.: Fotoagentur Rheinland/A. Gaasterland; 515 l.o.: Heinz Steenmans; 515 l.u.: Fotoagentur Rheinland/A. Gaasterland; 515 r.: Fotoagentur Rheinland/A. Gaasterland; 516: S/D. Brinzer; 517 o.: Photo Press/R. Hackenberg; 517 m.o.: S/Rauch; 517 m.u.: S/J. Lughofer; 517 u.: Das Fotoarchiv/J. Tack; 519 l.: Klammet; 519 r.: Photo Press/R. Hackenberg; 520 l.o.: Ba/Spectrum; 520 l.u.: Photo Press/Hackenberg; 520 r.: Photo Press/Hackenberg; 521: Bi/W. Kunz; 522 l.o.: Das Fotoarchiv/J. Meyer; 522 l.u.: Bi/W. Kunz; 522 r.: Bi/W. Kunz; 523 o.: S/J. Lughofer; 523 u.: Klammet; 524 o.: Transglobe/W. Horn; 524 u.: S/Hoa-Qui; 525 l.: Das Fotoarchiv/Th. Mayer; 525 r.: Klammet; 526: Das Fotoarchiv/T. Babovic; 527 o.: Bi/A. Reiser; 527 m.o.: Das Fotoarchiv/T. Babovic; 527 m.u.: Fotoagentur Rheinland/A. Gaasterland; 527 u.: Das Fotoarchiv/T. Babovic; 529 l.: Das Fotoarchiv/T. Babovic; 529 r.: H. Siwik; 530 l.: Das Fotoarchiv/T. Babovic; 530 r.o.: Fotoagentur Rheinland/A. Gaasterland; 530 r.u.: Bi/A. Reiser; 531 o.: Transglobe/W. Willner; 531 u.: Fotoagentur Rheinland/A. Gaasterland; 532: S/J. Riepl; 533 o.: Geopress/H. Kanus; 533 m.o.: S/L. Janicek; 533 m.u.: Steenmanns; 533 u.: Das Fotoarchiv/P. Kormiss; 535 l.: Ropi; 535 r.: Mauritius/Backhaus; 536 l.: Ropi; 536 r.: Mauritius/Wiederhold; 537 o.: Ropi; 537 u.: Mauritius/Chrile;